『자유를 향한 머나먼 길』에 대한 국제적인 찬사

"『자유를 향한 머나먼 길』을 통해 드러난 만델라는…… 전설적인 우상이기보다는 훨씬 더 인간적인 사람이다."—《뉴욕 타임스 북리뷰》

"감탄할 만한 책이다.…… (남아프리카의) 극악무도한 체제의 실상을 날카롭게 기록해주고 있으며, 그것을 극복한 인간 정신의 힘이 얼마나 놀라운 것인가를 증언해주고 있다.…… 만델라의 생애는 20세기의 가장 주목할 만한 삶 가운데 하나이다."—《워싱턴 포스트 북월드》

"『자유를 향한 머나먼 길』은 우리를 압도한다. 몇 안 되는 정치적 자서전 가운데 하나로, 쉽게 페이지를 넘기게 하는 기막히게 재미있는 책이다."—《로스앤젤레스 북리뷰》

"정말로 놀라운 자서전이다. 날카롭고 지적이고 그리고 겸손하다.…… 감동적일 뿐만 아니라 유익한 책이다."—《시카고 트리뷴》

"인간을 위한 하나의 교본.…… 살아 있는 모든 사람이 읽어야 할."—《보스턴 글로브》

"만델라의 삶과 투쟁을 감동적으로 그려준 이 책을 읽다보면 '관용', '불굴의 정신', '인내'와 같은 말들이 계속 울려온다. 그토록 오래 기다릴 수 있었던 사람, 기다릴 만한 가치가 있는 것이 무엇인가를 알았던 사람, 그 사람에게 찬사를 보낸다. 만세, 만델라, 만세!"—《글로브 앤드 메일》

"남아프리카의 최근 역사를 다룬, 우리 마음을 빼앗는 한 폭의 태피스트리이다. 첫 페이지부터 독자들을 사로잡아 책에서 눈을 뗄 수 없게 한다. 때때로 우리에게 고통을 줄 만큼 정직한 책이기도 하다."—《샌프란시스코 크로니클》

"20세기의 가장 뛰어난 정치 이야기들 가운데 하나이다. 위대함은 어떻게 탄생하는 것인가에 정말로 관심을 가진 사람이라면 누구나 읽어볼 만한 가치가 있는 책이다."—《파이낸셜 타임스(런던)》

"20세기의 가장 주목할 만한 사람 가운데 하나인 만델라의 감동적인 생애의 연대기."—《크리스천 사이언스 모니터》

"행동으로 인생을 살아온 사람의 작품. 그는 우리가 갖고 있는 몇 안 되는 진짜 영웅 중의 한 사람이다. 그는 영웅의 한 표본이다."—《커커스》

"이렇게 솔직하게 책을 쓴 것은 보기 드물고 감동적이다."—《이코노미스트》

"이 책은 넬슨 만델라의 비범한 삶을 기록하고 있다.…… 드라마틱한 인생이 어떤 것인지를 이 책은 보여준다."—《런던 선데이 타임스》

“진짜 보석. 가치를 만들어낸 놀라운 여정.”—《포틀랜드 오레고니언》

“이 책은 당신이 읽어야 할 도서목록에 반드시 들어가야 한다.…… 세계는 영웅과 역할 모델에 굶주려 있다. 여기 우리가 발견해낸 사람이 있다.”—《에드먼턴 저널》

“만델라의 매혹적인 여정을 따라가며 이 책을 읽다보면 불굴의 인간 정신이 무엇인가를 다시 생각하게 된다. 저자는 우아한 방식으로, 그리고 예리한 통찰을 통해 그 불굴의 정신이 지닌 의미를 강력하게 전해준다.”—《샌디에이고 유니언-트리뷴》

“『자유를 향한 머나먼 길』은 우리 인류의 한 시금석이 된 보기 드문 책이다. 그리고 그것은 우리 인간의 한 조건이 되었다.”—《뉴욕 선데이 뉴스데이》

“이 유려한 회고록을 통해 우리는 만델라의 당당한 품위와 그의 인생 및 자유를 위한 투쟁에 대한 지혜로운 성찰을 만나게 된다.”—《퍼블리셔스 위클리》

“한 인생과 대의에 대한 진지한 기록.…… 그의 나라에서 워싱턴과 링컨과 간디를 합쳐놓은 인물이 된 사람에 대한 놀라운 발견.”—《몬트리올 가제트》

“이 회고록은 내용이 풍부하고 강력하며 사려 깊다. 그리고 세계적인 무대에서 있는 동시대의 정치인들이 쓴 어떤 회고록 못지않게 유익하다.”—《북 페이지》

자유를 향한 머나먼 길

넬슨 만델라 자서전

LONG WALK TO FREEMAN: The Autobiography of Nelson Mandela
by Nelson Mandela

자유를 향한 머나먼 길

넬슨 만델라 자서전

넬슨 만델라 지음

김대중 옮김

두레

먼저 세상을 떠난 마디바와 마카지웨(나의 첫딸), 그리고 나를 지지해주고 사랑해주는 마가토, 마카지웨, 제나니, 진드지, 이 여섯 아이들에게 이 책을 바친다. 또한 내게 늘 커다란 기쁨을 주는 손자 손녀 스물한 명과 증손자 증손녀 세 명에게 이 책을 바친다. 그리고 내 모든 동지들과 친구들, 내가 봉사하고 내게 영감을 불어넣어주는, 용기와 결단과 애국심에 가득 찬 남아프리카 국민들에게 이 책을 바친다.

감사하는 말

독자들은 곧 알 수 있듯이, 이 책이 세상에 나오기까지는 참으로 오랜 시일이 걸렸다. 나는 로벤 섬에서 교도소 생활을 하던 1974년부터 비밀리에 이 책을 쓰기 시작했다. 내 오랜 동지들인 월터 시술루와 아메드 카트라다는 내 기억을 되살려내느라 무척이나 고생을 해야 했다. 아마 그들의 끈질긴 노력이 없었더라면 이 원고를 완성할 수 없었을 것이다. 로벤 섬에서 내가 보관하던 원고 사본은 당국에 적발되어 압수당했다. 그러나 교도소 동료였던 맥 마하라지와 이수 치바가 특별한 필기 기술을 사용해 원고 원본을 안전하게 보관해주었기에 그 목적을 이룰 수 있었다. 1990년 교도소에서 석방된 뒤에야 나는 비로소 이 원고를 다시 쓸 수 있었다.

물론 석방된 뒤에는 일정이 빡빡하고 업무가 많아서 글에 몰두할 여유가 없었다. 그러나 다행히도 동료들과 친구들과 전문가들이 헌신적으로 도와줘 원고를 끝마칠 수 있었다. 이분들에게 감사의 말을 전한다.

이 책의 공동 저자인 리처드 스텐겔에게 깊이 감사드린다. 그는 이 책의 앞부분을 수정하고 편집하는 데 귀중한 조언을 해주었을 뿐만 아니라 뒷부분을 집필해주었다. 트란스케이에서 이른 아침 그와 함께 했던 산책과, 요하네스버그의 셸하우스와 휴턴에 있는 내 집에서 오랜 기간 동안 진행했던 인터뷰는 즐거운 일이었다. 나는 또 파티마 미르, 피터 마구바네, 나딘 고디머, 에제킬 음파렐레에게도 많은 조언과 도움을 받았다.

나는 오랜 시간을 들여 정성스레 이야기를 고쳐 쓰고, 교정하고, 검토해준 아메드 카트라다 동지에게 특히 고맙다는 말을 전하고 싶다. 이 책을 집필하는 과정에서 인내심을 갖고 여러모로 협조해준 아프리카민족회의ANC의 모든 직원들에게, 특히 세부 계획들을 적절하게 조정해준 바버라 마세켈라에게 감사의 말을 전한다. 마찬가지로, 이크발 미르는 이 책의 상업적 측면을 검토하는 데 많은 시간을 내주었다. 이 책의 편집인으로 1990년 초부터 이 계획을 주관하고 내용을 편집해준 리틀 브라운 출판사의 윌리엄 필립스와 그의 동료 조던 패블린, 스티브 슈나이더, 마이크 매틸, 도나 피터슨에게 감사한다. 또한 원고의 사실성 여부를 검토해준 게일 게르하르트 교수에게도 고마움을 전한다.

차례

요하네스버그
리보니아
알렉산드라
비트바테르스란트 대학
소피아타운
요새
복스버그
소웨토
클립타운
보
(베추
나미비아
(남서아프리카)
쿠루만
어핑턴
오렌지 강
포트놀러스
프리스카
남아프리카
케이프 프로방스
데이
대서양
반린스도르프
칼비니아
빅토리아 웨
보퍼트 웨스트
살다나
파를
로벤 섬
테이블 만
케이프타운
테이블 산
스벨렌담
오우츠호른
휴먼

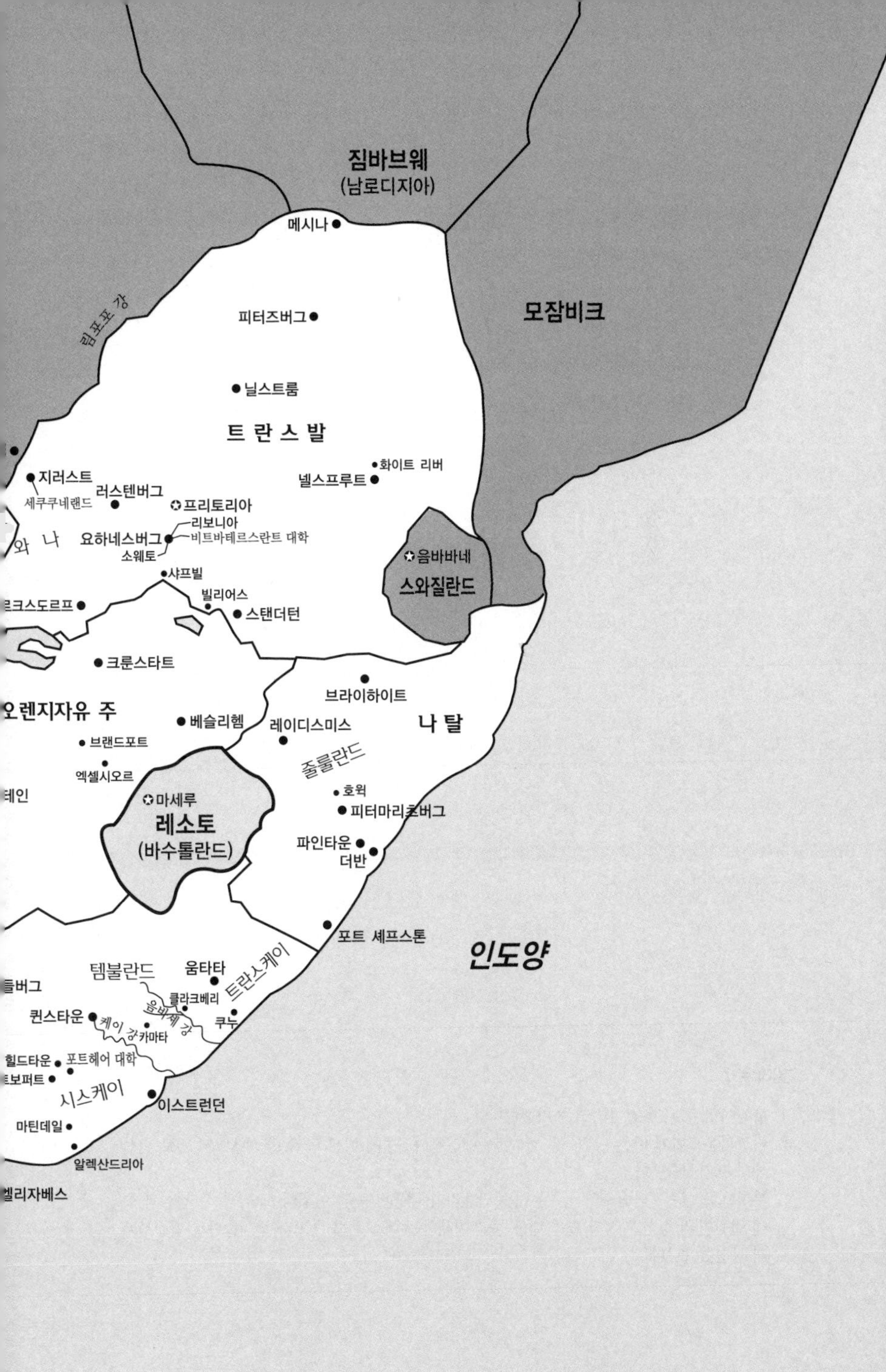

짐바브웨
(남로디지아)
메시나
림포포 강
피터즈버그
모잠비크
닐스트룸
트란스발
화이트 리버
지러스트
넬스프루트
러스텐버그
세쿠쿠네랜드
프리토리아
리보니아
와 나
요하네스버그
비트바테르스란트 대학
소웨토
음바바네
샤프빌
스와질란드
빌리어스
크스도르프
스탠더턴
크룬스타트
브라이하이트
오렌지자유 주
베슬리헴
레이디스미스
나탈
브랜드포트
줄룰란드
엑셀시오르
호윅
테인
마세루
피터마리츠버그
레소토
(바수톨란드)
파인타운
더반
포트 셰프스톤
인도양
움타타
템불란드
트란스케이
들버그
클라크베리
음바셰 강
퀸스타운
케이 강
쿠누
카마타
힐드타운
포트헤어 대학
보퍼트
시스케이
이스트런던
마틴데일
알렉산드리아
엘리자베스

일러두기

1. 옮긴이의 주는 '옮긴이'라고 표기했습니다.
2. 야드파운드법에 따른 단위(마일, 야드 등)는 모두 미터법에 따른 단위(킬로미터, 미터 등)로 환산해서 표기했습니다.
3. 부록으로 실린 〈편집자의 글〉은 넬슨 만델라가 대통령이 된 이후의 모습, 특히 '진실과 화해 위원회'의 형성 과정과 활동 내용 등을 이해하는 데 도움을 주고자 두레출판사 편집부에서 작성했습니다.

1

시골의 어린 시절

1

건장한 체격 그리고 템부 왕가와 맺은 영구적인 관계를 제외한다면 아버지가 내게 물려준 것이라고는 내가 태어났을 때 지어준 '롤리흘라흘라 Rolihlahla'라는 이름뿐이었다. 코사어로 롤리흘라흘라라는 말은 글자 그대로 '나뭇가지를 잡아당기다'라는 뜻이지만, 일상적으로는 '말썽꾸러기'라는 뜻으로 쓰였다. 나는 이름이 운명을 좌우한다거나 아버지가 내 미래를 어느 정도 예견했다는 말은 믿지 않는다. 그러나 훗날 내 친구와 친척들은 내가 겪은 많은 시련들을 내 이름 탓으로 돌리곤 했다. 좀 더 잘 알려진 내 기독교식 이름은 학교에 입학하기 전까지는 없었다. 그러나 나는 이제 내 이름이 갖는 의미에서 벗어나고 있다.

1918년 7월 18일, 나는 트란스케이의 수도인 움타타 지방의 음바셰 강변에 자리한 음베조라는 조그만 마을에서 태어났다. 내가 태어난 해에 1차 세계대전이 끝났다. 그해는 전염병(전 세계를 공포에 떨게 했던 스페인 독감을 말함)이 발생하여 세계적으로 수백만 명이 죽고, 남아프리카 흑인들의 불만을 토로하기 위해 아프리카민족회의 African National Congress, ANC 대표단이 베르사유 평화회담에 참석한 해였다. 그러나 음베조는 수백 년 동안 삶의 형태가 변하지 않은 외진 지역으로, 세계적인 대사건으로부터도 동떨어진 조그만 마을이었다.

트란스케이는 케이프타운에서 동쪽으로 1,280킬로미터 떨어져 있고, 요하네스버그에서도 남쪽으로 880킬로미터 떨어져 있으며, 북쪽으로는 바위투성이 드라켄즈버그 산과 동쪽으로 인도양의 푸른 바다가 펼쳐져 있는 케이 강과 나탈 경계선 사이에 자리하고 있다. 트란스케이는 완만한 언덕과 비옥한 계곡과 수천 개의 강과 냇물이 있는 아름다운 시골로, 심지어 겨울에도 푸른 풍경을 그대로 간직했다. 크기는 스위스만 했는데, 남아프리카에서 가장 큰 지역에 속했다. 그리고 코사족 약 350만 명과 소수의 바소토족과 백인들이 살았다. 트란스케이는 코사 민족의 한 종족인 템부 사람들의 고향이었다. 나도 템부 사람이었다.

우리 아버지 가들라 헨리 음파카니스와는 혈통과 관습에 따라 선출된 추장이었다. 템부족 왕은 아버지를 음베조의 추장으로 인정했지만, 영국이 통치하던 때에는 아버지가 추장이 되려면 음베조 마을의 지방 치안 판사가 용인해주는 형태로 정부의 승인을 받아야만 했다. 아버지는 정부가 임명한 추장으로서 생활비뿐만 아니라 정부가 마을에 부과하는 가축 예방주사와 공동 목초지의 사용 요금 가운데 일부를 받았다. 비록 추장은 품위 있고 존경받는 직위였지만, 이미 75년 전부터 공명하지 못한 백인 정부의 통치 때문에 추장의 품위는 떨어져 있었다.

템부족은 즈위데 왕의 20대 자손이다. 전해져 내려오는 이야기에 따르면, 템부 사람들은 드라켄즈버그 산 아래에서 살다가 16세기에 해안 쪽으로 이동하여 코사족과 합쳤다고 한다. 코사족은 수렵과 어로 생활을 하던 응구니 사람에 속한다. 이들은 늦어도 11세기 이후부터는 북쪽으로 대평원과 남쪽으로 인도양 사이에 자리한, 풍요롭고 기후가 따뜻한 남아프리카 남동부 지역에서 살았다. 응구니 족은 북부 종족과 남부 종족으로 나뉘는데, 북부 종족은 줄루와 스와지, 남부 종족은 바카, 봄야나, 그칼레카, 음펭구, 음포도미스, 음폰도, 소토, 템부로 구성된다. 이 두 종족 집단이 합쳐서 코사 민족을 이룬 것이다.

코사족 사람들은 표현이 풍부하며 어감이 좋은 코사어를 자랑스럽게 여기고, 법과 교육, 예절의 중요성에 대한 전통적인 믿음을 물려받으며, 부계 혈통을 따르는 민족이다. 코사 사회는 균형적이고 조화로운 사회질서를 유지했으며, 모든 사람들은 자신의 위치를 알고 있었다. 코사인은 누구나 한 부족에 속해 있는데, 이 부족은 한 특정한 조상의 자손들이다. 나는 18세기에 트란스케이를 통치했던 템부 추장의 이름을 딴 마디바 부족 사람이다. 사람들은 존경한다는 뜻으로, 흔히 나를 내 부족 이름인 마디바Madiba라고 부르기도 한다.

템부 부족을 통일한 위대한 왕인 응구벵쿠카는 1832년에 죽었다. 관습이 그러했듯, 그에게는 여러 왕가의 아내들, 즉 상속자가 나온 '위대한 왕가' 우右 왕가, 그리고 '이시바' 또는 좌左 왕가라고 불리는 조금 열세한 왕가의 아내들이 있었다. 왕족 간의 분쟁을 해결하는 것은 이시바 또는 좌왕가의 자손들이 해야 할 일이었다. 위대한 왕가의 장남인 음티크라크라가 응구벵쿠카 왕을 계승했고, 그의 아들 중에 응간겔리즈웨와 마탄지마가 있었다. 1954년 이후 템부를 통치했던 사바타는 응간겔리즈웨의 손자였다. 사바타는, 마탄지마의 자손으로 전 트란스케이의 수상이었던 (법적으로 그리고 관습상 내 조카인) K. D. 마탄지마로 더 잘 알려진 칼저 달리원가보다 어른이었다. 이시바 왕가의 장남은 시마카데였고, 그의 막내 동생이 우리 할아버지인 만델라였다.

내가 템부 왕위를 승계할 수 있는 위치에 있다고 수십 년 동안 이야기되어왔지만, 지금까지 간략하게 보여준 우리 가계를 볼 때 그러한 이야기들은 신화에 불과했다는 것을 알 수 있다. 비록 나는 왕족이었지만, 왕이 되기 위해 교육을 받는 선택된 소수는 아니었다. 그 대신 나는 이시바 왕가의 후예로서, 나보다 먼저 우리 아버지가 그랬듯이, 템부 부족의 통치자에게 조언하도록 훈련을 받았다.

우리 아버지는 키가 크고, 피부가 검고, 풍채가 좋은 분이었다. 나는 아버지를 닮고 싶다고 생각했다. 아버지는 앞머리 바로 위에 흰머리가 조금 있었는데, 어렸을 때 나는 하얀 재를 머리에 발라서 아버지를 흉내 내곤 했다. 아버지는 엄격했고, 자식들을 가르치는 데 매를 아끼지 않는 분이었다. 아버지는 지나칠 정도로 고집이 셌는데, 그런 아버지의 고집스러운 성격은 불행하게도 아들이 물려받았다.

1900년대 초에 사바타의 아버지인 달린디에보와 그를 계승한 그의 아들 욘긴타바가 통치할 때에는 사람들이 우리 아버지를 종종 템불란드 Thembuland(템부족의 영토로 지금의 레소토—옮긴이)의 수상이라고 불렀다. 그렇게 부르는 것은 잘못된 것이었지만, 그의 역할은 그 호칭이 의미하는 바와 별로 다르지 않았다. 아버지는 두 왕에게 존경받는 중요한 자문가로서, 왕들과 함께 여행을 했고, 정부와 중요한 회담을 할 때에는 항상 왕과 동행했다. 그는 코사 역사에 정통한 후견인이었는데, 그가 훌륭한 자문가로 평가받을 수 있었던 것도 부분적으로 이러한 이유 때문이었다. 나는 일찍부터 역사에 관심을 갖게 되었고, 아버지는 그런 나에게 용기를 북돋아주었다. 비록 아버지는 읽고 쓸 줄은 몰랐지만, 청중에게 교훈을 줄 뿐만 아니라 즐겁게 해 청중을 사로잡는 뛰어난 연설가로 유명했다.

훗날 나는 아버지가 왕의 조언자일 뿐만 아니라 왕을 선출하는 분이라는 것을 알았다. 1920년대 욘길리즈웨가 갑자기 사망했을 때, 위대한 왕가의 아내에게서 태어난 아들인 사바타는 너무 어린 갓난아이여서 왕위를 계승할 수 없었다. 달린디에보의 나이 많은 다른 세 아들이자 이복형제인 욘긴타바, 다불라만지, 멜리타파 중에서 왕위를 계승할 사람을 뽑는 데 논란이 있었다. 사람들은 우리 아버지에게 자문을 요청했고, 아버지는 교육을 가장 많이 받았다는 이유로 욘긴타바를 추천했다. 아버지는 욘긴타바가 훌륭하게 왕위를 관리할 뿐만 아니라 어린 왕자의 스승이 될 수 있다고 주장했다. 교육을 받지 못한 사람들이 흔히 그렇듯이, 우리 아버지를 비롯해 몇몇 영향력 있는 추장들은 교육을 대단히 중요하게 생각했다. 욘긴타바의 어머니가 더 낮은 가문 출신이라서 욘긴타바를 반대하는 의견도 있었지만, 결국 템부 부족과 영국 정부는 아버지의 선택을 받아들였다. 훗날 욘긴타바는 아버지가 생각하지 못한 방식으로 그 은혜를 갚았다.

아버지에게는 부인이 모두 네 명이었고, 우리 어머니는 그중 세 번째 부인이었다. 어머니 노세케니 파니는 코사족 가운데 음펨부 부족 출신인 응케다마의 딸로서 우 왕가에 해당했다. 위대한 왕가의 부인, 우 왕가의 부인(내 어머니), 좌 왕가의 부인, 이카디 또는 보조 부인 등 이들 부인들은 저마다 자신들만의 크랄Kraal을 갖고 있었다. 크랄은 일종의 농장으로, 보통 울타리가 엉성하게 쳐진 가축 농장과 농작물 경작지, 그리고 집 한두 채로 이루어졌다. 아버지의 부인들이 사는 크랄은 몇 킬로미터씩 떨어져 있었고, 아버지는 이곳들을 오가셨다. 이렇게 왔다 갔다 하면서 아버지는 아들 넷과 딸 아홉 등 자식을 모두 열세 명 두었다. 나는 우 왕가의 장남이자 아버지에게는 네 아들 중 막내였다. 내게는 장녀인 발리웨, 노탄쿠, 마쿠츠와나 등 누이가 세 명 있다. 아버지의 가장 큰아들은 음라흘롸였지만, 아버지의 추장 지위는 위대한 왕가의 아들인 달리그킬리가 계승하도록 되어 있었다. 그러나 그는 1930년대 초에 죽고 말았다. 나를 제외하고 아버지의 아들들은 현재 모두 죽었으며, 그들은 나보다 나이도 많았고 지위도 높았다.

내가 태어난 지 얼마 지나지 않아 아버지는 분쟁에 휘말려서 음베조의 추장 지위를 박탈당했다. 그리고 아버지는 자신의 아들에게 유전된 성격을 그대로 드러냈다. 나는 성격이란 타고나는 것이 아니라 길러지는 것이라고 믿지만, 아버지는 반항적인 성격과 엄격한 공정성 등 내가 스스로 내 성격이라고 판단하는 그런 성격을 지니고 있었다. 흔히 백인들 사이에서는 수령으로 알려진 추장으로서 아버지는 템부 왕의 신하일 뿐만 아니라 치안판사에게도 복종해야 했다. 하루는 아버지의 하인이 주인에게서 도망친 황소와 자신이 연루된 것에 대해 치안판사에게 불만을 호소했다. 치안판사는 즉시 아버지에게 출두명령을 내렸다. 아버지는 소환장을 받자 다음과 같이 답장을 보냈다. "앤디지, 은디사쿨라(나는 가지 않을 것이다. 나는 언제나 싸울 준비가 되어 있다)." 당시에 사람들은 치안판사의 명령을 거부할 수 없었다. 그런 행동은 무척 무례한 행동으로 여겨졌고, 이 사건도 마찬가지였다.

아버지는 치안판사가 자신에게 그렇게 할 합법적인 권력이 없다고 믿었기 때문에 그렇게 대답할 수 있었다. 그는 부족 문제는 영국 왕의 법이 아니라 템부의 전통에 따라 처리했다. 그의 저항은 자존심의 문제가 아니라 원칙의 문제였다. 그는 추장으로서 자신의 전통적인 특권을 주장했으며, 또한 치안판사의 권위에 도전했다.

치안판사는 아버지로부터 회신을 받자마자 곧바로 아버지를 '반항행위'로 처벌했다. 조사나 심문은 없었다. 그런 것은 백인 시민에게나 있는 일이었다. 치안판사는 간단히 아버지를 면직시켰고, 그렇게 해서 만델라 집안의 추장직은 끝이 났다.

당시 나는 이 사건을 알지 못했지만, 이 사건은 내게 크게 영향을 미쳤다. 부유한 귀족이었던 아버지는 그때 재산과 지위를 모두 잃었다. 그는 가축과 땅을 대부분 빼앗겼고, 따라서 가축과 땅에서 벌어들였던 수입도 없어졌다. 이러한 어려운 여건 때문에 어머니는 친구와 가족들의 도움을 받을 수 있는, 음베조의 북쪽에 있는 조금 더 큰 마을인 쿠누Qunu로 이사했다. 쿠누에서 우리는 초라한 생활을 해야 했다. 그러나 이곳은 내가 소년 시절에 가장 행복했던 시간을 보낸 움타타에서 가까운 마을이며, 내가 제일 먼저 기억을 더듬을 수 있는 곳이다.

2

쿠누 마을은 양옆으로 맑은 물이 흐르며 풀이 무성하고 좁다란 계곡에 자리 잡고 있었다. 푸른 언덕에 올라서면 마을이 한눈에 내려다보였다. 마을에는 불과 몇백 명의 주민들만이 오두막에서 살고 있었다. 오두막은 벌집 모양의 흙담 구조로 되어 있었고, 중앙에 있는 나무 기둥이 풀로 만든 지붕을 떠받쳤다. 바닥은 곱게 빻은 흙으로 지면보다 조금 높도록 땅을 돋우었는데, 정기적으로 소똥으로 문질러 매끄럽게 했다. 화덕에서 나오는 연기는 지붕을 통해 나갔다. 사람들이 지나다닐 수 있는 유일한 통로는, 허리를 굽혀야만 하는 낮은 입구뿐이었다. 오두막들은 대개 옥수수 밭에서 어느 정도 떨어진 주거지역에 군락을 이루고 있었다. 신작로 같은 것은 없었고, 맨발의 소년들과 여자들이 밟고 다녀 생긴 풀밭 가운데 있는 통행로가 유일한 길이었다. 마을의 여자들과 아이들은 황토로 물을 들인 담요를 두르고 다녔다. 마을에 사는 아주 소수의 기독교도들만이 서구식 옷을 입었다. 소, 말, 양, 염소 들은 공동 목초지에서 사육되었다. 쿠누 지역은 마을을 굽어보는 언덕 위에 있는 포플러나무를 빼면 나무라고는 거의 찾아볼 수가 없었다. 토지는 국가 소유였다. 아주 예외적인 경우를 제외하고는 당시 아프리카인들은 아프리카에서 토지를 소유할 수 없었고, 정부에 매년 토지세를 바쳐야 하는 소작농들이었다. 쿠누에는 초등학교가 둘, 잡화상이 하나, 그리고 벼룩과 병균을 소 떼로부터 떼어내는 웅덩이가 하나 있었다.

우리가 먹는 주식은 마이즈(우리는 '가루가 나오는 것'이라고 부르지만 서구에서는 옥수수라 부르는 것), 사탕수수, 콩, 호박 따위가 대부분이었다. 그것은 처음부터 이러한 식량들을 좋아해서가 아니라 사람들이 맛있는 다른 식량을 살 만한 능력이 없었기 때문이었다. 우리 마을에서 잘사는 사람들은 홍차와 커피, 설탕 따위를 먹기도 했지만, 쿠누 사람들 대부분은 그런 것들을 살 엄두조차 내지 못했다. 농사와 조리 및 청소할 때 쓰는 물은 개울이나 우물에서 양동이로 길어와야 했는데, 이것은 여자들이 해야 할 일이었다. 사실 쿠누는 여자와 아이들의 마을이었다. 남자들 대부분은 멀리 떨어진 농장이나, 금광석이 매장되어 있는 요하네스버그 남쪽 접경의 리프 지역 광산에서 1년의 대부분을 보냈다. 남자들은 1년에 두 번 정도 집에 들렀는데, 그때는 주로 밭을 일구었다. 괭이질을 하고, 잡초를 뽑고, 추수를 하는 것은 여자들과 아이들의 몫이었다. 마을에 글을 읽거나 쓸 줄 아는 사람은 거의 없었다. 많은 사람은 교육이라는 개념조차 알지 못했다.

내 기억으로 어머니는 쿠누에 오두막을 세 채나 갖고 있었는데, 늘 친척들의 어린아이들이나 갓난아이들로 붐볐다. 사실 나는 어렸을 때 혼자 있었던 적이 거의 없었다. 아프리카 문화에서 삼촌과 고모 또는 이모의 아이들은 사촌이 아니라 친형제로 간주했다. 우리는 백인들처럼 촌수를 구별하지 않는다. 내 어머니의 자매는 곧 내 어머니였고, 내 삼촌의 아들은 내 형제였으며, 내 형제의 아이들은 내 아이였다.

오두막들은 음식을 만드는 곳, 자는 곳, 그리고 창고로 각각 사용했다. 우리가 자던 오두막에는 서구적 의미의 가구라곤 전혀 없었다. 우리는 담요 위에서 잤고, 그냥 맨바닥에 앉았다. 음케케즈웨니에 가기 전까지 나는 베개를 보지도 못했다. 내 어머니는 오두막 안이나 밖에서 불을 지피고, 그 위에 세 발 달린 무쇠 솥을 얹어 음식을 만들었다. 우리가 먹는 모든 음식은 우리가 키우거나 우리가 만든 것이었다. 어머니는 직접 옥수수 씨를 뿌리고, 옥수수를 추수했다. 옥수수가 여물고 마르면 밭에서 거두어들인 뒤, 부대에 넣거나 땅을 파서 구덩이에 보관했다. 여자들마다 옥수수를 조리하는 방법이 달랐다. 알갱이를 돌 두 개 사이에 넣고 갈아 빵을 만들기도 했고, 옥수수를 먼저 삶아 움포툴로(발효우유와 함께 먹는 옥수수 전병) 또는 움능쿠소(옥수수로만 된 죽이나 콩이 섞인 죽)를 만들기도 했다. 가끔 부족했던 옥수수와는 달리 소와 염소에서 짠 우유는 언제나 충분했다.

어릴 때부터 나는 초원에서 마을의 다른 아이들과 함께 어울려 놀고 다투면서 거의 모든 시간을 보냈다. 어머니의 치맛자락에 매달려 집에만 있는 남자아이는 계집애 취급을 당했다. 밤에는 낮에 같이 놀던 아이들과 음식을 나누어 먹었으며 담요를 함께 덮었다. 내가 초원에서 양과 송아지를 돌보는 목동이 된 것은 불과 다섯 살 때였다. 이때 나는 코사족 사람들이 식량과 음식의 원천으로서뿐만 아니라 신으로부터 받는 은총과 행복의 근원으로 송아지 떼에 대해 갖는 거의 신비적인 유대감을 깨달았다. 초원에서 나는 새총으로 새를 잡았으며, 벌꿀과 과일 그리고 먹을 수 있는 뿌리들을 채집하는 것을 배웠고, 소에서 짠 신선하고 따뜻한 우유를 마시는 법을 배웠고, 차고 맑은 개울에서 수영을 배웠고, 줄과 날카로운 촉을 사용하여 물고기 잡는 법을 배웠다. 또한 시골 소년들에게는 꼭 필요한 기술인 막대기로 싸우는 법을 배웠으며, 막대기를 슬쩍 피하는 기술, 한쪽을 겨냥하는 척하면서 다른 쪽을 치는 기술, 재빨리 도망치는 기술 등 여러 가지 싸움 기술을 익혔다. 이 시절부터 나는 드넓은 초원에서 자연이 지닌 단순하고 선명한 아름다움을 사랑하게 되었다.

남자아이들은 대개 자기 스스로 만든 놀이기구들을 가지고 놀았다. 우리는 진흙으로 새와 동물을 만들었고, 나뭇가지로 소가 끄는 썰매도 만들었다. 자연은 우리의 놀이동산이었다. 쿠누를 내려다보는 언덕에는 반질반질한 큰 바위가 있었는데, 우리는 그것을 미끄럼틀로 사용했다. 우리는 평평한 돌 위에 앉아 바위의 평면 쪽으로 미끄럼을 탔다. 우리는 엉덩이가 너무 아파 거의 앉을 수 없게 될 때까지 이 장난을 계속했다. 나는 땅바닥에 여러 번 엉덩방아를 찧은 뒤에야 비로소 암소 위에 올라타는 방법을 배웠다.

어느 날, 나는 사나운 당나귀에게서 한 가지 교훈을 얻었다. 우리들은 차례대로 당나귀 등에 올라타면서 놀고 있었는데, 내 차례가 되어 올라타자 당나귀가 가까이에 있던 가시덤불로 뛰어들었다. 당나귀는 고개를 흔들어 나를 떨어뜨리려 했다. 결국 나는 친구들 앞에서 가시덤불 위로 떨어져 얼굴에 상처를 입는 망신을 당했다. 동양 사람들처럼 아프리카 사람들도 위엄, 또는 중국인들이 말하는 '체면face'에 몹시 민감했다. 그런데 내가 친구들 앞에서 체면이 깎인 것이었다. 그때 나를 떨어뜨린 것이 당나귀에 불과했지만, 다른 사람을 망신 준다는 것은 그 사람에게 쓸데없이 잔인하고 고통스러운 느낌을 준다는 점을 배웠다. 어렸지만 나는 상대방의 명예를 손상하지 않고 그들을 격퇴시켰다.

대개 남자아이들은 자기들끼리 놀았지만 어쩌다가 여자아이들도 끼워주었다. 함께 놀 때면 은디즈(숨바꼭질)나 이세콰(술래잡기) 같은 놀이를 했다. 하지만 여자아이들과 같이 놀 때 내가 제일 좋아한 놀이는 '네가 좋아하는 사람 고르기'라는 케타 놀이였다. 이것은 규칙이 잘 짜인 놀이가 아니라, 우리 또래의 여자아이들과 어울렸을 때 그들이 각자 좋아하는 남자아이를 고르도록 하는 즉흥적인 놀이였다. 여자아이들의 선택을 존중하는 것이 규칙이었고, 여자아이는 자신이 선택한 행운의 남자아이와 함께 걸어서 집으로 돌아가는 것이었다. 그러나 여자아이들은 장난꾸러기 남자아이들보다 훨씬 더 영악해서, 대개 여자아이들끼리 상의해서 가장 평범한 남자아이 하나를 골라 집에 돌아갈 때까지 줄곧 놀려댔다.

남자아이들에게 가장 인기가 있던 놀이는 '신티'였는데, 이들의 놀이가 대개 그런 것처럼 이것은 전쟁놀이였다. 목표로 사용되는 막대기 두 개를 약 30미터 거리를 두고 땅에 꼭 박아두고 나서, 서로 막대기를 던져 상대방의 막대기를 쓰러뜨리는 놀이였다. 우리는 저마다 우리들의 목표를 방어했고, 상대편이 던진 막대기를 다시 가져가지 못하도록 막았다. 우리는 나이가 들면서 옆 동네의 또래 남자아이들과 이 시합을 했고, 여기에서 뛰어난 성적을 거둔 아이는 전쟁에서 승리한 장군처럼 아주 커다란 존경을 받았다.

이렇게 놀고 난 다음에 나는 어머니가 저녁을 준비하는 마을로 돌아갔다. 아버지는 영웅적인 코사 무사들이나 역사적인 전쟁 이야기를 해주신 데 반해, 어머니는 몇 세대를 거치면서 구전된 코사의 전설과 동화들로 우리를 사로잡았다. 이러한 이야기들은 어린 나의 상상력을 자극했고, 대개는 도덕적인 내용이 조금씩 들어 있었다. 어머니가 우리들에게 들려주신 이야기 중에 기억에 남는 것은 한 여행자가 눈곱이 가득 낀 늙은 여자를 만난 이야기다. 어느 늙은 여자가 한 여행자에게 도움을 부탁하자 그 여행자는 이 여자의 눈길을 피해버렸다. 그러나 다른 여행자가 오자 그 늙은 여자는 또 도움을 청했다. 노파는 여행자에게 눈곱을 닦아달라고 부탁했고, 그 여행자는 비록 그 일이 불쾌하기는 했지만 노파가 부탁한 대로 도와주었다. 그 여자의 눈에서 눈곱이 떨어져 나가자 노파는 기적처럼 아름답고 젊은 여자로 변했다. 여행자는 그 여자와 결혼해서 부자가 되어 훌륭하게 잘 살았다. 단순한 이야기지만, 이 이야기는 미덕과 너그러움은 우리가 알지 못하는 방식으로 보답해준다는 교훈을 주었다. 이 교훈은 영원할 것이다.

모든 코사의 어린아이들처럼 나도 주로 관찰을 통해서 지식을 얻었다. 우리는 질문이 아니라 모방과 경쟁을 통해서 배우지 않을 수 없었다. 백인 가정을 처음 방문했을 때, 그 집 아이들이 부모에게 던지는 질문과 그 질문의 성격, 그리고 지칠 줄 모르고 기꺼이 대답해주는 그들 부모를 보고 나는 말문이 막혀버렸었다. 우리 집에서 질문은 귀찮은 일로 간주되었으며, 어른들은 꼭 필요하다고 생각되는 경우에만 아이들의 질문에 대답했다.

나와 당시 코사족 소년들의 삶은 대부분 관습이나 의식, 터부에 따라 크게 좌우되었다. 이것은 우리들의 전부였고, 아무도 그것들에 대하여 의문을 제기하지 않았다. 남자들은 그들의 아버지들이 열어놓은 길을 따랐고, 여자들은 그들의 어머니들이 영위했던 삶을 살았다. 말할 것도 없이 나는 배우지 않고도 곧 남녀 간의 관계를 규정하는 복잡한 규칙을 알게 되었다. 남자는 최근에 아기를 낳은 여자가 있는 집에는 들어가서는 안 된다는 사실을 알게 되었고, 새로 결혼한 신부는 정교한 의식 없이는 새로운 가정이 있는 마을에 들어설 수 없다는 것도 알게 되었다. 또한 조상을 섬기지 않으면 인생이 불운해지고 실패할 수 있다는 것을 배웠다. 만약 어떠한 형태라도 조상의 명예를 더럽혔을 때 그러한 실수를 사죄하는 유일한 길은, 조상들에게 마음속 깊이 우러나오는 사과를 전달할 수 있는 추장이

나 전통적인 주술가와 상의하는 것이라는 것도 알게 되었다. 이러한 모든 믿음들을 나는 아주 자연스럽게 받아들였다.

쿠누에서 보낸 소년 시절에 나는 백인을 몇 명 만났다. 지방의 행정관은 물론 가게 주인도 백인이었다. 가끔 백인 여행자들이나 경찰도 우리가 살고 있는 지역을 지나갔다. 이들 백인들은 신처럼 위대한 사람들로 보였고, 공포와 존경이 뒤섞인 마음으로 그들을 대해야 한다는 것을 알았다. 그러나 내 인생에서 그들의 역할은 별것 아니었다. 그리고 일반적인 백인들이나, 신기하고 아주 멀게 느껴지던 백인들과 내 동족의 관계는 거의 생각하지 않았다.

쿠누라는 좁은 세계에서, 부족 간의 경쟁이라고는 코사족과 우리 마을에 살던 소수의 음펭구족 간의 경쟁뿐이었다. 음펭구족은 음페카네, 즉 1820년부터 1840년 사이에 샤카국과 줄루국이 등장해서 생긴 일련의 전쟁과 이민 때문에 샤카, 줄루의 군대에서 도망쳐 나온 뒤에 희망봉의 동쪽 지역에 도달했다. 당시에 줄루 군사들은 모든 종족들을 점령하여 군사통치하에 통합하고자 했다. 원래 코사어를 사용하지 않는 음펭구족은 음페카네 때 생겨난 피란민들이었고, 다른 아프리카 사람들이 꺼려하는 일들을 할 수밖에 없었다. 그들은 백인들의 농장이나 사업장에서 일을 했는데, 그러한 일들은 좀 더 일찍 뿌리를 내린 코사족들이 천시하던 것들이었다. 그러나 음펭구족 사람들은 근면했고, 유럽인들과 교류해 다른 아프리카인들보다 교육 수준도 높았고, 더 '서구적'이었다.

내가 어렸을 때 음펭구족은 우리 마을의 가장 진보된 계층이었고, 종교 지도자, 경찰, 교사, 사무원 및 통역 등을 담당했다. 그들은 가장 먼저 기독교인이 되었고, 더 좋은 주택을 지었고, 과학적인 영농법을 채택함으로써 코사 사람들보다 부유할 수 있었다. 그들은 기독교인이 되는 것은 개화하는 것이고, 개화하는 것은 기독교인이 되는 것이라는 선교사들의 논리를 실제로 증명해주었다. 여전히 음펭구족에 대한 적대적인 감정이 조금 남아 있긴 했지만, 나는 이것이 종족적인 적대심 때문이라기보다 시기심 때문이었다고 생각한다. 내가 소년 시절에 목격한 이러한 부족주의는 그다지 심한 것이 아니었다. 이후 남아프리카의 백인 통치자들이 조장한 폭력적인 부족 간의 경쟁을 당시에 나는 목격하지도 못했고, 그것을 상상조차 하지 못했다.

우리 아버지는 음펭구족에 대한 편협한 편견에 사로잡히지도 않았고, 오히려 음펭구족의 조지 음베켈라나 벤 음베켈라 형제와 친구가 되었다. 그들 형제는 쿠누에서 이례적인 사람들이었다. 그들은 교육을 받은 기독교인이었다. 형 조지는 은퇴한 교사였고, 벤은 경관이었다. 음베켈라 형제의 개종에도 불구하고 아버지는 기독교에 무관심했으며, 그 대신에 조상들이 숭배했던 코사의 위대한 신인 카마타에 대한 믿음을 유지했다. 아버지는 비공식적인 제사장이었으며, 염소나 소의 도살 의식을 집전했고, 씨 뿌리기, 추수, 출산, 결혼, 성인식, 장례식 등의 전통 의식을 주재했다. 그는 정식으로 성직을 부여받을 필요가 없었다. 왜냐하면 코사의 전통적인 종교는 우주론적 전체성이 특징이기 때문에 신성한 것과 세속적인 것 사이의 구별이나 자연과 초자연적인 것 사이의 구별은 별 의미가 없었다.

음베켈라 형제의 신앙은 우리 아버지에게 영향을 주지는 못했지만, 어머니를 고취시켜 기독교인으로 만들었다. 사실 파니Fanny는 교회에서 지어준 어머니의 기도교식 이름이었다. 음베켈라 형제의 영향으로 나도 당시에 웨슬리언 교회로 알려진 감리교의 세례를 받았고, 그 학교를 다녔다. 교회 사람들은 내가 놀고 있거나 양 떼 돌보는 것을 자주 보러 왔으며, 내게 말을 걸었다. 하루는 조지 음베켈라가 어머니를 찾아왔다. 그는 어머니에게 "참으로 영리한 아들을 두셨네요. 그 아이는 학교에 꼭 보내야 합니다"라고 말했다. 어머니는 아무런 대답도 하지 않았다. 우리 집에서 학교에 가본 사람은 아무도 없었다. 그래서 어머니는 음베켈라의 제안에 대해 아무런 준비도 되어 있지 않았다. 하지만 어머니는 그 이야기를 아버지에게 전했다. 아버지는 비록 자신은 아무런 교육도 받지 못했지만—아마도 바로 그러한 사실 때문에—자신의 가장 어린 아들을 학교에 보내기로 즉시 결정했다.

학교는 쿠누 언덕의 맞은편에 있었으며, 서양식 지붕을 한 교실 한 칸이 전부였다. 나는 일곱 살이었다. 그리고 내가 등교하기 바로 하루 전날 아버지는 나를 불러 학교에 갈 때는 옷을 단정하게 입어야 한다고 말씀하셨다. 그때까지 나는 쿠누의 여느 다른 소년들처럼 담요 한 장만을 어깨에서부터 걸쳐 허리에 여미고 있었다. 아버지는 바지 한 벌을 꺼내 무릎께까지 잘라 낸 뒤 내게 그것을 입어보라고 하셨다. 길이는 거의 맞았지만 허리가 너무 컸다. 그러자 아버지는 줄을 꺼내서 허리에 묶어주셨다. 내 모습은 우스꽝스러웠지만, 이후 나는 아버지가 줄여준 이 바지보다 더 자랑스러운 양복을 입어본 적이 없다.

학교에 나간 첫날, 음딘가네 선생님이 우리에게 저마다 영국식 이름을 지어주면서, 지금부터 학교에서는 그 이름을 사용해야 한다고 말했다. 이것은 당시 아프리카인들 사이에서는 관습이었고, 그것은 의심할 바 없이 우리의 교육에 대한 영국인들의 편견 때문에 생겨난 것이었다. 내가 받은 교육은 영국식 교육이었고, 영국식 사고방식으로는 영국의 이상, 영국의 문화, 영국의 제도 등이 더 우월하다고 자동적으로 여겨졌다. 아프리카 문화 같은 것은 존재하지도 않았다.

우리는 심지어 지금 세대의 아프리카인들조차도 일반적으로 영국과 아프리카식의 두 가지 이름을 갖고 있다. 백인들은 아프리카식 이름을 발음할 수 없거나 아니면 발음하려고 하지도 않았다. 그러한 이름을 가지고 있는 것을 미개하다고 여겼다. 그날 음딘가네 선생님은 내 새로운 이름이 넬슨Nelson이라고 말했다. 왜 그녀가 내게 그 이름을 지어주었는지는 모른다. 아마 그 이름이 영국에서 유명한 제독인 넬슨 경과 무슨 관련이 있는지도 모르겠다고 단순히 추측할 뿐이다.

3

내가 아홉 살이던 어느 날 집안에 큰 소동이 있었다. 자신의 부인들을 차례대로 방문하시면서 우리 집에는 대개 한 달에 일주일 정도 오시던 아버지가 집에 오셨다. 그러나 그것은 예정에 없었던 방문이었다. 나는 어머니의 오두막에서 바닥에 누워 끝없이 기침을 하는 아버지를 보았다. 심지어는 어린 내 눈에도 아버지가 그렇게 오래 사실 것 같지가 않았다. 아마도 무슨 폐 질환을 오랫동안 앓고 계셨던 모양인데, 한 번도 병원에 가본 적이 없었기 때문에 무슨 병인지조차 몰랐다. 아버지는 전혀 움직이지 않은 채 아무 말 없이 오두막에 며칠간 누워 계셨는데, 그날 갑자기 병세가 아주 악화되었다. 아버지의 가장 어린 부인으로 우리와 함께 지내려고 온 노다이마니가 어머니와 함께 아버지를 돌보셨는데, 그날 밤늦게 아버지는 노다이마니를 불러 담배를 가져오라고 말씀하셨다. 어머니와 노다이마니는 서로 상의를 해서, 이렇게 편찮으신 아버지에게 담배를 드리는 것은 어리석은 일이라고 결정하셨다. 그러나 아버지는 계속해서 담배를 가져오라고 하셨고, 결국 노다이마니는 파이프에 담배를 채워 아버지에게 전해드렸다. 아버지는 담배를 피우시자 잠잠해지셨다. 아마 한 시간 정도 담배를 피우셨을 것이다. 그러다가 파이프의 불기가 채 가시기도 전에 돌아가셨다.

나는 그렇게 커다란 슬픔을 경험해본 적이 없다. 망망대해에 표류하는 듯한 느낌이었다. 물론 어머니가 내 존재의 기둥이었지만, 나는 아버지를 통해서 내 자신을 형성해왔다. 아버지의 죽음은 당시에 내가 상상할 수 없는 방식으로 내 인생 전체를 바꾸어놓았다. 짧은 애도 기간이 지난 뒤 어머니는 내게 이제 쿠누를 떠나야 한다고 말했다. 나는 왜 떠나야 하는지, 어디로 가야 하는지를 묻지 않았다.

나는 몇 개 되지 않는 내 물건을 꾸려, 이른 아침에 새롭게 살 곳이 있는 서쪽으로 떠났다. 아버지의 죽음보다 그 세계를 남겨두고 떠나야 한다는 것이 더 슬펐다. 쿠누는 내가 알고 있는 세계의 전부였고, 아이들이 자신들의 첫 번째 집을 사랑하듯이 나 또한 무조건 쿠누를 사랑했다. 언덕을 돌아 사라지기 전에 나는 돌아서서, 이제 마지막이 될지도 모른다는 생각으로 마을의 모습을 살펴보았다. 단순한 오두막들, 허드렛일을 하는 사람들, 옥수수 밭 그리고 가축 떼들이 한가로이 풀을 뜯고 있는 초원이 눈에 들어왔다. 나는 친구들과 작은 새를 사냥하고, 젖소의 따뜻한 우유를 짜 마시고, 개울의 하류에 있는 연못에서 물장난하던 것을 회상했다. 어머니의 사랑과 보호가 깃들어 있는 오두막 세 채에 무엇보다도 눈길을 오래 두었다. 내 모든 행복과 내 삶 자체가 이 오두막집과 연결되어 있었다. 오두막에 작별 키스를 하지 않고 떠나온 것을 후회했다. 앞으로 걸어가는 미래는, 남겨두고 떠나는 과거와 모든 면에서 대조적이라는 사실을 난 상상할 수 없었다.

우리는 태양이 지평선 너머로 사라질 때까지 묵묵히 걸어갔다. 그러나 어머니와 자식 사이의 침묵은 고독이 아니었다. 어머니와 나는 말을 많이 한 적이 없었다. 그럴 필요를 느끼지 못했기 때문이었다. 나는 단 한 번도 어머니의 사랑을 의심하거나 어머니의 보살핌에 회의를 느낀 적이 없었다. 돌부리에 채이고, 많은 언덕을 넘고, 여러 마을을 지나는 힘든 여정이었지만 우리는 멈추지 않았다. 우리는 오후 늦게 나무로 둘러싸인 얕은 계곡 아래에 자리한 마을에 도착했다. 마을 한가운데에는 내가 여태까지 본 집 중에서 가장 훌륭하고 커다란 집이 서 있었다. 감탄이 절로 나왔다. 그 집은 직사각형 건물이 두 채이고, 잘 만들어진 가건물이 일곱 채였는데, 모두 깨끗이 청소되어 있었다. 황혼의 노을 속에서 집은 아주 근사해 보였다. 앞에는 넓은 뜰이 있었으며, 둥근 복숭아나무가 경계를 이룬 옥수수 밭이 있었다. 뒤편에는 더 큰 정원이 있었고, 거기에는 사과나무, 채소밭, 꽃, 아카시아 등이 있었다. 근처에는 하얀 건물의 교회가 있었다.

본채의 현관 입구를 우아하게 꾸미던 고무나무 두 그루의 그늘에는 부족 어른들 스무 명 정도가 앉아 있었다. 적어도 50여 마리의 소 떼와 500여 마리의 양 떼들이 집 주위에서 평화로이 풀을 뜯고 있었다. 모든 것이 아름다웠고, 그것은 내가 상상할 수 없는 부와 질서의 표상이었다. 이곳이 바로 템불란드의 임시 수도이며, 템부족의 섭정攝政인 욘긴타바 달린디에보의 왕궁인 음케케즈웨니 대궁전이었다.

이렇게 근사한 풍경을 멍하니 바라보고 있을 때, 엄청나게 커다란 자동차가 서쪽 문으로 요란스레 들어왔다. 그러자 그늘에 앉아 있던 사람들이 모두 일어났다. 그들은 모자를 벗고 맨발로 뛰어나오면서 코사족 추장에게 하는 전통적인 인사인 '욘긴타바 만세'를 외쳤다. 자동차에서(나는 나중에 그 차가 포드 V8인 것을 알았다) 말쑥하게 옷을 차려입은 키가 작고 뚱뚱한 사람이 내렸다. 그때 나는 자신감과 권위를 가진 사람의 태도를 관찰할 수 있었다. 그의 이름은 그에게 잘 어울렸다. 왜냐하면 욘긴타바Jongintaba라는 이름은 문자 그대로 '산을 쳐다보는 사람'을 의미했고, 그 또한 모든 사람들의 시선을 끄는 사람이었기 때문이다. 그는 피부가 까맣고 얼굴은 지적으로 생겼다. 그는 나무 밑에 앉아 있던 사람들과 간단하게 악수를 나누었는데, 나는 그 사람들이 모두 템부 최고재판소의 판사들이라는 것을 나중에야 알았다. 바로 이 사람이 그 후 10년 동안 나의 후원자이자 보호자였던 섭정이었다.

욘기타바와 그의 궁전을 보는 순간, 나는 뿌리가 뽑힌 묘목이 거스를 수 없는 세찬 조류의 한가운데로 떠밀려가는 것 같았다. 나는 당황스럽고 두려웠다. 그때까지 나는 내 자신의 즐거움 이외에 다른 생각을 해본 적이 없었으며, 잘 먹고 막대기 싸움의 대장이 되는 것 이상의 야심도 가져본 적도 없었다. 나는 돈이나 계급, 명예 또는 권력에 대해 생각해본 적이 없었다. 가난한 집 아이들이 갑자기 엄청나게 부자가 되면 그들은 많은 새로운 유혹에 빠져들곤 한다. 나 역시 예외는 아니었다. 나는 내가 품었던 많은 신념들이 썰물처럼 사라지는 것을 느꼈다. 우리 부모님이 만들어준 약한 기반이 흔들리기 시작했다. 바로 그 순간, 나는 인생에서 막대기 싸움 대장이 되는 것보다 더 큰 일을 성취할 수 있을 것이라고 생각했다.

* * *

아버지가 돌아가셨을 때 욘긴타바가 내 보호자가 되겠다고 제안했다는 것을 나중에 알았다. 그는 나를 친아들처럼 대할 것이고, 나는 친아들이 향유하던 특혜를 누릴 수 있었다. 섭정의 이러한 제의를 거절할 사람이 없었던 것처럼 우리 어머니에게는 다른 선택의 여지가 없었다. 비록 어머니는 나를 그리워했지만 만족해했고, 나는 어머니의 보살핌보다 섭정의 보살핌 아래에서 더 나은 혜택을 입을 수 있었다. 섭정은 우리 아버지 덕분에 우두머리 추장이 될 수 있었다는 사실을 잊지 않았다.

어머니는 음케케즈웨니에 하루나 이틀 머무르시다가 쿠누로 돌아가셨다. 우리는 조용히 헤어졌다. 어머니는 교훈도, 훈계도, 작별의 입맞춤도 하지 않으셨다. 어머니는 자신이 떠날 때 내가 뭔가 잃어버린다는 기분이 들지 않고, 이별을 기정사실로 받아들이기를 원했던 것이 아닌가 생각한다. 아버지는 내가 교육을 받아 더 큰 세상을 향해 나아갈 준비를 하길 원하셨다. 그러나 쿠누에서는 그러한 교육을 받을 수가 없었다. 어머니의 따뜻한 모습에서 나는 내게 필요했던 모든 사랑과 믿음을 느낄 수 있었다. 어머니는 떠나기 직전 내게 "내 아들아, 힘을 내라"라고 말씀하셨다. 아이들은 특히 그들이 새로운 즐거움에 빠져들 때에는, 아마 이 세상의 피조물 중 가장 감상적이지 못한 존재일지 모른다. 내가 사랑하는 어머니이자 내 첫 번째 친구가 떠나는 순간에 벌써 내 머릿속은 새로운 집에서 경험하게 될 새로운 즐거움으로 가득 차 있었다. 어떻게 내가 힘을 내지 않을 수 있었겠는가? 나는 이미 내 보호자가 사준 근사한 옷을 입고 있었다.

나는 빠르게 음케케즈웨니의 일상에 빠져들었다. 아이들은 대부분 새로운 환경에 매우 빠르게 적응하거나 아니면 전혀 적응하지 못하는데, 나는 대궁전을 마치 내가 거기에서 줄곧 자란 곳처럼 여겼다. 내게 그곳은 마술의 궁전이었다. 모든 것이 즐거웠다. 쿠누에서는 지겨웠던 허드렛일이 음케케즈웨니에서는 모험처럼 흥미진진했다. 학교에 가지 않을 때에 나는 쟁기로 밭을 갈고, 마차를 끌고, 양 떼도 돌보았다. 나는 말을 타고, 새총으로 새를 잡고, 달리기 시합을 함께 하는 내 또래의 친구들도 사귀었다. 어떤 날 밤에는 템부족 하녀의 아름다운 노랫소리와 손뼉에 맞추어 춤도 추었다. 비록 고향 마을 쿠누와 어머니가 그리웠지만, 나는 새로운 세계에 완전히 빠져들었다.

나는 궁전 바로 옆에 있는 방 한 칸짜리 학교에 다녔고, 영어, 코사어, 역사, 지리 등을 공부했다. 우리는 영국 책들을 읽었고, 칠판에서 공부했다. 우리의 선생님이었던 파다나 씨와 그의 후임인 기크와 씨는 특히 내게 관심을 보여주었다. 내가 학교에서 공부를 잘한 것은 내가 영리해서라기보다는 그만큼 열심히 했기 때문이었다. 작은어머니인 파티웨가 궁전에 살면서 내 숙제를 밤마다 검사했기에 나는 스스로 더욱 엄격하게 생활했다.

음케케즈웨니는 감리교 교회의 선교지였고, 쿠누보다 훨씬 발전되고 서구화된 곳이었다. 사람들은 서구식의 옷을 입었다. 남자들은 양복을 입었고, 여자들은 엄격한 청교도 선교사의 영향을 받아 두껍고 긴 치마와 목까지 올라오는 블라우스를 입었으며, 어깨에 담요를 걸치고 머리에는 우아하게 스카프를 동여맸다.

만약 음케케즈웨니라는 세계가 섭정을 중심으로 움직였다면, 나만의 작은 세계는 섭정의 두 아이를 중심으로 움직였다. 형인 저스티스는 섭정의 외아들이자 대궁전의 상속자였고, 노마푸는 섭정의 딸이었다. 나는 그들과 같이 살았고, 그들과 똑같은 대접을 받았다. 우리는 같은 음식을 먹었고, 같은 옷을 입었으며, 같은 허드렛일을 했다. 나중에 은세코가 우리와 함께했는데, 그는 왕위 계승자인 사바타의 형이었다. 우리 네 명은 궁전의 4인방이 되었다. 섭정과 그의 아내인 노잉글랜드는 나를 친자식처럼 키워주었다. 그들은 진정 사랑하는 마음으로 나를 염려해주었고, 가르치고 이끌어주었으며, 야단을 쳤다. 그들은 '할아버지'라는 뜻의 타톰쿨루 Tatomkhulu라는 애칭으로 나를 불렀는데, 그것은 내가 심각한 모습을 하고 있을 때는 늙은이처럼 보였기 때문이라고 했다.

저스티스는 나보다 네 살 위였는데, 우리 아버지를 제외한다면 그는 내게 최초의 영웅이었다. 나는 모든 면에서 그를 존경했다. 그는 벌써 100여 킬로미터나 떨어져 있는 기숙학교인 클라크베리의 학생이었다. 키가 크고, 잘생기고, 체격이 당당한 그는 훌륭한 운동선수였는데, 육상, 크리켓, 럭비, 축구를 모두 아주 잘했다. 명랑하고 외향적인 그는 청중을 자연스럽게 사로잡는 힘을 가지고 있었으며, 춤도 아주 잘 추었다. 많은 여자들이 그를 좋아했지만, 일부 여자는 그가 지나치게 멋쟁이인 데다 바람둥이라고 혹평하기도 했다. 저스티스와 나는 여러 면에서 전혀 반대였지만 아주 친한 친구가 되었다. 그는 외향적이었고 나는 내향적이었으며, 그는 성격이 밝았고 나는 신중했다. 그는 모든 것을 쉽게 처리했으나, 나는 어렵게 처리했다. 내게 그는 젊은이의 우상이었으며, 내가 되고 싶은 목표이기도 했다. 비록 같은 대우를 받았지만 우리의 운명은 다를 수밖에 없었다. 저스티스는 템부족의 가장 강력한 부족의 추장 지위를 승계할 것이고, 나는 섭정이 너그럽게 물려주는 것을 받게 될 것이었다.

나는 날마다 심부름을 하러 섭정의 집에 드나들었다. 섭정을 위해 한 일들 중에서 그의 양복을 다림질할 때가 가장 즐겁고 자랑스러웠다. 그는 양복이 여섯 벌 정도 있었는데, 나는 그의 바지의 줄을 조심스럽게 세우기 위해 많은 시간을 보냈다. 그의 궁전은 양철지붕이 덮인 커다란 서구식 건물 두 채였다. 당시 서구식 집을 가진 아프리카인은 몇 명 되지 않았으며, 서구식 집은 엄청난 부자라는 것을 상징했다. 집은 나무 바닥으로 되어 있었는데, 나는 전에 그러한 것을 본 적조차 없었다. 섭정과 섭정의 부인은 오른쪽 건물에서 잤고, 부인의 동생은 가운데 건물에서 생활했고, 왼쪽 오두막은 창고로 썼다. 부인의 동생이 사는 건물 바닥 아래에는 벌통이 있어서 우리는 마루청 한두 개를 뜯어내고 꿀을 꺼내 먹기도 했다. 내가 음케케즈웨니로 이사한 직후 섭정과 부인은 가운데 건물로 옮겼고, 따라서 그 건물이 자연히 본채가 되었다. 본채 가까이에 오두막이 세 채 있었는데, 하나는 섭정의 어머니가 사용했고, 다른 하나는 손님용이었고, 나머지 하나는 저스티스와 내가 사용했다.

음케케즈웨니에서 내 삶을 지배한 것은 추장과 교회라는 두 개의 원칙이었다. 이 원칙들은 당시 내 눈에는 비록 상호 적대적인 것으로 보이지는 않았지만 서로 잘 조화되지는 않았다. 내게 기독교는 신념 체계라기보다는 마티올로 목사라는 한 사람의 강력한 신조로 여겨졌다. 그는 사람들에게 인기가 있었고, 섭정에게 신망을 받았으며, 그가 정신적인 면에서 섭정보다 우월한 지위에 있다는 사실이 나에게 강한 인상을 심어주었다. 그러나 교회는 지금 세계만큼이나 다음 세계에도 관심을 두고 있었다. 나는 아프리카 사람들이 이룩한 거의 모든 것이 사실상 교회의 선교사업을 통해 이루어졌다는 것을 알게 되었다. 기독교 학교들은 목회자, 통역자, 그리고 당시 아프리카 사람들이 가장 열망하던 경찰을 훈련시켰다.

마티올로 목사는 50대 중반으로 뚱뚱했으며, 설교와 노래에 잘 어울리는 깊고 강한 목소리를 지니고 있었다. 그가 음케케즈웨니의 서쪽 끝에 있는 간소한 교회에서 설교를 할 때면 교회는 항상 신도들로 꽉 찼다. 교회는 신도들의 기도로 울렸으며, 여자들은 그의 발 아래 무릎을 꿇고 구원을 빌었다. 내가 대궁전에 왔을 때 그에 대해서 들은 첫 이야기는, 그가 오직 성경과 등불만을 가지고 무서운 유령을 쫓아냈다는 것이었다. 나는 그 이야기에서 허구나 모순을 발견하지 못했다. 마티올로 목사가 설파한 감리교는 불과 유황지옥 같은 것이었고, 아프리카의 토속적인 요소가 약간 가미된 것이었다. 신은 현명하고 전지전능했으나 동시에 악행을 언제나 처벌하는 복수의 신이기도 했다.

쿠누에서 내가 교회에 참석했던 때는 세례를 받을 때뿐이었다. 내게 종교는 오직 어머니를 만족시켜드리기 위한 예식이었을 뿐, 종교에 큰 의미를 부여하지 않았다. 그러나 음케케즈웨니에서 종교는 삶의 일부분이었으며, 매주 일요일 나는 섭정과 그의 부인과 함께 교회에 나갔다. 섭정은 독실한 신자였다. 사실 다른 마을의 소년들과 싸우기 위해 그 몰래 딱 한 번 일요예배에 빠진 적이 있는데, 이후 나는 그러한 짓을 두 번 다시 하지 않았다.

내가 목사에게 잘못해서 야단맞은 경우는 그뿐만이 아니었다. 어느 날 오후, 나는 마티올로 목사의 정원에 숨어들어 옥수수 몇 개를 훔쳐 그 자리에서 바로 구워 먹었다. 그때 마침 한 소녀가 정원에서 옥수수를 먹고 있는 나를 보았고, 즉시 그 사실을 목사에게 일러바쳤다. 그 소식은 곧장 퍼져서 섭정의 부인에게까지 전해졌다. 그날 저녁, 부인은 집에서 매일 하는 예배 시간까지 기다렸다가 내 잘못을 지적하고, 내가 신의 가난한 종으로부터 음식을 훔치고 가족의 명예를 해친 점을 호되게 꾸짖었다. 그녀는 마귀도 내가 한 일을 죄악으로 여길 것이라고 말했다. 나는 공포와 부끄러움이 뒤섞여 유쾌하지 못했다. 내가 신의 징벌을 받을지도 모른다고 생각했기 때문에 무서웠고, 내가 나를 입양한 가정의 신뢰를 배신했기 때문에 부끄러웠다.

섭정이 흑인과 백인들 모두에게서 존경을 받고, 거의 무제한적인 권한을 행사했기 때문에, 나는 추장을 내 인생의 구심점으로 이해했다. 추장의 권한과 영향력은 음케케즈웨니에서 사는 우리의 삶 구석구석까지 스며들어 있었고, 섭정을 통해서만 사람들은 영향력과 지위를 얻을 수 있었다.

훗날 리더십에 관한 내 인식은 섭정과 그의 신하들을 관찰한 것이 절대적으로 영향을 미쳤다. 나는 대궁전에서 늘 열리는 부족회의를 관찰했고, 그곳에서 많은 것을 배웠다. 이 회의들은 일정을 정해서 열리는 것이 아니라 필요할 때마다 소집되었다. 이 회의에서는 가뭄이나 가축의 재해, 행정관이 내린 정책, 또는 정부의 새로운 법 같은 부족의 문제를 토론했다. 템부 사람들 누구나 자유로이 참석할 수 있었고, 많은 사람들이 말을 타거나 걸어서 참석했다.

이러한 모임이 있을 때, 섭정의 곁에는 섭정의 의회이자 사법부의 기능을 하는 고위자문단인 파카티phakathi가 있었다. 그들은 부족의 역사와 관습을 간직한 현인들이었으며, 그들의 의견은 매우 중요하게 다루어졌다.

섭정이 추장들과 회의의 수뇌들에게 초청 편지를 보내면, 대궁전은 곧 중요한 방문객들과 템불란드 전역에서 온 여행객들로 활기가 넘쳤다. 손님들은 섭정의 저택 앞에 있는 정원에 모였고, 섭정은 모든 사람들에게 방문해주신 데 대한 감사의 말과 그들을 소집한 이유를 설명하는 것으로 회의를 시작했다. 그러고 나서 섭정은 회의가 끝날 때까지 거의 한 마디도 하지 않았다.

발언하고 싶은 사람은 누구나 발언을 했다. 그것은 가장 순수한 형태의 민주주의였다. 발언자들 간에는 지위 차가 있었으나, 그 지위가 추장이든, 신하든, 전사든, 제사장이든, 가게 주인이든, 농부든, 지주든, 노동자든 간에 상관없이 발언자들은 공평하게 발언을 했다. 사람들은 아무런 제약도 없이 발언을 했고, 이런 모임은 몇 시간이나 계속되었다. 자치의 기초는 모든 사람이 자유로이 자신의 의견을 펼칠 수 있다는 것과, 시민으로서 그들의 그러한 발언의 가치는 동등하다는 데 있었다(유감스럽게도 여성은 열등계급으로 취급되었다).

모임이 있는 날에는 진수성찬이 베풀어졌는데, 나는 발언자들의 발언을 경청하면서 배가 터질 정도로 많이 먹었다. 나는 몇몇 발언자들이 어떻게 해서 우물쭈물하며 전혀 요점을 전달하지 못하는지 주목했다. 또한 다른 발언자들이 어떻게 요점을 직접적으로 제기하여 간략하고 알아듣기 쉽게 주장을 펴는지도 파악했다. 나는 일부 발언자들이 어떻게 감정에 호소하고 극적인 언어를 사용하여 청중을 감동시키려 하는지를 유심히 보았고, 동시에 어떤 발언자들이 냉정하고 불편부당한 주장을 펼치며 감정에 호소하는 것을 피하려 하는지도 관찰했다.

나는 무엇보다도 사람들이 섭정을 격렬하고 솔직하게 비판하는 것에 놀랐다. 그는 비판의 대상에서 예외가 아니었고, 사실 그가 종종 비판의 대상 그 자체일 때도 있었다. 비난이 아무리 악독하더라도 섭정은 단순히 귀를 기울일 뿐 자신을 방어하려 하지 않았으며, 감정을 조금도 노출시키지 않았다.

모임은 일종의 합의를 이끌어낼 때까지 계속되었다. 결국 전원일치로 결말이 나거나 아니면 전혀 합의를 하지 못한 상태로 끝이 났다. 그러나 전원일치는 반대에 대한 합의이고, 해결책을 제시하는 데 더 적절한 시점을 기다리는 원칙이라고 할 수 있었다. 민주주의는 모든 사람이 의견을 개진하고, 사람들이 공동으로 의사를 결정하는 것을 의미했다. 다수결의 원칙은 생소한 개념이었다. 소수는 다수에 의해서 억압되지 않았다.

해가 지기 시작하면서 모임이 끝날 무렵에 섭정은 발언을 시작했다. 그의 목적은 지금까지 나온 발언을 요약하고, 상이한 의견들 간의 합의를 이끌어내고자 하는 것이었다. 그러나 동의하지 않는 사람들에게 결론을 강요하지는 않았다. 만약 합의가 되지 않았다면 모임을 다시 소집했다. 모임이 끝날 무렵에 음유시인이 고대의 왕들을 찬양한 시를 읊고, 현재의 추장들과 청중들을 칭찬하고 풍자하는 노래를 불러 폭소를 자아냈다.

지도자로서 나는 언제나 내가 처음 보았던 대궁전에서 섭정이 보여준 원칙들을 따랐다. 나는 언제나 내 의견을 말하기 전에 참석한 모든 토론자들이 발언하는 것을 경청하고자 노력했다. 흔히 내 자신의 의견은 토론에서 나온 의견들을 단순히 요약할 때도 있었다. 나는 지도자는 목동과 같다는 섭정의 경구驚句를 항상 기억했다. '목동은 양 떼 뒤에서 재빠른 양들이 앞서가도록 하고 나머지 무리들이 그 뒤를 따르게 하지만, 양들은 언제나 뒤에서 누군가 인도하고 있다는 점을 깨닫지 못한다.'

내가 아프리카 역사에 관심을 갖기 시작한 것은 음케케즈웨니에서였다. 그 이전까지 나는 오직 코사족의 영웅들에 관해서만 들었다. 바페디의 왕 세쿠쿠네, 바소토의 왕 모셰셰, 줄루의 왕 딩간, 그리고 밤바타, 힌트사와 마카나, 몬트시와와 카마 같은 아프리카의 영웅들은 대궁전에서 들어 알게 되었다. 분쟁을 해결하고 그들 자신의 사건을 재판하기 위하여 대궁전에 온 추장들과 수장들로부터 이 영웅들에 관한 이야기들을 들었다. 비록 변호사는 아니었지만 그들은 판례를 제시하고 그것들에 따라 사건들을 조정했다. 때로 그들은 사건을 신속히 종결짓고, 둘러앉아서 옛날이야기를 들려주고는 했다. 그럴 때면 나는 조용히 앉아서 이야기를 들었다. 그들은 내가 전에 한 번도 들어본 적이 없던 특이한 표현으로 이야기를 했다. 그들의 말투는 정중하고 느릿느릿했으며, 그들이 발음하는 우리말 억양은 길고 희극적이었다.

처음에 그들은 내가 이야기를 듣기에는 너무 어리다는 이유로 쫓아내려 했다. 그러나 나중에 그들은 내게 불을 지피거나 물을 나르게 했고, 또는 여자들에게 차를 끓여오라는 말을 전하는 심부름을 시켰다. 처음 몇 달간 나는 심부름을 하느라 그들의 이야기에 제대로 귀를 기울일 수가 없었다. 그러나 결국 그들은 내가 남아서 이야기 듣는 것을 허락했다. 나는 아프리카의 위대한 애국자들이 서구의 지배에 대항해 싸운 이야기를 들을 수 있었다. 나는 이 아프리카 전사들의 영광에 대한 상상의 날개를 폈다.

옛날이야기를 듣기 위해 모인 노인들을 즐겁게 했던 사람 중 가장 나이 든 분은 즈웰리반길레 조이였는데, 그는 응구벵쿠카 왕가의 아들이었다. 조이 추장은 너무 늙어서, 주름진 피부는 축 늘어진 외투처럼 보였다. 그의 이야기는 느릿느릿 이어졌고, 잦은 기침 때문에 이야기가 잠시 끊어지기도 했다. 조이 추장은 템부 역사에 관해서는 대단한 권위자였는데, 그것은 그가 많은 부분을 실제 경험했기 때문이었다.

그러나 응간겔리즈웨 왕이 이끈 군대의 젊은 임피스, 즉 전사가 영국에 대항해 싸웠던 이야기는 조이 추장의 머리가 센 것만큼이나 오래전 이야기였다. 조이 추장은 승리와 패배에 관해 묘사하면서, 초원에서 창을 내던지는 몸동작을 흉내 내고는 했다. 그는 응간겔리즈웨의 용맹과 관용 그리고 겸손에 관해 이야기했다.

조이 추장의 이야기가 모두 템부족에 관한 것만은 아니었다. 처음 그가 코사족의 무사가 아닌 다른 사람의 이야기를 했을 때 나는 의아해했다. 나는 마치 지방의 축구선수에는 흥미가 있었지만, 자기와 관련이 없는 전국적인 축구선수에는 흥미를 느끼지 못하는 어린아이와 같았다. 결국 시간이 지나서야 나는 드넓은 아프리카의 역사와 부족에 상관없이 아프리카인들이 이룬 업적에 감동을 받았다.

조이 추장은 백인들이 코사족을 분리시켜 형제간을 이간시켰다고 믿었기 때문에 백인을 비난했다. 백인들은 템부족 사람들에게 그들의 진정한 추장은 바다 너머에 있는 백인 여왕이며, 템부 사람들은 그 여왕의 백성이라고 주장했다. 그러나 그 백인 여왕은 흑인들에게 비참과 배신만 안겨주었다. 만약 그 여왕이 추장이었다면 그녀는 악마의 모습을 한 추장이었을 것이다. 조이 추장이 해주는 전쟁 이야기와 영국인들에 대한 비난은 마치 내가 태어날 권리를 박탈당한 것과 같은 분노와 배신감을 갖게 했다.

조이 추장은 백인들이 바다를 건너와 불을 토하는 무기를 들고 나타나기 전까지는 아프리카 사람들은 비교적 평화롭게 살았다고 말했다. 템부족, 음폰도족, 코사족, 줄루족은 한 아버지의 아들들이며, 형제처럼 살았다는 것이다. 백인은 다양한 종족 간의 유대관계 '아반투abantu'를 파괴했다. 백인은 토지를 탐냈으나 흑인은 공기나 물을 공유하듯이 백인들과 토지도 공유했다. 토지는 사람이 소유할 수 있는 것이 아니었다. 그러나 백인은 다른 사람의 말馬을 빼앗는 것처럼 토지도 빼앗아갔다.

남아프리카는 얀 반 리베크Jan Van Riebeeck가 1612년 희망봉에 도착함으로써 시작되었다고 주장하는 영국의 공식 교과서에서는 우리 나라의 진정한 역사를 발견할 수 없다는 사실을 나는 그때까지도 알지 못했다. 나는 조이 추장을 통해서 반투어를 사용하는 사람들이 호수와 녹색의 평원 및 계곡이 있는 북쪽으로 이동했고, 오랜 세월을 거치면서 천천히 이 위대한 대륙의 끝까지 내려왔다는 것을 알게 되었다. 그러나 나는 나중에 조이 추장이 해준 아프리카 역사 이야기가, 특히 1652년 이후의 역사가 항상 옳지만은 않았다는 것을 알게 되었다.

음케케즈웨니에서 나는 대도시에 온 촌놈과 별반 다르지 않았다. 음케케즈웨니는 쿠누보다 발전해 있었고, 그곳 사람들은 쿠누 사람들을 미개한 사람들로 여겼다. 섭정은 내가 고향에 가면 다시 퇴보하여 나쁜 친구들과 어울리게 될지 모른다고 생각했기에 내가 쿠누를 방문하는 것을 달가워하지 않았다. 내가 쿠누를 방문했을 때, 섭정이 나에 관해 어머니에게 미리 일러두었다는 것을 느꼈다. 왜냐하면 어머니가 내가 누구와 어울려 다니는지 자세히 물어보았기 때문이다. 그러나 섭정은 어머니와 내 형제들을 대궁전으로 자주 초대했다.

내가 처음 음케케즈웨니에 왔을 때 내 또래 아이들은 나를 대궁전에서는 도저히 견디지 못할 촌뜨기로 여겼다. 모든 젊은이들이 그런 것처럼 나는 멋지게 보이려고 최선을 다해 노력했다. 하루는 교회에서 마티올로 목사의 예쁘장한 딸을 보았다. 그녀의 이름은 위니였다. 나는 그녀에게 데이트를 신청했고, 그녀는 내 부탁을 받아들였다. 그녀는 내게 관심을 가졌지만, 그녀의 언니인 노마음폰도는 나를 형편없이 미개한 사람이라고 여겼다. 언니는 동생에게 내가 마티올로 목사의 딸에게는 맞지 않는 야만인이라고 말했다. 그녀는 동생에게 내가 얼마나 미개한지를 보여주기 위해서 나를 점심식사에 초대했다. 당시까지 나는 포크와 나이프를 사용할 줄 몰랐다. 식탁에서 이 심술꾸러기 언니가 닭 날개 한 조각을 접시에 담아 내게 건네주었다. 그러나 고기는 벌써 딱딱하게 굳어 있어서 뼈에서 쉽게 떨어지지 않았다.

나는 다른 사람들이 나이프와 포크를 쉽게 사용하는 것을 눈여겨보고 나서 천천히 내 것을 집어 들었다. 잠시 다른 이들이 포크와 나이프를 사용하는 방법을 살펴본 뒤에 고기를 자르려고 했다. 처음에 나는 살코기가 뼈에서 떨어지길 바라면서 닭고기를 접시 위에서 움직여보았다. 그런 다음 그것을 꽉 집어 자르려고 했지만 마음먹은 대로 되지 않았다. 나이프가 접시에 부딪히면서 심한 소리를 냈는데, 나는 그것이 몹시 당황스러웠다. 나는 이 짓을 여러 번 되풀이했다. 그제야 그 언니가 자기 동생에게 마치 '내가 말한 대로지'라고 하는 것처럼 나를 보고 웃고 있는 것을 알아챘다. 나는 계속 노력했으나 식은땀만 흘렸다. 그러나 나는 패배를 인정하고 싶지 않았기에 그 빌어먹을 닭을 손으로 집어 들었다. 나는 그 점심 식사에서 닭고기를 많이 먹을 수가 없었다.

그 후 언니는 동생에게 "그 따위 미개한 녀석과 사랑에 빠지면 네 인생을 낭비하게 될 거야"라고 말했다. 그러나 행복하게도 그 젊은 여인은 언니의 말에 귀를 기울이지 않고 나처럼 미개한 녀석을 사랑하게 되었다. 물론 우리는 다른 길을 걷게 되면서 서로 헤어졌다. 우리는 몇 년간 편지를 주고받다가 연락이 끊겼지만 그때에는 이미 나의 식탁 예절은 상당히 향상되어 있었다.

4

내가 열여섯 살이 되었을 때, 섭정은 내가 성인이 될 나이가 되었다고 결정했다. 코사족의 전통에 따르면 성인이 되는 방법이란 할례밖에 없었다. 우리 집안의 전통에 따르면, 할례를 받지 못한 남자는 재산의 상속자가 될 수 없으며, 부족의 의식을 집전할 수 없고, 결혼도 할 수 없었다. 할례를 하지 않은 남자라는 말 자체가 모순이었다. 왜냐하면 그러한 사람은 남자가 아니라 소년에 불과했기 때문이었다. 코사 사람들에게 할례는 남성이 공식적으로 사회에 진입하는 것을 의미했다. 그것은 단순한 수술이 아니라 남자가 되기 위한 길고 복잡한 의식이었다. 한 사람의 코사 사람으로서 나는 할례 받은 때부터 남자 나이를 계산한다.

전통적인 할례 의식은 저스티스를 위해 준비되었고, 나머지 우리들 26명은 그와 자리를 함께 했다. 새해 초에 우리는 템부 왕들의 전통적인 할례 장소였던 티할라라라고 하는 음바셰 강 언덕의 외진 계곡에 있는, 풀로 만든 오두막집 두 채로 갔다. 오두막집은 외부와 차단된 주거지였으므로, 우리는 사회와 격리된 생활을 해야 했다. 그것은 성스러운 시간이었고, 우리 부족 사람들의 관습에 참여할 수 있었기에 나는 행복했다. 나는 소년에서 남자로 변신할 준비를 했다.

우리는 정식으로 할례 의식을 치르기 며칠 전에 배를 타고 티할라라로 갔다. 어린 시절의 마지막 며칠 동안을 할례를 받게 될 다른 소년들과 함께 지냈는데, 나는 그때 우정을 나누는 법을 배웠다. 그 오두막은 할례를 받을 사람들 중 가장 부자이며 인기가 많은 바나바케 블라이의 집 가까이에 있었다. 그는 붙임성이 많은 아이였고, 막대기 싸움 대장이었으며, 여자아이들에게 인기가 많았는데, 많은 여자친구들이 우리들에게 맛있는 것을 끊임없이 가져다주었다. 비록 그는 글을 읽고 쓸 줄은 몰랐지만 우리들 중에서 가장 똑똑했다. 그는 우리들 누구도 가본 적이 없는 요하네스버그에 갔던 이야기로 우리를 즐겁게 해주었다. 그가 아주 흥미진진하게 광산에 관한 이야기를 하는 바람에, 나는 왕이 되는 것보다 광부가 되는 것이 더 나은 일이라고 믿을 뻔했다. 광부는 강하고 대담하다는 것과 이상적인 남성상을 의미하는 것으로 굉장히 신비스러운 존재였다. 훨씬 나중에 나는 그것이 바나바케 같은 소년의 과장된 이야기에 불과한 것이고, 그러한 이야기 때문에 많은 소년들이 집을 뛰쳐나가 요하네스버그의 광산에서 일을 하다 건강을 잃었으며, 심지어는 목숨까지도 잃었다는 사실을 깨달았다. 당시에 광산 일은 할례 의식만큼이나 의미가 있었으나 우리 종족보다는 광산주들에게 도움을 주는 신화 같은 것이었다.

할례 의식을 치르기 전에는 대담한 일을 하나씩 하는 것이 관례였다. 옛날에는 동물 떼를 습격하거나 심지어는 전투까지도 하는 경우가 있었는데, 우리 때에는 전투라기보다는 장난기가 어린 것이었다. 티할라라에 가기 이틀 전에 우리는 돼지를 훔치기로 결정했다. 음케케즈웨니에는 늙은 돼지를 기르는 사람이 있었다. 우리는 소란스러워 사람이 깨지 않게, 돼지가 자기 발로 우리에게 오도록 꾸몄다. 우리는 돼지가 좋아하는 냄새가 나는 아프리카 맥주 원료 한 줌을 가지고 가서 돼지에게 뿌렸다. 돼지는 그 냄새를 맡고 흥분하여 우리에서 나와 꿀꿀거리며 맥주 원료를 먹으면서 우리가 만들어놓은 길을 따라 우리 쪽으로 다가왔다. 돼지가 가까이 왔을 때 우리는 돼지를 잡아 별빛 아래에서 구워 먹었다. 그때처럼 맛있는 돼지고기를 먹어본 적은 그 전에도 그 이후에도 없었다.

할례 전야에 춤을 추고 노래를 하는 예식이 우리 오두막 근처에서 열렸다. 가까운 마을에 사는 여자들이 왔고, 우리는 그 여자들의 노래와 손뼉장단에 맞춰 춤을 추었다. 음악이 빨라지고 요란해지면서 우리의 춤도 격렬해졌다. 우리는 앞으로 다가올 일을 잊어버렸다.

아직 별들이 하늘에 남아 있는 새벽녘에 우리는 준비를 했다. 할례 전에는 몸을 깨끗이 하는 의식이 있어 우리는 강가로 이끌려 가서 찬물에 목욕을 했다. 의식은 대낮에 치러졌고, 우리는 섭정과 추장 및 수뇌 들이 모인 강변에서 약간 떨어진 곳에 한 줄로 늘어섰다. 우리는 담요 하나만 걸치고 있었는데, 북이 울리면서 의식이 시작되자 땅바닥에 담요를 깔고 그 위에 다리를 앞으로 벌리고 앉았다. 얼마나 긴장이 되었는지, 그 결정적인 순간이 왔을 때 내가 어떻게 반응할지 불안했다. 찡그리거나 우는 것은 나약함을 상징하는 것이었고, 또한 남성으로서 오점을 남기는 것이었다. 나는 내 자신과 동료, 그리고 섭정을 욕되게 하지 않으리라 굳게 마음 먹었다. 할례는 용기와 강건함을 시험하는 의식이었다. 마취제도 없이 우리는 조용히 고통을 이겨내야 했다.

내 오른쪽 끝으로 마르고 나이 든 남자가 텐트에서 나타나 첫 번째 소년 앞에 무릎을 꿇고 앉는 것이 보였다. 군중들은 흥분하기 시작했다. 나는 의식이 이제 시작된다는 사실에 소름이 돋았다. 그 나이 든 남자는 그칼레칼랜드의 유명한 잉시비ingcibi, 즉 할례 전문가였다. 가느다란 창으로 단숨에 우리를 소년에서 성인으로 전환시켜줄 사람이었다.

갑자기 첫 번째 소년이 할례 순간에 외치도록 훈련받은 대로 "은디인도다Ndiyindoda(나는 남자다)!"라고 외치는 소리가 들렸다. 몇 초 뒤에는 저스티스가 억눌린 목소리로 외쳤다. 내 앞으로 두 명이 있었는데, 그때 이미 나는 분명히 제정신이 아니었다. 왜냐하면 정신을 차렸을 때에는 그가 벌써 내 앞에 무릎을 꿇고 앉아 있었기 때문이다. 나는 그의 눈을 마주 쳐다보았다. 날이 춥기는 했지만 그의 얼굴은 창백했고, 땀으로 번들거렸다. 그의 손은 너무 빨리 움직여서 마치 어떤 신비한 힘에 이끌리는 것 같았다. 아무 말도 없이 그는 피부를 앞으로 잡아당기더니, 그의 가느다란 창으로 한 번에 피부를 잘라냈다. 마치 내 혈관으로 불이 타오르는 것 같았다. 나는 너무 아파서 얼굴을 가슴에 묻었다. 몇 초가 지나서야 내가 소리를 질러야 한다는 것이 떠올라, 그제야 나는 정신을 차려 "은디인도다!"라고 소리를 질렀다.

아래를 내려다보니 반지처럼 깨끗하고 둥글게 잘린 것이 보였다. 그러나 나는 다른 소년들이 나보다 더 용감하고 강한 것처럼 보여 부끄러웠다. 그들은 나보다 더 빨리 소리를 질러대는 것 같았다. 나는 아무리 잠깐이지만 고통 때문에 정신을 잃은 것에 괴로워했고, 최선을 다해 내 고통을 감추려고 했다. 아이는 울 수 있지만 어른은 고통을 감춰야만 한다.

나는 이제 모든 코사족 남자들이 인생에서 반드시 거쳐야 하는 과정을 통과했다. 이제 결혼도 할 수 있고, 내 가정을 꾸릴 수도 있으며, 내 땅에 농사를 지을 수도 있게 되었다. 이제 공동체의 협의회에 들어갈 수도 있었고, 사람들은 내 발언을 진지하게 고려할 것이다. 할례 의식에서 나는 트란스케이의 전통적인 통치 기구인 '분가의 창립자'를 의미하는 달리분가Dalibunga라는 할례 이름을 얻었다. 코사의 전통주의자들에게는 이 이름이 내 과거의 두 이름인 롤리흘라흘라나 넬슨보다 나은 이름이었다. 나는 내 새 이름 달리분가가 자랑스러웠다.

피부가 잘려나가자마자 할례 전문가를 따라다니는 조수가 땅바닥에 떨어져 있던 피부를 집어 들어 내 담요의 가장자리에 묶었다. 그리고 겉은 가시가 나 있지만 안쪽은 부드러운 잎새로 피와 다른 분비물을 흡수하는 약초를 상처에 동여맸다.

의식의 마무리 단계에 우리는 오두막으로 돌아와, 연기를 내기 위해 젖은 나무에 불을 지폈다. 연기가 상처를 낫게 해준다고 여겼기 때문이다. 우리는 연기가 가득한 오두막 안에서 한 발은 펴고 다른 한 발은 구부린 채 누웠다. 우리는 이제 남성들의 세계에 갓 진입한 크웨타가 되었다. 우리가 올바르게 남성들의 세계에 진입하기 위해서 지켜야 하는 규칙들을 설명해주는 보호자, 즉 칸카타들이 우리를 돌보아주었다. 칸카타가 첫 번째로 해야 할 일은 털을 깎고 발가벗은 우리의 몸 전체에 흰색 흙을 발라, 우리를 마치 귀신처럼 만드는 일이었다. 그 흰색 흙은 우리의 순수를 상징했다. 지금도 나는 그 메마른 흙이 얼마나 딱딱했는지를 기억하고 있다.

첫날 밤 자정에 조수, 즉 칸카타 한 명이 오두막에 기어들어와서 우리를 조용히 깨웠다. 그리고 우리에게 오두막을 떠나, 어둠을 뚫고 가서 우리들의 포피를 묻으라고 명령했다. 그렇게 하는 전통적인 이유는 사탄이 그 피부를 발견하여 나쁜 목적으로 사용할 수 없도록 하기 위해서였으나, 우리가 우리의 청춘을 묻는다는 상징적인 의미도 있었다. 나는 따뜻한 오두막을 나가서 어둠 속을 헤매고 싶지 않았으나, 결국 숲으로 들어가서 잠시 후 포피를 풀어 땅에 묻었다. 마치 내 어린 시절의 마지막 조각을 버리는 것 같은 느낌이 들었다.

우리는 상처가 아무는 동안 오두막 밖에서는 담요를 두르고 다녔는데, 여자들이 우리를 보아서는 안 되었기 때문이다. 그 기간은 참으로 조용했고, 남성 세계에서 겪게 될 시련을 준비하는 시간이었다. 우리 사회로 돌아가는 날 이른 아침, 우리는 음바셰 강의 물로 흰색 흙을 씻어냈다. 깨끗하게 씻고 몸을 말린 뒤에 우리는 다시 붉은 흙을 발랐다. 우리는 나중에 자신의 아내가 될 여자하고 함께 잠을 자는 것이 전통이었고, 그 여자는 자신의 몸으로 그 흙을 닦아내야 했다. 그러나 나는 기름 덩어리로 흙을 닦아냈다.

우리의 유배 생활이 끝나는 날 오두막과 모든 잡동사니들을 불에 태워서, 우리의 어린 시절과 관계된 모든 것들을 없애버렸다. 그리고 사회에서 우리를 남자로 받아들이는 성대한 의식이 열렸다. 우리들의 가족, 친구들, 지역의 수장들 등이 모여 대화하고 노래하며 선물도 주었다. 나는 암소 두 마리와 양 네 마리를 받았는데, 그 어느 때보다 부자가 된 것 같았다. 과거에 어떤 것도 소유해본 적 없던 내가 갑자기 재산을 갖게 된 것이었다. 비록 소 떼 전부를 선물로 받은 저스티스에 비하면 하찮은 것이었지만, 그때 내 기분은 매우 좋았다. 나는 저스티스의 선물에 신경 쓰지 않았다. 그는 왕의 아들이었고, 나는 단지 왕의 자문가가 될 운명이었으니까. 나는 그날 강인하고 자랑스러운 기분이 들었다. 그날 나는 평소와 다르게 어깨를 똑바로 쭉 펴고 힘차게 걸었던 것으로 기억한다. 나는 희망에 부풀었고, 언젠가 부와 재산 그리고 높은 지위를 가질 것이라고 생각했다.

그날의 연사는 달린디에보의 아들인 멜리그킬리 추장이었는데, 그의 말을 듣고 나자 내 화려한 꿈이 퇴색되는 듯한 느낌이 들었다. 그는 우리가 오랫동안 지켜온 전통을 계승하는 일이 얼마나 훌륭한가 하는 판에 박은 듯한 말로 시작했다.

그러고 나서 그는 갑자기 우리를 보더니 목소리를 바꿔 말했다. “여기 우리들의 아들들, 젊고 건강하고 잘생긴 코사족의 꽃이며 우리 민족의 긍지가 있다. 우리는 막 이들에게 남성을 약속하는 의식으로 할례를 해주었다. 그러나 나는 이 자리에서 그대들에게 그것은 헛되며 결코 이루어질 수 없는 환상 속의 약속이라는 것을 말해주지 않을 수 없다. 왜냐하면 우리 코사족, 그리고 남아프리카의 모든 흑인들은 피정복민이기 때문이다. 우리는 우리 자신의 나라에서 노예가 되었다. 우리는 우리가 태어난 땅에서 우리의 운명을 결정할 힘도 권력도 없다. 우리가 이들에게 번성하고 자손을 증식할 수 있는 땅을 줄 수 없기 때문에, 이들은 도시로 가서 빈민촌에서 살며 싸구려 술을 마시게 될 것이다. 이들은 백인들이 소유한 금광의 갱도 속에서 숨을 몰아쉬다 건강을 해치고, 태양도 결코 볼 수 없게 될 것이다. 결국 백인들만 더할 나위 없이 잘 살게 될 것이다. 이 젊은이들 중에는 우리가 스스로를 다스릴 수 있는 힘이 없기 때문에 결코 지배할 기회가 주어지지 않을 무사들도 있고, 공부할 수 있는 곳이 없기 때문에 결코 가르칠 수 없는 학자들도 있다. 이 젊은이들의 능력과 지성, 그리고 포부는 백인들을 위해 하찮은 허드렛일을 하면서 생계를 꾸리는 데 낭비될 것이다. 지금 이들의 재능은 아무 소용이 없다. 왜냐하면 우리가 이들에게 가장 훌륭한 선물인 독립과 자유를 줄 수 없기 때문이다. 나는 카마타가 결코 자지 않고 모두 보고 있다는 것을 잘 알고 있다. 하지만 나는 그가 사실은 졸고 있는 게 아닌지 의심스럽다. 만약 그것이 사실이라면 나는 가능한 한 빨리 죽는 것이 낫다. 왜냐하면 내가 죽으면 나는 그를 만나게 될 것이고, 그를 깨워 그에게 응구벵쿠카의 아이들, 코사족의 꽃이 죽어가고 있다고 말할 수 있기 때문이다."

멜리그킬리 추장의 말이 계속되면서 청중은 숨을 죽였고, 그들의 얼굴은 점점 더 분노로 일그러지고 있다는 생각이 들었다. 아무도 그가 오늘 한 말을 듣고 싶어 하는 것 같지 않았다. 나 또한 그러한 말을 듣고 싶지 않았다. 추장의 연설은 나에게 감동적이라기보다는 나를 혼란스럽게 만들었다. 나는 그의 말을 백인들이 우리 나라에 소개한 교육과 여러 혜택에 제대로 고마워할 줄 모르는 무지한 자의 지나친 언동이라고 치부했다. 당시에 나는 백인들은 탄압자가 아니라 혜택을 주는 사람들이고, 추장은 고마움을 모르는 사람이라고 생각했다. 이 건방진 추장이 그날의 분위기를 망쳐놓았고, 멍청한 말로 그날의 내 자랑스러운 감정을 버려놓았다.

그러나 웬일인지 알 수는 없지만 그의 말이 곧 내 가슴속을 파고들었다. 그는 내게 씨앗을 뿌려놓았던 것이다. 내가 오랫동안 그 씨앗을 방치해두기는 했지만, 그 씨앗은 결국 싹을 틔우기 시작했다. 훗날 나는 그날의 무지한 사람은 추장이 아니라 바로 나 자신이었다는 것을 깨달았다.

의식이 끝난 뒤 나는 강가로 다시 가서, 몇십 리를 흘러 인도양으로 유입되는 강을 바라보았다. 나는 그 강을 건너본 적이 한 번도 없었고, 그 강 너머의 세계에 대해 아는 것이라곤 아무것도 없었다. 그러나 그날 그 세계가 나를 부르고 있다는 것을 알았다. 거의 석양 무렵에 나는 급히 우리의 은둔처였던 오두막이 있던 곳으로 갔다. 비록 오두막이 타고 있을 때 그곳으로 되돌아가서 살펴보는 것이 금지되어 있긴 했지만, 나는 유혹을 참을 수가 없었다. 내가 그곳에 갔을 때에는 커다란 아카시아 옆에 타 버린 잿더미 두 개밖에는 아무것도 남아 있지 않았다. 그 잿더미 속에 이제는 가버린 즐거운 세상, 내 어린 시절의 세상, 쿠누와 음케케즈웨니에서 달콤하며 무책임하게 보냈던 시절 들이 놓여 있었다. 이제 나는 어른이 되었다. 이제 다시는 신티 놀이를 할 수 없으며, 옥수수를 훔칠 수도 없고, 암소 젖을 짜 먹을 수도 없었다. 나는 이미 내 유년 시절을 떠나보내고 있었다. 그러나 되돌아보면 나는 그날 어른이 된 것은 아니었다. 진정한 어른이 되기까지는 오랜 세월이 걸렸다.

5

함께 할례를 받았던 대부분의 아이들과는 달리 나는 리프에 있는 금광에서 일을 할 운명은 아니었다. 섭정은 "너는 네 자신의 이름도 쓸 줄 모른 채 백인들의 광산에서 평생을 보낼 사람은 아니야"라고 내게 자주 말했다. 내 운명은 사바타의 자문가가 되는 것이었고, 그러기 위해서는 교육을 받아야 했다. 나는 할례 의식이 끝난 뒤에 음케케즈웨니로 돌아왔으나, 그리 오래 머물지는 않았다. 엥코보 지역에 있는 클라크베리 기숙학교로 가기 위해 난생처음 음바셰 강을 건너야 했기 때문이다.

나는 다시 한번 집을 떠나는 것이었으나, 더 넓은 세상에서 내가 얼마나 잘할지 생각하며 들떠 있었다. 섭정 자신이 멋있는 포드 V8 자동차를 운전해서 나를 엥코보로 데려다주었다. 그는 떠나기 전에 내가 기초시험을 통과해 클라크베리에 입학하게 된 것을 축하하는 자리를 마련해주었다. 양 한 마리를 잡고, 노래하고 춤을 추었다. 그것은 나를 위해 베풀어진 최초의 축하 파티였다. 나는 매우 기뻤다. 섭정은 처음으로 내게 성인을 상징하는 구두 한 켤레를 주었다. 그날 밤 나는 그 구두가 새것이었는데도 다시 한번 반짝반짝하게 닦아 광을 냈다.

* * *

1825년에 설립된 클라크베리 학교는 트란스케이에서 가장 오래된 웨슬리언 선교학교에 속했으며, 템불란드의 아프리카인들이 다닐 수 있었던 최고의 교육기관이었다. 섭정 자신이 그 학교를 다녔고, 저스티스도 그의 뒤를 따랐다. 그곳에는 중등학교 과정과 사범학교 과정이 같이 있었고, 또한 목공, 재단, 주조 등과 같은 실용적인 과목들도 가르쳤다.

클라크베리로 가는 길에 섭정은 내 행동과 태도와 장래에 대해서 조언을 해주었다. 그는 오직 사바타와 섭정 자신이 존경받을 만한 행동을 하라고 강조했고, 나는 그렇게 하겠다고 약속했다. 그러고 나서 그는 학교 교장인 해리스 목사에 대해 말했다. 해리스 목사는 대단히 독특한 사람이며, 백인 템부 부족, 즉 진정으로 가슴속에서부터 템부 부족을 이해하고 사랑하는 백인이라고 설명했다. 그리고 사바타가 나이가 들면, 장차 사바타를 기독교인이자 전통적인 지도자로 키울 수 있는 해리스 목사에게 맡기려 한다고 덧붙였다.

음케케즈웨니에서 나는 시청 직원 및 경찰을 포함해서 많은 백인 상인들과 정부 관리들을 만난 적이 있다. 그들은 지위가 높은 사람들이었는데, 섭정은 그들을 깍듯하지만 비굴하지는 않게 상대했다. 섭정은 그들이 섭정을 대우하는 만큼 그들을 대했다. 매우 드문 일이기는 했지만, 어떤 때는 섭정이 그들을 나무라는 것을 본 적도 있다. 나는 백인과 직접 상대해본 경험은 거의 없었다. 섭정은 내게 어떻게 행동해야 하는지를 말해준 적이 거의 없었기 때문에 나는 그의 행동을 본받을 수밖에 없었다. 그러나 섭정은 해리스 목사 이야기를 하면서, 처음으로 내가 어떻게 행동해야 하는지를 설명해주었다. 그는 내가 섭정을 존경하고 따르는 것과 마찬가지로 목사를 대해야 한다고 말했다.

클라크베리는 음케케즈웨니보다 웅장했다. 학교는 식민지형의 아름다운 건물이 20여 채였고, 개인 집, 기숙사, 도서관과 다양한 강당이 있었다. 이곳이 내가 처음으로 살게 된 서구적인 장소였으며, 이곳의 규칙이 어떤 것인지 아직 확실히 모른 채 나는 첫발을 내딛었다.

우리는 해리스 목사의 서재로 안내되어 갔다. 나는 서서 그와 악수를 나누었는데, 그것이 내가 태어나 백인과 나눈 첫 악수였다. 해리스 목사는 다정하고 친절했으며, 섭정을 정중하게 대접했다. 섭정은 목사에게 내가 커서 왕의 자문가가 될 수 있도록 교육을 받고 있으며, 목사가 특별히 관심을 갖고 나를 돌보아주기를 바란다고 말했다. 목사는 고개를 끄덕이고는 클라크베리의 학생들은 방과 후에 노동을 해야 하는데, 나에게 그의 정원 일을 시키겠다고 말했다.

면담이 끝난 뒤에 섭정은 내게 1파운드짜리 지폐를 용돈으로 주었는데, 그때까지 내가 가져본 돈 중 가장 큰 액수였다. 나는 그에게 작별인사를 하면서 절대 실망시키지 않겠다고 약속했다.

클라크베리는 위대한 템부 왕인 응구벵쿠카가 하사한 땅에 세워진 템부 학교였다. 응구벵쿠카의 후예인 나는 음케케즈웨니에서 받았던 존경을 클라크베리에서도 당연히 받을 것으로 기대했다. 그러나 이러한 내 기대는 산산조각이 나고 말았다. 나도 다른 모든 사람들과 똑같이 취급되었기 때문이다. 내가 그 위대한 응구벵쿠카 왕의 후예라는 것을 아무도 모르고, 관심도 없는 것 같았다. 기숙사 사감은 환영 나팔 소리도 없이 나를 영접했으며, 다른 학생들도 내게 인사조차 하지 않았다. 클라크베리에는 뛰어난 가문의 아이들이 많았고, 나는 더 이상 특별한 존재가 아니었다. 이는 내게 중요한 교훈을 주었다. 왜냐하면 내가 내 어린 시절에 대해 다소 집착하고 있었기 때문이었다. 나는 부모에게서 물려받은 유산에 의존할 것이 아니라 내 능력에 걸맞게 내 길을 개척해야 한다는 것을 서둘러 깨달았다. 학교 친구들 대부분이 운동장에서는 나보다 운동을 잘했고, 교실에서는 공부를 더 잘했다. 따라서 나는 그들을 쫓아가기 위해서 열심히 노력해야만 했다.

수업은 다음 날 아침부터 시작했는데, 친구들과 함께 계단을 걸어 올라가 2층에 있는 교실로 들어갔다. 교실의 나무마루는 아름답게 닦여 있었다. 나는 새 구두를 신고 있었다. 그 이전까지 나는 구두를 신어본 적이 한 번도 없었고, 바로 구두를 신은 그 첫날 나는 새로 산 말을 타는 것 같은 기분으로 걸었다. 나는 요란한 소리를 내면서 계단을 올라갔고, 몇 차례나 거의 미끄러질 뻔했다. 내가 요란한 구두 소리를 내면서 교실로 들어서자 앞줄에 앉아 있던 여학생 두 명이 내 서투른 행동이 재미있다는 듯이 쳐다보았다. 더 예쁘게 생긴 여자애가 자기 친구 쪽으로 돌아서서 "저 촌뜨기는 구두에 익숙하지 않은 모양이야"라고 우리 모두가 들을 수 있을 만큼 큰 소리로 말했다. 그 친구도 그 말을 듣고 큰 소리로 웃었다. 나는 화가 나고 창피해서 눈앞이 캄캄했다.

그 여자아이의 이름은 마토나였고, 조금 깜찍했다. 그날 나는 그 애와는 죽어도 이야기하지 않겠다고 결심했다. 그러나 내 분노가 수그러들면서(나는 신발을 신고 걷는 데 익숙해지기 시작했다) 그 애를 조금씩 알게 되었고, 나중에 그녀는 클라크베리에서 가장 친한 친구가 되었다. 그녀는 내 첫 여자친구가 되었으며, 동등한 위치에서 내 속마음을 털어놓고 비밀을 이야기할 수 있는 상대가 되었다. 많은 점에서 그녀는 이후 내 모든 여자친구들의 표본이 되었다. 왜냐하면 나는 여자친구들에게 다른 남자들에게는 결코 말할 수 없었던 나의 약점들과 두려움을 내놓고 고백할 수 있었기 때문이다.

나는 곧 클라크베리의 생활에 적응했다. 되도록 자주 운동했고 시합에도 참여했지만 내 운동 실력은 보통이었다. 나는 운동 자체가 좋았을 뿐 운동이 가져다주는 영광에는 별로 관심이 없었고, 아무튼 운동으로 영광을 얻지는 못했다. 우리는 집에서 만든 라켓으로 잔디에서 테니스를 했고, 먼지 이는 운동장에서 맨발로 축구를 했다.

나는 정상적인 교사 수업을 받은 선생들에게서 처음으로 수업을 받았다. 그중 몇몇은 대학을 졸업했는데, 그것은 당시 매우 희귀한 일이었다. 하루는 마토나와 공부하다가 학년말에 영어와 역사 과목에서 낙제할지도 모른다고 고민을 털어놓았다. 그녀는 우리의 선생인 거트루드 은틀라바티는 아프리카에서 학사 학위B.A.를 받은 최초의 여자이며, '그녀는 매우 현명하여 우리를 낙제시키지 않을 것'이기 때문에 걱정하지 말라고 위로해주었다. 나는 알지 못하는 것을 아는 체 꾸밀 줄 몰랐다. 그래서 B.A.(학사 학위)가 무엇인지 잘 몰라 마토나에게 물어보았다. 그녀는 "물론 B.A.는 매우 길고 어려운 책이지"라고 대답했으며, 나는 그 말을 의심하지 않았다.

학위를 받은 또 다른 아프리카인은 벤 마흘라셀라였다. 우리는 그를 매우 존경했는데, 그것은 그의 학문적 성취 때문만이 아니라 그가 해리스 목사를 두려워하지 않았기 때문이었다. 심지어는 백인 교사들도 해리스 목사에게는 굽실거렸으나, 마흘라셀라는 목사 방에 아무런 두려움 없이 들어갔고, 때로는 모자조차 벗지도 않았다. 그는 목사를 동등한 지위에서 대했고, 다른 사람들이 그냥 목사에 동의하는 일들에도 순응적인 입장을 취하지 않았다. 비록 내가 해리스 목사를 존경하기는 했지만 나는 마흘라셀라가 목사에게 겁을 먹지 않는 모습을 몹시 존경했다. 당시는 학사 학위를 받은 흑인이 초등학교를 졸업한 백인 앞에서조차 굽실거리는 것이 당연하게 여겨지던 때였다. 아무리 흑인이 우수하더라도 그는 가장 저급한 백인보다 열등한 것으로 여겨졌다.

* * *

해리스 목사는 클라크베리를 단호하고 엄중하며, 공평하게 운영했다. 클라크베리는 사범학교라기보다는 사관학교처럼 운영되었다. 아주 사소한 위반도 처벌했다. 조회에서 해리스 목사는 언제나 엄한 표정을 지었고, 어떠한 행동도 하지 않았다. 그가 방에 들어올 때면 언제나 사범학교와 중학교의 백인 교장들, 실업학교의 흑인 교장들을 포함한 모든 간부들이 일어섰다.

학생들은 그를 무서워했다. 그러나 나는 정원에서 해리스 목사의 또 다른 면을 보았다. 해리스 목사의 정원에서 하는 일은 두 가지 이득이 있었다. 하나는 그 이후 나는 정원 일과 채소 기르기를 평생 좋아하게 되었다는 것이고, 다른 하나는 내가 친하게 된 최초의 백인 가정인 해리스 목사 가정을 잘 아는 데 도움이 되었다는 것이다. 그렇게 해서 나는 해리스 목사가 공적인 일들과 사적인 일에서 상반되고 전혀 다른 태도를 보인다는 것을 알게 되었다.

목사의 엄격한 표정 뒤에는 아프리카의 젊은이들을 교육시키는 일이 중요하다는 것을 확신하고 있는, 부드럽고 넓은 가슴을 가진 인간의 모습이 있었다. 가끔 나는 그가 정원에서 생각에 골몰해 있는 것을 보았다. 나는 그를 귀찮게 하지 않으려고 그에게 거의 말을 건네지 않았다. 그러나 해리스 목사는 내게 선의를 위하여 자기를 희생하는 사람으로서 중요한 모델이 되었다.

그가 과묵한 반면 그의 부인은 말이 많았다. 그 부인은 상냥했고, 나와 잡담을 나누기 위해 정원에 자주 나왔다. 그때 우리가 무슨 이야기를 했는지 전혀 기억할 수는 없지만, 나는 지금도 그때 오후에 부인이 가져다 준 따뜻한 케이크의 맛을 잊을 수가 없다.

처음에 내 학교 성적은 보통이었으며 진도도 느렸다. 하지만 나는 곧 따라잡기 시작해, 대개 3년이 걸리는 중등 과정을 단축해서 2년 만에 끝마쳤다. 나는 기억력이 좋다는 평판을 얻었으나 사실 열심히 노력했을 뿐이었다. 내가 클라크베리를 떠나게 되었을 때 마토나와 연락이 끊겼다. 그녀는 집에서 학교를 다녔는데, 부모님이 자식을 계속 공부시킬 여유가 없었다. 마토나는 매우 똑똑하고 재능이 넘쳤지만, 집이 너무 가난해서 그녀의 잠재력을 발현시키는 데 장애가 되었던 것이다. 이것은 남아프리카에서는 매우 흔한 일이었다. 사람들의 발전을 저해하는 것은 능력의 한계가 아니라 기회의 제한이었다.

클라크베리의 생활이 내 시야를 넓혀주기는 했지만, 그곳을 떠날 때 내가 정말 열린 마음을 가진 편견이 없는 젊은이였는지는 장담할 수 없다.

나는 그곳에서 트란스케이 전역에서 온 학생들을 만났고, 요하네스버그 출신도, 그리고 지금의 레소토인 바수톨란드 출신의 학생들도 만났다. 그들 가운데에는 매우 세련되고 사고의 폭이 넓어서, 내 자신을 매우 촌뜨기처럼 느껴지게 만드는 학생들도 있었다. 비록 내가 그들을 흉내 내려고 노력하기는 했지만, 나 같은 촌뜨기가 그들의 범세계적인 취향을 따라갈 수 있으리라고는 상상조차 못 했다. 그러나 나는 그들을 시기하지는 않았다. 내가 클라크베리를 떠날 때조차도 나는 여전히 마음속으로는 템부 사람이었으며, 템부 사람으로서 생각하고 행동하는 데 긍지를 느꼈다. 내 뿌리는 내 운명이었고, 내 보호자가 원하는 대로 나는 템부 왕의 자문가가 될 수 있으리라 확신했다. 내 시야는 템불란드를 넘어서는 펼쳐지지 않았고, 내가 템부 사람이라는 사실이 세상에서 가장 바람직한 일이라고 믿었다.

6

1937년 내가 열아홉 살이 되었을 때, 움타타에서 남서쪽으로 약 280킬로미터 떨어진 보퍼트 요새에 있는 웨슬리언 대학 힐드타운에서 저스티스와 다시 만났다. 보퍼트는 19세기에 백인 정착민들이 다양한 코사 종족의 땅을 체계적으로 탈취해갔던, 소위 프런티어 전쟁 때 세워진 수많은 영국인 요새 가운데 하나였다. 100여 년의 전쟁 기간 동안 마칸다, 산딜레, 마코마 같은 많은 코사의 전사들이 용맹을 떨쳤다. 영국 정부는 산딜레와 마코마를 로벤 섬에 가두었고, 결국 그들은 그곳에서 죽음을 맞이했다. 내가 힐드타운에 갔을 때에는 지난 세기에 있었던 전쟁의 흔적은 중요한 자취를 빼고는 거의 없었다. 즉 한때는 오직 코사족만이 농사짓고 살았으나 지금은 백인들의 정착지가 된 곳이 바로 보퍼트 요새였다.

신록이 무성한 계곡이 보이는 굽은 길 끝에 있는 힐드타운은 클라크베리보다 훨씬 더 아름답고 인상적이었다. 그곳은 당시 남반구에서는 가장 큰 아프리카인 학교였고, 남녀 학생들의 수가 1천 명이 넘었다. 그곳의 우아한 아이비 색깔의 식민지풍 건물들과 나무 그림자가 진 정원은 특혜가 부여된 학문적인 오아시스와 같은 느낌을 주었다. 또 사실이 그랬다. 클라크베리처럼 힐드타운 또한 감리교회의 선교학교였고, 영국의 교육을 본떠서 기독교와 인문 교육을 가르쳤다.

힐드타운의 교장은 아서 웰링턴 박사였다. 그는 뚱뚱한 영국인이었는데, 웰링턴 공작과 자신의 인척관계를 자랑으로 여겼다. 조회가 시작되면 웰링턴 박사는 연단으로 걸어가서, 낮은 목소리로 "나는 위대한 귀족이자 정치가이며 장군으로 워털루에서 프랑스의 나폴레옹을 격파하여, 유럽의 문명과 너희 원주민들을 구원한 웰링턴 공작의 후예다"라고 말하는 사람이었다. 그러면 우리는 뜨거운 박수를 보냈는데, 우리들 각자는 위대한 웰링턴 공작의 후예가 우리와 같은 원주민들의 교육을 위해 애쓰는 것을 대단히 고맙게 생각했다. 그 교육받은 영국인이 우리의 모델이었다. 우리가 가끔 냉소적으로 말하던 '검은 영국인'이 바로 우리가 동경하던 모습이었다. 우리는 가장 좋은 사상은 영국 사상이고, 최선의 정부는 영국 정부이고, 가장 뛰어난 남자는 영국 남자라고 배웠고 또 그렇게 믿었다.

힐드타운의 생활은 엄격했다. 첫 종은 6시에 울렸는데, 우리는 영국 왕인 조지 6세의 엄숙한 초상화가 걸린 식당에 6시 40분까지 가서, 마른 빵과 뜨거운 설탕물을 먹어야 했다. 버터를 살 여유가 있는 사람은 개인적으로 버터를 사서 부엌에 보관할 수 있었다. 나는 맨빵을 먹었다. 여러 기숙사에서 소녀들이 도착할 때 차려 자세로 서 있어야 하는 '조례'를 위하여, 아침 8시에 우리는 기숙사 밖의 정원에 모였다. 수업은 12시 45분까지 계속되었으며, 그러고 난 다음 우리는 옥수수죽, 우유, 콩, 그리고 아주 가끔씩은 고기가 나오는 점심을 먹었다. 그 후 우리는 5시까지 공부를 했고, 그러고 나서 한 시간 동안 운동을 하고 저녁을 먹었으며, 7시부터 9시까지 독서실에서 공부를 했다. 불은 9시 30분에 꺼졌다.

힐드타운에는 남아프리카뿐만 아니라 바수톨란드, 스와질란드, 그리고 베추아날란드 보호령 같은 곳에서도 학생들이 왔다. 비록 주로 코사족의 교육기관이기는 했지만, 다른 종족의 학생들도 있었다. 방과 후에나 주말에는 같은 종족의 학생끼리 어울렸다. 심지어는 음폰도는 음폰도끼리 어울리는 등 다양한 코사족 학생들도 따로따로 어울렸다. 나도 그러한 경향을 따랐지만, 힐드타운에서 나는 내 최초의 소토족 친구인 자카리아 몰레테를 만났다. 당시 나는 코사족이 아닌 다른 부족 친구를 갖게 된 것을 매우 용감한 행동이라고 생각했다.

우리의 동물학 선생은 프랑크 레벤틀렐레였다. 그는 소토 말을 썼고, 학생들 사이에서 인기가 높았다. 상냥하고 붙임성이 있던 프랑크는 우리보다 나이가 그렇게 많지 않았으며, 우리와는 자주 어울렸다. 그는 심지어 대학 축구팀에 들어가서 축구팀의 스타가 되기도 했다. 그러나 무엇보다 우리를 놀라게 한 것은 움타타 출신의 코사족 여인과 결혼했다는 사실이었다. 당시 다른 종족 사람과 결혼하는 것은 아주 드문 일이었다. 그때까지 나는 다른 종족 사람과 결혼한 사람을 한 번도 본 적이 없었다. 우리는 그러한 결합은 금기라고 배웠다. 그러나 프랑크 부부를 알게 되면서 나의 지역주의는 눈 녹듯 사라지기 시작했고, 당시까지 나에게 깊이 각인되어 있던 종족주의도 약화되었다. 나는 내 자신을 템부 사람인 코사족이 아니라 아프리카인으로서 인식하기 시작했다.

열아홉 살 때 움타타에서.

우리 기숙사에는 통로를 사이에 두고 양쪽에 침대가 20개씩 총 40개가 있었다. 사감은 명랑한 모키티미 목사였는데, 그는 훗날 남아프리카에서 아프리카인으로는 최초로 감리교 회장이 되었다. 모키티미 목사도 소토 말을 썼는데, 세련되고 개화된 사람으로서 우리들의 불평을 이해해주었기 때문에 학생들은 그를 존경했다.

모키티미 목사가 인상 깊었던 다른 이유는 웰링턴 박사에게 맹종하지 않았기 때문이었다. 어느 날 저녁, 반장 두 명이 말싸움을 벌였다. 반장들은 말싸움을 일으키는 것이 아니라 그것을 막을 책임이 있었다. 이들을 화해시키기 위해 모키티미 목사를 불렀다. 웰링턴 박사는 마을에서 돌아오던 길이었는데, 그가 갑자기 그 자리에 나타났다. 그가 나타나자 우리는 매우 놀랐다. 마치 하느님이 사소한 문제를 해결하기 위해 이 땅에 내려온 것 같았다.

웰링턴 박사는 위엄을 갖추고 무슨 일이 벌어졌는지 물었다. 웰링턴 박사의 어깨에도 미치지 않을 만큼 키가 작은 모키티미 목사가 매우 정중하게 "웰링턴 박사님, 모든 것이 진정되었고, 내일 아침에 보고드리겠습니다"라고 말했다. 그러자 웰링턴 박사는 짜증이 조금 섞인 목소리로 "지금 당장 무슨 일인지를 알아야겠네"라고 말했다. 그러나 그곳은 모키티미 목사가 관할하는 곳이었다. "웰링턴 박사님, 저는 사감이고 제가 내일 보고드리겠습니다"라고 말했다. 그리고 "그것이 제가 지금 해야 할 일입니다"라고 말했다. 우리는 깜짝 놀랐다. 우리는 결코 웰링턴 박사에게 그것도 흑인이 대항한 것을 본 적이 없었으며, 당장 불호령이 떨어지리라고 생각했다. 그러나 웰링턴 박사는 "좋소"라고 말하며 그냥 가버렸다. 나는 웰링턴 박사가 신이 아니듯이 모키티미 목사는 단순한 흑인이 아니며, 흑인이라고 아무리 높은 지위의 백인에게 무조건 순종해야 하는 것은 아니라는 사실을 깨달았다.

모키티미 목사는 대학 개혁을 위해 노력했다. 우리 모두는 식단과 학생들의 처우를 개선하고, 학생들이 스스로 감독할 수 있게 하려는 그의 노력을 지지했다. 그러나 그 가운데 한 가지는 학생들의 걱정을 샀는데, 특히 시골 학생들의 걱정은 컸다. 그것은 모키티미 목사의 혁신적 시도였다. 즉 일요일 점심에 남녀 학생들이 함께 식사를 하는 것이었다. 나는 아직도 포크와 나이프를 쓰는 데 익숙하지 않고, 또 여학생들 앞에서 망신당하고 싶지 않다는 단순한 이유로 그의 시도에 반대했다. 그러나 모키티미 목사는 계획대로 일을 진행했고, 매주 일요일마다 나는 굶주리고 낙담한 채 식당을 나설 수밖에 없었다.

그러나 나는 운동은 좋아했다. 힐드타운 학생들의 운동 수준은 클라크베리보다 높았다. 첫해에 나는 어떤 팀에 가입할 수 있을 정도는 아니었다. 그러나 그 이듬해에 허들 챔피언이었던 내 친구 로크 은드자멜라가 장거리 달리기를 해보라고 권했다. 로크는 내가 키가 크고 몸집이 좋기 때문에 장거리 선수가 되는 데 이상적인 체격을 갖추었다고 격려해주었다. 그의 조언을 따라 나는 혼자서 연습을 시작했다. 나는 장거리 달리기를 위한 연습과 고독을 즐겼다. 이 때문에 학교생활의 혼란에서 벗어날 수 있었다. 동시에 나는 내게 잘 어울리지 않는 운동을 시작했는데, 바로 권투였다. 나는 열심히 연습했고, 몇 년 뒤에 몸무게가 늘어나자 본격적으로 권투를 시작했다.

힐드타운에서 맞은 두 번째 해에 모키티미 목사와 웰링턴 박사는 나를 반장으로 임명했다. 반장마다 맡은 임무가 다른데, 신임 반장은 가장 하고 싫은 일을 떠맡게 되어 있었다. 처음에 나는 오후의 노동시간에 창문을 닦는 학생들을 감독하는 일을 했기에 그들을 매일 다른 건물로 인도했다.

나는 곧 다음 단계의 일, 즉 야간 근무를 맡았다. 밤새우는 일을 어려워한 적은 한 번도 없었으나, 어느 일요일 밤에 지금도 기억하는 도덕적인 딜레마에 빠지게 되었다. 당시 기숙사 안에는 화장실이 없었다. 화장실은 기숙사 뒤쪽으로 30여 미터 떨어진 곳에 있었는데, 비 오는 날 한밤중에 진흙탕 길을 걸어서 밖에 있는 화장실에 가고 싶어 하는 학생들은 한 명도 없었다. 그 대신에 학생들은 베란다에서 풀밭에 대고 오줌을 누고는 했다. 그러나 이런 일은 교칙으로 엄격하게 금지하는 일이었고, 반장이 해야 하는 일 가운데 하나는 그런 짓을 즐기는 학생의 이름을 보고하는 것이었다.

비가 퍼붓는 어느 날 밤에 나는 야간 근무를 서다가 베란다에서 오줌을 갈기는 학생 열댓 명 정도를 적발했다. 그런데 새벽녘에 또 다른 한 명이 사방을 살피며 베란다로 가서 오줌을 누는 것이었다. 나는 그를 잡고 나서야 그가 반장 중의 한 명이라는 것을 알았다. 나는 어찌할 줄 몰랐다. 법과 철학에서 "누가 감시자를 감시할 것인가?" 하는 의문이 제기되고는 한다. 만약 반장이 규칙을 지키지 않는다면 어떻게 학생들이 규칙을 지키리라 기대할 수 있겠는가? 사실 반장은 법 위에 있었다. 왜냐하면 반장끼리는 보고하지 않는 것이 관행이었기 때문이다. 그러나 나는 반장은 빼고 다른 학생들만 보고하는 것이 공정한 일이라고 생각지 않았다. 그래서 나는 열다섯 명의 명단을 찢어버리고 아무도 보고하지 않았다.

힐드타운에서 보낸 마지막 해의 어느 날, 하늘에서 유성이 떨어지는 것과 같은 일이 내게 일어났다. 연말쯤에 위대한 코사의 시인인 사무엘 E. K. 음카이가 학교를 방문할 것이라는 소식이 전해졌다. 그는 음유시인이자 일종의 역사학자였는데, 자신의 민족에게 특별한 의미가 있는 사건과 역사를 시로 기록하는 사람이었다.

학교 당국은 그가 방문하는 날을 공휴일로 정했다. 예정된 날 아침, 교사들을 포함하여 학교의 흑인 및 전체가 조회를 여는 식당에 모였다. 강당의 끝에는 연단이 있었고, 거기에 있는 문은 웰링턴 박사의 집으로 통했다. 그 문 자체는 아무 의미도 없었지만 우리는 그것을 웰링턴 박사의 문으로 생각했고, 우리 가운데 어느 누구도 그 문을 사용하지 않았다.

그때 갑자기 그 문이 열리더니 웰링턴 박사가 아니라 표범 가죽을 걸치고 그에 어울리는 모자를 쓴 흑인이 손에 창을 들고 나타났다. 웰링턴 박사가 바로 뒤에서 그를 따랐으나, 전통의상을 걸친 흑인이 그 문으로 나타나는 모습은 충격적이었다. 그것은 지구를 거꾸로 세우는 것과 같은 일이었다. 음카이가 웰링턴 박사 옆의 연단에 앉자 우리는 우리의 고양된 감정을 감출 수가 없었다.

그러나 음카이가 연설하려고 일어섰을 때, 내가 실망한 것을 고백하지 않을 수가 없다. 나는 그의 모습을 가슴에 그리고 있었고, 내 어린 상상력으로는 음카이 같은 코사의 영웅은 키가 크고 사나우며 지적일 것이라고 생각했다. 그러나 그의 모습은 그렇게 뛰어나지도 않았다. 그가 입은 옷을 제외한다면 아주 평범한 모습이었다. 코사어로 말하면서 그는 아주 천천히 그리고 적절한 말을 찾기 위해서 자주 말을 멈추었는데, 그러고 나서도 그 말을 더듬거리곤 했다.

어느 순간에 그는 자신의 말을 강조하기 위해서 창을 하늘로 들어 올렸는데, 그만 위에 있던 커튼 줄을 건드려 커튼이 커다란 소리를 내며 흔들렸다. 시인은 그의 창끝과 커튼 줄을 살펴보았다. 그러고 나서 깊은 생각에 잠겨 연단 위를 왔다 갔다 했다. 시간이 얼마 지난 뒤에 그는 걸음을 멈추고는 새 힘을 얻은 모습으로 우리에게 돌아섰다. 그리고 이 일이, 즉 그의 창이 커튼 줄을 건드린 일이 아프리카 문명과 유럽 문명 사이의 충돌을 상징하는 것이라고 외쳤다. 그는 목소리를 높였다. "이 창은 아프리카의 역사에서 영광되고 참된 것을 상징합니다. 이것은 무사로서, 그리고 예술인으로서 아프리카인임을 상징합니다." 그는 위를 가리키며 말했다. "이 금속 줄은 서구 생산품의 예이며, 아주 잘 만들어진 것이긴 해도 차갑고, 정교한 것이긴 해도 혼이 들어 있지 않습니다."

그는 계속해서 말했다. "나는 지금 뼈 한 조각과 금속 한 조각이 부딪친 것을 말하려는 것도 아니고, 하나의 문명이 다른 문명에 겹치는 것을 말하려는 것도 아닙니다. 내가 여러분에게 말하고자 하는 것은 토착적이고 선한 것과, 이국적이고 악한 것 사이의 무참한 충돌입니다. 우리는 우리의 문화를 아끼지 않는 이들 외국인들이 우리 나라를 점령하도록 내버려둘 수는 없습니다. 너무나 오랫동안 우리는 백인들의 허위의 신에게 복종해왔습니다. 그러나 우리는 다시 일어서서 이러한 외국의 인식들을 내버릴 것입니다."

나는 거의 내 귀를 믿을 수가 없었다. 이렇게 민감한 문제를 웰링턴 박사와 다른 백인들 앞에서 그렇게 대담하게 말하는 그의 태도에 우리는 무척 놀랐다. 하지만 동시에 그의 언동은 우리를 고무시켰고, 자연히 내 은인이라고 생각해왔던 웰링턴 박사 같은 사람들에 대한 나의 인식이 바뀌기 시작했다.

음카이는 전 세계의 나라들을 하늘의 별로 이야기하는 자신의 유명한 시를 낭송하기 시작했다. 나는 그것을 전에는 들어본 적이 없었다. 무대 위를 이리저리 뛰어다니며 창으로 하늘을 겨냥하고, 프랑스, 독일, 영국 등 유럽 나라의 국민들에 대해 말했다. "나는 그대들에게 가장 커다란 별자리인 은하수를 주겠습니다. 왜냐하면 그대들은 탐욕과 시기로 가득 차서, 풍족한 가운데 다투는 이상한 사람들이기 때문입니다." 그는 별 몇 개를 아시아와 북남미의 나라들에도 주었다. 그러고 나서 그는 아프리카를 이야기하기 시작했으며, 아프리카 대륙을 나라별로 나누어 각 별자리를 상이한 종족에게 할당했다. 그는 무대 위에서 춤을 추며 창을 휘두르고 목소리를 높이더니, 갑자기 멈추어서 목소리를 낮추었다.

그가 말했다. "자, 이제 그대들, 코사족 사람들이여, 나는 그대들에게 가장 중요하고 영구적인 별인 샛별을 주고자 합니다. 왜냐하면 그대들은 자랑스럽고 강한 종족이기 때문입니다. 그 별의 햇수로 인류의 역사를 헤아리는 별이기 때문입니다." 그는 말을 마치고, 고개를 그의 가슴께로 떨구었다. 우리는 일어나서 박수와 환호를 보냈다. 나는 박수를 멈추고 싶지 않았다. 나는 그때 아프리카인이 아니라 코사인으로서 강렬한 긍지를 느꼈다. 나는 내 자신이 마치 선택된 민족인 양 느껴졌다.

나는 음카이의 연설에 고취되었지만 동시에 혼란스러웠다. 그는 국가적인 주제와 아프리카의 단결이라는 포괄적인 주제에서 더욱더 지역적인 코사 종족이라는 주제로 관심을 돌렸다. 그 자신이 코사인이기도 했다. 힐드타운에서 내 생활이 거의 끝나가자 내 머릿속은 여러 가지 생각들로 복잡해졌다. 나는 아프리카의 모든 종족들이 많은 공통점을 가지고 있다는 것을 깨닫기 시작했다. 그러나 여기에는 무엇보다 코사인을 찬미하는 위대한 음카이가 있다는 것을 알았다. 나는 아프리카인이 백인들과 함께 자신들의 땅에서 경쟁하는 것을 보았지만, 여전히 나는 백인들이 주는 혜택을 간절히 추구했다. 그것은 종종 복종을 요구했다. 어떤 의미에서 음카이의 변화는 바로 내 자신의 생각이 나타난 것이라 할 수도 있었다. 왜냐하면 나는 코사인으로서 내 자신에 대한 긍지와 다른 아프리카인들에 대한 유대감 사이에서 오락가락하고 있었기 때문이었다. 그러나 연말에 힐드타운을 떠날 때 나는 내 자신을 코사인으로서 먼저 인식했고, 그다음으로 아프리카인이라고 인식했다.

7

1960년까지 남아프리카에서 흑인들을 위한 최고 교육기관은, 힐드타운에서 동쪽으로 32킬로미터 정도 떨어진 앨리스 시에 있는 포트헤어 대학뿐이었다. 그러나 포트헤어는 그 이상의 의미를 지니고 있었다. 그곳은 중 남부 아프리카와 동부 아프리카에서 온 여러 아프리카 학자들의 희망이기도 했다. 나와 같은 젊은 남아프리카 흑인에게 그곳은 옥스퍼드나 케임브리지, 하버드나 예일이 모두 합쳐진 곳이었다.

섭정은 내가 포트헤어에 입학하게 되자 흥분했고, 나 역시 기뻤다. 내가 대학으로 떠나기 전에 섭정은 내게 첫 양복을 사주었다. 단추가 두 줄 달린 회색 양복을 입으니 나는 전보다 세련되고 어른이 된 것 같은 기분이 들었다. 그때 나는 스물한 살이었고, 포트헤어에서 내가 가장 똑똑한 사람이라고 생각했다.

나는 세상에서 성공할 운명을 타고났다는 생각이 들었다. 섭정이 학사 학위를 받은 사람을 곁에 두게 될 것이라고 생각하니 기뻤다. 저스티스는 중등교육을 끝마치기 위해서 힐드타운에 남았다. 그러나 그는 공부에는 관심이 없었고, 노는 것을 더 좋아했다. 그는 학문적인 것에 무관심했다.

포트헤어는 스코틀랜드의 선교사들이 19세기에 희망봉 동쪽 지역에서 가장 컸던 변경 요새에 설립한 학교였다. 암반 위에 세워지고, 티윰 강으로 둘러싸인 포트헤어는 영국인들이 마지막 라라베 왕이자 막강한 코사족의 전사였던 산딜레에 대항하여 싸웠던 최적의 요새였고, 산딜레는 1800년대에 변경 지역 전투에서 영국인들에게 패배하고 말았다.

포트헤어에는 학생이 150여 명 있었는데, 그들 중 열 명은 이미 내가 클라크베리와 힐드타운에서부터 알던 사람들이었다. 내가 처음 만난 사람 중에는 K. D. 마탄지마도 있었다. 비록 족보상으로 K. D.가 내 조카였지만, 나는 그보다 나이가 어렸고 마치 내가 손아래인 것 같았다. 그는 3학년이었다. 키가 크고 늘씬했으며 아주 자신감에 넘쳤는데, 나를 자기 휘하에 거느리고 다녔다. 나는 저스티스를 따랐던 것처럼 그를 따랐다.

우리는 둘 다 감리교도였고, 나는 그가 사는 웨슬리하우스라는 기숙사에 배치되었다. 그곳은 교정의 끝에 자리 잡은 멋진 이층집이었다. 그가 배려해줘 나는 그와 함께 근처에 있는 러브데이 교회에 다녔고, 축구팀에 합류했다(그는 축구를 잘했다). 대개 나는 그의 조언을 따랐다. 섭정은 학교에 다니는 아이들에게 돈을 보내준다는 생각은 하지 않았기 때문에, K. D.가 자신의 용돈을 나에게 조금이나마 나누어주지 않았다면 아마도 나는 빈털터리였을 것이다. 섭정과 마찬가지로 그는 내가 장래에 사바타의 자문가가 될 것이라고 믿었고, 그는 나한테 법을 공부하라고 조언했다.

* * *

포트헤어는 클라크베리나 힐드타운처럼 선교학교였다. 우리는 신에게 복종하고, 정부 당국에 존경을 표하고, 교회와 정부가 우리에게 교육의 기회를 베풀어준 것에 대해 고맙게 여기도록 설교를 받았다. 이들 학교들은 종종 그들의 태도나 관행이 식민주의적이라고 비판받았지만, 그럼에도 나는 그들이 주는 혜택이 불이익보다 더 많다고 믿었다. 정부가 학교 설립을 주저하거나 학교를 설립할 능력이 없을 때는 선교사들이 학교를 세워 운영했다. 선교학교들의 교육 환경은 비록 도덕적으로는 일반 학교보다 엄격했지만, 인종차별의 원칙 위에 세워진 공립학교들보다 훨씬 더 개방적이었다.

포트헤어는 아프리카 대륙이 낳은 가장 위대한 아프리카인 학자들의 고향이자 모태였다. Z. K. 매튜 교수는 아프리카 지식인의 모델이었다. 광부의 아들이었던 Z. K는 부커 워싱턴의 자서전 『노예제도로부터의 상승Up from Slavery』에서 깊은 영향을 받았는데, 그 책은 열심히 노력하고 겸손했기 때문에 성공할 수 있었다는 것을 설파한 책이었다. 그는 사회인류학과 법학을 강의했고, 정부의 사회정책에 대하여 대담하게 비판했다.

포트헤어와 D. D. T. 야바부 교수는 사실 같은 의미나 다름없었다. 그는 이 대학이 설립된 1916년 당시 최초의 교직원이었다. 야바부 교수는 런던 대학에서 영문학 학사 학위를 받았는데, 그것은 당시 거의 불가능한 일이었다. 야바부 교수는 코사어, 라틴어, 역사, 인류학 등을 강의했다. 그는 코사의 혈통에 관해서는 백과사전이나 다름없었고, 내가 몰랐던 우리 아버지에 대해서도 많이 알고 있었다. 그는 또한 아프리카인들의 권리를 설득력 있게 이야기하는 대변인이었고, 1936년에는 '범아프리카회의 Pan-African Congress, PAC'의 의장이 되었다. 범아프리카회의는 의회가 케이프에서 일반인들의 투표권을 종식시키는 법안을 제정하려 하자 이에 반대하기 위해 구성되었다.

나는 포트헤어에서 움타타로 가는 기차를 탄 적이 있는데, 흑인들이 유일하게 탈 수 있는 아프리카인 전용칸에 타고 있었다. 백인 차장이 검표하러 들어섰다. 그는 내가 앨리스에서 탄 것을 보고는 "너, 야바부 학교 학생이냐?"라고 물었다. 내가 고개를 끄덕이자, 그는 간단하게 내 표를 검사하고 나서, 야바부가 얼마나 훌륭한 사람인지에 대하여 중얼거렸다.

첫해에 나는 영어, 인류학, 정치학, 지방자치, 로마법 등을 공부했다. 지방자치는 아프리카인들에 관한 법을 다루었고, 지방자치부에서 일하고자 하는 사람에게는 필수 과목이었다. 비록 K. D.는 내게 법학을 공부하라고 조언해주었지만, 나는 지방자치부에서 통역가나 사무원으로 일하겠다고 결심했다. 당시 공무원은 아프리카인이 올라갈 수 있는 최고 자랑스러운 직업이었다. 시골에서 시청의 통역가는 시장 다음으로 높은 사람으로 여겨졌다. 2학년 때 포트헤어는 은퇴한 유명한 법정 통역자인 티암자세가 가르치는 통역 과목을 개설했는데, 나는 그 과목에 제일 먼저 등록했다.

포트헤어는 조금 엘리트적이었고, 많은 고등교육 기관이 그런 것처럼 불합리한 구석이 없는 것은 아니었다. 상급생들은 하급생들을 무시했다. 학교에 간 첫날, 나는 정원 가운데에서 가말리엘 바바자를 보았다. 그는 나보다 몇 살 위였고, 우리는 클라크베리에서 만났었다. 내가 반갑게 인사했으나 그의 반응은 매우 차갑고 거만했으며, 내가 신입생 기숙사에 있는 사실에 대해 도도한 태도로 말했다. 바바자는 비록 졸업반으로 기숙사에 살지는 않지만, 내가 묵을 기숙사의 주거위원회 위원이라는 사실을 알려주었다. 나는 그것이 이상한 일이며 비민주적이라고 느꼈지만, 그저 관행으로 받아들였다.

내가 그와 만난 지 얼마 지나지 않은 어느 날 밤에 몇몇 신입생들은 주거위원회에 신입생이 한 명도 없다는 사실을 두고 논의했다. 우리는 전통에서 벗어나 주거위원회가 신입생과 상급생 두 그룹으로 구성되어야 한다고 결정했다. 우리는 우리들 중 대표를 뽑아 기숙사에 묵고 있던 사람들을 대상으로 운동을 전개했고, 몇 주 안에 우리 자신들의 주거위원회를 구성하여 상급생들을 물리쳤다. 나도 구성원 중의 한 사람이었고, 새로 구성된 위원회의 일원이었다.

그러나 상급생들이 쉽게 양보하지는 않았다. 그들은 모임을 갖고, 그 중 영어를 잘하던 렉스 타타네가 "신입생들의 이러한 태도는 받아들일 수 없어. 어떻게 상급생들이 영어도 제대로 못하는 만델라와 같은 촌뜨기들에게 쫓겨날 수 있어?"라고 말했다. 그런 뒤 그는 계속하여 그가 지칼레카 억양이라고 생각하는 억양으로 내 말투를 흉내 내기 시작했고, 그의 동료들은 요란스럽게 웃었다. 타타네의 아니꼬운 언동은 우리의 결심을 더욱 굳게 했다. 우리 신입생들은 공식적인 주거위원회를 구성했고, 상급생들에게 가장 힘든 잡일을 부여했다. 그것은 그들에게는 모욕적인 일이었다.

학장인 A. J. 쿡 목사가 이러한 분쟁을 알게 되었고, 그가 우리들을 자신의 방으로 소집했다. 우리는 우리가 옳다고 믿었고, 양보할 마음이 전혀 없었다. 타타네는 우리의 결정을 번복시켜달라고 학장에게 호소했고, 말하는 중간에 눈물도 흘렸다. 학장은 우리에게 입장을 조금 양보할 것을 요청했지만 우리는 굽히지 않았다. 우쭐거리는 애들이 대개 그런 것처럼 타타네 역시 뻣뻣하지만 나약했다. 우리는 학장에게 만약 우리의 결정을 번복한다면 주거위원회에서 우리 모두가 사퇴할 것이며, 그렇게 되면 위원회의 모든 권위는 상실될 것이라고 말했다. 결국 학장은 개입하지 않기로 결정했다. 우리의 의지는 확고했고, 결국 우리가 이겼다. 이것이 내가 당국과 겨룬 최초의 전쟁이었다. 나는 힘이란 올바른 정의 편에서 나온다고 느꼈다. 그러나 내가 이후 대학 당국과 벌인 투쟁에서 그렇게 운이 좋았던 것만은 아니었다.

포트헤어에서 나는 교실 안에서만큼이나 교실 밖에서도 많은 것을 배웠다. 나는 힐드타운에서보다 훨씬 더 활동적인 사람이 되었다. 그 이유는 두 가지였다. 하나는 내가 신체적으로 성장하여 힘이 강해졌다는 것이다. 하지만 그보다 더 중요한 것은 포트헤어가 힐드타운보다 작아서 경쟁이 적었다는 사실이다. 나는 축구와 장거리 달리기를 잘했다. 특히 달리기는 내게 값진 교훈을 주었다. 장거리 시합에서는 연습이 선천적인 재능보다 더 중요했는데, 나는 선천적으로 재능이 부족했지만 이를 연습과 노력으로 극복할 수 있었다. 나는 이것을 내가 하는 모든 일에 적용했다. 심지어는 학생으로서 선천적으로 뛰어난 능력이 있는 사람들을 보았으나, 자신들이 지닌 천혜의 조건 위에 더 높은 것을 성취할 수 있는 자기 실천과 인내가 부족했다.

나는 연극반에도 들어갔다. 그리고 내 반 친구인 링컨 음켄타네가 각색한 에이브러햄 링컨에 관한 연극에서 배역을 맡았다. 음켄타네는 유명한 트란스케이 집안의 자손이었고, 그는 내가 존경한 또 하나의 학생이었다. 그는 포트헤어에서 유일하게 나보다 키가 컸다. 음켄타네가 링컨 역을 맡았고, 나는 암살자인 존 윌크스 부스 역을 맡았다. 음켄타네는 링컨을 당당하고 예의바른 사람으로 표현했다. 그는 링컨의 게티스버그 연설을 암송하여 청중들에게 기립박수를 받았다. 나는 비록 '커다란 위험을 떠안은 사람은 종종 커다란 비극을 맞는다'는 그 연극의 주제를 이끄는 역할을 했지만, 상대적으로 비중이 작은 역할이었다.

나는 기독학생회의 회원이 되었고, 일요일에는 이웃 마을에 가서 성경을 가르쳤다. 나와 같이 동행한 친구 중에는 축구장에서 만난 진지한 자연과학도인, 트란스케이 폰돌란드 출신의 올리버 탐보Oliver Tambo가 있었다. 처음부터 나는 올리버의 지성이 뛰어난 것을 알 수 있었다. 그는 날카로운 토론자였으며, 우리가 일상적으로 수용하고 있는 진부한 것을 받아들이지 않았다. 올리버는 앵글리컨 기숙사의 베다홀에서 생활했기 때문에 비록 그를 포트헤어에서 자주 만나지는 못했지만, 나는 그가 큰일을 할 사람이라고 생각했다.

일요일에 우리들 몇몇은 종종 시내 식당에서 식사하기 위해 앨리스로 걸어가곤 했다. 식당 주인은 백인들이었고, 당시에는 흑인들이 앞문으로 들어와서 식당에서 식사하는 것은 상상조차 할 수 없는 일이었다. 우리는 쟁반을 들고 부엌 옆으로 돌아가서 우리가 원하는 것을 주문했다.

나는 포트헤어에서 물리학뿐만 아니라 체육학, 즉 사교춤도 배웠다.

식당에서 낡은 축음기 소리에 맞춰 우리는 폭스트롯fox-trot과 왈츠 등을 몇 시간씩 연습했다. 우리들의 우상은 사교춤 세계 챔피언인 빅터 실베스터와 우리에게 춤을 가르친 스말리에 시운들라였는데, 그는 챔피언의 젊은 날의 모습을 빼닮은 것 같았다.

이웃 마을에는 은첼라만지라고 알려진, 흑인들을 위한 댄스홀이 있었다. 그곳은 그 지역 흑인 사회의 상류층만 출입했고, 학생들은 출입할 수 없었다. 여자와 춤 연습을 너무 하고 싶었던 우리는, 어느 날 밤 양복을 입고 기숙사를 몰래 빠져 나와 댄스홀로 갔다. 나는 홀 건너편에 있는 아름다운 여인을 발견하고, 춤을 추자고 정중하게 요청했다. 곧 그녀는 나의 팔에 안겨 춤을 추기 시작했다. 우리는 호흡이 잘 맞았다. 나는 내가 얼마나 근사한 여인과 무대를 사로잡았는지를 상상했다. 잠시 후 내가 이름을 묻자, 그녀는 '보크웨 부인'이라고 부드럽게 대답했다. 나는 그녀를 거의 그곳에 버려둔 채 무대 바깥을 살펴보았다. 나는 무대 저쪽에서 당시 가장 존경받던 흑인 지도자이자 학자인 로즈베리 보크웨 박사가 그의 처남이자 우리 선생인 매튜 교수와 담소를 나누고 있는 모습을 보았다. 나는 보크웨 부인에게 사과를 하고, 보크웨 박사와 매튜 교수의 의아한 눈초리를 받으며 우물쭈물 그녀를 일행에게 안내했다. 나는 쥐구멍으로 숨고 싶었다. 나는 수많은 학교 교칙을 위반했던 것이다. 그러나 포트헤어에서 규율을 담당하던 매튜 교수는 내게 한 마디도 하지 않았다. 그는 열심히 노력하는 한 의기양양한 기분을 용서해주었다. 나는 댄스홀 사건 이후 몇 주일간 정말 열심히 공부했다.

포트헤어는 지적인 면이나 사회적인 면에서 아주 세련된 곳이었고, 그것들은 내게 생소하기 짝이 없었다. 서구적인 척도로는 그곳이 별로 세련되지 못했지만, 나 같은 촌뜨기에게는 정말 대단히 새로운 곳이었다.

나는 처음으로 잠옷을 입었다. 처음에는 불편했지만 점차 익숙해졌다. 나는 전에 치약과 칫솔을 사용해본 적이 없었다. 집에서는 재로 이를 하얗게 만들었고, 이쑤시개로 이를 청소했다. 수세식 화장실과 뜨거운 물이 나오는 샤워기도 내게는 새로운 것이었다. 나는 집에서 수년 동안 사용했던 푸른색 세제가 아닌 비누를 처음으로 사용했다.

아마 이렇게 모든 것들이 낯설었기에 내가 소년 시절부터 알았던 단순한 즐거움을 그리워했는지도 모른다. 이렇게 느끼는 사람이 나 하나만이 아니었다. 우리들 몇몇은 밤에 비밀리에 모여, 대학의 농원에 숨어들어가서 불을 지피고 옥수수를 구워 먹기도 했다. 우리는 둘러앉아 옥수수를 먹으면서 자기 자랑을 늘어놓고는 했다. 배가 고파서 그랬던 것이 아니라 우리에게 가장 익숙했던 감정을 되살리고 싶었을 뿐이었다. 우리는 우리의 승리와 힘, 그리고 우리가 졸업하면 받게 될 돈에 대해 자랑스럽게 이야기했다. 비록 나는 내 자신이 세련된 젊은 청년이라고 믿었지만, 나는 시골의 즐거움을 여전히 그리워하는 촌놈이었다.

포트헤어가 세상과 격리된 곳이기는 했지만, 우리는 2차 세계대전의 전황에 대해 관심이 많았다. 친구들처럼 나도 영국을 열렬히 지지했다. 나는 1학년 말 졸업식 때 열렬한 영국 지지자인 얀 스뮈츠 남아프리카 전 수상이 연사로 나온다는 것을 알고는 정말 흥분했다. 세계적인 정치가로서 갈채를 받던 사람을 초청할 수 있었던 것은 포트헤어의 영광이었다. 당시 부수상이던 스뮈츠는 전국을 돌면서 남아프리카가 독일에 전쟁을 선포해야 한다고 호소했던 반면, 당시의 수상이던 J. B. 헤르초흐는 중립을 주장했다. 나는 스뮈츠와 같은 세계적인 지도자를 가까이서 볼 수 있다는 사실에 흥분했다.

3년 전에 헤르초흐가 케이프 지역의 일반인 투표명단에서 마지막으로 흑인들을 제거하려는 운동을 전개했던 반면, 스뮈츠에게는 호감이 가는 면이 있었다. 나는 그가 국내에서 자유를 억압했다는 사실보다 전 세계적인 자유를 촉진하기 위하여 세계연맹의 창립을 도왔다는 사실에 관심을 더 가졌다.

스뮈츠는 독일에 대항하여 영국을 지지하는 일의 중요성과, 영국이 남아프리카가 추구하는 것과 같은 가치를 추구하고 있다는 점을 역설했다. 나는 그의 영어 억양이 나만큼이나 형편없다고 생각했다. 우리는 그에게 뜨거운 박수를 보냈다. 하지만 유럽의 자유를 위해 투쟁하자는 스뮈츠의 호소에 격려를 보냈는데, 당시 우리는 우리의 조국이 바로 그러한 자유를 가지고 있지 않다는 사실을 망각하고 있었다.

스뮈츠는 포트헤어에서 개종자들을 대상으로 설교를 했다. 매일 밤, 웨슬리하우스의 학장은 유럽의 군사 상황을 검토했고, 우리는 밤늦도록 낡은 라디오 옆에 둘러앉아 처칠의 감동적인 연설을 듣고는 했다. 그러나 비록 우리가 스뮈츠의 입장을 지지하기는 했지만, 그의 방문은 많은 논란을 일으켰다.

어느 수업 중에 나와 나이가 비슷하고 아주 영리한 학생이라는 평판을 받던 은야티 콩기사가 스뮈츠를 인종차별주의자라고 비판했다. 그는 우리가 우리 자신을 '검은 영국인'이라고 간주할 수 있지만, 영국인은 우리를 '개화'하려는 동시에 우리를 억압했다고 말했다. 보어인과 영국인 사이의 적대감이 어떠한 것이었든 간에 이 두 백인 집단은 흑인들의 위협에 대항하여 단결할 것이라고 말했다. 콩기사의 견해는 우리를 경악시켰고, 그것은 너무 급진적인 것처럼 들렸다. 옆에 있던 한 친구가 내게 은야티는 내가 어렴풋이 알고는 있었지만 잘은 몰랐던 조직인 '아프리카민족회의ANC'의 회원이라고 조용히 말했다. 남아프리카가 독일에 전쟁을 선포한 후에 헤르초흐는 사임했고, 스뮈츠가 수상이 되었다.

포트헤어에서 2학년이었을 때, 나는 내 친구인 폴 마하바네에게 트란스케이에서 겨울 휴가를 같이 보내자고 초대했다. 블룸폰테인 출신인 폴은 학교에서 유명했다. 왜냐하면 그의 아버지인 자퀴어스 마하바네가 아프리카민족회의의 의장을 두 차례나 지냈기 때문이었다. 여전히 내가 잘 알지 못했던 그 조직과 관련되었기 때문에 그는 반항아라는 평판을 받았다.

휴가를 보내던 어느 날, 폴과 나는 트란스케이의 수도인 움타타에 갔다. 움타타에는 포장된 도로와 정부 건물들이 몇 군데 있었다. 우리가 우체국 밖에 서 있었는데, 60대의 백인 시청 직원이 폴에게 다가와 우체국 안에 가서 우표를 사다달라고 말했다. 당시는 백인이 흑인 아무에게나 심부름 시키는 것을 당연하게 여기던 때였다. 그 직원은 폴에게 동전을 주려고 했으나 폴은 받으려고 하지 않았다. 그러자 그는 화가 나서 얼굴이 벌게져 "내가 누군지 알아?"라고 말했다. 폴은 "당신이 누군지 알 필요는 없지만, 당신이 무엇을 하는 사람인 줄은 압니다"라고 대답했다. 직원은 그게 정확히 무슨 뜻이냐고 캐물었다. "바로 당신은 깡패라는 뜻이지요"라고 폴이 대답했다. 직원은 흥분해서, "넌 나중에 이 대가를 톡톡히 치르게 될 거다"라고 외치면서 사라졌다.

나는 폴의 행동 때문에 몹시 난처해졌다. 비록 그의 용기를 높이 사기는 했지만 동시에 그것이 난처한 일이라고 느꼈다. 그 직원은 내가 누구인지 알고 있었다. 만약 그가 내게 심부름을 시켰다면 나는 순순히 그 일을 했을 것이고, 그러고 나서는 그 일을 잊어버렸을 것이다. 그러나 비록 내 자신은 그렇게 할 준비가 되어 있지 않았지만, 나는 폴의 행동을 존경하지 않을 수 없었다. 나는 흑인들이 매일처럼 하루에도 수십 번씩 일어나는 모욕적인 일을 반드시 당해야만 되는 것은 아니라는 사실을 깨닫기 시작했다.

휴가가 끝난 뒤에 나는 새로운 각오를 다지며 학교로 돌아왔다. 나는 10월에 있는 시험을 위해 공부에 전념했다. 1년 이내에 나도 영리한 거트루드 은틀라바티처럼 학사 학위를 받을 수 있으리라고 생각했다. 학사 학위는 지역사회에서 신분 상승뿐만 아니라 재정적으로 성공하려면 반드시 필요했다. 총장인 알렉산더 커 박사, 야바부 교수, 매튜 교수 등이 우리들에게 끊임없이 포트헤어의 졸업생으로서 우리는 아프리카 사회의 엘리트라고 말해왔다.

학사 학위자로서 나는 마침내 아버지가 돌아가신 뒤에 상실한 재산과 명예를 어머니에게 회복시켜드릴 수 있으리라고 믿었다. 나는 쿠누에 좋은 집을 지어드리고, 정원을 꾸미고, 가구를 들여놓을 것이다. 그리고 어머니와 동생들이 오랫동안 갖지 못했던 것들을 갖도록 해줄 것이다. 이러한 것들이 내 꿈이었고, 곧 실현될 수 있을 것 같았다.

그해에 나는 포트헤어에서 최고 학생기구인 학생회의 후보로 지명되었다. 나는 당시에 학생회 선거를 둘러싼 일들이 내 인생의 향로를 바꾸게 될 곤경에 빠뜨리리라고는 상상하지도 못했다. 선거는 우리가 시험 준비에 한창인 마지막 학기말에 열렸다. 포트헤어의 교칙에 따르면 전체 학생이 대표 6명을 선출하도록 되어 있었다. 선거 직전에 전체 학생들이 모여 학생들의 문제와 불만들을 토론했다. 학생들은 한목소리로 식당의 음식이 개선되어야 하고, 학생회의 권한이 강화되어 학교 행정의 단순한 승인기구 이상이 되어야 한다고 주장했다. 나는 두 주장에 모두 동의했고, 학생들은 대부분 학교 당국이 우리들의 요구를 받아들이지 않는 한 선거를 거부해야 한다는 주장에 동조했다. 그 모임 직후 예정된 선거를 치렀다. 학생들이 대부분 투표에 참여하지 않았으나 전체 학생의 6분의 1 정도인 25명의 학생이 투표에 참여해서 6명의 대표를 뽑았으며, 나는 이들 6명에 뽑혔다. 그날 부재중에 선출된 6명은 함께 모여 이 일을 토의했다. 우리는 전원이 선거 거부를 지지하며, 학생 다수의 지지를 받지 못했다는 이유로 사퇴를 결정했다. 우리는 편지를 써서 커 박사에게 전달했다.

그러나 커 박사는 영리한 사람이었다. 그는 우리들의 사퇴를 받아들이고, 다음 날 저녁시간에 식당에서 선거를 다시 치른다고 결정했다. 그렇게 하면 모든 학생들이 전원 참석할 것이고, 학생회가 전체 학생들의 지지를 받지 못한다는 변명이 불가능해질 것이었다. 그날 저녁 총장이 명령한 대로 선거를 다시 치렀고, 또다시 25명의 학생이 투표에 참가하여 동일하게 6명을 대표로 선출했다. 마치 일이 처음으로 되돌아간 것 같았다.

하지만 우리 6명이 모여 우리들의 입장을 논의했을 때 의견이 갈렸다. 다른 대표들 5명은 모든 학생들이 참석한 선거에서 우리들이 선출되었다는 엄밀한 견해를 내놓았다. 따라서 우리는 전체 학생을 대표하지 못한다는 주장을 펼 수 없다고 말했다. 그러나 나는 아무것도 바뀐 것이 없다고 반박했다. 비록 모든 학생들이 그 자리에 있었지만 많은 사람들이 투표를 하지 않았고, 따라서 우리들이 그들의 신임을 받았다고 주장하는 것은 도덕적으로 옳지 않다고 주장했다. 우리들은 처음부터 선거를 거부하는 것이 목표였고 학생들은 선거 거부를 지지했기 때문에, 우리들의 의무는 그러한 결의에 따르는 것이고 총장의 기만에 넘어가지 않는 것이라고 반론을 폈다. 그러나 동료들을 설득시킬 수 없었기 때문에 나는 다시 사퇴했다. 6명 중 유일하게 나만 사퇴했다.

다음 날 아침, 나는 총장실로 불려 갔다. 커 박사는 에든버러 대학을 졸업했고, 사실상 포트헤어의 창립자나 다름없어 매우 존경받는 인물이었다. 그는 침착하게 지난 며칠간의 사건들을 정리한 후에 나에게 사퇴를 재고하라고 요청했다. 나는 그에게 그렇게 할 수 없다고 대답했다. 그는 다음 날 아침까지 곰곰이 잘 생각해 최종적인 대답을 달라고 말했다. 그러나 그는 나에게 그의 학생들이 무책임하게 행동하는 것은 용납할 수 없고, 만약 내가 사퇴를 고집한다면 나를 포트헤어에서 퇴학시킬 수밖에 없다고 경고했다.

나는 그의 말에 충격을 받아 밤새 잠을 이루지 못했다. 나는 태어나서 이처럼 중요한 결정을 내려본 적이 없었다. 그날 저녁 나는 친구이자 조언자인 K. D.와 상의했다. 그는 원칙적으로 내가 사퇴하는 것이 옳은 일이고, 굴복해서는 안 된다고 생각한다고 했다. 나는 당시 커 박사보다 K. D.가 더 무서웠다. 나는 K. D.에게 고맙다고 말하고 내 방으로 돌아왔다.

비록 내가 도덕적으로 옳은 일을 하고 있다고 믿었지만, 나는 여전히 그것이 올바른 길인지 확신이 서질 않았다. 사소하고 추상적인 도덕적 원칙 때문에 내 대학의 미래를 파괴하는 것은 아닌가? 나는 내 자신의 이기적인 생각을 굽히지 않으려고 내 동료 학생들에 대한 의무를 저버려도 좋다는 생각을 받아들이기가 힘들었다. 나는 나의 입장을 정하고, 또한 내 친구들의 눈에 사기꾼으로 비쳐지고 싶지 않았다. 동시에 포트헤어에서의 내 장래를 내던지고 싶지도 않았다.

다음 날 아침, 커 박사의 방에 갈 때까지도 나는 마음을 정하지 못했다. 그가 내게 결심을 했느냐고 물었을 때에야 비로소 나는 마음을 정했다. 나는 그렇다고 대답하고, 양심상 도저히 학생회의 일을 할 수가 없다고 말했다. 커 박사는 조금 놀란 것 같았다. 잠시 뒤에 그가 말했다. "좋아. 물론 그것은 네 스스로 결정한 거야. 그러나 나 역시 그 일에 관해 생각을 해보았고, 다른 제안을 하나 하지. 자네가 내년에 학생회 일을 한다면 포트헤어에 복학할 수 있게 해주겠네. 만델라 군, 자네는 여름 내내 그 일을 곰곰이 잘 생각해보게."

어떤 면에서 커 박사가 놀란 것만큼이나 나도 내 대답에 놀랐다. 내가 포트헤어를 떠난다는 것은 바보짓임을 알고 있었다. 그러나 그 순간에 나는 타협을 해야 했다. 나는 쉽게 그럴 수가 없었다. 내 가슴속에 있는 무엇인가가 그것을 허락하지 않았다. 비록 기꺼이 내게 다시 한번 기회를 주려는 커 박사의 입장은 고맙게 생각했지만, 내 운명을 그가 절대적으로 좌지우지한다는 것에 분노를 느꼈다. 나는 내가 원한다면 언제든지 학생회에서 사퇴할 수 있는 권리가 있어야만 했다. 이러한 불의는 나를 분노케 했고, 그 순간에 나는 커 박사를 은인이라기보다는 온전히 선의만 갖지 않은 독재자로 인식했다. 연말에 포트헤어를 떠날 때 나는 불쾌한 딜레마에 빠졌다.

8

대개 나는 음케케즈웨니에 돌아갈 때 편하고 무엇인가를 성취한 기분을 느끼고는 했다. 그러나 이번만은 달랐다. 시험을 통과하고 집에 돌아간 후에 나는 섭정에게 포트헤어에서 일어났던 일을 들려주었다. 그는 격분했고, 내가 그렇게 행동한 이유를 이해할 수도 없었다. 그는 그 일이 정말 바보짓이라고 생각했다. 내 설명을 듣지도 않고 그는 내게 총장이 권고한 바대로 가을에 포트헤어로 돌아가라고 명령했다. 그의 목소리는 어떤 논의도 허락하지 않았다. 내가 은인과 논쟁을 벌이는 것은 아무 의미도 없었으며, 그것은 그에 대한 무례한 행동이었다. 나는 그 문제를 당분간 덮어두고자 했다.

저스티스도 음케케즈웨니로 돌아왔다. 우리는 다시 만나 매우 기뻤다. 아무리 오래 떨어져 있을지라도 우리를 묶어주는 형제애는 금방 되살아났다. 저스티스는 1년 전에 학교를 떠나 지금은 케이프타운에 살고 있었다.

며칠 지나지 않아 나는 옛날 생활로 돌아갔다. 가축들을 돌보고, 섭정이 다른 추장들을 대하는 일들을 비롯해 섭정을 위하여 잡다한 일들을 했다. 나는 포트헤어에서 있었던 일에 골몰하지는 않았다. 그러나 인생은 망설이는 자들에게 결정을 강요하고는 했다. 나에게 결정을 강요한 것은 공부와는 상관없는 전혀 다른 일이었다.

집에 돌아온 지 몇 주 뒤에 섭정은 저스티스와 나를 모임에 불렀다. "애들아, 나는 그렇게 오래 살 것 같지 않구나. 조상들의 나라로 떠나기 전에 우리 두 아들이 결혼하는 것을 보고 싶다. 그래서 내가 너희들의 배우자들을 마련해두었다"라고 매우 가라앉은 목소리로 말했다.

이 발표는 우리 둘 모두에게 깜짝 놀랄 일이었다. 저스티스와 나는 충격 받은 표정을 지으며 무력하게 서로를 쳐다보았다. 섭정은 그 두 처녀가 매우 훌륭한 집안 출신이라고 말했다. 저스티스는 유명한 템부의 귀족인 칼리파의 딸과 결혼하고, 섭정이 늘 그렇게 불렀던 나 롤리흘라흘라는 템부족 사제의 딸과 결혼해야 했다. 섭정은 이 결혼을 곧바로 치러야 한다고 말했다. 신랑의 아버지가 신부 측에 대개 가축으로 지불하는 예물이나 결혼지참금을 저스티스는 마을이 지불하고, 나는 섭정이 직접 떠맡을 것이라고 했다.

저스티스와 나는 별로 할 말이 없었다. 섭정에게 질문을 할 입장도 아니었고, 적어도 섭정에게 그 문제는 결정 난 문제였다. 섭정은 그 일을 더 논의하려고 하지도 않았다. 신부는 결정되었고, 신부 측에게 예물도 지불되었다. 모든 것이 끝났다.

저스티스와 나는 당혹감과 좌절감으로 고개를 푹 숙인 채 그 자리에서 물러나왔다. 섭정은 템부의 법과 전통에 따라 행동한 것이고, 섭정의 의도도 결코 악의적인 것은 아니었다. 그는 살아 있는 동안에 우리들이 자리 잡는 것을 보고 싶어 했다. 우리는 섭정에게 우리의 결혼 상대자를 정해줄 권리가 있다는 것을 알고 있었다. 그러나 그것은 더 이상 추상적인 가능성으로 존재하는 것이 아니었다. 신부들은 환상 속의 인물이 아니라 우리가 잘 아는 실제 여인들이었다.

나는 그 젊은 여인의 가족을 존경했지만, 만약 섭정이 선택해준 그 처녀가 내가 꿈꾸던 신부였다고 말한다면 그것은 거짓말이었다. 그 처녀의 집안은 유명하고 존경받는 집안이었고, 그 처녀가 매력적인 여성이기는 했다. 하지만 그 처녀는 저스티스와 오랫동안 사랑하는 사이였다. 섭정은 부모들이 대개 자식들의 낭만적인 면을 잘 알지 못하듯이 이 사실을 몰랐다. 그 처녀 역시 나만큼이나 나 때문에 부담을 지고 싶어 하지 않았다.

당시 나는 정치보다는 사회적으로 더 진보해 있었다. 비록 백인 정치제도에 대항해 싸우는 것을 고려하지는 않았지만, 우리 종족의 사회제도에 대해서는 반란을 일으킬 준비가 되어 있었다. 역설적으로, 이러한 일에 간접적으로 책임을 져야 할 사람은 섭정 자신이었다. 왜냐하면 내가 사회적인 관습을 거부하게 된 것은 결국 그가 나에게 베푼 교육 때문이었으니까 말이다. 나는 수년간 대학에서 여학생들과 함께 공부했고, 몇 번 사랑에 빠진 적도 있었다. 나는 낭만적인 사람이었고, 그 사람이 섭정이라도 내 신부를 나 대신에 선택해주는 것을 받아들일 수 없었다.

나는 섭정의 부인을 만나서 내 일을 호소했다. 그녀는 천성적으로 냉담한 편이었기 때문에, 나는 그녀에게 섭정이 내 결혼을 주선해주는 것을 어떤 경우에도 받아들일 수 없다고 말할 수는 없었다. 그 대신 나는 다른 대안을 생각해냈는데, 내 동반자로서 더 나을 듯한 부인의 친척 처녀를 좋아한다고 말했다. 사실 그 처녀는 매우 매력적인 여인이었는데, 그녀가 나를 어떻게 생각하는지 알 길이 없었다. 나는 공부를 마치자마자 결혼하겠다고 말했다. 이 말은 반은 거짓말이었지만 섭정의 계획보다는 나았다. 부인은 내 편이 되어주었지만 섭정이 고집을 굽히지 않았다. 그는 한번 결정을 내리면 그것을 바꾸려 하지 않았다.

나는 그가 내게 다른 선택의 여지를 남겨두지 않았다고 느꼈다. 나는 이렇게 결혼할 수는 없었다. 그리고 그것이 불공정하고 잘못되었다고 느꼈다. 내가 섭정의 계획을 거부한다면 더 이상 그의 보호 밑에 남아 있을 수 없다고 생각했다. 저스티스는 내 의견에 동의했고, 우리에게 남은 한 가지 길은 집에서 도망치는 것이라는 데 합의를 보았다. 갈 곳은 요하네스버그뿐이었다.

되돌아보건대 우리는 당시 우리가 할 수 있는 일을 모두 시도해본 것은 아니었다. 나는 중재자를 통해 그 일을 섭정과 논의할 수도 있었고, 아마도 우리 종족과 집안의 관습의 테두리 안에서 일을 해결할 수도 있었을 것이다. 또한 음케케즈웨니에서 가장 개화되고 영향력 있는 섭정의 사촌인 질린들로부 추장에게 호소할 수도 있었다. 그러나 나는 어렸고 조급했으며, 기다림의 미덕을 알지 못했다. 도망만이 유일한 길이라 생각했다.

우리는 비밀리에 세부계획을 추진했다. 먼저 우리는 기회가 필요했다. 섭정은 저스티스와 내가 서로에게 해가 된다고 믿었다. 아니면 최소한 저스티스의 모험심이 좀 더 보수적인 내 성격에 영향을 미친다고 생각했다. 그 결과 그는 우리를 되도록 떼어놓고 싶어 했다. 그가 여행을 갈 때면 항상 우리 둘 중 한 명을 데리고 갔고, 그가 집에 없을 때는 우리 둘이 함께 있지 못하도록 했다. 그는 자주 저스티스를 여행에 데려갔는데, 그것은 내가 음케케즈웨니에 남아서 그의 일을 돌보길 바랐기 때문이었다. 그러나 우리는 섭정이 일주일 동안 트란스케이의 입법회의인 분가 회기에 참석할 때 우리 둘 다 데려가지 않으리라는 것을 알게 되었고, 우리는 그때가 도망갈 수 있는 최적의 시기라고 판단했다. 그래서 우리는 섭정이 분가로 떠난 직후 요하네스버그로 도망가기로 했다.

나는 옷이 별로 없어서 우리는 여행 가방 하나에 모든 것을 넣었다. 섭정은 월요일 이른 아침 떠났고, 그날 오후에 우리는 도망갈 모든 준비를 끝냈다. 그러나 우리가 막 떠나려고 할 때 뜻밖에도 섭정이 돌아왔다. 그의 차가 집으로 들어오는 것을 보고 우리는 정원으로 뛰어가 옥수수 밭에 숨었다. 섭정은 집으로 돌아오자마자 먼저 "애들은 어디에 있는가?" 하고 물었다. 누군가 "아마 이 근처에 있을 거예요"라고 말했다. 그러나 섭정은 의심스러워했으며, 그 말에 만족하지 않았다. 그가 돌아온 이유는 엡섬염鹽을 놓고 갔기 때문이었다. 그는 잠시 둘러보고 만족해하는 것 같았다. 나는 그가 아마도 무언가를 예감했을 것이라고 생각했다. 왜냐하면 그 소금은 도시에서도 쉽게 구할 수 있었기 때문이다. 그의 자동차가 언덕 너머로 사라졌을 때 우리도 우리의 길을 떠났다.

우리는 그때 돈이 한 푼도 없었다. 그래서 그날 아침 우리는 마을의 상인에게 가서 섭정의 황소 두 마리를 팔기로 했다. 그 상인은 우리가 섭정의 지시에 따라 소를 파는 것으로 생각했고, 우리는 그가 그렇게 믿도록 내버려두었다. 그는 값을 후하게 쳐주었고, 우리는 택시를 불러 기차역으로 가서 요하네스버그행 기차를 타려고 했다.

모든 일이 잘 풀리는 것 같았다. 그러나 우리도 모르는 사이에 섭정은 기차역으로 와서, 만약 우리 같은 아이 둘이 요하네스버그행 표를 사려고 한다면 그들은 트란스케이를 떠날 수 없게 되어 있기 때문에 그들을 돌려보내야 한다고 역무원에게 말해두었다. 우리는 역에 도착해서야 역무원이 우리에게 표를 팔지 않는다는 것을 알았다. 우리는 이유를 캐물었다. 그는 "너희들 아버지가 여기 와서 너희 둘이 도망치려 한다고 이야기했어"라고 말했다. 우리는 그 말에 놀라 택시를 타고 80킬로미터나 떨어진 다음 역으로 갔다. 그곳에 도착하는 데 한 시간 가까이 걸렸다.

우리는 겨우 기차를 탔지만 그 기차는 퀸스타운까지만 가는 것이었다. 1940년대에 흑인이 여행을 하는 것은 복잡한 일이었다. 열여섯 살 이상의 모든 아프리카인들은 원주민부가 발행하는 '통행증Native passes'을 갖고 다녀야만 했다. 그리고 그들은 통행증을 모든 백인 경찰, 공무원 또는 고용주에게 제시해야만 했다. 그렇지 않을 때에는 재판에 회부되어 투옥되거나 벌금을 물어야 했다. 통행증에는 사는 곳과 추장의 이름, 흑인들만이 내는 인두세 납부 여부가 적혀 있었다. 훗날 그 통행증은 매달 고용주가 서명하는, 자세한 내용이 적힌 '참고서reference book'로 알려진 책 형태로 바뀌었다.

저스티스와 나는 통행증을 갖고 있었다. 하지만 아프리카인이 행정구역을 떠나 직업이나 생계를 위해 다른 구역으로 가고자 할 때에는 여행증명서, 통행증 그리고 고용주의 편지, 또는 우리의 경우에는 우리 보호자의 편지를 지니고 있어야 했는데, 우리는 아무것도 없었다. 가장 운이 좋을 때, 즉 이러한 증명서를 모두 가지고 있을 때에도 경찰은 서명이 되어 있지 않다거나 또는 날짜가 틀리다는 이유로 못살게 굴었다. 우리는 퀸스타운에서 내려 친척집에 가서 필요한 증명서를 준비하기로 했다. 이것 역시 좋은 계획은 아니었으나 우리에게는 운이 따랐다. 왜냐하면 우리는 그곳에서 우리를 아껴 주던 음폰돔비니 추장을 만났기 때문이다.

음폰돔비니 추장은 우리를 따뜻하게 맞아주었다. 우리는 이 지역 행정관의 여행증명서가 필요하다고 설명했다. 우리는 섭정의 심부름 때문에 증명서가 필요하다고 거짓말을 했다. 음폰돔비니 추장은 원주민부의 통역가로 있다가 은퇴했으며, 행정관과 잘 아는 사이였다. 그는 우리 말을 의심할 이유가 없었다. 그는 우리를 직접 행정관에게 데려가서 우리가 증명서가 필요한 이유를 대신 설명해주었다. 추장의 설명을 들은 뒤에 행정관은 곧 필요한 여행증명서를 만들어 공용도장을 찍어주었다. 저스티스와 나는 서로를 바라보고는 의미심장하게 웃었다. 그러나 행정관이 우리에게 증명서를 건네주면서 무엇인가를 생각해냈고, 관례에 따라 우리의 주거구역인 움타타의 행정관에게 알리겠다고 말했다. 그 말에 불안했지만 우리는 사무실에 조용히 앉아 있었다. 행정관은 전화를 돌려 움타타에 있는 그의 동료와 통화를 했다. 운이 다했는지 그때 섭정은 움타타의 행정관을 방문하고 있던 중이어서 바로 그 사무실에 있었다.

행정관이 움타타의 행정관에게 우리의 사정을 설명하고 있을 때, 움타타의 행정관이 "마침 여기에 그 애들의 아버지가 있어요"라고 말하면서 섭정을 바꿔주었다. 행정관이 우리들이 요청한 것에 대해 설명하자 섭정의 분노는 폭발했다. "그 애들을 체포하시오"라고 엄청나게 큰 소리로 외치는 바람에 우리들까지도 전화기를 통해 목소리를 들을 수 있었다. "그들을 체포해서 곧바로 이곳으로 보내주시오." 행정관은 우리를 화난 모습으로 쳐다보았다. "너희들은 거짓말쟁이에다 도둑들이야. 너희들은 내 사무실을 악용했으며 나를 속였어. 나는 이제 너희들을 체포해야겠다."

나는 즉시 우리 자신을 변호했다. 포트헤어에서 배웠기 때문에 나는 법에 대해 조금 알고 있었다. 나는 그것을 이용했다. 우리가 거짓말을 한 것은 사실이라고 대답했다. 그러나 우리는 어떠한 범죄도 저지르지 않았고 법을 위반한 사실도 없으므로 한 추장의 단순한 권고사항에 따라 우리를 체포할 수는 없으며, 심지어 부친일 경우에도 마찬가지라고 말했다. 그러자 행정관이 조금 물러섰다. 그는 우리를 체포하지는 않았지만, 우리들에게 다시는 자신의 사무실을 더럽히지 말라고 말했다.

음폰돔비니 추장 역시 화가 나 있었지만 우리들을 내버려두었다. 저스티스는 백인 변호사 밑에서 일하는 시드니 은수라는 친구가 퀸스타운에 있다는 것을 기억해냈다. 우리는 그 친구를 찾아가 우리들의 사정을 설명했다. 그러자 그 친구는 마침 변호사의 어머니가 요하네스버그로 떠날 참이었기에 우리들을 데려다줄 수 있는지 물어보겠다고 했다. 그는 변호사의 어머니가 15파운드를 내면 우리들에게 차편을 제공하겠다고 한다고 전해주었다. 그것은 많은 돈이었으며, 기차요금보다 훨씬 더 비쌌다. 그 돈을 내고 나면 우리들은 거의 빈털터리가 되겠지만 다른 방법이 없었다. 우리들은 증명서에 도장을 받는 일과 합당한 여행증명서를 받는 일은 요하네스버그에 가서 하기로 하는 모험을 감수하기로 했다.

우리는 다음 날 아침 일찍 떠났다. 당시 흑인들이 백인이 운전하는 차에 동승할 때에는 뒷자리에 타는 것이 관례였다. 우리는 뒷자리에 앉았고, 저스티스는 바로 그 변호사 어머니의 뒤에 앉았다. 저스티스는 다정하고 힘이 넘치는 젊은이였기에, 차에 타자마자 곧장 내게 잡담을 하기 시작했다. 우리끼리 그렇게 잡담을 주고받자 그 늙은 여인은 심기가 매우 불편해졌다. 그 여인은 백인들과 함께 있으면서도 주눅 들지 않는 흑인들을 대한 적이 한 번도 없었던 것이 분명했다. 조금 가다가 그녀는 저스티스에게 나와 자리를 옮겨 그녀가 저스티스를 볼 수 있도록 해달라고 요구했고,

여행 내내 그녀는 매처럼 저스티스를 감시했다. 그러나 시간이 지나면서 그녀 역시 저스티스의 잡담에 가끔 웃기도 했다.

그날 밤 열 시쯤 우리는 멀리서 사방으로 펼쳐진 불빛을 볼 수 있었다. 내게 전기는 언제나 새롭고 사치스러운 것이었다. 그러나 바로 눈앞에 광대한 빛의 도시가 펼쳐지고 있었다. 나는 내가 어렸을 때부터 들어왔던 도시를 보면서 매우 들떠 있었다. 요하네스버그는 언제나 꿈의 도시, 가난한 농부가 세련된 부자로 탈바꿈할 수 있는 도시로, 기회와 위험이 병존하는 곳으로 묘사되었다. 나는 바나바케가 할례 의식에서 말했던 이야기들, 즉 건물들이 너무 높아서 그 지붕을 볼 수 없고, 한 번도 들어본 적이 없는 언어를 사용하는 무수한 사람들, 멋진 자동차와 늘씬한 미녀들, 그리고 근사한 갱들이 우글거리는 요하네스버그에 관한 이야기를 떠올렸다.

도시에 가까이 갈수록 교통량이 많아졌다. 나는 한꺼번에 그렇게 많은 차를 본 적이 없었다. 아마 수천 대는 되는 것 같았다. 우리는 도시 한복판을 통과하지 않고 도시의 외곽으로 돌아서 갔지만, 높고 덩치 큰 건물들의 음영이 어두운 하늘을 배경으로 더 음침하게 보였다. 나는 길가에 서 있는 담배, 사탕, 맥주 따위를 선전하는 광고판을 보았다. 모든 것이 정말 멋지게 보였다.

곧 우리는 가장 작은 집조차도 섭정의 대궁전보다 크고, 커다란 잔디 정원과 철 대문이 있는 웅장한 저택들이 늘어서 있는 지역으로 들어섰다. 바로 그곳은 그 늙은 여인의 딸이 사는 주택 지역이었다. 차는 어느 아름다운 집 앞에서 멈춰 섰다. 저스티스와 나는 하룻밤을 보내게 될 하인들의 숙소로 갔다. 우리는 그 여인에게 고맙다고 인사하고 마룻바닥에서 잠을 청했다. 그러나 요하네스버그에서 시작될 앞날에 대한 생각으로 들떠 있었기 때문에, 그날 밤은 마치 아름다운 새털 침대 위에서 잠을 자는 것 같았다. 나는 기나긴 여행의 종착지에 다다른 것 같았다. 그러나 사실은 내가 상상도 할 수 없는 여러 가지 방법으로 나를 시험하는 훨씬 더 길고 험난한 여정의 시작일 뿐이었다.

2

요하네스버그

9

아직 어둠 속에 잠긴 대도시가 내려다보이는 높은 언덕 위에 자리 잡은 크라운 광산 사무실에 우리가 도착했을 때는 새벽이었다. 요하네스버그는 1886년 비트바테르스란트에서 황금이 발견된 무렵부터 생성되기 시작한 도시였고, 크라운 광산은 이 황금의 도시에서도 제일 큰 금광이었다. 나는 움타타의 정부 청사 같은 큰 건물을 보리라 기대했다. 하지만 우리 앞에 모습을 드러낸 크라운 광산 사무실은 녹슨 양철 판잣집일 뿐이었다.

금광의 기적이란 없었다. 황폐하고 군데군데가 움푹 파였으며, 온통 먼지투성이에 나무는 한 그루도 없었고, 사방에 울타리가 쳐진 금광은 마치 전쟁이 할퀴고 간 싸움터 같았다. 사방에서 귀에 거슬리는 소음이 들려왔다. 수직 갱도 엘리베이터가 삐걱대는 소리, 드릴이 덜덜거리는 소리, 멀리서 들려오는 다이너마이트의 폭발음, 명령하는 고함 소리 등등. 바라보는 곳 어디에서나 대부분 피곤해하고 꾸부정한, 먼지를 뒤집어쓴 흑인들을 볼 수 있었다. 이들은 콘크리트 침대 수백 개가 몇 센티미터 간격으로 놓여 있는 남녀 공동 숙소의 어두운 맨땅에서 생활하고 있었다.

비트바테르스란트 금광은 광물의 품질이 낮고 땅 속 깊이 매장되어 있었기 때문에 비용이 많이 들었다. 아프리카 흑인 수천 명이 아무런 권리도 없이 푼돈을 받으며 오랜 시간을 일했는데, 오로지 그들의 이런 값싼 노동력 때문에 이 광산은 이익을 낼 수 있었다. 그렇게 이 광산회사의 백인 소유자들은 아프리카 흑인들을 착취해 그들이 꿈꾸었던 크로이소스[리디아의 마지막 왕(BC 560년경~546년 재위)으로 엄청난 부를 소유한 것으로 유명하다—옮긴이]와 같은 거부보다 더 큰 부자가 되었다. 나는 이전까지 이렇게 큰 기업, 커다란 기계, 체계적인 조직 그리고 힘든 일을 본 적이 없었다. 내가 남아프리카 자본주의의 작업 광경을 보는 것은 이때가 처음이었다. 나는 새로운 교육이 필요하다는 것을 깨달았다.

우리는 곧장 선임 인두나, 즉 소장에게 갔다. 그의 이름은 필리소였다. 그곳의 가장 잔혹한 삶을 직접 목격해온 건장한 노인이었다. 이 광산 지역에서 가장 욕심나며 존경받는 자리인 사무직을 구하기 위하여 섭정이 약속 편지를 수개월 전에 보냈기에 필리소는 저스티스를 알고 있었다. 그러나 나는 알지 못했다. 저스티스는 나를 자기 동생이라고 소개했다.

"나는 저스티스 자네만 올 거라고 예상하고 있었다네"라고 필리소가 대답했다. "자네 아버지가 보낸 편지에는 동생에 대해서 아무런 언급도 없었거든." 그는 나를 의심스럽게 훑어보았다. 그러나 저스티스는 그것이 단지 실수이며, 섭정이 나에 대한 편지를 이미 부쳤다고 변명했다. 퉁명스러운 외모와는 달리 필리소는 동정심이 많은 사람이었으며, 만약 내가 일을 잘한다면 3개월 후 나에게 사무직을 주겠다고 말하면서 나를 광산 경찰에게 데리고 갔다.

크라운 광산에서 섭정의 말은 영향력이 있었다. 이런 점은 남아프리카의 모든 추장들도 마찬가지였다. 광산 관리자들은 시골에서 노동력을 충원하고자 노력했는데, 추장은 이들이 필요로 하는 사람들에 대한 지배권을 갖고 있었다. 이들은 추장들이 부족민들에게 광산으로 가도록 권장해주기를 원했다. 광산회사는 추장들이 방문할 때마다 특별한 오두막을 제공해주는 등 추장들을 특별하게 대우해주었다. 섭정이 보낸 편지 한 장은 좋은 일자리를 확보하기에 충분했으며, 저스티스와 나는 섭정과의 관계 때문에 특별한 대우를 받을 수 있었다. 우리는 자유 배급, 침실 막사 그리고 약간의 봉급을 받게 되었다. 우리는 첫날 밤을 숙소에서 보내지 않아도 되었다. 필리소는 섭정에 대한 예우로 처음 며칠간 그의 숙소에서 함께 지내자고 저스티스와 나를 초대했다.

많은 광부들, 특히 템불란드 출신의 광부들은 저스티스를 추장처럼 우대했다. 그리고 추장이 광산을 방문했을 때의 관례에 따라 저스티스에게 돈을 선물로 주며 맞아주었다. 이들 대부분은 같은 숙소에 묵었는데, 대개 광부들은 부족마다 숙소가 나뉘어 있었다. 광산회사는 다른 여러 종족들이 공통 불만을 해소하기 위해 단결하는 것을 방지하고, 추장의 권력을 강화하기 위해 이러한 분리정책을 선호했다. 이 때문에 때로는 다른 종족이나 씨족 간에 싸우기도 했지만 광산회사는 이런 싸움을 적극적으로 말리지는 않았다.

저스티스는 그가 얻은 혜택을 나에게 나누어주었고, 보너스로 약간의 돈도 주었다. 처음 며칠 동안 나의 주머니는 새로 얻은 부富로 짤랑거렸다. 나는 백만장자가 된 기분이었다. 나는 행운아며, 행운이 나와 함께 있기에, 내가 만약 소중한 시간을 대학교에서 낭비하지 않았다면 벌써 부자가 되었을 것이라고 생각하기 시작했다. 그러나 나는 다시 한번 운명이 바쁘게 내 주위에 함정을 파고 있다는 것을 깨닫지 못하고 있었다.

나는 즉시 야간 경비원으로 일하기 시작했다. 나는 경비원 유니폼, 새 장화, 헬멧, 손전등, 호루라기, 그리고 나부케리(한쪽 끝에 무거운 둥근 공이 달린 나무 방망이)를 지급받았다. 일은 아주 단순했다. 나는 '주의: 원주민 제한선'이라고 씌어진 표지판 옆 거주지역 출입구에서 대기하면서, 들어오고 나가는 사람들의 증명서를 확인했다. 처음 며칠 밤 나는 거주지역을 아무런 사고 없이 순찰했다. 어느 날 저녁 늦게 나는 술이 약간 취한 광부 한 명을 검문했으나, 그는 순순히 신분증을 보여주고는 곧바로 숙소로 돌아갔다.

성공에 우쭐해진 저스티스와 나는 그 광산에서 일하는, 우리가 고향에서부터 알고 지냈던 한 친구에게 우리의 영리함을 자랑했다. 우리는 어떻게 섭정에게서 도망쳤으며, 어떻게 섭정을 속였는지도 설명했다. 그 친구는 우리에게 비밀을 지킨다고 맹세했지만 곧장 인두나에게 가서 비밀을 폭로했다. 다음 날, 필리소는 우리를 불러서 저스티스에게 먼저 "네 동생에 대한 섭정의 허가 편지는 어디에 있지?"라고 물었다. 저스티스는 섭정이 편지를 부친 것에 대해 벌써 다 설명하지 않았느냐고 말했다. 필리소는 그 말에도 누그러지지 않았다. 우리는 무엇인가 잘못되었다는 것을 느꼈다. 그러자 그는 책상으로 가서는 전보 하나를 보여주었다. "섭정에게서 연락을 받았어"라고 그는 심각한 어조로 말하면서 그 전보를 우리에게 건네주었다. 그 전보에는 다음과 같이 짧게 씌어 있었다. "즉시 아이들을 집으로 보내시오."

그리고 필리소는 우리가 그를 속인 것을 나무라면서 화를 내었다. 그는 우리가 그의 친절과 섭정의 명성을 이용했다고 말했다. 그는 트란스케이로 돌아가는 기차에 우리를 태워 보내기 위하여 광부들한테서 돈을 걷었다고 말했다. 저스티스는 우리는 단지 광산에서 일하기를 원하며, 우리는 스스로 자신의 일을 결정할 수 있다고 말하면서 고향으로 돌아가지 않겠다고 말했다. 그러나 필리소는 우리의 말을 듣지 않았다. 우리는 부끄럽고 창피했지만, 절대로 트란스케이로는 돌아가지 않겠다고 결심한 채 그의 사무실을 나왔다.

우리는 서둘러 다음 계획을 꾸몄다. 우리는 섭정의 오랜 친구이며 아프리카민족회의 의장인 A. B. 수마A. B. Xuma 박사를 만나러 갔다. 수마 박사는 트란스케이 출신으로 대단히 존경받는 내과의사였다.

수마 박사는 우리와 만난 것을 기뻐했으며, 음케케즈웨니에 있는 가족들의 안부를 친절하게 물었다. 우리는 그에게 우리가 요하네스버그에 있는 이유를 절반은 거짓으로 말하고는 광산에서 몹시 일하고 싶다고 했다. 수마 박사는 우리를 기꺼이 도와주겠다며 광산회의소의 웰빌러브드 씨에게 즉시 전화를 걸었다. 광산회의소는 광산회사를 대표하는 강력한 기구로 광산노동자의 고용에 대한 독점적인 지배권을 행사했다. 수마 박사는 우리가 아주 훌륭한 청년들이며, 우리에게 일자리를 꼭 마련해주라고 그에게 요청했다. 우리는 수마 박사에게 고맙다는 인사를 하고 웰빌러브드 씨를 만나러 갔다.

웰빌러브드 씨는 백인이었는데, 그의 사무실은 내가 본 사무실 중에서 규모가 가장 컸다. 그의 책상은 축구장만큼이나 넓어 보였다. 우리가 찾아갔을 때 그는 페스틸레라는 크라운 광산 사장과 함께 있었다. 우리는 그에게 수마 박사에게 했던 거짓말을 그대로 했다. 웰빌러브드 씨는 비트바테르스란트 대학에서 공부를 계속하기 위하여 요하네스버그에 왔다는, 순전히 사실만은 아닌 나의 설명에 감명을 받았다. "자, 젊은이들. 내가 크라운 광산의 관리인 필리소 씨에게 연락해서 자네들에게 사무직을 주라고 말해주겠네"라고 그는 말했다. 그는 필리소 씨와 지난 30년 동안 같이 일했으며, 그동안 필리소는 그에게 한 번도 거짓말을 하지 않았다고 했다. 저스티스와 나는 이 말을 듣고 무안해졌으나 아무 말도 하지 않았다. 조금 불안했지만, 우리는 순진하게도 필리소의 윗사람인 웰빌러브드 씨가 우리 편에 있기에 필리소보다 우리가 우세하다고 느꼈다.

우리는 크라운 광산 사무실로 돌아갔다. 백인 광산 관리인은 우리가 보여준 웰빌러브드 씨의 편지 때문에 우호적이었다. 바로 그때, 사무실을 지나가던 필리소 씨가 우리를 보고는 달려들어왔다. "너희들! 또 왔어?" 그는 짜증스럽게 말했다. "도대체 여기서 뭘 하고 있는 거야?"

저스티스는 침착했다. "웰빌러브드 씨가 우리를 보냈습니다"라고 대답했는데, 그의 목소리는 반항하는 것 같았다. 필리소는 이 사실을 잠시 고민했다. "자네들이 아버지에게서 도망친 것도 그에게 말했나?" 그가 반문했다. 저스티스는 아무 말도 하지 않았다.

"자네들은 내가 운영하는 광산 어디에서도 일자리를 구할 수 없어!" 라고 그가 외쳤다. "당장 내 앞에서 꺼져버려!" 저스티스는 웰빌러브드 씨의 편지를 흔들었다. "나는 그따위 편지는 상관하지 않아!"라고 필리소가 말했다. 나는 백인 관리인이 필리소를 말릴지도 모른다고 기대하면서 그를 쳐다보았으나 그는 꼼짝도 안 했다. 우리만큼 두려워하는 것 같았다. 우리는 필리소에게 응답도 하지 못하고, 먼젓번보다도 더 초라해진 것을 느끼면서 양처럼 순하게 사무실을 나왔다.

이제 우리의 행운은 끝났다. 우리는 일자리도 없었으며, 기대할 수 있는 것도 없었고, 지낼 곳도 없었다. 저스티스가 요하네스버그에 있는 여러 사람들을 알고 있었으므로 우리는 지낼 곳을 찾기 위하여 도심으로 갔다. 한편, 나는 아직 필리소가 보관하고 있는 우리의 가방을 찾아서 저스티스와 요하네스버그 남쪽의 작은 중심지인 조지고시에서 나중에 만나기로 했다.

나는 고향에서부터 알고 지냈던 비키차라는 친구에게 짐 가방을 정문까지 같이 운반해달라고 부탁했다. 정문의 경비원은 우리를 세우고는 가방을 조사해야겠다고 말했다. 비키차는 가방에는 금지 품목은 없다고 주장하면서 항의했다. 경비원은 조사는 일상적인 것이라고 대답하고는 옷들조차 건드리지 않은 채 건성으로 가방을 조사했다. 경비원이 가방을 닫자 젠체하던 비키차가 말했다. "그 안에 아무것도 없다고 말했는데, 당신은 도대체 무엇 때문에 문제를 만듭니까?" 이 말이 경비원을 화나게 했다. 결국 경비원은 가방을 맨 아래까지 뒤져서는, 내가 발견되지 않았으면 하고 바라던 권총을 발견했다.

그는 내 친구를 돌아보면서 말했다. "너를 체포한다." 그러고는 그가 호루라기를 불자 경비원들이 우리를 데려갔다. 그들이 우리를 파출소로 데려가자, 비키차는 놀라고 혼란스러운 눈으로 나를 쳐다보았다. 나는 내가 할 수 있는 일을 생각하면서 약간의 거리를 두고 그들을 쫓아갔다. 그 구식 권총은 아버지가 돌아가셨을 때 내게 남겨준 유산이었다. 나는 그 권총을 한 번도 사용하지 않았지만 나를 보호하기 위해 도시로 올 때 가지고 왔던 것이다.

내 친구가 내 대신에 책임을 지도록 할 수는 없었다. 그가 파출소에 들어가자마자 바로 나도 안으로 따라 들어가서 담당 경찰관을 만나고 싶다고 말했다. 나는 그에게로 가서 되도록 가장 직접적이고 솔직하게 말했다. "선생님, 제 친구의 가방에서 발견된 총은 제 것입니다. 트란스케이에 살던 아버지께서 물려주셨는데, 강도들이 무서워 이곳에 가지고 왔습니다." 나는 포트헤어에 있는 학교에 다니는 학생이며, 요하네스버그에는 잠시 들렀다고 설명했다. 내 말을 듣고 담당 경찰관은 다소 누그러져서 내 친구를 즉시 풀어주겠다고 말했다. 그는 비록 나를 체포하지는 않지만 내가 권총을 소지한 것에 대해서는 처벌받아야 하기 때문에 월요일 아침에 법원으로 출두해야만 한다고 말했다. 나는 기뻐서 월요일에 반드시 법원에 나가겠다고 말했다. 월요일에 나는 법원에 가서 단지 명목적인 소액의 벌금형을 받았다.

한편, 나는 조지고시 지역에 사는 내 친척 아저씨인 겔리크 음베케니 집에 머물게 되었다. 겔리크는 옷을 파는 행상이었는데, 집은 상자처럼 작았다. 그는 친절하고 남을 배려하는 사람이었다. 내가 그의 집에 머물게 된 지 얼마 안 되어서 내가 진정으로 하고 싶은 일은 변호사라고 그에게 말했다. 그는 나의 열망을 칭찬하고, 내 말을 생각해보겠다고 대답했다.

며칠 뒤, 겔리크는 나에게 '요하네스버그에서 가장 훌륭한 사람들 중의 한 사람'을 만나러 가자고 말했다. 우리는 기차를 타고 시장 거리에 있는 부동산 사무소로 갔다. 그곳에는 승객들로 신음하는 전차가 다니는 복잡하고 활동적인 큰 길이 있었으며, 사람들이 다니는 모든 거리에는 장사꾼들이 있었고, 풍요로움과 부가 바로 가까이 있다는 느낌이 들었다.

당시에 요하네스버그는 개척 도시와 근대 도시의 모습이 뒤섞여 있었다. 도살업자들은 사무실 건물 바로 옆 길거리에서 고기를 썰었다. 혼잡한 상점들 옆에 천막이 세워져 있고, 아낙네들은 고층빌딩 옆에서 빨래를 했다. 전쟁 준비 때문에 산업은 활기를 띠었다. 영국연방에 속해 있던 남아프리카는 1939년 나치 독일에 전쟁을 선포했다. 남아프리카는 전쟁 준비를 위해 남자들과 군수품을 보급하고 있었다. 노동력 수요는 대단히 높아 요하네스버그는 일자리를 구하려는 농촌지역의 아프리카 사람들에게는 매력 있는 곳이었다. 내가 도착했던 1941년과 1946년 사이에 도시에 사는 아프리카 사람들 수는 두 배로 늘어났다. 매일 아침 도시는 전날보다 사람이 더 많아진 것처럼 느껴졌다. 사람들은 공장에서 일자리를 얻었으며, 뉴클레어, 마틴데일, 조지고시, 알렉산드라, 소피아타운, 서부 원주민

지역과 같은 나무 한 그루 없으며, 성냥갑만 한 집 수천 개가 빽빽이 들어서 있는 포로수용소와 비슷한 비유럽인 거주지역에서 살았다.

예쁘게 생긴 아프리카인 여자 안내인이 안쪽 사무실에 있던 윗사람에게 우리가 왔다고 알리는 동안, 겔리크와 나는 그 부동산 사무소의 대기실에 앉아 있었다. 말을 전달한 뒤 그녀는 재빠르게 타자기로 편지를 쓰기 시작했다. 마치 손가락이 춤을 추는 듯했다. 나는 아프리카 사람이 타자 치는 것을 처음 보았는데, 여자는 더욱 그랬다. 내가 방문했던 움타타나 포트헤어의 몇몇 관청이나 회사 사무실에서는 타자를 치는 사람은 언제나 백인 남자였다. 백인 남자들은 타자를 칠 때 오직 손가락 두 개를 천천히 움직였기 때문에, 특히 나는 이 젊은 여자에게서 깊은 인상을 받았다.

그녀는 잠시 뒤 우리를 안쪽 사무실로 안내했다. 우리는 20대 후반으로 보이는, 지적이며 친절한 얼굴에 안색이 좋으며, 단추가 두 줄로 달린 양복을 입은 남자를 만났다. 그는 젊었지만 세상 경험이 많을 것 같았다. 그는 트란스케이 출신이었으나 세련된 영어를 유창하게 구사했다. 대기실의 많은 사람과 그의 책상 위에 잔뜩 쌓인 서류를 보고 짐작하건대, 그는 무척 바빴고 또한 성공한 사람임에 틀림없었다. 그는 우리를 경솔하게 대하지 않았으며, 우리의 용건에 진심으로 관심이 있는 것 같았다. 그의 이름은 월터 시술루Walter Sisulu였다.

시술루는 아프리카인들의 재산을 전문적으로 취급하는 부동산 사무소를 운영하고 있었다. 1940년대에는 아프리카인들이 자유롭게 보유할 수 있는 토지가 약간 남아 있었다. 이러한 토지의 일부에는 여러 세대 동안 아프리카인들이 집을 짓고 살아왔다. 아프리카인들이 사는 다른 지역은 성냥갑 같은 집들이 세워져 있는 시영지구였으며, 이곳의 거주민들은 요하네스버그 시 당국에 집세를 지불했다.

시술루라는 이름은 사업가와 지역 지도자로 잘 알려져 있었다. 그는 이미 지역사회에서 영향력 있는 사람이었다. 내가 포트헤어에서 겪고 있는 어려움, 변호사가 되려는 나의 열망, 통신강좌로 학위를 받기 위하여 남아프리카 대학에 등록하려면 어떻게 해야 하는지 등을 설명하자 그는 신중히 경청했다. 내가 요하네스버그에 오게 된 상황에 대해서는 말하지 않았다. 내 이야기가 끝나자, 그는 의자 뒤로 기대어 앉아서 내가 한 말을 골몰히 생각했다. 그러고 나서 여러 번 나를 쳐다본 뒤, 그와 함께 일하는 사람들 가운데 그가 생각하기에 아주 훌륭하고 진보적인 라자 시델스키라는 백인 변호사가 있는데, 그가 아프리카인의 교육에 관심을 갖고 있다고 말했다. 그리고 시델스키가 나를 법률사무 견습 서기로 채용하도록 추천해주겠다고 말했다.

그 당시에 나는 영어를 유창하게 하고 사업에서 성공할 수 있는 것은 곧 고등교육의 결과라고 믿었기에, 시술루도 당연히 대학을 졸업했을 것이라고 추측했다. 따라서 나는 사무실을 나와서 친척 아저씨에게서 월터 시술루는 초등학교 이상은 다니지 않았다는 사실을 알고서는 무척 놀랄 수밖에 없었다. 이것은 내가 포트헤어에서 배웠지만 요하네스버그에서는 잊어버려야만 했던 것 중 하나였다. 나는 학사 학위를 취득하는 것은 지도자가 되는 것이며, 지도자가 되기 위해서는 학사 학위가 필요하다고 교육을 받아왔다. 그러나 요하네스버그에서 나는 뛰어난 많은 지도자들이 대학에 전혀 가지 않았다는 사실을 발견했다. 비록 내가 학사 학위를 받기 위하여 많은 영어 과목을 수강했지만, 나의 영어는 내가 요하네스버그에서 만난 아무런 학위도 없는 많은 사람들의 영어에 비해서 유창하지도 않았으며 달변도 아니었다.

친척 아저씨의 집에서 짧은 기간 동안 머문 뒤, 나는 알렉산드라 지구 8번가에 있는 성공회 목사인 J. 마부토의 집으로 옮겼다. 마부토는 템부 사람으로 우리 집안과 친했으며, 너그럽고 신앙심이 깊었다. 우리가 고고라고 부르는 그의 아내는 도움을 아끼지 않는 따뜻하고 자애로우며, 요리 솜씨가 뛰어난 여인이었다. 템부 사람으로 우리 가족을 잘 알기에 마부토는 내게 의무감을 느꼈다. 그가 한번은 "우리의 조상들은 나누어 가지라고 우리를 가르쳤다"라고 말했다.

그러나 나는 크라운 광산에서 겪은 경험을 깨닫지 못하고, 마부토 목사에게 내가 트란스케이를 떠나게 된 상황을 말하지 않았다. 결국 이 실수는 불행한 결과를 가져왔다. 마부토 부부의 집으로 옮긴 지 며칠 뒤, 마부토 부부와 차를 마시고 있는데 손님이 찾아왔다. 불행하게도 그 사람은 나와 저스티스가 웰빌러브드 씨를 만났을 때 그 자리에 있었던 광산회의소의 인두나인 페스틸레 씨였다. 페스틸레 씨와 나는 이미 서로 아는 사이여서 인사를 했으며, 지난번의 만남에 대하여 아무 말도 하지 않았다. 하지만 다음 날 마부토 목사는 내게 와서 더 이상 자신의 집에 머물 수 없다고 분명히 말했다.

나는 모든 것을 사실대로 말하지 않은 내 자신을 저주했다. 나는 거짓말에 너무 익숙해져서 하지 말아야 할 때조차 거짓말을 했다. 비록 마부토 목사는 별로 신경 쓰지는 않았지만, 페스틸레에게서 내 상황을 들었을 때 분명히 속은 기분이 들었을 것이다. 요하네스버그에 짧게 머물면서 나는 계속해서 불신만을 남겼다. 거짓말은 매번 나에게 되돌아와서 나를 괴롭혔다. 당시 나는 다른 대안이 없다고 느꼈다. 나는 두려웠고 경험이 없었으며, 나의 새로운 삶에 발을 잘못 내디뎠다는 것을 알았다. 마부토 목사는 이러한 절박한 상황에 있는 나를 불쌍하게 생각하여, 그의 옆집 코마 씨 댁에 머물 수 있도록 주선해주었다.

코마 씨는 알렉산드라에서 몇 안 되는 토지를 소유한 엘리트 아프리카인이었다. 7번가 46번지에 있는 그의 집은 아이들이 여섯 명이나 되었기에 좁았지만, 베란다와 조그만 정원이 있는 등 살기 좋았다. 코마 씨는 생활을 꾸려나가기 위하여 알렉산드라의 많은 다른 거주민들과 마찬가지로 사람들에게 방을 세놓았다. 그는 자신의 집 뒷마당에 벽돌 바닥과 난방, 전기, 수도도 없고, 오두막보다 더 못한, 기껏해야 판잣집인 양철지붕의 방을 하나 지었다. 그러나 이것이 내 방이었고, 나는 이 집을 구해서 기뻤다.

한편 월터의 추천으로 라자 시델스키는 내가 학사 학위를 받을 때까지 나를 견습 서기로 고용해주기로 했다. '비트킨, 시델스키와 에이델만'은 이 도시에서 제일 큰 법률회사에 속했으며, 백인뿐만 아니라 흑인들 문제도 다루었다. 남아프리카에서 검사 자격을 얻기 위해서 사람들은 법학을 공부하고 시험을 통과하는 것 말고도 수년 동안 변호사 밑에서 도제라고 알려진 견습 생활을 해야만 했다. 그러나 내가 도제가 되기 위해서는 먼저 학사 학위를 받아야만 했다. 마침내 나는 통신강좌로 학점과 학위를 주는 명문 대학인 남아프리카 대학에서 야간에 공부하게 되었다.

일상적인 법률문제를 다루는 것 이외에도 '비트킨, 시델스키와 에이델만'은 아프리카인 손님을 위하여 부동산 거래를 감독했다. 월터는 저당이 필요한 손님들을 데려왔다. 이 법률회사는 융자 신청을 도와주고 수수료를 받았으며, 이 수수료를 부동산 소개업자와 나누어 가졌다. 그러나 사실 법률회사가 돈을 대부분 차지했기 때문에 아프리카인 부동산 소개업자가 받는 몫은 아주 적었다. 흑인들은 그 식탁에서 부스러기만을 얻었으며, 그것이나마 받는 것 이외에는 다른 선택의 여지가 없었다.

그럼에도 이 법률회사는 다른 법률회사들보다 훨씬 개방적이었다. 이 회사는 유대인 회사였는데, 나는 경험으로 유대인이 인종과 정치 문제에서 다른 백인들보다 편견이 없다는 것을 알았다. 아마도 이들 자신들이 역사적으로 편견의 희생물이었기 때문일 것이다. 이 회사의 동업자 중 한 사람인 라자 시델스키가 젊은 아프리카인을 견습 서기로 고용했다는 사실 자체가 당시에는 거의 있을 수 없던 일로 이 회사가 개방적이라는 것을 입증해준다.

시델스키 씨는 나를 대단히 친절하게 대해주었고, 나는 그를 무척 존경하게 되었다. 그는 비트바테르스란트 대학을 졸업했는데, 내가 그 회사에 취직했을 때에는 30대 중반이었다. 그는 아프리카인 학교에 시간과 돈을 기부함으로써 아프리카인의 교육에 참여했다. 가느다란 콧수염을 기르고 몸이 호리호리하며 품위 있는 남자인 그는 내 생활과 장래에 대하여 진심으로 관심을 가져주었다. 또한 개인적으로 내게 그리고 일반적으로 아프리카인 전체에게 교육의 가치와 중요성을 강조했다. 교육받은 사람들은 자신을 생각할 수 있기에 박해받지 않는다고 주장하면서, 그는 오직 대중교육을 통해서만 우리 민족들이 자유롭게 될 수 있다고 말했다. 그는 내가 성공한 변호사가 되어 우리 민족들에게 성공한 사람의 모델이 되는 것이 내가 추구할 수 있는 가장 가치 있는 길이라고 거듭 강조했다.

사무실에 출근한 첫날, 나는 나와 사무실을 함께 쓸 가우어 라데베라는 아프리카인 직원을 비롯하여 다른 회사 직원들을 만났다. 나보다 열 살 위인 가우어는 서기이자 통역원이며 전령이었다. 그는 작달막하고 튼튼한 근육질의 남자로 영어, 소토어, 줄루어를 유창하게 했으며, 자신을 정확하고 재미있으며 자신만만한 사람으로 표현했다. 그는 자기주장이 뚜렷했고, 그 주장을 뒷받침하는 논쟁에서는 더욱더 단호했다. 요하네스버그의 흑인들 사이에서는 잘 알려진 인물이었다.

그날 아침, 명랑하고 젊은 백인 비서인 리버만 양은 내게 와서 "넬슨, 이 회사에는 인종차별은 없어요"라고 말했다. 그녀는 오전에 차를 파는 사람이 접시에 차와 많은 찻잔을 가지고 휴게실 입구에 도착하자, "당신이 온 것을 환영하는 뜻으로, 우리는 당신과 가우어를 위하여 새 찻잔 두 개를 구입했어요"라고 말했다. "간부들에게는 비서들이 차를 날라주지만, 당신과 가우어는 우리가 하는 것처럼 자신들이 직접 해야 합니다. 차 파는 사람이 오면 내가 당신을 부를 테니, 이 새 찻잔에다 차를 담으세요." 그녀는 내가 이 말을 가우어에게 전해야 한다고 덧붙였다. 나는 그녀가 친절하게 대해줘서 고마웠지만, 그녀가 조심스럽게 말한 '새로운 찻잔 두 개'가 그녀가 없다고 말한 '인종차별'이 존재한다는 사실을 증명한다는 것을 알았다. 비서들은 두 아프리카인과 차를 나눠 마셨지만, 아프리카인들과 찻잔을 공동으로 쓰지는 않았다.

리버만 양의 말을 가우어에게 전달하자 그의 표정이 바뀌었다. 마치 어린아이의 머릿속으로 나쁜 생각이 주입되는 것처럼 보였다. 그가 말했다. "넬슨, 차 마시는 시간에 대하여 전혀 걱정하지 마. 내가 하는 대로 그대로 따라해." 11시에 리버만 양은 차가 왔다고 알려주었다. 비서들과 다른 회사 사람들 앞에서 가우어는 차 쟁반으로 가서 보라는 듯이 새 찻잔을 무시하고 낡은 찻잔을 들고는 설탕과 우유와 차를 잔뜩 담았다. 그는 천천히 찻잔을 저은 뒤 아주 만족스럽게 차를 마시며 서 있었다. 비서들은 가우어를 째려보았지만, 가우어는 마치 "이제 네 차례야, 넬슨"이라고 말하는 것처럼 나에게 고개를 끄덕였다.

잠시 동안 나는 궁지에 몰렸다. 나는 비서들에게 대항하고 싶지도 않았으며, 내 새로운 동료와 멀어지고 싶지도 않았기에 내가 할 수 있는 가장 현명한 행동을 택했다. 차를 사양했다. 나는 목이 마르지 않다고 말했다. 그때 나는 겨우 스물세 살이었고, 요하네스버그에서 백인 회사에 취직하게 되어 이제 막 한 남자로 자립했으며, 중용이 최선이며 가장 합리적인 길이라는 것을 알고 있었다. 그 뒤로 나는 차 마시는 시간에는 사무실의 조그만 부엌으로 가서 홀로 차를 마셨다.

비서들은 언제나 그렇게 사려 깊지는 않았다. 얼마 뒤 내가 그 회사에서 경험이 좀 더 쌓였을 때였다. 비서가 내게서 어떤 자료를 받아쓰고 있을 때 비서가 평소 아는 백인 손님이 사무실에 들어왔다. 그녀는 당황한 나머지 자신이 아프리카인의 말을 받아쓰고 있지 않았다는 것을 보여주기 위하여 지갑에서 6펜스를 꺼내서는 완고하게 말했다. "넬슨, 밖에 나가 약방에서 샴푸 좀 사다주세요." 나는 그녀에게 샴푸를 사다주었다.

처음 이 회사에서 나는 초보적인 일을 하는 서기 겸 전령이었다. 나는 서류를 찾고 분류하고 보관했으며, 요하네스버그 주변에 서류들을 배달했다. 나중에는 이 회사의 일부 아프리카인 고객을 위해 서류를 만들었다. 하지만 아무리 하찮은 일이라도 시델스키 씨는 무엇 때문에 이것을 하며, 왜 이것을 내가 하는지 설명해주었다. 그는 인내심이 있는 친절한 선생이었다. 또한 법률의 세부사항뿐만 아니라 그것의 철학적 배경도 가르쳐주려고 노력했다. 그는 법을 좁은 개념보다는 넓은 개념으로 보았다. 왜냐하면 그는 법이 사회를 변화시킬 수 있는 도구라고 믿었기 때문이다.

시델스키 씨는 법에 대하여 가르쳐주는 한편 정치에는 관여하지 말라고 나에게 주의를 주었다. 그는 정치는 인간에게 제일 나쁜 것을 가져다준다고 말했다. 정치는 말썽과 부패의 원천이며, 따라서 무슨 수를 써서라도 정치를 피해야만 한다고 말했다. 그는 내가 만약 정치에 휩쓸리게 될 경우 나에게 일어날 일을 무시무시하게 묘사했으며, 그가 생각하기에 말썽꾼이며 선동가인 사람들, 특히 가우어 라데베나 월터 시술루와 어울리지 말라고 권유했다. 시델스키 씨는 그들의 능력은 존중했지만 그들의 정치활동을 혐오했다.

가우어는 사실상 좋은 의미에서 '말썽꾼'이었으며, 시델스키 씨가 몰랐거나 또는 눈치채지 못한 방면에서는 아프리카인 사회에서 영향력이 있는 사람이었다. 그는 서부 원주민 지역 자문위원회 위원이었다. 그 위원회는 선거에 의하여 선출된 지역민 네 명으로 구성되어, 지역구의 일로 당국과 상대하는 곳이었다. 위원회는 권력은 없었으나 사람들 사이에서 대단한 명예를 갖고 있었다. 나는 또한 가우어가 아프리카민족회의와 공산당의 핵심 당원이라는 사실을 곧 알게 되었다.

그는 주체성이 뚜렷한 사람이었다. 그는 우리의 사장들에게 지나치게 예의를 표하지 않았으며, 그들이 아프리카인을 취급하는 것에 종종 불만을 표시했다. 그는 "너희 백인들은 우리 땅을 훔치고는 우리를 노예로 만들었다. 당신들은 나중에 엄청난 대가를 치르게 될 거야"라고 말하고는 했다. 하루는 내가 심부름을 하고 돌아와 시델스키 씨의 사무실로 들어가자 가우어는 그를 쳐다보면서, "보시오. 당신은 거기에 군주처럼 앉아 있고, 우리 부족장은 당신의 잔심부름을 하고 돌아다니고 있소. 이 상황은 뒤바뀌어야 하며, 그날은 올 것이고, 그때 우리는 당신들을 바다에 던져 버릴 것이오"라고 말했다. 그러고는 가우어는 그 방을 나갔고, 시델스키 씨는 다만 애처롭게 고개를 흔들 뿐이었다.

가우어는 학사 학위가 없었다. 그렇지만 번쩍이는 학위를 갖고 포트 헤어를 떠난 친구들보다 교육을 잘 받은 사람의 표본이었다. 그는 지식이 해박했을 뿐만 아니라 용기가 있었고 더욱이 자신만만했다. 나는 학위를 끝내고 법과대학에 진학하려고 했다. 그러나 가우어에게서 학위 자체는 지도자의 자질을 전혀 보장하지 않으며, 자신의 능력을 증명하기 위하여 사회에 뛰어들지 않고는 학위는 아무 의미가 없다는 것을 배웠다.

내가 '비트킨, 시델스키와 에이델만' 회사의 유일한 견습 서기는 아니었다. 내 나이 또래의 내트 브래그만이라는 친구가 나보다 조금 먼저 일을 시작했다. 내트는 총명하며, 명랑하고, 생각이 깊었다. 그는 피부색깔에 대하여 전혀 개의치 않았으며, 내 첫 백인 친구가 되었다. 그는 흉내를 매우 잘 냈는데, 얀 스뮈츠, 프랭클린 루스벨트, 윈스턴 처칠의 목소리를 아주 똑같이 흉내 낼 수 있었다. 나는 그에게 법률이나 사무 절차에 대하여 자주 물어봤다. 그때마다 그는 기대를 저버리지 않고 나를 항상 도와주었다.

하루는 점심시간에 사무실에 앉아 있는데 내트가 샌드위치 봉투를 꺼냈다. 그리고 샌드위치 하나를 꺼내더니 말했다. "넬슨, 그쪽을 잡아." 나는 그가 왜 그러는지 이유를 몰랐지만 배가 고팠기에 시키는 대로 했다. "자, 이제 잡아당겨" 하고 그가 말했다. 나는 시키는 대로 했고, 샌드위치는 대충 둘로 나뉘어졌다. "자, 이제 먹자." 그가 말했다. 샌드위치를 씹는 동안 내트가 말했다. "넬슨, 우리가 방금 한 일이 공산당의 철학을 상징하는 거야. 즉 우리가 가진 모든 것을 공유하는 거지." 그는 나에게 자신이 공산당원이라고 말하고, 공산당의 근본원리를 설명했다. 나는 가우어가 공산당원이라는 것을 알고 있었지만, 가우어는 나를 공산당원으로 만들려고 절대로 노력하지 않았다. 그날 이후 내트는 나에게 공산주의의 장점을 설명하고 공산당에 가입하라고 설득했다. 나는 그의 말을 듣고 궁금한 것을 묻기도 했지만 공산당에 가입하지는 않았다. 나는 어떠한 정치 집단에도 가입하고 싶지 않았고, 시델스키 씨의 충고가 계속해서 귓가에 맴돌았다. 나는 또한 종교심이 무척 깊었기에, 공산당이 종교를 혐오한다는 사실이 싫었다. 하지만 나는 그 샌드위치의 반쪽은 고마웠다.

나는 내트의 친구들이 좋았으며, 여러 강연이나 공산당 회의를 포함하여 여러 곳을 우리는 함께 어울려 다녔다. 내가 그렇게 한 것은 주로 지적 호기심 때문이었다. 나는 오직 우리 나라 인종 탄압의 역사에 관심을 가졌으며, 남아프리카에서 일어난 투쟁을 순전히 인종 문제로 보았다. 그러나 공산당은 남아프리카의 문제를 계급투쟁의 관점에서 보았다. 그들에게 이것은 가진 자들이 없는 자들을 탄압하는 문제였다. 나는 이것에 흥미를 느꼈으나 오늘날의 남아프리카 상황에는 맞지 않는 것 같았다. 이것은 독일이나 영국이나 러시아에는 적용될 수 있지만, 내가 아는 나라에는 타당하지 않은 것 같았다. 그런데도 나는 듣고 배웠다.

내트는 백인, 아프리카인, 인디언, 혼혈인들이 섞여 있는 여러 파티에 나를 초대했다. 공산당이 모임들을 마련했고, 참석한 손님들 대부분은 공산당원이었다. 나는 그 모임에 처음 갔을 때 내 복장이 어울리지 않는다고 걱정했던 것을 기억한다. 우리는 모든 종류의 사회적 모임에는 넥타이를 하고 정장을 입어야 한다고 포트헤어에서 배웠다. 비록 옷은 거의 없었지만 파티에 매고 갈 넥타이는 겨우 구했다.

나는 피부색깔에 대하여 전혀 개의치 않으며, 활발하고 사교적인 사람들을 많이 만났다. 여러 인종이 함께 있는 모임에 내가 처음으로 참석했던 것이다. 참석자라기보다는 관찰자였다. 나는 무척 수줍었으며, 실수를 조심했고, 포부가 크며, 속사포처럼 빠른 대화에 참여할 준비가 되어 있지 않았다. 내 곁에서 나누는 교양 있는 대화들과 비교한다면 내 생각은 성숙하지 못한 것 같았다.

어느 날 저녁, 마이클 하멜을 소개받았는데, 나는 그가 로드스 대학에서 영문학 석사 학위를 받았다고 알고 있었다. 나는 그가 받은 학위에 놀랐으나 그를 만났을 때 혼자 생각했다. "이 사람은 석사 학위를 받았지만 넥타이조차 하지 않았어!" 나는 다만 이러한 불일치를 이해할 수 없었다. 그 뒤 마이클과 나는 친구가 되었다. 그는 내가 한때 신봉했던 다소 멍청한 많은 인습을 거부했기 때문에 그에게 무척 탄복했다. 그는 뛰어난 작가일 뿐만 아니라 공산주의에 너무나 심취해서 아프리카인과 다를 바 없는 방식으로 생활했다.

10

알렉산드라에서의 생활은 활력이 넘쳤지만 불안정했다. 알렉산드라의 분위기는 생동감이 있었고, 이곳의 기풍은 모험심이 강했고, 사람들은 지략이 뛰어났다. 이 지역에는 멋있는 빌딩들 몇 개가 뽐내며 서 있었지만, 당국의 무관심을 나타내는 빈민가로 묘사하는 것이 타당했다. 길은 포장되지 않았고 지저분했으며, 반쯤 발가벗은 채 뛰어다니는 굶주리고 영양상태가 나쁜 아이들로 득시글거렸다. 대기는 화로와 난로의 석탄불이 뿜어내는 연기로 가득했다. 여러 집이 수도 하나를 함께 사용했다. 고여 있는 물웅덩이는 악취가 심했고, 길에서 들어온 구더기로 가득했다. 알렉산드라는 전기가 전혀 없었기 때문에 '어둠의 도시'로 널리 알려져 있었다. 어두웠기에 집으로 돌아가는 밤길은 위험했으며, 고함소리, 웃음소리 그리고 때로는 총소리가 밤의 정적을 깨뜨렸다. 반갑게 껴안아 감싸주는 듯한 트란스케이의 어둠과는 너무나 달랐다.

이 지역은 인구가 지나치게 많았다. 곳곳마다 곧 쓰러질 듯한 집, 또는 양철지붕의 판잣집이 가득했다. 몹시 빈곤한 지역에서 흔히 그렇듯 제일 나쁜 일이 단연 두드러졌다. 생명은 가치가 없었다. 즉 총과 칼이 밤을 지배했다. 날이 튀어나오는 칼을 가지고 다니는 '초트시스'라고 알려진 깡패들이 득실거렸으며, 이들의 활동은 유명했다. 당시 이들은 미국 영화 주인공을 흉내 내어, 중절모를 쓰고 단추가 두 줄로 달린 양복에 폭이 넓고 색이 화려한 넥타이를 하고 있었다. 경찰들의 수색은 일상적인 일이었다. 경찰은 매일 수많은 사람들을 신분증 위반, 주류 소지, 인두세 미납 등의 이유로 체포했다. 거리의 거의 모든 모퉁이마다 집에서 담근 맥주를 파는 초라한 불법 무허가 선술집들이 있었다.

알렉산드라 생활의 지옥 같은 측면에도 불구하고 이 지역은 또한 일종의 천국이었다. 아프리카인들이 자유롭게 토지를 소유하고 자신의 사업을 경영할 수 있으며, 백인 시 당국의 횡포에 아첨하지 않아도 되는, 이 나라에서 몇 안 되는 지역이었기에 알렉산드라는 약속의 땅이었다. 우리의 일부가 농촌을 떠나 도시에서 영원히 살게 되었다는 사실이 이것을 입증해준다.

정부는 아프리카인들이 농촌이나 광산에서 계속 일을 하도록 하기 위해, 아프리카인은 본질적으로 농촌사람이며 도시생활에는 맞지 않다는 입장을 고수했다. 비록 알렉산드라는 사회적으로 여러 가지 문제와 결점을 갖고 있었지만, 이러한 주장들이 거짓임을 보여주었다. 아프리카의 다양한 언어 집단 사람들로 구성된 알렉산드라의 주민들은 도시생활에 잘 적응했으며, 정치의식도 갖고 있었다. 도시생활은 부족이나 종족 간의 구분을 없애주기도 했으며, 사람들도 코사인, 소토인, 줄루인, 샨가안인이 아닌 알렉산드라인이 되었다. 주민들 사이에는 연대의식이 생겼으며, 백인 당국자들에게 이는 걱정거리가 되었다. 정부는 아프리카인을 다루는 데 분리와 지배 전술을 늘 활용했으며, 종족 간의 분리가 심화되기를 바랐다. 그러나 알렉산드라 같은 곳에서는 이러한 종족 간의 차이가 존재하지 않았다.

알렉산드라는 내 마음에 소중하게 남아 있다. 이곳은 내가 집을 떠나 처음으로 살았던 곳이다. 나중에는 소웨토의 작은 지역인 올랜도에서 알렉산드라에서보다 훨씬 더 오래 살았지만, 집도 없었던 알렉산드라는 내 고향이라 생각해도 집이 있었던 올랜도를 고향이라 생각하지는 않았다.

그곳에서 생활한 첫해, 나는 쿠누에서 보냈던 어린 시절보다 훨씬 더 가난하게 생활했다. 나는 항상 돈에 쪼들렸으며, 아주 적은 돈으로 겨우 연명했다. 다행히도 법률회사는 보통 견습 서기들이 회사에 내는 사례금을 받지 않고 나에게 봉급으로 매주 2파운드를 주었다. 2파운드에서 13실링 4펜스를 방세로 지불했다. 알렉산드라와 회사를 통근하는 데 가장 값싼 수단인 아프리카인이 타는 '원주민' 버스의 한 달 요금은 1파운드 10펜스였는데, 이는 내 생활비에서 큰 부분을 차지했다. 나는 또한 통신강좌를 듣기 위해 대학에 등록금을 내야만 했다. 그리고 나머지 1파운드 정도로 음식을 구입했다. 촛불 없이는 공부를 할 수 없었기 때문에 나는 봉급의 일부를 다른 것보다 중요한 촛불을 구입하는 데 사용했다. 나는 등불을 사용할 만한 여유가 없었으며, 촛불 아래에서 밤늦게까지 책을 읽었다.

나는 확실히 매달 약간씩 돈이 부족했다. 버스요금을 아끼려고 아침저녁으로 회사와 집 사이를 10킬로미터씩 걸어 다니는 날이 많았다. 그리고 종종 빵 한 조각으로 여러 날을 견뎠으며, 옷도 갈아입지 못했다. 한번은 나와 키가 비슷한 시델스키 씨가 내게 그가 입던 낡은 양복 한 벌을 주었는데, 이 양복을 깁고 기워서 거의 5년 동안 매일같이 입고 다녔다. 결국 나중에는 옷보다 헝겊을 댄 곳이 더 많았다.

어느 날 오후, 버스를 타고 알렉산드라로 돌아올 때 내 옆에는 내 나이쯤 되는 남자가 앉았다. 그는 미국 영화에 나오는 악당의 멋진 양복을 흉내 낸 스타일의 옷을 입은 젊은 사람이었다. 나는 내 옷이 그의 옷 끝에 닿는 것을 느꼈다. 그도 이것을 알고는 자기 옷이 내 옷자락에 더럽혀지지 않도록 매우 조심스럽게 물러나 앉았다. 지금 생각하면 재미있는 일이지만, 이러한 아주 자그마한 행동이 당시에는 무척 고통스럽게 느껴졌다.

가난이 좋다고 말할 수는 없지만 가난은 종종 진정한 우정을 낳는다. 당신이 부자일 때에는 많은 사람들이 당신과 친구가 되고 싶어 한다. 그러나 당신이 가난할 때에는 오직 몇몇 사람만이 친구가 되려고 할 것이다. 부富가 자석이라면 가난은 일종의 방충제다. 하지만 가난은 종종 다른 사람들에게서 진정한 아량을 이끌어낸다. 어느 날 아침, 나는 다른 때와 마찬가지로 돈을 아끼기 위하여 도심지까지 걸어가다가 포트헤어에서 함께 지냈던 한 젊은 여자와 마주치게 되었다. 그녀의 이름은 필리스 마세코였는데, 같은 길을 따라 나를 향하여 걸어오고 있었다. 나는 다 떨어진 옷이 부끄러워서 그녀가 나를 알아보지 못하기를 기대하며 길 반대편 쪽으로 건너갔다. 그러나 나는 그녀가 "넬슨, 넬슨!" 하고 부르는 소리를 들었다. 나는 걸음을 멈추고는 그때까지 마치 내가 그녀를 알아보지 못했던 것처럼 길을 건너갔다. 그녀는 나를 만난 것을 기뻐했지만, 나는 남루한 나를 어떻게 알아보았냐고 물었다. 그러자 그녀가 말했다. "넬슨, 올랜도 이스트에 있는 우리 집 주소야. 놀러 와." 나는 또다시 내 자신이 비굴해지지 않겠다고 결심했으나 어느 날 먹을 것이 필요해서 그녀의 집에 들를 수밖에 없었다. 그녀는 아무것도 묻지 않고 내게 먹을 것을 주었으며, 그 뒤 나는 계속 그녀를 찾아갔다.

내가 사는 집 주인 코마는 부자는 아니었지만 일종의 박애주의자였다. 내가 그의 집에 사는 동안 매주 일요일이면 어김없이 내게 점심을 주었다. 한 주 동안 내가 먹은 따뜻한 음식이라고는 김이 모락모락 나는 이 돼지고기와 야채뿐일 때도 종종 있었다. 내가 어디에 있든지 또는 무엇을 하든지 나는 일요일에는 항상 코마의 집으로 갔다. 그 주의 나머지 날들은 빵으로 연명해야 했으며, 때때로 회사의 비서들이 가져다주는 음식을 먹었다.

당시에 나는 무척 시대에 뒤떨어져 있었고, 내 가난과 촌스러움은 웃지 못할 일을 저질렀다. 코마의 집으로 이사한 지 얼마 안 된 어느 날, 요하네스버그에서 집으로 돌아오는데 배가 몹시 고팠다. 나는 아껴둔 돈으로 오랫동안 먹지 못한 신선한 고기를 사야겠다고 마음먹었다. 주위에서 적당한 정육점을 발견할 수 없어서 내가 요하네스버그에 오기 전까지는 한 번도 본 적이 없는 조제식품점으로 갔다. 나는 계산대 뒤에 서 있는 남자에게 맛있어 보이는 커다란 고깃덩어리를 한 조각만 썰어달라고 했다. 나는 행복한 저녁식사를 꿈꾸며 고기를 손에 들고 집으로 향했다.

알렉산드라에 있는 집에 돌아와서 주인집의 어린 딸을 불렀다. 그 아이는 일곱 살밖에 안 되었지만 똑똑한 여자아이였다. 나는 그 아이에게 말했다. "이 고기를 너희 언니에게 가져가서 요리 좀 해달라고 말해줄 수 있겠니?" 그때 나는 그 아이가 웃음을 참고 있다는 것을 알 수 있었다. 아이는 자기보다 어른인 나를 존중하여 웃지 못하고 있었던 것이다. 약간 화가 나서 나는 무엇이 잘못되었느냐고 물었다. 그러자 아이는 아주 조용히 말했다. "이것은 이미 요리가 된 고기예요." 나는 아이의 말이 무슨 뜻인지 물었다. 아이는 내가 훈제 햄을 샀으며, 이것은 다른 말로 그냥 먹을 수 있다는 것을 의미한다고 설명했다. 나는 이런 일이 진짜 처음이었지만 내 무식함을 인정하지 않고, 이것이 훈제 햄인 줄을 알지만 이것을 따뜻하게 데우고 싶다고 그 아이에게 말했다. 아이는 내가 거짓말하고 있다는 것을 알았으나 아무튼 가지고 나갔다. 그 고기는 매우 맛있었다.

알렉산드라에서 나는 힐드타운에서부터 알고 지냈던, 활발하고 항상 명랑한 친구인 엘렌 은카빈데와 다시 친해졌다. 그녀는 이 지역의 학교에서 교편을 잡고 있었는데, 사실 엘렌과 나는 사랑에 빠졌다. 힐드타운에서는 그녀를 잘 몰랐지만 알렉산드라에서 다시 만난 다음 우리의 관계는 발전되었다. 나는 당시 거의 없었던 여가시간을 엘렌과 함께 보냈다. 연애를 한다는 것은 어려운 일이었다. 우리는 항상 많은 사람에 둘러싸여 있었으며, 갈 만한 장소는 거의 없었다. 우리만 있을 수 있는 곳은 태양과 별이 있는 야외밖에 없었다. 그래서 엘렌과 나는 동네 주변의 초원과 언덕을 함께 돌아다녔다. 대부분 우리는 단지 그냥 걸었고, 우리 둘 다 시간이 있을 때에는 소풍을 가기도 했다.

엘렌은 스와지 사람이었다. 그 지역에는 부족주의가 심하지 않았지만, 그래도 내 가까운 친구는 순전히 부족 문제로 우리의 관계를 비난했다. 나는 이것을 단호하게 거부했다. 그러나 서로 다른 우리의 출신 배경이 문제를 일으켰다. 마부토 목사의 아내인 마부토 부인은 주로 엘렌이 스와지 사람이라는 이유 때문에 엘렌을 좋아하지 않았다. 하루는 내가 마부토 부부의 집에 있을 때 엘렌이 찾아왔지만, 마부토 부인은 내가 집에 없다고 말했다. 마부토 부인은 나중에야 나에게 그 사실을 털어놓았다. "아, 넬슨, 어떤 여자가 찾아왔었어요." 마부토 부인은 나에게 물었다. "그 여자는 샨가안 사람인가요?" 비록 샨가안 사람은 훌륭한 귀족 부족이었을지라도 그때의 샨가안은 욕이었다. 나는 이러한 모욕을 받고 말했다. "아닙니다. 그는 샨가안 사람이 아니고 스와지 사람입니다." 마부토 부인은 내가 오직 코사 여자만을 만나야 한다고 굳게 믿고 있었다.

그러한 충고가 나를 막지는 못했다. 나는 엘렌을 사랑하고 존경했다.

또한 귀족이든 아니든 반대하는 사람들의 충고를 받아들이지 않았다. 나에게는 우리의 관계가 소중했고, 코사 사람이 아닌 다른 부족 여자와 사귀는 것을 용기라고 생각했다. 나는 나이가 어렸고, 그 도시에서 처한 상황이 다소 절망적이었기에 엘렌은 나의 애인이었을 뿐만 아니라 나를 도와주고, 나에게 자신감을 주고, 나에게 힘과 희망을 불어넣어주는 어머니 노릇을 했다. 그러나 몇 달 안 되어서 엘렌은 이사를 갔고, 슬프게도 우리는 서로 연락이 끊어졌다.

코마 씨는 딸이 다섯 명 있었고, 이들 모두가 귀여웠지만 그중에서 디디가 가장 귀여웠다. 디디는 내 나이쯤 되었으며, 거의 한 주 내내 매일같이 요하네스버그 변두리에 있는 백인 사람 집의 가정부로 일을 했다. 내가 처음 코마의 집으로 이사 갔을 때에는 아주 가끔 잠깐씩 그녀를 보았다. 그러나 얼마 후에 정식으로 그녀를 알게 되었고, 그녀를 사랑하게 되었다. 그러나 디디는 이 사실을 거의 알아차리지 못했다. 그녀는 내가 오직 헝겊을 댄 양복 한 벌과 셔츠 한 장밖에 없는, 뜨내기 부랑자와 다를 바 없는 사람이라는 사실밖에 몰랐다.

주말마다 디디는 알렉산드라로 돌아왔다. 그녀의 남자친구로 보이는, 흔하지 않은 자동차를 가진 부자 청년이 그녀를 데려다주었다. 그는 값비싼 단추가 두 줄 달린 미국식 양복을 입고, 챙이 넓은 모자를 쓰는 등 외모에 무척 신경을 썼다. 그는 일종의 깡패가 틀림없었으나 그것을 확인할 길은 없었다. 그는 바깥마당에 서서 손을 코트에 집어넣고 모든 것을 오만하게 쳐다보았다. 그는 나에게 공손하게 인사했지만, 그가 나를 경쟁상대로 여기지 않는다는 것을 알 수 있었다.

나는 디디에게 사랑한다고 몹시 말하고 싶었지만 나의 구애가 거절될까봐 두려웠다. 확실히 나는 바람둥이 돈 후안은 못 되었다. 나는 여자

문제에 서툴렀고 망설였으며, 다른 사람들이 너무나 힘 안 들이고 잘하는 이 낭만적인 게임을 모르거나 또는 이해하지 못했다. 주말에 디디의 어머니는 내게 음식을 가져다주라고 디디에게 시키고는 했다. 디디가 음식을 갖고 내 방문 앞에 왔을 때 그녀가 이 심부름을 가능한 한 빨리 끝내고 돌아가려 한다는 것을 알 수 있었지만, 최선을 다하여 나는 그녀가 조금 더 머물도록 만들었다. 나는 온갖 종류의 질문으로 세상일에 대한 그녀의 의견을 캐묻고는 했다. "그럼, 몇 학년까지 다녔지?" 내가 물었다. 그녀는 5학년까지 다녔다고 말했다. "왜 학교를 그만두었지?" 나는 또 물었다. 재미없어서 그랬다고 그녀가 대답했다. "아, 그래. 너는 학교에 다시 다녀야만 해"라고 내가 말했다. 나는 계속해서 말했다. "너는 나와 나이가 비슷해. 그리고 이 나이에 공부를 다시 하는 것은 아무런 문제도 아냐. 그렇지 않으면 너는 나이가 들어서 후회할 거야. 너는 너의 장래를 심각하게 생각해야만 해. 지금 당장은 아름답고 좋아하는 사람들이 많으니까 좋겠지만, 너는 독립적인 직업을 가질 필요가 있어."

나는 이러한 말들이 젊은 남자가 자기가 사랑하는 젊은 여자에게 한 말 중에서 가장 낭만적이지 못한 말이라는 것을 알고 있었지만 그 밖의 다른 말은 할 줄 몰랐다. 그녀는 진지하게 들었다. 하지만 나는 그녀가 내게 관심이 없으며, 사실 그녀는 자기가 나보다 좀 잘났다고 생각하고 있다는 것을 알 수 있었다.

나는 그녀에게 구애하고 싶었지만 그녀가 좋다고 대답할 것이 확실하지 않는 한 사랑한다고 고백하고 싶지는 않았다. 비록 그녀를 사랑했지만 그녀에게 나를 거절하는 기쁨을 주고 싶지는 않았다. 나는 그녀를 계속 좋아했다. 그러나 여전히 소심하고, 망설였다. 정치와 다르게 사랑을 할 때는 대부분 조심스러운 것이 이로운 것은 아니다. 나는 내가 성공할 수 있다는 자신감도 없었고, 성공하지 못했을 때 실패의 감정을 참을 만큼 마음이 강하지도 못했다.

그 집에 약 1년 동안 살았는데 끝내 내 감정을 고백하지 못했다. 디디는 여전히 자기 남자친구에게 관심이 있었고, 나에 대한 관심은 조금도 늘어나지 않았다. 나는 그녀가 베푼 친절과 그 가족들의 호의에 감사하는 말로 작별인사를 했다. 여러 해 동안 나는 디디를 다시 보지 못했다. 훨씬 훗날 내가 요하네스버그에서 변호사 활동을 하던 어느 날, 어느 젊은 여자와 그 여자의 어머니가 내 사무실로 들어왔다. 그 여자는 아이가 하나 있었는데, 그녀의 남자친구는 그녀와 결혼하는 것을 원하지 않았다. 그녀는 남자친구에게 소송을 걸려고 했다. 얼굴이 야위고, 색이 바랜 낡은 옷을 입고 있던 그 젊은 여자는 바로 디디였다. 그녀와의 만남은 고통스러웠으며, 나는 그동안 우리의 삶이 어떻게 바뀌었는지 생각했다. 결국 그녀는 자신의 남자친구를 고소하지 않았다. 그 후 나는 그녀를 다시 만나지 못했다.

나는 비록 낭만적인 사랑은 없었지만 조금씩 도시생활에 익숙해졌다. 내가 자란 곳이 아닌 바깥세상에서 잘 살아갈 수 있다는 신념인 내적 힘도 키워나가기 시작했다. 나는 출세하기 위해서는 왕족 관계나 가족의 도움에 의존하지 말아야 한다는 점을 점차 깨달았으며, 템부 왕가와 나의 관계를 모르거나 또는 무시하는 사람들과 친분관계를 맺었다. 나는 비록 초라했지만 내 집이 있었으며, 내 두 발로 스스로 서는 데 필요한 자신감과 자립심을 키워나갔다.

1941년 말, 나는 섭정이 요하네스버그를 방문한다는 말을 듣고 그를 만나고 싶었다. 나는 불안했지만 그를 만나야만 했고, 사실 그를 만나고 싶었다. 그는 광산노동자를 모집하는 기관인 비트바테르스란트 원주민노동자협회WNLA의 총본부 숙소에서 머물렀다.

섭정은 무척 많이 변한 것 같았다. 아니 어쩌면 변한 것은 나였는지도 모른다. 그는 내가 포트헤어에서 도망쳤다든지 또는 중매결혼을 하지 않았다는 사실에 대하여 전혀 말하지 않았다. 그는 내 학업과 장래의 계획에 대하여 물어보며 아버지처럼 나를 염려해주었다. 그는 내 인생이 본격적으로 시작되고 있고, 그가 기대하고 계획했던 삶과는 다른 길로 가리라는 것을 깨달았다. 그는 내가 선택한 길을 포기하라고 설득하지 않았으며, 더 이상 내가 그의 보호를 받지 않아도 된다고 묵시적으로 인정한 것을 나는 고맙게 생각했다.

섭정과 만난 것은 두 가지 의미가 있었다. 내 자신의 명예를 회복한 것과 동시에 섭정이나 템부 왕가와 나의 관계를 복구했다는 것이다. 내가 과거의 내 관계에 대하여 무관심했던 것은 내가 도망친 것을 정당화하고, 내가 사랑하며 소중하게 여기는 세계와 단절한 데에서 오는 고통을 조금이나마 해소하기 위해서였다. 섭정의 따뜻한 포옹으로 나는 예전의 관계를 되찾게 되었다.

섭정은 내게는 만족한 듯했으나 저스티스에게는 몹시 화를 내며, 그가 반드시 음케케즈웨니로 돌아가야 한다고 말했다. 저스티스는 젊은 여인과 동거하고 있었다. 나는 그가 고향으로 돌아갈 마음이 없다는 것을 잘 알고 있었다. 섭정이 떠난 뒤 그의 부하 반긴다오가 저스티스를 고발했다. 나는 저스티스가 원주민 관리청장에게 불려 가자 그를 돕기로 했다. 재판장에서 나는 저스티스는 성인이며, 따라서 그가 단지 아버지의 지시에 따라서 음케케즈웨니로 돌아갈 의무는 없다는 것을 지적했다. 반긴다오는 내 주장에 반론하기보다는 내 충성심을 이용해서 말을 했다. 그는 나를 우리 종족 이름인 마디바라고 불렀는데, 나의 템부 혈통을 상기시키기 위해 치밀하게 계산된 것이었다. 그는 말했다. "마디바, 섭정은 너를 돌보아주고, 교육시켜주고, 아들처럼 대해주었다. 지금 너는 그의 진짜 아들이 그와 떨어져 있기를 원하고 있다. 이것은 너의 성실한 보호자의 희망에 반대되는 행위이며, 저스티스 앞에 놓여 있는 인생 진로에 반대되는 일이다."

반긴다오의 말은 나를 몹시 자극했다. 저스티스의 운명은 나와는 달랐다. 그는 부족장의 아들이며, 장차 부족장이 될 자격을 갖고 있었다. 재판이 끝난 뒤, 나는 저스티스에게 내 마음이 바뀌었으며 그는 돌아가야 한다고 말했다. 저스티스는 나의 반응에 얼떨떨해하며 내 말을 듣지 않았다. 그는 가지 않기로 결심했다. 그리고 내 충고를 틀림없이 자기 여자친구에게 알려주었을 것이다. 왜냐하면 그 뒤 저스티스의 여자친구가 다시는 나와 말을 하지 않았기 때문이다.

1942년 새해 첫날, 나는 돈을 절약하면서 요하네스버그 중심지에 더 가까이 살기 위해 코마의 뒤뜰에 있던 방에서 나와 비트바테르스란트 원주민 노동자협회의 숙소로 이사했다. 나는 광산회의소의 인두나인 페스틸레 씨의 도움을 받았는데, 그는 다시 한번 내 인생에서 중요한 역할을 했다. 그는 먼저 내가 무료로 광산 숙소에서 숙식하는 것을 허락했다.

노동자협회의 숙소는 여러 인종이 섞여 있고, 여러 언어가 사용되는 근대적인 남아프리카 도시 공동체였다. 그곳에는 소토인, 츠와나인, 벤다인, 줄루인, 페디인, 샨가안인, 나미비아인, 모잠비크인, 스와지인, 코사인 등이 있었다. 영어를 하는 사람은 거의 없었으며, 공통 언어는 여러 말들의 혼합어인 '파나갈루Fanagalo'였다. 그곳에서 나는 인종적 적대심이 불타오르는 것을 보았을 뿐만 아니라 배경이 다른 사람들 사이에도 예의가 지켜지고 있음을 보았다. 그러나 그곳에서 나는 물을 떠난 물고기였다. 나는 그동안 공부만 하거나 법률사무실에서만 일했기 때문에 내가 했던 육체적 활동이라고는 심부름을 다니거나 서류를 캐비닛에 넣는 것이 고작이었다.

노동자협회는 추장들이 머무는 장소였으므로, 나는 남부 아프리카 전국 방방곡곡에서 온 추장들을 만나는 특별한 기회를 가질 수 있었다. 나는 언젠가 지금은 레소토인 바수톨란드의 섭정 여왕인 만체보 모셰셰를 만났다. 여왕은 부족장 두 명과 같이 왔는데, 그들은 사바타의 아버지 욘길리즈웨를 알고 있었다. 나는 그들에게 욘길리즈웨에 대하여 물어보았고, 그들은 한 시간 동안 그의 젊은 시절에 관한 다양한 일들을 말해주었다. 나는 이야기를 듣는 동안 템불란드에 돌아간 것 같은 착각에 빠졌다.

그 여왕은 내게 특별히 관심을 보였고, 한번은 내게 직접 말을 했지만 세소토어로 말해 거의 알아듣지 못했다. 세소토어는 츠와나 사람들의 언어일 뿐만 아니라 소토 사람들의 언어로, 트란스발과 오렌지자유 주에 사는 많은 사람들이 사용했다. 그녀는 나를 불신의 눈으로 바라보면서 영어로 말했다. "자기 동포들의 말도 할 수 없는 네가 무슨 변호사나 지도자가 되려고 하는가?" 나는 아무런 대답도 하지 못했다. 그 말에 나는 부끄러우면서도 정신이 번쩍 들었다. 이것은 내가 얼마나 지역적으로 편협하고, 동포들을 위해 봉사하려고 하면서 준비가 얼마나 소홀했는지 깨닫게 해주었다. 나는 나도 모르게 백인 정부가 조장한 인종분리정책에 복종하고 있었으며, 일가친척들과 말하는 법도 모르고 있었다. 사람들은 언어 없이는 다른 사람과 대화할 수 없으며 다른 사람들을 이해할 수도 없다. 즉 다른 사람들과 희망과 열망을 공유할 수 없으며, 역사를 이해할 수 없으며, 시를 감상하거나 노래를 음미할 수도 없다. 우리는 여러 다른 언어를 사용하는 별개의 다른 민족들이 아니라는 사실을 다시 한번 깨달았다.

즉 우리는 여러 다른 말을 가진 하나의 민족이었던 것이다.

섭정이 방문한 지 6개월이 안 된 1942년 겨울, 저스티스와 나는 저스티스의 아버지가 죽었다는 소식을 전해 들었다. 내가 마지막으로 보았을 때 너무 야위었었기에 섭정의 죽음은 그렇게 놀랄 일은 아니었다. 저스티스에게 보냈다는 전보가 사라지는 바람에 우리는 섭정의 사망 소식을 신문에서 읽었다. 우리는 서둘러서 트란스케이로 내려갔으나, 섭정의 장례식이 끝난 다음 날 도착했다.

비록 나는 섭정의 장례식에 참석하지 못해서 실망했지만, 섭정이 죽기 전에 그와 화해했던 것이 그나마 다행이라고 생각했다. 그러나 죄의식의 고통이 전혀 없어지지는 않았다. 비록 나와 섭정은 사이가 멀어졌지만, 친구들이 나를 버리고, 내 계획이 완전히 실패하고, 내 모든 희망이 꺾이더라도 그는 나를 결코 버리지 않았을 것이라는 사실을 나는 언제나 알고 있었다. 하지만 나는 그를 저버렸고, 내가 떠난 것이 그의 죽음을 재촉했는지도 모른다는 의문이 들었다.

섭정의 죽음은 곧 모든 위대한 지도자들이 보여준 업적을 이룩한 현명하고 관대한 남자가 사라진 것을 의미했다. 그는 동포들이 단결하도록 노력해왔다. 자유주의자와 보수주의자, 전통주의자와 개혁주의자, 사무직 관리자와 육체노동자 등 모두가 그에게 충성했다. 하지만 이것은 그들이 섭정의 의견에 항상 동의했기 때문이 아니라 섭정이 다양한 모든 사람들의 의견을 듣고 또한 그들의 의견을 존중했기 때문이다.

장례식이 끝난 뒤 나는 거의 일주일 동안 음케케즈웨니에 머무르며 추억을 회상하고 재발견하는 시간을 가졌다. 자기 자신이 바뀌었는데 변하지 않은 장소로 돌아간다는 것은 있을 수 없다. 궁전은 예전과 마찬가지로 그대로 있었으며, 내가 어려서 자랄 때와 조금도 다르지 않았다. 그러나 나는 내 시야와 세계관이 넓어졌다는 것을 깨달았다. 공무원이나 정부의 원주민 담당부 통역관이 되는 것이 나에게는 더 이상 매력적이지 못했다. 더 이상 나는 내 장래가 템불란드와 트란스케이에 국한된다고 생각하지 않았다. 심지어 나는 우리 코사 말이 순수하지 않으며, 지배적인 언어 중 하나인 줄루어의 영향을 받았다는 것도 알게 되었다. 가우어 라데베 같은 사람과 만나고, 법률회사에서 경험을 쌓는 등 요하네스버그에서의 생활은 급격하게 내 모든 신념을 바꾸어놓았다. 나는 음케케즈웨니를 떠났던 젊은이는 세상을 잘 모르는 순진하고 편협한 사람이었다고 회상했다. 그리나 이제 나는 세상일들을 사실대로 보고 있다고 믿었다. 물론 이것 역시 그릇된 환상이었다.

내 머리와 마음에서는 내적 갈등이 계속되고 있었다. 내 마음은 내가 왕위를 영속시키는 데 특별한 역할을 수행할 수 있도록 양육되고 교육받은 템부 사람이라고 말하고 있었다. 내게는 죽은 자에 대한 의무가 없는가? 나를 보호하기 위해 섭정에게 나를 보낸 내 아버지에 대한 의무가 없는가? 아버지처럼 나를 돌보아준 섭정에 대해서는? 그러나 내 머리는 자신이 원하는 방향으로 계획을 세우고, 인생에서 자신의 역할을 선택하는 것은 모든 사람이 갖는 권리라고 내게 말했다. 나는 내 선택을 스스로 할 수 없는가?

저스티스는 나와 입장이 매우 달랐다. 섭정이 죽은 뒤 그는 새로운 중요한 책무를 맡게 되었다. 섭정을 승계하여 부족장이 되어야 했던 것이다. 그는 음케케즈웨니에 남기로 결정했고, 타고난 권리를 승계했다. 나는 요하네스버그로 돌아가야 했고, 그의 취임식에조차 참석할 수도 없었다. 우리 말에 "은디웰리밀람보 에나마가마(나는 유명한 강들을 건넜다)"라는 말이 있다. 이것은 한 사람이 엄청나게 먼 거리를 여행했고, 폭넓은 경험을 하여 약간의 지혜를 얻었다는 것을 의미했다. 나는 이 말을 내가 요하네스버그로 혼자 돌아가야 한다는 것으로 생각했다. 1934년부터 나는 우리 땅에 있는 많은 중요한 강들을 건너왔다. 힐드타운으로 오는 길에 음바셰 강과, 그레이트케이 강, 그리고 요하네스버그로 가는 길에 오렌지 강과 발 강 등을 건넜다. 그러나 아직도 내가 건너야만 할 강은 많았다.

1942년 말, 나는 학사 학위를 받기 위한 최종시험을 통과했다. 이제 내가 한때 몹시 동경했던 지위를 획득한 것이다. 나는 학사 학위를 받은 것이 자랑스러웠으나 학위 자체가 성공을 보장하는 부적도 신분증도 아니라는 것을 알고 있었다.

회사에서 나는 가우어와 더욱 친해졌고, 시델스키는 이를 몹시 기분 나빠했다. 가우어는 교육은 우리 삶을 향상시키는 데 반드시 필요하지만 결코 어떤 민족이나 국민도 교육만 가지고 자유롭게 된 경우는 없다고 주장했다. 또한 그는 말했다. "교육이란 좋고 훌륭한 것이지. 그러나 우리가 오로지 교육에만 의존한다면 우리는 우리의 자유를 수천 년 동안 기다려야 할 거야. 우리는 가난하며, 선생은 없고, 학교는 더욱 없어. 우리는 우리 자신을 교육할 권리조차도 없어."

가우어는 이론을 지껄이기보다는 해결책을 찾아야 한다고 확신했다. 그는 '아프리카민족회의ANC'가 아프리카인을 바꿀 수 있는 원동력이라고 주장했다. 즉 ANC의 정책이 남아프리카에서 권력을 얻을 수 있는 최선의 방법이라는 것이다. 그는 지금까지 변함없이 변화를 주장해온 ANC의 오랜 전통과, 1912년에 시작된 ANC가 아프리카인들의 전국적인 조직 가운데 가장 오래되었다는 것을 강조했다. ANC의 헌법은 인종차별주의를 반대하고, 의장들은 서로 다른 여러 부족 집단에서 선출되었으며, ANC는 남아프리카의 완전한 시민이 되고자 하는 아프리카인의 목표를 전파했다.

가우어는 정식 교육을 받지 않았지만, 사실상 거의 모든 학문에서 나보다 뛰어났다. 점심시간에 그는 종종 즉흥적으로 강의를 했다. 그는 내게 책도 빌려주고, 내가 만나서 이야기해야 할 사람들과 참석해야 할 모임들도 소개해주었다. 나는 포트헤어에서 근대 역사에 대한 강의를 두 과목 수강했기에 많은 단편적인 사실들을 알고 있었지만, 그는 특정 행위의 원인, 즉 인간과 국가가 그렇게 행동한 이유까지 설명할 수 있었다. 나는 마치 역사를 새롭게 다시 배우는 것 같았다.

내가 가우어에게서 받은 가장 깊은 인상은 자유투쟁에 대한 그의 철저한 헌신이었다. 그는 해방을 위하여 살았다. 가우어는 때로 연설자로도 유명해 하루에 여러 모임에 참석하기도 했다. 그는 오로지 혁명만을 생각하는 것 같았다.

나는 가우어와 함께 지역자문위원회와 ANC 모임에 참석했다. 그러나 나는 참가자라기보다는 관찰자였는데, 내가 발언한 적은 단 한 번도 기억할 수 없었기 때문이다. 나는 토의하는 주제를 이해하고, 주장들을 평가하며, 참여한 사람들의 능력을 알고 싶었다. 자문위원회는 형식적이고 관료적이었지만, ANC 모임에서는 의회제도, 법률의 통과, 집세, 버스요금 등 아프리카인들에게 영향을 주는 사회의 다양한 모든 주제들을 논의했으며, 활발하게 토론했다.

1943년 8월, 나는 가우어와 다른 사람들 1만 명과 함께 버스요금을 4펜스에서 5펜스로 인상한 것에 저항하는, 알렉산드라의 '버스 안 타기 운동'을 지지하기 위하여 거리로 나섰다. 가우어는 여러 지도자 중 한 명이었으며, 나는 그의 행동을 유심히 지켜보았다. 이 운동은 내게 큰 영향을 주었다. 작게는 내가 관찰자의 역할에서 벗어나 참여자가 되게 했다. 나는 사람들과 행진하는 것이 즐겁고 고무적이라는 사실을 깨달았다. 그러나 '버스 안 타기 운동'의 효과에도 놀랐다. 버스가 텅 빈 채 달리기 시작한 지 9일째 되는 날 버스 회사는 버스요금을 다시 4펜스로 내렸다.

내가 회사 사람 가운데 오로지 가우어의 생각에만 관심을 가졌던 것은 아니었다. 시델스키 씨와 함께 사업을 하는 백인 부동산업자인 한스 뮬러는 나와 자주 토론했다. 그는 세상을 공급과 수요라는 시각에서 보는 전형적인 사업가였다. 하루는 뮬러 씨가 창밖을 가리키며 말했다. "저기 밖을 봐, 넬슨. 저기 황급하게 거리를 오가는 남녀들이 보이나? 그들이 추구하는 것이 무엇이지? 저들이 무엇을 위하여 그렇게 열심히 일하지? 내가 말해주지. 그들 모두 예외 없이 부와 돈을 좇고 있어. 왜냐하면 부와 돈이 바로 행복이니까. 이것이 바로 네가 투쟁해야 할 대상이야. 즉 오로지 돈뿐이야. 너에게 현금이 충분해지는 순간 더 이상 인생에서 네게 필요한 것은 아무것도 없어."

윌리엄 스미스는 아프리카인이 운영하는 부동산 거래 사무소에서 일하는 혼혈인으로 사무실에 자주 들렀다. 스미스는 남아프리카 최초의 흑인 노조이며, 클레멘츠 카달리가 창설한 상공업노동조합ICU의 고참 조합원이었다. 하지만 그의 생각은 어느 날 아주 극적으로 바뀌었다. 그가 말했다. "넬슨, 나는 오랜 세월 동안 정치에 참여했지만, 이것을 항상 후회하고 있어. 나는 내 인생에서 황금기를 자기가 봉사하는 사람들에게서 이익을 챙기는 허영심이 강하고 이기적인 사람들을 위하여 쓸데없이 낭비했어. 내 경험으로 미루어볼 때 정치는 가난한 사람들한테서 돈을 훔치는 사기일 뿐이야."

시델스키 씨는 이러한 토론에 참여하지 않았다. 그는 마치 정치토론을 정치에 참여하는 것만큼이나 시간낭비라고 생각하는 것 같았다. 그는 내게 정치를 피하라고 거듭해서 충고했다. 그리고 가우어와 월터 시술루를 조심하라고 일러주었다. 그는 이들이 내 마음을 병들게 할 것이라고 말했다. 그가 물었다. "넬슨, 너는 변호사가 되고 싶지? 그렇지 않아?" 나는 그렇다고 대답했다. "그리고 만약 네가 변호사가 된다면, 성공한 변호사가 되고 싶지? 그렇지?" 또 한 번 내가 그렇다고 대답하자 그가 말했다. "네가 만약 정치에 참여한다면 너는 막대한 피해를 입고 말 거야. 주로 같은 편에서 일을 해야 하는 정부 당국과 마찰이 발생할 것은 불 보듯 뻔하지. 그러면 너는 모든 손님을 잃고 파산할 것이며, 너의 가족은 깨지고 너는 교도소에서 죽게 될 거야. 네가 만약 정치에 입문한다면 틀림없이 그렇게 될 거야."

나는 여러 사람들이 하는 말을 듣고 그들의 생각을 신중하게 평가했다. 이 모든 주장들은 그 나름대로 가치가 있었다. 나는 이미 정치에 참여하는 쪽으로 기울어 있었지만, 무엇을 어떻게 해야 할지 몰랐고, 무엇을 할 수 있을지 불확실했기 때문에 좀처럼 방관자적 입장을 버리지 못했다.

내 직업에 대해 고민하고 있을 때 가우어는 내게 충고 이상의 말을 해주었다. 내가 회사에 다닌 지 두 해가 채 못 된 1943년 초 어느 날, 가우어가 내게 와서 말했다. "여보게. 내가 이 회사에 있는 한 네가 학위를 받든 못 받든 상관없이 이들은 너를 도제로 승진시키지 않을 거야." 나는 깜짝 놀라서 당신은 변호사 교육조차 받지 않았기 때문에 그것은 있을 수 없는 일이라고 항변했다. 그러자 가우어는 말했다. "그렇다고 별로 달라질 것은 없어, 넬슨. 그들은 말할 거야. '우리에게는 가우어가 있고, 가우어는 사람들에게 법률을 설명할 수 있어. 그런데 왜 우리에게 또 다른 사람이 필요하지? 가우어는 이미 고객들을 불러 모으고 있어.' 하지만 그들은 네 앞에서는 이렇게 말하지 않을 거야. 그들은 다만 미루고 미룰 뿐이지. 네가 변호사가 되는 것은 이 나라에서 우리들이 투쟁하는 앞날을 위해 중요해. 그래서 나는 이 회사를 그만두고 부동산 사무소를 시작할 거야. 내가 떠나면 저들은 너와 도제 계약을 맺는 것 이외에는 다른 선택의 여지가 없을 테지."

나는 그에게 회사를 그만두지 말라고 부탁했지만, 그의 마음은 꿈쩍도 안 했다. 며칠 뒤 그는 시델스키 씨에게 사직서를 제출했고, 시델스키 씨는 약속대로 나를 도제로 삼았다. 나는 가우어가 회사를 그만둔 것이 이 일에 어떤 영향을 미쳤는지 말할 수는 없다. 그러나 그것은 그가 관대하다는 것을 보여주는 또 다른 예였다.

1943년 초, 남아프리카 대학에서 시험에 통과한 뒤 나는 졸업식에 참석하러 포트헤어로 돌아갔다. 학교로 떠나기 전에 나는 졸업식에 어울리는 옷을 입어야겠다고 마음먹었다. 그렇게 하려면 월터 시술루에게 돈을 빌려야만 했다. 포트헤어에 입학할 때는 섭정이 사준 새 옷을 입었지만, 이제 졸업식에는 내 돈으로 산 새 옷을 입을 수 있게 된 것이다. 나는 학위복을 내 친구이자 학교 동문인 랜덜 페테니에게서 빌렸다.

몇 년 전에 졸업한 내 조카 K. D. 마탄지마가 우리 어머니와 섭정의 미망인 노잉글랜드를 졸업식에 모시고 왔다. 나는 어머니가 그곳에 오셔서 기뻤다. 하지만 노잉글랜드를 보자 마치 섭정 자신이 졸업을 축하하러 온 것처럼 느껴졌다.

졸업식이 끝나고 나는 카마타에 있는 달리원가(마탄지마의 종족 이름으로 나는 K. D.를 그렇게 불렀다)의 집에서 며칠을 지냈다. 달리원가는 이미 전통적인 지도자의 길을 택하고 있었다. 그는 트란스케이의 서부지역 대부분을 차지하고 있는 에미그런트 템불란드의 추장 지위를 승계하도록 되어 있었다. 그는 나와 함께 있는 동안 내가 변호사 자격을 받으면 움타타로 돌아오라고 간곡하게 요청했다. "왜 요하네스버그에 있으려고 하는 거야? 여기는 네가 꼭 필요해."

이것은 맞는 말이었다. 트란스발에는 트란스케이보다 아프리카인 전문가가 확실히 더 많았다. 나는 달리원가에게 그의 제안은 시기상조라고 말했다. 그러나 사실 마음속으로는 내 자신이 다른 일을 향하여 움직이고 있다는 것을 알았다. 가우어나 월터와 우정을 나누면서 나는 내 임무는 우리 동포 전체를 위한 것이지 특정한 지역의 사람들을 위한 것이 아니라는 사실을 깨닫기 시작했다. 나는 내 인생의 모든 흐름이 나를 트란스케이에서부터 공동의 목적을 위하여 지역적 · 인종적 맹종을 초월한 중심지로 옮겨놓고 있다는 것을 느꼈다.

포트헤어를 졸업함으로써 나는 반성과 숙고의 시간을 가질 수 있었다. 내가 과거에 생각한 것과 내가 실제로 경험한 것의 차이는 나를 몹시 당황하게 했다. 나는 졸업하면 자동으로 지도자가 되고, 나와 템부 왕의 관계는 남들의 존경을 보장한다는 생각을 버렸다. 성공적인 직업과 넉넉한 봉급이 더 이상 나의 궁극적인 목표는 아니었다. 나는 과거의 믿음에 만족하지 못했기 때문에 정치세계로 빠져들고 있다는 것을 발견했다.

요하네스버그에서 나는 높은 학력보다 상식과 현실 경험을 더 중요하게 여기는 사회로 자리를 옮겼다. 학위를 받았지만 나는 내가 대학에서 배운 거의 모든 것들이 나의 새로운 환경에 부합되지 않는다는 것을 깨달았다. 대학교에서 선생들은 인종차별, 아프리카인들의 기회 결여, 흑인들을 예속시키는 법과 규제 같은 주제는 거론하지 않았다. 그러나 요하네스버그에서 생활하면서 나는 매일같이 이러한 문제들에 직면했다. 인종차별의 죄악을 제거하기 위하여 어떻게 해야 하는지 아무도 내게 가르쳐주지 않았으며, 나는 이것을 시행착오를 통하여 배워나갔다.

1943년 초 요하네스버그로 돌아와서, 나는 변호사가 되기 위한 예비교육인 법학 학사 학위를 받기 위하여 비트바테르스란트 대학에 입학했다. 우리에게 '비트스'로 알려진 비트바테르스란트 대학은 요하네스버그 중북부의 블룸폰테인에 있었으며, 사람들은 그곳을 남아프리카에서 영어를 사용하는 우수한 대학으로 여겼다.

법률회사의 일로 나는 처음으로 백인들과 정기적으로 접촉할 기회를 갖게 되었고, 대학에서는 나와 나이가 비슷한 또래의 많은 백인들을 만날 수 있었다. 포트헤어에서는 가끔 그레이엄즈타운의 로드스 대학에 다니는 백인 학생들과 접촉하곤 했다. 그러나 비트스에서는 백인 학생들과 수업을 함께 들었다. 나는 법과대학에서 유일한 아프리카인 학생이었기 때문에, 이는 나와 마찬가지로 그들에게도 새로운 일이었다.

남아프리카에서 영어를 사용하는 대학들은 자유주의 정신을 양성하는 중요한 온상이었다. 이 학교들은 흑인 학생의 입학을 허용했다. 아프리카 말을 사용하는 대학에서는 이런 일들을 생각조차 할 수 없었다.

이 대학의 자유주의 정신에도 불구하고 나는 그곳이 아주 편하지만은 않았다. 잡역 노동자를 제외하고는 아프리카인은 항상 나 하나뿐이었기 때문에 기껏해야 호기심거리거나 나쁘게는 남의 일에 끼어든 사람으로 간주되었다. 이것은 기분 좋은 경험은 아니었다. 내 행동은 감시당했으며, 나는 관용과 적대감 두 가지 모두를 경험했다. 나중에는 친구이자 동료가 된 호의적인 백인들을 몇 명 알게 되었지만 비트스의 백인들은 대부분 자유주의자도 인종평등주의자도 아니었다. 하루는 수업에 몇 분 늦게 가서, 훗날 통일당 당수가 된 동급생 사렐 타이기 옆에 앉았던 것이 기억난다. 이미 강의는 시작되어 빈자리가 별로 없었지만 그는 보란 듯이 자신의 물건을 챙겨 내게서 멀리 떨어진 자리로 옮겨갔다. 이러한 행동들은 예외적이라기보다는 보편적이었다. 누구도 '카피르Kaffir(아프리카 토인)'라는 말을 하지는 않았다. 그들의 적대감은 말로 표현되지는 않았지만 나는 이것을 느끼곤 했다.

우리의 법학 교수 할로 씨는 엄격하며 지적인 사람으로, 학생들의 독립을 용납하지 않았다. 그는 여자와 아프리카인을 대할 때 법을 묘하게 적용했다. 즉, 그는 여자나 아프리카인 두 집단 모두 변호사가 될 수 없다고 말했다. 그는 법은 하나의 사회과학이며, 여자와 아프리카인은 법의 복잡성을 이해할 만큼 충분히 교육될 수 없다고 생각했다. 그가 한번은 내게 '너는 비트스에 있어서는 안 되며, 남아프리카 대학에서 학위를 따야 한다'라고 말했다. 비록 나는 그의 생각에 반대했지만 그 말에 반박하지 않았다. 법과대학에서 내 성적은 형편없었다.

비트스에서 나는 해방투쟁의 부침을 함께 나누게 될 많은 사람들을 만났다. 이들이 없었다면 나는 아무것도 성취하지 못했을 것이다. 많은 백인 학생들은 나를 환영하기 위해 특별히 애를 썼다. 비트스에서 첫 학기 때, 나는 조 슬로보와 나중에 그의 아내가 된 루스 퍼스트를 만났다. 지금도 마찬가지지만 조는 내가 만난 사람 중에서 가장 명철하고 예리한 사람이다. 그는 열렬한 공산주의자였으며, 원기 왕성한 활동가로 잘 알려져 있었다. 루스는 성격이 외향적이었고, 소질 있는 작가였다. 둘은 남아프리카로 이민 온 유대인의 자식이었다. 나는 또한 조지 비조스, 브람 피셔와 평생 친구가 되었다. 그리스 이민자의 아들인 조지는 예리하면서도 인정이 많은 남자였다. 시간 강사인 브람 피셔는 유명한 남아프리카 출신 백인 가문의 후손이었다. 그의 할아버지는 오렌지 강 식민지의 수상을 지냈고, 그의 아버지는 오렌지자유 주의 대법관이었다. 비록 그는 남아프리카의 수상이 될 수 있었음에도 불구하고 내가 만난 자유투쟁을 위하여 사는 사람들 중에서 가장 용감하며 지조가 강한 사람이 되었다. 나는 토니 오다우드, 헤럴드 볼피, 줄리스 브라우데와 그의 아내 셀마와 친구가 되었으며, 이들 모두는 정치적 급진주의자로 공산당 당원이었다.

나는 또한 많은 인도 학생들과 가까운 친구가 되었다. 포트헤어에도 인도 학생이 많았지만, 그들은 별도의 숙소에 묵었기에 가끔 만났을 뿐이었다. 비트스에서 나는 이스마일 미르, J. N. 싱, 아메드 불라, 라믈랄 불리아를 만나 그들과 친구가 되었다. 잘 짜인 이 모임의 중심지는 이스마일의 아파트로, 도심에 있는 방이 네 개 딸린 콜바드 주택 13호였다. 그곳에서 우리는 이른 아침 시간까지 공부했고, 토론하며 심지어 춤도 추었다. 이 아파트는 젊은 자유투사들을 위한 일종의 총본부가 되었다. 나는 때로 올랜도로 돌아가는 마지막 기차를 놓쳤을 때에는 이곳에서 잠을 잤다.

똑똑하며 진지한 이스마일 미르는 나탈에서 태어났으며, 비트스 법대에 다니는 동안 트란스발인도인회의Transvaal Indian Congress, TIC의 핵심회원이 되었다. 피부색깔이 다른 모든 사람들과 잘 어울렸던 싱은 사람들에게 인기 있고 잘생긴 친구였다. 아울러 싱은 공산당 당원이었다. 어느 날 나와 이스마일과 싱은 콜바드 주택으로 급히 가기 위해, 인도인에게는 허락되지만 아프리카인에게는 허락되지 않는다는 사실을 알면서도 전차를 탔다. 우리가 전차에 탄 지 얼마 되지 않아 곧 차장이 이스마일과 싱에게 '카피르 친구'는 탈 수 없다고 아프리칸스어로 말했다. 이스마일과 싱은 차장이 카피르라는 단어조차도 제대로 이해하지 못하고 있으며, 나를 그렇게 부르는 것이 불쾌하다고 말하면서 차장에게 화를 냈다. 차장은 곧바로 전차를 멈추고 경찰을 불렀다. 경찰은 우리를 체포하고, 경찰서로 데리고 가서 고발했다. 우리는 다음 날 법원에 출두하라는 명령을 받았다. 그날 밤 이스마일과 싱은 나를 변호하기 위하여 브람 피셔에게 연락했다. 다음 날, 치안판사는 우리와 브람 가문의 관계를 보고 놀란 것 같았다. 우리는 즉시 석방되었으며, 나는 판사가 외부의 영향을 전혀 받지 않는 것은 아님을 직접 확인할 수 있었다.

비트스는 내게 새로운 세계를 열어주었다. 이 세계는 이념과 정치적 신념과 토론의 세계였으며, 사람들이 정치에 열광할 수 있는 세계였다. 나는 나와 같은 세대인 백인이나 인도인들과 함께했다. 이 젊은이들은 몇 년 뒤 정치운동의 중요한 선구자가 된다. 나는 해방투쟁에 굳게 동조하고, 그들이 소유한 상대적인 특권에도 불구하고 억압받는 사람들을 위하여 자신을 스스로 희생할 준비가 된 내 나이 또래의 사람들을 처음으로 알게 된 것이다.

3

자유투사의 탄생

11

내가 언제부터 정치에 관심을 갖게 되었고, 또 언제부터 자유를 위한 투쟁에 일생을 바치겠다고 결심했는지 정확히 기억할 수는 없다. 남아프리카에서 흑인으로 산다는 것은 그들이 태어나는 순간부터 그들의 인식 여부에 상관없이 정치화될 수밖에 없음을 의미한다. 아프리카 흑인 어린이는 일반적으로 흑인 전용 병원에서 태어나, 흑인 전용 버스로 집에 돌아오고, 흑인 거주지역에서만 살아야 하며, 만약 학교라도 다니고 싶다면 흑인 전용 학교에 다녀야만 한다.

그 흑인 아이는 커서도 흑인들만 다니는 직장에만 취직할 수 있고, 흑인 거주지역 내에서만 집을 세낼 수 있으며, 흑인 전용 기차만 탈 수 있다. 밤이든 낮이든 통행증을 제시하기 위해서 수시로 가던 길을 멈춰야만 하며, 통행증을 제시하지 못하면 경찰서에 연행된다. 이 흑인 아이는 그의 성장을 가로막고 잠재력을 짓밟으며, 그의 삶을 위기에 빠뜨릴 수도 있는 인종차별적인 법률과 규제에 둘러싸여져 생활한다. 이것이 남아프리카 흑인의 현실이었다. 사람들은 나름대로 이러한 현실에 대처하고 있었다.

나는 어느 한순간에 깨달음을 얻었다거나 계시를 받았다거나 또는 진리를 깨우쳐서 투사의 길에 들어선 것이 아니었다. 오히려 지속적으로 쌓여온 모욕감과 모멸감, 그 기억할 수 없는 수많은 순간들이 내 안에서 분노심과 저항심, 그리고 우리 민족들을 가두고 있는 사회체제에 대한 울분을 키웠다. 어느 특정한 날에 "자! 이제부터 나는 우리 민족의 해방을 위해서 살겠다"라고 선언했던 것도 아니다. 그보다도 나는 어느 순간 그렇게 행동하고 있는 나를 발견했을 뿐이었다. 그와는 달리 행동할 수도 없었다.

내게 영향을 준 많은 사람들을 앞에서 이미 언급했지만 그들 중에서도 특히 월터에게서 현명한 가르침을 가장 많이 받았다. 월터는 강하고 이성적이며, 현실적이고 헌신적인 사람이었다. 그는 위기상황이 닥쳐도 결코 이성을 잃는 법이 없었다. 그는 때때로 사람들이 고함치는 가운데에서도 침묵을 지키고는 했다. 그는 흑인들의 소망과 열망의 결집체로서 ANC가 남아프리카에 실질적인 변화를 가져올 수 있다고 확신했다. 사람들은 흔히 ANC에 속한 회원들의 됨됨이를 보고 ANC를 평가했다. 나도 예외는 아니어서 월터가 소속되었다면 그 어떤 단체라도 기꺼이 참여했을 것이고, 그 점을 자랑스럽게 여겼을 것이다. 당시 남아프리카에는 ANC 말고는 별다른 대안이 없었다. ANC는 유일하게 모든 사람들에게 개방된 단체였으며, 모든 아프리카인들에게 안식처를 제공해주는 거대한 우산 같은 구실을 했다.

1940년대부터 서서히 변화의 조짐이 나타났다. 1941년, 루스벨트와 처칠이 서명한 「대서양 헌장Atlantic Charter」은 모든 인간의 존엄성을 재확인했고, 일련의 민주주의적 원칙을 주장했다. 일부 서방 세계 사람들은 「대서양 헌장」을 무용지물로 보았으나, 당시 우리 남아프리카 사람들에게는 사정이 달랐다. 「대서양 헌장」의 발표와, 독재권력에 맞서는 연합국들에 고무되어 ANC는 「아프리카인의 주장African Claims」이라는 ANC 나름의 헌장을 만들었다. 여기에서는 모든 남아프리카인의 시민권과 토지소유권,

그리고 인종차별법을 완전 철폐할 것을 주장했다. 당시 우리는 정부와 평범한 남아프리카인들이 유럽에서 자신들이 지키기 위해 싸우는 가치와, 국내에서 우리가 주장하는 가치가 같다는 것을 알게 되리라 기대했다.

올랜도에 있는 월터의 집은 민주운동가들과 ANC 사람들에겐 성지와 같은 곳이었다. 부드러운 분위기로 언제나 반겨주던 그곳에 나는 정치적 사안에 대해 토론하거나 시술루의 요리 솜씨를 맛보기 위해 자주 들렀다. 1943년 어느 날 밤, 나는 문학 석사 학위와 법학 학사 학위를 가지고 있는 안톤 렘베데와 A. P. 음다를 만났다. 나는 렘베데의 목소리를 처음 듣는 순간부터 그가 매우 독창적이고, 때로는 사람들을 깜짝 놀라게 하는 생각을 지닌 범상치 않은 인물이라는 것을 알 수 있었다. 그는 남아프리카를 통틀어 몇 안 되는 유능한 변호사 중 한 사람이었고, 또한 ANC 창설자 중 한 명인 픽슬리 카 세미 박사의 법률 파트너이기도 했다.

렘베데는 아프리카는 흑인들의 땅이며, 흑인들의 것을 주장하고 관철시키는 것 역시 흑인들의 손에 달려 있다고 말했다. 그는 흑인들의 열등의식을 부추기는 사상을 혐오했으며, 서구의 사상을 경배하고 우상화하는 행위를 신랄하게 비판했다. 그는 또한 흑인은 열등하다는 강박관념이 남아프리카 해방을 실현시키는 데 가장 큰 걸림돌이라고 주장했다. 그는 마커스 가비, 두 보이스, 하일레 셀라시에 같은 아프리카인 영웅들을 언급하면서, 흑인들도 어떤 곳에서든 기회만 있다면 백인들과 마찬가지로 발전할 수 있다고 강조했다. 또한 "내 피부색은 어머니의 땅, 아프리카의 검은 토양처럼 아름답다"라고 자주 말했다. 그는 대대적인 대중운동을 시작하기에 앞서 흑인들이 스스로의 이미지를 향상시켜야 한다고 믿었다. 그리고 자주와 자결의 정신을 주장했으며, 자신의 사상을 스스로 '아프리카주의Africanism'라고 불렀다. 우리는 언젠가는 그런 렘베데가 당연히 ANC를 이끌어가리라는 것을 의심하지 않았다.

렘베데는 남아프리카 사람들 사이에 새로운 정신이 일어나고 있으며, 부족 간의 차별은 점점 사라지고 있고, 젊은 남녀들은 코사, 은데벨레, 츠와나 등의 부족으로서보다 먼저 아프리카인으로서 자신을 인식하고 있다고 단언했다. 렘베데의 아버지는 글을 모르는 나탈 출신의 줄루족 농부였다. 렘베데는 미국인 선교학교인 애덤스 대학에서 교사 양성 교육을 마치고 여러 해 동안 오렌지자유 주에서 교편을 잡았으며, 아프리칸스어를 배웠다. 그는 아프리카너의 민족주의를 아프리카 민족주의의 전형으로 인식하게 되었다.

이후 렘베데는 나탈에서 발행되던 아프리카인 신문 《인쿤둘라 야 반투Inkundla ya Bantu》에 다음과 같은 글을 실었다.

> 근대의 역사는 민족주의의 역사이다. 민족주의는 대중의 투쟁과 전쟁의 화염 속에서 끊임없이 역사의 시험대에 올랐으며, 외세와 근대 제국주의에 맞설 수 있는 유일한 대응책이었다. 제국주의자들은 자신들의 식민지에서 일어나는 모든 민족주의운동을 제거하고 그 세력을 무마시키는 데 전력을 다했다. 그들은 이 목적을 이루려고 어마어마한 예산을 들여 민족주의를 '편협적', '야만적', '비문명적', '악마적'인 것으로 격하시키는 선전을 펴왔다. 우리 중 일부는 이러한 악마적 선전공세에 꼭두각시로 이용되어 결국엔 제국주의자들이 '문명화되고', '자유로우며', '진보적이고', '포용력이 있다'고 찬사를 퍼붓는 그 거창한 사업을 위한 도구나 기구로 전락했다.

나는 렘베데의 사상에 감명을 받았다. 나 역시 가족주의적 영국 식민주의와, 백인들은 '문화적', '진보적', '문명화'되었다고 인식하도록 하는 호소에 영향을 받았다. 나는 이미 영국이 아프리카에서 추구하던 흑인 엘리트가 되는 길을 걷고 있었다. 그것이 섭정부터 시델스키 씨까지 모든 사람들이 내게 원하던 것이었다. 그러나 그것은 환상이었다. 렘베데처럼 나는 호전적인 아프리카 민족주의를 대응책으로 생각하기 시작했다.

렘베데의 친구이자 파트너는 A. P.로 더 잘 알려진 피터 음다였다. 렘베데가 우유부단하고 갈피를 못 잡는 경향을 보이는 반면에, 음다는 흔들리지 않고 확실했다. 또한 렘베데가 애매모호하고 신비스러운 편이라면 음다는 세심하고 과학적이었다. 따라서 음다의 실용주의는 렘베데의 이상주의와 완벽하게 대조를 이루었다.

다른 젊은이들의 생각도 이와 마찬가지로 나뉠 수 있었다. 우리는 모두 함께 모여 이러한 생각을 토론했다. 그들 중엔 렘베데와 음다뿐만 아니라 월터 시술루, 올리버 탐보, 리오넬 마좀보지 박사, 옛날 힐드타운에서 내 선생이었던 빅터 음보보, 공산당원이자 의과대학생이었던 윌리엄 은코모, 나탈 출신의 언론인으로 《인쿤들라Inkundla》지와 남아프리카에서 판매부수가 가장 많다고 자랑하던 《반투 월드Bantu World》 신문사에서 일하던 조던 은구바네, ANC 트란스발 지부장이자 공산당원인 데이비드 보파페 등 많은 사람들이 있었다. 부당한 일이었지만, 일반 대중은 ANC가 다수 민중의 권리를 보호하기보다는 지쳐 있고 온건하며 선택받은 아프리카인 엘리트 계층을 보존하는 조직으로 타락했다고 생각했다. 어떤 대책을 강구해야 한다는 것이 일반적인 의견이었다. 마좀보지 박사는 ANC의 지도력에 불을 붙이는 한 방법으로 ANC 내에 '청년동맹Youth League'을 설립하자고 주장했다.

1943년에 렘베데, 음다, 시술루, 탐보, 은코모 그리고 나를 포함한 대표단이 소피아타운의 저택에서 살고 있는 ANC의 의장인 수마 박사를 만나기 위해 파견되었다. 수마 박사는 작은 농장이 딸린 그의 집에서 직접 수술을 집도했다. 수마 박사는 ANC에 지대한 공헌을 했다. 그는 카 세미 박사가 이끌면서 규모나 그 중요성이 점점 약해지던 ANC를 다시 일으켜 세웠다. 그가 의장직을 맡았을 때 ANC의 자금은 겨우 17실링 6펜스밖에 없었는데, 이후 그는 ANC의 재정 규모를 4,000파운드로 증가시켰다. 그는 전통적인 지도자들에게 칭송을 받았고, 내각의 관료들과도 친분을 맺었으며, ANC 사람들에게 자신감과 안정감을 불어넣었다. 그러나 그는 지나치게 세심해서 거대한 조직체를 이끄는 다른 여러 지도자들과 갈등이 많았다. 그는 ANC에 헌신적인 만큼 의사로서도 헌신적이었다. 수마 박사는 대표단 역할, 대표자의 임명, 각종 편지나 전보 등의 업무를 관장했다. 비록 우리의 의견이 서로 다를지라도 우리는 모두 신사였으므로 모든 일을 영국식으로 처리했다. 그는 백인체제와 맺은 유대관계를 즐기는 것처럼 보였으며, 자신의 정치적 행동 때문에 백인과의 교분이 위험에 빠지는 것을 원치 않았다.

회담을 하면서 우리는 수마 박사에게 청년동맹을 조직하고, 대중의 지지를 얻기 위한 계획을 추진하고자 한다고 말했다. 우리는 청년동맹 강령 초안과 선언문 사본을 가져갔다. 우리는 또한 수마 박사에게 ANC는 붕괴 위험에 처해 있으며, 그 해결책은 새로운 방안을 모색하고 ANC 스스로를 고무시키는 수밖에는 없다고 말했다. 수마 박사는 우리에게 위협감을 느꼈는지 청년동맹의 강령에 강력하게 반대했다. 그는 청년동맹 같은 모임은 더 느슨한 조직이 되어야 하며, 주로 ANC의 회원을 충원하는 위원회로서 역할을 해야 한다고 생각했다. 수마 박사는 남아프리카 사람들은 단체행동에 참여하기에는 아직 미숙하다고 설득하면서 그런 단체행동은 성급하고 잘못된 처사라고 말했다.

수마 박사와 회의를 마친 직후 윌리엄 은코모의 지도하에 청년동맹 임시위원회가 구성되었다. 위원회 사람들은 1943년 12월 블룸폰테인에서 개최될 예정이었던 ANC 연례회의에 참석하여 청년동맹의 창설이 결과적으로 ANC의 새로운 회원을 모으는 데 도움이 될 것이라고 주장했다. 그리고 그러한 제안은 받아들여졌다.

청년동맹은 실질적으로 1944년 부활절에 엘로프 가에 있는 반투인 사회센터에서 출범했다. 약 100명에 이르는 인원이 모였고, 그들 중엔 프리토리아처럼 먼 곳에서 온 사람도 있었다. 청년동맹은 일종의 선택받은 엘리트 집단이었고, 그들 중 상당수는 포트헤어 대학 출신이었다. 우리의 모임은 대중운동과는 거리가 먼 편이었다. 렘베데는 고대 그리스, 중세 유럽, 식민지 시대에 이르는 국가의 역사를 강의했다. 그는 역사에서 드러난 아프리카와 아프리카인의 업적을 강조했으며, 백인들이 스스로가 선택받은 민족이며 근본적으로 가장 우수한 민족이라고 생각하는 것이 얼마나 어리석은지를 강조했다.

조던 은구바네, 음다, 윌리엄 은코모 모두 새로이 등장하고 있는 아프리카 민족주의African Nationalism에 주목했다. 렘베데가 청년동맹의 의장으로, 올리버 탐보가 사무총장으로 선출되었으며, 월터 시술루가 회계로 뽑혔다. 음다, 조던 은구바네, 리오넬 마좀보지, 컨그레스 음바타, 데이비드 보파페, 그리고 나는 청년동맹 집행위원으로 선출되었다. 이후에 학생인 고드프리 피치(그는 선생이 되었고, 이후에는 변호사로 활동했다), 의사인 아서 레텔, 윌슨 콩코, 딜리자 음지, 은타토 모틀라나, 노조운동가인 댄 틀루미, 학생인 조 매튜, 두마 노크웨, 로버트 소부퀘 등 우수한 젊은 인재가 청년동맹에 가담했다. 곧 청년회 지부가 각 지방에 설립되었다.

청년동맹의 기본정책은 1912년 ANC의 첫 번째 강령에 명시된 것과 다를 바가 없었다. 그러나 우리들은 본래의 문제점들을 재확인하고 강조했다. 아프리카 민족주의는 사람들의 처절한 주장이었다. 많은 부족들이 합쳐져 한 나라를 이루고, 백인 우월주의를 극복하여 진정한 의미의 민주주의 정부를 수립하자는 것이 우리의 신조였다. 청년동맹 강령에는 "우리는 남아프리카인의 독립은 남아프리카인 스스로 성취할 것으로 믿는다.…… 청년동맹회의는 아프리카 민족주의 정신의 두뇌집단이 되어야 하고 원동력이 되어야만 한다"라고 명시되어 있었다.

또한 선언문은 신탁통치의 개념과 백인 정부가 다소나마 그들의 마음속에 남아프리카 사람들의 이익을 생각하고 있다는 의견에 반대했다. 우리는 1913년의 「토지법Land Act」을 계기로 본격화된 과거 40년 동안의 아프리카인 탄압 법률에 대해 언급했다. 토지법은 남아프리카 흑인들이 소유했던 전체 토지의 87%를 빼앗았으며, 1923년 「도시구역법Urban Areas Act」은 소위 '원주민 지역native locations'이라 불리는 빈민가가 출현하게 된 원인이 되었다. 이들 빈민가 사람들은 백인 공장의 값싼 노동력으로 이용되었다. 1926년 「인종차별법Color Bar Act」은 모든 남아프리카인들의 무역 거래를 금지했고, 1927년의 「원주민 통치법Native Administration Act」은 대추장들 대신에 영국 왕을 아프리카 전역에서 최고의 추장 위치에 올려놓았다. 그리고 마지막으로 1936년의 「원주민 대표법Representation of Natives Act」은 케이프 지역에서 남아프리카인의 선거권을 박탈함으로써 백인들이 남아프리카인들이 자신들의 운명을 결정하도록 인정할지도 모른다는 그나마 남아 있던 소망마저도 산산조각을 냈다.

우리는 공산주의에 대해서 무척 신중했다. 선언문에도 "우리는 외국의 이념을…… 받아들일 수는 있다. 그러나 우리는 아프리카에 외국의 이념을 무조건 도입하는 것은 거부한다"라고 명시되어 있었다. 이것은 공산당을 은연중에 반대한다는 표시였다. 나를 포함한 렘베데와 여러 사람들은 이 '외국'의 이념이 당시의 남아프리카 상황에는 맞지 않는다고 생각했다. 렘베데는 공산당은 백인들이 지배하고 있으며, 공산당은 남아프리카인의 자신감과 창의력을 약화시킨다고 느꼈다.

그날 많은 위원회가 만들어졌으나 청년동맹의 최우선 과제는 ANC를 남아프리카인들의 정치적 자유회복이라는 대의명분을 실현시키는 방향으로 이끄는 일이었다. 나는 이러한 목적에는 동의했으나 청년동맹에 가입하는 것은 꺼렸다. 그때까지만 해도 나는 정치활동에 적극적으로 참여할지 확신이 서질 않았다. 나는 당시 직장에 다니면서 시간을 쪼개 학업을 계속하고 있었기 때문에 그 두 가지 이외에 다른 일을 할 시간적 여유가 없었다. 그러나 한편으로 내 자신이 월터, 렘베데, 음다에 비해 정치적으로 뒤처지고 있다는 불안감에 사로잡혀 있었다. 그들 세 사람은 신념이 확고한 반면 나는 아직 그러한 신념조차 형성하지 못했었다. 사람들 앞에서 연설할 수 있는 자신감도 부족했다. 청년동맹의 다른 사람들의 감동적인 연설을 들을 때면 압도되기가 일쑤였다.

렘베데의 아프리카주의에는 청년동맹의 일부 사람들이 꺼리는 극단적인 인종차별주의적 경향이 있었으므로 보편적인 지지를 받지는 못했다. 청년동맹의 일부 사람들은 우리들에게 동조적인 백인들도 포함하는 민족주의가 더욱 바람직하다고 여겼다. 나를 포함한 다른 청년동맹 사람들은 우리가 만약 백인들까지 투쟁 노선에 포함시킨다면 우리는 결국 백인들의 문화에 젖게 될 것이며, 따라서 백인들에 대한 열등감에서 벗어나지 못한다고 주장하면서 백인들이 청년동맹에 가담하는 것을 반대했다. 당시 나는 공산주의자나 백인들이 청년동맹에 가입하는 것을 단호하게 반대했다.

*　*　*

월터의 집은 내 집이나 다름없었다. 1940년 초, 당시 갈 곳이 없었던 나는 몇 달 동안 월터의 집에 살았다. 월터의 집은 사람들로 항상 붐볐고, 정치 토론이 하루도 끊이지 않았다. 월터의 아내인 알베르티나는 현명하고 아름다웠으며, 월터의 정치활동을 절대적으로 지지하는 사람이었다(결혼식장에서 안톤 렘베데는 "알베르티나, 당신은 지금 유부남과 결혼했소. 월터는 당신을 만나기 오래전에 이미 정치와 결혼한 몸이오"라고 말했다).

월터의 집에서 나는 첫 번째 아내인 에블린 메이스를 만났다. 그녀는 말이 없는 시골 출신의 예쁜 아가씨였으며, 월터의 집에서 일어나는 일에 그다지 놀라지 않는 것처럼 보였다. 그녀는 당시 알베르티나와, 음다의 아내인 로즈와 함께 요하네스버그의 비유럽인 종합병원에서 간호사 교육을 받고 있었다.

에블린의 고향은 움타타에서 서쪽으로 약간 떨어진 곳에 있는 트란스케이의 엥코보였다. 아버지는 광부였는데 그녀가 갓난아기였을 때 돌아가셨고, 어머니는 그녀가 열두 살 때 돌아가셨다. 중학교를 마치고 나서 에블린은 고등학교에 진학하기 위해 요하네스버그로 왔다. 그녀는 당시 오빠인 샘 메이스와 함께 월터의 집에 살고 있었다. 월터의 어머니는 에블린의 친할머니의 여동생이었다. 그녀는 에블린을 친딸처럼 대했으며, 에블린은 월터 가족에게서 사랑을 듬뿍 받았다.

우리가 처음 만난 뒤 곧바로 나는 에블린에게 데이트를 신청했다. 우리는 곧 사랑에 빠졌다. 그 뒤 몇 달 동안 끈질기게 청혼한 결과 그녀는 마침내 내 청혼을 받아들였다. 우리는 간단한 서명과 참관인만 참석한 채 요하네스버그의 원주민 행정관 사무실에서 단출하게 결혼식을 올렸다. 우리는 남아프리카 전통 혼례식을 치르거나 피로연을 베풀 만한 경제적 여유가 없었다. 우리는 당장 살 곳부터 찾아야 했다. 우리는 처음에 올랜도 이스트에 있는 그녀의 오빠 집에 함께 살다가 딥마인스에 사는 그녀의 언니 집에서 살았는데, 그 언니의 남편인 음순굴리 음구들와는 사무원이었다.

12

1946년에 내 정치적 신념을 발전시키고 투쟁 방향을 설정하는 데 기여한 몇 가지 중요한 사건들이 발생했다. 그해 리프 지역에서 발생한, 7만 명에 이르는 광산노동자들의 파업시위는 내게 엄청난 영향을 주었다. J. B. 마크스, 댄 틀루미, 가우어 라데베를 비롯한 많은 ANC 노동운동가들이 주도한 남아프리카광산노동조합AMWU이 1940년대 초반에 결성되었다. 그 조합에는 리프 지역에서 일하는 광산노동자 40만 명이 가입했다. 당시 광산노동자들의 일당은 대개 겨우 2실링밖에 안 되었다. 남아프리카광산노동조합은 하루 10실링의 최저임금을 보장하라고 광산회의소를 계속 압박하면서 노동자들에게 주택과 2주간의 유급휴가를 제공할 것을 요구했다. 광산회의소는 이러한 요구를 묵살했다.

이 광산노동자 파업은 남아프리카 역사상 규모가 가장 컸으며, 노동자들은 일주일 동안 파업을 계속하면서 단결을 유지했다. 정부는 이에 대해 가혹하게 보복했다. 노조 지도자들은 체포되었고, 광산 지역은 경찰에 의해 포위되었으며, 광산노동조합 사무실은 무참히 짓밟혔다. 광산노동자들의 시위행진은 잔인하게 진압되었으며, 진압 과정에서 12명이 목숨을 잃었다. 남아프리카원주민대표회의는 이에 대한 항의로 휴회했다. 나는 많은 광산노동자들과 친분이 있었는데, 농성 중인 그들을 방문하여 현안을 놓고 토론하면서 그들을 지지하는 내 의사를 밝혔다.

ANC의 오랜 회원이자 공산당원인 J. B. 마크스가 남아프리카광산노동조합 위원장이었다. 트란스발에서 태어난 혼혈아인 마크스는 유머 감각이 뛰어나고 카리스마가 넘치는 인물이었다. 그는 또한 얼굴이 밝고 키가 컸다. 파업 중에 나는 때때로 그와 함께 광산을 돌아다니면서 광산노동자들과 대화를 나누고 전략을 세웠다. 아침부터 저녁까지 하루 종일 그는 차분하고 합리적으로 지도력을 발휘했으며, 가장 어려운 위기에서도 그의 유머는 기운을 북돋아주었다. 나는 정부의 야만적인 탄압 속에서도 꿋꿋하게 동료들을 이끄는 광산노동조합의 모습과 조합원을 장악하는 능력에서 깊은 감명을 받았다.

결국 사건은 정부의 승리로 끝이 났다. 파업은 진압되었고, 노조는 해산되었다. 그러나 이를 계기로 나는 마크스와 깊은 우정을 나누게 되었다. 나는 자주 그의 집을 방문하여 공산주의에 반대하는 내 의견을 장황하게 피력했다. 마크스는 충실한 공산당원이었으나 결코 그러한 내 반대 의견에 편협한 반응을 보이지는 않았다. 그는 당시 남아프리카의 젊은이라면 아프리카 민족주의를 추구하는 것이 당연하다고 생각했다. 그러나 그는 내가 나이가 들면 들수록, 또한 경험이 풍부해지면 풍부해질수록 좀 더 폭넓게 사고하게 될 것이라고 생각했다. 나는 또 마크스와 마찬가지로 현재의 남아프리카 상황에 맞는 공산주의가 필요하다고 믿는 모세 코타네나 유서프 다두와 토론을 벌였다. ANC의 다른 공산주의자들은 나를 비롯한 청년동맹의 다른 동지들을 신랄하게 비난했지만 마크스와 코타네와 유서프는 그런 적이 결코 없었다.

광산노동자 파업이 끝나고 나서, 코타네와 마크스를 비롯한 다른 공산주의자들을 포함한 52명이 반국가선동죄로 체포되거나 형을 선고받았다. 이것은 분명 정치재판이었고, '붉은 악마Red Menace'에 강경하게 대처하겠다는 정부 측 태도를 보여주는 것이었다.

같은 해 나의 정치 행동방식에 큰 변화를 준 또 다른 사건이 일어났다. 1946년 스뮈츠 정부가 「아시아인 토지소유법Asiatic Land Tenure Act」을 통과시킨 것이다. 이 토지 영구임대법은 남아프리카 내 인도인들의 자유로운 활동을 제한하고, 인도인 보호구역을 만들어 보호구역 안에서만 거주와 교역을 허락하며, 재산소유 권한을 극도로 제한한다는 내용을 담고 있었다. 이 법을 실시하는 대신 정부는 인도인들에게 백인들의 꼭두각시에 불과한 사람들로 구성된 국민의회를 만들었다. '트란스발인도인회의'의 의장이었던 다두 박사는 이러한 정부의 극심한 인종차별 조치를 신랄하게 비난하면서, 정부 측이 국민의회를 만들겠다는 제안은 속임수라고 일축했다. 일명 「빈민지역법Ghetto Act」으로 알려진 이 법안은 인도인 지역사회에 대한 심한 모욕이었으며, 남아프리카의 유색인들의 자유를 박탈하는 「집단구역법Group Areas Act」의 전신이 되었다.

인도인 지역사회는 2년에 걸쳐 「빈민지역법」에 반대하는 비폭력 저항운동을 벌였다. 다두 박사와 나탈인도인회Natal Indian Congress, NIC의 의장인 G. M. 나이커의 지도 아래 인도인들은 거국적인 저항운동을 벌였으며, 이러한 모습은 우리 ANC 사람들에게 강한 인상을 심어주었다. 주부, 목사, 의사, 변호사, 사업가, 학생, 노동자 등이 투쟁에 앞장섰다. 2년 동안 사람들은 투쟁을 위해 개인적인 삶은 뒤로 미루었다. 대중집회가 열렸고, 백인들이 보유하고 있는 토지를 점령해 되찾았다. 2천 명이 넘는 시위 참가자들이 체포되었고, 다두 박사와 나이커는 6개월의 강제노동형을 선고받았다.

인도인들의 저항운동은 인도인 지역사회에만 한정되어 있었고, 다른 조직의 참여를 촉구하지는 않았다. 상황이 그렇다 할지라도 수마 박사와 다른 남아프리카 지도자들은 청년동맹과 함께 여러 회의에서 인도인들의 저항운동에 진심 어린 지지를 보냈다. 정부는 온갖 협박과 가혹한 법령을 들먹이며 인도인들의 저항을 탄압하려고 노력했다. 그러나 우리는 ANC나 청년동맹이 한 번도 시도하지 않은 방식으로 대대적으로 항거하는 인도인들을 목격했다. 이스마일 미르와 J. N. 싱은 퇴학당해 가족들과 떨어져 교도소에 수감되었다. 당시 고등학생이던 아메드 카트라다도 마찬가지였다. 나는 때때로 아미나 파하드의 집에 점심식사를 하러 갔는데, 어느 날 갑자기 이 매력적인 여성은 앞치마를 벗을 수밖에 없었다. 그녀의 신념 때문에 투옥되었기 때문이다. 나는 한때 인도인들이 정말 투쟁할 의지가 있는지 궁금했지만 이제는 더 이상 의심할 여지가 없었다.

인도인들의 이러한 저항운동은 청년동맹이 주창하던 투쟁의 본보기가 되었다. 그것은 사람들 사이에 저항 정신과 개혁 의지를 심어주었고, 교도소에 잡혀가는 것에 대한 두려움을 없애주었으며, 나탈인도인회의NIC와 트란스발인도인회의TIC의 대중적 지지와 영향력을 한층 높여주었다. NIC와 TIC는 우리에게 자유는 연설이나 회의나 결의문을 배포하거나 대표단을 파견하는 것으로 얻어지는 것이 아니라 치밀한 조직력, 집단투쟁 그리고 가장 중요한 고통과 희생을 감내하는 정신력으로 실현된다는 사실을 가르쳐주었다. 인도인들의 저항운동은 1913년 마하트마 간디의 비폭력 무저항주의에 그 바탕을 두고 있었다. 간디의 무저항주의는 나탈에서 트란스발로, 불법적으로 국경을 넘어가는 많은 남아프리카인도인들의 긴 행렬을 만들어냈다. 이것은 하나의 역사였다. 이 저항운동이 바로 내 눈 앞에서 펼쳐지고 있었다.

1946년 초, 에블린과 나는 올랜도 이스트의 시가지에 방 두 칸짜리 집을 얻어 이사를 했다. 그 뒤 올랜도 웨스트 8115번지의 조금 더 큰 집을 얻어 이사했다. 올랜도 웨스트에는 더러운 판잣집들이 꽉 들어차 있었다. 이 판자촌은 훗날 대大소웨토의 일부가 되었다. 소웨토는 남부지역과 서부지역의 머리글자를 따서 지은 이름이었다. 우리의 보금자리는 동네사람들이 '서쪽 절벽Westcliff'이라는 별칭으로 부르는 곳으로, 북쪽으로 교외지역의 호화로운 백인 동네가 자리 잡고 있었다.

우리가 새로 이사 간 집은 한 달 집세가 17실링 6펜스였다. 이 집은 도장으로 찍어낸 듯이 세워진 수백 채의 집들과 별반 다를 것이 없이 진흙길 위에 궁색하게 서 있었다. 마찬가지로 이 집도 시멘트 바닥에 양철지붕을 얹었으며, 부엌은 비좁고 화장실은 옹색하기 그지없었다. 비록 길가에는 가로등이 있었지만, 집 안에는 전기가 들어오지 않았으므로 우리는 등잔불을 사용할 수밖에 없었다. 침실은 너무 작아서 2인용 침대를 들여놓으면 남는 곳이라곤 거의 없었다. 이 집들은 동네 가까이에 거주할 필요가 있는 노동자들을 배려해서 시 당국에서 마련해준 것이었다. 지루함을 달래기 위해 몇몇 사람들은 작은 정원을 가꾸기도 하고, 현관문을 밝게 색칠해보기도 했다. 그러나 우리 집은 비록 작았지만 처음으로 내가 소유하는 진정한 의미의 집이었고, 나는 이 점을 자랑스럽게 생각했다. 나는 사람이 자기의 집을 가질 때 비로소 진정한 성인이 된다고 생각한다. 그때만해도 당시 이 집이 앞으로 오랫동안 내가 소유할 유일한 거처가 되리라고는 생각지 못했다.

정부는 나와 에블린에게 집을 분양해주었다. 왜냐하면 우리 식구는 더 이상 둘이 아니라 셋이 되었기 때문이다. 그해 우리 첫째 아들인 마디바Madiba가 태어났다. 이 아이의 이름을 내 부족명인 마디바라고 지었으나, 마디바보다는 템비Thembi로 더 잘 알려져 있다. 그는 튼튼하고 명랑한 소년이었다. 사람들은 템비가 아버지보다 엄마를 더 닮았다고 말했다. 비록 그에게 물려줄 것이 거의 없었지만 나에게도 이제 후손이 생긴 것이다. 나는 만델라라는 나의 이름과 마디바라는 부족의 이름을 영구히 남길 수 있게 되었다. 이것은 코사족 남성으로서 지켜야 할 가장 기본적인 임무 중의 하나였다.

나는 마침내 안정된 기반을 갖게 되었다. 다른 사람 집에서 손님 노릇만 하던 내가 이제는 내 집에 손님을 받을 수 있게 된 것이다. 그리고 얼마 후에 내 여동생 리비가 우리와 함께 살게 되었고, 나는 그녀를 올랜도에 있는 고등학교에 입학시켰다. 남아프리카 문화에서 같은 집안 사람들은 서로에게 친절을 베푸는 것을 당연하게 여긴다. 나도 거대한 대가족의 일원이었기에 내가 새로 이사한 집은 항상 많은 손님들로 붐볐다.

비록 가족들과 함께할 수 있는 시간이 별로 없었지만 나는 화목한 가정생활이 좋았다. 템비와 함께 놀고, 그 아이를 목욕시키고, 그 아이와 함께 밥을 먹으며, 그 아이가 잠들기 전에 동화책을 읽어주는 일은 내게 큰 기쁨을 주었다. 사실 나는 아이들과 함께 놀거나 이야기하는 것을 무척 좋아한다. 그 순간이 나에게는 평화로운 시간이었기 때문이다. 나는 집에서 편안히 책을 읽거나 부엌에서 풍겨오는 달콤하고 향기로운 수프 냄새를 즐겼다. 그러나 그럴 수 있는 시간은 극히 드물었다.

그해 하반기에 마이클 스콧 목사와 함께 살게 되었다. 스콧은 영국 국교 성직자였으며, 남아프리카 사람들의 권리를 위해 최선을 다해 노력하고 있었다. 요하네스버그 외곽에 있는 천막촌 사람들을 대표하던 코모가 그를 찾아왔다. 당시 정부는 천막촌을 철거하려 했다. 코모는 스콧에게 정부의 부당한 천막촌 철거에 저항하자고 설득했다. 그러자 스콧은

"내가 당신을 돕기로 한다면 나 역시 당신처럼 되어야 할 것이오"라고 말하고, 천막촌으로 거처를 옮겨 그곳에서 예배 모임을 갖기 시작했다. 집 없는 사람들을 위한 스콧의 천막은 바위 언덕배기에 지어졌으며, 북부아프리카 전쟁이 끝난 후에 주민들은 그곳을 토브럭Tobruk이라 불렀다. 그곳은 내가 템비와 함께 때때로 일요일 아침이면 오르던 장소였다. 템비는 바위틈 사이로 숨바꼭질을 하며 즐겁게 놀았다. 스콧이 그곳에서 예배 모임을 갖기 시작하고 나서 얼마 되지 않아 그는 코모가 정부의 철거정책 취소 투쟁에 쓰려고 모은 성금을 횡령하고 있다는 것을 알게 되었다. 스콧이 코모에게 실망하여 등을 돌리자 코모는 스콧을 천막촌에서 쫓아냈을 뿐만 아니라 그의 생명까지도 위협했다.

스콧은 들라미니라고 하는 아프리카인 목사와 함께 올랜도에 있는 우리 집에 당분간 피해 있게 되었다. 들라미니는 아내와 자식들도 함께 데려왔다. 우리 집은 몹시 작았다. 스콧이 거실을 사용하고, 들라미니 부부가 다른 방을 썼으므로 아이들은 할 수 없이 부엌에서 잠을 자야 했다. 스콧은 겸손하고 신중한 사람이었으나 들라미니는 약간 까다로운 편이였다. 식사 때면 그는 음식에 대해 투정을 부렸다. 그는 "여기 좀 보세요. 당신들이 요리한 고기는 너무 얇고 딱딱하고, 제대로 익지도 않았잖아요. 난 이런 고기는 못 먹겠어요"라고 말했다. 스콧은 들라미니의 이런 말에 몹시 당황해서 들라미니를 정중하게 타일렀으나 그는 별로 개의치 않는 눈치였다. 다음 날 아침 들라미니는 "흠, 어제보다는 약간 나아진 것 같군요. 하지만 아직 멀었어요. 만델라, 당신도 알고 있는 것처럼 당신 부인의 요리 솜씨는 형편없어요"라고 말했다.

나는 들라미니에 대해 불편한 감정을 갖게 되었으며, 들라미니가 내 집에서 나가주기를 너무나 원했다. 그래서 직접 천막촌에 찾아가 스콧은 그들의 진정한 친구이며, 코모와는 다른 사람이라고 천막촌 주민들을 설득했고, 주민들 스스로 둘 중 한 명을 선택해야만 한다고 말했다. 그들은 결국 선거를 치렀는데 스콧이 승리했다. 그는 다시 천막촌에 돌아갈 수 있게 되었고, 들라미니 목사도 데리고 갔다.

1947년 초, 나는 3년 동안의 도제생활을 끝내고 '비트킨, 시델스키와 에이델만' 법률회사를 그만두었다. 법학 학사 학위를 취득하여 변호사 사무실을 개업하기 위해서 나는 학생의 몸으로 돌아가 학업에만 전념하기로 했다. 시델스키 법률사무소에서 매달 받던 8파운드 10실링 1페니의 돈을 못 받게 되자 생활이 무척 어려웠다. 나는 수업료, 책값, 용돈 등 법대에 다니는 데 필요한 학비를 마련하기 위하여, 요하네스버그에 있던 남아프리카인종관계기관 산하의 반투복지신용금고에서 250파운드의 융자를 신청했고, 결국 150파운드를 융자받았다.

3개월이 지난 후 나는 반투복지신용기금 관계자에게 다시 편지를 띄워 아내가 산후 휴가 중이라서 아내의 한 달 수입인 17파운드를 받을 수 없게 되었다는 것을 알렸다. 아내의 수입 17파운드는 우리 생활에 절대적으로 필요한 돈이었다. 나는 추가로 융자를 받을 수 있었는데, 그 사실이 굉장히 고마웠다. 그러나 상황은 점점 더 악화되었다. 우리 딸 마카지웨Makaziwe는 그리 어렵지 않게 태어났으나 매우 병약했다. 처음부터 최악의 상황을 염려할 수밖에 없었다. 에블린과 나는 많은 밤을 교대로 새우며 아기를 간호했다. 우리는 이 작은 갓난아기의 생명을 꺼져가게 하는 병의 정체가 무엇인지도 알지 못했다. 의사도 그 원인조차 몰랐다. 에블린은 어머니 특유의 지칠 줄 모르는 모성애와 간호사로서 직업 정신을 살려 온 힘을 다해 딸아이를 간호했다. 하지만 아이는 결국 9개월 만에 세상을 떠나고 말았다. 아내는 절망했다. 나는 그저 딸아이를 잊어버리는 것 이외에는 슬픔을 달랠 길이 없었다.

정치의 세계에서는 계획을 아무리 치밀하게 세워도 때로 예기치 않은 일이 생기게 마련이다. 청년동맹의 활동에 대해 렘베데와 개인적으로 논의하는데 렘베데가 갑자기 위통과 오한을 호소했다. 그의 고통은 점점 더 심해졌다. 그날 밤 우리는 그를 코로네이션 병원으로 데려갔으나 결국 숨을 거두고 말았다. 그의 나이 이제 서른세 살이었다. 렘베데의 죽음은 많은 사람들에게 큰 충격을 주었다. 월터는 슬픔에 휩싸여 의기소침해 있었다. 렘베데는 청년동맹 활동에 많은 아이디어를 제공했으며, 조직에 많은 사람들을 끌어들였기에 그의 죽음은 청년동맹 활동에도 큰 타격을 주었다.

렘베데의 후임자로 음다가 선출되었다. 음다의 분석적인 접근 방법, 자신의 의사를 간단명료하게 전달하는 능력, 그리고 풍부한 전술적 경험은 유능한 정치인과 청년동맹 내의 뛰어난 지도자로서 그의 지명도를 높여주었다. 음다의 체구는 마른 편이었고, 불필요한 말은 전혀 하지 않는 그의 성격처럼 군살이라곤 전혀 없었다. 그는 다른 의견을 포용할 줄 아는 넓은 아량의 소유자였으며, 생각의 깊이에서도 렘베데보다 훨씬 성숙해 있었다. 음다의 지도력은 렘베데가 시작한 일을 더 발전시켰다.

그는 청년동맹이 남아프리카 내에서 정부에 맞서는 압력단체 역할을 해야 하며, 또한 청년동맹은 ANC 내의 투쟁적인 민족주의자 세력으로서 ANC를 새로운 국면으로 끌고 가야 한다고 확신했다. 당시 ANC에는 상근 직원이 한 명도 없었고, 느슨하게 조직되어 있어 대체적으로 산만하게 운영되고 있었다(후에 월터는 아주 작은 보수를 받고 처음이자 마지막인 ANC 정식 직원이 되었다).

곧바로 음다는 Z. K. 매튜와 인류학 강사였던 고드프리 피치의 자문을 받으면서 청년동맹의 포트헤어 지부를 설립했다. 그들은 똑똑한 학생들을 가입시켰고, 새로운 활력과 신선한 생각들을 가져왔다. 그들 중에서 가장 뛰어난 사람은 매튜 교수의 총명한 아들인 조와, 깊은 감명을 주는 연설가이면서도 날카로운 통찰력을 소유한 로버트 소부퀘였다.

음다는 렘베데보다 온건한 민족주의 노선을 걷고 있었다. 렘베데의 민족주의에서 볼 수 있었던 인종차별주의적인 경향은 없었다. 음다는 백인들을 증오한다기보다는 남아프리카 흑인에게 가하는 백인들의 압제와 지배 행위를 증오했다. 또한 음다는 공산주의에 대해서도 나나 렘베데처럼 그다지 극단적인 반대 입장을 취하지는 않았다. 나는 좌익 백인들을 의심하던 청년동맹원들 중 한 사람이었다. 비록 많은 백인 공산당원과 친분을 유지하고 있었지만 나는 ANC 내의 백인 세력에 대해 경계를 늦추지 않았으며, ANC와 공산당의 연계활동에 대해서도 반대했다. 나는 공산당이 연계활동을 핑계로 ANC 내에서 주도권을 잡으려 한다고 생각했다. 나는 또한 우리를 해방시켜줄 수 있는 원칙은 마르크스주의도 다인종주의도 아닌 순수한 아프리카 민족주의뿐이라고 확신했다. 심지어 나는 다른 청년동맹 동지들과 함께 단상을 점령하고 현수막을 찢어버리고 마이크를 빼앗아, 공산당 모임을 아수라장으로 만드는 심한 행동을 하기도 했다. 12월 ANC의 전국회의에서 청년동맹은 공산주의자들을 ANC에서 축출하자고 요구했으나 실패했다. 1946년 인도의 무저항주의운동이 준 영향에도 불구하고 나는 여전히 공산당을 바라보던 시각으로 인도인을 바라보았다. 그러한 의심은 인도인 역시 ANC를 지배하려 한다는 생각에서 출발했고, 내가 그렇게 생각한 이유는 부분적으로 그들이 더 나은 교육과 훈련을 받았고 경험도 많았기 때문이었다.

1947년, 나는 ANC 트란스발 지부 집행위원으로 선출되어 그 지역 지부장인 라모하노 밑에서 일하게 되었다. 이것은 내가 처음으로 ANC에서 맡은 직위였으며, ANC에서의 내 활동에 전환점이 되었다. 그때까지 나는 ANC 활동으로 주말에 아내와 가족과 함께 지내지 못하고, 밤늦게 귀가한다는 것 정도였을 뿐 더 이상의 내 희생은 없었다. 당시 나는 ANC의 주요 활동에 직접적으로 관여하지 않았으며, 자유투사의 삶이 얼마나 어렵고 위험한 일인지 몰랐다. 그때까지만 해도 내 정치적 신념을 지키기 위한 아무런 대가도 지불하지 않고 살아온 셈이었다. 트란스발 지부의 집행위원으로 선출된 그 순간에야 비로소 나는 ANC와의 일체감을 깨닫게 되었다. ANC의 희망과 절망, 성공과 실패, 이것들 모두가 이제 내 문제가 되었다. 이제 나는 진정으로 ANC의 일원이 된 것이다.

라모하노에게서도 배울 점이 많았다. 그는 굳건한 민족주의자로서 다양한 의견을 조정하고, 일을 추진해나가는 데에서도 적절한 합의를 끌어내는 능력이 있었다. 라모하노는 공산주의자들에게 동조하지 않으면서도 공산주의자들과 원만히 업무를 이끌어나갔다. 그는 ANC를 지지하는 사람이라면 누구든지 ANC에 가입할 수 있어야 한다고 믿었다.

인도의 무저항주의가 시작된 무렵인 1947년, ANC의 의장인 수마 박사, 트란스발인도인회의의 의장인 다두 박사, 나탈인도인회의 의장인 나이커 박사 등이 공동의 적에 맞서 함께 싸울 것을 약속하는 「박사들의 협약 Doctor' Pack」에 서명했다. 이것은 아프리카인의 운동과 인도인의 운동을 통합시키는 중요한 역할을 했다. 저항운동을 총괄할 하나의 정치조직을 만들기보다 먼저 서로 공동이익이 걸려 있는 문제에 협력하기로 했다. 나중에 혼혈인회의인 아프리카민중기구APO가 여기에 가담했다.

그러나 이러한 움직임은 시도에 그쳤을 뿐 더 발전하지 못했다. 왜냐하면 각 단체들이 활동 과정에서 각자의 특정한 문제들에 부딪쳤기 때문이다. 예를 들면 통행증 거부투쟁은 인도인들이나 혼혈인들에게는 상관없는 문제였다. 「빈민지역법」에 대한 인도인의 저항투쟁 역시 흑인들의 관심을 끄는 문제는 아니었다. 당시 혼혈인 조직도 인종등급제와 그에 따른 직장차별 문제에 더 많은 우려를 표시하고 있었다. 이 문제도 인도인이나 흑인들에게 직접적으로 연관되는 문제는 아니었다.

각 단체의 독자성이 존중되고 활동성과는 협력을 통하여 이루어졌기 때문에 「박사들의 협약」은 아프리카인 조직, 인도인 조직, 혼혈인 조직이 미래에 협력할 수 있는 토대를 마련해주었다. 「박사들의 협약」은 인종의 벽을 뛰어넘는 대정부 투쟁운동의 일환이었으며, 자유투쟁의 기치 아래 아프리카인과 인도인을 단결시키고자 했다. 남아프리카의 모든 흑인들에게 투표권을 확대시키려는 운동이었던 '모두를 위한 투표를 추구하는 제일 트란스발과 오렌지자유 주 민중회의'가 이러한 흐름의 첫 번째 활동이었다. 내가 사회를 본 기자회견에서 수마 박사는 ANC도 이 운동에 동참할 것이라고 발표했다. 당초 우리 ANC가 이 모두를 위한 투표권운동을 주도하리라 믿고 있었지만, 이러한 예상이 빗나가자 트란스발 지부 집행위원회는 ANC의 참여를 취소하기로 결정했다. 당시 나는 ANC는 ANC가 주도하는 운동에만 관여해야 한다고 생각했다. 나는 저항운동이 성공할 것인지의 여부보다 어떤 조직이 명성을 얻게 되는지에 관심이 더 많았다.

ANC가 모두를 위한 투표권 보장운동에서 손을 뗀 이후에도 ANC 트란스발 지부의 라모하노 지부장은 성명서를 발표하여, 트란스발 집행위원회의 결정을 무시한 채 모두를 위한 투표권 보장운동에 참여할 것을 트란스발 지역 주민들에게 촉구했다. 이것은 명백한 이탈행위로서 집행위원회로서는 도저히 용납할 수 없는 처사였다. 이 문제를 해결하기 위해 모인 자리에서 나는 라모하노에 대한 불신임운동을 추진하라는 요구를 받았다. 나는 ANC에 대한 충성심과 동지에 대한 우정 사이에서 갈등했다. 내가 결코 의심해본 적이 없는 그의 성실하고 헌신적인 행동과, 다른 사람과는 비교도 할 수 없는 그의 희생정신을 비난해야 한다는 것을 나는 알고 있었다. 나는 또한 문제가 된 그의 행동도 사실은 가치 있는 일이라는 것을 알았다. 그는 아프리카인이 인도인 형제들을 도와줘야 한다고 믿고 있었다.

그러나 라모하노가 집행위원회에 불복종한 행위는 심각한 문제였다. ANC는 개개인이 모여서 이루어진 단체이지만 개인보다는 ANC에 대한 충성심이 우선이었다. 결국 나는 라모하노의 불신임 처벌을 주도하는 데 동의했으며, 올리버 탐보가 이 일을 도와주었다. 이 때문에 ANC 내부에 혼란이 일어났다. 라모하노를 지지하는 트란스발 사람들과 집행위원회를 지지하는 사람들 사이에서 논쟁이 벌어졌다. 결국 모임은 혼란 상태에서 해산되었다.

13

아프리카인은 투표권이 없었으나 그렇다고 해서 그것이 선거 결과조차 관심이 없다는 것을 의미하지는 않았다. 1948년 실시된 백인 보통선거에서 국제적 지명도가 절정에 이르렀던 스뮈츠 장군이 이끄는 집권당인 통일당과, 다시 세력을 회복하고 있던 국민당이 대결했다. 스뮈츠 장군이 남아프리카를 2차 세계대전 동맹국 측에 가담시키자, 국민당은 영국을 지지하지 않겠다는 의사를 밝히고 공개적으로 나치 세력에 동조했다. 통일당은

'흑인은 위험', '검둥이는 검둥이의 자리에', '쿨리스를 추방하자' 등의 구호를 내걸고 선거 전략을 펼쳤다. 여기서 쿨리스는 인도인들을 저속하게 일컫는 말이다.

전 네덜란드 개혁교회의 목사이자 신문사 편집장인 다니엘 말란 박사가 이끄는 국민당은 수십 년 동안 자신들을 열등하게 취급해온 영국을 향한 적개심에서 출발했다. 이것은 동시에 아프리카인에 대한 적개심이기도 했다. 국민당원들은 남아프리카 흑인들이 아프리카너 문화의 순수성과 발전을 위협한다고 믿었다. 아프리카인들이 스뮈츠 장군을 지지한 것은 아니었으나 국민당에 대한 반감은 그 정도가 더 심했다.

말란의 기본강령은 '아파르트헤이트Apartheid'로 알려졌다. 아파르트헤이트는 새로운 용어였지만 새로운 생각은 아니었다. 아파르트헤이트는 글자 그대로 '분리apartness'를 뜻하며, 수세기에 걸쳐서 남아프리카 흑인들을 열등한 위치에 놓이게 한 모든 억압적 법규와 제도의 상징이었다. 그것은 지난 300년에 걸쳐 형성된 인종차별의 관습이 사회제도로 굳어지는 것을 의미했다. 이 악마적인 인종차별제도는 남아프리카 구석구석에 그 영향력을 미치며 위세를 떨치고 있었다. 인종차별정책은 백인들이 남아프리카의 흑인, 인도인, 유색인보다 우월하다는 것을 기본 전제로 했고, 그러한 우월성을 고착화시켰다. 국민당이 '백인은 영원히 주인으로 남을 것'이라고 말한 것처럼 그들의 기본강령에는 주로 주인이라는 뜻의 '바스캅baasskap'이라는 말이 사용되었으며, 그것은 온갖 가혹한 수단으로 지켜온 '백인 우월주의'를 상징하는 단어였다. 네덜란드 개혁교회는 아프리카너들은 신에게 선택받은 존재이며 흑인들은 천한 인종이라고 주장하면서, 인종차별정책을 종교적으로 정당화했다. 결국 아프리카너들의 가치관은 인종차별주의와 종교적 정당성이 서로 맞물려서 형성되어온 것이다.

국민당의 승리는 영국의 아프리카너 지배가 끝나기 시작했다는 것을 의미했다. 영어는 남아프리카 사람들의 제2의 모국어로 되어가고 있었다. '우리 국민eie volk, 우리 말eie taal, 우리 땅eie land'을 강조하는 국민당의 주장은 나름대로 사명감이 있기는 했다. 왜곡된 세계관을 지닌 아프리카너들은 국민당의 승리를 마치 이스라엘 사람들이 약속한 땅을 향해 떠난 고난의 길처럼 간주했다. 그들은 국민당의 승리는 신이 약속한 바를 실현하는 것이라 믿었다. 이것은 남아프리카가 영원히 백인들만을 위한 나라라는 것을 정당화했다.

국민당의 선거 승리는 한마디로 충격이었다. 통일당과 스뮈츠 장군은 나치주의자들을 선거에서 늘 이겨왔으며, 이번 선거에서도 국민당을 이길 것이라고 예상했기 때문이다. 선거 당일, 나는 올리버 탐보와 다른 동료들과 함께 요하네스버그에서 열린 회합에 참석했다. 우리는 국민당이 이기리라고 전혀 예상치 않았으므로 국민당 정부에 대해서는 거의 언급하지 않았다. 모임은 밤새도록 계속되었고, 우리는 새벽에야 자리에서 일어날 수 있었다. 집으로 돌아가던 우리는 신문 가판대에서 《랜드 데일리 메일Rand Daily Mail》지에 실린 "국민당 승리"라는 머리기사를 보았다. 나는 순간 멍해졌다가 이내 근심에 휩싸였다. 그러나 올리버의 반응은 좀 더 신중했다. 그는 "잘됐어"라고 말했다. 나는 그가 왜 그렇게 말하는지 알 수가 없었다. 올리버는 "이제 우리는 누가 우리의 적인지, 우리가 어떤 입장에서 있는지 정확히 알게 되겠지"라고 말하는 것이었다.

스뮈츠 장군까지도 인종차별정책은 편견과 두려움을 낳는 미친 짓이라고 비난하고 있었다. 그 역시 악마적인 인종차별정책이 지닌 위험성을 깨닫고 있었던 것이다. 국민당이 선거에서 승리하는 그 순간부터 우리는 앞으로 남아프리카는 긴장과 갈등의 땅이 되리라는 것을 알 수 있었다. 남아프리카 역사상 처음으로 아프리카너들로만 이루어진 정권이 들어서게 된 것이었다. 말란은 당선 축하 연설에서 "남아프리카는 다시 한번 우리의 땅이 되었다"라고 선언했다.

같은 해 ANC 청년동맹은 음다가 작성하고 청년동맹 집행위원회가 인정한 문서에서 청년동맹의 정책노선을 제시했다. 이것은 남아프리카를 사랑하는 모든 젊은이들이 떨쳐 일어나 백인들의 독재를 막아보자는 외침이었다. 우리는 사람들이 인종적 이유보다는 경제적 이유 때문에 억압받고 있다는 공산당의 주장에 반대했다. 우리는 아프리카 민족주의의 기치 아래 좀 더 강력하고 범민족적인 '아프리카인 스스로가 주도하는' 투쟁이 필요하다고 주장했다.

우리는 평등의 원칙에 따른 토지개혁, 아프리카인의 기술직 취업을 금지하는 법률 폐지, 무상 의무교육의 실시 등을 주장했다. 우리는 또한 이 문서에서 두 개의 대립하는 아프리카 민족주의, 즉 마커스 가비가 주창한 '아프리카인들을 위한 아프리카'라는 극단적인 민족주의와 남아프리카는 다인종주의 국가가 되어야 한다는 ANC 청년동맹이 주장하는 민족주의 사이에 존재하는 팽팽한 긴장관계를 지적했다.

나는 아프리카 민족주의가 표방하는 극단적인 혁명적 성향에 공감하고 있었다. 나는 인종차별주의에 분노했다기보다 백인들에게 화가 났다. 백인들을 바다로 내던져버릴 준비가 되어 있지는 않았지만, 나는 백인들이 스스로 배를 타고 이 땅을 떠난다면 얼마나 좋을까 하고 상상했다.

청년동맹은 인도인들과 혼혈인들에게 우호적인 편이였는데, 그것은 그들 역시 억압받는 사람들이라는 동정심 때문이었다. 그래도 인도인들에겐 인도라는 모국이 있었다. 그러나 혼혈인들은 아프리카를 제외하고는 딱히 조국이라 부를 만한 땅이 없었다. 나는 청년동맹의 정책노선을 받아들인 인도인과 혼혈인들을 수용할 준비가 되어 있었다. 그러나 그들의 이해관계는 우리가 추구하는 바와 일치하지 않았다. 나는 그들이 진심으로 우리들이 추구하는 바를 받아들일 수 있을까 하는 의심을 품기 시작했다.

정권을 잡자마자 말란은 잔악한 인종차별정책을 실시했다. 국민당은 집권한 지 몇 주 지나지 않아서 독일 나치주의를 지지하며 폭동을 주도했던 전범인 로비 라이브란트를 사면했다. 뒤이어 정부는 노동조합 세력의 활동을 저지하겠다는 의사를 밝혔으며, 남아프리카 흑인, 인도인, 혼혈인들에게 부여했던 선거권을 박탈한다고 발표했다. 「선거분리대표법」은 점차 국회 내 혼혈인 의원의 자리를 박탈하기 시작했다. 1949년에는 「타인종간결혼금지법」이 도입되었고, 이어 백인과 다른 인종 사이의 성관계를 불법으로 규정한 「비윤리법」이 제정되었다. 「인구등록법」은 모든 남아프리카인에게 인종별 등급을 정해 피부색을 개인의 중요한 평가 기준으로 만들어버렸다. 말란은 또한 '인종차별정책의 제일 핵심'이라 할 수 있는 「집단구역법」을 도입해서 각 인종에 따라 별도의 거주지역을 할당했다. 아프리카너들이 과거 무력으로 이 땅을 점령한 것을 법률로 보장한 셈이다.

이 새롭고 막강한 정부의 협박에 ANC는 남아프리카 역사상 전례가 없는 대응을 시작했다. 1949년, ANC는 진정한 의미의 대중조직으로 거듭나기 위한 노력을 시작했다. 청년동맹은 범국민적 투쟁을 주요 내용으로 하는 행동강령의 초안을 마련했다.

청년동맹의 행동강령은 블룸폰테인에서 열린 ANC 연례회의에서 승인되었다. 행동강령은 백인상품불매운동, 출근거부운동, 소극적 저항, 대중시위 등 여러 가지 집단투쟁을 주장했다. 그동안 ANC가 자체 법규 내에서 활동해온 것과 달리 급진적인 투쟁 노선으로 변화했다. 청년동맹 사람들은 정부의 인종차별 탄압에 합법적인 방법으로 대항하다가 실패한 경우를 여러 번 보아온 터였다. 그러나 이제 ANC의 저항운동이 더 적극적인 국면으로 접어들려 하고 있었다.

이러한 움직임은 내부에서부터 변화하지 않고서는 불가능했다. ANC 연례회의가 있기 몇 주 전, 월터 시술루와 올리버 탐보와 나는 소피아타운에 있는 수마 박사 집에서 비공식적인 모임을 가졌다. 우리는 1946년 간디의 비폭력 무저항주의를 설명하면서 이제 ANC도 이러한 움직임을 따라야 할 때가 왔다고 주장했고, ANC가 그간 백인의 압제에 너무나 유순한 자세로 일관해왔다고 비판했다. 또한 간디가 그랬듯이 ANC 지도자들은 정치적 신념을 지키기 위해 법을 위배하거나 교도소에 가는 것을 두려워해서는 안 된다고 주장했다.

이러한 우리의 의견에 수마 박사는 거세게 반대했다. 그는 그러한 투쟁방식은 시기상조이며, 정부에 ANC를 탄압할 수 있는 빌미를 제공하는 것밖에는 되지 않는다고 주장했다. 그는 우리들이 생각하는 저항운동 방식은 언젠가 남아프리카에도 현실화되겠지만 지금의 상태에서 그런 행동은 반드시 실패할 것이라고 말했다. 수마 박사는 의사로서 활발하게 활동했으며, 교도소에 가면서까지 자신을 위험에 빠뜨리고 싶지 않다는 입장을 명확히 밝혔다.

우리는 수마 박사에게 최후통첩을 띄웠다. 우리는 수마 박사가 우리의 행동을 지지할 경우 우리도 그가 ANC 의장 선거에서 승리할 수 있도록 지지하겠지만, 만약 그가 우리의 계획에 반대한다면 우리 역시 ANC 의장 경선에서 그를 지지하지 않겠다고 했다. 수마 박사는 화가 나서 얼굴이 벌겋게 달아올라, 우리가 자신을 협박하고 있으며 자신을 지지하기로 했던 당초의 약속을 위반하고 있다고 비난했다. 그리고 우리가 어리고 거만하며 윗사람에 대한 존경심이 없다고 화를 냈다. 우리는 다시 한번 그를 설득했으나 소용이 없었다. 그는 우리의 제안에 동조하지 않았다. 그는 밤 11시에 우리를 집 밖으로 내몰고 문을 닫아버렸다. 소피아타운에는 가로등이 없었는데, 그날 밤에는 달도 없었다. 모든 대중교통수단은 이미 오래전에 끊어졌고, 올랜도 집은 수 킬로미터나 떨어져 있었다. 올리버는 수마가 아무리 화가 났어도 최소한 집에 돌아갈 차편은 마련해주리라 생각했다고 말했다. 다행히 월터가 그곳 근처에 사는 친한 사람의 집을 알고 있었기에 우리는 그날 밤을 그곳에서 보냈다.

청년동맹은 12월 ANC 연례회의에서 수마 박사를 몰아낼 수 있는 반대표를 가지고 있었고, 청년동맹이 지지할 새로운 ANC 의장 후보로 모로카 박사를 지명했다. 사실 우리가 처음부터 모로카 박사를 지지하지는 않았다. 우리는 매튜 교수를 ANC 의장 후보로 주목했지만, 그는 청년동맹의 계획을 급진적이고 현실성이 부족하다고 판단했다. 그는 또한 우리를 애송이 선동자라고 부르면서 우리가 더 성숙해질 필요가 있다고 말했다.

모로카 박사는 의외의 선택이었다. 그는 트로츠키적 사상이 지배하던 '전아프리카회의AAC'에 참여하고 있었다. 모로카 박사가 수마 박사를 반대하는 데 동의하자 청년동맹은 그를 ANC에 받아들였다. 우리가 처음 그를 만났을 때, 그는 ANC를 '아프리카 의회'라고 부를 만큼 ANC에 대해 잘 알고 있는 편도 아니었고, 투쟁가로서 경험도 부족했다. 그러나 그는 사람들의 존경을 받고 있었고, 우리 계획에도 순순히 동의했다. 수마 박사처럼 그 역시 남아프리카의 부유한 상류층 흑인이었고, 에든버러와 비엔나에서 공부했다. 그의 고조할아버지는 오렌지자유 주 추장으로, 19세기 남아프리카에 처음 들어온 백인들을 환영하고 살 땅도 마련해주었지만 결국 배신당했던 인물이었다. 수마 박사는 결국 재선에 실패했고, 모로카 박사가 ANC 의장으로 새롭게 추대되었다. 월터 시술루는 사무총장으로 선출되었으며, 올리버 탐보 역시 전국집행위원회에 선출되었다.

청년동맹의 행동강령은 ANC 연례회의에서 받아들여졌으며, 백인 상품 불매, 파업, 시민불복종, 비협조 등의 인종차별 저항운동을 통해 정치적 권리를 회복하고자 했다. 이러한 저항운동과 함께 우리는 대정부 투쟁의 일환으로 전 국민이 직장에 나가지 않는 날을 계획하자고 요구했다. 이것은 얌전한 저항에서 벗어나는 것이었으며, 이렇게 더 적극적으로 투쟁하게 되자 ANC의 많은 기존 회원들의 세력은 차츰 쇠퇴했다. 청년동맹 동지들은 이제 ANC의 핵심 조직에 자리 잡기 시작했으며, ANC를 더욱 급진적이고 혁명적인 투쟁 노선으로 이끌어갔다.

나는 사정상 연례회의에 참석할 수 없었기 때문에 멀리서 청년동맹이 얻은 성과를 축하할 수밖에 없었다. 나는 당시 법률회사에서 일하고 있었고, 회사는 내가 블룸폰테인에서 열리는 연례회의에 참석할 수 있도록 이틀씩이나 휴가를 주지는 않았다. 회사의 분위기는 자유분방한 편이였으나, 회사 쪽에서는 내가 정치활동은 잊어버리고 일에만 열중해주길 바랐다. 만약 내가 연례회의에 참석했다면 아마 나는 회사에서 해고당했을 것이다. 게다가 나는 연례회의에 참석할 만한 경제적 여유도 없었다.

대중투쟁운동의 기운이 점점 달아올랐지만 나는 여전히 공산주의자들과 인도인들의 저항운동에 의구심을 품고 있었다. 1950년 3월, ANC 트란스발 지부, 트란스발인도인회의, 아프리카민중기구와 공산당 지역위원회가 개최한 '언론의 자유수호 집회'가 요하네스버그의 마켓 광장에서 열렸는데, 무려 1만 명에 이르는 군중이 모여들었다. 모로카 박사는 ANC 집행위원회와 아무런 상의도 없이 집회의 사회를 맡기로 했다. 마켓 광장의 집회는 성공적으로 끝났지만, 집회를 개최한 쪽이 공산당이었기 때문에 문제는 심각했다.

공산당과 인도인회의의 발의로 집회는 자유의 날로 알려진 5월 1일 하루 동안 총파업을 실시한다는 내용의 결의문을 통과시켰다. 결의문은 「통행법」을 비롯한 기존의 모든 인종차별법안을 철폐할 것을 요구했다. 나는 이것의 취지에는 지지했으나, 공산당이 이번 집회를 통해 ANC가 계획하고 있는 '범민족 궐기의 날'에 앞서 선수를 치려 한다는 심증을 굳히고 있었다. 나는 ANC가 5월 총파업의 주도세력이 아니라는 것을 이유로 파업에 참여하는 것을 반대했다. 나는 ANC가 독자적인 저항운동을 펼쳐야 한다고 믿었다.

아메드 카트라다는 스물한 살이었고, 모든 젊은이들이 그렇듯이 혈기가 넘쳐났다. 그는 트란스발인도인청년회의의 일원이었는데, 내가 5월 총파업에 반대한다는 소식을 들었다. 그러던 어느 날 커미셔너 거리에서 카트라다와 마주쳤다. 그는 거칠게 굴면서 나를 비롯한 청년동맹 사람들은 인도인이나 혼혈인들과 협력하고 싶어 하지 않는다고 비난했다. 그는 시비를 거는 말투로 "당신은 아프리카인들을 이끄는 사람이고 나는 일개 인도인 젊은이에 불과합니다. 그러나 나는 우리의 총파업 운동을 사람들이 지지하리라 확신하며, 이 점에서 사람들은 당신보다 나를 지지할 것이라고 생각합니다"라고 말했다. 나는 그의 말에 엄청난 충격을 받으면서도 무척 화가 났다. 나는 심지어 ANC 집행위원회가 남아프리카인도인회의나 공산당과 연합모임을 갖는 것에조차 불만을 토로했다. 그러나 이스마일 미르는 "넬슨! 그는 아직 어리고 혈기 왕성한 젊은이야. 그와 똑같이 행동하지 말게!"라고 말하면서 흥분한 나를 진정시켰다. 결국 나는 가까스로 행동을 자제하고 화를 진정시킬 수 있었다. 비록 나는 그 인도인 젊은이의 의견에 동의할 수는 없었어도 그의 열정만큼은 존경했다. 훗날 이 사건을 생각하면 웃음이 나왔다.

자유의 날 총파업 투쟁은 ANC의 공식적인 지지 없이 강행되었다. 예상했던 대로 정부는 자유의 날 총파업 투쟁에 관련된 모든 집회와 모임을 금지시켰다. 하루 동안 실시한 총파업에 남아프리카 전체 노동자의 3분의 2가 출근을 하지 않았다. 그날 밤 월터와 나는 정부의 금지 명령에도 불구하고 올랜도 웨스트에서 열린 집회에 모여든 군중들 틈에 끼어 있었다. 달은 휘영청 밝았다. 우리가 시위자들의 질서정연한 행진을 지켜보고 있을 때, 500미터 떨어진 곳에서 경찰 한 무리가 길을 가로막고 진을 치는 것이 보였다. 그들도 마찬가지로 우리를 보고 있었다. 그런데 갑자기 경찰이 시위대 쪽으로 총을 쏘기 시작했다. 우리는 몸을 바싹 구부려 땅바닥에 엎드렸으며, 몰려오는 경찰들은 시위대 속으로 파고들어 진압봉으로 사람들을 마구 후려쳤다. 우리는 근처 간호사 기숙사로 일단 피신했다. 밖에선 경찰이 쏜 총알이 건물 벽에 박히는 소리가 들려왔다. 이날 경찰이 무차별적으로 시위를 진압하는 과정에서 18명의 목숨이 희생되었으며, 부상자도 많이 발생했다.

각계의 항의와 비난에도 국민당 정부는 탄압의 강도를 높여갔다. 그로부터 몇 주 지나지 않아서 정부는 그 악명 높은 「공산주의 활동금지법」을 제정했고, ANC는 요하네스버그에서 긴급회의를 소집했다. 「공산주의 활동금지법」은 남아프리카공산당SACP을 불법단체로 규정하고, 공산당원이 된다거나 공산주의 활동에 동참했을 경우 최고 10년의 징역형에 처한다고 규정했다. 그러나 「공산주의 활동금지법」은 그 적용범위가 넓어 그

Yusuf Dadoo, ex-president, SAIC.

Nelson Mandela, ex-president, Tvl. ANC.

James Phillips, ex-chairman, Tvl. CPAC.

Duma Nokwe, secretary, ANC Y.L.

Walter Sisulu, ex-secretary, ANC.

Albert Luthuli, president, ANC.

Yusuf Cachalia, secretary, SAIC.

John B. Marks, ex-president, Tvl. ANC.

Stephen Sello, ex-Tvl. acting secretary.

David Bopape, ex-secretary, Tvl. ANC.

Moses Kotane, ex-leader, ANC.

Dr. Z. Njongwe, ex-chairman, ANC.

Cassim Amra, ex-leader, Indian C.

Dr. Silas M. Molema, ex-treasurer, ANC.

The Effects of New Laws: 2

BANNED MEN

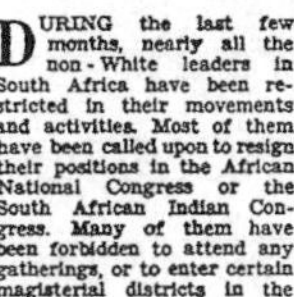

DURING the last few months, nearly all the non-White leaders in South Africa have been restricted in their movements and activities. Most of them have been called upon to resign their positions in the African National Congress or the South African Indian Congress. Many of them have been forbidden to attend any gatherings, or to enter certain magisterial districts in the Union.

Albert Luthuli, for instance, president of the African National Congress, is forbidden to move away from his own district at Groutville, Natal. He cannot visit the shops in Durban, thirty miles away, or attend the cathedral there.

Most of the bans are in force for two years, after which time they may be renewed: some have already been renewed.

The bans take effect under the Suppression of Communism Act of 1950. This allows the Minister of Justice to prohibit from gatherings or organisations anyone suspected of furthering the aims of Communism. 'Communism' is defined under the act as aiming to bring about social economic or political changes in the country.

Many of those convicted or 'named' under the Suppression of Communism Act are not 'Communists' in the usual sense of the term, but 'Statutory Communists' who come within the definition of the act.

Dr. Diliza Mji, ex-secretary, ANC.

Maulvi Cachalia, ex-secretary, Tvl. I.C.

J. Mavuso, ex-Transvaal ANC leader.

Nana Sitha, ex-president, Transvaal I.C.

Dan Tloome, ex-leader, ANC.

Flag Boshielo, ex-leader, Transvaal ANC.

N. Thandray, ex-Tvl. secretary, I.C.

Hosia Seperepere, ex-leader, ANC.

Frank Marquard, ex-president, Cape F.W.U.

Joseph Matthews, ex-president, ANC Y.L.

Robert Matji, ex-secretary, Cape ANC.

MacDon. Maseko, ex-leader, ANC.

Ismail Bhoola, ex-sec., Tvl. Indian YC.

Harrison Motlana, ex-secretary, Tvl. Y.L.

「공산주의 활동금지법」 아래에서 금지령이란 자유투사의 삶에서 반복되는 일상적인 일이었다.

정도가 아주 경미한 경우를 제외하고는 모두 이 법에 저촉되었다. 다시 말해 어떠한 조직이든 남아프리카 사회에 동요나 혼란을 일으킨다거나, 정치·산업·사회·경제적 변화를 추구하는 이념을 지지하고 동조한다면 이것은 명백한 범죄행위라는 것이다. 이보다 더 심각한 것은 이 법령을 빌미로 정부는 정부 정책에 반대하는 어떤 개인이나 단체를 탄압하거나 불법화시킬 수 있는 계기를 마련한 셈이었다.

ANC와 남아프리카인도인회의SAIC, 그리고 아프리카민중기구APO는 공산주의 활동금지령에 대한 대책을 논의하기 위해서 모임을 가졌다. 이 자리에서 다두 박사는 상황이 달라졌다고 해서 우리들의 대정부 투쟁운동이 약해지는 것은 어리석은 일이라고 말했다. 나는 그러한 다두 박사의 의견을 지지하면서, 만약 정부가 어떤 자유를 추구하는 단체를 탄압하려 든다면 그것은 자유를 추구하는 모든 사람들에 대한 탄압이 될 것이라고 단호하게 말했다. 올리버는 이 모임에서 "지금은 저항운동을 공산당이 주도하고 있지만 앞으로는 노조와 인도인회의와 아프리카민중기구와 아프리카민족회의 모두가 주도할 것입니다"라고 예언적인 발언을 했다.

인도인회의와 아프리카민중기구의 지원하에 ANC는 5월 1일 자유의 날 항거에서 18명의 목숨을 앗아간 정부의 강경탄압과 「공산주의 활동금지법」을 규탄하는 범민족 궐기를 6월 25일 실시할 것을 결의했다. 이 제안은 승인되었고, 범민족 궐기의 날을 준비하면서 우리는 인도인회의, 아프리카민중기구, 공산당과 긴밀한 관계를 가졌다. 당시 나는 ANC가 인도인이나 공산주의자 동지들과 손잡지 않을 수 없는 위기상황에 직면해 있다고 생각했다.

그해 초, 나는 ANC 의장 선거에서 실패한 뒤 은퇴한 수마 박사의 자리를 이어 ANC 집행위원에 선출되었다. 수마 박사는 10년 전 내가 정치에 입문할 생각조차 못 하던 시절 요하네스버그에 처음 왔을 때 첫 직장을 구하도록 도와준 장본인이었기 때문에 수마 박사의 자리를 맡는다는 것이 마음에 걸렸다. 이제 나는 ANC 집행위원회의 한 사람으로서 ANC 내에서 가장 영향력 있는 사람들과 함께 일하게 되었다. 나는 ANC 내에서 주목받지 못하던 존재에서 내가 그동안 비판하고 도전적으로 대해왔던 핵심 세력자 가운데 한 명이 된 것이었다. 그러한 사실에 우쭐한 기분이 들기도 했지만, 어떤 면으로 보면 책임이 없는 비판자 역할이 더 쉬울지도 몰랐다. 집행위원회의 한 사람으로서 나는 사람들과 많은 논쟁을 하고 많은 결정을 내려야 했으며, 그리고 내가 과거에 ANC 집행부를 비판했듯이 ANC 내의 비판 세력은 나를 비판했다.

당시 남아프리카 민중운동은 위기상황에 놓여 있었다. 자유를 추구하며 대정부 투쟁에 참여한 사람들은 범죄자로 처벌되었고, 언론의 자유 활동 역시 정부의 가혹한 탄압을 받았다. 농성에 가담한 노동자들은 해고당하는 것은 물론 삶의 터전과 그 터전에서 살 수 있는 권리마저 박탈당했다. 내 경험으로 비추어볼 때 경제적 파업보다 정치적 시위가 훨씬 더 위험했다. 또한 임금인상이나 노동시간 단축 등의 비교적 명확한 이슈를 가진 시위와는 달리 정치적 시위는 상대적으로 불확실한 측면이 있어 저항운동으로 추진하기에는 많은 어려움이 따랐기 때문에 더 효율적인 조직력이 필요했다. 범민족 궐기의 날은 경제적 파업이라기보다는 정치적 시위였다.

6월 26일을 대비해 월터는 각 지방을 돌면서 지도자들을 만나 이번 궐기대회에 대해 협의했다. 그가 자리를 비운 동안 나는 이번 전국적 행사의 구심점이라 할 수 있는 ANC 사무실을 맡았다. 매일같이 많은 ANC 지도자들, 즉 모세 코타네, 다두 박사, 딜리자 음지, J. B. 마크스 ANC 트란스발 지부장, 유서프 카찰리아와 그의 동생 몰비, 가우어 라데베 활동위원회 위원장, 마이클 하멜, 피터 라보로코, 은타토 모틀라나 등이 총궐기 준비가 계획대로 진행되고 있는지를 살폈다. 나는 여러 다른 지역 간의 궐기대회 준비활동을 조정했으며, 항상 지역 지도자들과 전화 연락을 취하고 있었다. 총궐기를 준비할 시간이 턱없이 부족했으므로 계획은 급하게 마련되었다.

범민족 궐기의 날은 ANC로서는 처음으로 시도한 전국적 규모의 정치적 목적의 파업이었는데, 그 결과는 대체로 성공적이었다. 도시에서는 노동자들이 대부분 직장에 나가지 않았으며, 흑인 회사는 휴업했다. 베탈 지역에서는 후에 ANC 트란스발 지부장이 된 거트 시반데의 주도로 시민 5천여 명이 시위를 벌였으며, 이 소식은 전국의 모든 신문에 1면 머리기사를 장식했다. 총궐기의 날은 우리들의 사기를 진작시키고 우리의 힘을 확인하는 계기가 되었으며, 우리가 결코 인종차별정책에 수동적으로 굴복하지 않는다는 것을 보여 줌으로써 말란의 백인 정권에 보낸 강력한 경고이기도 했다. 6월 25일은 남아프리카 자유투쟁의 역사에서 중요한 사건이었으며, 민주화운동 진영 내에서는 억압으로부터 해방된 날로 간주되었다.

나는 전국 규모의 운동에서 처음으로 중요한 역할을 맡았다. 잘 계획된 투쟁을 성공적으로 이끌어나가는 데서 묘한 흥분도 맛보았다. 또한 막강한 상대와 싸우는 과정에서 동지애도 확인할 수 있었다.

투쟁은 곧 희생이라는 것을 나는 깨달았다. 자유투쟁에 참여한 사람들은 가정생활을 전혀 할 수가 없었다. 총궐기 준비가 한창일 무렵 우리 둘째 아들인 마가토Makgatho Lewanika가 태어났다. 아들이 태어날 때, 다행스럽게도 나는 에블린이 입원해 있는 병원에 함께 있을 수 있었다. 그러나 그것은 내 바쁜 일정에 비하면 아주 짧은 휴식에 불과했다. 둘째 아들의 이름은 1917년과 1924년 사이에 ANC 2대 의장을 지낸 세파코 마포코 마가토와 잠비아의 추장 레와니카의 이름에서 따왔다. 추장의 아들인 마가토는 남아프리카 사람들을 프리토리아 시내의 인도를 걸어 다니지 못하게 하는 인종차별정책을 반대하는 운동을 주도했었다. 그의 이름은 내게 불굴의 정신과 용기를 의미했다.

어느 날, 당시 다섯 살이었던 큰아들 템비가 "아빠는 어디에서 살아?"라고 묻는다고 아내가 말해주었다. 당시 나는 아들이 깊이 잠든 밤이 되어서야 집에 돌아오고, 아이들이 깨기 전에 다시 나가는 생활을 반복하고 있었다. 나 역시 아이들과 많이 놀아주지 못하는 것이 마음에 걸렸다. 나중에 아이들과 더 오랫동안 헤어져 살게 되었지만, 이미 훨씬 전부터 나는 아이들을 상당히 그리워하고 있었다.

당시 나는 투쟁의 목적보다 투쟁 대상을 더 확실히 했다. 공산주의에 대한 나의 오랜 거부감은 점점 사라져가고 있었다. ANC 집행위원회의 한 사람인 모세 코타네가 가끔 우리 집에 찾아와 나와 토론을 벌였는데, 그럴 때면 아침이 되어서나 토론이 끝나기 일쑤였다. 코타네는 트란스발 지역에서 농부의 아들로 태어나 독학한 명석한 사람이었다. 그는 "이봐, 넬슨, 왜 공산주의자를 싫어하지? 우리는 모두 똑같은 적과 싸우고 있어, 우린 ANC를 독식하려는 생각 따윈 없다네. 우린 그저 아프리카 민족주의라는 흐름 안에서 함께 일하고 있는 거야." 나는 그의 이런 주장에 별다른 답변을 할 수가 없었다.

코타네와 이스마일 미르와 루스 퍼스트의 우정과 그들의 헌신적인 모습을 보면서 나는 점차 공산주의에 대한 거부감이 편견임을 깨닫게 되었다. 더 이상 공산당에 대한 나의 반대를 정당화시킬 수 없었다. ANC 내의 다른 동지들 중에서도 특히 공산당원인 J. B. 마크스, 에드윈 모프찬야나, 댄 틀루미, 데이비드 보파페는 헌신적으로 열심히 일했으며, 그들은 투사로서 조금도 손색이 없었다. 1946년 저항운동을 이끌었던 다두 박사는 인권 옹호를 위해 투쟁하는 마르크스주의자로 유명했는데, 전국의 모든 단체로부터 존경을 받았다. 나는 이런 사람들의 진심에 대하여 의문을 제기할 수 없었고 더 이상 의심하지도 않았다.

그들의 헌신에 대해서는 의심할 수 없었으나, 나는 여전히 마르크스주의의 철학적이며 실용적 토대에 대해서는 의문을 갖고 있었다. 그러나 나는 마르크스주의에 대해 아는 바가 없었고, 공산주의 동료들과 토론할 때마다 마르크스주의에 대한 나의 무지를 깨닫곤 했다. 나는 이러한 나의 결점을 고치기로 마음먹었다.

나는 마르크스와 엥겔스, 레닌, 스탈린, 마오쩌둥과 다른 공산주의자들의 전집들을 구해서 변증법적 역사유물론을 공부했다. 그러나 나는 이러한 서적을 제대로 공부할 만한 충분한 시간이 없었다. 게다가 마르크스의 『공산당 선언』에서는 많은 자극을 받았으나 『자본론』은 지루했다. 시간이 흐르면서 계급이 없는 사회를 추구하는 공산주의 사상에 깊이 매료되었고, 공동체적 삶을 강조하는 전통적인 아프리카 문화와 공산주의 사이에 공통된 면이 있다고 생각했다. 나는 간결성과 보편성이라는 황금률을 따른 '능력에 따른 분배에서 필요에 따른 분배로'라는 마르크스의 기본적인 주장에 동의했다.

인종차별의 어둠 속을 헤매는 아프리카 사람들에게 변증법적 유물론은 등불과 같았으며, 나아가 인종차별을 종식시킬 수 있는 해결책을 제시하는 듯이 보였다. 나는 이를 계기로 흑인과 백인의 관계라는 관점이 아닌 다른 시각에서 상황을 보게 되었다. 우리의 투쟁이 성공하려면 이 흑인과 백인을 초월해야 한다고 생각했다. 항상 증명할 수 있는 사실만을 믿는 경향이 있는 나는 변증법적 유물론이 지니고 있는 과학적인 성격에 매료되었던 것이다. 그중에서도 유물론에 입각한 경제분석에 특히 공감이 갔다. 상품의 가치는 그 상품의 생산에 들어간 노동의 양에 기초한다는 생각은 당시 남아프리카 상황에 잘 부합된다고 생각했다. 지배계층은 노동자들에 최저생계비용만을 지불하고 상품의 잉여가치를 챙겼다.

혁명을 촉구하는 마르크스주의는 투쟁가들의 귀엔 감미로운 음악이었다. 역사는 투쟁과 획기적인 변화를 통해 진보한다는 주장 역시 호소력이 있었다. 마르크스주의 서적을 읽고 나는 실제 정치인에게 닥치는 여러 가지 문제점들과 그 유형에 대한 많은 정보를 얻을 수 있었다. 마르크스주의자들은 민족해방운동과 많은 식민지 국가들의 독립투쟁을 지원하는 소련에 깊은 관심을 보였다. 이것은 내가 공산주의자들에 대한 나의 인식을 바꾸고 ANC 내 공산주의자들의 위치를 인정하게 된 또 다른 이유였다.

한 친구는 내게 어떻게 아프리카 민족주의와 변증법적 유물론을 동시에 수용할 수 있는지 물었다. 내게는 두 사상 사이의 모순이란 존재하지 않았다. 나는 소수 지배로부터의 해방과 자결권을 위한 아프리카 민족 투쟁을 최우선으로 생각했다. 그러나 동시에 남아프리카와 아프리카 대륙은 넓은 세계의 한 부분이기도 했다. 우리의 문제는 비록 다른 점이 있고 특별하긴 했지만 크게 보면 꼭 독특한 것은 아니었고, 그러한 문제점들을 역사적인 흐름 속에서 국제적인 시간으로 파악할 수 있는 사상이라면 가치가 있는 것이었다. 나는 인간들의 편견을 불식시키고, 국수주의적이며 폭력적인 민족주의를 종식시킬 수만 있다면 수단과 방법을 가리지 않을 마음의 준비가 되어 있었다. 공산주의자와 대화하기 위해 반드시 내가 공산주의자일 필요는 없었다. 흑인 민족주의자와 흑인 공산주의자들은 서로 적대하기보다 단합하는 편이였다. 소수의 냉소적인 자들은 항상 공산주의자들이 ANC를 이용하고 있다고 말했다. 하지만 ANC 역시 그들을 이용하지 않는다고 장담할 수 있는가?

14

국민당이 집권하기 전에 우리가 품었던 일말의 희망이나 환상은 곧 사라지고 말았다. 카피르(흑인)를 흑인 거주지역에 몰아넣겠다는 그들의 협박은 사실이었다. 「공산주의 활동금지법」뿐만 아니라 1950년에 통과한 「인구등록법」과 「집단구역법」에도 인종차별정책을 본격화하려는 정부의 의도가 숨어 있었다. 앞에서 언급한 바와 같이 「인구등록법」은 인종에 따라 계층을 분류하는 명백한 인종차별정책이었다. 그런 제도가 있기 전부터도 이미 남아프리카 사회에서 인종은 절대적인 것이었다. 혼혈인과 흑인의 구별 또는 혼혈인과 백인을 구별하는 자의적이며 형편없는 검사 때문에 같은 식구가 다른 인종으로 분류되는 비극을 초래했다. 이러한 분류의 기준은 피부색의 명암에 달려 있었다. 머리가 얼마나 곱슬하고, 입술이 얼마나 두툼한가와 같은 허무맹랑한 기준에 따라 한 개인의 삶과 직업이 결정되었다.

「집단구역법」은 거주지역에 대한 인종차별정책이었다. 인종에 따라 각 인종 집단은 정해진 지역 내에서만 토지 소유와 거래가 허용되었다. 따라서 인도인은 인도인의 지역에서만 살아야 했고, 이것은 아프리카 사람들과 유색인들도 마찬가지였다. 그러나 백인들은 다른 인종의 보호구역 내의 토지나 주택을 원할 경우 그곳을 백인지역이라고 발표하고 차지해버리면 그만이었다. 이러한 「집단구역법」은 남아프리카인들을 강제로 이주시키는 계기가 되었다. 새로 형성된 '백인'들의 거주지역에 오래전부터 살고 있던 흑인 주민들은 단지 백인이 그들과 이웃하기 싫다거나, 또는 단순히 백인들이 그 땅을 원한다는 이유만으로 강제로 이주당했다.

강제 이주의 첫 번째 대상은 50만 명 이상의 흑인들이 살고 있던 소피아타운이었다. 그곳은 요하네스버그에서 가장 오래된 흑인들의 정착지였다. 궁핍한 환경에도 소피아타운은 생동감이 넘쳤으며, 흑인들의 삶과 문화를 새롭고 가치 있게 만드는 곳이었다. 정부가 강제로 이주시키기 전부터 이미 소피아타운은 적은 인구와 달리 아프리카인들에게 상징적인 의미가 있는 곳이었다.

다음 해 정부는 다른 법안 두 개를 통과시켰는데, 이들 두 법안의 내용은 노골적으로 혼혈인과 아프리카인의 권리를 침해하는 것이었다. 「선거분리대표법Seperate Representation of Voters Act」은 혼혈인들을 케이프 선거지역에 포함시킴으로써 그들이 100년 이상 유지해온 투표권을 하루아침에 박탈해버렸다. 「반투 당국법Bantu Authorities Act」은 유일하게 아프리카인을 간접적으로 대표하던 원주민 대표의회를 해산시키고, 그 대신 정부에서 임명한 부족장들로 구성된 계급제도로 대체시켜버렸다. 이것은 전통적이며 대체로 보수적인 부족 지도자에게 권력을 부여해 점점 사라져가는 인종 간의 차이점을 유지시키려는 정부의 의도가 담겨 있었다. 인종차별 법안의 희생자들을 마치 보호해주는 양 위선을 떨던 국민당 정부가 서서히 그 본색을 드러내고 있었다. 국민의 권리를 박탈하는 법은 필연적으로 국민권익 보호 운운하며 제정되게 마련이었다.

「선거분리대표법」에 반발하는 혼혈인들의 집회가 1951년 3월 케이프타운에서 대대적으로 열렸으며, 4월 휴업과 등교거부 등으로 이어졌다. 이런 저항운동은 인도인과 혼혈인과 아프리카인이 함께 주도했다. 월터 시술루가 처음으로 범국민적 차원의 시민불복종 투쟁을 발의했다. 그는 부당한 인종차별 법안을 저지시키기 위해 교도소행도 마다하지 않겠다는 의지를 보이면서, 여러 단체에서 선발된 자원자들과 함께 저항운동을 계획했다.

그런 월터의 아이디어는 곧바로 나와 다른 동료들을 사로잡았다. 그러나 역할 분담을 놓고는 나와 월터의 생각이 조금 달랐다. 나는 청년동맹의 의장이 된 지 얼마 되지 않았고, 저항운동은 아프리카인들 이외의 누구도 주도할 수 없다고 주장했다. 나는 보통 아프리카인들 역시 인도인이나 혼혈인과 함께 활동하는 것을 꺼린다고 말했다. 공산주의에 대한 나의 거부감은 조금씩 누그러져갔으나 인도인 세력에 대한 경계심은 여전했다. 게다가 아프리카 사람들은 인도인들을 대개 흑인 노동자를 착취하는 상점 주인이나 상인으로 인식하고 있었다.

월터는 거세게 반발했다. 그는 인도인, 유색인, 남아프리카인은 모두 하나의 공동체라고 강조했다. 결국 이 문제는 전국집행위원회 회의에 회부되었다. 그러나 나의 주장은 완고한 아프리카 민족주의자들에게조차도 외면당했다. 그래도 나는 포기하지 않고 이 문제를 1951년 12월의 ANC 연례회의에서 또다시 제기했다. 나의 의견은 전국집행위원회의 결정과 마찬가지로 또 한 번 거부되었다. 나의 의견이 ANC 최고기관에서 거부되자 나는 ANC의 결정을 따를 수밖에 없었다. ANC 연례회의에서 독자적인 전략을 주장하는 나의 연설에 사람들은 시큰둥한 반응을 보인 반면, 청년동맹 의장으로서 새로운 협력 방안을 지지해달라고 호소하는 연설은 뜨거운 호응을 받았다.

모로카 박사, 월터, J. B. 마크스, 유서프 다두, 유서프 카찰리아로 구성된 합동기획위원회가 발족했고, ANC는 정부에 「공산주의 활동금지법」, 「선거분리대표법」, 「반투 당국법」, 「통행법」, 그리고 「가축소유 제한법」을 1952년 2월 29일까지 철폐하도록 촉구하는 결의문을 승인했다. 「가축소유 제한법」은 아프리카인들이 소를 소유하는 한도를 줄이는 내용이었으나, 결국 그 여파로 아프리카인의 토지가 더 줄어들 것이 분명했다. 1952년 4월 6일에 정부 규탄 시위를 여는 것으로 ANC 집행위원회는 이러한 불공정한 법률에 대한 저항운동을 시작했다. 1952년 4월 6일은 아프리카너들의 조상인 얀 반 리베크가 처음으로 케이프타운에 발을 디딘 지 300주년이 되는 날로 대규모 기념식이 있을 예정이었다. 4월 6일은 아프리카너들에게는 국가를 건국한 경사스러운 날이었지만, 반면에 남아프리카 흑인들에게는 자신들이 노예화된 지 300년이 되는 날이기도 했다.

ANC는 수상에게, 채택한 결의문과 인종차별법 철폐 시한을 알리는 편지를 작성했다. 편지는 모로카 박사의 이름으로 보낼 예정이었다. 모로카 박사가 직접 편지 작성에 참여하지 않았기 때문에, 나는 남아프리카 내에서도 보수성이 짙은 오렌지자유 주 블룸폰테인 근처의 타바은추 마을에 있는 그의 집에 들러 편지를 전해주라는 지시를 받았다. 그러나 나는 자칫 모로카 박사를 만나지 못할 뻔했다.

나는 편지를 전해주기 겨우 몇 주 전에 운전면허를 땄다. 당시 운전면허를 딴다는 것은 보통 아프리카인들 사이에서는 드문 일이었다. 차를 소유한 흑인은 아주 극소수에 불과했기 때문이다. 운전면허 시험을 보던 날, 나는 시험장에서 사용할 차를 빌리기로 했다. 나는 약간은 우쭐해져서 운전면허 시험장까지 직접 운전하리라 마음먹었다. 그러나 밤늦게 출발해서 나는 제한속도를 넘어 달리고 있었다. 골목길을 달리다가 큰길로 접어들

때 그만 다른 편에서 오던 차를 보지 못하고 충돌하고 말았다. 피해가 그리 크지는 않았지만 시간이 꽤 지체되고 말았다. 다행히 상대편 운전자는 무척 합리적인 사람이어서 각자가 입은 피해는 각자 해결하기로 합의를 보았다.

운전면허 시험장에 도착했을 때 나는 앞에서 한창 시험을 치르던 한 백인 여자를 보았다. 그 여자는 조심스럽게 그런 대로 잘 해내고 있었다. 시험이 끝나자 운전면허 시험관이 근처에 있던 공간을 가리키며 "감사합니다. 저쪽에 주차하세요"라고 말했다. 그녀는 합격할 만큼 시험을 잘 치렀으나 불행하게도 커브를 돌던 중 그만 뒷바퀴가 차선을 훌쩍 넘어버리고 말았다. 시험관은 황급히 달려와서 "죄송합니다, 부인. 불합격입니다. 다음 기회에 다시 와주십시오"라고 말하는 것이었다. 나는 그 순간 이제까지 갖고 있던 자신감이 싹 사그라지는 것을 느꼈다. 만약 이 시험관이 작정하고 나를 불합격시키려 든다면 내가 뭘 기대할 수 있겠는가? 하지만 다행스럽게도 나는 무사히 시험을 치러 냈다. 마침내 시험관은 주차하라고 말했다. 나는 혹시 속도가 너무 느리다고 감점시키지나 않을까 하는 걱정을 해야 할 정도로 조심스럽게 운전했다.

운전면허를 땄으므로 나는 ANC 내에서 유일하게 기사 역할을 할 수 있었고, 그것은 동지나 친구들을 위해서 당연한 일이었다. 그래서 내가 모로카 박사의 집에 편지를 전달하게 된 것이었다. 운전할 때면 늘 창밖에 스치는 풍경을 바라보며 즐기듯이 이 일은 내게 그다지 힘든 일은 아니었다. 차창 밖에서 윙윙대는 바람과 그 바람이 부는 아름다운 시골풍경 사이로 차를 몰 때면 ANC 활동에 대한 많은 아이디어들이 떠올랐다.

타바은추로 가던 중에 나는 요하네스버그에서 남쪽으로 약 190킬로미터 떨어진 곳에 있는 보수적인 자유주의 마을인 크룬스타드를 지나게 되었다. 오르막길을 달리고 있는데, 마침 앞에서 백인 아이 두 명이 자전거를 타고 가고 있었다. 여전히 운전에 서툰 내가 아이들에게 많이 근접했을 때 한 아이가 갑자기 방향을 꺾는 바람에 내 차와 충돌했다. 아이는 자전거에서 튕겨 나갔고, 내가 황급히 차에서 달려 나가보니 아이는 신음소리를 내며 손을 들어 일으켜달라고 했다. 내가 아이를 일으키려 하자 어디선지 백인 트럭 운전사가 다가와 나에게 아이에게서 물러나라고 소리쳤다. 그러자 겁에 질린 아이는 내가 일으켜주는 것이 싫은지 양팔을 내렸다. 아이의 상처는 크지 않았고, 그 트럭 운전사는 아이를 인근 경찰서로 데려갔다.

잠시 뒤 한 백인 경관이 와서 나를 힐끗 보더니 아프리카어로 "깜둥아, 너는 오늘 똥 좀 싸게 될 거야"라고 말했다. 나는 교통사고의 충격과 그의 거친 말에 놀라서 온몸이 떨렸다. 그러나 나는 분명한 어조로 "난 내가 똥 싸고 싶을 때 똥을 싸지 경찰이 똥을 싸라고 해서 똥을 싸진 않습니다"라고 말했다. 그러자 그 백인 경관은 수첩을 꺼내 내 고유번호를 적었다. 그는 흑인이 영어로 말하자 사뭇 놀랐는지 별다른 말은 하지 않았다.

나의 신원이 확인되자 그는 곧바로 내 차를 수색하기 시작했다. 차 밑바닥 덮개 밑에서 그는 좌파 주간지인 《가디언The Guardian》을 찾아냈다. 나는 사건이 일어난 직후 황급히 그 주간지를 감춘 터였다(게다가 내 셔츠 안에는 모로카 박사에게 전해줄 편지가 들어 있었다). 그는 주간지 이름을 읽더니 마치 약탈품을 감상하는 해적처럼 허공에 흔들면서 아프리카어로 "내가 공산당을 잡았다"라고 외치고는 어디론가 황급히 사라졌다.

네 시간이 지나서 그는 동료 경관과 다시 돌아왔다. 동료 경관 역시 백인으로 경찰 임무를 철저하게 행할 기색이 역력했다. 그는 사고현장을 조사하여 기록해야 한다고 말했다. 나는 한낮에 일어난 사고 현장을 이런

밤중에 조사하는 것은 부당하다고 항의했다. 게다가 나는 오늘 타바은추에서 묵어야 하므로 크룬스타드에 이대로 있을 여유가 없다고 말했다. 경관은 참을성 있게 이야기를 듣고 난 다음 물었다.

"이름이 뭐야?"

"만델라요." 나는 대답했다.

"아니, 성 말고 이름 말이야"라고 되물었다. 나는 그에게 이름을 말해주었다.

그는 나를 마치 어린아이 다루듯 하면서 말했다. "넬슨, 나도 네가 갈 길을 갈 수 있도록 도와주고 싶다. 하지만 이렇게 비협조적으로 나오면 나 역시 너를 연행할 수밖에 없어." 결국 나는 현실을 받아들이고 조사에 응할 수밖에 없었다.

다행히 그날 밤 늦게 다시 출발할 수 있었다. 그러나 다음 날 아침 엑셀시오 지역을 지나던 중 또 다른 사건이 발생했다. 이번엔 연료가 떨어져 차가 멈춰버린 것이다. 나는 근처의 농장으로 걸어 내려가 나이가 지긋한 백인 아주머니에게 영어로 차 연료가 다 되어서 그러니 연료를 좀 주실 수 없겠느냐고 말했다. 그러자 그는 문을 닫아걸며 "너에게 줄 연료 따위 없어"라고 말하는 것이었다. 나는 어쩔 수 없이 다음 농장이 나올 때까지 3.5킬로미터를 다시 걸어야 했다. 두 번째 농장에서는 앞서 실패한 경험을 살려 다른 방식으로 부탁했다. 먼저 나는 농장 주인을 만나게 해달라고 부탁한 다음 그 주인이 나타났을 때, 굽실거리면서 "제 주인님 차에 연료가 떨어져서 그런데요, 연료를 좀 얻을 수 있겠습니까?"라고 말했다. 나중에 안 사실이지만 그 농장 주인은 스트레이돔 수상의 친척이었다. 하지만 내가 주인님이라는 말을 쓰지 않고 사실 그대로 상황을 이야기했더라도 그는 기꺼이 연료를 내주었으리라 생각한다.

모로카 박사와의 만남은 그때 내가 겪은 어려움에 비하면 그다지 감동적인 것도 못 되었다. 그에게 무사히 편지를 전달하고 나는 요하네스버그로 돌아왔다. 정부의 수상 앞으로 되어 있는 그 편지에는, ANC는 합법적인 테두리 안에서 취할 수 있는 방법을 모두 동원하여 아프리카인들의 정당한 권리를 찾을 것이며, 1952년 2월 29일까지 여섯 개 인종차별 법안을 철폐하지 않으면 그에 상응한 조치를 하겠다는 내용이 담겨져 있었다. 말란의 비서 이름으로 보내온 정부 측 답신은 아프리카너들은 독립된 사회를 형성하고 있으며, 그들만의 독자성을 지키기 위해 그러한 법안들을 채택할 권리가 있다는 내용으로 시작해서, ANC가 계속해서 반발할 경우 정부 역시 모든 방법을 총동원해서 진압할 것이라는 협박으로 끝을 맺었다.

우리는 이러한 말란 정부의 단호한 거절을 일종의 선전포고로 간주했다. 우리에게는 아프리카인들이 시민불복종투쟁에 적극적으로 참여하도록 하는 것 말고는 다른 선택의 여지가 없었고, 우리는 이러한 범국민불복종운동 준비에 본격적으로 착수했다. 참여자들을 모집하고 훈련하는 것이 저항운동의 성패를 좌우하는 가장 중요한 일이었다. 1952년 4월 6일, 요하네스버그, 프리토리아, 포트엘리자베스, 더반 그리고 케이프타운에서 예비집회가 열렸다. 모로카 박사는 요하네스버그의 자유 광장에서 연설을 했으며, 나는 의류노동조합에서 수백 명의 잠재적인 자원자들 앞에서 연설을 했다. 이들은 대부분 아프리카인, 인도인, 혼혈인들이었다. 나는 그들에게 이번 대정부 저항운동에 참여하면 정부에 협박당하고 체포당하고 어쩌면 폭행까지 당할 수 있다고 설명하며, 대정부 운동에 참여한다는 것은 힘들고 위험한 일이라고 말했다. 백인 정부의 온갖 위협 속에서도 우리가 반드시 지키는 원칙이 있었다. 그것은 백인 정부가 어떻게 나오든지 그것에 대해 폭력으로 대처하는 보복행위는 절대 배제한다는 것이었다. 백인 정부에 폭력으로 맞선다는 것은 우리들이 추구하는 고귀한 가치를 더럽히는 행위였기 때문에 어떤 일이 있어도 이 원칙만은 지켜야 했다.

5월 31일, ANC 집행위원회와 남아프리카인도인회의는 포트엘리자베스에서 모여 대정부 저항운동이 범국민 궐기일의 1주년이 되는 6월 26일부터 시작된다는 것을 발표했다. ANC 행정위원회와 인도인회의는 전국행동위원회NAC도 창설했다. 행동위원회는 대정부 저항운동의 지휘와 자원 참가자들을 훈련시키는 책임을 맡았다. 나는 자원 참가자의 통솔 역과 행동위원회와 참여자위원회의 위원장 역을 맡았다. 내 임무는 대정부 저항운동을 조직화하고 각 지역 조직을 조정해주며, 적극적으로 홍보하여 기금을 마련하는 것이었다.

우리는 또한 저항운동의 실천방식에 대해 의견이 달라, 간디의 원칙적인 비폭력주의 방식을 따를지 아니면 개종을 통한 정복을 추구하는 무저항 불복종 방식을 따를지를 놓고 토론을 벌였다. 일부는 순수한 도덕적 차원에서 비폭력주의를 주장하면서, 이것이 다른 어떤 방법보다 윤리적으로 바람직하다고 말했다. 마하트마 간디의 아들이자 신문《인디언 오피니언Indian Opinion》의 편집장인 마니랄 간디는 이러한 주장을 강력하게 지지했다. 그는 인도인회의 소속의 뛰어난 동지로서, 그의 다정다감한 태도는 그가 이미 비폭력주의를 체질화했음을 보여주고 있었다. 그는 대정부 투쟁이 자신의 아버지가 주장한 비폭력주의 원칙 위에서 이루어져야 한다고 거듭 강조했다.

다른 사람들은 이 문제는 원칙의 문제가 아니라 전술의 문제로 보아야 하며, 따라서 상황에 따라 적절한 방법을 선택해야 한다고 말했다. 만약 특정한 방법이나 전술로 적들을 이길 수 있다면 그러한 전술이나 방법은 채택되어야 한다고 말했다. 이번 경우 정부의 힘은 우리와 비교가 안 될 정도로 강하므로 우리가 폭력으로 대응한다면 결과는 치명적일 것이 분명했다. 바로 이러한 면에서 비폭력투쟁이 다른 어떤 대안보다도 현실적으로 필요했다. 이것은 내 의견이기도 했다. 나는 간디의 비폭력주의는 신성한 원칙이라기보다 상황이 허락한다면 채택할 수 있는 하나의 전술일 뿐이라고 보았다. 간디 스스로 그렇게 믿은 것처럼, 그 원칙은 의도한 대로 되지 않았을 때조차 사용할 수 있을 만큼 중요하지는 않았다. 나는 비폭력 저항이 효율적인 한 계속 우리의 투쟁 노선으로 삼아야 한다고 주장했다. 마니랄 간디의 반대에도 불구하고 이러한 주장이 지배적이었다.

이러한 주장을 받아들여 합동기획위원회는 상황에 따라 조정될 수 있다는 전제로 비협조 비폭력 형식의 투쟁 노선을 택했다. 이와 관련하여 2단계 저항이 계획되었다. 첫 번째 단계에서는 소수의 잘 훈련된 참가자들이 도시에서 인종차별 법안을 무시하는 행동을 하는 것이었다. 이들 참가자들은 백인 전용 화장실, 기차 좌석, 대기실, 우체국, 출입문 등 금지된 구역을 허락 없이 들어가 사용하기로 했다. 조로 편성된 참가자들은 각 조장이 법을 위반한다는 것을 경찰에게 사전에 통보함으로써 체포에 따른 소란이 최소화되도록 조치했다. 두 번째 단계는 전국적인 파업을 동반하는 대규모 저항운동이었다.

대정부 저항운동이 시작되기에 앞서 자원참가자의 날이라 불리는 집회가 6월 22일 더반에서 열렸다. 이날 연설에서 ANC 나탈 지부장인 루툴리 추장과 나탈인도인회의 의장인 나이커 박사는 저항운동에 헌신적으로 참여하겠다고 약속했다. 나는 집회 하루 전에 그곳에 내려가 집회에서 중요한 연설을 했다. 군중 1만 명이 모여든 가운데 나는 우리들의 저항운동은 역사상 핍박받은 대중들이 일으킨 어떤 투쟁보다 강력하다고 말했다. 나는 그렇게 많은 군중 앞에서 연설해본 적이 없었으므로 무척 흥분되었다. 어느 누구도 수십 명 앞에서 연설하듯이 수천 명 앞에서 연설할 수는 없다. 하지만 나는 수십 명 앞에서 연설할 때처럼 사안을 침착하게 설명하려고 노력했다. 나는 사람들에게 우리가 새로운 역사를 만들어낼 수 있으며, 이번을 계기로 세계는 남아프리카의 아파르트헤이트에 관심을 쏟게 될 것이라고 말했다. 나는 아프리카인과 혼혈인과 인도인이 마침내 하나가 되었다고 강조했다.

6월 26일, 남아프리카 전역에서 사람들은 용기와 열정과 역사적 사명 의식을 갖고 항거했다. 저항운동은 이른 아침 포트엘리자베스에서 레이먼드 음흘라바의 주도로 33명이 백인 전용 출입문을 통해 기차역에 들어가는 것으로 시작되었다. 이들은 바로 체포되었다. 동료들과 가족들의 환호 속에 그들은 의연히 자유의 노래를 부르며 줄지어 걸어갔다. 저항운동 참가자들이 아프리카어로 "남아프리카를 돌려달라!"라고 외치자 군중들도 따라 외쳤다.

그날 아침에 나는 ANC 사무실에서 그날의 시위를 감독했다. ANC 트란스발 지부 소속의 저항운동 참가자들은 요하네스버그 동쪽에 있는 복스버그 근처의 아프리카인 마을에서 정오에 행동을 개시하기로 되어 있었다. 탄치 목사의 지도에 따라 그들은 허가 없이 마을로 들어가서 체포되기로 되어 있었다. 탄치 목사는 아프리카 감리교 영국성공회 목사이자 ANC 트란스발 지부장 대행이었다.

오전이 끝나갈 무렵, 나는 그가 프리토리아에서 떠나 그곳에 도착해 나에게 전화하기를 기다렸다. 그의 목소리에는 후회하는 기색이 역력했다. 그는 내게 그의 주치의가 그런 식으로 투쟁하다가는 교도소에 갈 수도 있다고 충고했다면서 더 이상 참여하지 못하겠다고 말했다. 나는 우리가 그에게 따뜻한 옷을 줄 것이고, 교도소에 가더라도 하룻밤 구류일 뿐이라고 설득했지만 아무 소용이 없었다. 탄치 목사는 훌륭한 인물이었으며, 정부에 ANC가 절대로 무모한 애송이들의 모임이 아니라는 것을 보여주기 위해서 꼭 필요한 사람이었다. 따라서 이것은 큰 낭패였다.

우리는 탄치 목사만큼 존경받고 있는 다른 인물을 시급히 찾아야 했다. 트란스발인도인회의 의장인 나나 시타는 1946년 대정부 투쟁에서 수동적 저항운동을 행한 대가로 한 달 동안 복역한 경험이 있었다. 고령에다 심한 관절염에도 불구하고 시타는 투사였으며 참가자들을 기꺼이 이끌겠다고 말했다.

오후에 복스버그로 떠날 준비를 하고 있을 때, 나는 ANC 트란스발 지부의 비서가 사라진 것을 알았다. 그는 나나 시타를 복스버그까지 수행하기로 되어 있었다. 이것은 또 다른 위기였다. 나는 월터에게 대신 가달라고 말했다. 이것은 트란스발에서 예정된 우리의 첫 번째 투쟁이며, 우리는 저항운동에 참가할 사람들을 지휘할 훌륭한 인물이 반드시 필요했다. 그렇지 않으면 대중들이 처벌을 당할 때 지도자들이 책임을 지지 않으려 할 것이었다. 월터는 저항운동을 조직한 사람 중 한 명이며 나중에 저항운동에 참여하기로 되어 있었지만, 그는 즉시 내 요구에 동의해주었다. 나는 그가 교도소에 가기엔 부적합한 양복차림이라는 것이 마음에 걸렸다. 우리는 가까스로 그가 입을 낡은 옷을 구할 수 있었다.

드디어 우리는 복스버그로 떠났다. 유서프 카찰리아와 나는 복스버그 치안판사에게 편지를 전하기로 되어 있었다. 편지는 저항운동 참가자 50명이 허가 없이 복스버그의 한 마을에 들어갈 것임을 알리는 내용이었다. 우리가 치안판사 사무실에 도착했을 때 그곳엔 이미 많은 사진기자와 신문기자들이 몰려와 있었다. 내가 치안판사에게 편지를 건네자 사진기자들은 일제히 조명을 터뜨렸다. 치안판사는 사진기 불빛으로부터 자신의 얼굴을 가리면서 그 문제를 개인적으로 논의하기 위하여 나와 유서프를 자신의 방으로 데리고 갔다. 치안판사는 합리적인 사람이었다. 그는 자신의 사무실이 언제나 우리에게 열려 있음을 강조하고, 지나친 선동은 문제의 심각성만 더할 뿐이라고 덧붙였다.

치안판사 사무실에서 나와 우리는 곧바로 집회가 열리는 마을로 향했다. 마을에서 2킬로미터 정도 떨어진 곳에서도 시위대의 힘찬 노랫소리와 그들을 격려하는 군중들의 함성을 들을 수 있었다. 집회장소에 도착하자 마을로 들어가는 철문은 닫혀 있었고, 시위대가 끈질기게 출입을 요구하며 문밖에서 기다리고 있는 것을 볼 수 있었다. 모두 25명의 시위 참가자들과, 아프리카인 및 인도인들로 구성된 수백 명의 열광하는 군중, 그리고 기자들이 있었다. 월터가 시위대를 지휘했다. 월터가 지휘한다는 사실은 우리가 이곳 시위에 무척 신경 쓴다는 것을 의미했다. 그러나 나나 시타야말로 시위자들에게 진정한 정신적 지도자였다. 그는 관절염에도 불구하고 열정적으로 시위대 사이를 오가며 사람들의 등을 두드려주며 기운을 북돋아주었다.

처음 한 시간 동안은 대치 상태에 있었다. 경찰들은 하나같이 굳은 표정으로 서 있었고, 그들의 행동은 우리를 당황하게 만들었다. 그들의 경직된 행동도 시위대의 진을 빼기 위한 수단인가? 그들은 언론인들이 자리를 뜨기만을 기다리다가 어두워진 틈을 타 무차별적으로 시위를 진압하려는 것일까? 또는 늘 하던 것처럼 우리를 체포하면 우리가 원하는 일을 하게 된다는 곤경에 직면한 것인가? 우리가 이러한 의문에 빠져 있을 때 상황은 예측불허로 진행되고 있었다. 경찰은 드디어 마을 입구 철문을 열라고 명령했다. 문이 열리자 시위대가 물밀듯이 몰려들어 법을 위반했다.

한 경위가 호루라기를 불자 곧바로 경찰들은 시위대를 포위하고 시위자를 연행하기 시작했다. 같은 날 저녁, 올리버 탐보와 유서프 카찰리아와 나를 포함한 행동위원회 지도자들은 그날 시위에 대한 토론과 앞으로 일주일 동안의 계획을 세우기 위한 모임을 가졌다. 이 모임은 이 지역 ANC 지부장이던 플래그 보시엘로가 지휘하는 두 번째 시위대가 연행될 지역 근처에서 이뤄졌다. 시위는 11시가 넘도록 계속되었다. 11시부터 통금이므로 아프리카인들이 이 시간을 넘어 밖에 돌아다니기 위해서는 허가가 필요했다.

모임은 자정이 되어서야 끝났고, 피곤함에 지친 나는 투쟁보다도 따뜻한 식사와 잠 생각이 더욱 간절해졌다. 모두 집에 돌아가고 싶어 하는 눈치였다. 그 순간 경찰 한 명이 유서프와 내 쪽으로 다가왔다. 우리는 시위를 하는 것이 아니라 집으로 돌아가는 것이 명백했다. "만델라, 안 돼! 넌 빠져나갈 수 없어!"라고 경찰이 외쳤다. 그는 근처에 주차된 경찰차를 가리키며 "차에 타"라고 명령했다. 나는 매일 매일의 시위를 계획하는 책임을 지고 있었기 때문에 실제 시위에는 참가하지 않도록 되어 있고, 연행되더라도 훨씬 뒤에 되어야 한다고 그에게 설명하고 싶었다. 물론 바보 같은 짓이었다. 그 모순된 상황을 지켜보다가 끝내 웃음을 터트린 유서프도 나와 함께 연행되었다. 체포되는 순간에도 미소 지을 수 있는 그의 여유가 멋지게 느껴졌다.

잠시 후 유서프와 나는 플래그 보시엘로와 그가 이끄는 50명이 넘는 시위 참가자들과 함께 붉은 벽돌로 지어진 마셜 광장 경찰서로 연행되었다. 나는 행동위원회 지도자들인 우리들이 갑자기 없어진 것에 대해 사람들이 의아해하지나 않을까 내심 걱정이 되었다. 나는 이제 누가 이 시위를 이끌어나갈 것인가를 고심했다. 그러나 그러한 난관에도 우리의 사기는 높았다. 비록 경찰서로 향하고 있긴 했지만 〈은코시 시크엘엘 아프리카(아프리카에 신의 축복을)!〉라는 무척 아름다운 아프리카 국가를 부르는 우리들의 힘찬 목소리가 차를 뒤흔들었다.

연행된 첫날 밤, 우리 중 한 명이 백인 교도관에 의해 거칠게 떠밀려 팔목을 다쳤다. 나는 교도관의 거친 행동에 항의했으나 그는 오히려 내 정강이를 걷어차고 심한 욕설도 서슴지 않았다. 나는 다친 친구가 치료를 받을 수 있도록 해달라고 요구했다. 우리는 비록 소규모이지만 강한 시위를 벌였다. 마침내 우리는 다친 동료가 원한다면 다음 날 진찰을 받을 수 있게 해주겠다는 경찰 측의 통고를 받았다. 우리는 밤새도록 다친 사람의 고통을 염려했다.

교도소에 잠시 동안 있었지만 그 시간은 내게 무척 중요한 경험이 되었다. 마셜 광장 경찰서는 지저분하고 어두웠으며 음침했다. 그러나 우리는 모두 함께였으며, 사기가 높아 경찰서의 환경 따위는 눈에 들어오지 않았다. 뜨거운 동지애는 경찰서에서 보낸 이틀 밤을 눈 깜짝할 사이에 지나가게 해주었다.

* * *

저항운동 첫날에 250명 이상의 참가자들이 전국에서 불공정한 법률을 위반하여 체포되었다. 출발은 순조로웠다. 저항운동은 질서정연하게 진행되었고 우리들은 자신감에 차 있었다.

그 후 5개월 동안 8,500여 명이 저항운동에 참여했다. 참가자들은 의사, 공장노동자, 법률가, 교사, 학생, 목사 등으로, 용감하게 투쟁했고 교도소에 가는 것도 두려워하지 않았다. 그들은 "말란, 교도소 문을 열어라!

우리는 교도소에 들어가고 싶다!"라고 노래했다. 저항운동은 비트바테르스란트에서부터 더반, 포트엘리자베스, 이스트런던, 케이프타운, 케이프주 동서부지역의 작은 마을들로 퍼져나갔다. 우리들의 저항운동은 시골지역에서 더욱 활기를 띠었다. 위법을 한다 할지라도 그 정도가 경미했기 때문에 처벌 역시 길어야 몇 주 정도의 구류에 불과했으며, 벌금도 10파운드를 넘지 않았다. 저항운동은 언론의 많은 관심을 받았으며, ANC의 식구도 2만 명에서 10만 명으로 늘어났다. 특히 케이프 동부지역에서 ANC에 대한 지지가 두드러졌으며, 새로운 ANC 회원의 절반 정도가 이 지역에서 나왔다.

저항운동을 하는 6개월 동안 나는 남아프리카 여러 지역을 여행했다. 케이프타운, 나탈, 트란스발 지역의 마을들을 여행하고, 집집마다 방문하여 사람들에게 ANC가 추진하는 저항운동을 설명했다. 나의 임무는 행동방안을 강구하거나 각 지역들 간의 의견 차이를 해소하는 것이었다. 당시 남아프리카의 대중매체는 초보 수준이거나 전무한 상태여서 정치적인 사안이 각 지방에 따라 달랐다. 우리는 각 지방의 개별적 상황을 감안해서 지지를 호소해야 했다.

나는 이스트런던의 저항운동을 지휘하던 알콧 그웬체가 관련된 분쟁을 해결하기 위해 케이프 동부지역에 간 적이 있었다. 그웬체는 성공한 상인이었으며, 2년 전에 6월 26일 출근거부투쟁을 주도한 인물이었다. 저항운동이 시작될 무렵 그는 짧은 기간 동안 수감된 경험이 있었다. 그는 강하고 유능한 사람이었지만 집행부의 의견을 무시하고 독단적으로 결정을 내리는 개인주의자이기도 했다. 이러한 이유로 그는 집행부 측과 마찰을 빚었다.

그는 상대측의 신뢰를 실추시키기 위해 사안을 어떻게 이용해야 하는지를 알았다. 연설할 때에도 청중이 노동자인 것을 감안해 영어가 아닌 코사어로 했다. 그는 이들 노동자가 영어를 지식인만의 전유물로 생각한다는 것을 알았다. 그는 "동지 여러분! 여러분은 제가 이 투쟁을 하면서 얼마나 고초를 겪어왔는지 잘 알고 있습니다. 나는 저항운동에 참여하느라 수감되었고, 그 때문에 안정된 직장도 잃어버린 사람입니다. 이제 내가 교도소에서 나와 보니 지식인들이 내게 말하기를 '그웬체! 당신은 우리보다 많이 배우지 못했으니 우리가 당신보다 더 유능하오. 그러니 우리가 이 저항운동을 주도해야겠소'라고 말하고 있군요"라고 말했다.

나는 이러한 상황을 면밀히 관찰했고, 정말로 그웬체가 집행위원회의 의견을 무시하고 있다는 것을 알았다. 그런데도 사람들은 그를 지지했으며, 그웬체는 자신이 체포된 뒤에도 질서정연하게 시위를 전개할 잘 훈련된 참가자들을 양성했다. 비록 집행위원회의 의견을 무시하는 태도는 잘못되었다 하더라도 그는 자신의 임무를 훌륭하게 수행했으며, 대중들에게 그의 위치는 매우 견고했다. 나는 집행위원회 사람들을 만나 당장 그에게 어떤 조치를 취한다는 것은 비현실적이며, 만약 그들이 진정으로 현 상황을 바꾸고 싶다면 다음 선거에서 그를 이겨야 할 것이라고 설명해주었다. 이 사건은 대중의 뜻에 역행하는 것이 얼마나 무모한 일인지를 알게 해주었다. 대중이 지지하지 않는 정책은 실행 자체가 불가능하기 때문에 소용없는 짓이 되곤 했다.

정부는 우리의 투쟁이 백인들의 안전과 아파르트헤이트를 위협하는 것으로 여겼다. 그들은 시민불복종 운동을 정당한 저항운동이 아닌 범죄행위로 간주했고, 아프리카인과 인도인 사이의 관계가 점점 더 늘어나자 불안해했다. 아파르트헤이트는 인종에 따라 사람들을 분리하려 했지만, 우리는 인종을 뛰어넘어 함께 협력할 수 있음을 보여주었다. 아프리카인과 인도인, 온건주의자와 급진주의자들의 연합을 그들은 우려했다. 국민당은 계속해서 우리의 저항운동의 배경에 공산주의 선동가들이 있다고 주장했다. 법무장관은 우리의 저항운동을 저지시킬 수 있는 법안이 곧 통과될 것이라고 으름장을 놓았다. 정부는 1953년 국회 회기 중에 계엄령을 선포하고, 사람들을 재판 없이 구속할 수 있는 공공안전법과 시위자에게 체형體刑을 가할 수 있게 하는 형법 수정안을 통과시키겠다고 협박했다.

정부는 대정부 저항운동을 저지하기 위해 여러 가지 비열한 수단을 사용했다. 정부는 대중들은 교도소에서 고생하는 반면에 저항운동의 지도자들은 안락한 생활을 한다는 말도 안 되는 유언비어를 계속 퍼뜨렸다. 이런 주장은 너무도 터무니없었으나 사람들 사이에 빠르게 퍼져 나갔다. 정부는 또한 ANC 조직 내부에 첩자를 침투시키기도 했다. ANC는 원칙적으로 저항운동에 참가하고자 희망하는 모든 사람들을 환영했다. 저항운동 참가 지원자들은 선발되기 전 엄격한 검사를 거치지만 경찰이 보낸 첩자들은 ANC 지부뿐만 아니라 시위조에도 침투되어 있었다. 내가 체포되어 마셜 광장 경찰서에 끌려갔을 때 동료 두 명을 보았는데, 그중 한 명은 한 번도 본 적이 없는 인물이었다. 그는 교도소에서는 어울리지 않는 양복과 넥타이, 코트, 그리고 실크 목도리 차림을 하고 있었다. 도대체 누가 그런 차림으로 교도소에 가겠는가? 그의 이름은 라마일라였다. 3일 뒤 우리가 석방되었을 때 그는 경찰서에서 풀려나자마자 유유히 사라졌다.

첩자로 의심이 가던 또 다른 한 사람인 마칸다는 군인 같은 태도로 눈길을 끌었다. 운동장에 소집된 우리는 사기가 충천해 있었다. 잡혀온 동료 시위 참가자들이 유서프와 내 앞을 행진하며 우리에게 경례를 했다. 마칸다는 키가 크고 호리호리한 편이였다. 그는 그 특유의 군인 같은 태도로 행군하며 멋진 경례를 했다. 많은 동료들이 그를 보고 그렇게 경례를 잘하는 것을 보니 경찰이 틀림없다고 놀려댔다.

마칸다는 전에 ANC 본부에서 수위로 일한 경험이 있었다. 그는 부지런했으며, 동료들 중 누구라도 배고파하는 기색이 있으면 밖으로 달려나가 생선이나 감자과자를 구해왔기 때문에 동료들 사이에서도 인기가 꽤 좋았다. 그러나 후에 재판에서 마칸다와 라마일라 둘 다 경찰이 보낸 첩자였음이 드러났다. 라마일라는 그가 첩자로서 활동했다고 자백했다. 우리가 믿었던 마칸다는 사실은 모틀룽 형사였다.

아프리카인이 동포를 배신하고 첩자 활동을 하는 이유는 대개 돈 때문이었다. 사실 당시만 해도 많은 아프리카인들은 백인들에게 도전하는 어떠한 행위도 무모한 짓이며, 결국에는 실패할 것이라는 사고방식을 갖고 있었다. 백인들은 너무 똑똑하고 강하다는 것이었다. 첩자로 활동하는 사람들은 대개 우리들의 대정부 투쟁운동이 백인들의 부당한 통치에 대한 도전이 아니라 자신들에게 해를 끼치는 것으로 생각했다. 몇 안 되는 사람들의 투쟁이라도 백인 정부의 눈에는 아프리카 사람들 전체가 그런 것처럼 보인다는 것이었다.

그러나 보이지 않게 우리를 도와주는 흑인 경찰들도 많았다. 그들은 남부럽지 않게 사는 사람들이었지만 도덕적으로 난처해했다. 그들은 가족들 때문에 그들의 백인 고용주에게 직장을 잃어서는 안 되었다. 경찰의 습격이 있을 때마다 미리 사실을 알려주던 흑인 경찰관들도 보이지 않게 우리를 도와준 사람들 중 하나였다. 그들은 생명의 위험을 무릅쓰면서까지 투쟁을 지원해준 진정한 애국자였다.

정부는 우리의 활동을 단순히 저지시키는 차원에서 그치지 않았다. 우리를 도와줄 수도 있는 사람들을 우리의 적으로 돌려놓았다. 인종차별

법에 반대하는 대정부 투쟁이 절정에 이를 무렵 통일당은 사람을 보내 우리가 투쟁을 중지하도록 설득했다. 그들의 당수인 스트라우스의 요청에 따라 우리가 투쟁을 중지한다면 다음 선거에서 통일당이 국민당을 이기는데 큰 도움이 된다는 것이었다. 우리는 이러한 제안을 일언지하에 거절했다. 그러자 스트라우스 역시 우리에게 정부 못지않은 비방을 해왔다.

우리는 또한 ANC에서 떨어져 나간 집단에서도 공격을 받았다. 마크스가 ANC 트란스발 지부장으로 선출되었을 무렵, 전 전국집행위원회 위원인 는 ANC를 이탈하여 민족추구연합NMB을 지휘하고 있었다. 민족추구연합은 ANC를 비난해왔다. 신문 《반투 월드Bantu World》의 편집장이기도 했던 테마는 대정부 투쟁운동이 확산되자 이를 신랄하게 비난했다. 그는 사설에서 공산주의자들은 이미 ANC를 지배하고 있으며, 인도인 역시 아프리카 사람들을 착취하고 있다고 주장했다. 그는 공산주의자가 드러내지 않고 활동하는 지금이 훨씬 위험하다고 주장하면서 인도인의 이해관계 역시 남아프리카의 이해와 정면으로 대치된다고 덧붙였다. 비록 그가 ANC의 소수세력에 속해 있긴 하지만 그의 생각은 청년동맹의 급진주의자를 비롯한 일부 동지들로부터 지지를 얻었다.

저항운동이 한창 진행 중이던 5월, 1950년 발표된 「공산주의 활동금지법」에 따라 공산주의를 고취시키고자 하는 J. B. 마크스의 모든 활동이 전면 금지되었다. 금지령은 정부가 실시한 법적인 조치로, 사람들로 하여금 기존에 가담하고 있는 조직을 그만두게 하거나 집회 참여를 금지시키려는 의도가 숨어 있었다. 이것은 일종의 창살 없는 교도소였다. 한 개인의 정치적 활동을 금지시키기 위해서 정부는 특별한 증거나 협의가 필요하지 않았다. 그저 법무장관의 말 한마디면 충분했다. 이것은 개인을 투쟁에 가담하지 못하게 하고, 정치에서 동떨어진 삶을 살도록 만들려는 책략이었다. 활동금지법을 위반하면 즉시 교도소로 끌려갔다.

그해 10월에 있었던 트란스발 회의에서 나는 활동이 금지된 J. B. 마크스의 추천을 받아 그의 후임자로 지명되었다. 당시 나는 청년동맹 전국의장으로 일하고 있었다. 나는 마크스의 뒤를 잇고 싶었으나 ANC 트란스발 지부의 내부 조직인 소위 '죽음의 춤을 추는 사람들'의 모임에서 내 출마를 반대했다. 그들은 대부분이 극단적인 아프리카 민족주의 노선으로 전향한 공산주의자들이었다. 그들은 ANC가 인도인과의 모든 관계를 끊고 좀 더 강경한 대정부 투쟁을 벌여야 한다고 주장했다. 저항운동에서 ANC 올랜도 지부를 담당한 전 공산주의자인 맥도널드 마세코와 비트바테르스란트에서 저항운동을 주도했던 세페레페레 마루펭이 이 모임을 주도했다. 마세코와 마루펭 둘 다 트란스발 지부장에 입후보하고자 했다.

마루펭은 선동가적 기질이 있는 사람이었다. 그는 견장과 금단추가 가득 달린 탁한 황갈색 군복을 입고, 몽고메리 야전사령관의 유명한 지휘봉을 연상시키는 지휘봉을 갖고 다녔다. 그는 모임이 있을 때면 앞에 나가서 지휘봉을 꽉 움켜쥐고, 계속해서 "나는 자유를 더 이상 기다릴 수 없다. 나는 지금 당장 자유를 원한다. 나는 말란을 교차로에서 만나면 내가 원하는 것이 무엇인지를 말하겠다"라고 말했다. 그러고는 지휘봉으로 강단을 두드리면서 "나는 자유를 갈망한다. 나는 지금 이 순간 자유를 원한다"라고 울부짖었다.

이러한 연설 때문에 그는 저항운동 기간 동안 사람들에게 열광적인 지지를 얻을 수 있었다. 그러나 개인적 인기는 선거에서 하나의 요소일 뿐 전부는 아니다. 마루펭은 이러한 자신의 인기를 너무 과신한 나머지 선거에서 당연히 자신이 이기리라 생각했다. 선거에 내가 출마한다는 소식이

저항운동 중에 법원 밖에서 제임스 모로카 박사(왼쪽), 유서프 다두(오른쪽)와 함께.

알려진 뒤, 나는 그에게 “내가 의장이 됐을 때 나를 도와줄 수 있도록 당신이 집행위원 선거에 나와주었으면 하오”라고 말했다. 그러나 그는 내가 사실 그의 지위를 낮게 보고 있음을 대수롭지 않게 판단하고 이러한 나의 제안을 거부하고, 그 대신 나와 경선하겠다고 나섰다. 하지만 그것은 잘못된 판단이었다. 내가 그를 압도적으로 이겼기 때문이다.

1952년 7월 30일, 저항운동이 절정에 이르렀을 때, 당시 내가 다니던 법률 사무소로 체포영장을 가진 경찰이 들이닥쳤다. 그들은 내가 「공산주의 활동금지법」 위반 혐의를 받고 있다고 말했다. 정부는 또한 요하네스버그, 포트엘리자베스, 킴벌리에 있는 대정부 저항운동 주동자들을 동시에 연행했다. 같은 달 초에 경찰은 전국의 ANC와 인도인회의 소속 사람들의 사무실과 집을 습격해서 서류들을 압수해 갔다. 이런 식의 기습 수색은 전엔 없었던 일로 이후 정부의 불시 수색과 무단 가택침입의 발단이 되었다.

우리들을 체포하는 것은 결국 ANC, 인도인회의 청년동맹, 트란스발 인도인회의 등의 의장과 사무총장을 포함한 21명의 기소로 절정에 달했다. 9월 재판에 회부된 21명 중에는 모로카 박사, 월터 시술루, J. B. 마크스도 있었다. 체포된 인도인에는 역시 다두 박사, 유서프 카찰리아와 아메드 카트라다가 포함되어 있었다.

우리의 재판은 열광적인 정치집회를 촉발시켰다. 어마어마한 군중들이 시가지를 행진해서 요하네스버그의 치안법원으로 구름같이 모여들었다. 군중들 중엔 비트바테르스란트 대학에서 온 백인 학생들을 비롯하여 알렉산드라에서 온 소위 ANC 운동가도 있었으며, 초등학교와 중학교에 다니는 인도 청소년들도 포함되어 있었다. 나이와 피부색에 상관없이 사람들은 시위에 참가했다. 법원이 생긴 이래 가장 많은 군중이 몰려들었다. 법정은 사람들로 꽉 차서 발 디딜 틈조차 없었으며, "마이부예 아프리카"라는 군중의 외침은 재판을 중단시킬 정도였다.

재판을 매개로 우리들은 새로 단결할 수 있으리라고 생각했으나, 그러한 우리의 기대는 모로카 박사의 배신으로 산산조각이 났다. ANC의 상임의장이며 대정부 저항운동의 기수였던 모로카 박사가 개인 변호사를 선임했다는 사실에 우리는 놀랐다. 원래 우리는 개인행동 없이 함께 재판을 받기로 했었다. 같이 기소된 동지 한 명이 내게 모로카 박사를 만나보라고 권했다. 그가 개인 변호사를 선임한 것에 대해 논의하고, 그가 이탈하지 않도록 설득해보라고 했다. 재판 전날 나는 요하네스버그의 빌리지딥으로 모로카 박사를 만나러 갔다.

나는 그의 변호사 선임 문제를 거론하면서 다른 대책을 강구하자고 말했으나 그는 흥미를 보이지 않을뿐더러 불만을 토로했다. 그는 자신이 대정부 저항운동의 기획 단계부터 소외되었음을 느꼈다고 말했다. 그러나 모로카 박사는 때때로 ANC 일에 무관심했고, 그러한 사실에 별다른 불만도 보이는 것 같지 않았다. 하지만 그에게 가장 괴로운 문제는 공산주의자들이 섞여 있는 다른 동료들과 같이 재판을 받아야 한다는 것이었다. 그는 정부와 마찬가지로 공산주의에 반감을 가지고 있다고 말했다. 이에 나는 인종차별을 당하는 모든 사람과 함께 손을 잡는 것이 ANC의 전통이라고 그를 설득했다. 그러나 모로카 박사는 요지부동이었다.

우리를 더욱 경악하게 한 것은 모로카 박사가 소송에서 럼프 재판관에게 ANC를 비난하는 증인석에 서겠다고 요청한 일이었다. 그는 또한 남아프리카 흑인과 백인이 평등하다고 생각하느냐는 질문에 남아프리카에서 흑인과 백인이 평등해지는 일은 결코 없을 것이라고 대답했다. 우리는 절망의 나락으로 떨어지는 기분이었다. 모로카 박사는 또한 피고인 중에 공산주의자가 있느냐는 질문을 변호사한테서 받자, 다두 박사와 월터를 비롯한 몇 사람들을 손가락으로 가리켰다. 판사가 그에게 굳이 손가락으로 가리킬 필요는 없다고 말했다.

그의 그러한 배신행위는 ANC에게는 치명적이었다. 우리는 모두 즉시 모로카 박사가 ANC 의장직에서 물러나야 한다는 것을 알았다. 그는 조직과 동지들에 앞서 자신의 이익만을 생각한 씻을 수 없는 과오를 저질렀다. 그는 자신의 정치적 신념 때문에 의사 경력과 재산을 잃고 싶지 않았던 것이다. 그 결과 그는 3년 동안 ANC와 저항운동에서 용기 있는 활

집행유예 판결을 받은 직후 트란스발 대법원에서 패트릭 몰라오아, 로버트 레샤와 함께.

동으로 쌓았던 모든 것을 한순간에 무너뜨리고 말았다. 이것은 완벽한 비극이었다. 법정에서 보여준 모로카 박사의 겁쟁이 같은 모습은 저항운동에서 얻은 뿌듯한 경험을 앗아갔다. 대정부 저항운동의 중요성을 설교하며 전국을 누비던 사람이 한순간에 모든 것을 저버릴 수 있다는 사실을 믿을 수가 없었다.

12월 2일, 우리는 '일반적으로 알려진 공산주의 개념'에 대치되는 개념으로 럼프 판사가 정의한 '법률상의 공산주의자'로서 유죄판결을 받았다. 사실 어떤 식으로든 반정부 투쟁에 가담하면 정부는 「공산주의 활동 금지법」을 빌미로 얼마든지 사람들을 공산주의자로 몰 수 있었다. 이것은 그가 공산당원인지 여부와는 상관없는 일이었다. 그러나 재판관은 공정하고 합리적인 사람이었다. 비록 우리가 공개적으로 법을 위반했고, 국가반역죄에 간주될 수도 있는 다양한 대정부 활동을 추진했으나, 재판관은 우리가 활동하면서 폭력을 배제했다는 사실을 인정했다. 우리는 9개월 동안의 강제노동형에 2년 동안의 집행유예를 선고받았다.

·

우리는 비록 많은 실수를 범했지만 저항운동은 대정부 투쟁에 새로운 전기를 마련했다. 우리가 지적한 여섯 개의 인종차별 법안은 철폐되지 않았다. 그러나 우리 역시 그러한 철폐 요구가 실현되리라는 환상을 품은 것은 아니었다. 우리가 인종차별법 철폐를 주장한 이유는 그것이 사람들을 억압하는 가장 절박한 사안이었으며, 이러한 사안을 선택함으로써 사람들의 적극적인 참여를 이끌어낼 수 있으리라 생각했기 때문이었다.

이러한 저항운동이 있기 전에 ANC는 행동보다는 말을 앞세우는 편이었다. ANC는 보수를 받고 일하는 기획자도 임원들도 없었다. 기껏해야 ANC가 표방하는 이상에 말로만 동조하는 회원들뿐이었다. 그러나 이 저항운동의 결과로 ANC의 회원은 10만 명으로 불어나게 되었다. 이제 ANC는 경찰이나 법정 그리고 교도소도 두려워하지 않는 노련하고 뛰어난 임원들이 함께 하는 민중의 조직으로 거듭났다. 교도소에 가는 문제 때문에 저항운동에 참여하길 꺼리던 것도 이제 사라졌다. 교도소에 가는 것을 두려워하는 마음이 자유를 얻기 위한 투쟁 과정에 큰 걸림돌이었다는 사실에 미뤄 볼 때 이것은 괄목할 만한 성과였다. 저항운동이 시작되면서 교도소에 가는 것은 명예의 상징이 되었다.

우리는 저항운동이 치러진 6개월 동안 단 한 번도 우리 쪽에서 폭력을 행사하지 않았다는 사실에 자부심을 느꼈다. 우리가 저항운동에서 보여준 일사불란한 모습이 단적인 예였다. 저항운동 말기에 포트엘리자베스와 이스트런던에서 폭동이 일어나 40명 넘게 목숨을 잃은 사건이 발생했다. 이 사건이 저항운동과 아무런 관련이 없는데도 정부는 이 사건을 우리의 저항운동과 연관시키려 했다. 이러한 정부의 시도는 성공적이어서 우리의 저항운동에 공감하던 많은 백인들의 생각을 그릇된 길로 이끌었다.

ANC 내의 일부 사람들은 대정부 저항운동으로 정부를 전복시킬 수 있다는 비현실적인 기대를 갖고 있었다. 우리는 이런 사람들에게 우리 저항운동의 초점은 우리가 갖고 있는 불만에 사람들의 관심을 모으는 것이지 그러한 불만사항을 해결하는 것이 아니라고 상기시켜주었다. 그들은 우리의 불만이 있는 곳에 정부가 있으며, 이러한 저항운동을 끝까지 추진해야 한다고 주장했다. 나는 그런 그들 사이에서 정부란 그런 식으로 허물어지기에는 너무나 강력하고 무자비하다고 주장했다. 우리가 정부를 당황하게 할 수는 있어도 정권을 무너뜨린다는 것은 불가능했다.

사실 우리는 너무 오랫동안 저항운동을 계속했다. 우리는 수마 박사의 말을 따랐어야 했을지도 모른다. 기획위원회가 수마 박사를 만났을 때, 그는 저항운동은 곧 그 위세를 잃게 될 것이며, 이런 일이 생기기 전에 이쯤에서 저항운동을 중단하는 것이 현명한 처사라고 말했다. 여전히 공격적인 추세를 보이고 있는 저항운동을 여기서 멈춘다는 것은 언론의 조명을 받을 만한 영리한 처사였다. 수마 박사가 역시 옳았다. 저항운동은 급속도로 그 기세를 잃었다. 그러나 우리의 열정, 어쩌면 교만이었을지도 모르는 치기로 우리는 그의 충고를 무시했다. 내 열정은 저항운동을 계속하길 원했으나 내 이성은 이제 그만 멈추라고 말하고 있었다. 나는 많은 사람들과 함께 저항운동을 중지하자고 주장했고, 저항운동은 그해 말에 결국 끝이 났다.

저항운동은 그동안 대부분 도시 사람들로 이루어진 소수 단체의 초보적 수준을 벗어나지 못하고 있었다. 농촌지역에서 집단투쟁은 단 한 번도 일어나지 않았다. 케이프 동부지역 저항운동은 저항운동의 두 번째 단계가 성공한 지역으로 농촌에서 강력한 민중투쟁이 일어난 유일한 지역이었다. 그러나 대체로 우리의 저항운동은 ANC의 취약지역인 농촌으로까지 그 세력을 넓히지는 못했다. 저항운동은 ANC 내에 고용직원이 없었기 때문에 일을 추진하는 데 많은 어려움이 따랐다. 나만 해도 변호사로 활동하면서 ANC 일을 했다. 이런 식으로는 범국민적인 저항운동을 감당할 수가 없었다. 우리는 여전히 아마추어에 불과했다.

그럼에도 나는 크나큰 만족감과 성취감을 느낄 수 있었다. 나는 정의를 위한 일에 관여해왔고, 그러한 대의명분을 위해 싸울 수 있었으며, 그리고 마침내 이겼다. 나는 저항운동을 계기로 내가 과거에 느꼈을지도 모르는 열등감과 의혹으로부터 자유로워졌으며, 또한 백인들의 힘에 압도당하던 과거, 아무도 대적할 수 없는 것처럼 보이던 백인들과 그들의 제도로부터 마침내 해방되었다. 백인들도 내 맨주먹이 지닌 힘을 느꼈을 것이다. 이제 나는 한 인간으로서 떳떳하게 설 수 있었다. 그리고 모든 사람들을 압제와 두려움에 굴복하지 않는 마음에서 우러나오는 존엄성으로 볼 수 있게 되었다. 나는 이제 진정한 자유투사로 태어났다.

4

투쟁은 나의 삶

15

1952년 말, ANC 연례회의에서 지도자를 바꾸었다. ANC는 좀 더 활동적인 새로운 시대를 위해 예전보다 활력 있는 새 의장을 뽑았는데, 바로 앨버트 루툴리Albert Luthuli 추장이었다. ANC 정관에 따라 트란스발의 임시 지부장이었던 나도 부의장이 되었다. 더욱이 전국집행위원회NEC는 나를 트란스발 지부장과 함께 제1부의장으로도 임명했다. 루툴리는 ANC 내에서 활동적이었던 추장들 가운데 한 사람으로서 정부의 제반 정책에 강력히 저항하고 있었다.

'예수 재림교파' 선교사의 아들인 루툴리는, 당시 남로디지아(지금의 짐바브웨—옮긴이)에서 태어났고 나탈에서 교육을 받았다. 그는 더반 근처에 있는 애덤스 대학에서 사범교육을 받았다. 키가 꽤 크며 건장한 체격에, 검은 피부와 활짝 웃는 웃음이 인상적인 그는 보는 이로 하여금 겸손함과 마음속 깊이 자리 잡고 있는 자신감을 느끼게 했다. 그는 끈기가 있고 강인했으며, 또한 천천히 또렷하게 말하는 버릇이 있었는데, 그가 말하는 한 마디 한 마디가 모두 다 중요한 것 같았다.

나는 1940년대 후반에 그를 처음 만났는데, 그는 당시에 원주민대표위원회의 위원이었다. 연례회의가 있기 불과 두세 달 전인 1952년 9월에 루툴리는 프리토리아로 소환되어, ANC에서 탈퇴하거나 저항운동에 대한

ANC 의장직을 앨버트 루툴리 추장(오른쪽)에게 이양한 직후의 모로카 박사.

지지를 중단하지 않으면 정부에서 주는 봉급을 받는 선출직인 추장의 지위를 빼앗기게 될 것이라는 최후통첩을 받았다. 루툴리는 교사이자 독실한 기독교인이며 자랑스러운 줄루족 추장이었지만, 그보다 그는 아파르헤이트에 저항하는 신념이 확고했다. 루툴리는 ANC 탈퇴를 거부했고, 정부는 그의 지위를 빼앗았다. 이러한 조치에 루툴리는 "자유란 십자가를 통해서만 얻을 수 있다"라는 원칙을 발표했는데, 이로써 비폭력적인 소극적 저항을 그가 얼마나 믿고 있는지 재확인되었다. 오늘날에도 뚜렷이 공감할 수 있는 다음과 같은 말로 자신의 선택을 정당화했다. "내 인생의 30년이란 세월을 참을성 있으며 완만하고 겸손하게, 그러나 헛되이도 굳게 잠긴 문을 두드리며 보냈다는 사실을 누가 부인할 수 있을 것인가?"

퀸스타운에서 열린 41차 연례회의에서 ANC 대표들에게 '아프리카'를 외치며 인사하는 루툴리 추장.

나는 루툴리 추장을 지지했지만 연례회의에는 참석할 수 없었다. 그 회의가 시작되기 2~3일 전 정부는 전국 각지에 있는 지도자들 52명에게 앞으로 6개월 동안 모든 회합이나 모임에 참석하지 말라는 금지령을 내렸기 때문이다. 나도 그중 한 사람이었고, 따라서 그 기간 동안 내 활동범위는 요하네스버그 지역으로 제한되었다.

내게 내려진 금지령은 단지 정치적 회합에 국한된 것이 아니라 모든 종류의 모임에 적용되었다. 예를 들면, 우리 아들의 생일 파티에도 참석할 수 없었다. 한 번에 한 사람 이상을 상대로 말하는 것조차 금지되었다. 이것은 남아프리카의 아파르트헤이트에 대항하는 지도자들을 침묵시키고 처벌하고 손발을 묶으려는 정부 측의 조직적인 시도의 하나였다. 그리고 몇 년 뒤 내게서 모든 자유를 박탈할 때까지, 짤막한 자유의 기간을 빼고는 내게 계속 내려졌던 금지령들의 시작이기도 했다.

금지령이란 한 인간을 신체적으로 제한할 뿐만 아니라 그의 정신세계까지 규제한다. 이는 신체의 자유뿐만 아니라 정신적 도피를 갈망하게 하는 일종의 심리적 폐쇄공포증을 불러일으킨다. 사람들을 족쇄에 채워 철창 안에 가두지는 않지만, 위반하기 쉽고 또 실제로 종종 위반했던 법과 규정이라는 철창 안에 가두었기 때문에 금지령은 위험한 게임이었다. 이 경우 우리는 짧은 기간 동안 들키지 않고서도 잠적할 수 있었으며, 잠시나마 자유를 꿈꿀 수 있었다. 금지령은 우리에게 어느 순간에 압제자가 없는 것이 아니라 내부에 있다는 생각을 하게 만드는 마력이 있었다.

나는 비록 금지령 때문에 1952년 연례회의에 참석하지 못했지만, 무슨 일이 발생했는지는 곧 알 수 있었다. 가장 의미심장한 결정 중 하나는 비밀리에 결정되어 당시에는 발표되지 않았다.

다른 많은 사람들처럼 나는 정부가 공산당에 했던 것처럼 ANC와 남아프리카인도인회의SAIC를 불법조직으로 공포할 작정임을 확신했다. 정부가 가능한 한 빠른 시일 내에 우리가 합법단체로서 벌이는 활동을 끝장내려 한다는 것은 피할 수 없는 운명처럼 여겨졌다. 그래서 나는 우리가 먼저 그와 같은 최악의 사태에 대비해서 계획을 마련해야 한다는 생각을 갖고 전국집행위원회에 참여했다. 우리가 만일 대비하지 않는다면, 국민의 지도자로서 우리의 책임을 포기하는 것이라고 주장했다. 전국집행위원회는 지하에서 ANC 조직을 움직일 수 있도록 준비하라고 지시했다. 이 계획은 '만델라 계획Mandela-Plan' 또는 간단히 'M-계획'이라고 알려졌다.

이 계획의 요점은 ANC가 회의를 소집하지 않고도 모든 것이 조직

전체에 재빨리 전달할 수 있도록 최고위급 의사결정기구를 만드는 것이었다. 즉, 그것은 불법단체가 계속 활동할 수 있도록 하고, 금지령을 당한 지도자들이 계속 지도력을 행사할 수 있게 하자는 계획이었다. M-계획은 새로운 회원을 모으고, 지역 및 국가 문제에 대응하고, 일반 회원들과 지하의 지도자들이 정기적으로 계속 접촉할 수 있도록 고안되었다.

나는 이 계획의 한계를 논의하기 위해서 ANC와 SAIC의 지도자들과 함께 몇 차례에 걸쳐 비밀회합을 주도했는데, 그들 중에는 금지령을 당한 사람들도 있었다. 몇 달 동안 이 계획에 매달려 마침내 지역적 상황에 맞게 조정할 수 있으며, 개별적 주도권을 방해하지 않을 만큼 충분히 포괄적이면서도 위계질서를 만들어낼 수 있을 만큼 충분히 상세한 체계를 고안해냈다.

이 경우 가장 작은 단위는 세포인데, 그것은 도심지역에서는 대략 한 거리에 몰려 있는 열 가구로 구성된다. 이 최소의 단위는 세포 사무장이 책임지게 된다. 만일 한 거리에 열 가구가 넘으면 거리 사무장이 책임을 지며, 세포 사무장들은 거리 사무장에게 보고를 하게 된다. 지역 사무장이 몇 개의 거리로 구성된 지역을 책임지는데, 그는 또한 ANC의 비서국에 보고할 책임도 있다. 비서국은 지역 집행기관의 소위원회로서, 도 비서에게 보고하도록 되어 있다. 모든 세포 사무장과 거리 사무장은 그들이 사람들에게 신임을 받고, 또 누구를 신임해야 할지를 알려면 자기 구역 내의 모든 사람과 가족들을 알아야만 한다는 것이 내 생각이었다. 세포 사무장은 회의를 주선하고, 정치수업을 조직하며, 회비를 걷었다. 즉 그는 이 계획에서 중심인물이었다. 이 전략은 주로 도심지역을 대상으로 고안되긴 했지만 농촌지역에도 쉽게 적용될 수 있었다.

이 계획은 받아들여졌고 즉시 시행될 예정이었다. 비밀리에 단체를 재조직하기 위한 준비를 시작하라는 명령이 지역구로 전달되었다. 이 계획은 지역구에서 대부분 받아들여졌지만, 좀 멀리 떨어진 일부 외곽 지역에서는 이 계획이 전 지역에서 중앙집중적 통제를 강화하려는 요하네스버그 측의 시도라고 느꼈다.

M-계획의 하나로 ANC는 전국에 퍼져 있는 회원들을 대상으로 정치학 기초강좌를 열었다. 이러한 강좌들은 교육뿐만 아니라 조직 자체를 유지하려는 목적으로 만들어졌다. 지역 지도자들이 비밀리에 강의를 했다. 강좌에 참석한 회원들은 자신의 가족과 지역사회의 다른 사람들에게 이 강의 내용을 전해주었다. 처음에는 이 강좌들이 체계화되지 않았지만, 몇 달 지나지 않아 교과과정이 틀을 잡아갔다.

강좌에는 세 과목이 있었는데, 제목은 '우리가 사는 세계', '우리는 어떤 식으로 통치되는가?', '변화의 필요'였다. 첫째 강좌에서 우리는 남아프리카공화국 안은 물론 전 세계에 있는 여러 가지 형태의 정치체제 및 경제제도를 토론했다. 사회주의는 물론 자본주의의 발전을 간략하게 소개하는 내용이었다. 예를 들면, 우리는 남아프리카공화국의 흑인들이 종족으로서 그리고 하나의 경제계급으로서 어떤 식으로 억압되어왔는지를 토론했다. 강사들은 대부분 금지령을 받은 회원들이었고, 나도 저녁 강좌를 자주 맡았다. 이 활동은 금지령을 받은 지도자들이 회원들과 접촉할 수 있는 기회를 제공했을 뿐만 아니라, 그 지도자들이 활발하게 움직일 수 있다는 이점도 있었다.

이 기간 동안 금지령을 받은 지도층은 비밀리에 자주 만났고, 그런 뒤에는 현재의 지도자들과 만났다. 옛 지도층과 새 지도층은 매우 잘 어우러졌고, 의사결정 과정은 전과 마찬가지로 집단적 성격을 띠었다. 때때로 우리가 비밀리에 만나야 한다는 사실을 빼고는 아무것도 변하지 않은 것처럼 느껴지기도 했다.

M－계획은 최상의 의도를 가지고 만들어졌지만 성과는 보잘것없었고, 널리 채택되지도 않았다. 케이프 동부와 포트엘리자베스에서 또 한 번 크게 성공했다는 것이 가장 인상적이었다. 저항운동의 정신이 다른 지역에서는 사라진 지 오래된 뒤에도 케이프 동부에서는 지속되었으며, 그곳의 ANC 회원들은 정부에 계속 저항하기 위한 방편으로서 M－계획에 매달렸다.

M－계획은 많은 문제에 부딪쳤다. 이 계획은 언제나 회원들에게 적절하게 설명되지 못했고, 계획을 시행 또는 실시하는 유급직원이라곤 한 사람도 없었다. 또한 지역구 안에서 흔한 의견 대립 때문에 이 계획을 실시하기 위한 합의를 이끌어내지 못하는 경우도 있었다. 일부 지역 지도자들은 이 계획이 자신들의 힘을 약화시킨다고 믿어서 이 계획에 반대했다. 어떤 사람들은 정부가 그렇게 빨리 탄압하리라고는 생각하지 않았기 때문에 정부의 탄압이 불러올 영향을 줄이기 위해 필요한 사전조치마저 택하지도 않았다. 정부가 강력하게 탄압하기 시작했을 때 그들은 무방비 상태였다.

16

저항운동을 하면서 나는 서로 다른 두 가지 삶을 살았다. 내가 할 일은 투쟁활동이었지만 생계를 위해 어쩔 수 없이 변호사 생활을 해야만 했다. 나는 결코 ANC를 위한 전속 직원은 아니었다. ANC에는 전속 직원이 단 한 명 있었는데, 그의 이름은 토머스 티투스 은코비였다. 내 활동은 변호사로서 잡혀 있는 일정에 따라 결정되었다. 1951년에 나는 '비트킨, 시델스키와 에이델만'에서 도제 기간을 마치고 나서, '터블란셰와 브리기시' 법률회사로 일자리를 옮겼다. 비록 도제생활을 끝냈지만 나는 아직 완전한 변호사는 아니었다. 그러나 나는 법정 변론의 작성, 법정 출두명령 발송, 증인 면담 등 한 사건이 법정으로 가기 전에 변호사가 해야 하는 모든 일들을 처리하는 위치에 있었다.

시델스키를 떠난 뒤 나는 많은 백인들이 운용하는 법률회사들을 조사했다. 물론 아프리카인이 운영하는 법률회사는 없었다. 나는 이 회사들이 요구하는 변호비용 액수에 특히 관심이 많았는데, 유명한 우수 법률회사들 대부분이 형사소송 및 민사소송 사건에서 훨씬 더 잘사는 부유한 백인 고객보다 아프리카인 고객에게 더 많은 변호비용을 청구한다는 사실을 발견하고는 격분하지 않을 수 없었다.

약 1년 동안 '터블란셰와 브리기시'를 위해 일한 뒤, 나는 '헬만과 미셸' 법률회사로 자리를 옮겼다. 이 회사는 자유주의적 성격을 띤 법률회사였고, 아프리카인들에게 적당한 비용을 요구하는 몇 안 되는 회사 가운데 하나였다. 게다가 이 회사는 아프리카인을 교육하는 데 많은 돈을 기부했는데, 이런 일을 자랑으로 삼았다. 이 회사의 동업자 중 한 명인 헬만 씨는 흑인운동이 대중화되기 훨씬 전부터 그 일에 관여했다. 이 회사의 또 다른 동업자인 로드니 미셸은 2차 세계대전에 참전한 퇴역 군인으로서, 그 역시 매우 자유주의적인 사람이었다. 그는 조종사였는데, 몇 년 뒤 정부의 탄압이 최고조에 이르렀을 때는 ANC 인사들을 비행기에 태워 해외로 실어 나르는 일을 도왔다. 미셸의 유일한 단점은 그가 사무실에서 하루 종일 줄담배를 피워대는 골초라는 사실이었다.

정식 변호사가 되기 위한 자격시험을 준비하는 몇 달 동안 나는 '헬만과 미셸'에 머물렀다. 법학사 학위를 따기 위해 비트바테르스란트 대학에서 공부하려는 계획은 시험에 몇 번 떨어진 뒤에 포기했다. 나는 가족들을 먹여 살리기 위해 변호사 개업을 하려고 변호사 자격시험을 치르기로 했다. 당시에 누이가 우리와 함께 살았고, 어머니가 오셔서 우리와 함께 머물고 있었다. 에블린이 벌어오는 견습 간호사 봉급과 얼마 되지 않는 내 수입으로는 모든 가족이 따뜻하고 배불리 먹기에는 충분치 않았다.

변호사 자격시험에 합격하자 나는 바스너 법률회사에서 정식 변호사로 일할 수 있게 되었다. 바스너는 상원에서 아프리카 대표로 일했고, 공산당의 초기 당원이었으며, 아프리카인의 권리를 적극적으로 지지하는 사람이었다. 그는 변호사로서 아프리카인 지도자들과 노동조합을 변호했다. 그곳에서 일한 몇 달 동안 나는 법정에서 이 회사의 많은 아프리카인 고객들을 변호하는 데 시간을 보냈다. 바스너 씨는 내가 회사 일에 지장을 주지 않는 한 나의 정치적 활동을 격려해주는 멋진 상사였다. 그곳에서 경험이 쌓이자 나는 혼자 독립할 수 있다는 자신감이 생겼다.

1952년 8월에 나는 변호사 사무실을 열었다. 나의 비서였던 주베이다 파텔 덕분에 개업 초기에 성공을 거둘 수 있었다. 내가 바스너 회사에서 일할 때 그녀를 만났는데, 당시 그녀는 내 말을 받아쓸 수 없다고 거부한 코크 양을 대신하여 일하고 있었다. 주베이다는 인도인회의 회원이자 내 친구였던 카심 파텔의 부인으로, 피부색에 편견이 전혀 없었다. 그녀는 친구가 많았고, 법조계 사람들도 많이 알고 있었는데, 내가 독립하여 사무실을 개업하자 나를 위해 일해주었다. 파텔 때문에 일거리가 많았다.

올리버 탐보는 그 당시 '코발스키와 터크' 법률회사에 근무하고 있었다. 나는 점심시간에 가끔 그를 방문했는데, 그때마다 반드시 백인 전용 대기실에 있는 백인 전용 의자에 앉았다. 올리버와 나는 아주 좋은 친구 사이였고, 우리는 만날 때마다 주로 ANC 문제를 논의했다. 나는 포트헤어에서 그에게 강한 인상을 받았는데, 당시 나는 그의 깊은 이해력과 날카로운 토론 기술을 주목했다. 그는 냉정하고 논리적인 스타일로 상대방의 주장을 쉽게 무너뜨릴 수 있었는데, 이는 법정에서 매우 유용한 자질이었다. 포트헤어로 오기 전 그는 요하네스버그에 있는 세인트 피터에서 매우 우수한 학생이었다. 그의 차분하고 객관적인 성격은 사건들에 내가 감정적으로 반응할 때 이를 중화시켜주는 일종의 해독제 역할을 했다. 올리버는 종교심이 매우 깊었고, 오래전부터 성직자가 되는 것을 고려하고 있었다. 그는 또한 이웃사촌이기도 했다. 그는 트란스케이의 폰돌란드에 있는 비자나 출신이었고, 얼굴에는 그의 부족 특유의 문신이 있었다. 우리가 함께 변호사 일을 하는 것은 당연한 일로 여겨졌고, 내가 그에게 같이 일하자고 말했다. 몇 달 뒤 올리버가 회사를 그만두자 우리는 함께 요하네스버그 중심가에 사무실을 열었다.

우리 사무실은 요하네스버그 중심가에 있는 치안법원 앞에 대리석으로 만든 '정의定意의 상像'들 맞은편에 자리 잡은 작은 건물인 법관회관에 있었다. 사무실 문에는 '만델라와 탐보Mandela and Tambo'라고 놋쇠 간판이 달려 있었다. 인도인이 주인인 이 빌딩은 도심지 내에서 흑인들이 사무실을 빌릴 수 있는 몇 안 되는 곳 가운데 하나였다. 개업하자마자 우리 사무실은 손님들로 초만원이었다. 우리가 남아프리카공화국 내에서 유일한 흑인 변호사는 아니었지만, 흑인 변호사가 개업한 유일한 법률회사였다. 흑인들에게 우리는 첫 번째 선택 대상이자 마지막 희망이기도 했다. 아침마다 사무실에 출근하려면 우리는 복도, 계단 그리고 심지어는 우리의 작은 대기실

올리버와 나는 1952년 폭스 가街에 사무실을 열었다.
이곳은 요하네스버그 최초의 흑인 변호사 사무실이었다.

안에서 기다리고 있는 수많은 사람들 사이를 뚫고 지나가야 했다.

흑인들은 정부 청사에서 법적 도움을 필사적으로 요청했다. 그도 그럴 것이 백인 전용 문을 지나는 행위, 백인 전용 버스를 타는 행위, 백인 전용 식수대를 사용하는 행위, 백인 전용 바닷가를 산책하는 행위, 밤 11시 이후에 길거리를 돌아다니는 행위, 통행증을 갖고 다니지 않는 행위, 통행증에 잘못 적힌 서명, 실직, 신분에 맞지 않는 장소에 고용되는 것, 일정 장소에 거주한 것, 거주할 곳이 없는 경우 등 이 모든 것이 범죄로 간주되었다.

주마다 우리는 시골에서 올라온 노인들을 만났다. 그들은 자기 집안이 여러 세대에 걸쳐 농사를 지어오던 척박한 조그만 땅덩어리에서 쫓겨나게 되었다고 우리에게 호소했다. 우리는 또한 주마다 많은 부인들을 만났다. 그들은 쥐꼬리만 한 수입에 보태고자 아프리카 맥주를 만들어왔는데, 이제 와서 도저히 감당할 수 없이 많은 벌금과 실형 선고에 직면해 있다고 호소했다. 또한 수십 년 동안 한 집에서 살아오다가 갑자기 자기 집이 백인구역이라고 선포되어, 아무런 보상도 받지 못하고 그 집을 떠나야 한다는 사실을 알게 된 사람들이 우리를 주마다 방문했다. 우리는 날마다 흑인 보통사람들이 날이면 날마다 당하는 수천 가지 치욕적인 일을 보고 들었다.

올리버는 업무를 처리하는 데 능력이 뛰어난 사람이었다. 그는 만나는 고객마다 많은 시간을 할애했는데, 이는 직업적인 이유 때문이라기보다는 그의 무한한 동정심과 인내심 때문이었다. 자연히 그는 고객의 법률 사례 및 그들의 삶에 깊이 개입하게 되었다. 그는 대중 전체의 고난을 바라보고 개개인들을 바라보며 깊은 동정심에 사로잡혔다.

나는 우리 사무실이 일반 흑인들에게 중요한 의미가 있다는 것을 곧 알아차렸다. 그곳은 그들의 어려움을 이해해주고 잘 대처해주는 곳이었으며, 그들을 결코 내쫓거나 그들에게 사기를 치는 곳이 아니었으며, 그들과 피부색깔이 같은 사람들에게 변호를 받는다는 사실을 자랑스럽게 여길 수 있는 곳이었다. 이것이 바로 내가 변호사가 되었던 가장 큰 이유였으며, 내 업무는 종종 내가 올바른 선택을 했음을 느끼게 해주었다.

우리는 흔히 아침나절에 사례 여섯 개를 처리하고 하루 종일 법원을 들락날락했다. 일부 법원은 우리를 정중하게 대했지만 어떤 법원들은 우리를 경멸했다. 그러나 우리는 변호사 일을 하고 소송 사건에서 싸워 이

기면서도, 우리가 변호사 일을 아무리 훌륭하게 해낸다 할지라도 결코 검사, 치안판사 또는 법관은 될 수 없다는 것을 잘 알고 있었다. 우리가 능력 면에서 결코 우리보다 나을 것이 없는 판사나 검사들과 겨룬다 할지라도 그들의 권위는 그들의 피부색깔에 근거하여 보호받았다.

우리는 법원 내에서도 편견에 자주 부딪혔다. 백인 증인은 흑인 변호사의 질문에 대답을 거부하기가 일쑤였다. 그럴 경우 치안판사는 그들에게 법정모독이라며 야단치지도 않고, 내 대신 그 질문들을 다시 던졌다. 나는 관례상 경찰관들을 증인석에 세우고 그들을 신문했다. 나는 그들의 증언 중 거짓이나 모순된 점을 찾아내곤 했지만, 그들은 결코 나를 카피르 변호사 이상으로 취급하지 않았다.

언젠가 한번은 재판을 시작할 때 내 신분을 밝히라는 요구를 받았다. 이것은 으레 있는 일이어서 "나는 넬슨 만델라이고, 피고인의 변호인입니다"라고 말했다. 그러자 치안판사는 "나는 당신을 모릅니다. 당신의 변호사증명서를 보여주십시오"라고 말했다. 변호사증명서란 액자에 넣어서 벽에 걸어놓는 화려한 졸업장이지, 어느 변호사도 그것을 지니고 다니지는 않았다. 그것은 마치 대학교 졸업장을 제시하라고 요구하는 것과 마찬가지였다. 나는 치안판사에게 적절한 때에 변호사증명서를 가져오겠다고 말하고, 먼저 재판을 시작해달라고 요구했다. 그러나 그는 개정을 거부했고, 심지어 법원 직원에게 나를 쫓아내라고 지시했다.

이것은 명백히 재판절차 위반이었다. 이 사건은 결국 대법원에 제소되었고, 내 친구인 조지 비조스 변호사가 나를 변호했다. 그 재판에서 재판관은 치안판사의 행동을 비난하면서 다른 치안판사가 대신 그 소송을 맡을 것을 명령했다.

내가 변호사라는 사실에도 법원 밖에서 사람들은 나를 존중하지 않았다. 어느 날, 나는 우리 사무실 근처에서 어느 나이 든 백인 여자의 자동차가 다른 두 차 사이에 꼼짝도 못 하게 끼인 모습을 보았다. 나는 곧장 다가가서 차를 밀어서 중간에 낀 그 여자의 자동차를 꺼내주었다. 영어를 사용하는 그 부인은 나에게 돌아서서 "존, 고마워요"라고 말했다. 존이란 백인들이 이름을 알지 못하는 흑인 누구에게나 사용하는 이름이었다. 그러고 나서 그 부인은 나에게 6펜스 동전을 하나 건네주었고, 나는 이를 정중히 거절했다. 하지만 그 부인은 내게 동전을 다시 주려 했다. 나는 다시 고맙지만 사양한다고 말했다. 그러자 그는 "6펜스를 거절하다니, 틀림없이 1실링을 원하는 게지. 하지만 너에게 절대 1실링을 줄 수는 없어. 어림도 없어"라고 소리 지르며 그 동전을 나에게 던지고는 차를 몰고 가버렸다.

1년이 채 지나지 않았을 때 올리버와 나는 「도시구역법」에 따라 시청의 허가 없이는 도심지에서 사업장을 열 수 없다는 사실을 알았다. 우리의 요청은 거절되었다. 그 대신에 우리는 「집단구역법」에 따라 임시 허가를 받았지만 이마저도 곧 시효가 만료되었다. 당국은 재허가를 거부하고, 멀리 떨어져 있어서 사실상 우리의 고객들이 찾아오기 어려운 흑인구역으로 우리의 사무실을 옮기라고 했다. 우리는 이것을 우리의 사업을 망하게 하려는 당국의 획책으로 이해했다. 따라서 우리는 퇴거 위협을 감수하면서 그 사무실을 불법으로 계속 사용했다.

남아프리카공화국에서 변호사로 일한다는 것은 타락된 법률제도, 즉 평등이 아니라 그 반대인 불평등을 소중히 여기는 법률제도 아래에서 일하는 것을 의미했다. 그 대표적인 예가 바로 불평등을 규정한 「인구등록법」이다. 언젠가 나는 자신도 모르는 사이에 흑인으로 분류된 혼혈인의 소송을 다룬 적이 있다. 그는 2차 세계대전 때 북아프리카와 이탈리아에서 남아프리카공화국을 위해 싸웠는데, 그가 귀국하자 백인 관료는 그를 흑인으로 재분류했다. 남아프리카공화국에서는 흔히 있는 유형의 소송이었다. 나는 「인구등록법」의 원칙들에 동의하지도 인정하지도 않았지만 나의 고객은 변론이 필요했고, 또한 그는 사실과는 다른 부류로 분류되어 있는 상황이었다. 흑인보다는 혼혈인으로 분류되어야 사실 이득이 많았다. 예를 들면 혼혈인은 통행증을 소지할 필요가 없었다.

나는 그를 대신하여 「인구등록법」에 해당하는 소송들을 담당했던 분류원에 상소했다. 분류원은 치안판사 한 명과 관리 두 명으로 구성되었는데, 이들은 모두 백인이었다. 나는 내 고객의 주장을 입증할 확실한 증거를 갖고 있었고, 해당 검사도 우리의 상소에 반대하지 않겠다고 공식적으로 밝혔다. 그러나 치안판사는 우리의 증거나 검사의 이의 제기에도 관심이 없는 듯했다. 그는 나의 고객을 뚫어지게 바라보며 그의 등이 재판석에서 보이도록 뒤돌아서라고 퉁명스럽게 요청했다. 내 고객의 몹시 처진 어깨를 관찰한 뒤에 치안판사는 나머지 관리 두 명에게 고개를 끄덕이고는 우리의 상소를 받아들였다. 당시 백인 당국의 견해에 따르면 처진 어깨는 유색인종의 신체적 특징이었다. 그리하여 한 사람의 인생이 순전히 어깨 모양을 보고 치안판사가 내린 의견에 따라 결정되었다.

우리는 경찰관의 직권남용에 관한 소송을 많이 다루었는데, 이 경우 우리가 승소할 확률은 대단히 낮았다. 언제나 경찰 측의 범죄를 증명하는 것은 어려웠다. 경찰은 영리하게도 상처와 멍이 다 나을 만큼 충분히 오랫동안 죄수를 붙잡아두었고, 흔히 우리의 고객에게 불리한 경찰의 주장이 그대로 받아들여졌다. 치안판사들은 당연히 경찰 편을 들었다. 경찰 보호 상태에서 죽으면 검시관은 흔히 "여러 가지 이유가 겹친 사망"이라고 결론 내리거나 아니면 애매하게 설명함으로써 경찰이 쉽사리 빠져나갈 수 있게 해주었다.

요하네스버그 밖에서 소송이 있을 때에는 나는 내게 내려진 금지령을 임시 해제해줄 것을 요청했고, 이것은 대체로 받아들여졌다. 예를 들면 한번은 트란스발 동부의 캐롤리나에 직접 가서 고객을 변호한 적이 있었다. 나는 그곳에서 대단한 화제를 불러일으켰다. 왜냐하면 많은 사람들이 한 번도 흑인 변호사를 본 적이 없었기 때문이었다. 치안판사와 검사가 나를 따뜻하게 영접했고, 그들이 내 변호사 경력과 내가 어떻게 변호사가 되었는지 끊임없이 묻는 바람에 소송은 한동안 시작조차 하지 못했다. 같은 이유로 법정은 동네사람들로 만원이었다.

가까운 동네에서 나는 주술 행위라는 죄명을 쓴 지방 치료사를 변론했다. 이 소송 역시 구경꾼들이 많이 모여들었는데, 이것은 나를 보기 위해서가 아니라 백인의 법령이 주술사에게도 적용될 수 있는지를 살펴보기 위해서였다. 그 치료사는 그곳에서 영향력이 엄청났고, 많은 사람들은 그를 숭배하면서 동시에 두려워했다. 갑자기 내 고객은 엄청나게 큰 소리로 재채기를 해댔다. 이는 실제로 법정에 있던 모든 이들을 벌떡 일어나게 하기에 충분한 정도였다. 구경꾼들은 대부분 그가 마술을 시도한다고 믿었다. 그는 결국 무죄로 판명되었는데, 내 생각에 그 지역 사람들은 이것이 변호사의 능력 덕분이 아니라 이 치료사의 약초 힘 덕분이었다고 믿는 것 같았다.

변호사로서 나는 법정에서 오히려 허풍을 떨었다. 나는 백인 법정에선 흑인처럼 행동하지 않고, 흑인이든 백인이든 모든 이들이 내 법정에 온 손님인 것처럼 행동했다. 나는 자주 몸짓을 크게 하고 언어를 화려하게 구사했다. 나는 모든 법정 규정을 충실하게 지켰지만 증인을 신문할 때는 때때로 비전통적인 방식을 사용했다. 나는 반대신문을 즐겼고, 흔히 인종 간의 갈등을 이용했다. 관중석은 늘 만원이었다. 도시에서 온 사람들이 오락 삼아 법정에 참석했기 때문이었다.

한번은 도시에서 가정부로 일하던 한 흑인 여자를 변론한 적이 있었다. 그녀는 여주인의 옷을 훔쳤다는 이유로 기소되었다. 훔친 것으로 주장되는, 문제가 되었던 그 옷은 법정 안의 탁자 위에 펼쳐져 있었다. 여주인이 증언을 마친 뒤, 나는 증거가 놓인 탁자로 걸어가서 반대신문을 시작했다. 나는 그 옷을 자세히 관찰한 뒤 연필 끝으로 여자 속옷 하나를 집어 올렸다. "부인, 이것이…… 당신 겁니까?" 하고 간략하게 물었다. 여주인은 매우 당황하여 그것을 자신의 것으로 인정할 수 없었던지, "아니오"라고 재빨리 대답했다. 여주인의 이런 대답과 여주인이 내세운 증거들이 모순되자 치안판사는 소송을 기각했다.

17

요하네스버그 중심부에서 서쪽으로 6.5킬로미터 떨어져 있고, 요하네스버그를 굽어보고 있는 바위들이 많은 곳에 소피아타운이라는 흑인 마을이 있었다. 이 마을을 무척 좋아하던 트레버 허들스톤 신부는 소피아타운을 이탈리아 언덕에 자리 잡은 한 도시에 비교한 적이 있다. 멀리에서 바라보면 실제로 이 도시는 참으로 매력이 있었다. 예를 들면, 가까이 모여 있는 빨간 지붕 집들, 분홍색 하늘 속으로 말려 올라가는 연기, 마을을 감싸 안고 있는 키가 크고 가느다란 고무나무들이 매력을 뽐냈다. 그러나 가까이 가면 갈수록 소피아타운의 많은 사람들이 겪고 있는 가난과 더러움이 뚜렷하게 드러났다. 거리는 좁고 포장되지 않았으며, 모든 주택 지역에는 다닥다닥 붙은 수많은 판잣집들이 꽉 들어차 있었다.

소피아타운은 마틴데일과 뉴클레어와 함께 서부지역 마을로 알려져 있었다. 이 지역은 원래 백인들을 위해 만들어졌고, 부동산 개발업자는 그곳에 백인들을 위해 수많은 집을 지었다. 그러나 이 지역 내에 있는 요하네스버그 시의 쓰레기 처리장 때문에 백인들은 다른 곳으로 가서 살기로 결정했다. 마지못해 그 개발업자는 집들을 흑인들에게 팔았다. 소피아타운은 아프리카인들이 1923년의 「도시구역법」이 생기기 이전에 집과 텃밭을 살 수 있었던 트란스발의 얼마 되지 않는 지역 중 하나였다. 아직도 소피아타운에는 양철지붕 베란다가 있고, 벽돌과 돌로 지은 오래된 집들이 많이 남아 있어서, 옛날의 우아한 분위기를 자아내고 있다. 요하네스버그에서 산업이 발전하자 소피아타운은 갑자기 늘어난 흑인 노동자들의 거주지역이 되었다. 그곳은 편리했고, 또한 도심과 가까웠기 때문이었다. 노동자들은 옛날 저택들의 앞뜰과 뒤뜰에 세워진 오두막에서 살았다. 여러 가구가 온통 오두막 한 개에서 서로 부딪치며 살아가기도 했다. 심지어는 40명이 수도 단 하나를 같이 사용했다.

가난했지만 소피아타운은 작가와 예술가와 의사와 변호사의 안식처인 파리의 레프트 뱅크, 뉴욕의 그리니치 빌리지나 다름없는 지역이었다. 그곳은 방랑적 성격을 지니면서도 전통적이었고, 생기발랄하면서도 동시에 차분했다. 수마 박사의 집이 그곳에 있었고, 그는 그곳에서 개업했다. 동시에 존 웨인이나 험프리 보거트 같은 미국 영화배우들의 이름을 따서 썼던 베리너스와 아메리칸 같은 갱단들의 집들이 있기도 했다. 소피아타운 사람들은 요하네스버그 지역에서 유일하게 흑인 어린이들을 위한 풀장이 있다는 사실을 자랑스러워했다.

요하네스버그의 서부지역 이전 계획은 인구 약 6만에서 10만 명이 사는 소피아타운, 마틴데일, 뉴클레어를 비운다는 것을 의미했다. 1953년에 국민당 정부는 이 도시에서 21킬로미터 떨어진 곳에 있는 메도랜드 지역을 사들였다. 사람들을 일곱 개 종족으로 나누어 그곳에 재정착시킬 계획이었다. 정부가 내세운 변명은 빈민굴 제거였지만, 그것은 모든 도심 구역을 백인구역으로 하며, 그곳에서 흑인들은 임시 거주자밖에 될 수 없다는 정부 시책을 숨기기 위한 수단일 뿐이었다.

정부는 비교적 가난한 백인구역이었던 웨스트딘과 뉴랜드 주변 지역에 있는 정부 지지자들에게 압력을 받고 있었다. 이 지역의 백인 노동자들은 소피아타운 내의 흑인들이 소유하던 일부 집들을 욕심냈다. 정부는 모든 흑인들의 운동을 통제하고자 했는데, 그러한 통제는 사람들이 자유롭게 오고갈 수 있으며, 흑인들이 부동산을 소유할 수 있는 도시에서는 훨씬 더 어려웠다. 비록 통행증 제도가 여전히 시행되고 있었지만, 시 행정구역과 마찬가지로 소유권이 자유로운 마을을 통행하는 데에는 특별한 허가가 필요 없었다. 흑인들은 50여 년 넘게 소피아타운에서 살았고, 부동산을 소유하고 있었다. 그런데 이제 정부가 소피아타운의 모든 흑인 주민들을 다른 흑인 마을로 이주시키려는 비정한 계획을 추진하고 있었다. 정부의 계획은 너무나도 비정했다. 쫓겨나는 사람들은 살 집이 완성되기도 전에 이주를 시작해야 할 형편이었다. 소피아타운 이전 계획은 저항운동 이후 처음으로 ANC와 ANC 동맹세력의 힘을 시험하는 기회였다.

정부의 소피아타운 이전 계획은 1950년에 시작되었지만, ANC는 1953년까지는 정부 계획에 진지하게 대항하지 않았다. 1953년 중반 무렵에 ANC와 트란스발인도인회의TIC 그리고 지방세납세자협의회는 이전계획반대운동을 전개했다. 1953년 6월에 소피아타운의 오딘극장에서 ANC와 TIC의 지구당 집행부가 주최하는 공식회의가 소집되어 소피아타운 이

전반대를 주제로 토론했다. 1,200여 명이 참석해 열띠게 논의했지만, 참가자 그 누구도 무장경찰 수십 명이 함께 자리하고 있다는 사실에 겁을 먹지 않는 것 같았다.

이 회의가 있기 불과 며칠 전 나와 월터에게 내려진 금지령이 해제되었다. 이로써 우리는 집회에 참석할 수 있고, 집회에서 연설할 수 있게 되었다. 따라서 내가 극장에서 연설할 수 있도록 재빨리 조치가 취해졌다.

집회가 시작되기 직전, 경찰 한 명이 나와 월터가 극장 밖에서 이전반대운동 주동자인 허들스톤 신부와 이야기하고 있는 것을 보았다. 그 경찰은 금지령을 받은 우리가 그곳에 있을 수 없다고 말하고, 그의 부하들에게 우리를 즉시 체포하라고 명령했다. 허들스톤 신부는 우리 쪽으로 다가오는 경찰관들에게 "안 됩니다. 차라리 나를 체포하시오"라고 소리 질렀다. 그 경관은 허들스톤 신부에게 비켜서라고 명령했지만 신부는 이를 거절했다. 경찰들이 허들스톤 신부를 강제로 밀쳐내자, 나는 그 경찰에게 "당신은 우리가 금지령을 받고 있는지 아닌지 확인해야 할 거요. 조심하시오. 왜냐하면 만약 우리 금지령이 해제됐다면 우리를 체포하는 것은 불법이기 때문이오. 자, 어떻게 생각하시오? 금지령이 해제되지 않은 상태에서 우리가 오늘 저녁 이곳에서 당신에게 말을 할 수 있을 것이라고 생각하시오?"라고 말했다.

경찰의 기록은 형편없기로 유명해서 금지령이 언제 끝났는지를 모르기 일쑤였다. 그 경찰관은 나만큼이나 이 사실을 잘 알고 있었다. 그는 내가 한 말을 곰곰이 생각한 뒤 그의 부하들에게 물러서라고 명령했다. 우리가 집회장으로 들어갈 때 경찰들은 옆으로 비켜서 있었다.

집회장 안에서 경찰은 신경질적이고 오만했다. 권총과 소총으로 무장한 경찰들은 사람들을 밀치고 모욕적인 말을 내뱉으며 회의장 여기저기를 활개 치며 돌아다녔다. 나는 다른 많은 지도자들과 함께 무대 위에 앉아 있었다. 그런데 집회가 막 시작될 무렵, 프린슬루 대령이 많은 무장경찰들을 거느리고 무대 문을 지나 갈지자로 걸어 들어오는 것이 보였다. 나는 그의 눈을 마주 보면서, "나를 체포할 거요?"라고 말하는 듯한 몸짓을 취했다. 그는 자신의 머리를 흔들어 내가 아니라고 표시했다. 그런 뒤 그는 연단에서 연설을 하고 있는 유서프 카찰리아 쪽으로 걸어가더니 부하들에게 그를 체포하라고 명령했다. 명령에 따라 경찰들은 카찰리아의 팔을 잡아채어 끌고 나갔다. 경찰은 이미 집회장 밖에서 로버트 레샤와 아메드 카트라다를 체포한 상태였다.

군중들은 소리 지르며 야유하기 시작했고, 나는 군중들이 자제하지 않으면 문제가 매우 어렵게 전개되리라는 것을 알았다. 나는 연단 쪽으로 뛰어내린 뒤 널리 알려진 저항가를 부르기 시작했다. 내가 처음 몇 마디를 시작하자마자 군중들이 합세했다. 나는 군중들이 지나치게 흥분하게 되면 경찰이 군중들에게 발포할까봐 걱정했던 것이다.

그 당시 ANC는 이전반대운동을 선동하기 위해 소피아타운의 중심에 있는 자유 광장에서 일요일 저녁마다 집회를 했다. 이것은 그야말로 살아 있는 집회였다. 집회 중간 중간에 "우리는 이주하지 않는다"라는 반복된 외침과 "소피아타운은 내 집이다. 우리는 이주하지 않는다"라는 노래로 집회를 고조시켰다. 이 집회에서 ANC의 지도급 회원들, 가게 주인들, 입주자들, 시의회 의원들, 그리고 교회의 일에만 전념하라는 경찰의 경고를 무시한 허들스톤 신부 등이 연설을 했다.

오딘극장 사건이 있은 지 얼마 뒤, 어느 일요일 저녁에 나는 자유 광장에서 연설하기로 되어 있었다. 그날 저녁 군중은 흥분했고, 그러한 군중들의 감정 상태는 의심할 여지 없이 내게 영향을 미쳤다. 수많은 젊은 사람들이 참석했는데, 그들은 분노하며 당장 행동으로 옮기기를 간절히 바랐다. 으레 그렇듯이 총과 연필로 무장한 경관들이 주변에 흩어져 있었다. 연필은 누가 연설을 하며, 또 연설자가 무슨 말을 하는지를 적기 위한 도구였다. 우리는 가능한 한 모든 것을 경찰에게 공개하여 이런 상황이 우리에게 유리하도록 만들려고 노력했다. 즉 우리들은 사실상 아무것도 감출 것이 없고, 심지어는 그들을 미워하는 우리의 마음조차도 감출 필요가 없다는 것을 그들에게 보여줄 수 있는 기회로 삼았다.

나는 저항운동 이후 정부 측의 억압이 점점 심해진다는 말로 연설을 시작했다. 정부가 이제는 흑인들의 힘을 겁낸다고 말했다. 연설을 하면서 나는 점점 더 흥분했다. 그 시절에 나는 대중선동능력이 뛰어난 연사였다. 군중을 선동하는 것을 좋아했고, 그날 저녁 나는 그렇게 하고 있었다.

정부의 잔악함과 비합법성을 비난하면서 나는 한계를 넘어서고 말았다. 소극적 저항의 시기는 끝났으며, 비폭력은 어떤 희생을 치르더라도 자신들의 정권을 유지하려는 소수 백인 정부를 뒤엎을 수 없는 무모한 전략이라고 말했다. 그날 연설의 마지막 부분에서 나는 폭력은 남아프리카공화국 인종차별정책을 파괴해줄 유일한 무기이며, 우리는 얼마 지나지 않아 무기를 사용할 준비를 해야 한다고 말했다.

군중은 흥분했다. 특히 젊은이들은 박수를 치며 환호했다. 그들은 내가 한 말을 당장 실천에 옮길 준비가 되어 있었다. 그 순간 나는 자유의 노래 한 곡을 부르기 시작했는데, 그 가사는 “적이 있다. 우리의 무기를 집어 들고 그들을 공격하자”라는 내용이었다. 내가 노래를 부르기 시작하자 사람들이 따라 불렀다. 노래가 끝날 때 나는 경찰을 가리키며 “저기에 우리의 적이 있다!”라고 외쳤다. 군중은 또다시 환성을 지르며 경찰 쪽으로 공격적인 행동을 취했다. 경찰은 초조해 보였고, 많은 이들은 마치 "만델라, 이것을 이유로 우리는 너를 체포하겠다"라고 말하는 듯 나를 향해 손가락질했다. 나는 신경 쓰지 않았다. 그 순간의 열기에 휩싸여 뒷일을 생각하지 못했다.

그러나 그날 밤에 내가 한 말은 생각 없이 나온 말은 아니었다. 나는 미래를 생각해보았다. 정부는 저항운동과 같은 어떤 유사한 것이 재발하지 않도록 바쁘게 조치를 취하고 있었다. 나는 우리의 투쟁을 다른 관점에서 분석하기 시작했다. ANC의 야망은 대중저항을 주도하고, 너무나도 크고 강력한 백인이 억압하는 지금 상황을 뒤엎을 수 있는 대중저항운동에 남아프리카공화국의 노동자와 농민들을 가담시키는 것이었다. 그러나 국민당 정부는 어떤 합법적인 반대나 저항의 표현도 불가능하게 만들고 있었다. 나는 국민당 정부가 흑인 대중들의 어떤 합법적인 저항도 무참하게 탄압하리라는 것을 알고 있었다. 경찰국가라는 것이 그리 멀리 떨어진 미래의 일 같지가 않았다.

나는 합법적 저항과 비합법적 저항이 둘 다 곧 불가능하게 되리라는 것을 깨닫기 시작했다. 인도에서 간디는 궁극적으로 훨씬 현실적이며 더 넓은 시야를 가진 외세와 대항했지만, 그것은 남아프리카공화국 내의 흑인들의 현실과는 달랐다. 비폭력 소극적 저항은 당신의 반대파가 당신과 똑같은 규칙을 따를 때에만 효과를 볼 수 있다. 그러나 만약 그들이 평화로운 시위에 폭력으로 맞선다면 비폭력 소극적 저항의 효용성은 끝장난 것이다. 내게 비폭력은 도덕적 원칙이 아니라 전략이었다. 비효과적인 무기를 사용하는 일에서 도덕적 선이란 있을 수 없었다. 그러나 이 문제에 관한 내 생각은 아직 제대로 완성되지 않았고, 나는 그것을 너무 빨리 입 밖에 낸 셈이었다.

그것이 바로 전국집행위원회의 견해였다. 전국집행위원회가 내가 한 연설을 알았을 때, 전국집행위원회는 나에게 당시 채택된 정책에서 급진적으로 이탈한 데 대해 강력하게 질책했다. 비록 집행위원회의 일부 인사가 내 언급에 동조했지만 당시 내 철없는 태도는 누구도 지지할 수 없었다. 집행위원회는 내가 주장했던 충동적인 정책은 시기상조일 뿐만 아니라 위험하다는 점을 들어 나에게 경고했다. 그러한 연설은 적을 자극하고, 아직도 강력한 적들이 여전히 열세인 우리 조직을 붕괴시킬 가능성이 있었기 때문이다. 나는 그 질책을 받아들였고, 그 후로는 대중 앞에서 성실하게 비폭력 정책을 고수했다. 그러나 가슴속에서는 비폭력은 해답이 될 수 없다는 것을 알고 있었다.

그 시절에 나는 전국집행위원회와 자주 마찰을 일으켰다. 1953년 초, 루툴리 추장, Z. K. 매튜, 그리고 몇몇 다른 ANC 고위 지도자들은 '자유당' 창당을 준비하던 백인들의 모임에 초대되었다. 나중에 ANC 집행부 회의가 열렸을 때 우리들 중 두세 사람이 그 모임이 어떤 자리였는지 보고해달라고 요청했다. 하지만 그 모임에 참석했던 이들은 ANC 회원이 아니라 개인 자격으로 그 모임에 참석했다고 말하면서 요청을 거절했다. 우리는 그들을 계속해서 추궁했고, 마침내 변호사였던 매튜 교수가 그것은 특별한 대화였다고 말했다. 격분한 나는 "자유당 백인들과는 문제를 의논하면서, 그 정보를 ANC의 동지들과 나누지 못하는 당신들이 도대체 지도자입니까? 당신들은 바로 그것이 문제입니다. 당신들은 겁을 먹고 백인들에게 쩔쩔매고 있습니다. 당신들은 당신들의 흑인 동료와 함께하는 것보다는 백인과 함께하는 것에 더 가치를 두고 있습니다"라고 말했다.

내가 이렇게 감정을 폭발시키자 매튜 교수와 루툴리 추장이 분노했다. 먼저 매튜 교수가, "만델라, 네가 백인에 관해 아는 게 뭐지? 나는 네가 백인에 관해 알고 있는 모든 것을 가르친 사람이지만 너는 아직 아무것도 몰라. 심지어 지금 이 순간에도 너는 학생 교복을 갓 벗은 사람일 뿐이야"라고 응수했다. 루툴리는 차분하게 분노를 삭이며, "좋다. 내가 백인을 두려워한다고 비난한다면 나는 사임하는 것 말고는 다른 방법이 없다. 만일 네가 바라는 게 그것이라면 그렇게 하겠다"라고 말했다. 나는 루툴리가 겁을 주는 것인지 아닌지를 알지 못했지만 그의 위협에 매우 놀랐다. 나는 깊게 생각하지 않고 급하게 책임감 없이 말을 해버린 것을 크게 자책했다. 그래서 즉시 나의 비난을 취소하고 사과했다. 나는 자신의 무지를 투지로 메우려고 시도했던 젊은이에 불과했다.

소피아타운에서 내가 연설한 날과 거의 같은 날짜에 월터는 부카레스트에서 열리는 평화와 우정을 위한 세계청년학생축제에 명예손님으로 초대받았다고 내게 알려주었다. 초청장을 받은 시점이 촉박하여 월터는 전국집행위원회와 사실상 의논하지 못했다. 나는 그가 집행위원회와 상의했든 안 했든 그가 가야 한다고 강력히 주장했고, 또 그가 그렇게 하도록 격려했다. 월터는 가기로 결심했다. 나는 월터가 그의 신분과 시민권을 밝혀주는 공문서, 즉 여권을 대신하는 증명서류를 마련할 수 있도록 도와주었다(정부가 월터에게 제대로 된 여권을 결코 발급하려 하지 않았기 때문이다). 월터 시술루와 두마 노크웨가 인솔하는 여행단은 유일하게 그러한 공문서를 인정해주는 항공사인 이스라엘 엘알항공을 타고 여행했다.

집행부의 질책에도 나는 국민당의 정책이 비폭력 정책을 지금보다 더욱 제한되고 비효과적인 정책으로 만들 것이라고 확신했다. 월터는 내 생각을 알고 있었고, 나는 월터가 떠나기 전에 한 가지 제안을 했다. 즉, 그가 중국을 방문하여 중국이 우리에게 무장투쟁을 위해 필요한 무기를 제공할 수 있는지 논의하라고 했다. 월터는 그 생각에 동의했고, 그렇게 해보겠노라고 약속했다.

이런 행동은 순전히 나 혼자서 결정했는데, 이 방법은 매우 비정통적인 방법이었다. 그것들은 다소 일을 철저히 분석하지 않고 규율 없이 행동하는 성미 급한 혁명가의 행위인 셈이었다. 또한 아파르트헤이트의 비도덕성과 그것을 비호하는 정부의 잔인성 때문에 좌절을 겪은 한 인간의 행위이기도 했다.

월터의 여행은 전국집행위원회 내에 태풍을 몰고 왔다. 나는 직접 월터의 사과를 전달하는 일을 맡았다. 물론 나는 내 비밀요청을 언급하지 않았다. 루툴리는 ANC의 행동규범을 무시한 것에 이의를 제기했고, 매튜 교수는 사회주의 국가들을 방문하는 월터에게 매우 실망했다고 표현했다. 집행위원회는 월터의 동기에 대해 회의적이었으며, 당시 상황을 보고한 내 설명에 의문을 제기했다. 몇 사람은 나와 월터를 공식적으로 비판하길 바랐지만 그렇게 되지는 않았다.

월터는 중국에 들어갔고, 그곳의 지도급 인사들은 그를 정중히 맞았다. 그들은 우리의 투쟁을 지지한다고 했지만, 무장투쟁에는 신중한 입장이었다. 그들은 월터에게 무장투쟁은 엄청나게 심각한 시도라고 경고했으며, 그러한 시도를 정당화할 만큼 해방운동이 충분히 성숙되었는지 의문을 제기했다. 월터는 격려는 받았지만 무기는 받지 못한 채 되돌아왔다.

18

요하네스버그에 살면서 나는 도시 사람이 다 되었다. 멋진 양복을 입었고, 커다란 올스모빌 자동차를 몰았고, 도시의 뒷골목도 훤히 알고 있었다. 나는 날마다 도심에 있는 사무실로 출근했다. 그러나 사실 마음만은 여전히 시골 소년으로 남아 있었다. 푸른 하늘과 넓은 들판과 녹색의 잔디만큼 내 기분을 즐겁게 해주는 것은 아무것도 없었다. 9월에 금지령이 풀렸을 때, 나는 도시에서 벗어나서 잠시나마 자유를 누리기로 마음먹었다. 나는 오렌지자유 주Orange Free State에 있는 빌리어스라는 작은 마을에서 있었던 소송 사건을 맡았다.

요하네스버그에서부터 오렌지자유 주까지는 자동차로 몇 시간이 걸렸다. 나는 새벽에 길을 떠나는 것을 좋아했는데, 이날도 새벽 3시에 올랜도를 출발하여 여행길에 올랐다. 새벽 3시에 길거리는 조용하고 텅 비어 있어서 운전하는 동안 마음껏 생각에 잠길 수 있었다. 나는 낮과 밤이 바뀌면서 새벽이 다가오는 광경을 즐겼다. 그 장면은 언제나 환상적이었다. 또한 새벽 3시는 그 어느 곳에서도 경찰을 찾아볼 수 없는 때였기에 길을 떠나기에 편리한 시각이었다.

오렌지자유 주 지역은 비록 백인 중에서도 가장 인종차별주의적인 사람들의 고향이지만 나에게는 항상 매력 있는 곳이었다. 시야의 끝까지 펼쳐진 회색 풍경, 위로는 거대한 푸른 천장, 끝없이 뻗어 있는 누런 옥수수 밭, 관목 숲과 덤불 숲 등 오렌지자유 주의 경치는 내 기분이 어떤 상태에 있건 늘 내 마음을 즐겁게 해주었다. 내가 그곳에 있을 때에는 그 어느 것도 나를 가두어 둘 수 없을 것처럼 느껴졌다. 나는 지평선만큼이나 멀고도 넓게 내 생각을 펼칠 수 있었다.

이곳에는 보어 전쟁 막바지에 벌어졌던 전투에서 영국군을 여러 번 물리쳤던 뛰어난 보어인 장군이었던 크리스티안 드 웨트의 흔적이 남아 있었다. 용맹스럽고 자부심이 강하며 영리했던 드 웨트 장군이 남아프리카 태생의 백인을 위해서뿐만 아니라 남아프리카의 모든 사람들의 권리를 위해 싸웠더라면 나는 그를 내 영웅으로 삼았을 것이다. 그는 열세에 놓인 자들의 용기와 기지, 그리고 비록 전투기술이 서툴지만 성능이 뛰어난 무기에 대항하여 싸우는 애국심에 불타는 군대의 힘을 보여주었다. 차를 운전해가며 나는 드 웨트 장군의 군대가 숨었던 장소를 상상했다. 또 언젠가 그 장소들에 남아프리카공화국의 반란군이 숨을 수 있는지를 생각했다.

빌리어스로 가는 여행은 내 기분을 상당히 북돋아주었다. 9월 3일 아침에 작은 법정에서 나를 기다리고 있는 경찰들을 만났다. 거의 한 마디 설명도 없이 경찰들은 「공산주의 활동금지법」에 따른 금지령을 전달했다. 내가 ANC를 사퇴하고, 요하네스버그 지역 내로 나의 활동범위를 제한하고, 그리고 앞으로 2년 동안 모든 집회나 모임에 참석하지 말라는 따위의 내용이었다. 나는 그런 조치가 내려질 것을 예상했지만, 외진 빌리어스 마을에서 금지령을 받게 되리라고는 상상도 못 했다.

나는 당시 서른다섯 살이었다. 이러한 좀 더 강력한 금지령은 내가 정치적으로 자각하고 성장하는 시기이자, 나의 삶이 되어버린 투쟁에 내가 점차 밀착되는 시기였던 지난 10년 동안 ANC와 맺은 인연에 종지부를 찍게 만들었다. 이후부터는 ANC와 해방투쟁을 위한 나의 모든 행동과 계획은 비합법적인 지하활동의 성격을 띠게 되었다. 일단 금지령을 받은 만큼 나는 요하네스버그로 즉시 돌아가야만 했다.

금지령은 나를 투쟁의 중심부에서 변두리로, 또 중심적 역할에서 주변적 역할로 내몰았다. 내게 종종 상담이 들어왔고, 사건을 진행하는 데 영향력을 행사할 수도 있었지만, 나는 그런 일을 멀리 떨어져서 해야 했고, 또 오직 명백한 요청이 있었을 때에만 그렇게 할 수 있었다. 나는 더 이상 ANC 조직에서 심장이나 폐나 등뼈와 같은 중추적 기관이 아니라 잘려나간 팔다리같이 느껴졌다. 적어도 당시에는 자유투사들조차도 법을 따라야 했고, 그 시점에서 내가 금지령을 위반하여 투옥되면 그건 나를 위해서도 ANC를 위해서도 도움이 되지 않았다. 우리는 아직은 어떤 희생을 치르더라도 체제에 대항하여 드러내놓고 싸우는 공개적인 혁명가들은 아니었다. 그 당시 우리는 교도소에 가기보다는 지하조직을 결성하는 것이 더 낫다고 믿었다. 내가 ANC에서 탈퇴하라고 강요받았을 때 ANC는 나를 축출해야만 했고, 내가 아무리 원할지라도 나는 더 이상은 그 조직 내에서 내가 한때 발휘했던 영향력을 행사할 수는 없었다. 요하네스버그로 돌아오는 동안 오렌지자유 주의 풍경은 예전처럼 내 기운을 북돋아주지는 못했다.

19

내가 금지령을 받기 전, ANC 트란스발 회의가 그다음 달에 열리기로 예정되어 있었고, 나는 이미 내가 맡은 회장 연설의 초안을 마련해놓은 상태였다. 그 초안은 회의가 열렸을 때 집행위원 중 한 명인 앤드루 쿠네네가 나를 대신해서 읽었다. 자와할랄 네루의 말에서 따온 '험난한 자유의 길The No Easy Walk to Freedom'이라고 훗날 알려지게 된 그날 연설에서 나는 대중은 이제 새로운 형태의 정치적 투쟁을 위해 준비해야만 한다고 주장했다. 정부의 새로운 법률과 정책은 공공집회, 신문지상을 통한 성명 발표, 출근 거부 등 기존 형태의 대중저항 방식을 대단히 위험하고 자기 파괴적인 것으로 만들었다. 신문은 우리의 성명서를 실으려 하지 않았고, 출판사는 우리의 소책자를 발간하려 하지 않았는데, 이는 모두 「공산주의 활동금지법」에 따른 처벌을 두려워했기 때문이었다. 나는 "사태가 이렇게 발전했기에 새로운 형태의 정치적 투쟁 방식을 개발해야만 한다. 이제 기존 방식은 자살행위일 뿐이다"라고 썼다.

"피억압자와 억압자들은 투쟁 관계에 있다. 자유세력과 반동세력 사이에서 심판이 이루어질 날은 멀지 않았다. 나는 그날이 오면 진리와 정의가 승리한다는 것을 굳게 믿는다.…… 억압받는 자가 지금보다 더 비참했던 적은 없었다. 대중들이 처한 엄청난 곤경은 대중들이 죽음을 무릅쓰고, 현재 우리 나라를 지배하고 있는 깡패들의 썩어 빠진 정책에 대항하여 싸우도록 내몰고 있다. 억압을 타도하는 것은 인도주의에 따라 정당한 일이며, 모든 자유인들이 바라는 최고 희망이기도 하다."

1954년 4월, 트란스발 법조계는 저항운동으로 유죄판결을 받은 내 정치적 활동은 법률 전문인답지 못한 불명예스러운 행위에 해당된다는 의견을 제시하고, 정식 변호사 명단에서 내 이름을 빼달라고 대법원에 요청했다. 이 일은 '만델라와 탐보 법률회사'가 한창 번창할 때에 일어났는데, 나는 일주일에 수십 번씩 법원에 출두했다.

내 사무실로 서류가 도착하고 내가 공식적으로 제소되자, 사람들은 나를 지지해주고 도와주었다. 심지어는 수많은 유명한 남아프리카공화국 출신 백인 변호사들도 도와주었다. 이들 중 많은 사람들은 국민당 지지자들이었지만 그들은 나를 제소한 것은 편견에 사로잡힌 불공평한 처사라고 생각했다. 그들의 이러한 반응을 보고 나는 남아프리카처럼 인종차별이 극심한 곳에서도 전문직 종사자들의 유대관계는 때때로 피부색을 초월할 수 있다는 사실을 알게 되었다. 그리고 남아프리카에 아직도 비도덕적 정권의 정책을 무조건 합법화시켜주는 고무도장이 되기를 거부하는 변호사와 판사가 남아 있다는 사실을 깨달았다.

내 소송 사건은 요하네스버그 변호사협회 회장인 월터 폴락 변호사가 훌륭하게 변론해주었다. 내가 월터 폴락을 변호사로 선정하자, 자유투쟁과 관련되지 않은 다른 사람을 한 명 더 변호사로 선정해보라고 조언을 해주었다. 왜냐하면 트란스발 법조계에 긍정적인 영향을 미칠 수 있었기 때문이었다. 바로 그런 목적으로 우리는 요하네스버그에서 가장 오래된 법률회사의 대표인 윌리엄 아론손을 지도변호사로 선정했다. 내 변호인은 둘 다 돈을 받지 않고 나를 위해 일해주었다. 우리는 이번 제소는 정의라는 개념에 도전하는 것이라고 주장하고, 나는 내 정치적 신념을 위해 투쟁할 수 있는 권리이자 남에게 양도할 수 없는 권리도 갖고 있으며, 이러한 권리는 법이 지배하는 나라에서는 모든 국민의 기본권이라고 주장했다.

그러나 큰 힘을 발휘했던 것은 2차 세계대전 당시 B. J. 포스터(나중에 수상이 된 사람)와 함께 구속되었던 스트레이돔이라 불리는 사람의 재판을 인용한 폴락의 변론이었다. 둘 다 나치를 지지하는 입장 때문에 구속되었다. 그들의 탈출 시도가 실패로 끝난 후에 스트레이돔은 자동차 절도죄로 유죄가 확정되었다. 나중에 석방된 뒤 그는 변호사 자격을 법조계에 신청했다. 그의 전과기록과 변호사협회의 강력한 반대에도 법원 측은 그의 범죄는 정치적 성격을 띤 것이고, 개인의 정치적 믿음 때문에 변호사 개업을 금지할 수 없다는 견해에 따라 그를 법조계에 받아들이기로 결정했다. 폴락은 "물론 스트레이돔과 만델라 사이에는 차이가 있지요. 만델라는 국민당원도 아니고 백인도 아니니까요"라고 변론을 끝맺었다.

이 사건의 재판을 담당했던 람스보텀 판사는 국민당의 대변자가 되기를 거부하고 사법권 독립을 지지했던 대표적인 판사였다. 그의 판결은 비록 정부에 반대되는 정치적 신념일지라도 내 정치적 신념을 위해 운동할 수 있는 권리가 있다는 우리의 주장에 완전에 동의하는 내용이었고, 따라서 재판부는 법조계의 제소를 기각했다. 그리고 트란스발 법조계는 스스로 비용을 부담하라고 명령하는 아주 드문 판례를 남겼다.

20

소피아타운 이전반대운동은 오랫동안 계속된 전쟁이었다. 우리는 우리의 입장을 고수했고, 정부도 마찬가지였다. 1954년 내내 그리고 1955년까지도 일주일에 두 번, 수요일과 일요일 저녁에 반대시위가 벌어졌다. 꼬리를 물고 이어서 등장한 연설자들은 정부의 계획을 끊임없이 규탄했다. ANC와 납세자협의회는 수마 박사의 지휘에 따라 편지와 탄원서를 보내 정부에 항의했다. 우리는 "우리의 시체를 밟고 넘어 시행하라"라는 구호를 가지고 이전반대운동을 벌였는데, 연설자들이 연단 위에서 이 구호를 종종 외쳐댔고 군중들도 이 구호에 응답했다. 어느 날 저녁에는 평소 매우 신중하게 행동하는 수마 박사마저도 이 구호 때문에 흥분해서, 지난 세기에 흑인 용사들을 전쟁에서 용감히 싸우도록 선동하는 데 사용되었던 "이 겁쟁이들아! 적들이 소 떼를 잡아갔다"라는 구호를 외치기도 했다.

정부는 이전 날짜를 1955년 2월 9일로 잡았다. 이전 날짜가 점점 다가오자 올리버와 나는 지방 유지들을 만나기도 하고 계획을 짜기도 하고, 이 지역 밖으로 강제로 쫓겨나거나 기소를 당한 사람들을 위해 변호 업무를 해주기도 하면서 그곳에서 매일 살다시피 했다. 우리는 정부가 작성한 서류는 부정확한 경우가 잦고 강제이주에 관한 많은 명령이 불법이라는 사실을 법정에서 증명하고자 했다. 그러나 이것은 단지 임시조치에 불과

「집단지역법」에 의해 소피아타운의 핵심 지역이 '사고 지역'으로 선포되었다.
1955년에 매도랜드로 이주가 시작될 예정이었다.

했다. 정부는 몇몇 불법 사례 때문에 계획을 포기하려 하지 않았다.

예정된 이전 날짜가 다가오기 바로 전, 자유 광장에서 특별한 대중집회가 계획되었다. 1만여 명이 루툴리 추장의 말을 듣기 위해 모여들었다. 그러나 루툴리 추장이 요하네스버그에 도착하자마자, 정부는 그를 강제로 나탈로 돌아가게 하려고 그에게 금지령을 내렸다.

이전 하루 전날 밤에 ANC의 지방 지도자들 중 가장 헌신적인 사람 가운데 한 명인 조 모디세가 청년운동가들 500여 명이 참여한 긴장감이 감도는 회의에서 연설했다. 청년운동가들은 ANC가 자신들에게 경찰과 군대를 상대로 싸우라고 명령해줄 것을 기대했다. 그들은 밤을 새워 바리케이드를 세우고, 다음 날 무기나 손에 잡히는 아무것이나 들고 경찰과 한바탕 싸움을 벌일 준비를 했다. 그들은 우리의 구호를 글자 그대로 믿었다. 즉 우리의 시체를 밟고 넘어서야만 소피아타운을 이전할 수 있다고 믿었다.

그러나 조는 나를 비롯한 ANC 지도자들과 토론한 뒤에 젊은이들에게 가만히 앉아 있으라고 말했다. 그들은 분노했고 배신감마저 느낀 듯했다. 그러나 우리는 폭력은 곧 파멸이라고 믿었다. 우리는 반란이란 계획을 주도면밀하게 준비해야 하며, 그렇지 않을 경우 자살행위가 되고 말 것이라는 점을 지적했다. 우리는 아직 적의 방식으로 적을 물리칠 준비가 되어 있지 않았다.

2월 9일, 안개 낀 새벽에 4천 명에 이르는 경찰과 군인들이 소피아타운에 비상선을 둘러쳤다. 이것은 일꾼들이 빈집을 때려 부수고, 정부가 트럭으로 많은 가족들을 소피아타운에서 메도랜드로 실어 나르기 시작한 것과 거의 동시에 이루어졌다. 전날 밤에 ANC는 몇몇 가구들을 ANC를 지지하는 가족들과 함께 소피아타운 중심부에 미리 마련한 거처로 옮겨놓았다. 그러나 우리의 노력은 너무나 보잘것없었고, 때가 너무 늦어서 임시방편일 뿐이었다. 군대와 경찰은 잔인하게 치밀했다. 몇 주 만에 우리의 저항은 무너지고 말았다. 대부분의 지방 유지들은 금지령을 받거나 체포되었고, 결국 소피아타운은 총소리가 아닌 덜컹거리는 트럭과 망치 소리를 들으며 사라졌다.

다음 날짜 신문에서 정치적 행위에 관한 기사를 읽을 때는 정확해질 수 있지만, 열띤 정치적 투쟁 한가운데에 있을 때에는 곰곰이 생각할 여유란 없게 마련이다. 우리는 서부지역 이전반대운동에서 여러 종류의 실수를 했고, 수많은 교훈을 배웠다. "우리의 시체를 밟고 넘어 시행하라"라는 구호는 역동적이었지만 도움만큼 방해가 될 수도 있다는 것이 입증되었다. 구호란 조직과 그 조직이 이끌고자 하는 대중을 연결해주는 중요한 연결고리이다. 구호는 특정 불만요소를 간결하면서도 함축성 있게 요약해야 하며, 동시에 사람들이 그대로 실천할 수 있도록 만들어야 한다. 우리의 구호는 사람들의 상상력을 사로잡기는 했지만, 사람들이 이전반대를 위하여 죽음을 무릅쓰고 싸워야 한다는 것으로 믿게 만들었다. 그런데 사실 ANC는 그럴 준비가 전혀 되어 있지 않았다.

우리는 사람들에게 메도랜드로 이주하는 것 말고는 다른 대안을 결코 제시하지 못했다. 소피아타운 사람들이 우리가 정부를 저지하지도 못하고 그들에게 다른 곳에 거주지를 제공하지도 못한다는 사실을 깨달았을 때, 그들의 저항운동은 시들해졌고, 메도랜드로 이사하는 사람들은 점점 늘어났다. 많은 세입자들은 메도랜드에 더 넓은 공간과 더 깨끗한 주거지가 있다는 사실을 알고서 스스로 이사했다. 우리는 집주인과 세입자가 처한 상황이 다르다는 사실을 고려하지 않았었다. 집주인은 남아 있어야 할 이유가 있었지만, 반대로 많은 세입자들은 떠날 만한 이유가 있었다. ANC는 수많은 흑인 회원들에게 비난을 받았다. 그 이유는 ANC 지도자들이 세입자를 희생시켜 집주인들의 이익을 보호하려 했기 때문이라는 것이었다.

서부지역 이전반대운동의 실패를 통해 내가 배운 교훈 중의 하나는 투쟁의 형태는 압제자에 의해 결정된다는 것이었다. 우리는 결국 무장투쟁에 의존하는 방법 말고는 다른 대안이 없었다.

이전반대운동에서 내가 얻은 교훈은 궁극적으로 무장폭력 저항 이외에 다른 대안은 없다는 것이었다. 우리는 몇 번이고 우리가 가지고 있던 모든 비폭력적인 무기들, 즉 연설, 대표단, 위협, 행진, 파업, 출근 거부,

서부지역 이전반대운동의 실패를 통해 내가 배운 교훈 중의 하나는
투쟁의 형태는 압제자에 의해 결정된다는 것이었다.
우리는 결국 무장투쟁에 의존하는 방법 말고는 다른 대안이 없었다.

자발적 투옥 등을 사용했지만 모두 소용없었다. 우리가 무슨 일을 하든 강철 같은 철퇴만이 우리를 기다리고 있었기 때문이었다. 자유투사는 투쟁의 성격을 결정하는 것은 압제자이며, 억압받는 자는 압제자의 방식과 같은 방식을 사용하는 것 이외에 다른 방도가 없다는 것을 어렵게 배운다. 어느 시점에 이르면 불에는 불로 대항할 수밖에 없다.

교육은 개인이 발전할 수 있는 훌륭한 수단이다. 농부의 딸이 의사가 될 수 있고, 광부의 아들이 광산의 대표가 될 수 있고, 농장 일꾼의 아이가 거대한 나라의 대통령이 될 수 있는 것 모두가 교육의 힘이다. 한 사람을 다른 사람과 구별 지어주는 것은 우리에게 주어진 것이 아니라 우리가 가진 것에서 만들어내는 것이다.

20세기가 시작된 이후 학교를 만들고 후원해온 외국인 교회와 선교단 덕분에 남아프리카공화국 흑인들은 교육을 받을 수 있게 되었다. 통일당 정권에서 흑인 중고등학교와 백인 중고등학교의 교과과정은 본질적으로 같았다. 선교학교들은 흑인들에게 영어로 진행하는 서구식 교육을 제공했고 나도 그러한 교육을 받았다. 비록 열악한 시설 때문에 우리가 교육받는 데에는 제약이 많았지만, 우리가 읽고 생각하고 꿈을 꾸는 데에는 아무런 제약이 없었다.

그러나 국민당이 정권을 잡기 전부터 이미 드러난, 학교에 주는 정부 지원금의 불균형은 곧 인종차별 교육의 역사를 말해준다. 정부가 지원하는 평균 교육비는 백인 학생들이 흑인 학생들보다 여섯 배나 많이 받았다. 교육은 흑인들에게는 의무사항이 아니었고, 초등학교만 무상교육을 실시했다. 취학 연령이 된 흑인 어린이 가운데 절반이 넘게 학교에 다니지 못했고, 고등학교를 졸업한 흑인은 소수에 불과했다.

심지어 국민당은 이 정도 교육마저도 못마땅하게 생각했다. 남아프리카공화국 출신 백인들은 흑인들을 교육하는 데에는 늘 열의가 없었다. 그들에게 흑인을 교육하는 것은 단지 낭비일 뿐이었다. 왜냐하면 그들은 흑인들이란 본질적으로 무식하고 게을러서 아무리 교육시켜도 흑인들의 천성을 바꿀 수 없다고 생각했기 때문이다. 남아프리카공화국 출신 백인들은 예부터 흑인들이 영어를 배우는 것을 반대했다. 영어는 그들에게는 외국어였으며, 흑인들에게는 해방의 언어였기 때문이다.

1953년, 국민당이 지배하던 국회에서 「반투 교육법Bantu Education Act」이 통과되었다. 그것은 흑인들의 교육에 아파르트헤이트 도장을 찍는 것이었다. 이 법령에 따라 흑인 교육 통제권이 교육부에서 증오의 대상이었던 원주민부로 옮겨갔다. 이 교육법에 따라 교회와 선교단이 운영하던 흑인 초등학교와 중고등학교들은 학교를 정부에 넘기든지 아니면 서서히 줄어드는 지원금을 받든지 둘 중의 하나를 택하라는 지시를 받았다. 즉 정부가 흑인들의 교육을 떠맡든지, 아니면 흑인들을 위한 교육 자체가 없어진다는 이야기였다. 흑인 교사들은 정부나 또는 다른 어떤 학교 당국도 비판할 수 없게 되었다. 그것은 열등을 제도화하는 방법이었다.

반투 교육부장관인 헨드릭 페르부르트 박사는 교육이란 "인생에서 주어진 기회에 따라 사람들을 훈련시키고 가르치는 것이어야 한다"라고 설명했다. 그의 말은 곧 흑인들은 어떤 기회도 갖지 못했으며, 앞으로도 갖지 못할 것이기 때문에 그들을 가르칠 필요가 없다는 것을 의미했다. 페르부르트는 "유럽인 사회 내에서 반투인을 위한 일자리는 일정 형태의 노동밖에는 없다"라고도 말했다. 간단히 말해 흑인들은 육체노동자로서, 즉 영원히 백인들의 종속적인 위치에 있도록 훈련되어야 한다는 뜻이었다.

ANC는 이 교육법을 흑인 문화 전체의 발전을 저지하기 위해 고안된 사악한 조치라 판단했으며, 이 법이 시행되면 흑인들의 자유투쟁은 영원히 차단된다고 보았다. 모든 흑인 세대들의 정신적 미래가 달린 문제였다. 당시에 매튜 교수가 썼듯이, "페르부르트 학교에서 실시하는 무지한 사람과 열등한 사람을 위한 교육은 교육을 전혀 시키지 않는 것보다도 나쁜 것이었다."

교육법과 이에 대한 페르부르트의 적나라한 설명은 흑인과 백인 양측으로부터 폭넓게 분노를 샀다. 아파르트헤이트를 지지했던 네덜란드 개혁교회와 루터선교단을 제외하고는 모든 교회가 이 조치에 반대하고 나섰다. 그러나 이 시책을 반대하는 데에서만 한목소리를 냈을 뿐 그것에 저항할 때는 그렇지 못했다. 가장 용감하게 새로운 시책을 지속적으로 비판했던 성공회는 정책이 분열되는 모습을 보였다. 요하네스버그의 주교 암브로스 리브스는 등록 학생이 1만 명인 성공회 선교학교들을 폐교시키는 극단적인 조치를 내렸다. 그러나 남아프리카공화국 성공회 대주교는 어린이들이 거리로 몰리는 것을 염려한 나머지 다른 학교들을 정부에 넘겨주었다. 저항에도 불구하고 정부의 지원금 없이 계속 견뎠던 구교, 예수재림교, 총유대인 개혁교를 제외한 다른 모든 교회들도 역시 정부에 자신들의 학교를 넘겼다. 심지어는 우리 종파인 웨슬리언 교회도 20만 명에 이르는 흑인 학생들을 정부에 넘겼다. 만약에 모든 교회들이 저항했다면, 정부는 교착 상태에 빠져 결국 타협을 할 수밖에 없었을지도 모른다. 그 대신 정부는 우리를 짓밟고 행진을 계속했다.

원주민부로 학교 관할권이 넘어가는 날짜가 1955년 4월 1일로 결정되었고, ANC는 같은 날짜에 시작되는 등교거부를 위한 계획을 토론하기 시작했다. 집행위원들은 일정 기간 동안의 저항운동을 시작하기 위해 사람들을 불러낼 것인지, 아니면 「반투 교육법」이 뿌리를 내리기 전에 그것을 파괴하기 위해 무기한 등교거부를 선포할 것인지를 놓고 비밀리에 토론했다. 토론은 격렬했고, 양측 모두 강력하게 자신들의 주장을 폈다. 무기한의 등교거부를 주장하는 측은 반투 교육은 갈증으로 죽어가는 순간에도 마실 수 없는 독약과 같은 것이라고 주장했다. 그것을 어떤 형태로든 받아들이면 치유 불가능한 손상을 남기게 된다고 했다. 또한 그들은 이 나라가 폭발 직전의 분위기에 있고, 사람들은 단순한 항의 이상의 좀 더 거창한 무엇인가를 갈망하고 있다고 주장했다.

나는 불붙은 나무토막(선동자)이라는 평판을 받기는 했지만, ANC가 실천 가능한 것 이상을 약속해서는 안 된다고 늘 생각했다. 그렇지 않으면 사람들은 ANC를 더 이상 믿지 않으려 할 것이기 때문이었다. 나는 우리의 행위가 이상적 이유가 아닌 실질적 이유에 기초해야 한다는 입장을 내놓았다. 무기한 등교거부를 하기 위해서는 거대한 조직과 엄청난 자금이 필요했지만 우리에게는 그럴 만한 능력이 없었다. 또한 우리가 과거에 벌였던 저항운동에서 나타났듯이 우리는 무기한 등교거부를 시도할 만한 능력도 없었다. 우리가 학생 수백만 명을 수용할 수 있는 우리의 학교를 단시일 내에 만든다는 것은 불가능했으며, 만일 우리가 국민들에게 다른 대안을 제시하지 못한다면 우리는 거의 아무것도 제공하지 못하는 것이나 다름없었다. 다른 사람들과 함께 나는 일주일간의 등교거부를 주장했다.

전국집행위원회는 일주일간의 등교거부를 4월 1일부터 시작한다고 결정했다. 1954년 12월에 더반에서 있었던 연례회의에서 이와 같이 상정되었지만, 위원들은 이를 거부하고 대신 무기한 등교거부를 가결시켰다. 연례회의는 집행위원회보다 권위가 높았기에 우리는 거의 실행 불가능한 무기한 등교거부에 직면하게 되었다. 페르부르트 박사는 "정부는 등교를 거부하는 모든 학교들을 영원히 폐교시킬 계획이며, 결석한 학생들은 재입학할 수 없을 것"이라고 발표했다.

이러한 등교거부가 효력을 발휘하기 위해서는 부모와 지역사회가 참여해 학교의 역할을 대신해야만 했다. 나는 부모들과 ANC 회원들에게 모든 가정과 모든 가구와 모든 지역사회 조직이 어린이들을 위한 배움의 장소가 되어야 한다고 말했다.

등교거부는 4월 1일에 시작되었고, 결과는 복합적이었다. 등교거부는 간헐적이고 비조직적이며 비효율적이었다. 이스트랜드 지역에서는 등교거부가 어린이 약 7천 명에게 영향을 미쳤다. 새벽에 거리를 돌며 학부모들에게 어린이들을 학교에 보내지 말아달라고 호소했다. 여자들은 손팻말을 들고 학교에 서 있었으며, 학교로 들어가는 어린이들을 집으로 돌려보냈다.

요하네스버그 남동쪽에 자리 잡은 저미스톤에서는 그 지역 ANC 지부장인 조슈아 마쿠에가 3년 동안 계속하여 등교거부에 참여한 어린이 100여 명을 위해 학교를 운영했다. 포트엘리자베스에서는 바레트 티에시가 정부의 교사직을 그만두고 등교거부에 참여한 어린이들을 위한 학교를 운영했다. 1956년, 티에시는 이 학생들 중 70명을 기초시험에 응시시켰는데, 세 명 빼고는 모두 합격했다. 여러 곳에서 당국의 주목을 피하기 위하여 '문화클럽cultural club'이라는 이름으로 세워진 즉석학교들에서 등교거부에 참여한 학생들을 가르쳤다. 이에 정부는 허가받지 않은 교육을 제공하는 것은 벌금이나 구속으로 처벌할 수 있는 범죄라고 규정짓는 법안을 통과시켰다. 경찰은 문화클럽들을 끊임없이 괴롭혔지만, 많은 문화클럽들이 비밀리에 활동을 계속했다. 결국에는 이런 자치학교들마저 사라졌고, 열등한 교육과 무교육 중 하나를 선택해야 했던 부모들은 열등한 교육을 선택했다. 우리 집 아이들은 사립으로 정부의 보조금에 의존하지 않았던 예수재림교 학교에 다녔다.

저항운동은 당면한 목표를 달성했는지, 그리고 더 많은 사람들을 정치화하여 투쟁으로 이끌었는지 등 두 가지 차원에서 평가되어야 한다. 첫 번째 차원에서 보면 이번 캠페인은 명백히 실패했다. 우리는 전국에 걸쳐 있는 흑인 학교들을 폐쇄하지도 못했고, 제정된 「반투 교육법」을 철회시키지도 못했다. 그러나 우리가 정부를 충분히 괴롭히자 그 법을 수정하게 되었고, 갑자기 페르부르트는 교육이란 모든 이들이 똑같이 받아야 한다고 선언하게 되었다. 정부의 1954년 11월의 교과과정 초안은 종족에 기초한 학교체제를 만들고자 하는 원래의 생각에서 상당히 후퇴한 내용이었다. 결국 우리는 두 가지 악惡 중에서 정도가 덜한 것을 선택할 수밖에 다른 도리가 없었으므로 덜 해악한 교육 쪽을 선택했다. 그러나 반투 교육의 결과는 예기치 못한 방식으로 되돌아와 정부를 괴롭히게 되었다. 왜냐하면 이 나라 역사상 그 어느 때보다도 더 격분해 있고 저항정신이 가장 강한 1970년대의 흑인 청년 세대를 만들어낸 것은 다름 아닌 반투 교육이었기 때문이다. 반투 교육을 받은 어린이들은 그들이 10대 후반과 20대 초반에 접어들었을 때 격렬하게 들고일어났다.

루툴리 추장이 ANC 의장으로 선출되고 몇 달이 지난 뒤 Z. K. 매튜 교수가 미국에서 1년간의 방문교수 임기를 마치고, 해방투쟁의 모습을 바꾸어 줄 아이디어로 무장한 채 남아프리카공화국으로 돌아왔다. 케이프에서 있었던 ANC 연례회의 연설에서 매튜 교수는 "ANC가 종족이나 피부색을 초월하여 이 나라 모든 국민을 대표하는 미래의 민주 남아프리카공화국을 위한 「자유헌장Freedom Charter」을 작성할 시기가 왔다고 생각합니다"라고 말했다.

몇 달 안에 ANC 전국회의에서는 그 제안을 받아들였고, 루툴리 추장을 의장으로 하고 월터 시술루와 유서프 카찰리아를 공동비서로 하는 국민회의 위원회가 구성되었다. 국민회의Congress of the People는 새로운 남아프리카공화국의 기초를 위한 원칙들을 만들어낼 계획이었다. 새 헌법을 위한 제안은 국민들이 직접 하도록 할 계획이었으며, 전국에 퍼져 있는 모든 ANC 지도자들에게는 자신들이 관할하는 지역 내의 모든 사람에게 글로 작성된 아이디어를 요구할 수 있는 권한을 주었다. 헌법안은 그렇게 하여 국민들이 만든 문서가 되는 셈이었다.

국민회의는 ANC 조직을 움직이는 두 가지 주요 사고의 흐름 가운데 하나를 대변했다. 정부가 ANC를 금지할 것은 불 보듯 뻔했고, 많은 이들은 ANC가 불법으로 지하에서 움직일 준비를 갖추어야만 한다고 주장했다. 동시에 우리는 ANC에 관심을 보이고, 대중의 지지를 가져다주었던 중요한 공공정책과 활동들을 포기하고 싶지도 않았다. 국민회의는 세력을 공공연히 과시하곤 했다.

우리의 꿈은 국민회의가 자유투쟁의 역사에서 획기적인 사건, 즉 남아프리카공화국의 모든 억압받는 자들과 진보 세력이 단결하여 변혁을 추구하는 모임이 되는 것이었다. 우리는 이것이 언젠가는 1912년의 ANC 창립총회를 보고 우리가 경의를 표했던 것과 마찬가지의 마음을 가지고 바라볼 수 있기를 바랐다.

우리는 가능한 한 많은 후원을 얻기 위해 백인, 흑인, 인도인, 혼혈인을 가리지 않고 약 200개 단체에, 1953년 3월에 더반 근처에 있는 통가트에서 개최되는 회의에 대표를 보내달라고 초청장을 보냈다. 후원 단체 네 곳의 사람들을 각각 포함하여 위원 8명으로 전국행동위원회NAC가 구성되었다. 루툴리 추장이 위원장이었고, 비서진은 월터 시술루(나중에 월터가 금지령 때문에 사임한 뒤에는 올리버로 대치됨), 남아프리카인도인회의의 유서프 카찰리아, 남아프리카혼혈인기구South African Coloured People's Organization, SACPO의 스탠리 롤런, 민주주의자회의Congress of Democrats, COD의 리오넬 번스타인으로 구성되었다.

1953년 9월, 케이프타운에서 혼혈인 지도자들과 노동조합원들이 모여 만든 남아프리카혼혈인기구는 케이프 지역에서 혼혈인의 투표권을 보호하려는 노력의 결과로 뒤늦게 생겨난 단체로, 혼혈인의 권익을 대변하고자 했다. 남아프리카혼혈인기구 창립총회에서 올리버 탐보와 유서프 카찰리아가 연설했다. 민주주의자회의는 1952년 후반부에 저항운동에 자극받아 급진적이고 좌파이며, 반정부적인 백인들을 위한 정당으로 태어났다. 비록 민주주의자회의는 규모가 작고 활동범위가 주로 요하네스버그와 케이프타운에 국한되었지만, 적은 회원 숫자와는 달리 영향력은 상당했다. 마이클 하멜, 브람 피셔, 러스티 번스타인 등과 같은 회원들은 우리의 신념을 열렬히 지지했다. 민주주의자회의는 스스로 ANC나 남아프리카인도인회의와 동일시했으며, 보통선거권과 흑인과 백인의 완전한 평등을 옹호했다. 우리는 민주주의자회의를 백인 대중에게 우리의 견해를 직접 전달할 수 있는 수단으로 보았다. 민주주의자회의는 흑인들에게 중요한 상징적 역할을 했다. 즉 백인을 적대하는 감정 때문에 투쟁에 가담했던 흑인들이 민주주의자회의를 보고 흑인을 동등한 인간으로 취급하는 선의의 백인도 존재한다는 사실을 깨닫게 되었다.

전국행동위원회는 모든 참가 단체와 지지자들에게 「자유헌장」을 위한 의견을 내달라고 요청했다. 광고전단이 전국의 도시와 마을에 뿌려졌다. 그 내용은 "만일 당신이 법을 만들 수 있다면…… 당신은 어떻게 하시겠습니까?" 또는 "남아프리카공화국을 그 안에 살고 있는 모든 이들을 위한 행복한 장소로 만드는 일을 당신은 어떻게 추진하겠습니까?"였다. 광고전단 중 일부는 이번 계획의 성격을 나타내주는 다음과 같은 시적詩的 이상주의로 가득 채워져 있었다.

"우리는 남아프리카공화국의 국민들을 흑인과 백인이라고 부릅니다. 우리 함께 자유에 관해 이야기합시다!…… 모든 사람들의 말이 경청되는 세상을 만듭시다. 우리가 자유롭게 해줄 것들에 대한 모든 사람들의 요구를 기록합시다. 위대한 「자유헌장」 속에 그 모든 요구들이 담기도록 합시다."

이러한 요청은 사람들의 마음을 사로잡았다. 스포츠와 문화 모임, 교회 단체, 납세자협의회, 여성단체, 학교, 노동조합 지부들에서 다양한 제안이 쏟아져 들어왔다. 냅킨, 연습장, 인쇄용 종잇조각, 우리가 보낸 광고전단의 뒷면 등에 적힌 많은 의견들이 쏟아져 들어왔다. 때로 지도자들의 생각보다 앞선 보통사람들의 의견을 접했을 때 우리는 겸손해지지 않을 수 없었다. 가장 일반적인 요구는 1인당 1투표권을 주어야 한다는 것이었다. 여기에는 이 나라가 이 땅에 살고 있는 사람들 모두의 것이라는 인식이 깔려 있었다.

ANC 지부들은 「자유헌장」을 작성하는 데 크게 공헌했는데, 사실 가장 좋은 초안 두 개가 더반과 피터마리츠버그에서 나왔다. 이 두 초안을 조합해서 여러 다른 지역과 위원회에 의견과 질문을 받기 위하여 다시 보냈다. 「자유헌장」 자체는 전국행동위원회의 한 소위원회에서 작성했고, ANC의 전국집행위원회가 검토했다.

「자유헌장」은 국민회의에 상정될 예정이었으며, 각 조항별로 대표자들에게 승인받을 예정이었다. 국민회의가 열리기 며칠 전 6월에 우리 몇몇이 초안을 재검토했다. 이때 우리는 시간도 별로 없었고, 초안은 이미 훌륭한 모양새를 갖추었기 때문에 초안을 거의 수정하지 않았다.

국민회의는 1955년 6월 25일과 26일 맑고 눈부셨던 이틀 동안 요하네스버그에서 남서쪽으로 4~5킬로미터 떨어진 작은 들판에 자리 잡은 여러 종족이 함께 살고 있는 클립타운이라는 지역에서 개최되었다. 3,000여 명의 대표자들이 「자유헌장」 최종안을 결정하고 승인하기 위하여 경찰의 위협에도 아랑곳하지 않고 회의에 참여했다. 그들은 자동차나 버스, 트럭을 타고 왔으며, 심지어 걸어서 오기도 했다. 대표자들 대부분은 흑인이었지만, 인도인 300명, 혼혈인종 200명, 백인 100여 명도 끼여 있었다.

나는 월터와 함께 클립타운으로 차를 몰았다. 우리는 둘 다 금지령을 받은 몸이었으므로, 군중들과 섞이지 않으면서 남의 눈에 띄지 않고서도 지켜볼 수 있도록 군중들 주변에 자리 잡았다. 군중들의 규모나 질서 정연함은 참으로 인상 깊었다. 검은색, 녹색, 노란색 띠를 팔에 두른 '자유봉사자들'이 대표자들을 맞이하고 자리를 마련해주었다. 국민회의 치마와 블라우스를 입고, 국민회의 스카프를 걸친 여자들도 눈에 띄었다. 남자들은 국민회의 모자를 쓰고, 국민회의 띠를 팔에 두르고 있었다. "우리의 생전에 자유를 달라. 투쟁이여 건재하라!"라고 쓰인 현수막이 사방에 걸려 있었다. 연단은 사뭇 무지개 빛깔이었다. 즉 민주주의자회의 소속 백인 대표자들, 남아프리카인도인회의 소속 인도인들, 남아프리카혼혈인기구를 대표하는 혼혈인들이 '회의동맹'에 참여한 네 개 단체를 상징하는 네 바퀴 축이 달린 마차 모형 앞에 앉아 있었다. 백인과 흑인 경찰, 특별수사대 경찰들이 사진을 찍거나 수첩에 뭔가를 기록하거나 아니면 대표자들을 위협하려는 헛된 수고를 하면서 주위를 빙빙 돌았다.

노래들이 수없이 불렸고, 연설은 수십 개가 행해졌다. 또한 음식이 제공되었으며, 진지한 분위기와 축제 분위기가 함께 어우러졌다. 첫날 오후에, 「자유헌장」의 한 부분 한 부분을 영어, 세소토어, 코사어로 사람들에게 큰 소리로 읽어주었다. 각 부분이 읽혀질 때마다, 군중들은 "아프리카!"와 "마이부예Mayibuye!"라고 외치며 찬성의 뜻을 나타냈다. 국민회의 첫날은 대성공이었다.

1955년에 청년 지도자 피터 은티테와 함께.

이튿날도 첫날과 비슷했다. 「자유헌장」의 각 부분이 환호소리와 함께 채택되었으며, 3시 30분에는 투표로 최종 승인이 이루어질 예정이었다. 바로 그때 경찰 1개 소대와 특별수사대 형사들이 번쩍이는 영국제 기관총을 앞세워 연단으로 우르르 몰려들었다. 경찰 한 명이 마이크를 붙잡고 아프리칸스어 억양의 거친 목소리로 반역죄 혐의가 있으니 아무도 경찰의 허락 없이는 집회장을 떠날 수 없다고 경고했다. 경찰들은 사람들을 연단 밖으로 밀어내고 서류와 사진을 압수했다. 심지어는 '고깃국'이나 '고기를 넣지 않은 국' 같은 표지판조차도 압수하기 시작했다. 소총으로 무장한 다른 경찰 한 무리가 군중을 빙 둘러쌌다. 사람들은 〈은코시 시크엘엘 아프리카〉를 큰 소리로 노래 부르며 용감하게 대처했다. 대표자들은 각각 경찰의 조사를 받고 이름을 적고 나서야 한 명씩 떠날 수 있었다. 나는 경찰이 공격을 시작했을 때 군중들 주변에 있었다. 본능적으로는 그곳에 머물면서 군중들을 돕고 싶었지만 조심하는 편이 현명하다고 생각했다. 왜냐하면 나는 체포되는 즉시 구속될 것이 뻔했기 때문이다. 요하네스버그에서 긴급회의가 소집되었던 터라 나는 요하네스버그로 돌아갔다. 요하네스버그로 돌아가서야 나는 이번 급습은 정부 측이 좀 더 강력하게 제재하기 시작했음을 알려주는 사건이라는 것을 깨달았다.

비록 국민회의는 해산되었지만 「자유헌장」 자체는 해방투쟁을 위한 위대한 횃불이 되었다. 미국의 독립선언문, 프랑스의 인권선언문, 공산당 선언 등과 같이 아직까지 영향력을 발휘하고 있는 정치 문서들처럼 「자유헌장」은 실질적 목표와 시적 언어가 조화를 이룬 문서였다. 그것은 인종차별은 폐지되어야 하고, 모든 사람을 위한 동등한 권리가 성취되어야 한다는 것을 명시하고 있다. 또한 민주적이고 인종차별 없는 남아프리카공화국을 만드는 일에 참여하기 위해 자유를 인정하는 모든 이들을 환영했다. 그것은 사람들의 꿈과 희망을 사로잡았고, 해방투쟁과 남아프리카공화국의 미래를 위한 청사진 역할을 했다. 전문前文은 다음과 같다.

> 우리 남아프리카공화국 국민은 우리 나라 모든 국민과 전 세계인에게 다음과 같은 사실을 공표한다.
>
> 남아프리카공화국은 그 안에 살고 있는 흑인과 백인 모든 사람들의 것이며, 국민의 뜻에 기초하지 않은 어떤 정부도 그 권한을 주장할 수 없다.
>
> 우리 국민들은 불의와 불평등에 기초한 정부에 의해서 토지, 자유, 그리고 평화를 누릴 기본적인 권리를 박탈당해왔다.

우리 국민들이 모두 동등한 권리와 기회를 누리며 친형제처럼 살아갈 때까지는 이 나라는 결코 번영하지도 자유롭지도 못할 것이다.

국민의 뜻에 기초한 민주주의 정부만이 피부색, 종족, 성 그리고 각자의 신념에 따른 구별 없이 모든 이들에게 기본권을 확보해줄 수 있다.

그러므로 동료로서, 같은 나라 사람으로서, 형제로서 우리는 「자유헌장」을 채택한다. 여기에서 우리는 이제 시작된 민주주의적 변화가 승리할 때까지 우리의 힘과 용기를 조금도 아끼지 않으며 함께 투쟁해나갈 것을 맹세한다.

그러고 나서 「자유헌장」은 민주적이고 자유로운 남아프리카공화국이 되기 위한 요건들을 나열하고 있다.

국민이 다스린다!

모든 남녀는 법을 만드는 모든 기구에서 실시하는 선거에서 투표권을 가지며, 또 후보자로 나설 권리를 갖는다. 모든 국민은 이 나라 행정에 참여할 권리가 있다. 국민의 권리는 인종, 피부색, 성에 관계없이 동등하다. 소수가 지배하는 모든 기구, 자문회의, 위원회 등을 자치적인 민주적 기구로 대체할 것을 원칙으로 한다.

모든 민족 집단들은 동등한 권리를 갖는다!

모든 민족 집단과 인종을 위한 정부기구, 법원, 그리고 학교에서 동등한 지위를 갖는다.

모든 민족 집단은 그들의 민족 및 민족적 자긍심이 모욕당하지 않는 것을 법으로 보호받는다.

모든 민족은 자신의 언어를 사용하며, 자신의 민속 문화와 관습을 개발할 수 있는 동등한 권리를 가진다.

민족, 인종, 피부색으로 인한 차별과 멸시를 가르치고 실천하는 것은 처벌되어야 할 범죄로 간주한다.

남아프리카공화국 내의 모든 인종차별법과 차별행위는 제거될 것이다.

국민은 국가의 부를 공유한다!

이 나라의 모든 부, 즉 모든 남아프리카공화국 사람들의 유산은 국민들에게 되돌려준다.

지하자원, 은행 및 독점 사업은 국민 전체의 소유로 환원된다.

기타 모든 산업 및 통상은 국민의 복지를 위해 관리된다.

모든 국민은 자신들이 원하는 장소에서 거래하고 제조하며, 또 모든 상업, 기술 및 전문직에 종사할 수 있는 동등한 권리를 지닌다.

토지는 토지를 경작하는 사람들이 공유한다!

인종에 따른 토지소유 제한은 종식되며, 모든 토지는 기근과 땅에 대한 욕심을 없애기 위해 그것을 경작하는 사람들에게 재분배된다.……

ANC의 일부 회원들, 특히 반공산주의 및 반백인의 성격을 띤 흑인 파견단은 「자유헌장」이 ANC가 처음부터 추구해왔던 남아프리카와는 근본적으로 다른 성격의 국가를 지향한다는 이유로 「자유헌장」에 반대했다. 그들은 「자유헌장」이 사회주의적 질서를 선호한다고 주장했고, 민주주의 자회의 및 백인 공산주의자들이 헌장의 이념에 지나치게 영향력을 발휘했다고 생각했다. 1956년 6월에 월간지 《해방Liberation》에 나는 「자유헌장」이 개인기업을 지지하고 있으며, 처음으로 흑인들 사이에서 자본주의가 번성하게 하리라는 점을 주장했다. 「자유헌장」은 자유를 되찾았을 때에는 흑인들이 자신의 이름으로 사업할 기회와 자신의 재산을 소유할 기회를 보장하는데, 이는 곧 흑인들이 자본가나 실업가로서 번창할 수 있는 기회를 보장한다는 뜻이었다. 「자유헌장」은 사회계급과 사유재산의 폐지를 언급하지도 않았고, 생산수단의 국유화를 언급하지도 않았으며, 과학적 사회주의의 어떤 원리도 공표하지 않았다. 광산, 은행, 독점 사업들의 국유화 가능성을 시사하는 구절은 모든 경제가 백인 사업가들에 의해 독점 소유되고 운영되지 않도록 하려면 반드시 필요한 조처였을 뿐이다.

사실상 「자유헌장」이 추구하는 변화는 남아프리카공화국의 경제구조와 정치구조를 과감하게 고치지 않고서는 성취될 수 없는 것이었기 때문에 「자유헌장」은 혁명적인 문서일 수밖에 없었다. 그것은 자본주의나 사회주의를 의도한 것이 아니라, 독재를 종식시키기 위한 국민의 여러 요청을 한데 모아놓은 것이었다. 남아프리카공화국에서는 공평함을 얻기 위해서 아파르트헤이트 자체를 파괴해야만 했는데, 아파르트헤이트가 바로 불의不義의 화신이었기 때문이었다.

21

1955년 9월 초, 내게 내려졌던 금지령이 해제되었다. 내가 마지막으로 휴가를 즐긴 것은 1948년이었는데, 당시 나는 트란스발 집행부 회의에 참석하고 별 볼 일 없는 공공집회에서 연설하는 일 말고는 별다른 임무가 없었던 ANC의 풋내기에 불과했다. 이제 나이 서른아홉 살인 나는 라이트 헤비급 수준에 이르렀고, 몸무게가 늘어난 만큼 책임도 커졌다. 나는 지난 2년 동안 요하네스버그로 활동범위가 제한된 채 나의 법률 업무와 정치활동에 얽매여 있었기 때문에 트란스케이에 있는 집안일을 소홀히 했었다.

나는 다시 한번 고향을 방문하여 어린 시절 누비고 다녔던 탁 트인 들판과 굽이치는 계곡에 파묻혀 지내고 싶었다. 나는 가족들을 만나고, 트란스케이와 관련된 문제들에 관해 사바타, 달리원가와 의논하고 싶었다. 또한 ANC도 내가 그들과 정치적 문제를 상의해주기를 바라고 있었다. 나는 내가 할 수 있는 유일한 종류의 휴일, 즉 일하는 휴일을 갖기로 했다.

떠나기 전날 밤, 나를 전송하기 위해 많은 친구들이 우리 집에 모였다. 그 사람들 중에 그 당시 청년동맹 사무총장이자 사람 좋은 젊은 변호사인 두마 노크웨가 있었다. 두마는 월터의 부카레스트 청년대회 때 같이 참석했었는데, 그날 저녁 두마는 그 여행에서 배운 러시아 노래와 중국 노래를 불러 우리를 즐겁게 해주었다. 자정이 되어 손님들이 떠날 준비를 하고 있을 때 두 살 난 내 딸 마카지웨가 깨어나서는 자기도 나와 함께 갈 수 있는지를 물었다. 나는 그동안 가족과 함께 하는 시간이 별로 없었기 때문에 마카지웨의 부탁을 듣자 죄의식으로 가슴이 아팠다. 여행을 떠나려는 내 열정이 갑자기 사라졌다. 하지만 나는 딸아이를 침대로 데리고 가서는 잘 자라고 뽀뽀를 해주었고, 아이가 잠들자 여행을 위한 마지막 준비를 했다.

나는 시골도 구경하고, 옛날 친구와 동지를 만나는 즐거움도 따르는 실정 조사 활동을 시작했다. 다른 지역의 개발과는 동떨어져 있는 이 나라의 낙후된 곳에서 무슨 일이 일어나고 있는지를 직접 보고 싶었다. 비록 전국에서 발간되는 다양한 신문을 읽긴 했지만 신문이란 현실을 보여주는 빈약한 그림자일 뿐이다. 자유투사에게는 신문이 제공하는 정보가 중요한데, 그것이 진실을 드러내주기 때문이 아니라 신문을 만드는 사람과 읽는 사람들의 편견과 인식을 드러내주기 때문이다. 이번 여행에서 나는 현장에서 사람들과 직접 이야기를 나누고 싶었다.

나는 자정이 지난 얼마 뒤에 출발했고, 한 시간이 채 지나지 않아 더반으로 가는 고속도로에 접어들었다. 길은 텅 비어 있었다. 내 여정의 동료라고는 별들과 트란스발의 부드러운 바람뿐이었다. 잠을 못 잤지만 마음이 가벼웠고 기분도 상쾌했다. 새벽녘에 나는 폭스러스트를 지나 나탈로 들어섰다. 나탈은 1879년에 이산들와나에서 영국군을 물리쳤던 줄루족의 마지막 국왕인 세티와요의 나라였다. 그러나 세티와요는 영국의 화력을 견뎌낼 수 없었고, 마침내 그의 왕국을 내주고 말았다. 나탈 국경선에 있는 강을 건넌 직후에 나는 마주바 언덕을 보았다. 세티와요가 패배한 뒤 2년이 채 지나지 않았을 때, 소규모의 보어족 기습부대가 가파른 이 언덕에 잠복하여 영국군 경비대를 물리쳤다. 마주바 언덕에서 보어족은 영국의 제국주의에 대항하여 자신의 독립을 강경하게 지켰고, 민족주의를 위해 멋지게 싸웠다. 당시 죽음을 무릅쓰고 싸웠던 자유투사의 후손들이 지금은 똑같은 이유로 투쟁하는 우리 동포들을 괴롭히고 있었다. 나는 이 역사적인 언덕을 뚫고 달리면서 억압받던 자가 억압하는 자로 돌변하는 역사의 모순보다는 차라리 잔인한 보어족을 어떻게 우리 민족의 손으로 패배시킬 것인지를 더 많이 생각했다.

이러한 잔인한 몽상은 자동차 라디오에서 흘러나오는 반투 라디오 방송의 즐거운 음악 때문에 끊어졌다. 국영 남아프리카공화국 방송국이 지원하는 반투 라디오 방송의 보수적 정치 성향을 경멸했지만, 나는 반투 라디오 방송의 음악은 좋아했다(남아프리카공화국에서는 흑인 예술가들이 음악을 만들지만 돈은 백인 레코드 회사 차지였다). 나는 미리암 마케바, 돌리 라테베, 도로시 마수쿠, 토코 슈쿠마, 맨해튼 브러더스 등 이 나라 최고 흑인 가수 대부분의 달콤한 목소리를 들려주는 '재확산 서비스'라고 하는 대중 프로그램을 듣고 있었다. 나는 모든 음악 종류를 좋아하지만, 특히 내 동족의 노래는 가슴에 와 닿았다. 흑인 음악의 묘한 힘은 그것이 슬픈 이야기를 들려줄 때조차도 우리의 기분을 북돋아주는 데에 있다. 우리는 가난하고, 가진 것이라고는 오두막집뿐일 수도 있고, 해고당했을 수도 있지만, 흑인 음악은 여전히 우리에게 희망을 준다. 흑인 음악은 흔히 흑인 민족의 열망을 노래했는데, 평소에 정치에 무관심한 사람들의 정치적 결단을 촉발시키는 역할을 할 수 있다. 이는 흑인들의 시위에서 전파되어 퍼져 나가는 노랫소리를 듣기만 하면 알 수 있다. 정치는 음악에 의해 굳건해질 수 있지만, 음악은 또한 정치에 반대하는 힘을 가지고 있다.

나는 ANC 지도자들을 비밀리에 만나느라 나탈에서 여러 번 멈추었다. 나는 더반에서 가까운 피터마리츠버그에서 멈추었다. 초타 모탈라 박사, 모세 마비다 그리고 다른 사람들과 함께 이 나라의 정치적 상황을 검토하면서 그날 밤을 그곳에서 보냈다. 그런 다음 그루트빌로 가서 루툴리 추장과 하루를 보냈다. 비록 금지령 때문에 1년 이상 활동에 제약을 받았지만, 추장은 ANC 활동에 관해서 잘 알고 있었다. 그는 ANC의 힘이 요하네스버그로 점점 더 중앙집중되는 반면, ANC 지부의 힘이 줄어들고 있다는 점을 걱정했다. 나는 우리도 지부들이 강하게 남아 있기를 원한다고 말하며 그를 안심시켰다.

다음으로 더반에서 나이커 박사와 나탈인도인회의 집행위원회와 만났다. 그곳에서 나는 전국집행위원회의 견해로는 인도인회의가 최근에는 비활동적이라는 민감한 문제를 거론했다. 나이커 박사는 나보다 연장자이며 훨씬 더 고생한 분이었기에 이런 말을 하고 싶지는 않았지만, 우리는 정부의 규제를 극복할 방법들을 논의했다.

더반을 출발하여 나는 해변을 따라 남쪽으로 달렸다. 인도양에 접해 있으며 아름다운 해안이 이어진, 작고 아름다운 식민지 지역인 포트셰프스톤과 포트세인트존을 지나갔다. 이 지역의 아름다움에 매료되긴 했지만, 나는 그곳의 주인이었던 사람들을 억압했던 백인 제국주의자들의 이름을 딴 건물과 거리와 끊임없이 마주치자 괴로웠다. 여기에서 나는 ANC의 재무장관인 콩코 박사와 만나 토론과 의논을 더 많이 하기 위해 내륙으로 방향을 틀어 움짐쿨루로 갔다.

그러고 나서 점점 흥분된 기분으로 움타타로 출발했다. 움타타의 중심 도로인 요크가로 들어서자 오랫동안 추방되었다가 고향에 돌아오는 사람이 느끼는 친근함과 다정한 기억들이 한꺼번에 밀어닥쳤다. 나는 13년 동안 멀리 떠나 있었고, 돌아오는 탕아를 반기는 깃발도 살찐 송아지도 없었지만, 나는 어머니와 초라한 고향집과 어린 시절의 친구들을 만난다고 생각하니 몹시 흥분되었다. 그러나 나의 트란스케이 여행에는 또 다른 목적이 있었다. 즉, 내가 도착하는 날은 트란스케이의 '분가Bunga' 체제를 '반투 당국Bantu Authorities' 체제로 전환시키는 것을 관장하기 위해 임명된 특별 위원회의 회의 날짜와 일치했다.

회원 108명 중 4분의 1은 백인이며 4분의 3은 흑인으로 되어 있는 분가의 역할은, 이 지역의 흑인에게 영향을 미치는 입법 문제에 관해 정부에 조언하고, 세금이나 도로 등과 같은 지역적 문제들을 관장하는 것이었다. 분가는 트란스케이에서는 가장 영향력 있는 정치기구였지만 분가의 결의는 단지 조언의 성격을 띨 뿐이었고, 분가의 결정사항은 백인 치안판사가 검토하도록 되어 있었다. 분가는 백인들이 허용한 범위 내에서만 권한을 행사할 수 있었다. 그러나 「반투 당국법Bantu Authorities Act」은 분가 체제를 더욱 억압적인 체제로 대체했다. 정부가 결정한 반투 당국 체제는 세습적이고 부족적인 구분에 기초하는 일종의 봉건제도였다. 정부는 반투 당국 체제는 사람들이 백인 치안판사의 통제에서 벗어날 수 있게 해줄 것이라고 설명했지만, 이것은 민주주의를 좀먹게 하고 부족 간의 경쟁을 조장하려는 정부의 정책에 대한 연막장치에 불과했다. ANC는 반투 당국 체제 승인은 정부에 대한 무조건 항복이라고 생각했다.

도착한 날 밤 나는 많은 트란스케이의 지방의원들과, 내가 달리원가라 불렀던 조카 K. D. 마탄지마를 잠깐 만났다. 달리원가는 반투 당국을 받아들이라고 분가를 설득하는 일에 앞장서고 있었다. 이는 새로운 질서가 에미그런트 템불란드Emigrant Thembuland의 추장으로서 그의 권한을 강화시키고 증가시킬 것이기 때문이었다. 달리원가와 나는 이 어려운 문제를 두고 서로 다른 편에 서 있었다. 우리는 사이가 소원해졌다. 그가 전통적인 지도자의 역할을 선택하면서 정부와 협력하고 있었기 때문이다. 그러나 시간이 늦었으므로 긴 토론을 하는 대신 다음 날 만나기로 했다.

나는 도심의 하숙집에서 그날 밤을 보냈다. 그리고 다음 날 일찍 일어나서 새로운 반투 당국 체제에서 자신들의 역할을 의논하고자 하는 지역 추장 두 명과 함께 내 방에서 커피를 마셨다. 우리가 이야기를 나눌 때 하숙집 여주인이 초조한 태도로 어떤 백인 남자를 내 방으로 안내했다.

"당신이 넬슨 만델라요?" 그가 물었다.

"물어보시는 분은 누구십니까?" 나는 되받았다.

그는 자기의 이름을 말하고, 보안경찰국 형사라고 자신의 신분을 밝혔다.

"체포영장을 보여주시겠습니까?"라고 나는 요청했다.

그 형사는 나의 당당함에 분명 분노했지만 마지못해 공식 문서를 꺼내 보였다.

"그렇소, 내가 넬슨 만델라요"라고 나는 말해주었고, 그는 그의 지휘관이 나를 만나고 싶어 한다고 일러주었다. 나는 그 지휘관이 나를 만나고 싶어 한다면 내가 있는 곳으로 직접 오라고 답변했다. 그러자 그는 자기와 함께 경찰서로 가자고 명령했다. 내가 체포되는 거냐고 물었고, 그는 아니라고 답했다.

"그렇다면, 가지 않겠소"라고 나는 말했다. 내가 거절하자 그는 놀랐지만, 내가 법에 어긋나지 않는다는 것을 알고 있었다. 그는 총알처럼 나에게 질문을 퍼부었다. 내가 언제 요하네스버그를 떠났으며, 어디를 방문했고, 누구와 이야기했으며, 트란스케이에 들어오기 위한 여행허가를 받았는지, 얼마나 오래 머무를지 등등. 나는 트란스케이는 내 고향이기 때문에 이곳에 들어오기 위한 여행허가가 필요 없다고 알려주자 그는 쿵쿵거리며 방에서 나갔다.

내 행동에 놀란 지역 추장들은 내 무례함을 꾸짖었다. 나는 그가 나를 대한 방식과 같은 방식으로 그를 대했을 뿐이라고 설명했다. 그들은 내 말을 듣지 않았고, 내가 말썽을 일으키는 고집 센 청년이라고 믿는 것이 분명했다. 반투 당국을 거부하라고 내가 설득하려던 사람들이 바로 이들이었고, 내가 매우 좋지 못한 인상을 주었다는 것은 분명했다. 이 사건은 내가 13년 전에 이곳을 떠날 때와는 사뭇 다른 사람이 되어 고향에 돌아왔다는 사실을 깨닫게 해주었다.

트란스케이의 경찰은 세련되지 못했고, 내가 하숙집을 떠나는 그 순간부터 그들은 내가 가는 곳마다 쫓아다녔다. 내가 어떤 사람과 이야기하려고 하면, 경찰은 즉시 그 사람에게로 가서는 말했다. "당신이 만델라와 이야기하면 우리는 당신을 체포하겠소."

나는 잠깐 동안 ANC 지부 지도자들을 만나 ANC의 자금 부족 소식을 듣고서는 실망했다. 그러나 나는 그 순간 조직보다는 나의 다음 방문지인 쿠누를 더 많이 생각했다. 그곳은 내가 자란 곳이고, 내 어머니가 아직 살아 계신 곳이었다.

나를 보자 어머니는 처음에는 유령을 보는 듯한 표정이었다. 그러나 곧 어머니는 매우 기뻐했다. 나는 과일, 고기, 설탕, 소금, 닭 한 마리를 가져갔다. 어머니는 차를 끓이기 위해 난로에 불을 지폈다. 우리는 부둥켜안지도 않았고, 키스도 하지 않았다. 그것은 우리의 관습이 아니었다. 나는 돌아와서 행복하긴 했지만, 그토록 가난한 환경에서 홀로 살고 계시는 어머니를 뵙자 죄의식을 느꼈다. 나는 요하네스버그에 가서 함께 살자고 어머니를 설득했지만 어머니는 당신이 사랑하는 고장을 떠나지 않겠다고 단호하게 말했다. 처음은 아니지만, 나는 다른 사람들의 복지를 위해 싸우려고 자기 가족의 복지를 소홀히 해도 되는 것인지 질문을 던지지 않을 수 없었다. 노쇠한 자신의 어머니를 돌보는 것보다 더 중요한 일이 있을 수 있을까? 정치란 단순히 자신의 책임을 회피하기 위한, 또는 자신이 바라는 도움을 줄 수 없는 데 대한 핑계에 불과한 것일까?

어머니와 한 시간 정도 함께 지낸 뒤 음케케즈웨니로 떠났다. 내가 도착했을 때는 밤이었고, 나는 흥분한 나머지 차의 경적을 울리기 시작했다. 나는 이 소음이 어떻게 받아들여질지 생각하지 못했다. 사람들은 경찰일지도 모른다고 생각하며 두려움에 질려 자신들의 오두막에서 나왔다. 하지만 나를 알아보고는 수많은 마을 사람들이 놀라움 가득한 환호로 나를 반겨주었다.

그날 밤, 나는 내가 쓰던 옛 침대에서 어린애처럼 자고 싶었지만, 내가 옳은 길을 선택한 것인지 고민하며 밤새 뒤척이고 말았다. 그러나 나는 내가 올바른 선택을 했다는 것을 의심하지 않았다. 자유를 위한 투쟁이 자신의 가족을 돌보는 일보다 도덕적으로 더 우위에 있다고 말하고자 하는 것은 아니다. 그렇지는 않다. 그 두 가지 일은 성격이 다를 뿐이다.

다음 날 아침에 쿠누로 돌아가서 추억을 더듬으며 마을 근처의 들판을 거닐며 하루를 보냈다. 내 누이들 중에서 가장 현실적이고 느긋한 성격을 지닌 내가 좋아하는 누이 메이블도 찾았다. 메이블의 언니이자 내 누이인 발리웨가 약혼을 했고, 신부의 몸값인 로볼라lobola를 이미 받은 상황이었다. 그런데 결혼식이 있기 2주일 전 활발한 성품의 발리웨가 도망쳐버렸다. 우리는 신부 몸값으로 받았던 소를 돌려줄 수 없는 형편이어서 메이블이 발리웨를 대신하여 결혼하기로 가족들은 결정했고, 메이블은 그대로 따라주었다.

나는 그날 오후 늦게 음케케즈웨니로 가기 위해 출발했다. 다시 한 번 밤에 도착했고, 큰 소리를 질러 내가 왔다는 것을 알렸다. 이번에는 사람들이 자신들의 추장인 저스티스가 돌아왔다고 생각하며 집에서 나왔다. 당시에 저스티스는 정부에 추장 지위를 빼앗기고서 더반에 살고 있었다. 비록 정부가 다른 사람을 추장으로 지명했지만, 추장은 출생에 따라 추장인 것이며 혈통에 따라 권위를 행사하는 것이다. 그들은 나를 보게 되어 행복해했지만 저스티스를 환영했다면 더욱 행복해했을 것이다.

나의 양어머니이자 섭정의 미망인인 노잉글랜드는 내가 도착했을 때 깊은 잠에 빠져 있었다. 그러나 잠옷 차림으로 나타나서 나를 보자 몹시 흥분하며 즉시 근처에 살고 있는 친척에게로 달려가 축하 파티를 열자고 했다. 그녀는 내 차에 올라탔고, 우리는 거칠게 야생 초원을 뚫고 달려 외진 곳에 있는 그녀의 친척집으로 갔다. 그곳에서 우리는 또 한 가족을 잠에서 깨웠다. 내가 마침내 피곤하지만 행복한 상태로 잠에 곯아떨어진 것은 거의 새벽 무렵이었다.

그날부터 14일 동안 한 번은 어머니와 그리고 다음은 노잉글랜드와 머물면서 친구와 친척들을 방문하거나 방문을 받으면서 쿠누와 음케케즈웨니 사이를 왔다 갔다 했다. 나는 소년 시절에 먹었던 것과 똑같은 음식을 먹었고, 같은 들판을 거닐었으며, 낮에는 같은 하늘을 밤에는 같은 별들을 바라보았다. 자유투사가 자신의 뿌리와 접촉한다는 것은 중요한 일이다. 왜냐하면 정신없는 도시생활은 과거를 지워버리는 성향이 있기 때문이다. 이번 방문은 나를 회복시켜주었고, 내가 자라난 고장에 대한 나의 느낌을 생생하게 되살려주었다. 나는 어머니 집에서 다시 한번 그의 아들이 되었고, 대궁전에서 다시 한번 섭정에게 맡겨진 사람이 되었다.

이번 방문은 또한 내가 그동안 걸어온 거리를 가늠하는 기회이기도 했다. 내가 새로운 세계를 구경하고 새로운 아이디어를 얻는 동안에 내 친구와 친척들이 어떤 식으로 그대로 같은 곳에 머물러 있는지 두 눈으로 확인했다. 예전에는 이 사실을 깨닫지 못했는데, 이번에야말로 나는 포트헤어에서 생활을 마친 뒤 트란스케이로 돌아오지 않았던 것이 올바른 결정이었음을 알게 되었다. 트란스케이로 돌아왔더라면 내 정치적 발전은 위축되고 말았을 것이다.

반투 당국을 도입하는 문제를 고려하기 위한 특별위원회가 휴회되었을 때 달리원가와 나는 움타타의 병원에 입원하여 있는 사바타를 방문했다. 나는 사바타와 반투 당국에 관해 이야기를 나누고 싶었지만 그의 건강상태가 이를 허락하지 않았다. 나는 사바타의 건강이 좋아지자마자 사바타와 그의 동생 달리원가가 이 문제로 이야기해주었으면 하고 바랐고, 이것을 확실하게 해두었다. 나는 응구벵쿠카의 후손들이 함께 회담을 마련하는 것이 자랑스러웠다. 몇 년 전에 내가 사바타의 조언자로 천거되었는데, 이제 마침내 그 역할을 수행하게 되는 인생의 아이러니에 대해 잠시 생각에 잠겼다.

움타타를 출발하여 나는 달리원가와 함께 카마타로 차를 몰았다. 카마타에서 우리는 당시에 수련변호사였던 달리원가의 동생 조지를 만났다.

그 밑에서 도제로 일하는 직원 두 명은 나도 잘 아는 사람들이었다. 나는 A. P. 음다와 체포 레틀라카를 만나 즐거웠다. 둘 다 여전히 ANC의 확고한 지지자로서, 가르치는 일을 포기하고 변호사가 되기로 결정했던 것이다. 카마타에서 우리 모두는 반투 당국 문제를 검토하기 위해 한자리에 앉았다.

내 임무는 트란스케이 정치 무대에서 지도적 역할을 할 운명을 지닌 달리원가를 설득하여 반투 당국 체제가 강제로 시행되는 것을 반대하게 만드는 것이었다. 나는 우리의 모임이 대결이나 논쟁의 성격을 띠지 않기를 바랐다. 나는 관중의 환호를 의식하는 멋진 연기나 흠잡는 것을 원치 않았고, 그 대신에 민족과 국민의 이익을 진심으로 제일 중요하게 생각하는 사람들 사이의 토론을 기대했다.

여러 측면에서 달리원가는 여전히 나를 자신의 후배로 여기고 있었다. 템부 위계질서 내에서, 그리고 정치적 성숙 정도에서도 후배로 간주했다. 템부 위계질서에서는 내가 그의 후배인 것은 사실이지만 정치적 식견에서는 한때 내 스승보다 앞지르고 있다고 나는 믿고 있었다. 그의 관심사는 그의 부족에 한정되어 있었지만 나는 민족 전체의 차원에서 사고하는 사람들과 연계되어 있었다. 나는 거창한 정치이론을 끌어들여서 토론을 복잡하게 만들고 싶지는 않았다. 상식과 역사적 사실에 의존하려고 생각했다. 우리가 토론을 시작하기 전에 달리원가는 음다와 레틀라카와 그의 동생 조지에게 토론에 참여하라고 권했지만, 그들은 우리 두 사람의 대화를 듣는 쪽을 더 좋아한다며 거절했다. 음다는 정중하게 "조카와 삼촌께서 토론하세요"라고 말했다. 우리 사회의 예절에 따라 내가 먼저 내 입장을 이야기하되 그는 끼어들지 않아야 하며, 그다음에는 그가 대답하는 동안 나는 조용히 들어야만 했다.

먼저 나는 점점 더 많은 흑인들이 시골 고향을 떠나 도시로 옮겨가고 있는 실정에서 반투 당국은 비현실적인 제도라고 말했다. 정부의 시책은 흑인들을 종족별 보호구역 안으로 몰아넣고자 하는 것이었으며, 이는 정부가 아프리카인의 힘이 단합되는 것을 두려워했기 때문이었다. 사람들은 민주주의를 원하고 있고, 정치 지도자는 신분이 아니라 능력이 중요하다고 나는 말했다. 반투 당국은 민주주의로부터 후퇴되는 것을 의미한다고 말했다.

달리원가는 자기가 영국이 파괴해버린 자기 왕가의 지위를 회복하고자 애쓰고 있다고 말했다. 그는 부족 체제와 전통적인 리더십의 중요성과 활력을 강조했으며, 그러한 것들을 소중히 하는 체제를 반대하고 싶어 하지 않았다. 그도 역시 자유로운 남아프리카공화국을 원했지만, 그것은 분리발전separate development이라는 정부 시책을 통해 더 빨리 더 평화적인 방법으로 성취될 수 있다고 생각했다. 그는 ANC가 피와 증오를 불러올 것이라고 말했다. 그리고 내가 템부 왕가에서 차지하는 위치에도 불구하고 전통적인 리더십의 원칙을 지지하지 않는다는 사실을 알고서 자기는 몹시 놀랐고, 마음이 편치 못하다면서 말을 끝마쳤다.

달리원가가 말을 마치자, 나는 족장인 그의 개인적인 입장을 충분히 이해할 수는 있지만 그 자신의 이해관계와 지역공동체의 이해관계가 상반된다고 대답했다. 내가 그와 비슷한 입장에 처해 있다면 나는 내 자신의 이해관계보다는 사람들의 이해관계를 먼저 생각할 것이라고 말했다. 나는 이렇게 말한 것을 곧바로 후회했는데, 그것은 토론할 때 자신이 상대보다 도덕적으로 우세한 듯한 주장을 하는 것이 결코 도움이 되지 않는다는 것을 알고 있었기 때문이었다. 내가 그런 말을 했을 때 달리원가의 표정이 굳어지는 것을 알아챘고, 나는 재빨리 좀 더 일반적인 문제로 화제를 바꾸었다.

우리는 밤새 이야기했지만 서로의 입장에 조금도 가까워지지 않았다. 해가 떠오를 무렵에 우리는 헤어졌다. 우리는 서로 충돌할 수밖에 없는 다른 길을 가기 시작했다. 이 사실은 나를 슬프게 했다. 달리원가만큼 나에게 영감을 불러일으켜주었던 사람은 별로 없었으며, 그와 함께 투쟁하는 것보다 나에게 더 큰 기쁨을 주는 일은 없었을 것이기 때문이다. 그러나 우리는 함께 투쟁할 운명이 아니었다. 가족 문제에서는 친구로 남았지만, 정치적으로 우리는 정반대의 진영에 속해 있었다.

그날 아침 나는 쿠누로 돌아와서 며칠 더 묵었다. 나는 친구와 친척을 방문하기 위해 들판을 가로질러 걸었지만 어린 시절에 보았던 마술의 세계는 이미 사라지고 없었다. 어느 날 저녁, 나는 어머니와 누이에게 작별인사를 했다. 나는 병원에 있는 사바타를 방문하여 빨리 회복하기를 기원했다. 그리고 새벽 3시에 케이프타운으로 길을 떠났다. 밝게 비치는 달빛과 상큼한 바람 때문에 케이 강을 건너는 내내 기분이 상쾌했다. 길은 험한 산 위쪽으로 휘감아 올라가고 있었고, 해가 솟아오르자 내 기분도 더 좋아졌다. 욘긴타바가 나를 힐드타운으로 태워다주웠던 18년 전에 나는 이 길을 마지막으로 걸었다.

내가 천천히 달리고 있는데, 절름거리는 한 남자가 길가에 서서 나에게 손을 들어 올리는 것이 보였다. 나는 무의식적으로 차를 세우고 그를 태웠다. 그는 나와 나이가 비슷해 보였는데, 키는 작고 단정하지 못한 편이었다. 상당히 오랫동안 목욕을 하지 않은 것 같았다. 그는 자기 차가 움타타 근처에서 고장 났고, 며칠 동안 포트엘리자베스를 향해 걸어왔노라고 말했다. 나는 그의 이야기가 여러 군데에서 앞뒤가 맞지 않다는 것을 눈치채고, 그의 차가 무슨 종류인지를 물었다. 그는 뷰익이라고 대답했다. 그리고 "등록번호는요?" 하고 다시 물었고, 그는 번호를 댔다. 몇 분 뒤 내가 "그 등록번호가 뭐라고 하셨죠?"라고 다시 묻자 이번에는 다른 번호를 댔다. 나는 그가 경찰이라고 단정하고 되도록 말을 하지 않았다.

이 친구는 포트엘리자베스로 가는 동안 내내 혼자 이야기했으며, 내가 침묵을 지키는 것도 개의치 않았다. 그는 여러 가지 흥밋거리를 알려주었다. 그는 그 지역의 역사를 꿰뚫고 있었다. 그는 내가 누구인지를 결코 묻지 않았고 나도 신분을 밝히지 않았다. 그러나 그는 재미있었고, 그의 대화는 유용하고 흥미로웠다.

나는 이스트런던에 들러 ANC 사람 두세 명과 이야기를 나누었다. 떠나기 전에 그 지역에 사는 몇몇 다른 사람과도 대화했는데, 그들 중 한 사람은 사복경찰인 것 같았다. 나의 차를 얻어 타고 온 친구는 내 신분을 알게 되었고, 우리가 다시 차로 돌아온 몇 분 뒤 그는 "만델라 씨, 우리가 마지막으로 만난 사람은 경찰인 것 같아요"라고 말했다. 이 말 때문에 결국 나는 그가 의심스러워져서 그에게, "이봐요, 당신 자신이 경찰이 아니라고 내 어찌 장담하겠소? 당신의 신분을 먼저 밝히시오.…… 아니면 나는 당신을 다시 길거리로 던져버리겠소"라고 말했다.

그는 "아닙니다. 나를 정확히 소개하지요"라고 항변했다. 그는 자기가 밀수꾼이고, 폰돌란드 해변에서부터 마리화나를 운반하다가 길을 막고 있는 경찰을 만났다고 고백했다. 그는 길을 막은 경찰을 보자마자 차에서 뛰어내려 도망쳤다고 했다. 그러자 경찰이 총을 쏘아 다리에 부상을 입었다고 말하며, 그가 발을 절고 이동수단이 없는 이유를 설명했다. 그는 경찰이 자기를 쫓고 있다고 생각했기 때문에 내 차를 세웠다고 했다.

나는 그가 왜 그토록 위험한 생계방법을 선택했는지를 물었다. 그는 원래 선생님이 되고 싶었지만 집이 너무 가난해서 그를 대학에 보내지 못했다고 했다. 학교를 졸업한 뒤 공장에서 일했지만, 봉급이 너무 적어서 독립해 살아갈 수가 없었다. 그는 마리화나를 밀수하여 모자라는 돈을 보탰고, 마리화나 밀수는 돈벌이가 좋았기에 곧바로 공장을 완전히 그만두었다. 그는 다른 나라에서 태어났다면 자신의 재능을 발휘할 수 있었을 것이라고 말했다. "나보다 능력 없고 머리 나쁜 백인들이 나보다 50배나 더 많은 돈을 버는 것을 보았어요"라고 말했다. 오랜 침묵 끝에 그는 "나도 ANC 회원이오"라고 경건한 어조로 말했다. 그는 1952년 저항운동에서 싸웠고, 포트엘리자베스의 여러 지역위원회에서 활동했다고 말했다. 나는 그에게 여러 사람들에 대해 물어보았고, 그는 그들 모두를 아는 듯했다. 나중에 포트엘리자베스에 갔을 때 나는 그의 말이 진실이었음을 확인할 수 있었다. 사실 그는 저항운동 당시에 교도소에 갔던 사람들 가운데에서 가장 믿을 만한 사람 중 한 명이었다. 해방을 위한 투쟁의 문은 그 문을 지나가고자 하는 모든 사람들에게 열려 있었다.

꽤 많은 범죄 사례를 다루는 변호사로서 나는 그런 이야기들을 잘 알고 있었다. 나는 그 사람처럼 영리하고 재주 있는 사람들이 생계를 유지하기 위해 범죄의 길로 들어서는 것을 여러 번 보았다. 유전자적 특성이나 성장환경이 문제가 있어 범죄 성향을 띠는 사람이 있는 것도 사실이지만, 남아프리카공화국 인종차별주의는 보통 상황에서는 법을 준수하는 시민이 되었을 많은 사람을 범죄자로 만들었다고 나는 확신한다. 비도덕적이고 공정하지 못한 법 제도가 법과 규칙에 대한 경멸을 낳는 것은 사실이다.

우리는 저녁 무렵에 포트엘리자베스에 도착했고, Z. K. 매튜의 아들 조 매튜가 잠자리를 마련해주었다. 다음 날 아침, 나는 레이먼드 음흘라바, 프란세스 바르드, 그리고 초면인 고반 음베키를 만났다. 내가 학생이었을 때 고반의 소책자 『트란스케이 형성The Transkei in the Making』을 읽은 적이 있었다. 그는 트란스케이에서 협동상점을 운영했는데, 조만간 그만두고 주간지 《새시대New Age》의 편집인이 될 예정이었다. 고반은 진중하고 사려 깊고 부드러운 말투의 소유자로 학문뿐만 아니라 현실 정치에도 정통한 사람이었다. 그는 국민회의의 기획에 깊이 관여했고, 그 조직 내에서 최고 지도자급 인사가 될 운명이었다.

나는 라디오를 유일한 동료로 삼아 아침 늦게 케이프타운으로 출발했다. 나는 케이프타운과 포트엘리자베스 사이의 길을 운전해본 적이 한 번도 없었으므로 수 킬로미터에 걸친 매혹적인 경치를 기대했다. 날씨는 더웠고, 길 양쪽에는 빽빽이 들어찬 초목들로 경계선이 쳐 있었다. 나는 출발하자마자 길을 가로질러 기어가는 커다란 뱀을 밟았다. 미신이나 나쁜 징조 따위는 안 믿었지만 뱀의 죽음은 그리 유쾌하지 못했다. 나는 어떤 것도 심지어는 사람들이 두려워하는 생물조차도 죽이는 것을 싫어했다.

일단 휴먼스도르프를 지나자 숲은 더 빽빽해졌고, 생애 처음으로 나는 야생 코끼리와 개코원숭이(비비)를 보았다. 거대한 개코원숭이가 앞에서 길을 건너가고 있어 나는 차를 세웠다. 그 원숭이는 멈춰 서서 마치 특수부 형사처럼 뚫어지게 나를 쳐다보았다. 아프리카 사람인 내가 이야기책과 전설에 나오는 아프리카를 난생처음 보는 것은 역설적이었다. 이토록 아름다운 땅이 모두 백인 소유로 흑인은 만져볼 수도 없다는 사실에 생각이 미쳤다. 내가 국회의원에 출마할 수 없듯이 이런 아름다운 지역에서 살 수 있는 권리도 없었다.

선동적인 생각은 자유투사가 가는 곳마다 그를 따라다닌다. 포트엘리자베스에서 서쪽으로 160킬로미터 이상 떨어져 있는 크니스나 읍에서 나는 주변을 살피기 위해 차를 멈추었다. 이 마을 위쪽으로 난 길은 눈이 닿는 곳까지 아름다운 경관을 펼쳐놓았다. 나는 모든 방향으로 뻗어 있는 빽빽한 숲을 보았고, 숲의 푸르름보다는 게릴라 군대가 발각되지 않고 살면서 훈련할 수 있는 장소들이 많다는 사실에 대해 생각했다.

나는 자정에 케이프타운에 도착하여 2주일 동안 머물렀다. 감리교회의 지도자인 월터 테카 목사 집에 머물렀지만, 시간을 대부분 존슨 은그웨벨라와 그린우드 응고타나와 함께 보냈다. 은그웨벨라는 ANC 케이프 서부지역 지부장이었고, 응고타나는 그 지부의 집행위원이었다. 둘 다 웨슬리언 교회의 지도자급 교인이었으며, 공산당 당원이기도 했다. 나는 워세스터, 파를, 스텔렌보시, 시몬스타운, 허마누스와 같은 지역에 있는 ANC 지도자들을 만나기 위해 매일같이 여행했다. 나는 머무르는 동안 매일 할 일을 계획했고, 트란스발에서 (나에게는 근무하는 날이었던) 일요일에 무슨 계획이 있는지를 물어보면 그들은 안식일은 교회 가는 일을 위해 아무런 약속도 안 한다고 말했다. 나는 항변했지만 아무 소용이 없었다. 적어도 아프리카에서는 공산주의와 기독교가 서로 배타적인 관계는 아니었다.

어느 날, 케이프타운의 거리를 걷다가 나는 시궁창에서 생선뼈를 갉아먹고 있는 백인 여자를 보았다. 그녀는 가난했고 틀림없이 집이 없었을 테지만, 젊은 데다 매력이 없지도 않았다. 나는 물론 모든 면에서 흑인만큼이나 가난한 백인이 있다는 것을 알고 있었다. 그러나 가난한 백인을 만나는 것은 지극히 드문 일이었다. 나는 거리에서 흑인 거지를 보는 것에는 익숙해 있었지만 백인 거지를 마주치자 깜짝 놀랐다. 흑인 거지들에게는 보통 적선하지 않았지만 나는 이 여인에게는 돈을 주어야 할 것 같은 충동을 느꼈다. 이 순간 나는 남아프리카공화국의 인종차별정책이 우리에게 쓰고 있는 속임수를 깨달았다. 흑인들이 매일같이 당하는 고통은 당연한 것으로 받아들여지는 반면, 이 진흙투성이의 백인 여성에게는 즉시 마음이 가니 말이다. 남아프리카공화국에서는 흑인이 가난한 것은 정상이지만 백인이 가난한 것은 비극인 셈이었다.

* * *

케이프타운을 떠날 준비를 할 무렵, 《새시대》 신문사의 사무실을 방문했다. 옛 친구들도 만나고, 그들의 편집 정책도 의논하기 위해서였다. 출판금지령을 받은 좌파 성향의 간행물을 대신할 《새시대》는 ANC의 동지였다. 9월 27일 이른 아침, 계단을 올라가는데 사무실 안에서 성난 목소리와 가구 옮기는 소리가 들렸다. 이 신문사의 경영인이자 동시에 정신적 지주인 프레드 카네슨의 목소리였다. 사무실을 수색하는 경호 경찰의 거친 목소리도 들렸다. 나는 조용히 그곳을 떠났다. 나중에 알았지만 이것은 우연히 일어난 사건이 아니었다. 이는 남아프리카공화국 역사상 최대규모의 전국적인 기습 수색의 하나였다. 반역, 반란, 혹은 공산주의 활동금지법 등을 위반한 증거로 간주되는 것은 무엇이든 압수할 수 있다는 영장을 받아 쥔 경찰이 전국적으로 500명이 넘는 사람들의 집과 사무실을 수색했다. 모로카 박사, 허들스톤 신부, 매튜 교수의 집은 물론이고, 요하네스버그에 있는 내 사무실도 수색했다.

이번 기습은 케이프타운에서 보낼 내 마지막 날을 어둡게 했다. 그것은 곧 정부 측에서 새로이 훨씬 더 탄압적인 정책을 시도한다는 첫 번째 징후였기 때문이었다. 최소한 금지령이 한바탕 새롭게 내려질 것이고, 나도 틀림없이 금지령을 받는 사람들 중 하나가 될 것이기 때문이었다. 그날 저녁 테카 목사 부부는 나에게 작별인사를 하기 위해 많은 사람들을 집으로 초대했고, 목사의 인도에 따라 우리는 기습적인 가택수색을 당한 사람들의 안녕을 위해 무릎 꿇고 기도했다. 내가 좋아하는 출발 시각인 새벽 3시에 나는 그 집을 떠났고, 30분이 채 지나지 않아 킴벌리로 가는 길에 이르렀다. 킴벌리는 지난 세기에 남아프리카공화국 다이아몬드 사업을 시작하기 위해 임시변통으로 대충 만들어진 광산 도시이다.

나는 하룻밤을 아서 레텔 박사의 집에 머물 예정이었다. 훗날 ANC의 재정국장이 되는 아서는 성격이 꼼꼼한 수련의사였다. 당시 나는 감기에 걸렸는데, 내가 도착하자 그는 반갑게 맞아주고 침대에 있으라고 했다. 그는 용감하고 헌신적인 사람이었고, 저항운동 때에는 몇몇 자유투사들을 교도소로 인도했었다. 흑인의 정치활동이 드문 마을에서는 의사가 이런 일을 하는 것은 위험한 행동이었다. 요하네스버그에서는 수백 심지어는 수천의 사람들이 똑같은 위험한 활동에 가담하고 그들에 대한 지지가 있게 마련이지만, 경찰을 감시할 자유주의적 성향의 언론 혹은 사법기관이 없는 킴벌리와 같은 보수적 장소에서 그런 행동을 하려면 진정한 용기가 필요했다. 저항운동을 벌일 때 ANC의 지도자 중 한 사람에게 지방치안판사가 채찍형을 내렸던 사건이 일어난 곳이 바로 킴벌리였다.

감기에 걸렸지만 아서는 다음 날 저녁 자신의 집에서 열린 ANC 집회에서 내가 연설하는 것을 허락했다. 늘 그랬듯이 나는 그다음 날 새벽 3시에 떠나려고 했지만 아서와 그의 부인의 부탁에 못 이겨 아침식사를 하고 나서야 출발할 수 있었다. 요하네스버그로 돌아오는 길은 무척 즐거웠고, 저녁식사 시간 직전에 집에 도착했다. 우리 집 아이들은 아버지가 선물을 갖고 온다는 것을 잘 알고 있기에 즐겁게 환호하며 나를 맞아주었다. 나는 한 명 한 명에게 케이프타운에서 구입한 선물을 나누어주었고, 여행에 관해 묻는 아이들에게 참을성 있게 답해주었다. 비록 진짜 휴가를 다녀온 것은 아니었지만 효과는 같았다. 나는 새로워진 기분이 들었고, 다시 한번 투쟁을 시작할 준비가 되었음을 느꼈으니 말이다.

22

돌아오자마자 나는 ANC의 활동위원회에 내 여행 결과를 보고했다. 그들의 주요 관심사는 회의동맹이 정부의 계획을 저지할 만큼 강력한지 여부에 관한 것이었다. 나는 그들에게 좋은 소식을 전하지 못했다. 나는 트란스케이는 잘 조직화된 ANC 구역이 아니며, 보안경찰의 힘은 ANC의 미약한 영향력조차도 곧 무력화시켜버릴 것이라고 말했다.

나는 반응이 안 좋으리라는 것을 알면서도 대안 하나를 제시했다. 대중들과 접촉하는 하나의 수단으로 ANC가 반투 당국 수립에 참여하는 것이 어떻겠느냐는 의견이었다. 이는 시간이 지나면서 우리들의 생각과 정책을 펴기 위한 수단으로 이용될 수 있을 것이라고 생각했기 때문이었다.

남아프리카공화국 인종차별정책 구조에 어떤 식으로든 참여하자는 제안은 그것이 어떤 종류든 간에 자동으로 강한 반대에 부딪히게 되어 있다. 내가 투쟁을 처음 시작한 때였으면 나도 강력히 반대했을 테니 말이다. 그러나 나는 이제 이 나라에서 투쟁에 합류하기 위해 치러야 할 희생을 두려워하지 않는 사람은 얼마 되지 않는다고 판단했다. 우리는 그 방식이 설사 정부에 협력하는 모습일지라도 사람들이 원하는 방식대로 사람들에게 접근해야 하고, 우리의 운동은 되도록 많은 사람들을 포용해야 한다는 것이 내 생각이었다.

* * *

그러나 당시에 내 보고는 간단히 묻혔다. 훨씬 더 크고 중요한 또 다른 보고서 때문이었다. 반투 지역의 사회경제적 개발을 위한 톰린슨위원회

Tomlinson Commission의 보고서는 출판되자마자 전국적인 논쟁의 불씨가 되었다. 정부에서 조직한 이 위원회는 소위 반투 지역이라 불리는 곳을 위한 개발계획을 제시했다.

그 내용을 보면, 이것은 분리발전 혹은 거대한 남아프리카공화국 인종차별정책을 위한 청사진이었다. 반투 지역 체제는 원주민부장관이었던 헨드릭 페르부르트 박사의 아이디어로, 남아프리카공화국 인종차별정책에 대한 국제적 비판을 막으면서 동시에 남아프리카공화국 인종차별정책을 제도화하기 위한 것이었다. 반투스탄bantustan 혹은 보호구역이라고 알려진 곳은 모든 흑인을 위한 지역 또는 분리된 인종 집단수용소와 같은 것이었다. "흑인은 자신들의 방식에 따라 개발할 수 있는 이러한 보호구역 내에 두 발을 딛고 서 있어야 한다"라고 페르부르트는 말했다. 그의 생각은 백인 300만 명이 이 땅의 87퍼센트를 차지하고, 흑인 800만 명은 나머지 13퍼센트의 땅으로 내쫓기고 있는 현상을 고착화시키자는 것이었다.

이 보고서의 핵심 주제는 흑인과 백인의 분리발전정책을 선호하며, 두 종족 간의 융합을 반대한다는 것이었다. 이런 목적을 이루기 위해 이 보고서는 흑인지역에서 흑인들에게 기회 제공을 목적으로 하지 않는 개발 프로그램은 그 어떤 것이든 실패하게 되어 있다는 점을 지적하면서 흑인지역의 산업화를 추천하고 있다. 톰린슨위원회는 현재의 지리적 상황을 고려할 때 흑인지역은 지나치게 흩어져 있으며, 그것을 보완키 위해서는 흑인지역들을 주 종족별로 나누어 7개의 '역사적, 논리적' 터전으로 분리발전시켜야 한다고 주장했다.

그러나 위원회가 제시한 대로 각각 별개의 자립적인 반투스탄을 만드는 일은 그야말로 웃기는 일이었다. 여기 제안된 '홈랜드 체제homeland system'를 설명하기 위해 예로 든 트란스케이는 지리적으로 분리된 세 구역으로 나누어져야 한다고 했다. 또 스와지, 레보와, 벤다는 각각 세 조각으로, 가잔쿨레는 네 조각, 시스케이는 열일곱 조각, 보푸타츠와나는 열아홉 조각, 콰줄루는 스물아홉 조각으로 나누어져야 한다. 국민당 지지자들은 국민의 삶을 가지고 잔인한 수수께끼 장난을 벌이고 있었다.

홈랜드 체제를 만든 정부의 속셈은 트란스케이를 비롯한 흑인지역을 백인 사업을 위한 값싼 노동력의 집단수용소로 만들고자 하는 것이었다. 동시에 정부의 숨은 목표는 ANC와 해방투쟁의 활동을 저지할 수 있는 흑인 중산층을 만들어내는 것이었다.

ANC는 톰린슨위원회의 보고서가 좀 더 개방적인 제안을 포함했지만 이를 규탄했다. 내가 달리원가에게 말한 바 있듯이, 분리발전은 백인들이 통제할 방법을 찾지 못하자 만든 거짓 해결책이었다. 결국 정부는 이 보고서를 승인했지만, 보고서가 담고 있던 여러 가지 제안은 지나치게 진보적이라 하여 기각했다.

덮쳐오는 어둠과 정부 시책에 대해 내 전망은 비관적이었지만 나는 미래에 관해서 생각했다. 1956년 2월, 움타타에 땅을 조금 사기 위해 트란스케이로 다시 갔다. 나는 사람이란 다른 곳에서는 찾을 수 없는 안식을 찾기 위해 자기가 태어난 곳 근처에 집을 가지고 있어야 한다고 늘 생각했다.

월터와 함께 나는 트란스케이로 내려갔다. 우리는 첫 방문지인 움타타와 더반에서 각각 여러 부류의 ANC 회원들을 만났다. 또다시 우리는 특수경찰에게 미행당했다. 더반에서 이 지역의 정치활동을 촉진시키기 위해 나탈인도인회의의 동지들을 방문했다.

움타타에서 월터의 도움을 받아 C. K. 사크웨가 읍내에 소유하고 있는 약간의 땅을 사기 위해 계약금을 지불했다. 사크웨는 분가의 의원이었

1956년 긴장된 시절.

고, 원주민 대표위원회를 위해 일하고 있었다. 우리가 거기 있는 동안에 그는 그 전주 토요일에 사바타의 궁전인 붐하네에서 열린 반투스탄의 도입에 관한 정부 관료와 추장들 간의 회의에서 발생했던 사건을 우리에게 말해주었다. 많은 추장들이 정부의 정책에 반대했고, 치안판사에게 폭언을 퍼부었다고 했다. 회의는 격앙된 상태에서 끝났고, 이 사건으로 우리는 「반투 당국법」에 대한 민중의 반대 의지를 인지하게 되었다.

1956년 3월, 몇 달간의 비교적 자유로운 생활이 끝나고 나는 세 번째 금지령을 받았다. 이번에는 5년 동안 요하네스버그를 벗어날 수 없었고, 또 이 기간 동안에는 회의에도 참석할 수 없었다. 앞으로 60개월 동안 나는 똑같은 거리, 지평선 위의 똑같은 광산 쓰레기, 똑같은 하늘을 보며 똑같은 지역에 갇혀 있어야 했다. 요하네스버그 밖에서 발생하는 일을 알려면 신문과 다른 사람들에게 의존해야 하는데, 이는 물론 즐거운 일은 아니었다.

그러나 이번에는 금지령을 대하는 내 태도가 급진적으로 바뀌었다. 처음 금지령을 당했을 때 나는 적들의 규칙들을 준수했다. 그러나 이제는 이러한 제약들을 경멸했다. 나는 내가 대항하여 싸우는 적들이 내 투쟁활동의 범위 또는 내 정치활동의 범위를 결정하도록 내버려두지 않을 생각이었다. 나의 적이 나의 활동을 제한하도록 허용하는 것은 내가 패배한 것과 마찬가지이므로 나는 스스로 나를 규제하는 교도관이 되지 않기로 결심했다.

나는 곧 요하네스버그에서 벌어지는 격심한 정치적 분쟁을 조정하는 일에 휘말려들었다. 이 분쟁에서 두 파는 격렬하게 대결했는데, 각 파가 모두 내가 지지해주기를 원했다. 이 두 파는 모두 정당한 불만이 있었고, 도저히 어찌할 수 없을 만큼 서로에게 등을 돌리고 있었다. 이번 분쟁은 심한 내분의 형태로 악화될 위험이 많았다. 나는 이를 막기 위해 최선을 다했다. 나는 물론 거의 날마다 저녁에 내가 운동하러 다녔던 도널드슨 올랜도 지역사회센터의 권투와 역도 클럽에서 있었던 분쟁에 관해 말하고 있는 것이다.

나는 1950년에 이 클럽에 가입했고, 일이 없는 밤이면 거의 날마다 지역사회센터에서 운동을 하면서 시간을 보냈다. 지난 몇 년 동안 나는 내 아들 템비를 데리고 다녔는데, 템비가 열 살이 되던 1956년쯤에는 호리호리한 초경량급이기는 하지만 열정적인 권투선수가 되었다. 이 클럽은 요하네스(스키퍼 아도니스) 몰로치가 관리하고 있었고, 클럽 회원은 많은 헌신적인 역도선수 외에도 프로 및 아마추어 권투선수로 구성되어 있었다. 최고 권투선수였던 제리(우인자) 몰로이는 나중에 트란스발 라이트급 챔피언에 올랐는데, 동시에 이 나라 최고의 타이틀을 차지할 가능성이 제일 높은 선수였다.

연습장은 시설이 미비했다. 우리는 링을 살 형편이 못 되어서 시멘트 바닥에서 연습했는데, 이는 권투선수가 넘어질 때에는 특히 위험했다. 펀치백은 한 개뿐이었고, 권투 글로브는 두세 개밖에 없었다. 약도 스피드볼도 적절한 권투 신발도 마우스피스도 갖추지 못했다. 머리 보호장치를 갖고 있는 사람은 거의 없었다. 장비는 부족했지만 이 연습장에서 남아프리카공화국 밴텀급 챔피언 에릭(블랙 마테리얼) 은첼, 트란스발 플라이급 챔피언으로 낮에는 '만델라와 탐보' 법률회사에서 보조원으로 나를 위해 일했던 프레디(토마호크) 은기디 같은 훌륭한 선수들이 나왔다. 우리 회원은 통틀어서 20~30명 정도였다.

나는 포트헤어에서 권투를 조금 하기는 했지만 요하네스버그에서 살면서부터 본격적으로 시작했다. 나는 뛰어난 권투선수는 결코 아니었다. 나는 헤비급에 속했는데, 내게는 부족한 스피드를 보충해줄 만한 충분한 힘도, 부족한 힘을 보충할 만큼의 충분한 스피드도 없었다. 나는 권투의 난폭함보다는 과학적 측면을 더 즐겼다. 나는 자신을 보호하기 위해 자신의 몸을 움직이는 방법, 공격과 후퇴를 위한 책략을 사용하는 법, 시합에서 자신의 페이스를 조절하는 법에 매료되었다. 권투는 평등하다. 링에서는 나이, 지위, 피부색, 돈 따위는 아무 상관이 없다. 우리가 적의 장점과 단점을 관찰하여 적과 링을 돌 때는 그의 피부색이나 사회적 지위는 생각하지 않는다. 내가 정치에 입문한 뒤에는 진짜 권투시합을 한 적이 없다. 나의 주된 관심은 연습이었다. 철저한 연습은 긴장과 스트레스를 해소하는 훌륭한 방법임을 알게 되었기 때문이다. 연습을 격하게 한 뒤에는 정신적으로도 신체적으로도 더 가벼워지는 느낌을 받았다. 그것은 투쟁이 아닌 어떤 것 안에 내 자신이 몰두하는 한 가지 방법이었다. 저녁에 연습하고 난 다음 날 아침에는 다시 투쟁을 시작할 수 있는 상태, 즉 상쾌함과 강인함을 느끼며 깨어났다.

나는 월요일부터 목요일까지 매일 저녁 한 시간 반 동안 연습장에 나갔다. 회사에서 일이 끝나면 즉시 집으로 가서 템비를 데리고 지역사회센터로 차를 몰았다. 우리는 달리기, 줄넘기, 유연체조 등을 한 시간가량 연습한 뒤 15분가량 역기 들어올리기 같은 근력훈련을 하고, 마지막으로 스파링을 했다. 시합이나 토너먼트를 위해 훈련할 때에는 연습 시간을 두 시간 반으로 늘렸다.

우리는 리더십과 솔선수범과 자신감을 개발하기 위해 돌아가면서 연습을 지도했다. 특히 템비는 연습 지도를 즐겼다. 내 아들이 책임을 맡게 되는 연습시간에는 내가 조금 불편했다. 이는 템비가 특히 나를 꼬집어 비판했기 때문이었다. 그는 내가 게으름을 피울 때마다 즉각 나를 비난했다. 연습장의 모든 사람들은 나를 '추장'이라 불렀는데, 내 아들은 이 존칭어를 피하고 대신 '만델라 씨'라고 부르거나, 아니면 아버지에 대한 동정심을 느낄 때에는 '나의 형제'라는 뜻의 도시 속어인 '나의 브라My bra'라고 불렀다. 내가 적당히 빈둥대는 것을 보면, 내 아들은 엄격한 목소리로 "만델라 씨, 당신은 오늘 저녁 우리의 시간을 낭비하고 있어요. 쫓아올 수 없다면 집에 가셔서 늙은 부인과 앉아 계시지요"라고 말했다. 모든 이들은 이 농담을 엄청나게 좋아했고, 내 아들이 그토록 행복해하고 자신감 넘치는 것을 보는 나도 즐거웠다.

그해에 클럽의 이런 화기애애한 분위기가 스키퍼 몰로치와 제리 몰

제리 몰로이와 권투 연습을 하는 모습.

로이 사이의 말다툼 때문에 깨졌다. 제리와 나머지 권투선수들은 스키퍼가 클럽에 소홀하다고 느끼고 있었다. 스키퍼는 능숙한 코치였지만, 자신의 지식을 전수하기 위해 연습장에 나온 적은 거의 없었다. 그는 권투 역사에 대해 훤했고, 흑인 최초의 세계 헤비급 챔피언 존 잭슨이 타이틀을 잃었던 1915년 아바나의 유명한 시합이라면 26라운드 전체를 모조리 이야기해줄 수도 있었다. 그러나 스키퍼는 자신의 몫인 약간의 돈을 받기 위해 종종 시합이나 토너먼트 직전에야 나타났다. 나 자신도 제리의 말에 동조했지만, 단합을 유지하기 위해 어떻게든 그 싸움을 말려야만 했다. 결국에는 내 아들조차도 스키퍼를 비판하는 제리의 말에 동조했고, 둘이 갈라서는 것을 막기 위해 내가 할 수 있는 일은 아무것도 없었다.

제리가 지도했던 권투선수들은 클럽에서 탈퇴하여 그들 자신의 클럽을 시작하려 했다. 나는 회의를 열기 위해 모든 회원을 소집했다. 세소토어, 줄루어, 코사어 그리고 영어가 함께 사용되는 활기찬 회의였다. 스키퍼는 심지어 셰익스피어를 인용하며 모반을 일으키고 있는 권투선수들을 공격했고, 제리에 대해서는 브루투스가 카이사르를 배신한 것처럼 자신을 배반했다고 비난했다. "카이사르와 브루투스가 누구예요?"라고 내 아들이 물었고, 내가 대답하기도 전에 누군가가 "그들은 죽지 않았어요?"라고 말했다. 이에 스키퍼는 "그렇소. 하지만 배반에 관한 진실은 생생히 살아 있지요!"라고 대답했다.

이 회의는 아무것도 해결하지 못했다. 결국 역도선수들은 지역사회 센터에 남았지만 권투선수들은 또 다른 길을 찾아 떠났다. 나는 권투선수들과 행동을 같이하여, 갈라선 이후 처음 몇 주 동안은 자유투사에게는 불편한 장소인 경찰 연습장에서 연습했다. 그 이후 성공회에서 올랜도이스트에 있는 장소를 적당한 월세를 받고 우리에게 빌려주었다. 우리는 또 나중에 ANC의 주도적인 비밀 자유투사가 된 사이먼(음셴구) 차발랄라의 지도를 받았다.

우리의 새로운 시설들은 이전보다 나을 것이 없었고, 클럽은 결코 재구성되지 못했다. 모든 흑인운동가와 예술가처럼 흑인 권투선수들은 가난과 인종주의라는 두 개의 약점에 묶여 있었다. 흑인 권투선수가 버는 돈은 보통 음식비, 월세, 옷값으로 나갔고, 남는 돈이 있다면 권투 장비와 연습을 위해 모두 쓰였다. 흑인 선수에게는 세계 수준의 일류급 권투선수를 만드는 데 필요한 장비와 코치가 있는 백인 권투클럽에 가입할 기회조차 없었다. 백인 프로 권투선수와 달리 흑인 프로 권투선수는 낮에는 다른 직업을 갖고 있었다. 스파링 상대는 거의 없었고, 있어도 돈을 제대로 받지 못했다. 훈련과 연습 부족은 실전에서 타격이 컸다. 그러나 많은 흑인 선수들이 이런 어려움을 딛고 승리해서 엄청난 성공을 거두었다. 엘리야(마에스트로) 모코네, 이노흐(스쿨보이) 은흐라포, 링 위의 위대한 멋쟁이 중 한 사람인 캥거루 마오토, 레비(골든보이) 마디, 은코사나 음싸이, 맥키드 모포켕, 노먼 세크가파네 같은 권투선수들이 모두 위대한 승리를 거두었다. 한편, 우리의 위대한 영웅 제이크 툴리는 영국 플라이급 타이틀을 거머쥐었다. 그는 기회만 있다면 흑인 선수들도 해낼 수 있다는 가장 확실한 예를 보여주었다.

5

반역죄

23

1956년 12월 5일 아침 동이 막 틀 무렵, 방문을 시끄럽게 두드리는 소리에 잠을 깼다. 이웃이나 친구라면 그렇게 거만하게 문을 두드리지는 않았기 때문에 그가 보안경찰임을 즉시 알았다. 나는 서둘러 옷을 입고 우리 지역에서는 잘 알려진 보안담당 책임경관인 루소와 다른 두 경찰을 맞았다. 수색영장을 보여준 뒤 그들 셋은 곧바로 혐의가 될 만한 서류를 찾기 위해 방 전체를 샅샅이 뒤지기 시작했다. 이내 아이들이 잠에서 깼고, 나는 엄한 표정으로 아이들에게 조용히 하라고 말했다. 아이들은 두려워서 나를 쳐다보았다. 경찰은 서랍, 캐비닛, 옷장 등 금지된 물건이 숨겨져 있을 만한 곳은 모두 뒤졌다. 45분 뒤에 루소는 당연하다는 어투로 말했다. "만델라, 체포영장을 가져왔소. 나와 함께 갑시다." 수색영장을 들여다보는 순간 한 단어가 내 눈에 번쩍 띄었다. '후그베라드HOOGVERRAAD—대역죄.'

나는 그들과 함께 차가 있는 곳으로 걸어갔다. 비록 자신이 하고 있는 일이 옳다고 하더라도 아이들 앞에서 체포되는 것은 기분이 썩 좋지 않았다. 그러나 아이들은 복잡한 상황을 이해하지 못한 채 단지 자신들의 아버지가 설명 한 마디 없이 백인들에게 끌려가는 것을 지켜보고 있었다.

루소가 운전을 하고, 나는 수갑이 채워지지 않은 상태로 그 옆에 앉았다. 그는 시내에 있는 내 사무실 수색영장도 가지고 있었다. 근처에서 두 경찰관을 내려준 뒤에 루소와 나는 내 사무실로 향했다. 요하네스버그 도심에 도착하기 위해서는 사람들이 별로 없는 지역을 통과하는 한산한 고가도로를 따라가야 했다. 그 길을 따라가면서 나는 루소에게 나에게 수갑도 채우지 않고 혼자서 운전하고 가는 걸 보니 매우 자신이 있는 것 같다고 말했다. 그는 아무 말이 없었다.

"내가 당신을 붙잡고 힘으로 제압한다면 어떻게 될까요?" 내가 말했다.

루소는 거북하게 자동차 기어를 변속하면서 말했다. "당신은 불장난을 하고 있소, 만델라."

"불장난을 하는 게 나의 특기지요." 내가 대답했다.

"당신이 계속 그렇게 말한다면 수갑을 채우겠소"라고 루소는 위협하듯이 말했다.

"만약 내가 거절한다면 어쩌겠소?"

우리는 몇 분 동안 더 이같이 긴장된 논쟁을 계속했다. 그러나 우리가 랑글라그테 경찰서 근처 사람들이 많은 지역으로 들어갔을 때 루소가 말했다.

"만델라, 내가 당신에게 잘 대해주었으니 당신도 나에게 똑같이 해주길 바라오. 난 당신 농담을 좋아하지 않소."

경찰서에 잠시 들른 뒤에 또 다른 경찰관 한 명과 같이 내 사무실로 갔다. 그곳에서 그들은 다시 45분 동안 수색했다. 그곳에서 나는 구불구불 늘어진 붉은 벽돌로 된 요하네스버그 교도소 마셜 광장으로 보내졌다. 나는 저항운동이 일어나는 동안 1952년에 그곳에서 며칠 밤을 보낸 적이 있었다. 많은 내 친구들이 그날 아침 더 일찍 체포되어 벌써 그곳에 와 있었다. 그 이후로도 몇 시간 동안 더 많은 친구들과 동료들이 드문드문 들어오기 시작했다. 이번 체포는 정부가 오랫동안 계획해온 급습이었다. 누군가가 《스타The Star》지 석간 한 부를 몰래 가지고 들어왔다. 이 신문의 헤드라인 기사에서 탄압이 전국적으로 일어나고 있으며, '회의동맹Congress Alliance'의 이전 지도자들은 모두 대역죄와 국가전복 음모 혐의로 체포되었다는 사실을 알았다. 다른 곳에서 체포된 루툴리 추장, 몬티 나이커, 레기 셉템버, 릴리언 은고이, 피트 바이레펠트 등은 군용 비행기 편에 요하네스버그로 보내졌다. 그곳에서 그들은 소환되어 신문을 받을 예정이었다. 144명이 체포되었다. 그다음 날 우리는 공식적으로 기소되었다. 일주일 후에는 월터 시술루와 11명이 더 체포되었다. 모두 합해서 156명이나 되었다. 전부 나열하자면, 아프리카인 105명과 인도인 21명, 백인 23명, 혼혈인 7명이 체포되었다. 금지 명령을 받은 사람도 있었고 받지 않은 사람도 있었지만 ANC의 거의 모든 지도자들이 체포되었다. 마침내 정부가 움직이기 시작한 것이었다.

우리는 곧 도시 중심부에 있는 언덕에 자리한 황량한 성과 같은 건물로 유명한 '요새Fort'라는 요하네스버그 교도소로 옮겨졌다. 그곳에 들어가자마자 우리는 정사각형 건물로 보내져, 옷을 완전히 벗고 벽을 등지고 정렬하라는 명령을 받았다. 우리는 미풍 속에서 떨면서 어색해하며 한 시간 이상을 그곳에 서 있어야만 했다. 대부분 중년이거나 그보다 나이가 지긋한 목사, 교수, 의사, 변호사, 사업가 등이었다. 평상시라면 존경과 경의로 대했을 사람들이었다. 나는 분노가 일었지만 내 주위 사람들을 찬찬히 살펴보았을 때는 웃음을 억누를 수가 없었다. 처음으로 '옷이 사람을 만든다'는 격언의 참뜻을 절실하게 느꼈다. 만약 좋은 몸과 인상적인 체격이 지도자가 되는 데 필수조건이라면 우리들 중에 자격을 갖춘 사람은 거의 없었다.

마침내 흰 가운을 입은 의사가 나타나서 아픈 사람이 있는지 물었다. 모두가 아프지 않다고 이야기했다. 우리는 옷을 입으라는 명령을 받은 다음, 시멘트로 된 바닥과 가구가 전혀 없는 커다란 감방 두 곳으로 경호를 받으며 갔다. 감방은 최근에 페인트를 칠해서 그 냄새 때문에 머리가 다 아팠다. 우리는 각각 얇은 담요 세 개와 마麻로 된 매트를 배급받았다. 각 감방 바닥에는 변기가 한 개뿐이었고, 그것마저도 완전히 노출되어 있었다. 한 나라를 진실로 알고 싶다면 교도소 안에 들어가보라는 말이 있다. 국가는 높은 계층의 시민을 어떻게 다루느냐가 아니라 가장 낮은 계층의 시민을 어떻게 다루느냐에 의해서 평가받아야 한다. 남아프리카는 투옥된 아프리카 시민들을 짐승처럼 다루었다.

우리는 2주 동안 '요새'에 머물렀다. 고생을 겪으면서도 우리는 의기양양했다. 우리는 신문을 볼 수 있었는데, 우리가 투옥되자 일기 시작한 분노의 물결들을 읽으며 만족스러워했다. 저항 집회와 시위가 남아프리카 전역에서 열렸다. 사람들은 "우리는 우리의 지도자를 지지한다"라고 쓴 피켓을 들고 다녔다. 우리는 신문을 보고, 세계 곳곳에서 사람들이 우리의 투옥에 항의한다는 사실을 알 수 있었다.

우리의 공동 감방은 서로 떨어져서 자유를 위해 싸우던 투사들을 위한 일종의 모임장소가 되었다. 우리들 대부분은 만나서 이야기하는 것조차 불법인 엄격한 통제를 받으며 살았는데, 우리의 적이 우리 모두를 한 지붕 아래 모아놓은 것이다. 그 덕분에 '회의동맹'은 몇 년 만에 금지되지 않은 가장 규모가 큰 집회를 가장 오랜 시간 동안 열 수 있었다. 젊은 지도자들에게는 단지 글로만 접했던 연로한 지도자를 만날 수 있는 시간이기도 했다. 나탈에서 온 사람들은 트란스발에서 온 지도자들과 사귀었다.

우리는 어떤 종류의 정치적 모임에도 참석하지 못한다는 금지령을 받았다.
그러나 너무나 많은 지도자들이 '반역죄 재판'으로 한곳에 모였기 때문에
우리의 오후 휴식시간은 종종 전국집행위원회 모임 시간 같았다.

우리는 재판을 기다리면서 2주 동안 생각과 경험을 교환할 수 있는 기회를 마음껏 누렸다.

우리는 매일 활동계획을 짰다. 잘 알려진 '청년동맹' 회원인 패트릭 몰라오아와 피터 은티테는 신체단련을 주관했다. 다양한 주제로 모임이 열렸고, 매튜 교수는 ANC와 미국 흑인의 역사를 강의했다. 데비 싱은 '남아프리카인도인회의SAIC'의 역사를 들려주었고, 아서 레텔은 아프리카 의

사들에 대해 이야기했다. 그동안 제임스 칼라타 목사는 아프리카 음악에 대해 이야기했다. 그는 아름다운 테너 목소리로 노래도 불렀다. 몇 년 뒤에 정치범으로 교수형을 당한 부이실레 미니는 매일 자유의 노래를 부르며 그룹을 지도하는 데 앞장섰다. 인기가 많은 노래들 가운데 하나는 다음과 같은 노래였다. "여기에 흑인 스트레이돔이 있다. 흑인 스트레이돔을 조심하라." 우리는 있는 힘껏 노래를 불렀고, 그것은 우리의 사기를 북돋아주었다.

한번은 줄루족 노동자의 아들이자 ANC의 나탈 지부장인 마사발랄라 엥와(M. B. 엥와로 더 잘 알려진)는 전설적인 줄루족 무사인 샤카 왕을 기리는 예찬가를 낭송해서 음악 강의에 도움을 주었다. 엥와는 담요를 두르고 아세게이(가느다란 투창)처럼 신문지를 둘둘 말았다. 그러고는 예찬가의 가사를 낭송하며 앞뒤로 활보하기 시작했다. 줄루어를 이해하지도 못하는 우리 모두가 그의 행동에 매료되었다. 그는 극적으로 멈추고 다음과 같은 가사를 외쳤다. "인요니 에드레지냐! 야티 이사드레진에, 야디에 에진야!" 이 가사에서는 샤카를 잔인하게 적을 죽이는 맹수에 비유했다. 가사의 끝부분에 이르렀을 때 큰 혼란이 벌어졌다. 루툴리 추장은 그때까지 조용히 있었지만, 벌떡 일어나더니 "응구 샤카 로워(그것은 샤카다)!"라고 외쳤다. 그러고 나서 춤추고 노래하기 시작했다. 그의 몸놀림은 우리를 전율시켜 우리는 모두 일어섰다. 전통 춤과 서양 춤 모두 형편없는, 사교춤에 익숙한 사람들 모두가 전통적인 줄루 전쟁 춤인 인들라무indlamu를 함께 추었다. 우아하게 춤을 추는 사람들도 있었지만, 얼음을 떨쳐내려고 애쓰는 몸이 얼어붙은 등산가처럼 보이는 사람들도 있었다. 그러나 모두 열정과 풍부한 감정을 넣어서 춤을 추었다. 갑자기 코사 사람도 없었고 줄루 사람도 없었으며, 인도인도 없었고 아프리카인도 없었으며, 보수주의자도 급진주의자도 없었으며, 종교 지도자도 정치 지도자도 없었다. 우리 모두는 우리의 공통된 역사, 우리 문호, 우리 나라, 우리 민족에 대한 사랑으로 묶인 민족주의자였고 애국주의자였다. 그 순간 무엇인가가 우리 내부 깊숙한 곳에서 꿈틀거렸다. 강하고 친밀한 무엇인가가 우리를 서로 묶었다. 그 순간 지금의 우리를 만든 위대한 과거의 손과 우리 모두를 함께 연결하는 위대한 명분의 힘을 느꼈다.

2주 뒤인 12월 19일, 우리는 요하네스버그에 있는, 재판장으로는 잘 사용되지 않는 군사시설인 '드릴홀Drill Hall'에 예비조사를 받으러 갔다. 지붕이 물결 모양의 철판으로 만들어진 빌딩의 커다란 빈 창고였는데, 그렇게 많은 기소자를 재판할 만큼 넓은 공공건물은 이곳뿐이라는 생각이 들었다.

우리는 무장한 군인들이 탄 6인용 병력 후송차가 경호하는 밀폐된 경찰 봉고차로 옮겨졌다. 정부가 우리를 다루는 모습을 본 사람은 마치 전면적인 내전 중에 있다고 착각할 수 있을 정도였다. 우리를 지지하는 엄청난 군중들은 트위스트 가에서 교통을 차단하고 있었다. 우리는 그들의 격려와 노랫소리를 들을 수 있었고, 그들은 우리가 트럭 안에서 응답하는 소리를 들을 수 있었다. 천천히 움직이는 트럭이 군중에 의해 흔들리면서 여행은 승리를 축하하는 행진이 되어갔다. 건물의 주변 전체를 총으로 무장한 경찰과 군인들이 둘러싸고 있었다. 트럭은 건물 뒤로 가서 주차했고, 우리는 트럭에서 내리자마자 곧장 법정으로 들어갔다.

건물 안에서 우리는 또 한 무리의 지지 군중을 만났다. 그곳은 진지한 법정이라기보다는 시끄러운 시위 집회장 같았다. 우리는 ANC의 인사 방법으로 엄지손가락을 세워 보이며 안으로 걸어 들어가, 유색인 좌석에 앉아 있는 지지자들에게 고개를 끄덕여 보였다. 피고인이 기자와 친구들과 뒤섞이자 처벌보다는 오히려 축하해주는 분위기가 되었다.

정부는 대역죄와 현 정부를 전복하고 공산국가를 세우기 위해 폭력을 사용했다는 혐의로 156명 전부를 기소했다. 기소기간은 1952년 10월 1일부터 1956년 12월 13일까지였다. 저항운동, 소피아타운 살해, '국민회의' 등이 기소 내용에 포함되어 있었다. 대역죄에 대한 남아프리카 법률은 영국법이 아니라 로마나 네덜란드 재판 사례에 기초를 두고 있었고, 대역죄를 국가의 독립과 안전을 교란하고 손상하며 위험에 빠뜨리는 적대적인 의도로 정의하고 있었다. 형벌은 사형이었다.

예비조사의 목적은 정부의 기소가 우리를 대법원에 세울 수 있을 만큼 충분한지를 결정하는 것이었다. 증거를 검토하는 데에는 두 가지 단계가 있었다. 첫째 단계는 치안법원에서 한다. 만약 치안판사가 피고인의 혐의에 대해 충분한 증거가 있다고 결정하면 그 사건은 대법원으로 옮겨져서 판사 앞에서 재판을 받아야 했다. 만약 치안판사가 증거가 불충분하다고 판단하면 피고인은 석방되었다.

치안판사는 블룸폰테인 치안판사장인 베슬 씨였다. 첫째 날 베슬이 지나치게 조용한 목소리로 말해 그의 이야기를 듣는 것은 불가능했다. 정부 측은 마이크와 확성기를 준비하지 않았고, 법원은 2시간 동안 확성기를 준비하기 위해 휴정에 들어갔다. 우리는 법원 뜰에 모여서 외부에서 넣어준 음식을 먹으며 소풍이라도 온 것처럼 즐거운 시간을 보냈다. 축제 분위기처럼 흥겨웠다. 두 시간 뒤에도 마땅한 확성기가 준비되지 않았기 때문에 법정은 그날 휴회했다. 군중이 환호하는 가운데 우리는 다시 한번 경호를 받으며 요새로 돌아갔다.

다음 날, 밖에는 군중들이 더 많이 모였고, 경찰도 더욱 긴장했다. 무장경찰 5백 명이 드릴홀을 둘러쌌다. 우리가 도착했을 때, 우리가 들어가 앞을 엄청나게 큰 새장을 정부가 세워놓았다는 것을 알았다. 그것은 다이아몬드 성분을 넣은 철망을 기둥에 붙여 만들었고, 정면과 꼭대기에는 창살로 뼈대를 이룬 형태였다. 우리는 안으로 인도되어 긴 의자에 앉았다. 무장 경호원 16명이 우리를 둘러쌌다.

새장은 상징적인 효과도 있었지만, 변호사들의 입장을 허용하지 않아서 우리와 변호사의 대화를 단절시켰다. 내 동료들 중 한 명은 종이 한 장에 다음과 같이 갈겨쓴 뒤 새장 한쪽에다 붙였다. '위험! 먹이를 주지 마시오.'

우리의 지지자들과 조직은 브람 피셔, 노먼 로젠버그, 이스라엘 마이셀, 모리스 프랭크스, 버논 베랑제를 포함하는 강력한 변호인단을 구성했다. 그들 누구도 법정에서 그런 새장을 본 사람은 아무도 없었다. 프랭크스는 그토록 '환상적'인 방법으로 죄수들을 모욕하고 '들짐승처럼' 다루는 당국에 대해 법정에서 강력히 항의했다. 즉시 새장이 철거되지 않는다면 변호인단 전체는 법정에서 철수하겠다고 선언했다. 잠수 휴회한 뒤에 치안판사가 새장을 철거하라고 결정하자 새장의 앞부분이 철거되었다.

그러고 나서 바로 정부 측은 그 사건을 심리하기 시작했다. 검사장인 반 니케르크 씨는 우리에 대한 검찰 측 기소를 개괄하는 1만 8천 단어로 된 고발장을 읽기 시작했다. 확성기를 사용하고 있는데도 밖에서 소리치고 노래하는 소리에 파묻혀 그 내용을 간신히 알아들을 정도였다. 그때 경찰 한 무리가 밖으로 몰려 나갔다. 이어 권총 소리가 들리고, 사람들의 절규와 더욱더 많은 총소리가 잇따라 들려왔다. 치안판사가 변호인과 회의를 갖는 동안 법정은 다시 휴회했다. 그사이에 20명이 부상당했다.

고발장 낭독은 다음 이틀 동안에도 계속되었다. 반 니케르크 씨는 피고인들이 다른 나라의 도움을 받아 폭력으로 현 정부를 전복시키고, 남아프리카에 공산정권을 수립하려고 음모를 꾸몄다는 것을 법정에서 증명해 보이겠다고 말했다. 이것은 대역죄에 대한 기소였다. 검찰은 공산주의적 의도와 현 정권을 전복하려는 음모에 대한 증거물로 「자유헌장」을 인용했다. 셋째 날 새장이 거의 다 철거되고, 마침내 넷째 날 우리는 보석으로 석방되었다. 그런데 보석도 남아프리카 인종차별주의를 나타내는 또 하나의 예였는데, 백인은 250파운드, 인도인은 100파운드, 아프리카인과 혼혈인은 25파운드였다. 반역죄조차도 인종을 차별했다. 각 피고인의 보석을 보장해주기 위해 다양한 계층의 지지자들이 왔고, 나중에 이 지지 활동은 리브스 주교, 앨런 페이턴, 알렉스 헤플에 의해 시작된 '반역죄 재판 변호기금'의 기초가 되었다. 재판이 열리는 동안 메리 벤슨과 프레다 레브손이 기금을 훌륭하게 관리했다. 우리는 일주일에 한 번씩 경찰에 보고하며, 공공모임에 참석하지 않는 조건으로 석방되었다. 재판은 1월에 재개될 예정이었다.

다음 날, 나는 날이 밝자 일찌감치 사무실로 나갔다. 올리버와 내가 교도소에 있는 동안 일이 쌓여 있었다. 그날 아침 일을 하고 있을 때 몇 달 동안 만나지 못했던 전문 통역사인 자바부라는 오랜 친구가 찾아왔다. 마른 상태에서 조금씩만 먹으며 견뎌야 하는 교도소에 들어갈 것을 예상하여 체포되기 전에 나는 의도적으로 몸무게를 줄였었다. 교도소에 있으면서도 나는 운동을 계속했고, 따라서 만족스러울 정도로 날씬해졌다. 그러나 자바부는 미심쩍은 눈으로 나를 보았다. "마디바, 왜 그토록 말라 보여야 하나?"라고 그가 말했다. 아프리카 문화에서는 뚱뚱하다는 것이 종종 부나 번영과 연관된다. 그는 "여보게, 자넨 교도소를 겁냈군, 그렇지. 자네는 우리를, 우리 코사족을 모욕했어"라고 퍼부어댔다.

24

이미 재판이 열리기 전부터 에블린Evelyn과 결혼생활이 느슨해지기 시작했다. 1953년에 에블린은 일반 간호 분야의 자격증을 승급시키는 일에만 몰두했다. 그녀는 더반에 있는 에드워드 7세 병원의 조산학 과정에 등록하여 여러 달 동안 집을 떠나 있었다. 이것은 우리 어머니와 누이가 우리와 함께 있으면서 아이들을 돌보아주었기 때문에 가능했다. 나는 에블린이 더반에 머무는 동안 적어도 한 번은 그녀를 찾아갔다.

에블린은 시험에 합격하고 돌아왔다. 그리고 그해 말에 딸을 낳았는데, 6년 전에 잃은 딸의 이름을 붙여 마카지웨Makaziwe라 불렀다. 우리 문화에서 새로운 아이에게 죽은 아이 이름을 붙여주는 것은 죽은 아이를 기리고 너무 일찍 떠난 아이와 정신적 애착을 유지하는 방법이었다.

다음 해에 에블린은 여호와의 증인 교파인 '감시탑'이라는 단체에 가입했다. 당시 자신의 삶에 만족하지 못했기 때문인지도 모른다. 여호와의 증인은 성경을 믿음의 유일한 기준으로 삼았고, 세계의 종말에 선과 악이 싸우는 결전장인 아마겟돈이 온다고 믿었다. 에블린은 그 단체의 출판물인 《감시탑》을 열심히 보급하기 시작했고, 투쟁에 대한 나의 헌신을 신에게 바치도록 촉구하며 나를 개종시키려 노력했다. 나는 '감시탑' 체제의 어떤 면들은 재미있고 가치 있다고 생각하면서도, 그녀와 같이 종교에 헌신적으로 함께할 수도 없었고 하지도 않았다. 거기에는 내가 싫어했던 강박관념적인 요소가 있었다. 나는 그녀의 믿음은 압제에 대해 수동성과 복종을 가르친다고 생각했다. 그런 면을 나는 받아들일 수 없었다.

나는 ANC와 투쟁에 헌신했고, 이것은 에블린을 괴롭게 만들었다. 그녀는 항상 정치란 젊은 시절의 기분전환쯤으로 생각했고, 내가 언젠가는 트란스케이에 돌아가서 변호사 활동을 할 것이라고 생각했다. 그럴 가능성은 요원했지만 그녀는 요하네스버그가 우리의 고향이 되리라고는 결코 생각하지 않았고, 우리가 움타타로 돌아가리라는 생각을 버리지 않았다. 그녀는 일단 내가 트란스케이에 돌아가 식구들 품에 안겨서 사바타의 자문가로 활동하게 되면 내가 더 이상 정치에 미련을 갖지 않으리라고 생각했다. 그녀는 내가 움타타로 돌아가도록 설득해달라고 달리원가를 부추겼다. 우리는 이 문제로 여러 번 다투었다. 나는 정치란 정신을 산만하게 만드는 것이 아니라 내가 평생 동안 해야 할 일이고, 본질적이고 근본적인 내 존재의 일부분임을 참을성 있게 설명했다. 그녀는 이것을 받아들일 수 없었다. 인생에서 각자의 역할에 대해서 그토록 견해가 다른 남자와 여자가 계속 가깝게 지낼 수는 없었다.

나는 그녀에게 투쟁의 필요성을 설득하려 했고, 그녀는 내게 종교적 믿음의 가치를 설득하려 했다. 내가 조국에 봉사하고 있다고 말하면 그녀는 하느님께 봉사하는 것이 조국에 봉사하는 것보다 더 중요하다고 대답했다. 우리는 전혀 공통점을 찾을 수 없었고, 결혼생활이 더 이상 유지될 수 없다는 것을 확신해가고 있었다.

우리는 또 아이들의 정신과 마음에 대해서도 의견이 달라 다투었다. 그녀는 아이들이 종교적이기를 바랐고, 나는 아이들이 정치적이어야 한다고 생각했다. 그녀는 가능한 한 아이들을 교회에 데려갔고, '감시탑' 관련 책자를 읽어주었다. 그녀는 동네에 배포할 '감시탑' 소개 책자를 아이들에게 주기까지 했다. 하지만 나는 내 아이들에게 정치에 대해 이야기해주었다. 템비는 ANC의 청소년 분과인 '개척자'의 회원이었기 때문에 이미 정치적인 의식이 깨어 있었다. 나는 흑인이 백인에게 어떻게 박해받는지를 가장 쉬운 말로 마가토에게 설명해주고는 했다.

나는 루스벨트, 처칠, 스탈린, 간디, 그리고 1917년 상트페테르부르크의 '겨울궁전'에서 있었던 엄청난 사건 등의 사진들을 벽에다 걸어놓았다. 나는 아이들에게 그들이 누구인지 또 무엇을 상징하는지를 설명해주었다. 그들은 남아프리카의 백인 지도자들은 매우 다른 것을 상징한다는 것을 알고 있었다. 어느 날 마가토가 집에 달려 들어오더니 말했다. "아빠, 아빠, 언덕에 말란이 있어요!" 말란은 최초의 '국민당' 수상이었고, 내 아들은 그날 동네의 공공모임에서 연설을 하기로 했던 반투 교육 담당 공무원 빌리 마리아를 말란으로 착각했다. 나는 마가토가 무엇에 관해 이야기하는지 알아보려고 밖으로 나갔다. 왜냐하면 ANC는 그 모임이 반드시 성공하지 못하도록 시위를 조직했기 때문이다. 내가 밖으로 나갔을 때 경찰 차량 두 대가 마리아를 경호해서 그가 이야기하기로 되어 있는 장소로 데려갔다. 그러나 처음부터 문제가 있었고, 마리아는 연설도 하지 않은 채 도망쳤다. 나는 마가토에게 그 사람은 말란이 아니지만 차라리 말란이면 좋았을 것이라고 말했다.

그 당시 내 일정은 매우 빡빡해서 아침에 일찍 집을 나가 밤늦게 돌아왔다. 낮에 사무실에서 일을 보고 나서는 대개 여러 종류의 모임에 참석하곤 했다. 에블린은 저녁에 있는 모임들을 이해하지 못했고, 내가 집에 늦게 돌아올 때는 다른 여자들을 만나러 다닌다고 의심했다. 나는 어느 모임에 나갔는지, 왜 그곳에 있었는지, 무엇을 토론했는지를 되풀이해서 설명했다. 그러나 그녀는 믿지 못했다. 1955년, 에블린은 자신과 ANC 둘 중 하나를 선택하라는 최후통첩을 보냈다.

월터와 알베르티나는 에블린과 매우 가까운 사이였고, 그들은 우리가 함께 살기를 간절히 바랐다. 에블린은 알베르티나에게 속마음을 털어놓았다. 한번은 월터가 이 문제에 끼어들었는데, 나는 이 일은 그와 관계가 없다고 한마디로 잘라 말했다. 월터는 나에게는 늘 형제 같았고, 그는 우정과 지지를 결코 망설인 일이 없었기 때문에 나는 당시 내 말투를 후회했다.

어느 날, 월터는 내가 꼭 만나야만 하는 누군가를 사무실로 데려오고 싶다고 말했다. 그가 데려올 사람이 내 처남이라는 말은 하지 않았기 때문에 매우 놀랐지만 그를 만나는 것이 불쾌하지는 않았다. 나는 내 결혼생활에 비관적이었고, 그에게 내 감정을 알리는 것이 당연하다고 생각했다.

우리 셋은 좋은 분위기에서 이 문제를 논의했고, 그때 월터와 나는 "우리와 같은 남자들" 또는 그와 비슷한 표현을 사용했다. 에블린의 오빠는 사업가였고, 정치와 정치인을 믿지 않았다. 그는 매우 화가 나서 말했다. "만약 자네들이 나와 똑같은 위치에 있다고 생각한다면 우스운 일이군. 자신들을 나와 비교하지 말게." 그가 떠나자 월터와 나는 서로 쳐다보며 웃기 시작했다.

우리가 12월에 체포되어 2주 동안 교도소에 있을 때 에블린이 나를 한 번 찾아왔다. 그러나 나는 교도소에서 풀려나서야 그녀가 아이들을 데리고 이사를 가버린 사실을 알았다. 나는 텅 빈 조용한 집으로 돌아왔다. 그녀는 커튼까지 치워버렸다. 무슨 이유에서인지 이 사소한 일들이 마음을 산산이 깨뜨리고 있었다. 에블린이 처남과 함께 왔다. 처남이 말했다. "아마도 이렇게 하는 게 최선이라고 생각하네. 정국이 가라앉을 때쯤이면 자네도 함께 돌아오겠지." 그것은 합리적인 충고였지만 일은 그와 같이 되지 않았다.

에블린과 나는 화해할 수 없는 부분이 있었다. 나는 투쟁을 포기할 수 없었고, 그녀는 자신과 가족이 아닌 다른 것에 헌신하는 나와는 함께 살 수 없었다. 그녀는 매력적이고, 강하고, 신앙심이 깊은 매우 좋은 여자였고, 또 훌륭한 어머니였다. 나는 여전히 그녀를 존경했지만 결국 우리의 결혼생활은 유지될 수 없었다.

결혼생활에서 불화는 그것이 어떤 종류이든 충격적이며, 특히 아이들에게는 더욱 그렇다. 우리 가정도 예외는 아니었고, 아이들 모두가 우리의 이혼으로 상처를 입었다. 마가토는 내 침대에서 자면서 나와 에블린이 화해하도록 노력했다. 그 아이는 온화한 성격에 타고난 중재자였다. 마카지웨는 여전히 몸이 작았다. 재판이 없던 어느 날 나는 사전 예고도 없이 그 애의 유아원에 간 적이 있었다. 항상 애정이 많은 아이였지만, 그 날 그 애는 나를 보자 얼어붙었다. 나에게 달려와야 할지 돌아가야 할지, 웃어야 할지 찡그려야 할지를 몰라 했다. 그 애는 작은 가슴속으로 갈등했고, 어떻게 일을 처리해야 할지 몰랐다. 그것은 매우 고통스러운 일이었을 것이다.

템비는 그 당시 열 살이었는데, 가장 큰 충격을 받았다. 그래서 그는 공부마저 그만두고 의기소침해졌다. 그는 한때 영어와 셰익스피어를 아주 좋아했지만 우리가 헤어진 뒤 공부에 관심이 없어진 것처럼 보였다. 학교 교장이 나에게 귀띔해주었지만 내가 할 수 있는 일은 거의 없었다. 나는 할 수 있는 한 자주 그 아이를 체육관에 데려갔고, 때때로 아이의 얼굴이 조금 밝아졌다. 그러나 내가 그곳에 갈 수 없는 경우가 많았고, 그 뒤에 내가 지하활동을 하고 있을 때에는 월터가 자기 아들과 함께 템비를 데려가고는 했다. 한번은 월터가 그를 시합에 데리고 간 적이 있는데, 나중에 월터가 나에게 말했다. "여보게, 그 녀석 정말 조용하더군." 이별 이후에 템비는 내 옷이 많이 컸는데도 종종 내 옷을 입었다. 내 옷에서 그는 매우 자주, 그리고 아주 멀리 떨어져 있는 아버지에 대한 애착을 느꼈던 모양이다.

25

1957년 1월 9일, 우리는 다시 한번 드릴홀에 모였다. 검찰의 기소에 피고 측이 반박할 차례였다. 우리 측 변호사 버논 베랑제는 검찰이 우리를 기소한 내용을 요약한 뒤에 우리 측 논지를 발표했다. "피고들은 「자유헌장」 조항들이 반역적이거나 범죄적이라는 주장에 강력히 부인할 것이다. 이 주장과 반대로, 피고 측은 이 헌장에서 표현된 생각과 믿음이 비록 현 정부의 정책과는 대치되더라도 모든 종족과 인종을 포함하는 인류의 절대다수가, 또 이 나라 시민 절대다수가 공감하는 것이라는 점을 주장할 것이다." 우리는 변호사들과 협의해서 우리가 반역죄가 없을 뿐만 아니라, 정부가 도덕적으로 정당한 행동을 하는 우리를 탄압하기 위해 정치 재판을 열었음을 입증하기로 결정했다.

그러나 극적인 첫 논쟁 뒤에는 지루한 법정 진술이 계속되었다. 재판이 시작된 처음 한 달 동안 검찰 측은 증거를 제시하는 것으로 시간을 보냈다. 검찰은 지난 3년 동안 수색하면서 쌓아온 모든 보고서, 소책자, 공문서, 책, 공책, 편지, 잡지 그리고 기사 모음 등을 하나하나 제시했고, 그 수효는 모두 1만 2천 개였다. 「유엔 인권선언문」부터 러시아 요리책까지 다양하게 제출되었다. 그들은 '국민회의'의 '고기 들어간 수프'와 '고기 안 들어간 수프'라는 표지판들마저 제출했다.

여러 달 계속된 예비조사 기간 동안 우리는 날마다 흑인과 백인 형사들이 '아프리카민족회의'의 회의록과 연설문 사본을 낭독하는 것을 들었다. 이런 진술들은 늘 왜곡되었고, 종종 진술이 무의미하거나 완전히 잘못된 것도 있었다. 베랑제는 나중에 능숙하게 반대신문을 해 많은 흑인 형사들이 연설에 사용된 언어인 영어를 이해하거나 쓸 수 없다는 점을 밝혔다.

검찰 측은 우리가 현 정부를 소련과 같은 형태의 국가체제로 바꾸려 했다는 터무니없는 주장을 뒷받침하기 위해 케이프타운 대학 정치학과 학과장인 앤드루 머리 교수의 증언을 내세웠다. 머리 교수는 「자유헌장」을 포함해 우리에게서 압수한 많은 서류들이 공산주의적이라고 분류했다.

머리는 처음에는 비교적 좀 알고 있는 듯했으나 베랑제가 반대신문을 시작하자 그 본질이 드러났다. 베랑제는 머리에게 여러 서류들에 있는 여러 구절을 읽어준 뒤 그것들이 공산주의 사상을 띠고 있는지 아닌지를 가려보라고 말했다. 베랑제는 첫째 구절을 그에게 읽어주었다. 그것은 평범한 노동자들이 서로 협력하고, 서로를 착취하지 말아야 한다는 내용을 담은 글이었다. 머리는 공산주의 사상이라고 말했다. 그러자 베랑제는 그 성명은 남아프리카 전 수상인 말란 박사가 쓴 것이라고 지적했다. 베랑제는 그에게 두 가지 다른 성명서를 계속해서 읽어주었고, 머리는 둘 다 공산주의 사상을 묘사하고 있다고 했다. 이것들은 사실 미국 대통령 에이브러햄 링컨과 우드로 윌슨이 발표한 글이었다. 이 반대신문의 절정은, 베랑제가 머리에게 어떤 문장을 읽어주자 머리가 주저하지 않고 "철저한 공산주의 사상이다"라고 말했던 순간이다. 그러자 베랑제는 그것은 머리 교수 자신이 1930년대에 썼던 성명서라고 밝혔다.

재판을 시작한 지 일곱 달째에 검찰은 저항운동 기간에 일어났던 계획된 폭력에 대해 증거를 제시하겠다고 말했다. 검찰은 자신 있게 첫째 증인으로 솔로몬 은구바세를 불렀는데, 그는 ANC와 관련해서 깜짝 놀랄 만한 증언을 했다. 은구바세는 30대 후반으로 말씨는 상냥했고, 별로 신통치 않은 영어를 구사했으며, 당시 사기 혐의로 형을 받고 있었다. 그는 '포트헤어'에서 문학사 학위를 받았고, 변호사로 일하고 있다는 말로 증언을 시작했다. 그는 자신이 전국집행위원회의 위원인 동시에 ANC의 포트엘리자베스 지부의 사무국장이었다고 말했다. 또한 남아프리카에서 폭력혁명을 일으키기 위한 무기를 구하기 위해 월터 시술루와 데이비드 보파페를 소련에 파견하기로 결정을 내렸던 당시 전국집행위원회의 회의에 참석했고, 1952년도의 포트엘리자베스 폭동을 계획했던 회의에도 참석했으며, 케냐의 마우마우Mau Mau와 같은 방법으로 트란스케이에 사는 모든 백인을 살해하라고 ANC가 결정하는 것을 목격했다고도 증언했다. 은구바세의 극적인 증언은 법정 안팎으로 소동을 불러일으켰다. 마침내 음모를 입증할 증언이 나온 셈이었다.

그러나 버논 베랑제가 은구바세를 반대신문하자 곧 그가 미치광이이자 거짓말쟁이라는 것이 드러났다. 베랑제는 반대신문 기술 때문에 피고인들 사이에서 '이산고마Isangoma(신성한 사람 또는 병을 물리치는 치유자)'라는 별명으로 불렸다. 은구바세가 대학 졸업자도 ANC 회원도 아니며 전국집행위원회 위원은 더더욱 아니라는 사실이 속속 드러났다. 베랑제는 은구바세가 대학 졸업증명서를 위조했으며, 몇 년 동안 불법적으로 변호사 활동을 했고, 더욱이 그는 사기 전과가 있다는 것을 밝혀냈다. 포트엘리자베스 폭동을 계획하는 데 참여했다고 주장한 모임이 열리던 시간에 그는 더반 교도소에서 사기 혐의로 형을 살고 있었다. 은구바세의 증언은 전혀 진실이 아니었다. 반대신문의 마지막에 베랑제는 증인에게 물었다. "협잡꾼이 무슨 말인 줄 아시오?" 은구바세는 모른다고 대답했다. "선생, 당신이 바로 협잡꾼이야!"라고 베랑제가 소리쳤다.

피고인 중 한 명인 조 슬로보는 훌륭한 변호사였으므로 스스로 자신을 변론했다. 법을 파괴한 것은 국가지 ANC가 아니라는 사실을 증명하려 했고, 날카로운 질문을 하자 검찰은 그를 거북스러워했다. 슬로보의 반대신문은 종종 베랑제의 신문만큼이나 압도적이었다. 특별수사대에서 몇

법정 밖에서 루스 퍼스트와 함께.

명 안 되는 흑인 가운데 한 명인 제레미아 몰슨 형사는 자신이 참석했던 ANC 연설들을 한 마디 한 마디 그대로 회상할 수 있다고 주장했다. 그러나 그가 하는 말은 대개 횡설수설이었고 명백한 날조였다.

> 슬로보: 영어를 이해할 수 있습니까?
>
> 몰슨: 그다지 잘하진 못합니다.
>
> 슬로보: 당신은 이 연설들을 영어로 보고했지만 영어를 잘 이해하지는 못한다고 말하는 겁니까?
>
> 몰슨: 예, 그렇습니다.

슬로보: 당신이 적어놓은 것들이 대부분 쓰레기라는 데 동의합니까?

몰슨: 모르겠습니다.

이 마지막 반응에 피고인들은 웃음을 터뜨리고 말았다. 그러자 치안판사는 우리에게 주의를 준 다음 말했다. "법 절차는 보기보다 우습지는 않을 거요."

한번은 베슬이 슬로보에게 신성한 법정을 비난하고 있다며 벌금을 부과했다. 그러자 피고인 대부분은 화를 냈고, 루툴리 추장이 말리지 않았다면 많은 다른 피고인들도 법정모독죄로 처벌받았을 것이다.

증언이 계속되었지만 대부분이 따분한 법적인 공작이었기에 우리는 다른 문제에 몰두하기 시작했다. 나는 종종 읽을 만한 책이나 다루어야 할 법적 소송 사건에 관련된 것들을 가져갔다. 다른 사람들은 신문을 읽거나 낱말 맞히기, 체스, 낙서 따위를 했다. 때때로 재판부는 우리가 주의를 기울이지 않는다고 나무랐고, 그럴 때에는 책이나 퍼즐을 치웠다. 그러나 달팽이 걸음처럼 더딘 증언이 재개되면 게임과 읽을거리를 다시 꺼냈다.

예비조사가 계속되자 정부 측은 점점 필사적으로 매달렸다. 재판이 진행되면서 정부 측은 이미 진 것이나 다름없는 소송 사건을 돕기 위해 증거를 모으고 종종 위조하기까지 한다는 것이 점점 명백해졌다.

마침내 우리가 드릴홀에 처음 모인 지 10개월이 지난 9월 2일, 검사는 예비조사에서 정부 측의 증언이 완결되었다고 선언했다. 치안판사는 타자기로 친 8천 쪽의 증거와 서류 1만 2천 개를 분류하라고 변호인 측에 기한을 넉 달 주었다.

예비조사는 1957년 내내 계속되었다. 법원은 9월에 휴정했고, 변호인 측은 증거를 검토하기 시작했다. 석 달 후에 사전 예고나 설명도 없이 검찰 측은 피고인 61명의 고소를 취하한다고 발표했다. 이 피고인들은 대부분 ANC에서 상대적으로 덜 중요한 인물들이었지만, 그들 중에는 루툴리 추장과 올리버 탐보도 있었다. 검찰 측이 루툴리와 탐보를 석방해서 우리는 기뻤지만, 이는 또 우리를 어리둥절하게 만들었다.

정부 측이 고소 내용을 개괄하기로 예정되어 있던 1월에 검찰 측은 악명 높은 오즈월드 피로를 새 검사로 데려왔다. 피로는 전 법무장관이었는데, '국민당' 내에서 정치적으로 중요한 인물이었다. 그는 남아프리카 출신 백인으로서 오랜 세월 민족주의자였고, 공공연하게 나치를 지지하는 사람이었다. 한때 히틀러를 '당대의 가장 위대한 인물'이라고 묘사하기도 했다. 또한 극렬한 반공산주의자였다. 이러한 피로를 지명한 것은 정부 측이 결과를 걱정하며, 승리를 엄청나게 중요하게 생각한다는 새로운 증거였다.

피로가 개괄하기 전에 베랑제는 정부 측이 우리에게 혐의가 될 만한 충분한 증거를 제시하지 않았다는 증거로 우리의 석방을 신청한다고 말했다. 피로는 이 기각신청을 반대했고, 피고인들이 행한 몇 가지 선동적인 연설을 인용하며 경찰이 매우 위험한 음모를 증명할 증거를 더 많이 발견했다고 법원에 알렸다. 그는 불길한 어조로 나라가 화산의 꼭대기에 앉아 있다고 말했다. 그것은 효과적이고도 매우 극적인 연출이었다. 피로는 재판의 분위기를 반전시켰다. 우리는 자신만만했었는데 이제는 심각한 혐의를 받고 있음을 염두에 두지 않을 수 없었다. "어리석게 굴지 마세요. 당신들은 교도소에 가게 될지도 몰라요"라고 변호사가 우리에게 말했다. 그들의 경고는 우리의 경각심을 일깨웠다.

13개월간에 걸쳐 예비조사를 하고 나서 치안판사는 우리가 대역죄로 트란스발 대법원에서 재판을 받아야 할 '충분한 이유'를 발견했다고 판결했다. 법원은 남아 있던 피고인 95명을 재판에 회부하기로 한 뒤 1월에 휴회했다. 실제 재판이 언제 열릴지는 알 수 없었다.

26

예비조사가 휴회 중이던 어느 날 오후, 나는 친구를 올랜도에서 비트바테르스란트 대학교 의과대학까지 차로 데려다주다가 요하네스버그에서 최고의 흑인 병원인 바라그와나스 병원을 지나가게 되었다. 근처 버스 정류장을 지나가는데, 버스를 기다리는 사랑스러운 젊은 여인이 눈에 들어왔다. 그 여인의 아름다움에 매료되어 좀 더 자세히 보려고 머리를 돌렸지만, 내 차는 벌써 그곳을 지나쳐 가고 있었다. 그 여인의 얼굴이 지워지지 않아 심지어 나는 그쪽으로 차를 돌릴까 생각했다. 그러나 나는 그냥 계속해서 갔다.

그 일이 있고 몇 주 뒤 묘한 우연이 발생했다. 내가 사무실에서 올리버를 보기 위해 갑자기 얼굴을 내밀었을 때, 그때 본 그 여인이 자신의 오빠와 함께 올리버 책상 앞에 앉아 있었다. 나는 깜짝 놀랐지만, 이 기막힌 우연에 대한 놀라움과 기쁨을 감추려고 최선을 다했다. 올리버는 나를 그들에게 소개했고, 법적인 문제로 그들이 방문했다고 설명했다.

그 여인의 이름은 놈자모 위니프레드 마디키젤라Nomzamo Winifred Madikizela였지만 보통 위니Winnie로 알려져 있었다. 그녀는 최근에 요하네스버그에 있는 얀 호프메이르 사회사업학교를 졸업하고, 바라그와나스 병원에서 최초의 흑인 여성 사회사업가로 일하고 있었다. 그때 나는 그녀의 배경이나 법적 문제에는 거의 주의를 기울이지 않았다. 왜냐하면 그녀가 나타나자 내 마음속의 무엇인가가 깊이 흔들렸기 때문이다. 나는 우리 회사가 그녀의 법적 문제를 어떻게 처리할지보다는 그녀에게 어떻게 하면 데이트 신청을 할 수 있을지에 몰두했다. 처음 볼 때 사랑 같은 것이 있었는지는 확실히 말할 수 없지만, 나는 위니 놈자모를 처음 본 순간 그녀를 내 부인으로 맞이하고 싶다고 생각했다.

위니는 학교 교장이었다가 사업가로 변신한 마디키젤라의 아이들 열한 명 중 여섯째였다. 그녀는 노력하거나 시련을 견디는 사람을 의미하는, 내 이름만큼이나 예언적인 놈자모Nomzamo라는 이름을 받았다. 그녀는 내가 성장한 트란스케이와 인접한 지역인 폰돌란드에 있는 비자나 출신이다. 그녀는 은구트야나의 폰도 부족 출신이었고, 그녀의 증조부는 음페카네 시절에 트란스케이에 정착한 19세기 나탈족의 강력한 추장이었던 마디키젤라였다.

나는 그다음 날 병원으로 전화해서 위니에게 얀 호프메이르 학교에서 반역죄 재판 변호기금을 모금하는데 좀 도와줄 수 없는지 부탁했다. 이것은 순전히 그녀를 점심에 초대하기 위한 핑계였다. 도심에 있는 그녀를 태워서 내 사무실 근처에 있는 인도 식당으로 데려갔다. 그 식당은 흑인들에게 식사를 제공하는 몇 안 되는 식당 중의 하나였는데, 나는 종종 그곳에서 식사를 했다. 위니는 눈이 부셨다. 한 번도 카레 요리를 먹어본 적이 없는 그녀가 입천장을 식히기 위해 연거푸 물을 마시는 것마저도 더욱 매력 있게 보일 뿐이었다.

점심식사를 하고 나서 우리는 요하네스버그와 에버턴 사이에 있는 엘도라도 공원을 바로 지나 사방이 트인 초원으로 드라이브를 갔다. 우리 둘의 고향인 트란스케이에 있는 초원과 매우 비슷한 그 초원을 함께 걷기도 했다. 나는 그녀에게 나의 장래희망과 반역죄 재판의 어려움을 이야기했다. 나는 바로 그곳에서 내가 위니와 결혼하고 싶어 한다는 것을 알았다. 그리고 그 사실을 그녀에게 말했다. 그녀의 정신, 열정, 젊음, 용기, 의지 등 모든 것을 그녀를 처음 본 순간부터 느꼈다.

그다음부터 몇 주, 몇 달 동안 우리는 자주 만나려고 했다. 위니는 '드릴홀'과 우리 사무실을 방문했다. 때로는 운동하는 나를 보려고 체육관을 방문하기도 했다. 템비, 마가토, 마카지웨도 만났다. 회합과 정치토론에도 참석했다. 나는 그녀에게 구애하는 동시에 그녀를 정치화시키고 있었다. 학생 시절 위니는 비유럽인단결운동Non-European Unity Movement에 매력을 느꼈었는데, 왜냐하면 그 단체에 가입한 오빠가 있었기 때문이었다. 훗날 나는 그녀가 나를 만나지 않았더라면 비유럽인단결운동의 지도자와 결혼했을 것이라고 위니를 놀렸다.

나는 에블린과 이혼하는 데 필요한 서류를 정리한 직후 위니에게 웨딩드레스를 맞추기 위해 마이클 하멜의 부인인 레이 하멜을 방문해야 한다고 말했다. 레이는 정치활동가이면서 뛰어난 재봉사였다. 나는 위니에게 신부 들러리를 몇 명 세울지 물어보았고, 우리의 결혼을 그녀의 부모님께 알리기 위해 비자나에 다녀오자고 했다. 위니는 사람들에게 내가 결코 청혼하지 않았다고 웃으면서 말했지만, 나는 처음으로 데이트하는 날 청혼했고, 그날 이후로 그걸 당연하게 생각했었다고 늘 그녀에게 말했다.

반역죄 재판은 2년째로 접어들었고, 그것은 우리 법률사무소에 숨이 막힐 정도로 압력을 가했다. '만델라와 탐보' 법률회사는 우리가 사무실을 지킬 수 없었기 때문에 점점 엉망이었고, 올리버와 나는 재정적으로 엄청나게 어려웠다. 올리버에 대한 기소가 취소된 다음 그는 다소 복구할 수 있었지만 피해상황은 이미 돌이키기 어려웠다. 바쁘게 움직이던 우리들은 일거리가 뜸해졌고, 사람들은 사실상 고객을 구걸하는 변호사들을 외면했다. 나는 움타타에 산 땅 때문에 여전히 남아 있는 빚 50파운드를 갚을 수조차 없어 결국 그것을 포기해야만 했다.

나는 이 모든 것을 위니에게 설명했다. 우리는 사회사업가로 일하며 받는 그녀의 작은 봉급으로 살아야만 할지도 모른다고 말했다. 위니는 이해해주었고, 위험을 감수하고 그녀의 운명을 우리와 함께할 준비가 되어 있다고 말했다. 나는 결코 금이나 다이아몬드를 그녀에게 약속하지 않았고, 그것들을 그녀에게 줄 형편도 못 되었다.

우리는 1958년 6월 14일 결혼식을 올렸다. 나는 내 활동을 제한하는 금지령을 완화해줄 것을 요청했고, 요하네스버그에서 6일간 떠날 수 있는 허가를 받았다. 그리고 또한 전통적 관습이던 로볼라가 위니의 아버지에게 지불되도록 해놓았다.

결혼식 파티 팀은 6월 12일 아침 일찍 요하네스버그를 출발했고, 우리는 그날 오후 늦게 비자나에 도착했다. 금지령을 받은 사람들이 으레 그렇듯이 나는 도착하자마자 경찰서에 들러 내가 도착했음을 알렸다. 땅거미가 질 무렵, 전통에 따라서 우리는 신부의 땅인 음봉웨니에 갔다. 행복에 찬 환호를 지르는 그 지방 여인들의 커다란 합창소리가 우리를 맞았고, 위니와 나는 곧 헤어졌다. 나는 신랑 팀과 함께 위니의 친척 집으로 갔고, 그녀는 신부의 집으로 떠났다.

지방 교회에서 예식을 치르고 나서 우리는 마디키젤라 부족의 조상이 살던 집인, 위니의 큰 오빠 집에서 피로연을 벌였다. 신혼 자동차는 ANC 깃발로 도배가 되어 있었다. 원기 왕성한 위니의 할머니는 우리 모두를 위해 특별한 춤을 추셨다. ANC의 집행위원 전부를 초대했지만 금지령 때문에 그들은 참석할 수가 없었다. 그들 중에 온 사람은 두마 노크웨,

릴리언 은고이, 제임스 은종웨 박사, 윌슨 콩코 박사, 빅터 티암자세였다.

마지막 피로연은 비자나 시민회관에서 열렸다. 위니 아버지의 연설은 지금도 기억이 날 만큼 단연 최고였다. 다른 모든 사람들과 마찬가지로 그도 손님 중에는 결혼식에 초대받지 않은 보안경찰들이 많다는 것을 알았다. 그는 딸을 사랑하는 자신의 마음, 조국에 헌신하는 나의 모습, 정치인으로서 위험한 나의 경력 등을 말했다. 위니가 처음으로 결혼을 이야기했을 때 그는 "그런데 너는 죄수와 결혼하려 하는구나!"라고 소리쳤다. 그는 미래를 낙관하지 않았고, 그렇게 어려울 때 결혼을 하면 시련을 쉴 새 없이 겪게 될 것이라고 말했다. 그는 위니에게 이미 투쟁과 결혼한 사람과 결혼하는 것이라고 말했다. 그는 딸에게 행운을 빌어주었고, 다음과 같은 말로 연설을 끝냈다. "만약 너의 남편이 마법사라면 너는 마녀가 되어야 한다!" 그것은 남편이 어떤 길을 택하든 남편을 따라가야 한다는 것을 의미했다. 그가 연설을 마치자 신랑 측 연설자로 내 누이인 콘스탄스 음베케니가 나섰다.

예식을 마치고 나서 결혼식의 다음 절차로, 신부가 신랑의 조상 집에 가져갈 웨딩 케이크 한 조각을 포장했다. 그러나 그 일은 결코 마칠 수가 없었다. 내가 허가받은 기간이 끝나 우리는 요하네스버그로 돌아가야만 했기 때문이다. 위니는 그날을 예상하고 조심스럽게 케이크를 보관했다. 올랜도 서쪽 8115번지의 우리 집에서는 친구들과 가족들이, 돌아오는 우리를 환영하기 위해 커다란 파티를 벌였다. 양을 잡고 우리를 축하하는 잔치가 벌어졌다.

신혼여행을 갈 시간이나 돈은 전혀 없었고, 재판이 지배하는 일상의 틀 속으로 삶은 빠르게 정착되었다. 우리는 매우 일찍 잠에서 깼다. 보통 4시경이었다. 위니는 내가 떠나기 전에 아침식사를 준비했다. 그리고 난

후 나는 재판을 받으러 가기 위해 버스를 타거나 일찌감치 내 사무실로 출근했다. 되도록 오후와 저녁에는 내 사무실에서 변호사 활동을 계속하면서 얼마라도 돈을 벌어보려고 했다. 저녁시간은 종종 정치적인 일이나 모임에 참석했다. 자유투사의 아내는 남편이 교도소에 있지 않을 때조차도 종종 과부나 다름없었다. 비록 내가 반역죄 재판에 회부되어 있었지만 위니는 나에게 희망을 주었다. 나는 인생에서 두 번째로 새로운 기회를 얻은 느낌이었다. 위니를 향한 내 사랑은 내 앞에 놓인 투쟁을 할 수 있는 힘을 보태주었다.

27

1958년, 이 나라가 직면한 주요한 사건은 총선거였다. 백인 3백만 명이 참가할 수 있다는 의미에서만 '총선거'였다. 흑인 1천3백만 명은 참여할 수 없었다. 우리는 저항을 할 것인지를 두고 토론을 벌였다. 주요 쟁점은 '단지 백인만 참여할 수 있는 선거가 흑인을 위한 어떠한 변화를 가져올 수 있는가?'였다. ANC의 입장에서 볼 때 해답은, 우리가 그 과정에 참여할 수 없을지라도 무관심하게 있을 수는 없다는 것이었다. 우리는 선거에서 배제되었지만 영향을 안 받는 것은 아니었다. 국민당의 패배는 우리와 모든 아프리카인에게 유리하게 작용할 수 있었다.

ANC는 4월에 선거가 열리는 동안 3일간 파업을 벌이기 위해 다른 의회와 남아프리카노조회의South African Congress of Trade Unions, SACTU와 손을 잡았다. 공장, 가게, 철도역, 버스 정류장, 술집, 병원 그리고 집집마다 전단을 뿌렸다. 이 캠페인의 주요 구호는 "국민당은 물러가라!"였다. 우리가 이렇게 준비하자 정부는 불안해했다. 선거 사흘 전, 정부는 도시 어디에서든 흑인이 10명 이상 모이는 것은 불법이라는 포고령을 내렸다.

계획된 저항, 파업 또는 결근투쟁이 있기 전날 밤, 우리 지도자들은 반드시 있을 정부의 급습을 미리 방지하기 위해 지하로 숨었다. 경찰은 아직 24시간 내내 우리를 감시하지는 않았으므로 하루 이틀 동안 사라지는 것은 쉬웠다. 파업 전날 밤, 월터, 올리버, 모세 코타네, J. B. 마크스, 댄 틀루미, 두마 노크웨와 나는 올랜도에 있는 내 주치의 은타토 모틀라나 박사 집에 머물렀다. 다음 날 아침 일찍, 도시에 흩어진 다른 지도자들과 전화로 연락할 수 있도록 이웃에 있는 또 다른 집으로 옮겼다. 당시에는 특히 전화가 거의 없는 동네에서는 의사소통이 쉽지 않았고, 그런 상황에서 파업을 총괄하는 것은 몹시 어려운 일이었다. 동네 주위의 요충지에 사람을 보내 사람들이 일하러 가는지 안 가는지, 기차와 버스, 택시를 지켜보게 했다. 그들은 나쁜 소식을 전해왔다. 버스와 기차는 출근하는 사람들로 가득 찼고, 사람들은 파업을 무시하고 있다고 했다. 그제야 비로소 우리가 머무르고 있는 집 주인이 사라진 것을 알아챘다. 그도 몰래 빠져나가 일하러 간 것이었다. 파업은 결국 실패로 끝나고 있었다.

우리는 파업을 취소하기로 결정했다. 첫째 날 취소한 3일간의 파업은 단지 하루 동안의 실패지만, 3일간 계속 실패한 파업은 대실패였다. 후퇴한다는 건 굴욕적이었지만 그렇게 하지 않는다면 더욱 굴욕적인 일을 당할 것이라고 생각했다. 파업을 취소하는 성명을 내보낸 지 한 시간도 안 되어서 관영 남아프리카방송사SABC는 우리 발표를 상세히 보도했다. 보통 SABC는 ANC를 전적으로 무시했는데, 단지 실패했을 때만 우리는 그들의 방송을 이용할 수 있었다. 이번에는 우리가 파업을 취소한 것을 칭찬까지 해주었다. 이 때문에 모세 코타네는 크게 화가 났다. "SABC한테 칭찬을 받다니 참을 수 없군." 그는 머리를 흔들며 말했다. 코타네는 우리가 너무 성급히 행동했는지, 정부 손에서 놀아난 것인지 의아해했다. 그렇게 고민하는 것은 정당하지만 결정은 오만이나 당황이 아닌 순수한 전략에 따라 내려져야 했다—그래서 전략에 따라 파업을 취소한 것이었다. 적이 우리의 항복을 이용했다는 사실이 우리의 항복이 잘못이라는 걸 의미하지는 않았다.

그러나 많은 지역들이 우리의 선언을 무시한 반면 몇몇 지역은 파업이 취소되었다는 소식을 듣지 못했다. ANC의 거점인 포트엘리자베스와 케이프의 몇몇 지역들에서는 첫째 날보다 둘째, 셋째 날 반응이 더 좋았다. 그러나 일반적으로 파업이 실패했다는 사실을 감출 수는 없었다. 파업이 충분치 않았던 만큼 국민당은 선거에서 득표율이 10퍼센트 이상 증가했다.

우리는 강제적인 조치에 의존했어야 했는지를 놓고 뜨거운 논쟁을 벌였다. 우리가 사람들이 일하러 들어가는 것을 막는 피켓을 전반적으로 이용했어야만 했는가? 강경파들은 우리가 피켓을 배치했다면 파업은 성공했을 것이라고 주장했다. 그러나 나는 늘 그런 방법에는 반대했다. 사람들의 자유로운 지지에 의존하는 것이 가장 좋은 방법이기 때문이다. 그렇지 않으면 지지는 약해지고 이탈하기 쉽다. 조직은 천국이어야지 교도소가 되어서는 안 된다. 그러나 만약 조직이나 국민의 다수가 어떤 결정을 지지한다면, 어떤 경우에는 다수의 이익을 위해 의견을 달리하는 소수에게 불리한 강제조치가 이루어질 수도 있다. 소수가 아무리 소리를 높인다 하더라도 다수의 의지를 좌절시켜서는 안 된다.

집에서 나는 또 다른 종류의 명령을 지시했으나 실패했다. 아이다 음팀쿨루는 소토어를 쓰는 내 나이 또래의 여자로, 당시 우리 집의 가정부였다. 아이다는 고용된 사람이라기보다는 한 식구나 마찬가지였다. 나는 그녀를 크가이트세디라 불렀는데, 친한 사람끼리 '누이'라는 뜻으로 쓰는 말이었다. 아이다는 군대만큼이나 능률적으로 집을 운영했고, 위니와 나는 기꺼이 그녀의 지시를 받았다. 나는 종종 그녀가 시킨 심부름을 하러 밖으로 달려 나갔다.

파업 전날 내가 아이다와 그녀의 열두 살 된 아들을 집으로 태워다줄 때였다. 나는 그녀에게 다음 날 내 셔츠를 몇 개 세탁해서 다려달라고 부탁했다. 평상시와 달리 한참 동안 말이 없었다. 얼마 뒤 아이다는 내게 거의 무시하듯 말했다. "제가 그 일을 할 수 없다는 걸 잘 알고 계시잖아요."

"왜 안 되죠?" 그녀의 격렬한 반응에 놀라서 물었다.

"나도 역시 노동자라는 사실을 잊으셨나요?" 그녀는 다소 만족하는 듯 말했다. "나도 내 민족과 동료 노동자들과 함께 내일 파업할 거예요." 그녀의 아들은 내가 당황해한 것을 알고 소년다운 태도로 다음과 같이 말하며 긴장된 분위기를 완화하려고 애썼다. "넬슨 삼촌은 항상 엄마를 노동자가 아닌 누이로 대해주었잖아요." 그녀는 짜증난 태도로 마음씨 좋은 아들에게 돌아서더니 말했다. "얘야, 내가 이 집에서 내 권리를 찾기 위해 투쟁하고 있을 때 너는 어디 있었니? 만약 내가 넬슨 삼촌에 대항해서 열심히 싸우지 않았더라면 나는 오늘날 누이처럼 대접받지 못했을 거다!" 아이다는 다음 날 일하러 오지 않았고, 내 셔츠는 다려져 있지 않았다.

28

여자들의 통행증 문제만큼 신경을 자극하는 일도 거의 없었다. 정부는 여성들에게 통행증을 부과하려는 결정만큼은 물러설 기세가 아니었고, 여성들도 저항하려는 결심이 확고했다. 비록 정부는 통행증을 참고서류라고 불렀지만 여자들은 속지 않았다. 즉, 참고서류를 제시하지 못하면 벌금 10파운드를 물거나 한 달 동안 교도소에 갇혀 있어야 했기 때문이다.

1957년, 여성들은 ANC 여성동맹Women's League의 노력에 힘입어 통행증을 지참하라는 정부의 주장에 시골이나 도시 할 것 없이 전국 방방곡곡에서 분노로 대응했다. 여성들은 용감하고, 굴하지 않으며, 열정적이고 지칠 줄 몰랐다. 통행증을 반대하는 여성들의 저항은 반정부 투쟁의 표준으로 자리 잡았으며, 오늘날까지도 이보다 더 멋진 투쟁은 결코 없었다. 루툴리 추장은 "여성들이 투쟁에 적극적으로 참여하기 시작하면 지상의 어떤 권력도 우리 생애에 자유를 성취하는 것을 막을 수 없다"라고 말했다.

트란스발 동남쪽에 걸쳐 있는 스탠더턴, 하이델베르그, 발포어, 그리고 다른 작은 마을에서 여성 수천 명이 저항했다. 반역죄 재판이 휴정된 것을 이용하여, 프란세스 바르드와 플로렌스 마토멜라는 고향인 포트엘리자베스에서 통행증을 거부하기 위해 여성들을 규합했다. 10월, 요하네스버그에서 많은 여성들이 단체로 중앙 통행증 사무실에 모여서 통행증을 받으러 온 여성들과 사무실 직원들을 쫓아버리자 사무실 업무는 마비되었다. 경찰은 여성 수백 명을 체포했다.

이 일이 있고 얼마 지나지 않은 어느 날 식사를 마치고 나서 쉬고 있을 때, 위니는 내게 통행증 사무실에서 다음 날 저항하기로 한 올랜도 여성단체에 참여할 생각이라고 조용히 알려주었다. 나는 조금 놀랐다. 나는 투쟁에 가담하겠다는 그녀의 생각에 기뻤고 그녀의 용기를 존경했지만, 한편으로는 염려되었다. 우리가 결혼한 뒤 위니는 점점 더 정치적이 되어 ANC 여성동맹의 올랜도 서부지부에도 참여했다. 이 모든 것이 내가 격려한 결과였다.

나는 위니의 결정을 환영한다고 말했지만 그녀가 하려는 행동의 심각성을 경고해주어야만 했다. 그래서 단 한 번의 행동이 삶을 급격하게 변화시킬 수도 있다고 말해주었다. 아프리카를 기준으로 보면, 위니는 유복한 가정에서 태어났고, 남아프리카의 어렵고 불쾌한 현실로부터 분리되어 살았다. 적어도 그녀는 다음 끼니를 어디서 구해야 할지 걱정할 필요는 전혀 없었다. 결혼하기 전에 그녀는 비교적 부유하고 안락한 계층으로 살았다. 종종 하루 벌어 하루 먹고 사는 자유투사와는 매우 다른 삶을 살아왔다.

나는 그녀가 만약 체포된다면 지방행정기관인 그녀의 고용주가 분명히 해고할 것이라고 말했다. 그녀의 적은 임금으로 생계를 지탱하고 있다는 사실은 우리 둘 다 잘 알고 있었다. 그리고 투옥이라는 낙인 때문에 공공기관은 그녀를 고용하지 않으려 할 것이므로 그녀는 아마 사회사업가로서 다시 일할 수는 없을 것이라고도 했다. 끝으로, 그녀는 임신하고 있었기 때문에 나는 그녀에게 육체적 고난과 투옥의 굴욕감에 대해 경고했다. 내 응답이 가혹하게 들렸을지도 모르지만, 나는 남편이자 투쟁의 지도자로서 책임감을 느껴 가능한 한 그녀의 행동 결과에 대해 명확히 하려고 했다. 내 감정은 매우 복잡했는데, 남편으로서 하는 염려와 지도자로서 하는 염려가 늘 일치하지는 않았기 때문이다. 그러나 위니의 단호한 성격으로 볼 때 내 비관적인 반응이 오히려 그녀의 결심을 강화시키지 않았나 생각한다. 내 말을 모두 들은 뒤, 그녀는 각오가 되어 있다고 말했다. 다음 날 아침, 나는 일찍 일어나서 위니의 아침을 준비하고, 시위 주도자이자 월터의 부인인 알베르티나를 만나러 월터의 집으로 차를 몰고 갔다. 그러고 나서 우리는 여자들이 도심으로 가는 기차를 타기 위해 모이는 올랜도의 페페니역으로 차를 몰았다. 나는 위니가 기차에 타기 전에 그녀를 안아

「통행증법」에 반대하기 위해 프리토리아의 유니언 빌딩을 향해 행진하고 있는 여인들에게 연설하고 있다.

주었다. 위니는 기차에서 초조하지만 확고한 모습으로 나에게 손을 흔들었다. 우리 둘 다 그녀가 끝을 알 수 없는 길고 위험한 여행을 시작했음을 느끼지 않을 수 없었다.

여성 수백 명이 요하네스버그 중심가에 있는 '중앙 통행증 사무소'에 모여들었다. 늙은 사람과 젊은 사람, 부족 옷을 입은 사람과 산뜻하게 정장을 입은 사람 등 다양한 사람들이 노래하고 행진하고 항의 구호를 외쳐댔다. 몇 분 만에 무장경찰 수십 명이 이들을 포위해 모두 체포한 뒤 경찰차에 태워 마셜 광장 경찰서로 데려갔다. 여자들은 처음부터 끝까지 활기찼고, 차에 실려 가는 동안 몇몇 사람들은 기자에게 소리쳐 말했다. "우리는 내일 일하러 갈 수 없다고 우리 여주인에게 이야기해주세요!" 이날 체포된 여성들은 모두 1천 명이 넘었다.

나는 구속자의 남편이기 때문이 아니라 체포된 여성들 대부분이 '만델라와 탐보' 법률회사에 변호를 의뢰했기 때문에 이 사실을 알게 되었다. 나는 서둘러 마셜 광장으로 가서 갇혀 있는 사람들을 만나고 보석을 신청했다. 위니는 겨우 만날 수 있었는데, 그녀는 나를 보자 환하게 미소 지었다. 낡은 경찰서 유치장에 갇혀 있는 사람치고는 행복해 보였다. 그녀는 내가 기뻐할 것이라고 생각했던 훌륭한 선물을 내게 준 것 같았다. 나는 그녀가 자랑스럽다고 말했지만 내가 처리해야 할 법적인 일이 너무 많았기 때문에 오래 머무르며 이야기할 수는 없었다.

둘째 날이 끝나갈 무렵에는 체포된 여성의 수가 늘어나서 거의 2천 명이 투옥되었고, 많은 사람들이 재판을 기다리기 위하여 요새에 구류되었다. 이 일은 올리버와 나뿐만이 아니라 경찰과 교도소 당국에도 엄청난 문제를 일으켰다. 그들을 모두 수용할 만한 공간이 없었다. 담요도 부족했고, 잠자리와 화장실도 몇 개밖에 없었다. 음식은 더더구나 모자랐다. 요새는 비좁아서 답답하고 더러운 상태였다. 나를 포함해서 ANC의 많은 사람들이 여자들을 보석으로 꺼내고 싶어 했지만 여성동맹의 전국의장인 릴리언 은고이와 남아프리카 여성연합 사무장인 헬렌 요셉은 저항이 진심에서 우러나오고 효과적이려면 치안판사가 판결하는 전 기간을 복역해야만 한다고 생각했다. 나는 그들에게 이의를 제기했지만, 그것은 여자들의 문제이고 걱정하는 남편들이나 ANC가 간섭해서는 안 된다는 명확한 답을 들었다. 나는 릴리언에게 그가 결정을 내리기 전에 여자들과 이 문제를 토론해보아야 한다고 이야기했다. 그와 함께 교도소로 가자, 그는 여성들을 상대로 투표를 실시했다. 많은 사람들이 보석으로 석방되기를 간절히 원했고, 교도소에서 그들을 기다리고 있는 것에 적절하게 준비되어 있지 않았다. 내가 여자들을 2주 뒤에 보석으로 나오게 하자는 타협안을 제시하자 릴리언은 이를 받아들였다.

그로부터 2주 동안 나는 여자들을 보석, 석방시키기 위해 준비하느라 법원에서 많은 시간을 보냈다. 몇 사람은 좌절한 나머지 나에게 화를 냈다. 어떤 여자들은 이렇게 말했다. "만델라, 나는 이 사건에 신물이 나요. 만약 오늘 이 일이 끝나지 않는다면 나는 법정에 다시 나타나지도 않겠어요." 친척들과 기금 모금 단체들의 도움으로 나는 가까스로 2주 안에 그들을 모두 보석으로 석방시킬 수 있었다.

위니는 교도소 생활에서 오는 피로 때문에 건강이 나빠진 것 같지는 않았다. 비록 그녀가 고통을 받았더라도 나에게 말하지는 않았을 것이다. 그녀는 교도소에 있는 동안 남아프리카 태생의 10대 백인 여자 교도관 두 명과 친해졌다. 그녀들은 동정적이었고 호기심도 강했다. 위니가 보석으로 풀려난 뒤 우리가 초대하자 그녀들은 초대에 기꺼이 응했고, 기차를 타고 올랜도에 왔다. 우리는 집에서 점심을 대접한 다음, 위니가 동네를 구경시켜주었다. 위니와 두 여자 교도관들은 같은 나이 또래여서 친하게 지냈다. 그들이 함께 웃을 때는 모두가 자매처럼 보였다. 두 처녀는 즐거운 하루를 보냈고, 돌아가면서 위니에게 고맙다고 말했다. 그들은 올랜도로 여행 올 때 유색인종용 차량에 앉을 수밖에 없었다는 사실이 나중에 밝혀졌는데, 그것은 금지된 것이었다(백인들은 올랜도에 오지 않는다는 이유만으로 올랜도에 오는 백인용 기차는 없었다). 결과적으로 그들은 대단히 주목을 받았고, 요새에서 온 백인 여자 교도관 두 명이 위니와 나를 방문했다는 사실이 곧 널리 알려졌다. 이것이 우리에게는 문제가 되지 않았지만 그들에게는 문제가 되었다. 교도소 당국은 그들을 해고했다. 우리는 다시는 그들을 보지도 그들 소식을 듣지도 못했다.

29

1월의 예비청문회가 끝난 뒤 여섯 달 동안 우리는 1958년 8월에 시작될 예정되었던 공식 재판을 준비하면서 기다려왔다. 정부는 세 명으로 구성된 재판부의 재판장인 F. L. 럼프 판사, 케네디 판사, 루도르프 판사로 이루어진 특별고등재판부를 구성했다. 이 재판부에 좋은 결과를 기대할 수는 없었다. 세 명 모두 백인이었고, 이들 모두 집권당과 관계가 있었다. 럼프 판사는 유능하고 보통의 아프리카너보다는 지식이 많았지만, 백인 권력을 강화시키는 것이 목적인 비밀 조직 '브루더본드Broederbond'의 일원이라는 소문이 있었다. 루도르프 판사는 케네디 판사처럼 국민당 당원으로 잘 알려져 있었다. 케네디는 백인 경찰 2명을 살해한 혐의로 흑인 23명을 교수형에 처해, 교수형을 좋아하는 판사로 평판이 나 있었다.

재판이 재개되기 직전 정부는 우리에게 또 한 번 음흉한 속임수를 썼다. 재판 장소를 요하네스버그에서 58킬로미터 떨어진 프리토리아로 옮기겠다고 발표했다. 원래 화려한 유대교회였다가 법정으로 바뀐 곳에서 재판이 열릴 예정이었다. 우리 변호인단과 모든 피고인들은 요하네스버그에 살고 있었기 때문에 매일 프리토리아로 가야만 했다. 이제 재판은 우리의 시간과 돈을 더욱 많이 앗아갔다. 우리는 시간과 돈 어느 것도 풍족하지 못했다. 겨우 직업을 그럭저럭 유지해온 사람들은 그들의 직장 근처에 법원이 있어서 그래도 좋은 편이었다. 재판 장소 변경은 우리의 지지자들로부터 우리를 격리시켜 우리의 사기를 꺾으려는 시도이기도 했다. 프리토리아는 국민당의 본거지였고, ANC의 자취란 거의 찾아볼 수 없는 곳이었다.

피고인 92명은 거의 모두가 딱딱한 널빤지 의자가 삐걱거리는 불편한 버스를 타고 프리토리아까지 이동했다. 버스는 날마다 아침 6시에 출

1956년 대역죄 재판 시절. 피고들은 날마다 요하네스버그에서 프리토리아까지 버스로 이동했다.

발했고, 구유대교회에 도착하는 데는 두 시간이 걸렸다. 왕복여행은 거의 다섯 시간이 걸렸다. 아이들을 위해 방세와 음식과 옷을 살 수 있는 돈을 버는 데 훨씬 더 유용하게 쓸 수 있는 시간이었다.

우리는 이스라엘 마이셀 변호사가 유능하게 지도하며, 브람 피셔, 렉스 웰시, 버논 베랑제, 시드니 켄트리지, 토니 오다우드, G. 니콜라스 등이 돕는 뛰어나고 적극적인 변호인단의 도움을 다시 한번 받을 수 있는 특권을 누렸다. 그들은 재판이 열리는 날 변호인단과 협의해서 우리들이 결정한 위험한 법적 책략을 통해 전투적인 면을 사람들에게 보여주었다. 마이셀은 갑자기 일어나서 루도르프 판사와 럼프 판사는 이해가 상충해 우리 사건을 공정하게 심판할 수 없다는 근거로 그들을 거부한다고 신청했다. 그러자 법정은 웅성거리기 시작했다. 변호인단은 1952년 '저항운동 재판'에서 판사였던 럼프가 현재의 기소 사건 일부를 이미 판결했으므로 그가 이 사건을 판결하는 것은 정의를 구현하는 데 도움이 되지 못한다고 주장했다. 또한 헤럴드 볼피가 1954년 국민회의의 회합에서 경찰을 쫓아내기 위해 법정의 중재를 요청했을 때, 루도르프는 경찰 쪽 변호사로 정부를 대표했기 때문에 편견을 가지고 있다고 주장했다.

이것은 위험한 전략이었다. 왜냐하면 우리는 법정에서는 이 전투를 쉽게 이길 수도 있었지만 전쟁에서는 질 수도 있었기 때문이다. 우리는 루도르프와 럼프를 국민당의 강력한 지지자로 여겼지만, 그들을 대체할 수 있는 훨씬 더 나쁜 판사들이 이 나라에는 많았다. 사실상 우리가 루도르프를 사임시키는 데 열중하는 한편, 럼프는 정직한 중재자로 존경했으므로 그가 사임하지 않기를 은근히 바랐다. 럼프는 그의 정치적 견해가 무엇이든지 간에 항상 법을 따랐고, 법으로는 우리가 틀림없이 무죄로 판결될 것을 확신했다.

월요일, 붉은 법의를 걸친 판사 세 명이 법정에 들어섰을 때 분위기는 기대에 차 있었다. 루도르프는 예전 사건을 완전히 잊고 있었다고 덧붙이면서 사임하겠다고 발표했다. 그러나 럼프는 사임을 거절하는 대신 저항운동 사건을 바라보는 그의 판단이 이 사건에 아무런 영향도 미치지 않을 것이라고 확신했다. 루도르프를 대신해서 정부 측은 베커 판사를 지명했는데, 그는 국민당과 연결되어 있지 않았으므로 처음부터 우리는 그를 좋아했다. 우리는 럼프의 결정에 기뻐했다.

이 첫 번째 전략이 성공한 다음 이 전략 못지않게 위험한 두 번째 전략을 시도했다. 우리는 기소 그 자체가 문제를 안고 있다고 주장하면서 상세하고도 긴 논쟁을 시작했다. 우리는 무엇보다 기소가 막연할뿐더러 정

모세 코타네와 함께 법정 밖에서 기뻐하는 모습. 우리는 국가가 소송을 취하했다는 것을 알았다. 그러나 이러한 승리는 오래가지 못했다. 세 달 뒤, 1959년에 우리 가운데 29명은 또 다른 재판을 받아야만 했다.

확성이 결여되어 있다고 주장했다. 우리는 또 대역죄를 증명하려면 폭력에 대한 계획이 필요하므로 검찰 측에서 우리가 폭력적으로 행동하려 했다는 주장을 밝힐 증거를 제시해야 할 필요가 있다고 주장했다. 우리가 논쟁을 끝낼 즈음에는 세 판사 모두 명백히 우리의 의견에 동조하고 있었다. 8월에 재판부는 「공산주의 활동금지법」에 해당되는 두 가지 고발 중 하나를 기각했다. 두 달 동안 더 법적인 논쟁을 벌인 뒤, 10월 13일에 검찰 측은 갑자기 기소를 전부 철회한다고 발표했다. 이것은 이례적인 일이었지

1958년, 프리토리아 법원 밖에서 우리의 지지자들이 우리와 함께 노래를 부르는 모습.

만 우리는 상식을 벗어난 검찰의 방식을 너무나 훤히 알고 있었으므로 단순히 축하할 수는 없었다. 한 달 뒤에 검찰 측은 더욱 세밀하게 표현된 말로 새롭게 기소했으며, 오직 피고인 30명만 재판을 진행한다고 발표했다. 다른 사람들은 나중에 재판을 받을 것이라고 했다. 나는 그 30명에 포함되었는데, 그들은 모두 ANC 회원이었다.

새로운 기소에서 검찰 측은 폭력적으로 행동하려고 했던 우리의 의도를 증명해야 했다. 피로는 피고인들이 「자유헌장」의 목표를 달성하려면 "반드시 폭력으로 정부를 전복하는 데 참여하게" 되리라는 것을 알고 있었다고 진술했다. 남아 있는 피고인 61명의 검찰 측 기소를 법원이 기각한 1959년 중반까지 법적인 논쟁은 계속되었다. 몇 달간 계속해서 법정에서 벌어진 일이란 인간이 상상할 수 있는 것 중 가장 노골적인 법적 술책들이었다. 피고 측이 정부가 사건을 위조하려 한다는 걸 증명했는데도 검찰 측은 완고하게 버텼다. 법무장관은 다음과 같이 말했다. "비용이 수백만 파운드가 들어도 이 재판은 계속될 것이다. 시간이 얼마나 오래 걸리든 그게 무슨 상관인가?"

* * *

1958년 2월 4일 자정 직후, 내가 회담을 끝내고 집에 돌아왔을 때 위니는 홀로 진통을 겪고 있었다. 나는 그녀를 바라그와나스 병원으로 급히 데려갔지만 해산하려면 여러 시간 기다려야 한다고 했다. 나는 재판 때문에 프리토리아로 떠날 때까지 병원에 있었다. 재판이 끝나자마자 두마 노크웨와 함께 서둘러 돌아왔을 때는 이미 위니가 아이를 낳은 뒤였고, 산모와 딸 모두 매우 건강했다. 나는 막 태어난 딸을 팔에 안고서 이 아이가 진짜 만델라라고 말했다. 내 친척 음딩기 추장은 "당신은 세상에 무엇을 가져왔는가?"라는 뜻의 제나니Zenani라는 이름을 제안했다. 사람은 사회에 무엇을 공헌해야만 한다는 것을 제안하는 도전을 나타내는 시적인 이름이었다. 단순히 소유하는 것이 아니라 그에 걸맞게 살아가야 할 이름이었다.

우리 어머니가 위니를 도와주려고 트란스케이에서 와서, 아기에게 전통적인 약초 목욕을 시키는 부족의 치료자 '인얀가inyanga'를 불러서 제나니에게 코사족 방식의 세례를 해주려고 했다. 그러나 위니는 그 세례가 아기의 건강에 좋지 않을 뿐만 아니라 시대에 뒤떨어진 일이라 생각하여 강력히 반대했다. 그 대신 제나니에게 올리브기름을 바르고, 아기의 작은 몸에다 존슨즈 베이비 파우더를 두껍게 바르고, 아기의 배는 상어기름으로 채웠다.

위니가 일어나서 돌아다닐 수 있게 되자마자 나는 이 가정주부에게 운전하는 법을 가르쳤다. 당시에 운전은 남자가 할 일이었다. 여성들이, 특히 흑인 여성이 운전석에 앉는 일은 거의 없었다. 그러나 위니는 자존심이 강해서 운전을 배우는 데 몰두했다. 내가 너무 많은 시간을 밖에서 보내는 탓에 손수 그녀를 이리저리 태워다줄 수 없었기 때문에 운전은 유용한 일이었다. 아마 내가 참을성 없는 선생이었거나 내 학생이 고집이 무척 세었는지, 상대적으로 평평하고 조용한 올랜도 길을 따라 운전교습을 해주려 했을 때 우리는 변속기어를 바꿀 때마다 싸워야만 했다. 마침내 그녀가 내 말을 너무 무시해 나는 화가 나서 차에서 내려 집으로 갔다. 그런 다음 위니는 동네를 돌아다니며 혼자서 운전을 계속했는데, 내 개인지도가 없어야 운전을 더 잘하는 것 같았다. 그녀가 집에 돌아왔을 때 우리는 기꺼이 화해했고, 이 일은 두고두고 우리의 농담거리가 되었다.

위니는 결혼생활과 어머니가 되는 데 적응해야 했다. 그때 스물다섯 살인 위니는 아직 젊어서 자신의 성격을 완전히 형성하지 않은 상태였지만, 내 성격은 이미 형성되었고 다소 고집스러웠다. 나는 다른 사람들이 종종 그녀를 '만델라의 부인'으로 본다는 것을 알고 있었다. 그녀가 내 그늘 속에서 자기 자신의 고유성을 창조한다는 것은 의심할 바 없이 어려운 일이었다. 나는 그녀가 자신의 능력을 꽃피우도록 하기 위해 최선을 다했고, 그녀는 곧 내게 도움을 받지 않고 그렇게 했다.

30

1959년, 얀 반 리베크가 케이프에 도착한 기념일인 4월 6일에, 300년 전에 시작된 백인통치를 거부하고 이 나라 최고의 아프리카 정치 조직인 ANC

와 경쟁하려는 새로운 조직이 탄생했다. 올랜도 시민회관에 대표단 수백 명이 전국 각지에서 모였고, ANC의 다민족주의에 반대하는 흑인 조직으로 범아프리카회의PAC가 출범했다. 15년 전에 청년동맹을 만들었던 우리처럼 새로운 조직의 창설자들은 ANC가 투쟁적이지 못하며, 대중과 교류가 없고 '비아프리카인들'이 지배한다고 생각했다.

로버트 소부퀘가 의장으로 선출되었고, 포틀라코 레발로는 전국 사무국장이 되었다. 둘 다 예전에 ANC의 청년동맹 회원이었다. PAC는 "아프리카인을 위한, 아프리카인에 의한, 아프리카인의 정부"를 주장하는 소부퀘의 개회사와 함께 성명서와 회칙을 발표했다. PAC는 백인 정부를 전복하고, 내용은 사회주의적이고 형태는 민주적인 토착 아프리카인 정부를 세울 것이라고 선언했다. 그들은 모든 형태의 공산주의를 거부했고, 백인과 인도인을 남아프리카에 전혀 근본적인 뿌리가 없는 소수 외국인 집단 또는 이방인으로 여겼으며, 남아프리카는 흑인을 위한 것이지 그 밖의 다른 사람을 위한 곳이 아니라고 생각했다.

PAC 출현이 우리에게 놀라운 일은 아니었다. ANC에 있는 아프리카 민족주의자들은 3년이 넘도록 그들의 불만을 소리 높여 알리고 있었다. 1957년, 아프리카 민족주의자들은 전국회의에서 트란스발 집행부를 불신임 투표에 부쳤으나 패배했다. 그들은 1958년 선거일을 '집에 있는 날'로 정하는 데 반대했고, 그들의 지도자인 포틀라코 레발로는 ANC에서 쫓겨났다. 1958년 11월, ANC 회의에서 아프리카 민족주의자들은 「자유헌장」이 아프리카 민족주의 원칙을 위반했다고 주장하며 「자유헌장」을 반대한다고 선언했다.

PAC는 1912년 ANC의 설립을 뒷받침했던 원칙에서부터 그들 조직에 대한 영감을 얻었다고 주장했지만, 사실은 1944년 청년동맹을 세우는 동안 안톤 렘베데와 음다가 제시한 감정적인 아프리카 민족주의에서 나온 원리를 받아들인 것이다. PAC는 아프리카인을 위한 아프리카와 아프리카 합중국이라는 당시의 원칙과 선전 문구를 고스란히 흉내 냈다. 그러나 그들이 이탈한 직접적인 이유는 「자유헌장」과 회의동맹의 지도부에 백인들과 인도인이 관여하는 것을 반대했기 때문이다. 주로 백인 공산주의자와 인도인들이 ANC를 지배하고 있다고 믿었기 때문에 그들은 다른 인종과 협력하는 데 반대했다.

PAC의 설립자들을 나는 잘 알고 있었다. 로버트 소부퀘는 오랜 친구였다. 그는 잘 알려진 신사이자 학자였다(그의 동료들은 그를 교수라고 불렀다). 자신의 원칙을 위해 기꺼이 지속적인 불이익을 감수할 수 있다는 그의 신념 때문에 나는 그를 존경해왔다. 포틀라코 레발로, 피터 라보로코 그리고 제파니아 모토펭 모두 친구이자 동료들이었다. 나는 내 정치적 스승인 가우어 라데베 씨가 PAC에 참여했다는 사실을 알고 깜짝 놀랐으며, 조금 당황스러웠다. 이전에는 공산당 중앙위원회의 위원이었던 사람이 명백하게 마르크스주의를 반대하는 조직과 제휴하기로 결정했다는 사실이 재미있는 일이라고 생각했다.

많은 사람이 개인적인 원한이나 실망 때문에 PAC에 자신의 운명을 던졌다. 투쟁의 진보는 생각하지 않고 질투나 복수하고 싶은 자신의 감정에 집착했다. 나는 커다란 운동의 일부가 아니라 분리된 개인으로 느끼게 만드는 많은 개인적인 감정들을 억눌러야만 자유투사가 될 수 있다고 믿었다. 개인의 영광을 위해서가 아니라 수백만 명의 해방을 위해 싸우는 것이기 때문이다. 인간이 로봇이 되라거나 자기 자신에게서 모든 개인적 감정과 동기를 제거해야 한다고 말하는 것은 아니다. 그러나 자유투사는 국민이라는 가족에 자신의 가족을 종속시키는 것과 마찬가지로 자기 자신의 개인적 감정을 운동에 종속시켜야만 한다.

나는 PAC의 견해와 행동이 성숙하지 못하다고 생각했다. 어느 철학자는 사람이 젊었을 때 자유주의적이지 않고 늙었을 때 보수적이지 않다면 뭔가가 이상한 것이라고 지적한 적이 있다. 나는 보수주의자는 아니었지만 성숙해지면서 젊었을 때 가졌던 견해의 일부분은 미발달하고 미숙한 것임을 알게 되었다. 내가 한때 아프리카 민족주의자들의 견해에 공감했었고 그들과 많은 견해를 공유했지만, 나는 자유를 위한 투쟁이란 타협도 필요하며, 좀 더 충동적일 수밖에 없는 젊은 시절에 반대했던 원칙들을 받아들일 줄도 알아야 한다고 생각한다.

PAC는 빠른 해결을 약속하는 극적이고 지나치게 야심적인 계획들을 내놓았다. 그들의 가장 극적이며 순진한 약속은 1963년 말에 해방이 된다는 것이었고, 그들은 아프리카 민족주의자들에게 그 역사적인 시간을 위해 준비하라고 촉구했다. "1960년 우리는 첫째 조치를 취하며, 1963년에 자유와 독립을 향해 마지막 조치를 취한다"라고 그들은 약속했다. 이 예언이 기다리는 데 지친 사람들에게 희망과 열정을 불러일으키긴 했지만 조직이 지킬 수 없는 약속을 하는 것은 항상 위험한 일이다.

반공산주의 때문에 PAC는 서방세계 언론과 미국 국무성의 귀염둥이가 되었다. 이들은 아프리카 좌파의 가슴에 던지는 비수로 PAC의 탄생을 환영했다. 국민당조차도 PAC에서 동맹의 가능성을 찾았다. 그들은 PAC가 그들의 반공주의를 반영하며, 분리발전을 주장하는 그들의 견해를 지지하는 것으로 여겼다. 국민당은 다른 인종 간의 협력도 거절했다. 국민당과 미국 국무성은 자신들의 목적을 위해 새로운 조직의 규모와 중요성을 과장하는 것이 타당하다고 보았다.

우리는 PAC 때문에 투쟁에 동참하게 된 사람들을 환영했지만 그 조직은 거의 항상 방해자 노릇만 했다. 그들은 중요한 시점에서 사람들을 갈라놓았기에 그런 사실은 잊을 수가 없었다. 우리가 총파업을 주장할 때 그들은 사람들을 일터로 내몰았고, 우리가 하는 선언에 역행하는 오해의 소지가 있는 성명서를 냈다. 그러나 나는 PAC 설립자들은 ANC 이탈자들이었지만 우리 두 단체는 언제나 통합할 수 있다는 희망을 마음속에 품고 있었다. 나는 일단 가열된 논쟁이 식으면 투쟁에 대한 본질적인 공통점은 우리를 하나로 만들 것이라고 생각했다. 이런 믿음에 힘을 얻어 차이점보다는 유사점을 찾는다는 생각으로 그들 정책을 담은 성명서와 활동에 특별히 관심을 기울였다. PAC 창립회의 다음 날, 나는 소부퀘에게 다가가서 PAC 회칙 및 기타 정책 자료와 의장의 연설문을 구해달라고 요청했다. 소부퀘는 나의 관심에 기뻐하는 것 같았다. 내가 요청한 자료들을 꼭 구해주겠다고도 말했다. 얼마 뒤 그를 다시 보았을 때 내가 했던 요청을 다시 물어보았는데, 그는 자료가 가고 있는 중이라고 말했다. 나는 뒤에 포틀라코 레발로를 만나 말했다. "여보게, 자네들은 내게 자료를 주겠다고 계속 약속하지만 아무도 주지는 않는군." 그러자 그가 대답했다. "넬슨, 우리는 자네가 우리를 공격하는 데 그걸 이용하고 싶어 할 뿐이라는 걸 알기 때문에 자네에게 그걸 주지 않기로 결정했네." 나는 그의 이런 생각이 잘못되었음을 깨우쳐주자 그는 누그러져서 내가 찾던 모든 자료를 나에게 건네주었다.

31

1959년에 국회는 「반투 자치정부 촉진법」을 통과시켜 분리된 인종적인 반투자치구 8개를 만들었다. 이것은 정부가 소위 '그루트groot'라고 부르는 광범위한 아파르트헤이트의 기초였다. 거의 같은 시기에 정부는 사기성이 짙은 이름으로 「대학교육확대법」을 도입했는데, 이 법은 광범위한 아파르트헤이트의 또 하나의 기둥으로 유색인들이 급진적으로 개방된 대학에 들어가는 것을 막았다. 「반투 자치정부 촉진법」을 도입할 때, 반투 행정 및 개발 장관인 드 웨트 넬은 모든 개인과 인구 집단의 복지는 자체 민족공동체 내에서 가장 잘 발달될 수 있고, 흑인은 결코 백인 공동체에 통합될 수 없다고 말했다.

국민의 70퍼센트에게 단지 국토의 13퍼센트만을 할당하는 반투 자치구 정책의 비도덕성은 명백했다. 새로운 정책에서는 흑인의 3분의 2가 소위 말하는 백인지역에서 살고 있더라도 그들 자신의 '부족 땅'에서만 시민권을 가질 수 있었다. 이 계획은 흑인에게 백인지역에서의 자유도, 소위 '우리' 지역이라는 곳에서의 독립도 주지 않았다. 페르부르트는 반투 자치구 제도의 탄생은 호의적인 면이 많아서 결코 반란이 싹트는 근거지로 전락하지는 않을 것이라고 말했다.

실제로는 그와 완전히 반대였다. 농촌지역에서는 소요가 일어났다. 지러스트만큼 완강하게 저항하며 싸운 지역은 거의 없었다. 아브람 모일롸 추장이 (변호사 조지 비조스의 유능한 도움을 받으며) 부족 사람들을 반투 당국에 저항하도록 이끌었다. 그러한 지역들은 대개 언론에도 알려지지 않았으며, 정부는 자기들이 저지른 행동의 잔인함을 감추기 위해 그들이 언론에 접근할 수 없다는 것을 이용했다. 죄 없는 사람들 수십 명이 체포되고, 탄압받고, 교도소에 갇히고, 추방되고, 맞고, 고문당하고, 살해되었다. 세쿠쿠네랜드 사람들도 반란을 일으켜, 최고 권력을 가진 추장인 모로아모초 세쿠쿠네, 고드프리 세쿠쿠네 그리고 다른 고문들이 추방되거나 체포되었다. 정부의 하수인으로 알려진 콜라네 크골로코 세쿠쿠네 추장은 암살되었다. 1960년 무렵에 세쿠쿠네 지역의 저항은 공개 저항으로 발전하여 사람들이 세금 납부를 거부했다.

지러스트와 세쿠쿠네 지역의 ANC 지부들은 저항 당시 두드러진 역할을 했다. 모진 억압에도 불구하고 지러스트 지역에는 많은 ANC 지부들이 새롭게 생겨났고, 그중 한 지부는 약 2천 명의 회원들을 새로 맞이했다. 세쿠쿠네랜드와 지러스트는 정부가 남아프리카에서 최초로 ANC 활동을 금지한 지역들이었는데, 이 같은 사실은 외떨어진 지역에서 우리 힘을 보여준 사례였다.

시위는 이스턴폰돌란드에서도 일어났는데, 그곳에서 정부 심복들이 공격당하거나 살해되었다. 템불란드와 줄룰란드는 완강히 저항했고, 마지막까지 항복하지 않은 지역들 가운데 하나였다. 사람들은 두들겨 맞고, 체포되고, 추방되고, 투옥되었다. 템불란드의 저항은 1955년부터 계속되어왔으며, 사바타가 시위 병력의 일부를 형성하고 있었다.

트란스케이에서 국민들이 내 조카와 한때 내 스승이었던 마탄지마에게 분노를 터뜨린 것은 나에게 특히 고통스러운 일이었다. 의심할 바 없이 달리원가는 정부에 협력하고 있었다. 몇 년 동안 내가 그에게 해온 호소는 무용지물이 되었다. 마탄지마 본부의 임피스impis(전통적인 용사들)가 그에 반대하는 마을들을 불태워버렸다는 보고가 들어왔다. 그를 암살하려는 시도가 몇 번 있었다. 위니의 아버지가 마탄지마협의회에서 일하며, 마탄지마의 확고한 지지자라는 사실 역시 나를 고통스럽게 했다. 아버지와 남편이 같은 문제를 두고 서로 반대편에 있다는 것은 위니에게는 무척이나 받아들이기 힘든 문제였다. 그는 자신의 아버지를 사랑했지만 아버지의 정치 입장에는 반대했다.

트란스케이에서 온 부족민과 인척들이 정부에 협력하는 추장들에 대해 불만을 털어놓기 위해 올랜도로 나를 찾아왔던 적이 한두 번이 아니었다. 사바타는 반투 당국에 반대했고 항복하지 않을 것이지만, 나를 찾아온 사람들은 마탄지마가 그를 해임할까 염려했다. 그러나 결국 그렇게 되고 말았다. 한번은 달리원가 자신이 반역죄 재판 기간 중에 나를 찾아와서 나는 그를 프리토리아로 데려갔다. 법정에서 마이셀은 그를 판사들에게 소개했고, 그들은 그에게 명예석을 주었다. 그러나 밖에서, 즉 피고인들 사이에서 그는 존경스러운 대접을 받지는 못했다. 그는 공격적으로 여러 피고인들에게 왜 그들이 분리발전에 반대하는지를 질문하기 시작했고, 피고인들은 그를 배반자라고 여겼다. 릴리언 은고이는 “하느님 맙소사. 이 친구 사람 꽤 화나게 만드는군” 하고 말했다.

32

신의 물방앗간은 너무나도 천천히 돌아간다고 말들을 하지만, 신조차도 남아프리카 사법제도와는 비교될 수 없다. 1959년 8월 3일, 우리가 체포된 지 2년 8개월 만에, 법적 공방이 시작된 지 1년이 다 지났을 때 실제 재판이 프리토리아의 구유대교회에서 시작되었다. 우리는 마침내 정식으로 기소되었지만 30명 모두가 죄가 없다고 탄원했다. 마이셀이 다시 한번 우리 변호인단을 이끌었고, 시드니 켄트리지, 브람 피셔, 버논 베랑제가 그를 도왔다. 이번에는 재판이 진지했다. 재판이 시작된 뒤 처음 두 달 동안 검찰 측은 서류 약 2천 개를 등록하고 증인 210명을 불러들였다. 이들 중 200명은 경찰 특수부 사람들이었다. 이들은 옷장과 침대 밑에 숨거나

ANC 회원인 체하는 등 사실상 우리 조직의 정보를 입수하기 위해 온갖 속임수를 썼음을 인정했다. 그러나 정부 측이 제출한 많은 서류들과 그들이 베낀 연설들은 공공서류였고 공공연설이었는데, 이는 모두에게 유용한 정보였다. 이전과 마찬가지로 1952년과 1956년 사이에 일어났던 수많은 기습공격을 통해 피고 측으로부터 압수한 책과 문서, 서류들과, 같은 기간 동안에 ANC 회합에서 경찰이 빼앗은 기록들이 검찰 측의 많은 증거가 되었다. 이전과 마찬가지로 우리의 연설에 대한 특수부 경찰들의 보고는 엉망이었다. 우리는 재판장의 빈약한 음향효과와 특수부 형사들의 혼동되고 부정확한 보고들 속에서, 우리가 이야기하지 않은 것에 벌금을 물 수도 있고, 우리가 듣지도 못한 것 때문에 투옥될 수도 있고, 우리가 하지도 않은 일 때문에 교수형을 당할 수도 있다고 농담하고는 했다.

매일 점심시간에 우리는 존경할 만한 타야나기 필레이 여사와 그녀의 친구들이 요리한 식사를 대접받으며, 이웃에 있는 목사관의 널찍한 정원에 앉아 있을 수 있었다. 그들은 거의 날마다 점심에는 우리에게 맛있는 인도 음식을, 아침과 오후 쉬는 시간에는 차, 커피, 샌드위치를 제공해주었다. 이러한 임시 휴식시간은 법원에서 잠시 휴가를 얻은 것 같았고, 우리가 서로 정치에 대해 토론할 기회를 주었다. 목사관 정원에 있는 열대 아프리카산 나무 그늘 아래서 쉬는 시간은 재판을 받으면서 가장 즐거운 시간이었다. 여러 가지 면에서 이번 재판은 정의를 위한 재판이라기보다는 우리의 인내력을 시험하는 것에 가까웠기 때문이다.

10월 11일 아침에 법정에 나갈 준비를 하고 있을 때, 우리는 라디오에서 오즈월드 피로 검사가 뇌출혈로 갑자기 사망했다는 발표를 들었다. 그의 죽음은 정부 측에게는 심각한 손해였다. 또한 검찰 측의 효과적이고 적극적인 역량도 그때부터 줄어들었다. 그날 법정에서 럼프 판사는 피로에게 감상적인 찬사를 보냈고, 그의 법적인 통찰력과 철저함을 칭찬했다. 우리는 그가 없어져 유리하게 되었지만 그의 죽음을 기뻐하지는 않았다. 그에 대해 우리는 약간의 애정을 갖게 되었는데, 이유는 피로의 정치적 견해는 불건전했지만 그가 봉사하는 정부만큼 개인적인 인종차별주의 정신이 극심하지는 않았기 때문이다. 그는 습관적으로 예의바르게 우리를 아프리카인이라고 불렀는데(우리 변호인조차도 가끔 슬그머니 우리를 '원주민'이라고 불렀다), 그런 태도는 그의 백인지상주의적인 정치적 경향과 대조되었다. 재미있게도 구유대교회 안의 우리들의 작은 세상은 균형을 이룬 것처럼 보였다. 아침마다 우리는 피로가 그의 책상에서 우익 신문인 《새질서Nuwe Order》를 읽고, 브람 피셔가 우리의 책상에서 좌익 신문인 《새시대》를 읽는 것을 관찰할 수 있었기 때문이다. 피로가 예비 조사에 관한 책을 무료로 100권 이상 우리에게 기증한 것은 피고 측이 많은 돈을 절약하도록 하려는 관대한 처사였다. 드 보스 검사가 새로운 검찰 측 대표가 되었으나 전임자의 언변과 총명함에는 미치지 못했다.

검찰 측은 피로의 사망 직후에 증거 제시를 끝마쳤다. 그러고는 예비조사가 이루어지는 동안 공산주의 전문가이지만 그 주제에 대하여 너무나 무능력하다고 판명되어 오랫동안 고통받아온 머리 교수부터 전문가의 증언을 듣기 시작했다. 마이셀의 혹독한 반대신문에서 머리는 「자유헌장」이 남아프리카의 혹독한 상황에서 유색인들의 자연스러운 반응과 열망을 나타내주고 있는, 사실상 인도주의적인 문서일 수도 있음을 인정했다.

머리가 정부 측의 주장을 진작시키는 데 별로 도움을 주지 못한 유일한 검찰 측 증인은 아니었다. 많은 양의 검찰 측 증거와 그들의 전문 증인들로부터 얻어낸 증언에도 불구하고, 검찰 측은 ANC가 폭력 음모를 꾸몄다는 어떤 타당한 근거도 제시할 수 없었고, 그들도 이 사실을 알고 있었다. 그러고 나서 3월이 되자 검찰 측은 별안간 새로운 자신감을 드러냈다. 그들은 가장 결정적인 증거를 내놓을 작정이었다. 언론으로 하여금 대단히 화려하게 나팔을 울리고 오랫동안 북을 치게 해놓은 뒤, 정부 측은 재판정에서 몰래 녹음된 로버트 레샤의 연설을 틀어주었다. 그것은 1956년 우리 모두가 체포되기 몇 주 전, 자유투쟁 지원자들을 가득 모아놓고 트란스발 자원자 대장으로서 한 연설이었다. 법정은 매우 조용했다. 녹음 상태가 나쁘고, 시끄러운 잡음이 들리는데도 로버트의 연설은 매우 분명하게 들렸다.

> "여러분들이 훈련을 받을 때 조직이 폭력을 사용하지 말라고 명령했다면 폭력을 사용해서는 안 된다.…… 그러나 여러분들이 진정한 자원자로서 폭력적이길 요청받았을 때에는 절대적으로 폭력적이어야만 한다. 살인도 해야 한다! 살인! 그게 전부다."

검사 측은 이 연설로 재판은 끝이 났다고 생각했다. 신문은 레샤의 연설을 대서특필하고, 검찰이 느끼는 바를 그대로 되뇌었다. 검찰 측에 그 연설은 ANC의 진정하고 깊숙한 의도를 드러내고, ANC가 대중적으로는 비폭력을 가장했다는 가면을 벗겨주는 것이었다. 그러나 사실상 레샤의 연설은 변칙적인 것이었다. 레샤는 흥분을 잘하긴 하지만 뛰어난 대중 연설자였고, 그가 선택한 비유는 오해일 뿐이었다. 그러나 변호인이 지적하고자 한 것처럼 그는 단지 훈련의 중요성과 지원자는 아무리 입에 맞지 않더라도 자기가 명령받은 것은 복종해야 한다는 것을 강조하려는 것뿐이다. 여러 차례 우리 측 증인들은 레샤의 연설이 문맥과 다르게 인용되고 있다는 사실과 ANC 정책을 반영하지는 않는다는 것을 보여주려고 했다.

검사 측은 1960년 3월 10일 자기편 논고를 마쳤고, 4일 뒤에 우리 측 변론을 위해 첫 번째 증인을 부르도록 되어 있었다. 우리는 여러 달 동안 침체되어 있었지만 증언이 시작되자 공격하고 싶은 마음이 강해졌다. 우리는 너무 오랫동안 적들의 공격을 받아넘기기만 했다.

언론에서는 우리의 첫 번째 증인이 루툴리 추장일 것이라는 추측들이 허다했다. 검찰 측도 그러리라고 굳게 믿었지만, 3월 14일 우리가 첫 번째 증인으로 루툴리가 아닌 윌슨 콩코 박사를 내세우자 검사 측은 대경실색했다.

콩코는 나탈에서 아름다운 곳으로 꼽히는 이조포 지역 출신의 줄루족으로 가축을 기르는 농부의 아들이었다. 개업한 내과의사면서 청년동맹 창설자 중 한 명이었고, 적극적으로 저항운동에 참여했으며, ANC의 보물이었다. 증언의 준비 과정으로 비트바테르스란트 대학에서의 뛰어난 학업 성적에 관해 질문을 받았는데, 그는 이 대학의 의과대학에서 백인 특권 계층의 모든 자녀들을 제치고 1등으로 졸업했다. 콩코의 신분이 언급될 때, 나는 나탈 출신인 케네디 판사가 그를 자랑스럽게 여긴다는 인상을 분명히 받았다. 나탈인들은 자신들의 고향에 대한 충성심으로 유명했고, 이런 특별한 유대 관계는 때때로 인종을 초월하기도 했다. 실제로 많은 나탈인들은 자신들을 줄루족 백인이라고 생각했다. 케네디 판사는 항상 공정한 마음의 소유자인 것 같았고, 윌슨 콩코의 예를 통해서이지만 우리를 부주의한 민중 선동자가 아니라, 만약 조국이 도와주기만 한다면 조국을 도울 수 있는 가치 있는 야망을 가진 사람들로 보기 시작하는 것 같았다. 콩코의 진술 끝에 콩코의 의료 업적이 언급될 때, 케네디 판사는 그의 능숙한 언어인 줄루어로 "우리 줄루인들은 저처럼 훌륭하지"라고 말했다. 콩코 박사는 조용하고 명료하게 ANC는 비폭력을 지향한다는 것을 재확인해주었다.

다음 증인은 루툴리 추장이었다. 그는 품위 있고 솔직했으므로 법정에서 깊은 인상을 남겼다. 그는 고혈압으로 고통받고 있었기 때문에 법원은 그가 증언하는 아침 동안에만 앉아 있어도 좋다고 동의했다. 그의 증언은 며칠 동안 계속되었고, 거의 3주간 반대신문을 받았다. 그는 단순명료하게 ANC 정책이 발전된 과정을 신중하게 요약했고, 선생이자 추장이었던 과거 지위는 그의 말에 무게와 권위를 더해주었다. 그는 독실한 기독교인으로서 ANC가 얼마나 성실하게 인종 간의 화합을 위해 노력해왔는지를 토로할 수 있는 완벽한 사람이었다.

추장은 인간의 타고난 선善에 대한 자신의 믿음과, 경제적 압력과 도덕적 선이 어떻게 아프리카너들의 가슴을 변화시키도록 유도할 수 있는지를 증언했다. ANC의 비폭력 정책에 대해 토론할 때 그는 비폭력과 평화주의 사이에 차이점이 있다는 것을 강조했다. 평화주의자는 폭력적인 공격을 당할 때조차도 자신들을 보호하려고 하지 않지만, 비폭력을 지지하는 사람들은 반드시 그런 것은 아니라는 것이다. 때때로 인간과 국가는 비폭력적이면서도 공격받을 때는 스스로를 방어해야만 한다고 했다.

나는 콩코와 루툴리 추장의 진술을 들으면서, 아마 이 판사들이 그들 인생에서 처음으로 자기들이 듣고 싶어 하는 것만을 알아서 이야기하는 하인들이 아니라 자신들의 정치적 믿음과 그것들을 실현할 수 있는 방법을 토론하는 독립적이고 명쾌한 흑인들의 말에 귀를 기울이고 있는 것이라고 생각했다.

트랜고브 검사는 추장을 반대신문하면서, ANC는 공산주의자가 조정하며 대중적으로는 비폭력을 지향하고 내부적으로는 폭력혁명을 수행하려는 이중적인 계획을 가지고 있음을 인정하게 만들려고 끈질기게 시도했다. 추장은 트랜고브가 제시한 암시를 단호하게 반박했다. 트랜고브가 자제력을 잃은 것처럼 보일 때 특히 그는 평온해 보였다. 한번은 트랜고브가 추장을 위선자라고 비난했다. 추장은 트랜고브의 비난을 무시했고, 조용히 배심원을 향해 "하느님 맙소사, 나는 검찰 측이 미개해져가고 있다고 생각합니다"라고 말했다.

그러나 3월 21일, 추장의 진술은 법정 밖에서 일어난 파괴적인 사건으로 중단되었다. 그날 엄청나게 중요한 사건이 이 나라를 뒤흔들어서, 루툴리 추장이 한 달 뒤에 증언하러 돌아왔을 때 법정과 남아프리카 전체는 전혀 다른 장소로 변해 있었다.

33

1959년 12월, 도시에서 활발하게 통행증 반대시위가 벌어지는 동안, 더반에서 ANC의 연례회의가 열렸다. 회의에서는 3월 31일에 시작해서 6월 26일에 통행증을 태우는 커다란 모닥불로 절정을 이룬다는 계획을 세우고, 엄청난 규모의 전국적인 통행증 반대운동을 시작하기로 만장일치로 의결했다.

계획은 즉시 시행되었다. 3월 31일, 대표단이 지방 당국으로 파견되었다. ANC 지휘부는 전국을 돌며 ANC 지부에 이 운동을 설명했다. ANC 행동대원들은 동네와 직장에 이 말을 퍼뜨렸다. 전단과 스티커, 포스터가 인쇄되어 뿌려지고, 전철과 버스에 붙여졌다.

나라 분위기는 험악했다. 정부는 ANC 조직을 금지시키겠다고 위협했고, 내각 각료들은 ANC를 곧 "맨주먹으로 강타"할 것이라고 경고했다. 그런가 하면 아프리카 대륙 여기저기서 자유투쟁은 계속되었다. 1957년 가나 독립공화국과, 범아프리카 민족주의자이며 반인종차별주의 지도자인 콰메 은크루마의 출현에 놀란 국민당은 국내의 반대자들을 더욱 엄중하게 단속했다. 1960년에는 아프리카 대륙에서 식민지 국가 17개가 독립국가가 될 예정이었다. 2월에는 영국 수상 헤럴드 맥밀런이 남아프리카를 방문했는데, 의회 연설에서 '변화의 바람'이 아프리카 대륙을 휩쓸고 있다고 말했다.

당시 PAC는 패배한 것처럼 보였다. 그 지도자들을 추종하는 사람들은 많지 않았고, 그들은 정치적 지도地圖 위에 표시될 만한 어떠한 행동도 아직 하지 못한 상황이었다. 그들은 ANC의 통행증 반대운동을 알고 있었고, ANC가 동참해달라고 부탁했지만 우리와 손을 잡는 대신에 우리를 방해하려고 했다. PAC는 우리가 시작하기 10일 전인 3월 2일에 통행증 반대운동을 시작하겠다고 발표했다. 날짜를 정하기 위해 그들은 어떤 회의도 열지 않았고, 조직상의 어떤 중요한 일도 실시하지 않았다. 그것은 뻔뻔스럽고 기회주의적인 일이었다. 적을 쳐부수기 위해서라기보다는 ANC를 이기려는 욕망에 자극받은 행동이었다.

예정된 시위가 있기 나흘 전에 소부퀘는 우리에게 PAC와 통합하자고 제안했다. 소부퀘의 제안은 통합을 위한 몸짓이 아니라 PAC가 우리를 포함하지 않은 데 비판을 받지 않으려는 전술적인 움직임이었다. 그는 너무 늦게 제안을 했고, 우리는 그 제안을 거부했다. 3월 21일 아침, 소부퀘와 집행위원들은 올랜도 경찰서에 걸어 들어가서 체포되었다. 일하러 가는 사람들 수만 명이 PAC 사람들을 무시했다. 치안판사 법정에서 소부퀘는 "보석 반대, 변호 반대, 벌금 반대"라는 구호에 따라서 PAC는 자신을 변호하지 않을 것이라고 발표했다. 사람들은 피고들이 몇 주간의 형을 받을 것이라고 생각했다. 그러나 소부퀘는 3주가 아니라 벌금형을 선택할 수 없는 3년형을 선고받았다.

요하네스버그에서 PAC 요구에 대한 반응은 미미했다. 더반, 포트엘리자베스, 또는 이스트런던에서는 아무런 시위도 일어나지 않았다. 그러나 에버턴에서는 조 몰레피와 부주무지 마케가 유능하게 도와줘 Z. B. 몰레테가 수백 명이 통행증이 없어 체포될 때 전 지역 사람들의 지지를 불러일으켰다. 케이프타운에서는 그 도시의 역사상 가장 커다란 통행증 반대 시위가 있었다. 케이프타운 외곽의 랑가 지역에서는 젊은 학생인 필립 크고사나의 주도하에 약 3만 명이 모여서 경찰의 몽둥이 공격에 반발해 반란을 일으켰는데, 이때 두 사람이 살해되었다. 그러나 시위가 일어났던 마지막 지역은 가장 비참했고, 그곳은 바로 그 이름이 여전히 우리에게 비극으로 기억되는 샤프빌이었다.

샤프빌은 요하네스버그 남쪽으로 약 55킬로미터 떨어진 베레니깅 주위에 있는 암울한 산업 단지 내의 조그마한 동네였다. PAC 활동가들은 그 지역을 훌륭하게 조직했다. 오후 일찍 수천 명이 경찰서를 에워쌌다. 시위대는 잘 통제되었고, 비무장 상태였다. 경찰 병력 75명은 수적으로 시위대에 압도되었고 겁에 질려 있었다. 아무도 경고탄 소리나 발포 명령을 듣지 못했지만 갑자기 경찰은 군중에게 총을 쏘았고, 시위대가 공포에 떨며 돌아서서 달아날 때도 사격을 멈추지 않았다. 그 지역이 다시 조용해졌을 때에는 흑인 69명이 죽어 넘어져 있었다. 그들은 대부분 도망가다 등에 총을 맞았다. 경찰은 사람들에게 모두 700발 넘게 총을 쏘았고, 여자와 어린아이 수십 명을 포함해서 400명 넘는 사람들이 상처를 입었다. 그것은 대량학살이었고, 다음 날 세계 곳곳에서 발행된 신문 표지에는 잔혹한 만행 사진이 실렸다.

샤프빌에서 발생한 총격 때문에 전국에서 폭동이 일어나고 정부는 심각한 위기에 처했다. 미국 국무성을 포함한 전 세계에서 분노에 찬 항의가 밀어닥쳤다. 처음으로 유엔 안전보장이사회는 정부의 발포를 비난하며 인종 평등을 실현할 조치를 취하라고 촉구하며 남아프리카 문제에 개입했다. 요하네스버그에서 주식 거래는 폭락했고, 자본은 국외로 유출되기 시작했으며, 아프리카너들은 이민 갈 계획을 세우기 시작했다. 자유주의자들은 페르부르트가 흑인에게 양보할 것을 촉구했다. 정부는 샤프빌 대학살 사건은 공산주의들이 행한 음모의 결과라고 주장했다.

샤프빌에서 일어난 대량학살은 이 나라에 새로운 상황을 불러왔다. PAC 지도자들의 미숙함과 기회주의적인 태도에도 불구하고 샤프빌과 랑가에서 일어났던 시위에서 PAC의 일반 회원들은 커다란 용기와 강인함을 보여주었다. 단 하루 만에 그들은 투쟁의 최전선으로 나갔고, 로버트 소부퀘는 해방운동의 구원자로 나라 안팎에서 환영을 받았다. ANC 회원들은 이 새로운 상황에 빨리 적응해야 했고, 또 그렇게 했다.

우리의 작은 그룹, 즉 월터와 두마 노크웨와 조 슬로보와 나는 대응책을 마련하느라 요하네스버그에서 밤새도록 회의를 열었다. 우리는 적당한 방법으로 사람들에게 분노와 슬픔을 배출할 수 있도록 해야 한다는 것을 알고 있었다. 우리 계획을 루툴리 추장에게 전달하자 그는 기꺼이 받아들였다. 3월 26일에 프리토리아에서 추장은 공개적으로 자신의 통행증을 불태우고 다른 사람들에게도 따라할 것을 요청했다. 그는 샤프빌에서 일어났던 잔혹 행위에 대한 전국적인 저항과 애도의 날인 3월 28일을 전국적으로 문밖출입을 하지 않는 날로 정했다. 그리고 올랜도에서 두마 노크웨와 나는 시민 수백 명과 함께, 언론사 사진기자 수십 명 앞에서 우리의 통행증을 불태웠다.

이틀 뒤인 3월 28일, 흑인 수십만 명이 추장의 요구에 응함으로써 나라 전체는 엄청난 반응을 보였다. 정말로 거대한 조직만이 그러한 행동을 조정할 수 있었는데, ANC가 바로 그렇게 했다. 케이프타운에서는 군중 5만 명이 발포에 항거하기 위해 랑가 지역에 모였다. 폭동은 여러 지역에서 일어났다. 정부는 비상사태를 선포하고, 인신보호 영장제를 폐지했으며, 모든 형태의 전복활동에 대응할 수 있는 완전한 권한을 장악했다. 이제 남아프리카는 계엄령 상태였다.

34

3월 30일, 새벽 1시 30분에 문을 날카롭고 거칠게 두드리는 소리에 나는 잠이 깼다. 의심할 바 없이 경찰이었다. "올 것이 왔군" 하고 나는 중얼거렸다. 문을 열자 무장한 보안경찰 여섯 명이 서 있었다. 그들은 내가 최근에 만든 가족 역사와 부족 우화에 대한 우리 어머님의 회상록을 포함해서 그들이 찾을 수 있는 모든 서류 쪽지를 압수하고 집을 뒤죽박죽으로 만들었다. 나는 그것들을 결코 다시 볼 수 없었다. 그러고 나서 나는 영장 없이 체포되었는데, 변호사를 부를 기회도 주지 않았다. 그들은 내 아내에게 내가 어디로 끌려가는지도 알려주지 않았다. 나는 위니에게 단지 고개만 끄덕였을 뿐 그녀를 안심시키는 말을 할 시간도 없었다.

30분 뒤에 우리가 도착한 곳은 뉴랜드 경찰서였다. 그곳에서 법률사무소 고객들을 만날 기회가 많았던 내게는 뉴랜드 경찰서가 친숙했다. 경찰서는 소피아타운 내에, 아니 더 적절하게 말하면 타운의 흔적이 남아 있는 곳에 자리 잡고 있었다. 한때 번성하던 동네가 이제는 불도저가 밀어버린 빌딩들과 비어 있는 폐허로 변했기 때문이다. 안에 들어가자 나랑 비슷하게 잠자다가 잡혀온 내 동료들이 많았는데, 밤새도록 더 많은 동료들이 끌려왔다. 아침쯤에는 모두 40명이 되었다. 우리는 하늘을 지붕으로 삼고 희미한 전구가 불을 밝히는 비좁은 뜰에 갇혔는데, 공간이 너무 좁고 축축해서 밤새도록 서 있어야만 했다.

7시 15분에, 바닥에 밖에서만 씻어내릴 수 있는 배수 구멍밖에 없는 작은 감방으로 보내졌다. 담요, 음식, 매트, 화장실용 휴지도 받지 못했다. 구멍은 정기적으로 막혔고, 방에서 풍기는 악취는 참을 수가 없었다. 우리는 수도 없이 항의를 했고, 그중에는 음식을 요구하는 내용도 있었다. 이에 대해 별반 응답이 없었고, 우리는 다음에 문이 열리면 이웃해 있는 법원 뜰로 가서 음식을 줄 때까지 감방으로 돌아오지 말자고 결정했다. 우리가 일제히 문을 통해 우르르 몰려나가자 근무 서던 젊은 경찰은 겁을 먹고 자리를 떴다. 몇 분 뒤에 퉁명스럽고 엄숙한 표정을 한 경위가 법원 뜰로 와서 감방으로 돌아가라고 명령했다. "안으로 들어가! 안 들어가면 너희들 두개골을 박살내주겠어!"라고 그가 소리쳤다. 샤프빌 학살이 있은 다음이라 위협은 빈말이 아닌 듯했다.

경찰서장이 우리를 관찰하러 법원 뜰 문으로 다가왔다가 주머니에 손을 넣고 서 있는 나에게 다가와서 욕을 했다. "경찰관 앞에서 하는 네 행동이 그게 뭐야? 주머니에서 그 망할 놈의 손 좀 빼!"라고 그가 소리쳤다. 쌀쌀한 날 산책하는 것처럼 나는 주머니에 손을 깊이 묻고 있었다. 나는 음식을 먹게 해준다면 손을 빼겠다고 말했다.

3시, 그러니까 우리들 대부분이 도착한 지 12시간 이상이 지난 뒤에, 숟가락 하나도 없이 묽은 옥수수죽이 담긴 그릇만 나왔다. 보통 때라면 나는 이것이 소화하는 데 적합하지 않다고 생각했겠지만, 우리는 씻지 않은 손으로 그릇을 잡고 태양 아래서 가장 맛있는 음식을 받은 것처럼 먹었다. 식사를 끝낸 뒤에 우리를 대표하는 위원회를 선출했는데, 두마 노크웨와 PAC의 홍보국장 몰레테와 내가 이 위원회에 포함되었다. 나는 대변인으로 뽑혔다. 우리는 즉시 온당치 못한 대우에 항의하고, 우리의 감금이 불법이라는 근거로 즉각 석방할 것을 요구하는 탄원서를 작성했다.

6시에 우리는 깔고 잘 이불과 담요를 받았다. 감방의 불결함과 더러움은 말로 표현할 수 없을 정도였다. 담요는 마른 피와 토사물로 덮여 있었고, 이, 해충, 바퀴벌레가 들끓었으며, 하수구에서 나는 것과 같은 불쾌한 냄새가 났다.

자정이 가까워서 우리는 불려 나갈 것이라고 들었지만 무엇 때문인지는 알지 못했다. 몇몇 사람은 석방을 기대하며 웃었다. 다른 사람들은 상황을 좀 더 잘 파악하고 있어 그런 기대 따위는 하지 않았다. 나는 첫째로 불려서 교도소 앞문으로 안내를 받았고, 경찰관 한 무리 앞에서 짧은 순간 석방된 상태가 되었다. 그러나 내가 움직이기 전에 한 경찰관이 소리쳤다.

"이름!"

"만델라." 내가 말했다.

"넬슨 만델라, 「국가비상사태법」에 따라 나에게 부여된 권한으로 너를 체포한다"라고 그 경찰관은 말했다. 우리는 결코 풀려난 것이 아니라 그제야 알게 된 국가비상사태로 다시 체포된 것이었다. 우리는 차례로 단 몇 초 동안 풀려났다가 다시 체포되었다. 국가비상사태 이전에는 불법이었으나 이제 우리는 한밤중에 시행된 국가비상사태에 의해 적법하게 체포된 것이다. 경찰서장에게 우리 권리를 알 수 있도록 요구하는 기록의 초안을 작성했다.

다음 날 아침, 나는 경찰서장 사무실로 불려 갔고, 그곳에서 내 동료 로버트 레샤가 체포되어 경찰서장에게 신문을 받고 있는 것을 발견했다. 내가 안으로 걸어 들어가자 레샤는 경찰서장에게 전날 밤 왜 그가 나에게 감정을 폭발시켰는지를 물었다. 그의 대답은 전형적인 백인 나리가 하는 대답이었다. "만델라는 건방져." 나는 "그때나 지금이나 당신이 원한다고 해서 내가 주머니에서 손을 빼야 하는 의무는 없소"라고 대답했다. 경찰서장은 의자에서 벌떡 일어섰지만 다른 사람들이 말렸다. 이번에는 특수부 형사인 헬버그 경위가 사무실에 들어와서 유쾌하게 말했다. "안녕, 넬슨!" 나는 그 말에 "나는 당신에게 넬슨이 아니라 만델라 씨요"라고 쏘아주었다. 진짜 싸움이 벌어질 것 같은 분위기였다. 그러나 그때 우리는 프리토리아에서 열리는 반역죄 재판에 참석하러 떠나야만 한다는 사실을 알았다. 나는 웃어야 할지 절망해야 할지 몰랐지만 36시간 동안의 부당한 대우와 국가비상사태를 선포한 가운데에서도, 정부는 여전히 그들의 절실하지만 기한이 만료된 재판을 위해 우리를 프리토리아로 되돌려 보내는 것이 적합한 일이라고 생각했다. 우리는 프리토리아 지방교도소로 곧장 보내졌고, 그곳에 구류되었다.

35

한편, 3월 31일이 되자 우리가 불참한 가운데 재판이 재개되었고, 증인석은 눈에 띄게 비어 있었다. 국가비상사태에서 경찰이 잡아들이지 못한 피고인들만이 출석해 있었다. 루툴리 추장이 증언할 차례였고, 럼프 판사는 그가 왜 출석하지 않았는지 설명하라고 요구했다. 전날 밤에 추장이 체포되었다는 사실을 알고 럼프 판사는 신경질을 냈고, 어찌하여 국가비상사태가 자신의 재판을 방해하는지 알 수 없다고 말했다. 그는 경찰에게 추장이 증언을 계속할 수 있도록 법정에 추장을 출두시키라고 요구한 뒤 휴정을 선언했다.

우리는 추장이 체포된 뒤 폭행당했다는 것을 나중에 알았다. 계단을 올라가다가 교도관에게 떠밀려 추장의 모자가 바닥에 떨어졌는데, 추장이 모자를 집으려고 몸을 숙이자 머리와 얼굴을 폭행했다고 한다. 우리가 받아들이기 힘든 일이었다. 엄청난 품위를 지니고 많은 업적을 남겼으며, 평생을 독실한 기독교인으로 살았고, 현재는 심장이 위험한 상태에 있는 노인이 그의 신발 끈을 매기에도 적합지 않은 인간들에게 헛간의 가축처럼 취급당했기 때문이다.

그날 아침, 우리가 재개된 법정으로 다시 불려 갔을 때, 럼프 판사는 경찰이 추장을 법원에 출두시키지 않았음을 알게 되었다. 그러자 판사는 그날의 법정을 휴정시켰고, 우리는 집으로 가게 되리라고 생각했다. 그러나 법관들이 차를 타기 위해 법정을 떠나고 있을 때 우리는 모두 또다시 체포되었다.

그러나 늘 그렇듯이 경찰은 비조직적이면서 지나치게 열성만을 발휘한 나머지 웃지 못할 실수를 저질렀다. 피고 중의 한 사람이자 평생 노조 지도자로 일했으며, ANC 회원이었던 윌턴 음콰이가 재판을 받기 위해 포트엘리자베스에서 프리토리아로 이동해 왔다. 어쩌다 그는 그의 동료들과 떨어지게 되었고, 법원의 문에 도착했을 때에는 동료 피고인이 체포되느라 야단법석을 피우고 있었다. 그가 경찰에게 무슨 일이냐고 묻자 경찰은 그에게 꺼지라고 명령했다. 월턴이 그곳에 그냥 있자 경찰은 또 한 번 없어지라는 명령을 내렸다. 그러자 월턴은 자기도 피고인이라고 밝혔다. 이에 경찰은 그를 거짓말쟁이라고 하면서 공무집행방해죄로 체포해버리겠다고 위협했다. 월턴은 어깨를 으쓱하고는 문밖으로 걸어 나갔는데, 그것이 법정에서 본 월턴의 마지막 모습이었다. 다음 두 달 동안 그는 체포를 용케 피해가면서 지하조직원으로 활동한 뒤 남아프리카를 비밀리에 빠져나갔고, 곧 노조회의의 국제대표로 등장했으며, 이후에는 군사훈련을 받기 위해 중국으로 갔다.

그날 밤, 우리는 트란스발의 다른 지역에서 체포된 사람들과 합쳐졌다. 경찰의 이러한 전국적인 기습으로 2천여 명을 재판도 하지 않은 채 감금하는 결과가 빚어졌다. 이 사람들은 종족이 다양하지만 모두 남아프리카 인종차별정책에 반대하는 여러 단체에 소속되어 있었다. 군인들의 소집이 공포되었고, 군대가 동원되어 이 나라 전역의 전략적 요충지에 배치되었다. 4월 8일, 「공산주의 활동금지법」에 따라 ANC와 PAC가 둘 다 불법단체라고 선포되었다. 하룻밤 사이에 ANC의 회원이라는 사실이 교도소형과 벌금형으로 처벌할 수 있는 중죄가 되어버렸다. ANC의 목적을 돕는 행위는 최고 10년형으로 처벌받았다. 이제는 법을 준수하는 범위 내에서 ANC가 지원하는 비폭력적인 시위조차도 불법이 되었다. 투쟁은 새로운 단계에 접어들었다. 우리는 이제 모두 범죄자가 되었다.

국가비상사태가 발효되는 동안 우리는 프리토리아 지방교도소에 머물렀는데, 이곳의 상황이라는 것도 뉴랜드의 상황보다 조금도 나을 게 없었다. 죄수 다섯 명이 한 조가 되어 가로 약 213센티미터, 세로 274센티미터인 감방에 수감되었다. 교도소는 더럽고 조명은 어두웠으며, 통풍상태는 더욱 한심했다. 우리는 뚜껑이 잘 맞지 않는 단 하나뿐인 배설통과 세균이 득실거리는 담요를 사용했다. 하루에 단 한 시간 동안만 마당에 나갈 수 있었다.

프리토리아에서 이틀째 되던 날, 우리는 교도소의 상태에 불만을 토로하기 위해 교도소장인 스니만 대령에게 대표를 보냈다. 대령의 반응은 거칠고 무례했다. 그는 우리에게 증거를 대라고 했고, 우리를 거짓말쟁이라고 불렀다. "너희들이 더러운 너희 집에서 우리 교도소로 세균을 가져온 거야"라고 하면서 그는 우리를 비웃었다.

나는 우리도 우리의 재판을 준비하기 위해서 조용하고 조명 시설이 잘된 방이 필요하다고 말했다. 대령은 역시 냉소적이었다. "너희들이 글을 읽을 수 있다 해도 정부 규정에 죄수들에게 책을 읽으라고 명령하지는 않아"라고 말했다. 대령의 냉소적인 태도에도 불구하고 방은 곧 페인트칠이 되고 소독도 되었으며, 우리는 깨끗한 담요와 배설통을 배당받았다. 우리는 하루의 대부분을 뜰에서 보낼 수 있게 되었고, 반역죄 재판에 관련된 사람들에게는 토론을 할 수 있는 큰 방이 제공되었다. 또한 그 방 안에 법률 서적을 보관할 수 있게 되었다.

프리토리아 지방교도소는 앞으로 상당 기간 동안 우리들의 집이 될 예정이었다. 우리는 아침에 재판정으로 가서 오후에 교도소로 돌아왔다. 아파르트헤이트 정책의 규정에 따라 교도소는 피부색에 따라 죄수들을 분리했다. 우리는 물론 이미 백인 동료들과 떨어졌지만, 같은 유색인 건물 내에서 인도인과 혼혈인 동지들과 우리를 떼어놓는 것은 미친 짓이었다. 우리는 함께 수용하라고 요구했지만, 돌아오는 것은 그 일이 왜 불가능한지에 대한 여러 가지 말도 안 되는 설명을 듣는 게 고작이었다. 융통성 없는 관료적 절차가 인종차별이라는 편협한 마음과 합쳐졌을 때, 그 결과는 우리를 놀라게 했다. 그러나 교도소 책임자들은 결국 우리들에게 승복했고, 반역죄 피고인들이 함께 머물도록 허용했다.

함께 머물게 되긴 했지만 우리의 식사는 인종에 따라 각각 다르게 준비되었다. 아침식사 때에는 흑인, 인도인, 혼혈인들이 받는 음식의 양이 같았다. 단지 흑인과는 달리 인도인과 혼혈인은 설탕을 찻숟가락으로 반 숟갈 정도 받았다. 저녁식사 때에는 같은 음식을 주되 인도인과 혼혈인은 흑인과 달리 빵 4온스(약 113그램)를 받았다. 이런 구분은 좀 더 세련된 서구적 맛을 자랑하는 빵을 흑인들은 당연히 좋아하지 않을 거라는 묘한 전제에 기초한 것이다. 백인 죄수들을 위한 식사는 흑인 식사에 비해 훨씬 좋았다. 당국은 피부색깔을 너무나 의식한 나머지 흑인과 백인에게 배당되는 설탕과 빵의 종류도 달리했다. 백인 죄수들은 흰색 설탕과 흰색 빵을 받았고, 혼혈인과 인도인 죄수들은 갈색 설탕과 갈색 빵을 받았다.

우리는 저질 음식에 대해 큰소리로 불평했다. 끝내 우리의 대변자 시드니 켄트리지가 법정에서 공식적으로 불만을 토로했다. 나는 음식이 사람이 먹기에 합당치 못하다고 진술했다. 럼프 판사는 자신이 직접 음식을 먹어보기로 했고, 그날 우리와 함께 와서 음식을 먹었다. 이날 옥수수죽과 콩은 교도소에서 준비했던 최상의 음식이었고, 당국은 보통 때보다 콩과 육즙 양념을 더 많이 넣었다. 판사는 두세 숟갈 먹어본 뒤 음식이 잘 조리되었으며 맛있다고 말했다. 우리는 '따뜻한' 교도소 음식이라는 말에 웃었다. 그것은 용어상의 모순이었다. 결국 교도소 책임자들은 죄수들에게 소위 '나아진 음식'이라는 것을 제공했다. 흑인들은 빵을 받게 되었고, 인도인과 혼혈인들은 백인 죄수와 같은 음식을 받게 되었다.

나는 감금되어 있는 동안 요하네스버그로 주말여행을 가는 특권을 누렸다. 이것은 교도소로부터 휴가가 아니라 일종의 버스 운전사의 휴일 같은 것이었다. 국가비상사태를 선포하기 직전 올리버가 ANC의 명령에 따라 남아프리카공화국을 떠났다. 우리는 오래전에 탄압을 예견했고, ANC의 단체활동이 완전히 금지되는 사태를 대비하여 몇몇 회원들이 해외에서 우리의 조직 활동을 강화할 수 있도록 이 나라를 떠나야 한다고 결정했다.

올리버가 떠나는 것은 조직에서 가장 잘 수립한 계획이었고, 또한 운이 좋았던 실천 중의 하나였다. 당시에 우리는 외국 지부가 얼마나 절대적으로 중요한 역할을 하게 될지를 거의 상상하지 못했다. 지혜와 침착성, 인내심, 조직화에 관한 기술, 지도력과 감명을 주는 힘 등을 지닌 올리버는 이런 업무를 위한 최고의 적임자였다.

떠나기 전에 올리버는 지방 변호사이자 우리 두 사람의 친구인 하이미 다비도프에게 우리 사무실 문을 닫고 우리의 변호사 일을 매듭지어달라고 부탁했다. 다비도프는 프린슬루 대령에게 내가 주말에 요하네스버그로 와서 그의 일 처리를 돕도록 허용해달라는 특별요청을 했다. 어쩐 일로 관대한 마음이 생겼는지 프린슬루 대령은 이를 허락하여, 주말 동안 내가 사무실에서 일할 수 있도록 금요일 오후에 요하네스버그로 갔다가 월요일 아침에 법정으로 다시 돌아오는 것을 승인했다. 크루거 경위와 나는 금요일 1시에 법정이 휴정된 뒤에 출발했고, 사무실에 도착한 뒤에 나는 다비도프와 우리의 회계사 나단 마커스와 함께 일했다. 나는 마셜 광장 교도소에서 밤을 지냈고, 낮 시간은 사무실에서 보냈다. 크루거 경위는 키가 크고 체격이 좋은 사람이었는데, 우리를 공평하게 대했다. 프리토리아에서 요하네스버그로 가는 길에 차를 멈추고 나를 차에 남겨놓은 채 가게에 가서 우리 두 사람을 위한 육포, 오렌지, 초콜릿 등을 사오고는 했다. 나는 특히 인도나 차도가 번잡하여 쉽사리 군중 속에 섞여버릴 수 있는 금요일에 차에서 뛰어내려 도망치는 것에 관해 생각했다.

사무실에 있는 동안 나는 잡다한 물건들을 사기 위해 1층 카페에 내려갈 수 있었고, 위니가 나를 방문하러 왔던 한두 번의 경우에는 크루거 경위가 자리를 비켜주었다. 우리 사이에는 일종의 신사협정이 있었는데, 그가 나에게 어느 정도의 자유를 허용하는 반면 나는 도망쳐서 그를 어려운 상황에 몰아넣지 않는 것이었다.

36

공판 재개 전날인 4월 25일에 마이셀은 국가비상사태가 재판 시행에 미치고 있는 심각한 영향력에 대해 토론하려고 우리를 방문했다. 국가비상사태법 때문에 피고인과 변호인 사이의 상담이 사실상 불가능했기 때문이다. 요하네스버그에 머물고 있는 우리의 변호인들이 교도소에 있는 우리를 만나는 일이 쉽지 않았고, 따라서 우리의 재판을 위한 준비를 할 수 없었다. 그들은 자주 방문했지만 면회를 할 수 없다는 전갈을 받고는 했다. 우리는 면회할 때조차도 방해를 받았으며, 면회가 금방 끝나고는 했다. 더욱 중요한 것은 국가비상사태에서는 이미 억류된 사람들은 단순한 증언 행위만으로도 억류 기간이 연장될 수 있다고 마이셀이 설명했다. 왜냐하면 증언할 때 어쩔 수 없이 '전복적'과 같은 말을 하게 될 것이고, 그럼으로써 더욱 큰 형벌을 받게 되기 때문이다. 또한 아직 억류되지 않은 증인들이 증언하게 되면 그들은 억류당할 위험에 처할 것이다.

변호인단은 항의의 한 방식으로 이번 사건에서 물러나고 싶다고 제안했다. 마이셀은 그러한 후퇴가 함축하고 있는 심각한 의미와, 중대한 재판에서 우리가 스스로 변호하는 경우의 결과에 대해서 설명했다. 당시와 같은 적대적인 분위기에서는 판사들이 우리를 좀 더 오랫동안 억류하는 것이 적합하다고 판단할지도 모른다는 것이었다. 우리는 우리끼리 이 제안에 대해 토론했고, 피고인 29명은(이제 월턴 음콰이는 우리와 함께 있지 않았다) 각각 자신의 의견을 피력했다. 결정은 만장일치로 통과되었는데, 그 내용은 변호인 없이 두마 노크웨와 내가 재판을 돕는다는 것이었다. 나는 이러한 극적인 제스처를 선호했다. 그러한 제스처가 국가비상사태의 극악무도함을 강조해주기 때문이었다.

4월 26일, 트란스발에서 최초의 흑인 변호사인 두마 노크웨가 법정에서 일어나 피고인들에게 변호인단이 사건에서 손을 떼었으면 한다는 놀라운 발표를 했다. 그에 이어 마이셀은 "우리들은 더 이상 지시할 것이 없습니다. 따라서 선생님들을 더 이상 괴롭혀 드리지 않을 작정입니다"라고 간단히 말했고, 이 말을 들은 변호인단은 조용히 법정을 빠져나갔다. 재판부는 충격을 받았고, 우리가 스스로 변론할 때 따르는 위험에 관해서 무서운 단어들을 나열하며 우리에게 경고했다. 그러나 우리는 화가 나 있었고, 변호 일을 떠맡고 싶어 했다. 다음 5개월 동안, 국가비상사태가 사실상 끝날 때까지 우리는 우리를 스스로 변호했다.

우리의 전략은 단순히 방어적인 성격을 띠었다. 즉 국가비상사태가 종식되어 우리의 변호인들이 다시 사건을 맡을 수 있을 때까지 재판을 끄는 것이었다. 이 재판은 이미 너무 오랫동안 계속되었기에 우리가 그것을 조금 더 연장한다 해서 문제가 될 것 같지 않았다. 사실상 이번 전략은 좀 희극적인 성격을 지녔다. 법에 따르면 이제 우리는 각각 자신을 변호할 권한을 가졌고, 다른 피고인 한 사람 한 사람을 증인으로 부를 수 있었다. 그리고 각 피고인은 각 증인에게 반대신문을 할 수 있는 권한을 부여받았다. 우리는 소송인 명부에 따라 알파벳순으로 순서가 있었고, 1번 피고인은 트란스발인도인청년회의의 파리드 애덤스였다. 파리드는 자신의 증인으로서 맨 먼저, 2번 피고인인 헬렌 요셉을 불러 자신의 변론을 시작했다. 파리드의 신문을 받은 다음 헬렌은 검찰 측에 의해 반대신문을 당하고, 1번 피고인에 의해 다시 신문을 받았다. 그런 다음 파리드는 3번 피고인을 불러들이는 등 모든 피고인이 불려 들어올 때까지 전 과정을 되풀이했다. 이런 식으로라면 우리는 천 년까지도 재판정에 있을 수 있었다.

교도소에서 재판 준비를 하는 것은 결코 쉽지 않았고, 바로 그때 아파르트헤이트 정책의 관습적 장벽이 우리를 방해했다. 모든 피고인이 함께 모여야 했지만 교도소의 규정상 남자와 여자 죄수, 흑인과 백인 죄수 간의 모임이 금지되어 있었다. 따라서 우리는 헬렌 요셉, 레온 레비, 릴리언 은고이, 버타 마샤바와는 상의할 수 없었다.

1번 증인으로서 헬렌은 두마와 나 그리고 그녀를 신문할 파리드 애덤스가 참석한 가운데 그녀의 증언을 준비할 필요가 있었다. 교도소 책임자들과 오래 타협한 끝에 우리는 대단히 제한된 조건에서 논의를 할 수 있었다. 헬렌 요셉, 릴리언, 레온, 버타가 인종과 성에 의해 구분된 각각의 교도소로부터 흑인 남자 교도소로 호송되었다. 첫째 조건은 백인과 흑인 죄수들, 남자와 여자 죄수들 사이에 신체적 접촉이 있을 수 없다는 것이었다. 책임자들은 백인인 헬렌과 레온을 우리와 떼어놓기 위해 철창살을 세웠고, 역시 준비 중인 릴리언과도 떼어놓기 위해 또 하나의 칸막이를 세웠다. 노련한 건축가조차도 그런 구조를 만들기가 쉽지 않았을 것이다. 교도소에서는 우리가 이러한 교묘한 금속 창살 때문에 떨어져 있을 수밖에 없었지만, 법정에서는 자유롭게 섞일 수 있었다.

우리는 먼저 파리드에게 법정 예절을 가르치고 헬렌에게 증언을 연습시켜야 했다. 헬렌을 돕기 위해 파리드가 법정에서 연출할 역할을 내가 맡았다. 나는 적절한 법정 태도로 신문을 시작했다.

"이름은?" 내가 말했다.

"헬렌 요셉." 그녀가 답했다.

"나이는?" 대답이 없어서 나는 다시 물었다. "나이는?"

헬렌은 입을 다물고 기다렸다. 그러고서는 몇 분 지난 뒤 나를 보고 얼굴을 찌푸리며 날카롭게 말했다. "넬슨, 내 나이가 이 사건과 무슨 관련이 있단 말이야?"

헬렌은 용감하고 매력적이었지만 무서운 면도 지니고 있었다. 그녀는 나이에 관해 민감한 여자였다. 나는 이름, 나이, 주소, 출생지와 같은 증인에 관한 세부사항들을 기록하는 것이 관례라고 설명했다. 증인의 나이는 법원 측에서 그녀가 하는 증언의 비중을 가늠하는 데 도움을 주었고 판결에 영향을 미쳤다.

나는 계속해서 "나이는?" 하고 물었다.

헬렌은 경직되어 "넬슨, 법정에서 때가 오면 대답을 하겠지만 그때까지는 아니에요. 그러니 다음 질문으로 넘어가요"라고 말했다.

그런 다음 나는 그녀가 검찰 측으로부터 받게 될 일련의 질문들을 아마도 지나치게 실감나는 태도로 던졌던 것 같다. 한순간 헬렌이 나에게 돌아서서 "당신은 만델라입니까, 아니면 검사입니까?"라고 질문을 던졌을 정도였다.

또 다른 재미있는 순간도 있었는데, 그중 몇몇은 대단히 고무적이었다. 나는 주말이면 헬렌 요셉에게 공판기록을 가져다줄 수 있게 방문이 허락되었다. 그때 나는 다른 여성 죄수들을 만나 증인이 될 수도 있는 그들과 상담했다. 나는 항상 백인 여자 교도관에게는 대단히 친절했는데, 나의 방문이 그들에게 상당한 관심을 불러일으키고 있다는 것을 주목했다. 그 여자 교도관들은 흑인 변호사 또는 의사와 같은 족속이 있는지조차도 몰랐었고, 나를 이상한 동물로 여겼다. 그러나 조금씩 친숙해지자 그들은 좀 더 친근하게 대했고 긴장도 풀었다. 나는 내가 그들의 법적 문제를 무엇이든 다 다룰 수 있다고 농담도 했다. 흑인 남자가 교육받은 저명한 백인 여성들과 대등한 자격으로 심각한 문제를 의논하는 것을 보자 이 여자 교도관들이 간직했던 남아프리카 인종차별의 여러 믿음이 약화될 수밖에 없었다.

한번은 헬렌과 길게 회담하면서 우리 대화에 배석한 여자 교도관에게로 고개를 돌려 말했다. "이 끝없는 회담으로 당신을 지루하게 해드려 죄송합니다." 그러자 그녀는 "아니요, 전혀 지루하지 않아요. 재미있는 걸요"라고 말했다. 그녀가 우리의 대화에 귀 기울이고 있는 것을 나는 알 수 있었고, 심지어 한두 번 작은 제안까지도 해주었다. 나는 이것이 공판에서 얻는 부차적인 이득 중의 하나임을 깨달았다. 대부분의 여자 교도관들은 우리가 왜 교도소에 있는지를 알지 못했지만 점차 우리가 무엇을 위해 싸우고 있고 왜 우리가 교도소에 오는 것을 무릅썼는지도 알게 되었다.

바로 이런 이유 때문에 국민당은 모든 형태의 결속을 그토록 격렬하게 반대했다. 흑인의 생각과 정책을 모른 채 흑인이 제공하는 위협에 대해서만 교육받은 백인 유권자들만이 국민당의 말도 안 되는 인종차별 철학을 지지한다. 이 경우 친숙함이란 경멸이 아니라 이해 또는 심지어 조화를 만들어낸다.

교도소 내에서의 유쾌한 순간들이 우울한 순간들을 보상할 수는 없었다. 위니는 내가 프리토리아에 있는 동안 여러 번 방문 허락을 받았고,

매번 그녀는 당시 걷고 말하기 시작한 제나니를 데려왔다. 교도관들이 허락하는 경우 나는 제나니를 안고 뽀뽀를 했고, 면회가 끝날 무렵에서야 위니에게 딸아이를 돌려주었다. 위니가 작별인사를 하고 교도관들이 그들을 데리고 나갈 때가 되면 제나니는 자기들과 함께 가자고 나에게 손짓하고는 했고, 나는 그 조그마한 얼굴에서 왜 내가 그럴 수 없는지 이해할 수 없다는 표정을 볼 수 있었다.

법정에서 파리드 애덤스는 헬렌을 능숙하게 유도하며 그의 주요 증거들을 훑어갔다. 그는 종종 꽤 능숙하게 판사들을 상대로 주장을 폈다. 우리는 이제 힘을 얻었다. 더 이상 누구도 시간을 보내기 위한 낱말 맞히기를 하지 않았다. 피고인들이 증인들을 차례로 반대신문하자 검찰 측과 검사들은 처음으로 심판대에 서 있는 사람들의 진정한 능력을 파악하기 시작했다.

남아프리카 법률에 따르면 우리가 대법원에 서 있기 때문에 변호인인 두마만이 직접 판사들을 상대로 말할 수 있었다. 변호사인 나는 그에게 조언할 수는 있었지만 재판부를 상대로 직접 말할 수는 없었고, 다른 피고인도 마찬가지였다. 그러나 우리는 대변자가 없는 가운데에서는 피고인이 직접 재판부를 상대로 말할 수 있다는 확실한 가정하에 우리의 변호인들을 물리쳤던 것이다. 나는 재판부를 상대로 직접 말했고, 우리를 좌절시키려고 럼프 판사는 내 말을 가로막고, "만델라 씨, 당신은 변호인인 노크웨 씨가 법원을 상대로 직접 말할 수 있는 유일한 사람이라는 사실을 존중하시겠지요"라고 말했다. 이에 나는 "좋습니다, 판사님. 당신께서 노크웨 씨에게 변호사 비용을 지불한다면 우리 모두는 그 요구에 따를 준비가 되어 있다고 믿습니다"라고 대답했다. 그때부터는 누구도 피고인이 법원을 상대로 직접 말하는 것에 반대하지 않았다.

파리드가 헬렌과 잇따른 증인들을 신문하는 동안 두마와 나는 그의 양옆에 앉아서 그에게 질문을 제공하기도 하고, 법적 문제가 발생할 때마다 그 문제들을 잘 다룰 수 있도록 그를 돕기도 했다. 대체로 그는 혼자서도 잘했다. 그러나 우리가 끊임없이 곤경에 처한 어느 날, 우리는 몇 초에 한 번씩 그의 귀에 대고 우리의 제안을 말해주었다. 파리드는 지친 듯했고, 두마와 나는 자료가 떨어져가고 있었다. 그때 우리와 상의 없이 파리드는 갑자기 판사에게 피곤하다는 이유를 대며 휴정을 요청했다. 판사는 그것이 휴정시킬 충분한 이유가 되지 못한다고 말했고, 또 우리의 변호인들이 물러가던 그날 우리에게 했던 경고를 되풀이하며 파리드의 요청을 거절했다.

그날 오후에 교도소로 되돌아올 때 노래하는 사람은 아무도 없었고, 모든 사람이 시무룩한 얼굴을 하고 앉아 있었다. 피고인들 사이에는 위기감이 조성되었다. 우리가 교도소에 도착하자 피고인들이 회의를 하자고 했다. 나는 남자들을 한자리에 불러 모았다. 포트엘리자베스의 사업가이며, 저항운동 중에 참여자 가족들을 도왔던 제이 은캄페니가 제일 먼저 공격을 시작했다.

"마디바, 당신이 우리 변호인들을 쫓아낸 이유를 우리에게 말해주었으면 합니다"라고 존경의 표시로 우리 종족의 이름을 사용하며 그가 말했다. 나는 어떤 한 개인에 의해 변호인들이 손을 뗀 것이 아님을 그에게 상기시켰다. 그들을 물리친 것은 나를 포함한 모든 이들이 승인했던 것이다. "그러나 우리가 법원 절차에 관해 무엇을 압니까, 마디바? 우리는 당신들 변호사를 믿었던 거지요"라고 그는 말했다.

남자들 상당수가 은캄페니의 불만에 동조했다. 나는 의기소침해서는 안 된다고 경고했고, 우리는 매우 잘하고 있다고 강조했다. 또한 오늘보다 더 큰 어려움을 겪게 될 것이라고 말했다. 우리의 재판은 단순히 검찰 측과 법을 위반했다는 혐의를 받는 한 떼의 사람들 사이의 법적 문제만은 아니었다. 그것은 힘을 시험하는 일, 즉 도덕적 생각과 비도덕적 생각 사이의 힘겨루기이며, 우리는 우리의 변호인들의 법적 기술 이상의 것들을 염려해야 할 필요가 있다고 나는 말했다. 그러자 비난이 가라앉았다.

헬렌 요셉이 반대신문과 재신문을 받은 뒤 3번 피고인 아메드 카트라다가 변론을 시작했다. 페르부르트 수상이 국가비상사태를 곧 종식시킬 것이라고 발표한 것은, 카트라다의 두 번째 증인이며 4번 피고인인 혼혈인회의 집행부의 일원인 스탠리 롤런의 증언이 진행되던 중이었다. 정부는 결코 국가비상사태를 영원히 지속시킬 의도는 아니었고, 이제는 해방투쟁을 충분히 진압했다고 믿었다. 우리가 2~3주 더 교도소에 머무르긴 하지만, 이 시점에서 우리의 변호인단이 되돌아오게 되었고 우리는 모두 크게 안심했다. 우리는 투옥된 상태에서 변호인 없이 5개월 이상 버텨왔다.

8월 3일, 내 증언이 시작되었다. 나는 다른 사람들을 도와주는 과정에서 내가 충분히 준비가 되었다고 느꼈다. 3년 동안 침묵과 금지와 유배를 당한 끝에 나는 나에게 판결을 내리고자 하는 사람들 앞에서 소리 내어 이야기할 기회를 기다렸다. 나는 증언을 통해 중용을 주장했고, ANC의 비폭력 저항주의를 재확인했다. 점진적인 개혁으로 민주주의가 달성될 수 있느냐는 질문에 나는 그럴 수 있다고 대답했다.

> 우리는 투표권을 모든 성인에게 부여할 것을 요구합니다. 그리고 우리의 목적을 달성하기 위해 경제적 압력을 가할 준비가 되어 있습니다. 우리는 정부가 "여러분, 우리는 법이 도전받는 이런 상태, 결근 때문에 벌어지는 이 모

든 상황을 더 이상 원치 않습니다. 협상합시다"라고 말하게 될 때까지 혼자서 또는 모두 함께, 저항운동, 결근운동을 벌이겠습니다. 정부가 협상을 원하는 경우 우리도 "협상합시다"라고 말할 것입니다. 정부 측에서는 "유럽인들은 현재 비유럽인이 지배하는 정부 형태를 받아들일 준비가 되어 있지 않습니다. 우리 생각에는 여러분에게 60석을 줄 수 있을 것 같습니다. 국회 내에서 흑인을 대표할 흑인 국회의원 60명을 뽑을 수 있을 만큼의 선거권을 흑인에게 주겠습니다. 5년 동안 이런 상태를 지속한 뒤 이 문제를 다시 검토하겠습니다"라고 제안할 수 있을 것입니다. 그 정도면 승리라고 저희는 생각합니다. 판사님, 그렇게 되면 우리는 투표권을 모든 흑인 성인에게 부여하는 방향을 향해 중요한 첫걸음을 내딛는 셈이 될 것입니다. 그러면 우리는 5년 동안 민중저항을 삼간다고 약속할 수 있습니다.

정부 측은 내가 폭력을 휘두르는 위험한 공산주의자라는 것을 증명하겠다고 결심했다. 나는 공산주의자도 아니고 공산당 회원도 아니었지만 공산주의 협조자들과 내가 관계없는 것처럼 보이는 것도 원치 않았다. 나는 그러한 견해를 표명함으로써 다시 교도소로 보내질 수도 있지만 공산주의자들이 우리에게 제공했던 엄청난 지지를 서슴없이 재확인했다. 한번은 법정 측에서 단일정당 국가가 남아프리카를 위한 좋은 선택이라고 생각하는지 내게 물었다.

만델라: 판사님, 이것은 형식의 문제가 아니라 민주주의의 문제입니다. 만일 민주주의가 단일정당제에 의해 가장 잘 표출되는 것이라면 그 제안을 신중히 검토할 것입니다. 그러나 민주주의가 복수정당제에 의해 가장 잘 실현된다면 나는 그것도 신중히 검토할 것입니다. 예를 들면, 이 나라는 현

재 복수정당제를 채택하고 있지만 비유럽인에게 이것은 여러분들이 생각할 수 있는 가장 악독한 독재정치입니다.

나는 전 국민 투표권이라는 생각에 대해 너무나 많은 백인 남아프리카인들이 저지르는 실수를 럼프 판사가 저질렀을 때 신경질이 났다. 그들은 투표권이 함축하고 있는 책임을 완수하기 위해서는 유권자들이 '교육을 받은' 사람이어야 한다고 생각했다. 생각이 좁은 사람들에게 '교육을 받았다'는 것은 글을 읽을 수 있고 학사 학위를 소지한다는 것만을 의미하는 것은 아니고, 문맹인 사람도 높은 학위를 가진 사람보다 훨씬 더 '지각 있는' 유권자가 될 수 있다는 것을 설명한다는 것은 어려운 일이었다.

럼프 판사: 아무것도 모르는 사람들이 정부의 일에 참여하여 얻어지는 것이 무엇인가요?

만델라: 판사님. 문맹 백인들이 투표할 때 무슨 일이 생깁니까?

럼프 판사: 그들은 어린아이들처럼 선거 주도자들의 영향력에 쉽게 넘어가지 않는가요?

만델라: 아닙니다, 판사님. 실제로 발생하는 일은 이렇습니다. 한 사람이 어떤 특정 지역의 의석을 차지하기 위해 싸우기로 결정한 뒤 성명서를 만들고, "이것들이 내가 대변하는 생각들입니다"라고 말합니다. 그곳은 농촌 지역이고, 그는 "나는 가축 제한에 반대합니다"라고 말합니다. 이 사람의 정책을 들은 뒤 우리는 이 사람이 국회에 가게 되면 우리의 이익을 대변해 줄지를 결정합니다. 바로 그러한 결정에 근거하여 우리는 투표하지요. 교육과는 아무 상관이 없습니다.

럼프 판사: 자신의 이득만을 생각한다는 것인가요?

만델라: 아닙니다. 자신의 견해를 가장 잘 대변할 수 있는 사람을 찾고, 또 그런 사람을 위해 투표합니다.

나는 우리의 수적 우세 때문에 폭력 없이도 우리의 요구를 달성할 수 있다고 믿는다고 법정에서 말했다.

가까운 장래에 우리는 이러한 요구조건을 달성할 수 있다고 생각합니다. 그리고 우리가 부딪치고 있는 편견과 적대의 벽에도 불구하고 유럽인들 자신이 결코 무한정 우리의 요구에 무관심할 수는 없다는 것을 알고 있다는 전제하에 일해왔습니다. 이유는 우리가 경제적 압력이라는 우리의 정책을 가지고 그들의 배를 강타하고 있기 때문입니다. 유럽인들은 감히 우리의 정책을 무관심하게 바라보지 못합니다. 그들은 어쩔 수 없이 반응해야만 할 것이고, 판사님, 사실상 현재 반응하고 있습니다.

8월 마지막 날 국가비상사태가 끝이 났다. 다섯 달 만에 처음으로 우리는 집에 갈 수 있었다. 요하네스버그 사람들이 비상사태를 종식한다는 소식을 듣고는 우리가 석방될 것을 대비하여 차를 몰고 왔다. 마침내 우리가 석방되자 친구들과 가족들은 환호했다. 위니는 차를 얻어 타고 프리토리아로 왔으며, 우리의 재결합은 기쁨으로 가득 찼다. 나는 다섯 달 동안 나의 아내를 껴안지 못했고, 아내의 얼굴에서 기쁨의 미소를 보지 못했다. 그날 밤 다섯 달 만에 처음으로 나는 내 침대에서 잤다.

교도소에 다녀온 뒤로는 원할 때 산책할 수 있는 일, 가게에 가는 일, 신문을 사는 일, 말하거나 침묵할 수 있는 일 등 어떤 작은 일도 고맙게 생각했다. 자신을 통제할 수 있다는 느낌을 주는 단순한 일들이었다.

국가비상사태가 종식된 뒤에도 재판은 1961년 3월 29일까지 7개월이나 더 계속되었다. 여러 가지 측면에서 이 기간은 피고인들을 위한 영광의 나날이었다. 왜냐하면 우리 민족들이 용감하게 ANC의 정책을 천명하며 증인석에 서 주었기 때문이다. 로버트 레샤는 ANC가 폭력 보복을 위해 정부로 하여금 먼저 폭력을 사용하도록 유도했다는 정부 측의 기이한 주장을 강력히 반박했다. 거트 시반데는 법정을 상대로 흑인 농부들의 비참한 생활에 관해 토로했다. '아프리카 원주민 선교회'의 일반인 설교자로 레이디스미스 출신의 여든한 살 된 이삭 벤디는 왜 우리가 파업 대신 결근을 선택했는지를 설명했다.

10월에 우리의 마지막 증인으로 매튜 교수가 불려왔다. 증인석에서 매튜 교수는 평온하기 그지없었고, 검사들을 마치 엄한 훈계를 들어야 하는 못된 학생처럼 취급했다. 그는 종종 압도당한 검사들을 향하여 다음과 같이 말했다. "네가 내 입에서 진정으로 원하는 것은 네가 주장하는 폭력적이라는 그 연설이나 조직의 정책을 대변한다는 것이다. 첫째, 그것은 사실이 아니다. 둘째는, 내가 절대로 그런 말은 하지 않을 것이다."

그는 멋진 언어를 사용하여 아프리카인들은 비폭력 저항이 고통을 가져다준다는 것을 알고 있었지만 다른 어떤 것보다도 자유를 원했기에 그것을 선택했다고 설명했다. 그리고 사람들은 압제로부터 자신을 자유롭게 하기 위해서는 가장 심한 고통을 기꺼이 견뎌낼 것이라고 말했다. 매튜 교수를 마지막으로 우리의 변론은 많은 교훈을 남기고 끝났다. 매튜 교수의 증언이 끝난 뒤 케네디 판사는 그와 악수했고, 더 나은 상황에서 다시 만나게 되기를 바란다고 말했다.

37

국가비상사태가 끝난 뒤 장래의 일을 토론하기 위해 '전국집행위원회NEC'가 9월에 비밀리에 소집되었다. 우리는 재판이 진행되는 동안에도 교도소에서 토론을 해왔지만, 우리들이 공식적으로 모임을 갖는 것은 이번이 처음이었다. 정부는 국제적인 위협보다는 국내에 도사리고 있는 위협에 대비하고 있었다. 우리는 조직을 해체하지 않고 지하조직으로 남아 임무를 계속 수행했고, ANC 규약에 요약되어 있는 토론회, 지부회의, 공공집회 등을 개최하기 위한 민주적 절차를 이제 잊어야 했다. 또한 금지당하지 않은 ANC의 다른 조직들과 연락하려면 새로운 기구들을 만들어야 했다. 그러나 이 모든 새로운 기구들은 불법이었으며, 여기에 참여하는 사람들은 체포와 감금의 위험에 직면해야만 했다. 집행위원회와 부속기구들은 불법상황에 적응하기 위해 매우 능률적으로 바뀌어야 했다. 당연히 우리는 ANC의 청년동맹과 여성동맹을 해체했다. 몇몇 사람들은 이런 변화를 강력히 반대했지만 우리가 이제 불법조직이라는 것은 피할 수 없는 사실이었다. 계속해서 참여하고 싶어 하는 사람들에게 정치란 이제 부담스러운 일 정도가 아니라 진정으로 위험한 일이 되어버린 것이다.

'만델라와 탐보' 법률회사는 문을 닫고 남아 있는 빚을 청산했지만, 나는 계속해서 내가 할 수 있는 법적 일은 무엇이든지 했다. 수많은 동료들이 자신의 사무실과 직원과 전화 시설을 내가 쉽게 사용할 수 있도록 해주었지만, 나는 콜바드 주택의 13호인 아메드 카트라다의 아파트에서 일하는 것이 좋았다. 비록 내 변호사 사무소는 해체되었지만 변호사로서 나의 명성은 흐려지지 않았다. 곧 13호 아파트의 라운지와 카트라다의 집 앞의 복도는 손님들로 가득 찼다. 카트라다는 집에 돌아와서 자기 혼자 있을 수 있는 유일한 공간은 늘 부엌뿐임을 발견하고는 놀랐다.

이 기간 동안에 나는 밥 먹을 시간도 거의 없었으며, 가족들도 거의 만나지 못했다. 나는 우리의 소송을 준비하느라 프리토리아에 늦게까지 남아 있거나, 또 다른 사건을 다루기 위해 서둘러 돌아가고는 했다. 내가 어쩌다 정말로 내 가족과 저녁식사를 하려고 식탁에 앉으면 으레 전화벨이 울리고 나는 다시 불려 나갔다. 위니는 또 임신했고 끝없이 참아주었다. 그녀는 아기를 낳을 때 남편이 병원에 있어주기를 바랐을 것이다. 그러나 나는 그렇게 하지 못했다.

1960년 크리스마스 휴정 기간 동안 트란스케이에서 학교를 다니는 마가토가 아프다는 사실을 알고, 나는 내게 내려진 금지령을 위반하며 그를 만나러 트란스케이로 내려갔다. 밤새 차를 몰았다. 마가토는 수술을 받아야 할 상태였기 때문에 그를 요하네스버그로 데려오기로 했다. 나는 다시 밤새워 차를 몰아 마가토를 그의 어머니에게 데려다놓고서 수술을 위한 수속을 밟으러 갔다. 집으로 되돌아왔을 때 위니가 이미 아기를 낳기 위해 병원으로 갔다는 사실을 알았다. 나는 브리지만 메모리얼 병원의 비유럽인 병동으로 달려갔지만 산모와 딸은 이미 집에 돌아가고 없었다. 새로 태어난 딸아이는 건강했지만 위니는 매우 지쳐 있었다.

우리는 갓 태어난 딸아이를, 수년 전에 힐드타운에서 나에게 깊은 감명을 주었던 코사족의 계관시인인 사무엘 음카이의 딸의 이름을 빌려 진드지스와Zindziswa라고 불렀다. 이 계관시인은 오랜 여행 끝에 집에 돌아와서는 자기 부인이 딸을 낳았다는 것을 알았다. 그는 부인이 임신한 사실을 전혀 몰랐고, 따라서 그 아이가 다른 남자의 아이라고 생각했다. 우리 나라에서는 여자가 출산하면 열흘 동안 집 안에 있어야 하고, 그동안 남편은 그 집에 들어가지 못하게 되어 있다. 하지만 시인은 이 관습을 지키기에는 너무나 화가 나서 엄마와 딸을 동시에 찔러 죽일 태세로, 가느다란 투창을 가지고 집 안으로 쳐들어갔다. 그러나 그는 갓난아이가 자신과 닮은 것을 확인하자 뒤로 물러서서 "당신 잘 있군요"라는 뜻으로 "우 진드질레 u zindzile"라고 말했다. 그는 바로 이 말의 여성형인 진드지스와를 딸아이의 이름으로 삼았다.

38

검찰 측은 자신들의 입장을 종합 발표하는 데 한 달 이상을 소요했지만, 이들의 주장은 비약이 심해 변호인 측의 지적으로 자주 중단되었다. 3월에는 우리 차례였다. 마이셀은 폭력에 대한 기소가 잘못되었음을 조목조목 지적했다. "비협조와 수동적 저항이 대역죄를 의미한다면 우리가 유죄라고 솔직히 인정할 것입니다. 그러나 이런 것들이 반역죄에 해당하지 않는다는 것은 온 세상이 다 아는 사실입니다"라고 그는 말했다.

브람 피셔가 마이셀에 이어 같은 주장을 했다. 그러나 3월 23일에 재판부는 브람의 최종 주장을 중간에서 잘랐다. 우리는 아직 몇 주에 걸쳐 해야 할 논고가 더 있었지만 판사들은 일주일간 휴정한다고 발표했다. 이것은 정상적인 일이 아니었지만 우리는 그것을 희망적인 사안으로 받아들였다. 휴정 요청은 판사들이 이미 자신들의 의견을 정했다는 것을 시사하기 때문이었다. 어쩌면 마지막이 될 판결을 위해 우리는 6일 뒤에 다시 법원으로 오라는 명령을 받았다. 그사이에 나는 할 일이 있었다.

휴정하고 이틀 뒤 나의 금지령은 기한이 끝날 예정이었다. 나는 경찰이 이 사실을 알지 못하리라고 거의 확신했다. 그들은 언제 금지령이 끝나는지 거의 신경 쓰지 않기 때문이다. 내가 요하네스버그를 자유롭게 떠날 수 있고, 회의에 자유롭게 참여할 수 있는 것이 거의 5년 만이었다. 그 주말에는 피터마리츠버그에서 오랫동안 계획해온 전아프리카회의가 있을 예정이었다. 회의 목적은 모든 남아프리카인들을 위한 '거국적 헌법회의'의 개최를 자극하기 위한 것이었다. 나는 그 회의의 기조연설자로 비밀리에 계획되어 있었다. 연설하기로 계획된 전날 밤 나는 480킬로미터를 달려 피터마리츠버그로 가려고 했다.

내가 떠나기 전날, 전국운영위원회NWC는 전략을 논의하기 위해 비밀리에 모였다. 교도소 안에서 그리고 밖에서 여러 차례 회의한 끝에, 우리는 M-계획의 노선을 따르는 전략을 마련하고 지하조직으로 활동하기로 결정했다. 이 조직은 비밀리에 지속될 계획이었다. 만일 우리가 기소되지 않는다면, 내가 비밀리에 이 나라를 여행하며 앞서 제안된 거국적 헌법회의를 조직하기로 결정했다. 비밀리에 전속으로 일하는 사람만이 적의 강압적인 규제로부터 자유로울 수 있었다. 몇몇 특정 경우에는 ANC가 여전히 투쟁하고 있음을 보여주기 위해, 최대한 광고효과를 기대하며 내가 표면에 등장하기로 결정했다. 이것은 내게 놀라운 소식도 아니었고 내가 특별히 좋아했던 소식도 아니었지만, 나는 내가 그 일을 해야만 한다는 사실을 알고 있었다. 그러나 한 인간이 자신이 믿는 형태의 삶을 거부당했을 때 그는 범법자가 될 수밖에 없다.

내가 그 회의를 마치고 집에 돌아왔을 때 위니는 마치 내 생각을 훤히 알고 있는 것 같았다. 내 얼굴을 보자 위니는 우리 둘 다 누구도 원치 않는 삶을 내가 시작해야 한다는 것을 알아챘다. 나는 무슨 일이 있었는지를 설명하고 내일 떠날 거라고 말했다. 그녀는 마치 오랫동안 예상한 것처럼 이 사실을 태연하게 받아들였다. 그녀는 내가 해야만 하는 일을 알았지만, 그렇다고 해서 그것이 그녀를 조금도 달래주지는 못했다. 나는 조그마한 여행 가방을 챙겨달라고 부탁했고, 내가 떠나 있는 동안 친구들과 친척들이 돌보아줄 것이라고 말했다. 나는 얼마나 오랫동안 떠나 있어야 하는지 말하지 않았고, 그녀도 묻지 않았다. 내가 그 답을 알지 못했으니 오히려 그렇게 하는 것이 나았다. 나는 아마도 마지막 판결을 받기 위해 월요일에 프리토리아로 돌아가야 할 것이다. 결과가 어떻든 집에는 돌아오지 못할 것이다. 유죄판결이 나면 즉시 교도소로 갈 것이고, 풀려나면 즉시 지하조직원이 될 것이었기 때문이다.

우리 맏아들 템비는 트란스케이에서 학교에 다녔기 때문에 작별인사를 할 수 없었지만, 그날 오후 나는 마가토와 딸아이 마카지웨를 올랜도 이스트에 있는 그들의 엄마에게서 데려왔다. 우리는 도시 근교의 들판을 거닐며 이야기하고 놀면서 몇 시간을 함께 보냈다. 나는 언제 다시 그들을 볼지 알지 못한 채 그들에게 작별인사를 했다. 자유투사의 아이들도 역시 그들의 아버지에게 너무 많은 질문을 해서는 안 된다는 것을 배우는데, 나는 그 아이들의 눈을 통해 그들이 뭔가 심각한 일이 발생하고 있음을 알고 있다고 느꼈다.

집에 와서 나는 두 딸에게 작별의 키스를 했고, 그들은 내가 윌슨 콩코와 함께 차를 타고 나탈로 긴 여행을 떠날 때 손을 흔들어주었다.

서로 다른 종교, 사회, 문화 그리고 정치적 집단 150개를 대표하는 1,400명의 대표들이 전아프리카회의를 위해 전국에서 피터마리츠버그로 몰려들었다. 3월 25일 토요일 저녁, 충성스럽고 열광적인 관중들 앞의 무대 위에 올라선 것은 내가 마지막으로 공공연단 위에서 연설하는 자유를 누린지 거의 5년 만이었다. 관중들은 기쁘게 나를 맞아주었다. 나는 군중을 상대로 연설하는 강렬한 경험을 거의 잊고 있었다.

연설에서 나는 모든 남아프리카인들, 즉 흑인, 백인, 인도인, 혼혈인 모두가 형제애를 갖고 살고, 이 나라 전체의 열망을 반영하는 헌법을 만들어내기 위해서는 거국적 헌법회의가 필요하다고 역설했다. 나는 통합의 필요성을 주장했고, 한목소리로 말할 때 우리는 무적의 용사가 될 것이라고 말했다.

전아프리카회의는 남아프리카를 위한 비인종적 새 민주헌법을 결정하기 위해 동등한 원칙 위에서 선출된 모든 성인 남녀의 대표자들이 모이는 거국적 헌법회의를 요청했다. 나를 명예 사무총장으로 하는 전국행동위원회NAC가 선출되었는데, 그 목적은 이번 요청을 정부에 전달하는 것이었다. 정부가 회의를 소집하지 않을 경우 우리는 5월 29일부터 3일 동안 전국적인 결근투쟁을 계속 전개하는데, 이는 남아프리카를 공화국으로 선포하는 일과 함께 병행할 계획이었다. 나는 정부가 우리의 제안을 받아들이리라는 망상 따위는 갖지 않았다.

1960년 10월, 정부는 '남아프리카가 공화국이 되어야 하는가'라는 문제를 두고 백인 국민투표를 실시했다. 이것은 보어전쟁에서 아프리카너들이 대항해서 싸웠던 나라와의 유대관계를 끊어버리는 것으로, 아프리카너 민족주의자들의 오랜 꿈 가운데 하나였다. 투표자의 52퍼센트가 공화국을 지지함으로써 국민투표에서 승리했고, 1961년 5월 31일에 공화국을 선포하기로 정해졌다. 우리는 그러한 변화란 우리에게는 단지 피상적인 것에 불과하다는 것을 나타내기 위해 공화국 선포일에 맞추어 우리의 결근투쟁 일자를 정했다.

회의 직후 나는 페르부르트 수상에게 편지를 보내, 거국적 헌법회의를 소집하라고 공식적으로 요청했다. 만일 그렇게 하지 않을 경우, 5월 29

일부터 이 나라 역사상 최대규모의 3일 파업에 들어갈 것이라는 경고를 덧붙였다. "우리는 당신의 정부가 취할지도 모르는 대응책에 대해서는 어떠한 환상도 갖지 않습니다. 지난 12개월 동안 우리는 암울한 독재기간을 보냈으니 말입니다"라고 그 편지에 썼다. 나는 또한 이번 파업이 평화적이며 비폭력적인 결근이라는 사실을 확인하는 성명서를 신문지상에 발표했다. 페르부르트는 의회에서 내 편지가 "거만하다"라고 말했을 뿐 아무런 대답도 하지 않았다. 정부는 그 대신 이 나라 역사상 가장 위협적인 규모의 군사력을 동원하기 시작했다.

39

오랫동안 기다렸던 반역죄 재판의 마지막 판결이 있는 1961년 3월 29일 아침, 구유대교회가 문을 열기도 전에 수많은 지지자들과 언론인들이 서로 부딪치며 안으로 들어왔다. 수백 명은 되돌아가야만 했다. 판사들이 법정의 질서를 회복시켰을 때에는 방청석과 언론인석은 꽉 들어찬 상태였다. 럼프 판사가 의사봉을 두드리고 나서 몇 분 뒤 검찰 측은 이례적으로 기소변경을 신청했다. 이때가 11시 59분이었는데, 벌써 2년이나 시효가 지난 뒤였다. 재판부는 이를 기각했고, 방청석에서는 기각을 지지하는 웅성거림이 있었다.

법정 정리가 조용히 하라고 소리쳤고, 럼프 판사는 세 명으로 구성된 재판부가 판결내용을 결정했다고 발표했다. 법정에 침묵이 흘렀다. 럼프 판사는 깊고 고른 목소리로 재판부의 판결을 읽어내려갔다. ANC가 정부를 '급진적이고 본질적으로 다른 형태의 정부'로 바꾸어놓기 위해 일한 것이 사실이고, ANC가 저항운동 중에 비합법적인 저항방법을 사용했던 것도 사실이며, 몇몇 ANC 지도자들이 폭력을 주창하는 연설을 했던 것도 사실이며, 반제국적이며 반서구적이고 친소련적인 태도에서 나타나듯이 ANC 내에 좌파 경향이 강한 것도 사실이다. 그러나,

> 이 법원에 제시된 모든 증거와 우리가 찾아낸 사실에 근거할 때, ANC가 정부에 대해 직접적인 폭력행위를 할 수 있도록 대중을 준비시켰다든지 조건지었다는 의미에서의 폭력으로 정부를 뒤집어엎는 정책을 채택했다는 결론을 내리는 것은 불가능하다.

법원은 검찰 측이 ANC가 공산주의 조직이라는 사실과 「자유헌장」이 공산국가를 묘사하고 있다는 사실을 증명하지 못했다고 말했다. 40여 분에 걸쳐 위와 같이 말한 뒤 럼프 판사는 "따라서 피고인은 무죄임이 밝혀졌고 이 자리에서 석방한다"라고 판결했다.

관중석에서는 기쁨의 함성이 터져나왔다. 우리는 일어서서 서로를 얼싸안았고, 즐거운 분위기의 법정을 향해 손을 흔들어주었다. 우리는 모두 얼굴에 웃음이 가득하고, 소리 내어 울고 웃으며 안마당으로 행진해 갔다. 우리가 나타나자 군중은 환호하며 노래를 불렀다. 우리는 변호인들을 어깨 위에 올려 헹가래를 쳤는데, 몸집이 엄청나게 큰 마이셀만큼은 그것이 쉽지 않았다. 우리는 온통 사진기 플래시에 둘러싸였다. 우리는 친구, 부인, 친척을 찾아 두리번거렸다. 위니가 다가왔다. 나는 이 순간 내가 자유로울망정 이 자유를 누릴 수는 없을 것이라는 것을 알면서도 기쁨에 겨워 그녀를 껴안았다. 우리 모두 함께 밖으로 나왔을 때, 반역죄 재판을 받은 자와 군중들이 모두 함께 〈은코시 시크엘엘 아프리카〉를 부르기 시작했다.

법정에서 보낸 4년이 넘는 시간, 검사 수십 명, 서류 수천 가지, 증언 수만 쪽 등을 갖고도 정부 측에서는 그 목적을 달성하지 못했다. 법원의 판결은 국내에서도 그리고 해외에서도 정부를 당혹스럽게 할 뿐이었다. 그러나 이런 결과는 정부 측이 우리를 대하는 태도를 더욱 악화시켰을 뿐이었다. 그들이 받아들인 교훈은 우리가 합당한 불만을 가졌으리라는 것이 아니라 그들이 더욱 잔인해질 필요가 있다는 것이었다.

나는 이번 판결이 법 체제의 정당성을 천명했다든지 아니면 흑인이 백인의 법정에서 공정한 재판을 받을 수 있다는 증거라고는 생각지 않았다. 그것은 올바르고 정당한 판결이었지만, 주로 유능한 변호인단과 이번 사건을 맡은 특정 판사들의 공정한 마음의 결과였을 뿐이었다.

그러나 사법 체제는 아마도 남아프리카 내에서는 흑인이 공정한 질의를 받을 수 있고, 법의 지배라는 개념이 아직 적용되는 유일한 장소였을 것이다. 이것은 통일당이 지명한 계몽된 판사들에 의해 움직이는 법원에 특히 해당하는 사항이었다. 이들 중 많은 이들이 여전히 법의 지배를 지지했던 것이다.

학교에서 나는 남아프리카는 법치국가이며, 사회적 신분 또는 공식적 지위에 관련 없이 모든 이들에게 적용되는 나라라고 배웠다. 나는 그 말을 진짜 믿었고, 그렇게 가정하고 나의 삶을 계획했었다. 그러나 변호사와 정치운동가로서의 내 경력이 내 눈에 씌워진 막을 거두어갔다. 나는 강의실에서 배운 것과 법정에서 배운 것 사이에는 엄청난 차이가 있다는 것을 목격했다. 정의를 지키는 칼이라는 법에 대한 이상적 견해에서 벗어나, 법은 지배계급이 사회를 자신들에게 유리한 방향으로 형성하기 위해 이용하는 도구라는 생각을 갖게 되었다. 나는 정의를 위해 싸웠고, 또 때때로 정의를 얻었지만 결코 법정에서 정의를 기대하지는 않았다.

반역죄 재판의 경우, 판사 세 명은 자신들의 편견과 교육과 배경을 딛고 일어섰다. 인간에게는 묻히거나 숨겨진 선善이 있어서 때때로 예기치 않게 나타나기도 한다. 초연한 태도로 일관한 럼프 판사는 공판 과정을 통해 지배층 백인 소수의 견해를 공유한다는 인상을 주었다. 그러나 결국에는 공정성이 그의 판결을 지배했다. 케네디는 그의 동료들보다는 보수적 색채가 덜했고, 평등이라는 개념에 관심이 있는 것 같았다. 예를 들면, 언젠가 케네디와 두마 노크웨가 더반을 출발하여 요하네스버그로 가는 비행기를 함께 탔는데, 도심으로 들어가는 공항버스가 두마를 못 타게 하자 케네디는 자기도 타지 않겠다고 말했다. 베커 판사는 내 느낌에 늘 마음이 열려 있는 듯했고, 자기 앞에 서 있는 피고인이 정부의 손에 의하여 엄청난 고통을 겪었다는 것을 아는 듯했다. 나는 이 사람들을 법원의 대표나 정부의 대표 또는 심지어는 백인의 대표로서가 아니라 개인으로서 그리고 역경 속에서 인간의 품위를 지키는 좋은 예로서 이 세 사람을 칭찬하는 것이다.

베커 판사의 부인은 다른 사람들의 어려움에 민감한 여인이었다. 그녀는 국가비상사태 동안에 피고인들에게 가져다주려고 물건을 모으기도 했다.

그러나 정부 측은 이처럼 수치스럽게 패배하자 다시는 이런 일이 발생하지 않도록 하겠다고 결심했다. 이날 이후로 정부는 자신들이 지명하지 않은 판사들에게 의존하지 않았다. 또한 폭력주의자들을 보호하거나 기소된 죄수들에게 교도소 내에서 어느 정도의 권한을 허용하는 '법적 우아함'을 더 이상 준수하려 하지 않았다. 반역죄 재판 중에는 정보를 끌어내기 위해 개인을 격리하거나 구타하거나 고문한 예는 없었다. 그러나 이 재판이 있고 얼마 지나지 않아 이 모든 것들이 흔한 일이 되어버렸다.

6

검은 별봄맞이꽃

40

나는 판결이 끝난 뒤에도 집으로 돌아가지 않았다. 물론 주위에서는 축제 분위기에 들떠 축배를 들자고 성화를 부렸으나, 나는 당국에서 언제라도 나를 다시 집어넣을 수 있다는 사실을 알았다. 그들에게 그런 기회를 주고 싶지 않았다. 연금당하거나 체포되기 전에 정말로 그곳을 벗어나고 싶었다. 그래서 나는 그날 요하네스버그에 있는 안전가옥에서 하룻밤을 보냈다. 그날 밤은 낯선 침대에 누워 조금도 눈을 붙이지 못했다. 밖에서 차 소리가 들릴 때마다 경찰차가 아닐까 하여 깜짝깜짝 놀랐다.

월터와 두마가 첫 번째 여행지까지 전송해주었다. 첫 여행지는 포트엘리자베스였다. 포트엘리자베스에서 새로이 결성할 지하조직의 기구를 어떻게 만들 것인지 논의하기 위해 나는 고반 음베키와 레이먼드 음흘라바를 만났다. 우리가 만난 장소는 마슬라 파더 박사의 집이었는데, 뒷날 파더 박사는 그의 집을 우리의 모임장소로 내주었다는 이유로 2년형을 언도받았다. 새로운 조직에서 마련해준 안전한 장소에서, 나는 뒷날 몇몇 일간지에서 지지를 표명한 바 있는 전당대회 캠페인을 논의하기 위해 자유주의 신문인 《포트 엘리자베스 이브닝 포스트Port Elizabeth Evening Post》의 편집장을 만났다. 그리고 자유주의 주간지 《콘택트Contact》의 편집자이자 발행인이며, 자유당의 창립멤버로 '저항운동' 기간 동안 실제로 참여했던 최초의 백인 가운데 한 사람인 패트릭 던컨도 만났다. 그가 발행하는 신문은 ANC의 정책이 공산주의자들에 의해 수립된다고 여러 차례 반복해서 비판했다. 그러나 내가 그를 만났을 때 우리가 가장 먼저 나눈 이야기는 반역죄 재판의 기록을 자세히 검토해본 결과 자신의 생각이 잘못되었다는 것을 알았기에 자신의 글에서 오해했던 부분을 수정하겠다는 것이었다.

그날 밤, 나는 케이프타운에서 열린 아프리카인 지역 목회자 회합에 연설자로 나섰다. 내가 이 이야기를 하는 이유는 그 회합에 참석했던 목회자 가운데 한 사람이 개막기도를 했는데, 그 기도는 최근 몇 년 동안 내 머릿속에서 잊히지 않으며, 시련이 닥칠 때마다 힘을 주는 원동력이 되었기 때문이다. 그는 신의 은총과 선함, 신의 자비로움 그리고 모든 인간에 대한 신의 애정에 대하여 감사하는 기도를 올렸다. 그리고 그는 주님의 종 가운데 일부는 다른 이들보다 더욱 유린당하고 있으며, 이 때문에 마치 주님이 그들에게 관심을 기울이지 않는 것처럼 여겨진다고까지 고하는 자유로움을 보여주었다. 그런 다음 그는 이렇게 기도했다. "만일 주님이 흑인을 구원으로 이끄는 데 조금 더 적극성을 띠지 않으신다면, 흑인은 이제 자신의 손으로 자신의 일을 직접 감당해야만 합니다. 아멘."

케이프타운에서 보낸 마지막 날 아침, 나는 남아프리카혼혈인기구의 창립회원인 조지 피크와 함께 머무르던 호텔을 떠났다. 호텔에 머무는 동안 극진히 대접해준 혼혈인 매니저에게 감사 인사를 전하기 위해 그에게 들렀다. 그는 내가 찾아준 것에 고마워했으며 동시에 호기심을 나타냈다. 그는 내가 누구인지 알아보았고, 그곳의 혼혈인들은 아프리카인이 이끄는 정권하에서도 현재 백인 정권 때와 마찬가지로 억압을 받게 될지도 모른다는 생각으로 두려워하고 있다고 말했다. 그는 중산층 사업가이지만 아마도 아프리카인들과 별다른 접촉을 갖지 못했을 것이고, 그래서 백인들과 똑같이 그들을 두려워했다. 이처럼 두려움을 표출하는 현상은 특별히 케이프타운에 거주하는 혼혈인들 사회에서 자주 나타났다. 그리하여 비록 나도 늦게 시작했지만 이 친구에게 「자유헌장」을 설명해주면서 우리는 반인종차별주의를 강력히 표방하고 있다고 힘주어 말했다. 자유투사로서 나는 국민들에게 내 자신의 입장을 밝힐 수 있는 기회가 있다면 그 기회를 모조리 이용해야 했다.

다음 날, 나는 ANC 전국집행위원회와 ANC 더반 지부 운영위원들이 모이는 비밀회의에 참석했다. 그 회의는 우리가 미리 준비한 피켓을 들고 공개적인 파업과 시위를 할 것인지 아니면 무단결근투쟁 전략을 쓸 것인지를 논의하기 위한 자리였다. 파업을 주장하는 사람들은 1950년대 이후 우리가 사용해온 무단결근투쟁은 이제 약효가 다 떨어졌다고 보았다. 또한 그들은 PAC가 대중에게 호소력을 갖게 되면서부터 더욱더 호전적인 형태의 투쟁이 필요하게 되었다고 주장했다. 이에 대한 대안으로 내가 동조했던 무단결근투쟁 전략은 적의 역습을 방지하면서 동시에 우리가 적을 공격할 수 있다는 장점이 있었다. 나는 우리가 국민의 생명을 존중한다는 것을 국민이 인식했기 때문에 우리의 운동에 대한 국민의 신뢰가 증진되고 있다고 주장했다. 그리고 시위자들의 영웅주의가 샤프빌에서 적이 우리 국민을 쏘아 죽이도록 허용했다고 주장했다. 또한 나는 우리 국민이 수동적 형태의 저항에 대해서는 점차 인내심을 잃어가고 있다는 사실을 알면서도 무단결근투쟁 전략을 옹호했다. 그러나 포괄적인 계획 없이 이미 효과가 인정된 전략을 포기해야 한다고 생각하지는 않았다. 더욱이 우리에게는 그럴 만한 시간도 재원도 없었다. 결정은 무단결근투쟁 전략 쪽으로 내려졌다.

지하생활은 엄청난 심리적 변화가 요구된다. 우리는 모든 행동에, 그것이 아무리 사소하고 하찮은 것처럼 여겨질지라도 치밀한 계획을 세워야만 한다. 순수한 마음으로 믿을 만한 것은 아무것도 없다. 모든 것이 의심의 대상이다. 자신의 본모습을 잃게 된다. 어떠한 역할이든 맡겨진 역할에 충실히 따라야만 한다. 어떤 면에서 이러한 생활양식은 남아프리카의 흑인에게는 그다지 낯설지 않은 것 같다. 아파르트헤이트 아래에서 흑인은 합법과 불법, 개방과 은폐 사이에서 그림자와 같은 삶을 살아왔다. 남아프리카에서 흑인의 삶은 전 생애를 지하에서 살아가는 삶과 같이 어떤 것도 전적으로 믿어서는 안 된다는 것을 의미했다.

나는 점차 야행성으로 변해갔다. 낮에는 은신처에 몸을 숨기고, 어둠이 내리기 시작하면 서서히 활동을 개시했다. 나의 활동 무대는 주로 요하네스버그였는데, 필요하다면 여행도 불사했다. 텅 빈 아파트든 일반 주택이든 나 홀로 있을 수 있고 몸을 숨기기 쉬운 곳이라면 어디든 머물렀다. 비록 나도 사람들과 어울리기를 꽤나 즐겼지만 이러한 고독도 좋았다. 나는 홀로 되고, 무언가 계획하고, 사색도 하고, 각본도 짤 수 있는 기회를 반겼다. 그러나 나의 고독한 삶은 지나친 감이 없지 않았다. 아내와 가족이 그리워 미치도록 외로울 때도 있었다.

지하생활의 핵심은 남의 눈에 띄지 않는 것이다. 자신을 드러내려고 방 안에서 거니는 방법이 있듯이 자신을 숨기면서 움직이고 행동하는 방식이 있게 마련이다. 지도자들은 대개 남의 눈에 띄기를 갈망한다. 그러나 범법자는 정반대를 원한다. 지하생활을 할 때 나는 똑바로 서 있거나 허리를 세우고 걷지 않았다. 나는 명료함과 차별성이 떨어지더라도 가능한 한 부드럽게 표현했다. 또한 조금 수동적이고 더욱 신중하게 행동했다. 사람들에게 어떻게 하기를 요구하는 대신에 그들이 내게 부탁하도록

두 번째 재판이 있은 뒤 나는 지하로 숨어들었고, 이 시절에는 '검은 별봄맞이꽃'으로 알려져 있었다.

했다. 면도도 이발도 생략했다.

내가 가장 자주 변장했던 사람은 운전사, 요리사, 그리고 '정원사'였다. 나는 농부들이 입는 위와 아래가 붙은 푸른색 작업복을 입었으며, 종종 '마자와티차茶 안경'이라고 알려진 둥글고 가장자리 테가 없는 안경을 쓰기도 했다. 나는 자동차가 있었기에 이러한 작업복 차림에 운전사 모자를 쓰고 다녔다. 운전사 모습은 주인 차를 몬다는 구실로 마음껏 여행할 수 있었기 때문에 내게는 편리한 변장이었다.

지하에서 활약하던 초기 몇 개월 동안 지명수배를 받아 경찰에게 쫓기게 되었을 때 나의 불법적 지위는 언론의 상상력의 표적이 되었다. 가끔 내가 여기에도 나타나고 저기에도 머물렀다는 기사가 신문의 1면을 장식했다. 검문소가 전국에 설치되었으나 경찰의 노력은 늘 헛수고로 끝났다. 당시 내게는 '검은 별봄맞이꽃Black Pimpernel'이라는 별명이 붙여졌다. 이는 오르치Baroness Orczy의 소설에 나오는, 프랑스혁명 당시 체포망을 용감히 피했던 '주홍색 별봄맞이꽃Scarlet Pimpernel'에 빗대어 다소 경멸적인 함의를 담아 붙인 별명이었다.

나는 전국 방방곡곡을 비밀리에 여행했다. 케이프에서는 회교도들과, 나탈에서는 설탕농장 일꾼들과, 포트엘리자베스에서는 공장 노동자들과 함께했다. 밤마다 비밀회합에 참석하면서 전국 방방곡곡을 돌아다녔다. 나는 3페니짜리 동전 '티키 20'을 주머니 가득 넣고 다니면서 신문기자들에게 공중전화를 걸어 그들에게 우리가 무엇을 계획하고 있는지를 알린다거나 경찰이 얼마나 무능한지를 이야기함으로써, '검은 별봄맞이꽃'의 신화를 더욱 부채질했다. 경찰을 교란시키고 국민들에게 기쁨을 주고자 동에 번쩍 서에 번쩍 출몰하고는 했다.

지하활동을 하던 시절의 내 경험에 대해서 전혀 근거 없고 정확하지 않은 이야기들이 많이 떠돈다. 사람들은 감히 일어날 수 없는 일을 윤색하여 말하기를 즐긴다. 그러나 나도 모르긴 해도 가까스로 위기를 모면한 경험이 여러 차례 있었다. 한번은 시내에서 차를 몰고 가다가 신호등에서 멈춰 섰다. 무심코 왼쪽을 쳐다보니 바로 옆 차에 비트바테르스란트 보안지부 지부장인 스펭글러 대령이 타고 있었다. 만일 '검은 별봄맞이꽃'을 체포했더라면 그에게는 커다란 횡재였을 것이다. 나는 당시 노동자 모자와 푸른 작업복에 안경을 쓰고 있었다. 그는 내 쪽을 돌아보지 않았다. 그런데도 신호등이 바뀌기를 기다리던 단 몇 초의 시간이 내게는 마치 몇 시간이나 되는 듯했다.

어느 날 오후, 요하네스버그에서 운전사 차림으로 긴 먼지막이 외투를 입고 모자를 쓴 채 길모퉁이에서 나를 태우러 오는 사람을 기다리고 있었다. 그때 어떤 경찰이 분명 내 쪽으로 걸어왔다. 나는 도망갈 장소가 있는지 살피려고 주위를 둘러보았다. 그러나 내가 미처 도망가기 전에 그는 내게 미소를 띤 채 몰래 ANC의 건승을 비는 엄지손가락을 치켜세우는 표시를 보내고는 조용히 사라졌다. 이런 일은 수없이 많이 일어났다. 이로써 나는 많은 아프리카인 경찰들이 우리를 지지한다는 것을 확인할 수 있었다. 위니에게 경찰이 무슨 일을 꾸미는지 사전에 정보를 빼주던 흑인 경사가 있었다. 그는 위니에게 귀엣말로 "수요일 밤에는 경찰이 수색할 예정이니 마디바가 알렉산드라에 가지 못하도록 해야 해요"라고 가르쳐주고는 했다. 흑인 경찰들은 투쟁 기간 중에 혹독한 비판을 자주 받았다. 그러나 그들 대부분은 이루 말할 수 없이 귀중한 역할을 숨어서 드러나지 않게 수행했다.

지하생활을 하는 동안 나는 가능한 한 누추하게 입고 다녔다. 내 작업복은 평생을 어렵게 고생한 흔적이 역력해 보였다. 경찰은 수염을 기르고 찍은 내 사진을 한 장 가지고 있었는데, 이것을 전국에 배포했다. 동료들은 내게 면도를 하라고 강요했다. 그러나 나는 수염에 대한 애착이 강했기 때문에 면도를 강요하는 모든 요구를 거부했다.

나는 사람들의 눈에 뜨이지 않았을 뿐만 아니라 때로는 무시당하기도 했다. 언젠가 요하네스버그에서 상당히 떨어진 곳에서 열린 회합에 참석하기로 되어 있었다. 그 회합은 꽤 유명한 목사가 그의 친구들과 그날 밤 나를 초대한 것이었다. 내가 그 집 문 앞에 도착하여 누구인가를 미처 밝히기도 전에 나이가 든 한 여자가 "우리는 당신 같은 사람이 이곳에 오는 것을 원치 않아요!"라고 소리치고는 문을 닫아버렸다.

41

나의 지하생활은 5월 29일로 예정된 무단결근투쟁을 계획하는 일을 위주로 진행되었다. 그 계획은 국가와 해방운동 간에 실질적인 전쟁과 같은 형태를 띠게 되었다. 5월 하순이 되자 정부에서는 전국적으로 반정부 지도자들에 대한 수색을 시작했다. 집회는 금지되었고, 출판사는 정부에 장악되었으며, 경찰이 보석 없이 12일 동안 혐의자를 감금할 수 있는 법안이 의회에서 졸속으로 통과되었다.

페르부르트는 파업에 동정적인 신문을 포함하여 파업을 지지하는 모든 사람들은 "불 속으로 뛰어드는 것"이라고 선언했다. 정부의 무자비함을 감안할 때 이것은 무시무시한 선언이었다. 정부는 파업기간 동안 노동자들이 집에 돌아가지 못하도록 하기 위해서 기업들에게 노동자들이 잘 곳을 마련해달라고 종용했다. 무단결근투쟁이 시작되기 이틀 전, 정부는 남아프리카 역사상 최대규모의 평시 군 사열을 실시했다. 군은 전쟁 이후 최대규모의 군사훈련을 실시했다. 경찰 휴가도 취소되었고, 동네의 입구마다 군부대가 진을 쳤다. 비포장도로 위를 사라센 탱크가 굉음을 내며 달리는 동안 헬리콥터는 어떤 모임의 징조라도 있으면 이를 흩어놓기 위해 급강하를 하면서 하늘을 선회했다. 밤에는 헬리콥터가 마을에다 탐조등을 비추었다.

영자신문들은 무단결근투쟁이 시작되기 며칠 전까지 이것을 널리 홍보했다. 그러나 무단결근투쟁이 실시되기 하루 전날, 이 신문들은 모조리 난장판이 되어 사람들에게 일터로 나가라고 종용했다. PAC는 파괴공작원의 역할을 수행했고, 무단결근투쟁에 반대하라는 내용과 ANC 지도자들은 겁쟁이라고 비난하는 내용을 담은 전단 수천 장을 뿌렸다. PAC의 행동은 우리에게 충격이었다. 비판한다는 것은 중요한 일이다. 우리는 그것을 받아들일 수 있다. 그러나 사람들에게 출근을 강요함으로써 파업을 방해하려는 시도는 적의 이익에 직접 도움을 주는 것이다.

무단결근투쟁이 시작되기 전날 밤, 나는 소웨토에 있는 안전가옥에서 ANC 요하네스버그 지부의 지도자를 만나기로 되어 있었다. 경찰의 검문을 피하기 위해 클립타운을 통해 소웨토로 들어갔다. 클립타운은 통상적으로 검문을 하지 않던 지역이었다. 그러나 앞이 보이지 않는 길모퉁이를 돌자마자 내가 그토록 피하려 했던 검문소가 정면에 보였다. 백인 경찰이 내게 정지 신호를 보냈다. 나는 평상시처럼 작업복에 운전사 모자를 쓰고 있었다. 그는 유리창을 통해 나를 흘끗 보더니 앞을 향해 뚜벅뚜벅 걸어가서 차를 조회했다. 보통 이러한 조회는 경찰의 임무였다. 아무런 이상을 발견하지 못하자 그는 내게 통행증을 보여달라고 했다. 나는 실수로 통행증을 집에 두고 왔다고 말하고 태연스럽게 거짓 통행증 번호를 둘러댔다. 이것이 그를 안심시켰는지 그는 나를 무사히 통과시켜주었다.

무단결근투쟁 첫날인 5월 29일 월요일, 시민 수십만 명이 자신의 직장과 생계의 위협을 무릅쓰고 출근하지 않았다. 더반에서는 인도인 노동자들이 공장 문을 나왔고, 케이프에서는 혼혈인 노동자 수천 명이 출근하지 않았다. 나는 이러한 반응에 대해 언론에 "국가에 의한 사상 그 유례를 찾아보기 어려운 형태의 압력에 공공연히 저항한" 우리 국민을 찬양하면서 "위대하다"라는 찬사를 담아 보냈다. '공화국의 날'을 경축하는 백인들의 축제를 우리의 저항이 잠식해버렸다.

무단결근투쟁 첫날 전국의 여러 곳에서 상당한 반향을 불러일으켰다는 보도에도 불구하고 전체적인 반향은 우리의 기대보다는 약한 것으로 나타났다. 상호 의사소통은 어렵고, 늘 부정적인 소식은 긍정적인 소식보다 훨씬 효율적으로 전파되는 것 같았다. 전국에서 더욱 많은 보고가 접수되자 나는 실망해 맥이 빠졌다. 그날 밤, 나는 유린당한 기분과 약간의 분노를 안은 채 《랜드 데일리 메일》의 벤자민 포그룬드와 대화를 했다. 그 자리에서 나는 이제 비폭력투쟁의 시대는 지났다고 선언했다.

무단결근투쟁이 실시된 둘째 날, 나는 동료들과 의논하여 이 계획을 철회했다. 그날 아침 백인 거주지역인 교외의 한 안전가옥에서 지방 언론인과 외국 언론인 여러 명을 만났다. 나는 그 자리에서 다시 한번 무단결근투쟁 전략은 '대단한 성공'이라고 강조했다. 그러나 동시에 새날이 밝아오고 있음을 믿는다는 사실을 숨기지 않았다. 나는 "만일 정부가 우리의 비폭력투쟁을 공권력을 동원해서 진압한다면 우리는 우리 전술을 재고해야 할 것입니다. 제 생각에 우리는 비폭력 정책에 대한 문제에서 한 단원의 막을 내리고 있습니다"라고 말했다. 이것은 상당히 우울한 선언이었다. 나도 그 사실을 알고 있었다. 이 문제가 조직의 차원에서 논의되기 전에 이러한 언급을 한 것에 대해 집행위원들로부터 비판을 받았다. 그러나 때로 지도자는 주저하는 조직을 자신이 원하는 방향으로 나아가도록 밀어붙이려는 생각을 가지고 대중 앞에 나서야만 한다.

폭력 사용의 여부는 1960년대 초반 이후 우리 사이에서 끊임없는 논쟁거리였다. 내가 처음으로 무력투쟁을 논의했던 것은 1952년 월터와 상의하던 때까지 거슬러 올라간다. 이제 나는 다시 그와 상의했고, 우리는 조직의 새로운 진로를 모색해야만 한다는 사실에 동의했다. 공산당은 자체 내의 지하조직을 비밀리에 재정비해왔고, 당시는 자체 내에 무장 세력을 결성하는 방안을 고려했다. 우리는 운영위원회에 무력투쟁 문제를 제안하기로 결정하고, 마침내 1961년 6월 모임에서 이 문제를 상정했다.

내가 겨우 무력투쟁을 제안하기 시작했을 무렵, 공산당 서기이자 ANC 집행위원 가운데 가장 영향력 있는 인물 중 한 사람인 모세 코타네가 내게 무력투쟁을 신중하게 생각하지 않았다는 이유로 반격을 시도했다. 그는 내가 정부 측 행동에 속아 넘어가서 무력하게 되었으며, 지금은 절박한 심정에 혁명적인 언어에 의존하는 것이라 비난했다. 그는 "만일 우리가 더욱 상상력이 있고 의지가 충분히 강하다면 전통적으로 해오던 방식도 재고해볼 여지는 있다. 만델라가 제안하는 방법에 편승한다면 우리는 무고한 시민들을 적의 대량학살에 무방비 상태로 노출하게 될 것"이라고 강조했다.

모세의 말은 상당히 설득력이 있었다. 나는 그가 내 제안을 물리쳤다는 것을 알 수 있었다. 월터조차도 내 편에 서서 말하지 않았다. 나는 한 발 물러설 수밖에 없었다. 월터와 이야기를 나누면서 나의 절망감을 표현한 다음에, 나를 도와주지 않은 데 대해 그를 힐책했다. 그러자 그는 웃으며, 그가 나를 도와주는 것은 마치 성난 사자의 자존심과 정면으로 싸우려 하는 것만큼이나 어리석은 짓이 되었을 것이라고 말했다. 월터는 외교적이었고 지모智謀가 대단히 풍부했다. 그는 "내가 모세를 이곳으로 불러 당신과 개별적으로 만날 수 있도록 약속을 해놓겠다. 그러니 당신도 당신의 주장을 같은 방식으로 펼쳐보라"라는 제안을 했다. 나는 당시 지하생활을 하고 있었는데, 월터는 동네에 있는 한 집에서 우리 두 사람이 만날 수 있도록 주선해주었다. 우리는 하루 종일 이야기를 나누었다.

나는 최대한 솔직했다. 내가 왜 폭력으로 선회하는 것 말고는 다른 대안이 없다고 믿게 되었는지를 설명했다. 나는 예부터 전해 내려오는 아프리카식 표현을 인용했다. "세바타나 하 세 보퀘 카 디아틀라(맹수의 공격은 맨주먹만으로는 막을 수 없다)." 모세는 전통적인 공산주의자였다. 나는 그의 반대를 마치 바티스타 정권하의 쿠바 공산당과 같다고 말했다. 당시 쿠바 공산당은 적절한 상황이 아직도 무르익지 않았다고 주장했다. 그러고는 그들은 레닌과 스탈린의 교과서적 개념 정의를 순순히 따르며 기다렸다. 카스트로는 기다리지 않고 행동에 옮겨 승리를 쟁취했다. 만일 당신이 교과서적으로 상황이 무르익기를 기다린다면, 그러한 상황은 결코 찾아오지 않을 것이다. 나는 단도직입적으로 당신의 마음은 ANC가 합법적 조직이었던 당시의 낡은 형식 속에 갇혀 있다고 모세에게 말했다. 사람들은 이미 스스로 무장부대를 형성하고 있었다. 그들을 이끌어갈 힘을 보유하고 있었던 유일한 조직은 바로 ANC였다. 우리는 항상 우리 앞에는 국민이 있다고 주장해왔다. 그리고 바로 이 순간 그들이 우리 앞에 서 있다.

우리는 하루 종일 대화를 나누었다. 대화가 끝나갈 무렵, "넬슨, 나는 당신에게 아무것도 약속하지는 않겠습니다. 그러나 이 문제를 위원회에 다시 상정할 테니 그 과정을 지켜봅시다"라고 모세가 말했다. 운영위원회 날짜는 일주일 뒤로 잡혔고, 나는 다시 한번 이 문제를 상정했다. 이번에는 모세가 침묵을 지켰다. 그날 모임에서는 내가 더반에 있는 전국집행위원회NEC에 이 문제를 상정하는 방향으로 의견이 모아졌다. 월터는 싱긋 웃을 뿐이었다.

더반에서 열린 집행위원회는 당시 모든 ANC 회합과 마찬가지로 경찰의 눈을 피하기 위해 밤에 비밀리에 열렸다. 나는 루툴리 추장이 회합에 참석하고 있었고, 그가 비폭력에 상당한 도덕적 의미를 부여하고 있음을 알았기 때문에 예기치 않았던 어려움에 봉착할지 모른다는 생각을 갖고 있었다. 또한 시기적으로도 신중할 수밖에 없었다. 그 이유는 당시 나는 반역죄 재판이 끝나자마자 폭력투쟁의 문제를 제기하고 있었던 셈이며, 반역죄 재판에서 우리는 ANC에게 비폭력은 상황에 따라 수시로 변화될 수 있는 전술이 아니라 변할 수 없는 원리라고 주장했었다. 그러나 나는 정반대로 생각했다. 즉, 비폭력이야말로 그것이 더 이상 유용하지 않으면 폐기되어야만 할 전술이라 생각했다.

그 회합에서 나는 국가가 우리에게 폭력 이외에는 아무런 대안의 여지를 허용하지 않는다고 주장했다. 나는 우리 국민에게 어떠한 종류의 대안도 주지 않은 채 국가의 무장공격에 국민을 내던져버리는 것은 잘못된 일이요 부도덕한 일이라고 주장했다. 그리고 국민은 이제 스스로 무장을 시작하고 있다고 다시 한번 힘주어 말했다. 폭력은 우리가 시작하든 말든 시작되는 것이었다. 사람이 아니라 압제의 상징을 공격함으로써 인명을 구제한다는 원칙에 따라 우리 스스로 폭력투쟁을 인도하는 것이 더욱 낫지 않겠는가? 만일 우리가 지금 주도권을 잡지 못한다면, 우리는 곧 뒤처지게 될 것이며 우리가 통제하지 못하는 운동의 추종자가 되어버릴 것이다.

루툴리 추장은 처음에는 나의 주장에 반대했다. 그에게 비폭력은 단순히 전술적 차원의 문제가 아니었다. 그러나 우리는 밤새도록 그를 설득했고, 마침내 추장도 우리가 옳았다는 것을 진심으로 깨달았다고 나는 믿는다. 그도 전투적 운동이 필연적이라는 사실에는 궁극적으로 동의했다. 나중에 누군가가 아마도 추장은 폭력투쟁에 대해 준비가 되어 있지 않았을 것이라고 빗대어 말하자, 그는 다음과 같이 되받아쳤다. "만일 누군가가 나를 평화주의자라 생각한다면, 우리 집 닭을 훔쳐가보십시오. 그가 얼마나 그릇된 생각을 하고 있었는지 알게 될 것입니다."

전국집행위원회는 운영위원회가 잠정적으로 결정한 사항을 공식적으로 승인했다. 추장과 일부 사람들은 ANC가 이 문제를 전혀 논의한 바 없는 새로운 사안처럼 다루어야 한다고 제안했다. 그는 자유로운 우리의 동맹단체들이 위험에 빠지는 것을 원하지 않았다. 그의 생각은 무장투쟁은 분리되고 독립된 조직이 되어야만 하며, ANC와 연결되어서 ANC의 전반적인 통제하에 놓이긴 하나 궁극적으로는 자율성을 가져야만 한다는 것이었다. 그렇게 되면 서로 분리된 두 부류의 투쟁이 되는 것이었다. 우리는 추장의 제안을 기꺼이 받아들였다. 추장과 일부 동료들은 앞으로 새로이 전개될 국면으로 인해 조직의 가장 핵심이 되는 임무와 전통적인 투쟁방식이 간과될지 모른다는 사실도 경고했다. 그것은 또한 스스로 무덤을 파는 격이었다. 왜냐하면 무장투쟁은 적어도 초창기에는 운동의 핵심이 될 수는 없기 때문이었다.

다음 날 밤, 더반에서 연석 집행위원회를 열기로 했다. 이 모임에는 인도인회의, 혼혈인회의, 남아프리카노조회의, 민주주의자회의 등이 포함되어 있었다. 비록 이 단체들이 관례적으로 ANC의 결정을 받아들이더라도, 나는 일부 인도인회의의 동료들이 폭력운동을 지향해가는 과정을 격렬히 반대하리라는 것을 알고 있었다.

회의는 불길한 분위기에서 시작되었다. 당시 사회를 보던 루툴리 추장은 비록 ANC가 폭력투쟁 결정을 승인했음에도 불구하고 "폭력투쟁은 상당히 중요한 문제이므로 나는 오늘 이 자리에서 동료들이 이 문제를 다시 새롭게 생각할 수 있기를 바란다"라고 선언했다. 추장이 우리가 선택한 새로운 방향에 충분히 동의하지 않았다는 사실이 명백해졌다.

우리는 저녁 8시에 회의를 시작했다. 회의 분위기는 몹시 격앙되었다. 내가 먼저 지금까지 펼쳐왔던 것과 동일한 주장을 펴나갔다. 많은 사람들이 이의를 표명했다. 유서프 카찰리아와 나이커 박사는 국가가 해방운동 전체를 무참히 짓밟을 것이라고 주장하며 폭력투쟁에 동조하지 않을 것이라고 우리에게 알려왔다. 탁월한 논객인 J. N. 싱은 그날 밤, 아직도 내 머릿속에 맴돌고 있는 말을 남겼다. 그는 "비폭력이 우리를 참패시킨 것이 아니다. 우리가 비폭력을 참패시킨 것이다"라고 말했다. 나는 비폭력이 우리를 참패시킨 것이 사실이라고 말함으로써 그의 논의에 반박했다. 왜냐하면 비폭력이 국가의 폭력을 근절시키는 데 아무런 작용을 하지 못했으며, 우리를 억압하는 이들의 마음을 전혀 움직이기 못했기 때문이었다.

우리는 밤새 격론을 벌였다. 그러다 새벽녘이 되자 우리 사이에 무언가 진전이 이루어지기 시작했다. 많은 인도인회의의 지도자는 이제 비폭력의 종말에 대해 서글픈 어조로 말하고 있었다. 그때 갑자기 남아프리카 인도인회의 소속의 M. D. 나이두가 뛰쳐나와 동료들에게 말했다. "아하, 당신들은 교도소에 가는 것이 두려운 거군요. 그 이상도 이하도 아니오!" 그의 지적은 그날 회의에서 대혼란을 불러왔다. 한 인간의 지조를 문제 삼을 때에는 싸움까지도 불사할 수 있어야 한다. 전체 논의는 다시 원점으로 돌아갔다. 그러나 동이 떠오를 때쯤 되자 해결의 실마리가 보이기 시작했다. 회의는 나를 지지했고, ANC로부터 분리된 새로운 전투조직을 결성할 권한을 나에게 부여했다. ANC의 정책은 여전히 비폭력 정책일 것이다. 나는 이러한 조직을 만들기 위해 내가 원하거나 필요한 사람이 있으면 누구든 동참시킬 수 있는 권한과 내가 모조직母組織의 직접적 통제를 받지 않아도 된다는 권한을 부여받았다.

이것은 숙명적인 단계였다. 50년 동안 ANC는 비폭력을 가장 핵심적인 원리로 규정해왔다. 그 원리는 의문의 여지도 토론의 여지도 없었다. 따라서 이제부터 ANC는 전혀 다른 종류의 조직이 되는 것이었다. 우리는 새롭고 더욱더 위험한 항로에 오르고 있었다. 그 항로는 조직화된 폭력의 길이요, 종착지는 우리가 알지도 못하고 알 수도 없는 곳이었다.

군에 복무해본 적도 없고, 전투에 참여했던 경험도 없고, 적에게 총 한 발 쏘아본 적도 없던 내가 군대를 결성하라는 임무를 받았다. 이 임무는 퇴역 장성에게는 막중한 일일 것이나 군대에 관한 한 신참자인 내게는 오히려 별로 그렇지 못했다. 새로 결정된 조직의 이름은 '움콘토 웨 시즈웨 Umkhonto we sizwe', 즉 '민족의 창 The Spear of the Nation'이었고, 줄여서 MK라 불렀다. 조직의 상징으로는 창이 선정되었다. 그 이유는 창과 같이 단순한 무기를 가지고 아프리카인들은 수세기 동안 백인의 침입에 저항해왔다는 것에 비추어볼 때 창이 상징하는 바가 의미심장했기 때문이다.

ANC 집행부에는 백인이 참여할 수 없었지만 MK는 그런 것에 구애받지 않았다. 나는 즉시 월터 시술루와 함께 조 슬로보를 영입했다. 우리는 나를 대장으로 하는 최고사령부를 결성했다. 나는 조를 통해 이미 폭력 전술에 의거하여 정부의 전화선을 절단한다거나 통신라인을 끊는 등과 같은 파괴 활동을 실행에 옮기고 있었던 백인 공산당원에게 협조를 요청했다. 우리는 스프링복 리전과 더불어 2차 세계대전에 참전했던 잭 허드선과 러스티 번스타인을 영입했다. 이들은 모두 공산당원이었다. 잭은 우리 조직에서 최초의 파괴 전문가가 되었다. 우리의 임무는 국가를 상대로 폭력투쟁을 벌이는 것이었다. 정확하게 어떤 형태의 행동을 선택할 것인지는 아직 결정되지 않았었다. 우리의 의도는 개개인에게는 최소한의 폭력이면서 국가에는 최대의 피해를 안겨줄 수 있는 행동으로부터 시작하는 것이었다.

나는 내가 할 줄 알았던 유일한 방법인 독서와, 전문가들과의 대화를 시작했다. 내가 알고자 했던 것은 혁명을 시작하는 기본원리가 무엇인가였다. 나는 이 주제에 대해 수없이 많은 글이 있다는 사실을 발견했다. 나는 무장투쟁을 비롯하여 특히 게릴라전에 관한, 볼 수 있는 모든 자료를 보았다. 나는 어떠한 상황이 게릴라전에 적합한가, 게릴라 부대를 어떻게 만들고, 훈련하며, 유지할 것인가, 게릴라 부대를 어떻게 무장시킬 것인가, 게릴라 부대에 필요한 물품을 어디서 조달할 것인가 등과 같은 모든 지극히 기본적이고 초보적인 질문들에 대해 알고 싶었다.

어떠한 종류든 모든 자료들은 흥미가 있었다. 나는 쿠바 공산당 서기장 블라스 로카의 보고서를 읽었다. 이 보고서는 바티스타 정권에서 공산당이 불법단체로 남아 있던 시절에 관한 보고서였다. 데니스 라이츠가 쓴 『코만도Commando』(남아프리카 보어인 민병대)에서 보어전쟁 기간 중 보어 장군들이 사용했던 파격적인 게릴라 전술에 대해서도 읽었다. 체 게바라, 마오쩌둥, 피델 카스트로가 쓴 책이거나 또는 이들에 대한 글을 읽었다. 에드거 스노의 명저 『중국의 붉은 별Red Star Over China』을 통해 마오쩌둥을 승리로 이끌었던 원인은 바로 그의 확고함과 참신한 사고였다는 것을 알았다. 나는 메나헴 베긴의 『혁명에 관하여The Revolt』를 읽으면서 이스라엘 지도자도 우리와 비슷한 상황에서, 즉 산세도 빈약하고 숲도 없는 지형을 이용해서 게릴라전을 이끌었다는 사실을 발견하고 상당히 고무되었다. 나는 무솔리니에 저항했던 에티오피아 국민들의 무장투쟁과 케냐와 알제리와 카메룬 국민들의 무장투쟁에 관해 더욱 많이 알고 싶은 마음이 간절했다.

나는 남아프리카의 과거를 파고들었다. 백인이 침범하기 이전과 이후의 우리 역사를 연구했다. 아프리카인과 아프리카인의 전쟁, 백인과 아프리카인의 전쟁, 그리고 백인과 백인의 전쟁에 관해 탐구했다. 나는 우리 국토의 주요 산업시설, 교통체계, 통신망에 관해 조사하기 시작했다.

자세한 정보를 담은 지도를 수집했으며, 전 국토의 다양한 지형을 체계적으로 분석했다.

1961년 6월 26일 자유의 날에 나는 지하생활을 하면서 남아프리카의 주요 신문에 편지 한 통을 보냈다. 그 편지에서 나는 최근의 무단결근투쟁 기간 동안 국민들이 보여주었던 용기를 칭송하고, 다시 한번 거국적 헌법회의를 개최할 것을 요구했다. 만일 국가가 이 회의를 개최하지 않는다면, 전국적으로 국가에 비협조적인 캠페인이 또다시 시도될 것이라 공표했다. 나는 편지 한 부분에 이렇게 썼다.

> 나는 내게 체포영장이 발효되었다는 것을 알고 있다. 덕분에 경찰이 나를 찾고 있다는 것도 알고 있다. 전국행동위원회는 이 문제에 대해 전면적이고도 심각하게 고려하고 있다.…… 그들은 내게 자수하지 말라고 권유하고 있다. 나는 그 충고를 받아들였다. 따라서 내가 인정하지 않는 정부를 상대로 내 자신을 포기하지는 않을 것이다. 신중한 정치가라면 누구든 지금과 같은 상황에서 나를 경찰에 인도해 값싼 순교자의 길을 추구하도록 하는 것은 어리석을 정도로 순진한 선택일 뿐만 아니라 범죄행위라는 점을 인식하고 있을 것이다.……
>
> 나는 더 어렵고, 교도소에 들어앉아 있는 것보다 더욱 많은 위험과 시련을 동반하는 이 길을 선택했다. 조국에서 범법자로 살아가려면 나는 내가 사랑하는 아내와 자녀들로부터 떨어져 있어야만 하고, 내 어머니와 자매들로부터도 떨어져 살아야 한다. 내 사업장의 문을 닫아야만 하고 내 직업을 포기해야만 하며, 나의 많은 동료 시민들이 그러하듯 빈곤한 삶을 살아야만 한다.…… 나는 여러분들과 더불어 어깨를 나란히 하고, 승리를 쟁취할 때까지

조금씩 그리고 더 크게 정부와 싸울 것이다. 여러분은 무엇을 할 것인가? 우리와 함께 투쟁에 참여할 것인가, 아니면 우리 동포들의 주장과 열망을 억압하기 위해 수단과 방법을 가리지 않는 정부에 협력할 것인가? 나의 동포이자 우리의 동포인 이들의 삶과 죽음이 달린 문제에 여러분들은 침묵으로 일관하고 중립적인 자세를 취할 것인가? 나는 이미 선택했다. 나는 남아프리카를 떠나지 않을 것이다. 그렇다고 항복하지도 않을 것이다. 고난과 희생 그리고 전투적인 행동을 통해서만 자유가 승리할 수 있다. 투쟁은 나의 삶이다. 나는 내 삶이 끝나는 날까지 자유를 위한 투쟁을 계속할 것이다.

43

지하에서 처음 몇 달을 보내면서 나는 마켓 가에 있는 한 가족과 몇 주일을 함께 지냈다. 그 이후로는 베레아에서 볼피 코데시와 함께 독신자들을 위한 지하층 골방에서 지냈다. 베레아는 시내에서 북쪽으로 약간 떨어진 교외지역으로 주로 백인들이 살던 곳이었다. 볼피는 민주주의자회의의 회원으로서 《새시대》의 기자이며, 2차 세계대전 중 북아프리카와 이탈리아에서 싸운 경험이 있었다. 전쟁에 대한 그의 지식과 참전 경험은 내게 매우 많은 도움이 되었다. 나는 그의 제안에 따라 프러시아 장군 카를 폰 클라우제비츠의 고전인 『전쟁론On War』을 읽었다. 클라우제비츠의 주제, 즉 전쟁이란 다른 종류의 수단을 사용할 뿐 외교의 연장선이라는 주장은 나의 감각과 꼭 들어맞았다. 나는 필요한 책을 볼피에게 의존했다. 그러면서 동시에 내가 그의 일과 여가시간을 빼앗아 그의 삶을 박탈하는 것 같아 걱정이 되었다. 그러나 그는 한 번도 불평불만을 토로하지 않는 아주 낙천

적이고 겸손한 사람이었다.

*　*　*

나는 거의 두 달 동안 볼피의 아파트에서 보냈다. 캠페인용 들것 위에서 잠자면서, 낮에는 차양을 내리고 책을 읽거나 이런저런 계획을 세우면서 집 안에 머물다가 밤이 되면 회합이나 조직을 위한 모임이 있을 때에만 집을 나갔다. 나는 아침마다 볼피를 귀찮게 했다. 왜냐하면 나는 날마다 아침 5시에 일어나서 운동복으로 갈아입고 1시간가량을 뛰었기 때문이다. 볼피도 결국 나의 건강법에 항복했고, 아침에 시내로 출근하기 전에 나와 함께 운동을 하기 시작했다.

당시 MK는 폭약 장치의 설치법에 대해 훈련하고 있었다. 어느 날 밤, 나는 볼피와 같이 폭파 시험을 보기 위해 시내 외곽에 있는 낡은 벽돌 공장으로 갔다. 이는 보안 문제가 있었지만, 나는 MK가 최초로 시행하는 폭파 시험을 보고 싶었다. 폭파 작업은 벽돌공장에서는 흔한 일이었다. 왜냐하면 공장에서는 흔히 대형 기계를 이용해서 벽돌 재료로 쓰는 진흙을 퍼 올리기 전에 진흙을 부드럽게 만들기 위해 다이너마이트를 사용했기 때문이다. 잭 허드선은 니트로글리세린으로 가득 찬 파라핀 깡통을 가져왔다. 그는 볼펜 안에 끼워서 사용할 수 있도록 만들어진 폭파 시한장치를 고안해냈다. 주위는 어두웠고 우리는 작은 손전등 하나에 의지한 채 잭이 작업을 진행하는 동안 옆에 서 있었다. 준비가 되자 뒤로 물러서서 30초를 세었다. 굉음이 일어나면서 땅에 커다란 구덩이가 만들어졌다. 폭파 시험은 매우 성공적이었다. 우리는 모두 즉시 차로 되돌아와서 각각 다른 방향으로 흩어졌다.

나는 베레아에서는 안전하다는 생각이 들었다. 나는 외출하지도 않았고, 이곳이 백인지역이었기 때문에 경찰은 내가 이곳에 있으리라고는 생각하지 않았을 것이다. 낮 시간을 이용해서 아파트에서 책을 읽고 있는 동안, 나는 종종 우유를 발효시키기 위해 창문 턱 위에 500밀리리터짜리 작은 우유통을 놓아두었다. 나는 발효되어 시큼한 우유를 매우 좋아한다. 이는 코사족 사이에서 '아마시amasi'라고 알려져 있는데, 건강식품이자 영양식품으로 상당히 인기 있는 식품이다. 시큼한 발효우유를 만드는 일은 매우 간단하다. 공기가 잘 통하는 곳에 우유를 놓아두고는 응고시키기만 하면 된다. 그렇게 하면 요구르트처럼 우유는 걸쭉해지고 시큼해진다. 나는 볼피에게도 그것을 먹어보라고 권유했으나, 그는 맛을 보더니 얼굴을 찡그렸다.

어느 날 밤, 볼피와 잡담을 나누고 있을 때 나는 창가에서 들려오는 대화를 엿들었다. 나는 젊은 흑인 두 명이 줄루어로 말하는 것을 들었다. 그러나 커튼이 쳐져 있었기 때문에 그들을 볼 수는 없었다. 나는 볼피에게 조용히 하라고 신호를 보냈다.

"저 창문 턱 위에 어떻게 '우리 우유'가 놓여 있지?" 한 젊은이가 말했다.

"지금 무슨 말을 하는 거야?" 다른 젊은이가 대답했다.

"저 창문 턱 위에 놓여 있는 시큼한 우유 '아마시' 말이야. 어떻게 해서 저곳에 있지?"

그러고 나서는 침묵이 흘렀다. 날카로운 눈매의 젊은이는 흑인들만이 저렇게 창문 턱 위에 우유를 얹어놓는데, 그렇다면 백인들의 주거지역에 사는 이 흑인은 무엇을 하고 있는 것일까라는 점을 암시했다. 그때 나는 내가 다른 곳으로 옮겨야 한다는 사실을 절감했다. 그다음 날 밤 나는 다른 곳의 은신처로 떠났다.

나는 요하네스버그에 있는 한 의사의 집에 머물면서, 밤에는 하인들의 숙소에서 잠을 자고 낮에는 의사의 서재에서 일을 했다. 낮에 누군가가 의사의 집을 방문할 때면, 나는 뒤편의 정원으로 뛰쳐나가 정원사인 것처럼 행동했다. 그 뒤 나는 약 두 주일간 더반에서 해안을 따라 바로 위쪽에 위치한 통가트라 불리는 작은 마을에서 아프리카인 노동자와 그들의 가족과 함께 생활하면서 나탈에 있는 설탕 농장에서 지냈다. 나는 여관에 살면서 토지를 감정하기 위해 정부의 요청으로 온 농업시범가로 행세했다.

나는 조직이 제공한 농업시범에 필요한 장비를 가지고 있었다. 하루 중 일부는 토양을 점검하고 실험하는 일로 보냈다. 나는 내가 하는 일을 전혀 이해하지 못했으며, 통가트에 있는 사람들을 속일 수 있었다고 생각하지도 않는다. 그러나 남녀를 불문하고 대개가 농부들인 이들은 타고난 분별력을 가지고 있었다. 심지어 얼굴이 익히 알려진 지방 정치인들을 포함하여 밤에 차로 사람들이 오는 것을 보고도 나의 신분을 문제 삼지 않았다. 나는 종종 밤이 새도록 회의를 하거나 하루 종일 잠을 자기도 했는데, 이것은 물론 농업시범가의 정상적인 일과는 아니었다. 비록 나는 다른 종류의 일을 하고 있었지만 주민들에게 친근감을 느꼈다. 일요일이면 교회에 나가 이들 시오니스트 기독교 목회자들이 연단을 두드리며 열변을 토하는 구식 설교를 즐겼다. 내가 그곳을 떠나기로 결정하기 직전에, 나는 그동안 나를 보살펴준 한 노인에게 감사의 인사를 드렸다. 그러자 그는 이렇게 말했다. "물론 당신은 언제고 환영이오. 그런데 크웨데니(젊은이라는 의미), 루툴리 추장이 무엇을 원하는지 우리에게 말해주시오." 순간 나는 당황했다. 그러나 곧 이렇게 대답했다. "글쎄요, 그에게 직접 물어보시는 것이 좋을 듯합니다. 제가 그를 대신해 말할 수는 없습니다. 단지 제가 이해하기로는 그 역시 우리 땅을 되찾고 싶어 하며, 우리의 왕이 권력을 되찾기를 바라고 있으며, 우리 스스로 우리의 운명을 결정할 수 있기를 바라고 있습니다. 또한 우리에게 적합하다고 여겨지는 우리 자신의 인생을 개척하기를 원하고 있습니다."

"그런데 그가 군대를 갖고 있지 않다면, 어떻게 그러한 일을 할 수 있겠소?"라고 그 노인이 말했다.

내가 그러한 군대를 조직하려고 매우 바쁘게 움직이고 있다고 그 노인에게 이야기를 해주고 싶은 마음이 간절했지만 그럴 수 없었다. 나는 노인의 생각 때문에 용기를 얻었지만 다른 이들이 내 임무를 눈치채지나 않았을까 하여 상당히 초조했다. 또다시 나는 한 곳에 너무 오래 머물렀던 것이다. 다음 날 밤, 내가 도착했던 것과 마찬가지로 조용히 그곳을 떠났다.

44

나의 다음번 주소지는 은신처라기보다는 신전에 더 가까웠다. 10월에 요하네스버그 북부의 목가적 전원도시 리보니아에 있는 릴리슬리프 농장으로 옮겼다. 당시 리보니아는 농장과 소규모 경작농지가 대부분이었다. 반정부 운동단체는 지하에서 생활하는 사람들을 위해 안전가옥을 확보할 목적으로 농가를 비롯해 약간의 경작지를 구입했다. 고쳐야 할 만큼 낡았으며 아무도 살지 않는 집이었다.

나는 주인이 돌아올 때까지 그곳을 돌보기로 한 잡일꾼이자 관리인이라는 구실로 그 집으로 들어갔다. 나는 예전 고객 가운데 한 사람의 이름인 데이비드 모차마이David Motsamayi라는 가명을 썼다. 농장에서는 흑인 남자 하인들의 제복이었던 위와 아래가 붙은 단순한 푸른색 옷을 입었다.

낮이면 그곳은 안채를 수리하고 별채를 확장하느라 일꾼, 목수, 그리고 페인트공들로 법석댔다. 우리는 더 많은 사람들이 머물 수 있도록 작은 방을 몇 개 만들고 싶었다. 일꾼들은 모두 알렉산드라에서 온 아프리카인들로, 그들은 나를 웨이터 또는 보이라 불렀다(어느 누구도 내 이름을 물어보는 데 관심이 없었다). 나는 그들을 위해 아침을 준비했고, 늦은 아침나절과 오후에는 차를 만들어주었다. 그들은 내게 농장의 심부름을 시켰으며, 마루를 닦도록 하거나 쓰레기를 치우도록 했다.

어느 날 오후, 나는 그들에게 부엌에 차를 준비해놓았다고 알렸다. 그들이 부엌으로 들어오자 컵과 차 그리고 우유와 설탕을 쟁반에 담아 돌렸다. 모든 일꾼들이 각자 컵을 집어 들고 자신이 마실 것을 따랐다. 쟁반을 돌리다가 나는 한 일꾼 앞으로 갔다. 그는 이야기에 열중하고 있었다. 그는 차 한 잔을 집어 들었다. 그는 나보다는 자신이 하던 이야기에 더욱 열중했다. 그는 찻숟가락을 들고는 설탕을 푸는 대신에 그것으로 몸짓을 하면서 자신의 이야기를 계속했다. 나는 그 자리에 오랜 시간을 서 있었다. 몇 분이나 지났다고 생각할 때쯤, 마침내 낮게 한숨을 쉬고는 다른 곳으로 옮겨가려고 움직였다. 그 순간 그가 나를 뚫어져라 쳐다보면서 격앙된 어조로 꾸짖기를 "웨이터, 이리 와봐. 내가 언제 가라고 했어"라고 말했다.

많은 사람들은 아프리카 사회야말로 평등한 사회라는 이상적 모습을 그려왔다. 일반적으로 말해서 나 자신도 이러한 생각에 동의를 하긴 하는데, 사실 아프리카인들은 언제나 서로를 평등하게 취급하는 것은 아니다. 산업화는 도시의 아프리카인들에게 백인 사회의 일반적인 계층 개념을 심어주는 데 상당히 중요한 역할을 수행했다. 그들에게 나는 열등하며, 하인이자 직업이 없는 실업자요, 따라서 경멸적인 취급을 받아도 괜찮은 사람이었다. 나는 내 역할을 잘 수행했기 때문에 어느 누구도 내가 보기와는 다른 종류의 사람이라는 사실을 의심하지 않았다.

날마다 석양이 지면 일꾼들은 집으로 돌아가고, 나는 다음 날 아침까지 혼자 있었다. 나는 고요한 시간을 즐겼지만, 저녁시간은 대부분 회합에 참석하기 위해 집을 떠나서 한밤중에야 돌아왔다. 그런 시간에 내게 익숙지도 않고 가명을 사용하며 불법으로 살아가고 있는 곳으로 돌아오는 일이 종종 힘들게 느껴졌다. 어느 날 밤에는 수풀 속에 누군가 잠복해 있는 것을 보았다고 생각해 공포에 떨었던 기억이 난다. 결국 샅샅이 뒤졌지만 아무것도 발견하지 못했다. 지하의 자유투사는 언제나 선잠을 잔다.

몇 주일이 지난 다음 농장에서 레이먼드 음흘라바와 합류했다. 그는 포트엘리자베스로부터 북쪽으로 올라왔다. 레이는 케이프 집행부의 일원이요 공산당원이자, 저항운동 당시 최초로 체포되었던 ANC 지도자였으며, 철저한 노동운동가였다. 그는 ANC가 처음 '민족의 창'으로 영입한 사람들 중 한 명으로 선택되었다. 그는 다른 동료 세 명과 함께 중국에서 군사훈련을 받으러 떠나기 전에 출발을 준비하기 위해 이곳으로 왔다. 우리는 1952년 월터가 주선하여 만난 이후 처음 만났다. 레이는 이 주일을 머물렀다. 그는 ANC가 케이프 동부지역에서 노출되었던 문제가 무엇이었는지를 명백히 내게 알려주었다. 나는 MK 기본법을 만들 때에도 레이의 도움을 받았다. 러스티 번스타인은 물론 조 슬로보도 이 법의 초안을 만드는 데 참여했다.

레이먼드가 떠난 뒤 나는 마이클 하멜과 잠시 같이 지냈다. 그는 지하 공산당의 주요 인사로 민주주의자회의의 창설자 중 한 사람이며, 잡지 《해방Liberation》의 편집자였다. 마이클은 탁월한 이론가였으며, 공산당의 정책과 관련해서 작업을 진행하고 있었는데, 이 일을 전적으로 맡아 하기 위해 조용하고 안전한 장소가 필요했다.

만일 백인 전문가와 아프리카인 남자 하인이 정기적으로 대화를 나눈다면 필요 이상의 호기심을 유발할지도 모르는 일이어서 낮에는 마이클과 거리를 유지했다. 그러나 일꾼들이 떠난 밤이면, 우리는 공산당과 ANC의 관계에 관해 기나긴 대화를 나누었다. 어느 날 밤, 나는 회합이 끝나고 늦은 시각에 농장으로 돌아왔다. 내가 그곳에 혼자 있을 때는 문을 모두 잠갔는지, 불을 모두 껐는지를 확인했다. 나는 몇 가지 예방책을 강구했다. 왜냐하면 흑인이 리보니아에 있는 소규모 자영농지로 한밤중에 차를 몰고 들어오는 것은 원치 않는 의심을 살 수 있었기 때문이었다. 그러나 그날 밤, 집에는 불이 환하게 켜져 있고, 집 가까이 다가가자 라디오 소리가 크게 울렸다. 현관문은 열려 있었고, 안으로 들어가보니 마이클은 깊이 잠들어 있었다. 나는 안전을 소홀히 한 데 대해 극도로 분노해서 그를 깨우고는 이렇게 말했다. "당신 어째서 불은 있는 대로 켜놓고 라디오도 크게 틀어놓은 채 그대로 잠들 수 있는 거요!" 그는 매우 피곤한 상태였지만 화를 내었다. "넬슨, 자는 사람을 이렇게 깨워야만 하는 거요? 내일 아침까지 기다릴 수 없었소?" 나는 그럴 수 없었다고 대답했다. 그것은 안전에 관계된 문제였으며, 나는 그의 해이한 행동을 질책하지 않으면 안 되었다.

이 일이 있은 지 얼마 되지 않아서 아서 골드라히와 그의 가족이 공식적인 세입자로 본채로 이사해 들어왔다. 나는 집안 일꾼들을 위해 새로 지은 오두막을 차지했다. 아서의 출현은 우리 행동에 대해 안전판 구실을 해주었다. 아서는 예술가로서 전문 디자이너요, 민주주의자회의의 회원이며, MK의 초창기 회원 가운데 한 사람이다. 그의 정치적 행보는 경찰에 알려져 있지 않았고, 따라서 한 번도 경찰한테 의심을 받거나 불시에 습격을 받은 적도 없었다. 1940년대 아서는 팔레스타인의 유대인 민족운동 가운데 호전적 계열인 팔마치Palmach와 싸웠다. 그는 게릴라전에 관해 지식이 풍부해서 내 지식의 공백을 메우는 데 많은 도움을 주었다. 다혈질인 아서는 농장을 활기 가득한 분위기로 만들었다.

농장에서 정기적으로 만나는 그룹에 마지막으로 합류한 사람은 젤리먼 씨였다. 그는 사교성 많은 백인으로 연금을 받아 생활했는데, 우리 운동의 오랜 친구로서 농장 관리인이 되었다. 젤리먼 씨는 세쿠쿠네랜드에서 젊은 일꾼 몇 명을 데려왔다. 이리하여 그곳은 시골의 다른 소규모 자영농장과 외형상으로는 똑같아 보였다. 그는 ANC의 회원은 아니었지만, 충성심이 강했고 신중했으며 열심히 일하는 사람이었다. 나는 그를 위해 아침과 저녁식사를 준비해주었는데, 그는 언제나 정중했다. 아주 오랜 시간 뒤에 젤리먼은 자신의 목숨과 생계의 위협을 무릅쓰면서 나를 돕기 위해 용기 있는 일을 했다.

농장 생활 중 가장 즐거웠던 시간은 내 아내와 가족이 방문했을 때였다. 골드라히 가족과 함께 살고 있을 때 위니는 주말에 가끔 나를 방문했다. 우리는 그녀의 움직임에 대해 상당히 신중했다. 한 운전사가 그녀를 태워서 어떤 장소에 내려놓고 가면 다른 운전사가 그녀를 태워 농장으로 데려왔다. 나중에는 그녀가 직접 차를 몰아 아이들을 태우고 가능한 한 가장 먼 길로 우회하여 오기도 했다. 당시 경찰은 아직 그녀의 모든 움직임을 감시하지는 않았다.

가족들이 방문하는 주말에는 시간이 멈춘 듯했다. 마치 우리가 예전부터 이렇게 은밀한 시간을 보내온 것처럼 말이다. 역설적으로 우리는 일찍이 집에서 가졌던 것보다 더 많은 우리 둘만의 시간을 이곳 릴리슬리프에서 가졌다. 아이들은 뛰어다니며 놀았고, 짧은 순간이긴 했지만 이처럼 목가적인 분위기에서 편안함을 느꼈다.

위니는 내가 올랜도에 있을 때 갖고 있던 구형 공기소총을 가져다주었다. 이것으로 아서와 나는 표적사격 연습을 하거나 농장에서 비둘기 사냥을 했다. 어느 날, 나는 우리 농장 앞 잔디밭에서 나무 꼭대기에 앉은 종달새를 향해 총을 겨누었다. 아서의 아내 하젤 골드라히가 나를 바라보면서 농담 삼아 나는 목표물을 절대로 맞히지 못할 것이라 말했다. 그러나 그녀가 말을 끝내기도 전에 종달새가 바닥으로 떨어졌다. 나는 그녀에게 다가가서 막 허풍을 떨 참이었다. 그때, 당시 다섯 살 정도 되었던 골드라히의 아들 폴이 눈에 눈물이 가득 고인 채 내게로 다가와서 이렇게 말했다. "데이비드, 왜 저 새를 죽였죠? 저 새 엄마가 슬퍼할 거예요." 이 말을 듣자 의기양양하던 내 기분은 즉시 사라지고 부끄러움이 밀려왔다. 나는 이 어린 소년이 나보다 인간애가 훨씬 많다는 것을 느꼈다. 이것은 당시 막 시작 단계에 있었던 게릴라 부대의 지도자였던 한 사나이에게는 상당히 미묘한 충격이었다.

45

MK가 장차 선택해야 할 방향과 형태를 기획하면서, 우리는 사보타주, 게릴라전, 테러, 공개적 혁명 등 네 가지 형태의 폭력 행위를 고려했다. 규모가 작은 햇병아리 부대로서는 공개적 혁명은 생각조차 할 수 없는 것이었다. 테러는 대중의 지지를 저해한다는 점에서 그것을 시도했던 이들에게는 꼭 별로 좋은 기억을 남기지 못했다. 게릴라전은 하나의 가능성으로 남았으나 ANC가 폭력을 완전히 승인하는 것을 주저했기 때문에, 개개인에게 최소한의 피해를 주는 폭력 형태에서부터 출발하는 것이 사람들에게 설득력이 있어 보였다. 그것은 사보타주였다.

사보타주는 인명피해를 포함하지는 않기 때문에 이후 인종 간에 화해를 모색할 때 가장 희망적일 수 있었다. 우리는 흑백 간에 피로 점철되는 반목에서부터 출발하고 싶지는 않았다. 아프리카너와 영국인 간의 적대감은 보어전쟁이 끝난 지 50년이 지난 뒤에도 여전히 팽팽하게 대립하고 있었다. 만일 우리가 내전을 유발한다면, 흑백 관계는 어떤 형태를 띠게 될 것인가? 그뿐만 아니라 사보타주는 최소한의 인원만 필요로 한다는 장점도 있었다.

우리의 전략은 군사시설, 발전소, 전화선 그리고 교통망에 대해서 선별적인 교란을 시도하는 것이었다. 이러한 목표물들은 국가의 효율성을 저해함은 물론 국민당 지지자들을 위협하는 동시에, 외국자본으로 하여금 공포감을 불러일으켜 남아프리카를 떠나도록 유도하고, 국민경제를 악화시키는 데 도움이 된다고 여겼다. 우리는 이러한 작전이 정부를 협상 테이블로 이끌어내리라고 희망했다. 한 사람의 생명도 잃지 않도록 MK 단원들에게는 철저한 훈령을 내렸다. 그러나 만일 사보타주가 우리가 원했던 결과를 이끌어내지 않는다면 다음 단계로 나아갈 준비가 되어 있었다. 다음 단계는 게릴라전과 테러였다.

MK 구조는 모조직의 구조를 그대로 따랐다. 전국최고사령부가 기구의 정점에 있었고, 그 아래 각 지역별로 지역사령부가 있었고, 그 아래 지방사령부와 세포조직이 있었다. 지역사령부는 전국적으로 구성되는데, 동부 케이프와 같은 지역은 50개가 넘는 세포조직이 있었다. 최고사령부는 전술과 일반적인 목표를 결정하고, 훈련과 재정의 책임을 맡는다. 최고사령부가 입안한 전체 틀의 범위 안에서, 지역사령부는 공격 목표가 될

지역에서 세부적인 목표를 설정할 권위를 갖는다. 모든 MK 멤버는 무장한 채로 임무를 수행하는 것이 금지되었으며, 어떤 형태로든 생명을 위협하는 행위도 금지되었다.

초창기에 우리가 부딪쳤던 문제 가운데 하나는 MK와 ANC 사이에 분리된 충성에 관한 문제였다. 우리가 영입했던 인사들 대부분은 지부에서 열심히 활약하던 ANC 회원이었다. 그런데 일단 그들이 MK를 위해 일을 하게 되면서 이전에 수행해왔던 지역 일을 그만두었다. 지부 서기장들은 종종 일부 회원들이 더 이상 회합에 참석하지 않는 것을 알게 되었다.

서기장은 동료에게 다가가 이렇게 말할 것이다. "이봐, 지난밤에 왜 회의에 참석하지 않았지?"

그러면 그 동료는 이렇게 답할 것이다. "아, 저는 다른 모임에 참석했습니다."

"어떤 모임이오?" 서기장이 물을 것이다.

"어, 말할 수 없습니다."

"당신의 서기장인 나에게도 말할 수 없소?"

그렇게 되면 서기장은 동료가 다른 조직에 충성을 하고 있다는 것을 알게 된다. 초창기에 한두 가지 오해가 생긴 뒤에, 우리는 만일 지부에서 요원을 충원한다면 서기장에게는 그의 동료 가운데 한 사람이 지금 MK와 함께 일하고 있다는 사실을 알려주기로 결정했다.

어느 따뜻한 12월의 오후, 릴리슬리프 농장의 부엌에 앉아 라디오를 듣다가 루툴리 추장이 오슬로에서 열리는 노벨평화상 수상자로 선정되었다는 소식을 들었다. 정부는 그에게 10일짜리 비자를 내주어 수상식에 참석할 수 있도록 해주었다. 나뿐만 아니라 우리 모두는 이루 말할 수 없이 기뻤다. 그것은 무엇보다도 우리의 투쟁을 인정하고 동시에 우리 투쟁의 지도자로서 그리고 한 인간으로서 추장의 업적을 인정한다는 표시이기도 했다. 그것은 도덕적으로 옳았지만 서구 열강으로부터 너무 오랫동안 무시되어왔던 우리의 투쟁을 마침내 서구가 인정했다는 것을 의미했다. 노벨평화상은 국민당에게는 모욕이었다. 그들의 선전에서 루툴리는 공산주의자들의 음모의 정점에 서 있는 위험천만한 선동가로 묘사되었기 때문이다. 아프리카너들은 할 말을 잃었다. 그들에게 루툴리 추장의 노벨상 수상은 서구 자유주의자들의 편향성을 보여주는 또 하나의 본보기이자, 아프리카너들에 대한 그들의 편견을 여지없이 드러내는 것이었다. 수상이 공표되었을 때 추장은 나탈에 있는 스탱거 지구로 거주지를 제한하는 5년 동안의 금지령 기간 중 3년째를 보내고 있었다. 그는 당시 건강이 좋지 않았다. 심장은 과로상태에 있었고 기억력도 감퇴되었다. 그러나 노벨평화상은 그에게 기운을 북돋아주었다. 그건 우리에게도 마찬가지였다.

노벨상의 영예는 다소 어색한 때에 찾아왔다. 왜냐하면 노벨평화상 수상 자체에 의문을 제기하는 듯한 선언과 함께 찾아왔기 때문이다. 루툴리가 오슬로에서 돌아온 다음 날 MK는 극적으로 이 단체의 존재를 알렸다. MK 최고사령부의 명령에 따라서 아프리카너들이 딩간의 날Dingane' Day이라 하여 기념일로 지내는 12월 16일 이른 아침, 요하네스버그, 포트엘리자베스 그리고 더반에 있는 발전소와 관청에서 사제폭탄이 폭발했다. 이때 우리 동지 가운데 페트러스 몰리페가 뜻하지 않게 목숨을 잃었다. 이는 MK 요원 가운데 첫 번째 죽음이었다. 전쟁에서의 죽음은 불행이나 필연이기도 하다. MK에 가담했던 모든 요원들은 궁극적으로 희생을 해야 할지도 모른다는 것을 알고 있었다.

폭발이 일어나는 것과 때를 같이하여, '민족의 창'의 탄생을 알리는 새로운 MK 선언을 담은 전단 수천 장이 전국에 배포되었다.

> '민족의 창'의 한 분대가 오늘 정부의 시설물을 상대로 계획된 공격을 감행했다. 그 시설물은 특별히 인종차별정책과 관련이 있는 시설이다. '민족의 창'은 아프리카인들이 결성한 새로운 독립 기구이다. 이 조직은 남아프리카의 모든 인종을 망라하고 있다.…… '민족의 창'은 기존의 민족해방운동 전선에서 취하고 있는 행동을 보완하는 데 필요한 새로운 방법을 동원하여 자유와 민주주의를 위한 투쟁을 전개해갈 것이다.
>
> 어느 국가든 굴종이냐 투쟁이냐 오직 두 가지 선택만이 있는 시기에 직면하게 된다. 그 시기가 이제 남아프리카에 찾아왔다. 우리는 결코 굴하지 않을 것이다. 우리에게는 우리 국민, 우리 미래, 우리 자유를 지키기 위해 우리가 가지고 있는 힘의 범위 안에서 모든 수단을 동원하여 반격하는 것 이외에는 다른 대안이 없다.……
>
> 다른 해방운동이 추구해왔듯이 우리 '민족의 창'은 피를 흘리지 않고 국민들 간의 충돌 없이 해방을 달성하고자 늘 노력해왔다. 비록 늦었지만 우리의 첫 행동으로 모든 이들이 국민당의 정책은 파국적 상황으로 가는 길이라는 것을 인식하기를 바란다. 우리는 너무 늦기 전에 정부와 정부의 지지자들이 상식을 되찾기를 바란다. 그리하여 모든 상황이 절박한 내전의 단계로 치닫기 전에 정부의 입장과 정책이 변화될 수 있기를 바란다.……

우리는 한 가지 이유에서 딩간의 날인 12월 16일을 선택했다. 이날은 남아프리카의 백인들이 1838년 '피의 강 전투the Battle of Blood River'에서 위대한 줄루족의 지도자 딩간을 물리친 것을 축하하는 날이다. 딩간은 샤카 왕의 이복형제인데, 당시 림포포 강 남쪽에 일찍이 존재했던 국가 가운데 가장 막강한 아프리카 국가를 통치하고 있었다. 그날 보어인의 총알은 줄루족이 쓰던 가는 투창인 임피스impis와는 비교가 안 될 만큼 강력한 것이었다. 근처의 강물은 줄루족의 피로 붉게 물들었다. 아프리카너들은 아프리카인을 이긴 것을 기념하고, 또한 신이 그들의 편이었음을 과시하기 위해 12월 16일을 기념일로 지정했다. 반면에 아프리카인들은 그들 동료가 떼죽음을 당한 날로 이날을 애도했다. 우리는 아프리카인들이 이제 투쟁을 시작했다는 것을 보여주고, 우리도 정의와 다이너마이트를 가지고 있음을 보여주고자 12월 16일을 선택했다.

이 폭파사건은 정부를 깜짝 놀라게 했다. 정부는 사보타주야말로 가증스러운 범죄라고 비난하며, 이것을 멍청한 아마추어들의 행위로 평가절하했다. 폭파는 또한 아프리카너들에게 충격을 안겨주었고, 이제 그들은 화산 꼭대기에 앉아 있다는 사실을 인식시켜주었다. 남아프리카 흑인들은 ANC가 이제 더 이상 수동적인 저항만을 하는 조직이 아니라 백인 권력의 심장부에 저항하여 투쟁할 수 있는 강력한 창이라는 사실을 절감하게 되었다. 우리는 2주일 뒤 새해 전야에 또 다른 폭파작업을 계획하여 실행에 옮겼다. 종소리와 사이렌 소리가 한데 어우러져 내는 소리는 단순히 새해를 알리는 불협화음만이 아니라 우리가 벌이는 자유를 위한 투쟁의 새 시대를 상징하는 소리이기도 했다.

'민족의 창'의 선언은 우리가 이전에 결코 볼 수 없었던 정부의 악의에 차고 가혹한 대규모 역공세를 불러일으켰다. 이제 경찰 특수부대는 MK 멤버를 체포하는 것이 최우선의 임무였으며, 그들은 이를 위해서 수단과 방법을 가리지 않았다. 우리가 그들에게 더 이상 수수방관하지만은 않는다는 것을 보여주자, 그들도 그들의 생존을 최대로 위협하는 것을 뿌리째 뽑아내기 위해 무엇이든지 할 것임을 보여주었다.

46

위니가 찾아왔을 때 나는 짧은 순간이긴 했지만 우리 가족이 여전히 무사하리라는 환상을 가졌다. 그는 경찰이 경계를 더욱 강화해가자 점차 찾아오는 횟수를 줄였다. 위니는 가끔 진드지와 제나니를 리보니아에 데려왔다. 그러나 아이들은 너무 어려서 내가 숨어 지내고 있다는 사실을 알지 못했다. 마가토는 당시 열한 살이어서 그 사실을 알기에 충분한 나이였기 때문에 어느 누구 앞에서도 내 진짜 이름을 말해서는 안 된다는 것을 교육받았다. 그는 자기 나름대로 내 정체를 비밀로 지킬 수 있을 만큼 확고했음을 나는 알고 있다.

그러나 그해 연말쯤인 어느 날 마가토가 아서의 열한 살 난 아들 니콜라스와 농장에서 놀다가 일을 내고야 말았다. 내게는 위니가 가져다준 잡지 《드럼Drum》 한 부가 있었는데, 마가토와 니콜라스가 함께 놀다가 그 잡지를 발견했다. 그들은 함께 잡지를 보기 시작했다. 마가토가 지하생활을 시작하기 전의 내 사진을 보더니 갑자기 시선을 멈추고는 "이 사람 우리 아버지다"라고 소리를 질렀다. 니콜라스는 그를 믿지 않았다. 그러자 마가토는 자신의 말이 사실임을 입증하고자 더욱 신경을 곤두세웠다. 그래서 마가토는 친구에게 아빠의 진짜 이름은 넬슨 만델라라고 말해주었다. "아냐, 너의 아버지 이름은 데이비드야"라고 니콜라스가 대답했다. 니콜라스는 자기 엄마에게 달려가서 마가토의 아빠 이름이 데이비드가 맞는지 물었다. 그러자 그의 엄마는 그렇다고 대답했다. 니콜라스는 자신의 어머니에게 마가토가 자기 아버지의 진짜 이름은 넬슨이라고 말했다고 설명했다. 이는 하젤을 경악시켰다. 그리고 나는 곧 마가토의 실수를 알게 되었다. 다시 한번 나는 내가 한 장소에 너무 오래 머물렀다고 생각했다.

그런데도 나는 그대로 머물렀다. 왜냐하면 일주일 정도 지나면 내가 일찍이 꿈에 그리던 장소로 사명을 가지고 떠나도록 되어 있었기 때문이다. 이제 투쟁은 나를 처음으로 내 나라 국경선 밖으로 나가게 했다.

12월에 ANC는 '동부, 중부, 남부 아프리카를 총괄하는 범아프리카자유운동기구PAFMECSA'로부터 1962년 2월 아디스아바바에서 열리는 회담에 참석해달라는 초대장을 받았다. 나중에 '아프리카단결기구OAU'가 되는 범아프리카자유운동기구는 아프리카 독립국들을 결속시키고 아프리카 대륙에 해방운동을 확산시키기 위해 결성되었다. 회담은 ANC에게는 중요한 국제적 연계를 제공해줄 것이며, MK를 위한 지원과 재정, 훈련을 위한 도움을 요청하는 데 처음이자 최고의 기회였다.

지하 집행부는 내게 ANC 대표단을 이끌고 회담에 참석할 것을 제안했다. 물론 나 자신은 아프리카 대륙의 다른 지역을 정말로 보고 싶었고, 같은 대륙의 자유투사들과 만날 수 있기를 갈망했다. 하지만 내가 전에 했던 약속, 곧 나는 조국을 떠나지 않을 것이며 지하에서 계속 활동을 하리라는 약속을 어기는 것은 아닐까 하는 점이 더 걱정되었다. 루툴리 추장을 비롯한 내 동료들은 내가 갈 수밖에 없지만 회담이 끝나자마자 즉시 돌아와야 한다고 강력히 주장했다. 나는 여행을 떠나기로 결심했다.

아프리카에서의 내 임무는 단지 회담에 참석하는 것 이상이었다. 나는 새로운 군대를 위한 정치적·경제적 지원을 약속받는 임무를 받았다. 더욱 중요한 임무는 가능한 한 아프리카 대륙 내의 다양한 장소에서 우리 군인들이 훈련을 받을 수 있도록 하는 것이었다. 나는 우리의 존재가 별로 알려지지 않은 아프리카의 다른 지역에 우리의 명성을 알리겠다고 결심했다. 나는 가능한 곳 어디에서든 우리를 알리고자 했다.

떠나기 전에 나는 추장과 협의하기 위해 비밀리에 그루트빌로 갔다. 도시의 한 안전가옥에서 가진 우리의 회합은 매우 당황스러웠다. 내가 MK와 연관되었듯이 추장은 MK 창단식에 참석했고, 또한 MK의 모든 과정에 대한 정보가 전국집행위원회 위원에게는 빠짐없이 제공되었다. 그러나 추장의 건강은 썩 좋지 않았고, 그의 기억력은 과거보다 못했다. 그는 MK의 결성에 관해서 자기에게 말하지 않았다고 나를 질책했다. 나는 추장에게 우리가 더반에서 폭력을 선택할 것인지 여부에 관해 논의했음을 상기시키려 애썼다. 그러나 그는 그것을 기억하지 못했다. 이것이 루툴리 추장이 MK의 결성에 관해 아무런 보고를 받은 바 없으며, ANC가 폭력을 채택하고 있는 것에 극도의 반대를 표명했다는 이야기들이 널리 유포된 배경의 주된 이유였다. 아무것도 진실을 숨길 수는 없다.

나는 출발하기 전날 밤을 북부 교외에 있는 백인 친구 집에서 위니와 함께 보냈다. 그녀는 자신이 직접 꾸린 새 여행용 가방을 가져왔다. 그녀는 내가 조국을 떠난다는 사실에 몹시 불안해하는 눈치였다. 그러나 이번에도 의연한 자세를 잃지 않았다. 그녀는 아내이기보다는 군인처럼 처신했다.

ANC는 내가 탕가니카의 다르에스살람으로 갈 수 있도록 여행편을 마련해야만 했다. 아디스아바바까지 가는 비행기는 다르에스살람에서 출발할 예정이었다. 월터, 카트라다, 두마 노크웨가 소웨토로부터 와서 비밀리에 나와 만나 내 여행에 필요한 신임장을 가져다주도록 계획되어 있었다. 그것은 또한 내가 조국을 떠나기 직전 마지막으로 자문을 받는 시간이었다.

아메드 카트라다는 약속시간에 도착했으나 월터와 두마는 매우 늦었다. 나는 결국 다른 방안을 강구해야만 했고, 케이시가 나를 베추아날란드(지금의 보츠와나)로 데려다줄 사람을 가까스로 찾아주었다. 그곳에서 나는 비행기를 전세 낼 예정이었다. 나중에야 나는 월터와 두마가 오는 도중에 체포되었다는 것을 알았다.

나는 경찰과 이전에 국경을 넘어본 적이 한 번도 없었다는 사실에 대한 걱정 때문에 베추아날란드로 가는 일이 상당히 힘들었다. 우리의 목적지는 남아프리카 국경 근처의 로바체였다. 우리는 아무런 문제 없이 국경을 통과해서 오후 늦게 로바체에 도착했다. 그곳에는 2주일 동안 내 여행을 연기하라는 전보가 다르에스살람으로부터 와 있었다. 나는 로바체로 이주해온 반역죄 재판 동료인 피시 케이트싱의 집에 머물기로 했다.

그날 오후, 나는 이전의 ANC 회원들이 만든 '베추아날란드 인민당'의 당수인 K. T. 모체테 교수를 만났다. 나는 예기치 않았던 여유시간을 갖게 되어, 독서를 하거나 연설을 준비하거나 아니면 마을 위쪽의 아름답고 거친 들판을 자전거로 달리며 보냈다. 비록 내 조국의 국경에서 그리 멀리 벗어나지 않았는데도 마치 아주 먼 이국땅에 와 있는 것 같았다. 나는 가끔 트란스케이에 있는 내 친구의 아들이자 PAC의 젊은 회원인 맥스 음론예니와 동행했다. 우리는 마치 오지를 탐험하는 것 같았다. 왜냐하면 우리는 쾌활하게 날뛰는 비비원숭이 떼들을 포함해서 온갖 종류의 동물들을 만날 수 있었기 때문이다. 때로 나는 이 동물 떼들의 군대식 조직과 움직임을 경탄하며 쫓아다녔다.

나는 곧 바수톨란드에서 온 조 매튜와 만났다. 나는 그에게 서둘러서 다르에스살람에 가야만 한다고 주장했다. 최근 ANC 동지 한 명이 로바체에서 남아프리카 경찰에게 체포되었기 때문에 우리가 이곳을 떠나는 것이 빠르면 빠를수록 좋겠다고 생각했다. 비행기가 마련되었고, 우리의 첫 번째 기착지는 베추아날란드 북부에 있는 카사네라는 마을이었다. 카사네는 당시 베추아날란드, 북로디지아(지금의 잠비아—옮긴이), 남로디지아(지금의 짐바브웨—옮긴이), 남서아프리카(지금의 나미비아—옮긴이)로 알려진 네 식민지역의 경계선이 만나는 곳에서 멀리 떨어지지 않은 전략적인 지역에 있었다. 카사네에 있는 가설 활주로가 침수되어 우리는 숲 가운데 있는 수 킬로미터쯤 떨어진 침수가 덜 된 활주로에 내렸다. 그 지역 호텔 지배인이 소총으로 무장한 채 우리를 데리러 왔다. 그는 사나운 코끼리 떼를 만나 늦었노라고 보고했다. 그러고는 덮개가 열린 트럭에 올라탔고, 나와 조는 뒷자리에 앉았다. 숲 속에서 모습을 드러낸 암사자 한 마리를 보자 비로소 나는 요하네스버그에서 아주 멀리 떨어진 곳에 와 있음을 절감했다. 나는 난생처음 신화와 전설의 땅 아프리카에 왔다.

다음 날 아침 일찍, 우리는 북로디지아 국경 근처의 탕가니카 마을인 음베야로 떠났다. 우리는 빅토리아 폭포 근처를 날아 산악지방을 지나 북쪽을 향해 기수를 돌렸다. 산 위를 지나면서 조종사는 음베야와 연락을 시도했다. 그러나 아무런 응답이 없었다. "음베야, 음베야!" 그는 마이크에 대고 계속해서 외쳤다. 날씨가 갑자기 바뀌더니, 산은 비행기를 성난 바다 위의 코르크같이 심하게 요동치게 하는 에어포켓(항공기의 양력을 감소시켜 급강하하게 하는 기류 상태—옮긴이)으로 가득 찼다. 우리는 구름과 안개 속을 헤치며 날고 있었고, 절박해진 조종사는 하강하여 구불구불 이어지는 산길을 따라갔다. 이때 안개는 더욱 짙어져서 우리는 도로조차 분간할 수 없게 되었다. 조종사가 급작스레 비행기의 방향을 틀었을 때, 나는 우리가 어디에서 솟아올랐는지 알 수 없는 산을 가까스로 피했다는 사실을 알았다. 위급 상황을 알리는 경보가 꺼졌다. "이것이 우리들의 마지막이구나"라고 혼잣말로 중얼거리던 것이 생각난다. 수다쟁이 조 매튜조차도 돌부처처럼 침묵을 지켰다. 그러나 구름 속에서 한치 앞도 볼 수 없어서 이제

산과 충돌할 것이라는 상상을 하고 있을 바로 그때 우리는 아주 나쁜 날씨를 벗어나 신의 은총이 내린 듯 청명한 하늘 속으로 날아갔다. 나는 결코 비행기 타는 것을 즐긴 적이 없었다. 이것이 내가 비행기를 타면서 경험했던 가장 무시무시한 일화이긴 하지만, 나는 가끔 용감한 것처럼 표정을 짓고 걱정을 하지 않았던 체한다.

우리가 예약한 그 지역의 호텔에 가자, 백인과 흑인들이 한곳에 모여 앉아 화기애애하게 대화하고 있었다. 나는 지금까지 인종차별이 없는 공공장소나 호텔을 본 적이 단 한 번도 없었다. 우리는 국회의원이자 '탕가니카 아프리카인 민족연합'의 음와캉갈레를 기다렸다. 우리가 잘 모르는 사이에 그는 이미 전화로 우리를 찾고 있었다. 아프리카인 손님 한 사람이 백인 직원에게 다가가 우리를 가리키면서 이렇게 물었다. "실례지만, 음와캉갈레 씨가 이 두 신사분들을 찾지 않았습니까?" 그녀는 "죄송합니다, 손님. 음와캉갈레 씨가 찾았습니다만 제가 그분들에게 말하는 것을 잊었습니다"라고 대답했다.

"부인, 조심하십시오." 그는 정중하나 단호한 어조로 말했다. "이 신사분들은 우리 손님입니다. 우리는 이분들이 적절한 대우를 받도록 해야 할 것입니다." 나는 그때서야 정말 아프리카인들이 통치하는 국가에 와 있다는 것을 실감할 수 있었다. 내 생애 처음으로 자유인이 된 것이다. 물론 나는 도망자요 조국으로부터 수배된 몸이었지만 내 어깨에서 억압의 짐이 내려지는 것을 느꼈다. 탕가니카 어느 곳에서나 나의 검은 피부색은 자연스레 받아들여졌다. 나는 처음으로 피부색이 아니라 나의 심성과 자질에 따라 평가를 받았다. 여행을 하는 동안 종종 향수병에 걸리긴 했지만, 그럼에도 난생처음 내가 진정으로 고향에 있는 것과 같은 느낌을 받았다.

우리는 다음 날 다르에스살람에 도착했고, 나는 신생 독립국가의 초대 대통령인 줄리어스 니에레레를 만났다. 우리는 그의 집에서 이야기를 나누었다. 그의 집은 그다지 넓지 않았다. 그는 손수 소형 오스틴 자동차를 몰았던 것으로 기억한다. 이것은 그가 대중적인 사람임을 보여주었기 때문에 인상적이었다. 니에레레가 늘 주장하듯 계급은 아프리카인들에게는 낯선 것이며, 사회주의는 토착적인 것이었다.

나는 그에게 우리의 상황을 설명해주고 마지막에 도움을 요청했다. 그는 빈틈이 없고, 조용하면서 점잖게 말을 했다. 그리고 그는 우리의 사명에 대해 상당한 호의를 보였다. 그러나 우리가 처한 상황에 대한 그의 의견에 나는 놀라고 당황스러웠다. 그는 우리에게 소부퀘가 교도소에서 풀려날 때까지 무장투쟁을 연기할 것을 제안했다. 이것을 시작으로 나는 아프리카 다른 지역에서 PAC의 영향력이 어느 정도인지 알 수 있었다. 나는 PAC의 약점을 설명해주었고, 투쟁을 연기하면 전체 투쟁이 후퇴할 것이라고 주장했다. 그는 내게 하일레 셀라시에 황제의 호의를 구해보라고 제안했으며, 소개를 주선해주기로 약속했다.

나는 다르에서 올리버를 만나기로 되어 있었다. 그러나 내가 지체했기 때문에 그는 나를 기다릴 수 없어 내게 라고스로 따라오라는 메시지를 남기고는 떠났다. 라고스에서 그는 '라고스 독립국가회담'에 참석하기로 되어 있었다. 아크라로 비행기를 타고 가던 중에 나는 우연히 바스너 부부를 만났다. 바스너는 한때 나의 고용주였는데, 아크라에서 일자리를 제안받았다고 했다. 남아프리카에서 그가 보여준 급진적 정치성향과 좌파 계열의 활동은 그곳에서 그를 호감이 가는 인물로 만들었다. 그리하여 그는 가나에서 정치적 망명지를 모색하고 있었다.

비행기는 하르툼에 기착했다. 우리는 세관을 통과하기 위해 줄을 섰다. 조 매튜가 맨 앞에 섰고, 다음에 내가 섰으며, 그 뒤를 바스너 부부가

1962년, ANC에 대한 금지령 이후 다르에스살람 공항에서 함께한 올리버 탐보와 로버트 레샤.

뒤따랐다. 나는 여권이 없었기 때문에 탕가니카에서 받은 기본적인 증명서를 가지고 있었다. 그 증명서에는 단순히 이렇게 적혀 있었다. "이 사람은 남아프리카공화국 시민 넬슨 만델라이다. 그는 탕가니카를 떠났다가 다시 돌아오기로 허락을 받았다." 나는 이 증명서를 입국 검사대 뒤의 수단 노인에게 내밀었다. 그는 웃음을 머금고 나를 쳐다보더니 이렇게 말했다. "젊은이, 수단에 온 것을 환영하네." 그러고는 나와 악수를 나눈 뒤 내 증명서에 도장을 찍었다. 바스너는 내 뒤에 서 있었는데, 그 노인에게 똑같은 종류의 증명서를 내밀었다. 그 노인은 잠시 동안 그것을 바라보더니 다소 상기된 표정으로 이렇게 말했다. "이게 뭐지? 이 종잇조각이 뭐지? 이것은 공식 서류가 아닌데!"

바스너는 여권이 없었기 때문에 탕가니카에서 그에게 준 증명서가 바로 이것이라고 찬찬히 설명했다. "여권이 없다고요?" 이민국 직원은 경멸하는 어투로 말했다. "어찌해서 당신이 여권을 안 가지고 있을 수 있단 말이오. 당신은 백인이지 않소!" 바스너는 자신이 흑인의 권리를 위해 투쟁했기 때문에 자신의 조국에서 박해를 받고 있다고 대답했다. 수단 노인은 바스너를 의심이 가득한 눈초리로 바라보았다. "그래도 당신은 백인이야!" 조는 나를 쳐다보고는 내가 무엇을 생각하는지 알아차렸다. 그는 내게 이 일에 개입하지 말라고 귓속말로 속삭였다. 우리가 수단에 온 손님이었기에 우리를 초대한 주인의 호의를 무색하게 하는 것은 원치 않았기 때문이었다. 그러나 바스너가 나의 고용주였다는 사실을 제외하고서라도 그는 흑인 해방을 위해 진정으로 위험을 무릅쓴 백인 가운데 한 사람이었다. 나는 그를 버릴 수 없었다. 조와 함께 떠나기는커녕 나는 남아서 수단인 관리에게로 가까이 다가갔다. 그러고는 바스너가 말을 할 때마다 매번 그가 이야기한 내용을 입증하기라도 하듯 그 관리에게 고개를 끄덕이고는 정중히 절을 했다. 노인은 내가 무슨 일을 하고 있는지 깨달았다. 곧 기분이 누그러진 그는 고집을 꺾고 마침내 바스너의 증명서에 도장을 찍고는 조용히 말했다. "수단에 오신 것을 환영합니다."

나는 지난 2년간 올리버를 만나지 못했다. 아크라 공항에서 그를 만났을 때 나는 그를 거의 알아보지 못했다. 한때는 말끔히 면도를 하고 전형적인 신사 차림을 했던 그가 지금은 수염을 기르고 머리를 길게 길렀으며, 대륙 전역에서 자유투사의 상징처럼 되어 있는 군복 스타일의 복장을 하고 있었다(아마 그도 나를 보며 정확히 똑같은 인상을 받았을 것이다). 우리의 해후는 행복했다. 나는 그가 해외에서 해냈던 훌륭한 일에 대해 칭송을 아끼지 않았다. 그는 이미 가나, 영국, 이집트 그리고 탕가니카에 ANC 지부를 설치했고, 또한 우리를 위해 여러 나라에서 유용한 관계를 맺어두었다. 그 결과 나는 여행을 가는 곳마다 올리버가 관계를 가진 외교관들과 정치가들이 우리에 대해 긍정적인 인상을 갖고 있다는 것을 발견할 수 있었다. 그는 우리 조직을 위해서는 가장 확실한 외교관이었다.

라고스 독립국가회담의 목표는 모든 아프리카 국가들을 하나로 묶는 것이었다. 그러나 그 목표는 어느 국가를 포함시키고 어느 국가를 배제시킬 것인지를 둘러싸고 언쟁을 벌이다가 결국 달성되지 못했다. 나는 그 회담에서 줄곧 침묵을 지켰고, 회담을 회피하기조차 했다. 우리는 아디스아바바에서 열리는 범아프리카자유운동기구 회담에 내가 참석할 때까지 내가 해외에 있다는 사실을 남아프리카 정부가 아는 것을 원치 않았기 때문이다.

아크라에서 아디스아바바로 가는 비행기에서 우리는 가우어 라데베, 피터 몰로치를 비롯한 PAC 회원들을 만났다. 그들도 범아프리카자유운동기구에 참석하기 위해 가는 중이었다. 그들은 모두 나를 보더니 깜짝 놀랐다. 우리는 즉각 남아프리카에 관한 토론에 빠져들었다. 분위기는 매우 즐거웠고 여유가 있었다. 비록 가우어가 ANC를 떠나리라는 사실을 알고는 우울했지만, 그것이 그를 볼 수 있다는 나의 기쁨을 감소시키지는 않았다. 지상 높은 곳에서 그리고 조국에서 멀리 떨어진 곳에서도 우리는 서로 분열되기보다는 훨씬 더 단합되었다.

우리는 하르툼에 잠시 기착했다. 그곳에서 아디스로 가는 에티오피아 항공사 비행기로 갈아탔다. 이곳에서 나는 조금 이상한 느낌을 받았다. 비행기에 올라탈 때 보니 조종사가 흑인이었다. 나는 흑인 조종사를 본 적이 없었다. 그 즉시 나는 내 공포를 진정시켜야만 했다. 어떻게 흑인이 비행기를 조종할 수 있을까? 그러나 잠시 뒤 나는 내 자신을 추슬렀다. 나는 이미 아프리카인은 열등하고 비행기 조종은 백인의 일이라 생각하는 인종차별정책의 사고방식에 빠져 있었던 것이다. 나는 내 자리에 앉아서 그와 같은 생각을 한 나 자신을 책망했다. 공중으로 날아오르자 내 불안감은 가셨고, 나는 이탈리아 제국주의자들과 싸우기 위해 게릴라 부대가 이 숲 속에서 어떻게 몸을 숨겼는지를 상상하면서 에티오피아 지형을 관찰하기 시작했다.

47

예전에는 아비시니아로 알려졌던 에티오피아는 솔로몬과 시바 여왕의 아들이 예수 탄생 훨씬 이전에 성립했다고 전해진다. 비록 수십 차례 정복당하긴 했으나 에티오피아는 아프리카 민족주의의 산실이었다. 다른 수많은 아프리카 국가와는 달리 시기마다 식민주의와 투쟁했다. 비록 완전히 저지시키지는 못했지만 지난 세기에는 메네릭이 이탈리아인들을 격퇴시켰다. 1930년에 하일레 셀라시에가 황제가 되면서 에티오피아 근대사에는 새로운 획이 그어졌다. 무솔리니가 에티오피아를 침략했을 때 나는 열일곱 살이었다. 이 침략은 그 독재자에 대해서뿐만 아니라 파시즘 전체에 대한 나의 증오감을 불러일으켰다. 1936년 이탈리아가 에티오피아를 정복했을 때 셀라시에 황제는 축출되었다가, 1941년 연합군이 이탈리아를 몰아냈을 때 다시 돌아와 복위했다.

에티오피아는 나의 상상 속에서 항상 특별한 위치를 차지하고 있으며, 에티오피아를 방문한다는 기대는 프랑스, 영국, 미국 모두를 여행하는 것보다 더욱 매력적이었다. 나를 아프리카인으로 만든 뿌리를 캐면서 나의 조상을 방문하는 것이라고 느꼈다. 황제를 만나는 일은 역사와 악수를 하는 것처럼 여겨졌다.

우리가 처음 내린 곳은 제국주의 도시라는 아디스아바바였다. 그러나 그곳은 이름에 걸맞지가 않았다. 그곳은 장엄함과는 거리가 멀었고, 포장된 거리가 몇 개 있을 뿐이며, 자동차보다는 염소와 양이 더 많은 그런 도시였다. 황제의 궁전은 제외하더라도 우리가 머물렀던 대학 건물이나 라스 호텔 등을 포함해 보아도 요하네스버그에 있는 가장 볼품없는 건물들과 견줄 만한 건물조차 찾기 어려웠다. 당시 에티오피아는 민주주의의 모델도 될 수 없었다. 정당 조직도 정부의 대중조직도 권력분리도 없었다. 오직 황제가 권력을 장악하고 있었다.

회담이 개막되기 전 참가자들은 데브라 자이드라는 작은 마을에 모였다. 큰 연단이 시내 중심 광장에 설치되었다. 올리버와 나는 중앙 연단에서 약간 떨어진 자리에 앉았다. 갑자기 멀리서 한 가닥 나팔소리가 들려왔다. 그러고 나자 아프리카 드럼을 힘차게 두드리면서 취주악대가 뒤따랐다. 음악소리가 점차 가까워지면서 나는 군인 수백 명이 행진하는 발자국 소리를 듣고 또 느낄 수 있었다. 광장 모퉁이에 있는 빌딩 뒤에서 장교 한 명이 번쩍이는 칼을 휘두르면서 나타났다. 그 뒤를 이어 4열 종대를 지어 흑인 병사 500명이 행진해왔다. 병사들은 군복 어깨 위에 번쩍이는 소총을 메고 있었다. 부대가 대연단 앞을 향해 정면으로 행진해오자, 암하라어(에티오피아의 공용어—옮긴이)로 명령이 울려 퍼졌고, 군인 500명이 마치 한 사람처럼 멈추어 섰다. 그리고 뒤로 돌아서 눈부신 제복을 입은 한 노인인, 경애하는 에티오피아 황제 하일레 셀라시에 유다의 사자에게 정확한 동작으로 경례를 했다.

이곳에서 나는 난생처음으로 흑인 국가원수들로 구성된 흑인 지도자들의 박수를 받으며 흑인 장군들이 흑인 병사들에게 명령하는 장면을 보았다. 매우 감격스러운 순간이었다. 나는 이 모습이 내 조국의 미래 앞에 펼쳐질 꿈이기를 바랐다.

사열이 끝난 뒤에 올리버와 나는 모든 단체가 자격을 신청하는 회합에 참석했다. 그런데 우리의 신청서를 우간다 대표가 저지했다는 것을 알고 깜짝 놀랐으며, 한편으로 불쾌했다. 우간다 대표는 우리가 코사족 수준의 조직에 불과하다고 불평했다고 했다. 나는 이 주장을 경멸하듯 무시하려 했지만 올리버는 우리 조직이 아프리카인을 결속하기 위해 설립되었으며, 구성원은 모든 국민을 망라한다는 사실을 설명해야만 한다며 나를 말렸다. 나는 그의 말을 따랐다. 그리고 우리 기구의 대표 루툴리 추장은 줄루족이라고 덧붙였다. 우리의 신청은 접수되었다. 나는 아프리카 대륙의 많은 이들이 PAC가 ANC를 바라보는 시각에 따라 우리를 본다는 사실을 비로소 깨달았다.

회담은 우리를 초대한 주빈인 황제에 의해 공식적으로 개막되었다. 그는 정교하게 장식된 군복을 입고 있었다. 나는 황제의 체구가 얼마나 왜소한지를 보고는 깜짝 놀랐다. 그러나 그의 위엄과 자신감은 예전처럼 아프리카의 거인으로 보이게끔 만들었다. 국가원수가 공식적인 업무를 수행하는 장면을 처음 목격했는데 상당히 매력적이었다. 그는 완벽할 정도로 꼿꼿이 서 있었다. 그는 경청하고 있음을 알리기 위해 고개를 약간 숙일 뿐이었다. 그의 모든 행동은 위엄이 있었다.

나는 황제의 뒤를 이어 연설을 하도록 되어 있었는데, 이는 개막식 날 아침에 있었던 황제의 연설을 제외하고는 유일한 연설이었다. 수개월 만에 나는 데이비드 모차마이라는 이름을 벗어 던지고 넬슨 만델라로 돌아왔다. 연설에서 나는 남아프리카에서 진행되어온 자유를 위한 투쟁의 역사를 조명하고는, 우리 민족에게 가해졌던 잔인한 대학살의 예를, 1921년 군대와 경찰이 비무장 농민 183명을 살해했던 불회크Bulhoek부터 40년 뒤의 샤프빌에 이르기까지 하나하나 열거했다. 나는 가나, 나이지리아, 탕가니카 같은 이름을 거론하며 남아프리카에 제재를 가해주었던 나라들에 감사를 표했다. 이들은 특히 영국연방으로부터 남아프리카를 독립시키는 데 주도적 역할을 했던 나라들이었다. 나는 평화적 투쟁을 할 수 있는 모든 기회가 박탈되었음을 설명하면서 '민족의 창'의 설립 과정을 언급했다. "만일 지도자가 정치적 무기의 효용성이 사라져가는 곳에서 그 무기의 칼날 가는 것을 주저한다면, 국민을 배반하는 범죄입니다.…… 작년 12월 16일 밤, 남아프리카 전국은 '민족의 창'의 강타로 흔들렸습니다." 내가 이 말을 하자마자 우간다 수상은 이렇게 외쳤다. "그들에게 그것을 다시 한번 안겨주시오!"

그런 다음 나는 내 경험을 이야기했다.

> 저는 방금 남아프리카에서 왔습니다. 지난 10개월 동안 저는 가족이나 친구들과 헤어져 범법자로 살아왔습니다. 이러한 삶을 선택할 수밖에 없었을 때, 저는 조국을 떠나지 않을 것이며 지하에서 계속 활동할 것이라고 공언했습니다. 그것은 진심이었으며, 저는 그러한 일을 하는 것을 영광으로 생각할 것입니다.

내가 남아프리카로 되돌아가겠다고 선언하자 우레와 같은 박수와 탄성이 터졌다. 우리는 범아프리카자유운동기구가 우리의 소청을 심사하고 얼마만큼 지원할 수 있는지 여부를 결정하는 데에서 그렇게 처음으로 연설함으로써 용기를 얻었다. 많은 아프리카 국민들은 다른 나라의 폭력투쟁을 지원하는 데 당연히 주저하는 경향이 있었다. 그러나 내 연설로 남아프리카의 자유투사들은 무장하는 것 말고는 다른 대안이 없다는 생각을 갖도록 만들었다.

올리버와 나는 북로디지아 통일국가독립당UNIP의 지도자이자 잠비아의 차기 대통령인 케네스 카운다와 개별면담을 가졌다. 줄리어스 니에레레와 같이 카운다 역시 남아프리카 자유투사들 사이에 단합이 부족하다는 점을 염려했고, 소부퀘가 교도소에서 풀려나면 우리가 모두 합류할 수 있으리라 말했다. 샤프빌 사건으로 PAC는 아프리카인들로부터 조직의 영향력을 훨씬 넘는 주목을 받았다. 한때 ANC의 회원이었던 카운다는 우리가 백인 공산주의자들과 연합하는 것에 대해 우려를 표명했다. 그러고는 이 점 때문에 아프리카에서 우리가 낮은 평가를 받아왔음을 지적했다. 공산주의는 서구에서는 물론이고 아프리카에서도 의혹의 대상이었다. 이는 나에게 무언가 계시와 같은 것으로 다가왔고, 나는 여행을 하는 동안 이를 귀에 못이 박히도록 들었다.

내가 UNIP의 PAC 지원은 그릇된 것이라고 지적하려 하자 카운다는 내 어깨 위에 손을 얹고 이렇게 말했다. "넬슨, 이 문제를 내게 이야기하는 것은 마치 뉴캐슬로 석탄을 운반하는 것과 같소. 나는 당신의 지지자이자 루툴리 추장의 추종자요. 그러나 내가 UNIP의 유일한 대변인은 아니오. 시몬 카풰풰에게 이야기해보시오. 만일 당신이 그를 설득할 수만 있다면, 내 부담이 훨씬 가벼워질 거요." 카풰풰는 UNIP의 서열 2인자였다. 다음 날 그를 만나기로 했다. 나는 올리버에게 함께 가자고 부탁했지만, 그는 "넬슨, 자네 혼자 그를 만나야 해. 그래야만 자네가 완전히 솔직해질 수 있을 거야"라고 말했다.

나는 카퀘퀘와 하루 종일 함께 지냈으며, 그에게서 매우 놀랄 만한 이야기를 들었다. "우리는 당신의 연설과 전체 ANC 대표들에게 매우 감명을 받았습니다. 만일 우리가 이 두 가지 사실을 토대로 여러분 조직을 평가한다면, 우리는 분명 여러분과 같은 편이 될 것입니다. 그러나 우리는 PAC로부터 '민족의 창'은 공산당과 자유당의 계획적 산물이요, 그 조직의 생각은 아프리카인들을 단순히 총알받이로 이용하려는 것이라는, 결과적으로 우리를 상당히 혼란케 하는 보고를 접했습니다."

나는 도무지 어찌할 바를 모를 만큼 당혹스러웠다. 그리하여 부지중에 이 이야기가 얼마나 악의에 찬 거짓인가를 당신이 스스로 볼 수 없다는 사실 때문에 나도 놀랐다고 불쑥 말했다. 나는 이렇게 말했다. "첫째, 자유당과 공산당이 견원지간이라는 사실은 잘 알려져 있습니다. 둘째, 내가 MK 결성의 가장 중요한 막후였다는 사실을 무례를 무릅쓰고 말합니다." 끝으로 PAC가 그와 같은 거짓을 유포한 사실에 대해 지극히 실망스럽다고 말했다.

그날이 끝나갈 무렵 나는 카퀘퀘를 설득시켰다. 그는 회합을 소집해서 자신이 우리의 문제를 다루겠다고 말했다. 그는 자신의 약속을 지켰다. 그러나 이것은 아프리카 전역에서 남아프리카에 관한 지식이 얼마나 부족한지를 보여주는 것이었으며, PAC의 놀랄 만한 확장이 ANC의 명예를 추락시키는 또 하나의 예였다. 그는 내게 행운을 빌어주었다. 그 회담은 성공적이었지만 그쯤에서 끝내야 했다.

학생 시절 나는 아프리카 문명의 요람이자 예술과 디자인 분야에서 미美의 보고寶庫인 이집트를 방문하여 피라미드와 스핑크스를 보고, 아프리카 최대의 강인 나일 강을 건너는 것을 꿈꾸었다. 그래서 나는 남은 여행 기간 동안 동행하기로 되어 있던 올리버와 로버트 레샤와 함께 아디스아바바에서 카이로로 날아갔다. 카이로에 도착한 첫날 오전 내내 박물관에서 보냈다. 그곳에서 예술품을 감상하고 유물을 살펴보고 기록하며, 나일 계곡에서 고대 문명을 건설했던 사람들은 어떤 이들인지를 배웠다. 이는 단순히 아마추어 고고학자의 관심이 아니었다. 이는 백인들이 꾸며 낸 거짓 주장, 즉 아프리카인들은 서구인과 비교해볼 때 개화된 역사를 가지고 있지 않다는 주장을 반박하기 위한 증거로 무장해야 하는 아프리카 민족주의자들에게는 중요한 내용이었다. 백인들이 여전히 동굴 속에서 생활하는 동안 이집트 인들은 훌륭한 예술 작품과 건축물을 창조해가고 있었다는 것을 단 한나절 만에 발견했다.

이집트는 우리에게 중요한 모델이었다. 왜냐하면 나세르 대통령이 추진하는 사회주의적 경제개혁 프로그램을 직접 목격할 수 있었기 때문이다. 그는 토지의 사적 소유를 감소시키고, 경제 일부를 국유화했으며, 급격한 산업화를 이끌어갔고, 교육을 민주화하는 동시에 현대식 군대를 건설했다. 이러한 개혁 가운데 다수는 언젠가는 ANC를 통해 우리가 실행하고 싶은 바로 그런 종류의 것이었다. 그러나 그 당시 이집트가 우리에게 더욱 중요했던 이유는 이집트야말로 남아프리카에 비견할 만한 육해공군을 보유하고 있었던 유일한 국가였기 때문이다.

하루 뒤 올리버는 로버트와 나를 가나에서 만나기로 약속하고 런던으로 떠났다. 로버트와 나는 여행을 떠나기에 앞서 각국을 돌며 연설할 내용을 논의했다. 내 생각은 가능한 한 진실되게, 그리고 객관적으로 우리의 정치적 상황을 설명하면서 PAC의 업적을 간과하지 말자는 것이었다. 각국에 도착하면 호텔에 머물면서 그 나라의 정책, 역사, 지도자들에 대한 정보를 얻는 것부터 시작했다. 로버트는 정반대였다. 전형적인 외향적 성격의 소유자인 그는 도착하자마자 시내로 나가 사람들을 만나고 말하면서 배웠다. 우리는 묘한 한 쌍이었다. 나는 지하생활 때 입던 평상복과 작업복을 애용했던 반면에 로버트는 항상 정장 차림으로 우아하게 나타났다.

첫 번째 도착지였던 튀니지에서 우리는 국방장관을 만났다. 그는 놀랄 만큼 루툴리 추장과 닮았다. 그러나 루툴리와 외모만 비슷한 것은 아닐까 두려웠다. 내가 그에게 로버트 소부퀘 같은 PAC 지도자들이 투옥되어 있다는 등 우리 나라의 상황에 대해 설명하고 있을 때, 그는 내 말을 자르며 이렇게 말했다. "당신 동료가 풀려나오면 그는 당신을 끝장낼 것이오!" 로버트는 이 이야기에 눈살을 찌푸렸으나(나중에 그는 "당신 정말 PAC를 그들 자신보다 더욱 잘 변호하는군!"이라고 말했다), 나는 전체 상황을 장관에게 이해시키려 노력했다. 다음 날 우리가 하비브 부르기바 대통령을 만났을 때 그의 반응은 매우 긍정적이었고 즉각적이었다. 그는 우리 요원들이 군사훈련을 받는 것을 지원하고 무기 구입비로 5천 파운드를 지원해주었다.

다음 도착지인 모로코의 라바트는 고대의 신비스러운 성곽, 세련된 상점들, 그리고 중세풍의 사원들이 어우러져 아프리카와 유럽 그리고 중동을 멋지게 섞어놓은 것 같았다. 자유투사들도 틀림없이 같은 생각을 했을 것이다. 왜냐하면 라바트는 아프리카 대륙의 모든 해방운동이 만나는 교차로였기 때문이다. 그곳에 있는 동안 우리는 모잠비크, 앙골라, 알제리, 그리고 케이프 베르데에서 온 자유투사들을 만났다. 그곳은 또한 알제리 혁명군의 사령부이기도 했다. 그리하여 우리는 그곳에서 모로코에 있는 알제리 혁명의 책임자인 무스타파 박사와 여러 날을 함께 보냈다. 그는 우리에게 프랑스에 저항하던 알제리의 투쟁사를 간략히 소개해주었다.

알제리의 상황은 혁명군이 다수인 토착민을 지배하는 대규모 백인 정착민 사회와 대항하고 있다는 점에서 우리의 경우와 가장 근접한 모델이었다. 그는 베트남의 디엔 비엔 푸에서 프랑스군을 격퇴했다는 데서 용기를 얻어 알제리 민족해방전선FLN이 1954년 소수의 게릴라로 어떻게 투쟁을 시작했는지를 이야기해주었다. 처음에 FLN은 그들이 프랑스를 군사적으로 격퇴할 수 있다고 믿었으나 순수한 군사적 승리는 불가능함을 깨달았다고 무스타파 박사는 말했다.

그 대신에 그들은 게릴라전에 의존했다. 그의 게릴라전은 군사적 승리를 쟁취하기 위한 것이 아니라 오히려 경제를 파멸시킬 수 있는 정치·경제적 세력을 풀어놓기 위한 것이라고 설명했다. 무스타파 박사는 우리에게 군사적 전술을 짤 때에도 전쟁이 안고 있는 정치적 요소를 간과해서는 안 된다고 충고해주었다. 그는 국제 여론이 때로는 전투기 일개 전대보다 유용한 가치가 있다고 말했다.

3일간의 방문이 끝날 무렵 그는 우리를 우지다로 보냈다. 그곳은 알제리 국경 바로 너머에 있는 먼지가 날리는 작은 도시였는데, 모로코 주둔 알제리 군대의 사령부가 있는 곳이었다. 우리는 전방에 있는 부대를 방문했다. 그곳에서 쌍안경을 끼고 국경선을 따라 프랑스 군대가 포진하고 있는 것을 직접 보았다. 고백하건대 그때 나는 남아프리카 군대를 보고 있다는 상상에 잠겼다.

하루나 이틀쯤 지나서 나는 아메드 벤 벨라를 기념하는 군대 사열에 귀빈으로 초대받았다. 벤 벨라는 알제리 독립국의 초대 수상이 되었고, 최근에 프랑스 교도소에서 풀려나온 터였다. 이 사열은 아디스아바바에서 내가 목격했던 군대 사열과는 판이하게 달랐다. 질서정연하며 잘 훈련된 멋진 제복을 입은 에티오피아 군대와는 달리 일종의 알제리 게릴라 운동의 살아 있는 역사와 같았다.

선두에는 터번을 두르고 긴 윗도리를 입고 샌들을 신은, 전쟁에서 다져진 역전의 용사들이 어슬렁거리며 자랑스럽게 행진했다. 이들은 수년 전에 투쟁을 시작했던 사람들이었다. 그들은 기병대 칼, 구식 총, 전쟁용 도끼, 가느다란 투창 등 자신들이 사용했던 무기를 지니고 있었다. 젊은 병사들이 그들의 뒤를 따랐다. 그들은 근대식 무기로 무장했지만 긍지는 마찬가지였다. 몇몇은 대전차와 대공포를 이끌고 나왔다. 그러나 이들 사병조차도 에티오피아 군대와 같은 깔끔하고 정연하게 행진하지는 못했다. 이들은 게릴라 부대였고, 전쟁의 불길 속에서 그들의 계급장을 얻었으며, 군복이나 사열보다는 싸움과 전략에 관심이 더 많았다. 아디스아바바에서 군대를 보며 감명을 받았던 것과 마찬가지로, 나는 우리 군대는 이곳 우지다의 부대와 유사한 형태를 띠리라는 것을 직감했다. 나는 오직 그들이 용감하게 싸워주기만을 바랄 뿐이었다.

행진 후미에는 수다니라고 불리는 사람이 지휘하는 다소 엉성한 군악대가 따랐다. 그는 키가 크고 몸이 건장했으며, 자신감이 있어 보였고, 피부가 칠흑같이 까만 흑인이었다. 그는 의식에서 사용하는 막대를 휘두르고 있었다. 우리 일행은 그를 보자 일어서서 박수를 치며 환호했다. 주위를 돌아보자 다른 사람들이 우리 일행을 이상한 눈초리로 바라본다는 것을 알았다. 그때서야 나는 우리가 그에게 환호를 보냈던 이유가 단지 그가 흑인이었고, 모로코에서는 흑인이 상당히 희귀했기 때문이었다는 것을 깨달았다. 다시 한번 나는 민족주의와 인종의 위대한 힘에 놀랐다. 우리는 마치 아프리카인 형제를 보는 것과 같은 느낌을 받았기에 즉시 반응을 보였던 것이다. 한참 뒤에야 우리를 초대했던 사람들이 수다니가 전설적인 병사였다는 것을 알려주었다. 그는 혼자 힘으로 심지어 프랑스 부대 전체를 사로잡았다고 한다. 그러나 우리는 그의 피부색 때문에 환호를 보낸 것이지 그의 공훈 때문은 아니었다.

나는 모로코에서 사하라를 거쳐 말리의 수도 바마코로 간 다음 기니로 갔다. 말리에서 기니로 가는 비행기는 비행기라기보다는 동네 버스 같았다. 닭들이 통로를 오가고, 짐을 머리에 인 여자들이 오가며 땅콩 포대와 말린 야채를 팔았다. 그것은 민주적인 비행기였고, 나는 그것이 매우 부러웠다.

다음 기착지는 시에라리온이었다. 그곳에서 나는 마침 의회가 회기 중이라는 것을 알고는 참관하기로 했다. 나는 여느 여행객처럼 들어가서 의장석에서 가까운 자리에 앉았다. 의회 직원이 내게 다가와 내 신분을 물었다. 나는 그에게 귀엣말로 "나는 남아프리카 루툴리 추장을 대신해서 온 대표"라고 말했다. 그는 따뜻하게 악수를 하고는 의장에게 보고하러 갔다. 그 직원은 내가 앉은 자리가 우연히도 방문객에게는 관례적으로 허용되지 않는 자리이나 이번 경우는 그들에게 영광스러운 예외의 경우라고 말했다.

한 시간도 채 안 되어 휴회가 선포되었다. 나는 국회의원과 유명 인사들 사이에서 차를 마시며 서 있었는데, 내 앞으로 사람들이 줄을 서기 시작했다. 나는 모든 국회의원이 나와 악수를 하려고 줄을 섰다는 사실을 알고는 깜짝 놀랐다. 나는 세 번째인가 네 번째에 줄섰던 의원이 "노벨평화상 수상자이신 존경하는 루툴리 추장과 악수하는 것은 큰 영광입니다"라고 하는 말을 들을 때까지는 정말 영광스러웠다. 나는 남의 이름을 사칭한 사기꾼이었다! 그 직원이 오해를 했던 것이다. 그때 수상인 밀턴 마르가이 경이 나를 접견하기 위해 왔다. 그 직원은 나를 추장이라고 소개했다. 나는 즉시 그 직원에게 나는 루툴리 추장이 아니라는 사실을 알려주려 했으나 그 친구는 전혀 모르고 있었다. 그래서 나는 친절을 거절할 수 없어 짐짓 그런 체하고 있었다. 나는 나중에 의장을 만나 내 신분이 잘못 알려진 데 대해 해명을 했고, 그는 상당히 풍부한 물질적 지원을 약속해주었다.

라이베리아에서는 터브먼 대통령을 만났는데, 그는 내게 무기 구입과 훈련을 위해 5천 달러를 주었을 뿐만 아니라 은밀한 목소리로 이렇게 말했다. "용돈 좀 가지고 있으십니까?" 나는 솔직히 용돈이 바닥났다고 고백했다. 그러자 곧 보좌관이 현금 4백 달러가 든 봉투를 가지고 왔다. 이어 나는 라이베리아에서 가나로 갔다. 그곳에서 올리버를 만났으며, 기니 공사인 압둘라예 디알로에게서 환대를 받았다. 내가 기니에 있는 동안 세쿠 투레를 만나지 못했다고 말하자, 그는 우리를 위해 즉시 그 메마른 땅으로 돌아갈 수 있도록 주선해주었다. 올리버와 나는 투레를 만나고 상당히 깊은 감명을 받았다. 그는 초라한 방갈로에 살고 있었으며, 오래되어 색이 바랜 낡은 옷을 입고 있었다. 우리는 그에게 용건을 말하며 ANC와 MK의 역사를 설명해주었다. 그러고는 MK에 5천 달러를 지원해달라고 요청했다. 그는 매우 주의 깊게 듣고는 다소 공식적인 어투로 이렇게 대답했다. "기니 정부와 국민은 남아프리카 동지들의 투쟁을 전적으로 지지합니다. 우리는 그 점에 관해 우리의 취지를 유엔에서 연설했습니다." 그의 말투는 마치 연설을 하는 것 같았다. 그는 책꽂이로 가서 그가 쓴 책 두 권을 빼냈다. 그러고는 직접 서명을 해서 올리버와 내게 건네주었다. 그는 고맙다는 말을 했고, 우리는 헤어졌다.

올리버와 나는 화가 났다. 우리가 다른 국가에서 다시 이곳으로 왔는데, 그가 우리에게 준 것은 고작해야 친필 서명한 책 두 권이라니? 우리는 시간을 낭비한 셈이었다. 잠시 뒤 우리가 호텔 방에 있는데 외무부에서 온 관리가 우리 방 문을 두드렸다. 그러고는 우리에게 가방을 하나 건네주었다. 그 가방을 열어보았더니 가방은 지폐로 가득 차 있었다. 올리버와 나는 기쁨에 겨워 서로를 바라보았다. 그러나 그때 올리버의 표정이 바뀌었다. "넬슨, 이것은 기니 화폐야. 따라서 여기를 벗어나면 아무짝에도 쓸모가 없어. 종잇조각일 뿐이야." 그러나 올리버가 묘안을 짜냈다. 우리는 그 돈을 체코 대사관에 가지고 가서, 그곳에 있는 올리버의 친구에게 부탁해 그 돈을 경화硬貨(언제든지 교환 가능한 화폐—옮긴이)로 바꾸었다.

다카르 항구를 미끄러지듯 흘러들어가는 날씬한 고기잡이배의 우아함은 긴 옷을 흩날리며 터번을 두르고 도시를 오가는 세네갈 여인의 우아함 말고는 견줄 만한 것이 없다. 나는 이국풍의 향료와 향수에 취해 근처 시장을 돌아다녔다. 세네갈 사람들은 매우 잘생겼다. 올리버와 나는 그 나라에서 짧지만 아주 즐거운 시간을 보냈다. 세네갈 사회는 각각 다른 프랑스적, 이슬람적, 아프리카적 요소들이 어울려 독특하고도 유별난 문화를 창조해낼 수 있다는 것을 보여주었다.

레오폴드 상고르 대통령을 접견하러 가는 길에 올리버는 천식이 심해져 고통스러워했다. 그러나 그는 호텔로 되돌아가지 않겠다고 했다. 나는 그를 업고 계단을 올라 대통령 집무실로 갔다. 상고르는 올리버의 건강 상태를 깊이 우려했고, 자신의 주치의에게 진찰을 받아보라고 극구 권했다.

나는 상고르를 조심하라는 이야기를 들은 적이 있다. 왜냐하면 세네갈 군인은 알제리에 있는 프랑스 군대에 봉사하고 있으며, 상고르 대통령은 구정권의 관습과 매력에 다소 심취해 있다는 보고가 있었기 때문이다. 신생 국가의 경우는 항상 과거 식민통치자들의 생활 방식에 대한 매력이 남아 있다. 나 자신도 그러한 것으로부터 완전히 벗어나지는 않았다. 상고르 대통령은 학자이자 시인으로, 당시 샤카Shaka에 대한 연구 자료를 모으는 중이라고 우리에게 말하고, 남아프리카의 위대한 전사에 관해 질문을 많이 해서 우리의 비위를 맞추어주었다. 우리는 남아프리카의 상황을 요약해서 설명해주고, 군사훈련과 재정 지원을 요청했다. 상고르는 의회가 열릴 때까지 자신은 아무것도 할 수 없다고 답했다.

그러던 중 그는 우리가 법무장관인 다부시에와 군사훈련에 관해 이야기를 나누었으면 하고 바랐다. 대통령은 아름다운 프랑스 백인 소녀를 내게 소개해주면서 장관과 내가 만날 때 통역해줄 사람이라고 설명했다. 나는 아무 말도 하지 않았지만 어안이 벙벙해졌다. 나는 내가 알지도 못하거니와 믿어도 좋을지 확신이 안 서는 젊은 여성 앞에서 군사훈련과 같이 민감한 문제를 논의한다는 것이 왠지 불편했다. 상고르는 곧 나의 걱정을 감지하고는 "만델라, 걱정하지 말아요. 여기 있는 프랑스인들은 우리 아프리카의 열망을 자신의 것으로 알고 있는 사람들입니다"라고 말했다.

우리가 장관 집무실에 도착했을 때, 우리는 접견실에서 아프리카인 비서 몇 명을 보았다. 흑인 비서 가운데 한 명이 프랑스 여인에게 이곳에 무슨 용건이 있느냐고 물었다. 그는 대통령이 통역을 부탁해서 왔다고 대답했다. 언쟁이 오갔고 중간에 아프리카인 비서가 내게로 돌아서서 말했다. "선생님, 영어 하실 줄 아십니까?" 나는 할 수 있다고 답했다. 그러자 비서는 "장관도 영어를 합니다. 그러니 당신은 장관과 직접 이야기를 나눌 수 있습니다. 당신은 통역자가 필요 없습니다"라고 답했다. 프랑스 소녀는 다소 발끈해 있었는데, 내가 장관에게 이야기를 하기 위해 들어가자 옆으로 비켜섰다. 장관은 우리의 요청을 받아주기로 약속했다. 결국 상고르는 당시 우리 요구를 들어주지는 않았지만 내게 외교관용 여권을 발급해주었으며, 다카르에서 다음 여행지인 런던까지 가는 비행기표 값을 지불해주었다.

고백하건대 나는 사실 친영주의자에 가깝다. 서구 민주주의와 자유를 생각할 때면 나는 영국식 의회주의 체제를 생각한다. 또한 많은 점에서 내게 신사의 모델은 영국인이었다. 영국이 의회민주주의의 발상지라는 사실에도 불구하고 내 동포에게 불법인 사악한 체제의 멍에를 씌우는 데 도움을 준 것은 바로 민주주의였다. 나는 영국식 제국주의 개념에 대해 치를 떨면서도 영국식 스타일과 예절이라는 상표를 결코 포기하지 않았다.

내가 그렇게 오랫동안 이야기를 들어왔고 글을 통해 알고 있던 국가를 직접 가보고 싶은 욕구는 접어두고라도 영국에 가고 싶었던 몇 가지 이유가 있었다. 먼저 올리버의 건강이 걱정되었기에 그에게 치료를 받도록 설득하고 싶었다. 그리고 그의 아내 아들레이드와 자녀들을 무척 보고 싶었다. 마찬가지로 지금은 그곳 영국에 살면서 민족회의 운동을 대변하고 있던 유서프 다두도 보고 싶었다. 또한 다른 곳에서는 얻을 수 없었던 게릴라전에 관한 문헌들을 런던에서는 구할 수 있다는 것을 알았다.

내가 런던에 있다는 사실이 남아프리카에 새어 나가는 것을 바라지 않았기 때문에 그곳에서 과거의 지하생활을 다시 시작했다. 남아프리카 보안대의 촉수는 런던에까지 미쳤다. 그러나 나는 은둔자는 아니었다. 열흘 동안 나는 ANC와 관련된 일을 하고, 옛 친구들을 만나고, 일반 여행객으로서 가벼운 관광도 했다. 우리의 투쟁에 관한 글을 썼던 영국인 친구 메리 벤슨과 더불어 올리버와 나는 한때 지구의 약 3분의 2를 지배했던 도시를 관광하며, 웨스트민스터 사원, 의사당 시계탑, 영국 의회 등을 돌아보았다. 내가 이 건물들의 아름다움을 칭송하는 동안, 나는 이들이 상징하는 바에 관해 다소 상반된 감정을 느꼈다. 웨스트민스터 사원 근처에서 스위츠 장군의 동상을 보았을 때, 올리버와 나는 아마도 언젠가는 저 동상 자리에 우리 동상이 서게 될 것이라고 농담을 했다.

나는 여러 사람에게서 데이비드 애스터가 운영하는 신문인 《옵서버 Observer》가 ANC는 이제 과거의 정당이 되어버렸다는 사설을 쓰고 PAC 쪽으로 기울어졌다는 소식을 전해 들었다. 올리버는 내가 애스터의 집에서 그를 만날 수 있도록 주선해주었다. 우리는 ANC에 관해 오랫동안 이야기를 나누었다. 내가 그에게 영향을 미쳤는지는 모르겠지만 그 뒤 그들이 기사를 다루는 방식은 확실히 바뀌었다. 그는 또한 여러 명의 저명한 정치가들을 만나보라고 권했다. 그래서 나는 노동당 의원 데니스 힐리와 동행하여 노동당 지도자 휴 게이트스켈과 자유당 지도자 조 그리먼드를 만났다.

내가 유서프를 만난 것은 영국 체류가 거의 끝나갈 무렵이었다. 그러나 그 만남은 그다지 행복하지 못했다. 올리버와 나는 여행을 하면서 되풀이해서 발생하는 문제들과 맞닥뜨려야만 했다. 때로는 이들이 ANC를 통제하고 있는 것은 아닌가 하는 생각이 들 만큼 우리가 만난 아프리카 지도자마다 우리와 백인 공산주의자 및 인도인 공산주의자들의 관계를 물었다. 만일 민족주의를 전면에 드러낸 반백인적인 PAC 같은 조직이 없었더라면 우리의 비인종주의는 그다지 문제가 되지 않았을 것이다. 남아프리카를 제외한 아프리카 전역에서 아프리카 지도자들 대부분은 ANC의 관점보다는 PAC의 입장을 쉽게 이해할 수 있었다. 올리버는 바로 이 점을 두고 유서프와 토론했다. 올리버는 ANC가 더욱 독립적인 형태를 띠어야 하며, 연합의 다른 성원들의 개입 없이 독자적으로 특정한 행동을 취해야 한다고 단호히 결론을 내렸다. 물론 나도 이에 동의했다.

나는 런던에서의 마지막 밤을 유서프와 이 문제에 관해 토론을 하며 지새웠다. 나는 이렇게 설명했다. '자, 이제 우리는 무장투쟁을 시작하려

한다. 그러므로 재정, 군사훈련, 기타 다양한 지원을 위해 인근 아프리카 국가들에 의존하게 될 것이다. 따라서 우리가 과거에 했던 것보다는 더욱 더 그들의 입장을 고려해야 할 것이다.' 유서프는 올리버와 내가 ANC의 정책을 변화시키고 있다고 믿었다. 또한 「자유헌장」의 핵심이었던 반인종차별주의로부터 이탈하려고 모종의 준비를 하고 있다고 믿었다. 나는 그건 오해라고 말했다. '우리는 반인종차별주의를 거부하는 것이 아니다. 우리는 단지 ANC가 입장을 더욱 확실히 해야만 하며, 회의동맹의 일부가 되어서는 안 된다고 주장한 것에 불과하다.' 종종 ANC, 남아프리카인도인회의, 혼혈인회의는 아프리카인들에게만 영향을 미치는 문제에 관해 집단성명서를 냈다. 그와 같은 태도는 바뀌어야만 했다. 유서프는 이 점에 대해 불만이 많았다. 그는 "정책은 어떻게 되는 것인가?"라며 끊임없이 문제를 제기했다. 나는 우리가 정책을 이야기하는 것이 아니라, 우리의 이미지에 관해 이야기하는 것이라고 그에게 말했다. 우리는 여전히 함께 일을 할 것이며, 평등한 가운데 단지 ANC가 전면에 나설 수밖에 없다는 점을 말해주었다.

런던에서 친구들과 헤어져야 한다는 것이 슬펐지만, 내가 이제 이번 여행에서 가장 익숙지 않았던 부분이 될 군사훈련을 시작해야 할 때였다. 나는 아디스아바바에서 6개월간 훈련을 받기로 되어 있었다. 외무장관 예푸는 나를 따뜻하게 맞아주었고, 콜페라는 외곽지역에 데려다주었다. 콜페에는 에티오피아 폭동진압부대 본부가 있었는데, 여기서 나는 군사기술에 관한 모든 것을 배웠다. 나는 아마추어치고는 꽤 실력이 괜찮은 권투선수였지만 전투에 대해서는 기초지식조차 없었다. 우리의 교관은 원도니 베피카두 중위였는데, 그는 이탈리아에 대항하여 지하에서 싸웠던 경험 많은 군인이었다. 우리의 훈련 프로그램은 매우 힘들었다. 아침 8시부터 오후 1시까지 훈련을 받았고, 샤워하고 점심을 먹고 나서 다시 오후 2시부터 4시까지 훈련을 받았다. 오후 4시부터 저녁까지, 나는 경찰 부국장이며 얼마 전 황제에 대항하는 쿠데타 시도를 좌절시키는 데 도움을 준 타데세 대령의 강의를 들었다.

나는 콜페에서 황제 경호대와 함께 자동소총과 권총 사용법을 배우고 사격 훈련을 했으며, 전 부대원과 함께 약 80킬로미터 밖에 있는 표적을 맞히는 사격 연습을 했다. 또한 폭파와 박격포 사격, 소형 폭탄 및 지뢰 만드는 방법, 지뢰 피하는 방법 들을 배웠다. 나는 점차 군인이 되어가고 있음을 느꼈고, 군인적인 사고를 하기 시작했다. 이것은 정치가적 사고와는 거리가 먼 것이었다.

내가 가장 즐겨 받은 훈련은 권총 한 자루와 탄창 그리고 마실 물 약간을 가지고 일정한 시간 내에 먼 거리에 있는 지점에 도달해야 하는 '피곤한 행군'이었다. 이 행군을 하는 동안 나는 울창한 산림과 고원이 있는 아름다운 전경을 음미했다. 농촌지역은 매우 낙후해 있었다. 사람들은 나무로 된 쟁기를 사용했고, 매우 빈약한 식사로 연명했으며, 집에서 만든 맥주로 끼니를 보충했다. 그들의 생활은 남아프리카 농촌의 생활상과 비슷했다. 가난한 사람들은 어디에서나 다른 점보다는 같은 점이 많았다.

강의 시간에 타데세 대령은 게릴라 부대를 어떻게 만들어야 하는가, 부대를 어떻게 지휘해야 하는가, 그리고 훈련을 어떻게 시켜야 하는가 같은 문제에 대해서 토론했다. 어느 날, 저녁식사 시간에 타데세 대령이 나에게 말했다. "자, 만델라, 당신은 전통적인 자본주의적 군대가 아니라 해방군을 만들고 있습니다. 해방군은 평등주의에 입각한 군대입니다. 당신은 자본주의 군대와는 완전히 다른 방식으로 부대원들을 다루어야 합니다. 당신이 근무 중일 때는 확신과 통제로 당신의 권위를 행사해야만 합니다. 이것은 자본주의적 명령과 다를 바 없습니다. 그러나 근무 시간이 아닐 때에는 최하급의 병사일지라도 완전한 평등의 기반 위에서 행동해야 합니다. 당신은 그들이 먹는 것을 먹어야 합니다. 당신의 사무실에서 음식을 먹어서는 안 되며, 병사들과 함께 먹고 마셔야 합니다. 당신은 고립되어서는 안 됩니다."

이 모든 것은 놀랍고도 설득력이 있어 보였다. 그러나 그가 나에게 말하는 동안 상사 한 명이 들어와 중위가 어디에 있느냐고 대령에게 물었다. 그러자 대령은 그에게 경멸적인 태도를 감추지 않고 "너는 내가 여기서 중요한 사람과 이야기하고 있는 게 안 보이나? 내가 밥 먹을 때는 방해하지 말라고 한 것을 모르나? 썩 꺼져!"라고 말했다. 그러고는 조금 전과 같은 훈계조로 계속 말했다.

예정된 훈련과정은 6개월이었다. 그러나 8주가 지나자 나는 ANC로부터 고국으로 돌아오라는 긴급 전신을 받았다. 국내의 무장투쟁은 확산되고 있었고, 그들은 '민족의 창' 야전사령관이 국내에 있기를 원했다.

타데세 대령은 나를 위해 하르툼까지 에티오피아 비행기로 갈 수 있도록 재빨리 주선해주었다. 떠나기 전에 그는 나에게 자동권총과 탄알 200개를 선물로 주었다. 나는 그가 준 권총과 강의에 고마움을 표시했다. '피곤한 행군' 훈련을 받았지만 나는 그 탄알을 모두 휴대하는 것이 매우 힘든 일임을 알았다. 탄알 한 알도 놀랄 만큼 무겁다. 탄알 200개를 운반하는 것은 등에 작은 아이를 업고 다니는 것과 같았다.

하르툼에서 나는 영국 항공사 직원을 만났다. 그는 내게 다르에스살람으로 가는 연결 비행기가 다음 날까지 출발하지 않을 것이라고 말해주고는, 내가 시내에 있는 일류 호텔에 묵도록 제멋대로 예약했다. 나는 덜

호화스러운 삼류 호텔에 묵고 싶었기 때문에 당황스러웠다.

내가 차에서 내렸을 때 나는 고상하게 치장한 긴 호텔 베란다를 가로질러 가야만 했다. 그곳에는 백인들 수십 명이 앉아서 술을 마시고 있었다. 이때는 금속탐지기와 보안장치가 나오기 훨씬 전이었다. 나는 윗옷 안쪽 가죽 케이스에 권총을 넣고 있었고, 바지 안쪽 허리춤에는 탄환 200발을 두르고 있었다. 또한 나는 현금 수천 파운드도 갖고 있었다. 나는 잘 차려입은 이들 백인 모두가 X선 투사기를 갖고 있으며, 따라서 언제 체포될지 모른다는 느낌이 들었다. 그러나 내 방까지 안전하게 인도된 다음 호텔 객실 서비스를 불렀다. 심지어 웨이터의 발자국 소리조차 신경을 곤두서게 했다.

하르툼에서 나는 곧바로 다르에스살람으로 갔다. 그곳에서 나는 군사훈련을 받기 위해 에티오피아로 떠나는 '민족의 창' 지원병 선발대 21명을 만났다. 매우 자랑스러운 순간이었다. 이들은 당시 내가 만들려던 군대에 자원했던 사람들이었기 때문이다. 처음 전쟁터로 나가는 이 병사들은 막 시작된 가장 위험한 전투에 그들의 목숨을 던질 각오가 되어 있었다. 그들은 주로 도시에서 온 젊은이들로 자부심이 있었고 열의가 넘쳤다. 우리는 작별의 저녁을 먹었다. 그들은 나를 위해 양을 잡았다. 나는 내가 여행한 이야기를 들려주었다. 그러고는 그들이 남아프리카의 자유투쟁을 대표하는 사람들이기 때문에 외국에서 절도 있고 모범적인 행동을 할 필요가 있다는 것을 강조했다. 그리고 혁명이란 단지 방아쇠를 당기는 문제가 아니라 그 목적이 평등하고 정의로운 사회를 만드는 것이기 때문에 군사훈련이란 정치훈련과 보조를 맞추어 나가야만 한다고 말했다. 그때 나는 부하들로부터 처음으로 경례를 받았다.

니에레레 대통령은 내가 음베야로 갈 때 그의 전용기를 빌려주었다.

거기서 다시 로바체로 가는데 조종사가 내게 카니에에 착륙할 것이라고 말했다. 나는 왜 계획이 변경되었는지 걱정스러웠다. 카니에에 내리니 지방 치안판사와 보안관이 기다리고 있었는데 그들은 모두 백인이었다. 지방 치안판사는 내게 다가오더니 내 이름을 물었다. 나는 데이비드 모차마이라고 대답했다. 그는 내 진짜 이름을 대라고 말했다. 나는 다시 데이비드 모차마이라고 대답했다. 그는 "진짜 이름을 말하십시오. 나는 여기서 만델라 씨를 만나서, 그를 도와주고 수송 편의를 제공해주라는 명령을 받고 왔습니다. 당신이 넬슨 만델라 씨가 아니라면, 유감스럽지만 나는 당신을 체포해야겠습니다. 당신은 비자 없이 이 나라에 입국했기 때문입니다. 당신은 넬슨 만델라 씨가 맞습니까?"

나는 난감했다. 이렇게 하든 저렇게 하든 어차피 체포될 것 같았다. "만약 당신이 내가 데이비드 모차마이가 아니고 넬슨 만델라라고 우긴다면 나는 그렇지 않다고 우기지는 않겠소"라고 말했다. 그는 얼굴에 미소를 띠며 "우리는 어제 당신이 올 것이라 기대하고 있었습니다"라고 말했다. 그는 나의 동지가 기다리고 있는 곳으로 나를 안내했다. 우리는 로바체로 갔다. 거기서 나는 조 모디세를 만났고, ANC의 지지자이며 그곳에 사는 요나스 마틀루를 만났다. 치안판사는 남아프리카 경찰이 내가 돌아오는 것을 알고 있으니 내일 출발하라고 제의했다. 나는 그에게 도움과 충고를 줘서 고맙다고 했다. 그러나 내가 마틀루의 집에 도착했을 때 나는 그날 밤에 떠나겠다고 말했다. 나는 세실 윌리엄스라는 MK 소속 백인 연극 감독과 같이 남아프리카로 돌아가게 되어 있었다. 나는 그의 운전사로 위장을 하고 그날 밤 요하네스버그를 향해 차를 몰았다.

7

리보니아

49

국경을 넘어선 뒤 나는 깊은숨을 내쉬었다. 오래도록 떠나 있다 돌아온 고향의 공기는 언제나 감미로운 법이다. 아주 맑은 겨울밤이었고, 심지어 별들조차 대륙의 어느 곳에서보다도 더 환영해주는 것 같았다. 처음으로 자유를 경험했던 다른 세상에서 내가 도망자였던 이곳으로 돌아왔지만 그래도 나는 내가 태어나고 내 운명이 걸린 땅에 돌아온 것에 깊은 안도감을 느꼈다.

베추아날란드와 북서 트란스발 사이에 수많은 표식 없는 길들이 국경을 가로질러 있었지만 세실은 어느 길로 가야 하는지를 잘 알았다. 운전하는 동안 그는 내가 미처 몰랐던 많은 사건들을 자세히 설명해주었다. 우리는 밤새 달려 밤 12시가 갓 지나 국경을 넘었고, 새벽에는 릴리슬리프 농장에 도착했다. 나는 여전히 낡은 황갈색의 훈련복을 입고 있었다.

농장에 도착한 뒤에도 나는 잠시 쉬거나 지난날을 돌아볼 시간도 없었다. 다음 날 밤에 내 여행에 대해 실무위원회에 보고하기 위한 비밀회의가 열리기 때문이었다. 월터, 코타네, 고반 음베키, 댄 틀루미, J. B. 마크스 그리고 두마 노크웨가 모두 농장에 도착했다. 이것은 매우 드문 상봉이었다.

나는 먼저 우리가 받은 자금과 훈련에 대한 제안을 제시하며 내 여행을 간략히 설명했다. 동시에 나는 ANC가 백인, 인도인 그리고 특히 공산주의자들과 협조하는 것과 관련해서 내가 직면했던 난처함에 관해 자세히 보고했다. 여전히 잠비아 지도자들과의 마지막 회합이 내 귓전에 맴돌았다. 그 회합에서 그들은 나에게 ANC가 PAC보다 강하고 대중적 인기가 있다는 것을 알지만, PAC의 순수한 아프리카 민족주의도 이해하며 ANC의 비인종주의와 공산주의와의 연계에 의해 당혹스러움을 느낀다고 말했었다. 나는 그들에게 ANC가 대륙에 있는 우리의 동맹들을 안심시키기 위해 좀 더 독립적으로 보여야 한다고 알려주었다. 왜냐하면 그들은 MK에 자금을 지원해주고 훈련도 시켜주고 있었기 때문이다. 나는 특히 아프리카에 직접적으로 영향을 주는 문제들에 대해서, ANC가 지도자로 선명히 부각되도록 하기 위해 연합을 재구성해야 한다고 제안했다.

이것은 아주 중요한 명제였고, 전체 지도력에 대해 논의해야 했다. 운영위원회는 내가 더반에 내려가서 책임자에게 이 내용을 전달하도록 했다. 고반 음베키만 제외하고는 모두가 동의했다. 고반 음베키는 그 당시 릴리슬리프 농장에 살지 않았으나 MK 최고사령부의 일원으로 참여하고 있었다. 그는 내게 다른 사람을 보내는 것이 좋겠다고 했다. 이것은 너무나 위험한 일이고, 더구나 내가 방금 돌아와서 MK를 지도하려 하는 시점에 그 조직이 내 안전을 위협해서는 안 된다는 것이었다. 그러나 그의 이러한 현명한 충고를 우리 모두는 거절했다.

나는 다음 날 밤 다시 세실과 함께 그의 운전사로 가장하고 리보니아로 출발했다. 나는 더반에서 일련의 비밀회합을 계획했다. 첫 번째 회합은 몬티 나이커와 이스마일 미르에게 내 여행에 관해 설명하고 새로운 제의를 토론하는 것이었다. 몬티와 이스마일은 추장과 매우 가까운 사이였다. 또

1962년 해외에서 돌아온 뒤 은신처에서.

한 추장은 그들의 견해를 신뢰했다. 나는 루툴리에게 내가 그의 친구들과 회담했었다는 것과 그에 대한 그들의 반응을 전하고 싶었다. 그러나 이스마일과 몬티는 ANC가 '회의동맹'에서 주도적인 역할을 해야 하고, 아프리카인들에게 영향을 주는 문제들에 관해 자신의 성명서를 발표해야 할 필요가 있다는 내 주장 때문에 혼란스러워했다. 그들은 동맹을 파괴하는 어떠한 것에도 반대하는 입장이었다.

나는 그루트빌로 안내되어 시내에 있는 한 인도인 여자의 집에서 루툴리 추장을 만났다. 나는 얼마 동안 추장에게 상황을 설명했고, 그는 말없이 듣기만 했다. 내가 이야기를 마쳤을 때, 그 자신은 외국 정치가들이 ANC의 정책을 지도하는 식의 아이디어는 좋아하지 않는다고 했다. 그는 우리는 정당한 이유 때문에 인종차별정책을 반대하는 것이지 우리의 정책이 소수의 외국 지도자들의 취향에 맞지 않는다고 해서 정책을 변경해야 할 필요성을 느끼지 않는다는 것이다.

나는 추장에게 이들 외국 정치가들이 우리의 정책을 지시하는 것이 아니라 우리의 정책을 이해할 수 없을 뿐이라고 말했다. 내 계획은 단순히 본질적으로 표면적인 변화에 영향을 주기 위한 것이라고 말했다. 그 변화는 다른 동맹들이 ANC를 더욱 이해하고 호감을 가질 수 있도록 하기 위한 것이다. 나는 내 계획을 방어적인 조치로 보았다. 왜냐하면 아프리카 국가들이 PAC를 지원하기로 결정하면 소규모의 약한 조직이 갑자기 대규모의 잠재력 있는 조직으로 변할 수 있기 때문이었다.

추장은 즉석에서 결정을 내리지는 않았다. 그는 내가 말한 것에 대해 좀 더 생각하고 그 문제에 관해 그의 몇몇 친구들과 토의하기를 원했다. 내가 작별인사를 하자 그는 내게 조심하라고 충고했다. 나는 그날 도시와 주변 지역에서 다른 비밀회합을 몇 번 가졌다. 그날 저녁의 내 마지막 회합은 더반에 있는 MK의 지역사령부에서 있었다.

브루노 음톨로라는 사보타주 전문가가 더반 사령부를 이끌고 있었다. 그는 내가 전에는 만난 적이 없었으나 훗날 극적인 상황에서 다시 만날 수 있었던 사람이다. 나는 그들에게 내 아프리카 여행에 대해 간략히 설명했다. 나는 MK는 당분간 사보타주 활동에만 전념할 것이나 사보타주가 기대하는 효과를 얻지 못한다면 우리는 아마 게릴라전으로 전환할 것이라고 설명했다.

그날 늦은 밤에 내가 머무르던, 사진기자인 나이두의 집에서 환영파티이자 이별파티가 벌어졌다. 여기에서 이스마일 미르, 파티마 미르, 몬티 나이커 그리고 싱을 다시 만났다. 나는 다음 날 요하네스버그로 떠날 예정이었다. 이 모임은 오랜만에 내게 즐거움을 주었고, 긴장을 풀게 해주었다. 나는 잠을 푹 잘 수 있었다. 일요일이던 8월 5일 오후에 세실을 만났다. 그의 차로 요하네스버그로 돌아가기로 되어 있었기 때문이다. 나는 세실의 먼지 묻은 하얀 코트를 입고 조수석에 앉았다. 우리는 교대로 운전을 했다. 맑고 서늘한 날이었다. 나는 나탈 지역의 아름다움에 흠뻑 빠졌다. 겨울이지만 나탈은 푸른빛이었다. 요하네스버그로 돌아가면 나는 위니와 아이들을 잠시라도 만나 볼 수 있을 것이다. 나는 종종 위니와 아프리카의 경이로움을 함께 나누기를 바랐다. 그러나 기껏 내가 할 수 있는 것은 보고 행한 것만을 그녀에게 이야기하는 것이 고작이었다.

더반의 산업지역을 벗어나자 우리는 주변의 계곡과 인도양의 검푸른 물이 장관을 이루는 언덕을 통과할 수 있었다. 더반은 남아프리카공화국의 주요 산업지역에서 가장 중요한 항구이다. 그리고 요하네스버그로 향하는 고속도로는 꽤 멀리까지 기찻길과 평행으로 뻗어 있었다. 나는 자연의 아름다움에 대해 생각하다가 고속도로에 너무나 가까이 놓인 기찻길이 사보타주를 위한 적절한 장소를 제공하고 있다는 사실에 문득 주목했다. 나는 늘 지니고 다니는 자그마한 노트에 이러한 사실을 적었다.

세실과 내가 피터마리츠버그에서 북서쪽으로 30여 킬로미터 떨어진 호위크를 통과할 즈음이었다. 그때 우리는 사보타주 계획에 대한 토론에 몰두하고 있었다. 호위크를 막 지나 조그마한 마을인 세다라에서 나는 오른쪽으로 우리를 쏜살같이 지나치는, 백인들이 가득 탄 포드 자동차를 보았다. 내가 본능적으로 뒤로 고개를 돌렸을 때 백인들이 탄 또 다른 차 2대가 보였다. 우리 앞에서 그 포드 자동차가 우리에게 멈추라는 신호를 보냈다. 나는 그 순간 도망 다니는 내 생활과 17개월의 '자유'가 끝났다는 것을 알 수 있었다.

세실은 속도를 줄이면서 나에게 고개를 돌리며 이 사람들이 누구냐고 물었다. 나는 대답하지 않았다. 왜냐하면 세실과 나는 이들이 누구인지 너무도 잘 알고 있었기 때문이다. 그들은 위치를 잘 선택했다. 우리의 왼쪽에는 나무로 된 가파른 둑이 있었다. 우리가 벗어나려 한다면 그들은 우리를 밀어붙일 것이었다. 나는 왼쪽 자리에 앉아 있었고, 잠깐 동안 뛰어내려서 숲으로 숨을까 생각도 했으나 그랬다면 나는 숨기도 전에 총에 맞았을 것이다.

우리 차가 멈추었을 때 키가 크고 몸이 깡마른 사람이 아주 단호한 표정을 지으며 창문으로 곧바로 다가왔다. 면도를 하지 않은 그의 얼굴은 꽤 오랫동안 잠을 자지 못한 것 같은 모습이었다. 나는 그 순간 그가 우리를 여러 날 기다리고 있었을 것이라고 생각했다. 그는 차분한 어조로 자신이 피터마리츠버그 경찰서의 포르스테르 경사라고 소개하고 구속영장을 제시했다. 그는 내 신원을 물었다. 나는 그에게 데이비드 모차마이라고 이야기했다. 그는 고개를 끄덕였다. 그런 다음 아주 정중하게 그는 내가 어디에 있었으며 어디로 가고 있는지에 관해 몇 가지 질문을 했다. 나는 그의 질문에 충분한 정보를 주지 않고 대충 얼버무렸다. 그는 좀 신경질이 난 것 같았다. 그는 말했다. "자네는 넬슨 만델라야. 이자는 세실 윌리엄스고. 자네들은 체포됐어."

그는 우리에게 다른 차에 있는 한 경관이 피터마리츠버그로 돌아가는 우리와 동행할 것이라고 알려주었다. 그 당시만 해도 경찰이 그렇게 난폭하진 않았다. 포르스테르는 나를 수색하면서 그다지 괴롭게 하진 않았다. 나는 장전된 권총을 갖고 있었고 다시 한번 탈출할 것을 생각해보았으나 시도했더라면 수적인 열세를 감당하기 힘들었을 것이다. 나는 총과 수첩을 의자 사이에 있는 통에 숨겼다. 어떤 이유에서인지 경찰은 결국 총과 수첩을 발견하지 못했다. 그것이 발견되었다면 많은 사람들이 체포되었을 것이다.

경찰서에서 포르스테르의 사무실로 끌려갔다. 나는 그곳에서 다른 여러 명의 경관을 만났다. 포르스테르는 피고인들에게 호의적인 인상을 남겼다. 왜냐하면 그는 과장하거나 거짓말을 하지 않고 정확히 ANC의 정책을 설명했기 때문이다. 우리는 호의적으로 서로를 맞이했다. 나는 데이비드 모차마이라는 이름 이외에는 아무것도 인정하지 않았다. 포르스테르는 나에게 "넬슨, 왜 이런 어리석은 연극을 계속하지? 나는 자네가 누군지 알고 있고, 우리 모두는 자네가 누군지 알고 있어"라고 말했다. 나는 간단히 그에게 나는 당신에게 내 이름을 이야기했고 그 이름은 내 진짜 이름이라고 대답했다. 나는 변호사를 요청했으나 단호히 거절되었다. 그런 다음 나는 진술을 거부했다.

세실과 나는 서로 다른 감방에 갇혔다. 내 상황을 반추해볼 시간적 여유가 생긴 셈이었다. 나는 항상 체포될 가능성에 대해 알고 있었다. 심지어 자유투사들도 부인하고는 한다. 그날 밤에 내 감방에서 나는 체포나 감금되는 현실에 대처할 준비가 되어 있지 않다고 생각했다. 그러자 나는 화가 났고 심하게 동요되었다. 누군가가 내가 어디에 있는지 경찰에 밀고했다. 그들은 내가 더반에 있는 것을 알았고, 요하네스버그로 돌아가는 중이라는 사실도 알았다. 내가 돌아오기 몇 주 전 경찰은 이미 내가 고국에 돌아와 있다고 믿었다. 내가 아디스아바바에 여전히 머무르던 6월에 신문의 헤드라인에 "검은 별봄맞이꽃이 돌아오다"라고 대서특필되었다. 아마도 그것은 속임수였을까?

당국은 위니가 내가 돌아오는지 여부를 알 것이라고 생각해서 위니를 괴롭혔다. 나는 당국이 수없이 그녀를 미행하고 가택을 수색했다는 사실을 알았다. 나는 그들이 내가 돌아오자마자 루툴리 추장을 만날 것으로 파악했다고 추측했다. 그들은 정확했다. 그러나 나는 그들이 그때 내가 더반에 있다는 정보를 가지고 있었던 것을 의아하게 여겼다. 그 운동에 밀고자가 침투해 있었고, 좋은 의도를 지닌 사람들조차도 보통 그들이 갖추어야 할 정도의 과묵함을 지니지 못했다. 나 또한 느슨했다. 너무 많은 사람이 내가 더반에 있다는 사실을 알았다. 나는 떠나기 전날 심지어 파티까지 열었다. 나는 나에 대하여 방어를 해제한 것을 스스로 질책했다. 내 머릿속에 여러 가지 가능성이 스쳐 지나갔다. 더반에서 밀고한 자는 누구였을까? 누군가가 요하네스버그에서 왔을까? 누군가가 운동권으로부터 왔을까? 아니면 친구나 가족 중의 누구였을까? 그러나 그렇게 알려지지 않은 사람들을 의심하는 것은 쓸데없는 짓이었다. 정신적, 육체적 피로가 겹쳐 나는 곧 깊이 잠이 들었다. 적어도 1962년 8월 5일 밤에 나는 경찰이 나를 발견하지 않을까 하는 걱정은 할 필요가 없었다. 그들이 이미 나를 찾았기 때문이다.

아침에 나는 다시 기운을 회복했고, 앞에 가로놓여 있는 새로운 시련을 맞은 내 자신을 격려했다. 나는 어떠한 상황에서도 나를 체포한 사람들에게 절망하거나 실망하지 않을 것이다. 나는 아침 8시 30분에 지방판사 앞으로 갔고, 공식적으로 요하네스버그로 송환되었다. 그것은 감정을 배제한 것이었고, 그 판사는 교통위반을 다루는 것처럼 하는 것 외에는 관심이 없어 보였다. 경찰은 요하네스버그로 돌아가는 여정이나 내 보안을 위해 면밀한 기소를 하지 않았다. 나는 앞자리에 동승한 두 경관과 함께 수갑을 차지 않은 채 세단의 뒷좌석에 앉았다. 내가 체포되었다는 소식은 곧 친구들에게 알려졌다. 파티마 미르는 나를 위해 교도소로 음식을 가져왔다. 나는 그것을 차에 있는 두 경관과 함께 먹었다. 우리는 가는 도중에 볼크스러스트라는 마을에 멈추었다. 그들은 내가 다리운동을 위해 잠시 산책하는 것을 허락했다. 나는 사람들이 나에게 친절할 때 도망친다는 것을 생각지도 않았다. 나는 그들이 나에게 베풀어준 신뢰를 이용하고 싶지 않았다.

그러나 우리가 요하네스버그에 가까워졌을 때 분위기는 변했다. 경찰 라디오에서는 내가 체포되었고, 나탈로 오가는 도로를 봉쇄하라는 발표가 흘러나왔다. 해 질 무렵 요하네스버그 외곽에서 경찰의 경호를 받았다. 나는 갑자기 수갑이 채워졌고, 차에서 내려져 철조망이 쳐지고 불투명한 조그마한 문이 있는 밀폐된 경찰 봉고차로 옮겨졌다. 자동차들은 마셜 광장을 향해 잘 알려지지 않은 우회로를 택했다. 아마도 우리가 매복조에게 습격을 받을지도 모른다고 염려하는 것 같았다.

나는 독방에 갇혔다. 감방의 정적 속에서 나는 옆방에서 들려오는 기침소리를 들으며 다음 날을 위한 전략을 세우고 있었다. 나는 가까이 있는 죄수가 누구인지 알지 못했다. 그보다도 이 기침에는 무언가가 있었다. 그것은 신기하게도 익숙한 소리였다. 나는 갑자기 알아채고 일어나 "월터" 하고 불렀다.

"넬슨, 당신이오?" 하고 그가 말했다. 우리는 형용할 수 없는 안도감, 놀람, 실망, 그리고 행복감이 혼합되어 웃었다. 나는 월터가 내가 체포된 직후 잡혔다는 것을 알았다. 우리는 두 사람이 체포된 것이 상관이 없다고는 생각하지 않았다. 그곳은 '전국운영위원회'의 회의를 열기에 가장 적절한 곳은 아니지만 아주 편리한 곳이었고, 나는 그에게 내가 체포되던 상황을 모두 설명하고, 더반에서 있었던 회합을 설명했다. 그날 밤은 쏜살같이 지나갔다.

다음 날, 나는 공식적인 소송을 위해 법정의 고등판사 앞으로 나아갔다. 헤럴드 볼피와 조 슬로보가 내 체포 소식을 듣고 법정으로 달려왔다.

우리는 지하실에 모였다. 나는 이전에 변호사로서 몇 차례 재판에서 이 판사와 대면한 적이 있었고, 그 뒤로 우리는 점차 서로에게 존경심을 갖게 되었다. 많은 변호사들 역시 참석해 있었고, 그중 몇몇은 내가 아는 사람들이었다. 평상시 같으면 무심히 받아들였을 예우들이 어떤 상황에서는 정말 감지덕지하게 여겨진다. 물론 평상시라고 내가 치사나 예우에 무감각한 것은 아니지만 여기서 나는 도망자이자 남아프리카 제일의 수배자였다. 나는 1년 이상 지하활동을 해온 범법자로서 수갑을 차고 서 있었고, 그 상황에서 판사와 다른 변호사들 그리고 방청객 모두가 경의로써 그리고 직업적 예우로써 나를 맞이했을 땐 감회가 특별했다. 그들이 알고 있는 나는 범법자 넬슨 만델라가 아니라 변호사 넬슨 만델라였다. 나는 얼마나 기운이 솟았는지 모른다.

재판이 진행되는 동안 판사는 의기소침하고 언짢아 보였으며, 나를 똑바로 쳐다보려 하지 않았다. 다른 변호사들도 난감해하고 있는 듯했다. 그 순간 의외의 새로운 사실을 발견할 수 있었다. 이들의 마음이 불편했던 것은 단지 동료 법조인이 이제는 몰락하여 피고석에 서 있었기 때문만이 아니라 한 사람이 자신의 신념 때문에 처벌을 받고 있다는 사실 때문이었다. 나는 이전에 한 번도 느끼지 못했던 어떤 것을 느끼기 시작했다. 그것은 피고인으로서 법정에 선 나의 역할, 그리고 내 앞에 놓인 가능성이었다. 나는 압제자의 법정에 선 정의의 상징이었고, 자유와 정의 그리고 민주주의를 부정하는 사회에서 이 위대한 이상들을 대변하는 사람이었다. 그때 그 자리에서 나는 적의 요새 안에서도 투쟁을 계속해나갈 수 있다는 것을 깨달았다.

변호사가 누구냐는 질문을 받았을 때 나는 내 자신이 직접 변호를 할 것이며, 조 슬로보가 법률고문의 역할을 할 것이라고 답했다. 나는 나를 직접 변호해 내 역할이 갖는 상징성을 더욱 부각시키고 싶었다. 나는 내 재판을 ANC가 인종차별에 대해 반대의 기치를 드높이고 있다는 것을 보여주는 선전장으로 만들고 싶었다. 나를 변호한다기보다는 정부를 재판하고 싶었다. 그날 나는 내 이름과 변호사의 선임에 관한 질문에만 답변을 했다. 나는 기소장이 낭독되는 것을 묵묵히 경청했다. 아프리카 흑인 노동자들에게 파업을 선동한 혐의, 적법한 여행허가 서류 없이 출국한 혐의 등이었다. 인종차별 국가인 남아프리카에서 이런 '범죄'는 최고 징역 10년까지 형벌을 줄 수 있다. 그러나 나는 기소 내용에 어느 정도는 안도할 수 있었다. 정부는 나를 '민족의 창'과 연계시킬 증거를 충분히 확보하지 못한 것이 틀림없었다. 만약 증거가 있었다면 틀림없이 반역이나 사보타주 같은 훨씬 심각한 중범죄로 기소되었을 것이다.

법정을 떠날 때에야 나는 방청석에 앉아 있는 위니의 얼굴을 보았다. 몹시 어둡고 근심 어린 표정이었다. 이 차갑고 냉정한 도시에서 홀로 두 아이를 키우면서 맞이할 고난의 시간을 가늠하고 있었으리라. 다가올 고난을 말로 듣는 것과 실제로 그 고난을 겪는 것은 완전히 다른 일이다. 지하로 통하는 계단을 내려가면서 내가 할 수 있는 일이란, 나는 전혀 걱정하지 않으니 당신도 걱정할 필요가 없다고 말하듯이 위니를 보고 활짝 미소 짓는 것뿐이었다. 그러나 그것이 그녀의 근심을 더는 데 별로 도움이 되지 않았다고 생각한다.

나는 법정에서 요하네스버그의 '요새'로 호송되었다. 밀폐된 경찰차에 타기 위해 법정을 나서자 수백 명이 환호를 하면서 '아만들라!'와 '응가웨투!'를 외쳤다. 이는 유명한 ANC식 주고받기 인사로 '권력!' 그리고 '권력은 우리의 것!'이라는 뜻이다. 차량이 법원 출구를 서서히 빠져나가려 하자 사람들은 구호를 외치고 노래를 부르면서 주먹으로 차를 두드리기 시작했다. 나의 체포와 재판에 관한 소식이 다음과 같이 모든 신문의 머리기사를 장식했다. "경찰, 2년간의 추격전 막을 내려," "넬슨 만델라 드디어 체포." 이제 소위 검은 별봄맞이꽃은 더 이상 자유의 몸이 아니었다.

며칠 뒤 위니에게 면회가 허용되었다. 정장을 차려입은 그녀는 최소한 겉보기로는 덜 어두워 보였다. 그녀는 비싼 잠옷 한 벌과 교도소보다는 거실에서나 어울릴 듯한 멋진 비단 가운을 가지고 왔다. 그렇다고 그녀에게 감방에서 이런 옷은 전혀 어울리지 않는다고 말할 수는 없는 일이었다. 나는 이 꾸러미가 그녀에게는 사랑을 표현하는 한 방법이며, 하나 됨을 약속하는 의미라는 것을 알고 있었다. 나는 고맙다고 말했다.

시간이 많지 않아 우리는 서둘러 가족 문제를 의논하기 시작했다. 특히 중요한 문제는 그녀와 두 아이의 생계였다. 나는 그녀를 도와줄 수 있는 친구들의 이름과 내게 채무가 있는 변호 의뢰인들의 이름을 알려주었다. 내가 체포되었다는 것과 오랫동안 멀리 떠나 있을 것이라는 이야기를 아이들에게 사실대로 말하라는 이야기도 했다. 이런 일을 겪는 것이 우리 가족이 처음은 아니며, 이런 고난을 경험했던 사람들은 오히려 더 강해졌다는 말로 위니를 위로하려 했다. 나는 그녀에게 우리의 대의명분이 얼마나 위대한지, 우리 동지들의 충성심이 얼마나 큰지, 그리고 무슨 일이 일어나도 나와 끝까지 함께할 그녀의 사랑과 헌신이 얼마나 아름다운 것인지 확신시켜주었다. 면회를 감시하는 관리가 못 본 체하는 사이에 우리는 서로를 껴안았다. 마치 이 세상 마지막 작별인사라도 하듯 있는 힘을 다해서 그리고 마음속에 억눌러 온 뜨거운 감정을 분출하면서 우리는 그렇게 뜨거운 포옹을 나누었다. 어찌 보면 그것은 마지막 인사나 다름없었다. 둘 중 어느 누구도 우리가 앞으로 그렇게 긴 시간을 헤어져 있어야 할 줄은 몰랐다. 교도관이 허락해줘 나는 위니를 정문까지 바래다줄 수 있었다. 정문에서 나는 그녀가 홀로 그러나 당당하게 길모퉁이를 돌아 저편으로 사라지는 모습을 지켜보았다.

50

요새에서 나를 감독한 사람은 미나르 대령으로, 더 완고한 그의 동료들의 입장에서 본다면 어느 정도 진보적인 데가 있는 예의 바른 아프리카너였다. 그는 나를 교도소 내에서 가장 편한 장소인 병원에 수감시키겠다고 했다. 병원에는 책상과 의자도 있어 재판을 준비하는 데 도움이 될 것이라고 말했다. 물론 병원은 진짜로 편안했지만—정상적인 침대에서 잠을 자는 것은 이전 교도소 생활에서는 한 번도 없던 일이었다—그의 친절에 숨어 있는 진짜 속셈은 병원이 나를 가두어두기에 가장 안전한 장소라는 것이었다. 병원에 다다르려면 무장한 보초가 있는 난공불락의 벽 두 개를 통과해야 하고, 안에 들어섰다 하더라도 내가 갇힌 곳까지 오려면 거대한 문 네 개를 열쇠로 열어야 했다. 언론에서는 운동 진영에서 나를 탈출시키려 할 것이라 추정했고, 당국은 이를 방지하기 위해 온갖 노력을 기울였다.

그뿐만 아니라 언론과 ANC 내부에서는 운동 진영 내부의 누군가가 나를 배신했을 것이라는 추측이 무성했다. 어떤 사람들은 더반에서 내게 침식을 제공한 G. R. 나이두를 지목하기도 했지만 그것은 근거 없는 주장이었다고 믿는다. 언론에서는 ANC가 더욱더 아프리카 흑인 중심의 조직이 되어야 한다는 나의 제안에 불만을 품은 백인과 인도인 공산주의자들이 나를 밀고한 것이라고 떠들어댔다. 그러나 나는 이 소문들이 ANC 진영을 분열시키려고 정부가 유포한 악의에 찬 술책이라고 믿었다. 나중에 월터, 두마, 조 슬로보 그리고 아메드 카트라다뿐만 아니라 위니와 함께 이 문제를 논의했을 때 그들도 같은 생각을 하고 있다는 것을 알고 기뻤다. 위니는 '트란스발인도인청년회의' 연례회의 개막식에 초대를 받았는데, 그 자리에서 내 부탁대로 소문을 단호히 부정했다. 신문은 위니의 아름다움과 우아함을 칭송하는 기사로 가득 찼다. 위니는 청중에게 말했다. "우리는 만델라를 밀고한 사람에 관한 증거를 찾기 위해 시간을 허비하지는 않을 것입니다. 그러한 흑색선전은 우리가 하나 되어 '국민당'의 억압에 맞서 싸우는 대신 분열되어 우리끼리 싸우게 하려는 정부의 간계입니다."

가장 개연성이 큰 것은 미국 중앙정보부CIA와 관련 있는 한 미국 영사관 관리가 남아프리카공화국 당국에 정보를 흘렸다는 설이었다. 이 소문의 진위는 결국 확인되지 않았고, 나는 소문의 진실성에 관해 어떤 믿을 만한 증거를 보거나 들은 적이 없다. 비록 CIA가 미 제국주의를 지탱하기 위해 혐오스러운 활동을 많이 해온 것은 사실이나, 내가 체포된 것을 그들의 탓으로 돌리고 싶지는 않다. 내 자신이 활동의 기밀을 유지하는 데 조금 소홀했던 것이 사실이기 때문이다. 돌이켜보건대 더반으로 가는 길에 당국이 나를 찾는 데는 수많은 방법이 있을 수 있었다. 사실 내가 더 일찍 잡히지 않은 것이 신기할 정도이다.

요새의 병원에서 며칠을 보낸 뒤 나는 프리토리아로 이송되었다. 요하네스버그에서는 면회에 아무런 제한이 없어 내게는 수많은 방문객이 몰려들었다. 방문객이 있으면 죄수는 기운이 나지만 방문객이 없으면 낙담하게 된다. 당국이 나를 프리토리아로 보낸 것은 내 근거지에서 멀리 떨어진 곳으로 보내 방문객을 거의 없애기 위해서였다. 나는 수갑을 차고 다른 죄수 한 명과 함께 낡은 경찰차를 타고 프리토리아로 호송되었다. 차 안은 지저분했고, 우리는 예비 타이어 위에 앉아서 갔다. 이 타이어는 차가 덜컹거릴 때마다 양옆으로 미끄러졌다. 옆 사람을 보면서 나는 왜 이런 사람을 나와 함께 보내는지 궁금했다. 응카디멩이라는 이 친구는 소웨토에서 드세기로 이름난 폭력단 가운데 하나에 속해 있었다. 보통 정치범과 일반범은 한 차량에 동승시키지 않는다. 그들은 내가 응카디멩에게 겁을 집어먹기를 바랐던 것 같다. 나는 그를 경찰의 정보원이라고 생각했다. 교도소에 도착할 때쯤에는 몸이 온통 더러워졌고 기분도 불쾌했다. 게다가 1인용 감방에 이 친구와 함께 수감되어 더 짜증이 났다. 나는 재판을 준비할 수 있도록 독립된 공간을 요구했고, 결국 혼자서 방을 쓰게 되었다.

이제 면회는 일주일에 두 차례밖에 허용되지 않았다. 거리가 꽤 멀었지만 위니는 꼬박꼬박 나를 찾아왔고, 또 항상 깨끗한 옷가지와 맛있는 음식들을 가져왔다. 이것은 그녀가 나를 지지한다는 것을 보여주는 또 하나의 방법이었기에 나는 깨끗한 셔츠를 입을 때마다 그녀의 사랑과 헌신을 느꼈다. 두 아이를 집에 둔 채, 주중에 그것도 한낮에 프리토리아까지 오는 것이 얼마나 어려운 일인지 나는 알고 있었다. 다른 많은 사람들도 음식을 들고 나를 방문했다. 변함없이 충직한 필레이 여사는 매일 맛있는 점심을 넣어주었다.

방문객들의 관대함 덕택에 나는 당황스러울 만큼 풍요로웠고, 음식을 같은 층의 재소자들과 함께 나누어 먹고 싶었다. 그러나 그것은 엄격히 금지되어 있었다. 금지 규정을 피하기 위해 나는 먼저 교도관들에게 음식을 나누어주었다. 그러면 못 본 체해주리라 생각했기 때문이다. 먼저 아프리카인 교도관에게 반짝거리는 빨간 사과 한 개를 건네주었다. 그는 사과를 한번 쳐다보더니 "필요 없어"라는 말로 간단히 거절했다. 대개 흑인 교도관들은 백인 교도관들보다 재소자들에게 훨씬 호의적이지만, 어떤 사람들은 백인 상관들에게 뒤질세라 훨씬 악랄하게 군다. 잠시 뒤, 그 흑인 교도관은 자기가 거절했던 사과를 백인 교도관이 받아먹는 것을 보고 마음을 바꾸었다. 곧 나는 동료 재소자들과 음식을 나누어 먹을 수 있었다.

교도소 비밀 정보망을 이용해 나는 월터 역시 프리토리아에 수감되었다는 소식을 들었다. 우리는 비록 서로 떨어져 있었지만 연락을 할 수 있었다. 월터는 보석을 신청했고, 나는 그 결정을 전적으로 지지했다. 보석은 ANC 내에서 오랫동안 민감한 사안이었다. 보석을 받아들이면 우리가 남아프리카공화국 법률제도의 인종차별주의를 수용하는 나약한 반체제 세력이라는 것으로 해석될 수 있으므로 보석은 무조건 거부해야 한다는 사람들이 있었다. 나는 이 견해가 보편적으로 적용되어서는 안 되며, 각각의 경우에 근거하여 검토할 필요가 있다는 입장이었다. 월터가 ANC의 사무총장이 된 다음부터 나는 그를 보석시키기 위해 모든 노력을 동원해야 한다고 생각해왔다. 교도소에서 썩히기에 그는 조직에서 너무나 중요한 인물이었기 때문이다. 그의 경우 보석은 이론적인 문제가 아니라 현실적인 문제였다. 내 경우는 달랐다. 나는 지하활동을 해왔다. 월터는 그렇지 않았다. 나는 저항과 투쟁의 국민적 상징이 된 반면, 월터는 눈에 보이지 않는 곳에서 활동해왔다. 내 보석은 신청해서는 안 된다는 점에서 월터도 동의했다. 보석 허가가 날 리도 없거니와, 나도 자신이 선택한 지하활동의 결과에 책임질 자세가 되어 있지 않다는 인상을 줄 수 있는 어떤 행동도 하고 싶지 않았다.

월터와 내가 이 같은 결정에 도달한 지 얼마 지나지 않아 나는 다시 요새의 병원으로 이송되었다. 재판은 10월로 열릴 예정이었다. 교도소 생활에 대해 기분 좋게 생각할 수 있는 것은 거의 없지만, 굳이 한 가지를 꼽는다면 강요된 고립으로 인해 자연히 공부할 시간을 갖게 된다는 점이다. 나는 변호사 개업 자격을 주는 법률학사 학위를 따기 위해 통신 학습을 시작했다. 프리토리아 지방교도소에 도착한 뒤 내가 한 첫 번째 일은 당국에 편지를 보내 공부 계획을 알리고, 강의도서 목록에 들어 있는 『불법행위법』 사본을 구입할 수 있도록 허가해달라고 요청한 것이다.

며칠 뒤, 프리토리아 지방교도소의 사령관이자 교도소 관리들 중 악명 높은 인물인 오캄프 대령이 내 감방으로 뚜벅뚜벅 걸어와 흡족한 표정으로 말했다. "만델라, 드디어 당신을 잡았군." 그는 이어 "그런데 당신 말이야, 왜 횃불에 관한 책이 필요하다는 거요? 그놈의 사보타주에 쓰려고?" 나는 무슨 말인지 어리둥절했다. 그때 그가 그 '횃불법'이라는 책을 요청한 나의 편지를 꺼냈다. 내가 이를 보고 미소를 짓자, 그는 자기 말을 진지하게 받아들이지 않는 것으로 생각하고 화를 냈다. '횃불'의 아프리칸스어(남아프리카공화국의 네덜란드어—옮긴이)는 'toorts'인데 이는 영어의 불법행위tort와 매우 비슷하다. 나는 그에게 영어로 'tort'는 법의 한 분야이며, 폭탄을 폭발시키는 데 이용되는 횃불과는 다르다고 설명했다. 그는 화가 나서 돌아갔다.

어느 날 '요새' 교도소 운동장에서 달리기, 제자리 뛰기, 팔굽혀펴기, 앉았다 일어서기 등의 하루 운동을 하고 있을 때, 키가 크고 잘생긴 인도인 한 사람이 다가왔다. 무사 디나스라는 사람으로, 이전부터 알고 있었던 부유하고 화려한 사업가였다. 그는 사기죄로 2년형을 선고받고 복역 중이었다. 바깥에서라면 그냥 얼굴을 아는 사람 정도로 서로 가벼이 여겼을 터이지만 교도소라는 곳이 우정의 배양소가 아닌가. 디나스는 종종 내가 조깅할 때 함께 운동장을 뛰었다. 어느 날 그는 자신이 교도소 병원에서 나와 가까이 기거할 수 있도록 교도소 사령관에게 허락을 받아도 이의가 없느냐고 물었다. 그에게 대환영이라고 말했지만 나는 속으로는 당국이 그것을 들어줄 턱이 없다고 생각했다. 그것은 오산이었다.

디나스 같은 기결수가 미결수 정치범과 함께 기거하도록 허락을 받는다는 것은 도저히 납득이 가지 않는 일이었다. 하지만 나는 동거인이 생긴다는 것이 기뻐 아무 말도 하지 않았다. 디나스는 부자였고, 교도소 당국에 개인적으로 자금을 대고 있었다. 이에 대한 대가로 그는 많은 특전을 허용받았다. 백인 재소자용 죄수복을 입고 백인용 식사를 받았으며, 작업은 완전 면제받았다.

어느 날 밤, 나는 놀랍게도 교도소장이자 유명한 아프리카너 옹호자인 미나르 대령이 그를 데리고 가는 것을 보았다. 디나스는 그날 밤 교도소를 떠나 다음 날 아침까지 돌아오지 않았다. 내가 만약 내 눈으로 직접 목격하지 않았더라면 나는 그것을 믿지 못했을 것이다.

디나스는 정부 각료들의 금융 사기와 부패에 관한 이야기들로 나를 즐겁게 해주었다. 내게는 아파르트헤이트야말로 모든 영역에서 도덕적 퇴락을 가져오는 독이라는 것을 확인하는 이야기들이었다. 나는 그도 정보원일지 모른다는 생각에 어떤 종류의 정치적인 주제나 민감한 사안에 대한 논의는 조심스럽게 피했다. 한번은 그가 내 아프리카 여행에 대해 말해달라고 청했는데, 나는 그저 얼버무려 넘겼다. 디나스는 석방을 앞당기기 위해 막대한 돈을 쓴 결과 결국 2년 형기 중 단 4개월을 복역한 뒤 출감했다.

탈옥은 두 가지 목적을 성취시켜준다. 하나는 교도소로부터 자유투사를 해방시킴으로써 투쟁을 계속할 수 있게 해주며, 또 하나는 우리 투쟁에 심리적으로 큰 활력을 주고 적에게는 공개적으로 일대 타격을 준다. 재소자로서 나는 언제나 탈옥을 생각했다. 사령관 사무실을 오갈 때면 나는 벽들과 보초의 움직임, 문에 쓰이는 열쇠와 자물쇠의 종류 등을 주의 깊게 관찰해두었다. 나는 교도소 병원의 위치와 병원을 빠져나갈 수 있는 문의 정확한 위치에 중점을 두어 교도소 건물 도면을 상세히 그렸다. 이 지도는 정독한 뒤 즉시 파기하라는 지침과 함께 바깥 운동 진영에 밀반출되었다.

탈주계획은 두 가지가 있었다. 하나는 무사 디나스가 꾸민 것이었는데, 나로서는 관심 밖이었다. 두 번째 계획은 ANC가 고안하여 조 슬로보를 통해 내게 전달되었다. 교도관을 매수하고, 열쇠를 복제하며, 심지어는 가짜 수염을 외투 어깨 패드 속에 넣고 봉합하여 내게 보낸다는 등 여러 가지 방법이 동원되었다. 탈옥한 뒤 내가 수염으로 변장을 한다는 발상이었다. 나는 탈옥 계획을 면밀히 검토해보고, 아직은 시기상조이며 실패할 확률이 너무 높다고 결론 내렸다. 실패할 경우 조직이 입을 피해는 치명적이었다. 나는 조와 만나서 내 의견을 적은 쪽지를 전달했다. MK는 그런 일을 할 만한 준비가 되어 있지 않으며, 정예부대와 훈련을 받은 부대조차도 그런 임무를 완수할 만한 능력은 아직 없다는 내용이었다. 나는 그런 모험은 내가 기결수가 되고 당국이 경계를 좀 늦출 때까지 연기하는 것이 좋겠다고 제안했다. 마지막에 나는 "다 읽은 뒤 이 쪽지를 파기하시오"라고 썼다. 조와 다른 사람들은 탈옥을 기도하지 않는다는 내 조언을 받아들였다. 그러나 조는 내가 보낸 쪽지를 역사적인 기록이 될 것이라고 생각하고 보관해두기로 결정했는데, 이 쪽지는 나중에 매우 불행한 시기에 세상에 알려졌다.

51

1심 공판은 1962년 10월 15일 월요일로 잡혔다. 우리 조직은 '만델라석방위원회Free Mandela Committee'를 발족하고 "만델라를 석방하라"라는 구호를 내걸고 활발하게 구호운동을 시작했다. 전국에서 항의 시위가 잇따랐고, 이 구호는 건물 벽에 낙서로까지 등장했다. 정부는 이런 것들에 보복하려고 내 구속과 관련된 모든 집회를 금지했지만 해방운동 진영에서는 이 금지 조치를 무시했다.

월요일에 열릴 재판을 위해 만델라석방위원회는 법원에서 대규모 시위를 조직했다. 내가 탄 호송차량이 지나갈 길을 따라 사람들이 양쪽에 줄을 지어 선다는 계획이었다. 언론의 보도와 면회인들과 접견, 그리고 교도소 보초들의 이야기를 통해 나는 상당히 크고 떠들썩한 집회가 준비되고 있다는 것을 알 수 있었다.

월요일에 열릴 재판을 준비하고 있는데 갑자기 토요일에 즉시 짐을 꾸리라는 명령을 받았다. 재판 장소가 프리토리아로 변경되었다는 것이다. 당국이 아무런 발표도 하지 않았기 때문에, 내가 마음 좋은 어느 교도관을 통해 소식을 알리지 않았다면 내가 요하네스버그를 떠난 사실을 아무도 알지 못했을 것이다.

그러나 운동 진영은 신속히 대응했고, 월요일 아침 재판이 시작될 때쯤 구舊유대교회는 지지자들로 만원을 이루었다. 4년 동안 반역죄 재판을 받은 이 교회는 내게 제2의 집과도 같은 곳이었다. 내 법률고문 조 슬로보는 여행금지령이 내려져 요하네스버그를 떠날 수 없어서 공판에 참석하지 못했다. 그를 대신해 나는 보브 헤플의 도움을 받았다.

월요일 아침, 나는 양복과 타이 대신 전통적인 코사족 표범 가죽 '카로스 Kaross'(남아프리카 원주민이 입는 소매 없는 가죽 외투—옮긴이)를 입고 법정에 출두했다. 지지자들은 모두 하나가 되어 일어서서 움켜쥔 주먹을 치켜들고 "아만들라!"와 "응가웨투!"를 제창했다. 내가 입은 카로스가 방청석을 흥분시킨 것이다. 방청객 중에는 가족과 친구들도 있었고, 그들 중에는 멀리 트란스케이에서 온 사람들도 있었다. 위니도 전통의상인 구슬 달린 머리장식과 발목까지 내려오는 코사족 치마를 입고 있었다.

내가 전통의상을 택한 것은 백인의 법정에 들어서는 아프리카 흑인이라는 상징성을 강조하기 위해서였다. 나는 문자 그대로 내 어깨에 우리 민족의 역사와 문화 그리고 유산을 짊어지고 있었다. 그날 나는 ANC의 상징이자, 아프리카의 험난했지만 숭고했던 지난 과거를 미지의 미래로 이끌 계승자로서의 자신을 체험했다. 카로스는 또한 백인 재판부의 고상한 태도를 경멸하는 표시이기도 했다. 나는 많은 백인이 아프리카의 진정한 문화에 위협을 느끼는 것과 마찬가지로 당국이 나의 카로스에 위협을 느낀다는 것을 잘 알고 있었다.

청중이 잠잠해지고 재판 개정이 선언되자 나는 변호사 시절부터 알고 지냈던 보쉬 검사와 역시 낯이 익은 반 헤르덴 판사에게 의례적으로 인사를 했다. 이어서 나는 곧바로 내 변호사들에게 알릴 겨를도 없이 프리토리아로 이송된 것을 이유로 2주간의 공판연기를 신청했다. 결국 나는 일주일간의 연기 판정을 받았다.

감방으로 돌아올 때 백인 교도관이 안절부절못하면서 사령관 제이콥스 대령이 내게서 카로스를 압수하라는 명령을 내렸다고 말했다. 나는 그에게 "대령에게 무슨 일이 있어도 내 카로스를 넘겨줄 수 없다고 전하시오"라고 말했다. 이 겁 많은 교도관은 떨기 시작했다. 그는 내게 거의 빌다시피 하면서 만약 카로스를 받아 가지 못하면 자기가 해고당할 것이라고 울먹였다. 그에게 미안한 감정을 느끼면서 나는, "여보시오, 그냥 사령관에게 당신이 아니라 만델라가 그렇게 말하더라고 전하면 되는 거요"라고 말했다. 잠시 후 제이콥스 대령이 직접 나타나 내게 담요를 내놓으라고 말했다. 나는 그에게 내가 법정에서 어떤 복장을 하건 그의 소관 밖이라고 말하고, 만약 계속 압수를 시도한다면 대법원까지 소송을 밀고 가겠다는 나의 각오를 알렸다. 대령은 내 담요를 가져가려는 계획을 포기했지만, 당국은 다른 재소자들을 자극할 것을 우려한다는 명목으로 단지 법정에서만 그 복장을 허락하며, 법정으로 가는 길이나 법정에서 나오는 길에서는 카로스를 입을 수 없다는 방침을 알려왔다.

일주일 뒤 공판이 속개되었을 때 나는 변론에 앞서 법정진술을 허락받았다. "본인은 이 재판이 아프리카 민족의 열망을 심판하는 자리임을 보여주고 싶습니다. 바로 이것 때문에 본인이 직접 변호인석에 서는 것이 필요하다고 판단했습니다." 나는 재판부와 방청석 그리고 보도진에게 내가 정부를 재판하고자 한다는 뜻을 명확히 하고 싶었다. 이어 나는 나를 대표하지 않는 의회가 만든 법을 준수할 도덕적 책임이 없다는 것을 근거로 재판부 기피 신청을 했다. 백인 판사에게서 공정한 재판을 기대하는 것은 불가능했다.

> 도대체 왜 본인은 이 법정에서 백인 판사 앞에 서고, 백인 검사의 신문을 받아야 하고, 백인 경비의 경호를 받아야 합니까? 이러한 분위기에서 정의의 저울이 평평하게 균형 잡혀 있다고 어느 누가 정직하고 진지하게 말할 수 있겠습니까? 도대체 왜 이 나라의 역사상 어떤 흑인도 자신의 혈족, 자신의 혈육에게 재판을 받는 영예를 누리지 못했단 말입니까? 제가 이유를 말씀드리겠습니다, 재판장님. 이 넘을 수 없는 피부색의 경계선에 도사린 진정한 의도는 법정이 시행하는 재판이 이 나라의 정책에 순응하도록 보장하는 것입니다. 그 정책이 전 문명세계의 사법부에서 받아들여지고 있는 재판의 규범과 아무리 상치된다 하더라도 말입니다. 재판장님, 저는 모든 형태의 인종차별주의를 몹시 명백하고 격렬하게 증오합니다. 저는 평생을 인종차별에 맞서

싸워왔고 지금도 싸우고 있으며, 제 생명이 다하는 날까지 싸움을 포기하지 않을 것입니다. 저는 여기 저를 둘러싸고 있는 이 주위 환경이 견딜 수 없이 싫습니다. 제 자신이 백인의 법정에 선 흑인이라는 느낌이 들기 때문입니다. 법정은 백인의 것일 수 없습니다.

재판 도중 검사는 트란스케이와 남서아프리카를 포함하여 전국 각지에서 100명이 넘는 증인들을 소환했다. 주로 경찰, 언론인, 혼혈인 지구 경찰 책임자, 인쇄업자들이었다. 그들 대부분은 내가 불법으로 출국했으며, 1961년 5월, 3일간의 출근거부투쟁 때 아프리카 노동자들에게 파업을 선동했다는 법률적 증거를 제시했다. 사실 내가 두 가지 혐의에 대해 법률적으로 유죄라는 것은 반박할 여지가 없는 사실이었으며, 실제로 나는 반박을 하지 않았다.

검사는 총리의 개인 비서인 바너드 씨를 소환해 내가 총리에게 보낸 편지에 대해 증언토록 했다. 편지는 총리에게 국민회의를 소집할 것을 요구하며, 또한 만약 국민회의를 소집하지 않는다면 3일간의 파업을 단행하겠다고 통고하는 내용이었다. 나는 바너드 씨에 대한 반대신문에서 먼저 총리에게 비인종차별적인 헌법을 제정하기 위해 전체 남아프리카 국민을 대표할 국민회의를 소집할 것을 요구하는 나의 서한을 낭독했다.

만델라: 증인은 이 편지를 총리에게 전달했습니까?

증인: 네.

만델라: 총리께서 이에 대해 어떤 답신을 보낸 적이 있습니까?

증인: 발신인에게 보낸 답신은 없었습니다.

만델라: 총리는 편지에 답신을 보내지 않았습니다. 자, 증인은 이 편지가 이

나라의 시민 절대다수에게 극히 중대한 문제를 제기하고 있다는 데 동의하십니까?

증인: 동의하지 않습니다.

만델라: 동의하지 않아요? 인권, 시민의 자유와 같은 문제가 아프리카 국민들에게 극히 중요한 문제라는 것에 동의하지 않는다는 말입니까?

증인: 아니오, 동의합니다. 예, 사실이죠.

만델라: 이 문제들이 편지에 언급되어 있습니까?

증인: 네, 그런 것 같습니다.

만델라: …… 증인은 이미 이 편지가 자유의 권리, 시민의 정치적 자유 등과 같은 문제들을 제기하고 있다는 데 동의했습니다. 그렇죠?

증인: 네, 편지는 그 문제들을 제기하고 있습니다.

만델라: 자, 증인은 물론 아프리카 흑인들이 이 편지에서 요구하는 권리들을 누리지 못하고 있다는 사실을 알고 있겠죠? 흑인들은 정부로부터 이 권리들을 박탈당했습니다.

증인: 일부 권리는 그렇죠.

만델라: 국회의원 중 흑인은 한 명도 없죠?

증인: 그렇습니다.

만델라: 흑인은 주의회나 시의회 의원이 될 수 없죠?

증인: 네.

만델라: 이 나라에서 흑인은 투표권이 없죠?

증인: 의회에 관한 한 없습니다.

만델라: 예, 제가 말하는 것이 바로 그겁니다. 저는 의회와 다른 정부기관 그리고 주의회와 시의회를 말하고 있는 겁니다. 흑인들은 투표권이 없죠?

증인: 그렇습니다.

만델라: 세계 어느 문명국에서도 총리가 나라의 시민 다수에게 영향을 끼칠 중요한 사안을 제기한 편지에 답변을 하지 않는다면 문제가 되겠죠? 여기에 동의하십니까?

증인: 동의하지 않습니다.

만델라: 총리가 그 나라의 시민 절대다수에게 영향을 미칠 중대한 문제를 제기한 편지를 무시하는 것은 사리에 어긋난다는 것에 동의할 수 없다는 겁니까?

증인: 총리는 그 편지를 무시하지 않았습니다.

만델라: 묻는 말에만 대답하십시오. 증인은 총리가 이 나라 시민 절대다수에게 중요한 문제에 관련된 청원에 대답하지 않는 것이 정당하다고 보십니까? 아니면 잘못된 것이라고 보십니까?

증인: 총리는 그 편지에 답변을 했습니다.

만델라: 바너드 씨, 증인에게 무례하게 대하고 싶지는 않습니다. 제가 묻는 질문에만 답변해주시기 바랍니다. 다시 한번 묻겠습니다. 총리가 이 나라 국민의 절대다수에게 영향을 미칠 중대한 문제를 제기한 서한에 답변을 하지 않는 것은 대단히 부당한 처사라는 데 동의하십니까?

바너드 씨와 나는 결국 의견의 일치를 보지 못했다. 마지막에 그는 단지 편지의 어조가 공격적이었고 무례했기 때문에 총리는 편지에 답신을 보내지 않았다고 말했다.

* * *

재판이 진행되는 동안 내내 검사와 판사는 내가 소환할 증인의 수가 몇 명인지 거듭 물었다. 나는 그럴 때마다 "정부 측보다 많지는 않겠지만 정부가 부른 만큼 증인을 소환할 계획입니다"라고 대답했다. 마침내 정부 측 증인 신문이 끝났을 때, 재판정에는 내 변론을 기다리는 정적이 감돌았다. 나는 자리에서 일어서서 첫 번째 증인을 부르기는커녕 아주 담담하게 증인을 한 명도 소환하지 않겠다고 선언하고, 그 자리에서 내 변론을 마쳤다. 법정은 웅성거렸고, 검사는 "하느님!" 하고 소리를 지르고 말았다.

나는 시작부터 법정을 현혹시켰다. 왜냐하면 내 죄는 확실했고, 정부 측의 진술이 근거가 충분하다는 것을 알고 있었으며, 그런 상황에서 증인을 소환하고 나 자신을 변호하는 것은 무의미한 일이었기 때문이다. 반대 신문과 재판부 기피 신청을 통해 나는 법정의 불공정성에 대해 이미 하고 싶은 말들을 했다. 논쟁의 여지가 없는 사실을 반증하기 위해 증인을 소환할 필요가 어디 있겠는가.

내 행동에 기습을 당한 판사는 믿을 수 없다는 듯이 물었다.

"더 할 말은 없습니까?"

"재판장님, 저는 어떠한 범죄에 대해서도 죄가 없다는 것을 말씀드립니다."

"그게 전부입니까?"

"존경하는 재판장님, 제가 하고 싶은 말은 모두 했습니다."

검사는 예기치 못했던 연설을 준비하느라 서류를 황망히 뒤적였다. 그는 간단히 논고를 마치고, 판사에게 두 가지 혐의에 대해 유죄판결을 요청했다. 재판은 다음 날까지 휴정에 들어갔다. 다음 날은 판사가 판결을 내리기 전에 내게 '정상참작 청원'이라고 하는 법정 연설의 기회가 한 번 더 있을 예정이었다.

다음 날 아침, 재판이 시작되기 전에 나는 법정에서 떨어진 사무실에서 내 법률고문 역할을 하는 보브 헤플과 대화를 나누었다. 우리는 그 전날 유엔 총회가 최초로 남아프리카에 대한 금수조치를 찬성하는 표결을 내린 사실을 반기며 기뻐했다. 보브는 포트엘리자베스와 더반에서 유엔의 표결을 기념하고 나의 재판에 항의하는 사보타주가 있었다는 이야기를 전해주었다. 대화가 한창일 때 보쉬 검사가 방으로 들어와 보브에게 잠시 자리를 비켜달라고 부탁했다.

보브가 방을 나가자 그는 말했다. "만델라, 오늘은 법정에 오고 싶지 않더군요. 검사 생활 중 내가 하는 일이 싫어진 것은 이번이 처음입니다. 법정에서 당신의 징역을 구형해야 한다는 사실이 몹시 가슴 아프군요." 이어 그는 손을 내밀어 악수를 청했다. 그러고는 내게 모든 일이 잘되길 기원한다고 했다. 나는 그의 마음에 감사를 표하고 그가 한 말을 결코 잊을 수 없을 것이라고 말했다.

그날 당국은 몹시 긴장하고 있었다. 법정 안의 청중은 재판 첫날보다 훨씬 많은 것 같았다. 비유럽인을 위해 마련된 150석이 모두 찼다. 위니는 코사족 전통의상을 입고 있었고, 트란스케이에서 친척들이 많이 와 있었다. 법원 밖에는 시위대 수백 명이 진을 치고 있었고, 경찰의 수는 관중만큼이나 많아 보였다.

법정에 들어가면서 나는 오른쪽 주먹을 치켜들고 "아만들라!"를 외쳤다. "응가웨투!"라는 웅장한 함성이 쏟아졌다. 판사는 의사봉을 두드리면서 질서를 지키라고 명령했다. 법정이 잠잠해지자, 그는 기소내용을 요약하고 내게 발언할 기회를 주었다. 나의 '정상참작 청원' 연설은 한 시간이 넘도록 계속되었다. 그것은 사법적 항변이라기보다는 명백한 정치적 선언이었다. 나는 어떻게 그리고 왜 내가 오늘날의 내가 되었는지, 왜 그러한 일들을 해왔는지, 그리고 내게 다시 기회가 온다면 왜 역시 같은 일을 할 것인지 등을 법정에서 말하고 싶었다.

> 오래전 제가 어렸을 때 트란스케이의 고향에서 저는 부족의 장로들이 백인들이 오기 전의 좋았던 과거에 대해서 나누는 말씀들을 들었습니다. 그때 우리 민족은 자신들의 왕과 '아마파카티amapakati('내부자들'이라는 뜻이지만 왕과 가장 가까운 사람들을 뜻함)의 민주적인 통치하에서 평화롭게 살았으며, 어떤 장애물도 없이 이 나라 어느 곳이듯 자유롭고 자신 있게 돌아다닐 수 있었습니다. 이 나라는 명실상부하게 우리들의 나라였습니다. 우리는 이 대지와 숲과 강에서 살았습니다. 우리는 대지 밑의 풍요로운 광물을 그리고 이 아름다운 땅의 모든 자산들을 영위했습니다. 우리는 우리 자신의 정부를 세우고 운영했으며, 우리 자신의 군대를 조직했고, 우리의 무역과 상업을 육성했습니다. 장로들은 우리 조상들이 모국을 지키기 위해 치렀던 전쟁 이야기와 그 서사적 시대의 장군들과 군인들의 무용담을 들려주었습니다.……
>
> 이 나라의 초기 아프리카 사회의 구조와 조직 이야기는 제게는 무척이나 매혹적이었고 저의 정치적 견해를 키우는 데 큰 영향을 미쳤습니다. 당시 주요 생산수단이었던 땅은 전 부족의 소유였고, 어떤 형태의 개인 소유도 존재하지 않았습니다. 계급도 없었고, 빈부도 없었으며, 인간에 의한 인간의 착취 따윈 없었습니다. 모든 사람이 자유롭고 동등했으며, 정부는 이 같은 원칙에 기초하고 있었습니다. 이 보편 원칙에 대한 인식은 '임비조Imbizo' 또는 '피초Pitso' 또는 '크고틀라Kgotla'라고 다양하게 불리는 부족의 일을 통치하던 기구인 의회의 헌법에 잘 나타나 있습니다. 의회는 완전히 민주적으로 운영되었습니다. 모든 부족 성원들이 논의 과정에 참여했습니다. 부족장과 신하, 전사와 의술인 모두가 참여하여 결정에 영향을 미칠 수 있도록 노력했습니

다. 이 기구는 대단히 비중이 있었고 영향력이 커서, 의회의 논의를 거치지 않고는 어떤 중요한 결정도 내려질 수 없었습니다.

물론 그 사회에는 원시적이고 불완전한 것이 많았습니다. 결코 오늘날의 요구에 부합할 수 있는 사회는 아니었습니다. 그러나 어느 누구도 노예와 굴종의 삶을 살지 않고, 빈곤과 궁핍과 불안이라고는 더 이상 존재하지 않는 혁명적 민주주의의 씨앗은 바로 그런 사회에서 태동합니다. 이것이 오늘날까지 우리의 정치투쟁에서 나와 나의 동지들에게 영감을 불어넣는 역사입니다.

나는 어떻게 ANC에 가입하게 되었는지 그리고 ANC의 민주주의 정책 및 반인종차별주의 정책이 얼마나 내 깊은 신념을 잘 반영하는지를 설명했다. 또한 법조인으로서 법의 준수와 양심의 길 사이에서 겪게 되는 갈등을 이야기했다.

저는 이 나라에서 살고 있는 모든 지각 있는 아프리카 흑인의 삶은 자신을 끊임없이 양심과 법 사이의 갈등으로 몰아넣고 있다는 것을 말하고 싶습니다. 이는 이 나라에만 존재하는 독특한 갈등은 아닙니다. 이것은 모든 나라에 살고 있는 양심적인 사람들, 깊이 생각하고 느끼는 모든 사람들이 느끼는 갈등입니다. 최근 영국에서는 상원에 의석을 갖고 있는 귀족이자 서구 세계에서 아마도 가장 존경받는 철학자인 버트런드 러셀이 바로 오늘 제가 여러분 앞에 선 것과 같은 이유로, 다시 말해 법을 어기고 그의 양심을 따랐다는 이유로 형을 선고받았습니다. 영국 정부가 추진하는 핵무기 정책에 항의했기 때문입니다. 그는 법을 어길 수밖에 없었고, 그에 따른 고통의 결과를 감내하는 수밖에 없었습니다. 저도 마찬가지입니다. 이 나라의 많은 아프리카인들도 마찬가지입니다. 현재 적용되는 법, 오랜 시간에 걸쳐 발전해온 법, 그리고 특히 국민당 정부가 고안하고 제정한 법은 우리가 보기에는 비도덕적이고 부당하며 인내하기 어려운 법입니다. 우리의 양심은 우리가 그것에 저항해야 한다고 말합니다. 그 법에 반대하고 그것을 바꾸기 위해 노력할 것을 호소합니다.…… 사람이란 행동하지 않을 수 없고, 말하지 않을 수 없습니다. 사람은 부정에 반응하지 않을 수 없고, 압제에 항거하지 않을 수 없고, 좋은 사회와 좋은 삶을 위해 나름대로 노력하지 않을 수 없습니다.

나는 정부가 여러 차례 금지령, 규제 그리고 재판 등의 방법으로 내 삶과 일, 그리고 정치활동을 방해하기 위해 법을 이용했던 많은 사례들을 하나하나 세세하게 이야기했다.

저는 제가 한 행동 때문이 아니라 제가 추구하는 이상 때문에, 제 생각과 제 양심 때문에, 법에 의해 범죄자라는 낙인이 찍혔습니다. 이 나라의 상황이 사람을 범법자로 만든다는 것에 의심의 여지가 있습니까? 정부에 의해 범법자가 된 사람이, 제가 지난 몇 달 동안 그러했듯, 이 법정에 제출된 증거에 따르면 범법자인 삶을 살아야 한다는 것이 이상할 게 있습니까?

지난 시간 동안 아내와 아이들과 헤어져 사는 것은 결코 쉬운 일이 아니었습니다. 사무실에서 고된 하루를 마치고 가족과 저녁식사를 함께 할 기대에 부풀 수 있었던 아름다운 날들에 작별을 고하고, 대신 이제는 끊임없이 경찰의 추적을 받고, 다름 아닌 바로 제 조국에서 가까운 사람들을 볼 수 없고, 끊임없이 수사와 체포의 위험에 시달려야 하는 사람으로서 인생을 시작하는 일은 결코 쉽지 않았습니다. 이는 차라리 교도소에서 수형생활을 하는 것보다 훨씬 더 어려운 일이었습니다. 어느 누구도 올바른 정신으로 모든 문명 공동체에 존재하는 정상적인 가족과 사회생활이 있는 인생을 포기하고 자의로 그 같은 고통의 삶을 택하지는 않을 것입니다.

그러나 제게 그런 순간이 왔듯, 사람이 정상적 생활을 누릴 권한을 빼앗기는 순간이 옵니다. 법을 이용하여 그에게 범법자의 신분을 강제하려는 정부 앞에서 범법자의 삶을 택할 수밖에 없는 순간이 옵니다. 저는 이 같은 상황에 몰렸고, 제가 선택한 결정에 대해서는 조금도 후회하지 않습니다. 이 나라의 다른 사람들 또한 똑같은 식으로, 경찰의 박해와 정부의 행정조치라는 똑같은 강제력에 의해, 제가 선택한 길을 택할 수밖에 없는 상황에 내몰리게 되리라는 것을 저는 너무도 잘 알고 있습니다.

나는 우리가 여러 차례 정부에 우리의 불만을 제기했던 사실, 또 그만큼 여러 차례 우리가 무시당하고 묵살당했던 사실을 예시했다. 1961년 파업은 정부가 우리와 대화를 하기 위한, 또는 우리의 요구를 들어주기 위한 어떤 절차를 밟을 조짐도 보이지 않았기 때문에 최후 수단으로 택할 수밖에 없었다고 기술했다. 그리고 우리가 과격한 입장을 취했던 것은 바로 정부의 태도 때문이었다는 사실을 설명했다. 내 정치 인생을 통해 줄곧 나보다 훨씬 능력이 뛰어나고 공헌을 많이 한 동지들과 함께 싸울 수 있는 영광을 가졌던 것을 감사한다는 말도 덧붙였다. 나보다 앞서 많은 사람이 자신의 신념에 대해대가를 치러야 했으며, 나보다 뒤에 더 많은 사람이 같은 희생을 치르게 될 것이다.

선고가 내려지기 전에 나는 법정의 형량이 아무리 많더라도 투쟁에 대한 나의 헌신을 조금도 변화시킬 수는 없으리라는 점을 주지시켰다.

존경하는 재판장님, 저는 제가 유죄판결을 받은 범죄에 대한 형량을 판정할 때 본 법정이 결코 형벌로 사람이 옳다고 믿는 신념을 바꿀 수 있다는 믿음을 갖고 판단을 내리지는 않을 것이라고 믿습니다. 사람이 양심에 따라 움직일 때 형벌로써 그 사람을 저지할 수 없다는 것은 역사를 통해 잘 알 수 있습니다. 형벌이 제 민족이나 제가 이전에 함께 일하던 동지들을 저지할 수 없는 것은 물론입니다.

저는 이 나라의 교도소에서 흑인의 수형 조건이 얼마나 열악하고 절망적인지 잘 알고 있습니다만 형벌을 달게 받을 준비가 되어 있습니다. 저는 이미 교도소 생활을 한 적이 있거니와 이 교도소 벽 뒤에서조차 흑인에 대한 차별이 얼마나 심한지 잘 알고 있습니다.…… 그럼에도 제가 택한 길을 포기할 수는 없으며, 저와 같은 다른 사람들도 마찬가지일 것입니다. 왜냐하면 조국에서 자유를 쟁취하는 것은 그들이 갖고 있는 목표의 최고봉이며, 그 어떤 것도 우리 양심수들로 하여금 이 목표를 저버리게 할 수는 없기 때문입니다. 저는 교도소에서 처하게 될 끔찍한 환경에 대한 두려움보다는 교도소 바깥의 이 땅 전역에서 우리 민중들이 처한 끔찍한 상황에 대한 증오가 훨씬 큽니다.……

제가 유죄판결을 받은 범죄에 대해 재판장님께서 어떤 형을 가하는 것이 적합하다고 여기시든 간에, 제 형기가 끝날 때 저는 언제나 그랬듯 양심에 따라 움직일 것입니다. 제가 형기를 마치고 교도소를 나설 때, 저는 여전히 우리 민족에 대한 인종차별을 증오하는 마음으로 행동할 것이며, 부정에 항거하는 투쟁을 다시 시작하여 할 수 있는 최선을 다해 싸울 것입니다. 이 땅에서 부정이 완전히 사라질 때까지…….

저는 우리 민족과 조국 남아프리카를 위해 마땅히 해야 할 의무를 해왔습니다. 언젠가 우리 후손들이 만델라는 무죄였노라고, 이 법정에 서야 할 사람은 바로 정부 각료들이었노라고 선언하는 날이 올 것을 저는 믿어 의심치 않습니다.

진술을 마치자 판사는 형량을 심의하기 위해 10분간 휴정을 선언했다. 법정을 나서기 전에 나는 고개를 돌려 방청석을 바라보았다. 나는 내가 받게 될 형량에 대해 어떤 헛된 환상도 없었다. 정확히 10분 뒤 긴장이 가득한 법정에서 판사는 형을 언도했다. 파업선동죄 징역 3년, 여권 없이 출국한 죄 징역 2년, 모두 합쳐서 징역 5년이었고, 가석방은 허용되지 않았다. 가혹한 형량에 청중석에서는 울부짖는 소리가 들렸다. 재판부가 자리를 뜨자, 나는 방청석을 향해 다시 한번 주먹을 불끈 움켜쥐고 "아만들라"를 세 번 외쳤다. 방청객들은 우리의 아름다운 국가國歌인 〈은코시 시크엘엘 아프리카〉를 부르기 시작했다. 사람들은 노래를 부르고 춤을 추었으며, 내가 끌려갈 때 여자들은 엉엉 울었다. 방청석의 소란은 내가 남아프리카에서 지금까지 정치범에게 내려진 가장 가혹한 형을 살기 위해 교도소로 가고 있다는 사실을 잠시 잊을 수 있게 해주었다.

아래층에서 나는 위니에게 간단히 작별인사를 할 수 있다는 허락을 받았다. 이제 위니의 얼굴은 결코 어둡지 않았다. 그녀의 기분은 고양되어 있었으며 눈물도 흘리지 않았다. 그녀는 아내로서만큼 동지로서도 자신에 찬 모습이었다. 그녀는 나의 버팀목이 되어줄 각오를 굳히고 있었다. 경찰차를 타고 떠날 때 여전히 사람들이 부르는 〈은코시 시크엘엘 아프리카〉 소리가 들리고 있었다.

52

교도소란 사람에게서 자유를 박탈할 뿐만 아니라 사람의 정체성마저 빼앗으려 한다. 모두가 같은 죄수복을 입고, 같은 음식을 먹으며, 같은 일정에 따라 움직인다. 그것은 말 그대로 독립성이나 개별성이라고는 전혀 인정하지 않는 완전한 권위주의 국가이다. 자유투사이자 인간으로서 사람은 이러한 가치들을 박탈하려는 교도소의 기도에 맞서 싸워야 한다.

나는 법원에서 바로 프리토리아 지방교도소로 호송되었다. 내게는 너무도 낯익은 붉은 벽돌 괴물이었다. 그러나 나는 이제 미결수가 아니라 기결수였으며, 미결수가 받는 그 작은 예우조차도 이젠 받을 수 없게 되었다. 옷을 모두 벗어야 했고, 제이콥스 대령은 마침내 내 카로스를 압수할 수 있게 되었다. 나는 아프리카 흑인용 수의를 지급받았다. 반바지 한 벌, 거친 황갈색 셔츠 한 벌, 캔버스 재킷, 양말, 샌들 그리고 헝겊 모자였다. 당국이 흑인들은 '어린아이들boys'로 본다는 의미에서 흑인들에게는 반바지가 지급되었다.

나는 당국에 결코 반바지를 입을 수는 없으며, 법정에 호소할 용의도 있노라고 통보했다. 나중에 저녁식사로 설탕 반 숟가락을 넣은, 식어서 굳은 잡탕죽이 배식되었을 때 나는 식사를 거부했다. 제이콥스는 한참을 생각한 다음 해결책을 제시했다. 독방 감금을 받아들인다면 긴바지와 별도의 식사를 줄 수 있다는 것이다. "당신을 다른 정치범들과 함께 수용할 계획이었소. 하지만 이젠 독방을 써야겠소. 어디 즐겨보시오." 나는 그에게 내가 택한 옷을 입고 음식을 먹을 수 있다면 독방 감금도 마다하지 않겠다고 자신 있게 말했다.

다음 몇 주 동안 나는 완벽하고 완전하게 격리되었다. 다른 죄수들의 얼굴을 볼 수도 목소리를 들을 수도 없었다. 아침 30분, 오후 30분간의 운동시간을 제외하고 하루에 23시간을 갇혀 있었다. 전에 한 번도 독방에 있었던 적이 없었던 내게는 1시간이 1년처럼 느껴졌다. 내 감방에는 자연광이

들어오지 않았다. 머리 위에 있는 전구 하나가 하루 24시간 내내 켜져 있었다. 손목시계도 없었고, 오후 늦은 시간에도 한밤중이라고 생각할 때가 많았다. 읽을 책도, 쓸 종이와 연필도 그리고 말을 나눌 사람도 없었다. 마음은 오로지 자신만을 향하게 되고 주의를 돌릴 만한 자신 밖의 무언가가 절실히 필요했다. 독방에 감금되는 것보다는 차라리 채찍 여섯 대 맞는 것을 선택했던 사람들도 있었다. 독방 생활 뒤 나는 내 감방에 들어온 곤충까지도 반가워하게 되었고, 바퀴벌레에게 말을 걸려고 하기도 했다.

이따금 볼 수 있는 사람이라고는 중년의 흑인 교도관뿐이었다. 어느 날, 나는 그가 이야기 상대가 되어주기를 바라는 마음에 뇌물로 사과를 주려 했다. "바바baba." 나는 아버지라는 뜻이자 경의의 표현인 호칭을 썼다. "사과 하나 드시겠소?" 그는 거절했고, 그다음부터 이후의 모든 제의에 침묵으로 일관했다. 마침내 그가 말했다. "여보시오, 당신은 긴바지와 더 나은 음식을 원했소. 이제 그것을 갖게 되었는데도 여전히 행복해하지 않는구려." 그의 말이 옳았다. 사람과 함께 있지 못하는 것만큼 사람을 비인간화시키는 것은 없다. 몇 주 뒤, 나는 자존심을 버리고 제이콥스 대령에게 긴바지를 입지 않아도 좋으니 사람들과 함께 있게 해달라고 청할 마음의 준비가 되어 있었다.

그 몇 주 동안 나는 내 운명에 대해 깊이 생각할 수 있는 많은 시간이 있었다. 자유투사가 있어야 할 곳은 민중의 곁이지 교도소의 창살 뒤가 아니다. 내가 최근 아프리카에서 얻은 지식과 교류가 투쟁에서 활용되지 못하고 갇혀버리려 하고 있다. 나는 내 지식과 기술이 자유 군대를 창설하는 데 이용될 수 없는 현실을 저주했다.

나는 곧 독방 감금에 대해 격렬히 항의했고, 프리토리아 지방교도소의 다른 정치범들과 함께 있을 수 있게 해줄 것을 요구했다. 그들 중에는 로버트 소부퀘가 있었다. 결국 내 요구는 받아들여졌지만 제이콥스 대령은 만약 내가 다시 한번 경솔하게 행동한다면 그 결과는 매우 심각할 것이라는 매서운 경고를 잊지 않았다. 평생 그렇게도 차갑게 식은 옥수수죽을 학수고대했던 적은 없었던 것 같다.

함께할 사람이 필요했던 것 말고도, 나는 소부퀘와 대부분 PAC 출신인 다른 재소자들과 이야기를 나누고 싶었다. 교도소에서는 바깥에서 이루지 못했던 단결을 이룰 수 있을 것이라 생각했기 때문이다. 교도소라는 조건에서는 논쟁은 순화되고 사람들은 자신들을 분열시키는 요소보다는 단결시키는 요소를 더 많이 느낄 수 있다.

다른 사람들과 함께 운동장에 모이게 되었을 때 우리는 서로 다정하게 인사를 나누었다. 소부퀘 외에도 남아프리카노조회의SACTU의 지도급 인사 존 개체웨, 《새시대》에서 활동한 ANC의 아론 몰레테, 그리고 저명한 공산주의자이자 노조활동가인 PAC 회원인 스티븐 테푸도 있었다. 로버트가 내게 아프리카 여행에 대해 이야기해달라고 부탁해 나는 기쁜 마음으로 이야기를 들려주었다. 나는 아프리카의 다른 지역에서 PAC와 ANC를 어떻게 인식하고 있는지 솔직하게 말했다. 이야기를 마칠 무렵 나는 함께 검토해보고 싶은 문제들이 있다고 말했다. 그러나 소부퀘와 내가 가까이 지내는 것을 용인하는 듯하던 당국은 갑자기 태도를 바꿔 우리를 떼어놓으려고 안간힘을 썼다. 우리는 같은 복도를 따라 1인용 감방을 쓰고 있었는데, 소부퀘와 나는 반대편 끝에 있는 방을 배정받았다.

이따금 우리는 교도소 운동장에서 낡은 우편가방을 기우고 수선할 때 나란히 앉아 이야기를 할 수 있는 기회가 있었다. 나는 소부퀘를 언제나 존경했지만, 당시 내가 본 소부퀘는 역시 균형감각을 갖춘 합리적인 사

로벤 섬으로 이송되기 전, 프리토리아 교도소에서 옷을 수선하는 일을 하는 모습.

람이었다. 그러나 교도소의 여건 같은 눈앞의 주요 문제들에 대해 우리는 뚜렷하게 견해가 달랐다. 소부퀘는 열악한 수형 조건에 대해 싸우는 것은 처음부터 정부가 우리를 가둘 권리가 있다는 것을 인정하는 것이라고 믿었다. 나는 이렇게 낙후된 환경을 도저히 묵과할 수는 없으며, 역사를 통해 볼 때 정치범들은 처우 개선을 위해 교도소 안에서 투쟁하는 것을 그들의 의무로 생각했다고 지적했다. 소부퀘는 교도소 생활 여건은 이 나라가 바뀔 때까지는 바뀌지 않을 것이라고 답변했다. 물론 나도 여기에 전적으로 동의했지만 그렇다고 해서 우리가 처한 유일한 투쟁의 영역에서 싸움을 벌여서는 안 된다는 것에는 동의할 수 없었다. 이 문제에 대해서는 결국 합의를 이끌어내지 못했다. 그러나 우리는 함께 교도소 사령관에게 교도소 환경에 대한 불편사항을 제기하는 편지를 작성하여 보내면서 의견 차이를 좁힐 수 있었다.

소부퀘는 교도소 생활로 결코 의기가 쇠약해지지는 않았다. 그러나 프리토리아에서 그는 좀 예민하고 성마른 모습을 보였는데, 이는 스티븐 테푸 때문이었던 것 같다. 테푸는 소부퀘에게 지분거리고 조롱하고 시비를 거는 일종의 눈엣가시였다. 상황이 좋을 때에도 테푸는 대하기 힘든 사람이었다. 그는 신경질적이고 시비를 잘 걸며 오만하게 행동했다. 그러나 그는 조리 있고 해박한 사람으로 러시아 역사 전문가이기도 했다. 뭐니 뭐니 해도 그는 투사였다. 문제는 그가 친구들을 포함해 모든 사람과 싸우려 한다는 데 있었다. 테푸와 소부퀘는 날마다 다투었다.

나는 소부퀘와 정책 문제들을 논의하는 데 여념이 없었다. 그와 함께 토론했던 문제들 중 하나는 "1963년에는 자유를"이라는 PAC 슬로건이었다. 벌써 1963년이었으나 자유는 아직도 멀었다. "지도자로서 결코 이룰 수 없는 것을 뻔히 알면서 요구하는 것만큼 위험한 것은 없습니다. 사람들에게 잘못된 희망을 심어줄 뿐이니까요"라고 나는 소부퀘에게 말했다.

나는 경의를 갖추어서 말을 했다. 그런데 갑자기 테푸가 끼어들어 소부퀘를 힐난하기 시작했다. "보브, 이제 만델라라는 적수를 만났군요. 만델라 말이 맞아요." 테푸는 계속 이런 식으로 말을 했고, 참다못한 소부퀘는 테푸에게 "이제 좀 그만두시오"라고 말했다. 그러나 테푸는 멈추지 않았다. "보브, 사람들은 당신에게 칼을 갈고 있어요. 당신이 그들을 속였기 때문에 그들은 당신을 죽이려 들 거요. 당신은 풋내기야, 보브. 진짜 정치가는 못 돼."

테푸는 나도 마찬가지로 멀리했다. 날마다 아침에 교도관이 오면 그는 음식, 환경, 추위, 더위 등 불평을 늘어놓았다. 어느 날 한 관리가 테푸에게 "이봐, 당신, 왜 그렇게 아침마다 불평을 늘어놓는 거요?"

"불평을 하는 것은 내 의무이기 때문이오." 테푸가 말했다.

"하지만 만델라를 보시오." 관리는 말했다. "매일 아침 불평을 하지는 않잖소."

"아하." 테푸는 역겹다는 듯이 말했다. "만델라는 백인을 겁내는 어린아이일 뿐이오. 아니, 만델라라는 작자가 누구인지도 모르겠소. 아침마다 신문에서는 '만델라, 만델라, 만델라'를 떠들어대지만 나는 '도대체 만델라가 누구야?' 하고 혼잣말을 한다오. 만델라라는 존재가 무엇인지 당신에게 말해줄까요? 나는 이해할 수 없지만, 그 사람은 사람들이 부추겨 올린 사내일 뿐이오. 바로 그것이 만델라요!"

* * *

월터는 2주 동안 우리와 함께 수감되었다. 그는 내가 프리토리아에 있는 동안 요하네스버그에서 파업선동죄로 재판을 받고 있었다. 그에게는 6년형이 내려졌다. 함께 이야기를 나눌 기회가 많았던지라 우리는 그의 항소가 계류 중인 동안 보석을 신청하는 것에 대해 논의했고, 나는 이를 전적으로 지지했다. 2주 뒤 그는 보석으로 석방되었고, 운동 진영에서는 그에게 지하로 들어가 투쟁을 계속하라는 지침을 내렸다. 그는 이 일을 훌륭하게 수행했다.

월터가 떠난 지 오래지 않아 나는 소부퀘와 함께 병원으로 가다가 우연히 약 200미터 떨어진 운동장에 있는 나나 시타를 보았다. 1952년 복스버그에서 저항운동을 이끌었던 탁월한 인도인 선전활동가인 시타는 이제 막 프리토리아 재판관에게 유죄판결을 받은 참이었다. 그의 죄는 「집단구역법」에 따라 '백인'지역으로 지정된 영내에 있는 자신의 집(그는 그 집에서 무려 40년을 살았다)을 비우라는 명령을 거부한 것이었다. 그는 등이 굽었고, 급성관절염을 앓고 있는데도 맨발이었다. 샌들을 신은 나는 마음이 불편했다. 그에게 가서 인사를 하고 싶었으나 교도관 여섯 명이 감시하는 상황에서는 어려웠다.

갑자기 아무런 증상도 없이 나는 일시적으로 시력을 잃었다. 그 바람에 나는 콘크리트 바닥에 넘어져 왼쪽 눈꺼풀에 깊은 상처를 입었다. 세 바늘을 꿰매야 했다. 나는 '요새'에서 일찍이 고혈압 진단을 받고 약을 먹고 있었다. 시력상실 현상은 틀림없이 이 약을 과다복용했기 때문이었다. 약을 끊고 저염분 식이요법을 시작하자 시력상실증은 점차 나아졌다.

그날 저녁에 재판을 받으면서 처음으로 위니의 면회가 예정되어 있었다. 아프든 아프지 않든 나는 그것을 놓치고 싶지 않았다. 위니는 나를 보자 매우 걱정스러워했다. 그러나 나는 그녀에게 괜찮으니 걱정하지 말라며 안심시켰고, 그동안 일어난 일을 설명해주었다. 그렇더라도 내 건강이 위태롭다는 소문까지 나돌고 있었다.

53

내 재판이 진행 중이던 1962년 10월, ANC는 1959년 이래 처음으로 연례회의를 개최했다. 조직 자체가 불법이었기 때문에 회의는 베추아날란드 지역 국경선 바로 위에 있는 로바체에서 열렸다. 이 회의는 ANC와 MK의 연계를 분명히 함으로써 우리 운동사에서는 하나의 이정표가 되었다. 비록 전국집행위원회가 "우리의 중점은 여전히 대중정치활동"이라고 못을 박았지만, MK는 "우리 투쟁의 군사 조직"으로 명시되었다. 이는 당시 포코Poqo가 자행하던 무책임한 테러 활동을 잠재우기 위한 노력의 일환이기도 했다. 코사어로 '독립된' 또는 '홀로 선'이라는 뜻의 '포코'는 PAC와 느슨하게 연계된 조직으로, 흑인 협력자와 백인 모두를 대상으로 테러를 가했다. ANC는 대중에게 ANC의 새로운 전투성을 보여주고 싶었으나, 또 한편으로는 ANC의 무장투쟁은 통제되고 책임 있는 행동이라는 것을 보여주고 싶었던 것이다.

정부는 인종차별정책으로 각 인종이 각자 자유를 누리게 되었다는 것을 세계에 보여주기 위해 '분리발전'운동에 더욱 박차를 가했다. 그 본보기가 트란스케이였다. 1962년 1월, 페르부르트는 남아프리카는 트란스케이 자치정부를 허용할 의향이 있다고 발표했다. 1963년에 트란스케이는 자치정부가 통치하는 자치구가 되고, 그해 11월에는 트란스케이 의회 총선이 개최되었다. 그러나 3 대 1 이상의 표 차로 트란스케이 유권자들은 흑인자치지구 정책에 반대하는 의원들을 선출했다.

그런데도 반투 자치구(bantustan, 지금은 블랙 스테이트black state라고 부름—옮긴이) 체제는 제도화되었다. 유권자들은 이 정책에 반대했지만 어쨌든 투표를 함으로써 정책 시행에 참여한 셈이다. 비록 나 자신도 반투 자치구 체제를 혐오했지만, 나는 ANC의 많은 지도자들이 구속, 금지령 또는 망명 등으로 목소리를 내지 못하고 있는 상황에서 우리가 이 제도와 제도 내의 사람들을 우리 정책의 기반으로 활용해야 한다고 생각했다.

반투 당국에 대한 테러는 증가했다. 사보타주 활동이 증가하면서 정부의 경계도 그만큼 높아졌다. 새로운 법무장관 존 포르스테르는 2차 세계대전 기간 동안 연합군을 지지하는 정부 시책에 반대하여 자신도 징역을 살았던 사람으로, 극도로 냉정한 사람이었다. 그에게는 강압책만이 체제전복 기도를 해결할 수 있는 유일하고도 최선의 방법이었다.

1963년 5월 1일 정부는, 포르스테르의 표현을 빌리면, MK의 '등뼈를 부숴 버리기' 위한 법을 제정했다. 「일반법 수정조항General Law Amendment Act」 또는 「90일 구금법Ninety-Day Detention Law」이라고 더 잘 알려진 이 법은 구속적부심사를 폐지하고, 어떤 경찰관도 정치범죄의 혐의가 있는 사람을 영장 없이 구금할 수 있는 권한을 부여했다. 체포된 사람들은 재판, 기소, 변호사와의 접촉 또는 자신에게 불리한 증언 거부와 같은 보호조치 없이 최고 90일까지 구금할 수 있었다. 90일의 구금기한은 포르스테르가 불길하게 설명한 바 있듯이 '영원히라도' 연장될 수 있었다. 법의 힘을 빌려 남아프리카공화국은 경찰국가로 변모하고 있었다. 「90일 구금법」으로 당국은 어떤 독재자가 꿈꾸는 것보다 더 큰 권력을 누리게 되었다. 그 결과 경찰은 더 잔인해졌다. 재소자들이 구타를 당하는 일이 예사가 되었고, 곧 전기 쇼크, 질식, 그리고 다른 고문에 대한 이야기들이 들려왔다. 의회에서는 진보당의 헬렌 수즈먼 의원이 유일하게 이 법에 반대표를 던졌다.

불법조직 회원들에 대한 형량이 증가해서 공산주의나 다른 불법조직의 이념을 고취한 죄에 대해서는 징역 5년에서 사형까지 처벌할 수 있게 되었다. 그리고 정치범들은 재구속되었는데, 소부퀘는 1963년 5월에 3년 형이 끝났지만 정부는 그를 석방하지 않고 기소 없이 재구속하여 로벤 섬으로 보냈다.

포르스테르는 또한 1962년 6월 「사보타주법Sabotage Act」 제정을 추진했다. 이 법에 따라 가택연금이 허용되고 법정 심사 없이 더 엄한 금지령들이 가능해짐으로써 시민의 자유는 파시스트 독재 시대만큼이나 제한되었다. 사보타주 자체가 이제는 가석방 없이 최소 5년 그리고 최고 사형까지 선고될 수 있었다. 법령의 해석이 너무 광범위하여 불법침입이나 무기 불법소지와 같은 행동도 사보타주에 해당될 수 있었다. 의회가 제정한 또 다른 법률은 정치활동이 금지된 사람의 발언이나 성명을 유포하는 것을 금지시켰다. 내가 말한 것이나 과거에 했던 것 어느 것도 신문에 실릴 수가 없었다. 1962년 말 《새시대》가 출판 금지되었고, 판매 금지 출판물 소지는 형사범죄가 성립되어 최고 징역 2년형까지 처벌이 가능해졌다. 가택연금을 위한 조항도 만들어졌다. 이 조항이 적용된 예로 가장 잘 알려진 경우는 백인 정치활동가 헬렌 요셉이었다.

54

5월 말경 어느 날 밤, 한 교도관이 내 방으로 오더니 내게 짐을 꾸리라고 지시했다. 이유를 물었지만 대답이 없었다. 10분이 채 지나지 않아 나는 안내실로 호송되어 갔다. 그곳에서 나는 다른 정치범 세 명을 만났다. 테푸, 존 개체웨, 아론 몰레테였다. 오캄프 대령은 우리가 곧 이송될 것이라고 간략하게 알려주었다. "어디로 갑니까?" 테푸가 물었다. "매우 아름다운 곳이오." 오캄프가 말했다. "어디인데요?" 테푸가 다시 물었다. "그 섬이오." 오캄프가 답했다. 그 섬이라…… 섬이라면 단 하나밖에 없었다. 로벤 섬Robben Island.

우리 네 명은 함께 쇠고랑에 묶여, 창문도 없이 변기통 하나만 덩그러니 놓여 있는 경찰차에 올라탔다. 케이프타운을 향해 밤새도록 달린 끝에 오후 늦게 케이프타운 선착장에 도착했다. 사람들이 함께 쇠고랑에 묶여 움직이는 차 안에서 변기통을 이용하는 일은 결코 쉽지도 유쾌하지도 못했다.

케이프타운의 부두들은 무장경찰과 긴장한 사복경찰들로 북적댔다. 우리는 여전히 사슬에 묶여 낡은 목재 페리호의 짐칸에 서 있어야 했다. 배가 해안의 파도에 밀려 심하게 흔들렸기 때문에 서 있는 것이 결코 쉽지 않았다. 위에 난 작은 창이 빛과 공기를 들여보내주는 유일한 통로였는데, 이 창은 다른 용도로도 쓰였다. 교도관들은 이 창 위에서 우리를 향해 오줌 누는 것을 즐겼다. 갑판으로 끌려갔을 때 날이 아직 어둡지 않아 우리는 처음으로 섬의 모습을 볼 수 있었다. 초록빛을 띤 아름다운 섬은 언뜻 보기에 교도소라기보다는 휴양지 같아 보였다.

에시퀴티니esiquithini. '그 섬에'라는 뜻의 이 말은 코사족 사람들이 케이프타운 해안에서 30킬로미터 떨어진 곳에 있는 이 좁고, 바람에 노출된 암석 노두露頭를 일컫는 말이다. 이렇게 이야기하면 사람들은 무슨 섬을 말하는지 모두 안다. 나는 어렸을 때 처음 이 섬의 이름을 들었다. 로벤 섬은 마카나(은셀레라고도 알려진) 장군과 함께 코사족 사이에는 잘 알려져 있었다. 4차 코사전쟁에서 코사족 군대 사령관이었던 마카나는 키가 198센티미터나 되는데, 1819년 1만 대군을 이끌고 그라햄스타운과 대결했으나 결국 영국에 붙잡혀 이 섬으로 유배되었다. 그는 작은 배를 타고 섬을 빠져나가려고 기도했으나 해안에 다다르기 전에 익사했다. 이 상실의 기억은 우리 민족의 언어에 '좌절된 희망'이라는 뜻의 '우쿠자 쿠카 응셀레Ukuza Kuka Nxele'라는 구절로 아로새겨져 있다.

마카나가 이 섬에 유배된 첫 아프리카 흑인 영웅은 아니었다. 1658년, 유럽 역사가들에게는 해리 더 스트랜들로퍼라고 알려진 아우추마오는 코이코이족과 네덜란드 간의 전쟁 중 얀 반 리베크에 의해 유형을 당했다.

나는 아우추마오의 이야기에서 위안을 찾았다. 그는 로벤 섬을 탈출한 최초이자 유일한 사람으로 널리 알려졌기 때문이다. 그는 작은 배를 타고 본토까지 노를 저어가 탈출에 성공했다.

섬의 이름은 네덜란드어로 바다표범을 뜻하는 단어에서 유래한다. 한때는 바다표범 수백 마리가 해안에 밀려오는 차가운 벵겔라 해류에서 뛰어놀았다. 나중에 섬은 나병환자 수용소, 정신병원, 해군 기지로 쓰였다. 정부가 섬을 다시 교도소로 용도 변경한 것은 최근의 일이었다.

* * *

거친 백인 교도관 한 무리가 "여기가 바로 그 섬이다. 너희들은 이곳에서 죽는다"라고 외치며 우리를 맞았다. 우리의 눈앞에는 측면에 수많은 경비초소들이 서 있는 수용소가 있었다. 수용소로 가는 길에는 무장 군인들이 줄지어 정렬해 있었다. 분위기는 극도로 긴장되어 있었다. 키가 크고 얼굴이 붉은 교도관이 우리에게 소리쳤다. "내가 너희들의 상관이다!" 그는 재소자들에게 잔인하기로 이름나 있는 클레인한스 형제 중 하나였다. 그 교도관들은 언제나 아프리칸스어로 말했다. 영어로 대답을 할라치면 그들은 "깜둥이 애인들이 쓰는 말은 몰라!"라고 대답했다.

교도소로 걸어갈 때 교도관들은 "두 명씩! 두 명씩!"이라고 외쳤다. 짝을 지어 두 명은 앞에 두 명은 뒤에 서서 걸으라는 뜻이었다. 나는 테푸와 짝을 이루었다. 보초들은 소리를 지르기 시작했다. "하스!…… 하스!" 하스haas라는 말은 아프리칸스어로 '움직여'라는 뜻이지만 관용적으로 소들에게만 쓴다.

교도관들은 우리에게 뛰라고 지시했고, 나는 테푸에게 작은 목소리로 우리가 먼저 모범을 보이자고 말했다. 만약 우리가 여기에서 시키는 대로 한다면 우리는 계속 그들의 손에 놀아나게 될 것이다. 테푸는 고개를 끄덕여 동의를 표했다. 우리는 그들에게 우리가 일반 범죄자가 아니라 우리의 신념 때문에 처벌을 받는 정치범이라는 것을 보여주어야 했다.

나는 테푸에게 우리 둘이 앞에 나가서 행렬을 이끌자고 몸짓을 했다. 앞에 서게 되자 우리는 속도를 줄이고 천천히 그리고 여유 있게 걷기 시작했다. 보초들은 의심하는 듯했다. "잘 들어." 클레인한스가 말했다. "여기는 요하네스버그도 아니고 프리토리아도 아니다. 여기는 로벤 섬이야. 여기서는 어떤 불복종도 묵인하지 않는다. 하스! 하스!" 그러나 우리는 계속 장중한 걸음을 유지했다. 클레인한스는 멈추라고 지시하고 우리 앞에 섰다. "이봐, 당신을 죽일 수도 있어. 이건 장난이 아니야. 당신에게 무슨 일이 일어나도 아내와 아이들 그리고 부모님들은 알지 못해. 마지막 경고다. 하스! 하스!"

나는 답변했다. "당신에게는 당신의 의무가 있고 우리에게는 우리의 의무가 있소." 나는 결코 굴복하지 않으리라는 각오를 굳혔으며, 실제로 우리는 굽히지 않았다. 벌써 감방에 도착한 것이다. 우리는 사각 석조 건물로 인도되어 어느 큰 방으로 끌려갔다. 바닥은 몇 센티미터 깊이의 물이 차 있었다. 보초가 소리쳤다. "옷 벗어! 옷 벗어!" 우리가 옷을 하나하나 벗으면 보초는 이를 잡아채고 재빨리 훑어보았다. 그러고는 물에 집어 던졌다. 외투가 벗겨지고 수색한 뒤 물로 던져졌다. 이어 보초들은 옷을 다시 입으라고 명령했다. 그 젖은 옷을 다시 입으라는 것이다.

관리 두 명이 방으로 들어왔다. 이들 중 하급관리는 게리크라는 이름의 주임이었다. 우리는 처음부터 그가 우리를 괴롭히려고 혈안이 되어 있다는 것을 알 수 있었다. 그는 우리 네 명 중 가장 어리고 유순하고 점잖은 아론 몰레테를 가리키며 말했다. "자네는 머리가 왜 그렇게 길어?" 아론은 대답이 없었다. 주임이 다시 소리쳤다. "자네에게 말하고 있는 거야! 머리가 왜 그렇게 길어? 그건 규정위반이야. 더 짧아야 해. 왜 그렇게 길어……." 그는 잠시 쉬었다가 다시 나를 가리키며 "……바로 이 친구처럼!" 하고 말했다. 나는 말을 시작했다. "자, 이보시오. 우리들의 머리 길이는 규정에 따라 정해진 것이오."

내가 말을 마치기도 전에 그는 믿을 수 없다는 듯 소리를 질렀다. "이봐! 나에게 그런 식으로 말하지 마!" 그리고 내게 다가오기 시작했다. 나는 겁이 났다. 누군가가 당신을 치러 오는데 당신이 자신을 방어할 수 없을 때 기분은 과히 편치 않은 법이다.

그가 나에게서 겨우 몇십 센티미터 거리까지 가까이 왔을 때, 나는 최대한 단호한 태도로 "만약 내게 손 하나라도 까닥한다면 최고법정에까지 소송을 걸겠소. 재판이 끝나면 당신은 빈털터리가 될 거요." 내가 말을 시작하자 그는 주춤했다. 내 말이 끝날 때쯤에는 놀란 표정으로 나를 쳐다보았다. 나 자신도 사실은 좀 놀랐다. 나는 겁이 났고, 사실 용기로 말한 것이라기보다는 허세를 부려본 것에 지나지 않았다. 그럴 때 속으로는 아무리 겁이 나더라도 겉으로는 대담한 태도를 보이는 것이 나은 법이다.

"당신 표 어디 있어?" 그가 물었다. 나는 그에게 표를 건넸다. 그가 초조해하는 것을 알 수 있었다. "이름이 뭔가?" 나는 고개를 움직여 표를 가리키며 말했다. "거기 적혀 있습니다." "얼마나 있지?" 나는 다시 표를 가리키며 말했다. "거기 적혀 있습니다." 그는 표를 보고 말했다. "5년! 5년을 살 건데 그렇게 건방져! 5년을 교도소에서 사는 게 어떤 건지 알아?" "그건 내 사정이오. 나는 5년을 살 준비가 되어 있소. 하지만 협박을 당할 준비는 되어 있지 않소. 법 테두리 안에서 행동해주시오."

그 누구도 그에게 우리가 누구인지 또는 우리가 정치범이라는 사실, 그리고 내가 변호사라는 것을 말해주지 않았던 것 같다. 처음에는 몰라봤지만 함께 있던 키 크고 조용한 다른 관리는 우리가 부딪치고 있는 동안 사라졌다. 나중에 그가 섬의 사령관인 스테인 대령이라는 것을 알았다. 이어 주임은 들어올 때보다 훨씬 조용한 모습으로 자리를 떴다.

이제 우리만 남았다. 테푸는 흥분하여 말을 멈추지 못했다. "우리가 보어인의 성질을 건드렸어. 이제 힘들어질 거야" 그가 한창 말하고 있을 때 프레토리어스 중위라는 사람이 들어왔다. 놀랍게도 프레토리어스는 우리에게 코사어로 말을 했는데 꽤 능통한 실력이었다. "당신들의 기록을 훑어봤는데 과히 나쁘지 않았소. 한 사람만 빼고." 그는 테푸를 보고 고개를 저으며 말했다. "당신 전력은 지저분하군."

테푸는 분노를 터뜨렸다. "그렇게 말하는 당신은 누구요? 내 경력이 지저분하다고? 아, 기록을 보셨군. 그래, 거기 적힌 모든 유죄판결이 우리 국민의 권리를 위해 싸웠던 사건에서 받은 것이라는 걸 보았겠군. 나는 범죄자가 아니오. 범죄자는 바로 당신이오." 그러자 중위는 테푸에게 다시 한번 그런 식으로 자신에게 훈시를 한다면 기소할 것이라고 경고했다. 떠나기 전에 중위는 우리를 창문이 바깥으로 나 있는 1인용 감방에 수감할 것이라고 말하면서, "그러나 그 창문으로 그 누구와도 말을 해선 안 되오. 특히 당신, 만델라"라는 다소 불길한 말을 덧붙였다.

이어 우리는 우리의 감방으로 끌려갔는데, 여태까지 본 것 가운데 가장 좋은 감방이었다. 창문은 크고 쉽게 손닿을 수 있는 곳에 있었다. 한쪽 창문으로 우리는 지나가는 다른 재소자들이나 교도관들의 모습을 볼 수 있었다. 방은 널찍해서 우리 네 명이 사용하기에 충분했다. 자체 화장실과 샤워 시설도 각자의 방에 마련되어 있었다.

하루 종일 몹시 지쳤기 때문에 잠시 뒤 식은 잡탕죽 저녁을 먹고 난 다음 다른 사람들은 잠이 들었다. 나는 바닥에 담요를 깔고 누워 있었다. 그때 창문을 두드리는 소리가 들렸다. 고개를 들어보니 백인 한 명이 내게 유리 가까이 다가오라고 손짓을 하고 있었다. 나는 중위의 경고를 기억하고는 움직이지 않았다.

그때 나는 이 친구가 속삭이는 소리를 들었다. "넬슨, 이리와 봐요." 그가 내 이름을 아는 것이 호기심을 자극했고, 나는 위험을 무릅쓰고 한 번 가보기로 마음먹었다. 창문 가까이 가서 그를 보았다. 그는 내가 자신을 백인으로 여기고 있다는 것을 알았던 것이 틀림없다. 왜냐하면 그가 한 첫 번째 말이 "나는 블룸폰테인에서 온 혼혈인 교도관이오"였기 때문이다. 그리고 그는 아내 위니의 소식을 들려주었다. 요하네스버그 신문에 아내가 나를 보기 위해 프리토리아 지방교도소로 왔지만 당국은 그녀에게 내가 로벤 섬으로 이송되었다는 사실을 알리지 않았다는 기사가 실렸다고 했다. 나는 소식을 알려줘 고맙다고 말했다.

"담배 피우시오?" 그가 말했다. 내가 피우지 않는다고 말하자 그는 실망한 표정이었다. 나는 다시 말했다. "하지만 동료들은 피운다오." 그는 표정이 밝아지면서 몇 분 뒤 담배와 샌드위치를 갖고 다시 오겠다고 말했다. 이제 모두가 깨어 있었다. 테푸와 존 개체웨가 담배를 피웠기 때문에 나는 둘을 위해 담배쌈지를 나누었다. 샌드위치는 우리 모두 나누어 먹었다.

다음 몇 주 동안 그 혼혈인 교도관은 거의 매일 밤 담배와 샌드위치를 들고 왔다. 매일 밤 나는 테푸와 개체웨에게 담배를 균등히 나누어주었다. 큰 위험을 감수하던 그 교도관은 내게 자신은 단지 나와만 직접 접촉할 것이라고 말하며, 그렇지 않다면 이런 선심은 없을 것이라고 경고했다.

섬에 처음 도착했을 때 우리는 다른 재소자들이 얼마나 많이 수용되어 있는지 알지 못했다. 며칠 지나지 않아 우리는 이곳에 재소자가 약 1천 명 있으며, 모두 흑인이고 모두 최근에 이송된 사람들이라는 사실을 알게 되었다. 이들 대부분은 일반수들이었지만 그들 가운데 정치범도 있었다. 그들과 접촉하고 싶었지만 우리는 완벽하게 고립되어 있었다. 처음 며칠 동안 우리는 감방에만 틀어박혀 바깥에 나갈 수도 없었다. 우리는 다른 재소자들처럼 일을 하게 해달라고 요구했고, 곧 허락이 떨어졌다. 그러나 클레인한스의 감독 아래 우리끼리만 하는 작업이었다. 우리의 첫 번째 일은 새로 설치된 파이프를 덮는 일이었는데, 작은 언덕에서 일을 했기 때문에 섬의 멋진 야생을 볼 수 있었다.

우리는 첫날 일을 열심히 했다. 그러나 날이 갈수록 클레인한스는 작업을 심하게 재촉했다. 재촉하는 방법도 소나 말에게 하듯이 거칠기 짝이 없었다. "안 돼. 어서. 계속." 한번은 우리들 중 가장 나이가 많은 테푸가 삽을 내려놓자 클레인한스는 즉각 그를 위협했다. 테푸는 아프리칸스어로 응답했다. "자기네 나라 말도 제대로 못하는 이 무식한 사람아, 나에게 이래라저래라 하지 마시오. 난 알아서 일할 거요. 난 내 속도대로 일할 수는 있지만 그 이상으로는 할 수 없소." 그러고 나서 그는 아주 점잖게 삽을 들고 일을 다시 시작했다. 테푸는 아프리칸스어를 가르치는 선생이었다. 그래서 아프리칸스어를 완벽하게 구사할 줄 알았을 뿐만 아니라 그 선조 격인 표준 네덜란드어도 구사할 수 있었다. 테푸는 교도관들에게 그들이 이해하지 못할 만큼 겸양되고 과장된 어조로 말을 하고는 했다. 그러나 교도관들은 그를 상대로 설전을 벌일 만큼 어리석지는 않았다.

섬에는 클레인한스가 둘이었다. 그들은 형제로, 둘 다 악랄하게 재소자들을 폭행하기로 이름이 높았다. 우리를 감시한 사람은 더 나이 든 교도관이었는데, 자제하라는 경고를 받았는지 우리에게는 손 하나 까닥하지 않았다. 더 젊은 교도관은 거칠 것이 없었다. 어느 날, 도로를 따라 작업장에서 돌아오다가 우리는 수레에 모래를 담아 나르는 다른 재소자 수백 명을 지나치게 되었다. 그들은 비정치범들이었고, 우리 두 그룹은 그 두 형제가 이야기를 나누는 동안 잠시 멈추라는 지시를 받았다. 젊은 교도관은 재소자 한 명에게 그가 말을 나누는 동안 자기 신발에 광을 내라고 시켰다. 상대편 작업대에서 아는 사람들의 얼굴 몇몇이 보였다. 1958년 세쿠쿠네랜드 농민반란에서 사형을 선고받았던 사람들이었다. 나는 그들을 더 자세히 보려고 몸을 돌렸다. 그러자 젊은 교도관이 내게 고개를 돌리라고 퉁명스럽게 명령했다. 다른 재소자들이 모두 보는 앞이 아니었다면 내가 어떻게 행동했을지는 알 수 없지만 그때는 내 자존심의 문제였다. 나는 고개를 돌리지 않았다. 젊은 클레인한스가 다가왔다. 나를 치려고 오는 게 분명했다. 그가 몇 발자국 떨어진 곳에까지 왔을 때 그의 형이 뛰어와 그를 붙잡고 몇 마디 말을 속삭였다. 그렇게 해서 일은 무사히 넘어갔다.

어느 날, 로벤 섬의 운영을 책임지는 교도소장이 우리의 애로사항을 듣고자 우리를 방문했다. 테론은 까다로운 사람으로 재소자들을 한 사람씩 대면하는 것을 좋아하지 않았다. 그와 소원해지고 싶지는 않았지만 나는 전체를 대표해서 말했다. "이렇게 와주셔서 감사합니다. 저희가 느끼는 문제는 많으며, 소장님께서 이를 해결해주실 수 있으리라 믿습니다." 그리고는 문제들을 하나하나 늘어놓았다. 내 말이 끝나자 소장은 "내가 할 수 있는 일을 찾아보겠소"라고 말했다.

아마도 그는 너무 쉽게 재소자들의 말을 수용했다는 생각이 들었는지 나가면서 배가 나온 테푸를 보더니, "당신의 그 큰 밥통pens은 이 교도소에서 곧 줄어들 거요"라고 아프리칸스어로 말했다. 밥통은 위를 의미하기는 하지만 양이나 소 같은 동물의 위장을 말할 때 쓰는 말이다. 사람의 위장에 쓰는 말은 마그maag라고 한다.

테푸는 교도소장의 일격을 순순히 넘기지 않았다. 모욕을 견디지 못한 그는 "보시오, 소장. 당신은 나를 조금도 달라지게 할 수 없소. 왜 그런 줄 아시오? 나는 세계 피억압 민족의 해방에 탁월한 업적을 자랑하는 세계에서 가장 혁명적인 조직인 공산당의 당원이기 때문이오. 당신과 당신네 가엾은 국민당은 우리가 세계를 통치하는 동안 잿더미 속에 묻힐 거요. 나는 국제적으로 당신네 어리석은 대통령보다 더 유명한 사람이오. 당신은 뭐요? 관심을 가질 만한 가치도 없는 공무원 피라미에 불과하오. 교도소를 나설 때 당신 이름이나 기억할 수 있을지 모르겠소." 테론은 홱 돌아서더니 떠나버렸다.

혼혈인 교도관의 야간 방문은 섬의 혹독한 분위기를 누그러뜨리는 데 큰 역할을 했다. 이런 호사에도 테푸는 여전히 만족하지 않았다. 테푸는 담배를 너무 많이 피웠다. 때로는 밤새도록 담배를 피워 다음 날 피울 담배가 떨어지기도 했다. 하지만 개체웨는 담배를 아껴 피워 한 번도 담배를 떨어뜨린 적이 없었다. 어느 날 밤, 몹시 짜증난 얼굴로 테푸가 내게 말을 던졌다. "넬슨, 당신 나를 속이고 있지. 개체웨한테 담배를 더 많이 주는 게 틀림없어."

그것은 사실이 아니었지만 나는 그와 게임을 하기로 했다. "그렇다면 좋소." 내가 말했다. "매일 밤 담배를 받을 때 이등분을 해서 당신이 먼저 선택하도록 하겠소." 그날 밤, 그리고 이후 매일 밤 나는 담배를 똑같이 이등분해서 테푸에게 말했다. "먼저 고르시오."

테푸는 쉽게 결단을 내리지 못했다. 그는 머리를 이리저리 흔들며 쌈지 두 개를 견주어보았다. 결국 그는 하릴없이 둘 중의 하나를 집어 들고는 가서 담배를 피우기 시작했다. 이건 공평한 방식이긴 했지만 우습기도 했다. 테푸는 여전히 만족해하지 않았다. 그는 내가 혹 담배를 숨겨두지나 않는지 확인하려고 교도관이 창문으로 오면 근처를 맴돌았다. 교도관은 이를 몹시 불편해했다. "이봐요, 저는 당신하고만 상대합니다. 이건 보안의 문제란 말이오." 나는 알고 있다고 말하고, 테푸에게 내가 교도관과 만날 때 가까이 있지 말라고 일렀다.

그러나 다음 날 밤 교도관이 창가로 왔을 때 테푸는 뚜벅뚜벅 창살로 다가오더니 교도관에게 말했다. "이제부터는 내 담배를 따로 주시오. 내게 바로 주시오." 교도관은 당황해했다. "만델라, 우리의 약속이 깨졌군요. 이젠 다 끝났소. 더 이상 이것들을 가져올 수 없소." 나는 테푸를 쫓아내며 교도관을 설득했다. 나는 테푸를 가리키면서 "이봐요, 이 사람은 노인네야"라고 말하고, 내 머리를 가리키며 "그 노인네는 정상이 아니야"라고 말했다. "예외로 합시다." 그는 마음을 누그러뜨리고, 가지고 온 것들을 내게 주었다. 그러나 만약 또다시 이런 일이 있을 때는 정말로 끝이라는 경고를 덧붙였다.

그날 밤, 나는 테푸가 대가를 치러야 한다고 생각했다. "이봐요, 당신 때문에 이것들을 다 놓칠 뻔했소. 오늘 밤 당신의 담배와 샌드위치는 없소. 당신 때문에 우리 모두 이 특전들을 잃어버릴 뻔했소. 당신이 반성할 때까지 이걸 줄 수 없소." 테푸는 아무 말도 못 했다.

우리는 그날 밤 한쪽 귀퉁이에서 교도관이 가져다준 샌드위치를 먹고 신문을 읽었다. 테푸는 반대편 귀퉁이에 혼자 앉아 있었다. 우리는 잠이 들었다. 자정 무렵 누군가가 내 어깨에 팔을 얹고 나를 흔들어 깨웠다. "넬슨, 넬슨." 테푸였다.

"넬슨." 그는 부드럽게 말했다. "당신은 내 약점을 건드렸소. 내게서 담배를 빼앗아갔소. 나는 보다시피 늙은이요. 그동안 우리 민족을 위해 모든 고통을 참아왔소. 이곳 교도소에서는 당신이 지도자요. 그런데 당신이 이렇게 나를 벌하고 있소. 넬슨, 이건 불공정해요."

그야말로 그가 내 약점을 건드린 셈이었다. 나는 마치 내가 권력을 남용한 듯한 기분이 들었다. 그가 나보다도 훨씬 큰 고통을 견뎌온 것은 사실이었다. 나는 남겨두었던 샌드위치 반쪽을 즉시 그에게 내주었다. 개체웨를 깨워(그에게 담배를 다 주었기 때문에) 담배를 테푸와 나누도록 부탁했다. 테푸는 대하기 힘든 사람이었지만 그때부터는 태도가 훨씬 나아졌다.

노동을 시작하자 이 섬의 다른 재소자들은 어떻게 생활하는지 감이 잡히기 시작했다. 당국은 몇몇 어린 PAC 정치범들을 우리 맞은편 감방에 수감시켰다. 밤에는 창살문으로 그들과 대화를 나눌 수 있었다. 나는 이 젊은이들 중에서 음케케즈웨니에서 온 내 조카 은카베니 메니에를 만났다. 그를 마지막으로 본 것은 그가 어린아이였던 1941년이었다.

우리는 트란스케이에 대해 이야기를 나누었고, 가족 역사에 심취했다. 어느 날 밤, 그의 친구들이 그의 주위에 몰려 있을 때 조카가 물었다. "삼촌, 삼촌은 어떤 조직에 소속되어 있어요?" 나는 물론 ANC라고 대답했다. 젊은이들은 몹시 당황해하는 모습이었고, 갑자기 창가에서 멀어졌다. 한참 뒤 조카가 다시 나타나 내게 PAC에 가입한 적이 있었는지를 물었다. 나는 없다고 대답했다. 그러자 그는 내가 아프리카 순회 중 PAC에 합류한 줄 알았다고 말했다. 나는 그런 적이 없으며, 계속 ANC의 성원이었고 또 앞으로도 그럴 것이라고 답했다. 젊은이들은 다시 낙심하는 모습이었고, 곧 사라져버렸다.

나중에 알게 된 일이지만 PAC 측에서는 내가 아프리카 대륙을 순회하면서 PAC에 가입했다고 선전을 했다. 기분이 좋지는 않았지만 그렇다고 놀랄 일은 아니었다. 정치를 하면서 사람들이 진상에 대해 얼마나 무지한지는 항상 염두에 두어야만 한다. 잠시 뒤 조카가 다시 돌아와 내가 프리토리아 지방교도소에서 소부퀘와 만나 이야기를 한 적이 있느냐고 물었다. 나는 그렇다고 말하고, 우리의 토론은 매우 유익했다고 말했다. 그들은 기뻐했고, "안녕히 주무세요"라고 인사를 했다. 그들을 본 것은 그것이 마지막이었다.

같은 날 밤 몇 시간 뒤, 한 주임이 우리 방에 와서 우리 네 명에게 짐을 꾸리라고 지시했다. 몇 분 뒤 다른 동지들이 이끌려 가고 나 혼자 방에 남았다. 교도소에서 동지들에게 작별인사를 할 수 있다는 것은 운이 좋은 것이다. 수개월간 너무나도 가까이 지내던 동료를 인사 한마디 없이 영원히 못 보게 되는 수도 있었다. 이는 사람을 자폐적이고 고립된 성격으로 변하게 하는 비인간적 처사였다.

혼자 남자 불안했다. 사람이 많을 때는 안전이 보장될 수 있다. 그러나 혼자 있는 것은 목격자가 없음을 의미했다. 내게 식사가 배급되지 않은 것을 깨닫고 나는 문을 두드렸다. "교도관, 저녁식사를 받지 못했소."

"주인님이라고 불러." 교도관이 소리쳤다. 그날 밤은 결국 굶었다.

다음 날 새벽, 나는 다시 프리토리아로 이송되었다. 교도소 당국은 언론에 PAC 재소자들이 나를 폭행하려는 계획을 세웠기 때문에 내 안전을 위해 섬에서 이송했다고 발표했다. 거짓말이 틀림없었다. 그들은 다른 목적이 있었기에 나를 프리토리아로 다시 이송했던 것이다. 이들의 속셈은 곧 드러났다.

프리토리아 지방교도소에서 나는 독방에 감금되었다. 그러나 재소자들의 정보력은 대단해서, 곧 나는 그곳에 있는 다른 ANC 재소자들에게서 비밀쪽지와 다른 정보를 받았다. MK의 간부로 에티오피아에서 군사훈련을 받고 남아프리카로 돌아오다가 체포된 헨리 파지한테서 온 소식도 있었다. 이들은 사보타주법에 따라 재판을 받게 된 첫 ANC 회원들이었다.

교도소 내 비밀정보망을 통해 나는 그들의 변호를 돕고 싶어서 헤럴드 볼피를 접촉해보라고 제안했다. 나중에 나는 볼피가 경찰서에 유치되어 있었다는 것을 알았다. 뭔가가 심각하게 잘못되어가고 있다는 것을 처음으로 직감했다. 어느 날, 운동을 마치고 운동장을 나오면서 앤드루 음랑게니를 보았다. 그를 마지막으로 본 것은 1961년 9월, 그가 군사훈련을 받기 위해 출국하던 때였다. 볼피와 음랑게니, 그리고 또 누가 체포되었을까?

1961년 초, 위니는 2년간 금지령을 받았다. 나는 다른 재소자에게서 위니가 최근 금지령을 위반한 혐의로 기소되었다는 소식을 들었다. 그렇게 되면 징역이나 가택연금을 받았다. 위니는 고집이 몹시 강해서 금지령은 그녀를 분노하게 만드는 것에 불과했다. 그녀가 금지령을 어겼을 것은 틀림없는 일이었고, 나도 그녀를 제지할 생각은 없었다. 내가 염려하는 것은 그녀가 징역을 살게 될지도 모른다는 것이었다.

1963년 7월 어느 날 아침, 내 방으로 가는 통로를 따라 걷다가 나는 릴리슬리프 농장의 감독이었던 토머스 마시파네를 보았다. 내가 그를 알아보는지를 확인하기 위해 일부러 그를 내가 다니는 통로에 데려다 둔 당국의 속셈을 알았지만, 나는 그에게 반가움을 표했다. 그렇게 하지 않을 수 없었다. 그가 여기에 와 있다는 것은 단 한 가지를 의미했다. 리보니아Rivonia가 발각된 것이다.

하루 이틀 뒤 나는 교도소 본부로 호출되었다. 그곳에는 월터, 고반 음베키, 아메드 카트라다, 앤드루 음랑게니, 보브 헤플, 그리고 최근 중국에서 훈련을 받고 돌아온 MK 최고사령부 요원인 레이먼드 음흘라바, MK 요원인 엘리어스 모초알레디, 기술자이며 민주주의자회의COD 회원인 데니스 골드버그, 건축가이자 역시 COD 회원인 러스티 번스타인, 그리고 변호사이자 헤럴드 볼피의 처남인 지미 캔토가 있었다. 우리는 모두 사보타주 혐의로 기소되었고, 다음 날 법정 출두가 예정되어 있었다. 나는 5년 형 중 이제 갓 9개월을 복역한 상태였다.

나는 점차 무슨 일이 있었는지 알 수 있었다. 7월 11일 오후, 세탁차가 농장의 입구 차도에 들어섰다. 릴리슬리프에 있는 어느 누구도 배달을 시키지 않았다. 한 젊은 흑인 보초가 차를 제지했다. 그러나 무장경찰 수십 명과 경찰견 몇 마리가 차 안에서 튀어나왔기 때문에 보초 한 명으로는 역부족이었다. 그들은 농장 영지를 에워쌌고, 경찰 몇 명이 본 건물과 헛간에 침투했다. 그들은 헛간에서 책상에 둘러앉아 서류를 두고 의논하고 있는 사람들 십여 명을 발견했다. 월터는 창문으로 뛰어내렸지만 경찰견에게 붙잡혔다. 체포된 사람들 중에는 경찰의 기습이 진행 중일 때 농장으로 차를 몰고 들어왔던 아서 골드라히도 있었다.

경찰은 농장 전체를 수색하고 수백 가지 서류와 문건을 압수했다. 무기는 발견되지 않았다. 가장 중요한 서류 중의 하나가 바로 책상 위에 놓여 있었다. '마이부예 작전Operation Maibuye'이라 이름 붙여진 남아프리카 게릴라전 계획서였다. 단 일격으로 경찰은 '민족의 창' 최고사령부 전원을 체포했다. 모든 사람이 새로 제정된 「90일 구금법」에 따라 구속되었다.

조 슬로보와 브람 피셔는 운이 좋게도 기습 당시 그곳에 없었다. 조와 브람은 보통 하루 두세 차례 농장에 들렀다. 돌이켜 보면 릴리슬리프가 더 일찍 발각되지 않은 것이 이상했다. 정부는 더 강경해졌고 방법은 세련되어갔다. 24시간 감시와 마찬가지로 도청이 일상적인 것이 되었다. 정부의 기습은 대성공이었다.

법정 첫날, 우리는 변호사와 접견할 기회를 갖지 못했다. 우리는 판사 앞에 출두했고, 사보타주 혐의로 기소되었다. 며칠 뒤 우리는 피셔, 버논 베랑제, 조엘 조피, 조지 비조스 그리고 아서 체이스컬슨 등 우리를 위해 일하고 있는 변호사들과 만날 수 있었다. 나는 기결수였으므로 여전히 혼자 격리되어 있었다. 이 접견이 동지들과 이야기할 수 있는 첫 기회였다.

브람은 대단히 신중했다. 차분한 목소리로 그는 우리에게 우리가 극도로 중대한 재판을 앞두고 있으며, 정부가 그에게 법정 최고형인 사형을 구형하겠다고 공식적으로 알려왔다고 했다. 당시 분위기를 감안한다면 그렇게 될 가능성은 매우 컸다. 그때부터 우리는 교수대의 그늘 아래에서 살았다. 사형선고가 가능하다는 사실만으로 모든 것이 달라졌다. 처음부터 우리는 사형선고가 내려질 가능성이 가장 높다고 생각했다. 우리보다 가벼운 죄에도 최근 종신형이 선고되었기 때문이다.

교도소 관리들은 우리가 교수형을 받을 수도 있다는 사실을 끊임없이 상기시켜주었다. 그날 밤 자는데 한 교도관이 내 방문을 두드렸다. "만델라, 잠 못 잘까봐 걱정할 필요는 없소. 아주 긴 잠을 자게 될 텐데." 나는 잠시 기다렸다가 말했다. "당신을 포함해 우리 모두 아주 긴 잠을 자게 될 거요." 속이 좀 후련해지는 것 같았다.

55

1963년 10월 9일, 우리는 중무장을 한 경찰차에 태워졌다. 경찰차 가운데에는 흑백 죄수들을 분리하기 위해 강철로 만들어놓은 분리대가 있었다. 경찰차는 프리토리아에 있는 법원으로 향했다. 이곳에는 대법원 재판부가 '국가 대 전국최고사령부 외 다수', 나중에는 '국가 대 넬슨 만델라 외 다수'라고 알려지고, 그보다는 '리보니아 재판Rivonia Trial'이라는 이름으로 더 널리 알려지게 된 이 재판을 개정하기 위해 대기하고 있었다. 법정 근처에는 19세기 영국 제국주의에 맞서 싸웠던 트란스발 공화국의 대통령 폴 크루거의 동상이 있었다. 이 아프리카너 영웅의 동상 밑에는 그의 연설문 가운데 한 구절이 새겨져 있었다. "우리는 자신 있게 우리의 대의명분을 전 세계 앞에 내놓는다. 우리가 승리하든 또는 죽든, 아침의 구름을 뚫고 태양이 솟아오르듯 아프리카에는 자유의 동이 틀 것이다."

우리가 탄 차는 경찰 트럭 호송대의 한가운데에 있었다. 이 자동차 행렬의 맨 앞에는 경찰 고위 간부들이 탄 리무진이 있었다. 법원은 무장경찰들로 가득했다. 지지자들은 건물 앞에 집결하여 인산인해를 이루고 있었고, 지지자들의 인파를 피하기 위해 우리가 탄 차는 건물 뒤편으로 들어가 거대한 철문을 통과했다. 기관총을 든 경관들이 건물을 에워싼 채 경비를 섰다. 차에서 내릴 때 군중의 노래와 구호 소리가 들렸다. 건물 안으로 들어가자, 우리는 법정 아래층 감방에 수감되었다. 이제 국내외의 언론들이 남아프리카 사상 가장 중요한 정치재판이라고 기술한 재판의 개정이 임박해 있었다.

감방에서 나오자 각 피고에게 무장 교도관 두 명이 동행했다. 잘 장식되고 천장이 높은 법정에 들어서면서 우리는 군중을 향해 주먹을 쥐고 ANC식 인사를 했다. 방청석에서 지지자들은 "아만들라 응가웨투!" 그리고 "마이부예 아프리카!"를 외쳤다. 이는 우리의 기운을 고무시키기는 했으나 위험한 일이었다. 경찰은 방청석에 있는 모든 청중의 이름과 주소를 갖고 있었고, 그들이 법정을 뜰 때 그들의 사진을 찍었다. 법정은 국내외 보도진으로 가득 찼고, 외국 정부의 대표도 10여 명이 와 있었다.

우리가 줄지어 입정한 뒤 경찰은 우리와 방청객 사이에 경계선을 만들었다. 나는 황갈색 반바지 죄수복을 입고 샌들을 신은 채로 법정에 서야 하는 것이 견딜 수 없이 싫었다. 하지만 기결수이기 때문에 내게는 전통의상을 선택할 여지가 없었다. 많은 사람들이 나중에 내가 그때 얼마나 볼품없었는지 이야길 했다. 꼭 옷 때문만은 아니었다. 수개월 동안 독방에 감금되어 있었던 터라 몸무게가 10킬로그램 이상 줄었던 것이다. 법정에 들어설 때 나는 애써 방청석을 향해 미소를 지었다. 지지자들을 보는 것이 최고의 약이었다.

바로 몇 주 전, 아서 골드라히, 헤럴드 볼피, 모시 물라, 그리고 압둘라이 야사트가 한 젊은 교도관을 매수해 탈옥을 했기 때문에 경비는 특히 삼엄했다. 아서와 헤럴드는 사복으로 변장하고 스와질란드로 빠져나가 그곳에서 비행기를 타고 탕가니카로 갔다. 마침 지하운동에 대해 당국이 한창 신경을 곤두세우고 있을 때에 발생한 일이었고, 신문에서는 이를 대서특필했다. 정부로서는 무척 당혹스러운 사건이었으나 우리에게는 사기를 높이는 일이었다.

리보니아 재판의 판사는 트란스발 판사장인 쿼터스 드 웨트로, 그는 넘실거리는 붉은 판사복을 입고 나무 차양 아래에 앉아 있었다. 드 웨트는 국민당이 집권하기 전에 통일당이 마지막으로 임명한 판사들 중 한 사람으로, 정부의 충복이라는 비난을 받고 있지는 않았다. 그는 어리석은 짓을 용서치 않는 무표정한 얼굴이었다. 검사는 트란스발 법무차관인 퍼시 유타로 남아프리카 법무장관을 꿈꾸는 사람이었다. 그는 키가 작고 대머리에 말쑥한 차림으로, 화를 내거나 감정이 격해지면 목소리가 갈라지는 특징이 있었다. 그는 명확하진 않지만 극적이고 과장된 언어를 구사하는 데 재능이 있었다.

유타는 일어서서 재판 개정을 신청했다. "존경하는 재판장님, '국가 대 전국최고사령부 외 다수'에 대한 재판을 요청합니다." 나는 1번으로 기소되었다. 유타는 기소장을 재판장에게 제출한 다음 우리에 대한 기소와 재판을 신속히 해줄 것을 요구했다. 우리에게 직접 기소장 사본이 전달된 것은 이번이 처음이었다. 검찰 측은 기소장을 《랜드 데일리 메일》에 넘겨줘 그 날짜 신문이 온통 기소내용을 싣고 있었는데도 유독 우리에게는 기소장을 넘겨주지 않았다. 기소장에는 우리 11명을 폭력혁명과 남아프리카 공화국을 무력으로 찬탈하기 위해 200건 이상의 사보타주를 공모한 혐의로 기소한다고 적혀 있었다. 정부는 우리가 정부를 전복하기 위한 모반을 꾀했다고 주장했다.

우리가 대역죄 혐의가 아니라 사보타주 및 모반 혐의로 기소된 것은, 법에서는 사보타주 및 모반 혐의가 대역죄만큼 준비 검토 기간(이는 피고 측에 대단히 도움이 된다)을 길게 요구하지 않았기 때문이다. 그러나 법정최고형, 즉 교수형은 같았다. 대역죄 혐의로 기소하면 정부는 있을 수 있는 모든 의혹을 일소할 만큼 충분히 죄를 입증해야 하며, 각각의 기소를 증명하기 위해 증인 두 명이 필요했다. 「사보타주법」에 따르면 피고의 무죄를 입증해야 하는 측은 변호인 측이었다.

브람 피셔가 일어나 피고 측이 재판을 준비할 충분한 시간적 여유가 없었다는 이유로 재판부에 재판 연기를 요구했다. 그리고 많은 피고들이 부당하게 긴 시간 동안 독방에 감금되어 있었다는 점을 지적했다. 정부는 3개월 동안 재판을 준비해왔으나 우리는 바로 당일 기소장을 받았다. 드웨트 판사는 10월 29일까지 3주간 재판 연기를 허락했다.

그 첫날 나는 위니가 재판에 참석할 수 없다는 것을 알고 마음이 몹시 불안했다. 금지령과 요하네스버그 외 지역 이동제한령이 내려져, 위니는 법정에 오려면 경찰의 허가를 받아야 했다. 위니는 방문 신청을 했으나 거부되었다. 게다가 경찰이 우리 집을 급습하여 위니의 젊은 친척 한 명을 구속했다는 이야기도 들었다. 당국은 위니만 괴롭히는 것이 아니었다. 알베르티나 시술루와 캐롤라인 모초알레디도 「90일 구금법」에 따라 구속 중이었다. 월터의 어린 아들 맥스도 체포되었다. 자유투사의 아내와 아이들을 구속하는 것은 억압을 가하는 가장 야만적인 방법 가운데 하나였다. 많은 수인들은 당국이 어떤 억압을 가해온다 할지라도 견뎌낼 수 있다. 그러나 정부가 가족에게도 똑같은 짓을 하는 것은 생각만 해도 견딜 수 없는 일이었다.

위니는 이어 법무장관에게 항소를 했고, 전통의상을 입지 않는다는 조건으로 재판 참석을 허락받았다. 우리에게 자치지구에서 우리의 문화를 간직하라고 말한 정부가 위니에게 법정에서 전통의상을 입지 못하게 하는 것은 아이러니가 아닐 수 없었다.

다음 3주 동안 우리는 재판을 준비하느라 함께 시간을 보냈다. 나는 이제 동료 피고인들과 함께 있었고, 동료들이 함께 있다는 것은 큰 활력소가 되었다. 미결수에게는 일주일에 두 시간 반의 접견이 허락되고, 외부에서 하루 한 끼 식사를 차입할 수 있었다. 필레이 여사의 맛있는 저녁 덕에 나는 곧 잃었던 몸무게를 되찾았다.

우리가 변론을 준비하는 동안 정부는 지상재판을 벌였다. 심리 중인 사건은 공개적으로 또는 언론에서 논의될 수 없는 것이 관례이다. 그러나 리보니아에서 체포된 사람들은 「90일 구금법」에 따라 구속되어, 전문적으로는 범죄 혐의로 기소되지 않았기 때문에 이 같은 사법적 원칙은 보류될 수 있었다. 법무장관을 비롯해 그 이하 모든 사람이 우리를 폭력혁명가라고 낙인찍었다. 신문은 '군사혁명'과 같은 표제를 일상적으로 내걸었다.

10월 29일, 우리는 다시 법원에 들어섰다. 대규모 군중이 흥분하여 우리를 맞았다. 경비는 역시 극도로 삼엄했다. 법정은 마찬가지로 많은 외국 대사관에서 온 귀빈들로 가득 찼다. 3주 동안 동지들과 함께 한 뒤에 나는 활기를 되찾았고, 이번에는 양복을 입었기 때문에 마음도 훨씬 편안했다. 변호사들이 우리가 죄수복을 입고 법정에 서야 하는 것에 이의를 제기했고, 결국 사복을 입어도 좋다는 허락을 받았던 것이다. 우리는 다시 방청석을 향해 불끈 쥔 주먹을 들어올렸고, 다시 또 그렇게 하면 죄수복 차림으로 법정에 서야 한다는 경고를 받았다. 소요를 막기 위해 당국은 판사보다 피고가 먼저 입정하는 관례를 깼다. 첫날 이후 판사가 먼저 입정했고, 우리가 입정할 때는 재판이 이미 시작되어 있었다.

우리는 즉시 반격에 들어갔다. 브람은 정부의 기소장이 조잡하고 허술하게 작성되었으며, 심지어는 내가 프리토리아 지방교도소에 복역 중이던 시기에 특정 사보타주에 참여했다는 터무니없는 주장도 있다고 비판했다. 유타는 크게 당황했다. 드 웨트 판사는 유타에게 브람의 주장에 대해 반박할 기회를 허용했다. 그러나 검사의 답변은 구체적 사항을 다루지 않았고, 유타의 갈팡질팡하는 발언에 짜증이 난 판사는 그의 답변을 정치적 발언이라고 힐난했다. "유타 씨, 당신 논고의 기초는 피고인들이 유죄라는 것에 만족한다는 것이 전부인 것 같군요." 이어 드 웨트는 기소장을 파기하고 재판 종료를 알렸다.

그 순간 우리는 형식적으로는 자유였다. 법정은 떠들썩했다. 그러나 우리는 심지어 드 웨트가 자리를 뜨기도 전에 다시 체포되었다. 스와네포엘 경위가 우리들 각자의 어깨를 치면서 말했다. "당신을 사보타주 혐의로 체포합니다." 그리고 우리는 다시 감방으로 끌려갔다. 그렇다 할지라도 이는 정부에는 큰 타격이었다. 이제 정부는 모든 재판에 종지부를 찍을 재판이라고 그들이 불러왔던 이 사건을 처음부터 다시 시작해야 했기 때문이다.

정부는 기소장을 다시 작성했고 재판은 12월 초 속개되었다. 우리 모두는 그동안 드 웨트 판사가 우리에게 더 적대적이 되었다는 것을 감지할 수 있었다. 아마도 그의 독립적 태도가 정부의 분노를 사 모종의 압력이 가해졌던 것 같다. 새로운 기소장이 낭독되었다. 우리는 폭력혁명을 기도하고자 사보타주와 게릴라전을 벌이기 위해 사람들을 충원한 혐의, 공산주의 혁명 지원을 위해 남아프리카를 침공할 외국 군대를 원조할 것을 공모한 혐의, 같은 목적으로 외국으로부터 자금을 유치하고 수령한 혐의로 기소되었다. 유타는 애정영화에나 어울릴 법한 말투로 피고들이 주문한 탄약은 요하네스버그를 날려버리기에 충분한 양이었다고 주장했다.

기록원은 우리의 유죄인정 여부를 물었다. 우리는 관례에 따라 유죄를 인정하지 않고, 이 순간을 이용해 재판에 대한 우리의 경멸을 보여주기로 일찌감치 합의했었다.

"1번 피고, 넬슨 만델라, 유죄를 인정합니까?"

나는 일어서서 답변했다. "재판장님. 재판을 받아야 할 사람은 제가 아니라 정부입니다. 저는 유죄를 인정하지 않습니다."

"2번 피고, 월터 시술루, 유죄를 인정합니까?"

시술루는 말했다. "이 나라에서 일어나는 일의 책임은 정부에 있습니다. 저는 유죄를 인정하지 않습니다."

드 웨트 판사는 정치적 발언은 듣고 싶지 않으니 단지 유죄인정 여부만을 밝히라고 말했다. 그러나 지시는 무시되었다. 피고인들은 모두 유죄를 인정하지 않는다고 말하기 전에 범죄자는 정부라고 비난했다.

재판의 극적 효과를 높이기 위해 정부는 유타의 논고를 남아프리카 방송을 통해 중계방송하도록 준비했다. 판사석과 검사석 앞에는 마이크가 설치되었다. 그러나 유타가 막 목소리를 가다듬고 있을 때, 브람 피셔가 일어서 재판부에 마이크를 제거해달라고 요청했다. 방송이 사건에 대한 부당한 편견을 조장할 수 있으며, 법정의 품위를 깨뜨린다는 이유에서였다. 유타가 강력히 항변했으나 판사는 마이크를 치우라고 명령했다.

검사 측 논고에서 유타는 ANC가 지하로 들어가면서부터 사보타주에서 게릴라전으로, 궁극적으로는 남아프리카공화국을 무력침공하기 위한 폭력정책을 실행해왔다고 주장했다. 훈련된 수천 명의 게릴라 부대를 전국에 배치하고, 이 부대들이 봉기를 주동하여 외국 군부대의 무력침공과 연결시키도록 한다는 계획을 해왔다고 주장했다. "그 결과로 야기되는 혼란과 동요, 무질서를 틈타 피고들은 임시정부를 세우고 나라의 행정과 통제권을 장악하려는 계획을 세워왔습니다"라고 유타는 목소리를 높였다. 이 원대한 계획의 원동력은 ANC와 공산당의 정치적 지시를 받는 '민족의 창'이고 이것의 본부는 리보니아라고 했다.

그의 과장된 연설에서 유타는 우리가 어떻게 MK를 충원하는지, 어떻게 1963년 전국 봉기를 계획했는지(그는 우리와 PAC를 혼동했다), 우리가 어떻게 리보니아에 강력한 무전송신기를 설치했는지, 그리고 우리가 어떻게 222건의 사보타주에 관해 집단적으로 책임이 있는지를 기술했다. 그는 엘리어스 모초알레디와 앤드루 음랑게니가 대원들을 충당하는 책임을 맡고 있으며, 데니스 골드버그는 케이프에서 충원을 위한 특별학교를 운영했다고 말했다. 그는 외국으로부터 자금의 유입뿐만 아니라 다양한 폭탄 제조에 이르기까지 상세하게 설명했다.

다음 3개월 동안 정부는 증인 173명을 동원하고, 마르크스주의 고전, 게릴라전 역사서, 지도, 청사진, 그리고 데이비드 모차마이 이름으로 발급된 여권 등을 포함해 서류와 사진 자료 수천 개를 세밀히 검토했다. 첫 번째 증인은 리보니아의 사진을 찍은 경찰 사진기사였고, 두 번째 증인은 골드라히 가문의 일꾼들이었다. 그들은 이 집안의 정치와 아무런 관계가 없었는데도 내내 구속되어 있었다. 이 사람들은 피고석에 있던 우리를 가리키며 우리 얼굴을 대부분 알아보았다. 그러나 늙은 젤리먼 씨는 1번 피고를 가리키라는 지시를 받았을 때 나를 돕기 위해 용기를 내 나를 모르는 체했다. 검사는 다시 모든 얼굴들을 주의 깊게 살펴보라고 말했다. "여기에 없는 것 같습니다." 젤리먼은 조용히 말했다.

우리는 정부가 나의 유죄를 입증할 어떤 증거를 확보하고 있는지 궁금했다. 리보니아에서 대부분의 계획이 작성되는 동안 나는 국외에 있거나 교도소에 있었다. 내가 선고를 받은 직후 프리토리아 지방교도소에서 월터를 보았을 때, 그에게 반드시 공장에 있는 내 책과 공책들을 모두 치워달라고 부탁했다. 그러나 재판 첫 주에 러스티 번스타인이 보석을 신청했을 때, 퍼시 유타는 극적으로 내가 요새에 있을 때 작성한 요새의 스케치와 탈주 계획에 관한 쪽지를 증거로 제출했다. 유타는 이것이 피고인 모두가 탈출을 기도했다는 증거라고 주장했다. 쪽지가 발각되었다는 것은 내 물품들이 리보니아에서 전혀 치워지지 않았다는 말이었다. 나중에 들은 이야기로는 리보니아 동지들이 내 탈주 계획 쪽지가 미래에 중요한 역사적 기록이 될 것이라 판단하고 그것을 보존하기로 합의했다는 것이다. 그러나 미래는 어찌됐든 현재에는 이 쪽지로 인해 러스티 번스타인은 보석을 받을 수 없게 되었다.

정부 측 핵심 증인은 법정에서는 '미스터 X'라고 알려진 브루노 음톨로였다. 미스터 X를 소개하면서 유타는 신문이 3일 걸릴 것이라고 말하고, 다시 과장된 어조로 증인이 '생명의 위협'을 느끼고 있다고 덧붙였다. 유타는 증거는 사진으로 제출되어야 하고, 증인의 신분을 밝히지만 않는다면 보도는 허락되어야 한다고 요구했다.

음톨로는 키가 크고 체격이 좋은 사람으로 기억력이 뛰어났다. 더반 출신의 줄루족인 그는 나탈 지역 MK 지도자가 되었다. 그는 노련한 사보타주 활동가로서 리보니아에 있었던 적이 있다. 나는 그를 딱 한 번 만난 적이 있는데, 그것은 대륙 여행에서 돌아와 나탈에서 그의 MK 간부들에게 연설했을 때였다. 그가 제시한 나와 관련된 증거를 볼 때 정부가 나에게 유죄를 확정할 수 있다는 것이 분명해졌다.

그는 자신이 시청 사무실과 고압선 철탑, 그리고 전기선을 폭발시킨 MK 사보타주 활동가라는 말로 증언을 시작했다. 놀랄 만큼 정확하게 그는 폭탄과 지뢰 그리고 수류탄의 작동법을 설명했고, MK가 어떻게 지하에서 활동했는지를 설명했다. 음톨로는 자신이 ANC의 이상에 대한 신념을 버린 것은 아니지만 ANC와 MK가 공산당의 도구라는 사실을 깨달았을 때 조직에 대한 신뢰를 잃었다고 말했다.

그의 증언은 간략했고 솔직해 보였다. 그러나 음톨로는 자신의 증거를 애써 윤색하고 있었다. 경찰의 지시에 따른 것이 틀림없었다. 그는 내가 나탈 지역 사령부를 대상으로 연설하던 도중 모든 MK 간부들은 훌륭한 공산주의자가 되어야 하지만 공개적으로 정치적 입장을 표명해서는 안 된다고 말했다고 증언했다. 나는 그런 말을 한 적이 없었다. 그의 증언은 나와 MK를 공산당과 연계시키려는 작전이었다. 그의 기억은 너무나 정확해 보여 보통사람에게는 모든 진술이 사실로 여겨졌을 것이다. 그러나 이것은 그렇지 않았다.

나는 음톨로의 배반에 경악했다. 나는 ANC의 지도층 회원이더라도 경찰의 모진 고문에 무릎을 꿇을 가능성이 있다는 것을 배제하지는 않았다. 그러나 음톨로는 고문이라고는 조금도 당하지 않았다. 증인석에서 그는 사건에서 언급되지 않은 사람들까지 연루시키려고 했다. 물론 사람의 마음이 변할 수는 있다. 그러나 그렇게 많은 사람을, 더구나 그들 가운데 많은 수가 무고한 사람들인데 그들을 배신하는 것은 도저히 용서할 수 없는 일이었다.

반대신문에서 우리는 음톨로가 MK에 가입하기 전에 좀도둑이었으며, 절도죄로 세 차례 징역을 산 적이 있었다는 사실을 알게 되었다. 이런 사실이 드러났는데도 그는 우리에게 대단히 큰 피해를 입혔다. 판사는 그를 신뢰할 수 있고 정직하다고 판단했고, 그의 증언으로 우리 대부분은 유죄가 인정되었다.

정부 측 논고의 핵심은 리보니아 기습에서 압수한 여섯 쪽짜리 행동계획서였다. 경찰이 농장을 습격했을 때 최고사령부 지도자들은 바로 이 서류를 책상 위에 놓고 검토 중이었다. '마이부예 작전'에는 게릴라 활동의 개시와 그것이 반정부 대중 무장봉기를 촉발시키게 되는 경로가 전반적으로 기술되어 있었다. 게릴라 소부대가 남아프리카의 네 개 지역에 착륙하고 미리 지정된 목표물을 공격하고, 훈련된 게릴라 120명으로 구성된 해외 병력이 입국하면 국내 MK 신병 7천 명이 이들을 맞는다는 것이 목표로 설정되어 있었다.

검사 측 논고는 마이부예 작전이 ANC 집행부에 의해 승인되었고, MK의 활동계획으로 채택되었다는 주장에 역점을 두었다. 우리는 마이부예 작전은 공식적으로 채택되지 않았으며, 체포 당시 여전히 논의 중이었다고 주장했다. 내가 생각하는 한 마이부예 작전은 비단 승인되지 않은 초안일 뿐만 아니라 그 목표와 계획이 전적으로 비현실적인 것이었다. 나는 게릴라전이 그 단계에서 실현 가능한 방안이라고 생각지 않았다.

그 계획은 내가 부재중에 작성된 것이라 나는 그 내용에 관해 거의 아는 바가 없었다. 리보니아 재판의 피고들 사이에서도 과연 그 계획이 ANC의 공식 정책으로 채택되었는지를 두고 의견이 일치하지 않았다. 조 슬로보와 함께 문서를 작성한 고반은 계획에 합의했다고 주장하면서, 법정에서 그 계획이 아직 논의 중이었다고 진술하는 것은 잘못된 것이라고 주장했다. 그러나 모든 다른 피고들은 그 서류는 최고사령부가 작성한 것이기는 하나 ANC 집행부에 의해 승인되지는 않았고, 심지어 루툴리 추장조차 서류를 보지 못했다고 말했다.

사형선고가 내려질 수도 있는 재판이면 분위기는 마땅히 우울하게 마련이지만 우리의 사기는 대체로 고양되어 있었다. 우리는 교수대에 대해 농담을 하기도 했다. 피고들 중 가장 어린 데니스 골드버그는 참을 수 없는 유머 감각이 있어 우리는 웃지 않아야 할 때까지 웃게 되는 경우도 있었다. 검사 측 증인 중 한 명이 레이먼드 음흘라바가 어떻게 사제복을 입고 변장을 했는지를 기술하자 데니스는 그를 음흘라바 목사님이라고 부르기 시작했다.

아래층 협의실에서 우리는 종종 종이에 글을 써서 의사소통을 했다. 종이는 사용한 뒤 태워서 쓰레기통에 버렸다. 우리를 감시하던 특수부 장교 가운데 스와네포엘이라는 중위가 있었는데, 퉁명스럽고 얼굴색이 붉은 이 사람은 우리가 항상 자신을 속인다고 믿고 있었다. 어느 날 스와네포엘이 문에서 우리를 감시하고 있을 때, 고반 음베키가 극도로 조심스럽게 쪽지를 쓰기 시작했다. 역시 조심스럽게 그는 내게 쪽지를 건넸다. 나는 그것을 읽고 점잖게 고개를 끄덕인 뒤 케이시에게 쪽지를 건넸다. 케이시는 보란 듯이 쪽지를 태우기 위해 성냥을 꺼냈다. 그때 스와네포엘이 방을 급습했다. 케이시에게서 쪽지를 뺏은 그는 방에서 성냥을 켜는 것이 위험하다고 말하고는 자신의 전리품을 읽기 위해 방을 나갔다. 몇 초 뒤 그는 "나는 이 일로 너희 모두를 가만두지 않겠어"라고 말하며 황급히 돌아왔다. 고반이 대문자로 쓴 말은 "스와네포엘 녀석 잘생기지 않았소?"였다.

우리가 교도소에 그리고 재판에 묶여 우리의 생명을 건지려 애쓰는 동안 밖에서는 새 생명이 태어나고 있었다. 지미 캔토의 아내가 곧 출산할 예정이었다. 지미는 변호사였는데, 단지 헤럴드 볼피의 처남이라는 이유만으로 정부가 재판에 끌어들인 사람이었다.

어느 날 아침, 피고석에 앉아 있을 때 저쪽 끝에서부터 쪽지 한 장이 전해졌다.

> 바바라와 저는 오랫동안 대부를 정하는 것에 대해 의논했습니다. 아이가 딸이건 아들이건 간에, 과거에 맡으셨던 어떤 일보다 보잘것없는 일일 터이지만, 대부가 되어주신다면 저희에게는 영광이 될 것입니다.

나는 답장으로 지미에게 쪽지를 보냈다.

너무나 기쁜 마음으로 수락합니다. 아이에게 영광이 아니라 오히려 내게 영광입니다. 이제 저들은 감히 나를 교수대에 세우지 못할 것입니다.

56

재판은 1963년 크리스마스 때에도 계속되다가 1964년 2월 29일에 끝났다. 증거를 살펴보고 변론을 준비하는 데에는 한 달 정도밖에 시간이 없었다. 우리에 대한 증거의 수준은 저마다 달랐다. 제임스(지미) 캔토에 대한 증거는 없었다. 그는 우리 조직의 회원도 아니었고 재판을 받을 이유도 전혀 없었다. 러스티 번스타인, 레이먼드 음흘라바, 그리고 아메드 카트라다의 경우에는 음모에 가담했다는 증거가 조금 있기는 했지만 우리는 그들이 유죄를 선고받지 않도록 해야 한다고 결정했다. 러스티에 대한 증거는 무시할 만한 정도였다. 그는 리보니아에서 다른 사람들과 함께 있는 것이 목격되었을 뿐이었다. 우리 중에서 나머지 여섯 명은 일부 혐의에 대해서는 유죄를 인정하기로 했다.

브람은 매우 비관적이었다. 그는 우리가 게릴라 전쟁을 결정하지 않았으며 우리의 사보타주가 인명을 희생하기 위한 것이 아니었다는 점을 증명하더라도, 정부는 사형선고를 내릴 수 있을 것이라고 공언했다. 변호인단은 우리가 증언하는 것을 두고 두 가지 입장으로 나뉘었다. 일부는 증언을 하게 되면 우리의 재판을 훼손하게 될 것이라고 주장했다. 하지만 조지 비조스는 우리가 증거를 제시하지 않고, 판사에게 우리가 게릴라 전쟁을 결정한 것이 아니라는 점을 설득시키지 않는다면, 우리는 분명 최고형을 선고받을 것이라고 주장했다.

애초부터 우리는 재판을 법적 심판이 아니라 우리의 신념을 전하기 위한 수단으로 활용하기로 했다는 점을 분명히 밝혔다. 예를 들면, 우리가 사보타주에 대한 책임이 있다는 점을 부정하지 않으려 했다. 우리는 우리 중 일부가 비폭력주의에서 이탈했다는 점도 인정하려 했다. 우리는 죄를 피하거나 형량을 경감시키는 데에는 관심이 없었다. 그러나 비록 어떠한 희생을 치르더라도 우리가 투쟁하여온 명분을 강화하기 위하여 재판을 활용하는 것이 우리의 관심사였다. 우리는 법률적인 측면보다는 도덕적인 측면에서 우리 자신을 변호하고자 했고, 재판은 또 다른 수단을 통한 투쟁의 연속이라고 생각했다. 우리는 정부가 확인한 사실에 대해서는 기꺼이 인정하기로 했지만, 다른 사람이 연루될 수 있는 사실에 대해서는 부인하기로 했다.

우리는 정부가 내세우는 핵심적인 혐의, 즉 우리가 게릴라 전쟁을 시도했다는 사실을 부인하기로 했다. 하지만 사보타주가 실패할 경우 그에 대한 대비책으로 게릴라 전쟁을 구상했다는 점은 인정하기로 했다. 그러나 사보타주가 완전히 실행된 것이 아니기 때문에 아직 실패한 것이 아니라고 주장하기로 했다. 또한 우리는 무고한 시민들을 살상하려고 했다는 정부의 주장에 대해서는 그것이 완전한 거짓말이든 혹은 어떤 사람에 의해서 저질러졌든 우리는 부인하기로 했다. 우리는 외국의 군사적 개입에 대해서는 깊이 생각해본 적도 없었다. 우리가 이렇게 주장하기 위해서는 재판부에 마이부예 작전에 대해서 설명해야 한다고 보았다.

나에 대해서는 재판부가 유죄를 인정할 만한 충분한 증거를 가지고 있었다. 내가 자필로 쓴 서류에는 내가 불법적으로 외국으로 나갔다는 것, 아프리카인을 위한 군사훈련을 준비했다는 것, 그리고 배후에서 민족의 창을 만들었다는 것이 드러나 있었다. 또한 내가 자필로 쓴 「훌륭한 공산주의자는 어떻게 만들어지는가」라는 글도 있었다. 정부는 이 글이야말로 바로 내가 정식 공산당원임을 증명하는 것이라고 주장했다. 사실 이 글의 제목은 중국의 이론가 류사오치의 저작에서 따온 것이었는데, 이 글은 모세 코타네에게 어떤 것을 설명하기 위하여 쓴 것이었다. 우리는 남아프리카의 일반 사람들에게 공산주의를 선전하는 문제에 대하여 논쟁을 벌여왔었다. 나는 공산주의 문학작품은 대부분 지루하고 난해하며 서구중심적이라는 점을 지적하고, 단순하고 명쾌하면서도 아프리카 대중들의 수준에 맞는 것이어야 한다는 점을 줄곧 주장했다. 그러나 모세는 그렇게 해서는 안 된다고 주장했다. 나는 내 입장을 증명하기 위해서 류사오치의 글을 선택했고, 이것을 아프리카인에게 맞도록 고쳐 썼던 것이다.

내가 첫 번째 증인이 되기로 했기 때문에 나는 변론의 수위를 구상했다. 남아프리카의 법정에서는 증인석에서의 증언이 질문에 대한 답변 형식으로만 할 수 있었다. 나는 이러한 형식에 구애받지 않기로 했다. 다른 사람들은 증언을 하고 반대신문을 받지만, 나는 피고석에서 진술을 하기로 합의했다.

피고석에서 하는 진술은 재판부의 반대신문이나 질문에 국한되는 것이 아니기 때문에 일반 증언과 같은 법적 효력을 갖지 못한다. 마음껏 진술을 하고자 하는 사람들은 통상 이런 방법을 택함으로써 반대신문을 피한다. 변호인들은 이런 일이 나를 더욱 불리한 법적 상황에 빠뜨릴 것이라고 우려했다. 즉 내가 아무리 무죄를 주장하는 진술을 하더라도 그것은 판결에 영향을 미치지 못한다는 것이다. 그러나 그것이 중요한 문제는 아니었다. 우리는 뒤에 이어질 모든 진술의 뼈대가 될 우리의 정책과 이념을 진술하는 것으로 변론을 시작하는 것이 중요하다고 믿었다. 나는 퍼시 유타와 한판 논쟁을 벌이고 싶었지만 우리의 고통에 초점을 둔 주장이 더욱 중요했다.

면회실이 도청되고 있었기 때문에 이 모든 것은 주로 글로 써서 논의하고 결정했다. 우리는 심지어 역정보를 흘려서 정부의 도청을 우리에게 유리하도록 만들기도 했다. 우리는 내가 증언할 것이라는 여러 가지 징후를 보여주어서 정부가 반대신문에 시간을 허비하도록 했다. 조엘 조피 변호사와 미리 짠 대화에서 나는 증언을 준비하기 위하여 반역죄 소송 기록이 필요하다고 말했다. 우리는 100권 또는 그 이상이 될 반역죄 소송기록부에 정신이 빠질 유타를 생각하면서 웃음을 지었다.

나는 약 2주일 동안 주로 저녁에 감방 안에서 내가 진술한 내용의 초안을 잡았다. 이 작업을 끝내고 나는 먼저 바깥의 동지들과 피고가 된 동료들에게 보여주었다. 그들은 약간의 수정 제의와 더불어 승인했다. 나는 브람 피셔에게도 한번 검토해줄 것을 부탁했다. 브람은 초안을 읽어보고는 걱정이 되어 할 핸슨이라는 뛰어난 변호사에게 한번 읽어봐달라고 했다. 핸슨은 브람에게 "만약 만델라가 법정에서 이것을 읽는다면 그들은 곧바로 만델라를 재판소 뒤편으로 끌고 가서 교수형에 처해버릴 것"이라고 말했다. 이 말은 브람의 우려를 확인시켜주었고, 그는 다음 날 나에게 와서 진술의 수위를 좀 낮추라고 요구했다. 나는 우리가 무슨 말을 하든지 간에 교수형에 처해질 것이라고 느꼈기 때문에, 우리가 진정으로 믿는 것을 말하는 것이 차라리 나을 것이라고 생각했다. 그 당시 신문들은 우리가 사형선고를 받을 것이라고 당연하게 예측할 정도로 분위기는 불길했다. 브람은 나더러 마지막 한 문단만은 읽지 말라고 요구했지만 내 입장은 단호했다.

4월 20일 월요일, 우리는 삼엄한 경비 속에 법원으로 끌려 나갔고, 우리가 변론할 시간이 되었다. 위니는 어머니와 함께 있었다. 나는 법정에 들어서면서 그들에게 목례를 했다. 법정은 다시 가득 찼다.

브람이 정부가 제시한 증거 가운데 일부에 대해서는 피고인들이 인정할 것이라고 말하자 법정은 소란스러워졌다. 하지만 그는 계속해서 피고인들은 MK가 ANC의 군사부대라는 점과 정부가 주장하는 다른 많은 혐의는 부인할 것이라고 말했다. 그는 MK와 ANC 지도자들이 "이 두 조직을 완전히 독립적인 것으로 유지하려고 노력했습니다. 그들은 이 일을 항상 성공적으로 하지는 못했습니다. 그러나…… 이 목표를 위해서 모든 노력을 다했습니다"라고 말했다고 했다. 그는 ANC가 공산당으로부터 지령을 받았다는 것을 단호하게 부인했고, 피고인들이 골드버그, 카트라다, 번스타인, 그리고 음흘라바가 MK의 조직원이라는 주장을 부인할 것이라고 말했다. 그는 피고인들이 MK가 사실 마이부예 작전을 채택하지 않았으며, MK가 게릴라 전쟁을 위한 준비를 하지 않았음을 보여줄 것이라고 말했다.

드 웨트 판사는 "그게 부정될까요?"라고 의심스럽다는 듯이 물었다.

브람은 "부정될 겁니다"라고 대답했다. "증거는 게릴라 전쟁을 위한 준비가 진행되는 동안 아무런 계획도 채택된 적이 없다는 것을 보여주게 될 것입니다. 게릴라 전쟁은 피할 수 있다는 것이 일관된 희망이었습니다."

그러고는 브람은 부드러운 목소리로 "판사님, 변론은 첫 번째 피고인이 피고석에서 진술하는 것으로부터 시작하겠습니다. 그는 MK의 구성에 개인적으로 참여했으며, MK의 출범 과정에 대하여 진술할 것입니다"라고 말했다.

이때 유타는 검사석에서 벌떡 일어나 소리쳤다. "판사님! 판사님!" 그는 아무런 의심 없이 준비했던 반대신문 내용에 대해 내가 증언하지 않으려 하자 매우 난처하게 되었다. 그는 의기소침해져서 "판사님, 피고석에서 하는 증언은 선서한 뒤에 하는 증언과 같은 신뢰성을 가질 수 없습니다"라고 말했다.

드 웨트 판사는 "유타 박사, 변호인들은 당신의 도움 없이도 피고인들을 도와줄 충분한 경험을 가지고 있습니다"라고 냉담하게 말했다. 유타는 자리에 앉았다.

브람은 "우리나 피고인들은 형법 조항을 모르지 않습니다"라고 응수했다. "넬슨 만델라 씨 시작하세요."

나는 일어나 똑바로 얼굴을 세우고 천천히 읽었다.

저는 첫 번째 피고인입니다.

저는 문학사 학위를 갖고 있고, 올리버 탐보 씨와 함께 몇 년 동안 요하네스버그에서 변호사 활동을 한 적이 있습니다. 저는 허가 없이 외국으로 나갔다는 죄목으로, 또 1961년 5월 말에 있었던 파업에 참여하도록 선동했다는 죄목으로 5년간 복역하고 있는 기결수입니다.

저는 제가 '민족의 창'을 형성하는 데 가담했다는 사실과 1962년 8월에 체포될 때까지 '민족의 창'의 활동에 중심적인 역할을 했다는 것을 인정합니다.

먼저 저는 남아프리카에서의 투쟁이 외부 세력이나 공산주의자의 영향력 아래에 놓여 있다는 정부의 주장은 완전히 거짓이라는 점을 말하고 싶습니다. 저는 어떠한 외부인이 무슨 말을 해서가 아니라, 남아프리카에서의 제 경험과 제 자신이 자랑스럽게 여기는 아프리카인이라는 사실 때문에, 한 개인으로서나 아프리카인의 지도자로서 모든 활동을 했습니다.

어린 시절 트란스케이에서 저는 우리 부족의 어른들에게 구전 이야기를 들었습니다. 그들이 저에게 말해주었던 이야기 중에서 조국을 지키기 위하여 우리 선조들이 싸웠던 전쟁 이야기가 있었습니다. 딩간과 밤바타, 힌차와 마카나, 스쿵티와 달라실레, 음셰셰와 세쿠쿠네는 아프리카 민족 전체의 자존심과 영광을 대변하는 것으로 찬양받았습니다. 그래서 저는 제 인생을 아프리카인을 위해서 봉사하는 기회에 바칠 수 있기를, 그래서 아프리카인들의 자유를 위한 투쟁에 제가 보잘것없는 기여라도 할 수 있기를 바랐습니다. 이것이 이 재판에서 제가 받는 혐의와 관련된 행동을 하도록 했던 것입니다.

이 말을 하면서 저는 바로 그리고 조금 길게 폭력의 문제에 대하여 말하지 않을 수 없습니다. 지금까지 법정에서 주장되었던 저에 대한 혐의 가운데 일부는 사실이고 일부는 사실이 아닙니다. 그러나 제가 사보타주를 계획했다는 점은 부인하지 않습니다. 저는 무모하게 그것을 계획했던 것도 아니며, 폭력을 좋아하기 때문에 그랬던 것도 아닙니다. 저는 오랜 기간 동안 백인이 저질렀던 우리 민족에 대한 독재, 착취, 그리고 억압 이후의 정치적 상황에 대해 조용하고 냉정하게 평가한 결과 그것을 계획하게 되었던 것입니다.

나는 폭력 행위가 가져올 가능성에 대해서 아무런 생각 없이 행동한 것이 아니라는 점을 법정에서 분명히 밝히고 싶었다. 그리고 아무런 인명 피해를 끼치지 않으려고 했던 우리의 결심을 특별히 강조했다.

우리 ANC는 항상 인종차별 없는 민주주의를 지지해왔으며, 인종차별을 더욱 확대시키지 않도록 모든 행동을 조심해왔습니다. 그러나 50년 동안의 비폭력주의는 아프리카 사람들에게 더욱 억압적인 법률과 더욱더 적은 권리만을 가져다주었을 뿐이라는 것이 냉엄한 사실입니다. 이 재판부가 이해하기는 어렵겠지만, 그러나 오랜 세월 동안 아프리카인들이 폭력에 대하여 논의해온 것은 사실입니다. 아프리카인들이 백인과 싸워서 나라를 되찾으려고 했을 때, 우리 ANC 지도자들은 항상 폭력 대신에 평화적인 방법을 사용해야 한다고 그들을 설득했습니다. 우리들 중에서 일부가 1961년 5월과 6월에 폭력을 사용해야 한다고 논의할 때, 비폭력적인 방법으로 인종차별이 없는 나라를 이루려는 우리의 정책은 결국 아무것도 성취하지 못했고, 우리를 따르는 사람들이 이 정책에 자신감을 잃기 시작하면서 테러리즘에 대하여 깊이 고려하고 있었다는 것은 부인할 수 없습니다.……

'민족의 창'은 1961년 11월에 결성되었습니다. 우리가 이 결정을 채택하고 우리의 계획을 구체화시켜 나갈 때에도 ANC의 비폭력 인종화합의 전통은 그대로 유지되었습니다. 우리는 흑인과 백인이 서로 싸우는 내전 상황으로 나아갈지 모른다고 느꼈습니다. 우리는 경계하며 상황을 지켜보았습니다. 내전은 ANC가 그동안 지지해온 것을 파괴하는 것을 의미했고, 내전으로 인종 간의 평화는 더욱 어려운 상황에 놓일 수 있습니다. 우리는 이미 전쟁의 결과 나타난 남아프리카 역사에서 그 예를 볼 수 있습니다. 남아프리카 '보어전쟁'의 상처를 치료하기 위해서는 50년이 넘는 세월이 필요했습니다. 양측의 커다란 인명손실을 가져올 인종 간 내전의 상처를 없애기 위해서는 얼마나 많은 시간이 필요하겠습니까?

나는 사보타주는 미래의 인종관계를 위한 최선의 수단이라고 말했다. 우리의 첫 번째 노력에 대한 백인 지배자의 반응은 신속했고 야만적이었다. 사보타주는 사형에 처해질 범죄로 선언되었다. 나는 우리가 내전을 원하는 것은 아니지만 우리는 그것을 준비할 필요가 있었다고 말했다.

우리는 경험을 통해 폭동은 정부에 무차별적인 살육을 할 수 있는 좋은 기회를 제공할 것이라는 사실을 알았습니다. 그러나 무력에 대항하여 우리 자신을 방어하기 위해서는 장기항전을 준비하는 것이 우리의 의무라고 느낀 것은 바로 이미 남아프리카 땅이 무고한 아프리카인들의 피로 얼룩졌기 때문이었습니다. 만약 전쟁이 불가피하다면 우리는 우리 아프리카인에게 가장 유리한 방법으로 싸우고자 했습니다. 우리에게 가장 가능성이 있으면서도 양측의 희생을 최소화할 수 있는 싸움은 게릴라 전쟁입니다. 따라서 우리는 미래의 게릴라 전쟁에 대비하여 준비하기로 결정했습니다.

백인들은 모두 다 의무적으로 군사훈련을 받지만 아프리카인에게는 그러한 기회가 없습니다. 게릴라 전쟁이 시작되었을 때 지도부가 될 훈련받은 정예를 키워 내는 것이 가장 중요하다고 생각했습니다. 우리는 다가올 상황에 대비하여 미리 적절하게 준비해야만 했습니다.

우리가 이런 수준의 토론을 하고 있을 때, 나는 범아프리카자유운동기구 회의에 참여하고, 군사훈련을 받기 위하여 이 나라를 떠났다는 것을 설명했다. 게릴라 전쟁이 벌어졌을 때 우리 아프리카인과 함께 싸우기 위해서 훈련을 받았다고 말했다. 그렇더라도 나는 사보타주의 유용성은 여전히 남아 있으며, 최선을 다해 이를 추진해야 한다고 믿었다.

나는 ANC와 MK가 어떻게 분리되어 있으며, 우리가 이 두 조직을 분리하기 위하여 얼마나 노력했는지를 재판부에 이야기했다. 두 조직을 분리하는 것이 우리의 정책이었지만 실제로 이것은 단순한 문제가 아니었다. 억압과 투옥 때문에 사람들은 빈번하게 양 조직에서 일해야만 했다. 이 때문에 종종 조직의 분리성이 약화되기는 했지만 분리 그 자체가 무너진 것은 아니었다. 나는 ANC와 공산당의 목표와 대상이 같다는 정부의 주장을 부인했다.

ANC의 이데올로기적 신조는 항상 아프리카 민족주의였으며, 지금도 그렇습니다. 그것은 "백인을 바다로 쓸어버리자"라는 외침으로 표현되는 아프리카 민족주의의 개념이 아닙니다. ANC가 지지하는 아프리카 민족주의는 우리 자신의 땅에서 아프리카 민족을 위한 자유와 자아실현이라는 개념입니다. ANC가 채택한 문서 중에서 가장 중요한 것은 「자유헌장」입니다. 이것은 결코 사회주의 국가를 위한 청사진이 아닙니다.⋯⋯ ANC는 그동안 한 번도 국가 경제구조의 혁명적인 변화를 지지한 적이 없으며, 제가 아무리 생각해내려고 해도 자본주의 사회를 증오한 적도 없습니다.

공산당과 달리 ANC는 아프리카인들을 단지 구성원으로만 생각했습니다. ANC의 최고 목적은 아프리카인들의 단결과 충분한 정치적 권리를 획득하는 것이었고, 지금도 그렇습니다. 그러나 공산당의 주요한 목적은 자본주의를 전복하고 노동자 정부로 대치하는 것입니다. ANC는 계급 간의 조화를 추구한 반면, 공산당은 계급 구별을 강조합니다.

ANC와 공산당 사이에 자주 긴밀히 협력해온 것은 사실입니다. 그러나 협력은 단지 백인 지배를 척결하자는 공동의 목표를 보여준 것에 지나지 않으며, 이해관계가 완전히 일치된 조직임을 보여주는 것은 아닙니다. 세계의 역사를 살펴보면 이와 비슷한 예는 무수히 많습니다. 아마 가장 놀라운 예는 히틀러에 반대하는 영국, 미국과 소련 사이의 협력에서 찾을 수 있을 것입니다. 히틀러를 제외하고는 아무도 이들 사이의 협력이 처칠이나 루스벨트가 공산주의자가 되었거나 공산주의적 수단을 사용하기로 했다고, 또는 영국과 미국이 공산주의 세계를 만들기 위해서 노력하고 있다고 감히 주장하지는 않을 것입니다.

공산주의에 대하여 뿌리 깊은 편견을 가지고 있는 남아프리카의 백인들로서는 왜 경험이 많은 아프리카 정치가들이 그렇게 쉽게 공산주의자를 그들의 친구로서 받아들였는지 이해하기는 매우 어려울 것입니다. 그러나 우리에게 그 이유는 너무나 명확합니다. 억압자에 대항하는 싸움에서 이론적인 차이점은 이 단계에서 너무 사치스러운 것입니다. 더 나아가 공산주의자들은 수십 년 동안 아프리카인들을 평등한 인간으로서 대할 준비를 해온 남아프리카에서 유일한 정치 집단입니다. 공산주의자들은 우리와 함께 먹고 이야기하고, 함께 살고 일할 준비를 했습니다. 이렇기 때문에 오늘날 자유와 공산주의를 동일시하려고 하는 많은 아프리카인들이 있습니다.

나는 공산주의자가 아니며 나 자신을 항상 아프리카 애국자로 생각했다고 재판부에 말했다. 나는 계급 없는 사회라는 이념에 매력을 느꼈고, 마르크스주의로부터 영향을 받았다는 것을 부인하지 않았다. 이것은 자기 나라가 서구의 선진국을 따라잡기 위해서는 어느 정도 사회주의적 행태를 취하는 것이 필요하다고 생각했던 아프리카 신생 독립국가의 많은 정치 지도자들의 경우에도 마찬가지이다.

마르크스의 저작을 읽어보고, 마르크스주의자와 토론을 하면서 저는 공산주의자들이 서구의 의회제도를 비민주적이고 반동적인 것으로 여긴다는 인상을 받았습니다. 그러나 저는 그러한 제도를 가치 있는 것으로 봅니다.

전 세계적으로 민주주의자들은 「대헌장」, 「권리청원」 그리고 「권리장전」 등을 가치 있는 것으로 받아들이고 있습니다. 저는 영국의 정치제도와 사법체계를 매우 높이 평가합니다. 저는 영국 의회가 세계에서 가장 민주적인 제도라고 생각하며, 영국 사법부의 독립과 공평성은 제 기대를 한 번도 실망시키지 않았습니다. 미국의 사법부의 독립성, 의회제도, 그리고 권력분립의 원칙 등도 역시 부러운 것이었습니다.

나는 남아프리카에서 벌어지는 흑인과 백인 사이의 심각한 불평등에 대해서도 구체적으로 언급했다. 교육, 보건, 수입, 그리고 모든 일상생활에서 백인은 세계 최고의 수준을 누리는 반면에, 흑인은 겨우 연명하는 수준에 머물러 있다. 그리고 이러한 차이를 그대로 유지하는 것을 목표로 하고 있다. 백인들은 종종 남아프리카에서 살고 있는 아프리카인들이 아프리카 대륙의 다른 지역에 사는 아프리카인들보다 나은 생활을 하고 있다는 점을 강조한다. 나는 우리의 불만이 우리가 아프리카 대륙의 다른 사람들과 비교할 때 못산다는 것이 아니라 우리 나라의 백인과 비교할 때 못산다는 것이며, 이러한 불평등을 개선하는 일이 법적으로 제한받고 있다는 점을 지적했다.

> 아프리카인이 경험한 인간 존엄성의 박탈은 백인 우월주의 정책의 직접적인 결과입니다. 백인 우월주의는 곧 흑인 열등주의를 의미합니다. 백인 우월주의를 유지하기 위하여 고안된 법률은 이러한 관념을 유지시키고 있습니다. 남아프리카에서 천한 일은 항상 아프리카인의 몫입니다. 무슨 일을 하거나 청소할 일이 있으면 그것은 아프리카인이 해야 하며, 백인은 자기를 위하여 일하는 아프리카인을 그저 쳐다보기만 할 뿐입니다.……
>
> 빈곤과 가정생활의 파괴는 또 다른 문제를 발생시킵니다. 어린이들은 갈 학교가 없거나, 학교에 갈 돈이 없거나, 부모가 모두(부모가 둘 다 있을 경우) 생계를 위해 일하러 나가야 하기 때문에, 자녀들이 학교에 갈 수 있도록 돌보아 줄 수 없기 때문에 마을 거리를 떠돌아다니고 있습니다. 이것은 도덕을 파괴시키고, 문맹자를 양산하며, 그리고 정치적으로뿐만 아니라 다른 모든 분야에서 폭력을 분출시키게 됩니다.……
>
> 아프리카인은 남아프리카 전체를 공평하게 공유하기를 원합니다. 그들은

안전과 사회에서의 몫을 원합니다. 무엇보다도 우리는 무능력에서 벗어나기 위하여 평등한 정치적 권리를 원하고 있습니다. 아프리카인들이 다수 유권자가 될 것이기 때문에 이 나라의 백인에게는 이것이 혁명적인 것으로 들린다는 것을 저는 알고 있습니다. 이 때문에 백인들은 민주주의를 두려워하고 있습니다.……

그러나 바로 이것을 위해 ANC가 싸우는 것입니다. 그들의 투쟁은 진정으로 민족적인 것입니다. 아프리카인의 투쟁은 아프리카인의 고통과 경험으로부터 영향을 받은 것입니다. 그것은 생존권을 위한 투쟁입니다.

여기까지 진술문을 읽고 나서 나는 진술문을 피고석에 놓고 판사를 바라보았다. 법정은 아무 소리도 들리지 않을 정도로 조용해졌다. 나는 마지막 부분을 기억을 되살려 말하면서 드 웨트 판사를 똑바로 쳐다보았다.

저는 제 일생을 이러한 아프리카인의 투쟁에 헌신했습니다. 저는 백인 지배에 맞서 싸웠을 뿐만 아니라 흑인 지배에 맞서 싸웠습니다. 저는 모든 사람이 조화롭게 그리고 동등한 기회를 가지고 함께 사는 민주적이고 자유로운 사회의 이념을 소중히 생각합니다. 저는 이 이념을 위해 살고자 했습니다. 그러나 필요하다면 저는 이 이념을 위해 목숨을 버릴 준비가 되어 있습니다.

법정은 완전히 침묵에 빠졌다. 진술을 끝내고 나는 조용히 자리에 앉았다. 나는 사람들의 모든 시선이 나에게 맞추어지는 것을 느꼈지만 얼굴을 방청석으로 돌리지 않았다. 침묵이 몇 분 동안 이어지는 것 같았다. 그러나 사실 아마도 그 침묵은 30초도 안 되었을 것이다. 뒤이어 방청석에서 깊은 한숨과 "으음" 하는 집단적인 신음소리, 그리고 여자들의 울음이 터져나오는 것을 들었다.

나는 네 시간 넘게 진술했다. 내 진술이 끝났을 때는 오후 4시가 넘었는데, 통상 이 시간이면 휴정이 되었다. 그러나 드 웨트 판사는 바로 다음 증인을 불렀다. 그는 내 진술의 충격을 줄이기로 결심한 것이다. 그는 내 진술이 그날의 마지막 그리고 유일한 증언이 되는 것을 원하지 않았다. 그러나 그는 내 진술이 미치는 영향을 조금도 줄이지 못했다. 내가 진술을 끝내고 자리에 앉았을 때 드 웨트 판사는 나를 한 번 쳐다보았는데, 이후 재판 과정에서 그는 한 번도 나를 쳐다보지 않았다.

정부의 통제에도 내 진술은 국내외 언론에서 크게 보도했으며, 《랜드 데일리 메일》에는 진술 내용이 거의 그대로 실렸다. 내 진술은 우리 측 변론의 기본 선을 제시했고, 내가 사보타주에 대한 책임을 부인할 것이라고 생각하고 정부가 준비했던 내용을 쓸모없게 만들었다. 우리가 자부심을 가지고 그리고 계획적으로 취한 행동에 대한 책임을 피하기 위하여 법적 논쟁을 시도하지 않는다는 것은 이제 명백해졌다.

다음 차례는 월터 시술루였다. 월터는 유타가 나에게 하려고 준비했던 반대신문의 공세에 직면해야 했다. 월터는 적대적인 질문 공세와 유타의 음모를 뛰어넘어 우리의 정책을 명확하고 단순한 용어로 설명했다. 그는 마이부예 작전과 게릴라 전쟁 정책이 ANC의 정책으로 채택된 적이 없다고 단언했다. 사실 월터는 성숙되지 못한 조건에서 마이부예 작전과 게릴라 전쟁을 채택하는 것에 개인적으로 반대했다고 재판부에 말했다.

월터에 이어 고반이 증인석에 섰다. 그는 자신이 오랫동안 공산당원이었다고 당당하게 말했다. 검사는 고반에게 왜 네 가지 혐의는 대체로 인정하면서도 그 죄에 대해서는 솔직히 시인하지 않느냐고 물었다. 고반은 다음과 같이 말했다. "첫째, 나는 이 조직들에 가담한 이유에 대해서 선서를 하고 설명을 해야 한다고 느꼈습니다. 이에 대한 도덕적 의무감이 있었습니다. 둘째, 내가 죄가 있다고 인정하는 것은 도덕적 죄의식을 느끼게 됩니다. 나는 내 답변에 도덕적인 죄가 있다고 생각하지 않습니다."

고반과 마찬가지로 아메드 카트라다와 러스티 번스타인은 ANC 회원일 뿐만 아니라 공산당원이기도 하다는 점을 인정했다. 러스티는 경찰이 리보니아를 급습할 때 체포되었음에도 불구하고 그의 혐의에 대한 정부의 직접적인 증거는 그가 농장에 라디오 방송국을 만들어야 한다고 했다는 것밖에 없었다. 케이시는 날카롭고 재치 있게 증언을 했다. 그는 사보타주에 관여했거나 선동한 적이 없다고 부인했지만, 누가 그 투쟁을 이끌었다면 그러한 행동을 지지한다고 말했다.

우리는 여덟 번째 피고인 제임스 캔토가 체포되고 우리와 같이 재판을 받게 된 것에 놀랐다. 그는 우리를 위해서 많은 일을 해준 헤럴드 볼피의 처남이자 법률적 파트너라는 것 외에는 ANC나 MK와 아무런 관련도 없었다. 제임스 캔토에 대한 실질적인 증거는 없었는데, 정부가 그를 투옥시키고 기소까지 한 이유는 아마 진보적인 법률가들에게 겁을 주기 위해서였을 것이다.

드 웨트 판사가 지미 건에 대해서 결정을 내리는 날 우리는 법정 아래 감방에서 대기하고 있었다. 나는 지미에게 "행운을 비는 뜻에서 넥타이를 바꿔 매자"라고 했다. 그러나 아마 그는 내가 준 넓고 유행이 지난 넥타이와 자기의 아름답고 실크로 된 넥타이를 비교해보고는 내가 그의 넥타이가 탐이 나서 그랬다고 생각했을지 모른다. 지미는 유행을 좀 따지는 사람이었지만 내가 준 넥타이를 매고 법정에 나섰다. 드 웨트 판사가 그를 무죄로 풀어주는 결정을 내렸을 때 그는 나에게 안녕과 행운을 비는 뜻에서 내가 준 넥타이를 들어 올려 보였다.

레이먼드 음흘라바는 이스턴 케이프에서 ANC와 MK의 지도적인 인물이었다. 그러나 정부가 그와 관련해서 증거를 별로 확보하지 못했기 때문에, 그는 자신이 MK의 구성원이라는 것과 사보타주에 대해서 알고 있었다는 것을 부인했다. 우리 모두는 아홉 번째 피고인 엘리어스 모초알레디나 열 번째 피고인 앤드루 음랑게니가 증언하지 않아야 한다고 결정했다. 그들은 MK의 하급 멤버였고, 이미 이야기한 것 외에 별로 덧붙일 게 없었다. 엘리어스 모초알레디는 교도소에서 구타와 고문을 당했지만 결코 굴복하지 않았다. 마지막 피고인 앤드루 음랑게니는 자신이 메시지를 전달했고, MK에서 강의를 했으며, 그리고 일을 위해서 성직자로 위장한 적이 있다는 사실에 대해서 선서 없는 증언을 했다. 또한 그는 자신이 교도소에서 폭행을 당했으며, 전기고문을 받기도 했다고 말했다. 앤드루가 마지막 증인이었다. 변론은 끝났다. 이제 남은 것은 검사의 논고와 선고뿐이었다.

5월 20일, 유타는 파란 가죽으로 장정한 12쪽짜리 논고문을 기자와 피고 측에 제출했다. 잘 포장된 외양과 달리 유타의 논고문은 이 사건을 왜곡해서 요약한 글에 지나지 않았고, 기소 이유를 설명하거나 증거를 분석한 내용은 없었다. 단지 인신공격으로 가득 찼을 뿐이었다. 그는 이런 말을 했다. "피고인들의 거짓말은 놀라울 정도입니다. 그들은 반투인구의 1%도 대표하지 못하면서도 스스로 남아프리카의 아프리카인이 규제받고 억압당하고 있으며, 고통으로 신음한다고 세상에 말할 자격이 있는 것으로 자처했습니다." 드 웨트 판사까지도 유타의 논고가 의심스러웠는지 유타의 논고에 끼어들기도 했다. "유타 씨, 당신은 게릴라 전쟁이 결정되었다는 것을 증명하는 데 실패했다는 것을 인정하고 있군요, 그렇지요?" 유타는 당황했다. 그는 바로 그렇지 않다고 말했다. 우리도 판사의 질문에 놀랐다. 유타는 게릴라 전쟁을 위한 준비가 실제로 진행되었다고 더듬거리며 말했다.

드 웨트 판사는 바로 끼어들었다. "예, 나는 피고인 측이 그것을 인정한다는 것을 알고 있습니다. 그러나 그들은 자신들이 체포되기 전에 게릴라 전쟁을 시작할 것인지에 대해서 결정을 내리지 않았다고 말하고 있습니다. 나는 검찰 측에서 이와 반대되는 증거를 제시하지 못하고 있으며, 이는 검찰도 인정하는 것으로 봅니다."

유타는 질식할 듯한 목소리로 말했다. "존경하는 판사님." 유타는 이번 사건이 대역죄일 뿐만 아니라 살인 및 살인기도죄(이것은 공소장에서 언급된 바 없었다)라는 것을 말하면서 끝을 맺었다. 그러나 그가 이처럼 더듬거리면서 말하는 것은 그 자신도 이 말이 명백히 잘못되었다는 것을 알았기 때문이다.

아서 체이스컬슨 변호사가 먼저 일어나서 검사가 제기한 법적 문제를 반박했다. 그는 이 사건이 살인과 관련되어 있다는 유타의 논고를 부정했으며, MK가 공표한 정책은 인명의 희생이 있어서는 안 된다는 것이라는 점을 상기시켰다. 아서가 사보타주 과정에서 MK가 아니라 어떤 다른 조직이 피고인들이 혐의를 받고 있는 행동을 했다는 것을 설명하려고 할 때, 드 웨트 판사가 끼어들어 그것은 이미 사실로 받아들였다고 말했다. 이것은 예상치 못했던 또 다른 승리였다.

아서에 이어 브람 피셔가 발언했다. 그는 정부가 가장 중요하게 내세우는 두 가지 주장, 즉 우리가 게릴라 전쟁을 시도했다는 것과 ANC와 MK가 같은 것이라는 주장을 반박할 준비가 되어 있었다. 드 웨트 판사가 게릴라 전쟁이 시작되지 않은 것으로 믿는다는 말을 하기는 했지만 우리가 이에 대해서 충분히 설명할 기회가 없었다. 그러나 브람이 말을 시작하려고 하자 드 웨트 판사는 곧바로 말을 가로막았다. "나는 내 태도를 분명히 했다고 생각합니다. 나는 게릴라 전쟁에 대하여 분명한 결정과 계획이 없었다는 점을 인정합니다."

브람이 두 번째 주장에 대하여 반박하려고 했을 때도 드 웨트 판사가 말을 막으면서 두 조직이 분리되었다는 사실을 인정한다고 말했다. 항상 준비성이 철저했던 브람도 드 웨트 판사의 대응에는 어쩔 수가 없었다. 브람은 자리에 앉고 말았다. 판사는 브람이 설명하기도 전에 모든 것을 받아들였다. 우리는 환호했다. 사형선고를 앞둔 사람에게도 이 '환호'라는 말을 쓸 수 있다면. 드 웨트 판사가 선고 내용을 생각할 여유를 갖기 위해 다음 재판은 3주 뒤로 잡혔다.

57

세계는 리보니아 재판에 지대한 관심을 보였다. 런던에 있는 성 바울 대성당에서는 우리를 위한 철야미사가 열렸다. 런던 대학 학생들은 나를 학생회장으로 선출했다. 유엔의 전문가 집단은 남아프리카에서 진정한 의회가 될 국민의회의 소집을 요구하고, 아파르트헤이트에 반대한 사람들을 사면할 것을 권유했다. 드 웨트 판사가 선고를 하기 이틀 전에 유엔 안전보장이사회는 남아프리카 정부가 재판을 중지하고 피고인들을 사면하라고 요구했다(영국과 미국 등 4개국은 기권했다).

선고가 있기 며칠 전에, 나는 런던 대학 법학학사 논문을 썼다. 내가 선고를 받기 며칠 전에 이 논문을 쓴 것은 묘하게 느껴질지 모른다. 이제 내가 가야 할 곳에서는 학위가 필요 없을 것이라고 말하는 내 감시인에게 이러한 행동은 분명 이상하게 보였을 것이다. 그러나 나는 재판을 통하여 공부를 계속했으며, 논문을 쓰고 싶었다. 나는 이 일에 매진했고, 뒤에 나는 이것이 나를 부정적인 사고방식에서 벗어나도록 해주는 방법이라는 것을 깨달았다. 나는 법에 대한 지식을 써먹을 일이 없다는 것을 바로 깨달았지만 다른 생각을 하고 싶지 않았다. 나는 논문심사를 통과했다.

6월 2일 목요일, 우리는 선고를 받기 위해 법원에 다시 불려 나갔다. 우리는 적어도 우리들 중 6명은 유죄를 선고받으리라는 것을 알았다. 문제는 형량이었다.

드 웨트 판사는 곧바로 선고를 내리기 시작했다. 그는 낮고 빠르게 말했다. "나는 내가 내린 결정의 근거를 기록해놓았습니다. 그러나 나는 여기서 그것을 다 읽지는 않겠습니다. 첫 번째 피고인은 네 가지 혐의 모두가 유죄로 인정된다. 두 번째 피고인은 네 가지 혐의 모두가 유죄로 인정된다. 세 번째 피고인은 네 가지 혐의 모두가 유죄로 인정된다.……"

드 웨트 판사는 주요 피고인 각각에 대해서 모든 혐의를 유죄로 인정했다. 케이시에게는 네 가지 혐의 중에서 한 가지만 유죄로 인정했으며, 러스티 번스타인은 무죄로 석방했다.

드 웨트 판사는 다음과 같이 말했다. "나는 오늘 형량은 다루지 않겠습니다. 정부와 피고 측에게 내일 아침 10시에 다시 진술할 기회를 줄 것입니다." 이날의 재판은 이렇게 끝났다.

우리는 케이시와 음흘라바가 유죄판결을 면할 수 있을 것이라고 기대했었다. 그러나 이러한 판결은 정부가 강경정책을 쓰고 있다는 또 다른 표시였다. 판사가 별다른 증거가 없는 음흘라바에게 유죄판결을 내릴 정도라면, 증거가 넘쳐나는 우리에게 사형선고는 너무나 빤한 것이 아니겠는가?

그날 밤, 우리들은 토론을 거친 끝에 월터, 고반, 그리고 나는 어떠한 선고, 심지어 사형선고를 받더라도 항소하지 않을 것이라고 변호사들에게 알렸다. 이러한 우리의 결정에 변호사들은 놀라움을 감추지 못했다. 월터, 고반 그리고 나는 항소를 하는 것은 우리가 획득한 도덕적 정당성을 훼손하는 것이라고 믿었다. 우리는 처음부터 자부심과 도덕적 정당성을 믿으면서 일관되게 우리의 행동을 유지해왔다. 우리는 이제 항소심에서 다른 것을 제안하지 않기로 했다. 만약 사형선고가 내려진다면 분명 벌어지게 될 대중시위에 방해가 되는 것을 원하지 않았다. 우리가 항상 견지해온 과감하고 적극적인 노선에 비추어볼 때 항소를 하는 것은 꼬리를 내리는 것이며, 심지어 환멸을 느끼게 되는 것이라고 생각했다. 우리의 메시지는 자유를 위한 투쟁에서 어떠한 희생도 달게 받아야 한다는 것이었다.

변호사들은 우리의 결정에 불만이었고 항소에 관한 이야기를 하고자 했다. 그러나 월터와 고반과 나는 다음 날 있을 선고절차에 관해서 이야기를 하고 싶었다. 만약 우리가 사형을 선고받게 되면 그 이후에는 어떻게 되는가? 변호사들은 드 웨트 판사가 사형을 선고한 이후에 내가 첫 번째 피고인이기 때문에 나에게 "사형선고에 대해서 이의가 있습니까?"라고 물을 것이라고 말했다. 나는 이렇게 되면 하고 싶은 말을 다 할 것이라고 브람, 조엘 그리고 버논에게 말했다. 나는 드 웨트에게 내 죽음이 내가 목숨을 바쳐 지키려고 하는 대의명분을 고무시키게 된다는 것을 알고 있기 때문에 죽을 준비가 되어 있다고 말할 것이다. 나의 죽음, 우리의 죽음은 헛되지 않을 것이다. 우리가 살아서 할 수 있는 일보다 죽음으로써 더 큰 대의명분에 조금이라도 기여할 수만 있다면. 변호사들은 이러한 진술이 항소를 하는 데 아무런 도움이 되지 않을 것이라고 말했지만, 나는 우리가 항소하지 않는다는 것을 재확인했다.

만약, 정말 만약에 우리가 사형선고를 받지 않더라도 항소하지 않을 실질적인 이유가 있었다. 하나는 우리가 질지도 모르기 때문이다. 고등법원은 드 웨트의 형이 너무 가볍다고 보고 사형선고를 내릴지도 모른다. 항소는 우리를 석방하라는 국제적인 압력에 방해가 될지도 모른다.

정부는 우리가 마땅히 사형선고를 받아야 한다고 생각할 것이다. 우리는 법무부장관 존 포르스테르가, 2차 세계대전 동안에 스뮈츠 수상의 최대 실수는 반역죄로 사람들을 교수형에 처하지 않은 것이라고 친구들에게 말했다는 것을 들은 바 있었다. 그는 국민당은 같은 실수를 되풀이하지 않을 것이라고 말했다.

나는 사형선고를 받을 준비를 했다. 사람이 무엇인가를 진실로 준비하기 위해서는 어떤 일이 실제로 일어날 것이라고 믿어야만 한다. 그 어떤 일이 일어나지 않을 것이라고 마음 한구석에서 믿고 있으면 준비를 할 수 없다. 우리는 우리가 용감하기 때문이 아니라 우리가 현실적이었기 때문에 모든 것을 준비했다. 나는 셰익스피어의 다음과 같은 문장을 생각했다. "죽을 것이라 생각하라. 그러면 죽든 살아나든 그것이 상대적으로 더 행복하다고 느껴질 것이다."

58

1964년 6월 12일 금요일, 우리는 마지막으로 법정에 들어섰다. 리보니아에서 운명적으로 체포된 뒤 거의 1년이 지나갔다. 경비는 삼엄했다. 우리를 실은 호송차는 사이렌을 울리면서 거리를 질주했다. 법원 쪽으로 가는 모든 거리는 일반 교통이 통제되었다. 경찰은 법원 근처로 가려는 모든 사람의 신원을 확인했다. 그들은 버스 정류장과 기차역에 검문소까지 설치했다. 그러한 위협에도 아랑곳없이 2천여 명이 "우리는 우리의 지도자들을 지킨다"라는 푯말을 들고 법원 앞에 모여들었다. 방청석은 가득 찼고, 국내외 언론의 기자들이 겨우 서 있을 공간만 있을 정도였다.

나는 위니와 어머니에게 손을 흔들어 인사를 했다. 그곳에서 그들을 보는 것은 큰 힘이 되었다. 어머니는 멀리 트란스케이에서 왔다. 당신의 아들이 사형선고를 받느냐 아니냐를 보기 위해서 법정에 왔다는 것은 매우 묘한 감정을 불러일으킬 수밖에 없을 것이다. 나는 어머니가 도대체 무슨 일이 벌어지고 있는지 다 이해하지 못한다고 생각했지만, 어머니는 나를 흔들림 없이 믿어주었다. 위니도 굳건했으며, 그것은 나에게 힘을 주었다.

기록원이 '국가 대 만델라 외 다수' 재판의 시작을 알렸다. 선고가 내려지기 전에 헤럴드 핸슨과 자유당의 전국의장이자 작가인 앨런 페이턴이 탄원을 했다. 핸슨은 이 나라의 고통은 그저 억눌러서는 안 되며, 고통받는 사람들은 그들의 목소리를 표출할 길을 찾을 수밖에 없을 것이라고 유창하게 연설했다. 그는 또 "범죄를 저지르는 것이 그들의 목적이 아니라, 그것이 사람들이 의지하는 유일한 수단일 뿐이었다"라고 말했다. 아프리카인들이 격렬하게 투쟁한 것은 그들의 자유를 위해서였다는 것을 잊지 말아야 한다고 판사에게 말했다.

페이턴은 자신은 폭력을 지지하지는 않지만 피고인들에게는 단지 두 가지 선택, 즉 "머리를 숙이고 복종하느냐, 아니면 힘으로 저항하느냐" 하는 것밖에 없었다고 말했다. 그리고 피고인들에게 관용을 베풀어야 하며, 그렇지 않으면 남아프리카의 미래는 암담할 것이라고 호소했다.

그러나 드 웨트 판사는 두 사람의 이야기를 듣는 것 같지 않았다. 그는 두 사람이 말하는 동안 쳐다보지도 무엇을 적지도 않았다. 그는 자신의 생각에 빠져 있는 것 같았다. 분명 그는 이미 모든 것을 결정한 것 같았다. 그는 단지 그의 결정을 발표할 순간을 기다리고 있을 뿐이었다.

그는 우리들에게 일어서라는 고갯짓을 했다. 나는 그와 눈을 마주치려 했지만 그는 우리 쪽을 쳐다보지도 않았다. 그는 법정의 중간 지점에 시선을 고정하고 있었다. 그의 얼굴은 매우 창백해 보였고, 깊은숨을 내쉬었다. 서로 쳐다보는 우리들의 얼굴에는, 항상 차분한 드 웨트 판사가 이렇게 긴장하는 것을 보니 사형선고를 받는 것은 분명하다는 빛이 역력했다. 드 웨트 판사가 말하기 시작했다.

> 나는 이 재판 과정에서 비유럽 사람들의 고통에 대하여 많은 것을 들었습니다. 피고인들은 나와 변호인들에게 비유럽 사람들의 지도자인 피고인들이 순전히 이러한 고통을 줄이기 위한 열망으로 일을 하게 되었다고 말했습니다. 나는 피고인들이 재판부에 주장하는 것처럼 그렇게 이타주의적이라고 결코 믿지 않습니다. 혁명을 조직하는 사람들의 목적은 정부를 전복하는 것이며, 개인적인 야심이 배제될 수 없다고 봅니다.

그는 숨을 헐떡이듯이 잠시 말을 중단했다. 지금까지 들리지 않던 드 웨트의 목소리는 이제 겨우 들릴 정도가 되었다.

다른 나라의 법정과 마찬가지로 이 법정의 역할도 국법의 테두리 내에서 법과 질서가 시행될 수 있도록 하는 것입니다. 피고인들이 유죄로 판결받은 음모죄라는 중대 범죄는 사실 중대 반역죄입니다. 국가는 이 죄를 처벌하지 않기로 했습니다. 나는 이것을 염두에 두면서도 이 사건을 매우 심각하게 고려한 결과, 이 같은 사건에 통상적으로 선고되는 최고형인 사형을 선고하지 않기로 했습니다. 그러나 나의 직무에 따르기 위해서는 더 이상의 관용을 베풀 수는 없습니다. 모든 피고인에게 종신형을 선고합니다.

우리는 서로 쳐다보고 웃었다. 드 웨트가 사형을 선고하지 않는다고 말했을 때 법정에 있던 사람들의 호흡은 모두 멈춘 듯했다. 그러나 일부 방청객들은 드 웨트의 선고를 들을 수 없었기 때문에 당황했다. 데니스 골드버그의 아내는 남편에게 "여보, 어떻게 됐어요?"라고 물었다. "살았어!" 데니스 골드버그는 이빨을 드러내고 웃으며 외쳤다. "살았다! 살았어!"

나는 위니와 어머니의 얼굴을 찾으려고 웃으면서 방청객들을 둘러보았다. 그러나 사람들이 소리치고 경찰들이 군중들을 이리저리 밀어내느라고 법정이 혼란스러웠기 때문에 그들을 찾을 수 없었다. 나는 많은 방청객이 밖에 있는 군중들에게 판결내용을 말하기 위하여 밖으로 밀려 나갈 때 엄지손가락을 드는 ANC식의 인사를 재빠르게 보냈다. 경찰 호송대는 우리를 피고석에서 지하로 통하는 문으로 몰아내기 시작했다. 그리고 나는 다시 위니의 얼굴을 찾았지만 지하의 감방으로 통하는 문으로 몸을 굽혀 들어갈 때까지 위니의 얼굴을 볼 수 없었다.

우리는 법정 아래에 있는 감방에서 수갑에 묶인 채로 감금되었다. 경찰은 사람들이 흩어지기를 기다리면서 30분 이상이나 우리를 지하에 가둬 두었다가 건물 뒤로 데리고 가서 검은 호송차에 태웠다. 우리는 우리 옆에서 호위하는 오토바이 소리를 들을 수 있었다. 군중을 피하기 위해 호송차는 다른 길을 택했지만, 우리는 군중들이 '아만들라'를 외치는 소리와 〈은코시 시크엘엘 아프리카〉의 느리고 아름다운 리듬을 들을 수 있었다. 우리는 사람들이 혹시 우리를 볼 수 있도록 창문의 창살을 끌어안았다.

우리 모두는 이제 징역형을 선고받았다. 그러나 데니스 골드버그는 백인이라서 다른 시설에 수용되기 때문에 우리와 떨어지게 되었다. 나머지 우리는 다른 일반 죄수들과 떨어진 프리토리아 지방교도소의 감방에 감금되었다. 소리치고 노래를 부르는 사람들의 목소리 대신에 우리에게는 이제 단지 감방문과 대문의 철컹거리는 소리만 들려왔다.

* * *

그날 밤, 나는 자리에 누워서 드 웨트가 왜 그런 결정을 했을까 생각했다. 국내외적인 압력은 분명 그의 마음에 부담감을 주었을 것이다. 국제노동조합은 우리 재판에 항의를 표시했고, 전 세계적으로 부두노동조합은 남아프리카의 상품을 처리하지 않겠다고 위협했다. 러시아의 브레즈네프 의장은 페르부르트 박사에게 관용을 요구하는 편지를 보냈다. 미국 의원들도 항의를 표시했다. 영국 의회 의원 50명은 런던에서 거리 행진을 하기도 했다. 알렉스 더글러스-홈 영국 외상은 우리를 돕기 위해 막후에서 활동한다는 소문이 있었다. 미국 유엔 대표 아들레이 스티븐슨은 미국 정부가 사형선고를 막기 위하여 할 수 있는 모든 것을 할 것이라는 편지를 보냈다. 나는 드 웨트가 우리가 게릴라 전쟁을 아직 시작하지 않았다는 것과 ANC와 MK가 서로 분리된 조직이라는 것을 받아들인 이상 사형선고를 내리는 것은 어려웠을 것이라고 생각했다. 사형선고는 지나친 것으로 보였을 것이다.

페르부르트는 의회에서 국제적으로 온 항의 전신과 대표들이 판결에 영향을 미친 것이 아니라고 말했다. 그는 사회주의 국가로부터 온 모든 전신은 자신이 직접 쓰레기통에 버렸다고 자랑스럽게 말했다. 재판이 끝나갈 무렵 드 웨트 판사는 브람 피셔에게 피고 측은 이 소송을 통해 세계적으로 엄청난 선전을 했다고 지나가는 말투로 언급했다. 이는 아마 그 나름대로 외부의 압력을 인정한 것이다. 그는 우리를 제거하면 무수히 많은 사람이 그를 우리들의 살인자로 간주하리라는 것을 알았다.

그러나 그는 자신과 같은 남아프리카의 백인들로부터 엄청난 압력을 받게 되었다. 그는 남아프리카 제도와 사고방식을 만든 백인 아프리카너가 되었다. 그는 자신을 형성해온 신념체계를 부정하려 하지 않았다. 그는 우리에게 종신형을 선고함으로써 이러한 압력에 복종했으며, 우리에게 사형을 선고하지 않음으로써 그들에게 맞선 것이다.

나는 드 웨트가 카트라다, 모초알레디, 그리고 음랑게니에게 내린 선고에 놀라고 불쾌했다. 나는 드 웨트가 케이시는 무죄, 모초알레디와 음랑게니에게는 더 가벼운 선고를 내릴 것으로 기대했다. 뒤의 두 사람은 상대적으로 MK의 하급 조직원이었고, 세 사람의 범죄는 나머지 우리와는 비교가 되지 않을 만큼 경미했다. 그러나 우리는 항소를 포기함으로써 그들을 희생시킨 것이다. 고등법원은 그들의 형량을 낮추어주었을 것이다.

프리토리아 지방교도소에서는 밤마다 불이 꺼지기 전에 아프리카 죄수들의 자유의 노래로 메아리쳤다. 우리도 크게 합창했다. 그러나 불이 꺼지기 시작하면, 어떤 보이지 않는 명령자에게 복종하듯이 웅얼거리는 노랫소리는 중단되고 교도소 전체는 정적에 빠졌다. 교도소 여기저기에서 사람들은 ‘아만들라’를 외치고는 했다. 그러면 다른 쪽에서는 ‘응가웨투’로 화답했다. 우리는 자주 이렇게 부르고 화답했다. 그런데 하루는 이름을 알 수 없는 죄수가 시작했는데, 교도소 전체에서 나오는 목소리는 우리를 단련시키는 것처럼 전에 없이 강하게 느껴졌다.

8

로벤 섬: 암흑의 나날들

59

자정쯤 나는 잠이 깨어 천장을 바라보고 있었다. 재판 장면들이 여전히 뇌리를 떠나지 않았다. 그때 통로를 따라 내려오는 발소리가 들렸다. 나는 다른 죄수들과 떨어져 독방에 감금되어 있었다. 방문을 두드리는 소리가 들리더니 창살 너머로 오캄프 대령의 얼굴이 보였다. 그가 쉰 목소리로 속삭였다. "만델라, 깨어 있습니까?"

나는 그렇다고 대답했다. "당신은 운이 좋아요." 그는 말했다. "우리는 당신이 자유를 누릴 수 있는 곳으로 데려갈 거요. 그곳에서는 돌아다닐 수도 있고, 회색 벽만이 아니라 바다와 하늘도 볼 수 있을 겁니다."

그는 비아냥거리는 것이 아니었다. 그러나 나는 그가 말하는 장소가 내가 갈망해오던 자유를 줄 수 있는 곳이 아니라는 것을 아주 잘 알고 있었다. 그는 나지막이 말했다. "문제만 일으키지 않는다면 바라는 모든 것을 얻을 수 있을 것이오."

이어 오캄프는 독방에 있는 다른 사람들을 깨워 그들에게도 짐을 꾸리라고 지시했다. 15분 뒤 우리는 프리토리아 지방교도소의 철의 미로를 따라 내려갔다. 철문들이 철커덩거리며 여닫히는 소리가 끝없이 우리의 귓전을 울렸다.

밖으로 나오자 우리 일곱 명, 즉 월터, 레이먼드, 고반, 케이시, 앤드루, 엘리어스, 그리고 나는 수갑을 찬 채 경찰차 뒤쪽에 탔다. 자정이 훨씬 지났지만 우리들 중 어느 누구도 피곤한 기색을 보이지 않았고, 분위기도 결코 어둡지 않았다. 우리는 먼지가 쌓인 바닥에 앉아 노래도 부르고 구호도 외치면서 재판을 받으면서 쌓였던 긴장을 풀었다. 교도관들은 우리에게 샌드위치와 음료수를 주었고, 반 위크 중위는 우리와 함께 뒤쪽에 앉았다. 그는 쾌활한 사람이었다. 노래가 뜸한 동안 우리가 청하지 않았는데도 우리의 미래에 대해 자신의 의견을 이야기했다. "내 생각에는 당신들이 교도소에 오래 있지는 않을 거요. 당신들을 석방하라는 요구가 너무 크거든. 1~2년 이내에 당신들은 석방되어 국민적 영웅으로 등장하게 될 거요. 군중이 당신들에게 환호를 하고 모두가 당신들의 친구가 되고 싶어 하겠지. 어이, 당신들은 성공한 거요." 우리는 아무 말 없이 그의 말을 듣고만 있었지만, 고백하건대 그의 말은 내 기운을 크게 북돋아주었다. 그러나 불행히도 그의 예상은 거의 30년이나 빗나갔다.

* * *

우리는 경찰의 철통같은 경비 속에 심야에 몰래 조용히 출발해 30분이 채 지나지 않아 도시 외곽의 작은 군사용 공항에 도착했다. 우리는 낡은 대형 군용 수송기인 다코타에 서둘러 옮겨 탔다. 온기라고는 전혀 없었기 때문에 우리는 비행기 중앙부에서 추위에 몸을 떨었다. 몇몇 다른 사람들은 비행 경험이 전혀 없었던 터라 우리가 어디로 가고 있는지보다도 비행하는 것을 더 불안해했다. 1,500미터 상공의 비행기 안에서 아래위로 부딪치는 것은 높은 벽 뒤의 교도소에 갇히는 것보다 훨씬 위험하게 느껴졌다.

한 시간쯤 뒤, 저 아래 대지에서부터 새벽이 열리기 시작했다. 비행기의 창문으로 어스름한 빛이 보이자마자 동료들은 얼굴을 유리창에 갖다 대었다. 우리는 건조하고 평평한 오렌지자유 주의 평원과 푸른 산악지대인 케이프 반도 상공을 지나 동남쪽으로 비행하고 있었다. 나도 목을 늘여 창밖을 내다보았다. 그러나 나는 관광객으로서가 아니라 전략가로서 게릴라군이 은신할 수 있는 지역을 살펴보면서 창문 아래 전경을 관찰했다.

MK가 조직된 뒤부터 계속해서 남아프리카의 전원지대가 게릴라군의 활동에 유리한지 여부를 놓고 논쟁을 벌였다. 최고사령부는 대부분이 이에 대해 부정적이었다. 우리가 케이프 반도에 있는 메이트루스버그라는 울창한 산악지대 상공을 지날 때 나는 동료들에게 이곳이야말로 우리가 싸우기에 적합한 땅이라고 소리쳤다. 그들은 흥분하여 더 잘 관찰하려 목을 늘였고, 진정 그 울창한 삼림은 이제 갓 태어난 게릴라군을 보호해줄 적지인 것 같았다.

몇 분 뒤 우리는 케이프타운의 외곽에 도착했다. 곧 케이프플레이츠의 성냥갑 같은 집들과 시내 고층 건물들의 불빛들, 그리고 테이블 산Table Mountain의 평평한 산꼭대기가 눈에 들어왔다. 테이블 만을 벗어나자 우리는 대서양의 검푸른 물을 비집고 희미하게 드러나는 로벤 섬의 윤곽을 어렴풋이 볼 수 있었다.

우리는 섬의 한쪽 끝에 자리 잡은 작은 공항에 도착했다. 날씨는 어둡고 음울했으며, 비행기에서 내리자 우리의 엷은 죄수복을 뚫고 들어온 차가운 겨울바람은 살을 에어낼 듯 매서웠다. 자동화기로 무장한 보초들이 우리를 맞이했다. 분위기는 긴장감이 돌았으나, 고요해서 2년 전 내가 섬에 도착했을 때 받았던 떠들썩한 환영과는 사뭇 대조적이었다.

우리는 외따로 떨어져 있는 석조 건물인 오래된 교도소로 호송되어

갔다. 그곳에서 우리는 옷을 벗고 옥외에 대기하라는 명령을 받았다. 교도소 생활에서 겪는 굴욕적인 의식 중의 하나는 다른 교도소로 이감될 때 첫 번째로 해야 하는 일, 즉 이전 교도소의 죄수복을 벗고 새 죄수복으로 갈아입는 일이다. 옷을 벗자 우리에게 로벤 섬의 무늬 없는 황갈색 죄수복이 던져졌다.

아파르트헤이트에 따른 규제는 심지어 옷에까지 이어졌다. 케이시를 제외한 우리 모두는 짧은 바지와 헐거운 모직 셔츠, 그리고 무명 상의를 지급받았다. 유일한 인도인이었던 케이시는 긴바지를 입었다. 보통 아프리카인들은 자동차 타이어로 만든 샌들을 받기 마련인데 우리는 구두를 받았다. 케이시만 유일하게 양말을 지급받았다. 아프리카인들에게 짧은 바지를 주는 것은 우리가 '어린애들'이라는 것을 우리에게 각인시키기 위해서였다. 그날 짧은 바지를 입었지만 나는 이 바지를 결코 오랫동안 입지는 않을 것이라고 맹세했다.

교도관들은 총구로 방향을 지시했고, 단 한 마디 말로 명령을 내뱉었다. "출발!" "침묵!" "정지!" 그들은 내가 예전에 이곳에서 경험했던 것처럼 으름장을 놓으며 우리를 위협하지는 않았고, 어떠한 감정도 드러내지 않았다.

그 낡은 교도소는 우리에게는 임시 거처일 뿐이었다. 당국은 정치범만을 수용하는, 완전히 격리된 최고의 보안체계를 갖춘 교도소를 건설 중이었고, 당시 마무리 단계에 있었다. 이곳에 머무르는 동안 우리는 밖으로 나갈 수도 없었고, 다른 수감자들과 어떠한 접촉도 허용되지 않았다.

나흘째 되는 날 아침, 우리는 수갑이 채워진 채 지붕을 씌운 트럭에 실려 교도소 내의 한 건물로 이감되었다. 이 새 건물은 1층짜리 사각형 석조 요새로, 중앙에는 길이 30미터 너비 9미터의 평평한 시멘트 운동장을 갖추고 있었다. 그리고 네 면 중 세 면에 감방이 배치되어 있었다. 나머지 면은 높이 6미터짜리 벽으로, 보초들이 독일 경비견을 데리고 순찰 다니는 좁은 통로가 나 있었다.

세 면의 감방은 각각 A동, B동, C동으로 불렸고, 우리는 네 면 중 가장 동쪽에 있는 B동에 수감되었다. 우리들은 각각 긴 복도 한 측면에 있는 독방에 수감되었다. 다른 한쪽은 운동장과 맞닿아 있었다. 감방은 모두 약 30개였는데, 독방에 수감된 재소자들은 대략 24명 정도 되었다. 각 방에는 창살이 설치된, 가로세로 약 30센티미터 크기의 창문이 하나 나 있었다. 방에는 문이 두 개 있었는데, 안쪽에는 철문이나 쇠창살문, 그리고 바깥쪽에는 두꺼운 나무문이 설치되어 있었다. 낮에는 쇠창살문만 잠갔고, 밤에는 나무문까지 잠갔다.

방들이 워낙 급조되었던 탓으로 벽은 항상 눅눅했다. 내가 사령관에게 이를 문제 삼자 그는 우리들의 몸이 습기를 흡수하게 될 것이라고 답변했다. 우리에게는 각각 담요 세 장이 배급되었는데, 이 담요라는 것이 하도 얇고 낡아서 사실상 투명하다고 해야 할 정도였다. 침구는 마나 짚으로 된 매트 하나뿐이었다. 나중에는 펠트 매트가 배급되어, 죄수들은 이 펠트 매트를 마麻 매트 위에 깔아 약간 푹신푹신한 느낌을 낼 수 있었다. 해마다 그맘때쯤이면 감방은 너무 추워 담요로는 몸을 따뜻하게 할 수 없었기 때문에 우리는 언제나 모든 옷을 껴입고 자야만 했다.

내게는 복도의 상부에 있는 방이 배정되었다. 방은 운동장을 내다보고 있었고 눈 높이에 작은 창이 하나 나 있었다. 방의 길이는 내가 세 걸음을 옮길 수 있을 정도였다. 누우면 발이 벽에 닿았고, 머리는 다른 쪽의 콘크리트를 스쳤다. 폭은 약 183센티미터였고, 벽들은 최소한 60센티미터

두께였다. 각 방의 바깥에는 우리들의 이름과 죄수번호가 적힌 흰 카드가 붙어 있었다. 내 방의 카드에는 "넬슨 만델라 466/64"라고 적혀 있었는데, 그건 내가 1964년 이 섬에 수감된 466번째 죄수라는 뜻이었다. 나는 마흔 여섯 살에 종신형을 선고받은 정치범이었으며, 얼마 동안이 될지는 알 수 없었지만 그 작고 음습한 공간이 나의 거처가 되었다.

B동에서 멀지 않은 작은 벽돌 건물인 일반 옥사에 수감되어 있던 많은 죄수들이 곧 합류했다. F동과 G동으로 알려진 일반 옥사는 1,000명가량의 죄수들을 수용하고 있었는데, 그들 대부분은 일반 죄수들이었다. 그들의 4분의 1이 정치범이었고, 그들 정치범 중 소수가 우리와 함께 B동에 수감되었다. 우리는 두 가지 이유 때문에 일반 죄수들과 분리수감되었다. 우리는 보안의 관점에서 위험할 뿐 아니라 정치적인 견지에서 더욱 위험하다는 것이다. 당국은 우리가 다른 죄수들에게 우리의 정치적 견해를 '전염' 시킬 것을 우려했다.

우리와 합류한 죄수들 중에는 남아프리카혼혈인기구SACPO의 창립자 중 한 명인 조지 피크가 있었다. 그는 반역죄 재판에 연루되었고, 최근에 케이프타운 시의회 의원을 지낸 사람이었다. 그는 케이프타운 교도소 밖에 폭발물을 설치한 죄로 형을 선고받았다. 또 한 명의 혼혈인 정치운동가인 데니스 브루터스는 포트엘리자베스 출신의 시인이자 작가로서 그에게 내려진 금지령을 위반한 죄로 투옥되었다. 나탈인도인회의NIC의 오랜 회원인 빌리 네어도 '민족의 창'의 일원으로서 사보타주를 주도한 죄로 형을 언도받아 우리와 함께 있게 되었다.

며칠 지나지 않아 더 많은 사람들이 교도소로 들어왔는데, 그들 중에는 저명한 혼혈인 지식인이자 비유럽인단결운동 기구의 회원으로서 게릴라전을 연구하는 유치찬 클럽Yu chi chan Club이라는 소규모 과격 외곽 단체를 케이프타운에 조직한 네빌 알렉산더도 있었다. 네빌은 케이프타운 대학을 졸업하고 독일 튀빙겐 대학에서 독일문학 박사 학위를 받은 사람이었다. 네빌과 함께 케이프타운 대학의 법학도이자 유치찬 클럽의 회원인 피킬레 밤, 그리고 PAC 전국집행위원회 위원인 제파니아 모토펭도 있었다. 제프(모토펭)는 올랜도에서 교사를 지냈고 반투 교육을 열렬히 반대하는 사람이었으며, PAC에서 가장 분별 있는 지도자 가운데 한 사람이었다. 트란스케이 출신의 연로한 농민 세 명도 트란스케이의 소위 '자치정부' 총리 K. D. 마탄지마의 암살기도죄로 형을 언도받고 우리와 함께 투옥되었다.

이렇게 해서 약 20명으로 구성된 핵심그룹이 만들어졌다. 일부는 내가 아는 사람들이었고, 일부는 이름을 들은 적이 있는 사람들이었으며, 나머지는 전혀 알지 못했던 사람들이었다. 보통 교도소에서 몇 안 되는 즐거운 때는 옛 친구를 만나거나 새로운 사람을 만나게 되는 일이지만, 그 당시 초기 몇 주간의 분위기는 너무나 억압적이어서 우리는 서로에게 인사조차 건네기 어려웠다. 교도소에는 재소자들만큼 교도관들도 많았고, 그들은 위협과 협박으로 모든 규제들을 강제했다.

바로 첫 주부터 노동이 시작되었고, 그 일은 이후 수개월 동안 우리의 일과를 지배했다. 아침마다 배구공 크기만 한 돌무더기들이 운동장 입구에 쏟아졌다. 우리는 수레를 이용하여 돌들을 마당 한가운데로 날랐다. 더 큰 돌들을 다루기 위해 1.8킬로그램이나 3.6킬로그램짜리 망치가 지급되었다. 우리의 일은 그 돌들을 자갈 크기로 부수는 것이었다. 우리는 약 140센티미터 간격을 두고 4열로 배치되어 바닥에 책상다리를 하고 앉았다. 우리는 저마다 돌을 담을, 자동차 타이어로 만든 두꺼운 고무원반을 받았다.

이 원반은 튀는 파편들을 잡기 위한 것이었지만 뜻대로 된 적은 거의 없었다. 우리는 눈을 보호할 수 있도록 급조된 간이 철망 마스크를 썼다.

교도관들은 우리 사이를 걸어 다니며 침묵을 강요했다. 그 첫 몇 주 동안은 마치 우리가 우리 안에 갇힌 희귀동물들이라도 되는 듯이 다른 동의 교도관들과 심지어는 다른 교도소의 교도관들까지 동원되어 우리를 감시했다. 일은 지겹고 힘들었다. 일의 강도는 몸을 덥게 만들 정도는 못 되었지만 근육통을 느끼게 할 정도는 되었다.

6월과 7월은 로벤 섬에서 가장 황량한 계절이었다. 대기에 겨울이 느껴지고 비가 내리기 시작했다. 결코 섭씨 5도를 넘을 성싶지 않은 날씨였다. 얇은 황갈색 셔츠만 입은 나는 햇빛 아래 있을 때조차 추위에 몸을 떨었다. 그때 흔히 쓰는 뼛속까지 춥다는 말을 처음 진정으로 이해했다. 정오에 우리는 식사를 위해 쉴 수 있었다. 첫 주에 우리에게 배식된 것이라고는 역겨운 냄새를 풍기는 수프가 전부였다. 오후에는 엄격한 감시 아래 30분간의 운동시간이 허락되었다. 우리는 일렬종대로 운동장을 힘없이 걸었다.

바위를 부수는 작업을 하던 초기 어느 날, 한 교도관이 케이시에게 자갈이 가득 실린 외바퀴 손수레를 입구 옆에 주차된 트럭까지 운반하라고 명령했다. 케이시는 중노동에는 익숙지 않을 만큼 체격이 빈약했다. 손수레는 꿈쩍도 하지 않았다. 교도관이 소리를 질렀다. “손수레를 밀어!” 케이시가 가까스로 수레를 밀어 움직였을 때 수레는 금방이라도 앞으로 쏟아질 것처럼 보였고, 교도관들은 웃음을 터뜨리기 시작했다. 케이시가 그들에게 웃음거리가 되지 않으려고 애를 쓰는 모습이 보였다. 외바퀴 손수레를 다루는 법을 알고 있었던 나는 그를 도우려고 뛰어갔다. 자기 자리를 지키라는 명령이 떨어지기 전에 나는 케이시에게 수레를 천천히 굴리

로벤 섬 교도소 마당에서 일하는 모습.

라는 것, 그리고 문제는 힘이 아니라 균형이라는 것을 말해주었다. 그는 고개를 끄덕였고 조심스럽게 수레를 밀며 마당을 가로질러 갔다. 교도관들은 웃음을 멈추었다.

다음 날 아침, 교도소 당국은 마당에 거대한 통을 갖다 놓고 주말까지 그 통의 반을 채워야 한다고 말했다. 우리는 열심히 일해 일을 완수했다. 다음 주가 되자 담당 교도관은 이번에는 같은 식으로 통의 3분의 2를 채우라고 명령했다. 우리는 정말로 부지런히 일을 했고 역시 그 일을 완수했다. 다음 주에는 통 전체를 채워야 했다. 우리는 이런 식으로 오랫동안 견딜 수는 없다고 느꼈지만 묵묵히 일했다. 우리는 통 전체를 채우는 일까지도 했지만 교도관들은 우리를 자극했다. 우리는 조용히 한 가지 방책을 결의했다. 목표량 거부였다. 그다음 주에 우리는 섬에서의 첫 번째 태업을 시작했다. 지나치고 불공정한 요구에 항의하기 위해 작업 속도를 이전의 절반 이하로 줄이기로 한 것이다. 보초들은 이를 즉각 눈치채고 우리를 위협했지만 우리는 작업 속도를 올리지 않았고, 마당에서 일하는 동안 내내 이러한 태업전술을 유지했다.

* * *

로벤 섬은 내가 1962년에 2주일 동안 머물렀을 때보다 많이 변해 있었다. 1962년에는 그곳에 죄수들이 많지 않았다. 그곳은 정식 교도소라기보다는 모의 교도소에 가까웠다. 하지만 2년 뒤 로벤 섬은 의심할 바 없이 남아프리카 형벌 체제에서 가장 가혹하고 가장 엄격한 기지가 되어 있었다. 그곳은 재소자들에게뿐만 아니라 교도소 직원들에게도 가장 근무하기 어려운 곳이 되었다. 담배를 주고 호의를 베풀던 혼혈인 교도관들은 더 이상 없었다. 교도관들은 백인이었고, 죄수들이 저항할 수 없게 아프리칸스어를 사용했다. 그들은 우리에게 주종관계를 요구했다. 자기들을 '주인님baas'이라 부르라고 명령했지만 우리는 그것을 거부했다. 로벤 섬에서 인종분리는 절대적이었다. 흑인 교도관은 단 한 사람도 없었고, 백인 죄수 역시 단 한 사람도 없었다.

한 교도소에서 다른 교도소로 이감될 때는 언제나 적응 기간이 필요하다. 그러나 로벤 섬으로 가는 여정은 외국으로 가는 것과 같았다. 그곳은 고립되어 있어서 완전히 다른 교도소가 되었을 뿐만 아니라, 그 자체로 우리가 살았던 세계와는 완전히 동떨어진 독자적인 세계를 이루고 있었다. 프리토리아를 떠날 때 고양되었던 우리의 사기는 살벌한 분위기에 압도되어버렸다. 우리는 삶이 돌이킬 수 없을 만큼 암울해지리라는 것을 직감했다. 프리토리아에 있을 때는 지지자들이나 가족들과 연계되어 있다고 느낄 수 있었지만, 이 섬에서는 우리가 단절되었다고 느꼈고 또 실제로 그러했다. 단지 서로 함께 있다는 것을 위안으로 삼아야 했으며, 그것이 유일한 위안이었다. 나는 새롭고 또 다른 투쟁이 시작되었다고 자각함으로써 이러한 절망에서 곧바로 벗어났다.

첫날부터 나는 짧은 바지 착용이 강제되는 것에 대해 항의했다. 나는 교도소장을 만나게 해달라고 요구했고, 개선 건의사항을 목록으로 작성했다. 교도관들은 내 항의를 무시했지만 두 번째 주말, 내 방 바닥에는 낡은 황갈색 바지 한 벌이 무심히 던져져 있었다. 가는 세로줄 무늬가 있는 세 벌짜리 옷이 이렇게 반가울 수가 없었다. 바지를 입기 전에 먼저 다른 동지들에게도 긴바지가 보급되었는지 확인했다.

다른 동지들은 긴바지를 받지 못했다. 그래서 나는 교도관에게 그 바지를 다시 가져가라고 말했다. 나는 모든 아프리카인 재소자들이 긴바지를 입을 수 있어야 한다고 주장했다. 교도관은 투덜거렸다. “만델라, 긴바지를 원한다고 해서 막상 그걸 주니까 이제 와서 싫다고?” 교도관은 흑인이 입어 낡아빠진 바지를 건드리기조차 꺼려했고, 마침내 사령관이 직접 내 방에 와서 바지를 가지고 갔다. “좋아, 만델라.” 그가 말했다. “당신도 다른 죄수들과 똑같은 옷을 입게 될 거야.” 나는 그가 나에게 긴바지를 줄 의향이 있다면 왜 다른 사람들에게는 그것을 줄 수 없느냐고 응수했다. 그는 아무 대답도 하지 못했다.

60

섬에 도착하고 두 번째 맞는 주말에 우리는 우리의 변호사인 브람 피셔와 조엘 조피가 다음 날 면회를 온다는 소식을 들었다. 그들이 도착하자 우리는 면회실로 안내되었다. 그들의 방문 목적은 두 가지였다. 우리가 어떻게 적응하고 있는지, 그리고 여전히 판결에 대해 항소할 의사가 없는지를 확인하는 것이었다. 그들을 만난 지 겨우 몇 주가 지났을 뿐이지만 마치 영겁의 세월이 지난 것 같은 느낌이었다. 그들은 다른 세계에서 온 사람들처럼 보였다.

우리는 빈방에 앉았다. 소령이 바로 밖에서 면회를 감시했다. 나는 그들과 포옹하고 싶었지만 소령 때문에 참았다. 나는 우리 모두가 잘 지낸다고 말하고, 우리는 전과 같은 이유로 지금도 항소에 반대한다고 말했다. 그 이유들 중 하나는 우리의 항소로 다른 ANC 피고들의 재판을 중단시키고 싶지 않다는 것이었다. 브람과 조엘은 이를 체념하고 받아들이는 듯했다. 물론 나는 브람이 항소를 제기해야 한다고 믿고 있는 것을 잘 알고 있었다.

대화가 끝나갈 무렵 나는 간단히 브람에게 그의 아내 몰리의 안부를 물었다. 내 입에서 몰리의 이름이 나오자마자 브람은 갑자기 방을 나섰다. 몇 분 뒤 돌아와서는 여전히 차분한 모습으로 대화를 다시 시작했지만, 어찌된 일인지 그는 내 질문에 대한 대답을 피했다.

면회는 오래지 않아 끝났고, 감방으로 돌아갈 때 소령이 내게 말했다. "만델라, 브람 피셔의 행동에 놀랐죠?" 나는 그렇다고 대답했다. 그는 몰리가 지난주에 교통사고로 세상을 떠났다는 말을 해주었다. 브람이 길에 있는 동물을 보고 급하게 피하려다가 차가 강으로 추락하여 몰리가 익사했다는 것이다.

우리는 그 소식에 망연자실했다. 몰리는 훌륭한 여자였다. 관대하고 이타적이었으며, 전혀 편견이 없는 사람이었다. 그녀는 생각하기 어려울 만큼 많은 면에서 브람을 도왔다. 그녀는 아내이자 친구이며 동지였다. 브람은 아들이 당뇨병으로 사춘기의 나이에 죽어 이미 인생에서 좌절을 경험했던 터였다.

내가 몰리의 안부를 물었을 때 자리를 뜬 것은 브람의 성격을 보여주는 전형적인 행동이었다. 그는 자제심이 강한 사람으로 자신의 고통과 문제로 다른 사람들에게 짐이 되지 않으려 했다. 아프리카너로서 그는 양심에 따라 자신이 누릴 수 있는 특권을 거부했기에 자신의 동족에게 따돌림을 받아야 했다. 그의 용기와 희생정신은 비길 데 없이 높았다. 나는 단지 부정에 항거하는 것이지 우리 국민을 상대로 싸우지는 않았다.

소령에게 브람을 위해 위로 편지를 쓰고 싶다고 말하자 그는 허락했다. 당시 편지에 대한 규제는 매우 심했다. 우리는 오로지 직계가족에게만 편지를 쓸 수 있었는데, 그것도 6개월에 한 번 500자 이내의 편지로 제한되었다. 그 때문에 나는 소령이 내가 브람에게 편지를 쓰는 것을 막지 않았을 때 놀랍고도 기뻤다. 그러나 그는 약속을 지키지 않았다. 나는 편지를 써서 소령에게 전달했지만 편지는 부쳐지지 않았다.

몇 달이 지나자 우리의 생활은 틀이 잡혀갔다. 교도소 생활은 일과가 정해져 있다. 하루하루가 전날과 똑같았다. 한 주 한 주가 그 전주와 똑같았고, 달과 해도 똑같아 구분할 수 없이 뒤섞여버렸다. 똑같은 일이 반복된다는 것은 교도소가 제대로 운영되고 있다는 징표였기 때문에 일상 유형에서 벗어나는 어떠한 것도 당국을 혼란케 하는 것이었다.

똑같은 일과는 수감자에게 위안이 되지만 또 바로 그것이 덫이 된다. 반복되는 일과는 귀여운 애인과도 같아서 저항하기 어렵다. 왜냐하면 반복되는 일과는 시간을 빨리 가게 하기 때문이다. 로벤 섬에서는 손목시계나 어떤 종류의 시간을 알리는 장치도 금지되었기 때문에 정확한 시간은 결코 알 수 없었다. 우리는 종소리와 교도관들의 호각 소리나 고함 소리에 의존했다. 매주가 그 전주와 다름이 없을 때 오늘이 몇 월 며칠인지 기억하기 위해서는 상당한 노력이 필요하다. 내 첫 번째 시도는 감방 벽에 달력을 만든 것이었다. 시간 감각을 잃게 되면 통제력과 심지어는 정신 건강까지도 잃기 쉬운 법이다.

교도소에서는 시간이 더디게 지나간다. 하루가 끝이 없는 것처럼 느껴진다. 흔히들 시간이 더디게 지나간다는 말을 할 때는 게으름과 무기력이 원인일 때가 많다. 그러나 로벤 섬에서는 사정이 다르다. 우리는 노동과 공부, 그리고 논쟁을 해결하느라 거의 늘 바빴다. 그럼에도 시간은 빙하처럼 느리게 흘렀다. 밖에서는 몇 시간이나 며칠 걸려 해결될 일이 교도소에서는 수개월이나 수년 걸려 이루어지기 때문이기도 하다. 새로운 칫솔을 요청하면 6개월이나 1년이 지나야 받을 수 있다. 언젠가 아메드 카트라다가 교도소에서는 몇 분이 몇 년처럼 느껴지지만 몇 해는 몇 분처럼 지나간다고 말했다. 마당에서 바위를 부수는 오후가 마치 영원할 것 같은데도 갑자기 연말이 다가오고, 그 모든 날들이 어떻게 지나가버렸는지 알 수 없는 것이 교도소 생활이다.

모든 재소자들에게 그렇지만 특히 정치범들에게 과제는 어떻게 교도소 생활에서 자신을 온전히 지킬 수 있는가, 어떻게 약해지지 않고 출소할 수 있는가, 어떻게 자신의 신념을 보존하고 심지어 재충전까지 할 수 있는가이다. 이를 이루기 위해 제일 처음 해야 할 일은 생존하기 위해 내가 무엇을 해야 하는지를 아는 것이다. 그렇게 하기 위해서는 적을 무너뜨리기 위한 전략을 세우기 전에 적의 목적을 먼저 알아야 한다. 교도소는 사람의 정신을 파괴하고 결의를 무너뜨리도록 되어 있다. 이 목적을 위해 당국은 재소자들의 모든 약점을 이용하고, 모든 자발적인 움직임을 분쇄하고, 개인성의 모든 징표를 부정한다. 이는 우리를 인간이도록 하며 우리 자신이도록 하는 그 불꽃을 일소하겠다는 발상에서 나온 것이다.

우리의 생존은 당국이 우리에게 하고자 하는 바를 알고 이것을 서로 공유하는 데 달려 있다. 혼자서 저항한다는 것은 불가능에 가까울 정도로 힘든 일이다. 혼자였다면 내가 과연 그만큼 해낼 수 있었을지 알 수 없다. 그만큼 당국이 우리를 함께 있게 한 것은 결정적 실수였다. 함께 있을 때 우리의 결의는 더욱 강해지기 때문이다. 우리는 서로의 기운을 북돋아 주었고 서로에게서 힘을 얻었다. 우리가 아는 모든 것과 우리가 배운 모든 것을 함께 나누었고, 그렇게 함께함으로써 우리는 개개인이 가지고 있는 작은 용기들을 배가시킬 수 있었다. 그렇다고 해서 우리 모두에게 가해진 곤경에 똑같은 방식으로 대응했다는 말은 아니다. 사람은 각자 갖고 있는 능력이 다르고, 스트레스에 대한 반응도 다르다. 그러나 강한 사람은 약한 사람의 용기를 북돋아줄 수 있으며, 그 과정에서 약자와 강자 모두가 더 강해질 수 있다. 결국 우리는 교도소에서 우리 자신의 삶을 창조해야 했다. 당국조차도 인정하는 것처럼 교도소에서 질서는 교도관들에 의해 강제된다기보다는 우리들 자신에 의해 지켜졌다.

지도자는 때로 사람들에게 인기 없는 행동 또는 결과가 수년이 지나도록 알려지지 않을 행동을 취해야 한다. 승리는 그것을 성취한 사람에게만 알려지는 의로운 영광이 될 때가 있다. 이것은 교도소에서 특히 그러하다. 교도소에서 사람은, 설사 다른 어느 누구도 그것을 알지 못하더라도,

자신의 이상에 충실하다는 데서 위안을 찾아야 하기 때문이다.

이제 나는 한쪽으로 물러나 있으나 내가 결코 투쟁을 포기하지 않으리라는 것 또한 알고 있었다. 나는 관중이라고는 우리 자신과 우리의 적들뿐인 규모가 더 작은 다른 싸움터에 있었다. 우리는 교도소에서의 투쟁을 전체 투쟁의 축소판으로 생각했다. 인종차별과 억압은 이곳에서도 마찬가지였다. 단지 다른 조건에서 싸워야 할 뿐이었다.

교도소와 당국은 재소자들의 존엄성을 박탈하려는 음모를 꾸민다. 나의 존엄성을 박탈하려는 그 누구도 어떤 제도도 패배할 수밖에 없기에 이는 곧 내가 살아남는다는 것을 의미한다. 왜냐하면 나는 어떤 대가를 치르더라도 어떤 압력이 가해지더라도 존엄성을 포기하지는 않을 것이기 때문이다. 나는 한 번도 내가 교도소를 나갈 수 없을지도 모른다는 생각을 진지하게 해본 적이 없다. 나는 단 한 번도 종신형이 진짜 평생 교도소에서 살게 된다는 것을 의미한다고 생각해본 적이 없고, 내가 교도소에서 죽음을 맞이하게 되리라고 생각해본 적도 없다. 아마도 그렇게 생각하면 너무나 참담해지기 때문에 그럴 가능성을 애써 부인했는지도 모른다. 그러나 나는 언젠가는 자유인으로서 발밑에 풀의 감촉을 다시 느끼고 햇빛 아래 걷게 되리라는 것을 알고 있었다.

나는 근본적으로 낙관론자이다. 그것이 타고난 것인지 교육된 것인지는 알 수 없다. 낙관적이라는 것은 머리를 태양을 향해 똑바로 치켜들고 발을 앞으로 내딛는 것이기도 하다. 인간성에 대한 나의 신념이 혹독한 시련을 겪는 어두운 순간도 많았다. 그러나 나는 절망에 굴복하지 않으려 했고 굴복할 수도 없었다. 그것은 곧 패배와 죽음의 길이었기 때문이다.

61

우리는 날마다 아침 5시 30분에 복도 입구에서 동종을 치며 "기상! 일어나!"라고 외치는 야간 교도관에 의해 잠이 깼다. 나는 늘 아침에 일찍 일어나므로 이 기상 시간이 내게 결코 힘든 일은 아니었다. 5시 30분에 잠을 깨지만 6시 45분까지는 감방을 나설 수 없었다. 그때까지는 감방을 청소하고 매트와 담요를 개야 했다. 감방에는 수도가 없었고, 변기 대신 발리라고 부르는 양철 위생통이 있었다. 발리는 직경 25센티미터에, 위에는 물을 담을 수 있는 오목한 자기 뚜껑이 덮여 있었다. 이 뚜껑의 물은 면도를 하고 손과 얼굴을 씻기 위한 것이었다.

6시 45분에 감방을 나서면 우리는 제일 먼저 발리부터 비운다. 발리는 통로 끝에 있는 수조에서 깨끗하게 씻어야 했다. 그렇지 않으면 악취를 풍기기 때문이다. 발리를 씻는 일이 즐거운 유일한 이유는 초기 교도소 생활 당시에는 이 시간이 동료들과 낮은 소리로 말을 나눌 수 있는 기회였기 때문이다. 교도관들은 우리가 발리를 씻을 때 가까이 있고 싶어 하지 않았고, 따라서 우리는 편안하게 이야기를 주고받을 수 있었다.

처음 몇 달 동안 아침식사는 일반 옥사의 죄수들이 배급했다. 아침식사는 옥수수로 만든 곡물죽이었으며, 일반 사범들이 그릇에 담아 감방의 창살 사이로 건네주었다. 그것은 교묘한 기술이었으며, 음식을 조금이라도 흘리지 않으려면 능숙한 손놀림이 필요했다.

몇 달이 지난 뒤 아침식사는 낡은 금속 기름통에 담겨져 마당에서 배급되었다. 우리는 죽을, 간단한 금속 사발에 담아 먹었다. 또 커피랍시고 한 잔씩이 나왔지만 사실은 옥수수를 갈아 까맣게 될 때까지 구운 뒤 뜨거운 물에 푼 것일 뿐이었다. 얼마 지난 뒤 식사를 하기 위해 마당에 나갈 수 있게 되자, 나는 마당을 돌아 들어가 아침식사가 도착할 때까지 마당 주위를 가볍게 뛰었다.

교도소에서 다른 모든 것과 마찬가지로 식사에도 차별이 있었다.

일반적으로 혼혈인과 인도인들이 아프리카인들보다 조금 더 나은 식사를 배급받았다. 그러나 차이가 그렇게 큰 것은 아니었다. 당국은 우리가 균형 잡힌 식사를 하고 있다는 말을 하고 싶어 했고, 실제로 그것은 균형 잡힌 식사였다. 문제는 그 균형이 맛이 없다는 것과 도저히 먹을 수 없다는 것 사이의 균형이라는 것이었다. 음식은 우리가 항의하는 많은 원인이 되기도 했다. 그러나 당시 교도관들은 "야, 이 검둥이 녀석들아. 너희들 집에서보다 더 잘 먹고 있잖아!"라고 말했다.

아침식사가 한창일 때 보초들은 소리쳤다. "정렬! 정렬!" 그러면 우리는 점호를 받기 위해 감방 밖에 섰다. 죄수들은 황갈색 윗옷 단추 세 개를 모두 제대로 잠그고 있어야 했고, 교도관이 지나갈 때는 모자를 벗어야 했다. 만약 단추가 제대로 잠겨 있지 않거나 모자를 쓰고 있거나 방이 정돈되어 있지 않을 때는 교도소 행위규범을 위반한 죄로 독방 감금이나 결식 등의 처벌을 받았다.

점호 뒤 우리는 운동장에서 정오까지 돌을 깨는 작업을 했다. 휴식시간은 없었다. 작업 속도가 늦어지면 교도관은 속도를 내라고 소리쳤다. 정오에는 점심을 알리는 종이 울리고 나서 다시 음식이 담긴 금속 드럼통이 운동장으로 운반되었다. 아프리카 흑인들의 점심은 굵게 간 옥수수죽이었다. 인도인이나 혼혈인 죄수들은 삼프 또는 옥수수쌀이라는 수프 같은 혼합물에 옥수수를 갈아 넣은 음식이 배급되었다. 때로 삼프와 함께 야채가 나오기도 했으나 우리들에게는 곁들인 음식도 없이 옥수수죽만 나왔다.

점심때는 가끔 '강장제'라는 뜻의 푸자만들라가 나왔는데, 이것은 옥수수와 약간의 이스트로 만든 가루였다. 물이나 우유에 타서 먹는 것으로, 원래 진하게 타면 맛있지만 교도소 당국이 준 것은 너무나 소량이어서 물에 타면 간신히 색깔이 나는 정도였다. 나는 제맛이 나는 음료를 만들려고 며칠씩 가루를 아껴 두고는 했다. 그러나 만약 당국이 수감자가 음식을 비축한다는 사실을 알면 가루는 몰수되고 그 수감자는 처벌을 받았다.

점심시간 뒤에는 4시까지 일을 했다. 4시에 보초들이 호각을 불면 우리는 다시 줄을 서서 점호를 하고 검사를 받았다. 그러고 나면 세면시간으로 30분을 주었다. 복도 끝에 있는 욕실에는 바닷물 샤워기가 두 대 있었고, 소금물 수도와 욕조로 쓰이는 커다란 아연도금 금속 통 세 개가 놓여 있었다. 온수는 나오지 않았다. 우리는 이 통에 서거나 누워 소금기가 있는 물로 비누칠을 하여 하루의 먼지를 씻어냈다. 추운 날 찬물로 씻는다는 것이 유쾌한 일은 아니었지만 우리는 그 시간을 최대한 즐겼다. 때로는 씻으면서 노래도 불렀는데, 그렇게 하면 물이 조금 덜 차갑게 느껴졌다. 초기 교도소 시절, 목욕 시간은 우리가 자유롭게 대화를 나눌 수 있는 유일한 시간이었다.

정확히 4시 30분, 복도 끝에 있는 나무문을 두드리는 요란한 소리가 들리면 그것은 저녁식사가 배급되었다는 의미였다. 일반 죄수들은 익숙한 솜씨로 우리에게 음식을 담아주었고, 우리는 감방으로 돌아가 식사를 했다. 저녁식사에도 역시 옥수수죽이 나왔는데, 때로는 건더기랍시고 이상한 당근이나 배추 조각이나 사탕무 뿌리가 담겨 있기도 했다. 그러나 대개 건더기는 애써 찾아야 할 정도로 적었다. 야채가 나올 때도 당근이나 배추는 시들고 곰팡내가 났다. 완전히 신물이 날 때까지 몇 주일 동안 계속해서 같은 것이 나왔다. 하루걸러 한 번은 옥수수죽과 함께 약간의 고기가 배급되었다. 고기는 대부분 연골이었다.

저녁식사로 혼혈인과 인도인 수감자들은 빵 4분의 1조각(고양이 머리라는 뜻의 캣콥이라고 부르는 것으로 빵 모양을 본뜬 것)과 마가린 한 조각을 받았다. 빵이란 '유럽식' 음식이므로 아프리카인들은 좋아하지 않는다고 생각했던 모양이다.

음식은 통상 규정에 명시된 것보다 더 적었다. 그것은 급식부에 밀수가 횡행했기 때문이었다. 전원이 일반 죄수였던 요리사들은 가장 좋은 음식들을 자신들과 친구들 몫으로 챙겨두었던 것이다. 그들은 종종 교도관들에게 환심을 사거나 특별처우를 받기 위해 가장 맛있는 음식들을 떼어놓기도 했다.

오후 8시에 야간 교도관은 복도에 들어와 문을 잠그고 작은 구멍을 통해 바깥에 있는 다른 교도관에게 열쇠를 건네준다. 그 교도관은 복도를 오르락내리락하면서 우리에게 취침을 명했다. "소등"이라는 외침은 로벤 섬에서는 없었다. 우리 감방에는 단 하나의 전구가 밤낮으로 켜져 있었다. 나중에는 상급 학위를 받기 위해 공부하는 죄수들에게 그 불빛 아래서 10시나 11시까지 책을 읽을 수 있도록 허용했다.

복도는 음향 상태가 매우 좋아서 우리는 잠들기 전에 서로 잡담을 할 수 있었다. 서로 속삭이는 소리까지도 잘 들을 수 있었는데, 교도관 역시 이 소리를 잘 들을 수 있었기 때문에 그들은 "통로에서 조용히!"라고 소리 질렀다. 교도관은 몇 차례 복도를 오르내리며 우리가 책을 읽거나 글을 쓰지 못하도록 감시했다. 몇 달 뒤 우리는 교도관의 발소리를 들을 수 있도록 복도에 모래를 뿌렸다. 그렇게 하면 말을 멈추거나 물건을 숨길 수 있는 시간을 벌 수 있었기 때문이다. 우리가 조용해지면 교도관은 통로 끝 작은 사무실에서 자리를 잡고 아침까지 잠을 잤다.

62

브람과 조엘을 만나고 며칠이 지난 어느 날 아침에 우리는 본부에 불려 갔다. 본부 건물은 겨우 400미터 떨어진 곳에 있었고, 우리 동과 비슷한 모양의 작은 석조 건물이었다. 그곳에 다다르자 줄을 서서 지문을 찍었는데, 이는 교도소에서는 관례적인 일이었다. 그러나 기다리는 동안 한 교도관이 카메라를 들고 있는 것이 보였다. 지문을 찍은 뒤에 교감은 사진을 찍기 위해 줄을 서라고 명령했다. 나는 동료들에게 움직이지 말라고 손짓하고 교도관에게 항의했다. "우리의 사진을 찍는 것을 허가한 교도소장 명의의 서류를 제시하시오." 재소자의 사진을 찍는 데는 그런 허가가 필요했다.

규정에 대해서는 늘 잘 알아둘 필요가 있다. 왜냐하면 교도관들은 규정에 대해 문외한인 경우가 많아서 재소자가 그 방면에 능통하다는 것을 알면 기가 죽기 때문이다. 교도관은 내 요구에 당황해했고, 어떤 설명을 하거나 교도소국 사령관 명의의 어떤 서면 자료도 제시하지도 못했다. 그는 우리가 사진 촬영에 응하지 않는다면 우리를 기소할 것이라고 위협했다. 그러나 나는 공식 허가가 없으면 어떤 사진도 찍을 수 없다고 말했고, 그 입장을 계속 고수했다.

죄수의 모습을 사진으로 찍어 다른 사람들에게 보인다는 것은 기분 좋은 일이 아니었으므로, 대체로 우리는 교도소에서 사진 찍는 것을 싫어했다. 그러나 내가 로벤 섬에 복역하는 동안 촬영을 승낙했던 사진이 하나 있었다.

그 일이 있은 지 몇 주 뒤 어느 날 아침, 교감이 운동장 작업에 쓸 망치 대신 우리에게 해진 죄수복과 바늘과 실 한 더미를 주었다. 수선을 하라는 것이었지만 그 모직 죄수복들은 수선이 불가능할 정도로 닳아 있었다. 이상한 일이라고 생각한 우리는 무엇 때문에 작업이 변경되었는지 의아스러웠다. 잠시 뒤 11시쯤 정문이 열리며 사령관이 양복을 입은 두 남자와 함께 모습을 드러냈다. 사령관은 그 두 방문객을 런던에 있는 《데일리 텔레그래프Daily Telegraph》의 기자와 사진기자라고 소개했다. 마치 국제 언론인들의 방문이 정기적인 일이라도 되는 듯한 태도였다.

비록 이들이 처음 오는 공식 방문객들이었지만 우리의 시선은 회의적이었다. 첫째, 그들은 정부 측이 데려온 사람들이었고, 둘째, 우리는 《데일리 텔레그래프》가 우리의 대의에 동조하지 않을 보수적인 신문이라는 것을 알고 있었기 때문이었다. 우리는 국외에서 우리의 상황에 대해 관심이 지대하며, 우리가 학대받지 않다는 것을 보여주는 것이 정부에 이익이 된다는 점을 알고 있었다.

그 두 기자는 천천히 마당을 돌아 걸으면서 우리를 관찰했다. 우리는 머리를 숙인 채 일에 열중하고 있었다. 그들이 한 바퀴를 돌고 난 뒤 교도관 한 명이 내 어깨를 붙들고 말했다. "만델라, 이리 와서 그들에게 이야기해보시오." 복역 초기 나는 종종 동료들의 대변자가 되었다. 교도소국 규정은 각 복역수가 단지 자신의 입장만을 대변하도록 명시하고 있었다. 이것은 조직의 힘을 부인하고, 우리의 집단적 힘을 무력화시키려는 목적이었다. 우리는 이 규정에 반대했지만 이 문제에서는 어떤 진전도 보지 못했다. 심지어 불만을 제기할 때 '우리'라는 단어조차 허용되지 않았다. 그러나 처음 몇 해 동안 전체를 대표할 재소자가 필요할 때 당국은 어김없이 나를 불렀다.

나는 뉴먼이라는 기자와 약 20분 동안 면담을 했고, 교도소와 리보니

1966년, 교도소 마당에서 월터와 함께.

아 재판에 대해 솔직하게 이야기했다. 그는 호감을 주는 사람이었고, 면담이 끝날 무렵 내 사진을 찍고 싶다고 말했다. 나는 내키지 않았지만 이 사진은 외국에서만 공개될 것이라는 것을 알고 있었고, 또 조금이라도 우호적인 기사가 나간다면 우리에게 도움이 되리라고 생각했기 때문에 사진을 허락했다. 나는 월터 시술루 씨와 함께라면 승낙한다고 말했다. 사진은 우리 두 사람이 마당에서 이야기를 나누는 모습이었으나 그때 무슨 이야기를 했는지는 지금 기억에 없다. 나중에 그 기사를 읽지도 그에 대해 듣지도 못했다. 기자들이 시야에서 사라지자마자 교도관들은 모직 죄수복을 치우고 다시 망치를 건네주었다.

《데일리 텔레그래프》 기자들을 시작으로 소수지만 방문객들이 계속 찾아왔다. 리보니아 재판이 여전히 사람들의 기억에 남아 있었으므로 정부는 우리가 정당한 처우를 받고 있다는 것을 국제 사회에 보여주려고 안달이었다. 언론에는 로벤 섬 교도소의 비인간적인 상황과 우리가 얼마나 폭행과 고문을 당하고 있는지에 대한 기사들이 실리고 있었다. 이러한 이야기들은 정부를 난처하게 했고, 이를 무마하기 위해 정부는 비판조의 기사들을 반증하도록 수많은 외부인들을 데리고 왔다.

세계재판소World Court에서 나미비아의 독립을 위해 변론했던 한 영국인 변호사의 짧은 방문에 이어, 우리는 미국변호사협회 대표 하이닝이 우리를 방문한다는 소식을 들었다. 당시 남아프리카에서 미국인을 만나는 일은 흔치 않았으므로 나는 그 명망 있는 단체의 대표를 만나고 싶었다.

하이닝이 방문하는 날 우리는 마당에 소집되었다. 하이닝은 로벤 섬에 거의 모습을 보이지 않았던 교도소국 사령관 스테인 장군과 동행하여 도착했다. 스테인 장군은 교도소 당국 관련자 중 이례적으로 점잖고 세련된 사람이었다. 그의 양복은 언제나 고급스러웠고 디자인도 유행을 따른 것이었다. 그는 정중했고 우리를 "신사 여러분"이라고 불렀으며, 심지어 우리 앞에서 모자를 벗기도 했다. 교도소 측의 어느 누구도 그런 예의를 갖춘 태도를 보인 적이 없었다. 그러나 스테인 장군은 명령보다는 무시하는 태도로 우리를 억압했다. 그는 기본적으로 섬에서 일어나는 일을 무시했다. 그가 습관적으로 자리를 비우자 폭력적인 교도소 관리들은 더욱 대담해졌으며, 그들에게 원하는 모든 행동을 취할 수 있도록 백지 위임장을 준 셈이었다. 가장 정중한 태도로 장군은 우리에게 손님을 소개하면서 "신사 여러분, 대표를 선정해주십시오"라고 말했다. 재소자 여러 명이 내 이름을 외쳤다.

스테인 장군이 나를 향하여 고개를 끄덕인 뒤 나는 일어섰다. 스테인 장군과는 대조적으로 하이닝은 뚱뚱하고 세련되지 못한 사람이었다. 나는 그에게 방문해줘서 감사하며 찾아주어 영광이라고 인사했다. 그러고는 불만사항을 이야기했다. 먼저, 가장 핵심적이며 중요한 문제로 우리는 정치범이지 범죄자가 아니며 따라서 그에 상응한 처우를 받아야 한다고 말을 시작했다. 그리고 음식과 생활 조건과 노동에 관한 세부적인 문제 등 우리의 불만사항을 상세히 설명했다. 그러나 내가 이야기할 때 하이닝이 자주 말을 중단시켰다. 부당한 장시간 노동에 대해 문제를 제기했을 때, 그는 죄수로서 우리는 마땅히 노동을 해야 한다고 말하며 우리의 게으름을 탓했다.

내가 우리 감방의 문제점들을 세부적으로 설명하기 시작하자, 그는 미국의 낙후된 교도소의 복역 조건은 로벤 섬보다 훨씬 열악하며 로벤 섬은 그에 비하면 천국이라고 말을 막았다. 그는 우리가 유죄판결을 받은 것은 정당하며, 사실 사형을 받을 수도 있었는데 그것은 면했으니 운이 좋은 것이라고 덧붙였다.

하이닝은 땀을 많이 흘렸고, 우리들 중에는 그가 정상이 아니라고 생각하는 사람들도 있었다. 그는 남부 억양을 쓰고 있는 것 같았고, 말할 때 침을 뱉는 습관이 있었는데, 어느 누구도 이전에 보지 못한 이상한 습관이었다.

마침내 더 이상 들을 필요가 없다고 생각한 나는 그의 말을 중단시켰다. "아니오. 당신은 내 이야기를 오해하고 있습니다." 그는 내가 반박하는 것에 대해 화를 냈고, 스테인 장군은 우리를 주시하며 묵묵히 경청했다. 그 상황에서 화를 누그러뜨리는 것은 쉽지 않았다. 재소자들은 하이닝의 발언에 분노했으며, 그가 우리를 면담하도록 허가를 받은 것에 대해 불쾌해했다. 보통 외부인의 방문은 우리의 사기를 높여주었지만 하이닝의 방문은 반대였다. 아마도 그것이 당국이 원하는 바였을 것이다. 그렇게 명망 있는 단체에서 온 사람이 그 정도로 몰이해하다는 것은 정말 실망스러운 일이었다. 마침내 하이닝은 몸을 홱 돌려 인사도 없이 떠나버렸다. 그가 떠나는 것을 아쉬워하는 사람은 없었다.

우리는 그 뒤 몇 년간 하이닝에 대해 이야기를 나누곤 했는데, 많은 사람들이 그의 말투를 흉내 내어 웃음을 자아냈다. 우리는 다시는 그에 대한 이야기를 듣지 못했으며, 확실히 그는 로벤 섬의 그 어느 누구도 미국변호사협회의 지지자로 만들지 못했다.

63

교도소에 있는 동안 모든 재소자들은 당국에 의해 A, B, C, D 네 등급으로 분류된다. A는 가장 높은 등급으로 혜택을 가장 많이 받으며, D는 가장 낮은 등급으로 혜택이 가장 적다. 모든 정치범, 또는 당국의 표현대로 하면 모든 '보안범'들은 교도소에 들어오면 자동적으로 D등급을 받는다. 이 분류에 의해 달라지는 혜택은 면회와 편지, 공부 그리고 물품과 잡화를 살 기회 등 재소자들의 거의 모든 일상을 망라한다. 정치범이 D등급에서 A등급으로 오르는 데는 대개 몇 년이 걸렸다.

우리는 등급 분류 제도를 혐오했다. 그것은 모든 재소자를, 특히 정치범들을 억압하기 위한 또 하나의 방법으로 부패된 저급한 방법이었다. 우리는 모든 정치범이 한 등급에 소속되어야 한다고 주장했다. 그러나 비난을 할지언정 우리는 그 제도를 무시할 수는 없었다. 등급 제도는 교도소 생활에서 불변의 규칙이었다. D등급 재소자가 편지를 6개월에 한 번밖에 받을 수 없는 데 대해 항의할 경우, 당국은 행동을 개선하여 C등급이 되면 6개월에 편지 2통을 받을 수 있을 것이라고 말했다. 음식이 충분치 못하다고 불평할 경우, 당국은 A등급이 되면 바깥에 있는 사람이 보낸 돈으로 식당에서 특식을 구입할 수 있다고 말했다. 자유투사도 물품과 책을 살 수 있는 능력은 필요했다.

등급은 대체로 남은 형량의 길이에 따라 달라졌다. 8년형을 받은 사람은 처음 2년간 D등급으로 분류되며 다음 2년은 C등급, 다음 2년은 B등급, 그리고 마지막 2년은 A등급이 된다. 그러나 교도소 당국은 이 분류 제도를 정치범을 다루는 무기로 이용했으며, 우리의 행동을 통제하기 위해 어렵사리 얻은 상위 등급을 낮추겠다고 위협하곤 했다. 나는 로벤 섬에 가기 전에 이미 2년을 복역했지만 처음 도착했을 때 여전히 D등급으로 분류되었다. 상위 등급의 혜택을 원하긴 했으나 나는 타협적으로 행동하지는 않았다. 등급을 올리기 위한 지름길은 불평하지 않고 복종하는 것이다. 교도관들은 "어이, 만델라, 당신은 골칫거리야. 평생 D등급을 못 벗어날 걸세"라고 말하곤 했다.

6개월마다 재소자들은 등급을 평가받기 위해 교도소위원회에 출두했다. 위원회는 교도소 규정에 따라 우리의 행동을 평가하기 위한 것이었지만 단순한 행동평가회보다는 정치재판소로 기능했다. 위원회와 처음 면담할 때 교도소 관리들은 ANC와 나의 신념에 대해 질문했다. 이 문제는 등급 제도와 무관했지만 나는 어리석게도 그들을 설득할 수 있으리라 생각했다. 이때는 우리가 인간으로 대우받는 드문 경우였으며 나도 인간으로서 답변을 했다. 나중에는 이것이 단지 우리에게서 정보를 얻어내기 위한 교도소 당국의 술책에 불과하다는 것을 알게 되었지만 당시에는 눈치채지 못했다. 얼마 지나지 않아 우리는 위원회와 정치 문제를 이야기하지 않기로 합의했다.

D등급 죄수인 나는 면회와 서신 교환을 6개월에 한 번만 할 수 있었다. 이것은 교도소 제도 중 가장 비인간적인 규제였다. 가족과 연락하는 것은 인간의 권리이다. 이는 교도소 제도의 인위적인 등급에 따라 제한될 수 없는 성질의 것이다. 그러나 이것이 교도소 생활의 현실이었다.

면회와 편지는 '직계' 친족으로 국한되었다. 이것은 단순히 사람의 힘을 빠지게 하는 일일 뿐만 아니라 인종차별이기도 했다. 아프리카인에게 직계가족의 의미는 유럽이나 서구인들의 개념과는 크게 다르다. 우리의 가족 구조는 범위가 훨씬 넓다. 같은 조상의 후손은 누구라도 가족 성원으로 간주된다.

교도소에 있는 동안 가족에 관한 무소식은 결코 희소식이 아니다. 재난이나 비극을 상상하는 것은 현실로 맞이하는 것보다 더 힘든 노릇이다. 나쁜 소식이 담긴 편지일지라도 편지가 없는 것보다는 더 낫다.

그러나 이 비참한 규정조차도 당국에 의해 남용되었다. 우편물을 기다리는 마음은 가히 절대적인 것이다. 우편 통지는 한 달에 한 번 있으며, 때로는 6개월이 되어도 편지가 없는 수도 있다. 6개월에 한 번밖에 오지 않는 기회가 편지 없이 그냥 지나갈 때는 얼마나 큰 실망을 주는지 모른다. 아내와 아이들, 그리고 어머니와 누이들에게 무슨 일이 일어난 것은 아닐까 걱정하지 않을 수 없다. 편지를 받지 못할 때는 그레이트 카루 사막만큼 마르고 황폐한 기분이 든다. 이따금 당국은 고의로 우편물을 내주지 않았다. 교도관들이 "만델라, 당신에게 온 편지가 있는데 줄 수가 없군"이라고 말하는 때가 있었다. 이유가 무엇인지, 누가 보낸 편지인지 일

언반구도 없다. 그런 때에 분노를 터뜨리지 않으려면 엄청난 자제력이 필요하다. 나중에 나는 합당한 경로를 통해 항의를 하여 편지를 받아냈다.

도착한 편지는 정말 소중하다. 편지 한 장은 사막에 꽃을 피우는 여름의 한 줄기 시원한 소나기 같은 것이다. 당국이 편지를 전해줄 때는 달려가서 확 낚아채고 싶지만 나는 자제하면서 아무렇지도 않은 듯 편지를 받았다. 그 자리에서 편지를 뜯어 읽고 싶지만 나의 간절한 마음을 들켜 당국에 만족감을 주지 않기 위해, 나는 마치 가족의 편지를 읽기 전에 해야 할 일이 많다는 듯이 천천히 방으로 돌아온다.

처음 몇 달 동안 나는 위니에게서 편지를 한 장 받았는데, 검열이 어찌나 심한지 인사말을 빼면 읽을 내용이 거의 없었다. 로벤 섬의 검열관들은 문제가 되는 문구들을 까맣게 칠했는데, 나중에 우리가 잉크를 지우고 그 밑에 있는 내용을 읽을 수 있다는 것을 알게 되면서 방법을 바꾸었다. 그들은 가위로 문장 전체를 오려내버린 것이다. 편지는 대부분 종이 양면에 내용이 적혀 있었으므로 오려진 문장의 뒷면에 쓰인 글도 함께 없어졌다. 그들은 누더기가 된 편지를 전달하는 것을 즐기는 것 같았다. 검열 때문에 편지는 늘 늦게 전달되었다. 일부 교도관들이 영어가 서툴러 편지 한 장을 검열하는 데 한 달이 걸리기도 했기 때문이다. 우리가 쓴 편지도 물론 검열을 받았다. 우리가 받는 편지처럼 잘려나간 것은 말할 필요도 없다.

섬에 온 지 3개월이 채 못 되던 8월 말에 나는 당국으로부터 다음 날 면회가 있을 것이라는 통지를 받았다. 누구인지는 말해주지 않았다. 월터도 면회 소식을 들었는데, 나는 위니와 알베르티나이기를 간절히 바랐다. 그리고 믿었다.

위니는 우리가 이 섬으로 이감되었다는 소식을 들은 순간부터 면회를 시도했다. 금지령이 내려져 있었던 위니는 나와 접촉하는 것이 금지되어 있었기 때문에 법무부의 특별허가를 받아야 했다.

당국이 허가한다 할지라도 로벤 섬을 방문하는 일은 쉽지 않았다. 면회시간은 30분을 초과해서는 안 되었고, 정치범은 재소자와 방문자가 한 방에서 접촉하는 것이 허용되지 않았다.

당국은 면회를 사전에 계획하는 것 같지 않았다. 어느 날 갑자기 그들은 아내에게 연락을 해 "내일 당신의 남편을 방문하실 수 있습니다"라고 통보했다. 이 때문에 큰 불편을 겪었고 때로는 방문이 불가능해지기도 했다. 가족이 면회를 미리 계획할 경우 당국은 비행기가 출발한 뒤까지 고의로 허가를 지연시킬 때도 있었다. 수감자들 가족은 대부분 케이프 주에서 멀리 떨어진 곳에 살았고 경제적 여유도 없었으므로, 가족의 면회는 그들이 계획했던 것보다 훨씬 늦어지는 때가 허다했다. 집이 가난한 죄수들은 몇 년 동안 아내를 보지 못했다. 로벤 섬에서는 심지어 10년이 넘도록 한 번도 면회를 받지 못하는 사람도 볼 수 있었다.

분리 면회를 위한 면회실은 비좁고 창문도 없었다. 재소자 쪽에는 작은 사각 유리가 달린 칸막이 방 다섯 개가 나란히 있었고, 유리를 사이에 두고 맞은편에 같은 칸막이 방 다섯 개가 연결되어 있었다. 재소자와 면회자는 의자에 앉아 두껍고 탁한 유리를 두고 마주보며 유리에 뚫린 구멍 몇 개를 통해 이야기를 나눈다. 상대방이 들을 수 있으려면 목청을 높여 말을 해야 했다. 나중에는 당국이 유리 앞에 마이크와 스피커를 설치하여 조금 나아졌다. 월터와 나는 아침 늦게 면회실로 불려 가 방 끝에 앉았다. 나는 약간 설레는 마음으로 방문객을 기다렸다. 갑자기 창문 저편 유리에 위니의 사랑스러운 얼굴이 나타났다. 위니는 언제나 정장을 차려입고 면회를 왔는데 늘 새롭고 우아한 차림이었다. 아내를 만질 수도, 부드럽게 말을 건넬 수도 없고, 둘만의 시간을 가질 수도 없다는 것은 크나큰 좌절감을 안겨주었다. 우리가 경멸하는 사람들의 눈앞에서 그것도 멀찌감치 떨어져 우리는 이야기를 나누었다.

나는 곧 위니가 몹시 긴장하고 있다는 것을 알 수 있었다. 그런 상황에서 나를 보는 일은 쉽지 않았을 것이다. 섬까지 오는 것 자체도 어렵지만 교도소의 엄격한 면회 절차, 보지 않아도 빤한 교도관들의 무례함, 그리고 면회의 비인간성 등이 그렇게 만들었다.

나중에 안 일이었지만 위니는 두 번째 금지령을 받았고, 그 결과 아동복지국에서 해고된 상태였다. 해고되기 직전에 경찰은 그녀의 사무실을 수색했다. 당국은 위니가 나와 비밀리에 연락한다고 믿었다. 위니는 사회봉사자로서 자신의 일을 좋아했다. 아이들을 입양시키고, 실업자들에게 일자리를 찾아주고, 무보험자들에게 의료를 지원하는 것 등 그것은 투쟁의 중요한 부분이었다. 아내에 대한 금지령과 권리의 유린은 나를 괴롭혔다. 내가 아내와 아이들을 돌볼 수 없는 상황에서 정부는 그녀가 자신의 생계를 꾸리는 것조차 어렵게 했던 것이다. 나는 무력감에 몸이 갈기갈기 찢어지는 것 같았다.

우리의 대화는 처음부터 어색했다. 그러나 그녀의 바로 뒤에 교도관 두 명이 서 있었고, 내 뒤에는 세 명이 서 있었기 때문에 상황은 더 나아지지 않았다. 그들은 단순히 대화를 감시할 뿐만 아니라 우리의 기를 꺾기 위해 서 있었다. 규정에 따르면 대화는 영어나 아프리칸스어로 제한되었고, 아프리카어는 사용할 수 없었다. 주제도 가족 문제로 국한되었다. 가족 문제를 벗어나 조금이라도 정치적인 대화가 오가면 면회는 갑자기 중단되었다. 자신들이 알지 못하는 사람의 이름이 나오면 교도관들은 대화에 끼어들어 그 사람이 누구인지 어떤 관계인지를 물었다. 교도관들이 그 수많은 아프리카 이름을 다 알지 못했기 때문에 그런 일은 잦았다. 1분 1초가 소중한 면회시간을 교도관에게 가족 계보를 설명하는 데 쓰는 것은 짜증나는 일이었다. 그러나 한편으로 그들이 무지해서 우리가 유리한 측면도 있었다. 우리는 이야기하고 싶은 사람의 암호명을 만들어 그들이 마치 가족 구성원인 듯이 말할 수 있었기 때문이다.

위니가 내 건강을 염려한다는 것을 알고 있었기 때문에 첫 면회는 중요했다. 그녀도 우리가 육체적으로 학대를 받고 있다는 이야기를 들었던 것이다. 나는 즉시 건강에 아무 이상이 없다고 말했고, 그녀도 내가 비록 전보다 말랐지만 건강하다는 것을 알 수 있었다. 그녀 역시 전보다 말라 보였다. 그만큼 어려움이 크다는 뜻이었다. 위니의 얼굴이 그늘지고 긴장되어 보였던 첫 면회 뒤 나는 그녀에게 몸무게를 조금 늘리라고 종용했다. 그녀는 늘 다이어트를 했고, 나는 늘 그렇게 하지 말라고 말했다. 나는 아이들 한 명 한 명의 안부와, 어머니와 누이들 그리고 처가 쪽 가족들의 안부를 물었다.

그때 갑자기 내 뒤에서 교도관이 소리쳤다. "면회 끝! 면회 끝!" 나는 도저히 믿을 수 없어 고개를 돌려 교도관을 쳐다보았다. 벌써 30분이 지나다니 믿기지가 않았다. 그러나 그의 말은 사실이었다. 면회시간은 언제나 눈 깜짝할 사이에 지나갔다. 교도소에 있는 동안 언제나 나는 교도관이 "면회 끝!"이라고 외칠 때마다 깜짝 놀랐다. 위니와 나는 서둘러 의자에서 일어나 간단히 작별인사를 했다. 나는 위니가 떠난 뒤에는 언제나 그녀와 함께하는 느낌을 간직하기 위해 여운을 붙잡고 있었지만 교도관들에게 그런 감정을 내비치고 싶지 않았다. 감방으로 돌아오면서 나는 우리가 나누었던 이야기들을 음미해보았다. 다음 며칠, 몇 주, 그리고 몇 개월 동안 반복해서 그 면회의 기억을 되새겼다. 나는 최소한 6개월 동안 아내의 얼굴을 다시 볼 수 없다는 것을 알고 있었다. 그러나 결국 위니는 그 뒤 2년 동안이나 면회를 올 수 없었다.

64

1월 초 어느 날 아침, 점호를 마친 우리는 작업을 하기 위해 마당으로 가는 대신 줄지어 바깥으로 걸어 나가 지붕 달린 트럭에 타라는 명령을 받았다. 우리가 교도소 지역을 벗어나는 것은 처음 있는 일이었다. 우리가 어디로 가는지에 대해서는 아무런 언급도 없었지만 나는 알 수 있었다. 몇 분 뒤, 트럭에서 내렸을 때 눈앞에 펼쳐진 것은 내가 1962년 섬에 도착했을 때 처음 본 장소, 바로 석회암 채석장이었다.

채석장은 마치 바위 언덕에 패인 거대한 분화구 같은 모습이었다. 절벽과 언덕 기슭은 눈부신 흰색이었다. 채석장 꼭대기에는 잔디와 야자나무가 있었고, 기슭에 펼쳐진 개간지에는 오래된 창고가 몇 개 있었다.

사령관인 베슬 대령이 우리를 맞았다. 그는 교도소 규정을 엄격하게 준수하는 데에만 신경을 쓰는 중립적인 인물이었다. 그가 지금부터 우리는 6개월 동안 이 일을 하게 될 것이며, 그 뒤에는 남은 형기 동안 가벼운 일을 할당받게 될 것이라고 말하는 동안 우리는 차려 자세로 서 있었다. 하지만 그의 시간 계산은 완전히 틀렸다. 우리는 그때부터 13년 동안 채석장 일을 했다.

대령의 연설이 끝난 뒤 우리는 곡괭이와 삽을 받고 나서 석회암 채굴에 대한 기본적인 지침을 받았다. 석회암 채굴은 간단한 일이 아니었다.

첫날, 새로운 도구에 서투른 우리는 많은 양을 채굴하지는 못했다. 조개껍데기와 산호 잔여물이 석회화된 암석인 석회암은 그 자체는 부드럽지만 바위 층 사이에 매장되어 있어, 우리는 곡괭이로 바위를 부수고 삽으로 얇은 층의 석회암을 파내야 했다. 이 일은 교도소 운동장에서 하는 노동보다 훨씬 힘들어서, 채석장 작업을 시작한 첫 며칠 동안 우리는 오후 4시 30분 저녁식사가 끝나자마자 잠이 들어버렸다. 다음 날 아침에 일어나면 온몸이 뻐근하고 피곤이 가시질 않았다.

당국은 왜 우리를 운동장에서 채석장으로 데리고 왔는지 설명하지 않았다. 아마도 섬의 도로를 내는 데 석회암이 필요했는지도 모른다. 그러나 나중에 작업 변경에 대해 논의했을 때 우리는 이것이 규율을 강제하고, 우리가 섬의 채석장에서 일하는 일반 사범들과 다르지 않으며, 그들과 마찬가지로 범죄에 대한 대가를 치러야 한다는 것을 우리에게 주지시키기 위한 또 하나의 술책이라고 결론을 내렸다. 그것은 우리의 정신을 분쇄하려는 기도였다.

그러나 채석장에서 일한 첫 몇 주일은 우리에게 반대의 효과를 가져왔다. 손에는 물집이 생기고 피가 흘렀지만 우리는 힘이 솟았다. 바깥 자연 속에서 풀과 나무를 볼 수 있었고, 머리 위로 날아가는 새의 지저귐을 들을 수 있었으며, 바다에서 불어오는 바람을 맞을 수 있는 이 작업이 내겐 훨씬 즐거웠다. 등에 햇볕을 느끼면서 근육을 한껏 이용하는 것은 기분 좋은 일이었고, 돌과 석회암 더미를 쌓아 올리는 일은 소박한 만족감을 주었다.

며칠 뒤부터는 트럭을 타지 않고 채석장까지 걸어서 다녔는데, 이 또한 큰 즐거움을 주었다. 채석장까지 행진하는 20분 동안 우리는 섬의 전경을 만끽할 수 있었고, 교도소를 덮고 있는 울창한 숲과 큰 나무들을 볼 수 있었으며, 유칼립투스의 꽃향기를 맡을 수 있었고, 때로는 멀리 풀을 뜯는 영양이나 얼룩영양을 볼 수도 있었다. 어떤 사람들은 행진을 지겨워했지만 나는 한 번도 지겨워하지 않았다.

채석장 작업은 우리가 다른 죄수들과 다를 게 없다는 것을 보여주기 위한 것이었지만, 당국은 여전히 우리를 한때 이 섬에 거주했던 나환자들처럼 다루었다. 때때로 우리는 길가에서 작업하던 일반 죄수들을 만났는데, 그럴 때면 교도관들은 그 죄수들이 우리가 지나가는 모습을 볼 수 없도록 그들을 관목 숲으로 몰아넣었다. 이것은 마치 우리를 쳐다보기만 해도 그들의 기강에 물이 든다는 듯한 태도였다. 때로는 곁눈질로 ANC식 인사로 주먹을 들어 올리는 죄수를 볼 수도 있었다.

채석장 근처에는 먼지 나는 도로가 갈라져 나 있었는데, 일반 사범들은 오른쪽 길을 통해 바위 채석장으로 무리를 지어 갔다. 이 교차로는 나중에 그들과 통신할 때 중요한 장소가 되었다. 길이 갈라지는 지점에는 로버트 소부퀘가 살고 있는 작은 흰색 오두막집이 수풀 속에 자리 잡고 있었다. 그 집은 수년 전 흑인 교도관을 위해 지어졌지만, 그 당시에는 소부퀘 혼자서 살고 있었다. 터가 좁고 정돈되지 않았으며 풀도 자라 있어서, 앞에 보초가 서 있지만 않다면 누가 그곳에서 살고 있으리라 짐작하기는 어려웠다.

소부퀘는 1963년에 형기가 끝났다. 하지만 1963년 민법 수정조항이라 알려진 법에 따라 법무장관은 정치범들을 기소 없이 무기한 구금할 수 있었는데, 그들은 소부퀘에게 이 조항을 적용했다. 소부퀘는 이 섬에서 6년간 일종의 절반뿐인 인생을 살았다. 그는 자유를 박탈당한 자유인이었다. 이따금 우리는 정원에 있는 그의 모습을 보기도 했지만 그것이 전부였다.

아침에 채석장에 도착하면 우리는 채석장 꼭대기에 있는 함석 창고에서 괭이와 삽 그리고 망치와 손수레를 가지고 온다. 그러고는 서너 명씩 조를 나누어 채벽을 따라 줄지어 선다. 자동화기를 든 교도관들이 높이 솟은 단상에 서서 우리를 감독했다. 무장하지 않은 교도관들은 우리들 사이를 돌아다니면서 우리에게 일을 재촉했다. "계속해! 계속해!" 그들은 우리가 마치 소라도 되는 양 소리를 질러댔다.

11시쯤 해가 중천에 뜨면 우리는 지쳐 늘어지기 시작한다. 그때쯤이면 몸은 땀으로 흠뻑 젖었다. 그러면 교도관들은 더 심하게 작업을 재촉하며 소리쳤다. "안 돼! 어서! 어서!" 정오에 점심식사가 시작되기 직전 석회를 수레에 쌓아 트럭으로 운반해 가면 트럭은 석회를 싣고 떠난다.

한낮에 호각 소리가 나면 우리는 언덕 아래로 내려와 단순한 함석 창고 아래 그늘에서 햇빛을 피하며 간이의자에 앉는다. 교도관들은 식탁과 의자를 갖춘 좀 더 큰 창고에서 식사를 했다. 우리에게는 끓인 옥수수죽 통이 배달되었다. 식사 중엔 갈매기 수백 마리가 소리를 지르며 우리를 먹여 삼킬 듯이 머리 위를 맴돌았다. 이따금 잘 조준된 배설물이 누군가의 식사를 망치기도 했다.

우리는 4시까지 일하고, 다시 대기하던 트럭에 석회를 싣는다. 작업이 끝날 무렵 얼굴과 몸은 온통 흰 먼지로 범벅이 된다. 땀이 흘러 석회가 씻겨 나간 자리를 제외하고는 온통 창백한 유령 같은 모습이었다. 감방으로 돌아오면 우리는 찬물로 몸을 문질렀지만 먼지는 결코 완벽하게 씻기지 않았다.

채석장에서 우리를 괴롭히는 것은 더위보다는 햇빛이었다. 등은 옷으로 보호가 되었지만 눈은 석회암에 반사되는 태양광선에 그대로 드러났다.

눈은 몹시 아팠고, 여기에 먼지까지 겹쳐 앞을 보기가 힘들었다. 눈에서는 눈물이 났고, 얼굴은 영원한 사시로 굳어져갔다. 작업이 끝나고 눈이 약한 빛에 적응하는 데는 상당한 시간이 걸렸다.

채석장에서 작업이 시작되고 며칠 뒤 우리는 선글라스를 공식적으로 요구했다. 당국은 이를 거절했다. 독서용 안경도 허용되지 않았던 터라 결과를 예측하지 못했던 것은 아니었다. 나는 그전에 사령관에게 책을 읽을 수 있게 하면서 독서용 안경을 금지하는 것은 부당한 처사라고 항의한 바 있었다.

그 후 몇 달 동안 우리는 계속해서 선글라스를 요구했다. 하지만 3년이 지나서야 선글라스를 받을 수 있었다. 그것도 의사가 우리의 시력을 보호하기 위해서는 선글라스가 절대 필요하다고 동의한 뒤에야 지급된 것이다. 그나마 우리가 직접 돈을 지불해야 했다.

우리에게 선글라스, 긴바지, 공부할 수 있는 권리, 동등한 음식을 쟁취하기 위한 투쟁 등은 우리가 교도소 바깥에서 전개했던 투쟁과 논리적으로 일치하는 것이었다. 교도소의 생활조건을 향상시키기 위한 운동은 인종차별정책에 대한 투쟁의 일부였다. 그런 의미에서 모두 같았다. 우리는 크든 작든 관계없이 불평등에 맞서 싸웠으며, 그것은 우리의 인간성을 보존하기 위한 것이기도 했다.

채석장 일을 시작한 직후 우리 B동에는 많은 저명한 정치범들이 합류했다. 일부는 1964년 7월 체포된 뒤 '작은 리보니아 재판little Rivonia Trial'이라고 알려진 재판에서 무려 50가지가 넘는 사보타주 죄목으로 형을 언도받은 MK 단원들이었다. 여기에는 남아프리카공산당SACP의 회원이자 가장 명석한 지식인 투사인 맥 마하라지, 역시 MK의 최고사령부의 일원이자 교도소에서 출중한 역량을 발휘한 불굴의 투사 랄루 치바, 그리고 반역죄 재판으로 복역하다가 1960년 비상계엄령이 선포되었을 당시 혼란의 와중에서 실수로 석방된 월턴 음콰이가 포함되어 있었다. 월턴은 비밀리에 남아프리카를 떠나 군사훈련을 받은 뒤 리보니아 재판 이후 MK의 사령관이 되었다. 자유당의 혼혈인 당원으로서 자유당의 작은 사보타주 단체인 아프리카저항운동African Resistance Movement이 실시한 사보타주 작전으로 형을 선고받은 에디 다니엘스도 있었다. 에디는 나중에 교도소에서 내 가장 절친한 벗이 되었다.

이 새로운 정치적 동지들의 입소 효과를 상쇄하고자 당국은 일반 죄수들도 몇 명 우리 동에 수감시켰다. 이들은 살인, 강간, 무장 강도 등의 죄로 들어온 중범죄자들이었다. 그들은 다른 재소자들에게 폭행을 일삼는 로벤 섬의 악명 높은 범죄 조직 '오인방'이나 '28인'에 소속되어 있었다. 그들은 우락부락하고 퉁명스러웠으며, 범죄 조직원들이 흔히 그렇듯이 얼굴에는 칼자국 흉터가 있었다. 그들은 당국의 앞잡이로서 우리를 밀치고 음식을 빼앗는가 하면, 우리가 어떤 정치토론을 하는 것도 막았다. 이들 중에는 야성적인 미국 배우의 이름을 본떠 보거트라고 불리는 친구가 있었다. 그는 월터의 맞은편 방에 있었다. 월터는 그가 날마다 아침식사를 요구하는데, 너무 겁이 나 거절할 수가 없다며 불평하고는 했다.

범죄 조직원들은 채석장에서는 우리와 떨어진 곳에서 작업했다. 어느 날, 그들은 민중가요 같은 노래를 부르기 시작했다. 사실 그것은 유명한 민중가요였는데, 그들 나름대로 가사를 바꾸어서 부르고 있었다. "리보니아에서 무엇을 원하는가?" 그다음은 "당신은 정부가 될 수 있다고 생각했는가?"라는 식의 가사였다. 그들은 조롱하는 투로 신나게 노래를 불렀고, 교도관들은 우리의 화를 돋우기 위해 일부러 그들의 기를 북돋아주었다.

우리들 중 성미 급한 사람들은 그들과 맞서 싸우기를 원했지만 우리는 불에는 불로 싸우기로 결정했다. 우리들 중에는 노래를 더 잘하는 사람들이 그들보다 훨씬 많았다. 우리는 머리를 맞대고 작전을 짰다. 몇 분 뒤 우리 모두는 〈스티멜라Stimela〉를 부르기 시작했다. 그것은 남로디지아를 출발하여 달려 내려오는 기차에 관한 선동가였다. 〈스티멜라〉는 민중가요는 아니었지만 그 숨은 뜻은 기차가 남아프리카군과 싸우기 위해 내려오는 게릴라 전사들을 싣고 있다는 것이었으므로 의미상 민중가요가 되었다.

여러 주 동안 우리는 작업 중에 다른 노래들을 추가해 가사를 바꿔 가면서 노래를 불렀다. 우리의 노래 목록은 늘어났고, 우리는 곧 게릴라 전사들에 대한 노래 〈아마조니Amajoni〉 같은 명백한 민중가요도 부르게 되었다. 〈아마조니〉라는 제목은 영어로 군인의 속어인 조니를 전화시킨 말이다. 투쟁을 다가오는 기차의 움직임에 비유한 노래 〈초촐로자Tshotsholoza〉도 불렀다(제목을 반복하면 기차 소리의 의성어가 된다). 우리는 「자유헌장」에 관한 노래도 불렀고, "두 길이 있었네. 한 길은 마탄지마의 길, 다른 한 길은 만델라의 길이라네. 당신은 어떤 길을 택하려는가?"라는 가사의 트란스케이에 관한 노래도 불렀다.

노래는 일을 한결 가볍게 해주었다. 몇몇 동지들의 빼어난 목소리에 나는 이따금 일손을 멈추고 노래를 듣고 싶어지기도 했다. 우리와 적수가 되지 않는 범죄 조직원들은 우리가 노래하는 동안 조용해졌다. 그러나 교도관 한 명이 코사어에 능통했기 때문에 우리에게 곧 노래를 금지하라는 명령을 내렸다(휘파람도 금지되었다). 그날 이후 우리는 침묵 속에서 일했다.

나는 범죄 조직원들을 경쟁 상대라기보다는 개종 상대로 생각했다. 우리들 중에는 '귀여운 조'라는 별명의 비정치범이 있었는데, 그는 나중에

ANC에 합류하여 교도소에 물자를 밀반입하거나 밀반출하는 일에서 막중한 역할을 했다.

어느 날, 우리는 보거트가 채석장에서 한 교도관에게 야만스럽게 구타를 당했다는 이야기를 들었다. 나는 구타 장면을 직접 보지는 못했지만 그 결과는 볼 수 있었다. 그의 얼굴엔 상처가 나고 멍이 심하게 들어 있었다. 보거트는 복도에서 내게 다가와 도움을 청했다. 나는 서슴지 않고 그의 사건을 돕기로 했다.

우리는 언제나 당국에 맞설 방도를 찾고 있었고, 구타 사건은 우리가 본부에 제기할 수 있는 문제였다. 이 사건 직전 우리는 가니아라는 이름의 PAC 회원이 교도관에게 구타를 당했다는 사실을 알았다. 변호사로서 나는 교도소 소장에게 가니아를 대신해 항의의 편지를 썼다. 나는 본부에 불려 가서 교도소 관리들과 마주쳤다. 그들은 하나같이 구타가 있었다는 것을 부인했고, 내가 어떻게 그 이야기를 들었는지 물었다. 나는 가니아를 구타한 교도관이 섬에서 추방되어야 한다고 주장했지만 그들은 증거가 없다는 이유로 일축했다. 그러나 사건 직후 문제의 교도관은 섬을 떠나 다른 곳으로 전근되어 갔다.

이 사건에 힘을 얻은 나는 보거트가 도움을 청하자마자 곧바로 사령관에게 면담을 요청했다. 이튿날 사령관은 본부로 나를 불러, 조사는 이미 마쳤고 사건은 기각되었다고 말했다. 나는 항의했다. "이것은 규정 위반이오. 사건은 재판에 회부되어야 합니다."

"그렇지 않소." 그는 말했다. "구타를 당했다는 재소자가 구타 사실을 부인했소."

나는 말했다. "그럴 리가 없습니다. 나는 바로 어제 그와 이야길 했습니다." 사령관은 중위에게 손짓을 한 다음 말했다. "직접 만나보면 알 거요." 중위는 보거트를 방으로 데려왔다. 그의 얼굴은 붕대로 감겨 있었고, 사령관은 그에게 구타를 당했는지 말하라고 했다. "아닙니다, 주인님." 그는 내 시선을 피하면서 작은 목소리로 말했다. "폭행을 당한 적이 없습니다." 그러고 나서 그는 되돌아갔다.

"자, 만델라, 사건은 끝났소." 사령관은 말했다. 사령관은 나를 모욕하는 데 성공했다. 기소를 기각시키기 위해 그를 특식과 담배로 매수한 것이 틀림없었다. 그때부터 나는 재소자의 사건을 맡기 전에 해당 재소자에게 직접 서명한 진술서를 요구했다.

65

1965년 여름 어느 날, 갑자기 아침식사 죽에 기름기가 보였고, 저녁식사에는 옥수수죽과 함께 신선한 고깃덩어리가 나왔다. 그다음 날 일부 재소자들은 새 셔츠를 지급받았고, 채석장의 보초들과 교도관들은 한결 고분고분해졌다. 우리 모두 의심스러웠다. 교도소에서 이유 없이 개선되는 것은 없었다. 하루 뒤, 우리는 국제적십자가 방문한다는 소식을 들었다.

이것은 이전의 어떤 방문보다 중요한 사건이었다. 적십자는 서방 강대국들과 유엔이 귀를 기울이는 책임 있고 독립적인 국제기구이다. 교도소 당국은 적십자를 존중했다. 여기서 존중한다는 말은 두려워한다는 뜻이다. 왜냐하면 교도소 측은 그들이 두려워하는 대상만을 존중했기 때문이다. 교도소 당국은 세계 여론에 영향을 미칠 수 있는 모든 조직을 불신했고, 그들을 정직하게 대해야 할 합법적 조사자들이라기보다는 눈가림으로 속일 수 있는 간섭 세력으로 간주했다. 당국의 주목적은 국제적 비난을 피하는 것이었다.

복역 초기 당시 국제적십자는 우리의 불만에 귀를 기울이고, 또 반응을 보인 유일한 조직이었다. 당국이 우리를 무시했으므로 이것은 중요한 일이었다. 규정에 따르면 당국은 우리의 불만을 받아들이기 위해 약간의 공식 절차를 마련해야 했다. 절차가 있긴 있었으나 단지 겉치레에 불과했다. 매주 토요일 아침 교감은 우리 건물에 들어와 "불만사항이나 요구사항! 불만사항이나 요구사항!" 하고 외치면, 불만사항이나 요구사항이 있는 사람들은(거의 대부분이었지만) 교감을 만나기 위해 줄지어 섰다. 한 사람 한 사람씩 우리는 음식과 옷 그리고 면회에 대하여 공식적으로 불만을 제기했다. 교감은 각각의 사람들에게 고개를 끄덕이며 "알았어, 알았어" 하고는 "다음!"이라고 말해버렸다. 그는 우리가 말하는 것을 기록하지도 않았다. 우리의 조직에 대하여 언급할 경우 교도관들은 "여기선 ANC나 PAC 따윈 없다. 알았나?" 하고 소리를 질렀다.

적십자의 방문이 있기 직전 우리는 교도소 사령관에게 공식적으로 개선 요구사항 목록을 제출했다. 그때 우리에게는 편지를 쓸 종이와 연필만이 허락되었다. 우리는 채석장에서 그리고 화장실에서 비밀리에 서로 의논했고, 그것을 조합하여 목록을 작성했다. 우리는 그것을 교감에게 제출했으나 그는 받으려 하지 않았고, 우리가 그런 목록을 작성하여 규정을 위반했다고 비난했다. 적십자에 제시할 우리의 불만사항 중 하나는 당국이 우리의 불만에 귀를 기울이지 않는다는 것도 있었다.

그들이 방문한 날 나는 적십자 대표와 면담하기 위해 본부로 불려 갔다. 그해 그리고 그 뒤 몇 해 동안 적십자 대표는 자신의 모국인 스웨덴에서 교도소국 국장을 역임한 다음 로디지아로 이민해온 센이었다. 센은 조용하고 다소 신경질적인 50대 중반의 남자로 주위 환경에 몹시 불편해하는 듯이 보였다.

거의 모든 다른 방문객들과 비교할 때 결정적으로 다른 점은 면담이 감시되지 않았다는 것이다. 그는 우리의 모든 불평과 불만을 듣고 싶다고 말했고, 매우 주의 깊게 경청하면서 많은 양의 내용을 기록했다. 그는 매우 정중했고, 내가 그에게 말해준 모든 것에 대해 고맙다고 했다. 그래도 첫 방문이라 다소 긴장했고, 우리 둘 모두 상대방으로부터 무엇을 기대해야 할지 알지 못했다.

나는 꽤 목청을 높여 우리의 옷에 대해 불만을 토로했다. 우리는 반바지를 입고 싶지 않으며, 양말과 속옷을 포함하여 제대로 된 옷이 필요하다고 강조했다. 당시 우리는 양말과 속옷을 받지 못했다. 나는 음식과 면회, 편지, 공부, 운동, 중노동 그리고 교도관들의 태도까지 우리의 불만들을 열거했다. 우리들이 집과 가까운 교도소로 이감되기를 바란다는 등과 같은 교도소 당국이 결코 들어주지 않을 사항도 요구했다.

면담 후 센은 교도소 사령관과 직원들을 만났고, 그동안 나는 대기하고 있었다. 나는 그가 우리의 불만을 당국에 전달하고 자신이 생각하기에 합당한 요구라고 생각하는 것들을 지적하리라고 생각했다. 센의 방문이 있은 뒤 오래지 않아 우리의 의복은 개선되었고, 우리는 긴바지를 입을 수 있게 되었다. 그러나 센은 어느 면으로 보나 진보적인 사람은 아니었다. 로디지아에서 수개월을 생활하면서 인종차별주의에 동화되어버린 것 같았다. 감방으로 돌아오기 전에 나는 그에게 아프리카인 재소자들은 빵을 받지 못하고 있다는 사실을 주지시켰다. 센은 당황한 듯이 보였고, 교도소장인 대령을 힐끗 쳐다보았다. 센이 말했다. "빵은 치아에 해롭습니다, 만델라 씨. 옥수수죽이 훨씬 건강에 좋습니다. 치아를 튼튼하게 하거든요."

몇 년이 지나 국제적십자는 진심으로 처우 개선을 위해 싸울 수 있는 더욱 진보적인 사람을 보냈다. 국제적십자는 눈에는 덜 드러나지만 우리에게는 마찬가지로 중요한 영역에서도 결정적 역할을 했다. 그들은 종종 섬에 있는 우리들을 방문할 수 없는 아내와 친척들에게 돈을 보내주기도 했다.

우리가 로벤 섬에 수감된 이후 우리의 지지자들은 우리에게 공부가 허용되지 않으리라고 걱정하고 있었다. 섬에 도착하고 몇 개월이 지나자 당국은 공부를 하고 싶은 사람은 허가를 신청하라고 발표했다. 우리들 대부분이 신청을 했고 D등급 재소자들도 허가를 받을 수 있었다. 리보니아 재판이 끝나고 나서 정부는 자신감이 있었고, 우리에게 공부할 권리를 주어도 무해하다고 판단했던 것이다. 나중에 그들은 이를 후회하게 된다. 대학원 공부는 허락되지 않았지만 나는 프리토리아에서 이미 선례를 남겼던 터라 예외로 해주었다.

우리 동은 대학을 졸업한 사람이 매우 드물어 많은 사람들이 대학 수준의 교육 과정에 등록했다. 고등학교를 졸업하지 못한 상당히 많은 사람들은 고등학교 졸업 자격을 위한 교육 과정을 택했다. 고반 음베키와 네빌 알렉산더와 같이 재소자의 일부는 이미 고등교육을 받은 사람들이었으나, 다른 사람들은 5~6학년을 넘지 못했다. 그러나 몇 달 안에 우리들 대부분은 한 가지 학위나 또는 그 밖의 다른 것을 공부했다. 밤이 되면 우리 동은 교도소라기보다는 독서실 같은 분위기였다.

그러나 공부를 할 수 있는 특전에는 몇 가지 조건이 있었다. 정치학이나 군사학과 같은 과목은 허락되지 않았다. 몇 년간은 가족에게서 받는 돈을 제외하고는 돈을 받을 수 없었으므로 가난한 재소자들은 책이나 등록비를 마련할 수 없었다. 이렇게 되어 공부할 기회는 얼마나 많은 돈을 가지고 있는지의 문제로 직결되었다. 다른 재소자들에게 책을 빌려주는 것도 허용되지 않았다. 그렇지 않았더라면 가난한 동지들도 공부를 할 수 있었을 것이다.

공부를 할 수 있는 특전을 받아들여야 하느냐 마느냐에 대해서는 늘 논쟁이 계속되었다. 단결운동Unity Movement의 일부 소속원들은 처음에는 우리가 정부의 미끼를 받아들이는 것이며, 이는 우리의 순수성을 해칠 것이라고 했다. 그들은 공부는 조건이 따르는 특전이 아니라 아무런 제한이 없는 권리가 되어야 한다고 주장했다. 나는 이에 동의하기는 했지만, 우리가 공부를 거부해야 한다는 것에는 수긍할 수 없었다. 자유투사로서 그리고 정치범으로서 우리는 자신을 발전시키고 강화시킬 의무가 있었으며, 공부는 그것을 위한 몇 안 되는 기회였다.

재소자들은 남아프리카 대학 또는 고등학교 졸업 자격을 얻으려는 사람을 위한 학교인 단기 속성 학교에 등록할 수 있었다. 내 경우 런던 대학의 후원으로 공부하게 된 것은 축복만은 아니었다. 한편으로는 남아프리카의 독서목록에 오르지 못했을 흥미진진한 책들을 읽으라는 숙제를 받았지만, 다른 한편으로 당국은 그 책들 중 많은 것들을 부적당하다고 간주하고 금지시켰다.

책을 받는 일은 힘겨울 때가 많았다. 예를 들면, 계약법에 대한 책을 남아프리카 도서관에 우편으로 신청하면, 그들이 신청을 처리하여 책을 소포로 부쳐 준다. 그러나 허점 많은 우편 체계와 동떨어진 로벤 섬의 위치, 그리고 검열관들이 고의적으로 지연시켜 책의 반납 기간이 지나 전달되는 경우가 많았다. 반납 기일이 지난 경우 교도관들은 대개 책을 재소자에게 보여주지도 않고 돌려보내버린다. 제도의 성격상 재소자는 책을 한

번 펼쳐보지도 못하고 기일 초과에 대한 벌금을 물게 된다.

책뿐만 아니라 우리는 공부에 필요한 출판물을 주문할 수도 있었다. 하지만 당국은 이에 대해 극도로 엄격했기 때문에 검열을 통과하는 출판물은 회계학을 공부하는 재소자가 신청한 부동산에 관한 계간지뿐이었다. 어느 날, 맥 마하라지는 경제학을 공부하는 동지에게 《이코노미스트The Economist》를 신청해달라고 부탁했다. 우리는 웃으며 차라리 《타임Time》을 신청하는 편이 낫겠다고 말했다. 《이코노미스트》도 시사 주간지였기 때문이다. 그러나 맥은 그저 웃으면서 당국은 그것을 구분하지 못한다고 말했다. 그들은 책을 제목만 보고 판단한다는 것이다. 한 달이 채 못 되어 우리는 《이코노미스트》를 받아 그렇게도 보고 싶던 뉴스들을 읽었다. 그러나 당국은 곧 실수를 눈치채고 구독을 중단시켰다.

일단 재소자들 대부분이 공부를 하게 되자 책상이나 의자와 같이 공부에 필요한 최소한의 시설도 없다는 불평이 나왔다. 나는 이 문제를 국제적십자에 제기했다. 마침내 당국은 각 감방에 일종의 기립용 책상, 즉 가슴 높이로 벽에다 나무판 한 장씩을 달아주었다.

이것은 우리가 생각했던 것이 아니었다. 채석장에서 고된 노동을 한 뒤 서서 책상에서 공부할 마음이 날 리가 없었다. 많은 재소자들이 책상에 대해 불평을 했고, 케이시는 누구보다도 적극적이었다. 그는 사령관에게 기립용 책상이 눈 가리고 아웅 식의 기만일 뿐만 아니라 그나마 너무 경사가 져 책들이 떨어질 정도라고 말했다. 사령관은 갑자기 케이시의 방을 방문하여, 책을 책상 위에 세워보았다. 책은 꿈쩍도 하지 않았다. 그는 케이시에게 다른 책을 달라 하여 첫 번째 책 위에 올려놓았다. 역시 아무 일도 없었다. 마침내 책 네 권을 책상 위에 올리고 나서 그는 머쓱해 있는 케이시를 향해 "어이, 이 책상은 아무 문제가 없잖아" 하고는 나가버렸다. 그

로벤 섬에서 생활하는 동안 내가 간직했던 책들.

러나 약 6개월 뒤, 당국의 양보로 우리는 다리가 세 개 있는 의자를 받았고, 기립용 책상은 높이가 낮춰졌다.

국제적십자에 내가 제기했던 불만은 교도관들이 자의적으로 우리를 기소한다는 것이다. 기소한다는 것은 교도관이 어떤 재소자가 특정 규정을 위반했다고 주장하는 것이다. 그 경우 격리 구금이나, 식사와 특전의 박탈 등의 처벌을 받는다. 기소가 될 경우 재소자는 사법 청문회를 받을 수 있으며, 상황의 심각성에 따라 케이프타운에서 검사가 오게 되기 때문에 교도관들은 이를 가볍게 다루지는 않는다. 당시 당국은 청문회 허용을 거부했다. 내가 국제적십자에 이를 지적했을 때 내게는 아직 그런 경험이 없었다. 그러나 상황은 곧 개선되었다.

섬에서 첫해에는 주말에, 우리는 운동시간 30분을 제외하고는 방 안에 갇혀 있었다. 어느 토요일, 운동장에서 운동을 마치고 돌아온 뒤 나는 교도관이 복도 끝에 있는 의자에 남기고 간 신문 한 장을 발견했다. 그는 우리에게 친절하게 대해주었기 때문에 나는 그가 신문을 우연히 놔둔 것은 아닐 것이라고 믿었다.

정치범들에게 신문은 금이나 다이아몬드보다도 귀중하며 음식이나 담배보다도 절실했기 때문에 로벤 섬에서 신문은 가장 귀중한 밀수품이었다. 뉴스는 투쟁을 위한 지적인 원료였다. 우리는 어떤 뉴스를 접하는 것도 허용되지 않았고, 따라서 뉴스를 간절히 열망했다. 월터는 나보다 훨씬 뉴스를 갈망하고 있는 듯했다. 당국은 뉴스를 완전히 두절시키려 했다. 그들은 우리의 사기를 높이거나, 바깥의 사람들이 여전히 우리를 생각하고 있다는 것을 확신시킬 수 있는 어떤 소식도 우리에게 알리고 싶어하지 않았다.

우리는 계속해서 나라의 정세를 알고 있는 것이 우리의 의무라고 생각했다. 그리고 오랫동안 신문을 읽을 수 있는 권리를 찾기 위해 열심히 투쟁했다. 수년간 우리는 이 권리를 쟁취하기 위해 많은 방법을 고안했지만, 돌이켜 보면 당시 우리는 그렇게 능숙하지 못했다. 채석장 일의 한 가지 장점은 교도관들이 샌드위치를 신문으로 포장해 와 식사 뒤 그것을 쓰레기통에 버린다는 것이었다. 우리는 버린 신문을 몰래 찾아 읽고는 했다. 교도관의 주의를 돌리고 신문을 쓰레기 더미 속에서 찾아내 옷 속에 숨겨 넣었다.

신문을 입수할 수 있는 가장 믿을 만한 방법은 뇌물을 쓰는 것인데, 이는 정보를 취득하는 비윤리적인 방법 중 내가 참을 수 있는 유일한 것이었다. 교도관들은 언제나 돈에 굶주렸고, 그들의 빈곤은 우리에게는 기회를 의미했다.

신문을 입수했을 때 그것을 돌려가며 읽는 것은 너무 위험한 일이었다. 신문 소지는 중대한 기소 사유에 해당되었다. 그래서 대개 케이시 한 사람만 신문을 읽었는데, 나중에는 맥 마하라지가 그 역할을 대신했다. 통신 담당인 케이시는 우리에게 정보를 전달할 수 있는 방법을 고안하는데 가히 천재적이었다. 케이시는 신문을 탐독하고 필요한 기사를 오려내어 몰래 나머지 사람들에게 나누어주었다. 우리들은 받은 소식을 요약하고 이 요약본을 돌려 읽었다. 그러고는 일반 옥사에 밀반입시켰다. 당국의 경비가 특히 심할 때면 케이시나 맥은 뉴스를 요약한 다음 신문을 갈가리 찢어 변기통에 버렸다. 당국이 변기통을 검사하는 일은 없었다.

신문이 의자 위에 놓여 있는 것을 보았을 때 나는 재빨리 방을 나와 복도 끝으로 걸어가, 양쪽을 살핀 다음 신문을 집어 들어 셔츠 안에 집어넣었다. 보통 때 같으면 신문을 감방 안의 어느 곳에 숨긴 뒤 취침시간이 지나서야 꺼내 읽었을 것이다. 그러나 식사 전에 참지 못하고 사탕을 먹어버리는 아이처럼 나는 뉴스가 너무나 보고 싶어 방에 들어오자마자 신문을 펼쳤다.

얼마나 오래 신문을 읽고 있었는지는 알 수 없다. 너무나 몰두한 나머지 나는 발자국 소리도 듣지 못했다. 갑자기 관리 한 명과 교도관 두 명이 내 앞에 나타났고, 나는 신문을 침대 밑에 숨길 겨를조차 없었다. 말하자면 나는 현장에서 붙잡힌 것이다. "만델라." 관리가 말했다. "당신을 금지품목 소지죄로 기소하겠소. 대가를 치르게 될 것이오." 두 교도관은 어떤 다른 것이 숨겨져 있는지 보기 위해 방을 샅샅이 수색했다.

며칠 지나자 케이프타운에서 검사가 내려왔고, 나는 이 섬의 법정으로 사용되던 본부 건물의 한 사무실로 불려 갔다. 이 경우 당국은 외부 검사가 사건을 간단히 해결한다는 것을 알기 때문에 기꺼이 그들을 데려왔다. 나는 아무런 변호도 하지 않았고, 3일간의 격리수감과 급식 정지 처분을 받았다. 일부 사람들은 교도관이 신문을 의자 위에 둔 것이 함정이었다고 생각했지만 나는 그렇게 생각하지 않았다. 청문회에서 당국은 어떻게 신문을 입수했는지 추궁했으나 나는 답변을 거부했다. 내가 진짜로 함정에 빠진 것이라면 당국이 내가 신문을 입수하게 된 경로를 몰랐을 리가 없다.

격리감방은 같은 교도소 안에 있었지만 동이 달랐다. 운동장 하나를 사이에 두고 있을 뿐이었지만 그 거리는 너무나 멀게 느껴졌다. 격리되어 있을 때는 동료들을 볼 수 없고 운동이나 식사도 박탈당했다. 3일 동안 하루에 세 번 쌀물만 먹는다(쌀물이란 쌀을 넣고 끓인 단순한 물에 불과하다). 보통 때 먹는 죽은 이에 비하면 진수성찬이다.

격리수감된 첫날은 늘 가장 고통스러웠다. 규칙적인 식사에 익숙해져 있는 몸이 굶주림에 적응하지 못하기 때문이다. 둘째 날이 되면 다소 적응이 되는 듯했고, 셋째 날은 음식 생각 없이 지나갔다. 그런 배고픔은 아프리카인들의 생활에서 흔한 일이다. 나도 요하네스버그에서 보낸 어린 시절에 며칠 동안 굶주린 채 지내곤 했다.

앞서도 말했지만 독방 감금은 교도소 생활에서 가장 힘든 일이었다. 거기에서는 시작도 끝도 없다. 단지 자신의 마음만 있고, 이 마음은 동요를 시작한다. 꿈이었던가, 생시였던가? 모든 것이 의문시된다. 내 결정이 옳았던가? 내 희생은 가치가 있었던가? 독방에 있을 때는 머리를 사로잡는 이 질문들로부터 벗어날 길이 없다.

그러나 인간의 몸은 시련의 상황에 적응하는 데 놀라운 능력을 갖고 있다. 나는 육체가 시련을 겪을 때도 강한 정신력만 있다면 참기 힘든 것을 참을 수 있다는 사실을 알게 되었다. 굶주림을 견딜 수 있는 비법은 강한 확신이었는데, 위장이 비었을 때도 정신은 충만할 수 있었다.

복역 초기 당시 격리수감은 일상적인 일이었다. 우리는 아주 경미한 위반으로도 기소되어 격리수감을 선고받았다. 곁눈질을 했다고 결식 처분을 받았고, 교도관이 방에 들어왔을 때 일어서지 않았다고 처벌을 받았다. 일부 PAC 재소자들은 종종 위반 그 자체를 위한 위반을 했고, 격리수감으로 많은 시간을 보냈다. 당국은 격리가 우리의 저항과 반기에 대한 치유책이라고 믿었다.

두 번째 기소와 격리수감을 당한 것은 첫 번째 일이 있은 지 얼마 지나지 않아서였다. 앞서 말했듯이 우리의 불평을 전달하는 일은 몹시 어려웠다. 교도소가 워낙 후미진 곳에 있었던 터라 당국은 우리의 말을 무시해도 아무 문제가 없을 것으로 여겼다. 그들은 우리의 불평을 완전히 무시하면 우리가 체념할 것이고, 바깥의 사람들은 우리를 잊어버릴 것이라고 믿었다.

어느 날, 채석장에서 일하고 있는데 사령관이 어떤 신사를 데리고 작업을 참관하러 왔다. 처음에는 그 신사를 알아보지 못했다. 곧 동료 한 명이 내게 그가 우리 교도소 사령관의 사령관인 본부의 오캄프 여단장이라고 귀띔해주었다(리보니아 재판 중 우리를 도왔던 프리토리아 지방교도소의 오캄프와는 다른 인물이다). 두 사람은 먼발치에서 우리를 지켜보았다.

오캄프는 작고 뚱뚱한 체격으로 군복이 아니라 양복을 입고 있었다. 그는 2년에 한 번 섬을 시찰했다. 그럴 때면 우리는 감방 창살 문 앞에 차려 자세를 하고 서서 그가 지나가는 동안 카드를 들고 서 있었다.

나는 오캄프의 예기치 않은 출현은 우리의 불만을 치유할 권력이 있는 사람에게 불만을 알릴 수 있는 다시없는 기회라고 판단했다. 나는 괭이를 놓고 그들에게로 걸어갔다. 교도관들은 즉각 경계하며 내게로 왔다. 나는 내가 규정을 위반하고 있다는 것을 알고 있었다. 그러나 나는 교도관들이 내 갑작스러운 행동에 너무 놀라 나를 멈출 어떤 행동도 할 수 없길 바랐다. 내가 바라던 대로 되었다.

내가 두 사람에게 다가갔을 때 사령관은 퉁명스럽게 말했다. "만델라, 자리로 돌아가시오. 아무도 당신을 부르지 않았소." 나는 그의 말을 무시하고 오캄프에게 우리의 불만이 무시되었기 때문에 이러한 비정상적인 방법을 취한다고 말했다. 사령관은 나의 말을 가로막으며 "만델라, 너의 자리로 돌아가라고 명령한다"라고 말했다. 나는 그를 돌아보며 침착한 목소리로 말했다. "나는 이미 여기까지 왔고 돌아가지 않습니다." 나는 오캄프가 내 말을 들어주기를 바랐지만 그는 나를 차가운 시선으로 살펴본 다음 조용히 말했다. "이 사람을 기소하시오."

교도관이 나를 끌고 가는 동안 나는 계속 말을 했다. "그를 감방으로 데려가." 사령관은 말했다. 나는 기소되었지만 역시 변론을 하지 않았다. 이번에는 4일간 격리수감 처분을 받았다. 그 일에서 나는 교훈을 얻었다. 그것은 내가 이미 알고 있는 교훈이었지만 절박한 마음 때문에 따르지 않았었다. 교도소 관리 어느 누구도 자신의 권력이 공개적으로 도전받는 것을 원하지 않는다. 오캄프가 나에게 반응을 보인다면 그것은 그의 부하를 모욕하는 것이었다. 교도소 관리들은 사적인 자리에서 문제를 제기할 때는 훨씬 우호적으로 반응했다. 로벤 섬에서 변화를 가져오기 위한 최선의 방도는 공개적으로보다는 사적으로 관리들에게 영향력을 발휘하는 것이었다. 나는 때로 교도소 관리들에게 너무 수용하는 자세를 보인다고 비판받았으나 처우를 개선하기 위해서는 그런 비판도 감수할 용의가 있었다.

66

교도소에서 생활할 때 재소자에게 가장 중요한 사람은 법무장관도, 교도소 사령관도, 교도소 소장도 아니다. 바로 자기 동의 교도관이다. 날씨가 추워 담요가 더 필요할 때, 법무장관에게 청원할 수 있지만 아무런 대답도 받을 수 없다. 교도소 사령관에게 말을 하면 "미안하지만 규정에 위배되는 일이오"라고 말한다. 교도소장이라면 "당신에게 담요를 추가로 지급하면 모든 사람에게 그렇게 해야 되잖소"라고 말할 것이다. 그러나 복도에서 교도관에게 접근하면, 그리고 그가 당신과 사이가 좋으면 그는 비품실로 가서 손쉽게 담요를 갖다준다.

나는 언제나 우리 동의 교도관들에게 점잖게 대하려 했다. 적대감은 곧 자멸이기 때문이었다. 교도관들을 적으로 만드는 것은 아무 의미가 없었다. ANC의 정책은 모든 사람을 심지어 적까지도 교육시키려 노력하는 것이었다. 우리는 모든 사람이 심지어 교도관들까지도 변화할 가능성이 있다고 믿었고, 그들을 우리 편으로 만들기 위해 최선을 다했다.

대개 우리는 교도관들이 우리를 대하는 식으로 그들을 대했다. 즉 사려 깊은 사람에게는 사려 깊은 태도로 대했다. 교도관들이 모두 사람 잡는 괴물은 아니었다. 우리는 처음부터 그들 중에도 공명성을 지키려 하는 사람이 있다는 것을 알 수 있었다. 그러나 교도관들과 우호적인 관계를 유지하는 것이 쉬운 일은 아니었다. 그들은 대개 흑인에게 예를 갖추어 대한다는 생각조차 역겨운 일로 여기기 때문이다. 관대한 교도관을 확보해두는 것은 유용했으므로 나는 가끔 어떤 동지들에게 특정 교도관들을 잘 사귀어보라고 권했다. 그 일을 기꺼이 맡으려 하는 사람은 없었다.

채석장에는 우리에게 특별히 적대적인 교도관이 한 명 있었다. 우리는 채석장에서 종종 토론을 했기에 우리의 대화를 허락하지 않는 교도관은 큰 장애이자 골칫거리였다. 나는 한 동지에게 이 친구가 우리의 대화를 막지 않도록 잘 사귀어보라고 말했다. 그 교도관은 꽤 거친 편이었으나 곧 이 동지에게는 태도가 약간 누그러졌다. 어느 날, 그 교도관이 이 동지에게 풀 위에 깔고 앉을 수 있도록 윗옷을 벗어달라고 했다. 그것이 이 동지의 심기를 상하게 하는 일이라는 것을 알았지만, 나는 그에게 원하는 대로 해주라고 고개를 끄덕였다.

며칠 뒤, 우리가 창고 아래서 점심을 먹을 때 이 교도관이 터벅터벅 걸어왔다. 그는 여분의 샌드위치를 갖고 있었고, 그것을 우리 근처의 잔디 위에 던지면서 말했다. "받아." 그것은 우호적인 태도의 표현이었다.

이는 우리를 궁지에 빠뜨렸다. 한편으로 그가 동물에게 여물을 던지는 듯한 태도로 우리를 취급했기에 나는 샌드위치를 받는 것은 우리의 존엄성을 해치는 것이라고 느꼈다. 그러나 다른 한편으로 우리는 배가 고팠고, 그의 선심을 완전히 거부하는 것은 우리가 사귀려고 하는 이 교도관을 모욕하는 것이 될 터였다. 교도관과 사귄 동지를 보니 샌드위치가 먹고 싶은 모양이었다. 나는 그에게 샌드위치를 받으라고 고갯짓을 했다.

전략은 성공했다. 이 교도관은 우리를 한층 덜 경계했다. 그는 심지어는 ANC에 대해 묻기 시작했다. 본래 교도소국 공무원이 될 때는 정부의 선전에 세뇌를 당하기 마련이다. 그는 우리가 백인을 모두 바다에 쓸어넣으려는 테러리스트이자 공산주의자라고 믿고 있었을 것이다. 그러나 우리는 그에게 반인종차별주의와 동등한 권리를 향한 우리의 바람, 그리고 부의 재분배를 위한 계획을 차분히 설명했다. 그는 머리를 긁으면서 말했다. "국민당보다는 훨씬 낫군."

우호적인 교도관을 두게 되자 로벤 섬에서 우리가 해야 할 매우 중요한 일 가운데 하나가 수월해졌다. 바로 통신이었다. 우리에게는 일반 사범을 수용하는 F동과 G동에 수감된 우리 동지들과 연락을 유지해야 하는 의무가 있었다. 정치가로서 우리는 바깥에 있을 때만큼 교도소 내에서 우리의 조직을 강화하는 데 노력을 기울였다. 항의와 불만 제기를 원활히 조정하기 위해서 통신은 가장 중요했다. 일반 옥사에는 재소자들의 입소와 출소가 훨씬 잦았기 때문에 F동과 G동의 동지들은 바깥 운동의 동정뿐만 아니라 가족과 친구들에 대해서까지 훨씬 최근의 소식들을 접할 기회가 많았다.

교도소 내에서 통신은 심각한 규정위반이었다. 그래서 우리는 많은 효과적인 방법들을 개발해냈다. 음식통을 배달하는 사람들은 일반 옥사 죄수들이어서, 처음 몇 달간 우리는 그들과 귀엣말로 간단한 소식들을 주고받을 수 있었다. 우리는 케이시, 맥 마하라지, 랄루 치바, 그리고 몇몇 다른 사람들로 구성된 비밀통신위원회를 조직했다. 그들의 임무는 모든 통신 활동을 조직화하는 것이었다.

첫 번째 통신 방법의 하나는 교도관들이 채석장으로 가는 길에 종종 빈 성냥갑을 버리는 것을 눈여겨본 케이시와 맥이 고안했다. 그들은 몰래 그 성냥갑을 주워 모았고, 맥은 성냥갑에 바닥을 하나 더 만들어 그 아래에 작은 편지를 넣는다는 구상을 했다. 한때 재단사 교육을 받은 랄루 치바는 성냥갑에 넣을 작은 암호서신을 작성했다. 우리와 함께 재감 중이었던 MK 전사 조 그카비가 채석장에 가는 길에 이 성냥갑을 가지고 가서 일반 사범들이 지나가는 요충지인 교차로에 떨어뜨리는 역할을 맡았다. 음식이 배달될 때 우리는 귀엣말로 이 계획을 설명했다. F동과 G동에서 지정된 재소자들이 걸어가다가 성냥갑을 수거했고, 우리도 같은 방식으로 서신을 받았다. 그러나 이것이 늘 성공하는 것은 아니었다. 비처럼 단순한 문제로 우리의 계획은 쉽게 실패하고는 했다. 우리는 곧 조금 더 효과적인 방법을 개발했다.

우리는 교도관들의 감시가 소홀해지는 때를 찾았는데, 식사를 할 때와 식사가 끝난 직후가 그런 때였다. 우리는 식사를 하면서 한 가지 방법을 고안했다. 부엌에서 일하는 일반 옥사의 동지들이 플라스틱으로 포장된 편지와 쪽지를 음식통의 바닥에 넣는 것이었다. 우리는 비슷한 방법으로 회신을 보냈다. 즉 같은 플라스틱에 쪽지를 싸서 부엌으로 돌아가는 더러운 접시 더미의 바닥에 넣었다. 우리는 음식을 접시에 온통 묻혀가며 그릇을 최대한 지저분하게 만들었다. 교도관들은 그릇통이 엉망이 된 것을 불평했지만 그것을 조사하려 하지는 않았다.

우리 화장실과 샤워실은 격리동과 인접해 있었다. 일반 옥사 재소자들은 그곳에 격리수감을 당했고, 시간은 달랐지만 우리가 이용하는 화장실을 이용했다. 맥은 쪽지를 플라스틱으로 싸서 화장실 변기 가장자리 안에 테이프로 붙이는 방법을 생각해냈다. 우리는 일반 옥사에 있는 동지들이 이 쪽지를 받고 답신을 보낼 수 있도록 기소를 당해 격리동에 수감되도록 권고했다. 교도관들은 한 번도 화장실 변기를 수색하지는 않았다.

당국이 쪽지를 발견하더라도 그것을 읽거나 이해할 수 없도록 우리는 쉽게 보거나 해독할 수 없는 방법을 고안했다. 한 가지 방법은 편지를 우유로 쓰는 것이다. 우유는 거의 그 자리에서 마르기 때문에 종이는 아무것도 쓰이지 않은 것처럼 보였다. 그러나 방 청소용으로 배분된 소독제를 마른 우유 위에 뿌리면 글씨는 다시 나타난다. 불행히도 우유가 정기적으로 나오지는 않았다. 우리들 중 한 명이 위궤양으로 진단을 받은 뒤 우리는 그의 우유를 사용했다.

또 다른 방법은 화장실 휴지에 작은 글씨로 암호문을 쓰는 것이었다.

종이는 아주 작고 쉽게 숨길 수 있었기 때문에 이 방법은 서신을 밖으로 전달하는 데 가장 자주 쓰였다. 당국은 이런 통신을 많이 발각하게 되면서 화장실 휴지를 배급하는 데 각별히 신경을 썼다. 고반이 아파서 채석장에 나가지 못하게 되자 그는 날마다 한 재소자당 휴지 여덟 장을 확보해두는 임무를 맡았다.

모든 교묘한 방법이 동원되었지만 가장 좋은 방법은 또한 가장 쉬운 방법이기도 했는데, 바로 교도소 병원에 입원하는 것이었다. 이 섬에는 병원이 하나 있었고, 병원에 있는 동안 우리와 일반 사범들을 분리시키기는 어려운 일이었다. 때로는 서로 다른 동의 재소자들이 같은 병동에 입원했다. B동과 F동과 G동의 죄수들은 서로 어울려 정치조직, 파업, 태업 등 교도소 내의 모든 현안에 대한 정보를 교환했다.

바깥 세계와는 두 가지 방법으로 통신했다. 한 가지는 만기가 되어 출소하는 재소자들을 이용하는 것이고, 다른 하나는 면회자들과 접촉하는 것이었다. 출소자들은 옷이나 짐 속에 편지를 숨겨 나갔다. 그러나 외부에서 온 방문객의 경우 사정은 더 어려웠다. 면회자가 위험을 감수해야 했기 때문이다. 변호사들이 면회를 올 때는 교도관들이 면회실에 들어올 수 없었기 때문에 우리는 때때로 외부로 전달할 편지를 변호사에게 건네주었다. 변호사들은 몸수색을 당하지 않았기 때문이다. 면회할 때에는 리보니아 때와 같이 글씨를 써서 의사소통을 하는 때도 있었다. 면회실은 도청장치가 되어 있었으므로 우리는 "소식을 전해줘요"라고 말하고 잠시 뜸을 들인 다음 종이 위에 올리버 탐보를 뜻하는 'O. T.'라고 썼다. 또한 "우리는 규모를 줄이기로 한 계획에 찬성한다"라고 말한 다음 '전국집행위원회'라고 썼다.

음식통에 숨겨진 플라스틱 포장 쪽지를 보고 우리는 1966년 7월 일반 옥사의 동지들이 처우 개선을 요구하는 단식투쟁을 시작했다는 소식을 알게 되었다. 내용이 정확하지 않아 단식투쟁이 언제 시작되었는지, 또 정확한 요구사항이 무엇인지 알 수 없었다. 그러나 우리는 그들이 무엇을 위해 투쟁하든 어떤 종류의 투쟁을 벌이든 지원하기로 했다. 우리들 사이에 소식이 전해졌고, 우리는 다음 식사부터 동조 단식을 시작하기로 결의했다. 단식투쟁의 방법은 한 가지뿐이다. 먹지 않는 것이다.

소식이 전달되는 데 걸린 시간 때문에 일반 옥사의 재소자들은 아마 하루 이틀 정도는 우리가 투쟁에 동참했다는 것을 알지 못했을 것이다. 그러나 소식이 전해지면 그들이 크게 용기를 얻을 것은 분명했다. 당국은 그들에게 우리가 투쟁을 함께하지 않으며, 훌륭한 식사를 배불리 먹고 있다고 말할 것이 틀림없었다. 이것은 상투적인 작전으로, 위기상황에서 당국이 동 간의 관계를 이간시키기 위해 거짓 정보를 뿌리는 것이었다. 이번 경우 ANC가 만장일치로 투쟁을 지지했던 데 반해 일반 옥사에 있는 일부 PAC 회원들은 그렇지 않았다.

단식투쟁 첫날, 우리에게 보통 때와 같은 식사가 배급되었으나 우리는 이를 거부했다. 둘째 날엔 음식량이 더 많아졌고, 죽에 곁들인 야채의 종류도 좀 더 다양해졌다. 셋째 날 저녁식사에는 즙이 있는 고기 조각이 나왔다. 넷째 날이 되자 죽은 기름기로 반짝였고, 위에는 큰 고깃덩어리들과 다채로운 야채들이 떠 있었다. 음식은 확실히 군침을 돌게 했다. 교도관들은 우리가 손대지 않은 음식을 건네줄 때 미소를 지었다. 유혹은 강렬했고 채석장에서 작업 재촉이 특히 심해졌지만 우리는 유혹을 뿌리칠 수 있었다. 우리는 일반 옥사에 있는 재소자들이 쓰러져 수레에 실려가고 있다는 소식을 들었다.

나는 베슬 대령과 면담하기 위해 본부 사무실로 불려 갔다. 당국이 투쟁을 중단하도록 나에게 압력을 넣으리라는 것을 동료 재소자들이 알고 있었기 때문에 면담은 민감한 문제였다. 베슬은 직선적인 사람으로, 우리가 단식투쟁을 벌이는 이유를 추궁했다. 나는 정치범으로서 우리는 교도소의 처우 개선을 요구하는 투쟁을 반인종차별정책에 대한 투쟁의 일환으로 보고 있다고 설명했다. "그러나 당신은 F동과 G동에서 왜 단식을 하는지도 모르잖소"라고 그는 말했다. 나는 그것은 중요하지 않으며, F동과 G동의 동지들은 우리의 형제들이고 우리의 투쟁은 분리될 수 없다고 말했다. 그는 콧방귀를 뀌더니 나를 내보냈다.

이튿날 놀라운 사건이 발생했다. 교도관들이 식사거부운동을 시작하여 교도관식당 이용을 중단한 것이다. 그들이 우리를 지원하기 위해 투쟁을 시작한 것은 아니었지만 재소자들이 이렇게 하는데 자신들은 왜 못 하겠는가라고 판단한 것이다. 그들은 식사와 생활조건의 개선을 요구했다. 두 가지 단식투쟁이 동시에 발생하자 당국은 크게 당황했다. 그들은 먼저 교도관들의 문제를 해결했다. 며칠 뒤, 우리는 당국이 일반 옥사에 와서 개선 내용을 협상하기 위해 대표 세 명을 선정할 것을 요청했다는 소식을 들었다. 일반 옥사는 승리를 선언했고, 단식을 풀었다. 우리도 하루 뒤 단식을 중단했다.

* * *

그것이 섬에서 벌인 첫 번째이자 가장 성공적인 단식투쟁이었다. 항의하는 방식으로 단식투쟁은 성공률이 높지 않았고, 투쟁의 이유도 내게는 언제나 비현실적으로 여겨졌다. 단식투쟁이 성공하려면 바깥 세계가 투쟁

소식을 알아야 한다. 그렇지 않다면 재소자들이 굶다가 죽어도 아무도 알지 못한다. 우리가 단식투쟁을 벌이고 있다는 소식이 비밀통신을 통해 외부로 알려져 신문에 실리게 되면 지지단체들로부터 압력을 이끌어낼 수가 있다. 특히 복역 초기 시절, 문제는 바깥 사람들에게 우리가 안에서 단식투쟁을 벌이고 있다는 것을 알리는 것이 거의 불가능했다는 점이다.

나에게는 단식투쟁이란 너무나 소극적인 방법이었다. 가뜩이나 고통받고 있는 우리가 건강을 심하게 해치게 될 뿐만 아니라 죽을 수도 있었다. 나는 언제나 노동투쟁이나 태업 또는 청소 거부와 같은 좀 더 적극적이고 전투적인 투쟁, 즉 우리 자신이 아니라 당국에 피해를 주는 행동들을 선호했다. 그들에게 자갈이 필요할 때 자갈을 공급해주지 않거나, 그들이 깨끗한 교도소 운동장을 원할 때 운동장을 청소하지 않는 식이다. 이러한 행동은 그들을 곤란하게 하고 분노하게 한다. 반면, 그들은 우리가 굶는 것을 보면서 몰래 즐겼을 것이다.

그러나 결정을 내릴 때 내 의견은 다수 의견에 굴복해야 했다. 동지들은 농담조로 내가 밥을 굶고 싶지 않아서 단식을 반대하는 것이라고 비판했다. 단식투쟁을 옹호하는 사람들은 그것이 마하트마 간디와 같은 저명한 지도자들이 전 세계에서 벌였던, 전통적으로 인정되는 항의 형태라고 주장했다. 그러나 일단 결정이 내려지면 나는 단식을 주장하던 어느 누구 못지않게 진심으로 그것을 지지했다. 사실 투쟁이 진행되는 동안 나는 우리의 합의를 지키고 싶어 하지 않는 일부 완강한 동료들을 질책하는 입장에 서는 수가 많았다. 어떤 사람은 이렇게 말했다. "마디바, 저는 식사를 하고 싶어요. 왜 식사를 하지 않아야 하는지 모르겠어요. 나는 수년 동안 투쟁에 헌신해왔어요."

이따금 몰래 식사를 하는 동지들도 있었다. 그것은 쉽게 알 수 있었다. 단식투쟁 이틀째에는 아무도 화장실을 이용할 일이 없다. 그러나 어느 날 아침 동료가 화장실에 가는 것을 보게 될 수도 있다. 우리는 어떤 사람은 이러한 측면에 약하다는 것을 알았기 때문에 내부에 자체 정보부를 설치했다.

67

1966년 7월 중순, 단식투쟁이 한창일 때 아내가 두 번째 면회를 왔다. 그것은 첫 면회가 있은 지 정확히 2년 뒤였지만, 그것도 하마터면 이루어지지 않을 뻔했다. 위니는 처음 방문한 1964년 이후 줄곧 괴롭힘을 당했다. 그녀의 형제자매들이 경찰의 박해를 받았고, 당국은 그녀가 가족의 어느 누구와도 함께 사는 것을 금지했다. 당시에 나는 상황의 일부밖에 알지 못했고 나중에서야 전모를 알았다. 채석장에서 돌아왔을 때 종종 익명의 교도관들이 깨끗이 오려 베개 위에 둔 위니에 대한 신문 기사를 통해서 가장 괴로운 소식을 알게 되었다.

치사하고 악의적인 방법으로 당국은 위니의 여행을 최대한 불쾌한 것으로 만들기 위해 전력을 다했다. 지난 2년 동안 그녀의 면회는 지역 검사에 의해, 그리고 그녀의 여행을 금지하는 거듭되는 금지령에 의해 좌절되었다. 최근 나는 위니가 경찰로부터 여행증을 소지할 때만 나를 방문할 수 있다는 통지를 받았다는 사실을 전해 들었다. 1950년대 이래 여성의 여행증에 관한 정부의 정책에 항의해오던 위니는 마땅히 그 혐오스러운 서류를 지참하기를 거부했다. 당국은 명백히 나와 위니를 모욕하려 하고 있었다. 그러나 나는 당국의 사소한 책동에 저항하는 것보다 우리가 서로 만나는 것이 더 중요하다고 생각했고, 위니는 여행증을 지참하는 데 동의했다. 나는 그녀가 너무 보고 싶었고, 그녀를 보아야 안심할 수 있을 것 같았다. 또 의논해야 할 중요한 가족 문제들도 많았다.

매번 위니의 면회에 관한 규제는 길고 복잡했다. 그녀는 기차나 자동차 타는 것을 금지당해 비행기를 타야만 했기 때문에 여행 경비가 훨씬 많이 들었다. 그녀는 많은 서류들을 인증받기 위해, 공항에서 케이프타운 경찰서가 있는 카에돈 광장까지 가장 빠른 길을 택해야 했다. 돌아오는 길에도 같은 경찰서에 들러 신고를 하고 더 많은 서류들을 인증받아야 했다.

나는 또 오려낸 신문기사에서 위니가 옷을 입고 있는데 특별수사대가 올랜도의 우리 집에 들이닥쳤고, 위니가 분노하여 장교를 침실에서 밀쳐냈다는 소식을 읽었다. 그 중위는 위니를 폭행죄로 고소했다. 나는 친구이자 동료인 조지 비조스에게 그녀를 위해 변호해달라고 부탁했고, 그는 일을 잘 처리해주었다. 신문에서 이 일을 다룬 기사를 읽자 일부 동료들은 내게 위니의 호전성에 대해 농담을 했다. "당신이 당신 가족 중 유일한 권투선수는 아니군요, 마디바."

두 번째 방문 시간은 겨우 30분이었고, 해야 할 이야기는 많았다. 위니는 케이프타운에서 받은 거친 대우와, 그리고 늘 그렇듯이 여객선에서 엔진 연기가 멀미를 일으키는 짐칸에 타야 했다는 사실에 다소 흥분해 있었다. 그녀는 나를 위해 애써 옷을 차려입었지만 마르고 그늘져 보였다.

우리는 아이들의 교육 문제와 어머니의 불편한 건강, 그리고 우리의 재정 상태에 대해 이야기를 나누었다. 중요한 문제는 제나니와 진드지의 교육 문제였다. 위니는 딸들을 인도인 학교에 입학시켰고, 당국은 학교가 아프리카인 학생을 받아들이는 것은 위법이라는 이유로 교장을 괴롭혔다. 우리는 제나니와 진드지를 스와질란드에 있는 사립학교에 보내기로 어렵게 결정했다. 두 딸에게서 가장 큰 힘을 얻었던 위니로서는 힘든 일이었다. 나는 그곳의 교육이 더 우수할 것이라는 사실에 위안이 되었지만 위니가 걱정이었다. 그녀는 외로울 것이고, 친구라는 가면을 쓰고 그녀를 이용하려 하는 사람들에게 희생될 것이다. 위니는 사람들의 동기를 너무 믿었기 때문이다.

가족사가 아닌 일을 이야기하는 것을 금하는 규정을 피하기 위해, 우리에게는 뜻이 분명하나 교도관들에는 그렇지 않은 이름들을 이용했다. 위니가 정말 어떻게 지내는지 알고 싶을 때 나는 "응구타나의 소식을 최근에 들은 적이 있소? 그는 잘 지내오?"라고 말한다. 응구타나는 위니의 혈족 이름이지만 당국은 그것을 몰랐다. 그러면 위니는 응구타나가 어떻게 무엇을 하며 지내는지 이야기할 수 있었다. 교도관이 응구타나가 누구냐고 물으면 우리는 사촌이라고 말했다. ANC의 대외사업이 어떻게 되고 있는지 알고 싶을 때는 "교회는 어떻소?"라고 묻는다. 위니는 '교회'의 일을 적절한 용어를 사용하여 설명을 하고 나는 다시 "사제들은 잘 지내오? 새로운 설교내용이라도 있소?"라고 묻는다. 우리는 즉흥적으로 착안하여 상당한 양의 정보를 그런 식으로 교환했다.

여느 때와 마찬가지로 교도관이 소리쳤다. "면회 끝!" 겨우 몇 분밖에 지나지 않은 것 같은데 말이다. 나는 작별인사를 하기 위해 유리에 입을 맞추고 싶었지만 참았다. 나는 항상 위니가 먼저 방을 나가도록 했다. 교도관들에게 끌려가는 내 모습을 보이고 싶지 않아서였다. 그러고 나서는 위니가 교도관들에게 고통을 내보이지 않으려 애쓰며 내게 작별인사를 속삭이는 것을 다시 지켜보았다.

방에 돌아와 나는 다시 면회의 기억을 하나하나 떠올렸다. 위니가 입었던 옷과 위니가 들려준 이야기, 그리고 내가 한 말들을 떠올렸다. 그리고 우리가 의논했던 문제들을 검토하는 편지를 썼다. 내가 그녀에게 얼마나 애정을 갖고 있는지, 우리의 유대가 얼마나 견고한지, 그녀가 얼마나 용기 있는지에 대해서 썼다. 나는 위니에게 쓰는 편지를 사랑의 표현이자 그녀에게 필요한 감정적인 지지를 줄 수 있는 유일한 방법이라 생각했다.

면회 직후 나는 위니가 떠나올 때 경찰에게 그녀의 주소를 알리지 않은 죄와 케이프타운에 도착해 경찰에 신고하지 않은 죄로 기소되었다는 소식을 들었다. 배에서 이미 주소를 알려주었던 위니는 돌아올 때 다시 주소를 묻자 그전에 이미 알렸다고 말하면서 답변을 거부했던 것이다.

위니는 체포되었다가 보석으로 풀려났다. 그는 재판에서 징역 2년에 4일을 제외한 나머지 형기의 집행유예를 선고받았다. 위니는 이 사건으로 사회봉사자로서 두 번째 일자리이자 주요 수입원을 잃게 되었다.

정부는 그들이 보기에 내가 저항할 수 없이 무력해지리라고 생각되는 방식으로 나를 괴롭히기 위해 온갖 노력을 다했다. 1966년 말 무렵, 법무부의 사주를 받아 트란스발 법률협회는 리보니아 재판에서 유죄판결을 받았기 때문에 현직 변호사 명부에서 내 이름을 삭제할 것을 재신청했다. 저항운동 사건으로 유죄판결을 받은 뒤 내 이름을 명부에서 제외시키려는 이전의 시도가 실패했는데도 그들은 포기하지 않는 모양이었다.

나는 법률협회의 소송이 이미 시작된 뒤에야 이 사실을 알게 되었다. 트란스발 법률협회는 극도로 보수적인 조직이었는데, 내가 자신을 변호하기 어려운 시점이라 판단되는 때에 나를 처벌하려 하고 있었다. 로벤 섬의 재소자가 법정에서 자신을 변호한다는 것은 결코 쉬운 일이 아니었지만 나는 바로 그 일을 하기로 마음먹었다.

나는 당국에 소송을 반박할 계획이며, 내가 스스로 변호하겠다는 사실을 알렸다. 교도소 당국에는 재판을 충분히 준비하기 위해 채석장 일을 면제해줄 것과, 보고서를 작성하기 위해 필요한 책상과 의자 그리고 독서용 전등을 요구했다. 또한 법률도서관의 책을 이용할 수 있게 해주고, 이를 위해 프리토리아를 방문할 수 있도록 조치를 취해줄 것도 요구했다.

내 전략은 교도소 당국과 법정을 당혹스럽게 했다. 내 요구는 합법적인 것이었으나 그들이 이 요구를 들어주는 것은 상당히 곤란하다는 것을 알고 있었다. 내가 법정에서 자신을 변호한다는 것은 곧 내가 이전과 변함없이 같은 가치를 위해 싸우고 있다는 것을 공개적으로 알리는 것을 의미했기 때문에 당국은 언제나 내가 법정에서 자기변호를 하는 것을 난처해했다.

그들의 첫 번째 반응은 "만델라, 변호사를 고용하는 것이 어떻소? 변호사가 잘 처리해줄 것이오. 왜 번거로운 일을 스스로 하려는 거요?"라는 것이었다. 나는 뜻을 굽히지 않았고, 대법원 행정실에 내게 필요한 기록과 서류 그리고 책들을 신청했다. 정부 측 증인 명단과 그들의 증언 개요서도 요구했다. 나는 법정이 나의 요구를 수락하기 전에 변론의 성격을 알 수 있어야 한다는 내용이 담긴 편지를 받았다. 이례적인 일이었다. 재판 전에 변론의 성격을 공개한다고? 어떤 피고인도 법정에 서기 전에 변론을 공개하도록 강요받을 수 없다. 나는 내 변론의 성격은 내가 서류를 접수시킬 때 분명해질 것이며 그 전에는 공개가 불가능하다는 편지를 썼다.

그렇게 해서 나와 대법원 행정실, 그리고 법률협회 측을 대표하는 정부 변호사 간의 연이은 서신왕래가 시작되었다. 나는 요구사항 어느 것도 양보할 수 없었다. 당국도 마찬가지로 비타협적이었다. 채석장 일을 면제받을 수 없으며, 책상과 의자도 받을 수 없고, 법률도서관을 이용하기 위해 프리토리아에 가는 일도 결코 있을 수 없다고 했다.

나는 계속해서 법률협회와 행정실 측에 요구를 보내 괴롭혔지만 그들은 이를 거부했다. 수개월 동안 편지를 수없이 주고받은 끝에 마침내 그들은 예고도 없이 내게 간략한 통지서 한 장을 보내 소송 취하를 알렸다. 사건은 그들이 생각지 못한 방향으로 흘러갔던 것이다. 그들은 내가 주도적으로 자신을 변호하려 할지는 예상하지 못했고, 변호사를 고용할 자금도 없으리라 생각했다. 그들의 실수였다.

나는 법률협회 측의 소송에 맞선 내 반박에 대한 공식적 반응을 신문에서 자세히 읽을 수 있었다. 당시 일간신문을 집으로 배달되듯 받아보고 있었기 때문이다. 실제로 신문은 배달되고 있었다.

야간에 우리를 감시하는 교도관은 말이 없고 나이 든 '여호와의 증인'으로, 맥 마하라지와 친하게 지냈다. 어느 날 밤, 그는 맥의 방으로 걸어와 신문 수필대회에 응시하고 싶다고 말하며, 맥에게 수필 쓰는 일을 도와줄 수 있는지 물었다. 늙은 교도관은 맥이 자신을 도와주면 응분의 보상이 있을 것이라는 뜻을 비쳤다. 맥은 동의했고, 수필을 써주었다. 2주일 뒤 교도관은 매우 흥분하여 맥에게 왔다. 그가 대회 최종 경쟁자 명단에 오른 것이다. 그는 맥에게 수필을 하나 더 쓸 수 있는지 물었고, 대가로 닭 요리를 약속했다. 맥은 늙은 교도관에게 고려해보겠다고 말했다.

이튿날 맥은 월터와 내게 상황을 설명했다. 월터는 맥에게 음식을 받으라고 권했지만 나는 그가 주저하는 것을 이해할 수 있었다. 마치 특별대우를 받는 듯이 보이게 될 것이기 때문이다. 그날 밤 그는 교도관에게 수필을 써줄 테니 대신 담배 한 갑을 달라고 말했다. 교도관은 동의했고, 다음 날 저녁 맥에게 새로 산 담뱃갑을 내놓았다.

다음 날, 맥은 우리에게 이제 그 늙은 교도관을 원하는 대로 조종할 수 있게 되었다고 말했다. 어떻게? 우리는 물었다. "담배 상자에 그의 지문이 있거든." 맥은 말했다. "그를 협박할 수 있게 됐어요." 월터는 그것은 비도덕적이라고 소리쳤다. 나는 맥을 비난하지 않았다. 그 대신 그에게 무엇을 얻기 위해 그를 협박할 것인지 물었다. "신문이오"라고 그가 말했다. 월터와 나는 서로를 쳐다보았다. 월터는 로벤 섬에서 나만큼이나 신문을 보고 싶어 하는 유일한 사람이었다. 맥은 이미 통신위원회와 자신의 계획을 의논한 뒤였고, 우리 둘은 맥의 방법에 유보적인 자세를 보였지만 그를 제지하지는 않았다.

그날 밤, 맥은 교도관에게 담뱃갑에 그의 지문이 묻어 있으며, 만약 교도관이 협조하지 않는다면 사령관에게 사실을 폭로할 것이라고 말했다. 해고와 연금박탈이 두려워 얼굴이 새파래진 교도관은 맥이 원하는 것은 무엇이든 하겠다고 약속했다. 전근할 때까지 6개월 동안 교도관은 그날그날의 신문을 맥에게 몰래 넣어주었다. 맥은 작은 종이쪽지에 뉴스를 요약하여 우리들에게 돌렸다. 그 불쌍한 교도관은 수필대회에서 상을 받지도 못했다.

채석장에서는 석회를 채굴하거나 이야기하는 것 외에 우리가 더 한 일은 없었다. 1966년쯤 교도관들이 방임적 태도로 나오자 우리는 작업을 하는 한 마음껏 이야기할 수 있었다. 우리는 너덧 명씩 조를 짜서 하루 종일 모든 주제에 관해대화를 나누었다. 우리는 끊임없이 진지한 주제와 사소한 주제에 대해 서로 이야기를 나누었다.

교도소 생활에 대해 기쁘게 생각할 만한 게 없었지만 단 한 가지를 꼽는다면, 그것은 생각할 수 있는 시간을 가질 수 있다는 것이다. 끊임없이 변화하는 정세에 대응해야 하는 투쟁의 소용돌이 속에서는 자신의 결정이나 정책이 낳는 모든 여파를 주의 깊게 고려할 기회를 갖기가 힘들다. 교도소는 자신이 과거에 한 일과 하지 않은 일을 반추해볼 시간을 (충분하고도 남을 만큼) 준다.

우리는 늘 정치 논쟁을 벌였다. 어떤 문제는 하루 만에 결론이 났지만, 어떤 문제는 몇 년간 논쟁이 계속되었다. 나는 언제나 의견이 활발하게 오가는 논쟁을 즐기는데, 그 당시에도 논쟁에 적극적으로 참가했다. 가장 초기에 그리고 가장 오랫동안 지속되었던 논쟁은 ANC와 공산당의 관계에 관한 문제였다. 일부 동지들, 특히 사회주의 국가에서 훈련을 받은 MK 전사들은 ANC와 공산당이 일체라고 믿었다. 고반 음베키와 해리 그왈라 같은 일부 원로 ANC 동지들까지도 이 같은 이론에 동의했다.

로벤 섬에서 공산당은 독립된 실체로 존재하지 않았다. 교도소 내에서는 바깥에서 했던 ANC와 공산당의 구분은 무의미하다. 그 문제에 관한 내 견해는 몇 년간 변함이 없었다. ANC는 대중해방운동 조직이며, 같은 목적을 가진 모든 운동 조직을 환영한다는 것이다.

시간이 지나면서 ANC와 공산당의 관계에 관한 논쟁은 점점 격렬해져갔다. 사람들은 문제를 해결하기 위해 한 가지 방법을 제안했다. 루사카에 망명 중인 ANC에 편지를 쓰는 것이다. 우리는 이 주제에 관해 루사카에 보낼 22쪽짜리 서류를 준비했고, 나는 표지 편지를 썼다. 그런 서류를 준비하고 밀반출시킨다는 것은 위험한 일이었다. 마침내 루사카는 ANC와 공산당이 별개 조직임을 확인해주었고, 논쟁은 그렇게 해서 수그러들었다.

재론된 또 하나의 정치토론은 ANC 지도부가 노동계급 출신으로만 구성되어야 하는지에 관한 문제였다. 일부는 ANC는 주로 일반 노동자들로 구성된 대중조직이므로 지도부는 그 계층 출신이어야 한다고 주장했다. 내 견해는 지도부가 노동계급으로만 한정되어야 한다는 것은 부르주아적 지식인으로만 구성되어야 한다고 말하는 것만큼이나 비민주적이라는 것이었다. 만약 운동이 그러한 규칙을 고집한다면 루툴리 추장, 모세 코타네, 다두 박사를 포함한 지도자 대부분이 자격을 상실해야만 했다. 혁명가는 모든 계급에서 나온다.

모든 토론이 정치적이지는 않았다. 많은 논쟁을 불러일으켰던 한 가지 주제는 할례에 관한 것이었다. 우리들 가운데 일부는 코사족과 다른 종족이 행하고 있는 할례는 신체를 불필요하게 절단하는 것일 뿐만 아니라 ANC가 퇴치하고자 하는 부족주의의 유형으로 복귀하는 것이라고 주장했다. 비합리적인 주장은 아니었으나 나를 포함한 다수는 할례가 위생상 유익하며, 심리적으로 중요한 효과를 갖는 문화적 의례라고 주장했다. 그것은 부족의 정체성을 강화시키고 긍정적 가치를 함양시키는 의식이었다.

이 논쟁은 몇 년 동안 지속되었고, 많은 사람들이 직접적인 방법으로 할례에 찬성하는 표를 던졌다. 과거 개업의였던 병원 재소자 한 명은 비밀 할례학교를 설치하여 우리 동에 있는 많은 나이 어린 재소자들이 그곳에서 할례를 치를 수 있게 해주었다. 할례를 치르고 난 뒤 우리는 그들을 위해 차와 비스킷으로 작은 파티를 마련했고, 그들은 관습대로 담요를 쓰고 하루 이틀 돌아다녔다.

반복해서 제기되는 논쟁거리 가운데 하나는 아프리카에 호랑이가 과연 있느냐 하는 것이었다. 한쪽에서는 호랑이가 아프리카에 산다고 널리 믿고 있지만 그것은 전설일 뿐이며, 호랑이는 아시아와 인도 대륙이 원산이라고 주장했다. 아프리카에는 표범은 많았으나 호랑이는 없었다는 것이다.

다른 쪽에서는 호랑이는 아프리카가 원산이며, 일부 호랑이가 이 대륙에 아직 살고 있다고 했다. 고양잇과에서 가장 강하고 아름다운 이 동물을 아프리카 정글에서 자신의 눈으로 직접 보았다는 사람들도 있었다.

나는 아프리카 대륙에서 현재 호랑이는 발견되지 않지만 코사어에는 표범을 가리키는 단어와는 별도로 호랑이를 가리키는 단어가 있고, 그것은 한때 아프리카에 호랑이가 살았다는 것을 의미한다고 주장했다. 그렇지 않다면 호랑이를 일컫는 이름이 왜 있겠는가? 이 논쟁은 끝없이 계속되었다. 맥은 비행기가 발명되기 수백 년 전에 힌두 어에 이미 공중을 나는 기계를 가리키는 단어가 있었으나, 그렇다고 고대 인도에 비행기가 존재했다는 것은 아니라고 논박했다.

68

조용한 사람이라는 뜻의 '지툴렐레Zithulele'는 우리가 채석장에서 우리를 감독하는 인내심 많고 말투가 부드러운 교도관을 부르는 이름이었다. 그는 늘 우리가 작업할 때는 먼발치에 서 있었으며, 우리가 질서를 유지하는 한 무엇을 하든지 신경 쓰지 않는 듯이 보였다. 그는 우리가 삽에 기대고 서서 이야기하는 것을 보아도 한 번도 나무라지 않았다.

우리도 마찬가지로 친절하게 대했다. 1966년 어느 날, 그는 우리에게 와서 말했다. "여러분, 비가 내려 도로선이 지워졌기 때문에 오늘은 석회 20킬로그램이 필요합니다. 도와주겠소?" 비록 당시 우리는 거의 일을 하지 않았지만 그가 우리에게 인간적으로 접근했기 때문에 우리는 그를 돕기로 했다.

그해 봄, 우리는 당국 측으로부터 어떤 해빙 분위기를 느꼈다. 섬을 지배해오던 억압적 규율이 다소 느슨해졌던 것이다. 재소자들과 교도관들 사이의 긴장도 어느 정도 누그러졌다.

그러나 유화국면은 짧았고, 9월 어느 아침 갑작스럽게 끝이 났다. 우리는 채석장 채벽에서 막 괭이와 삽을 놓고 점심을 먹으러 창고로 걸어가고 있었다. 일반 사범 재소자가 음식통 수레를 밀고 오더니 우리에게 "페르부르트가 죽었어요"라고 속삭였다. 그것이 전부였다. 소식은 우리들 사이에 빠르게 퍼졌다. 우리는 믿어지지 않는 눈으로 서로를 쳐다보며 교도관을 흘깃 보았으나 그는 중대한 사건이 발생했다는 것을 모르고 있는 듯했다.

우리는 총리가 어떻게 죽었는지 알 수 없었다. 나중에야 우리는 무명의 백인 국회 전령이 페르부르트를 칼로 찔러 살해했다는 사실을 알았다. 그의 살해 동기가 무엇인지 궁금했다. 페르부르트는 아프리카인들을 짐승만도 못한 존재로 취급했지만 그의 죽음이 우리에게 기쁜 일은 아니었다. 정치적 암살은 나나 ANC 모두 지지하는 방식이 아니었다. 그것은 적과 겨루는 원시적인 방식이다.

페르부르트는 아파르트헤이트의 주요 이론가이자 총책임자였다. 그는 반투 자치국가의 건설과 반투 교육의 창설을 옹호했다. 죽기 직전 그는 1966년 총선에서 국민당을 이끌었다. 이 선거에서 이 인종차별주의 정책 정당은 126석을 차지하여, 39석을 얻은 통일당과 단 1석을 얻은 진보당을 누르고 다수당이 되었다.

이처럼 우리가 중요한 뉴스들을 교도관들보다 먼저 알게 되는 일은 섬에서 자주 있었다. 그러나 다음 날이 되자 교도관들도 소식을 들은 것이 분명했다. 그들은 우리에게 화풀이를 했다. 몇 개월 걸려 누그러졌던 긴장은 갑자기 극도에 달했다. 당국은 마치 우리 정치범들이 페르부르트를 찌른 칼을 가지고 있기나 한 듯 억압하기 시작했다.

당국은 언제나 우리가 외부의 모든 강력한 세력과 비밀리에 연계를 맺고 있다고 생각했다. 나미비아에서 ANC의 동맹조직인 남서아프리카인민기구SWAPO의 연이은 성공적인 공격도 그들을 안절부절못하게 했다. 정부가 우리의 초보적인 군사력을 그들의 국가수반을 제거할 만큼 발전된 것으로 보았다면 우리를 과대평가한 것이다. 그러나 그들의 의심은 단지 자신들의 문제를 자신들의 그릇된 정책이 아닌 ANC라는 이름의 적에 돌리려 하는 편협하고 근시안적인 사람들의 불안감을 반영한 것일 뿐이었다.

우리에 대한 처벌은 공식 정책으로 발표되지는 않았지만, 그것은 섬 도착 당시 팽배했던 살얼음 같은 분위기를 재연하는 것이었다. '조용한 사람'은 다른 악랄한 교도관으로 교체되었다. 그의 이름은 반 렌스버그였는데, 페르부르트가 암살되고 24시간 만에 발령을 받고 섬으로 날아왔다. 그의 명성은 그가 오기 전에 먼저 알려졌다. 그의 이름이 재소자들 사이에서는 잔인성의 상징이었기 때문이다.

반 렌스버그는 몸집이 크고 무디고 거친 친구로, 말을 하는 게 아니라 거의 소리를 질러댔다. 부임 첫날 우리는 그의 손목에 나치의 하켄크로이츠(나치의 상징이었던 갈고리 십자형의 문장—옮긴이) 문신이 작게 새겨져 있는 것을 보았다. 그의 잔인성을 입증하기 위해서는 굳이 이 불쾌한 상징이 필요하지 않았다. 그의 임무는 우리의 생활을 가능한 한 최대로 견디기 힘들게 하는 것이었고, 그는 아주 열정적으로 이 목표를 추구했다.

그 뒤로 몇 달 동안 밤마다 반 렌스버그는 우리들 가운데 한 명을 명령 불복이나 나태 혐의로 기소했다. 아침마다 그와 다른 교도관들은 그날 오후에 누구를 기소할 것인지를 두고 토론했다. 그것은 선택적 위협 정책으로, 기소자는 그날 일을 열심히 했는지 여부와는 무관하게 결정되었다. 우리가 감방으로 돌아오면 반 렌스버그는 명단을 보면서 읽었다. "만델라(또는 시술루, 또는 캐트라다), 지금 바로 교도소 본부로 오시오."

섬의 행정 법정은 초과 근무를 하기 시작했다. 이에 대응하여 우리는 나와 피킬레 밤과 맥 마하라지로 구성된 자체 법률위원회를 조직했다. 맥은 법을 공부했고, 당국을 수세에 몰아넣는 데 뛰어났다. 법률 학위를 따기 위해 공부하고 있었던 피킬레는 우리 동 재소자회의 회장을 지냈던 총명하고 지략이 풍부한 사람이었다. 우리 법률위원회의 임무는 동지들에게 행정 법정에서 어떻게 처신할지를 조언하는 것이었다.

반 렌스버그는 영리한 사내는 아니어서, 채석장에서는 그가 우리를 지배했지만 법정에서는 우리가 그를 이길 수 있었다. 우리의 전략은 현장에서 그와 논쟁할 것이 아니라 약간은 더 계몽된 관리들 앞에서 우리의 주장을 펼칠 기회를 가질 수 있는 법정에서 기소를 논박하는 것이었다. 행정 법정에서 기소장은 주재 치안판사가 낭독했다. "채석장에서의 나태." 그가 말할 때 반 렌스버그는 점잔 빼는 모습이었다. 기소장 전문이 낭독된 뒤 나는 동료들에게 한 가지 일을, 그리고 꼭 이 한 가지 일만 당부했다. 재판부에 '추가 세부사항'을 요청하는 것이었다. 이는 피고인의 권리였고, 재판을 할 때마다 우리는 이를 요구했지만 반 렌스버그는 언제나 말이 막혔다. 그때마다 재판은 휴정되어야 했고, 반 렌스버그는 '추가 세부사항'을 수집하기 위해 바깥으로 나갔다.

반 렌스버그는 크고 작은 방법으로 보복을 했다. 채석장에서 점심이 도착하고 우리가 식사하기 위해 자리에 앉으면(이제 우리는 간단한 식탁이 있었다) 반 렌스버그는 일부러 그 순간을 골라 우리의 음식 옆에 오줌을 누었다. 그가 우리 음식에다 직접 오줌을 누지 않은 것을 고마워해야 했지만 어쨌든 우리는 그런 행위에 대해 항의했다.

재소자들이 교도관들에게 복수할 수 있는 몇 안 되는 방법 가운데 하나는 농담이었고, 반 렌스버그는 농담의 단골 대상이었다. 우리끼리는 그를 '가방'이라고 불렀다. 교도관들의 도시락을 가방이라 불렀는데, 보통 교도관들은 자기랑 가장 가까운 재소자를 지정하여 자신의 가방을 들도록 하고, 그 대가로 샌드위치 반쪽을 나누어주었다. 그러나 우리는 언제나 반 렌스버그의 가방을 들어주는 것을 거부했고, 그렇게 해서 그의 별명이 지어졌다. 교도관이 자신의 도시락을 직접 드는 것은 창피한 일이었다.

어느 날, 윌턴 음콰이는 반 렌스버그가 들을 수 있는 거리에서 무심코 가방이라는 말을 썼다. "가방이 누구야?" 반 렌스버그가 소리쳤다. 윌턴은 잠시 숨을 멈춘 뒤 외치고 말았다. "바로 당신이오!"

"왜 나를 가방이라고 부르는가?" 반 렌스버그가 물었다. 윌턴은 침묵했다. "자네, 이리 와." 반 렌스버그가 말했다. "왜냐하면 당신은 가방을 직접 들기 때문이오." 윌턴은 주저하며 대답했다. "일반 사범들은 자기네 교도관들의 점심 가방을 들어주지만 우리는 당신의 가방을 들어주지 않지 않소. 그래서 당신을 가방이라고 부르는 거요."

반 렌스버그는 잠시 생각에 잠겼다. 그러고는 화를 내는 대신 "내 이름은 가방이 아니라 딕 네크야"라고 말했다. 잠시 침묵이 흐른 뒤 폭소가 터졌다. 아프리칸스어로 딕 네크Dik Nek란 문자 그대로 '두꺼운 목Thick Neck'이라는 뜻이다. 그것은 고집불통인 사람을 뜻한다. 이 가방이란 작자는 자기가 모욕을 당하고 있다는 것조차 모를 만큼 무딘 사람이었던 것 같다.

채석장에서 어느 날 우리는 호랑이의 원산이 아프리카냐 아니냐에 대한 논쟁을 재개했다. 반 렌스버그의 임기 동안은 이전처럼 자유롭게 이야기를 할 수는 없었지만 그래도 작업할 때 이야기를 나눌 수는 있었다.

호랑이의 원산이 아프리카가 아니라는 주장을 옹호하는 대표적인 사람은 케이프타운 출신의 ANC 지도자이자 포트헤어에서 강의를 했던 앤드루 마손도였다. 마손도는 잘 흥분하는 성격이었으며, 호랑이가 아프리카에서 발견된 적이 없다는 자신의 주장을 열정적으로 펼쳤다. 논쟁이 무르익자 우리는 괭이와 삽을 내려놓았다. 이는 교도관들의 시선을 끌었고, 그들은 우리에게 작업을 다시 시작하라고 소리쳤다. 그러나 우리는 논쟁에 너무 열중한 나머지 교도관들을 무시했다. 하급 교도관 몇 명이 우리에게 작업 재개를 명령했지만 우리는 그들에게 주의를 돌리지 않았다. 마침내 '가방'이 성큼성큼 건너와 서투른 영어로 고함을 질렀다. "말은 너무 많고 일은 너무 없어!"

우리들은 웃느라 작업도구를 들 수 없었다. 가방의 문법적 실수는 모두에게 너무나 우습게 들렸다. 그러나 가방은 전혀 즐거워하지 않았다. 그는 즉시 사령관인 캘러만 소령을 부르러 사람을 보냈다.

캘러만은 몇 분 뒤 현장에 도착했고, 우리는 이전과 똑같은 상태에 있었다. 캘러만은 섬에 부임한 지 얼마 안 된 사람으로 기강을 바로잡으려는 결의를 다지고 있었다. 교도관들 중 한 명이 앤드루 마손도와 내가 일을 하지 않았다고 보고했고, 우리는 나태와 명령 불복으로 기소되었다. 캘러만의 권한으로 우리는 수갑에 채워져 독방으로 끌려갔다.

그때부터 '가방'은 내게 특히 악의를 품었다. 어느 날, 채석장에서 그가 우리를 감독하고 있을 때 나는 피킬레 밤 옆에서 일을 하고 있었다. 채석장 끝 쪽에서 우리 둘만 따로 떨어져 작업하고 있었다. 우리는 부지런히 일했지만 당시 둘 다 법을 공부하고 있었던 터라 우리가 그 전날 밤 읽었던 내용을 토론하고 있었다. 그날 작업이 끝날 무렵 반 렌스버그는 우리 앞에 서서 말했다. "피킬레 밤과 만델라, 교도소 본부로 오시오."

우리는 당시 교도소 소장인 중위 앞에 불려 갔고, 반 렌스버그는 "이들은 하루 작업을 완수하지 않았습니다. 이들을 명령 불복종으로 기소합니다"라고 보고했다. 중위는 우리에게 할 말이 있느냐고 물었다. 나는 대답했다. "중위, 우리는 기소를 받아들일 수 없습니다. 우리는 작업을 했고, 사실 우리가 일을 했다는 증거도 있습니다. 이것은 우리의 변호에 절대 중요합니다." 중위는 코웃음을 쳤다. 그가 말했다. "당신들은 모두 같은 구역에서 일하고 있다. 어떻게 증거를 확보하는 것이 가능한가?" 나는 피킬레와 내가 다른 사람들과 떨어져서 일을 했고, 따라서 우리가 얼마나 많은 일을 했는지 정확하게 보여줄 수 있다고 말했다. '가방'은 순진하게도 우리가 떨어져서 작업했다고 확인해주었고, 중위는 자신이 직접 가서 보겠다고 했다. 우리는 다시 채석장으로 차를 타고 갔다.

채석장에 도착하자 피킬레와 나는 우리가 작업하던 곳으로 갔다. 나는 우리가 쌓은 상당한 양의 바위와 석회암 더미를 가리키며 말했다. "저기, 저것이 오늘 우리가 한 작업량입니다." 가방은 우리가 한 일을 보지 않았기 때문에 그 양을 보고 당황했다. "아닙니다." 그는 중위에게 말했다. "저것은 일주일 동안 일한 분량입니다." 중위는 미심쩍어 했다. "그렇다면, 좋아." 그는 가방에게 말했다. "만델라와 밤이 오늘 작업한 작은 더미를 보여주게." 가방은 대답이 없었고, 중위는 내가 상관에게서 거의 보지 못했던 행동을 취했다. 그는 재소자의 면전에서 부하를 꾸짖었다. 그는 "거짓말을 했군"이라고 말하며 그 자리에서 기소를 취하했다.

'가방'이 근무하던 1967년 초 어느 날 아침, 채석장으로 갈 준비를 할 때 가방이 우리에게 캘러만 소령이 대화 금지 명령을 내렸다고 알렸다. 금지된 것은 걸어갈 때 하던 대화만이 아니었다. 채석장에서도 마찬가지로 대화를 할 수 없다는 것이었다. "지금부터는 침묵!" 하고 그는 소리쳤다.

이 명령은 큰 실망과 분노를 불러일으켰다. 대화와 토론은 채석장 일을 참을 수 있게 하는 유일한 것이었다. 대화 금지 명령을 받았기 때문에 우리는 물론 걸어갈 때에도 토론을 하지 않았다. 그러나 점심시간 도중 ANC 지도부와 다른 정치 단체 지도자들은 비밀리에 계획을 세밀히 세울 수 있었다.

우리가 몰래 계획을 꾸미고 있을 때 캘러만 소령이 직접 나타나 점심을 먹고 있던 창고로 걸어 들어왔다. 극히 이례적인 일이었다. 이 누추한 광에 그런 고위관리가 온 적은 한 번도 없었다. 당황함을 감추기 위해 기침을 하면서 그는 명령은 실수였으며 조용히 말하기만 한다면 채석장에서 대화를 다시 할 수 있다고 말했다. 그는 우리에게 식사를 계속하라고 말하고 홱 돌아서서 가버렸다. 우리는 명령이 취소되어 기뻤지만 그 이유가 미심쩍었다.

그날 남은 시간 동안 우리는 작업을 심하게 재촉당하지 않았다. 가방은 친절하게 대하려고 애썼고, 선의의 표시로 미결 기소건을 모두 취하하기로 했다고 말했다.

그날 오후, 나는 내 감방이 통로 입구의 4호실에서 안쪽의 18호실로 바뀐 것을 알았다. 내 소지품은 모두 새 감방에 던져져 있었다. 여느 때와 마찬가지로 설명은 없었다.

우리는 누군가가 방문할 것이라고 짐작했고, 내 방이 옮겨진 것은 당국이 누가 오든지 간에 재소자들 가운데 내가 처음으로 방문객과 이야기를 나누게 되는 것을 원하지 않기 때문이라고 추측했다. 재소자가 저마다 차례로 불만을 제기한다면 당국은 방문객이 18호실에 이르기 전에 "시간 종료!"를 외칠 수 있으리라 생각했을 것이다. 우리는 단결하기 위해 통로의 개개인은 방문객에게 모두가 개인적인 불만을 가지고 있지만 18호실 재소자가 전체를 위해 대변할 것이라고 말하기로 결의했다.

다음 날, 아침식사 뒤 가방은 우리에게 오늘 채석장 작업은 없다고 말했다. 이어 캘러만 소령이 나타나 헬렌 수즈먼 여사가 곧 도착할 것이라고 말했다. 헬렌 여사는 국회에서 유일한 진보당 의원이자 국민당에 유일하게 진정으로 반대의 목소리를 내는 사람이었다. 15분이 채 지나지 않아 158센티미터의 수즈먼 여사가 우리 통로 문을 통해 들어왔다. 교도소국 사령관 스테인 장군이 함께 들어왔다. 각각의 재소자를 소개받으면서 그는 불만사항이 있느냐고 물었다. 모두가 같은 말을 했다. "불평사항은 많습니다. 그러나 우리의 대변인은 복도 끝에 있는 만델라입니다." 스테인 장군에게는 절망스럽게도 수즈먼 여사는 곧 내 방에 이르렀다. 그녀는 나와 굳게 악수를 하고 나서 정중하게 자신을 소개했다.

교도소 출입이 자동적으로 허용되는 판사와 치안판사들과는 달리 국회의원들은 교도소를 방문하려면 허가를 요청해야 한다. 수즈먼은 국회의원 중 정치범들의 곤경에 관심을 갖고 있는 유일한 또는 몇 안 되는 사람들 가운데 한 사람이었다. 로벤 섬에 대하여 많은 이야기들이 오갔기 때문에 수즈먼은 직접 조사를 하기 위해 온 것이었다.

수즈먼 여사는 로벤 섬을 처음 방문했으므로 나는 그녀를 편안하게 해주고 싶었다. 그러나 그녀는 놀랄 만큼 자신감이 있었고 주위 환경에 전혀 동요하지 않았기에, 나는 곧바로 본론으로 들어가자고 제안했다. 스테인 장군과 사령관이 그 옆에 서 있었으나 나는 솔직하게 말했다. 그녀에게 식사 개선과 평등, 좀 더 나은 옷이 필요하며, 공부할 수 있는 시설, 신문과 같은 정보에 접할 권리와 많은 다른 요구사항 등 우리의 바람들을 이야기했다. 또한 교도관들의 가혹함을 이야기하면서, 특히 반 렌스버그를 언급했다. 나는 그의 팔뚝에 하켄크로이츠 문신이 있다는 것을 지적했다. 헬렌은 변호사처럼 반응했다. "글쎄요, 만델라 씨." 그녀가 말했다. "그 문신이 언제 새겨진 것인지 알 수 없기 때문에 그 문제를 너무 밀고 나갈 수는 없어요. 예를 들어 그의 부모가 그에게 문신을 했을 수도 있잖아요?" 나는 그녀에게 그렇지 않다는 것을 확신시켜주었다.

보통 때 같으면 나는 특정 교도관에 대해 불평하지는 않았다. 교도소에서 배우게 되는 한 가지 교훈은 개별적 사안에 대해 싸우는 것보다는 일반적 원칙을 위해 싸우는 것이 낫다는 것이다. 교도관이 아무리 거칠더라도 그것은 대개 교도 정책을 시행하고 있는 것에 불과하다. 그러나 반 렌스버그는 달랐다. 우리는 만약 그가 떠난다면 우리의 상황이 크게 달라질 것이라고 믿었다.

수즈먼 여사는 내 말을 주의 깊게 경청하면서 작은 공책에 내 말을 기록했으며, 이 문제들을 법무장관에게 제기하겠다고 약속했다. 이어 그녀는 감방을 시찰했고 다른 재소자들과 조금씩 대화를 나누었다. 이 용기 있는 여인이 우리 감방을 들여다보고 운동장을 거니는 모습을 보는 것은 묘하고도 멋진 광경이었다. 그녀는 우리의 감방을 빛내준 첫 번째이자 유일한 여성이었다.

반 렌스버그는 수즈먼 여사의 방문 기간 동안 극도로 초조해했다. 케이시에 따르면 수즈먼 여사와 내가 대화를 나누는 동안 그는 과거의 모든 행동에 대해 사과를 했다고 한다. 그러나 그의 참회는 오래가지 않았다. 다음 날, 그는 우리에 대한 모든 기소 건을 제소하겠다고 알렸다. 나중에 알게 된 일이지만 수즈먼 여사는 우리의 일을 국회에서 제기했고, 그녀가 다녀가고 몇 주 뒤 가방은 섬에서 전근해 갔다.

69

나는 투쟁이 짧거나 쉬울 것이라고는 한 번도 생각하지 않았다. 섬에서 보낸 첫 몇 년간은 외부의 조직에나 교도소 안에 있는 우리들에게나 모두 어려운 시기였다. 리보니아 사건 이후 많은 지하조직이 파괴되었다. 우리 조직의 체계가 노출되었고 뿌리 뽑혔다. 체포되지 않은 사람들은 적들의 손을 벗어나려고 서두르고 있었다. ANC 원로 지도자들 거의 모두가 구속되거나 망명길에 올라 있었다.

리보니아 사건 이후 몇 년이 지나면서 공식적으로 모금, 외교, 군사 훈련 계획 수립을 책임지던 ANC의 대외사업부가 조직 전체를 관장하게 되었다. 대외사업부는 망명 조직을 창건하는 일뿐만 아니라 남아프리카 국내에 ANC 지하조직을 재건해야 하는 훨씬 더 막중한 임무까지 수행해야 했다.

정부는 더 강경해졌다. 경찰은 더 증강되었으며, 그들의 방법은 더 잔혹해졌고 기술도 더 발달했다. 남아프리카 방위군은 확대되었다. 경제는 안정되었고, 백인 유권자들의 생활은 아무 문제가 없었다. 남아프리카 정부는 현상 유지에 만족하고 있는 영국과 미국 정부라는 강력한 동맹세력을 두고 있었다.

그러나 다른 곳에서는 제국주의에 항거하는 투쟁이 진행되고 있었다. 1960년대 중반에서 후반까지 무장투쟁이 남부 아프리카 전역에서 벌어졌다. 나미비아(당시의 남서아프리카)에서는 남서아프리카인민기구SWAPO가 캐프리비 스트립에서 첫 공격을 개시했다. 모잠비크와 앙골라에서는 게릴라 운동이 성장하고 확산되었다. 짐바브웨(당시의 로디지아)에서는 백인 소수 통치에 반대하는 투쟁이 전개되고 있었다. 이언 스미스의 백인 정부는 남아프리카 방위군에 의해 강화되었으며, ANC는 짐바브웨 내의 투쟁을 국내 투쟁의 연장으로 생각했다. 1967년, 우리는 ANC가 조슈아 은코모에 의해 조직된 짐바브웨 아프리카인민동맹ZAPU과 동맹을 맺었다는 것을 알게 되었다.

그해, 탄자니아와 잠비아에서 훈련을 받던 일부 MK 전사들이 국내에 진입하기 위해 잠베지 강을 건너 로디지아에 들어왔다. 이 첫 번째 MK 부대는 루툴리 분견대라 명명된 무장투쟁의 선봉대였다. 8월에 ZAPU 부대와 함께 루툴리 분견대는 남쪽으로 진군 도중 로디지아 군대에 발각되었다. 몇 주에 걸쳐 격렬한 전투가 벌어졌고, 양측 모두 희생자를 냈다. 결국 우리 군대는 수적으로 우세한 로디지아군에 무너져, 일부는 포로가 되었고, 다른 사람들은 베추아날란드(훗날 보츠와나 독립국이 됨)로 퇴각했다. 1968년 초에는 더 큰 규모의 ANC 분견대가 로디지아에 입성하여 로디지아 군대뿐만 아니라 그곳으로 파견된 남아프리카 경찰들을 상대로 전투를 벌였다.

우리는 이 일을 몇 달 뒤 소문으로 들었으나, 그 전모를 알게 된 것은 당시 전투에 참가했던 용사들 일부가 우리와 함께 투옥된 뒤였다. 비록 우리 군대가 승리를 거두지는 못했지만 우리는 우리 MK가 자신의 힘으로 적과 교전했다는 사실을 조용히 축하했다. 그것은 우리 투쟁사에서 하나의 이정표였다. 루툴리 분견대 사령관 중 한 명인 판자는 나중에 투옥되어 우리와 함께 있었다. 그는 우리에게 분견대의 군사훈련, 정치교육, 그리고 전장에서의 용맹성에 대해 설명했다. 전 MK 총사령관으로서 나는 우리 전사들이 매우 자랑스러웠다.

* * *

외국에서 MK가 전투를 벌였다는 소식을 듣기 전에 우리는 1967년 7월에 국내에서 루툴리 추장이 사망했다는 소식을 들었다. 죽음 당시의 상황은 기이했다. 그는 평소 산책을 자주 하던 자신의 농장 근처에서 기차에 치였던 것이다. 나는 그의 미망인에게 편지를 쓸 수 있도록 허가를 받았다. 루툴리의 죽음은 조직 내에 큰 공백을 남겼다. 추장은 노벨평화상 수상자였고, 국제적으로 알려진 탁월한 인물이었으며, 흑백 인종 모두에게서 존경을 받던 인물이었다. 그런 만큼 그를 대체할 만한 사람은 없었다. 그러나 조직에는 추장의 자리를 채울 수 있는 사람으로 ANC 사무총장 대행 올리버 탐보가 있었다. 루툴리처럼 그는 의견이 분명하나 과시하지는 않으며, 자신감이 있으나 겸손할 줄 아는 인물이었다. 그 역시 루툴리의 금언 "위험이 생길 때 용기도 함께 생기도록 하라"를 실천하고 있는 인물이었다.

우리는 B동에 추장을 위한 작은 추도회를 조직해 발언을 원하는 사람 누구에게나 기회를 주었다. 한 사람의 불쾌한 발언이 있었지만 조용하고 경의 어린 추도회였다. 단결운동 측의 네빌 알렉산더가 발언하려고 일어섰을 때 그가 추장을 추모하기 위해서가 아니라 그를 매장하기 위해 왔다는 것은 명백했다. 고인의 사망에 대한 형식적인 유감 표시조차 없이 그는 루툴리를 백인의 어릿광대라고 비난했다. 노벨평화상을 수락했다는 것이 주된 이유였다.

그의 생각이 잘못된 것이라는 사실은 둘째 치고, 네빌의 연설은 우리가 섬에서 조성하려 노력하던 단체들 간의 협력 분위기에 전적으로 위배되는 것이었다. 섬에 도착한 순간부터 나는 투쟁에서 우리와 경쟁했던 사람들과 화해하는 것을 내 임무로 삼았다. 나는 로벤 섬에서 PAC와 ANC 간의 오래된 쓰라린 의견 차이를 조정할 수 있으리라 보았다. 만약 우리가 이 섬에서 두 조직을 단결시킬 수만 있다면 그것은 전체 해방투쟁에서 그들을 단결시킬 수 있는 선례가 될 것이라고 믿었다.

그러나 처음부터 PAC는 협조적이라기보다는 경쟁적인 관계였다. 섬에서 이미 복역하고 있던 일부 PAC 성원들은 우리가 섬에 온 것을 자신들의 영역 침해로 보았다. 우리는 우리 측 일부 동지들에게서 PAC의 최고원로 재소자들이 우리가 교수형을 당하지 않은 것에 대해 유감을 표했다는 이야기를 들었다.

1962년에 내가 섬에 처음 들어왔을 때 PAC 측은 ANC보다 수가 압도적으로 많았지만 1967년에는 그 수가 역전되었다. 그러나 이 때문에 PAC 측의 입장은 더욱 강경해진 것 같았다. 그들은 거리낌 없이 반공산주의 반인도인주의 입장을 취했다. 초기에 나는 PAC의 전국집행위원회에서 일했던 제프 모토펭과 이야기를 나누었다. 제프는 PAC가 ANC보다 더 전투적이며, 따라서 교도소에서 ANC는 PAC의 지도를 따라야 한다고 말했다. PAC는 당국과 협상하는 것은 배신행위라고 주장했으나, 그렇다고 그들이 협상에서 얻은 혜택을 이용하지 않는 것은 아니었다. 1967년, 나는 셀비 응겐다네와 단결의 문제에 관해 논의했다. 셀비 응겐다네는 「자유헌장」을 극렬히 반대해온 사람이었다. 그러나 교도소에서 특히 우리 동에 입소하고 나서 셀비의 입장은 누그러졌다. 결국 우리는 일반수 동에 있는 우리 각자의 조직에 단결을 옹호하는 편지를 따로따로 보냈다. ANC는 나중에 PAC 의장이 된 클라렌스 마퀘투와도 좋은 관계를 유지했다. 한때

ANC 청년동맹 회원이었던 마퀘투는 우리 동에 있었는데, 균형감각을 갖춘 지각 있는 사람이었다. 우리는 두 조직의 단결에 관해 토론을 갖고 많은 성과들을 만들어냈다. 그러나 마퀘투가 석방되고, 로벤 섬 PAC 지도부가 존 포켈라에게 이어지자 토론은 쇠퇴했다.

PAC의 불안은 때로 우스운 결과를 낳았다. 한번은 프리토리아로부터 채석장에서 나를 모든 다른 죄수들과 격리시켜야 한다는 명령이 하달되었다. 나는 외따로 일하고 외따로 식사하고 나만의 교도관을 두어야 했다. 이렇게 되자 PAC는 동요했다. 며칠 뒤, PAC는 자신들의 지도자 제프 모토펭 역시 격리시키기로 결정했고, 내가 격리되는 동안 그들은 자체적으로 그도 혼자 일하고 식사하라고 했다.

PAC는 자신들의 조직과 명백한 관련이 없는 모임에는 참가를 거부하고는 했다. 우리가 불만사항을 토론하기 위해 회의를 소집했을 때, 그리고 나중에 우리가 신문에서 알게 된 사실들을 논의하기 위해 뉴스 회의를 가졌을 때에도 그들은 모임에 참가하기를 거부했다. 나는 몹시 짜증이 났다. 우리는 PAC가 바깥의 자기 조직에서 일고 있는 변화에 무지하다는 것을 알았다. 당시 로벤 섬의 PAC 회원들은 망명 중인 PAC가 백인과 인도인에게 문호를 개방했다는 우리의 주장을 믿지 않으려 했다. 그것은 그들에게 이단행위였기 때문이다. 그러나 우리는 백인 활동가 패트릭 던컨이 PAC 집행위원회 위원이 되었다는 소식을 신문에서 읽었다. 당시 PAC 회원들은 이를 ANC의 선전이라고 일축했다.

* * *

ANC는 섬에서 자체 내부 조직을 결성했다. 최고사령부 또는 좀 더 공식적으로 최고기관이라는 명칭의 조직은 전국집행위원회 위원을 지낸, 로벤섬에 있는 최고 원로 ANC 지도자들로 구성되었는데, 월터 시술루, 고반 음베키, 레이먼드 음흘라바, 그리고 나였다. 나는 최고기관의 의장을 맡았다.

출범 초기부터 우리는 최고기관이 교도소 바깥의 ANC 정책에 영향을 미치려 하지 않을 것을 결의했다. 우리에게는 정세를 평가할 수 있는 믿을 만한 방법이 없었고, 우리가 잘 알지 못하는 문제들에 관해 지침을 제시한다는 것은 정당하지도 현명하지도 않다고 결론 내렸다. 그 대신 우리는 재소자들의 불만, 파업, 우편, 식사 등 교도소 생활의 모든 일상의 관심사들에 대해 결정을 내렸다. 우리는 가능할 때에는 총회를 소집했다. 이는 우리 조직의 건강을 위해 절대 중요하다고 생각했다. 그러나 총회를 개최하는 것은 극도로 위험한 일이었고, 따라서 드물게 개최되었으므로 최고기관이 결정을 내릴 때가 많았다. 결정은 모든 다른 성원들에게 비밀통신을 통해 전달되었다. 최고기관은 또한 세포 조직을 운영했고, 각 세포 조직은 세 명이 성원이었다.

섬에서 초기 몇 년이 지나면서 최고기관은 우리 동에 있는 모든 정치범을 위한 대표위원회 역할도 수행했다. 1967년, 우리는 처우 개선을 요구하는 청원을 추진했다. 청원서에는 PAC, 단결운동, 그리고 에디 다니엘스가 대표하는 자유당 당원 거의 모두가 서명했다. 이 체제는 네빌 알렉산더가 최고기관이 민주적이지도 않고 진정한 대표기구가 아니며, 다른 기구를 창설해야 한다고 주장하기 전까지는 모두가 수용했다.

네빌의 제안은 마침내 모든 정치 단체 출신으로 구성된 재소자위원회에 상정되었다. 다른 조직들은 ANC가 위원회를 독점하려 한다는 두려움을 느끼고 있었기 때문에 위원회의 규정은 그 권력을 완전히 협의적인 수준으로 제한했고 그 결정은 구속력이 없었다. 그럼에도 불구하고 문제에 공동으로 접근하는 데 동의하는 것은 여전히 어려웠다. 우리는 유치찬 클럽 회원인 피킬레 밤이 회의를 주재할 것을 제안했다. 나중에 위원회 지도부는 교대로 구성되었다. 결국 위원회는 '울룬디Ulundi'라는 명칭으로 알려지게 되었고, 모든 정치범 재소자들의 규율위원회로 기능했다.

최고기관에서 종족을 구성하는 문제는 약간의 논쟁거리가 되었다. 상임위원 네 명 모두가 코사족 출신이었기 때문이다. 이는 계획된 것이라기보다는 우연의 일치였다. 전국집행위원을 지낸 유일한 고위 ANC 지도부 네 명이 우연히 모두 코사족이었다. 그렇다고 원로가 아닌 동지를 단지 코사족이 아니라는 이유로 최고기관에 임명한다는 것은 올바른 일은 아니었다. 그러나 최고기관이 코사족으로만 구성된다는 것은 우리가 코사족 조직이라는 그릇된 인식을 강화하는 듯이 보였으므로 이 문제를 고려하지 않을 수 없었다.

이러한 비판은 항상 어려운 문제였으며, ANC의 역사에 대한 무지에서 나온 것이었을 뿐만 아니라 악의적인 것이기도 했다. 나는 ANC 의장은 줄루족, 모소토족, 페딘족 그리고 츠와나스족에서 고루 나왔고, 집행부는 언제나 여러 종족이 고루 섞여 있었다는 점을 지적해 이러한 비판을 논박하고 싶었다.

일반 옥사의 재소자들이 내 머리 위에 있는 지붕에서 작업을 하던, 햇볕이 따뜻하던 어느 날 오후의 일이다. 그들이 내게 외쳤다. "마달라(늙은이)! 왜 코사족 하고만 이야기하는 거요?" 충격적이 질문이었다. 나는 위를 올려다보며 말했다. "어떻게 나를 인종차별한다고 비판할 수 있소? 우리는 모두 한 민족이오." 그들은 이 말에 만족해하는 것 같았다. 그러나 그들이 그런 인식을 갖고 있다는 생각은 마음을 떠나지 않았다. 그때부터 나는 작업 중인 일반 옥사 죄수들 앞을 지날 때면 케이시나 에디 다니엘스 혹은 코사족이 아닌 다른 사람과 대화를 하려 했다.

우리는 이어 최고기관의 다섯 번째 교체위원이 있어야 한다고 결정했다. 이 다섯 번째 위원은 통상 코사족이 아닌 사람이 임명되었다. 예컨대 케이시의 경우 5년 이상 최고기관의 다섯 번째 위원으로 봉직했다. 랄루 치바도 한동안 봉직했으며, 결국 종족 구성에 대한 비판은 천천히 그리고 눈에 띄지 않게 수그러들었다.

나는 결코 최고기관을 좌지우지하지 않았다. 사실 내가 강력히 추진했던 많은 제안들이 부결되었다. 이것은 조직이 원칙대로 운영된다는 것을 의미하는 것이었지만, 나 개인적으로는 좌절감을 느끼는 때가 더러 있었다. 내가 동료들을 설득할 수 없었던 교도소 당국에 관한 두 가지 문제가 있었다.

먼저, 교도소 규정에 재소자들은 고위 관리 앞에서는 일어서야 한다는 것이 있다. 나는 적이 우리를 정치범으로 인정하지 않는 상황에서 우리가 적을 인정해야 한다는 것은 굴욕적인 것이며, 따라서 우리는 관리 앞에서 일어서지 말아야 한다고 주장했다. 동지들은 이는 사소한 문제이고, 저항이 가져올 부정적인 결과가 어떠한 이익보다도 크다고 믿었다.

두 번째 문제도 같은 이유로 최고기관에서 부결되었다. 교도관들은 우리를 성이나 세례명으로 불렀다. 나는 두 가지 다 우리를 격하시키는 것이고, 우리는 그들에게 우리를 부를 때 예의를 갖춰 이름 뒤에 '씨'를 붙이라고 주장해야 한다고 생각했다. 나는 이를 여러 해 동안 제기했지만 성공하지 못했다. 나중에는 동료들이 이따금 나를 '만델라 씨'라고 부르면서 장난을 하게까지 되었다.

70

교도소 안에 있는 우리들에게 시간은 정지된 듯이 여겨지지만 바깥의 사람들에게 시간은 멈추지 않았다. 내가 그것을 새삼 느낀 것은 1968년 봄 어머니의 면회를 받을 때였다. 나는 리보니아 재판 이후 어머니를 뵙지 못했다. 변화란 조금씩 조금씩 일어나는 것이어서 가족과 함께 살 때에는 가족들에게서 어떤 달라진 점을 느끼기 어렵다. 그러나 오랫동안 못 보던 가족을 보면 변화를 두드러지게 느낄 수 있다. 어머니는 갑자기 매우 늙어 보였다.

어머니는 내 아들 마가토, 딸 마카지웨, 그리고 내 누이 메이블과 함께 트란스케이에서부터 머나먼 길을 오셨다. 방문객이 네 명이었고, 워낙 먼 길을 온 터라 당국은 면회시간을 30분에서 35분으로 연장해주었다.

나는 아이들을 재판 이후 한 번도 보지 못했는데, 내가 없는 사이에 아이들은 훌쩍 자라 어른이 다 되어 있었다. 나는 놀랍고 또 자랑스러운 얼굴로 그들을 보았다. 아이들이 어른이 되었지만 나는 미안하게도 내가 교도소에 갈 때와 똑같이 그들을 어린애로 대하지 않았나 싶다. 그들은 변했지만 나는 변하지 않았던 것이다.

어머니는 살이 많이 빠진 것 같아 걱정스러웠다. 어머니 얼굴은 핼쑥해 보였다. 누이 메이블만이 그대로였다. 그들 모두를 볼 수 있고, 가족 이야기를 나눌 수 있어 몹시 기뻤지만 나는 어머니의 건강 때문에 마음이 불편했다.

나는 마가토와 마카지웨에게 둘 다 교육을 더 받기를 바라는 나의 마음을 전했고, 메이블에게 트란스케이에 있는 친척들의 안부를 물었다. 면회시간은 너무나 빨리 지나갔다. 면회 뒤에는 늘 그것을 기억하는 것이 큰 즐거움이었지만 이번에는 어머니 걱정을 지울 수 없었다. 나는 이번이 어머니를 마지막으로 뵙는 것이 아닐까 두려웠다.

몇 주 뒤 채석장에서 돌아오자 내게 전보 하나가 와 있었다. 마가토가 보내온 전보였는데, 어머니가 심장마비로 돌아가셨다는 내용이었다. 나는 즉시 사령관에게 어머님의 장례식에 참석할 수 있도록 트란스케이 방문을 허가해달라고 요청했다. 그는 거절하며 말했다. "만델라, 나는 당신이 약속을 지키는 사람이라는 것을 알고, 당신이 도망가지 않으리라는 것을 믿소. 하지만 당신네 사람들은 믿을 수 없소. 그들이 당신을 납치하려 할지도 모르잖소." 장남이자 외아들인 내가 어머니의 시신을 안장하는 자식의 도리를 할 수 없다는 사실에 내 슬픔은 더 커졌다.

몇 달 동안 나는 어머니를 많이 생각했다. 어머니의 인생은 결코 순탄하지 못했다. 내가 변호사로 일할 때는 어머니를 모실 수 있었지만, 투옥된 뒤부터 어머니를 부양할 수 없었다. 어머니께 마땅히 해야 할 만큼 신경을 써 드리지 못했다.

어머니가 돌아가시면 사람은 자기 자신의 삶을 돌아보고 반성을 하게 된다. 어머니가 겪으셔야 했던 고초와 가난은 다시 한번 내가 과연 올바른 길을 택했는가 하는 질문을 남겼다. 그것은 늘 어려운 문제였다. 내 가족의 안위보다 민중의 복지를 먼저 생각하는 것은 올바른 선택이었던가? 오랫동안 어머니는 투쟁에 투신한 아들을 이해하지 못하셨다. 내 가족은 투쟁을 원하지 않았고 투쟁에 동참하고 싶어 하지도 않았지만 나 때문에 희생을 치러야 했다.

그러나 나는 같은 결론으로 돌아왔다. 남아프리카에서는 가족의 희생이 따르더라도 민중의 요구에 눈을 감을 수는 없다. 나는 내 길을 선택했고, 결국 어머니는 후원해주셨다. 그러나 그러한 생각이 어머니께 편안한 삶을 드리지 못한 죄책감과 어머니께서 안면하시는 모습을 지켜볼 수 없었다는 고통을 누그러뜨리지는 못했다.

1969년 5월 12일에 치안경찰이 올랜도의 나의 집에 들이닥쳐 잠자던 위니를 깨우고, 「1967 테러법1967 Terrorism Act」에 따라 기소 없이 그녀를 구금했다. 이 법으로 정부는 재판 없이 구속과 구금을 할 수 있는 전례 없는 권한을 갖고 있었다. 나중에 알게 된 일이지만 이 기습은 전국적으로 몰아닥친 공안 한파의 일부였다. 수십 명이 구금을 당했고, 여기에는 위니의 자매도 포함되었다. 경찰들은 치마를 붙잡고 매달리는 제나니와 진드지를 뿌리치고 위니를 끌고 갔다. 그녀는 프리토리아의 독방에 감금되었고, 보석도 면회도 허락되지 않았다. 이후 몇 주, 몇 달 동안 그녀는 잔인하게 신문을 당했다.

6개월 뒤 위니가 마침내 기소를 당했을 때, 나는 오랜 기간 반인종차별정책 전선에 서 왔던 변호사 조엘 칼슨이 위니의 변호를 맡을 수 있도록 하라는 지시를 보낼 수 있었다. 위니와 다른 스물두 명은 ANC 재건을 기도한 혐의로 「공산주의 금지법」에 의거해 기소되었다. 나중에 리보니아 재판에서 함께했던 조지 비조스와 아서 체이스컬슨이 변호인 측에 합류했다. 그녀가 구속된 지 17개월 뒤인 10월에 정부는 아무 설명 없이 사건을 취하했고, 위니는 석방되었다. 2주도 지나지 않아서 그녀는 다시 금지령을 받았고 가택연금을 당했다. 그녀는 즉각 내 면회를 신청했으나 거부당했다.

교도소에서 가장 괴로운 것은 위니도 교도소에 갇혀 있다는 생각이었다. 나는 이런 상황에 의연한 자세를 보이려 했지만 속으로는 심하게 동요되고 있었고, 근심도 이루 말할 수 없었다. 위니가 독방에 감금당한 때

만큼 내 마음의 평정이 시험을 당할 때는 없었다. 나는 다른 사람들에게 그들이 통제할 수 없는 것에 대해 걱정하지 말라고 충고하고는 했지만, 그 때는 나 자신이 그 충고를 따르지 못했다. 얼마나 많은 밤을 지새웠는지 모른다. 당국이 아내에게 무슨 짓을 하고 있는가? 그녀가 이를 어떻게 버틸까? 딸들은 누가 돌보는가? 생계는 어떻게 하나? 아무런 해결 방법도 없이 그런 질문에 끊임없이 시달리는 것은 일종의 정신적 고문이었다.

오캄프는 내가 위니에게 편지를 쓸 수 있도록 허락했고, 그녀의 편지를 한두 통 전달해주었다. 본래 재판을 앞둔 죄수는 우편이 허락되지 않았으나 오캄프는 내게 호의로 선처를 해준 것이었다. 고맙기는 했으나 당국이 자비로워서 허가를 해준 게 아니라는 것은 명백했다. 우리의 편지를 읽으면서 위니에 대한 기소에 도움이 될 정보를 입수할 속셈이었던 것이다.

그 당시 나는 또 다른 모진 상실의 고통을 경험했다. 위니의 구속 소식이 있고 3개월 뒤 1969년 7월 어느 추운 날 아침, 나는 로벤 섬 본부 사무실로 불려 가 전보 한 통을 받았다. 막내아들 마가토가 보낸 단 한 줄짜리 전보였다. 그의 큰형, 즉 내게는 장남인 마디바 템베킬레(우리는 그를 템비라 불렀다)가 트란스케이에서 자동차 사고로 죽었다는 소식이었다. 그때 템비는 스물다섯 살이었고, 두 아이의 아버지였다.

그런 비극 앞에서 무슨 말을 할 수 있겠는가? 나는 이미 아내 일로 지쳐 있었고, 어머니의 죽음을 비통해하고 있었는데, 거기에다가 이런 소식이라니……. 나는 당시 내 슬픔을 그리고 내 상실감을 표현할 말을 찾을 수 없었다. 이것은 내 마음속에 결코 채워질 수 없는 구멍을 남겼다.

나는 내 감방으로 돌아와서 침대에 누웠다. 얼마나 그렇게 있었는지 모른다. 저녁을 먹으러 가지도 않았다. 몇몇이 들여다보았지만 나는 아무 말도 하지 않았다. 결국 월터가 나에게 와서 침대 옆에 앉았다. 나는 그에게 전보를 보여주었다. 그는 아무 말도 하지 않았고 내 손을 잡았다. 나는 그가 얼마나 내 곁에 있었는지 모른다. 그럴 때 다른 사람에게 할 수 있는 말은 없다.

나는 당국에 아들의 장례식에 참석할 수 있도록 허가해달라고 요청했다. 아들의 영혼이 편안히 잠드는 것을 보는 것은 아버지의 책임이었다. 나는 보안경찰과 함께 나를 보내달라고 제안했고, 반드시 돌아올 것이라는 약속도 했다. 그러나 받아들여지지 않았다. 템비의 어머니인 에블린에게 편지를 쓸 수 있도록 허락된 것이 전부였다. 나는 성심껏 그녀를 위로하고 내가 그녀와 고통을 함께한다고 썼다.

나는 템비가 소년이었던 어느 날 오후를 회상했다. 템비는 내가 ANC 비밀 업무 때문에 머물렀던 시릴데네에 있는 안전가옥으로 나를 찾아왔다. 지하 정치활동과 소송 사건으로 나는 한동안 그를 보지 못했었다. 그가 무릎까지 내려오는 오래된 내 외투를 입고 있는 것을 보고 놀랐다. 내가 우리 아버지의 옷을 입으면서 그랬던 것처럼 아버지의 옷을 입으면서 마음의 위로와 자부심을 느꼈던 것이 틀림없었다. 다시 작별인사를 해야 했을 때 아이는 마치 다 큰 어른처럼 당당하게 말했었다. "아버지가 안 계실 때는 제가 가족을 돌볼 테니 염려 마세요."

9

로벤 섬: 희망의 시작

71

수감생활은 결코 지속적으로 나아지지는 않았다. 진보가 머뭇거리고 퇴보가 뒤따르고는 했다. 한 발자국 앞으로 나아가는 데 몇 년이 걸리는가 하면, 하루아침에 그 성과가 수포로 돌아가기도 한다. 우리는 바위를 위로 밀고 올라가지만 결국 바위는 다시 굴러 떨어지고 만다. 그러나 여건은 실제로 나아졌다. 우리는 수많은 작은 투쟁들을 승리로 이끌었고, 이 모든 것이 더해져서 섬의 분위기가 바뀌었다. 비록 우리가 섬을 운영하는 것은 아니었지만 교도소 당국은 우리의 협조 없이 섬을 운영할 수 없었고, 반렌스버그가 떠난 뒤부터 우리의 생활은 좀 더 견딜 만해졌다.

섬에 수감된 지 3년이 지나지 않아서 우리 모두에게 긴바지가 보급되었다. 1969년에 이르러서는 매주 다른 죄수복 한 벌을 배급받는 대신 개인별로 자신의 죄수복을 갖게 되었다. 따라서 우리는 몸에 맞는 죄수복을 입고, 우리가 스스로 그 옷을 직접 세탁할 수 있게 되었다. 주말에는 하루 종일 아무 때나 뜰에 나와 거닐 수 있게 되었다. 비록 급식은 여전히 공평하지는 않았지만 아프리카인 죄수들도 가끔 아침에 빵을 받기도 했다. 어쨌든 우리는 음식을 함께 나누어 먹을 수 있었으므로 급식의 차등은 별 문제가 되지 않았다. 보드게임이나 카드도 지급되어 토요일이나 일요일에는 게임을 즐기기도 했다. 채석장에서는 거의 방해받지 않고 이야기를 나눌 수 있었다. 지휘관이 오면 당번 교도관이 호루라기를 불어 연장을 들라고 신호해주었다. 교도소 당국이 눈치채고 교도관들을 몇 개월마다 교체하기는 했으나, 우리는 지독한 교도관들은 어느 정도 중립으로 만들었고 좀 괜찮은 교도관들은 친구로 만들었다.

우리는 원하는 때 아무 때나 함께 모일 수 있었다. 간부 회의, 일반회원 회의, 울룬디 모임 등은 지나치게 드러나지 않는 한 강제 해산되지 않았다. 교도소 당국이 교도소를 운영하는 것이 아니라 수감자들이 교도소를 운영하는 것 같았다.

아프리카너들은 엄격하고 독실하며, 자신들의 종교에 대하여 매우 진지하다. 일주일 동안의 생활 계획 중에서 꼭 지켜야 하는 유일한 행사는 일요일 아침 예배였다. 교도소 당국은 이것을 의무사항으로 여겼다. 마치 신을 경배할 은총을 죄수들에게 베풀지 않으면 자신들의 영혼이 구원받지 못한다고 믿는 것 같았다.

매주 일요일 아침, 다른 교파의 성직자가 와서 우리에게 설교를 했다. 이번 주에 성공회 신부였으면 다음 주에는 네덜란드 개신교 설교사가, 그리고 그다음 주에는 감리교 목사가 왔다. 목사들은 교도관들이 초청했는데, 전적으로 종교적 문제에 관련해서만 설교해야 한다는 규칙이 있었다. 교도관들은 모든 예배를 참관했으며, 만일 어떤 목사가 종교 이외의 문제를 다루면 그 목사는 다시는 초청되지 않았다.

그 섬에서 처음 2년 동안에는 일요일 예배 때에도 감방을 떠날 수 없었기 때문에 목사는 복도 입구에서 설교를 했다. 그러나 3년째에 와서 예배는 앞마당에서 행해졌고, 이것은 우리가 바라던 바였다. 그 당시에는 30분의 운동 시간을 제외하고는 일요일에 앞마당에 나갈 수 있었던 기회는 예배시간뿐이었다. 종교를 믿는 사람은 거의 없었으나 긴 설교가 싫지 않았다. 왜냐하면 우리는 감방 바깥에 있는 것이 좋았기 때문이다. 예배를 밖에서 하면서 우리가 참가 여부를 선택할 수 있게 되었다. 몇몇 사람은 자신이 속한 교파의 예배에만 참석했지만 나는 감리교도인데도 다른 모든 교파의 예배에 참석했다.

초기에 예배를 집전한 목사들 중에 휴스라는 성공회 신부가 있었다. 그는 무뚝뚝하고 덩치 큰 웨일스 사람으로 2차 세계대전 중 잠수부대에서 군목을 지낸 사람이었다. 그는 처음 교도소에 왔을 때 복도에서 설교하는 것을 못마땅해했다. 그는 이러한 상황은 신을 경배하는 데 해롭다고 보았다. 첫 방문 때에 그는 우리에게 설교 대신 다음과 같은 윈스턴 처칠의 전시戰時 라디오 연설문을 낭랑한 목소리로 읽어주었다. "우리는 바다에서 싸울 것입니다. 우리는 상륙지에서 싸울 것입니다. 우리는 들판에서 그리고 길거리에서도 싸울 것입니다. 우리는 언덕에서도 싸울 것입니다. 우리는 결코 항복하지 않을 것입니다."

휴스 신부는 곧 앞마당에서 우리에게 설교를 할 수 있게 되었다. 그의 설교는 아주 훌륭했다. 그는 사려 깊게도 뉴스를 섞어서 설교를 했으며, 우리는 이것을 고마워했다. 예를 들면, 고대 이집트의 파라오처럼 남아프리카공화국의 수상이 군대를 증강하고 있다는 이야기 같은 것이었다.

예배가 끝날 때는 늘 찬송가를 불렀는데, 나는 휴스 신부가 우리가 부르는 찬송가를 듣기 위해 그렇게 자주 교도소에 왔던 것은 아닌가 생각한다. 그는 휴대용 오르간을 가지고 와서 반주를 해주었다. 또한 우리 노래가 그의 고향 웨일스 성가대와 견줄 수 있는 유일한 노래라고 칭찬하곤 했다.

감리교 목사인 존스 목사는 신경질적이고 우울해 보였고, 콩고 혁명 때에 그곳에서 살았다고 했다. 그곳에서의 경험이 우수의 원인인 듯했다. 그는 화해의 중요성을 거듭 역설했는데, 백인과 화해가 필요한 사람은 우리라고 암시했다.

어느 일요일, 이 목사가 편파적인 설교를 하고 있을 때 나는 에디 다니엘스가 몹시 심기 불편한 표정을 짓고 있는 것을 보았다. 그는 마침내 더 이상 참지 못하고 소리쳤다. "목사님은 지금 엉뚱한 사람들에게 화해를 설교하고 계시는 겁니다. 우리는 지난 75년 동안 화해를 위해 노력해왔어요." 이 정도면 존스 목사에겐 충분했다. 우리는 다시는 그를 볼 수 없었다.

에디에게 혼쭐난 사람은 존스 목사만이 아니었다. '9월의 형제'라고 불리는 혼혈인 목사가 있었다. 재소자 중에서 달변가였던 헤니 페리스가 기도를 하겠다고 자청했다. 목사는 그의 독실한 신앙심에 기뻐했다. 헤니는 경건한 말로 기도를 시작했고, 잠시 뒤 사람들에게 눈을 감고 기도를 올리자고 했다. 목사를 비롯해 모두가 눈을 감았다. 그러자 에디가 살금살금 앞으로 걸어가더니 목사의 가방을 열고 그날 자 《선데이 타임스Sunday Times》를 꺼냈다. 당시는 아무도 눈치채지 못했지만 그 목사는 다시는 신문을 가지고 오지 않았다.

안드레 셰플러 목사는 아프리카 주재 네덜란드 개신교 선교회 목사였다. 선교회는 거의 모든 아프리카너가 믿는 네덜란드 개신교의 자매교로서 흑인들만을 대상으로 했다. 까다롭고 보수적인 셰플러 목사는 대개 일반 사범들에게 설교를 했다. 어느 날, 그가 우리 동에 왔을 때 우리는 그에게 왜 우리들을 위해서는 설교를 하지 않느냐고 물었다. "여러분들은 스스로를 자유투사라고 생각하지." 그는 경멸조로 말했다. "체포될 때는 틀림없이 술에 취했거나 마리화나에 취해 있었을 거야. 자유투사라니, 기가 막혀!" 그러나 우리는 그에게 우리에게도 설교를 해보라고 도전했고 결국 1960년대 후반 그는 이에 응했다.

셰플러 목사는 한 가지 점에서 정통파가 아니었다. 즉 그는 종교에 대해 과학적으로 접근했다. 내게는 이 점이 몹시 흥미로웠다. 많은 사람들은 종교를 부정하기 위해 과학을 이용하지만 셰플러 목사는 자신의 신앙을 돈독히 하기 위해 과학을 끌어들였다. 한번은 그가 별을 따라 베들레헴까지 온 동방박사 세 사람 이야기를 한 적이 있었다. "이것은 단지 미신이나 전설이 아닙니다"라고 그는 말했다. 그러고는 역사적으로 그 당시 성경에 나온 경로를 따라 움직였던 혜성이 있었다는 천문학자들의 증거를 인용했다.

셰플러 목사는 우리와 가까워지면서 우리를 좀 더 동정하게 되었다. 그는 천연덕스러운 유머 감각을 가지고 있어 우리에게 농담을 즐겨 던졌다. "이봐요, 이 나라에서는 백인이 흑인보다 더 어려운 점이 많아요. 문제가 있을 때 우리 백인은 해결책을 찾아야 하는데 당신들 흑인들은 문제가 있을 때마다 변명거리가 있잖아요. 그냥 잉가빌룽구Ingabilungu라고만 말하면 되거든." 우리는 폭소를 터뜨렸다. 그가 의도하지 않았지만 발음이 우스웠을 뿐만 아니라 그의 발상이 재미있었다. 응가벨룽구Ngabelungu는 코사 말로 '백인 때문이다'라는 뜻이었다. 그는 우리가 언제나 모든 문제를 백인에게 책임을 돌린다고 꼬집은 것이다. 그의 요지는 우리가 자신도 돌아볼 줄 알아야 하고, 우리 자신의 행동에 대해 책임질 줄 알아야 한다는 것이었다. 나는 진심으로 동의할 수 있었다.

크리스마스가 한 해에서 차지하는 위치는 한 주에서 일요일이 차지하는 위치와 같다. 당국이 재소자들에게 선심을 베푸는 유일한 날이었기 때문이다. 크리스마스에는 채석장 일이 없었고, 사탕도 조금 살 수 있었다. 전통적인 크리스마스 식사를 할 수는 없었지만 저녁식사 때는 커피가 특식으로 나왔다.

당국은 우리가 연주회를 마련하고 경연대회를 개최하고 연극을 공연하는 것을 허용했다. 연주회는 가장 인기 있는 행사였다. 지휘자는 PAC의 셀비 응겐다네였다. PAC로 옮기기 전에 셀비는 ANC 청년동맹 회원이었다. 그는 멋진 목소리와 음감을 소유한 타고난 재주꾼이었다.

셀비는 노래를 선정하고 화음을 맞췄으며, 독창자를 지정하고 공연을 지휘했다. 연주회는 크리스마스 날 아침에 마당에서 열렸다. 우리는 전통적인 영국 크리스마스 노래를 아프리카 크리스마스 노래와 함께 불렀고, 시위용 노래도 몇 곡 포함시켰다. 당국은 이를 개의치 않았다. 어쩌면 차이를 구분하지 못했는지도 모른다. 교도관들이 우리의 청중이었으며, 우리만큼이나 우리의 노래를 즐겼다.

교도소에 오기 전에 응겐다네는 정치적으로는 경량급 인물로 알려져 있었다. 그러나 교도소에서 셀비는 자신의 진가를 발휘했다. 교도소에서는 성격이 밝은 사람과 가까이 하고 싶어지는 법인데 셀비가 바로 그런 사람이었다.

교도소는 사람의 인격을 시험하는 일종의 도가니이다. 감금에서 오는 압박을 받을 때 어떤 사람은 진정한 용기를 보였고, 어떤 사람은 과거에 평가받던 모습에 미치지 못하는 모습을 드러냈다.

연주회 말고도 우리는 체스 또는 체커(두 사람이 사각형 64칸이 표시된 판에서 하는 놀이—옮긴이) 시합을 개최했고, 스크래블(판과 패를 이용한 단어 만들기 게임의 일종—옮긴이)과 카드놀이를 했다. 나는 매년 체커 시합에 출전하여 대상인 막대사탕을 몇 차례 탔다. 내 경기 방식은 천천히 심사숙고하여 움직이는 것이다. 내 전략은 신중했다. 나는 치밀하게 매번의 선택이 가져올 결과를 계산했고, 수를 두는 데 오랜 시간이 걸렸다. 이런 비유를 하고 싶진 않지만 이것은 체커에서뿐만 아니라 정치에서도 내가 선호하는 방식이다.

내 상대방은 대부분 속전을 펼쳤고, 내 경기 방식에 인내심을 잃는 경우가 많았다. 나와 가장 자주 접전을 벌인 사람은 돈 데이비스였다. 비유럽인단결운동 기구의 회원인 돈은 킴벌리의 다이아몬드 광산지대에서 성장했는데, 억세고 겁이 없으며, 또한 흥분을 잘하는 친구였다. 돈은 체커에서 뛰어난 기량을 보였으나 경기 방식은 나와 대조적이었다. 돈이 경기를 할 때는 얼굴에 땀이 흘렀다. 그는 긴장하고 흥분해 마치 속도에 따라 점수를 더 얻게 되는 양 빠른 속도로 수를 둔다. 돈과 나는 몇 차례 연례 시합의 최종 결승전에서 대결했다.

돈은 내가 체커를 할 때 보이는 버릇 때문에 나를 '키푸'라고 불렀다. 나는 각각의 가능성을 심사숙고한 뒤 말을 움직이기 직전 '키푸(공격이다)!'라고 소리치고 말을 옮겼다. 돈은 이를 몹시 싫어해서 친근감의 표시라기보다는 짜증의 표현으로 나를 키푸라고 불렀다.

돈과 나는 여러 차례 시합에서 겨루었는데, 그는 자신이 이긴 경우에도 몇 분 뒤에 다시 와서 경기를 또 하자고 했다. 돈은 항상 체커를 하고 싶어 했으며, 내가 응하기 전에는 물러서지 않았다. 곧 나는 돈과 경기하는 데 너무 많은 시간을 보내 다른 목표들을 소홀히 했다. 내가 학과 시험에서 낙방했을 때 몇몇 동료들이 이유를 물었고, 나는 "돈 데이비스 때문이야!"라고 말해 웃음을 자아냈다.

우리 아마추어 연극회는 크리스마스 때마다 연례공연을 가졌다. 포트헤어에서 존 윌크스 부스 역할을 공연한 이래 묻혀버린 나의 연극 경력은 로벤섬에서 조금은 되살아났다. 우리 작품들은 지금으로 보면 최소한의 연극이라 할 수 있다. 무대도 배경도 의상도 없었다. 가진 것이라곤 대본뿐이었다.

나는 단지 몇 편에만 출연했는데 기억에 남는 배역이 하나 있었다. 소포클레스의 희곡 『안티고네Antigone』에서 테베의 왕인 크레온 역이었다. 나는 교도소에서 그리스 고전 희곡을 약간 읽었는데, 대단히 기운을 북돋아주는 글들이었다. 내가 그 책들에서 얻은 것은 인물은 역경에 대처함으로써 평가되고, 영웅이란 가장 혹독한 시련에서도 굴하지 않는 사람이라는 것이다.

『안티고네』가 공연극으로 선정되었을 때 나는 출연을 자원했고, 사랑하는 도시국가의 왕위를 놓고 벌어지는 내전에서 싸우는 늙은 왕 크레온을 맡아달라는 청을 받았다. 연극 시작 부분에서 크레온은 진지하고 애국적인 인물로 등장한다. 경험이 지도력의 기초이며, 민족에 대한 의무가 한 개인에 대한 충성보다 앞선다는 그의 연설은 지혜를 담고 있었다.

> 물론 한 사람을 완전히 알 수는 없다.
> 그의 인격, 그의 신념, 그의 판단력을,
> 그가 백성을 다스리고 법을 제정하면서
> 자신의 본색을 선명히 할 때까지는.
> 경험, 그것만이 시험대이다.

그러나 크레온은 자신의 적들에게는 무자비했다. 그는 도시국가에 반기를 든 안티고네의 오빠 폴리니세스의 시신을 매장하지 말고 내버려두라고 명령한다. 이에 안티고네는 국가법보다 상위법이 존재한다는 근거를 들어 명령을 어긴다. 크레온은 안티고네의 말뿐만 아니라 어떤 다른 사람의 말에도 귀 기울이지 않고 단지 자기 내부에 있는 악령의 말만 따랐다. 그의 경직성과 맹목성은 지도자로서는 악덕이었다. 지도자란 무릇 공명을 자비로 순화시킬 수 있어야 하기 때문이다. 우리의 투쟁을 상징하는 인물은 안티고네였다. 그는 정의롭지 않은 법에 대항했기 때문에 그 나름대로 자유투사였다.

72

일부 교도관들은 우리와 대화를 나누기 시작했다. 내가 먼저 그들에게 말을 건 적은 없으나 그들이 내게 질문을 던져올 때면 답변을 해주려 했다. 알고자 하는 사람을 가르치는 것은 훨씬 쉬운 일이다. 대개 그들의 질문은 일종의 분노와 함께 던져진다. "좋아, 만델라, 당신이 정말 원하는 게 뭐요?" 또는 "이봐, 당신은 살 집도 있고 먹을 것도 있는데 도대체 무엇 때문에 말썽을 일으키는 거요?" 그러면 나는 교도관에게 우리의 정책을 차분하게 설명한다. 나는 그들이 갖고 있는 ANC에 대한 편견과 오해를 없애주려 노력했다.

1969년에 젊은 교도관 한 명이 왔는데, 그는 특별히 나에 대해 알고 싶어 했다. 이전에 나는 바깥에 있는 우리 동지들이 나를 탈옥시키기 위한 방법을 모색하고 있으며, 나를 도와줄 교도관을 섬에 침투시켰다는 소문을 들은 적이 있었다. 이윽고 그는 자신이 나를 탈옥시킬 방법을 계획하고 있다고 몰래 알려왔다.

그는 조금씩 조금씩 계획을 설명했다. 어느 날 밤 해변에 배가 닿을 수 있도록 그가 등대의 당번 교도관에게 수면제를 먹인다. 나는 그가 준 열쇠로 감방을 빠져나가 배를 탄다. 배에서 나는 잠수기구를 착용하고 케이프타운 항구로 잠수해 들어간다. 케이프타운에서는 그곳의 한 시골 비행장으로 인도되어 국외로 빠져나간다. 이것이 계획의 전모였다.

나는 계획 일체를 듣기만 했고, 그것이 얼마나 무리하고 신뢰할 수 없는 계획으로 들리는지에 대한 나의 느낌은 밝히지 않았다. 나는 월터와 상의를 했고, 우리는 이 친구를 신뢰할 수 없다는 데 동의했다. 나는 그에게 계획을 실행하지 않겠다는 말을 하지는 않았으나 계획을 이행하기 위해 필요한 어떠한 행동도 취하지 않았다. 그는 내 뜻을 틀림없이 알아차렸고, 그 뒤 섬을 떠나 전근해 갔다.

나중에 밝혀진 것이지만 나의 불신은 옳은 판단이었다. 우리는 나중에 그 교도관이 남아프리카의 비밀첩보기관인 국가안전부BOSS의 요원이었다는 사실을 알았다. 그들의 음모는 내가 섬을 무사히 빠져나간 뒤 출국할 때 공항에서 각본에 따라 치안군과 총격전을 꾸며 그 와중에서 나를 살해한다는 것이었다. ANC가 나를 탈옥시킬 계획 중이라는 소문을 포함하여 모든 계획은 국가안전부가 꾸민 일이었다. 그들이 나를 제거하려 한 것은 이것이 마지막이 아니었다.

로벤 섬의 사령관 임기는 일반적으로 3년을 넘기지 않았다. 1970년까지 여러 명의 사령관이 섬을 거쳐 갔다. 그해 사령관은 반 아르데 대령으로, 친근감이 가는 순진한 인물이었다. 그는 우리에게 자유를 대폭 허용했다. 그러나 그해 말 당국은 섬의 분위기를 쇄신할 필요가 있다고 느꼈고, 새로운 사령관으로 피에트 바덴호스트 대령을 임명했다.

이건 불길한 징조였다. 바덴호스트는 모든 교도소 담당국 관리들 중 가장 악랄하고 권위적인 인물로 정평이 나 있었다. 그를 임명했다는 것은 곧 정부가 섬의 기강이 너무 해이해졌다고 생각하고 다시 분위기를 조이기 위해 고압적인 사람이 필요하다고 판단했다는 것을 의미했다. 바덴호스트는 우리로 하여금 '가방'이 있었던 지난날이 좋았다고 생각하도록 만들 사람으로 짐작되었다.

새 사령관이 부임해 오면 나는 으레 그에게 면담을 요청했다. 이러한 면담 요청은 우리가 명분을 존중한다는 것을 그에게 보여주고, 동시에 그의 인간됨됨이를 평가하기 위한 것이었다. 나는 이번에도 바덴호스트 대령에게 면담을 요청했으나 거절당했다. 면담을 거부한 사령관은 그가 처음이었다.

우리는 그를 만나보기도 전에 그의 통치가 가져올 결과를 느낄 수 있었다. 학습과 자유시간에 관련된 최근의 많은 규정들이 즉각 철회되었다. 신임 지휘관은 우리가 지난 몇 년에 걸쳐 얻어낸 모든 혜택과 권리를 회수하려는 것이 분명했다. 오래된 교도관들은 섬 밖으로 전출되었고, 바덴호스트가 직접 고른 경비대원들로 교체되었다. 그들은 젊고 거칠었으며, 모든 하찮은 규정들도 강제했다. 우리를 괴롭히고 사기를 꺾는 것이 그들의 일이었다. 바덴호스트가 부임한 지 며칠 지나지 않아서 우리 감방을 불시에 수색했다. 책과 신문들은 압수당했고, 경고 없이 배급을 중지했으며, 채석장으로 가는 길에도 괴롭히고는 했다.

바덴호스트는 시계를 거꾸로 돌려 그 섬을 1960년대 초의 상황으로 되돌리려 했다. 모든 요구에 대한 대답은 언제나 반대였다. 변호사를 만나고 싶다고 요구하는 죄수들은 변호사 면담 대신 독방에 감금되었다. 불만은 전적으로 묵살되었고, 외부인 면담은 아무런 설명 없이 취소되었다. 음식은 더욱 나빠지고 검열은 더욱 강화되었다.

바덴호스트가 부임한 지 일주일쯤 지난 어느 날 아침이었다. 우리가 채석장에서 일하고 있는데 아무런 예고 없이 바덴호스트와 운전사가 차를 타고 다가왔다. 그는 차에서 내려 멀리서 우리를 관찰했다. 우리는 잠깐 멈추어 서서 신임 지휘관을 바라보았다. 바덴호스트는 내가 흘끗 보는 것에 반발하여 "만델라, 엉덩이에서 손가락 빼"라고 소리쳤다. 나는 그의 말투에 전혀 개의치 않고 그에게 걸어갔다. 그는 저만치 멀리 있었는데, 내가 가까이 가기도 전에 차를 타고 떠나버렸다.

바덴호스트는 자동차 속에서 무선으로 그의 부하에게 명령을 내렸다. 잠시 뒤 우리를 B 구역으로 운송하기 위해 트럭 한 대가 도착했다. 우리는 트럭 안에서 말을 못 하도록 강요받았고, 앞마당에 도착해서는 차려 자세로 서 있어야 했다. 바덴호스트는 우리 앞에 나타나서 왔다 갔다 하며 말을 하는데 말끝마다 욕설을 붙였다. 그가 가장 자주 사용하는 표현은 '주 마 세 모에르Jou ma se moer', 즉 '너의 엄마는 모에르다'였는데, '모에르'는 여성의 치부에 대한 상스러운 말이었다.

그는 채석장에서 우리의 나태함을 보고 역겨웠다고, 목에 힘이 들어간 소리로 말했다. 그에 대한 벌로 그는 임의로 우리의 등급을 한 등급씩 강등시키겠다고 했다. 비록 우리는 등급 제도를 경멸했지만, 그 당시 우리 대부분은 최소한 C등급까지 이르러 학습의 특혜를 받고 있었다. D등급 죄수들은 학습의 특혜를 받을 수 없었다. 당국은 우리에게 그들이 학습의 특혜를 허용했다는 사실을 후회하고 있었는데, 바덴호스트는 이를 기필코 시정하려 했다.

나는 분노가 누그러진 뒤에야 채석장에서 바덴호스트가 나에게 거칠게 말한 것도 계산된 행동이었다는 것을 깨달았다. 그는 로벤 섬에 질서를 회복하기 위해 보내졌고, 그에 따라 무질서의 원인이라 여겨지는 한 사람을 골라냈던 것이다. 소란스러운 학급을 맡은 교사처럼 그는 문제의 주된 장본인이라 여겨지는 학생을 길들이려고 했다.

73

1971년 5월 말, ANC의 동맹조직으로 나미비아의 독립을 위해 투쟁하는 남서아프리카인민기구에 속했던 동지들 여러 명이 분리수감 구역으로 보내졌다. SWAPO의 설립자이자 용맹한 자유투사인 안딤바 토이보 자 토이보가 그들을 이끌고 있었다. 우리는 그들이 고립에 항거하여 단식투쟁을 시작했다는 사실을 알고 곧바로 이에 동참하기로 결정했다. 이에 바덴호스트와 당국은 분개했으며, 이를 용납할 수 없는 명령 불복종으로 간주했다.

5월 28일, 밤늦게 고함과 감방 문을 심하게 두드리는 소리에 잠에서 깨었다. "기상! 기상!" 하고 교도관들이 외쳤다. 그러고는 우리에게 발가벗고 앞마당의 벽에 줄을 서라고 명령했다. 교도관들은 분명히 취해서 우리에게 고함치며 욕을 퍼부었다. 남을 괴롭히는 것을 즐겨 우리끼리 깡패라고 부르는 푸리에가 대장이었다.

그날 밤은 매우 추웠다. 그리고 우리가 발가벗긴 채 떨면서 차려 자세로 서 있는 동안 그들은 우리의 감방을 하나하나 수색했다. 교도관들은 내내 가혹한 행위를 계속했고, 막판에 이르러 고반은 가슴에 심한 통증을 느끼고 쓰러졌다. 이에 놀란 푸리에는 우리에게 감방으로 되돌아가라고 했다.

교도관들은 샅샅이 뒤졌으나 아무것도 찾지 못했다. 수색은 단지 핑계일 뿐이고 실상은 푸리에의 가학적 충동이 발동한 것 같았다. 나중에 우리는 푸리에가 일반 죄수 구역에서 죄수들을 학대하는 것으로 명성이 자자하다는 것을 알게 되었다. 그다음 날 교도관들은 우리에게 오기 전에 일반 죄수 몇 명을 잔인하게 구타한 뒤 토이보 자 토이보를 구타했는데, 토이보는 이에 맞서 교도관을 때려눕혔다. 토이보는 이 일로 혹독한 처벌을 받았다.

우리는 이러한 처사에 공식적으로 불만을 표시했으나 묵살되었다. 이 사건은 나의 기억에 뚜렷이 남아 있는데, 물론 이것만이 아니었다. 바덴호스트의 재임 기간 동안 이 같은 사건들은 특별한 경우라기보다는 흔히 있는 일이었다.

우리는 바덴호스트 지배에서 상황이 완전히 악화되는 것을 막기로 했다. 우리는 밖에 있는 동지들에게 비밀리에 전갈을 보내 그가 파면될 수 있게 선동하도록 했다. 동시에 바덴호스트와 면담하기 위한 우리 측 대표단을 구성하기로 결정했다. 우리는 이에 대해 몇 달 동안 토의를 해서 구성원의 윤곽을 잡아갔다. 월터와 나는 ANC를 대표했고, 다른 단체들도 각각 대표 2명씩을 선출했다.

바덴호스트는 우리와 만나기로 합의했고, 이 면담에서 우리는 그의 관리방식을 개선하고 묵살된 많은 특혜들을 회복시키지 않으면 파업, 태업, 단식투쟁 등 우리가 사용할 수 있는 모든 수단을 동원하겠다고 위협했다. 그는 단지 우리가 이야기한 것을 고려해보겠다고만 말했다. 우리는 이 회담이 성공적이라고 여겼다. 왜냐하면 그가 우리를 의식하게 되었고, 우리가 우리의 불만사항을 외부에 알렸다는 사실을 인식하게 되었기 때문이다. 이러한 우리의 노력은 곧 성과를 거두었다.

몇 주일이 지난 뒤 우리는 매우 중요한 사람들이 곧 방문한다는 것을 알았다. 왜냐하면 그날 채석장에 비가 오는데 예전과 달리 계속 일을 시키지 않고 비를 피하도록 해주었기 때문이다. 그다음 날 우리는 판사 세 명이 섬을 방문할 것이라는 소식을 들었다. 교도소 당국은 우리들의 고충을 말할 대변인 한 명을 선출하라고 요구했고, 이에 내가 선출되었다.

내가 그 판사들과 만날 준비를 하고 있을 때, 믿을 만한 소식통이 일반 죄수 중 한 명이 최근에 한 경비대원에게 심하게 구타당했다는 사실을 알려주었다. 방문하는 판사는 대법원 케이프 지원의 잔 스테인, M. E. 테론, 마이클 코베트 판사였다. 그들은 교도업무 총책임자인 스테인 장군의 호위를 받았으며, 바덴호스트 대령도 따라왔다. 나는 그들을 우리들이 일하는 야외 작업장에서 만났다.

스테인 장군은 판사들에게 나를 소개하면서 내가 다른 죄수들을 대변하도록 선발되었다고 설명했다. 판사들은 절차상 나와 비공개적으로 이야기할 것을 제의했다. 이에 나는 아무것도 숨길 것이 없고, 실제로 스테인 장군과 바덴호스트 대령이 참석하기를 바란다고 답변했다. 그들은 내 말에 다소 놀라는 것 같았다. 나는 덧붙여서 그들이 내 고발 내용에 대해 답변할 기회를 갖는 것이 타당하다고 말했고, 이에 판사들은 마지못해 동의했다.

나는 최근 일반 죄수 구역에서 일어난 구타 사건을 설명하는 것으로 말을 시작했다. 나는 구타의 악의성과 사건의 은폐 조작 등 전해 들은 바를 낱낱이 그들에게 말했다. 내가 말을 시작하자마자 바덴호스트는 좌불안석이었다. 내가 그 사건에 대한 설명을 마치자 바덴호스트는 퉁명스럽고 공격적으로 끼어들었다. "당신이 실제로 그 사건을 목격했소?" 이에 나는 직접 목격하지는 않았지만 나에게 알려준 사람들의 말을 믿는다고 침착하게 대답했다. 그는 콧방귀를 뀌고 삿대질을 하며, “만델라, 조심하시오. 당신이 보지도 않은 일을 말하면 곤란해질 거야. 무슨 말인지 알지”라고 말했다.

나는 바덴호스트의 말을 무시한 채 판사들을 향해 “여러분, 우리가 대하고 있는 교도소 사령관이 어떤 인물인지 직접 확인하실 수 있겠지요. 그가 나를 당신들과 함께 있는 이런 자리에서 협박할 수 있다면 여러분이 없는 곳에서는 어떻게 할지 상상하실 수 있을 것입니다”라고 말했다. 그러자 코베트 판사는 다른 사람들을 향해 “이 죄수의 말이 참으로 옳소”라고 말했다.

나머지 면담 시간 동안 나는 우리들의 급식과 노동과 학습 등에 관련된 불만들을 열거했다. 바덴호스트는 내심 화가 치밀었겠지만 겉으로는 조용해 보였다. 면담이 끝나자 판사들은 나에게 감사의 말을 표했고, 나는 작별인사를 했다.

나는 면담 이후 그 판사들이 무엇을 말했고 어떠한 조치를 취했는지 모르지만 그 이후 몇 달 동안 바덴호스트는 손이 묶인 듯했다. 우리들을 가혹하게 처벌하는 일은 줄어들었고, 판사들이 방문하고 난 뒤 석 달이 못 되어 우리는 바덴호스트가 전출될 것이라는 소식을 들었다.

바덴호스트가 이임하기 며칠 전 나는 본부에 불려 갔다. 스테인 장군이 섬을 방문 중이었는데 민원이 있는지 알고 싶어 했다. 내가 요구사항을 늘어놓는 동안 바덴호스트도 그곳에 있었다. 내가 말을 마치자 바덴호스트는 나에게 직접 그의 이임 사실을 밝히면서, “당신들의 행운을 기원합니다”라고 덧붙였다. 내가 어안이 벙벙한 표정을 보였는지 모르겠지만 어쨌든 나는 놀랐다. 그가 말하는 모습이 인간 같았으며, 우리가 보지 못했던 그의 일면을 보았기 때문이다. 나는 그의 호의에 감사했고, 그에게도 행운이 있기를 빌었다.

나는 그 순간을 오래도록 머릿속에 간직했다. 바덴호스트는 아마도 우리가 겪었던 지휘관들 중 가장 모질고 야만적이었던 사람이었을 것이다. 그러나 그날 사무실에서 그는 숨겨져 있었지만 내부에 존재하던 그의 본성의 다른 일면을 보여주었다. 모든 사람은 심지어 가장 냉혈적으로 보이는 사람조차도 깊숙한 곳에는 인간다움이 있었으며, 그들이 깊이 감동을 받으면 변화될 수 있다는 것을 기억할 필요가 있다. 궁극적으로 바덴호스트는 사악한 사람은 아니었다. 그의 비인간성은 비인간적 체제에 의해 주입되었다. 그가 야수처럼 행동했던 것은 그러한 행동에 따른 보상이 있었기 때문이다.

74

바덴호스트 대령의 뒤를 이어 윌렘스 대령이 교도소 사령관으로 부임한다고 발표되었다. 나는 그가 임명된 직후 면담을 요청했고, 그가 부임하자마자 만났다. 그는 분명 진보적인 사람은 아니었지만 전임자와는 대조적으로 정중하고 사리분별이 있는 사람이었다. 우리 모두는 바덴호스트의 재임 기간이 수감생활 조건의 점진적 상향 곡선에서 단지 일시적인 하강에 지나지 않기를 바랐다.

거친 젊은 교도관들도 바덴호스트와 함께 떠났고, 우리는 곧바로 채석장과 영내에서 우리의 통상적인 생활을 재개했다. 윌렘스는 아마도 사리분별이 있는 사람이었겠지만, 채석장에서 우리가 일하는 것보다는 서로 이야기를 나누는 데 더 많은 시간을 보내는 것을 보고는 충격을 받았다.

부임한 지 몇 주일이 안 되어서 그가 나를 사무실로 불렀다. 그는 "만델라, 당신이 도와주어야겠소"라고 솔직히 말했다. 어떻게 도와야 하느냐고 묻자, "당신네 사람들은 일도 하지 않고 명령도 따르지 않고 있소. 당신들은 자기들이 하고 싶은 것만 하려 하는데, 여기는 교도소란 말이오. 여기는 어느 정도 규율이 있어야 하고, 그것은 우리뿐만 아니라 당신들에게도 좋은 것이오. 만일 질서가 무너지면 당국은 다시 전임자와 같은 지휘관을 보낼 것이오"라고 그는 말했다.

대령의 말은 일리가 있었다. 나는 그의 말을 경청한 뒤 그의 요구는 정당하나 다른 모든 사람들과 협의를 한 다음 답변하겠다고 말했다. 그 당시는 독방에 수감되어 있는 죄수들이 모여 회의를 하는 것은 명백하게 금지되어 있었다. 이러한 모임을 요구함으로써 나는 그에게 법규를 상당히 확장해달라고 주문한 것이었고, 그도 이 사실을 알고 있었으므로 이를 고려할 수 있도록 얼마간의 시간을 달라고 했다.

며칠이 지나지 않아 윌렘스한테서 모임을 승낙한다는 전갈을 받았다. 어느 날 오후, 우리 모두는 교도관들의 감시 없이 앞마당에서 모임을 가졌다. 나는 윌렘스가 말한 내용을 전달하고, 우리가 조금 타협함으로써 결국 장기적으로는 여건을 향상시킬 수 있다고 지적했다. 우리는 최소한 일하는 것처럼은 보이도록 하되 무리하지는 않기로 의견을 모았다. 그 이후로 우리는 결정한 대로 행동했고, 따라서 더 이상 사령관의 불평도 듣지 않게 되었다.

윌렘스의 임기 초반인 1971~72년에 붙잡혀온 MK 병사들의 수는 늘어났다. 이들은 전투를 목격했고, 망명운동의 상태에 대해 잘 알고 있었다. ANC 사람들이 잡혀 오는 것이 결코 달갑지 않았지만, 그들이 오면 그들에게 바깥 상황을 몹시 듣고 싶었다. 나는 올리버와 훈련캠프, 그리고 MK의 성공 사례와 실패 사례들에 대해 무척 알고 싶었다.

그들은 매우 전투적이었고, 수감생활에 잘 적응하지 않았다. 처음에 온 사람들 중 한 사람이 지미 에이프릴이었다. 그는 조 슬로보 밑에서 훈련을 받고 로디지아에서 적들과 싸운 MK 장교였다. MK는 위조 신분증을 만들어 점차로 요원들을 국내로 잠입시켜왔으며, 지미는 그들 중 한 사람으로 남아프리카에서 체포되었다.

지미는 우리에게 많은 전투에 대해 이야기를 해주었으나 나는 별도로 그를 불러 MK의 문제들을 물었다. 내가 MK를 창립했고 초대 최고사령관이었으므로 지미와 다른 대원들은 다른 사람들에게보다 나에게 진솔했다. 그는 나에게 캠프에서 있었던 불만과 MK 장교들의 전횡에 관한 이야기들을 말해주었다. 나는 그에게 그러한 일들을 비밀로 하라고 이르고, 올리버에게 캠프의 개혁이 필요하다는 내용의 편지를 몰래 보냈다.

하루는 내가 윌렘스와 본부 사무실에서 만나고 있는데, 지미가 다른 관리의 사무실 바깥에 있었다. 그는 나를 향해 흥분해서 "저들이 내게 온 편지를 주려 하지 않아요"라고 외쳤다.

"무슨 이유로 그런 것이지?" 내가 물었다.

"저들은 그 편지가 내가 보아서는 안 될 내용이 담겨 있다고 주장해요"라고 말했다. 내가 문제를 상의하러 사무실로 들어가 말을 꺼내기도 전에 지미가 뛰어들어 관리에게 "내 편지를 주시오"라고 소리쳤다. 지미는 책상으로 가 편지를 집어 들기 위해 나를 밀어젖히기 시작했다. 그때 관리는 편지를 집어 들고 지미로부터 피해 보호를 받으려는 듯 내 등 뒤로 숨었다. 영화의 한 장면과 같은 웃기는 상황이 벌어졌으나 그 당시는 난처했다. 나는 지미에게 조용히 그러나 단호하게 말했다. "이러지 말고 진정하게. 내가 시비를 가려 자네 편지를 돌려주도록 할 테니 돌아가게."

내 말이 효과가 있었는지 지미는 곧 밖으로 나갔다. 나는 이어 관리를 향해 돌아섰는데 그는 몹시 당황해하고 있었다. 나는 난처했다. 당국에 대항하는 것도 아니고 우리 편 사람과 내가 오랫동안 대항해 싸워왔던 사람을 중재하고 있었기 때문이다. 섬으로 수감되어온 사람들의 호전성 때문에 나는 더욱 자주 이러한 입장에 처하게 되었다. 우리는 그들의 급진주의에 의해 고무되기도 하지만, 이들은 종종 우리의 일상적 삶을 더욱 힘들게 만들기도 했다.

1주일이 채 안 되어 관리는 지미의 편지를 나에게 건네주었다.

75

어느 날 아침, 우리는 채석장으로 가는 대신 트럭 뒤에 타라는 명령을 받았다. 덜커덕거리며 15분쯤 다른 쪽으로 가더니 내리라고 명령했다. 우리 앞에는 아침 햇살에 반짝이는 바다와 돌이 많은 해변, 그리고 멀리 햇살을 받아 빛나는 케이프타운의 빌딩들이 보였다. 분명 착시였지만 그 도시와 그 뒤로 떠오른 테이블 산은 손에 잡힐 듯 가깝게 보였다.

고참 관리는 우리가 해초를 채집하기 위하여 이곳으로 보내졌다고 설명했다. 우리는 먼저 해변에 몰려든 큰 해초들을 수집했다. 이어 바다로 나가 바위와 산호에 붙어 있는 해초들을 채집했다. 해초들은 길고 가늘며 갈색을 띤 녹색이었다. 종종 길이가 180~240센티미터에다 무게가

13.5킬로그램이나 되는 해초도 있었다. 우리는 해초를 얕은 물에서 건져 낸 뒤 해변에 줄을 세워 늘어놓았다. 그것이 마르면 우리는 트럭 뒤에 실었다. 이후 해초는 일본으로 수출되어 비료로 쓰인다고 들었다.

첫날은 일이 그리 힘든 것 같지 않았다. 그러나 몇 주일, 몇 달이 지나고 나서 우리는 그 일이 매우 힘든 일임을 깨달았다. 그러나 그것은 그리 문제가 되지 않았다. 왜냐하면 우리는 그림 같은 경치를 즐길 수 있었기 때문이다. 저인망 작업을 하는 어선들과 수평선을 가로질러 가는 유조선을 바라보기도 하고, 갈매기가 고기를 찍어 올리고, 물개들이 파도 위로 뛰어오르는 것도 보았다. 서투른 평발 병사들의 부대 같은 펭귄 떼를 보고 웃기도 하고, 테이블 산 위로 구름과 태양이 창공에서 펼치는 하루하루의 일기 변화에 경탄을 금치 못했다.

여름에는 물이 좋게 느껴졌지만 겨울에는 얼음처럼 차가운 벵겔라 해류 때문에 물속을 헤쳐 나아가는 것은 고문처럼 괴로웠다. 해변의 바위들은 날카롭고 모가 나서 작업 도중 다리를 베이고 긁히기 일쑤였다. 한 번에 며칠씩만 일했지만 우리는 채석장보다 바다를 훨씬 좋아했다.

* * *

바다는 보물상자였다. 나는 아름다운 산호 조각과 정교한 조개껍질 들을 발견했고, 가끔은 그것들을 감방으로 가져오기도 했다. 어떤 사람이 코르크 마개로 막힌 채 모래 속에 파묻혀 있던 포도주 한 병을 발견하여 맛을 보니 식초와 같았다고 했다는 이야기도 들었다. PAC의 제프 마세몰라는 매우 재능 있는 화가이자 조각가였다. 관리들은 그가 떠다니는 나무들을 거둘 수 있도록 허락했고, 그는 이를 가지고 아름다운 조각품을 만들었다. 교도관들이 그중 어떤 것들은 사겠다고 제의까지 했다. 그는 나를 위해 책장을 만들어주어 여러 해 동안 그것을 사용했다. 관리들은 방문객들에게 그 책장을 자신들이 제공한 것이라고 말했다.

바닷가의 분위기는 채석장보다 더 느슨하고 편했다. 우리는 또한 바닷가에서는 매우 잘 먹을 수 있어서 그곳을 좋아했다. 바닷가로 가는 날은 아침에 먹을 물을 커다란 통으로 한 통 담아갔는데, 나중에는 물 한 통을 더 가져가서 이른바 '로벤 섬 해물탕'을 만드는 데 사용했다. 탕을 만들기 위하여 대합과 홍합을 줍고, 바위틈에 숨어 사는 대하도 잡았다. 대하를 잡기란 쉽지 않았다. 몸통을 힘껏 잡지 않으면 꿈틀거려 빠져나가기 일쑤였다.

나는 우리가 펠레모엔이라고 부르는 전복을 가장 좋아했다. 전복은 바위에 단단히 붙어 사는데, 비틀어 떼어내야 했다. 또한 이것들은 단단해서 열기가 힘들고, 조금만 더 익혀도 질겨서 먹기가 힘들다.

우리는 잡은 것 모두를 가져온 통에 부어 넣었다. 우리들 사이에서 요리사로 통했던 윌턴 음콰이가 탕을 끓였다. 요리가 다 되면 교도관들도 함께 둘러앉아 먹었는데, 마치 소풍 나와 먹는 점심 같았다. 1973년에 몰래 들여온 신문에서 우리는 앤 공주와 마크 필립의 결혼 기사를 읽은 적이 있다. 그 기사는 희귀하고 맛있는 음식들로 가득 찬 오찬을 자세히 다루었다. 차려진 메뉴로는 홍합과 대하, 그리고 전복 등이었다. 이에 우리는 한바탕 웃었는데, 다름 아니라 이 맛있는 진수성찬을 우리는 날마다 먹었기 때문이다.

어느 날 오후, 우리가 해변가에 앉아 해물탕을 먹고 있는데, 이때 마침 그 당시 교도소장이던 터블란시가 갑작스레 나타났다. 우리는 재빨리 일하는 척했으나 그를 속일 수는 없었다. 그는 불 위에서 부글부글 끓고 있는 홍합탕을 발견하고는 뚜껑을 열고 통 안을 들여다보았다. 그리고 홍합 하나를 꺼내 맛을 보고는 "스마클리크"(아프리칸스어로 '맛있다'는 뜻)라고 말했다.

76

투쟁하는 사람들에게 로벤 섬은 대학이라고 인식되었다. 그 이유는 우리가 책을 읽고 배운다거나 영어와 아프리칸스어, 예술, 지리, 수학 등을 공부하고, 빌리 네어, 아메드 카트라다, 마이크 딘가케, 에디 다니엘스 같은 많은 사람들이 여러 학위를 받았기 때문이기도 하다. 그러나 더욱 중요한 것은 우리가 서로에게서 배웠기 때문이었다. 우리들은 자체 교수진과 교과과정 및 과목 등을 우리 스스로 만들어 하나의 학부 체제를 만들었다. 여기에서 우리는 공식 과정으로 학문적인 학업과 비공식적 과정으로 정치적인 학습을 구분했다.

우리의 대학은 필요에 따라 조금씩 성장했다. 젊은 세대 사람들이 섬에 왔을 때 우리는 그들이 ANC의 역사에 대해 거의 아는 바가 없음을 알게 되었다. ANC의 산 역사라고 할 수 있는 월터가 이들에게 조직의 형성 기원과 초기의 상황을 이야기해주기 시작했다. 그의 강의는 명석하고 풍부한 이해를 바탕으로 했다. 점차 이 비공식적인 역사 강의는 ANC와 해방투쟁의 역사에 대한 2년 동안의 강의를 포함하는, 최고기관이 작성한 '강의계획 A'의 한 과목이 되었다. '강의계획 A'에는 케이시가 강의하는 '인도인 투쟁사'라는 과목도 포함되었고, 또 다른 동지는 혼혈인 역사에 대한 강의를 추가했다. 동독에서 공부한 맥은 마르크스주의를 강의했다.

강의 여건은 좋지 않았다. 학습반은 채석장에서 같이 일을 하면서 세미나 지도자의 주변에 둥그렇게 둘러앉았다. 수업 방식은 기본적으로 소크라테스적 방식이어서 지도자들은 질문과 대답을 통해 사상과 이론들을 설명했다.

섬의 모든 교육 과정 중 가장 핵심적인 것은 월터의 강의였다. 섬에 온 젊은 ANC 멤버들 중 많은 수가 1920년대와 1930년대에 자신이 속한 조직이 존재했었는지조차 전혀 알지 못했다. 월터는 1912년 ANC의 설립에서부터 현재에 이르기까지의 과정을 가르쳐주었다. 많은 젊은 사람들에게 이것은 그들이 받아본 유일한 정치교육이었다.

이러한 강의들이 일반수 구역에 알려지게 되자 그쪽에서 질문들이 들어오기 시작했다. 이에 따라 일반수들과 일종의 통신강좌가 이루어지게 되었다. 이쪽의 선생들이 강의록을 그들에게 몰래 전달하면 그들은 질문과 의견서를 보내왔다.

이는 그들뿐만 아니라 우리에게도 유익했다. 그들은 정규 학업은 거의 받지 않았지만 어려운 세상사들을 많이 알고 있었다. 그들의 관심은 철학적이기보다는 실제적이게 마련이었다. 만일 어떤 강의에서 사회주의의 교의 가운데 하나가 "능력에 따른 생산과 필요에 따른 분배"라고 말하면, 그들은 아마도 "좋소, 그러나 그것이 실제에서 무엇을 의미하는 거요? 만일 나는 돈 없이 땅만 있고 내 친구는 땅 없이 돈만 있다면, 우리들 중 누가 더 많이 필요한 거요?"라고 물을지 모른다. 그러한 질문들은 매우 중요해서 우리로 하여금 깊은 생각을 하도록 만들었다.

수년 동안 나는 정치경제학 과목을 가르쳤다. 나는 그 강좌에서 원시공동사회에서부터 봉건주의, 자본주의, 그리고 사회주의 사회로 이행하는 과정을 개괄함으로써 원시시대에서부터 현재에 이르기까지 경제적 인간의 진화 과정을 살피려 했다. 나는 결코 학자나 선생은 아니어서 강의보다는 질의응답을 더 좋아했다. 나의 접근법은 이데올로기적이진 않았지만 어느 정도 사회주의를 선호하는 편향이 있었다. 왜냐하면 나는 사회주의를 인간에 의해 진화되어온 경제생활의 형태 중 가장 진보된 단계로 보았기 때문이다.

나는 비공식적인 학습 활동과 더불어 법률 업무도 계속했다. 가끔 나의 감방 바깥에 간판을 내걸까 하는 생각도 했다. 왜냐하면 교도소 규정상 금지되어 있었지만 나는 다른 죄수들을 위하여 항소문을 준비하는 데 매주 많은 시간을 할애했기 때문이다. 정치적 색깔이 다양한 죄수들 모두가 내게 도움을 부탁했다.

남아프리카의 법은 피고에게 법정대리권을 보장하지 않는 까닭에 수많은 가난한 사람이 변호인이 없어 매년 수감되었다. 아프리카인들은 변호사를 살 돈이 없었으며, 따라서 대부분 법정에서 어떠한 판결이 내려지든 그것을 따를 수밖에 없었다. 많은 일반수들은 변호사와 상담할 수 있는 혜택도 없이 형을 선고받았기 때문에 항소를 위해 나에게 도움을 부탁했다. 따라서 그들 대부분은 변호사를 처음 접했다.

나는 F 구역 또는 G 구역에 있는 죄수에게서 도움을 청하는 전갈을 은밀히 받은 적이 있다. 이에 나는 그 사건의 구체적 전말과 기소 내용, 증거, 증인 신문 등을 요구했다. 이러한 상호 교신은 비밀리에 이루어져야 하는 까닭에 정보는 조금씩 느리게 교환되었다. 나의 옛날 '만델라와 탐보' 법률회사에서는 30분이면 해결될 상담이 이 섬에서는 1년 또는 그 이상이 걸리기도 했다.

나는 나의 '고객들'에게 그들의 사건기록을 요구하는 편지를 대법원의 기록원에게 쓰라고 조언했다. 또한 자신이 자금이 부족하므로 그 기록을 무료로 받고 싶다고 밝히라고 했다. 그러면 흔히 기록원은 친절하게 무상으로 그 서류를 보내주기도 했다.

일단 사건기록을 얻고 나면 나는 일반적으로 편견, 절차적 오류 또는 증거불충분 등의 법적 위반을 근거로 항소문을 만들 수 있었다. 나는 담당 판사나 행정장관에게 보낼 편지의 초안을 작성하여 의뢰인에게 보냈다. 내가 소송을 준비하는 것은 교도소 규정 위반이었으므로, 의뢰한 죄수에게 넘겨받은 서류를 다시 쓰도록 지시했다. 많은 죄수들은 글을 쓰지 못했는데, 이 경우에는 대신해줄 사람을 찾으라고 일렀다.

나는 이러한 계기를 통하여 나의 법률 지식과 능력이 무뎌지지 않게 유지할 수 있어 좋았다. 몇몇 소송에서는 판결을 뒤엎거나 형량을 줄이기도 했다. 이는 매우 유쾌한 승리였다. 교도소는 그 속에 있는 사람들을 무기력하게 만들도록 짜여 있는데, 이러한 승리는 교도소 체계를 동요시키는 방법 중의 하나였다. 대부분 나는 내가 도와준 사람들을 만나보지 못했지만, 때때로 뜻하지 않게 우리에게 점심을 배급하던 남자가 자신을 위해 일해주어서 고맙다는 감사의 말을 귀엣말로 속삭인 경우도 있었다.

77

내 아내를 탄압하는 일은 그치질 않았다. 1972년에는 보안경찰들이 올랜도 웨스트 8115번지 우리 집 대문을 발로 부수고, 벽돌을 창 너머로 던지고, 정문 쪽으로 총격을 가했다. 1974년에 위니는 아이들과 의사를 제외한 다른 사람과 접촉할 수 없다는 금지 명령을 위반했다는 죄로 기소되었다. 그녀는 그 당시 변호사 사무실에서 일하고 있었는데, 한 친구가 점심시간에 그녀를 만나기 위해 제나니와 진드지를 데리고 왔던 것이다. 이 때문에 위니는 기소되어 6개월형을 선고받았다. 그녀는 오렌지자유 주에 있는 크룬스타트 교도소에 수감되었는데, 그곳은 전에 수감되었던 프리토리아만큼 힘들지는 않았다고 말했다. 위니는 이번에는 교도소 속에서 오히려 해방된 느낌을 가졌다고 편지로 말했는데, 이러한 경험이 투쟁에 대한 그녀의 각오를 더욱 굳게 했다. 교도소 당국은 진드지와 제나니가 일요일에는 그녀를 면회하도록 허용했다.

1975년, 위니가 석방되자 우리는 변호사들과 연락해 나를 진드지가 면회할 수 있도록 계획을 세웠다. 교도소 규정은 한 살에서 열여섯 살까지의 어린이는 죄수의 면회를 금지하고 있었다. 내가 로벤 섬에 수감될 때 내 아이들은 모두 이 나이 제한에 걸렸다. 그러나 이 규정이 죄수들에게 미치는 영향은 엄청 컸다. 자신의 자녀들을 볼 수 없다는 사실 때문에 죄수들은 깊은 슬픔을 겪었기 때문이다.

1975년에 진드지는 열다섯 살이 되었다. 우리 계획은 위니가 진드지의 출생 증명서를 바꿔 진드지가 열다섯 살이 아니라 열여섯 살이라는 것을 증명함으로써 나와 만날 수 있게 하는 것이었다. 아프리카인들의 출생 기록은 그리 잘 정비되어 보관되지 않기 때문에 위니는 어렵지 않게 서류를 고쳐 진드지의 생일을 1년 앞당기고 면회를 신청하여 승인을 받았다.

진드지와는 12월에 면회하기로 일정이 잡혀 있었는데, 그보다 몇 주 앞서 장모님이 면회를 왔다. 나는 면회 구역에서 장모님과 대면하여 앉으며 "어머니, 저는 진드지를 볼 수 있게 되어서 매우 기쁩니다"라고 말했다. 전직 교사였던 장모님은 놀라서 나를 바라보며 다소 역정이 섞인 투로 "아닐세, 진드지는 아직 열여섯 살이 안 되어서 올 수 없다네"라고 말했다.

나는 곧바로 아무도 장모님에게 우리의 계략을 말해주지 않았음을 깨달았다. 우리 뒤에는 교도관들이 지키고 서 있었으므로 나는 장모님의 말을 슬쩍 덮고 넘어가려고 "아, 어머니, 아무것도 아닙니다"라고 얼버무렸다.

그러나 장모님은 고집이 있는 여인이라 그냥 넘기지 않고 "글쎄, 음코냐니시(코사어로 사위에 대한 다정스러운 칭호로, 장모님은 나를 항상 이렇게 불렀다), 진드지는 겨우 열다섯 살인데 자네가 잘못 알고 있다네"라고 말했다.

내가 경계의 눈짓으로 눈을 크게 뜨자 장모는 뜻을 알아차린 듯 진드지에 대해 다시는 언급하지 않았다.

나는 진드지를 세 살 이후 보지 못했다. 그 아이는 아버지를 기억보다는 옛날 사진을 통해 알고 있었다. 나는 그날 새 셔츠를 입고, 예전보다 외모에 신경을 많이 썼다. 허영이지만 나는 내 막내딸에게 늙은이로 보이고 싶지 않았다.

나는 위니를 1년 이상 보지 못했는데 건강해 보여 기뻤다. 그러나 나를 정말 기쁘게 한 것은 아름다운 엄마를 닮아서 예쁜 숙녀가 된 막내딸이었다.

진드지는 처음에는 수줍어하고 머뭇거렸다. 잘 알지도 못하고, 멀리서만 자신을 사랑할 수 있었던 아빠, 자신에게가 아니라 민족에게 귀속되어 있는 듯한 아빠를 마침내 보게 되는 것이 진드지에게 쉽지는 않았을 것이다. 마음속 깊은 어느 곳에 어린 시절과 청소년 시절 곁을 떠나 있던 아빠에 대한 분노를 품고 있었을 것이다. 나는 즉각적으로 그 애가 위니가 그 나이였을 때와 같이 강인하고 불같은 성격의 여자라는 것을 알았다.

나는 진드지가 불편하게 느낄까봐 분위기를 가볍게 하려고 노력했다. 나는 그 애가 도착하자 나를 항상 따라다니는 교도관들을 가리키며, "너, 내 의장대를 만나 봤니?"라고 물었다. 나는 진드지의 일상생활과 공부, 그리고 친구들에 대해 물었고, 이어서 그 애가 거의 기억하지 못하는 옛날로 거슬러 올라가려 했다. 나는 집에서 일요일이면 엄마가 부엌에서 토스트를 만드는 동안 진드지를 무릎에 앉히고 놀던 기억을 항상 간직하고 있다고 말했다. 진드지가 아기였을 때 올랜도에서 있었던 작은 사건과 재미있었던 일들, 그리고 어렸을 때도 거의 울지 않았던 기억도 말했다. 내가 말하는 동안 유리 칸막이 너머에서 진드지가 울음을 참고 있었다.

그날 위니에게서 브람 피셔가 교도소에서 풀려난 직후 암으로 죽었다는 비극적인 소식을 전해 들었다. 나는 매우 슬펐다. 비록 정부는 브람의 몸에 직접 손을 대지는 않았지만 그를 끊임없이 괴롭혀서 결국 일찍 죽게 했던 것이다. 그들은 그가 죽은 뒤에도 쫓아다녔는데, 화장한 그의 유해마저 압수해 갔다.

브람은 순수주의자였다. 리보니아 재판 이후 그는 지하운동을 하며 불법자의 삶을 살아가는 것이 투쟁에 기여하는 최선의 방법이라고 결심했다. 그 재판이 그에게 커다란 부담을 주었던 것이다. 왜냐하면 그가 법정에서 대변하던 사람들은 교도소로 가는데 그는 자유로운 삶을 살았기 때문이다. 재판이 진행되는 동안 나는 백인 판사장의 아들이 힘없는 자의 권리를 위하여 법정에서 싸우는 것을 보여주는 것이 투쟁에 크게 기여한다는 점을 강조하면서 그에게 불법자의 길을 택하지 말라고 권유했다. 그러나 그는 자신은 자유로우면서 다른 사람들을 고통받게 내버려둘 수 없었다. 전선에서 병사들과 함께 싸우는 장군과 같이 브람은 그 자신이 꺼리는 희생을 다른 사람에게 요구하기를 원치 않았다.

브람은 보석으로 풀려나자 지하활동에 가담했다가 1965년 체포되어 사보타주를 음모했다는 죄로 종신형을 선고받았다. 나는 교도소에서 그에게 편지를 보내려 했으나 규정상 수감 중인 죄수들은 편지를 주고받을 수 없었다. 그가 암 진단을 받은 뒤 인도적 차원에서 석방하라고 신문들이 요구하자 정부는 그를 석방했다. 당국이 그를 블룸폰테인에 있는 그의 형 집에 가택 구금으로 석방한 지 몇 주일 만에 결국 그는 죽고 말았다.

오렌지 강 식민지 수상의 손자였던 브람 피셔는 여러 면에서 커다란 기여를 했다. 자유를 위하여 내가 겪는 고통이 아무리 크다 해도 나는 내 민족과 함께, 그리고 그들을 위하여 싸우고 있다는 사실이 항상 나에게 힘을 주었다. 브람은 타인들의 자유를 보장하기 위하여 자기의 민족에 대항하여 싸운 자유인이었다.

내게 다녀간 지 한 달 뒤 위니에게서 연락이 왔다. 위니가 내 면회를 신청하자 당국은 내가 그녀를 보고 싶어 하지 않는다는 터무니없는 이유를 들어 승인을 거부했다는 것이다. 나는 즉시 그 당시 교도소 최고 책임자였던 프린스에게 항의하기 위해 면담을 요청했다.

프린스는 이른바 세련된 사람은 아니었다. 그를 만나서 나는 상황을 침착하게 적대감 없이 설명하고, 그러한 상황의 부당성을 지적하면서 아내의 면회를 허락해줄 것을 요구했다.

프린스는 듣는 체도 하지 않고 있다가 내가 말을 마치자, "아, 만델라. 당신의 아내는 단지 명성만을 좇고 있어"라고 말했다. 내가 그의 말에 유감을 표하자 말이 끝나기도 전에 그는 내 아내를 모욕하는 말을 내뱉었고, 이에 나는 참지 못하고 불끈했다.

나는 자리를 박차고 일어나 그를 잡으려고 책상을 돌아갔다. 그가 뒤로 물러섰다. 나는 스스로 내 자신을 제지했다. 마음으로는 그를 주먹으로 후려치고 싶었으나 그 대신 말로 호되게 내리쳤다. 나는 결코 욕설을 하는 사람이 아닌데 그날 내 신조를 어기고 말았다. 나는 그에게 당신은 형편없는 놈이며, 또 한번 그런 말을 하면 더 이상 참지 않겠노라고 말하고는 끝냈다.

나는 말을 마치고 나서 사무실을 거세게 박차고 나왔다. 나가는 길에 케이시와 에디 다니엘스를 밖에서 만났으나 알은척도 하지 않고 방으로 돌아왔다. 나는 비록 프린스의 입을 막아놓을 수는 있었지만 그는 나로 하여금 자제력을 잃게 했으므로, 나는 그날 일이 적의 손에 놀아난 나의 패배라고 생각한다.

다음 날, 아침식사 뒤 나는 본부 사무실로 불려 갔다. 사무실에 도착하자 무장 교도관 여섯 명이 나를 에워쌌다. 맞은편에 프린스가 있고, 원의 중심에 교도소 검사인 준위 한 명이 있었다. 긴장된 분위기였다.

"그래, 만델라, 듣자니 어제는 좋았다던데 오늘은 그리 즐겁지 않을 거요. 당신을 교도소 최고 상관에 대한 모독과 협박죄로 기소합니다. 이는 중대한 죄요"라고 준위가 말하면서 소환장을 건넸다.

"무슨 할 말 있소?"라고 그는 물었다.

"없소. 내 변호인과 말하시오"라고 답변하고 나는 방으로 돌아왔다. 프린스는 아무 말도 하지 않았다.

나는 곧바로 무엇을 해야 할지 알았다. 교도소장부터 법무장관에 이르기까지 모두를 상대로 그들의 불법적 행위에 대한 반대기소를 준비하는 것이었다. 나는 전체 교도소 체제가 백인의 지배를 영속화하려는 인종차별주의적 제도라는 것을 고발하려 했다. 나는 또한 이 사건을 유명한 소송 사건으로 만들어 그들이 애당초 나를 고발한 것이 잘못된 짓임을 깨닫게 하려 했다.

나는 조지 비조스를 변호인으로 신청했고, 이에 따라 곧 그와 만났다. 조지가 방문하기 전에 당국에 나는 서면으로 그에게 정보를 제공하겠다고 알렸다. 그들은 이유를 물었고, 나는 솔직히 면담실이 도청되기 때문이라고 대답했다. 그러자 그들은 서면 발언을 승낙하지 않았다. 즉 구두로 변호인과 상담해야 한다고 했다. 이에 나는 그들이 승낙하지 않을 권리가 없으며, 그들의 태도가 오히려 나의 의심을 굳게 만든다고 대응했다.

실제로 당국은 조지가 나의 서면 진술을 언론에 유출하는 것을 두려워했다. 사실 이것은 우리가 세운 전략의 일부였다. 그들은 또한 내가 조지를 통해 루사카에 있는 올리버와 통신을 교환할 것을 우려했고, 나의 서면 진술이 중요한 정보를 담고 있으리라 짐작했다. 나는 전에 조지를 그러한 목적으로 이용한 적이 있었으나 이번 서류는 그러한 내용을 담고 있지는 않았다.

교도소 규율 재판의 날짜가 정해지고, 케이프타운 치안판사가 재판을 주재하게 되었다. 공판 하루 전날, 당국은 내가 다음 날 도착할 예정인 변호사에게 서면 진술을 제공할 수 있음을 알려왔다. 재판일 아침, 나는 조지를 본부 사무실에서 만나 재판이 시작되기 전에 간단히 상담했다. 그러나 공판이 열리자마자 검사가 기소 기각을 발표했고, 재판관은 폐정을 선포한 뒤 황망히 나가버렸다. 조지와 나는 놀라 서로를 쳐다보면서 명백한 승리에 대해 서로 축하했다. 내가 서류들을 치우고 있을 때, 준위 한 명이 다가와 나의 서면 진술서를 가리키며 "그 서류를 내놓으시오"라고 말했다.

나는 그것이 변호인과 나 사이의 비밀 서류라고 말하면서 인도 요구를 거부했다. 나는 검사를 불러 "이 서류들은 변호인과 의뢰인 사이의 특권에 의해 보호되며, 따라서 내가 넘겨줄 필요가 없음을 이 사람에게 일러 주시오"라고 말했다. 검사는 내 말을 인정했으나, 재판이 끝난 상황에서 그 방에서의 유일한 권위는 그 준위의 명령이라고 말했다. 이에 그 준위는 책상에서 서류를 집어 들었고, 나는 어찌할 도리가 없었다. 생각건대 당국은 그 서류를 압수하기 위해 기소를 철회한 것이다. 그러나 그들도 결국 알았겠지만 그 서류는 그들이 모르는 새로운 내용은 없었다.

가능성이야 희박해 보였지만 나는 그 섬에 있는 동안 항상 탈출을 생각했다. 맥 마하라지와 에디 다니엘스는 용감하고 지략이 풍부하여 항상 여러 가지 계획들을 착안하고 그 가능성들을 논의했다. 계획들은 대개 너무 위험한 것들이었으나 그럼에도 우리는 계속해서 그것들을 고려했다.

어느 정도 진행하기도 했다. 탁월한 장인이었던 제프 마세몰라는 기어이 우리 구역의 출입문들을 대부분 열 수 있는 열쇠를 만들어냈다. 하루는 교도관이 복도 끝에 있는 사무실 책상 위에 열쇠를 놓고 나갔는데, 제프가 비누 조각을 가지고 그 열쇠의 윤곽을 찍었다. 그것을 이용하여 그는 쇳조각을 줄로 갈아 그 열쇠 모양으로 만들었다. 그 열쇠를 가지고 우리는 감방 뒤의 창고와 분리수감 구역을 드나들 수 있었다. 그러나 우리는 그 열쇠를 우리의 구역을 벗어나는 데 사용하지는 않았다. 결국 우리가 건널 수 없는 것은 섬을 둘러싸고 있는 바다였다.

1974년, 맥은 바다라는 장애물을 건널 수 있는 묘안을 생각해냈다. 그는 최근에 케이프타운에 있는 치과의사에게 치료받은 적이 있었는데, 그 치과의사가 혼인을 통해 유명한 정치범과 인척 관계에 있다는 것을 알게 되었다. 그 치과의사는 동정심이 강해서 맥의 발에 있는 족쇄를 먼저 풀지 않는 한 치료를 거부하겠다고 주장했다. 맥은 또한 2층의 대기실에 있는 창이 바로 길가로 나 있어서 도망치기에 적합하다는 것을 발견했다.

맥은 돌아와서 우리 몇몇을 만나 그 치과의사한테 치료를 받을 약속을 하라고 했다. 우리는 그가 시키는 대로 했다. 이에 따라 맥, 월턴 음콰이, 나, 그리고 또 다른 한 명이 같은 날 함께 케이프타운에 간다는 것을 알았다. 우리 세 명은 탈출 시도에 동의했으나 맥이 네 번째 사람에게 물었을 때 그는 거절했다. 우리는 이 사람을 믿을 수 없었고, 그가 우리의 계획을 알고 있다는 사실이 근심스러웠다.

우리 세 명은 배로 케이프타운에 도착해 삼엄한 경비 속에서 그 치과로 인도되었다. 우리 셋 모두는 군사훈련을 받았었고, 아마도 그때가 탈출할 수 있는 절호의 기회였을 것이다. 그 치과 병원에 도착하자 경비원들은 먼저 다른 환자들을 모두 비키게 했다. 우리는 발에 있는 족쇄를 풀어줄 것을 요구했고, 치과의사의 도움으로 경비원들은 족쇄를 풀어주었다.

맥은 우리를 창가로 데려가 우리가 도망칠 거리를 가리켰다. 그러나 거리를 보는 순간 그는 무언가 이상함을 느꼈다. 우리는 대낮에 케이프타운의 한복판에 있었는데 거리가 텅 비어 있었던 것이다. 그가 전에 왔을 때는 그 거리가 자동차로 가득 차 있었다. 맥은 짜 놓은 함정이라고 속삭였고, 나도 무언가 이상한 느낌을 받아 그와 같은 생각이 들었다. 흥분되어 있던 월턴은 맥이 쓸데없는 말을 하고 있다며, "마디바, 당신은 용기를 잃고 있는 거요"라고 말했다. 그러나 나는 맥과 의견을 같이했고, 결국 우리는 치아 진찰만을 받고 말았다. 치과의사는 내 치아가 건강한 까닭에 왜 그곳에 왔는지 의아해했다.

맥이 가장 현실적인 탈출 계획들을 고안해낸 반면, 에디 다니엘스는 가장 상상력이 뛰어난 계획들을 착안해냈다. 예전에는 섬의 상공으로 비행기가 운행되는 것이 금지되었다. 그러나 1970년대 중반에 이르러는 비행기가 머리 위로 지나갈 뿐만 아니라 해안을 지나가는 유조선에 드나드는 헬리콥터도 눈에 띄었다. 에디가 생각해낸 계획은 우리 조직이 헬리콥터 한 대를 남아프리카 군용 비행기로 위장하여, 로벤 섬에서 나를 실어서 내가 보호받을 수 있는 케이프타운에 있는 외국 대사관 지붕에 내려놓는다는 것이었다. 나는 그 계획이 그럴듯하여 에디로 하여금 루사카에 있는 올리버에게 몰래 전갈을 보내라고 일렀다. 에디가 그의 계획을 루사카에 알렸으나 그쪽에서는 회답이 없었다.

78

로벤 섬에서 생일잔치는 약식으로 치렀다. 케이크와 선물 대신에 우리는 음식을 모두 모아 함께 먹으면서 생일을 맞은 사람에게 빵 한 조각이나 커피 한 컵을 더 주는 것이 고작이었다. 내 생일은 피킬레 밤과 같은 7월 18일이어서, 우리들의 생일에 같이 나누어 먹으려고 성탄절에 사놓은 사탕 몇 개를 남겨두곤 했다. 1968년 나의 50번째 생일은 별 관심 없이 지나갔었는데, 1975년 내가 쉰일곱 살이 되던 해에는 월터와 케이시가 나의 60번째 생일을 기념하기 위한 장기계획을 나에게 제시했다.

우리는 대중들에게 우리의 투쟁 이념을 지속적으로 보여줄 수 있는 방안에 대해 늘 고민했다. 지난 10년 동안 정부는 진보적인 언론 대부분을 침묵시켰고, 구금이나 수감된 인사들의 발언과 사진을 출판하는 것에 대해서도 금지조치를 내렸다. 나나 우리 동지들의 사진 한 장만 실어도 편집인은 구속되고 신문사는 문을 닫아야 했다.

어느 날, 케이시와 월터는 나와 앞마당에서 이야기를 하다가 내게 회고록을 쓰는 것이 어떻겠느냐고 제의했다. 케이시는 내 60번째 생일이 그런 책을 출간하기에는 가장 좋은 기회라고 말했다. 월터는 진실하고 공정하게 쓰인다면 내 이야기는 사람들에게 우리가 무엇을 위해 투쟁해왔고, 지금도 투쟁하고 있는지를 상기시키게 될 것이라고 말했다. 그는 또한 내 회고록이 젊은 자유투사들에게 영감을 줄 수도 있다고 덧붙였다. 그들의 생각은 설득력이 있었기에 나는 그 계획에 동의했다.

나는 무엇을 하기로 결정하면 곧바로 시작해야만 했다. 따라서 이 새 계획도 바로 시작했다. 나는 밤에 글을 쓰고 낮에 잠을 자는 다소 비정상적인 작업 계획을 택했다. 처음 한두 주일 동안은 저녁을 먹은 뒤 잠을 자고, 10시에 일어나 다음 날 아침식사 때까지 글을 썼다. 그리고 채석장에서 돌아오면 저녁식사 때까지 잤고, 이어서 같은 시간표가 되풀이되었다. 몇 주일을 이렇게 지낸 뒤 나는 당국에 몸이 좋지 않아서 채석장에 못 갈 것 같다고 보고했다. 그들은 신경 쓰지 않는 것 같았고, 그때부터 나는 낮에 잠을 잘 수 있었다.

우리는 원고를 만드는 일종의 조립 과정 라인을 만들었다. 나는 그날 그날 쓴 것을 케이시에게 주었고, 케이시는 원고를 검토하고 월터에게 그것을 읽어주었다. 케이시는 여백에 그들의 의견을 적었다. 월터와 케이시는 기탄없이 비판을 가했고, 나는 그들의 제의를 진심으로 고려해 수정했다. 이렇게 수정된 원고를 랄루 치바에게 넘겨주면, 그는 그날 밤새 큰 종이로 10장 분량을 단 한 장의 종이에 줄여 썼다. 그리고 나면 맥이 이를 바깥세상으로 내보냈다.

교도관들이 점차 의심을 품었다. 그들은 맥에게 와서 "만델라는 무엇을 하지? 왜 그는 밤늦게까지 자지 않고 앉아 있지?"라고 질문했다. 맥은 어깨를 으쓱하고는 모른다고 말했다. 나는 빠르게 써서 넉 달 만에 초고를 완성했다. 나는 단어나 표현을 선택하는 데 망설이지 않았다. 나는 이 초고에서 출생에서 리보니아 재판에 이르는 시기를 다루고 나서 로벤 섬에 대해 약간 언급하는 것으로 끝을 맺었다.

나는 글을 쓰면서 지난 삶을 다시금 경험했다. 침묵 속에서 글을 쓰던 밤에 나는 또다시 쿠누와 음케케즈웨니의 어린 시절을 경험할 수 있었다. 그뿐만 아니라 요하네스버그로 왔을 때의 흥분과 두려움, 폭풍 같은 '청년동맹' 시절, 끝없이 연기되던 '반역죄 재판', 극적인 리보니아 재판 등을 다시금 생생하게 느낄 수 있었다. 그것은 꿈에서 깨어나는 것과 같았고, 나는 가능한 한 간결하고 진솔하게 종이에 옮기려 노력했다.

맥은 작은 글씨로 옮겨 쓰인 원고를 기발하게도 그가 공부하는 데 쓰던 많은 공책의 제본철 사이에 숨겼다. 이렇게 해서 그는 원고 전체를 당국의 감시로부터 안전하게 보관하여 그가 석방된 1976년에 바깥세상으로 가져갈 수 있었다. 우리의 작전은 일단 맥이 원고를 안전하게 국외로 빼내가면 원본을 없애는 것이었다. 그동안 우리는 500장에 이르는 원고를 처리해야 했다. 우리가 할 수 있는 유일한 방법은 그 원고를 앞마당에 있는 정원에 묻는 것이었다. 그 당시 앞마당의 감시는 허술했다. 교도관들은 대개 북쪽 끝에 있는 사무실에 앉아 서로 이야기를 나누었고, 그 사무실에서는 작은 정원이 있는 분리수감 구역 옆의 남쪽 끝은 보이지 않았다. 나는 이른 아침에 산책할 때 이곳을 슬쩍 살펴보고 나서 그곳에 원고를 묻기로 결정했다.

마당에 커다란 구멍을 파지 않기 위해서 우리는 원고를 세 곳에 나누어 묻기로 했다. 원고를 조금 큰 덩어리 하나와 작은 덩어리 두 개로 나누어 비닐로 싸서 빈 코코아 용기에 넣었다. 그 일은 빨리 끝내야 했으므로 나는 제프 마세몰라에게 땅 파는 도구를 만들어달라고 했다. 며칠 뒤에 날카로운 쇠막대 몇 개가 마련되었다.

어느 날, 아침식사 뒤 케이시, 월터, 에디 다니엘스와 나는 앞마당의 남쪽 끝으로 가서 정치적 논쟁을 하는 척했다. 우리는 옷 속에 원고를 나누어 숨겼다. 내 신호에 따라 우리 모두는 땅을 파기 시작했다. 나는 중앙에서 하수구 뚜껑 부근에 구멍을 팠다. 하수관에 이르러서는 그 밑으로 흙을 파내고 그 공간에 가장 큰 원고 뭉치를 넣은 통을 묻었다. 다른 동지들은 그들이 가지고 있는 원고를 묻기 위해 좀 더 얕은 구멍 두 개를 팠다.

우리는 때맞춰 일을 끝내고 채석장으로 가는 대열에 합류했다. 걸어가면서 나는 원고를 안전하게 숨겼다는 안도감을 느꼈고, 더 이상 이것에 대해 생각하지 않았다.

몇 주일이 지난 뒤, 기상 신호가 울린 직후 나는 앞마당에서 나를 불안하게 만드는 소리를 들었다. 바로 곡괭이와 삽으로 땅을 파는 소리였다. 세수하러 나오면서 나는 복도 앞으로 걸어가 문밖을 살폈다. 앞마당 남쪽 끝 바로 그곳에서 일반 죄수 구역에서 나온 한 무리가 일을 하고 있었다. 그런데 놀랍게도 그들은 우리가 원고를 묻은 바로 그곳을 파고 있었다.

교도소 당국은 우리가 앞마당에 있을 때 분리수감 구역의 죄수들과 서로 이야기를 나눌 수 있다는 것을 발견하고는 분리수감 구역 앞에 벽을 세우기로 결정했던 것이다. 작업조는 그 벽의 콘크리트 기초를 위해 깊지 않은 골을 파고 있었다.

세수를 하면서 나는 월터와 케이시에게 이 사실을 알렸다. 케이시는 하수관 밑에 묻은 원고의 주요 부분은 아마도 안전하겠지만 다른 두 원고 뭉치들은 발각될 가능성이 높다고 생각했다. 아침 죽을 담은 들통들이 앞마당으로 운반되자 교도관들은 작업조원들을 마당 밖으로 내보냈다. 이는 일반 죄수가 정치범들과 친해지는 것을 막기 위해서였다.

죽 그릇을 손에 든 채 나는 월터와 케이시를 데리고 개인적인 이야기를 나누려는 것처럼 하면서 남쪽 끝으로 갔다. 땅에 파인 골의 시작 부분이 벌써 원고를 담은 두 개의 작은 용기에 매우 가까웠다. 이때 에디 다니엘스도 와서 보고는 문제를 즉각 알아차렸다.

우리가 할 수 있는 것은 한 가지밖에 없었다. 눈에 띄지 않게 우리 네 명은 두 개의 원고 뭉치가 묻힌 곳을 파기 시작했다. 우리는 비교적 빨리 용기 두 개를 찾아낸 다음 파낸 곳을 다시 흙으로 덮었다. 하수관 밑에 묻은 더 큰 원고뭉치를 구하는 데에는 더 많은 시간이 필요했겠지만, 우리는 벽을 쌓기 위하여 하수관을 들어내리라고는 생각하지 않았기 때문에 그 원고가 발각되지 않으리라고 확신했다.

우리는 파낸 원고를 옷 속에 감춰 감방으로 돌아왔다. 그날 에디는 채석장에 가지 않으므로 우리는 그에게 원고가 든 용기들을 주면서 가능한 한 빨리 파기시키라고 일렀다. 위험 부담이 매우 컸지만 에디는 그렇게 하겠다고 했다. 원고 두 뭉치를 구했다는 데 안도의 숨을 내쉬고는 그날 일을 하면서 나머지 한 뭉치에 대해서는 더 이상 생각하지 않으려고 노력했다.

그날 오후, 채석장에서 돌아와서는 늘 그렇듯이 세수를 하는 대신 앞마당 끝 쪽으로 산책하듯 걸어갔다. 나는 될 수 있는 대로 아무 일 없는 것처럼 보이려고 노력했지만 눈에 보이는 장면에 놀라지 않을 수 없었다. 작업을 한 죄수들이 분리수감 구역의 벽과 평행하게 골을 파면서 실제로 하수관을 모두 철거해버린 것이었다. 그들이 틀림없이 원고를 발견했을 터였다.

나는 그 현장에서 반사적으로 놀라 틀림없이 눈에 띌 만큼 움찔했을 것이다. 나 몰래 많은 교도관들이 나를 지켜보고 있었으며, 그들은 내 반응을 보고 내가 그곳에 원고가 있음을 알고 있었다는 것을 확인했던 것이다. 나는 복도로 돌아와 세수를 하면서 월터와 케이시에게 원고가 발각된 것 같다고 말했다. 한편, 에디는 다른 원고 두 뭉치를 성공적으로 처분해버렸다.

다음 날, 아침 일찍 나는 지휘관 사무실로 불려 갔다. 지휘관 옆에는 프리토리아에서 온 고위 교도관이 서 있었다. 아무런 인사치레 없이 지휘관은 "만델라, 우리가 당신의 원고를 찾았소"라고 말했다.

나는 아무 대꾸도 하지 않았다. 그러자 지휘관은 그의 책상 뒤에서 종이 한 묶음을 꺼냈다.

"이것이 당신이 손으로 쓴 원고가 맞지요?"라고 다그쳤다. 또다시 나는 침묵했다.

지휘관은 화가 나서 "만델라, 우리는 이것이 당신의 작품이라는 걸 알아요"라고 말했다.

"글쎄요, 당신은 그에 대한 증거를 제시해야 합니다"라고 내가 대꾸하자, 그들은 비웃으며 여백에 쓴 메모들은 월터 시술루와 아메드 카트라다가 썼다는 것을 안다고 말했다. 나는 또다시 말하기를 어떠한 처벌을 가하려 한다면 증거를 제시해야 한다고 했다.

"우리는 증거가 필요하지 않아요"라고 지휘관은 말했다. "우리는 증거를 가지고 있으니까."

그날 바로 처벌이 내려지지는 않았지만, 얼마 뒤 월터와 케이시, 그리고 나는 교도소 부감독관인 루 장군에게 불려 갔고, 그는 우리가 학습 특권을 남용하여 불법으로 원고를 썼다고 말했다. 이에 대한 처벌로 우리의 학습 특권은 무기한 정지당했고, 결국 4년 동안 특권을 상실했다.

맥은 12월에 석방된 뒤에 공책들을 영국으로 보냈다. 그는 석방된 뒤 6개월간 남아프리카에서 가택 연금을 당했고, 이후 몰래 국외로 탈출하여 먼저 올리버를 보기 위해 루사카를 들러서 영국으로 갔다. 그는 영국에서 6개월 동안 머무르며 타자수와 함께 원고를 재구성한 다음 루사카로 돌아와서 복사본 1부를 올리버에게 전달했다.

그다음부터 원고에 대한 소식이 묘연해지기 시작했다. 나는 루사카로부터 아무 이야기도 듣지 못했고, 지금까지도 올리버가 그것을 어떻게 했는지 알지 못한다. 내가 수감되어 있을 때 그 원고가 출판되지는 않았지만 그것은 이 책의 골격을 이루고 있다.

79

1976년, 나는 의외의 방문을 받았다. 내각의 유명한 각료이자 교도소 장관인 지미 크루거가 나를 방문하고자 온 것이다. 크루거는 교도소 정책뿐만 아니라 해방운동에 대한 정부의 정책에도 중요한 영향력을 미치고 있었다.

그가 방문한 이유에 대해서는 어렴풋이 눈치를 채고 있었다. 정부는 그 당시 분리발전정책 및 '준자치' 홈랜드homeland를 성공적으로 추진하려고 대대적으로 노력하고 있었다. 분리발전의 선전용 표본은 트란스케이였다. 이곳은 내 조카이자 한때 후원자였던 마탄지마가 지배하고 있었는데,

그는 그의 통치에 대항하는 모든 적법한 요구들을 성공적으로 저지하고 있었다. 나는 얼마 전 지휘관이 조롱조로 "만델라, 당신은 은퇴하면 트란스케이에서 편하게 푹 쉬어야겠소"라고 한 말이 기억났다.

결국 크루거가 제안한 것도 바로 그것이었다. 그는 각료로서 기대할 만한 품위는 거의 찾아볼 수 없는 억세고 무뚝뚝한 사람이었다. 나는 그 회담을 우리의 불만사항을 토로하는 또 하나의 기회로 삼으려 했고, 그도 처음에는 경청하는 듯했다. 나는 먼저 1969년에 우리가 그에게 보냈으나 답신이 없었던 편지를 상기시켰다. 그는 모른다는 듯 어깨를 으쓱해 보였다. 다음으로 나는 섬 생활의 열악한 여건들을 상세히 열거하고, 우리는 단순 범죄자가 아닌 정치범들이므로 그에 걸맞은 처우를 바란다고 거듭 말했다. 그러나 크루거는 비웃으면서 "아니오, 당신들은 모두 난폭한 공산주의자들이오!"라고 말했다.

나는 이어서 그에게 우리 조직의 역사를 간략히 이야기하고, 왜 우리가 폭력에 의지하게 되었는지를 설명하기 시작했다. 그는 ANC에 대하여 거의 아는 바가 없었던 것이 틀림없었고, 알고 있는 것이라고는 우익 언론의 선전에서 얻은 것이 고작이었다. 내가 ANC가 국민당보다도 역사가 오래되었다고 말하자 그는 어쩔 줄 몰라 했다. 그리고 그가 우리를 공산주의자라고 여긴다면 「자유헌장」을 다시 읽어보라고 말했다. 그는 나를 멍하니 쳐다보기만 했다. 그는 「자유헌장」을 들어보지도 못한 것이다. 나는 각료라는 사람이 저렇게 정보에 어두울까 하고 의아했지만 놀랄 만한 일은 아니었다. 국민당 정치인들은 일상적으로 그들이 이해하지 못한 것을 비난하기 일쑤였기 때문이다.

나는 우리의 석방 문제를 제기하면서 의회에 대표자도 보냈고 집회의 권리와 심지어 선거권이 있는데도 폭력에 의존했던 1914년의 아프리카너 반동 이야기를 꺼냈다. 드 웨트 장군과 켐프 소령은 병력 1만 2천 명을 이끌고 도시를 점령하고 많은 인명피해를 초래했음에도 대역죄로 유죄 선고를 받은 뒤에 곧 풀려났다. 나는 또한 2차 세계대전 중 남아프리카의 연합군 지원에 반대하여 지하운동 조직을 결성했던 로비 라이브란트 사건도 언급했다. 그는 종신형을 선고받았지만 곧 사면되었다. 크루거는 「자유헌장」에 대해서만큼이나 그 자신이 속한 종족의 역사에 있는 이러한 사건들에도 무지했다. 어느 정도 같은 준거틀을 공유하지 않는 무지한 사람과 협상하기란 어려운 일이다.

크루거는 이 모든 것을 "지나간 역사에 지나지 않아요"라고 치부했다. 그는 구체적인 제의를 가지고 나를 만나러 왔다. 퉁명스럽다는 명성에도 불구하고 그는 정중하게 제의했다. 그의 말은 간단했다. 만일 내가 트란스케이 정부의 정통성을 인정하고 그곳에 이주할 의사가 있으면 나의 형량을 대폭 줄여준다는 것이었다.

나는 그가 말을 마칠 때까지 경청했다. 그러고는, 첫째, 그 정책을 나는 전적으로 반대하며 그를 지원할 어떠한 일도 하지 않을 것이며, 둘째, 나는 요하네스버그에서 왔으며 따라서 요하네스버그로 돌아갈 것이라고 말했다. 크루거는 나를 설득하려 했으나 소용이 없었다. 한 달 뒤에 그는 같은 제안을 가지고 다시 왔으나 나는 또 한 번 거절했다. 그것은 오직 변절자만이 받아들일 수 있는 제안이었다.

80

우리가 아무리 뉴스와 정보를 부지런히 수집한다 해도 시사 문제에 대한 우리의 지식은 늘 불완전했다. 외부 세계의 사건들은 먼저 소문을 통해 우리에게 전달되었으므로 불확실했고, 그 소문들은 나중에야 신문 기사나 외부 면회자에 의해 확인되는 정도였다.

1976년 6월, 우리는 대규모 폭동에 대한 어렴풋한 소문들을 듣기 시작했다. 귀엣말로 오가는 소문들은 과장되어 믿어지지 않을 정도였다. 소웨토의 젊은이들이 군을 물리쳤고, 병사들은 총을 버리고 도망갔다는 이야기였다. 우리가 정확한 사실을 알게 된 것은 6월 16일 폭동에 가담했던 젊은이들이 체포되어 8월에 로벤 섬으로 오게 되면서부터였다.

1976년 6월 16일, 중등학교의 모든 수업의 절반은 아프리칸스어로 가르쳐야 한다는 정부의 명령에 항의하기 위하여 학생 1만 5천 명이 소웨토에 모였다. 학생들과 교사들은 지배자의 언어로 배우고 가르치는 것을 원하지 않았다. 부모와 교사들의 고소와 탄원이 빗발쳤으나 소용이 없었다. 경찰 1개 분대가 천진한 학생들을 막아서서 경고도 없이 발포하여 열세 살 된 헥터 피터슨을 포함하여 많은 학생들을 사살했다. 학생들은 막대기와 돌을 들고 싸웠고, 이는 대대적인 난동으로 이어져 어린이 수백 명이 부상당하고 백인 두 명이 돌에 맞아 죽었다.

그날의 사건은 남아프리카 전 지역으로 번졌다. 그 폭동은 전국에 걸친 폭력적인 항거를 촉발시켰다. 국가 폭력의 희생자들을 위한 대중 장례식은 전국적인 시위 장소가 되었다. 갑작스레 남아프리카의 젊은이들이 시위와 항거의 정신으로 불타올랐다. 학생들은 전국적인 동맹휴업을 단행했고, ANC 조직원들은 적극적으로 학생들의 시위를 지원했다. 반투 교육은 대담하고 성난 젊은이들을 만들어 냄으로써 오히려 반투 교육의 창시자들을 괴롭히는 결과를 가져왔다.

9월에는 분리수감 구역이 폭동 이후 체포된 젊은이들로 가득 찼다. 인접한 복도에서 귓속 대화로 우리는 사건의 실상을 체험자에게서 직접 알게 되었다. 동지들과 나는 매우 고무되었다. 1960년대를 거쳐서 침체되었던 집단항거의 정신이 1970년대에 분출하고 있었다. 이들 젊은이 가운데 많은 수가 국외로 나가 우리의 군사 활동에 가담하여 이후 다시 국내로 잠입해 들어왔다. 그들 중 수천 명이 탄자니아와 앙골라와 모잠비크에 있는 우리의 캠프에서 훈련을 받았다. 교도소에 있으면서 밖에 있는 사람들이 우리가 싸워 온 대의에 동조하여 지지하고 있다는 것을 알게 되는 경우보다 힘이 되는 것은 없다.

이들 젊은이들은 우리가 보아온 죄수들과는 전혀 달랐다. 그들은 용감하고 적대적이며 공격적이었다. 그들은 명령을 따르지 않았고, 기회만 되면 "아만들라"를 외쳤다. 그들의 본능은 타협보다는 대항을 택했다. 당국은 그들을 어떻게 다룰지 난감해했고, 그들은 교도소 전체를 거꾸로 뒤집어놓았다. 리보니아 재판 때 나는 보안경찰에게 정부가 스스로 개혁을 하지 않으면 우리의 뒤를 따를 자유투사들이 언젠가는 당국으로 하여금 차라리 우리를 다루던 시절을 그리워하게 만들 것이라고 말했는데, 바로 그날이 로벤 섬에 찾아온 것이다.

이들 젊은이들에게서 우리는 분노에 찬 시대적 혁명 정신을 보았다. 이에 대해 나는 적잖은 경계심을 가졌다. 몇 달 전 면회할 때 위니는 우리만의 암호 대화를 통해 요새 호전적이고 아프리카주의적 성향을 가진 불만에 찬 젊은 층이 부상하고 있다고 말해주었다. 그녀는 그들이 투쟁의 성격을 변화시키고 있으며, 내가 이 점을 유의해야 한다고 덧붙였다.

새로 온 젊은 죄수들은 야만적인 섬의 생활 조건에 경악했으며, 우리가 어떻게 그런 조건에서 살 수 있었는지 이해할 수 없다고 말했다. 우리는 그들에게 그들이 1964년의 로벤 섬을 보았어야 한다고 말했다. 그러나 그들은 당국은 물론 우리도 회의적 시각으로 보았다. 그들은 규율이 필요하다는 우리의 주장을 무시했고, 우리의 충고를 힘없고 우유부단한 것으로 생각했다.

그들이 우리를 온건주의자처럼 리보니아 재판주의자들로 보는 것이 분명했다. 그렇게 오랜 세월에 걸쳐 급진적 혁명가들로 낙인찍혔는데, 지금 와서 온건주의자로 불리는 기분은 이상했고 아주 유쾌하지는 않았다. 내가 취할 수 있는 대응책은 두 가지 중 하나였다. 그들의 건방짐을 꾸짖거나 아니면 그들이 하는 말을 가만히 듣고만 있는 것이다. 나는 후자를 택했다.

그들 중 몇 명이, 예를 들어 남아프리카학생기구South African Students' Organization의 스트리니 무들리와 흑인회의Black People' Convention의 사트스 쿠퍼 등이 우리 구역으로 왔을 때, 나는 그들에게 그들의 운동과 철학에 대해 보고서를 쓰도록 했다. 나는 그들이 어떠한 동기로 투쟁에 참여하게 되었고, 미래에 대한 그들의 생각이 어떠한지 알고 싶었다.

그들이 섬에 도착한 직후 사령관은 내게 와서 부탁 조로 젊은 죄수들에게 강연을 해달라고 요청했다. 그는 내가 그들에게 자제해줄 것과 그들이 수감 중이라는 것을 깨닫고 수감생활의 규율을 지키도록 말해주기를 바랐다. 나는 사령관에게 내가 아직은 그렇게 말할 처지가 못 된다고 말했다. 만일 그렇게 말한다면 그들은 나를 탄압자의 앞잡이로 여길 것이다.

이 젊은 친구들은 기본적인 교도소 규정들도 따르려 하지 않았다. 하루는 본부 사무실에서 사령관과 회담을 하고 소령과 밖으로 걸어 나오면서 교도관과 면접을 하고 있는 젊은 죄수를 만났다. 열여덟 살 남짓 되어 보이는 그 젊은이는 장교 앞에서 죄수모를 쓰고 있었는데, 이것은 규칙 위반이었다. 그는 소령이 들어왔을 때도 일어나지 않았는데, 이는 또 다른 규칙 위반에 해당했다.

소령은 그를 바라보며 "모자 벗어"라고 말했다. 그는 소령의 말을 들은 체도 하지 않았다. 그러자 소령은 격앙된 목소리로 "모자를 벗으라니까"라고 말했다. 그 죄수는 돌아서서는 소령을 바라보며 "왜죠?"라고 대꾸했다.

나는 그가 방금 말한 것을 믿을 수 없었다. 그것은 혁명적인 질문이었다. 소령도 놀란 것 같았다. 그는 겨우 "그것은 규정 위반이니까"라고 대답했다. 그 젊은 죄수는 "왜 그런 규정이 있지요? 그 규정의 목적이 무엇입니까?"라고 다시 대꾸했다. 이런 질문에 답하기에는 너무 벅찬 듯하자 소령은 발로 쾅쾅거리며 방을 나가면서, "만델라, 당신이 말하시오"라고 말했다. 그러나 나는 끼어들지 않고 같은 편임을 알리고자 나는 그 죄수를 향해 단지 고개만 끄덕였다.

* * *

이렇게 우리는 흑인의식운동Black Consciousness Movement을 처음으로 접했다. ANC와 PAC 그리고 공산당이 금지되자 젊은이들 사이에서 그 공백을 채운 것이 바로 흑인의식운동이었다. 흑인의식운동은 운동이라기보다는 하나의 철학으로, 3세기에 걸친 백인 지배에 의해 길러진 심리적 열등감으로부터 흑인들 먼저 자신들이 해방되어야 한다는 생각에서 자라난 것이다. 그럴 때만이 흑인 민족이 자신 있게 일어나 억압으로부터 자신을 진정으로 해방시킬 수 있다는 것이다. 비록 흑인의식운동은 인종차별이 없는 사회를 주장했지만, 그들은 그러한 사회를 만드는 데 백인들의 참여를 배제시켰다.

이러한 관념들이 나에게는 낯설지 않았다. 그것들은 내가 25년 전 ANC의 청년동맹을 결성할 때 내 자신이 주장했던 사상들과 유사했다. 우리 역시 그 당시에는 아프리카주의자들이었고, 민족적 자긍심과 인종적 자신감을 강조했으며, 투쟁에서 백인들의 도움을 거부했다. 여러모로 흑인의식운동은 결코 사라지지 않은 똑같은 문제에 대한 똑같은 대응 양식이었다.

그러나 우리 자신이 청년동맹의 관점에서 성숙해왔듯이 이 젊은이들도 흑인의식운동의 일부 편협함을 극복하게 될 것이라고 확신했다. 나는 그들의 호전성에 고무되었지만 그들의 철학은 흑인성을 지나치게 강조하여 배타적이며, 따라서 아직 완전히 성숙되지 못한 중간적 단계의 관점을 대변하는 것으로 생각했다. 나는 그들보다 나이 많은 정치가로서 나의 역할이 그들의 의식을 더욱 포괄적인 회의운동Congress Movement의 사상으로 발전할 수 있도록 돕는 것이라고 보았다. 나는 이 젊은이들이 결국 흑인의식운동이 어떠한 행동 계획도 어떠한 항거의 돌파구도 제시하지 못하기 때문에 이에 좌절하게 되리라는 것도 알고 있었다.

우리는 비록 흑인의식운동의 회원들이 ANC를 위한 풍부한 기반이 되리라고 여겼지만 이들을 충원하려고 하지는 않았다. 우리는 이러한 노력이 그들뿐만 아니라 섬에 있는 여타의 세력들을 소외시킨다는 것을 알았다. 우리의 정책은 친절하게 대하고 관심을 가지며 그들의 업적을 칭찬하지만 전향을 권유하지 않는 것이었다. 만약 그들이 우리에게 와서 "ANC의 반투 자치지역에 대한 정책은 무엇이냐?"라든지 "국유화에 대한 「자유헌장」의 입장은 무엇인가?"라는 등의 질문을 해오면 대답해주는 것이었고, 실제로 많은 이들이 우리에게 질문을 하러 왔다.

나도 이들 중 몇몇과 비밀쪽지로 접촉했다. 나는 트란스케이 출신 사람들에게 나의 옛날 집에 대해 묻기도 했다. 이 섬에 온 그들 가운데는 투쟁으로 이미 이름이 널리 알려진 사람도 있었다. 나는 남아프리카학생기구의 지도자인 패트릭 '테러' 레코타의 용맹에 대해 들은 바가 있어, 그에게 로벤 섬에 온 것을 환영한다는 전갈을 보내기도 했다.

테러Terror라는 별명은 축구 시합에서 보여준 그의 용맹 때문에 붙은 것이었지만, 그는 논쟁에서도 불굴의 면모를 보였다. 그는 인종적 배타성 문제에 대해 그의 동지들의 의견과는 달리 ANC의 생각에 더 가까웠다. 한번은 그가 우리에게 합류하려 했지만 우리는 만류했다. 우리가 그를 원하지 않은 것이 아니라 그러한 공작이 일반 죄수 구역에서 긴장을 초래할 것을 우려했기 때문이었다.

그러나 테러는 우리의 만류를 받아들이지 않고 공개적으로 ANC로 전향했다. 그 뒤 얼마 지나지 않은 어느 날, 그는 불만을 품은 흑인의식운동 단원들에게 정원용 쇠스랑으로 공격을 당했다. 그가 치료를 받은 뒤 당국은 가해자들을 고발하여 재판에 회부할 계획을 세웠다. 그러나 우리는 화합을 위하여 테러에게 고소하지 말라고 권유했고, 그는 이에 동의하여 가해자에 대한 증언을 거부했다. 이리하여 그 사건은 기각되었다. 나는 그러한 재판은 당국의 손에 놀아나는 것에 지나지 않는다고 생각했다. 나는 이들 젊은 투사들로 하여금 ANC는 많은 다양한 견해와 조직들을 수용할 수 있는 거대한 천막과 같다는 것을 알게 하고자 했다.

그런 사건이 있은 뒤 테러에게 공격을 꾀했던 사람들 일부를 포함해 수십 명에 이르는 흑인의식운동 회원들이 ANC에 합류하기로 결정했다. 테러는 일반수 구역에서 ANC의 최고 책임자로 부상하여 다른 죄수들에게

ANC의 정책을 가르치게 되었다. 레코타와 같은 인물들의 용기와 비전을 보며 우리는 우리의 견해가 잠재적인 힘을 가지고 있고, 아직까지 해방투쟁을 전체적으로 통합하는 데 최선의 희망을 대변하고 있음을 확신했다.

F와 G 구역에서는 정치적 갈등이 계속되었다. 우리는 일반수 구역에서 ANC와 PAC와 흑인의식운동 회원들 사이의 충돌 사건이 있었다는 소식을 들었다. 많은 ANC 소속원들이 구타를 당했다. 또한 많은 ANC 회원들이 당국에 의해 고발되어 교도소 행정 재판이 열렸다. 해당 ANC 회원들은 이 소송을 위해 외부 변호인을 불러들였다. 나는 비록 그 싸움을 목격하지는 않았지만 피고인 성격 진술을 위한 증인으로 채택되었다. 매우 난감한 처지에 놓였다. 물론 나는 동지들을 위해 증인 진술 이상도 기꺼이 하고 싶었으나, ANC와 PAC, 그리고 흑인의식운동 사이의 반감을 증폭시킬 어떠한 행동도 하고 싶지 않았다.

나는 교도소에서 단지 ANC만의 지도자가 아닌 통합 추구자, 정직한 조정자, 평화 창조자 역할을 해야 한다고 여기고 있었다. 이에 따라 나는 내가 속한 조직의 이익을 위한 것이라 해도 이 분쟁에서 어느 한쪽 편에 설 수가 없었다. 만일 내가 ANC를 위해 증언을 하게 되면 다양한 조직들 사이에 화해를 이끌어낼 나의 기회가 위기에 맞닥뜨릴 수 있었다. 내가 통합을 외쳤으면, 심지어 내 동지의 일부를 소외시킬 위험을 감수하고라도 통합 추진자로서 행동해야 했다.

나는 증인 진술을 하지 않기로 결정했다. 이에 일부 동료는 실망했지만 나는 그들의 불만을 감수할 만큼 문제의 심각성이 크다고 생각했다. 젊은 흑인의식운동 회원들에게 우리의 투쟁은 분리될 수 없으며, 우리 모두는 공통의 적을 가지고 있다는 사실을 보여주는 것이 더욱 중요했다.

81

교도소 당국은 이들 젊은 사자들을 다루느라 우리에게 다소 자율권을 주었다. 우리는 육체노동의 전면 철폐를 요구하며 2년째 채석장에서 태업을 하고 있었다. 우리는 학습이나 직업 훈련과 같은 유익한 일들을 주간에 할 수 있는 권리를 얻고자 했다. 우리는 이제 채석장에서는 일하는 시늉조차도 하지 않고 이야기만 주고받았다. 1977년 초, 당국은 육체노동의 종식을 선언했다. 그 대신 우리는 주간에 우리 구역 내에서 시간을 보낼 수 있게 되었다. 그들은 우리가 앞마당에서 해야 할 약간의 일들을 마련했으나, 그것은 단지 그들의 항복을 은폐하기 위한 구실에 불과했다.

이 승리는 우리 자신의 끊임없는 항의와 간단한 전술이 결합해 만들어진 성과였다. 당국은 일반적으로 죄수 세 명당 교도관 한 명의 비율을 선호했다. 소웨토 폭동 이후의 죄수들이 도착하기 전에도 교도관들이 부족했는데, 이들 난폭한 젊은이들 때문에 그전보다 많은 감시가 필요했다. 그들은 너무도 과감해서 죄수 한 명당 교도관 한 명이 필요할 정도였다. 따라서 우리가 우리의 구역 내에 머무르면 우리에 대한 감시는 덜 필요했던 것이다.

노역을 하지 않음으로써 많이 자유로워졌다. 나는 이제 낮에 독서와 편지 쓰기, 토론, 그리고 소송 사건 적요서 작성 등을 할 수 있었다. 또한 자유 시간에 나는 로벤 섬에서 두 가지 취미, 즉 채소 재배와 테니스를 즐길 수 있었다.

교도소에서 살아남으려면 일상생활 속에서 만족을 찾을 수 있는 방법을 찾아야 한다. 자기 옷을 특별히 깨끗하게 세탁한다든지, 먼지 하나

없이 복도를 청소한다든지, 최대한으로 공간을 이용할 수 있도록 감방 안을 잘 정돈한다든지 하여 성취감을 느낄 수도 있다. 교도소 밖에서 더 중요한 일들을 함으로써 느끼는 것과 똑같은 자부심을 교도소 안에서는 사소한 일들을 함으로써 가질 수 있다.

로벤 섬에서 수감생활을 시작하면서부터 나는 앞마당에서 채소를 재배할 수 있도록 해달라고 요청했다. 몇 해 동안 그들은 아무런 이유도 없이 내 요구를 거부했다. 그러나 결국 그들은 관용을 베풀어 긴 벽을 따라 폭이 좁은 자그마한 채소밭을 만들 수 있게 해주었다.

앞마당의 토양은 건조하고 돌이 많았다. 앞마당은 매립지 위에 조성된 탓에 정원을 만들기 위해서는 많은 돌을 캐내어 채소가 자랄 공간을 만들어주어야 했다. 그 당시 내 동료들은 내가 타고난 광부라고 농담을 했다. 그 이유는 내가 낮에는 채석장에서 일하고 자유시간에는 앞마당에서 땅을 팠기 때문이다.

교도소 측은 나에게 씨를 제공해주었다. 처음에는 비옥한 땅과 관리가 별로 필요 없는 토마토나 고추, 양파 같은 강인한 채소를 심었다. 초기 수확은 형편없었으나 점차 나아졌다. 채소밭이 번성하면서 교도관들에게 잘 익은 토마토와 양파 들을 종종 나누어주자, 교도관들은 나에게 채소를 재배할 수 있도록 허락한 것을 후회하지 않았다.

나는 항상 채소 기르는 것을 즐겼지만 내 정원을 가꾸게 된 것은 수감되면서부터이다. 처음 채소를 길러본 것은 포트헤어에서였는데, 그곳에서 나는 대학에서 필수로 부과되었던 육체노동의 하나로 교수 소유의 정원에서 일을 했다. 그리고 정신노동의 해독제로 토양과의 접촉을 즐겼다. 내가 일단 요하네스버그에 와서 학업과 일을 하게 되자 채소 재배를 위한 시간도 공간도 없었다.

나는 채소 재배와 원예에 관한 책들을 주문하기 시작했다. 다양한 재배 기술과 비료에 대해 공부했다. 책에서 말하는 많은 재료들을 가지고 있지 않았지만 시행착오를 통해 배웠다. 한때는 땅콩을 재배하려고 마음먹고 다양한 토양과 비료 들을 사용해보았으나 결국 포기했다. 이것이 내가 유일하게 실패했던 경우였다.

채소밭은 교도소 내에서 자신이 관리할 수 있는 몇 안 되는 일 중의 하나였다. 씨를 심고, 그것이 자라는 것을 보고, 가꾸고 거두는 과정은 단순하지만 지속적인 만족감을 주었다. 이 작은 땅 한 조각의 관리자라는 느낌은 작지만 자유를 맛보게 해주었다.

여러모로 밭 가꾸기는 내 일생의 어떤 측면과 유사했다. 지도자도 돌보아야 할 정원이 있어야 한다. 그도 씨를 뿌리고 가꾸어 결실을 거둔다. 정원사와 마찬가지로 지도자는 자신이 경작한 것에 책임을 져야 하며, 자신의 일에 성실하고, 적을 물리치고, 살릴 수 있는 것은 살리고, 살아날 수 없는 것은 제거해야 한다.

나는 특히 아름다웠던 토마토 한 포기에 대해 위니에게 편지 두 통을 써서, 내가 어떻게 그것을 가냘픈 묘목에서부터 힘들여 길러서 진한 빨간 열매를 맺는 튼튼한 나무로 만들었는지 말해주었다. 그러나 무슨 실수를 했는지 아니면 관리가 소홀했는지 그 나무는 시들기 시작했고, 모든 수를 써 보았지만 되살릴 수는 없었다. 결국 그 묘목이 죽었을 때 나는 그것을 캐어내 물로 씻어 정원 한 구석에 묻었다.

나는 이 간단한 이야기를 편지에 길게 썼다. 그녀가 그 편지를 무슨 뜻으로 이해했는지 모르지만, 그 편지를 쓸 때 나는 착잡한 심정이었다. 나는 우리들의 관계가 그 나무와 같은 운명이 아니기를 바랐지만, 일생에서 중요한 많은 관계들을 살찌울 수 없었다고 느꼈다. 종종 죽을 운명에 처한 것을 살리기 위해서 인간이 할 수 있는 바가 아무것도 없는 것이다.

육체 노역을 그만둠으로써 나타난 예기치 않은 결과 가운데 하나가 체중 증가였다. 비록 채석장에서 우리는 땀이 날 정도로 일하지는 않았지만, 걸어서 오가는 것이 내게는 충분히 운동이 되었다.

나는 항상 운동이 신체의 건강뿐만 아니라 마음의 평화에도 중요한 열쇠가 된다고 믿었다. 오래전에 나는 분노와 좌절을 동지나 또는 경찰관에게 분출하지 않고 샌드백을 치면서 해소했었다. 운동은 긴장을 해소시키는데, 긴장은 평온의 적이다. 나는 신체가 건강할 때 일을 더 잘하고 명철해짐을 깨달았다. 그래서 운동은 내 생애에서 반드시 해야 하는 것 가운데 하나가 되었다. 교도소에서 좌절의 분출구를 갖는다는 것은 정말 중요했다.

심지어 섬에서도 나는 예전에 했던 일상적인 권투 연습에 따라 달리기와 근육 기르기를 월요일에서 목요일까지 하고, 나머지 3일 동안은 쉬었다. 월요일에서 목요일까지 아침이면 나는 감방 안에서 제자리 달리기를 45분 정도 했다. 그러고는 손가락 짚고 팔굽혀펴기 200회, 윗몸 일으키기 100회, 허리 굽히기 50회 등 다양한 미용체조를 했다.

내 자식들에게 보낸 편지에서 나는 그들에게 늘 운동을 하고, 어떠한 마음의 부담 같은 것을 떨치려면 농구나 축구, 테니스같이 빠르게 움직이는 스포츠를 하라고 계속해서 권했다. 비록 내 자식들에게는 늘 성공적이지는 못했지만, 나는 앉아 있기를 훨씬 좋아하는 동지들에게 영향을 주었다. 운동은 내 나이 또래의 아프리카인 남자들에게는 낯선 것이었다. 그러나 얼마 뒤 월터조차도 아침에 앞마당을 몇 바퀴 돌기 시작했다. 나보다 나이 어린 동지들은 나를 보고 속으로 "저 늙은이도 하는데 나라고 못하랴?"라고 말했을 것이다. 어쨌든 그들도 운동을 시작했다.

나는 외부 방문객들이나 국제적십자와 처음 만날 때부터 적당한 운동을 위한 시간과 설비의 중요성을 강조했었다. 하지만 겨우 1970년대 중반이 되어서야 국제적십자의 후원을 받아 우리는 배구 장비와 탁구대 같은 것들을 받기 시작했다.

우리가 채석장에서 일하는 것을 그만둘 때와 거의 같은 때에 어느 교도관이 앞마당을 테니스장으로 바꾸자고 제안했다. 마당의 길이와 너비는 안성맞춤이었다. 일반수들이 시멘트 바닥을 녹색으로 칠하고, 규정대로 흰색 선을 그었다. 며칠 뒤 네트가 설치되자 우리는 졸지에 윔블던 테니스장을 앞마당에 갖게 되었다.

나는 포트헤어에 있을 때 테니스를 조금 해보기는 했으나 결코 잘하지는 못했다. 포핸드는 그래도 강했지만 백핸드는 매우 약했다. 그러나 나는 스타일보다는 운동을 위해 테니스를 즐겼다. 그것은 채석장 오가기를 대체하는 유일한 최선의 운동이었다. 나는 처음으로 우리 구역에서 규칙적으로 테니스를 하는 사람 중 한 명이 되었다. 나는 잘 맞았을 때에만 네트로 접근하는, 주로 코트 뒤편에서 공을 치는 백코트 플레이어였다.

육체 노역이 없어지자 나는 독서를 할 수 있는 시간이 더 많이 생겼지만 내가 사용했던 책들은 접근할 수 없게 된 상태였다. 당국이 학업을 할 수 있는 권한을 취소했을 때 나는 아직 런던 대학의 법학사 학위 과정에 있었다. 나는 이 공부를 리보니아 재판을 받으면서 시작했는데, 4년 동안 학업 유예가 없었으면 학위 과정을 마쳤을 것이다.

그러나 학업에 대한 권리의 정지는 의도치 않은 혜택을 주었다. 즉,

그렇지 않았으면 읽지 못했을 책들을 읽기 시작했던 것이다. 계약법에 관한 책들 대신에 나는 이제 소설에 심취하게 되었다.

로벤 섬에는 책을 선택할 수 있는 폭이 제한될 수밖에 없었다. 많은 유명하지 않은 괴기 소설과 탐정 소설, 그리고 대프니 듀 모리에 전집 등이 우리가 접할 수 있는 책의 전부였다. 정치적인 책들은 전혀 접할 수 없었다. 사회주의나 공산주의에 대한 책들은 절대 불가였다. 책 제목에 '붉은'이라는 말이 들어간 책을 신청하면, 그것이 비록 『작은 붉은 승마 모자』라는 책이라 해도 검열관이 거절할 것이다. 과학 공상 소설인 H. G. 웰스의 『우주 전쟁』이라는 책도 아마 '전쟁'이라는 단어가 제목에 있기 때문에 검열에 걸릴 것이다.

처음부터 나는 남아프리카에 대한 책 또는 남아프리카 작가가 저술한 책들을 읽으려 했다. 나는 나딘 고디머의 금지되지 않은 소설 전부를 읽고 백인 자유주의자의 감수성에 대해 많이 배웠다. 나는 많은 미국 소설들을 읽었는데 그중 존 스타인벡의 『분노의 포도』가 기억에 남는다. 그 소설에 나오는 떠돌이 노동자들의 고난과 남아프리카의 노동자나 농민들 사이에는 비슷한 점이 많았다.

내가 여러 번 읽은 책은 톨스토이의 대작 『전쟁과 평화』였다(제목에 '전쟁'이라는 단어가 있음에도 이 책은 허용되었다). 나는 특히 러시아 왕실의 모든 사람이 과소평가했던 쿠투조프 장군에 대한 묘사가 인상적이었다. 쿠투조프는 왕실의 무상하고 피상적인 가치관에 흔들리지 않고 오직 그의 병사와 국민에 대한 깊은 이해를 바탕으로 결정을 내렸으며, 바로 그것 때문에 나폴레옹을 물리칠 수 있었다. 이를 통해 진정으로 국민을 인도하려는 지도자는 그의 국민을 진정으로 알아야 한다는 사실을 다시금 깨달았다.

82

소웨토 학생 폭동이 일어난 가운데 위니는 내 오랜 친구이자 의사인 은타토 모틀라나와 함께 흑인학부모협의회Black Parents Association라는 학생들의 지도와 중간자 역할을 하는 지방 전문직 종사자 및 교회 지도자들로 구성된 조직에 가담했다. 당국은 젊은 폭도들뿐만 아니라 학부모 단체들에도 주의를 기울이고 있는 듯했다. 학생 폭동이 발발한 지 두 달이 못 된 8월에 위니는 '국내보안법'에 의해 구금되었고, 기소도 없이 요하네스버그의 교도소에 다섯 달 동안 수감되었다. 그 시기 동안 나는 위니와 스와질란드에 있는 기숙사제 학교에 다니던 딸들에게 격려와 유대의 뜻이 담긴 편지를 보낼 수 있었다. 이번 수감 중에는 학대를 받지 않았던 것 같았지만, 12월 출감 뒤 투쟁에 대한 각오가 더욱 강해졌음에도 불구하고 나는 그녀의 수감에 몹시 낙담했다.

비록 활동을 금지당하고 있었으나 위니는 출감한 뒤에도 계속 일을 했다. 소웨토의 젊은 급진주의자들 사이에서 그녀의 인기가 높아지자 당국은 당황했다. 당국은 그녀의 영향력을 줄이기 위해 뻔뻔스럽고도 파렴치한 행동을 서슴지 않았다. 즉, 그녀를 국내 유배를 보낸 것이다. 1977년 5월 16일, 경찰차와 트럭이 올랜도 웨스트에 있는 집으로 와서 가구와 옷 등을 트럭 뒤에 싣기 시작했다. 이번에는 위니를 구속 또는 구금하거나 신문하지 않았고, 대신 브랜드포트라 불리는 자유 주Free State의 시골 마을로 추방했다. 나는 자세한 소식을 힌두교 성직자로부터 정보를 받은 케이시에게서 전해 들었다.

브랜드포트는 요하네스버그로부터 남서쪽으로 400킬로미터 정도 떨어져 있으며, 자유 주에 있는 블룸폰테인의 바로 북쪽에 있다. 길고 험한 여정 끝에 위니와 진드지, 그리고 그들의 살림살이는 브랜드포트의 황량한 흑인 마을에 있는 방 세 칸짜리 양철지붕 판잣집 앞에 내려졌다. 그곳은 절망적일 만큼 가난하고 낙후된 곳으로, 이곳 사람들의 삶은 지방 백인 농부들의 손에 달려 있었다. 그들에게 위니는 경계와 두려움의 대상이었다. 그 지방 언어는 세소토어였는데, 위니가 모르는 언어였다.

그녀의 이러한 상황은 나를 슬프고 화나게 했다. 적어도 그녀가 소웨토의 집에 있을 때는 그녀가 부엌에서 요리를 한다든지 거실에서 독서하는 것을 마음속에 그릴 수 있었고, 내가 잘 아는 집에서 그녀가 아침에 일어나는 것도 상상해볼 수 있었다. 그것은 나에게 위안을 주었다. 소웨토에서는 그녀가 압박을 당해도 친구와 가족이 가까이 있었으나 브랜드포트에서는 위니와 진드지 주위에는 아무도 없었다.

나는 그 시골 마을을 블룸폰테인으로 가는 길에 한 번 지나가본 적이 있었지만 그리 주의 깊게 보지는 않았었다. 그곳은 가난과 폐허에 찌든 전형적인 곳으로, 기억할 만한 것이 없었다. 그 당시 나는 브랜드포트 802호라는 주소가 어느 날인가 나에게 낯익은 주소가 되리라는 사실을 전혀 몰랐다. 다시 한번 나는 위니와 내가 모두 동시에 교도소에 있는 것처럼 느껴졌다.

위니의 편지를 읽고 나는 브랜드포트 생활의 어려움을 알았다. 그곳에는 난방시설도 화장실도 수도도 없었다. 그곳에는 가게도 없었고, 시내의 상점들은 흑인 손님에게는 적대적이었다. 백인들은 거의 아프리칸스어를 사용하는 골수 보수주의자들이었다.

위니와 진드지는 늘 경찰의 감시를 받았고, 때때로 괴롭힘도 당했다. 몇 달이 채 지나기도 전에 진드지—진드지는 금지 명령을 받지 않았다—

는 보안경찰의 위협에 괴로워했다. 9월에 나는 위니의 변호사에게 도움을 받아 브랜드포트 지방 보안경찰을 상대로 진드지에 대한 위협을 그만두라는 긴급 청구를 제소했다. 판사에게 넘겨진 진술서에 따르면, 경찰들이 집으로 뛰어 들어와 진드지를 위협했던 것으로 드러났다. 판사는 진드지가 방해받지 않고 사람들을 만날 수 있다고 판결을 내렸다.

위니는 쉽게 기운을 차리는 유형의 사람이라 비교적 짧은 시일 내에 근처의 동조적인 백인들을 포함한 그곳 주민들을 설득했다. 그녀는 기근퇴치운동의 도움을 받아 주민들에게 음식을 조달해주었고, 마을 어린이를 위한 탁아소도 시작했다. 태어나 한 번도 의사를 본 적이 없는 이 마을에 보건소 설립을 위한 모금운동도 전개했다.

1978년에는 두 번째로 어린 딸이자, 위니와 나 사이에 낳은 첫째 아이인 제나니가 스와질란드의 왕 소부자의 아들인 툼부무지 왕자와 결혼했다. 그들은 제나니가 학교에 다니는 동안에 만났다고 했다. 나는 수감 중인지라 아버지로서 해야 할 전통적인 의무를 다할 수 없었다. 우리 문화에서는 신부의 아버지가 예비 신랑을 만나보고 그를 평가해야 한다. 또한 신랑이 신부 가족에게 지불하는 지참금인 로볼라의 액수도 결정해야 한다. 그리고 결혼식 당일에는 신부를 신랑에게 넘겨주는 예를 행한다. 나는 그 젊은이를 조금도 의심하지 않았지만 내 친구이자 법률고문인 조지 비조스에게 대리인이 되어달라고 부탁했다. 나는 조지에게 그 왕자를 만나 그가 내 딸을 어떻게 보살피려 하는지 의견을 물어보라고 부탁했다.

조지는 그 왕자를 자신의 사무실에서 만났고, 이어 로벤 섬에서 나와 상담을 하고자 했다. 제나니가 아직 스물한 살이 안 되었으므로 나의 법적 결혼 승인이 필요했다. 나는 조지를 상담실에서 만났는데, 교도관이 상담실 내에 우리와 같이 있는 것을 보고 조지는 놀랐다. 나는 이 면회가 법적인 것이 아니라 가족의 면회로 인정되었기 때문에 규정상 교도관이 배석한 것이라고 설명했다. 나는 농담조로 교도관에게 숨길 비밀이 없다고 말해 조지를 안심시켰다.

조지는 결혼할 두 사람이 서로 얼마나 사랑하는지, 그리고 나의 장래 사윗감의 밝은 전망에 대해 이야기했다. 신랑의 아버지인 소부자 왕은 계몽된 전통적 지도자이자 ANC의 일원이었다. 조지는 나에게 신랑 측 가족의 요구사항들을 전달하면서 신랑이 스와지의 왕자라는 점을 애써 지적했다. 나는 조지에게 그 젊은이를 만나서 그는 템부족의 공주를 얻게 되는 것임을 전하라고 말했다.

제나니가 스와지 왕족의 일원이 되자 엄청난 혜택이 생겼다. 그는 즉각 외교적 특권을 부여받아 나를 마음대로 면회할 수 있게 되었다. 혼례를 치른 그해 겨울, 제나니와 툼부무지는 새로 태어난 그들의 딸아이를 데리고 나를 보러 왔다. 왕자의 지위 때문에 우리는 두꺼운 벽과 유리로 분리되어 있는 일반 면회구역이 아닌 상담실에서 만날 수 있었다. 나는 조금 흥분된 마음으로 그들을 기다렸다.

그들이 방으로 들어올 때는 기적이 일어나는 것 같았다. 내가 일어서자 제나니는 나를 보고 자신의 작은 아기를 남편에게 거의 던지다시피 하고는 달려와 내게 안겼다. 제나니가 거의 제나니의 딸 나이였을 때 이후로 나는 제나니를 안아본 적이 없었다. 갑자기 다 자란 자식을 포옹하는 것은 공상과학 소설에서 시간이 갑자기 증발해버리는 것처럼 현기증 나는 경험이었다. 그리고 나는 새 사위와 포옹했다. 그가 나에게 작은 손녀를 안겨주었는데, 나는 면회가 끝날 때까지 줄곧 손녀를 안고 있었다. 매우 연약하고 보드라운 아기를 오랜 세월 오직 곡괭이와 삽자루만 쥐어온 내 거친 손으로 안아보니 뭐라 표현할 수 없이 기뻤다. 이 세상 어느 누구도 그날 내가 아기를 안았을 때보다 더 행복하지는 않을 것이다.

그 방문은 공식적인 목적이 있었다. 아이의 이름을 짓는 것이었다. 할아버지가 이름을 짓는 것이 관습이었다. 나는 '희망'이라는 뜻의 자지웨 Zaziwe를 택했다. 그 이름은 나에게 특별한 의미가 있었는데, 그 이유는 수감생활 동안에 나는 결코 희망을 버리지 않았고 앞으로도 그러할 것이기 때문이다. 나는 이 아이가 인종차별정책을 먼 추억으로만 여기게 될 남아프리카의 새로운 세대의 일원이 되리라 확신했다.

83

소웨토 폭동 뒤 교도소 내부에서 일어난 대변동 때문인지, 아니면 교도소 밖의 내 가족들의 생활이 대변화를 겪었기 때문인지는 모르지만, 1976년 이후 한두 해 동안 나는 꿈꾸는 듯 향수에 젖어 있었다. 교도소에서 사람들은 과거를 재고해보는 시간을 갖는데, 추억은 친구이자 적이 된다. 나는 추억 속에서 큰 즐거움과 비탄의 순간들을 접했다. 나는 더 많은 꿈을 꾸게 되었고, 매일 밤 지난날들의 고락을 다시 경험했다.

내게는 반복되는 악몽이 하나 있었다. 그 꿈속에서 나는 교도소에서 막 석방되었는데, 그 교도소는 로벤 섬이 아니라 요하네스버그에 있는 교도소였다. 교도소 정문을 나와 도시로 걸어가는데 아무도 없었다. 사실 그곳에는 사람도 차도 택시도 없었다. 그러자 나는 소웨토 쪽으로 걷기 시작했다. 여러 시간을 걸어 올랜도 웨스트에 이르렀고, 8115번지를 향해 모퉁이를 돌았다. 마침내 우리 집을 찾았으나 그 집은 텅 빈 유령의 집 같았고, 문과 창문이 다 열린 채 아무도 없었다.

그러나 석방되는 꿈이 모두 그렇게 음울한 것은 아니었다. 1976년에 나는 위니에게 다음과 같은 행복한 꿈 이야기를 편지로 썼다.

> 2월 24일 밤에 나는 온 집을 가득 메운 젊은이들이 자이브와 인피바가 혼합된 흥겨운 곡에 맞추어 춤을 추고 있는 8115번지에 도착하는 꿈을 꾸었소. 내가 예기치 않게 걸어 들어가자 모두들 놀랐고, 몇몇은 나를 다정히 반기는가 하면 다른 몇몇은 수줍은 듯 사라졌소. 침실도 마찬가지로 우리 가족과 가까운 친구들로 가득 차 있었지요. 당신은 가토(나의 아들 마가토)와 함께 편히 누워 있었는데, 젊어 보였고 반대쪽 벽에 기대어 잠들어 있더군요.
>
> 아마도 그 꿈에서 나는 그가 여섯 살이고 마쿨루(에블린의 엄마)를 혼자 집에 남겨두었던 1956년 12월의 두 주일을 회상했는지 모르오. 그는 그때 그 아이의 엄마와 함께 올랜도 이스트에 살고 있었소. 그러나 내가 돌아오기 며칠 전 그는 마쿨루에게 와서 내 침대에서 잤지요. 그는 나를 몹시 그리워했기에, 그 침대를 사용하는 것이 그리움을 조금은 덜어주었을 것이 틀림없소.

행복했던 순간들을 생각하며 즐겁기도 했지만 내가 없어 가족이 겪은 고통에 슬프기도 했다. 다음은 1976년에 쓴 또 다른 편지이다.

> 2월 25일, 아침에 일어났을 때 나는 항상 그랬듯이 당신과 아이들이 몹시 그리웠소. 요즈음 나는 당신을 다데웨투(수녀)로, 엄마로, 친구로 그리고 정신적 지도자로 생각하며 많은 시간을 보냈지요. 당신을 육체적으로 정신적으로 항상 건강하게 지켜주는 모든 비결에 대해 얼마나 자주 생각하는지 모를 거

요. 예컨대, 매일 매일의 사랑 어린 말들과 다른 여인 같았으면 좌절했을 많은 분개할 일들에 눈을 감고 침착함을 유지하는 것 등 말이오……. 나는 심지어 당신이 진드지를 임신하여 배가 불룩해서 발톱을 깎으려고 애쓰던 일도 기억하고 있소. 나는 그 일들을 회상하면 부끄러움이 앞선다오. 내가 당신을 위해 대신해줄 수도 있었는데. 내가 의식했는지 못 했는지 모르지만 그때의 나의 태도란, 나는 내 할 일을 다했고, 둘째 아이도 나올 거고, 당신의 신체적 조건에 따른 어려움은 모두 당신 몫이라는 식이었지요. 나를 유일하게 위안해주는 사실은 그때 나는 생각할 여유도 없는 삶을 살고 있다는 것이었지요. 내가 다시 돌아갔을 때의 내 삶의 모습이 어떠할지…….

당신의 아름다운 사진은 지금 이 편지를 쓰고 있는 내 왼쪽 어깨 위로 60 센티미터 정도 거리에 놓여 있소. 나는 아침마다 조심스레 먼지를 털며 옛날과 같이 당신을 어루만지듯 행복한 느낌에 빠져든다오. 나는 심지어 내 코로 당신의 코를 비비며 전에 그렇게 했을 때 느꼈던, 핏줄을 따라 흐르는 전류를 다시 찾으려고도 한다오. 놀리타의 사진은 바로 정면 탁자에 놓여 있소. 내가 이렇게 사랑스러운 여인들의 애정을 받는데 어떻게 기운이 꺾일 수 있겠소.

놀리타는 우리 가족의 일원이 아닌데도 내가 사진을 보관하고 있는 유일한 사람이었다. 나는 그녀의 정체에 대한 비밀을 1976년 진드지에게 편지로 밝혔다.

그런데 엄마가 알고 있는 일이지만, 섬에서부터 내 감방에 있게 된 다른 여인인 놀리타에 대해 말한 적이 있니? 그녀는 너와 제나니, 은딘디, 난디, 만들라(뒤의 세 명은 내 손자들이다), 마키, 그리고 엄마와 같이 있단다. 엄마는 이에 대해 아주 실용적인 의견을 가지고 있지. 그는 이 작은 요정같이 아리따운 여인을 일종의 경쟁자로 여기며, 내가 그 사진을 《내셔널 지오그래픽》에서 오려낸 것임을 의심치 않는단다.

나는 계속해서 석방되는 날에 대해 생각했다. 몇 번이고 나는 내가 하고 싶은 것을 상상해보았다. 이것은 가장 행복하게 시간을 보내는 방법 중 하나였다. 나는 1976년 또다시 나의 몽상을 종이에 적어보았다.

나는 1958년 12월 6일에 그랬듯이 당신과 차를 몰고 길고 긴 여행을 하고 싶소. 그때와 다른 것은 이번에는 우리 둘만의 여행이라는 것이오. 당신과 너무 오래 떨어져 있어서 내가 돌아가 처음으로 하고 싶은 것은 당신을 숨 막히는 환경으로부터 벗어나게 하는 것이라오. 차를 타고 여행을 떠나 당신이 맑은 공기를 마시고, 남아프리카의 절경을 구경하고, 푸른 잔디와 나무들, 색색의 들꽃들, 반짝이는 시냇물, 그리고 초원에서 풀 뜯는 동물들을 만끽하고, 길에서 만나는 순박한 사람들과 담소를 즐길 수 있는 그런 기회를 갖게 하고 싶소. 우리가 처음 들를 곳은 마 라데베와 CK(위니의 부모)가 잠자고 있는 곳이 될 거요. 나는 두 분이 나란히 누워 계시길 바라오. 나는 내가 오늘과 같이 행복하고 자유로울 수 있게 만들어주신 그분들께 경의를 표하려 하오. 그러고는 아마도 거기에서부터 내가 그 긴 세월 당신에게 말하고 싶었던 이야기들을 시작할 거요. 주위는 조용해 당신은 잘 들을 수 있을 것이고, 나는 달콤하고 교육적이며 건설적인 이야기에 집중할 거요. 그러고는 잠시 쉬었다가 다시 환경이 비슷한 음파카니스와와 노세케니(나의 부모)의 옆에서 이야기를 계속하겠소. 그러고 나서 8115번지 집으로 돌아오면 우리는 새로워지고 견실해지리라 믿소.

당국이 1970년대 초반에 직계 가족들의 사진을 받아볼 수도 있도록 허락하자 위니는 사진첩을 보내왔다. 나는 위니와 아이들, 그리고 손자 손녀들의 사진을 받을 때마다 정성스레 사진첩에 붙였다. 나는 이 사진첩을 소중하게 보관했다. 사진첩을 통해서만 사랑하는 가족들을 보고 싶을 때마다 볼 수 있었기 때문이다.

그러나 교도소에서는 방해가 따르지 않는 특혜란 없다. 사진을 받아 보고 사진첩을 보관할 수는 있었으나 교도관들은 종종 감방을 수색하여 위니의 사진을 압수해 갔다. 그러나 결국 그러한 관행은 중지되었고, 나는 사진첩을 잘 정돈해 전체 가족 사진들로 가득 채웠다.

누가 처음으로 내 사진첩을 빌려달라고 부탁했는지 기억이 나지 않지만 틀림없이 우리 구역 내의 사람이었을 것이다. 나는 기꺼이 빌려주었고, 다른 사람이 부탁해 그에게도 보여주었다. 곧 내가 사진첩을 가지고 있다는 사실이 널리 알려져 F나 G 구역의 사람들에게서도 빌려달라는 청을 받기도 했다.

F와 G 구역의 사람들은 방문객이나 심지어 편지도 거의 없으므로 바깥세상을 볼 수 있는 창인 내 사진첩을 빌려달라는 부탁을 거절한다는 것은 매우 인색한 짓이었다. 그러나 얼마 지나지 않아 나는 내 소중한 사진첩이 누더기가 되고, 둘도 없는 사진들이 많이 없어진 것을 알았다. 그 구역 사람들은 그들 감방 내에 뭔가 사적인 것을 몹시 갖고 싶어 했고, 어쩔 수 없이 사진을 빼냈을 것이다. 이런 일이 있을 때마다 나는 다시 사진첩을 잘 만들어놓았다.

가끔은 사진첩이 아니라 사진 한 장을 요구하는 사람도 있었다. 어느 날인가 우리에게 음식을 가져온 일반수 구역의 흑인의식운동 소속의 한 젊은 친구는 나에게 “마디바, 사진 한 장 갖고 싶어요”라고 말했다. 이에 나는 좋다고 하고, 한 장 보내주겠다고 대답했다. 그는 다소 무뚝뚝하게 "언제요?"라고 물었다. 나는 그 주말에 보내주겠노라 답했다. 이에 그는 만족한 듯 걸어 나가다가 갑자기 돌아서서는 말하기를, "그런데 늙은 여자 사진은 보내지 말아요. 진드지나 제나니 같은 젊은 여자 사진을 보내줘요. 꼭 잊지 말고, 늙은 여자 말고요."

84

뉴스를 받아볼 권리를 찾기 위해 거의 15년간 애써온 결과, 1978년에 당국은 타협안을 제안했다. 신문 구독이나 라디오 청취 대신에 그들은 자체 라디오 뉴스 방송을 시작했다. 그들은 날마다 요약된 뉴스를 교도소 내부 통신체계를 통해 보도했다.

그 방송은 전혀 객관적이거나 포괄적이지 못했다. 검열관 몇 명이 다른 라디오 방송에서 발췌하여 간략한 뉴스를 만들었다. 이 방송은 정부에 유리한 뉴스와 반정부 세력에게는 나쁜 소식들로 구성되어 있었다.

첫 방송은 로버트 소부퀘의 죽음에 관한 보도로 시작했다. 방송 초기의 보도들은 로디지아에서 이언 스미스 군대가 승리한 소식이나 남아프리카에서 반정부 운동가들이 구류당한 소식 등과 관련된 것들이었다. 뉴스의 편향성에도 불구하고 우리는 뉴스를 접하게 되어 기뻤고, 행간을 읽고 명백히 삭제된 내용에 대한 신빙성 있는 추측을 하는 우리를 자랑스럽게 여겼다.

그해 교도소 방송을 통해 보타가 존 포르스테르 뒤를 이어 수상이 된 것을 알았다. 교도관들은 언론이 포르스테르의 정보부 자금 남용 사실을 고발했기 때문에 사직했다는 사실은 우리에게 알려주지 않았다. 나는 보타가 공격적인 국방장관으로서 1975년 앙골라를 무력으로 침공하는 것을 지지했었다는 사실 이외에는 아는 바가 없었다. 어쨌든 우리는 그가 개혁가가 되리라고는 전혀 생각하지 못했다.

나는 그즈음 교도소 도서실에 있었던 포르스테르의 공인된 자서전을 읽고, 그가 자신의 신념을 위해서는 기꺼이 희생을 감수하는 사람임을 알았다. 그는 2차 세계대전 중 독일을 지지했다는 이유로 교도소에 갔었다. 우리는 포르스테르가 자유를 위한 운동에 대한 탄압을 새롭게 고조시켜 왔었기 때문에 물러나는 것에 유감이 없었다.

삭제되지 않은 라디오 방송은 없었지만 우리는 당국이 우리에게 알려지기를 원하지 않은 것들을 알 수 있었다. 1975년에 있었던 모잠비크와 앙골라의 성공적인 해방투쟁과, 그들이 혁명정부 수립과 더불어 독립국가로 출현했다는 사실도 알았다. 대세는 우리 쪽으로 기울고 있었다.

교도소 내에서 개방화 추세가 점증하자 우리들은 영화관도 갖게 되었다. 거의 매주 복도 가까운 큰 방에서 흰 종이 위에 영상을 비춰 영화를 보았다. 나중에는 제대로 된 스크린도 갖추었다. 영화는 훌륭한 오락으로, 교도소 생활의 황량함에서 벗어나게 해주었다.

우리가 처음 본 영화들은 무성영화이고 흑백인 할리우드 액션물들과 심지어 우리 전 시대의 서부 영화들이었다. 기억나는 초기의 영화는 1920년에 만들어진 〈조로의 표식〉으로 허세가 센 더글러스 페어뱅크스가 출연한 영화였다. 교도관들은 역사 영화를 좋아하는 것 같았는데, 그중에서도 엄격한 도덕적 메시지가 담긴 영화들을 특히 좋아했다. 초기에 우리가 본 영화들(이제는 총천연색에 대화도 있는 영화들) 중에는 찰튼 헤스턴이 모세 역을 맡은 〈십계〉, 율 브리너의 〈왕과 나〉, 리처드 버튼과 엘리자베스 테일러의 〈클레오파트라〉 등이 있었다.

〈왕과 나〉는 우리의 흥미를 끌었다. 그 영화는 동서양 가치관의 대립을 그리면서 서양이 동양에서 배울 바가 많음을 시사했기 때문이다. 〈클레오파트라〉는 논쟁거리였다. 많은 동지들은 이집트 여왕이 아름답긴 하지만 칠흑빛 머리에 보라색 눈을 가진 미국 여자 배우에 의해 묘사된 사실에 이의를 제기했다. 심하게 비방하는 사람들은 그 영화는 클레오파트라가 아프리카 여인이라는 사실을 말소시키려는 서구의 선전용 영화라고 주장했다. 나는 이집트 여행길에 본 젊고 흑색 피부의 클레오파트라 조각에 대해 이야기해주었다.

이후에는 우리가 예전부터 알고 있는 흑인 스타들이 출연하는 남아프리카 국내 영화도 보았다. 그런 날 밤이면 우리의 작은 간이 영화관에는 화면에 나타나는 우리의 오랜 친구를 반기는 고함과 휘파람 소리, 그리고 환호가 울려 퍼졌다. 나중에는 기록영화들도 볼 수 있게 되었다. 나는 이러한 종류의 영화를 선호했고, 흔히 일반적인 영화들을 보지 않기 시작했다(그러나 소피아 로렌이 나오는 영화는 결코 놓치지 않았다). 기록영화들은 주립도서관에 신청해 구했고, 우리 구역 사서인 아메드 카트라다가 주로 선별했다. 내가 특히 감동받은 기록영화는 2차 세계대전 중 벌어진 대해전에 관한 것으로, 이는 일본에 의해 침몰된 영국 전함 '웨일스의 왕자Prince of Wales'에 관한 뉴스 장면을 보여주었다. 나를 가장 감동시킨 것은 영국 전함을 잃었다는 뉴스를 들은 뒤 윈스턴 처칠이 눈물을 흘리는 짧은 장면이었다. 그 장면은 오래도록 기억에 남았으며, 그를 통해 나는 지도자가 대중 앞에서 슬픔을 보일 수 있을 때가 있고, 그것이 그를 왜소하게 만들지 않는다는 사실을 알게 되었다.

미국의 오토바이족 '지옥의 천사들'에 관한 기록영화는 논란을 불러일으켰다. 그 영화에서 지옥의 천사들은 분별없고 난폭하며 반사회적인 집단으로 묘사되고, 반면에 경찰은 점잖고 바르며 신뢰할 만한 사람들로 그려졌다. 영화가 끝난 뒤 우리는 즉각 영화의 의미에 대해서 토론을 벌였다. 대부분은 '지옥의 천사들'의 무법성을 비난했다. 그러나 그때 총명하고 젊은 흑인의식운동 단원인 스트리니 무들리가 벌떡 일어나 모인 사람들을 시대감각이 없다고 비판했다. 그 오토바이족은 당국에 대항했던 1976년의 소웨토 학생들과 일맥상통하는 면이 있다는 것이었다. 그는 우리를 영화에 나오는 우익 관리들에 동조하는 기성세대의 중산층 지식인들이라고 비난했다.

스트리니의 이 같은 비난은 큰 소동을 일으켰다. 많은 사람이 그 비판에 반대하여 지옥의 천사들은 어떠하든 변호할 여지가 없으며, 그러한 비도덕적인 반사회적 무리와 우리의 투쟁을 비유하는 것은 모욕이라고 주장했다. 그러나 나는 스트리니가 말한 것을 되새겨보았고, 그와 의견이 같지는 않았지만 그를 변호하려 했다. 지옥의 천사들은 우리와 뜻이 다르고 비도덕적 폭도들이었지만 어쨌든 그들은 권위에 대항한 반란자들이었다.

나는 지옥의 천사들에 관심이 없었다. 내 관심은 우리가 과연 스트리니가 시사했듯이 더 이상 혁명적이지 않은 정신 상태에 빠져 있지 않는가라는 더 커다란 질문에 있었다. 우리는 교도소에서 15년 이상 있었다. 나는 거의 18년이 되어갔다. 우리가 남겨두고 왔던 세계는 벌써 오래전에 사라졌다. 위험한 것은 우리의 사고가 시간의 흐름 속에서 고정되어 있었다는 사실이다. 교도소는 회전하는 세계 속의 고정점이며, 따라서 세상은 움직이는데 교도소 속에서는 같은 곳에 머물러 있기 십상이다.

나는 항상 새로운 사상들에 마음을 열어놓으려 노력했으며, 어떠한 입장이 새롭거나 다르다고 해서 거부하지 않으려 했다. 그 섬에 있는 동안 우리들은 항상 자신의 신념과 생각들에 대하여 끊임없이 의견을 나누었다. 그것들에 대해 논쟁도 하고 이의도 제기함으로써 우리의 생각들을 다듬어왔다. 나는 우리가 한곳에 머물러 있었다고 생각하지 않았다. 우리는 점진적으로 발전해왔던 것이다.

로벤 섬은 점차 더욱 개방되어갔지만 정부가 자신들의 시각을 개혁하는 것 같지는 않았다. 그렇다 해도 나는 언젠가는 자유인이 되리라는 사실을 의심치 않았다. 우리는 한곳에 묶여 있었는지 모르지만 세계는 멀어져가는 것이 아니라 우리 쪽으로 움직여 오고 있다는 것을 확신했다. 그 영화는 내가 석방되는 날 오랜 과거의 화석처럼 보이고 싶지 않다는 나의 의지를 다시 한번 상기시켜주었다.

15년이 걸렸지만 드디어 1979년에 당국은 내부 통신을 통해 아프리카인, 혼혈인, 그리고 인도인 죄수들에게 같은 급식을 제공한다고 발표했다. 그러나 지연된 정의는 부정된 정의와 마찬가지이듯, 그렇게 오랫동안 미루어지다 어쩔 수 없이 실행된 개혁은 그렇게 환영할 만한 가치는 없었다.

이제 모든 죄수들은 아침에 똑같이 한 숟갈 반 분량의 설탕을 배급받게 되었다. 그러나 단순히 아프리카인 배급량을 늘린 것이 아니고 혼혈인과 인도인이 받는 설탕의 양을 반 숟갈 줄여 그것을 아프리카인 죄수들에게 보태준 것이었다. 얼마 전에는 아침에 아프리카인 죄수들에게 빵을 배급하기 시작했으나 우리에게는 별 차이가 없었다. 왜냐하면 우리는 그동안 음식을 모아서 같이 나누어 먹었기 때문이다.

우리의 식사는 지난 2년 동안 이미 많이 좋아졌으나 그것은 당국의 조치 때문은 아니었다. 소웨토 폭동 이후 당국은 로벤 섬을 남아프리카의

'보안범'들의 전용 교도소로 만들기로 결정했다. 일반수들의 수는 급격히 줄어갔다. 그 결과 처음으로 정치범들이 취사를 담당하게 되었다. 그렇게 되자 우리의 식사는 놀랍도록 좋아졌다. 그 이유는 그들이 음식을 더 잘 만들어서가 아니라 식량의 밀반출이 없어졌기 때문이었다. 이전의 취사 담당 죄수들은 자신들을 위해 또는 교도관들을 매수하기 위하여 식량을 빼내었는데, 새 요리사들은 우리에게 할당된 음식을 모두 사용했다. 채소류는 더욱 풍성해졌고, 고깃덩어리가 우리의 죽이나 탕 속에 보이기 시작했다. 우리는 그제야 지난 수년 동안 우리가 그런 음식을 먹었어야 했음을 깨달았다.

85

1979년 여름, 나는 앞마당에서 테니스를 치고 있었다. 상대는 대각선으로 공을 보냈고 난 그것을 치기 위해 애써 쫓아다녀야 했다. 코트를 질러 뛰어갈 때 나는 오른쪽 발뒤꿈치에 심한 통증을 느껴 경기를 그만둘 수밖에 없었다. 그 뒤 며칠 동안 나는 심하게 절룩거리며 걸었다.

나는 섬에 있는 의사의 진찰을 받았는데, 케이프타운에 있는 전문의에게로 가야 한다고 했다. 당국은 우리의 건강을 점점 더 걱정하고 두려워하게 되었다. 만일 우리가 교도소에서 죽으면 그들이 국제사회로부터 비난을 받을 것이기 때문이었다.

보통 사람들이 케이프타운을 방문하는 것은 즐거운 일이지만 죄수에게는 전혀 다르다. 나는 수갑이 채워진 채 배의 한 구석에서 무장 교도관 다섯 명의 감시를 받았다. 그날 바다에는 파도가 심했고 배는 몹시 흔들렸다. 중간쯤 와서 나는 우리가 탄 배가 전복될지도 모른다는 생각이 들었다. 나는 손자뻘 나이 정도 된 젊은 두 교도관들 뒤로 구명대가 있는 것을 보았다. 나는 속으로 '만일 이 배가 뒤집히면 이 세상에서 저지를 마지막 죄로 저 두 젊은이를 타고 넘어 구명대를 가져야겠다'라고 생각했다. 그러나 그렇게 할 필요는 없었다.

부두에서 더 많은 무장 경비원과 약간의 인파를 만났다. 지나가는 죄수를 보는 일반 시민들의 얼굴에서 공포와 혐오를 보는 것은 치욕적인 경험이다. 웅크리고 숨고 싶었지만 그렇게 할 수는 없었다. 나를 진찰한 젊은 의사는 전에 발뒤꿈치를 다친 적이 있느냐고 물었다. 사실 나는 포트헤어에 있을 때 다친 적이 있었다. 어느 날 오후 축구를 하다가 공을 빼앗으려 할 때 발뒤꿈치에 심한 통증을 느낀 적이 있었다. 그때 태어나 처음 병원으로 실려 갔다. 내가 자란 곳에서는 아프리카인 의사란 없었고, 백인 의사에게 진찰을 받는다는 것은 들어본 적이 없었다.

포트헤어의 의사는 진찰하고 나서 수술을 해야 한다고 말했다. 그 진단에 놀라 나는 갑작스레 그 의사에게 손대지 말라고 말했다. 그 당시 나는 의사를 보러 가는 것은 남자답지 못하고, 수술을 받는 것은 더욱 나쁜 것으로 여기고 있었다. 이에 그 의사는 "마음대로 하시오. 그러나 당신이 나이가 들면 그것 때문에 고생할 것이오"라고 말했다.

케이프타운의 외과의사는 내 발뒤꿈치를 방사선 촬영을 해보고 아마도 포트헤어에서 부상당한 다음부터 거기에 있었을 뼛조각들을 발견했다. 그는 곧바로 그의 진찰실에서 국부 마취를 하고 그 뼛조각을 제거할 수 있다고 말했다. 나는 즉각 동의했다.

수술은 순조로웠고, 그것이 끝나자 의사는 어떻게 발뒤꿈치를 간수해야 하는지 설명해주었다. 그 도중 수석 교도관이 갑자기 끼어들어 나를 곧바로 로벤 섬으로 데려가야 한다고 말했다. 이에 의사는 몹시 화가 나서 권위적인 태도로 '만델라 씨'는 다음 날까지 병원에 있어야 하고, 어떠한 경우라도 나를 내보내지 않겠노라고 말했다. 그 교도관은 움찔하여 조용히 묵인했다.

병원에서 첫날 밤은 매우 즐거웠다. 간호사들은 좋은 식사를 가져다 주었고, 잠도 잘 잤다. 그리고 아침에는 간호사 몇 명이 들어와서는 내게 지급된 잠옷과 가운을 가지라고 말했다. 나는 그들에게 고맙다고 인사하고, 내 모든 친구들이 나를 부러워할 것이라고 말했다.

나는 이 여행에서 다른 사실 하나를 알았는데, 그것은 그 병원에서 흑인과 백인의 관계가 부드러워졌다는 것이다. 의사와 간호사들은 일생동안 평등하게 흑인들을 대해왔던 것처럼 나를 자연스럽게 대했다. 이것이 내게는 매우 새롭고 고무적인 일이었다. 나는 교육이 편견의 적이라는 오랜 신념을 재확인했다. 그들은 과학적인 사람들이었고, 과학에는 인종주의의 여지가 없었다.

내가 한 가지 후회하는 것은 병원에 가기 전에 위니와 접촉할 기회가 없었다는 것이었다. 신문에는 내가 거의 죽을 지경이라는 소문이 실렸고, 이에 위니는 매우 걱정했다. 그러나 나는 병원에서 돌아온 뒤 위니의 두려움을 불식시키기 위해 편지를 썼다.

* * *

1980년에 우리는 신문을 구독할 수 있는 권리를 찾았다. 이것은 승리였지만 여느 때와 같이 함정이 숨어 있었다. 새 규정에 따르면, A 그룹 죄수들은 하루에 영자신문 하나와 아프리칸스어 신문 하나를 살 수 있었다. 그러나 성가신 단서는 A 그룹 죄수가 다른 죄수에게 신문을 보여주면 신문을 구독할 수 있는 권리를 잃는다는 것이었다. 우리는 이러한 제약에 항의했지만 소용이 없었다.

우리는 두 일간신문 《케이프 타임스Cape Times》와 《디 부르거Die Burger》를 받아보았다. 이들은 모두 보수적인 신문들이었는데, 특히 《디 부르거》가 더 그러했다. 그런데도 교도소 검열관들은 날마다 각 신문들을 샅샅이 조사해 우리가 보아서는 안 될 것 같은 기사들을 가위로 오려냈다. 우리가 신문을 받아볼 때면 신문들은 구멍이 가득했다. 우리는 곧 《스타Star》, 《랜드 데일리 메일》, 그리고 일요일판 《타임스Times》 등도 볼 수 있었으나 이 신문들은 더욱 철저한 검열을 거쳤다.

1980년 3월, 《요하네스버그 선데이 포스트Johannesburg Sunday Post》에는 물론 내가 볼 수 없었던 기사 하나가 실렸다. 표제가 "만델라를 석방하라!"였다. 안에는 나와 내 동료 정치범들의 석방을 요구하기 위해 서명할 수 있는 탄원서가 있었다. 신문들은 여전히 내 사진이나 내가 했던 말이나 글을 실을 수 없었으나, 그 신문의 캠페인은 우리의 석방을 둘러싼 대중적 논의를 촉발시켰다.

이 캠페인을 착상한 것은 루사카에 있는 올리버와 ANC였으며, 이는 우리의 신조에 대한 대중들의 관심을 불러일으키기 위한 새로운 전략의 초석이었다. ANC는 석방 캠페인을 전술상 한 사람에게 초점을 둠으로써 우리 전체의 석방 요구를 개인적인 일로 만들기로 결정했다. 이에 따라 수백만 명이 이 캠페인의 지지자가 되었지만 그들은 넬슨 만델라가 정확히 누구인지 몰랐다(내가 듣기로 '만델라를 석방하라Free Mandela'라는 포스터가 런던에 붙여졌을 때 젊은이들은 대부분 내 세례명이 '자유Free'인 줄 알았다고 한다). 섬에서는 일부 사람들이 투쟁운동을 한 개인에 관한 문제로 만드는 것이 조직의 집단성에 위배된다고 비난했다. 그러나 대부분은 그것이 대중을 일깨우기 위한 전술임을 알고 있었다.

그 전년도(1979년)에 나는 인도의 자와할랄 네루 인권상을 받았다. 이는 투쟁의 부활을 의미하는 또 하나의 증거였다. 물론 나는 위니의 경우와 마찬가지로 시상식 참석이 허용되지 않았으나 올리버가 나 대신 상을 받았다. 우리는 ANC가 다시 일어나는 것을 느낄 수 있었다. 민족의 창은 사보타주 운동의 강도를 높이고 더욱 치밀하게 전개했다. 6월에는 MK 대원들이 요하네스버그 바로 남쪽에 있는 거대한 사솔버그 정련소에 폭탄을 터트렸다. MK는 일주일에 한 번씩 요지를 골라 연속적인 폭파를 시도했다. 폭탄은 동부 트란스발의 발전소들에서, 저미스턴, 다베이턴, 뉴브라이턴 등지의 경찰서에서, 그리고 프리토리아 밖의 푸어트레커후트 군사기지에서도 터졌다. 이 지역들은 모두 전략적 요충지들로, 많은 사람들의 주의를 끌고 정부를 불안하게 했다. 국방장관 매그너스 말란 장군은 보타의 지원을 받아 '전면 공격'이라 알려진 정책을 세워 해방투쟁과 대적하기 위해 전국을 군사기지로 만들었다.

'만델라 석방' 캠페인은 또한 좀 더 부드러운 측면도 있었다. 1981년, 런던 대학의 학생들이 나를 명예총장 후보로 지명했다는 것을 알게 되었다. 이는 매우 커다란 영광이었는데, 나의 경쟁 상대들도 다름 아닌 앤 공주와 노조 지도자 잭 존스였다. 결국 나는 7,199표를 얻어 여왕의 딸에게 졌다. 나는 브랜드포트에 있는 위니에게 이 선거에 대해 편지를 쓰며 다만 잠시만이라도 초라한 판잣집이 성처럼 그리고 작은 방들이 윈저궁의 연회장처럼 느껴지기를 바란다고 말했다.

석방 캠페인은 우리들의 희망을 다시 불러일으켰다. ANC가 쇠퇴해

가는 듯했던 1970년대 초반의 어려웠던 시기에는 우리는 절망하지 않으려고 자신을 억지로 부추겨야 했다. 많은 점에서 우리는 오판을 하고 있었다. 즉, 우리는 1970년대까지는 민주적이고 비인종주의적인 남아프리카에서 살 수 있으리라 생각했다. 그러나 1980년대에 들어와서야 나의 남아프리카에 대한 희망이 다시 살아났다. 아침에 앞마당에 나가보면 살아 있는 모든 것들이, 갈매기와 할미새, 작은 나무들, 그리고 산발한 풀잎들까지도 햇빛 속에 미소 지으며 빛나고 있는 것처럼 보였다. 이 작고 폐쇄된 세계의 한 모퉁이에서도 아름다움을 느낄 때면, 언젠가는 내 민족과 내가 자유로워지리라는 것을 알았다.

86

우리 아버지처럼 나는 템부 왕의 자문가가 되도록 가르침을 받았었다. 비록 다른 길을 선택하긴 했어도 내 나름대로 그 역할을 책임 있게 수행하려고 노력했다. 교도소에 있으면서도 그 왕과 연락을 주고받아 최선을 다해 그에게 조언을 하려고 힘썼다. 나이가 들면서 트란스케이의 푸른 언덕이 더욱 자주 생각났다. 내가 결코 정부의 후원을 받아 그곳으로 이주하는 일은 없겠지만, 언젠가 해방된 트란스케이에 돌아갈 날을 꿈꾸었다. 그래서 1980년 템부의 최고권자인 사바타 달린디에보 왕을 내 조카이자 트란스케이의 수상인 마탄지마가 폐위한 것을 알고 몹시 당혹스러웠다.

일단의 템부 지도자들이 나에게 긴급히 면회를 요청했고, 당국은 이를 허락했다. 당국자들은 내가 부족과 트란스케이의 일에 더욱 깊이 관여할수록 투쟁에서 관심이 멀어지리라고 생각해서 기꺼이 부족 지도자들의 방문을 환영했다.

정부는 ANC에 대한 대치 세력으로 전통적 지도자들의 힘을 증대시켰다. 많은 동지들은 이들 지도자들에 반대해야 한다고 생각했으나 나는 그들과 협조하고자 했다. 전통적 지도자이면서 동시에 ANC의 일원이 되는 것은 모순이 아니다. 이러한 상황은 섬에서 오래도록 가장 민감한 논쟁, 즉 ANC가 정부가 후원하는 조직에 참여해야 하는가라는 논쟁을 불러일으켰다. 많은 사람들은 여기에 참여하는 사람들을 앞잡이로 여겼다. 또다시 나는 원칙과 전술을 구분할 필요가 있다고 생각했다. 나에게 중요한 문제는 전술 문제였다. 즉, 이 조직들에 참여하는 것과 참여하지 않는 것 가운데 어느 것이 우리 조직을 강화하는 데 도움이 되는가 하는 것이 내 관심의 대상이었다. 이 경우 나는 참여하는 것이 우리 조직을 더 강화하는 길이라 생각했다.

나는 이들 지도자들을 넓은 면회장소에서 만났고, 그들은 자신들이 처한 딜레마를 설명했다. 그들은 사바타에 동조하지만 마탄지마를 두려워했다. 나는 그들의 말을 모두 들은 뒤, 불법으로 파렴치하게 왕으로부터 권력을 찬탈한 마탄지마에 대항하여 사바타를 지지하라고 조언했다. 나는 그들의 입장을 이해하지만 마탄지마의 행동을 용서할 수 없었다. 나는 그들에게 내가 사바타를 지지하고 마탄지마를 비난한다는 뜻을 전달하라고 일렀다.

마탄지마도 사바타와 가족 문제를 상의하고자 면담을 제의했었다. 내 조카로서 그는 몇 년에 걸쳐 그러한 면회를 요청했다. 비록 마탄지마는 가족 문제를 상의한다고 했지만 그의 방문은 정치적인 결과를 불러올 것이었다. 마탄지마가 처음으로 방문을 신청했을 때부터 나는 상부조직과 우리 구역의 ANC 사람들에게 의견을 물었다. 몇몇은 단지 어깨를 으쓱하고는, "그는 당신의 조카이고, 방문할 권리가 있지 않소"라고 말했다. 그러나 레이먼드, 고반, 케이시는 그의 방문이 가족 내의 일로 치부될 수도 있겠지만, 결국 안팎의 많은 사람들은 그것을 마탄지마와 그의 정책을 승인하는 표시로 해석할 것이라고 주장했다. 또한 이것이 바로 그가 방문하고자 하는 이유이며, 그러한 그의 방문을 수용할 수 없다고 주장했다.

나는 그들의 주장을 이해했고, 많은 부분에서 의견을 같이했다. 그러나 나는 내 조카를 만나고 싶었다. 나는 항상 얼굴을 맞대고 만나는 회담의 중요성과 내 설득 능력을 아마도 높이 평가해왔는지 모르겠다. 이 경우에도 나는 그를 설득시켜 정책을 바꾸게 할 수 있기를 바랐다.

결국 우리 구역의 ANC 사람들은 마탄지마의 방문에 반대하지 않기로 결정했다. 그러나 민주주의적 원칙을 위해 우리는 F와 G 구역의 사람들에게 이 일에 대해 자문을 구했으나 그들은 단호하게 반대했다. 일반수 구역의 ANC 지도자 가운데 한 명인 스티브 츠웨테는 그러한 방문은 마탄지마를 정치적으로 도와주는 것으로 논의의 여지가 없다고 말했다. 그들은 마탄지마가 위니의 아버지인 콜럼버스 마디키젤라를 그의 정부의 농업장관으로 삼음으로써 이미 내 승인을 얻으려 하고 있다고 지적했다. 그들은 마디바 건이 아니더라도 이것 자체로도 그를 만나는 것이 좋지 않다고 말했다. 나는 일반수 구역의 ANC 사람들 의견을 받아들여 당국에 면회 거부 의사를 전달했다.

1982년 3월, 교도관한테서 내 아내가 교통사고를 당해 병원에 입원해 있다는 통고를 받았다. 그들은 알고 있는 것이 거의 없어서 위니의 상태가 어떠한지 어떤 환경에 있는지 알 수가 없었다. 나는 당국이 정보를 감추고 있다고 고발하고, 긴급 변호인 면담 신청을 요구했다. 당국은 정보를 무기로 이용했는데, 이는 효과적이었다. 나는 3월 31일 내 친구이자 위니의 변호사인 둘라 오마르를 만날 때까지 내 아내의 건강에 온 신경을 쏟았다.

둘라를 만나자 곧바로 위니에 대한 걱정이 풀렸다. 그녀가 탄 차가 전복되었으나 그녀는 무사하다고 했다. 짧은 면담을 마치고 B 구역으로 돌아왔으나 내 마음은 위니에게 가 있었다. 나는 그녀를 도울 수 없다는 무력감에 괴로웠다.

잠시 뒤, 최고지휘관과 다른 교도소 관리 여러 명이 나를 찾아왔다. 지휘관이 죄수를 감방으로 방문하는 것은 매우 이례적인 일이었다. 그들이 오자 나는 일어섰고, 지휘관은 정말 내 감방으로 들어왔다. 감방은 우리 둘만으로도 꽉 들어찬 듯했다.

"만델라, 당신 짐을 챙기시오." 그가 말했다.

나는 그 이유를 물었다.

"당신을 이송하려 하오." 그는 짧게 말했다.

"어디로?"

"말할 수 없소."

나는 이유를 알고 싶었다. 그는 프리토리아로부터 즉시 나를 섬 밖으로 이송하라는 명령을 받았다고만 말했다. 지휘관은 나가서 월터와 레이먼드 음흘라바, 그리고 앤드루 음랑게니의 감방을 차례로 돌며 그들에게도 같은 명령을 내렸다.

나는 혼란스럽고 불안했다. 무슨 뜻일까? 우리는 어디로 가는 것일까? 교도소에서는 명령에 이의를 제기하고 저항하는 것도 잠깐, 결국 명령에 복종해야 한다. 예고도 준비도 없었다. 나는 이 섬에 18년이 넘도록 수감되어 있었는데, 이렇게 갑자기 떠나게 되나?

짐을 넣을 몇 개의 골판지 상자가 각자에게 배당되었다. 내가 거의 20년 동안 모아온 것들이란 게 고작 이 상자 몇 개에 다 들어갈 정도로 보잘것없는 것들이었다. 우리가 짐을 꾸리는 데는 30분 남짓밖에 걸리지 않았다.

다른 사람들이 우리가 떠나는 것을 알게 되자 복도에서 소동이 벌어졌다. 그러나 우리는 그렇게 긴 세월 동안 동지애를 나누었던 사람들에게 작별인사조차 제대로 하지 못했다. 교도소가 갖는 또 하나의 비인간적 측면이었다. 수감자들 간의 우애와 충정의 유대는 당국의 입장에서는 사소한 것이었다.

우리는 몇 분 뒤 케이프타운으로 가는 배에 올라탔다. 불빛이 희미해져가자 나는 언제 다시 볼 수 있을지 모를 로벤 섬을 뒤돌아 바라보았다. 사람은 무엇에든지 익숙해질 수 있나보다. 나도 로벤 섬에 익숙해졌었다. 그곳에서 20년 가까이 지냈고, 집이 아니었는데도(내 집은 요하네스버그에 있었다) 나는 그곳에서 안락함을 느꼈다. 나는 항상 생활의 변화를 어렵게 느꼈는데, 때로 고난스러웠던 로벤 섬을 떠날 때도 예외는 아니었다. 무엇이 나를 기다리고 있는지 전혀 상상할 수 없었다.

부두에 도착하자 우리는 무장 경비들에 둘러싸여 창문도 없는 트럭에 올라탔다. 트럭이 한 시간이 훨씬 넘도록 달리는 동안 우리 네 명은 어둠 속에 있을 수밖에 없었다. 여러 차례 경비초소를 거쳐 마침내 어느 곳에 멈추었다. 트럭 뒷문이 열리고 어둠 속에서 우리는 시멘트 계단을 올라갔고, 철문을 통과해 또 다른 교도소로 들어갔다. 나는 간신히 한 경비원에게 어디냐고 물어봤다.

"폴스무어 교도소Pollsmoor Prison." 그가 대답했다.

10

적과의 대화

87

폴스무어 최고 보안 교도소는 케이프타운에서 남동쪽으로 몇 킬로미터 떨어져 있었는데, 교외의 백인 부촌과 토카이Tokai라고 불리는 단아한 주택가 변두리에 자리하고 있었다. 교도소 자체는 케이프타운의 너무나 아름다운 경치 속에서, 북쪽에 있는 콘스탄티아버지 산들과 남쪽의 수백 에이커의 포도원 사이에 자리 잡고 있다. 그러나 폴스무어의 드높은 콘크리트 벽 뒤에 있는 우리는 이런 자연의 아름다움을 볼 수 없었다. 폴스무어에서 나는 비로소 죄수들이 하늘이라 부르는 푸른 텐트에 관한 오스카 와일드의 잊지 못할 구절을 이해하게 되었다.

폴스무어는 현대적인 얼굴에 원시적인 가슴을 지니고 있었다. 건물들, 특히 직원들을 위한 건물들은 깨끗하고 현대적이었지만 죄수들을 위한 건물들은 낡고 더러웠다. 우리들을 제외하고는 폴스무어의 모든 수감자들은 일반 죄수들이었는데, 그들은 매우 뒤떨어진 대우를 받고 있었다. 우리들은 그들과 분리되어 있었고 그들과는 다르게 취급되었다.

우리는 다음 날 아침이 되어서야 주변 환경을 정확히 파악할 수 있었다. 우리 네 사람에게는 사실상 이 교도소의 옥상가옥이라 할 수 있는 교도소 3층 꼭대기에 있는 널찍한 방 하나가 배정되었다. 그 층에 죄수라고는 우리밖에 없었다. 방 자체는 깨끗하고 현대적이었으며, 가로 약 15미터 세로 약 9미터 크기의 직사각형이었다. 그곳은 변기 하나, 소변기 하나, 싱크대 두 개, 그리고 샤워 시설 두 개를 갖춘 독립된 공간이었다. 침대보와 수건이 있는 딱딱한 침대도 네 개 있었다. 이것은 지난 18년 동안 대부분의 세월을 돌 마룻바닥에 얇은 매트리스를 깔고 자던 사람들에게는 엄청나게 호사스러운 것이었다. 로벤 섬에 비교한다면 우리는 별이 다섯 개인 일류 호텔에 머무르는 셈이었다.

이곳에는 또한 탁 트인 실외공간으로, 축구장 길이의 반쯤 되는 L 자 모양의 정원이 있었다. 낮 동안에는 그곳에 나가서 시간을 보내도 좋다는 허락을 받았다. 이 교도소는 높이가 약 3.5미터인 흰색 콘크리트 벽으로 둘러쳐져 있었던 탓에 우리는 오직 하늘만을 볼 수 있었다. 단지 한 귀퉁이에서 우리는 콘스탄티아버지 산봉우리 중에서 특히 '코끼리의 눈'으로 알려져 있는 부분을 구분해낼 수 있을 뿐이었다. 나는 때때로 산의 이 부분을 바깥세상에 대한 빙산의 일각이라고 생각했다.

아무 설명도 없이 그토록 갑작스럽게 이동하게 되면 대단히 혼란스러웠다. 교도소 안에 있을 때에는 예고 없이 이동할 준비를 하고 있어야 했으나 우리는 결코 그런 이동에 익숙해지지는 못했다. 비록 이제 우리는 본토에 와 있었지만 더 한층 격리된 것 같았다. 우리에게 그 섬은 투쟁의 장소가 되었던 것이다. 우리는 서로 함께 있다는 사실에 위안을 얻었다. 처음 몇 주 동안은 왜 우리가 옮겨왔는지에 대해 생각하며 시간을 보냈다. 우리는 교도소 책임자들이 이미 오래전부터 우리가 젊은 죄수들에게 미치는 영향력을 싫어했고 또 두려워했다는 것을 알고 있었다. 그러나 이번에 이동한 이유는 좀 더 전략적인 듯했다. 즉, 당국 측에서 ANC의 머리를 잘라 버리려 한다고 우리는 믿었다. 로벤 섬 자체가 투쟁에서 지속적인 신화가 되어가고 있었고, 당국은 우리를 다른 곳으로 옮김으로써 로벤 섬이 가지고 있는 상징적 의미의 일부를 없애버리고자 했던 것이었다. 월터, 레이먼드, 그리고 나는 최고기구의 일원이었다. 그러나 한 가지 맞추어지지 않는 조각이 있었다. 음랑게니의 존재였다. 앤드루 음랑게니는 최고기구의 일원이 아니었고 로벤 섬의 최고 지도층에 속하지도 않았다. 그러나 물론 우리는 당국이 이 사실을 알지 못했을 가능성도 생각했다. ANC 조직에 관한 그들의 정보는 종종 부정확했기 때문이다.

두세 달 뒤에 진짜 최고기구의 회원이었던 케이시가 우리와 합류하게 되자 우리의 추측 가운데 하나가 확실해지는 것 같았다. 좀 더 중요한 사실은 케이시는 우리의 통신 담당자였고, 우리가 새로 들어온 젊은 죄수들과 통신할 수 있었던 것도 바로 케이시의 역할 덕분이었다는 것이다.

케이시가 도착하고 몇 주가 지날 무렵 또 한 명이 우리와 합류했다. 그런데 우리는 그가 로벤 섬 출신이 아니라는 사실을 몰랐다. 패트릭 마쿠벨라는 젊은 변호사로 케이프 동부지역의 ANC 회원이었다. 그는 그리피스 음생게의 도제로 일했는데, 음생게는 구속된 많은 ANC 회원들을 변론했던 대단히 존경받는 변호사였지만, 결국에는 지난해에 더반 가까운 곳에서 살해되었다. 마쿠벨라는 반역죄로 요하네스버그의 디에프클루프에서 20년형을 살다가 그곳의 죄수들을 조직하여 소동을 일으켜 폴스무어로 옮겨진 것이었다.

처음에 우리는 이 새로운 인물에 대해 회의적이었고, 그가 당국의 첩보원일 가능성이 있다고 생각했다. 그러나 우리는 곧 그렇지 않음을 알게 되었다. 마쿠벨라는 영리하고 다정하며 용감한 친구였고, 우리는 그와 아주 잘 어울려 지냈다. 어찌됐건 지난 20년 동안 함께 지냈으며, 또한 자신들의 삶의 방식을 굳힌 일단의 노인들에게 그가 허튼 수작을 하며 끼어들 수도 없는 일이었을 테니 말이다.

* * *

이제 온통 콘크리트로 된 세계 속에서 살게 되자 로벤 섬의 자연경관이 그리워졌다. 그러나 우리의 새집에도 위안거리가 많았다. 한 가지 예로, 폴스무어의 음식은 로벤 섬보다 훨씬 훌륭했다. 하루 세끼를 죽으로 때우며 살아온 우리에게 제대로 된 고기와 야채로 만든 폴스무어의 저녁식사는 진수성찬이나 다름없었다. 우리는 꽤 많은 종류의 신문과 잡지를 볼 수 있었고, 런던에서 발행된 《타임》과 주간지 《가디언》 같은 이전의 금서품목들도 받아볼 수 있었다. 이것들은 우리에게 더 넓은 세상을 보는 창을 제공했다. 또한 라디오가 있어서, 우리가 정말로 원하는 'BBC 세계정보'는 나오지 않았지만 어찌됐건 지방방송은 들을 수 있었다. 교도관들의 점심시간인 12시와 2시 사이를 제외하고는 하루 종일 정원에 나가 있을 수도 있었다. 우리가 일을 해야 한다는 허울 좋은 구실도 없었다. 우리 큰 방 옆에는 의자와 책상과 책꽂이를 갖추어 서재로 쓸 수 있는 작은 방도 있었는데, 나는 그곳에서 낮에 책도 읽고 글도 쓸 수 있었다.

로벤 섬에서는 비좁은 내 감방 안에서 운동을 해야 했지만, 이제는 팔다리를 뻗을 수 있을 만큼 넓은 공간이 허용되었다. 폴스무어에서는 5시에 일어나 우리의 공동 감방에서 한 시간 반 동안 운동을 하고는 했다. 나는 제자리 달리기, 줄넘기, 윗몸 일으키기, 손가락 끝 지압 등 내가 평소에 하던 운동을 계속했다. 동료들은 일찍 일어나지 못했으므로, 얼마 지나지 않아 내 운동 때문에 나는 우리 감방 안에서 대단히 인기 없는 사람이 되어버렸다.

폴스무어에 도착한 직후 위니가 방문했다. 나는 이곳의 면회구역이 로벤 섬보다는 훨씬 더 낫고 현대적이어서 흐뭇했다. 우리는 거대한 유리

벽을 통해서 방문객의 허리 윗부분을 볼 수 있었다. 또한 훨씬 더 좋은 마이크 장치를 통해 잔뜩 긴장하지 않고서도 방문객의 말을 들을 수 있었다. 유리 창문은 적어도 방문객과 훨씬 더 가까이 있는 듯한 환상을 갖게 했고, 이 환상은 위안을 줄 수 있었다.

내 아내와 가족은 로벤 섬보다는 폴스무어에 오는 것이 훨씬 더 쉬웠다. 이것은 현실적으로도 차이가 컸다. 면회에 대한 감시도 로벤 섬보다 인도적이었다. 보통 로벤 섬에서는 위니가 방문하면 전에 우편물 검열관이었지만 지금은 영장 담당관인 제임스 그레고리가 감시했다. 나는 그를 잘 알지 못했지만 그는 우리를 알고 있었다. 그가 우리에게 오고 가는 우편물을 감시해왔기 때문이다. 폴스무어에서 나는 그레고리를 더 잘 알게 되었고, 그가 보통 교도관들과는 많이 다르다는 것을 알았다. 그의 말투는 세련되고 부드러웠으며, 위니에게는 예의와 존경심을 가지고 대했다. 그는 "시간 끝"이라고 외치는 대신, "만델라 부인, 5분 남았습니다"라고 말했다.

성경에는 정원이 정원사들보다 먼저 존재했다고 말하지만 폴스무어의 경우는 달랐다. 그곳에서는 내가 정원을 만들었고, 정원 가꾸는 일은 가장 행복한 유희 중 하나가 되었다. 그것은 내가 우리를 둘러싸고 있는 획일적인 콘크리트 세계에서 도망치는 방법이었다. 빌딩 꼭대기 위에 우리가 가진 모든 빈 공간을 둘러보고, 그 공간의 풍부한 햇빛을 목격한 뒤 몇 주가 지나지 않아 나는 정원을 만들기로 결심했다. 지휘관은 그렇게 해도 좋다고 허락했다. 나는 교도소 당국에 44갤런짜리 기름통 16개를 가져다달라고 요청했다. 또 그 기름통들을 반으로 잘라달라고 했다. 그다음 당국은 자른 기름통에 비옥한 젖은 흙을 채워 사실상 거대한 화분 32개를 만들었다.

나는 양파, 가지, 양배추, 꽃양배추, 콩, 시금치, 당근, 오이, 브로콜리, 사탕무, 상추, 토마토, 고추, 딸기 등을 재배했다. 이것들이 다 자라자 농작물이 거의 900그루나 되는 조그만 농장이 되었다. 이 정원은 내가 로벤 섬에서 가꾸었던 것보다 훨씬 더 컸다.

어떤 씨앗은 내가 구입했고, 브로콜리와 당근처럼 일부는 지휘관인 브리가디어 먼로가 구해주었다. 그는 특히 브로콜리와 당근 등을 좋아했다. 교도관들도 역시 자신들이 좋아하는 식물의 씨앗을 나에게 가져다주었고, 나는 비료로 사용할 수 있는 훌륭한 거름도 제공받았다.

아침마다 나는 밀짚모자를 쓰고 거칠거칠한 장갑을 끼고 두 시간 동안 정원에서 일했다. 매주 일요일에는 주방에 야채를 공급했다. 그 덕택에 그들은 일반 죄수들을 위한 특별식사를 준비할 수 있었다. 나는 또한 수확의 상당 부분을 교도관들에게 나누어주었는데, 이들은 신선한 야채를 가져가기 위해 손가방을 들고오기도 했다.

폴스무어에서 우리가 겪는 문제점들은 로벤 섬의 문제점들보다는 덜 심각한 편이었다. 먼로는 점잖을 뿐만 아니라 도움을 주는 사람으로, 우리가 원하는 것을 꼭 마련해주기 위해 신경을 많이 써주었다. 그런데도 작은 문제들이 크게 부풀려지는 경우가 종종 있었다. 1983년 위니와 진드지가 방문했을 때 나는 위니에게 신발이 너무 작아서 발가락이 아프다고 말했다. 위니는 걱정을 했고, 얼마 지나지 않아 나는 신문에 내 발가락을 절단당했다는 기사가 났다는 것을 알게 되었다. 의사소통이 어렵기 때문에 교도소에서 나가는 정보가 바깥세상에서 과장되는 일이 종종 있었다. 내가 아내에게 전화해서 내 발가락이 아무렇지 않다는 것을 말할 수 있었더라면 그러한 혼동은 일어나지 않았을 것이다. 얼마 뒤에 헬렌 수즈먼이 방문했을 때 내 발가락은 어떤지 물었다. 나는 가장 좋은 답변은 직접 보여주는 것이라고 생각해서 양말을 벗고 발을 유리창으로 들어 올려 발가락을 흔들어댔다.

우리는 감기의 원인이 되는 교도소의 습기에 대해 불만을 제기했다. 나중에 나는 남아프리카 신문들이 우리 교도소에 홍수가 났다고 쓴 기사들에 관해 들었다.

우리는 다른 죄수들과 접촉할 수 있게 해달라고 요구했다. 또한 대체로 우리가 늘 해왔던 기본적인 불만, 즉 정치범으로 취급해달라고 요구했다.

1984년 5월, 나는 모든 불편함을 보상할 만한 어떤 위안거리를 찾았다. 위니와 진드지와 진드지의 막내딸이 면회를 왔을 때, 나는 그레고리 상사의 경호를 받아 아래층 방문구역으로 내려갔다. 그레고리 상사는 보통의 면회구역 대신에 작은 테이블만 있을 뿐 어떤 종류의 칸막이도 없는 독립된 방으로 나를 데려갔다. 그는 아주 부드러운 목소리로 교도소 책임자들이 변경한 것이라고 말해주었다. 그날이 바로 '접촉' 면회라고 알려진 것이 처음 시작된 날이었다.

그레고리 상사는 곧 내 아내와 딸을 데리러 밖으로 나갔고, 위니에게 따로 할 말이 있다고 했다. 그레고리가 그녀를 한쪽 구석으로 데려갔을 때 위니는 아마도 내가 아프다고 생각했는지 사실 겁에 질려 있었다. 그러나 그레고리는 위니를 문까지 바래다주었다. 우리들 누구도 눈치채기 전에 우리는 같은 방에서 서로의 팔에 안겼다. 이 수많은 세월이 지나고 처음으로 나는 내 부인에게 키스했고, 그녀를 팔에 안았다. 이 순간은 바로 내가 수천 번도 더 꿈꾸었던 순간이었다. 계속 꿈을 꾸고 있는 듯했다. 나는 거의 시간이 멈춘 듯 오랫동안 그녀를 안고 있었다. 나는 조금도 그녀에게서 떨어지고 싶지 않았지만 포옹을 풀고 내 딸을 안고 나서 딸의 아이를 내 무릎 위에 올려놓았다. 내가 마지막으로 내 아내의 손을 만져본 지도 21년의 세월이 흘러갔다.

88

폴스무어에서는 외부 사건들을 좀 더 많이 접할 수 있었다. 우리는 투쟁이 더욱 극렬해지고 있고, 이에 비례하여 적의 노력도 증가하고 있음을 알았다. 1981년, 남아프리카 방위군은 마푸토와 모잠비크에 있는 ANC 사무실들을 급습하여 우리 쪽 사람 13명을 죽였다. 그중에는 여인과 아이들도 있었다. 1982년 12월, MK는 케이프타운 외곽에 있는 아직 완성되지 않은 코에버그 원자력발전소에 폭탄을 터뜨렸고, 이 나라 곳곳에 있는 기타 많은 군사적 목표물과 아파르트헤이트 목표물들에도 폭탄장치를 했다. 같은 달에, 남아프리카 군대는 또다시 마세루와 레소토에 있는 ANC 전초기지를 공격하여 42명을 죽였다. 그중에는 여자와 아이들 12명도 끼어 있었다.

1982년 8월, 정치운동가 루스 퍼스트는 추방되어 살고 있던 마푸토에서 자신에게 온 우편물을 열다가 편지 폭탄에 의해 살해되었다. 조 슬로보의 부인이었던 루스는 수개월 동안 옥고를 치른 용감한 반인종차별주의 운동가였다. 내가 비트바테르스란트 대학에서 공부하던 시절에 처음 만났던 그녀는 강하면서도 매력적인 여인이었다. 그녀의 죽음은 정부가 우리의 투쟁을 얼마나 잔인하게 진압하는지 여실히 드러내 주었다.

MK 최초의 자동차 폭탄 공격은 1983년 5월에 발생했다. 프리토리아 심장부에 있는 공군 및 방첩대 사무소를 공격 목표로 했다. 이것은 마세루와 기타 지역에 있는 ANC를 상대로 군대 측에서 이유 없이 공격을 한 데 대한 보복 차원에서 이루어졌고, 무장투쟁이 심각해졌음을 명백히 나타내 주는 사건이었다. 그 결과 19명이 죽고, 200명 이상이 부상을 당했다.

시민의 죽음은 비극적인 일이었다. 나는 이 죽음의 종소리에 깊은 공포를 느꼈다. 그러나 이러한 사상자들로 인해 내 마음은 몹시 불편했지만, 무력투쟁을 시작한다는 결정을 내린 이상 그러한 사건은 필연적인 결과임을 알고 있었다. 인간의 잘못은 항상 전쟁에 있으며, 그 대가는 늘 비싼 법이다. 우리가 무장투쟁을 결심하는 데 그토록 진지하게 주저했던 이유는 정확히 그러한 사고가 발생하리라는 것을 이미 알고 있었기 때문이었다. 그러나 올리버가 폭탄 공격을 시작할 때 말했듯이, 무장투쟁은 아파르트헤이트 정권의 폭력이 우리에게 부과한 일이었다.

정부와 ANC는 모두 두 가지 궤도, 즉 군사궤도와 정치궤도에 따라 일하고 있다. 정치적 전선에서 정부는 흑인들을 혼혈인과 인도인들로부터 분리시키고자 하는 노력으로서 자신들의 전형적인 '분리통치 책략'을 추구하고 있었다. 1983년 11월의 국민투표에서 백인 유권자들은 소위 말하는 3원제 의회, 즉 백인 의회와 더불어 인도인 의회와 혼혈인 의회로 구성된 의회를 만들고자 하는 보타의 계획을 지지했다. 이것은 인도인과 혼혈인을 기존 체제 속으로 끌어들여 그들과 흑인들을 분리시키고자 하는 노력이었다. 그러나 이런 제안은 단지 '모조 전화기'에 불과했다. 인도인과 혼혈인의 모든 의회 활동에 백인이 거부권을 행사할 수 있었기 때문이었다. 이것은 또한 정부가 인종차별정책을 바꾸고 있다고 생각하게 함으로써 외부 세계를 속이고자 하는 한 방책이기도 했다. 그러나 인도인과 혼혈인 유권자의 80% 이상이 1984년에 있었던 새로운 의회를 만들기 위한 선거를 거부함으로써 사람들을 속이려 했던 보타의 책략은 실패로 돌아갔다.

ANC와 확고한 연계성을 가진 강력한 민중정치운동이 남아프리카 국내에서 결성되고 있었다. 민주연합전선United Democratic Front, UDF이 그중 가장 중요한 위치를 차지했고, 나는 그 단체의 후원자가 되었다. 민주연합전선은 1983년의 새로운 인종차별 헌법과 1984년의 인종별로 3원제 의회로 가기 위한 최초의 선거에 대한 항의를 조직화하기 위해 만들어졌다. 민주연합전선은 곧 600개가 넘는 반인종차별 단체들, 즉 노동조합, 지역사회 단체, 교회 단체, 학생회 등이 결합된 강력한 조직으로 발전했다.

ANC는 새로운 인기를 누리고 있었다. 여론조사 결과 ANC는 비록 25년 동안이나 활동이 금지되었지만 흑인들 사이에서는 단연코 가장 인기 있는 정치 단체임이 드러났다. 반인종차별투쟁은 전 세계의 관심을 사로잡았다. 1984년에는 데스먼드 투투 추기경이 노벨평화상을 받았다(교도소 책임자들은 내가 투투 추기경에게 축하편지를 보내지 못하게 했다). 전 세계 여러 나라들이 남아프리카에 경제적 규제를 가하기 시작하자 남아프리카 정부가 받는 국제적인 압력은 점점 커졌다.

크루거 목사로 하여금 내가 트란스케이로 옮겨가도록 설득하는 것을 시작으로 정부는 수년간 나에게 '염탐꾼'을 보냈다. 이것들은 협상하고자 하는 노력이 아니라 내 조직으로부터 나를 유리시키고자 하는 시도였다. 몇 번의 다른 기회를 통해 크루거는, "만델라, 우리는 당신과는 일할 수 있지만 당신의 동료들은 안 됩니다. 이성적으로 행동하세요"라고 나에게 말했다. 비록 나는 이런 전주곡에 반응하지 않았지만, 이들이 공격보다는 말하는 쪽을 택했다는 사실 자체가 진정한 협상을 알리는 서곡으로 간주될 수 있었다.

정부는 우리를 시험하고 있었다. 1984년 말과 1985년 초에 저명한 서 유럽 정치인 두 사람이 나를 방문했다. 한 사람은 영국 상원의원이며 유럽의회의 의원인 니콜러스 베텔 의원이었고, 다른 한 사람은 조지타운 대학의 법학교수이면서 전 미국 상원 워터게이트 위원회의 자문이었던 새무얼 대시였다. 이 두 사람의 방문은 새로운 백인 지도자로 등장한 듯한 신임 법무장관 코비 코에체에 의해 승인되었다.

나는 노려보는 듯한 보타 대통령의 거대한 사진이 걸린 지휘관의 사무실에서 베텔 의원을 만났다. 베텔은 유쾌한 성격에 통통하게 살찐 사람이었다. 나는 그를 처음 만났을 때 너무 뚱뚱하다고 놀렸다. "윈스턴 처칠 친척 같군요"라고 내가 악수하며 말하자 그는 웃었다.

베텔 상원의원은 폴스무어에서의 우리 상황에 관해 알고 싶어 했고, 나는 그에게 우리의 상황을 말해주었다. 우리는 무장투쟁에 관해 토론했고, 나는 폭력을 포기하는 것은 우리가 아니라 정부에 달려 있는 일이라고 설명했다. 나는 우리가 사람들이 아닌 강력한 군사적 목표물들을 겨냥하고 있음을 다시 한번 확신했다. "우리의 동료들은, 예를 들면 여기에 있는 이 소령을 살해하는 것을 원치 않을 겁니다"라고 나는 우리의 회담을 관장하고 있던 프리츠 반 시테르트 소령을 가리키면서 말했다. 반 시테르트는 별로 말이 많지 않은 선량한 사람이었지만 내 말을 듣고 깜짝 놀랐다.

베텔 상원의원이 다녀간 뒤 곧이어 찾아온 대시 교수에게 나는 남아프리카의 인종차별 없는 미래를 위해 최소의 것이라고 생각하고 있던 것을 펼쳐놓았다. 즉, 지방 정부들을 없애고 한 개의 통합된 국가를 이루는 일, 전국의회를 구성하기 위한 인종차별 없는 선거, 그리고 1인 1투표제를 실시해야 한다는 것이었다. 대시 교수는 타인종 간 결혼에 대한 법규 및 기타 특정 인종차별정책의 법규를 폐지하겠다는 정부의 발표에 내가 다소 위안을 얻었는지 물었다. "그것은 바늘로 구멍 내는 일일 뿐입니다.

내 야망은 백인 여인과 결혼한다든지 또는 백인 전용 수영장에서 수영하는 것이 아닙니다. 우리가 원하는 것은 정치적 평등입니다"라고 나는 말했다. 나는 대시 교수에게 지금은 우리가 전쟁터에서 정부를 패배시킬 수는 없지만 그들의 지배를 어렵게 만들 수는 있다고 아주 솔직하게 말했다.

보수적 신문인 《워싱턴 타임스Washington Times》의 편집인인 미국인 두 명이 방문한 적도 있었는데, 별로 유쾌하지 않았다. 이들은 내 생각을 알아내는 일보다는 내가 공산주의자이며 폭력주의자임을 밝히는 일에 더 주력하는 듯했다. 이들의 모든 질문은 그쪽 방향으로 기울어져 있었다. 내가 공산주의자도 폭력주의자도 아니라고 거듭 강조하자, 이들은 마틴 루터 킹 목사는 결코 폭력에 의지하지 않았다고 주장함으로써 내가 기독교인도 될 수 없음을 증명하려 했다. 나는 마틴 루터 킹이 투쟁하던 당시의 상황은 지금 상황과는 전적으로 달랐다고 말했다. 즉 미국은 (비록 흑인에 대한 편견은 여전히 존재했지만) 비폭력 저항을 보호해주는 평등권이 헌법에 보장되어 있는 민주주의 체제였던 반면에, 남아프리카는 불평등을 신성시하는 헌법과 비폭력을 폭력으로 대응하는 군대가 있는 경찰국가라고 지적했다. 나는 내가 기독교인이며 또한 지금까지 늘 기독교인이었다고 그들에게 말해주었다. 심지어는 예수님도 다른 방법이 없었을 때에 성전에서 고리대금업자를 몰아내기 위해 무력을 사용했다고 나는 말했다. 예수님도 폭력주의자는 아니었지만 악에 대항하여 무력을 사용하는 것 외에 다른 선택의 여지는 없었을 것이라고 말이다. 그러나 나는 당시 내가 이 미국인들을 설득시키지는 못했다고 생각한다.

국내 문제와 외국의 압력에 직면한 보타는 성의 없는 중도 방안을 제시했다. 1985년 1월 31일, 의회의 한 토론에서 보타 대통령은 "정치적 도구로서 무조건 폭력을 거부한다"면 내게 자유를 주겠다고 제안했다. 이 제안은 모든 정치범들에게 공통으로 해당하는 것이었다. 그런 다음 그는 "그러므로 이제 만델라 씨의 자유를 방해하는 것은 남아프리카 정부가 아니가 만델라 씨 자신일 뿐"이라고 덧붙였다.

나는 교도소 당국을 통해 정부가 내 자유에 관련된 제안을 할 것이라는 통보를 받았었다. 그러나 그 제안을 의회에서 대통령이 직접 하리라고는 미처 생각지 못했다. 내 계산에 따르면 그것은 지난 10년 동안 내 석방에 관해 정부가 제시한 여섯 번째 조건부 제안이었다. 라디오에서 그 연설을 들은 뒤 나는 내 아내와 변호사 이스마일 에이욥과의 긴급면회를 요구했다. 대통령의 제안에 대한 내 답변을 지시하기 위해서였다.

위니와 이스마일은 1주일 동안 면회 허가를 받지 못했다. 나는 그동안 외무장관 피크 보타에게 석방을 위한 조건들을 거부하는 편지를 썼다. 이와 동시에 공식적인 응답을 준비했다. 나는 이 공식적 응답에서 여러 가지 일을 하고자 했는데, 보타는 ANC가 거부하는 정책을 내가 수용하도록 유도함으로써 나와 내 동료들 사이에 쐐기를 박고자 했기 때문이었다. 나는 ANC 전체를 상대로, 특히 올리버를 상대로 조직에 대한 나의 충성심은 의심할 바 없음을 재확인하고 싶어졌다. 나는 또한 정부에 내가 정부의 제안을 그에 붙여진 조건 때문에 거부하긴 하지만, 그럼에도 전쟁보다는 협상이 해결로 가는 길이라고 생각한다는 메시지를 보내고 싶었다.

보타는 폭력의 책임을 나에게 부과하고 싶어 했다. 반면 나는 전 세계를 상대로 우리는 단지 우리가 받는 폭력에 반응하고 있을 뿐이라는 것을 재확인하고 싶었다. 나는 내가 체포되던 당시와 같은 상황에서 출소한다면 내가 체포되었을 때 했던 것과 똑같은 행위들을 다시 시작할 수밖에 없음을 확실히 하고자 했다.

나는 금요일에 위니와 이스마일을 만났다. 일요일에는 민주연합전선의 시위가 소웨토 자불라니 운동장에서 열릴 예정이었고, 바로 그곳에서 나의 응답이 공식적으로 발표될 예정이었다. 내가 알지 못하는 교도관들이 이번 면회를 감시했다. 그런데 우리가 대통령에게 전할 나의 응답에 관해 토론하기 시작하자 교도관 중 비교적 젊은 친구가 끼어들어 가족 문제만을 토론할 수 있다고 말했다. 내가 그의 말을 무시하자 그는 몇 분 뒤 내가 거의 알지 못하는 나이 많은 교도관을 데리고 왔다. 이 교도관은 나에게 정치토론을 멈추어야 한다고 했다. 나는 대통령의 제안과 관련된 국가적인 중요성을 띤 문제를 다루고 있는 중이라고 그에게 말했다. 그리고 만일 그가 이 토론을 중단시키고 싶다면 대통령에게서 직접 명령을 받아 와야 할 것이라고 경고했다. "만일 당신이 그러한 명령을 받기 위해 대통령에게 전화할 의사가 없다면 다시는 우리를 방해하지 않는 친절을 베푸시오"라고 나는 차갑게 말했고, 그는 다시는 방해하지 않았다.

나는 이스마일과 위니에게 미리 준비해놓았던 연설문을 주었다. 정부에 대한 응답과 더불어 나는 공식적으로 민주연합전선의 훌륭한 업적을 치하하고, 투투 추기경의 노벨평화상 수상을 축하하며, 그의 노벨상 수상은 전 국민에게 주어진 것이라고 덧붙이기를 원했다. 1985년 2월 10일 일요일, 내 딸 진드지는 20여 년 동안 남아프리카 그 어느 곳에서도 합법적으로 내 말을 들을 수 없었던 수많은 사람들이 환호하는 가운데 내 응답을 낭독했다.

진드지는 그녀의 엄마처럼 힘이 넘치는 연사였고, 자신의 아버지가 이 운동장에서 스스로 이 말들을 낭독해야 한다고 말했다. 나는 내 말을 낭독한 사람이 진드지였음을 알고 딸이 자랑스러웠다.

저는 ANC의 회원입니다. 저는 늘 ANC의 회원이었고, 제가 죽는 그날까지 ANC의 회원으로 남을 것입니다. 올리버 탐보는 저에게는 친형제 이상입니다. 그는 거의 50년 동안 함께한 저의 가장 훌륭한 친구이며 동지입니다. 여러분들 중에 저의 자유를 소중히 여기는 분이 있다면, 올리버 탐보는 그보다도 더 제 자유를 소중히 여기는 사람입니다. 저는 그가 자유로워진 저를 보기 위해서는 자신의 목숨도 바치리라는 것을 압니다.……

저는 정부가 저에게 부과하고 싶어 하는 조건에 놀랐습니다. 저는 난폭한 사람이 아닙니다.…… 우리가 무장투쟁으로 돌아섰던 것은 기타 모든 형태의 저항이 더 이상 우리에게 허용되지 않던 바로 그때였습니다. 보타로 하여금 그가 말란, 스트레이돔, 그리고 페르부르트와는 다른 사람임을 보여주도록 합시다. 보타로 하여금 인종차별정책의 옷을 벗어버리도록 합시다. 보타로 하여금 민중의 조직인 ANC의 금지령을 풀도록 합시다. 보타로 하여금 인종차별정책에 반대한다는 이유로 구속되었거나 추방되었거나 아니면 국외로 유배당한 모든 이들을 풀어주도록 합시다. 보타로 하여금 국민들이 스스로 누가 자신들을 지배할 것인지 결정할 수 있도록 자유로운 정치적 활동을 보장케 합시다.

저는 제 자신의 자유를 대단히 소중히 여깁니다. 제가 교도소에 간 이후로 너무 많은 사람들이 생명을 잃었습니다. 너무 많은 사람들이 자유를 사랑한 나머지 고통을 당했습니다. 그들을 위해 괴로워하고 슬피 울었던 그들의 미망인들, 고아가 된 자식들, 그들의 어머니 아버지들에게 저는 자유에 대한 사랑을 빚지고 있습니다. 이 외롭고 오랜 헛된 세월 동안 고통을 당한 사람은 저 혼자가 아닙니다. 저는 여러분들과 꼭 마찬가지로 삶을 사랑합니다. 그러나 저는 자유에 대한 제 타고난 권리를 매매할 준비도 되어 있지 않습니다.……

민중들의 조직이 금지당한 상태에서 저에게 도대체 어떤 자유가 제공되고 있단 말입니까? 제가 통행증 위반죄로 체포될 수 있는 마당에 도대체 어떤 자유가 저에게 제공되고 있단 말입니까? 브랜드포트에 추방된 상태로 남아 있는, 제가 사랑하는 아내와 가족으로 살라고 저에게 제공된 자유란 도대체 어떤 종류의 자유란 말입니까?…… 도심지역에서 살기 위해서는 허가를 요청해야만 하는 상황에서 저에게 제시된 자유란 도대체 어떤 종류의 자유란 말입니까?…… 저의 남아프리카 시민권 자체가 존경받지 못하는 마당에 저에게 제시된 자유는 도대체 어떤 겁니까?

오직 자유인만이 협상할 수 있습니다. 죄수들은 계약을 맺을 수 없습니다.…… 저는 저와 여러분과 국민들이 자유롭지 않은 시기에는 어떤 약속도 할 수 없고 또한 하지 않겠습니다. 여러분들의 자유와 저의 자유는 따로 떨어질 수 없습니다. 저는 다시 돌아오겠습니다.

89

1985년, 교도소 담당의사에게 정기 의료검사를 받은 뒤에 나는 비뇨기과 전문의에게 보내졌다. 그는 전립선 비대증이라는 진단을 내리고 수술을 권유했다. 그는 이것이 의례적인 절차라고 말했다. 나는 가족과 상의하여 수술을 받기로 결정했다.

나는 엄중한 경호를 받으며 케이프타운에 있는 폭스 병원으로 후송되었다. 위니가 급히 달려와서 수술 전에 나를 볼 수 있었다. 그러나 나는 전혀 기대하지 않은 또 다른 방문객을 맞이했다. 법무장관인 코비 코에체였다. 얼마 전에 나는 ANC와 정부 사이의 회담을 논하기 위한 모임을 갖자고 강력하게 요구하는 내용의 편지를 코에체에게 보냈지만 답변은 없었다. 그런데 이날 아침 법무장관은 마치 며칠 아파 누운 옛 친구를 방문하듯이 사전 예고 없이 병원에 잠시 들렀다. 그는 너무도 우아하고 친근하게 행동했으며, 우리는 그저 농담을 주고받으며 대부분의 시간을 보냈다. 나는 비록 이런 일이 세상에서 가장 정상적인 일인 것처럼 행동했지만 사실은 대단히 놀라고 있었다. 정부는 ANC와 어떤 협상에 이르러야 한다고 잠정적으로 생각하고 있었다. 코에체의 방문은 화해의 표시였다.

우리는 정치 문제를 논하지는 않았지만 나는 한 가지 민감한 문제, 즉 내 아내의 상황을 거론했다. 내가 병원에 들어오기 직전인 8월에 위니는 의료진찰을 받기 위해 요하네스버그로 갔다. 그녀가 브랜드포트 바깥으로 나갈 수 있었던 여행은 나를 면회하거나 의사를 방문하는 것뿐이었다. 요하네스버그에 머무르는 동안 브랜드포트에 있는 그녀의 집과 집 뒤의 의료진료소가 소이탄을 맞아 파괴되었다. 위니는 살 만한 장소가 전혀 없었으므로, 요하네스버그가 거주 제한선 밖이라는 사실을 알고도 그곳에 머물기로 결정했다. 몇 주 동안 별 일 없이 지낸 뒤 보안경찰은 그녀에게 브랜드포트에 있는 그녀의 집이 수리되었으니 그곳으로 돌아가야 한다고 통보해왔다. 그러나 그녀는 이를 거절했다. 나는 코에체에게 위니가 요하네스버그에 머물 수 있게 허락해, 그녀를 강제로 브랜드포트에 보내지 말아달라고 요청했다. 코에체는 어떤 약속도 할 수는 없으나 이 문제를 검토해보겠다고 말했다. 나는 그가 고마웠다.

나는 병원에서 며칠을 보내며 수술에서 회복되기를 기다렸다. 퇴원할 때는 먼로 여단장이 병원에 와서 나를 데려갔다. 지휘관들이 병원에 와서 죄수를 데려가는 것은 관례가 아니었으므로 나는 곧 그 의도를 의심했다.

돌아가는 차 안에서 먼로 여단장은 단순히 대화하는 것처럼 일상적인 어조로 말했다. “만델라, 우리는 지금 당신을 당신의 친구들에게 데려가지 않습니다.” 나는 그에게 무슨 뜻이냐고 물었다. “지금부터 당신은 혼자 있게 될 겁니다.” 그가 말했고, 나는 이유를 물었다. 그는 머리를 흔들며 “나도 모릅니다. 방금 본부로부터 이런 지시를 받았을 뿐입니다”라고 말했다. 또 다른 어떤 예고도 설명도 없었다.

폴스무어로 돌아갔을 때, 나는 교도소 3층 아래 건물의 완전히 다른 부분의 1층에 있는 새 감방으로 안내되어 갔다. 그곳에는 방 세 개와 독립된 화장실이 있었다. 방 하나는 침실로, 복도를 지나 있는 또 다른 방은 서재로, 나머지 하나는 운동할 수 있는 방으로 사용할 수 있었다. 교도소의 기준에 따르면 이것은 왕의 궁전 수준인 셈이다. 그러나 방들은 습기 차고 곰팡내가 났으며, 햇빛은 거의 들지 않았다. 나는 먼로 여단장에게 아무 말도 하지 않았다. 그가 내린 결정이 아니라는 것을 알았기 때문이다. 나는 이번 조치의 의미에 관해 생각할 시간이 필요했다. 정부가 왜 이런 조치를 취했을까?

이것을 계시라고 부르기는 지나친 일이겠지만, 그 뒤 몇 주를 보내면서 나는 이 새로운 상황에 대해 깨달았다. 이번 변화는 불이익이 아니라 기회라고 나는 결론을 내렸다. 나는 내 동료들과 강제로 헤어지는 것이 불쾌했다. 또한 내 정원과 3층의 햇빛 드는 테라스가 그리웠다. 그러나 나의 고립은 나에게 어떤 자유를 제공했고, 나는 내가 오랫동안 생각해왔던 어떤 것을 실행하는 데에 이 상황을 이용하기로 결심했다. 즉, 정부와 대화를 시작하는 것이다. 나는 협상을 통해서 투쟁이 가장 잘 진척될 수 있는 시간이 왔다고 결론을 내렸다. 우리가 곧 대화를 시작하지 않는다면, 양측 모두 억압과 폭력과 전쟁이라는 어두운 밤 속으로 곤두박질치게 될 것이었다. 나의 고립은 그러한 노력을 자칫 무산시킬 수도 있는 일종의 세심한 관찰 없이 나에게 그쪽 방향으로 첫발을 내딛는 기회를 제공할 것이다.

우리는 75년 동안 소수 백인의 지배에 대항해서 투쟁해왔다. 20여 년 동안은 무장투쟁을 해왔다. 양측 모두 많은 사람들이 죽었다. 적은 강력하며 완고했다. 그러나 그 모든 탱크와 비행기를 가지고서도 그들은 자신들이 역사에 역행하고 있다는 것을 틀림없이 느꼈을 것이다. 우리는 역사의 흐름에 순응하는 쪽이었지만 아직 힘을 갖추지는 못했다. 군사적 승리가 불가능하지는 않을지라도 아주 먼 미래의 꿈이라는 사실을 나는 명백히 느낄 수 있었다. 불필요한 갈등 속에서 양측 모두 수백만 혹은 수천만의 생명을 잃는다는 것은 말도 되지 않는 일임이 분명했다. 그들 역시 이 사실을 틀림없이 알고 있을 것이다. 그러니 이제 대화할 시기가 되었다.

이것은 엄청나게 민감한 일이었다. 양측 모두 대화를 나약함과 배신의 표시로 간주했다. 그 어느 쪽도 어느 한쪽이 중대한 양보를 하기 전까지는 협상 테이블에 나서지 않을 것이었다. 정부는 되풀이하여 우리가 공산주의자들의 폭력조직이고, 자신들은 폭력주의자들이나 공산주의자들과는 결코 대화하지 않겠다고 주장했다. 이것이 바로 국민당의 신조였다. 반면에 ANC는 정부가 파시스트이며 인종차별주의자라고 했으며, 정부 측에서 ANC에 대한 금지령을 풀고, 모든 정치범들을 조건 없이 석방하고, 마을에서 군대를 철수할 때까지는 대화할 여지가 없다고 되풀이하여 주장해왔다.

정부를 상대로 대화하겠다는 결정은 무척이나 중요했기 때문에 오로지 루사카에서만 결정될 수 있는 상황이었다. 그러나 나는 이 과정이 시작되어야 할 필요성을 느꼈고, 올리버와 충분히 대화할 수 있는 시간도 방법도 갖지 못했다. 우리 측에서 누군가가 첫 발걸음을 내디딜 필요가 있었다. 나의 새로운 고립 상태는 첫발을 내디딜 수 있는 자유와 적어도 당분간은 나의 시도에 대한 비밀을 보장해주었다.

나는 이제 일종의 멋진 고립 상태에 있게 되었다. 비록 내 동료들은 단지 3층 위에 있을 뿐이었지만 내게 그들은 요하네스버그에 있는 것과 하등 다를 바가 없었다. 그들을 만나려면 정식으로 방문 요청을 해야 하고, 또한 그것이 프리토리아 본부 사무실에서 승인되어야 했다. 면회 요청에 대한 회신을 받기까지는 보통 몇 주가 걸렸다. 면회 요청이 승인되면 나는 그들을 면회구역에서 만날 수 있었다. 이것은 새로운 경험이었으며, 나의 동료와 동료 죄수들이 이제는 공식적인 면회자였다. 수년 동안 우리는 하루에 몇 시간씩 이야기할 수 있었는데, 이제는 공식적인 요청과 약속을 해야 했고, 우리의 대화는 감시되었다.

며칠 동안 새 감방에서 지낸 뒤 나는 지휘관에게 그러한 면회를 주선해달라고 요청했다. 우리 네 사람은 내가 옮겨진 문제에 관해 이야기했다. 월터, 케이시, 레이는 우리가 떨어져 있게 된 사실에 분노했다. 그들은 강력하게 항의하면서, 우리를 다시 함께 있게 해달라고 요구하고 싶어 했다. 내 반응은 그들의 기대와는 달랐다. “동지들! 나는 우리가 이 일에 반대해야 한다고는 생각하지 않습니다”라고 나는 말했다. 나는 내 새로운 처소가 훌륭하다고 했고, 이것이 모든 정치범들을 위한 전례가 될지도 모른다고 했다. 그런 뒤 나는 다소 애매하게 “어쩌면 이로 인해 어떤 좋은 일이 생길지도 모릅니다. 이제 나는 정부가 우리에게 접근해 올 수 있는 위치에 있습니다”라고 덧붙였다. 내가 짐작했듯이 그들은 뒤의 설명은 별로 좋아하지 않았다.

나는 누구에게도 내가 하려는 일에 관해 말하지 않기로 했다. 위층에 있는 내 동료들에게도 루사카에 있는 사람들 누구에게도 알리지 않기로 했다. ANC는 집단이지만 정부가 이 경우에는 집단의 성격을 불가능하게 만들어버렸다. 나는 내 동료들과 이런 문제들을 논할 시간도 없었고, 보안도 유지할 수 없었다. 나는 위층의 내 동료들이 내 제안을 일축해버릴 것이며, 그럴 경우 내 시도는 꽃을 피우기도 전에 끝장날 것임을 알고 있었다. 지도자가 대중들보다 앞에서 움직이며 자신의 추종자들을 올바른 길로 인도하고 있다고 확신하며 새로운 방향으로 나아가야만 하는 시기가 있는 법이다. 마침내 나의 고립이 우리 조직에 문제가 생기 경우 변명을 제공할 수 있게 되었다. 즉, 노인은 완전히 단절된 채 혼자였으며, 그는 ANC의 대표자가 아니라 한 개인으로 행동했던 것이라는 변명을 제공할 수 있게 된 것이다.

90

내가 옮겨진 뒤 몇 주 안에 나는 코비 코에체에게 회담을 위한 만남을 제안하는 편지를 썼다. 전처럼 아무런 답신을 받지 못했다. 나는 다시 한번 편지를 썼지만 역시 아무런 반응도 없었다. 나는 이것이 이상한 일이지만 사기를 떨어뜨린다는 것을 알았고, 답을 듣기 위해서는 또 다른 기회를 찾아봐야 한다는 것을 깨달았다. 1986년 초에 마침내 이런 기회가 왔다.

1985년 10월, 나소에서 있었던 영국연방의 회의에서 각국 지도자들은 남아프리카에 대한 국제적 제재에 참여할 것인지에 관해 합의하지 못했다. 이것은 주로 마거릿 대처 수상이 강력하게 반대했기 때문이었다. 이러한 교착 상태를 해결하기 위해 참가국들은 '저명인사들'로 구성된 파견단이 남아프리카를 방문한 뒤, 제재가 아파르트헤이트를 종식시키는 데 도움을 줄 수 있는지 여부에 관해 다시 보고를 듣기로 동의했다. 1986년 초, 나이지리아의 전 군사 지도자인 올루세군 오바산조 장군과 전 호주 수상 맬컴 프레이저를 대표로 하는 일곱 명으로 구성된 저명인사단이 사실 조사 임무를 띠고 남아프리카에 도착했다.

2월에 오바산조 장군이 파견단이 제출할 보고서의 성격을 논의하고자 나를 방문했다. 그는 나와 파견단 전체가 만날 수 있게 되기를 간절히 바랐다. 결국 정부의 허락을 받아 우리는 5월에 만나기로 했다. 파견단은 나와 만난 뒤 각료들과 회담을 가질 예정이었으며, 나는 이것을 협상 문제를 제기하는 기회로 여겼다.

정부는 나와 파견단의 만남을 이례적인 일로 간주했다. 만나기 이틀 전 먼로 여단장은 재단사 한 사람을 데리고 나를 방문했다. "만델라, 우리는 당신이 이 사람들과 동등한 자격으로 만나기를 바랍니다. 우리는 당신이 그 낡은 죄수복을 입는 것을 원치 않습니다. 그래서 이 재단사가 당신에게 잘 맞는 양복을 만들어줄 것입니다"라고 그 지휘관은 말했다. 그 재단사는 일종의 마술사가 틀림없었다. 바로 다음 날, 나는 마치 장갑처럼 나에게 꼭 들어맞는 가느다란 줄무늬 양복을 입을 수 있었기 때문이다. 나는 또한 와이셔츠, 넥타이, 신발, 양말, 속옷까지 받았다. 지휘관은 내 새 옷에 감탄했다. "만델라, 당신은 이제 죄수가 아니라 수상처럼 보이는군요"라고 말하며 미소까지 지었다.

* * *

내가 저명인사단과 만나는 자리에는 중요한 배석자가 두 명 있었다. 코비 코에체와 교도소 총사령관인 윌렘스 장군이었다. 재단사와 마찬가지로 이들도 나의 치수를 재기 위해, 즉 내가 취하는 조치를 재기 위해 그곳에 와 있었다. 그러나 이상하게도 회담이 시작되자마자 그들은 자리를 떴다. 나는 감출 것이 아무것도 없다고 말하며 그들에게 남아 있으라고 권했지만 그들은 끝내 떠났다. 그들이 떠나기 전에 나는 전쟁이 아닌 협상의 시간이 다가왔으며, 정부와 ANC는 앉아서 논의해야 한다고 그들에게 말했다.

저명인사단은 폭력과 협상, 국제적 제재 문제와 관련된 많은 질문들을 던졌다. 처음부터 나는 우리의 토론을 위한 기본 규칙을 깔았다. 그리고 그들에게 말했다. "나는 이 운동의 대표가 아닙니다. 대표는 루사카에 있는 올리버 탐보입니다. 여러분은 그곳에 가서 그를 만나야 합니다. 여러분은 그에게 내 견해가 어떠한 것인지를 말하셔도 됩니다. 그러나 그것들은 내 개인적인 견해일 뿐입니다. 그것들은 심지어는 여기 이 교도소에 있는 내 동료들의 견해를 대변하는 것도 아닙니다. 이 모든 것을 전제로 말하면, 나는 ANC가 정부와 토론을 시작하는 것을 찬성합니다."

이 대표단의 많은 구성원들은 내 정치적 이데올로기와, ANC가 지도하는 남아프리카는 어떤 모습을 띠게 될지에 관심이 많았다. 그들에게 나는 남아프리카 민족주의자이지 공산주의자가 아니며, 민족주의자들이란 여러 가지 색깔을 띠고 나타나는 법인데, 나는 비인종차별 사회에 굳건히 몸 바치는 민족주의자라고 말했다. 또 나는 「자유헌장」을 신봉하며, 이 「자유헌장」은 민주주의와 인권의 원칙들을 구현하고 있는 것이지 공산주의를 위한 청사진이 아니라고 했다. 또 소수 백인들이 어떤 새로운 모습의 남아프리카에서도 안전하다고 느낄 수 있어야 한다는 내 의견도 말했다. 나는 정부와 ANC 사이에 대화가 없어서 빚어진 우리의 많은 문제들 중의 일부는 실질적인 대화를 통해 해결될 수 있다고 말했다.

그들은 나에게 폭력 문제에 관해 폭넓게 질문을 던졌다. 나는 아직은 기꺼이 폭력을 포기할 수는 없지만, 폭력은 남아프리카에서 결코 궁극적인 해결책이 될 수 없을 뿐만 아니라 인간들은 자신들의 본성에 의해 어떤 타협안을 필요로 한다는 점을 가장 강력한 용어를 사용하여 단언했다. 나는 다시 한번 이것들이 내 견해이지 ANC의 견해가 아니라고 거듭 강조하는 한편, 만일 정부가 마을에서 군대와 경찰을 철수시킨다면 ANC는 대화를 위한 전주곡으로서 무장투쟁을 잠정적으로 중지시키는 일에 동의할지도 모른다고 말했다. 또한 나 한 사람의 석방만으로는 이 나라의 폭력을 중지시킬 수도, 협상을 자극할 수도 없을 것이라고 말했다.

대표단은 나와 대화를 마친 뒤에는 루사카의 올리버와 프리토리아의 정부 관리들을 만날 계획이었다. 이러한 내 의견을 통해서 나는 양쪽 진영 모두에 메시지를 전달한 셈이었다. 나는 적절한 상황에서는 내가 대화할 용의가 있다는 것을 정부에 알리고 싶었고, 또한 올리버에게는 나와 그의 입장이 같다는 것을 알리고 싶었다.

5월에 저명인사단은 마지막으로 나를 만나기로 했다. 나는 그들이 루사카와 프리토리아에 다녀왔기 때문에 낙관적이었고, 협상의 씨가 뿌려졌기를 바랐다. 그러나 우리가 만나기 하루 전날 남아프리카 정부는 영국연방 방문객들에 의해 생겨난 호의는 무엇이든 다 파괴해버리는 조치를 취했다. 저명인사단이 정부 각료와 만나기로 계획된 날, 남아프리카군은 보타 대통령의 명령에 따라 보츠와나, 잠비아, 짐바브웨에 있는 ANC 기지들을 목표로 하는 공습과 게릴라 공격을 시작했다. 이것은 회담을 완벽하게 무산시켰고, 저명인사단은 즉시 남아프리카를 떠났다. 또다시 나는 협상을 진척시키려는 내 노력이 무산되었음을 느꼈다.

올리버 탐보와 ANC는 남아프리카 국민들에게 이 나라를 통치할 수 없는 상태로 만들자고 요구했고, 사람들은 이에 따랐다. 소요와 정치적 파괴의 수위는 그 어느 때보다 심각했다. 대중의 분노는 제어되지 않았고, 마을들은 격변에 휩싸였다. 국제적 압력은 날마다 더욱 강력해졌다. 1986년 6월 12일, 정부는 저항운동을 진압하기 위해 국가비상사태를 선포했다. 표면상으로는 어느 모로 보나 협상을 위한 시기로는 적당하지 않았다. 그러나 가장 어려운 시기가 때로는 새로운 시도를 모색하기에 가장 알맞은 시기가 될 수도 있다. 그런 순간에 사람들은 궁지에서 빠져나갈 길을 모색하는 법이다. 바로 그달에 나는 교도소 총지휘관인 윌렘스 장군에게 아주 간단한 편지를 보냈다. 편지 내용은 "나는 국가의 중요한 문제로 당신을 만나고 싶습니다"가 전부였다. 나는 수요일에 먼로에게 그 편지를 건네주었다.

그 주 말에 지휘관은 나에게 프리토리아에서 내려오고 있는 윌렘스 장군을 만날 준비를 하라고 말했다. 이번 만남은 일상적인 방식으로 처리되지 않았다. 면회구역에서 장군과 협의하는 대신에, 그는 폴스무어 땅에 있는 장군의 저택으로 나를 데려갔다.

윌렘스는 직선적인 사람이어서 우리는 즉시 현안을 토의했다. 나는 법무장관인 코비 코에체를 만나고 싶다고 말했다. 그가 이유를 물었다. 나는 잠시 주저했다. 교도소 담당관과 정치적 문제를 의논하고 싶지 않았기 때문이었다. 그러나 결국 나는 솔직하게 대답했다. "나는 정부와 ANC 사이의 회담 문제를 제기하기 위해 장관을 만나고 싶습니다."

그는 이 말을 잠시 숙고한 뒤 대답했다. "만델라, 당신도 알다시피 나는 정치인이 아닙니다. 그런 문제들은 내 권한 밖이기 때문에 나는 이 문제를 토론할 수 없습니다." 그때 갑자기 무언가가 생각난 것처럼 잠시 멈추었다. "우연히도 법무장관이 지금 케이프타운에 와 있습니다. 어쩌면 당신이 그를 만날 수 있을 겁니다. 내가 알아보지요"라고 그는 말했다.

윌렘스는 곧 장관에게 전화했고 두 사람은 몇 분 동안 통화했다. 수화기를 내려놓고 나더니 윌렘스는 나에게로 돌아서서 "장관께서 당신을 데려오라고 하셨습니다"라고 말했다. 몇 분 뒤 우리는 장군의 차를 타고 그의 저택을 떠나 케이프타운에 있는 장관의 저택으로 향했다. 경호는 조촐하게 차 한 대만이 장군의 차와 동행했을 뿐이었다. 모임이 너무도 쉽고 신속하게 이루어져 나는 정부가 사전에 이런 비밀모임을 계획했는지도 모른다는 의심이 들었다. 그러나 그것은 중요한 문제가 아니었다. 그것은 단지 협상을 향해 첫발을 내디딜 기회였을 뿐이었다.

케이프타운의 저택에서 코에체는 나를 다정하게 맞아주었고, 우리는 응접실에 있는 편안한 의자에 앉았다. 그는 내게 미처 죄수복을 바꿔 입을 수 있도록 해주지 못한 데 대해 사과했다. 나는 세 시간 동안 그와 이야기를 나누었는데, 그의 지적 수준과 경청하고자 하는 적극성에 놀랐다. 그는 문제를 잘 파악하고 있었고, 적합한 질문들을 던졌다. 즉, 정부와 ANC를 가르고 있는 문제들을 잘 알고 있음을 반영해주는 질문들을 던졌다. 그는 어떤 상황에서 우리가 무장투쟁을 멈출 것인지, 내가 ANC 전체를 대표하여 말하고 있는 것인지, 내가 새로운 남아프리카에서 소수민족들을 위한 어떤 헌법적 보장을 생각하고 있는지를 물었다. 그의 질문들은 정부와 ANC를 가르고 있는 문제들의 핵심을 파고들었다.

나는 저명인사단에게 했던 것과 거의 똑같은 방식으로 대답한 뒤, 코에체가 어떤 해결책을 원하고 있다는 것을 느꼈다. "다음 단계는 무엇입니까?"라고 코에체가 물었다. 나는 대통령과 외무장관인 피크 보타를 만나고 싶다고 말했다. 코에체는 옆에 있던 조그만 메모지에 내 말을 적은 뒤 적절한 경로를 통해 내 요청을 건의하겠다고 말했다. 그런 뒤 우리는 악수를 했고, 나는 폴스무어 교도소 1층에 있는 독방으로 다시 돌아왔다.

나는 크게 고무되었다. 나는 정부가 이 난국을 매우 극복하고 싶어하고, 정부가 이제는 자신들의 옛 위치를 버려야 한다는 것을 깨달았음을 감지했다. 유령처럼 어렴풋한 윤곽을 드러내고 있는 협상의 시작을 나는 보았다.

나는 그 누구에게도 이 만남에 관해서 말하지 않았다. 나는 누구에게 알리기 전에 협상 과정이 어느 정도 진척되기를 바랐다. 때로는 이미 성취된 어떤 정책을 동료들에게 제시하는 것도 필요하다. 나는 폴스무어와 루사카에 있는 내 동료들이 일단 상황을 조심스럽게 검토한 다음에는 나를 지지하리라는 것을 알고 있었다. 그러나 또다시 희망에 찬 시작만 있었을 뿐 그들에게서는 아무런 응답도 오지 않았다. 코에체로부터는 단 한 마디 말도 없이 몇 주, 몇 달이 흘렀다. 좌절감을 느끼며 나는 그에게 또 다른 편지를 썼다.

91

코비 코에체로부터 직접적인 대답을 듣지는 못했지만, 정부가 내게 또 다른 생활을 준비시키고 있다는 몇 가지 징후가 있었다. 크리스마스 전날, 폴스무어의 지휘관 대리인 가비 마르크스 중령이 아침을 먹은 뒤 내 감방 주변을 맴돌며, "만델라, 도시 구경을 하고 싶어요?"라고 매우 건성으로 말했다. 나는 그가 무슨 생각을 하고 있는지 정확히 알 수 없었지만 긍정적으로 대답하는 게 나쁠 것은 없다고 생각했다. "좋습니다. 따라오시오"라고 그가 말했다. 나는 중령과 함께 내 감방과 정문 사이에 가로놓인 굳게 잠겨진 쇠붙이 문 15개를 뚫고 지나갔다. 정문을 나서자 그의 차가 우리를 기다리고 있었다.

우리는 해안선과 평행하게 뻗은 아름다운 도로를 달려 케이프타운으로 갔다. 그는 마음에 둔 목적지는 없었는지 한가하게 도시 여기저기를 그저 돌아다녔다. 바깥세상에 있는 사람들의 일상적인 모습, 예컨대 일광욕을 즐기는 노인들, 쇼핑하는 여자들, 개와 함께 산책하는 사람들 등을 바라보는 것은 정말로 황홀한 일이었다. 교도소에 있을 때에 가장 그리워하는 것은 바로 그러한 시시콜콜한 일상사들이다. 나는 내 자신이 신기하고도 별스러운 나라에 와 있는 호기심 가득 찬 여행자와 같다고 느꼈다.

약 한 시간 뒤에 마르크스 중령은 조용한 거리 위의 한 작은 가게 앞에서 차를 멈추더니, 내게 "시원한 음료수 하나 드시겠습니까?"라고 물었다. 나는 고개를 끄덕였고, 그는 상점 안으로 사라졌다. 나는 거기에 홀로 앉아 있었다. 처음 몇 분 동안은 내 상황에 관해 아무런 생각이 없었다. 그러나 초시계가 재깍거리며 흘러가자 나는 점점 초조해졌다. 22년 만에 처음으로 나는 바깥세상에 나와 있었고 감시를 받지 않는 상황이었다. 문을 열고 뛰어내린 뒤 보이지 않을 때까지 계속 달리는 내 모습이 떠올랐다. 길 가까운 곳에 숨기에 적합한 숲 같은 곳이 눈에 띄었다. 나는 극도로 긴장했고 진땀을 흘리기 시작했다. 중령은 어디 있는 거지? 그러나 그때 나는 내 자신을 억제했다. 그러한 행동은 위험할 뿐만 아니라 현명하지 못하며 무책임한 일이 될 것이다. 모든 상황이 나를 도망치게 하려고 일부러 꾸며진 일일 수도 있었기 때문이다. 물론 지금 생각하면 그랬던 것 같지는 않았지만 말이다. 몇 분 뒤 중령이 콜라 두 병을 들고 차로 걸어오는 것이 보이자 나는 크게 안도의 숨을 쉬었다.

나중에 알게 되었지만, 케이프타운에서의 그날은 첫 번째 소풍이었고 앞으로 다가올 많은 소풍의 전조였다. 다음 몇 달 동안 나는 중령과 함께 다시 외출했다. 케이프타운뿐만 아니라 그 도시 주변의 관광지, 아름다운 해변, 아름답고 시원한 산 등을 방문했다. 곧이어 하급관리들에게 나를 데리고 다녀도 좋다는 허락이 내려왔다. 내가 이 하급관리들과 정기적으로 방문했던 장소들 가운데 하나는 '정원'으로 알려진 곳으로, 교도소 식당을 위한 농작물을 재배하기 위해 교도소 가장자리에 마련된 작은 밭들이었다. 나는 자연 속에 나가 있는 일, 지평선을 바라보는 일, 내 어깨 위에 내려앉는 햇빛을 느끼는 일 등을 즐겼다.

어느 날, 나는 대위 한 사람과 함께 정원으로 가서 들판을 거닌 뒤에 마구간으로 갔다. 젊은 백인 두 명이 작업복을 입은 채 말과 함께 일을 하고 있었다. 나는 그쪽으로 걸어가서 말 한 마리를 칭찬하며, 한 사람에게 "이 말의 이름이 뭐지요?"라고 말했다. 그 젊은이는 대단히 불안한 듯했고 나를 쳐다보지 않았다. 그는 말의 이름을 중얼거렸지만, 내가 아니라 대위에게 말했다. 잠시 뒤 나는 다른 사람에게 그 말의 이름이 무엇인지 물었으나 그 역시 똑같은 반응을 보였다. 대위와 함께 걸어오면서 나는 이 두 젊은이의 이상한 행동에 대해 이야기했다. 대위는 웃으면서 "만델라 씨, 그 두 녀석이 누구인지 아십니까?"라고 물었다. 나는 모른다고 했다. 그러자 그가 말했다. "그들은 백인 죄수지요. 그들은 백인 교도관이 있는 곳에서 흑인 죄수에게 질문을 받아본 적이 없습니다."

젊은 교도관들 가운데 몇몇은 나를 꽤 멀리까지 데려가주었고, 우리는 해변을 걷거나 심지어는 카페에 들러 차를 마시기도 했다. 그러한 곳에서 나는 사람들이 나를 알아보는지를 시험하고는 했지만 아무도 알아보지 못했다. 마지막으로 신문에 실렸던 내 사진은 1962년에 찍은 것이었다.

이러한 여행들은 여러 가지 면에서 도움이 되었다. 나는 내가 교도소에 가 있는 동안 사람들의 생활이 어떻게 변했는지를 살펴보았다. 왜냐하면 우리가 간 곳은 주로 백인구역이어서 나는 백인들이 누리는 엄청난 부와 안락함만을 보았기 때문이다. 이 나라는 격변의 소용돌이에 휘말려 있었고 마을들은 전면전쟁 직전의 상태였지만 백인들은 평화롭게 아무런 방해도 받지 않으며 살아가고 있었다. 그들의 삶에는 아무런 영향도 미치지 못했던 것이다. 한번은 브랜드 준위라고 불리는 대단히 유쾌한 젊은 교도관이 나를 자기 가족이 사는 아파트로 데려가서 자신의 부인과 아이들에게 나를 소개시켰다. 그때 이후로 해마다 나는 그의 아이들에게 크리스마스 카드를 보냈다.

내가 이 작은 모험들을 즐겼던 것만큼 나는 교도소 당국이 나를 즐겁게 해주는 것보다는 다른 동기가 있다는 것을 잘 알고 있었다. 그들은 내가 남아프리카의 삶에 길들여지고 어쩌면 동시에 내가 조그마한 자유의 즐거움에 너무나도 익숙해지게 만들어, 완전한 자유를 갖기 위해 내가 기꺼이 타협할 수 있도록 하려는 게 아닌가 하고 생각했다.

92

1987년, 나는 코비 코에체와 다시 접촉하게 되었다. 우리는 그의 저택에서 몇 번에 걸쳐 비밀리에 회담을 가졌고, 그해가 저물어갈 무렵 정부는 처음으로 구체적인 제안을 했다. 코에체는 정부가 나와 비밀회담을 진행하기 위해 고위관리들로 구성된 위원회를 지명하고 싶어 한다고 말했다. 또한 이 일은 대통령도 모든 것을 알고 있는 가운데 진행될 것이라고 말했다. 코에체 자신이 위원회의 위원장이 될 것이며, 교도소 총지휘관인 윌렘스 장군, 교도청 국장인 파니 반 데 메르베, 그리고 전에는 학자였지만 지금은 국가정보부 부장인 닐 바너드 박사가 위원회의 위원이 될 것이라고 했다. 앞의 세 사람은 교도소 제도와 연관되어 있었으므로 만일 회담이 실패하거나 언론기관에 회담에 관한 정보가 새는 경우, 양측 모두 단지 교도소 내의 상황을 토론하고 있었을 뿐이라고 위장할 수 있었다.

그러나 나는 바너드 박사가 포함되었다는 사실이 마음에 걸렸다. 그는 미국의 CIA에 해당하는 남아프리카 기관의 기관장이었으며, 또한 군사정보도 관계하고 있었다. 다른 관료들과의 회담에 관해서는 나는 내 조직에 정당함을 증명할 수 있었지만 바너드의 경우는 달랐다. 그가 포함됨으로써 이번 회담은 좀 더 문제의 소지가 있었고, 그것은 좀 더 큰 협의사항을 제시하는 셈이었다. 나는 하룻밤 동안 이 제안에 대해 생각해보고 싶다고 코에체에게 말했다.

그날 밤, 나는 모든 가능성에 대해 심사숙고했다. 나는 보타가 보안 전문가와 정보관리들로 구성된 일종의 사무국으로서 국가안보자문회의라는 것을 만들었다는 것을 이미 알고 있었다. 신문보도에 따르면, 그는 내각의 권위를 약화시키는 대신 자신의 권력을 다지기 위해 이런 일을 했다고 한다. 바너드 박사는 바로 이러한 내부 자문회의의 중심인물이었다. 대통령의 심복이라는 말도 돌고 있었다. 나는 바너드를 거절하는 것은 보타를 제외시키는 일이라고 생각했고, 그러한 선택은 매우 위험하다는 결정을 내렸다. 만일 대통령을 협상 테이블에 끌어오지 못한다면 아무런 일도 할 수 없었기 때문이다. 다음 날 아침에 그의 제안을 받아들인다는 전갈을 코에체에게 보냈다.

나는 내가 처리해야 할 세 가지 중요한 문제를 안고 있음을 알고 있었다. 첫째는 더 이상 일을 진행시키기 전에 3층에 있는 내 동료들의 의견을 듣고 싶다는 것이었고, 둘째는 중요한 일로, 현재 진행되고 있는 일을 루사카에 있는 올리버에게 알리는 일이었다. 마지막으로, 이 나라 앞에 놓여 있는 중요한 쟁점에 관한 나와 ANC의 견해를 담은 전달문을 작성하여 보타에게 전하는 일이었다. 이런 전달문은 장래의 회담을 위한 쟁점을 제공해줄 것이다.

나는 내 동료들의 면회를 요청했다. 놀랍게도 교도소 당국은 이를 한마디로 거절했다. 이것은 주목할 만한 일이었고, 나는 이 일이 나와 정부 사이에 있을 비밀회담의 전망에 상당히 불안한 측면을 반영한다고 추정했다. 나는 좀 더 고위직 관리들에게 내 불만을 전했다. 마침내 내 동료들을 모두 함께 만나는 것이 아니라 한 사람 한사람씩 만날 수 있다는 조건으로 내 요청은 받아들여졌다.

나는 면회구역에서 그들을 만났다. 나는 두세 가지 상세한 내용을 빠뜨리기로 결심했다. 실질적인 위원회가 구성되었다는 것을 언급하지 않은 채 정부와 회담을 가진다는 생각에 대해서만 그들의 의견을 구하려 했다.

월터를 첫 번째로 만났다. 나는 그에게 교도소 총지휘관에게 보낸 내 편지와, 나와 코에체의 만남에 관해 말했다. 또한 정부와 회담을 시작하는 문제에 관해 코에체와 토론했고, 정부도 이에 관심을 갖는 것 같다고 말했다. 이 문제에 대한 그의 의견은 무엇일까?

나는 월터와 언제나 변함없는 사이를 유지해왔다. 그는 이성적이고 지혜로운 사람이었고, 그 누구보다도 나를 잘 알고 있었다. 나 또한 그 누구보다도 그의 의견을 믿고 존중했다. 월터는 내가 말한 내용을 곰곰이 생각했다. 나는 그가 불편해하고 있으며, 아무리 좋게 보아도 냉담하다고밖에 말할 수 없었다. "원칙적으로 나는 협상을 반대하지 않네. 그러나 나는 우리가 그들과 회담을 시작하기보다는 정부가 우리와 회담을 시작하기를 바랐었네"라고 그는 말했다.

나는 원칙적으로 회담을 반대하지 않는다면 누가 회담을 주도했는지가 무슨 문제가 되느냐고 물었다. 중요한 것은 회담이 어떻게 시작되었는지가 아니고 회담을 통해 무엇을 성취하는가라고 했다. 또 우리가 회담을 진척시켜야 하고, 누가 먼저 문을 두드렸는지를 걱정해서는 안 된다고 생각했다고 월터에게 말했다. 월터는 내가 벌써 마음을 굳혔다는 것을 알고 나를 방해하려 하지는 않을 것이라고 했지만, 내가 스스로 무슨 일을 하려는지 잘 알았으면 한다고 말했다.

다음은 레이먼드 음흘라바였다. 나는 월터에게 말했듯 그에게도 전체 상황을 설명했다. 레이는 늘 과묵한 편으로, 내가 한 말을 몇 분 동안 숙고한 뒤에 나를 바라보며, “마디바, 당신은 무엇을 기다리는 겁니까? 우리는 이미 몇 년 전에 이 일을 시작했어야 했지요”라고 말했다. 앤드루 음랑게니의 반응은 레이의 반응과 거의 같았다. 마지막은 케이시였다. 그의 반응은 부정적이었다. 그는 레이먼드와 앤드루가 긍정적이었던 것만큼 내가 제시하는 것에 대해 완강하게 반대했다. 월터보다 훨씬 더 강력하게 그는 우리가 회담을 먼저 희망하여 우리가 항복하는 인상을 갖게 될 것이라고 생각했다. 월터처럼 그도 원칙적으로는 회담에 반대하지 않는다고 말했고, 나는 월터에게 했던 것과 똑같은 방식으로 대답했다. 그러나 케이시는 완강했다. 그는 내가 잘못된 길을 가고 있다고 느꼈다. 그러나 그는 이러한 우려에도 불구하고 내 일을 방해하지는 않을 것이라고 말했다.

이 일이 있고 얼마 지나지 않아 나는 올리버 탐보에게서 짧은 편지 하나를 받았다. 이 편지는 내 변호사 가운데 한 사람을 통해 몰래 전달되었다. 올리버는 내가 정부와 비밀회담을 갖는 보고를 듣고 염려하고 있었다. 그리고 내가 얼마 동안 동료들과 분리되어 홀로 지내고 있다는 것도 알고 있었다. 그는 내게 무슨 일이 일어나고 있는지 궁금해하는 것이 틀림없었다. 올리버의 쪽지는 간단하면서도 핵심을 찔렀다. 그가 알고 싶은 것은 내가 정부와 무엇을 토론하고 있느냐 하는 것이었다. 올리버는 내가 배신행위를 한다고는 믿지 않았지만 내가 잘못된 판단을 범할 수도 있다고 생각했다. 사실상 그가 보낸 편지의 어조는 바로 그런 것을 시사해주고 있었다.

나는 정부를 상대로 오로지 한 가지에 관해서만, 즉 ANC의 전국집행위원회NEC와 남아프리카 정부 사이의 회담에 관해서만 이야기하고 있다는 내용의 아주 짧은 편지를 올리버에게 보냈다. 나는 편지 내용에 대해 비밀보장을 기대할 수 없었기 때문에 상세한 내용은 말하지 않았다. 단지 그러한 회담을 위한 시기가 다가왔으며, 어떤 방식으로든 우리 조직의 명예를 위태롭게 하지는 않을 것이라고 답했다.

ANC는 수십 년 동안 정부에 회담을 요청해왔다. 그러나 그러한 회담이 실질적으로 열렸던 적은 한 번도 없었다. 그러한 회담을 이론적으로 고려하는 것과 실질적으로 진행하는 것은 전혀 다른 일이다. 올리버에게 답신을 쓰면서 동시에 나는 보타에게 보낼 내 전달문을 작성하기 시작했다. 나는 반드시 올리버도 이 전달문을 보도록 할 계획이었다. 나는 올리버와 전국집행위원회가 내 전달문을 읽게 되면, 내가 정도를 벗어났다는 그들의 두려움이 줄어들 것이라는 것을 알고 있었다.

93

1988년 5월, 비밀운영단의 1차 정식회의가 폴스무어 근교에 있는 한 우아한 관료클럽에서 열렸다. 코에체와 윌렘스는 구면이었지만, 반 데 메르베와 바너드 박사는 전에 만난 적이 없었다. 반 데 메르베는 평평한 머리에, 뭔가 중요하게 할 말이 있을 때에만 입을 여는 조용한 사람이었다. 바너드 박사는 30대 중반으로, 대단히 똑똑하고 자기 원칙과 절제된 사고력을 지닌 사람이었다.

첫 모임에서는 분위기가 몹시 딱딱했지만 이후에는 좀 더 자유롭고 직접적으로 말할 수 있었다. 처음 몇 달은 거의 매주 그들을 만났으나, 그 뒤부터는 불규칙한 간격으로 회의가 열렸다. 때로는 한 달 동안 아무런 회의가 없는가 하면, 또 갑자기 매주 열리기도 했다. 보통은 정부 측에서 회의 일정을 잡았지만 때로는 내가 회의를 요청하기도 했다.

초기에 모임을 갖는 동안 나는 바너드 박사를 제외하고는 내가 새로 만난 친구들이 ANC에 관해 아는 것이 거의 없음을 알게 되었다. 이들은 모두 세련된 아프리카너들이었고, 그들의 모든 동포들보다는 훨씬 더 개방적인 사고를 할 수 있었다. 그러나 이들은 너무나 많은 거짓선전의 희생자들이었으므로 일부 사실에 관해 그들의 생각을 고쳐주어야 할 필요가 있었다. 심지어 ANC를 연구한 바너드 박사조차도 그가 가진 정보를 대부분 경찰이나 정보국의 서류철에서 얻었는데, 이 정보는 대개 부정확하며 정보수집가들의 편견에 의해 왜곡된 것이었다. 따라서 바너드 박사도 똑같은 편견에 영향을 받지 않을 수 없었다.

나는 처음 얼마 동안은 ANC의 역사를 개괄적으로 설명하는 데 시간을 다 썼다. 그 뒤에는 우리의 조직과 정부를 가르고 있는 주요한 안건, 즉 무장투쟁, ANC와 공산당의 결성, 다수 지배라는 목표, 인종 간의 화합 문제 등에 집중했다.

처음 등장한 문제가 여러 면에서 볼 때 가장 중요했는데, 그것은 바로 무장투쟁에 관한 안건이었다. 우리는 이 문제를 토론하느라 여러 달을 보냈다. 그들은 정부가 협상에 동의하기 전에, 그리고 내가 보타 대통령을 만나기 전에 ANC가 폭력을 포기하고 무장투쟁을 중단해야 한다고 주장했다. 그들의 주장은 폭력이란 정부가 눈감아줄 수 없는 범죄행위일 뿐이라는 것이었다.

나는 폭력에 대한 책임은 정부에 있으며, 투쟁의 형태를 결정짓는 것은 늘 압제자지 압제를 당하는 사람들이 아니라고 응수했다. 압제자가 폭력을 쓴다면 당하는 사람들 역시 폭력적으로 반응하는 것 외에 다른 방법은 없다. 우리의 경우 폭력은 단순히 자기방어를 위한 합법적인 수단일 뿐이었다. 나는 만일 정부가 평화적인 방법을 쓴다면 ANC 역시 평화적인 방법을 사용할 것이라고 말했다. 그리고 "폭력을 포기하는 것은 우리가 아니라 당신들에게 달린 일입니다"라고 강조했다.

나는 이 점에서는 그들의 이해를 도왔다고 생각했다. 하지만 문제는 곧 철학적인 것에서 현실적인 것으로 옮아갔다. 코에체와 바너드 박사가 지적했듯이 국민당은 폭력을 옹호하는 어떤 조직과도 협상하지 않을 것임을 여러 번 주장했다. 따라서 국민당이 어떻게 신뢰성에 상처를 받지 않으며, 갑자기 ANC와 국민당의 회담을 발표할 수 있을 것인가? 그들은 우리가 회담을 시작하기 위해서는 정부가 국민의 신뢰를 잃지 않도록 ANC가 약간의 타협을 해야만 한다고 말했다.

그것은 좋은 지적이었고 내가 잘 이해할 수 있는 부분이었다. 그러나 나는 그들에게 탈출구를 제공하려 하지는 않았다. 나는 "신사 여러분, 여러분들을 위해 여러분들의 딜레마를 해결하는 것은 내가 할 일은 아닙니다"라고 말했다. 나는 그들에게 ANC와 함께 앉기 전에는 남아프리카의 상황을 해결할 수도 평화를 가져올 수도 없다고 국민을 상대로 말해야만 한다고 했을 뿐이다. 국민들은 이해할 것이라고 나는 덧붙였다.

ANC와 공산당의 동맹관계는 거의 무장투쟁만큼이나 그들을 괴롭히는 일인 듯했다. 국민당은 극도로 보수적인 1950년대의 냉전시대 이데올로기를 받아들였고, 소련을 악마의 제국으로 그리고 공산주의를 악마의 활동으로 간주했다. 그들이 이런 생각에서 벗어날 수 있게 하는 방법은 전혀 없었다. 그들은 공산당이 ANC를 지배·통제한다고 주장했고, 협상을 시작하기 위해서는 우리가 공산당과 손을 끊어야만 한다고 했다.

나는 무엇보다도 먼저 자존심을 가진 자유투사는 그 누구도 자신들이 대항해서 싸우는 정부의 명령을 받지 않으며, 적을 기쁘게 하기 위해 오래된 동맹관계를 던져버리지는 않을 것이라고 말했다. 그런 다음 공산당과 ANC는 인종적 억압을 뒤집어엎고 인종차별 없는 남아프리카 국가의 탄생을 기도한다는 단기적 목적을 공유하는 독립된 별개 조직이며, 우리의 장기적인 목적은 각각 다르다는 사실을 길게 설명했다.

이 토론 역시 몇 달을 끌었다. 그들도 대부분의 아프리카너들처럼 ANC 내의 공산주의자 가운데 많은 사람이 백인이거나 인도인이므로 그들이 ANC 내의 흑인들을 지배한다고 생각했다. 나는 ANC와 공산당이 정책상 의견이 달랐던 경우와, 그 과정에서 결국은 ANC가 승리했던 많은 사례를 예로 들었다. 그러나 그들에게 깊은 인상을 주지는 못한 듯했다. 마침내 나는 화가 나서 그들에게 말했다. "당신네 신사양반들은 자신들이 영리하다고 생각하지요, 안 그렇습니까? 당신네들은 자신들이 강력하고 설득력 있다고 생각하지요, 안 그렇습니까? 당신들은 네 명이지만 나는 한 명 아닙니까? 그런데도 당신들은 나를 통제할 수도 내 생각을 바꿀 수도 없지요. 그런데 도대체 무슨 이유로 당신들이 실패한 것을 공산주의자들은 성공할 수 있다고 생각하는 겁니까?"

그들은 또한 ANC와 「자유헌장」은 남아프리카 경제를 통째로 국영화하는 쪽을 지지하고 있다고 주장하면서 국영화라는 아이디어에도 우려를 표명했다. 나는 우리의 주장은 이미 독점되어 있는 일부 산업들의 이익을 좀 더 고르게 분배하자는 것이며, 국영화는 바로 그런 독점산업 분야 중 일부에서 발생하게 될 것이라고 설명했다. 그러나 나는 1956년에 「자유헌장」은 사회주의가 아니라 아프리카 식의 자본주의를 위한 청사진이라고 《해방》지에 내가 썼던 기사를 언급했다. 그리고 지금도 그 마음에는 변함이 없다고 말했다.

나머지 주요 논의 대상은 다수지배의 문제였다. 그들은 다수지배의 형태가 되면 소수인들의 권한이 짓밟힐 것이라고 느끼고 있었다. "ANC는 어떻게 소수 백인의 권한을 보호할 것인가?"를 그들은 알고 싶어 했다. 나는 남아프리카 역사상 ANC만큼 남아프리카의 모든 민족과 종족들을 통합하려고 애써온 조직은 없다고 말했다. 나는 그들에게 다음과 같이 씌어 있는 「자유헌장」의 머리말을 읽어보라고 권했다. "남아프리카는 백인과 흑인 할 것 없이 그 안에 살고 있는 모든 사람들의 것이다." 나는 백인도 아프리카인이며, 모든 미래의 분배에서 다수는 소수를 필요로 할 것이라고 말했다. 그리고 마지막으로 말했다. "우리는 당신들을 바닷속으로 몰아넣고자 하지 않습니다."

94

이 회담의 결과는 낙관적이었다. 1988년 겨울, 보타 대통령이 8월이 가기 전에 나를 만날 계획이라는 전갈을 받았다. 이 나라는 아직 소용돌이 속에 있었다. 정부는 1987년에 그리고 또 1988년에 국가비상사태를 다시 선포했다. 국제적 압력은 증가했고, 더욱 많은 회사들이 남아프리카를 떠나갔다. 미국 하원은 전반적인 제재법안을 통과시켰다.

1987년에 ANC는 창립 75주년 기념회를 열었고, 연말에 탄자니아에서 회의를 개최했다. 이 회의에는 50여 개 국가의 대표단이 참여했다. 올리버는 정부 측에서 아파르트헤이트의 폐지를 협상할 준비가 될 때까지 무장투쟁은 더욱 극렬해질 것이라고 선포했다. 2년 전 잠비아에서 있었던 「자유헌장」 탄생 30주년 회의에서, 흑인이 아닌 다른 종족 회원들이 처음으로 전국집행위원회에 선출되었고, 전국집행위원회는 모든 ANC 지도자들이 교도소에서 석방될 때까지는 정부와 어떤 회담도 열 수 없다고 맹세했다.

비록 폭력은 여전히 만연해 있었지만 국민당은 그 어느 때보다도 더 강력해졌다. 1987년 5월에 실시한 백인 총선거에서 국민당은 압도적인 다수의 지지를 받았다. 더욱 상황이 안 좋은 것은 자유주의 성향의 진보연방당이 국민당원들의 오른팔이며 흑인들의 항거에 정부가 지나치게 관대하다는 주제로 선거운동을 벌인 보수당에 공식적인 야당 자리를 뺏겼다는 것이다.

비밀회담이 낙관적이라고 생각했는데도 어려운 시기임은 틀림없었다. 최근에 위니가 면회를 왔는데, 우리가 결혼했던 곳이며 내가 우리 집으로 간주했던 올랜도 웨스트 8115번지의 집이 방화범들에 의해 불타 없어졌다는 사실을 알았다. 우리는 사진과 유품 같은 귀중한 가족 기념품들, 심지어는 위니가 내 석방을 위해 보관하고 있었던 결혼 케이크 한 조각마저도 잃어버렸다. 나는 늘 언젠가 교도소를 벗어나면 그 사진들과 편지들을 보며 과거를 회상할 수 있을 것이라고 생각했는데, 이제 모든 것이

사라져버린 것이다. 교도소는 나의 자유는 빼앗아갔지만 나의 기억들은 건드릴 수 없었다. 그러나 이제 투쟁 대상인 적들이 나에게서 그 기억들마저 빼앗아가려고 한다고 느꼈다.

나는 또한 도저히 떨쳐버릴 수 없을 것만 같은 악성 기침으로 고생했다. 게다가 종종 운동조차 할 수 없을 만큼 몸이 약해졌다는 것을 느꼈다. 내 감방의 습기에 대해 계속 불만을 제기했지만 이에 대해 어떤 조치도 취해지지 않았던 것이다. 어느 날 면회실에서 내 변호사 이스마일 에이욥과 만나 이야기를 나누는데 몸이 아프면서 구토가 일어났다. 나는 감방으로 옮겨져 의사의 진찰을 받고 곧 회복했다. 그런데 며칠 뒤 저녁식사를 하고 나서 교도관들과 의사가 감방으로 나를 찾아왔다. 의사가 나를 간단히 진찰하더니, 교도관 중의 한 사람이 나에게 옷을 입으라고 말했다. "우리는 당신을 케이프타운에 있는 병원으로 데려갈 것입니다"라고 누군가가 말했다. 경비는 삼엄했는데, 적어도 교도관 12명이 동반하는 자동차와 군용 차량들의 호송을 받았다.

나는 케이프타운의 부유한 녹색지역에 자리 잡은 스텔렌보시 대학에 있는 타이거버그 병원으로 호송되었다. 나중에 안 일이지만 그들은 거의 다른 병원을 택할 뻔했다고 한다. 내가 대학병원에서는 동정적인 관심을 받을지도 모른다고 당국이 우려했던 것이다. 교도관들이 먼저 들어가서 입구 근처에 있는 모든 사람들을 다른 곳으로 몰아냈다. 그런 다음 또한 완전히 비워놓은 층으로 나를 호송해 갔다. 복도에는 12명이 넘는 무장 경호원이 줄지어 있었다.

진료실에서 진찰대 위에 앉아 있는 나를 의과대학 교수인 젊고 친절한 의사가 진찰했다. 그는 내 목을 검사하고 내 가슴을 두드려 보았으며,

목에서 배양균을 채취했다. 그러더니 내게 아무 이상이 없다고 말했다. "당신에게 전혀 잘못된 곳이 없습니다. 우리는 내일 당신을 내보낼 수 있을 겁니다"라고 그는 미소를 띠며 말했다. 나는 정부와의 회담을 방해받고 싶지 않았다. 그래서 그의 진단에 만족해했다.

진료를 마친 뒤 의사는 나에게 차를 들겠냐고 물었다. 내가 좋다고 하자 몇 분 뒤 키가 큰 젊은 혼혈인 간호사가 쟁반을 들고 들어왔다. 그는 수많은 무장경호원과 교도관들에 너무 놀란 나머지 내 침대 위에 쟁반을 떨어뜨려 차를 흘리고는 황급히 나갔다.

나는 삼엄한 경비 속에서 텅 빈 병동에서 그날 밤을 보냈다. 다음 날 아침 식사도 하기 전에 맨 먼저 이 병원의 내과 과장인 나이가 조금 더 많은 의사가 나를 방문했다. 그는 조금 상식 밖의 사람이었으며, 지난밤의 친절한 젊은 의사에 비해 환자 대하는 태도가 훨씬 뒤떨어졌다. 아무런 사전인사도 없이 그는 나의 가슴을 거칠게 두드려 본 뒤, "당신의 폐 안에 물이 찼어요"라고 퉁명스럽게 말했다. 나는 먼저 다른 의사가 진찰을 했고, 그 의사는 내가 건강하다고 말했다고 이야기해주었다. 그는 짜증스러운 표정으로 말했다. "만델라, 당신의 가슴을 잘 보세요." 그는 내 가슴 한쪽이 나머지 한쪽보다 사실상 더 커져 있다고 지적하고, 아마도 물이 차 있어서 그럴 것이라고 말했다.

그는 간호사에게 주입기를 가져오라고 했다. 그리고 별 어려움 없이 주입기를 내 가슴 속에 밀어 넣은 뒤 약간의 갈색 액체를 빼냈다. "아침식사는요?"라고 묻기에 나는 먹지 않았다고 했다. 그러자 그는 "좋습니다. 지금 당장 수술실로 갑시다"라고 말했다. 그는 내 가슴에 찬 물의 양이 상당히 많기 때문에 그것을 당장 빼내야 한다고 말해주었다.

수술실에서 마취에 빠진 뒤 그다음에 눈을 떠보니 나는 그 의사가 있는 어떤 방에 누워 있었다. 나는 녹초 상태였으나 그가 하는 말에 집중했다. 그는 물 2리터를 내 가슴에서 뽑아냈고, 그 액체를 분석해보니 결핵균이 발견되었다고 말했다. 그는 결핵 초기 상태로 결핵균이 내 폐에 아무런 손상을 가하지는 않았다고 했다. 완전히 성숙한 결핵은 치료하는 데 보통 6개월 걸리지만 나는 2개월이면 괜찮아질 것이라고 의사는 진단했다.

나는 그 뒤 6주 동안 타이거버그 병원에서 치료를 받으며 몸을 회복했다. 12월에 콘스탄티아버지 진료소로 옮겨졌다. 이곳은 폴스무어 근처에 있는 진료소로 전에는 한 번도 흑인 환자를 받아본 적이 없는 고급스러운 의료기관이었다. 그곳에서의 첫날 아침, 나를 돌볼 책임을 맡은 지휘관 대리인 머레이스 소령을 대동하고 코비 코에체가 나를 방문했다. 우리가 인사를 나누기도 전에 내 아침식사가 들어왔다.

최근의 내 병과 고혈압 병력으로 인해 나는 엄격한 저콜레스테롤 다이어트를 하는 중이었다. 그런데 이 다이어트 명령이 아직 진료소 주방까지 전달되지 않았던 게 틀림없었다. 아침식사 쟁반에 계란 스크램블과 베이컨 세 조각, 버터 바른 토스트 몇 조각이 놓여 있었으니 말이다. 마지막으로 계란과 베이컨 맛을 본 지가 언제인지 기억할 수 없었으므로 걸신들린 사람이 따로 없었다. 내가 막 맛있는 계란을 포크 가득 집으려 할 때, "안 됩니다. 만델라 씨, 이것은 의사의 명령을 거역하는 일입니다"라고 머레이스 소령이 말하며 쟁반을 가져가려고 했다. 나는 쟁반을 단단히 붙들고 말했다. "소령, 미안하지만 만약 이 아침식사가 나를 죽인다면 나는 오늘 죽을 준비가 되어 있소."

일단 콘스탄티아버지에 안치되자 나는 다시 코비 코에체와 비밀위원회를 만나기 시작했다. 코에체는 내가 아직 진료소에 있는 동안은 나를 구류와 자유의 중간쯤 되는 위치에 놓아주고 싶다고 말했다. 그는 이것이 무엇을 의미하는지 확실히 말하지는 않았다. 그러나 나는 그의 말뜻을 알 것 같아 그저 고개를 끄덕였다. 나는 그의 제안이 자유를 의미한다고 생각할 만큼 순진하지는 않았지만 이것이 그쪽을 향한 첫걸음이라는 것을 알았다.

한편, 진료소는 엄청나게 편안했고, 난생처음으로 나는 병원에서의 회복을 사실상 즐겼다. 간호사들—그들은 백인이나 혼혈인들로, 흑인 간호사는 허용되지 않았다—은 내 버릇을 나쁘게 만들었다. 그들은 정량 이상의 후식과 베개를 가지고 끊임없이 방문했는데, 심지어는 근무시간 외에도 오고는 했다.

어느 날, 간호사 한 사람이 나에게 와서 "만델라 씨, 우리가 오늘 저녁 파티를 할 예정인데 당신이 오셨으면 합니다"라고 말했다. 나는 참석하는 것은 나에게 영광이지만 교도소 책임자들이 틀림없이 그것에 대해 말이 있을 것이라고 이야기했다. 교도소 책임자들은 내가 참석하는 것을 허락하지 않았고, 이 일은 간호사들의 신경을 자극했다. 그 결과 그들은 나 없이는 파티를 열 수 없다고 주장하며 내 방에서 파티를 열기로 했다.

그날 밤, 파티복을 차려입은 젊은 여인 10여 명이 케이크와 과일 칵테일과 선물을 가지고 내 방으로 몰려왔다. 경비원들은 어리둥절한 듯했지만 이 생기발랄한 젊은 여인들이 경호에 위험스럽다고 생각할 수는 없었을 것이다. 사실 경비원 한 사람이 간호사들이 내 방에 들어오는 것을 막으려 했을 때, 나는 농담조로 노인이 그토록 아름다운 젊은 여성들로부터 그렇게 많은 관심을 끄는 것에 질투하느냐고 그를 나무랐다.

95

1988년 12월 초, 내 병동의 경비가 강화되고 근무하는 관리들은 평소보다 더 기민하게 움직였다. 어떤 변화가 닥쳐오고 있었다. 12월 9일 저녁, 머레이스 소령이 내 방으로 들어와 나에게 떠날 준비를 하라고 말했다. 어디로 가느냐고 물었으나 그는 대답하지 않았다. 나는 내 물건을 챙긴 뒤, 나의 충성스러운 간호사들을 찾느라고 두리번거렸다. 나는 그들에게 고맙다는 말과 작별인사를 할 수 없어서 실망스러웠다.

우리는 서둘러 떠났다. 한 시간 정도 달려 빅터 버스터라는 교도소에 도착했다. 아름다운 파를의 옛 케이프 네덜란드인 지역에 있는 빅터 버스터는 케이프타운에서 북동쪽으로 약 55킬로미터 떨어진 곳으로, 프로방스의 포도주 생산지역 내에 자리 잡고 있었다. 이 교도소는 모델이 될 만한 시설을 갖추었다는 평판을 받는 곳이었다. 우리는 이 교도소가 끝나는 곳까지 차로 달린 다음, 굽이굽이 먼지 나는 길을 따라 교도소 뒤쪽에 있는 비교적 울창한 숲을 지나갔다. 길이 끝나는 곳에서 우리는 콘크리트 벽으로 둘러싸여 있고 키 큰 전나무가 그늘을 드리우고 있는, 홀로 떨어진 하얀색 단층집에 도착했다.

머레이스 소령을 따라 집 안으로 들어서자, 큰 부엌 옆에 널찍한 응접실이 있었고, 뒤쪽으로는 응접실보다 더 큰 침실이 있었다. 많지 않았지만 가구들은 안락하게 놓여 있었다. 내가 도착하기 전에 전혀 청소가 되어 있지 않아 침실과 거실에는 온갖 벌레, 지네, 거미 등이 가득 차 있었다. 어떤 벌레들은 한 번도 구경해보지 못한 것들이었다. 그날 밤, 나는 침대와 창틀에서 벌레들을 쓸어버리고 앞으로 내 새 거처가 될 곳에서 아주 깊이 잠들었다.

다음 날 아침, 새 거처를 돌아보니 뒤뜰에는 수영장이 있었고, 작은 침실도 두 개 더 있었다. 나는 밖을 산책하면서 그늘을 드리워서 집을 시원하게 해주는 나무들을 보며 감탄했다. 이곳 전체는 대단히 외떨어지고 고립되었다는 느낌을 주었다. 전원적인 그림을 망치는 것은 벽의 맨 위를 뒤덮고 있는 뾰족한 철망과 집 입구에 서 있는 경비원뿐이었다. 그런데도 이곳은 아름다웠고, 또 위치가 좋았다. 교도소와 자유의 중간쯤 되는 집이었다.

그날 오후, 코비 코에체가 집들이 선물로 케이프 와인 꾸러미를 들고 집을 방문했다. 교도관이 죄수를 위해 그런 선물을 가져오는 아이러니는 우리 둘 다 그저 지나쳐버릴 수 없는 일이었다. 코에체는 대단히 염려하며 내가 새 거처를 좋아하는지 확인하고 싶어 했다. 그는 직접 집을 둘러보고 나서 한 가지 추천하기를 집 뒤에 있는 담을 더 높이라고 했다. 나의 사생활을 보호하기 위해서. 그는 빅터 버스터의 집은 내가 자유인이 되기 전에 마지막으로 거주할 집이라고 말해주었다. 이곳으로 이동하게 된 이유는 내가 비밀리에 편안하게 토론할 수 있는 장소가 필요했기 때문이라고 했다.

이 오두막은 사실상 자유의 환상을 제공하는 집이었다. 자고 싶을 때 자고 일어나고 싶을 때 일어나고, 수영하고 싶을 때 수영하고, 배고플 때 언제든 먹을 수 있는 이 모든 것들은 기분 좋은 사건들이었다. 또 하루 종일 밖에 나가 있을 수도 있고, 원할 때 산책할 수 있다는 것은 비공식적인 영광이었다. 창문에는 창살이 없었고, 딸랑거리는 열쇠나 잠갔다 풀었다 하는 문도 없었다. 모든 것이 유쾌했지만 이것이 금으로 도금된 새장임을 나는 결코 잊지 않았다.

교도소 측은 나에게 요리사를 제공했다. 로벤 섬에서 한때 교도관을 지낸, 키가 크고 조용한 아프리카너인 스워트 준위였다. 나는 그를 기억하지 못했다. 하지만 그는 때때로 우리를 채석장으로 태우고 갔으며, 차를 덜컹거리게 하느라고 일부러 돌이 튀어나와 있는 곳으로 트럭을 몰기도 했다고 말했다. "내가 당신에게 그런 짓을 했지요"라고 그가 순진하게 말해, 나는 웃었다. 그는 편견을 갖지 않은 점잖고 성격 좋은 친구였다. 나에게는 어린 동생과 같은 존재가 되었다.

스워트는 아침 7시에 도착해서 오후 4시에 떠났는데, 내 아침, 점심, 저녁식사를 준비해주었다. 의사가 내 식사요강을 마련했고, 스워트는 그것에 따라 식사를 준비했다. 그는 멋진 요리사였다. 4시에 집에 갈 때에는 전자레인지로 데울 수 있는 저녁을 남겨놓고는 했다. 내게 전자레인지는 생소한 가전제품이었다.

스워트 준위는 빵과, 집에서 발효시킨 생강 맥주, 그 외 맛있는 것들도 만들었다. 방문객이 더 잦아질 때마다 그는 멋진 요리를 준비했다. 그들은 늘 음식을 칭찬했고, 감히 말하건대 모든 방문객이 내 요리사를 부러워했다. 교도소 책임자들이 ANC 동지들 몇몇과 민주연합전선UDF의 회원들, 그리고 대중민주운동MDM의 회원들이 나를 방문하는 것을 허락하자, 나는 오직 음식 때문에 오는 것이라고 그들을 책망했다.

어느 날, 스워트가 준비한 맛있는 식사를 먹은 뒤 나는 설거지를 하려고 부엌으로 들어갔다. 그러자 그는 "안 됩니다. 그것은 내 일입니다. 당신은 거실로 돌아가십시오"라고 말했다. 나는 나도 무언가를 해야 하며, 그가 요리를 했으니 내가 설거지를 하는 것은 공평한 일이라고 주장했다. 스워트는 항변했지만 결국 양보했다. 그는 또한 내가 아침에 침대를 정돈하는 일도 반대했다. 자기의 일이라는 것이었다. 그러나 나는 너무나 오랫동안 내 침대를 정리해온 터라 그 일은 하나의 반사작용이 되어버렸다.

우리는 또 다른 거래를 했다. 아프리칸스어를 말하는 많은 교도관들처럼 스워트는 영어를 잘하고 싶어 했다. 나도 늘 아프리칸스어를 향상시킬 방법을 찾고 있었다. 우리는 합의했다. 즉 그는 영어로만 말하고 나는 아프리칸스어로 답하는 것이었다. 그런 식으로 우리는 둘 다 취약한 언어를 연습했다.

나는 종종 그에게 어떤 음식을 만들어달라고 부탁했다. 때로 내가 어린 시절에 먹었던 옥수수죽과 콩 요리를 부탁했다. 하루는 내가 "현미로 밥을 해주었으면 합니다"라고 말했다. 그런데 그가 "현미가 뭐지요?"라고 말해서 나는 깜짝 놀랐다. 스워트는 젊은 사람이었던 것이다. 나는 그에게 현미란 정제되지 않은 쌀이며, 흰쌀을 구할 수 없었던 전쟁 시기에 우리는 그것을 먹었다고 설명해주었다. 또한 흰쌀보다 더 건강에 좋다고 말해주었다. 그는 의심쩍어 했지만 약간의 현미를 구해 와서 밥을 지었다. 나는 매우 맛있게 먹었다. 그러나 스워트는 그 맛을 참지 못했고, 내가 다시 그것을 원한다면 직접 요리해야만 할 것이라고 단호히 말했다.

나는 술을 마시지 않았지만 손님들에게는 포도주를 대접하는 좋은 주인이 되고 싶었다. 나는 가끔 내 손님들을 편안하게 해주기 위해 포도주를 조금 마셨다. 내가 소화할 수 있는 유일한 포도주는 남아프리카에서 만든 달콤한 포도주였다. 이것은 사실 매우 달짝지근한 술이었다.

손님들이 오기 전에 나는 스워트에게 전에 마셔본 적이 있어 달다는 것을 알고 있는 특정 종류의 네더버그 포도주를 사다달라고 부탁하고는 했다. 어느 날, 점심식사를 위해 친구들과 변호사들, 둘라 오마르, 조지 비조스, 이스마일 에이욥이 오기로 되어 있었다. 나는 이슬람교도가 아닌 조지 비조스가 식사와 함께 할 포도주를 원할지도 모르니 네더버그 포도주를 사다달라고 스워트에게 부탁했다. 내가 이 말을 할 때 그가 눈살을 찌푸리는 것을 눈치 챈 나는 무슨 일이 있느냐고 물었다.

"만델라 씨, 나는 늘 당신이 원했기 때문에 그 포도주를 사오긴 하지만, 그것은 싸구려고 별로 좋지도 않아요"라고 그가 말했다. 나는 달지 않은 포도주를 좋아하지 않는다는 사실을 상기시켰으며, 조지는 어찌 됐든 그 차이를 깨닫지 못하는 것이 틀림없다고 말했다. 스워트는 내 말에 미소를 지으며 절충안을 제의했다. 즉, 밖에 나가 달지 않은 와인과 내가 바라던 네더버그를 각각 한 병씩 사서 손님들에게 어느 쪽이 더 좋은지 물어보자는 것이었다. "좋습니다. 실험을 해봅시다"라고 나는 말했다.

우리 넷이 모두 점심식사를 하기 위해 앉았을 때 스워트가 포도주 두 병을 들고 나와 손님들에게로 돌아서며, "신사 여러분, 어느 쪽을 원하십니까?"라고 말했다. 조지는 나를 쳐다보지도 않고 달지 않은 백색 포도주 병을 가리켰다. 스워트 준위는 그저 미소를 지었다.

96

나와 위원회의 모임은 계속되었다. 그리고 늘 앞으로 나아가는 것을 방해했던 똑같은 문제들, 즉 무장투쟁, 공산당, 다수지배 등의 문제들로 우리는 시간을 끌었다. 나는 여전히 보타를 만나게 해달라고 코에체에게 압력을 넣었다. 이 무렵 교도소 책임자들은 내가 폴스무어와 로벤 섬에 있는 나의 동지들과, 루사카에 있는 ANC와 간단한 의사를 교환해도 좋다고 허락했다. 나는 비록 내 동지들보다 앞서가고 있다는 것을 알았지만, 지나치게 앞서 나감으로써 내가 혼자라는 사실을 깨닫게 되는 사태는 원치 않았다.

1989년 1월, 폴스무어에서 동지 네 명이 나를 방문했다. 우리는 내가 대통령에게 보내려고 계획하는 전달문에 관해 의견을 나누었다. 이 전달문은 우리의 비밀회담에서 내가 이미 지적했던 점들을 대부분 되풀이하고 있었지만, 나는 대통령이 그러한 사항들을 내게서 직접 듣게 하고 싶었다. 그는 우리가 야수의 눈을 가진 테러범이 아니라 이성적인 사람들임을 알게 될 것이다.

3월에 보타에게 보낸 그 전달문에 "나는 많은 남아프리카 흑인들과 마찬가지로 남아프리카가 두 개의 적대적인 진영으로, 즉 한쪽은 흑인 다른 한쪽은 백인으로 갈라져 서로를 죽이고 있는 상황에 대해대단히 유감스럽게 생각합니다"라고 썼다. 이런 상황을 막고 협상을 위한 기반을 마련하기 위해 나는 정부가 협상의 전제조건으로서 ANC에 요구하는 세 가지, 즉 폭력을 포기하는 일, 남아프리카공산당SACP과 결별하는 문제, 그리고 다수지배에 대한 요구를 포기하는 일을 논의하자고 제안했다.

폭력 문제에 관해서는 ANC가 폭력 포기를 거부하는 것은 문제가 되지 않는다고 했다. "진실을 말하자면 정부는 아직 흑인들과 정치권력을 공유할 준비가 되어 있지 않습니다"라고 나는 전달문에 썼다. 나는 우리가 공산당을 저버리고 싶지 않은 이유를 설명했다. 우리가 공산당의 지도를 받지 않는다는 것도 다시 한번 강조했다. "명예를 소중히 하는 어떤 남자가 공동의 적이 주장한다 하여 평생의 친구를 저버리고도 여전히 사람들로부터 신뢰를 유지하려 한단 말입니까?" 나는 또한 정부가 다수지배를 거부하는 것은 권력을 유지하려는 속보이는 시도일 뿐이며, 대통령이 현실을 직시해야 한다고 제안했다. "다수지배와 내부적 평화는 동전의 양면과 같은 것입니다. 그러니 남아프리카 정부는 다수지배의 원칙이 완벽하게 적용될 때까지는 이 나라에 평화와 안정은 결코 있을 수 없다는 것을 인정해야만 합니다."

편지의 마지막 부분에서 협상을 위해 대단히 거친 윤곽을 제시했다.

> "두 가지 정치적 문제를 거론해야 할 것입니다. 첫째는 단일국가 내의 다수지배에 대한 요구이고, 둘째는 이 요구에 대한 아프리카너의 우려와 다수지배라는 것이 소수 백인을 흑인이 지배하는 의미가 아니라는 구조적 보장을 요구하는 백인의 주장입니다. 정부와 ANC가 직면하게 될 가장 중요한 일은 이 두 가지 입장을 절충시키는 일일 것입니다."

나는 이 일을 두 가지 단계에 걸쳐 진행할 것을 제안했다. 첫 번째 단계는 협상을 위한 적절한 상황을 만들어낼 수 있는 토론이 될 것이며, 두 번째는 실질적인 협상 자체가 될 것이라고 했다. "내가 취한 움직임은 현재의 교착 상태를 극복하며, 이 나라의 정치적 상황을 정상화시킬 수 있는 기회를 당신들에게 제공하고 있다는 사실을 지적해야 할 것 같습니다. 지체 없이 이 기회를 포착하시기를 바랍니다"라며 전달문을 끝맺었다.

그러나 또 시간이 걸렸다. 1월에 보타가 뇌일혈로 쓰러졌기 때문이다. 이 병이 대통령의 능력을 앗아 가지는 않았지만 그를 약화시켰고, 각료들에 따르면 그는 신경이 더욱 날카로워졌다. 2월에 보타는 뜻밖에도 국민당 당수 자리를 사임했다. 그러나 대통령의 위치는 고수했다. 이것은 이 나라 역사상 전례가 없는 상황이었다. 남아프리카 의회제도에서는 다수당의 당수가 대통령이 되도록 되어 있었다. 보타 대통령은 이제 국가의 원수였지만 국민당의 당수는 아니었다. 어떤 사람들은 이것을 긍정적인 발전이라고 보았다. 즉 보타가 남아프리카에 진정한 변화를 가져오기 위해 "정당정치를 넘어서고자 한다"라는 것이었다.

정치적 폭력과 국제적 압력은 계속하여 가열되어갔다. 온 나라에 있는 모든 정치범들의 단식투쟁이 성과를 거두고, 수상을 설득해서 9백여 명의 정치범에 대한 석방 명령을 내리게 만들었다. 1989년, 민주연합전선UDF은 남아프리카 노동조합총연맹COSATU과 연합하여 대중민주운동MDM을 결성했다. MDM은 곧이어 인종차별적인 정부에 도전하기 위해 시민불복종을 지시하는 저항운동을 전국적으로 조직하기 시작했다. 국제 사회에서는 올리버가 영국 정부 및 소련 정부와 대화를 나누었고, 1987년 1월에는 워싱턴에서 조지 슐츠 미국 국무부장관을 만났다. 미국인들은 남아프리카 내의 어떤 해결책을 위해 ANC가 꼭 필요하다는 것을 인정했다. 남아프리카에 대한 제재는 진행되고 있었고, 심지어는 점점 증가하는 추세였다.

정치적 폭력은 비극적인 측면도 갖고 있다. 소웨토 내에서 폭력의 열기가 더해가자 내 아내는 젊은이들에게 그가 지역을 돌아다니는 동안 경호원으로 활동할 수 있도록 허락했다. 이 젊은이들은 훈련을 받지 않은 분별없는 사람들로서 나중에는 해방투쟁에 어울리지 않는 행위에 연루되기도 했다. 위니의 경호원 한 명이 어린아이를 살해한 혐의로 기소되었는데, 이 재판에 위니가 법적으로 말려들게 되었다. 이 상황은 나를 너무나 실망시켰다. 왜냐하면 그러한 사건은 통합이 절대적으로 요구되는 시기에 운동 진영을 분열시키는 효과를 가져올 뿐이기 때문이었다. 나는 내 아내를 전적으로 지지했으며, 그녀가 나쁜 판단을 하기는 했지만 어떤 심각한 기소에 대해서도 그녀는 무죄일 뿐이라고 주장했다.

그해 7월, 내 일흔한 번째 생일을 맞아 거의 모든 내 가족들이 빅터 버스터의 오두막을 찾았다. 이것은 처음으로 내가 아내와 아이들과 손자들을 한자리에서 볼 수 있는 대단히 행복한 기회였다. 스워트 준위는 잔치를 준비하느라 최선을 다했고, 내가 손자들에게 식사가 나오기 전에 사탕을 먹어도 된다고 허락했을 때조차도 화를 내지 않았다. 식사를 마친 뒤에 손자들은 공포영화 비디오를 보기 위해 내 침실로 갔고, 어른들은 거실에 남아 잡담을 나누었다. 내 옆에 내 가족 전체가 머무르는 것은 대단히 즐거운 일이었다. 단 하나 가슴 아픈 것은 내가 그렇게도 오랜 세월 동안 그러한 기회를 잃고 지내왔다는 사실이었다.

97

7월 4일, 윌렘스 장군이 찾아와 다음 날 보타 대통령을 만나러 갈 것이라고 알려주었다. 그는 이 방문을 '예의 방문'이라 묘사했고, 새벽 5시 50분에 출발할 준비를 하라고 말했다. 나는 장군에게 이 만남이 기대된다고 말하며, 보타 대통령을 만날 때는 양복과 넥타이를 하는 것이 적절하다고 생각한다고 말했다(저명인사단이 방문했을 때 받았던 양복은 이미 사라진 지 오래였다). 장군은 이에 동의했고, 잠시 뒤 재단사가 나타나 내 몸의 치수를 재 갔다. 그날 오후, 내게 새 양복, 넥타이, 셔츠 그리고 구두가 배달되었다. 떠나기 전에 장군은 내 혈액형을 물었는데, 이는 다음 날 어떤 불상사가 일어날 경우를 대비하기 위한 것이었다.

이 만남을 위해 나는 최선을 다해 준비를 했다. 나는 이럴 때를 대비해서 써 놓은 수많은 기록과 메모를 검토했다. 내가 이 시대에 뒤떨어지지 않는다는 것을 확실하게 하기 위해 가능한 한 많은 신문과 잡지를 훑어보았다. 보타 대통령의 뒤를 이어 데 클레르크가 국민당 당수로 선출되었고, 이 두 사람 사이에 상당한 알력이 있다는 소문이 있었다. 보타가 나를 만나고자 하는 것을 두고 그의 경쟁자로부터 벼락을 도둑질하는 행동이라고 해석하는 사람들도 있을 수 있었지만, 그런 것을 걱정하지는 않았다. 나는 대통령이 할 질문과 이에 대한 나의 대답을 연습했다. 적과의 모든 회담에서는 자신이 원하는 인상을 상대방에게 정확히 전달해야만 한다.

막상 보타 대통령을 만난다고 생각하니 나도 모르게 긴장이 되었다. 그는 '위대한 악어'로 알려져 있었고, 나는 그의 사나운 성미에 대해 많은 일화를 들어 익히 알고 있었다. 나에게 그는 흑인 지도자와 문제를 의논하기보다는 그저 명령을 내리는 오만하고 완고하기 짝이 없는 구식 아프리카너의 전형적인 모델 같았다. 최근에 그가 뇌일혈로 쓰러진 것은 명백히 이런 성향을 더욱 가중시킬 뿐이었다. 나는 만일에 그가 나에게 손가락만 까닥까닥하는 식으로 행동한다면 그런 행동을 받아들일 수 없다고 밝히고 일어나서 회담을 연기시키리라고 결심했다.

* * *

정확히 아침 5시 30분에 빅터 버스터의 지휘관인 머레이스 소령이 내 집에 도착했다. 그는 나를 확인하기 위해 내가 새 양복을 입고 서 있는 거실로 들어왔다. 그러고는 나를 빙 돌아보더니 머리를 갸웃거렸다.

"만델라 씨, 안 됩니다. 당신의 넥타이 말이에요"라고 그가 말했다. 교도소 안에서는 넥타이를 사용하지 않았으므로 그날 아침 나는 넥타이를 매다가 그것을 어떻게 매는지 잊어버린 사실을 깨달았다. 나는 가능한 한 보기 좋게 매듭을 지었고, 아무도 눈치채지 않기를 바랐다. 머레이스 소령은 내가 맨 넥타이를 목에서 풀더니 다시 내 뒤에 서서 이중 매듭으로 넥타이를 매주었다. 그리고 그는 뒤로 물러서서 자신의 솜씨를 칭찬했다. "훨씬 낫군."

우리는 빅터 버스터를 출발하여 폴스무어에 있는 윌렘스 장군의 저택으로 가서 장군의 부인이 차려준 아침을 먹었다. 식사를 하고 난 다음에 조그만 군용차를 타고 대통령의 공식 집무실인 튠휴로 가서 사람들 눈에 띄지 않게 지하 주차장에 차를 세웠다. 튠휴는 우아한 19세기 케이프의 네덜란드 양식의 건물이었지만 그날은 그 건물을 제대로 볼 여유가 없었다. 나는 사실 대통령의 방으로 잠입해 들어간 셈이었다.

우리가 엘리베이터를 타고 1층으로 올라가니 대통령 집무실 앞에 있는 커다란 나무 벽과 복도가 나타났다. 그곳에서 우리는 코비 코에체, 닐 바너드, 그리고 여러 명의 교도소 관리를 만났다. 나는 이 모임에 관해서 코에체와 바너드 박사와 이야기를 많이 나누었다. 그들은 늘 나에게 대통령과는 논쟁의 여지가 있는 문제들은 피하라고 충고했다. 우리가 기다리는 동안 바너드 박사는 아래쪽을 내려다보더니 내 신발끈이 제대로 매이지 않은 것을 발견하고서는 재빨리 무릎을 꿇고 앉아 신발끈을 매주었다. 나는 이들이 얼마나 긴장하고 있는지를 알 수 있었다. 그 때문에 나도 긴장하지 않을 수 없었다. 그때 문이 열렸다. 나는 최악의 상황을 예상하며 안으로 들어갔다.

거대한 사무실 반대쪽에서 보타가 내 쪽으로 걸어왔다. 우리가 정확히 중간 지점에서 만난 것으로 보아 그의 행동은 완벽하게 계획되어 있었다. 그가 손을 내밀면서 활짝 웃었는데, 사실 바로 그 처음 순간부터 그는 나를 완전히 무장 해제시켜버렸다. 그는 실수 없이 예의 바르고 공손하며 친절하게 행동했다.

우리는 악수하는 모습을 찍기 위해 잠시 자세를 취했다. 곧이어 코비 코에체, 윌렘스 장군, 바너드 박사와 함께 긴 테이블에 앉았다. 차가 나오면서 우리는 대화를 시작했다. 처음부터 우리는 긴장된 정치적 논쟁을 하지 않았다. 차라리 흥미 넘치며 생기발랄한 소규모 집단토론 시간 같았다. 우리는 실질적인 문제보다는 그저 남아프리카 문화와 역사를 토론했다. 나는 최근에 아프리카너 잡지에서 1914년에 있었던 '아프리카너 반란'에 관한 기사를 읽었다고 말한 다음, 당시에 백인들이 자유 주에 있는 여러 마을을 어떤 식으로 점령했는지에 관해 이야기했다. 나는 우리의 투쟁이 이 유명한 반란 사건과 비슷한 유형이라고 생각한다고 말했고, 우리는 이 역사적 사건을 꽤 오랫동안 토론했다. 물론 남아프리카 역사를 보는 눈은 흑인과 백인이 같지 않다. 그들의 견해에 따르면, 당시의 반란은 형제들 간의 싸움인 반면 우리의 투쟁은 혁명적 반란이다. 나는 우리의 투쟁도 우연히 피부색이 다른 형제들 간의 투쟁으로 간주될 수도 있다고 말했다.

이 회담은 30분도 채 걸리지 않았다. 회담이 끝날 때까지 우호적이며 잔잔한 분위기였다. 내가 심각한 문제를 제기한 것은 바로 그때였다. 나는 보타에게 나를 포함하는 모든 정치범들을 조건 없이 석방하라고 요청했다. 이때가 바로 그날 회담에서 유일하게 긴장된 순간이었다. 보타는 그렇게 할 수 없어 유감스럽다고 말했다.

그런 다음 우리는 이 회담에 관한 소식이 새나갈 경우 어떻게 말할 것인지를 간단히 토론했다. 우리는 이 나라의 평화를 진작시키기 위한 노력의 하나로 함께 차 마시는 시간을 가졌다는 내용의 부드러운 표현을 즉시 마련했다. 이에 대해 서로 동의하자 보타는 일어나서 매우 즐거운 시간이었다고 말하며 나와 악수를 했다. 정말이지 즐거운 시간이었다. 나는 그에게 인사를 한 뒤 우리가 왔을 때와 마찬가지 방식으로 그곳을 나왔다.

이 회담은 협상의 관점에서는 돌파구가 되지 못했지만 다른 의미에서는 꼭 그렇다고만 할 수도 없었다. 보타는 오랫동안 루비콘 강을 건널 필요성에 관해 이야기해왔지만, 튠휴에서의 그날 아침이 있기까지는 결코 실천에 옮기지는 않았던 것이다. 이제 나는 돌아갈 수 없는 곳에 와 있다고 느꼈다.

그로부터 약 한 달 뒤, 1989년 8월에 보타는 대통령직을 사임한다고 발표했다. 이상하게도 두서없는 이임사를 통해 그는 내각 각료들이 신임을 저버리고, 자신을 무시하고 ANC의 손에 놀아났다고 비난했다. 다음 날 데 클레르크가 대통령 집무대리 선서를 했으며, 변화와 개혁에 대한 자신의 신념을 확인해주었다.

우리에게 데 클레르크는 암호와 같은 존재였다. 그가 국민당 당수가 되었을 때 그는 그 이상도 그 이하도 아닌 전형적인 국민당원인 것 같았다. 그의 과거 활동에서 개혁정신이라고는 찾아볼 수가 없었다. 교육부장관 시절에는 백인 대학교에 흑인 학생들이 다니는 것을 반대했었다. 그러나 그가 국민당을 맡는 순간부터 나는 그를 면밀하게 관찰하기 시작했다. 그의 모든 연설문을 읽고 그의 말을 경청한 결과, 그가 전임자들과는 진정으로 다른 어떤 것을 대변하고 있다는 사실을 깨닫기 시작했다. 그는 이념주의자가 아닌 현실주의자로서 변화라는 것이 이제는 필요하며 불가피한 것이라고 생각하는 사람이었다. 그가 대통령 직무대리를 선서한 그날 나는 그에게 회담을 요청하는 편지를 썼다.

취임연설에서 데 클레르크는 자신의 정부는 평화를 지향하며, 평화를 지향하는 어떤 단체와도 협상할 것이라고 말했다. 새로운 질서를 위한 그의 노력은 취임사 직후 경찰의 잔악성에 항거하기 위한 행진이 케이프타운에서 계획되었을 때 실질적으로 드러났다. 행진은 투투 대주교와 앨런 부삭 목사가 선두에 서서 진행하게 되어 있었다. 보타 대통령 시절이었다면 행진은 금지당하고, 시위대는 금지 명령을 거역해 결국 폭력을 불러일으켰을 것이다. 새 대통령은 정치적 모임에 대한 규제를 완화하겠다는 자신의 약속을 지켜 그날 행진을 허용했다. 단, 시위대가 평화를 지킬 것을 요구했을 뿐이었다. 지금까지와는 다른 새로운 손이 항해키를 움켜쥔 것이다.

98

데 클레르크가 대통령이 된 이후에도 나는 비밀협상위원회와 모임을 계속 가졌다. 고전학 박사 학위를 받은 명석한 사람인 헌법개발장관이 우리의 회담에 참여했다. 그의 역할은 우리의 토론 내용을 헌법적 틀 안에 반영하는 것이었다. 나는 정부에 폴스무어와 로벤 섬에 있는 내 동료 정치범들을 석방하여 그들의 선의를 보여달라고 압력을 넣었다. 나는 내 동료들이 조건 없이 석방되어야 한다고 위원회에 말했다. 또한 정부가 석방된 사람들로부터 절제 있는 행동을 기대해도 좋다고 했다. 이것은 1987년 말에 조건 없이 석방되었던 고반 음베키의 행동에 의해 증명되었다.

1989년 10월 10일, 데 클레르크 대통령은 월터 시술루와 로벤 섬에 있는 내 전 동지들 가운데 일곱 명, 즉 레이먼드 음흘라바, 아메드 카트라다, 앤드루 음랑게니, 엘리어스 모초알레디, 제프 마세몰라, 윌턴 음콰이, 그리고 오스카 음페타가 석방될 것이라고 발표했다. 그날 아침에 아직 폴스무어에 있던 월터, 케이시, 레이 그리고 앤드루가 나를 방문했고, 나는 그들에게 작별인사를 할 수 있었다. 너무나 감격적인 순간이었다. 그러나 나는 나도 멀지 않았음을 알고 있었다. 이들은 5일 뒤 요하네스버그 교도소에서 석방되었다. 이것은 국내외에서 호평을 받을 만한 행위였다. 나는 데 클레르크에게 고맙다는 말을 전했다.

그러나 월터와 다른 이들이 자유를 찾았다는 진정한 기쁨에 비한다면 이런 감사의 말은 아무것도 아니었다. 이날은 우리가 그렇게 오랜 세월 동안 투쟁하고 갈망했던 바로 그런 날이었다. 데 클레르크는 자신의 약속에 따라 이 사람들을 아무런 금지 명령 없이 석방했다. 이들은 ANC의 이름으로 연설을 할 수도 있었다. 이것은 곧 ANC에 대한 금지 명령이 사실상 풀렸음을 증명하는 것이었고, 우리들의 오랜 투쟁과 우리들이 원칙을 확고하게 지킨 것이 옳았음을 입증하는 것이었다.

데 클레르크는 남아프리카의 아파르트헤이트를 구성하는 요소 중 많은 것들을 조직적으로 해제해가기 시작했다. 그는 남아프리카 해변을 피부색에 상관없이 모든 사람들에게 공개했고, '시설 분리보존령'이 곧 폐지될 것이라고 말했다. 이 법령은 1953년부터 실시된 '작은 아파르트헤이트'라고 알려진 것으로, 공원, 극장, 식당, 버스, 도서관, 화장실 그리고 기타 공공시설을 인종에 따라 분리하도록 했다. 11월에는 보타 대통령 시절에 반인종차별 세력을 물리치기 위해 만들어진 비밀조직인 국가안전관리부NSM를 해체한다고 발표했다.

12월 초에 나는 데 클레르크와의 회담이 그달 12일로 결정되었다는 전갈을 받았다. 그 당시 나는 옛 동지 및 새로운 동지들과 만나 의논을 나눌 수도 있었고, 오두막에서 나의 옛 동지들과 대중민주운동의 지도자들 및 민주연합전선의 지도자들과 모임을 가질 수도 있었다. 나는 민주연합전선과 남아프리카 노동조합총연맹COSATU의 대표단들뿐만 아니라 각 지역에서 오는 ANC 사람들을 맞았다. 이 젊은이들 중에는 전국광산노조 사무총장이며, 새로운 세대의 지도자들 중에서 특히 능력 있는 사람들 중 하나인 시릴 라마포사도 있었다. 로벤 섬의 내 동지들도 방문했는데, 이들 중에는 테러 레코타와 도쿄 섹스웨일도 끼어 있었다. 그런데 이들은 모두 특별한 대식가여서 나는 스워트 준위에게서 "그 사람들은 우리를 벗겨 먹어 알거지로 만들 거요"라는 불평을 들어야만 했다.

수많은 동지들의 도움을 받아 나는 보타에게 보냈던 것과 별로 다르지 않은 편지를 데 클레르크에게 썼다. 주제는 정부와 ANC의 회담이었다. 나는 대통령에게 현재의 갈등은 남아프리카의 소중한 피를 흘리게 하는 일이고, 유일한 해결책은 회담이며, ANC는 회담을 위한 전제조건, 특히 무장투쟁 중지라는 정부의 요구를 받아들이지 않을 것이라고 말했다. 정부는 '평화를 위한 솔직한 노력'을 요청했고, 나는 협상하고자 하는 우리의 자발적 의지가 곧 그것이라고 지적했다.

나는 데 클레르크에게 취임사에 확연히 나타난 화해에 대한 강조에서 깊은 인상을 받았다고 말했다. 그의 연설문은 수백만 남아프리카 사람들과 전 세계 사람들에게 새로운 남아프리카가 곧 탄생할 것이라는 희망을 불어넣어주었다. 나는 또 화해로 가는 첫걸음은 아파르트헤이트와 그것을 시행하기 위해 사용된 많은 조치들을 완전히 해제시키는 일이라고 말했다.

그러나 나는 그 연설문의 정신이 최근에 와서 별로 입증되지 않았다고 말했다. 많은 사람들이 정부의 정책을, 방법을 달리한 아파르트헤이트의 연속이라고 간주했다. 나는 정부가 정부의 제도에 의해 선택된 흑인 지방 지도자들이나 기타 사람들과 대화하는 데 너무 많은 시간을 보냈다고 말했다. 이 사람들은 남아프리카의 흑인들이 대부분 거부하는 억압적인 과거의 심부름꾼들일 뿐이라고 역설했다.

나는 회담이 두 단계로 진행되어야 한다는 내 제안을 거듭 말했다. 그리고 ANC가 1989년 '하라레 선언Harare Declaration'에서 채택했던 원칙, 즉 정부가 스스로 만든 협상에 대한 방해물들을 제거할 책임은 정부에 있다는 원칙을 전적으로 지지한다고 말했다. 이러한 요구는 모든 정치범들의 석방, 규제된 조직과 사람들로부터 모든 금지령 해제, 긴급사태 종식, 거주지역으로부터 모든 군대 철수 등을 포함했다. 나는 적대관계를 종식시키는 '상호 합의된 휴전'이 첫 번째 처리해야 할 업무임을 강조했다. 이런 휴전이 성립되지 않고서는 어떤 업무도 처리될 수 없다고 했다. 우리의 회담이 있기 전날 이 편지가 데 클레르크에게 전달되었다.

12월 13일 아침, 나는 다시 튜휴로 호송되었다. 나는 그의 전임자와 함께 차를 마셨던 바로 그 방에서 데 클레르크를 만났다. 데 클레르크는 코비 코에체, 윌렘스 장군, 바너드 박사, 그리고 그의 동료 마이크 라우와 함께 있었다. 나는 데 클레르크에게 대통령 취임을 축하한다고 말하고, 우리가 함께 일할 수 있기를 바란다는 희망을 표현했다. 그는 대단히 우호적이었고, 나와 의견을 같이했다.

나는 첫 순간부터 데 클레르크가 내가 하려는 말에 경청하고 있다는 것을 알았다. 이것은 새로운 경험이었다. 국민당 지도자들은 대개 흑인 지도자들과 토론할 때 자신이 듣고 싶어 하는 부분만 들었다. 그러나 데 클레르크는 진정으로 이해하고자 하는 듯했다.

그날 내가 강조했던 문제들 중 하나는 국민당이 최근에 도입한 것으로, '집단 권리'라는 개념을 포함하는 5개년 계획이었다. '집단 권리'는 어떤 종족 또는 인종도 다른 종족 또는 인종보다 우위에 설 수 없다는 것이었다. 정부 측은 '집단 권리'를 새로운 남아프리카 내에서 소수민족의 자유를 보호하는 방법이라고 규정했지만, 사실상 그들의 제안은 백인 지배를 보존하기 위한 방법이었다. 나는 ANC가 이 계획을 받아들이지 않을 것이라고 말했다.

나는 이 개념을 존속시키는 것은 아파르트헤이트를 포기하기보다는 그것을 현대화하고자 한다는 인상을 주기 때문에 그에게 도움이 되지 않을 것이라고 덧붙였다. 그것은 이 나라와 전 세계에 걸쳐 있는 진보 세력의 눈에 비친 데 클레르크와 국민당의 이미지에 상처를 주는 것이라고 말했다. 억압적인 체제는 개혁될 수 있는 것이 결코 아니며, 완전히 폐지되어야만 하는 것이라고 강조했다. 나는 케이프 지역의 국민당 잡지인 《부르거》에서 내가 최근에 읽은 사설을 언급했다. 이 사설에서는 집단 권리는 아파르트헤이트를 뒷문을 통해 다시 도입하려는 시도라고 보았다. 나는 데 클레르크에게 그의 정당지가 집단 권리를 그런 식으로 인식할 때, 우리는 그것을 어떻게 간주할 것 같으냐고 물었다. 나는 ANC가 단지 아파르트헤이트의 위장된 형태에 굴복하기 위해 75년을 투쟁해온 것은 아니라고 덧붙였다. 또한 집단 권리라는 트로이의 목마를 통해 아파르트헤이트를 보존하는 것이 진정한 의도라면, 그것은 아파르트헤이트의 종식을 진정으로 생각하는 것이 아니라고 강조했다.

나는 그날 데 클레르크가 성급히 반응하는 사람이 아니라는 것을 알았다. 그의 특징은 내 말을 경청하고 나와 논쟁하지 않는 것이었다. "당신은 나의 목적이 당신의 목적과 다르지 않음을 알고 있습니다. 보타에게 보낸 당신의 전달문은 ANC와 정부가 흑인 지배에 대한 백인의 두려움을 해결하기 위해 함께 일해야 한다고 말하고 있습니다. 그리고 '집단 권리'는 그 문제를 다루기 위해 우리가 제안하는 방법입니다"라고 그는 말했다. 나는 이러한 대답에서 좋은 인상을 받았지만 '집단 권리'는 백인의 두려움을 덜어주기보다는 흑인의 두려움을 더 증가시켰을 뿐이라고 대답했다. 이에 데 클레르크는 말했다. "그렇다면, 우리는 그것을 바꾸어야겠지요."

다음으로 나는 내 석방 문제를 거론했다. 만일 내가 풀려난 뒤 한가로이 시간을 보낼 것이라고 기대한다면 그것은 크게 오해하는 것이라고 말했다. 내가 만일 체포되던 당시와 같은 상황 속으로 풀려난다면, 또다시 그때와 똑같은 일들을 할 것이라고 재확인시켰다. 나는 그에게 앞으로 나아가는 최선의 방법은 ANC와 기타 모든 정치단체들에 대한 금지령을 풀고, 국가비상사태를 종식시키며, 정치범들을 석방하고, 추방된 사람들이 돌아올 수 있게 허락하는 일이라고 꼬집어 이야기했다. 만약 정부가 ANC에 대한 금지령을 풀지 않는다면 나는 교도소에서 풀려나자마자 비합법적인 조직을 위해 일하게 될 것이라고 말했다. 그러고 나서 분명히 했다. "그렇다면 당신네들은 내가 교도소 문을 걸어 나간 뒤에 다시 체포해야만 할 것입니다."

또다시 그는 내 말에 귀를 기울였다. 내 제안들은 물론 그에게 놀라운 내용들은 아니었다. 그는 내가 한 말 모두를 재고하겠지만 어떤 약속도 할 수는 없다고 말했다. 이번 회담은 탐색적인 성격을 띤 것이었고, 나는 그날만으로는 어떤 것도 해결될 수 없다는 것을 알고 있었다. 그러나 이번 회담은 대단히 유익했다. 왜냐하면 내가 로벤 섬에 있을 때 새로 부임한 교도소 지휘관들을 파악했던 것처럼 데 클레르크를 파악할 수 있었기 때문이다. 나는 루사카에 있는 동지들에게 데 클레르크는 과거의 국민당 정치인들과는 진정으로 다른 어떤 것을 대변하고 있는 것 같다고 전했다. 나는 고르바초프에 대한 대처 수상의 유명한 묘사를 인용하여, 데 클레르크는 우리가 함께 비즈니스를 할 수 있는 사람이라고 말했다.

99

1990년 2월 2일, 데 클레르크는 전통적인 개회사를 하기 위해 의회에 나가서 다른 어떤 남아프리카 대통령도 한 적이 없는 일을 했다. 그는 진정으로 아파르트헤이트를 폐지하고 민주적인 남아프리카를 위한 초석을 놓기 시작했다. 데 클레르크는 ANC, PAC, 남아프리카공산당, 기타 31개 비합법적인 조직에 대한 금지령 해제, 비폭력 활동이라는 죄목으로 투옥된 정치범들 석방, 사형제도 폐지, 긴급사태에 의해 부과된 여러 규제사항 폐지를 극적으로 선언했다. 그는 협상을 위한 시기가 도래했다고 말했다.

숨 막힐 듯한 순간이었다. 거의 단 한 번의 행동으로 그는 남아프리카 상황을 정상화시켰기 때문이다. 40년에 걸친 처벌과 추방 끝에 ANC는 이제 합법적인 조직이 되었다. 나와 내 동료들은 더 이상 ANC 회원이라는 이유로 체포되지 않아도 되었다. 거의 30년 만에 처음으로 내 사진과 말, 그리고 금지령을 받았던 내 동료들의 사진과 말들이 남아프리카 신문 지면에 자유롭게 등장할 수 있었다. 국제 사회는 데 클레르크의 과감한 행동에 뜨거운 박수를 보냈다. 그러나 모든 좋은 소식의 와중에서도 ANC는 데 클레르크가 긴급사태를 완전히 종식시키지 않았다는 사실과 거주지역에서 군대를 철수하라고 명령하지 않은 사실에 반대의사를 표명했다.

의회에서 데 클레르크의 개회 연설이 있은 지 일주일이 지난 2월 9일에 나는 다시 튠휴로 갈 것이라고 전갈을 받았다. 저녁 6시에 튠휴에 도착했다. 나는 그의 집무실에서 웃고 있는 데 클레르크를 만났다. 우리가 악수하는 동안 그는 내일 나를 석방시킬 것이라고 말했다. 남아프리카와 전 세계의 신문, 방송에서 내가 곧 석방될 것이라는 추측을 몇 주에 걸쳐 해오고 있었지만 데 클레르크의 발표는 내게는 여전히 놀라운 일이었다. 데 클레르크가 나를 석방시킬 예정이라는 것을 전달하기 위해 나를 만나자고 했음을 사전에 듣지 못했기 때문이다.

가슴과 머리 사이에서 갈등이 일어났다. 가능한 한 빨리 교도소를 몹시 떠나고 싶었지만, 그토록 갑작스럽게 떠나는 것은 현명하지 못한 일이었다. 나는 데 클레르크에게 감사하다고 말한 뒤에, 호의를 무시하는 것으로 보일지도 모르겠지만 내 가족과 조직이 내 석방을 준비할 수 있도록 한 주 전에 통보해주기를 바란다고 말했다. 단순히 내일 아침에 걸어 나가는 것은 혼돈을 불러일으킬 뿐이라고 말했다. 나는 데 클레르크에게 그날부터 1주일 뒤 나를 석방해달라고 요청했다. 27년을 기다렸으므로 틀림없이 7일을 더 기다릴 수 있다고 말했다.

데 클레르크는 내 반응에 짐짓 놀라는 것 같았다. 그는 대답 대신 계속해서 내 석방을 위한 계획을 설명했다. 정부에서 나를 요하네스버그까지 비행기로 데려간 뒤에 그곳에서 나를 공식적으로 석방할 것이라고 했다. 나는 그가 더 말하기 전에 그것들을 강력하게 거부한다고 말했다. 나는 빅터 버스터의 정문으로 걸어 나가 나를 돌보아주었던 사람들에게 감사의 뜻을 전하고, 케이프타운 시민들에게 인사하고 싶었다. 나는 요하네스버그에서 오긴 했지만 케이프타운은 거의 30년 동안 내 고향이었다. 나는 요하네스버그로 돌아갈 것이다. 그러나 그 시기는 정부가 아니라 내가 선택해야 했다. "일단 석방되면 나 스스로 내 자신을 돌볼 겁니다"라고 나는 말했다.

데 클레르크는 또 한번 당혹스러워했다. 그러나 이번에는 내 반대에 반응을 보였다. 그는 실례한다고 말한 뒤 다른 사람들과 의논하기 위해 집무실을 나갔다. 10분 뒤 우울한 얼굴로 돌아와, "만델라 씨, 계획을 변경하기에는 이미 너무 늦었습니다"라고 말했다. 나는 정부의 계획을 받아들일 수 없으며, 앞으로 1주일 뒤에 요하네스버그가 아닌 빅터 버스터에서 석방되고 싶다고 거듭 강조했다. 긴장된 순간이었다. 당시에는 우리 모두 죄수는 석방되지 않으려고 애쓰고 교도관은 죄수를 석방시키려고 애쓰는 아이러니를 주목할 여유가 없었다.

데 클레르크는 다시 한번 실례한다는 말과 함께 방을 나갔다. 10분 뒤에 그는 절충안을 가지고 돌아왔다. 즉 나를 빅터 버스터에서 석방하되 날짜는 연기할 수 없다는 것이었다. 정부는 이미 외신 기자들에게 내가 내일 석방될 것임을 통보했기 때문에 그 말을 변경할 수는 없다고 했다. 나는 그 제안에는 반대할 수 없었다. 결국 우리는 절충안에 합의했고, 데 클레르크는 서로를 위해 위스키를 한 잔씩 따라 축하하자고 했다. 나는 위스키 잔을 들어 건배했지만 마시는 시늉만 했다. 내게 위스키는 너무 독했다.

나는 거의 자정이 다 되어서야 오두막으로 돌아왔다. 그리고 도착하자마자 즉시 케이프타운에 있는 동지들에게 내가 내일 풀려난다는 말을 전했다. 나는 위니에게 겨우 소식을 전했고, 요하네스버그에 있는 월터에게도 전화했다. 다음 날 그들은 모두 비행기를 전세 내어 날아왔다. 그날 저녁에 전국환영위원회라고 알려진 조직에 소속된 ANC 사람들이 내가 다음 날 발표할 성명서를 작성하기 위해 오두막으로 왔다. 그들은 새벽에 떠났고, 나는 흥분해 있었지만 잠드는 데 별 문제가 없었다.

11

자유

100

석방되는 날, 나는 몇 시간 못 자고 새벽 4시 30분에 깼다. 1990년 2월 11일, 여름이 끝나가는 날 케이프타운은 구름 한 점 없이 맑았다. 날마다 하던 운동을 짧게 끝낸 뒤 몸을 씻고 아침을 먹었다. 그런 다음 석방과 연설을 준비하기 위해 오두막에 오기로 한 케이프타운의 ANC와 UDF 사람들 몇 명에게 전화를 했다. 교도소 의사가 간단히 진단하기 위해 들렀다. 나는 석방에 대한 기대가 아니라 석방 전에 해야 할 많은 일들을 곰곰이 생각했다. 인생에서 흔히 그렇듯이 특별한 순간은 세세한 일들에 파묻혀 잊히곤 한다.

상의하고 해결해야 할 일은 많았으나 시간이 얼마 없었다. 시릴 라마포사와 트레버 마뉴엘을 비롯한 석방환영위원회의 동지 몇 명이 밝은 모습으로 일찍 집에 도착했다. 처음에 나는 투옥되어 있는 동안 내게 너무나 친절하게 대해주었던 파를 지역 주민들에게 연설을 하고 싶었지만 석방환영위원회는 좋은 생각이 아니라고 단호히 거부했다. 즉 내가 만약 첫 연설을 파를의 성공한 백인 시민들에게 한다면 사람들에게 의심을 살 수도 있기 때문이었다. 그 대신 예정대로 나는 케이프타운에 있는 그랜드 퍼레이드에서 케이프타운 주민들에게 첫 연설을 하기로 했다.

제일 먼저 결정해야 할 일들 가운데 하나는 자유의 몸을 맞는 첫날 밤을 어디서 보내느냐 하는 것이었다. 나는 주민들과의 단결을 보여주기 위해 케이프타운에 있는 흑인들과 혼혈인들 주거지역인 케이프플랫에서 밤을 보내고 싶었다. 그러나 내 동료들과 나중에는 아내까지도 안전을 이유로 호화로운 백인 거주지역에 있는 투투 주교의 주교관에서 지내야 한다고 주장했다. 내가 교도소에 들어갈 때만 해도 그 동네는 내가 살 수 없는 지역이었다. 나는 자유로운 첫날 밤을 그런 호화로운 백인구역에서 보내는 것은 오해의 소지가 있다고 생각했다. 그러나 위원회 사람들은 투투 주교가 재직하면서 주교관은 다인종 지역이 되었고, 개방적인 너그러운 비인종차별주의를 상징한다고 설명했다.

교도소 교도관은 짐을 쌀 수 있도록 종이 상자와 나무 상자를 가져다 주었다. 교도소에서 처음 20년 정도까지만 해도 갖고 있는 물건들이 얼마 되지 않았다. 그러나 지난 몇 년간 수십 년의 세월을 능가할 만큼 많은 물건들을 갖게 되었는데, 주로 책과 신문이었다. 나무 상자와 종이 상자 수십 개가 이내 가득 찼다.

나의 실제 석방 시간은 오후 3시로 정해져 있었다. 그런데 위니와 월터, 그리고 요하네스버그에서 전세기 편으로 오기로 한 다른 손님들은 2시가 넘어서도 오지 않았다. 집 앞에는 이미 사람들 수십 명이 와 있었고, 전체적으로 축제 분위기였다. 스워트 준위가 우리를 위한 마지막 식사를 준비해주었고, 나는 스워트에게 지난 2년간 나를 위해 음식을 마련해준 것과 그가 보여준 우정에 고맙다는 인사를 했다. 제임스 그레고리 준위도 역시 그곳에 있었는데, 그는 나를 폴스무어에서부터 빅터 버스터까지 돌보아주었다. 우리는 결코 정치에 관해 의견을 나누지는 않았으나 우리의 유대 관계는 말없이 형성되었다. 나는 나를 위로해주던 그의 존재를 그리워하게 될 것 같았다. 비록 지난 27년 6개월 동안 나를 철창 안에 가둔 사람들이었지만, 스워트와 그레고리, 브랜드 준위 같은 사람들이 근본적인 인간성에 대한 내 믿음을 강화시켰다.

작별인사를 길게 할 시간이 없었다. 위니와 내가 차를 타고 교도소 정문까지 가는 것이 원래의 계획이었다. 나는 교도소 당국에 나를 돌보아 주었던 경비원과 교도관들에게 작별인사를 하고 싶다고 말했다. 또한 정문에서 교도관과 경비원, 그들의 가족에게 개인적으로 고맙다고 인사할 수 있도록 정문에서 나를 기다려달라고 부탁했다.

오후 3시가 조금 지났을 때, SABC(남아프리카방송사)의 유명한 앵커에게서 내가 자유를 향해 걷는 모습을 찍을 수 있도록 정문에 다다르기 전에 차에서 내려 몇십 미터를 걸어달라는 연락이 왔다. 타당한 이유인 것 같아서 나는 그 의견을 받아들였다. 예상했던 바와 같이 모든 일이 조용하게 진행되지는 않으리라는 것을 알게 하는 첫 번째 암시였다.

3시 30분이 되자 이미 예정보다 훨씬 늦어졌기에 나는 점점 불안해지기 시작했다. 나는 환영위원회 회원들에게 국민들이 27년이나 나를 위해 기다렸는데 그들이 더 이상 기다리게 하고 싶지 않다고 말했다. 4시가 거의 다 되어서 우리는 작은 차를 타고 오두막을 떠났다. 정문에서부터 약 500미터 앞에서 차는 속력을 줄여서 멈추었고, 위니와 나는 차에서 내려서 교도소 문 쪽으로 걷기 시작했다.

처음에 나는 우리 앞에 어떤 일이 일어나고 있는지 알 수 없었다. 그러나 내가 50여 미터 앞에 다다르자 거대한 소란과 엄청나게 많은 사람들, 수백 명의 사진기자와 방송기자, 그리고 텔레비전 카메라들뿐만 아니라 지지자들 수천 명도 보였다. 나는 놀랐다. 그리고 조금은 당황스러웠다. 나는 정말 그와 같은 장면은 상상도 못 했다. 사람들이 있다 해도 수십 명쯤 될 것이고, 그것도 주로 교도관과 그들의 가족들일 거라고 예상했다. 그러나 이것은 오직 시작일 뿐이었다. 나는 앞으로 일어날 일에 충분히 준비를 하지 못했음을 깨달았다.

정문 5미터 앞에 이르자 카메라들이 번쩍이기 시작했는데, 무슨 커다란 금속 괴물 떼가 내지르는 소리처럼 시끄러웠다. 기자들은 질문을 퍼붓기 시작했고, 텔레비전 담당자들이 몰려들기 시작했으며, ANC 지지자들은 소리를 지르고 환호했다. 비록 조금은 혼란스러웠지만 그것이 기뻤다. 텔레비전 기자들이 길고 검은 물건을 내게 내밀었는데, 내가 교도소에 있는 동안 개발된 신형 무기가 아닌지 의아해하면서 나는 약간 움츠렸다. 위니가 그것이 마이크라고 귀띔해주었다.

군중 속에서 내가 오른쪽 주먹을 쳐들자 함성이 일어났다. 내가 27년 동안 할 수 없었던 일이었다. 이것은 내게 넘치는 힘과 기쁨을 안겨주었다. 우리가 군중들과 함께할 수 있는 시간은 단 몇 분이었다. 그리고 이내 케이프타운으로 가기 위해 차에 올라타야 했다. 비록 그렇게 환영받는 것이 기뻤지만, 교도관들에게 작별인사조차 하지 못해 매우 초조했다. 바깥쪽에 서 있는 차를 타기 위해 마지막으로 걸어서 문을 통과하면서, 비록 일흔한 살이지만 나는 내 인생이 이제 막 새롭게 시작되는 것을 느꼈다. 나의 1만 일 동안의 교도소 생활은 이제 끝이 났다.

케이프타운은 남서쪽으로 56킬로미터 떨어져 있었는데, 정문에 모인 예상하지 못한 군중 때문에 운전사는 다른 길을 이용하여 케이프타운으로 가기로 했다. 우리는 교도소 뒤쪽으로 차를 돌렸고, 호위 차량은 작은 도로를 이용하여 도시를 선회했다. 우리는 아름다운 초록빛의 포도밭과 잘 손질된 농장을 지나 달렸다. 그동안 나는 주변의 경치를 감상했다.

시골은 숲이 울창하고 잘 보존되어 있었다. 많은 백인 가족들이 길가에 서서 우리의 차량 행렬을 지켜보고 있어 나는 깜짝 놀랐다. 그들은 라디오에서 우리가 다른 길을 택해서 가고 있다는 것을 들었던 것이다. 심지어 그들 중 일부인 십여 명 정도는 ANC의 인사가 되어버린, 주먹을 꽉 쥔 오른손을 쳐들어 보이는 행동을 보여주기도 했다. 그 행동에 나는 놀랐고, 보수적인 농촌지역에서 자신들의 결속을 보여주는 이 용감한 사람들을 보고 나는 큰 힘을 얻었다. 한번은 백인 가족들에게 나를 환영해주어서 고맙다고 말하기 위하여 행렬을 멈추고 차에서 내려 그들이 보여주는 지지가 내게 얼마나 큰 격려가 되는지를 말했다. 이런 일들은 내가 교도소에 들어가긴 전과 대단히 다른 남아프리카로 돌아가고 있다는 생각이 들게 했다.

도시의 외곽에 들어서자 도심지로 가는 사람들의 무리를 볼 수 있었다. 환영위원회는 케이프타운에 있는 그랜드 퍼레이드에서 집회를 갖기로 했는데, 그랜드 퍼레이드는 사방이 터진 정사각형의 넓은 장소로 한쪽 끝은 구시청 건물의 정면으로 뻗어 있었다. 전체가 내려다보이는 구시청의 발코니에서 내가 군중들에게 연설하기로 되어 있었다. 우리는 인산인해를 이룬 사람들이 아침부터 기다려왔다는 방송을 들었다. 우리 계획은 우리 차량 행렬이 군중을 피하여 시청 뒤쪽으로 돌아가서 건물로 조용히 들어가는 것이었다.

케이프타운까지는 45분이 걸렸고, 그랜드 퍼레이드에 가까워지자 우리는 거대한 군중을 볼 수 있었다. 운전사는 우회전을 해서 군중 바깥으로 지나가기로 했는데, 어떻게 된 일인지 그는 차를 사람들이 몰려 있는 쪽으로 곧장 몰고 갔다. 사람들이 금세 달려와서 차를 에워쌌다. 우리는 앞으로 나가는 데 애를 먹었다. 급기야 사람들의 몸이 부딪쳐서 차가 멈추어야 했다. 사람들은 차 트렁크와 지붕을 두드리기 시작했다. 차 안에서 들으니 마치 거대한 우박이 쏟아지는 소리 같았다. 그때 사람들은 흥분에 못 이겨 일부는 차 위에 올라가서 발을 구르고, 일부는 차를 흔들기 시작했다. 그 순간 나는 걱정이 되기 시작했다. 군중이 사랑으로 우리를 죽일 수도 있겠다고 생각했다.

운전사는 나와 위니보다도 더 당황해 차에서 뛰어내리겠다고 소리를 쳤다. 나는 운전사에게 침착하게 차 안에 있으라고 했다. 우리 뒤에 있던 차에서 사람들이 내려 우리를 구해주러 왔다. 앨런 부삭과 다른 사람들이 우리 차를 위해 길을 열어주고, 차에서 사람들을 밀어내려고 했으나 별 도움이 되지 못했다. 많은 사람이 문을 밀고 있었기 때문에 우리가 문을 열어보려고 시도해도 소용이 없었다. 결국 지지자들 수천 명 속에 갇혀서 한 시간이 넘도록 우리는 차 안에 앉아 있었다.

마침내 보안관 수십 명이 우리를 구출하기 위해 왔고, 나가는 길을 천천히 뚫었다. 드디어 우리가 자유로워졌을 때 운전사는 시청의 반대 방향으로 아주 빠른 속도로 달리기 시작했다. "어디로 가는 거요?"라고 불안해하며 나는 물었다. 그러자 운전사는 "나도 모르겠어요"라고 대답했다. 그의 목소리는 두려움으로 긴장되어 있었다. "조금 전과 같은 일은 전혀 경험한 적이 없었어요"라고 말하며 방향을 정하지 않고 차를 계속 몰았다.

그가 어느 정도 안정을 되찾았을 때, 나는 내 친구인 둘라 오마르 변호사의 집으로 가는 방향을 가르쳐주었다. 둘라 오마르는 케이프타운의 인도인 거주지역에 살았다. 나는 우리가 그곳에 도착하면 쉴 수 있을 것이라 말했다. 그 이야기에 운전사는 솔깃했다. 그곳에 갔을 때 다행히도 둘라와 그의 가족들은 집에 있었지만 우리를 보고 무척 놀라워했다. 나는 27년 만에 처음으로 자유의 몸이 되었으나, 그들은 나를 반겨주기보다는

"그랜드 퍼레이드에 있어야 하는 것 아닌가요?" 하고 걱정스럽게 말했다.

우리는 둘라 집에서 시원한 음료수를 마실 수 있었다. 그러나 몇 분이 지나지 않아 투투 주교에게서 전화가 왔다. 우리가 그곳에 있는 것을 어떻게 알았는지는 여전히 알 수 없다. 그는 매우 당황해하며 말했다. "넬슨, 그랜드 퍼레이드로 당장 돌아와야 합니다. 사람들이 점차 어쩔 줄 몰라 하고 있어요. 지금 즉시 돌아오지 않는다면 무슨 일이 일어날지 알 수 없어요. 폭동이 일어날지도 모르겠어요." 나는 즉시 돌아가겠다고 말했다.

문제는 운전사였다. 그는 그랜드 퍼레이드로 돌아가는 것을 매우 달가워하지 않았다. 그러나 나는 그에게 충고했고, 곧 우리는 시청으로 되돌아갔다. 건물 전체가 사람들로 빙 둘러싸여 있었으나 뒤쪽은 그래도 나은 편이었기에 운전사가 뒷문으로 차를 몰고 갈 수 있었다. 늘 교활한 백인 관리들로 가득 차 있던 장엄한 건물의 위층에 내가 선 것은 거의 황혼 무렵이었다. 나는 발코니로 걸어 나가서 인산인해를 이룬 사람들이 소리지르고 깃발과 현수막을 흔들며 손뼉을 치며 즐거워하는 모습을 보았다.

내가 군중을 향해 주먹을 들어 올리자 군중들은 굉장한 환호로 대답했다. 그들의 함성은 나에게 새로운 투쟁정신을 북돋아주었다. 내가 "아만들라!"라고 소리치자, 그들이 "응가웨투!"라고 응답했다. 내가 "아프리카!"라고 외치자, 그들은 다시 "마이부예!"라고 대답했다. 마침내 군중들이 어느 정도 안정을 되찾자 나는 연설원고를 꺼냈다. 그리고 안경을 꺼내기 위해 윗주머니에 손을 넣었다. 안경은 주머니에 없었다. 안경을 빅터 버스터에 놓고 왔던 것이다. 위니의 안경 도수가 나와 비슷했기에 나는 그녀의 안경을 빌렸다.

친구들, 동지들, 그리고 친애하는 남아프리카 국민 여러분! 평화와 민주주의와 자유의 이름으로 모든 여러분에게 인사드립니다. 저는 선지자로서가 아니라 국민 여러분의 겸손한 종으로 이 앞에 섰습니다. 여러분의 지치지 않는 위대한 희생이 제가 오늘 이곳에 설 수 있게 했습니다. 그래서 저는 여러분의 손에 남아 있는 제 여생을 맡기고자 합니다.

나는 진심으로 말했다. 무엇보다 나는 사람들에게 내가 메시아가 아니라 특수한 상황 때문에 지도자가 된 보통 사람이라는 것을 알리고 싶었다. 내가 석방되도록 노력해준 세계 모든 사람들에게 즉시 감사의 말을 하고 싶었다. 나는 케이프타운 시민들에게 감사를 표하고, 올리버 탐보와 ANC, 민족의 창, 남아프리카공산당, 민주연합전선, 남아프리카청년회의, 남아프리카노조회의, 대중민주운동, 남아프리카학생국민연합과 의식 있는 주장을 펴던 여성으로 구성된 '검은 창틀'에 경의를 표했다. 공식적으로 나는 내 아내와 가족들에게 감사를 표하며 말했다. "내 자신보다 식구들이 훨씬 더 많은 고통과 아픔을 겪었다는 것을 잘 알고 있습니다."

나는 사람들에게 남아프리카에서 아파르트헤이트의 미래는 없으며, 우리들은 대중운동을 늦추지 말아야 한다고 주저 없이 말했다. "지평선을 밝히는 자유의 여명은 한층 더 노력하라고 우리를 격려합니다." 나는 공식적으로 정부에 대한 내 입장을 표명하는 것이 중요하다고 느꼈다. 나는 말했다. "정부와 저의 대화는 이 나라 정치 상황을 정상화시키는 것을 목적으로 한다는 점을 여러분에게 말씀드리고 싶습니다. 저는 이제까지 ANC와 정부 사이의 회담에 대한 주장을 제외하고는 우리 나라의 장래에 대한 협상에 임해왔다는 사실을 강조하고 싶습니다."

나는 협상을 통한 타결로 발전적인 분위기가 곧 성숙되어 무장투쟁의 필요성이 없어지게 되기를 바란다고 말했다. 그러한 분위기를 이룩하

월터와 나는 로벤 섬에서 20여 년 동안 함께 수감생활을 했다.
케이프타운에 있는 투투 대주교의 주교관 마당에서 우리는 '아프리카'라고 외치며 인사를 했다.
우리는 교도소 밖에서 다시 한번 전쟁을 치를 준비가 되어 있었다.

투투 대주교와 함께.

기 위해서 가야 할 단계는 ANC의 1989년 「하라레 선언」에 요약되어 있다고 말했다. 그리고 실질적인 타협을 위한 조건으로 정부는 즉시 국가비상사태를 철회하고 모든 정치범들을 석방해야 한다고 강조했다.

나는 사람들에게 데 클레르크는 어느 다른 민족지도자보다 사태를 정상화하는 데 앞장섰다고 말했으며, 데 클레르크를 '성실한 사람'이라고 불렀다. 이 말들은 데 클레르크가 자신의 말을 지키지 않았을 때 몇 배의 욕이 되어 나에게 돌아왔다.

내가 꺾이지도 굴복하지도 않았다는 사실과 내게 투쟁은 끝난 것이 아니라 다른 형태로 다시 시작되었다는 사실을 정부와 국민들에게 보여주는 것이 내게는 가장 중요했다. 나는 내가 '충실한 ANC 일원'이라는 점을 강조했다. 나는 장벽으로 되돌아가고, 투쟁을 강화하여, 마지막 고지를 향해 함께 걷자고 사람들을 격려했다.

내 연설은 저녁이 되어서야 끝났으며, 우리는 투투 주교가 있는 주교관으로 가기 위해 차로 급히 돌아왔다. 우리가 주교관 마당에 들어서자 나를 반기는 검은 얼굴 수백 명이 눈에 들어왔다. 그들은 우리를 보자 노래를 불렀다. 투투 주교와 인사할 때 나는 그를 큰 포옹으로 얼싸안았다. 그는 말과 용기로 온 국민을 격려했고, 가장 암울한 암흑기에 국민들에게 희망을 다시 불어넣어준 사람이었다. 우리는 많은 가족들과 친구들이 우리를 기다리는 집 안으로 들어갔다.

그러나 내게 무엇보다도 감격적인 순간은 스톡홀름에서 내게 전화가 왔다는 소식을 들었을 때였다. 나는 즉각적으로 누구의 전화인지를 알았다. 올리버의 목소리는 약했으나 틀림없었다. 오랜 세월 만에 그의 목소리를 들을 수 있어 매우 기뻤다. 올리버는 스웨덴에서 1989년 8월에 뇌일혈로 쓰러진 뒤 기력을 회복하고 있었다. 우리는 가능한 한 빨리 만나자고 결의했다.

교도소를 떠나면서 가졌던 내 꿈은 내가 어린 시절 뛰어다녔던 언덕과 내가 한 번도 가보지 못한 어머니의 무덤이 있는 내 고향 트란스케이로 여행을 떠나는 것이었다. 그러나 나는 그 꿈을 포기해야만 했다. ANC가 나를 위해 다양한 계획을 세워놓았는데, 그 어느 계획에도 트란스케이 방문 여행은 포함되지 않았다는 사실을 아주 금방 깨달았기 때문이다.

101

석방된 다음 날 아침에는 앞으로의 일정과 전략을 의논하기 위해 몇몇 동료들을 만났다. 오후에는 기자회견이 예정되어 있었다. 축하 전보와 메시지는 산더미처럼 쌓였으나 나는 가능한 한 많이 보려고 노력했다. 세계 곳곳에서 대통령과 수상들로부터 많은 전보가 왔다. 하지만 특히 나는 케이프타운에 사는 백인 주부가 보내준 전보가 기억에 남는다. 이 전보는 나를 매우 즐겁게 해주었다. 전보에는 다음과 같이 씌어 있었다. "당신이 자유의 몸이 되어 가족과 친구들에게 돌아온 것을 진심으로 축하합니다. 그러나 어제 연설은 매우 지루했습니다."

교도소에 가기 전에 나는 그날 가졌던 것과 같은 기자회견을 해본 적이 없었다. 예전에는 텔레비전 카메라도 없었고, 대부분 ANC 기자회견은 비밀리에 이루어졌다. 그날 오후에는 많은 나라에서 모여든 많은 기자들이 있었고, 나는 누구와 이야기해야 하는지도 몰랐다. 그중에 흑인 기자들이 차지하는 비율이 높은 것을 보고 매우 기뻤다. 기자회견에서 나는 몇몇 주제에 대해 다시 한번 주장했다. 첫째, 나는 충실한 ANC의 회원이라는 것이었다. ANC 원로회원이 해외에서 내 석방을 주시하고 있으며, 멀리서 내 충성심을 측정하고 있다는 사실을 염두에 두었다. 내가 조직에서 이탈하고 정부와 타협하고 있다는 소문을 그들이 듣고 있다는 것을 나는 알았기에, 매 순간 그들에게 확신을 심어주려고 노력했다. 조직 내에서 어떤 역할을 맡을 것이냐는 질문을 받았을 때, 나는 기자들에게 ANC가 내게 주는 어떤 역할이라도 맡을 것이라 대답했다.

나는 기자들에게 무장투쟁을 끊임없이 지지하는 것과 협상을 주장하는 것 사이에는 어떤 모순도 없다고 말했다. 무장투쟁의 존재와 위협이 정부를 협상 테이블로 이끌어냈기 때문이다. 정부가 ANC에 가하고 있는 폭력을 중단할 때 ANC도 평화로 보답할 것이라는 점도 덧붙였다. 제재에 관한 질문에는 ANC는 제재의 완화를 요청하지 않을 것이라고 대답했다. 제재를 불러일으킨 상황, 즉 제일 먼저 흑인의 정치적 권리 박탈 상황은

1990년 2월, 다시 찾은 자유.

아직도 현상유지 상태이기 때문에, 교도소에서 풀려나기는 했으나 아직 자유롭지는 않다고 말했다.

또한 백인들의 두려움에 관해서도 질문을 받았다. 나는 사람들이 내가 백인을 향한 분노를 품고 있으리라 예상한다는 것을 알았다. 그러나 나는 분노 같은 것을 품고 있지 않았다. 교도소에서 백인을 향한 분노는 줄어들었으나 체제에 대한 증오는 커졌다. 나는 내가 서로서로를 등지게 만든 체제를 미워하지만 내 적들조차도 사랑했다는 사실을 남아프리카가 알게 되기를 원했다.

나는 어떤 새로운 제도에서도 백인들이 중요한 역할을 담당할 것임을 기자들이 강조해주기를 원했다. 나는 이 점을 놓치지 않으려 노력했다. 우리가 자유롭게 되기 전에 국가가 폐허가 되기를 원치 않으며, 백인들을 쫓아내어 나라가 황폐해지는 것을 우리는 바라지 않았다. 나는 백인의 두려움과 흑인의 소망 사이에는 절충지대가 있으며, ANC에서 이것을 찾을 것이라고 언급했다. "백인들은 같은 남아프리카인이다"라고 이야기하며, "우리는 백인들이 안전하다고 느끼기를 원하고, 그들이 국가의 발전을 위해 이룩해놓은 것에 감사를 표한다"라고 했다. 민주적이고 비인종차별적인 남아프리카를 위한 우리의 투쟁에서 인종차별정책을 포기하는 모든 남자와 여자를 포용할 것이며, 모두를 위해 더욱 나은 곳인 새롭고도 비인종차별적인 남아프리카를 세우는 데 우리 백인 동포를 설득할 수 있는 일이 있다면 무슨 일이라도 해야 한다고 강조했다.

첫 번째 기자회견에서부터 나는 기자들이 내 정치적 신념뿐만 아니라 내 개인적인 감정과 관계에 대해서도 알고 싶어 한다는 것을 눈치 챘다. 이러한 것은 내게 새로웠다. 내가 교도소에 있을 때 어떤 기자도 내 아내나 가족, 정서, 가장 극적인 순간에 대해서 질문하리라고는 생각 못했기 때문이다. 언론이 이러한 일들에 관심을 보인다는 것을 이해할 수 있었지만, 그들의 호기심을 충족시키는 일이 어렵다는 것을 깨달았다. 나는 공석에서 내 감정에 대해 말하는 것이 쉽지 않았다. 기자들이 가끔 자유로워진 느낌이 어떤지 물었는데, 나는 설명할 수 없는 것을 묘사하기 위해 최선을 다했지만 대개 설명하지 못했다.

기자회견이 끝난 뒤, 투투 주교의 부인이 요하네스버그에서 우리에게 전화를 해서 우리에게 곧장 그곳으로 와야 한다고 말했다. 위니와 나는 케이프타운에서 한가하게 며칠만이라도 보낼 수 있기를 바랐다. 그러나 우리가 받은 메시지에 따르면, 요하네스버그에 있는 사람들이 참지 못하고 있으며, 우리가 곧 나타나지 않으면 폭동이라도 일어날 듯하다고 했다. 그날 저녁에 우리는 요하네스버그로 가는 비행기를 탔다. 그러나 새로 건축한 올랜도 웨스트 8115번지 우리 집에는 사람 수천 명이 몰려 있으며, 그곳에 가는 것은 현명한 일이 아니라는 소식을 접했다. 나는 마지못해 그 말을 따르기로 했다. 나는 자유의 몸으로 맞는 두 번째 밤을 내 집에서 지내기를 갈망했었다. 위니와 나는 우리 집 대신 북쪽 교외에 있는 어느 ANC 지지자 집에서 지냈다.

다음 날 아침, 우리는 헬리콥터를 타고 소웨토에 있는 제일국민은행 운동장으로 갔다. 소웨토는 성냥갑 같은 집들과 얇은 판잣집, 더러운 길들로 가득한 대도시이자 남아프리카 흑인 도시의 대표적인 곳이었다. 소웨토는 발전해서 어떤 지역은 번영을 누린 반면, 사람들은 대부분 끔찍한 가난에서 벗어나지 못했다. 전기와 수도도 없었으며, 남아프리카처럼 잘사는 나라를 부끄럽게 하는 존재로서 겨우 명맥을 이어가고 있었다. 많은 지역이 내가 교도소에 들어가기 전보다 더욱 가난해진 상태였다.

* * *

우리는 12만 명의 사람들로 가득한 경기장 위를 선회하고 나서 운동장 한가운데에 착륙했다. 경기장은 서 있거나 앉아 있는 사람들로 매우 북적거려서 마치 터져버릴 것 같았다. 나는 그들에게 다시 돌아오게 되어서 기쁘다고 말하고 나서, 도시에서 흑인들의 생활이 안고 있는 문제들에 대해서 그들을 꾸짖었다. 학생들은 학교로 돌아가야 하고, 범죄는 통제되어야 한

1990년, 월터, 위니와 함께.

다고 말했다. 나는 자유투사로 가장하여 무고한 시민들을 괴롭히고 차에 불을 지르는 범죄자들 이야기를 들었는데, 이러한 건달들은 자유투쟁에서 서 있을 자리가 없다고 말했다. 문명이 없는 자유, 즉 평화롭게 살 능력이 없는 자유는 결코 진정한 자유가 아니었다.

> 오늘 소웨토로 돌아오게 되어 너무나 기쁘고 가슴이 벅찹니다. 하지만 한편으로는 깊은 슬픔을 안고 제가 귀향했다는 것을 깨달았습니다. 여러분들이 아직도 비인도적인 체제하에서 고통받고 있다는 것을 깨닫는 슬픔입니다. 주택 부족, 학교의 위기, 실업과 범죄율 등의 문제가 아직도 남아 있습니다.…… 저는 제가 소웨토의 주민임을 자랑스럽게 여기는 한편 신문에서 읽은 범죄율의 수치에 매우 당황했습니다. 저는 여러분들이 겪는 박탈감을 이해하지만 이 지역에서 일어나는 범죄는 불건전한 것이며 당장 제거되어야 한다는 점을 명백히 밝힙니다.

나는 "아파르트헤이트를 반대하는 모든 이들은 한 사람이 하나의 투표권을 갖는 비인종차별적이고 단결된 민주적인 남아프리카를 향한 우리의 운동에서 한 사람도 제외될 수 없습니다"라고 말하고, 선의와 좋은 의도를 지닌 모든 남아프리카인을 향하여 양팔을 벌려 환영한다며 연설을 끝맺었다. 그것은 ANC의 사명이었고, 교도소에서 외롭고 긴 세월 동안 내 앞에 놓였던 목표이자 남은 생애 동안 해야 할 목표였다. 이것은 내가 마흔네 살에 교도소에 들어갈 때 고이 간직했던 꿈이었다. 이제 나는 더 이상 젊은이가 아니었다. 나는 일흔한 살이었고, 낭비할 시간이 없었다.

그날 밤, 나는 위니와 함께 올랜도 웨스트 8115번지로 돌아왔다. 내가 교

오랜 동지인 월터와 개인적인 이야기를 주고받는 모습.

도소를 떠나왔다는 것을 실감한 것은 바로 그때였다. 나에게 8115번지는 세계의 중심이었고, 내 정신적 지도 위에 X자로 표시되어 있는 곳이었다. 화재가 난 뒤에 건물은 튼튼하게 다시 지어졌다. 방이 4개 딸린 집을 보자, 나는 내가 기억하고 있던 집보다도 훨씬 작고 초라한 집이라는 사실에 놀랐다. 빅터 버스터에 있는 집과 비교할 때 8115번지는 뒷마당에 있는 하인들의 숙소 같았다. 그러나 자유로운 사람이 사는 집은 아무리 화려한 교도소와 비교한다 해도 궁전이었다.

그날 밤, 집에 온 것이 행복했던 만큼 나는 내가 무척 바라고 열망했던 것들을 포기해야 한다는 것을 깨달았다. 나는 정상적이고 일상적인 생활을 되찾고, 젊은 시절 내 인생으로부터 오래된 실을 뽑고, 아침에는 사

올랜도 집에서.

무실에 나갔다 저녁이 되면 집으로 돌아오고, 약국에 들러서 치약을 사고, 저녁에 옛 친구를 방문하는 것을 갈망해왔다. 이러한 일상적인 일들이 내가 교도소에 있을 때 가장 그리워했던 일들이며, 내가 자유롭게 되었을 때 하고 싶은 일들이었다. 그러나 나는 재빨리 이러한 일들이 불가능하다는 것을 깨달았다. 그날 밤 이후로 몇 주 동안 매일 밤, 우리 집은 지지자들 수백 명으로 에워싸였다. 사람들은 노래하고 춤추고 소리 질렀으며, 그들의 기쁨은 쉽게 퍼졌다. 그들은 내 민족이었고, 나는 그들을 거부할 권리도 욕망도 없었다. 그러나 내 자신을 내 민족에게 양보하자 또다시 내 자신이 가족에게서 멀어지고 있었다.

새벽까지 노래가 계속되었기에 우리는 잠을 충분히 잘 수가 없었다.

결국 우리 집을 경호하던 ANC와 UDF 단원들이 사람들에게 우리가 쉴 수 있도록 조용히 해달라고 사정했다. ANC의 많은 사람은 집에서 조금 떨어진 디에프클루프에 있는, 내가 교도소에 있을 때 위니가 지어놓은 집으로 이사할 것을 충고했다. 소웨토를 기준으로 하면 그 집은 훌륭한 장소였으나 내게 어떤 의미나 기억이 남아 있는 장소는 아니었다. 더군다나 그 집의 규모나 비용을 보더라도 국민들을 위한 지도자에게는 적당하지 않다고 느껴졌다. 나는 내가 버틸 수 있는 한 충고를 무시했다. 나는 국민들 사이에서 살고 싶었을 뿐만 아니라 그들이 좋았다.

102

내 첫 번째 임무는 ANC 지도자들에게 보고를 하는 것이었다. 나는 출소한 지 2주 정도 지난 2월 27일, 전국집행위원회 회의에 참석하기 위해 루사카로 떠났다. 수십 년 동안 만나지 못했던 옛 동료들과의 재회는 감격적이었다. 아프리카 국가원수들도 회의에 많이 참석했다. 짐바브웨의 로버트 무가베, 잠비아의 케네스 카운다, 앙골라의 주세 에두아르두 도스 산투스, 보츠와나의 케투밀레 마시르, 모잠비크의 주아킴 치사노, 우간다의 요웨리 무세베니 등과 간단히 담소를 나누었다.

집행위원들은 내가 석방된 것을 기뻐하는 한편, 풀려난 사람을 평가하려고도 했다. 나는 그들의 눈빛에서 의문이 있음을 알 수 있었다. 27년 전 교도소에 들어갈 때와 같은 만델라인가 아니면 달라지고 바뀐 만델라인가? 살아남아 있는가 아니면 부서졌는가? 그들은 정부와 나의 대화에 대한 보고를 다 받고 있었으며, 정확히 알고 있었다. 그러나 나는 1984년

이래 바깥 상황과 전혀 접촉할 수 없었고, 심지어 같은 교도소에 있는 동료들과 대화조차도 할 수 없었다.

나는 조심스러우면서도 정확하게 나와 정부의 대화 내용을 설명했다. 내가 요구했던 내용과 내가 얻은 진척 상황을 설명했다. 그들은 보타와 데 클레르크에게 보낸 내 글들을 보았고, 이러한 문서들이 ANC 정책에 부합한다는 것을 알았다. 나는 지난 몇 년 동안 석방된 사람들이 루사카로 가서 "마디바가 부드러워졌다. 당국에 설득당했다. 양복을 입고 포도주를 마시며, 좋은 음식을 먹고 있다"라고 보고했다는 것을 알고 있었다. 나는 이런 소문들을 들었고, 이러한 소문에 대해 반박하려고 노력했다. 그러한 소문을 반박하는 데 가장 최선의 방법은 내가 했던 모든 일을 직접 솔직하게 말하는 것이었다.

전국집행위원회 회의에서 나는 이 조직의 부의장으로 선출되었다. 요양 중인 올리버를 대신해서는 사무총장인 알프레드 은조가 회장대행으로 선임되었다. 회의가 끝난 뒤 열린 기자회견에서 잠비아의 대통령이자 ANC의 오랜 지지자인 카운다 박사가 제시한 의견, 즉 내가 석방되었기에 남아프리카 내에서 무장운동을 철회해야 한다는 것에 대하여 질문을 받았다. 나는 카운다 박사의 지혜와 지지를 존경하지만 우리가 무기를 들었던 목적을 아직 달성하지 못했기 때문에 무장투쟁을 중지하는 것은 시기상조라고 대답했다. 또한 데 클레르크가 자신의 우익 지지자들을 달래는 것을 돕는 것이 ANC의 일은 아니라고 말했다.

나는 아프리카의 여러 나라를 돌아보는 여행을 시작했다. 석방 뒤 첫 6개월 동안 집에서보다는 해외에서 많은 시간을 보냈다. 내가 방문하는 거의 모든 곳에 대단히 열성적인 지지자들이 모여들었고, 비록 나는 육체적으로는 지쳐 있었지만 사람들의 격려로 힘을 얻었다. 다르에스살람에서는 50만 정도로 추정되는 군중이 모였다.

여행은 무척 즐거웠다. 새롭고도 오래된 풍경을 보고, 맛이 다른 음식을 맛보고, 다양한 사람들과 이야기를 나누고 싶었다. 나는 매우 빠르게 내가 떠나온 곳과는 판이하게 다른 세계에 길들여져야만 했다. 여행, 통신, 대중매체 등의 변화로 세상은 빨라졌다. 빠르게 일어나는 일들을 따라잡는 것이 때로는 어려웠다. 위니는 내게 천천히 하라고 했지만 해야 할 일이 너무 많았다. 조직은 내가 석방됨으로써 얻은 행복감을 우리가 만끽하기를 원했다.

이집트 대통령인 호스니 무바라크와 사적인 회담을 가진 다음 날 나는 카이로에서 큰 집회에 참석하여 연설하기로 되어 있었다. 집회장소에 도착했을 때 군중들은 건물에서 넘쳐날 듯 많아 보였으나 경비는 매우 미미했다. 나는 한 경찰관에게 증원대가 필요한 것 같다고 말했으나 그는 그저 어깨만 으쓱하고 말았다. 위니와 나는 강당 뒤에 있는 방에서 기다렸다. 예정된 시간이 되자 경찰관이 나에게 들어가라고 손짓했다. 나는 내가 입장했을 때 아수라장이 되어서 대표단의 다른 사람들과 떨어질 것이 염려되어 대표단의 다른 사람들을 먼저 안내하라고 했다. 그러나 경찰관은 내게 먼저 들어가라고 재촉했다. 실제로 내가 강당에 들어서자마자 군중들이 앞으로 몰려들어 경찰의 경계선을 넘어서버렸다. 그들의 열정에 나는 떠밀리고 다소 흔들렸는데, 이러한 혼란 속에서 신발 하나를 잃어버렸다. 몇 분 뒤 어느 정도 안정이 되었을 때는 내 신발과 아내의 행방을 알 수 없었다. 결국 30분이 지난 뒤 위니는 내가 그녀를 잃어버린 곳과는 정반대되는 곳에서 내가 있는 강단으로 왔다. 군중에게 연설조차 할 수 없었다. 그들이 "만델라, 만델라" 하고 외치는 소리가 너무 굉장해서 나는 그 소란을 뚫고 연설을 할 수가 없었다. 결국 신발도 없이 그녀답지 않게 조용한 아내와 함께 그곳을 떠났다.

카이로에 머무는 동안 가진 기자회견에서 나는 "ANC는 적대감을 버릴 준비를 해야 한다"라고 말했다. 이것은 정부에 보내는 신호이었다. ANC와 정부는 협상이 성공할 수 있는 분위기를 조성하는 데 합의했다. ANC는 정부에 비상사태를 철회하여 정국을 정상화시키고, 정치범들을 석방하고 인종차별적인 법률을 폐지하라고 요구했다. 그러나 정부는 ANC에 먼저 무장투쟁을 중단하라고 종용했다. 우리는 아직 무장투쟁 중단을 선포할 준비가 되지는 않았으나 데 클레르크에게 개혁전략을 수행하도록 충분히 격려해주고 싶었다. 우리는 더욱 심각한 협상을 용이하게 풀어나가고, 데 클레르크가 그의 지지자들인 남아프리카의 백인 유권자들에게 "자, 보십시오. 이것이 내가 행한 정책의 산물입니다"라고 말할 수 있도록 우리가 결국에는 무장투쟁을 끝낼 것임을 알고 있었다.

마지막 아프리카 여행을 끝내고 올리버를 만나러 스톡홀름으로 갔다. 나는 옛 친구이자 내 변호사 동업자인 올리버를 얼마나 만나고 싶었는지 모른다. 올리버는 건강한 편은 아니었으나, 우리가 만날 때 우리는 서로를 위한 사랑에서 힘을 얻는 어린 두 소년 같았다. 우리는 처음에는 옛 시절 이야기를 주고받았지만, 우리 둘만 남게 되자 제일 먼저 그가 꺼낸 주제는 조직의 지도권 문제였다. "넬슨, 이제 자네가 ANC의 의장직을 맡아야겠네. 난 그저 자네를 위해서 그 자리를 맡고 있었어"라고 그는 말했다. 나는 그가 내가 전에 이루었던 것보다 훨씬 효율적으로 조직을 이끌어왔음을 이야기하며 그의 의견에 반대했다. 또한 이러한 방법으로 의장직을 이양한다는 것은 공평한 방법도 아니며 민주적인 방법도 아니었다. "조직이 자네를 회장으로 뽑은 거야. 그러니 선거를 기다리세. 조직이 결정할 수 있을 거야"라고 내가 말했다. 올리버는 항의했으나 나는 물러서

지 않았다. 그는 겸손과 사심 없는 마음에서 나를 의장으로 추대하고자 했으나 그것은 ANC의 원칙에 어긋나는 일이었다.

1990년 4월, 나는 나를 축하하기 위해서 웸블리에서 열리는 음악회에 참석하기 위하여 런던으로 갔다. 대부분 내가 알지 못하는 국제적 음악가들이 연주를 맡았고, 행사는 전 세계로 중계되었다. 나는 이 기회를 이용하여 아파르트헤이트에 반대하는 전 세계 모든 사람들에게, 제재 조치를 취하면서 그들이 행한 엄청난 일, 나를 비롯한 동료 정치범의 석방, 내 나라의 억압받는 사람들에게 보여준 그들의 정성 어린 지지와 단결에 고맙다는 말을 전했다.

103

내가 교도소에서 나왔을 때, 인카타 자유당의 총재이자 콰줄루의 주교인 망고수투 부텔레지 추장은 남아프리카인의 정치 무대에서 중요한 사람 가운데 한 명이었다. 그러나 ANC 내에서는 인기 있는 인물이 전혀 아니었다. 부텔레지 추장은 1879년 이산들와나 전투에서 영국을 상대로 대승을 거둔 위대한 줄루 왕인 세티와요의 후손이었다. 젊었을 때 그는 포트헤어에도 참석했고, 나중에는 ANC 청년동맹에도 가입했다. 나는 그를 이 운동에서 떠오르는 젊은 지도자 중 한 명으로 보았다. 그는 ANC의 지지에 힘입어 고향인 콰줄루 홈랜드의 주교가 되었으며, 그가 줄루 문화 단체로 인카타를 발족했을 때도 조직은 반대하지 않았다. 그러나 해가 지남에 따라 부텔레지 추장은 ANC로부터 떨어져 나갔다. 그는 완강하게 아파르트헤이트를 반대했으나 정부의 원대로 콰줄루가 '독립된' 영토로 인정받는 것을 거부했다. 민주주의운동 측에는 그가 가시 같은 존재였다. 그는 무장투쟁을 반대했으며, 1976년 소웨토에서 일어난 폭동을 비난했다. 그는 남아프리카에 대한 국제적 제재에 반대하는 운동을 전개했다. 또한 남아프리카의 통일국가안에 대해서도 이의를 제기했다. 그러나 부텔레지 추장은 일관되게 내 석방을 요구했고, 나와 다른 정치범들이 투옥되어 있는 한 정부와 협상하지 않았다.

부텔레지 추장은 석방 후 처음으로 내가 전화를 건 사람 중 하나였다. 나는 그의 지속적인 지지에 감사를 표했다. 나는 가능한 한 빨리 그를 만나서 우리의 의견 차이를 없애는 노력을 하고 싶었다. 루사카를 처음 방문하는 동안 나는 그와의 회담을 거론했으나 이 생각은 투표로 부결되었다. 내가 빅터 버스터에 있을 때, 줄루 왕인 굿윌 즈웰리티니는 월터를 콰줄루의 수도인 울룬디로 초대했다. 나는 월터에게 그의 초대에 응하라고 재촉했다. 나는 이것이 이 나라에서 존경받고 영향력 있는 왕족의 우두머리에게 영향력을 미칠 수 있는 절호의 기회라고 생각했다. 전국집행위원회는 방문을 승인하여 월터를 논고마에 있는 왕의 궁전으로 가게 했다. 울룬디로 가는 것은 이 고장의 권력을 인정하는 것이라고 생각했다.

나는 루사카에서 돌아와서 부텔레지 추장과 왕에게 전화를 하고, 월터가 왕을 만나러 울룬디가 아닌 논고마로 가는 것을 설명했다. 왕은 월터가 수도 이외의 다른 곳으로 자신을 만나러 오는 것은 용납할 수 없다고 말했다.

"나는 왕이오. 나는 그에게 나를 만나러 울룬디로 오라고 초대했고, 그가 나를 다른 곳에서 만나고 싶다고 말할 권리는 없어요!" 왕이 말했다. 이에 나는 "폐하, 우리는 월터 시술루 씨가 콰줄루에 가는 것조차도 원하지 않는 회원들의 반대에 직면하고 있습니다. 절충된 안이 받아들여질 수 있도록 협조해주시기 바랍니다"라고 이야기했다. 그러나 왕은 이를 허락하지 않았고, 월터를 만나려고 하지 않았다.

이런 일이 있은 뒤 관계는 악화되었다. 그래서 5월에 나는 내가 왕과 부텔레지를 방문할 필요가 있다고 ANC를 설득했다. 왕은 허락했으나, 방문하기 일주일쯤 전에 나는 나 혼자 와야 한다는 왕의 편지를 받았다. 이 일이 마지막 희망이었는데 전국집행위원회는 이러한 요구를 거절했다. 나는 왕에게 동료를 수행하지 않는 한 갈 수가 없다고 말했다. 왕은 이것을 또 다른 경멸로 간주하고 내 방문을 취소했다.

내 목적은 부텔레지 추장과 나의 관계와는 별도로 왕과 독립적인 관계를 형성하는 것이었다. 왕은 줄루족의 진정한 세습 지도자였고, 줄루족은 그를 사랑하고 존경했다. 콰줄루에서 왕에 대한 충성은 인카타에 대한 충성보다 훨씬 광범위하게 퍼져 있었다.

다른 한편, 나탈은 살육장이 되어가고 있었다. 중무장한 인카타 지지자들은 나탈 미들랜드 지역에서부터 피터마리츠버그 주위의 ANC 거점에 대하여 전쟁을 선포했다. 마을 전체가 불타고, 10여 명이 사망하고 100여 명이 부상당했으며, 수천 명의 피난민이 생겼다. 1990년 3월 단 한 달 동안 이 살육적인 폭력에 230명이 목숨을 잃었다. 나탈에서 줄루족은 자기 종족을 살해했는데, 인카타 회원과 ANC 회원들이 줄루족이었기 때문이다. 내가 석방된 지 2주가 지난 2월에 나는 더반으로 가서 킹스파크에서 10만 명이 넘는 사람들 앞에서 연설했다. 참석자 거의 대부분이 줄루족이었다. 나는 그들에게 무기를 내려놓고 평화를 위하여 서로 손을 잡으라고 간청했다. "여러분의 총과 단도와 팡가(프리카인이 사용하는 넓은 칼)를 집어서 바다에 던져버리십시오, 살인 공장을 폐쇄하십시오. 전쟁을 당장 끝내십시오." 그러나 이러한 외침은 쇠귀에 경 읽기였다. 싸움과 죽음은 멈추지 않았다.

나는 너무나 걱정이 되어 부텔레지 추장을 만나기 위해 장기간 체류하고자 했다. 특별히 끔찍했던 폭력의 상처가 있은 뒤 3월에 나는 피터마리츠버그의 교외에 있는 작은 산촌 마을에서 부텔레지 추장을 만나리라고 스스로 다짐했다. 개인적으로 부텔레지 추장과 나의 관계는 가까웠고 상당히 괜찮았으며, 나는 그것을 이용하고 싶었다. 그러나 나는 이 만남이 나탈에 있는 ANC 지도자들에게는 혐오스러운 것임을 알았다. 그들은 위험하다고 생각해서 회담을 금지했다. 나는 피터마리츠버그에 가서 ANC 지지자들의 타버린 유해를 보았고, 슬픔에 빠진 그들의 가족들을 위로했으나 부텔레지 추장은 만날 수 없었다.

104

많은 협상을 거쳐 3월에 데 클레르크 및 정부와 우리의 첫 회담 일정을 잡았다. 이 회담은 '대화를 위한 대화'로 4월 초에 시작하기로 했다. 그러나 3월 26일, 요하네스버그에서 50킬로미터 정도 떨어진 세보켕 지역에서 경찰이 ANC 시위대에 경고도 없이 총을 발사하여 12명이 죽고 100명이 넘게 부상을 입었다. 사람들은 대부분 도망가다가 등에 총을 맞았다. 경찰은 시위대를 진압하기 위해 장전되어 있는 무기를 사용했다. 이것은 용인될 수 없는 일이었다. 경찰들은 생명에 위협을 느꼈다고 주장했다. 그러나 많은 시위자가 등에 총을 맞았고, 무기도 갖고 있지 않았다. 피해서 도망가는, 무기도 없는 사람들에게서 위협을 느낄 수는 없었다. 우리의 정당한 요구를 지지하기 위하여 집회 및 시위를 하는 권리는 정부가 임의로 베푸는 호의가 아니었다. 이러한 정부의 행동에 나는 누구보다도 분노했다. 나는 기자회견에서 모든 남아프리카에 있는 백인 경찰들은 흑인 국민을 군사용 사격 표적으로 생각한다고 말했다. 전국집행위원회와 논의한 뒤 나는 정부와 회담을 중단한다고 발표했다. 데 클레르크에게는 "한편으로는 협상을 위한 회담을 하며, 다른 한편으로 우리 국민을 살해하는" 행위는 있을 수 없다고 경고했다.

그러나 공식적으로는 대화를 중단했지만 조직 지도자들의 동의를 얻어 나는 협상 분위기를 유지하기 위해 케이프타운에서 데 클레르크를 개인적으로 만났다. 우리들 논의의 주요 안건은 새 일정을 잡는 것이었고, 5월 초에 만나기로 합의를 보았다. 나는 세보켕에서 일어난 소름끼치는 행동과 경찰들이 흑인과 백인을 차별적으로 취급하는 것을 언급했다. 즉, 경찰들은 흑인 시위대에게는 장전이 된 무기를 사용하나 백인 우익 시위자들에게는 총의 덮개를 결코 벗기지 않았다고 말했다.

정부는 대화를 시작하는 데 서두를 필요가 전혀 없었다. 즉, 내 석방을 환영했던 행복감이 소멸되는 것을 계산하고 있었다. 정부는 내 체면이 떨어지기를 기다렸으며, 구원자로 칭송을 받던 전과자가 현 상황에서 손을 쓰지 못하는 매우 무기력한 인물이 되는 것을 보고 싶어 했다.

진보적인 행동에도 불구하고 데 클레르크는 위대한 해방자는 결코 아니었다. 그는 점진주의자이며 조심스러운 실용주의자였다. 그는 자신의 권력을 제거하려는 의도가 있는 어떤 개혁도 실시하지 않았다. 그는 분명히 반대 이유로 개혁을 했다. 즉 새로운 분배정책에서 아프리카너들의 권력을 보장하는 것이었다. 그는 백인의 통치를 종식시킬 협상을 할 준비가 되어 있지 않았다.

그의 목표는 집단 권리를 기초로 하는 권력분배 체제를 창조하는 것으로, 남아프리카에서 수정된 소수 권력 양식을 보존하는 것이었다. 그는

데 클레르크와 함께.

다수의 지배, 즉 그가 종종 이야기하던 '단순한 다수주의'는 결사적으로 반대했다. 그것은 단숨에 백인 지배를 종식시키기 때문이다. 우리는 처음부터 정부는 승자가 모든 것을 가져가는 영국의 웨스트민스터 의회 제도를 결사적으로 반대하며, 대신 소수 백인을 구조적으로 보장하는 비례대표제를 지지한다는 것을 알았다. 비록 그는 흑인 다수의 선거 참여와 입법을 허용할 준비가 되어 있었지만 소수 거부권을 유지하고자 했다. 처음부터 나는 그러한 계획과 교섭할 의도는 없었다. 데 클레르크에게 나는 그러한 계획은 아파르트헤이트를 위장하고 있는 "패자가 모든 것을 가져가는" 제도라고 말했다.

우리의 힘을 극복하기 위한 국민당의 장기 전략은 인카타 자유당과 반反 ANC 동맹을 구축하는 것과, 케이프에서 아프리칸스어를 사용하는 혼혈인 유권자를 새로운 국민당원으로 포섭하는 것이었다. 내가 석방된 이후로 그들은 부텔레지와 케이프의 혼혈인 유권자에게 접근하기 시작했다. 또한 정부는 혼혈인들에게 ANC가 혼혈인을 반대한다는 생각을 갖게 하려고 노력했다. 그들은 부텔레지 추장에게 집단 권리와 연방주의에 대한 원칙을 설득함으로써 새로운 남아프리카에서 줄루의 권력과 정체성을 유지하려는 부텔레지 추장의 소망을 지지했다.

우리와 정부의 첫 번째 회담은 5월 초에 3일 동안 개최되었다. 우리 대표단은 월터 시술루, 조 슬로보, 알프레드 은조, 타보 음베키, 아메드 카트라다, 조 모디세, 루스 몸파티, 아치 구메데, 베이어스 나우드 신부, 셰릴 카롤러스, 그리고 나로 구성되었다. 회담은 남아프리카의 초기 식민지 총독 중 한 사람인 세실 로즈의 저택인 케이프에 있는 독일식 저택 흐로테스휘르에서 있었다. 우리 대표단들 중 일부는 우리가 호랑이 굴 안에 들어왔다고 농담했다.

예상과는 달리 회담은 진지했고, 가끔 유쾌한 농담도 오갔다. 300여 년 동안 서로 싸워왔던 역사적인 적수들이 만나서 악수를 했다. 많은 사람들은 이러한 회담이 왜 훨씬 전에 이루어지지 않았는지 의심스러워했다. 정부는 공산당의 총무인 조 슬로보와 MK의 사령관인 조 모디세의 임시 사면을 허락했다. 수십 년 동안 이들을 악마로 취급했던 국민당 지도자들과 이 두 사람이 악수하는 것을 보는 것은 이례적인 일이었다. 타보 음베키가 나중에 기자들에게 말한 것처럼 양측은 상대방이 뿔을 갖고 있지 않다는 것을 알게 되었다.

회담을 개최한 사실 자체가 우리 나라 역사에서 중요한 이정표였다. 내가 지적한 바와 같이 이 회담은 오랫동안 ANC가 추구했던 것뿐만 아니라 남아프리카에서 백인과 흑인의 관계를 특징짓는 주종관계가 종식되었다는 것도 의미했다. 우리는 탄원자나 간청자가 아닌 대등한 위치의 동등한 남아프리카인으로서 회담석상에 참석했다.

첫날은 거의 역사 수업과 같았다. 나는 정부 측에 1912년 ANC는 처음부터 집권 정부와 협상을 추구해왔다고 말했다. 자신의 입장에서 데 클레르크는 분리발전 체제는 좋은 생각으로 여겨졌으나 현실적으로 작동되지 않았다고 언급했다. 그렇기 때문에 그는 유감을 표하고 회담에서 개선점을 찾기를 원한다고 말했다. 이것은 인종차별정책에 대한 사과는 아니었으나 국민당 지도자들이 가졌던 어떤 생각보다도 앞선 발언이었다.

가장 중점적으로 토의된 주제는 정치범과 정치적 망명객에 대한 정의를 내리는 것이었다. 정부는 협의의 정의를 적용하여 면책 대상이 되는 우리 회원들의 수를 제한하길 바랐다. 우리는 가능한 한 광의의 정의를 채택하여 정치적인 이유로 형을 언도받은 사람은 면책 대상의 자격이 있다고 주장했다. "정치적으로 동기화된" 범죄가 무엇인지 정의하는 데 서로 만족할 만한 합의에 이르지 못했고, 이 문제는 한동안 우리를 괴롭혔다.

3일간 회담을 한 끝에 '흐로테스휘르 각서'에 합의했다. 이것으로 양쪽은 협상의 평화로운 진행을 약속하고, 정부가 비상사태를 철회하는 일에 합의를 했다. 따라서 정부는 곧바로 폭력에 시달리는 나탈 지역만을 제외하고는 비상계엄을 해제했다. 아직 우리 앞에 놓인 장애물을 처리하기 위한 공동 실무자 모임을 구성하는 데도 우리는 합의했다.

헌법 문제에 이르자 우리는 정부에 새로운 헌법을 제정할 수 있는, 선거로 뽑은 헌법 국회를 구성하자고 요구했다. 우리는 헌법을 창조할 사람들은 국민들 스스로가 선택해야 한다고 믿었다. 그러나 국회 선거에 앞서 새로운 정부가 선출되기까지 과도기를 이끌어나갈 수 있는 과도정부는 꼭 필요했다. 당시 상황처럼 정부가 선수와 심판 둘 다가 될 수는 없었다. 우리는 과도정부 수립과 헌법 국회의 기능에 대한 지침을 수립하기 위한 다수정당 협상회의를 만들 것을 주장했다.

105

나는 교도소에서 석방된 뒤 곧바로 쿠누를 여행하고 싶었으나 4월이 되어서야 겨우 그 일이 가능했다. 나는 내가 원하는 때를 정해서 떠날 수가 없었다. 경호가 준비되어야 했고, 지방조직을 위한 연설이 준비되어야 했다. 4월에 군부 지도자이며 ANC 열성 당원인 반투 홀로미사 장군이 ANC와 트란스케이를 방문하기로 되어 있었다. 그러나 내게 진정 가장 중요한 일은 어머니의 묘소에 가서 참배하는 것이었다.

나는 처음으로 쿠누를 방문해 어머니가 묻혀 계신 곳으로 갔다. 돌과 블록 몇 개로 덮여 있는 어머니의 묘지는 단순했고 꾸밈이 없었으며, 쿠누에 있는 다른 무덤과 다르지 않았다. 나는 자신의 감정을 말로 나타낸다는 것이 쉽지 않음을 알았다. 어머니가 돌아가실 때 임종을 지키지 못한 것이 후회되었고, 어머니 생전에 잘 모시지 못한 것과 어머니가 원하시는 방향과 다른 길을 선택해 걷게 된 것에 마음 아팠다.

실로 오랜만에 동네를 다시 보았을 때 변화된 것과 변화되지 않은 것을 보고 큰 충격을 받았다. 내가 어렸을 때 쿠누 사람들은 전혀 정치적인 사람들이 아니었다. 그들은 아프리카인의 권리를 위한 투쟁에는 눈을 돌리지 않았다. 사람들은 자기의 삶을 있는 그대로 받아들였고, 삶을 바꾸고자 하는 소망도 없었다. 그러나 내가 다시 돌아왔을 때 나는 쿠누의 학교 아이들이 올리버 탐보와 민족의 창에 관한 노래를 부르는 것을 들었다. 나는 아프리카 사회 구석구석에도 투쟁의 소식이 빠르게 스며들고 있는 것에 놀랐다.

그 마을이 갖고 있던 따뜻함과 단순함은 여전히 남아 있었다. 그러한 것들은 나로 하여금 어린 시절을 돌아보게 했다. 그러나 나를 괴롭힌 것은 마을 사람들이 그 어느 때와 마찬가지로 가난하다는 사실이었다. 사람들은 대부분 아직도 더러운 바닥의 볼품없는 집에서 살았으며, 전기와 수도 시설도 없었다. 내가 어렸을 때 동네는 작았고, 물은 깨끗했고, 흙은 비옥했으며, 들판은 단정하게 정리되어 있었다. 그러나 지금은 거리는 더럽고, 물은 오염되었고, 들판에는 플라스틱 봉지와 쓰레기가 널려 있었다. 내가 어렸을 때 우리는 플라스틱이 뭔지 몰랐다. 비록 플라스틱이 생활을 어느 정도 향상시켰지만, 내게 플라스틱은 쿠누를 파멸시키는 원인으로 보였다. 지역사회의 자긍심은 사라져버린 듯했다.

같은 달에 나는 또 다른 고향을 방문했다. 정치범 25명에게 정부의 사면을 받아들여 그 섬에서 나오라고 설득하기 위해서 로벤 섬을 찾았다. 비록 나는 8년 전에 그 섬을 떠났지만 교도소에서의 기억은 아직도 생생했다. 여러 해 동안 많은 다른 사람들의 방문을 받았던 내가 로벤 섬의 방문객이 되자 묘한 느낌이 들었다.

그러나 그날 나는 정부의 사면 제의를 거절하는 사람들을 만났기 때

1993년에 다시 찾아간 로벤 섬.

문에 이곳저곳을 구경할 여유는 없었다. 그들은 협상 테이블이 아니라 전투에서 승리한 뒤에 그곳을 떠난다는 입장을 고수했다. 그들은 특별협약에 대하여 완강히 반대 의사를 표시했는데, 사면을 받기 전에 그들의 죄를 열거해야만 하기 때문이었다. 그들은 모든 정치범들과 망명객들을 무조건 사면할 것을 요구하는 「하라레 선언」으로부터 후퇴한 ANC를 비난했다. 그중 한 명은 "마디바, 난 내 생애를 바쳐 정부와 싸워왔어요. 그런데 지금 내가 그들에게 용서를 빌어야 한다는 말이오?"라고 말했다.

나는 그들의 주장에 동감했으나 그들은 비현실적이었다. 모든 병사가 싸움터에서 적들을 무찌르기를 원하지만, 이 경우에는 그런 승리를 얻는 것이 불가능했다. 이제 투쟁은 협상 테이블에 있었다. 나는 그들이 교도소에 남아 있는 것이 목표를 앞당기지는 않으며, 교도소 안에서보다는

27년여의 감옥 생활 중 18년 동안 살았던 감옥에서.

밖으로 나와야 더 많은 활동을 할 수 있다고 주장했다. 결국 그들은 정부의 제의를 받아들이는 데 동의했다.

* * *

6월 초, 나는 6주 동안 유럽과 북미를 여행할 예정이었다. 떠나기 전에 나는 개인적으로 데 클레르크를 만났는데, 그는 제재에 관해 논의하고 싶어 했다. 남아프리카에서 그가 행한 변화에 근거하여, 그는 나에게 국제적 제재를 더 이상 요구하지 말아달라고 요청했다. 우리는 데 클레르크가 행한 일을 고려하고는 있으나 우리가 생각하기에 제재는 그가 더 많은 일을 하도록 만드는 데 가장 좋은 수단이었다. 나는 유럽공동체나 미국이 데 클레르크가 행한 개혁으로 인해 제재를 완화하려는 경향이 있음을 감지했다. 나는 데 클레르크에게 우리는 그가 아파르트헤이트를 전면 폐지하고 과도정부가 제자리에 설 때까지는 우리를 지지하는 국가들에 제재의 완화를 요구할 수 없다고 설명했다. 그는 내 응답에 매우 실망했으나 놀라지는 않았다.

여행의 첫 도착지는 파리였다. 프랑수아 미테랑과 그의 매력적인 부인인(ANC의 오랜 지지자이기도 한) 다니엘은 매우 융숭하게 위니와 나를 대접해주었다. 이번이 유럽 본토를 처음 방문한 것은 아니었으나 나는 여전히 유럽 세계가 갖는 아름다움에 매료되었다. 나는 이 아름다운 빛의 도시를 떠나고 싶지는 않았으나 내가 프랑스에 머무는 동안 몹시 중요한 일이 일어났다. 정부가 비상사태 철회를 발표한 것이었다. 나는 기뻤다. 그러나 이러한 조치가 내가 유럽에 있는 동안 취해진 것은 제재에 대한 나의 요구를 저해하기 위한 행동이라는 사실을 잘 알고 있었다.

나는 스위스, 이탈리아, 네덜란드를 방문한 뒤, 영국에 가서 올리버와 아들레이드를 만나기 위해 이틀 동안 머물렀다. 다음 예정지는 미국이었는데, 나는 남아프리카로 돌아가기 전에 영국으로 되돌아와야 했고, 그때 대처 여사와 회담을 가질 예정이었다. 그러나 예의상 떠나기 전에 나는 대처 여사에게 전화를 했는데, 대처 여사는 무뚝뚝하지만 매우 의미 있는 훈계를 했다. 그녀는 내 여행 일정과 하루에 내가 얼마나 많은 모임에 참석했는지 알고 있다고 말했다. "만델라 씨, 우리가 다른 것을 논의하기에 앞서 나는 당신에게 당신의 여행 계획이 너무 빡빡하다는 것을 충고해야겠습니다. 여행 계획을 반으로 줄이셔야 합니다. 당신이 하고 계신 일들은 당신 나이의 절반 되는 사람도 쫓아가기가 어렵습니다. 이렇게 계속하신다면 미국에서 살아 돌아오시기는 어려울 겁니다. 이 충고를 당신께 드리고 싶군요."

나는 젊은 시절부터 뉴욕 시에 대해서 읽어서 알고 있었지만, 마침내 수백만 개의 종이 꽃가루가 날리는 동안 거대한 유리와 콘크리트로 된 계곡 아래에서 도시를 바라보는 것은 깜짝 놀랄 만한 경험이었다. 도시를 통과할 동안 백만 인파가 개인적으로 우리의 행진을 지켜보았다고 보도되었다. 그들이 반아파르트헤이트 투쟁에 보내는 지지와 열정을 보고 나는 진심으로 겸허해졌다. 나는 항상 뉴욕을 냉정한 곳이라고 읽어왔으나 그 도시에서 첫날 받은 인상은 정반대였다.

다음 날 나는 할렘에 갔다. 이곳은 할렘의 멋쟁이를 흉내 낸 젊은이를 소웨토에서 본 1950년대부터 내 마음속에서는 전설적인 지역이었다. 아내의 말처럼 할렘은 미국의 소웨토 같은 곳이었다. 양키스 구장에서 수많은 군중에게 연설하면서 흑인 남아프리카인과 미국의 흑인들 사이는 끊을 수 없는 탯줄로 이어져 있는데, 왜냐하면 우리는 모두 아프리카의 자손들이기 때문이라고 했다. 나는 드 보아, 마커스 가비, 마틴 루터 킹 2세 같은 위대한 미국인들이 말했던 이 둘 사이의 혈족관계에 대해서도 말했다. 젊었을 때 나는 갈색 폭격기 조 루이스를 우상으로 삼았는데, 그는 사각링 안의 상대뿐만 아니라 링 밖의 인종차별주의자들까지도 상대했다. 교도소에서 나는 미국 흑인들이 인종주의와 차별과 경제적인 불평등에 맞서 투쟁하는 것을 관심 있게 지켜보았다. 우리에게 할렘은 저항의 힘과 흑인의 자존심이 지닌 아름다움을 상징했다. 나는 이것을 내가 예전에 “검은 것은 타고난 것, 자부심은 선택”이라고 씌어진 티셔츠를 입은 청년을 보았을 때 절실히 느꼈었다. 우리는 본디 하나였으나 지금은 서로가 각자 자부심을 갖고 있다고 이야기했다.

피스와 보스턴을 여행한 뒤 나는 의회 합동회의에서 연설하고 부시 대통령과 개인적으로 회담하기 위해 워싱턴으로 갔다. 나는 아파르트헤이트를 반대하는 입법안을 낸 미국 의회에 감사하다고 말하고, 새로운 남아프리카가 내가 전에 말했던 이 상하원을 창조한 가치에 따라 행동하기를 희망한다고 말했다. “나는 조지 워싱턴, 에이브러햄 링컨과 토머스 제퍼슨과 같은 자유투사들을 우리는 아직까지 찾지 못했으며, “그들이 행동하기 위하여 움직인 것과 같이 우리는 행동을 위해 움직이지 못했습니다”라고 했다. 또한 남아프리카에 가하는 제재 조치에 대하여 강한 어조로 내 의견을 전달했다. 왜냐하면 부시 행정부가 제재를 완화할 것이라고 느꼈기 때문이다. 나는 의회에서 제재를 완화하지 말라고 강조했다.

나는 부시 대통령을 만나기 전부터 그에 대해 긍정적인 인상을 갖고 있었다. 내가 출소한 뒤에 처음으로 축하전화를 해준 세계 지도자였기 때문이다. 그 뒤로 부시 대통령은 그가 중요한 문제를 보고하는 몇 안 되는 세계 지도자들의 명단에 나를 포함시켰다. 개인적으로 그는 매우 다정하고 사려 깊은 사람이었으나 무장투쟁과 제재에 관해서는 견해가 매우 달랐다. 그는 다른 견해를 갖고 있으면서도 악수를 하는 사람이었다.

나는 미국에서 캐나다로 갔다. 그곳에서 멀로니 수상을 만나고, 국회에서 연설도 했다. 다음 일정은 아일랜드였는데, 대서양을 건너기 전에 우리의 작은 제트 비행기는 연료를 보충하기 위해 북극권 위쪽에 있는 구스 베이라는 곳에 멈추었다. 나는 찬바람을 쐬고 싶어서 비행장을 이리저리 걷다가 비행장 담 너머에 서 있는 사람들을 보았다. 캐나다 관리에게 그들이 누구냐고 물었다. 그는 에스키모들이라고 대답했다.

내 평생 동안 이누이트를 만난 적도 없었고, 그들을 만나리라고는 상상도 못 했다. 나는 담으로 가서 우리 비행기가 이곳에 머문다는 소식을 듣고 비행장으로 나온 10대 후반인 청년 10여 명을 만났다. 소년 시절에 이누이트에 대해서 읽은 적이 있었는데(에스키모라는 이름은 식민통치자들에 의해서 붙여졌다), 인종주의자인 식민통치자들의 교과서에서 받은 인상은 이들의 문화가 낙후되었다는 것이었다.

그러나 이 영리한 청년들과 대화를 나누면서 나는 그들이 텔레비전을 통해서 내가 석방되는 것을 보았고, 남아프리카에서 일어나는 사건들에 익숙하다는 것을 알았다. "ANC 만세!"라고 그들 중 하나가 외쳤다. 이 누이트들은 백인 정착민들이 역사적으로 잘못 다룬 토착민이었다. 남아프리카 흑인들과 이누이트 사람들의 처지는 공통점이 있었다. 내가 확실하게 깨달은 것은 교도소에 있는 몇십 년 동안 지구는 점점 작아지고 있다는 것이었고, 세계의 지붕에 있는 이누이트의 10대들이 아프리카 남쪽 끝에 있는 정치범의 석방을 볼 수 있다는 사실은 나를 감동시켰다. 텔레비전은 세계를 작게 만들었고, 무지를 없앴으며, 민주주의를 촉진시키는 데 중요한 무기가 되었다.

나는 더블린을 거쳐서 런던으로 갔고, 그곳에서 대처 여사와 세 시간 동안 회담을 했다. 추운 곳에 서서 이누이트의 청년들과 이야기할 때 나는 오한을 느꼈다. 대처 여사를 만나기로 한 날은 우리가 떠날 때와 같이 쌀쌀하고, 비가 왔다. 위니가 나에게 비옷을 가지고 가라고 했다. 그러나 우리는 이미 호텔 로비에 내려와 있었고, 비옷을 가지러 갔다 온다면 늦을 수도 있었다. 나는 시간을 정확하게 지켰다. 그것은 내가 만나고자 하는 사람에 대한 예의이기도 했지만 서구 사람들이 갖고 있는 '아프리카인들은 굉장히 굼뜨다'는 편견을 깨부수기 위해서이기도 했다. 나는 위니에게 우리는 시간이 없다고 말했다. 그 대신 밖에서 비를 맞으며 몇몇 어린아이들에게 사인을 해주었다. 대처 여사를 만났을 때 나는 몸이 매우 좋지 않았는데, 나중에 가벼운 폐렴 증세가 있다는 진단을 받았다.

대처 여사가 내 일정을 반으로 줄이라는 자신의 충고를 받아들이지 않은 것에 대해 학교 선생님처럼 꾸짖은 것을 제외하고는 내 건강이 우리의 회담을 방해하지는 않았다. 제재와 같은 문제 등 여러 가지 면에서 대처 여사는 ANC와는 정반대의 입장이었음에도 그녀는 늘 솔직하고 성의를 다하는 여자였다. 그날 회담에서 제재에 대한 문제는 조금도 진전되지 못했다.

106

남아프리카로 돌아온 뒤, 7월에 나는 우간다와 케냐와 모잠비크를 잠시 다녀온 다음 데 클레르크에게 만나자고 제의했다. 국내에서 폭력은 더 심해졌다. 1990년 사망 통계는 1,900명을 넘어섰는데, 이 숫자는 전년도 한 해 사망 숫자를 이미 웃돌았다. 내 동료들과 상의한 뒤에 정상화 과정을 촉진해야 할 필요를 느꼈다. 우리 나라는 죽음으로 피를 흘리고 있었으며, 우리는 더 빨리 앞으로 나가야 했다.

6월에 데 클레르크의 비상사태 철회는 대화 재개의 분위기를 조성하는 것 같았다. 그러나 7월에 정부 안보요원은 국가 전복을 기도하는 '오퍼레이션 불라Operation Vula'라고 불리는 공산당 조직의 일원이라는 이유로 맥 마하라지, 프라빈 고르단, 시피웨 은얀다, 빌리 네어 등을 포함한 ANC 회원 40여 명을 체포했다. 데 클레르크는 긴급하게 나를 만나자고 했으며, 그들을 급습하는 과정에서 그가 몰수한 문서들을 나에게 읽어주었다. 나는 그 일에 관해 전혀 모르고 있었으므로 깜짝 놀랄 수밖에 없었다.

나는 데 클레르크와 만난 뒤 설명을 듣기 위해 조 슬로보를 불렀다.

조는 데 클레르크가 읽어준 문서들은 맥락이 맞지 않으며 불라는 이미 활동을 멈추었다고 설명했다. 그러나 정부는 ANC를 공산당으로부터 결별시키고, 조 슬로보를 협상에서 제외시키는 데 이 발견 문서들을 이용했다. 나는 데 클레르크에게 가서 경찰한테 속고 있다고 말하고, 우리가 공산당과 결별한다거나 조 슬로보를 우리의 협상팀에서 제외시킬 생각이 없음을 밝혔다.

전국집행위원회 회담 예정 며칠 전인 7월 중순에 조 슬로보가 내게 사적인 제안을 해왔다. 협상 과정을 진전시키기 위한 올바른 분위기를 조성하기 위하여 우리가 무장투쟁을 자발적으로 중단하자는 제안이었다. 데 클레르크의 지지자들에게 그의 정책이 국가에 이익을 가져왔다는 것을 보여줄 필요가 있다고 그는 언급했다. 나는 처음에는 부정적으로 반응했다. 나는 아직 때가 되지 않았다고 생각했다.

그러나 이 문제를 생각하면 할수록 나는 우리가 주도권을 잡아야만 하며 지금이 가장 좋은 시기라는 생각이 들었다. 또한 극단주의자라는 명성을 얻고 있는 조가 이 제안을 내놓는 데 가장 적임자라는 것을 깨달았다. 사람들은 그를 정부의 앞잡이로 비난하거나 물렁해졌다고 비난할 수 없었다. 다음 날 나는 조에게 그가 전국집행위원회에서 그 제안을 내놓는다면 내가 그를 지지하겠다고 말했다.

다음 날, 전국집행위원회에서 조가 무장투쟁을 자발적으로 중단하자고 제안하자 몇 사람이 완강하게 반대했다. 그들은 데 클레르크의 지지자들에게만 보상이 있을 뿐 우리 국민들에게 오는 것은 아무것도 없다고 주장했다. 그러나 나는 언제나 무장투쟁의 목적은 정부를 협상 테이블로 끌어내는 것인데, 지금 우리는 그렇게 했다고 말하며 조의 제안을 옹호했다. 또한 무장투쟁 중지는 언제나 철회될 수 있는 것이며, 우리의 성의를 보여야 할 필요가 있다는 것을 언급했다. 여러 시간이 지난 뒤 우리의 생각이 받아들여졌다.

이것은 ANC 내부적으로도 논쟁의 여지가 있는 변화였다. 비록 민족의 창MK이 활동적이지는 않아도 무장투쟁이 갖는 분위기는 많은 사람에게 큰 의미를 주었다. 웅변적인 수단으로 그 말을 인용할 때조차 무장투쟁은 우리가 적과 적극적으로 싸우고 있다는 것을 표시했다. 결과적으로 무장투쟁은 이것이 그동안 실제로 성취한 것과 걸맞지 않게 많은 인기를 얻고 있었다.

8월 6일, 프리토리아에서 ANC와 정부는 '프리토리아 조약'을 조인했다. 이 조약에서 우리는 무장투쟁을 중단하기로 합의했다. 우리 동료들에게 거듭해서 말해야 했던 것처럼, 우리는 무장행동을 중단한 것이지 무장투쟁을 종식시킨 것은 아니었다. 또한 합의서에는 정치범을 석방하고 사면을 허락하는 일정을 정해놓았다. 사면 일정은 1991년 5월까지는 종결되도록 일정이 잡혔고, 정부는 또한 국내보안법을 재검토하는 데 동의했다.

* * *

평화를 만들어가는 과정을 방해한 일 중에 가장 절망스럽고 낙담스러운 것은 폭력이 확대되는 것이었다. 우리는 협상이 진행되면서 폭력이 줄어들 것이라는 데 모든 희망을 걸었다. 그러나 현실은 정반대로 나타났다. 경찰이나 방위군은 거의 체포를 하지 않았다. 지역 주민들은 오히려 그들이 폭력을 도와주고 선동한다고 했다. 방위군들이 묵인한다는 것이 점점 더 명백하게 느껴졌다. 경찰들도 폭력을 진압하기보다는 조장하고 있다는 많은 사례가 적발되었다.

이후 몇 달 동안 나는 요하네스버그의 남쪽에 있는 폭력이 난무한 지역인 발 트라이앵글 전역을 다니면서 다친 사람들과 슬퍼하는 가족들을 위로했다. 계속해서 내가 듣는 이야기는 비슷했다. 경찰과 방위대들이 그 지역을 불안하게 만든다는 것이었다. 한 지역에서 경찰이 무기를 압수해 간 다음 날에는 인카타 병력이 이 빼앗은 무기를 사용해서 사람들을 공격한다고 했다. 우리는 인카타 회원들이 모임을 갖거나 공격을 할 때 경찰들이 호위한다는 이야기도 들었다.

9월에 나는 어느 연설에서 폭력 뒤에는 보이지 않는 손이 있다고 말하고, 협상을 저해하려는 방위대를 탈퇴하는 사람들로 구성된 의문의 '제3의 세력'이 있다고 언급했다. 나도 그들이 누구인지 알 수 없었기 때문에 제3세력의 정체를 말할 수 없었다. 그러나 그들이 존재하며 ANC와 해방투쟁을 표적으로 삼아서 아주 잔인하게 영향을 미치고 있음을 확신했다.

나는 개인적으로 두 가지 구체적인 사건을 접한 뒤에 이런 결정을 내렸다. 1990년 7월, ANC는 호텔에 묵고 있는 인카타 자유당에 소속된 사람들이 7월 22일 발 트라이앵글에 있는 세보켕 지역에 거주하는 ANC 회원들을 대대적으로 공격할 것이라는 정보를 입수했다. 우리는 변호사들을 통해 법무장관, 경찰청장, 지역 국장에게 통고하여, 공격이 임박했음을 경고하고 적절한 조치를 취해달라고 요청했다. 우리는 경찰들에게 무장한 인카타 당원들이 인카타 집회에 참석하러 그 지역에 들어오는 것을 막아달라고 부탁했다.

7월 22일, 경찰차의 호위를 받으며 무장한 인카타 당원들이 버스에 가득 타고 대낮에 세보켕에 들어왔다. 집회가 끝난 뒤 무장한 사람들은 마을을 광란의 도가니로 만들고, 끔찍하고 몸서리쳐지는 공격으로 30여 명을 살해했다. 그다음 날 그 지역을 방문하여 전에는 본 적도 없고 다시는 보고 싶지도 않은 광경을 목격했다. 시체 공시장에는 난도질당한 시체들과 칼로 두 가슴이 도려진 여성의 시체도 있었다. 누가 이런 살인을 저질렀던 간에 그들은 짐승이었다.

다음 날, 나는 데 클레르크에게 만나자고 요청했다. 그를 보자 나는 화가 나서 그에게 설명을 요구했다. "사전에 경고했는데 당신은 아무 조치도 취하지 않았습니다. 도대체 이유가 무엇입니까? 왜 아무도 체포하지 않았습니까? 왜 경찰들은 손을 놓고 가만히 있었던 겁니까?" 이처럼 엄청난 비극적인 일이 일어났던 다른 나라에서는 30명 이상의 국민들이 살해되었을 때는 국가원수가 애도를 표하는데, 아직 데 클레르크는 한마디도 하지 않았다고 강조했다. 내 말을 듣고 그는 아무런 말도 하지 않았다. 나는 데 클레르크에게 답변을 요구했으나 그는 전혀 대답이 없었다.

두 번째 사건은 11월에 발생했다. 이번에는 요하네스버그 동쪽의 저미스턴 시 외곽에 있는 존키지즈웨(줄루어로 '모든 민족을 환영하는 곳'이라는 뜻)로 알려진 무권리 거주자 지역에 인카타 회원이 들어가서 ANC 사람들을 내쫓았고, 이 과정에서 여러 명을 죽이기까지 했다. 그런 다음 인카타 당원들은 버려진 집을 차지하고 모든 자원을 몰수했다. 그 지역 주민들은 인카타 당원들이 경찰과 함께 왔다고 말했다. 다시 한 번 이러한 참상에 대해 경찰과 정부는 아무런 조치도 취하지 않았다. 남아프리카에서 흑인들의 생명이 이런 식으로 값싸게 취급된 적은 결코 없었다.

다시 한 번 나는 데 클레르크와 법무장관인 애드리안 플로크를 만났다. 그리고 또다시 나는 데 클레르크에게 이런 범법행위가 있은 뒤에 왜 경찰은 아무런 조치도 취하지 않느냐고 물었다. 나는 침입자들이 지금 그들이 죽인 사람들의 집을 차지하고 있기에 쉽게 찾을 수 있다고 말했다.

데 클레르크는 플로크에게 설명을 요구했고, 플로크는 거만한 음성으로 집들이 있는 곳이 누구의 소유인지 아느냐고 물었다. 그 말은 그 사람들은 권리가 없는 거주자이며 따라서 아무 권리도 없다는 것을 암시했다. 나는 사실상 그 땅은 지역 당국이 그 사람들이 살도록 허락했다고 그에게 말했다. 그의 태도는 태고 이전부터 흑인 종족들은 서로를 죽여왔다는 사실을 단순하게 믿는 많은 아프리카너들의 태도와 같았다. 데 클레르크는 다시 한 번 나에게 진상을 조사해서 대답을 주겠다고 했으나 그는 결코 그렇게 하지 않았다.

이 기간에 정부는 불에 기름을 붓는 또 다른 행동을 했다. 정부는 나탈이나 다른 지역에서 열리는 정치적 집회에 줄루족들이 소위 말하는 전통적인 무기를 지닐 수 있도록 허용하는 법규를 도입했다. 전통적인 무기들이란 가느다란 투창과 끝이 둥근 방망이로 인카타 회원들이 ANC 사람들을 죽이는 데 실제로 사용하는 무기였다. 이것은 나로 하여금 데 클레르크가 갖고 있는 평화에 대한 의지를 의심하게 만들었다.

협상을 반대하는 사람들은 폭력으로부터 이득을 얻었다. 폭력은 정부와 ANC가 합의를 위한 진전을 보일 때마다 난무하는 듯했다. 이 세력들은 ANC와 인카타 사이의 전쟁을 부추기려고 했으며, 나는 인카타의 많은 사람들도 이것을 묵인했다고 믿는다. 데 클레르크를 포함한 정부 사람들은 사태를 다르게 보거나 또는 그들의 눈앞에서 일어나는 일을 무시하고 있었다. 우리는 경찰 및 방위대의 높은 사람들이 제3의 세력을 비호하고 있다는 것을 의심치 않았다. 이러한 의혹은 후에 신문기자들이 남아프리카 경찰들이 비밀리에 인카타에 돈을 대주고 있다고 폭로함으로써 확인되었다.

폭력이 꼬리에 꼬리를 물고 계속되자 나는 무장투쟁의 중단에 대해 다시 생각하기 시작했다. ANC의 많은 사람들은 말을 잘 듣지 않았고, 9월에 어느 기자회견에서 나는 폭력이 계속되면 어쩌면 다시 무장을 하게 될지도 모른다고 말했다. 상황은 매우 암울했고, 정부와 함께 이뤄 냈던 모든 합의는 사라지는 듯했다.

107

1990년 12월, 올리버가 30여 년에 걸친 망명 생활을 마치고 고국인 남아프리카로 돌아왔다. 그가 가까이 있다는 것은 내게 큰 힘을 주었다. 요하네스버그에서 열리는 ANC 자문회의에 참석하기 위해 돌아왔는데, 국내외 45개 다른 지역에서 1,500명 이상의 위원들이 참가한 회의였다.

회의에서 나는 올리버가 가장 어려운 기간에 ANC를 이끌어왔고, 결코 불꽃이 꺼지지 않도록 한 사람이라고 그의 공로를 치하했다. 지금까지 그는 밝고 희망 있는 미래로 우리를 안내해왔다. 내가 투옥된 27년 동안에 ANC를 구하고, ANC를 힘과 영향력이 있는 국제적 조직으로 키운 사람이 올리버였다. ANC의 지도자들 대부분이 투옥되거나 망명을 떠났을 때 그가 ANC를 지도했다. 그는 투사였고 외교관이었으며 정치가였다.

비록 내가 정부의 반혁명적인 활동을 비난했지만, 소란을 일으킨 것은 올리버의 연설이었다. 그는 우리의 제재정책이 재평가되어야 한다는, 논란의 여지가 많은 연설로 회의를 시작했다. 그는 ANC가 먼저 제재를 늦추지 않는다면 ANC는 "국제적 제재의 한계효용 감소"에 직면하게 될 것이라고 주장했다. 유럽공동체는 이미 제재의 수준을 낮추기 시작했다.

요하네스버그에서 벌어진 올리버 탐보의 환영 행사에 모여든 사람들의 행렬.

서방 국가들, 특히 영국과 미국은 데 클레르크의 개혁에 대하여 응분의 보상을 주길 원하고, 이러한 보상이 그로 하여금 더욱 개혁하도록 격려할 것이라고 믿었다. 우리는 물론 이것이 잘못된 전략이라고 느꼈지만, 국제 현실을 인식해야만 했다.

비록 올리버의 연설이 논의되고 전국집행위원회가 승인했지만 제재는 변함없이 계속되어야 한다고 주장하는 ANC 투사들은 비분강개했다. 회의는 제재정책을 예전과 같이 유지해야 한다고 결정했다.

오랜 망명생활 끝에 고국으로 돌아온 올리버 탐보.

내 자신이 불평의 표적이었다. 사람들은 협상자들이 민중과 접촉하지 않았고, 우리가 국민들보다 국민당 지도자들과 더 많은 시간들을 보냈다고 비난했다. 그 회의에서 또한 나는 '개인적인 외교'를 수행할 뿐 조직의 일반 대중에게 내용을 알려주지 않았다는 비난도 받았다. 거대한 조직의 지도자는 마땅히 민중에게 귀를 기울여야 하는데, 나는 우리가 협상 과정을 전체 조직에게 알려주지 않았음을 인정했다. 그러나 우리와 정부의 회담에는 미묘한 사항이 있었다. 즉, 우리가 도달한 모든 합의점들은 비밀로 지켜져야만 했다. 비록 나는 비판을 받아들였지만 여태까지 해온 방법들 이외에는 다른 대안이 없다고 믿었다. 나는 내가 더 많은 사람을 포함시켜 진행할 때마다 더 많은 사람들에게 보고해야만 했음을 깨달았고, 앞으로 그 점을 명심하고 일을 했다.

우리 지역사회에서 새로운 유혈 폭력 사태가 일어나고 있다는 보도가 연일 신문 지면을 메웠다. 이 나라에서 폭력은 제일 심각한 문제라는 것이 명백했다. 나탈의 많은 지역사회와 요하네스버그 주변의 광산에서 범죄, 정치적 대립, 경찰의 무자비함, 이름뿐인 결사대 등이 불쾌하게 뒤섞여서 삶은 잔혹했고 유지하기 어려웠다. 폭력 문제가 처리되지 않는 한, 새로운 제도로 나아가는 것은 불안정하며 불확실한 상태로 남아 있을 수밖에 없었다.

계속되는 폭력을 저지하기 위해 나는 부텔레지 추장과 회담을 갖고자 접촉했다. 우리는 1월에 더반의 로열 호텔에서 만났다. 먼저 부텔레지 추장이 그 자리에 모인 대표들과 기자들에게 연설했으나, 그 과정에서 그는 오래된 상처를 치료하기보다는 다시 끄집어냈다. 또한 그는 ANC가 그에게 행한 일에 대하여 말로 공박했고, ANC의 협상 요구조건을 비난했다. 내가 말할 차례가 되었을 때 나는 그의 말을 반박하기보다는 수년에 걸쳐 내 석방을 위해 노력해준 것에 대해 그에게 고맙다고 했다. 나는 우리의 오랜 관계를 언급했고, 우리 두 조직을 분열시키기보다는 단결시켜주는 많은 점들을 강조했다.

우리는 비공식 회담에서 서로의 의견을 많이 이해했고, 결국 부텔레지 추장과 나는 두 조직의 활동에 대한 행동 규정을 포함하는 합의서에 서명했다. 그것은 공정한 합의였으며, 나는 합의가 충실히 이행된다면 진정으로 유혈 사태를 막을 수 있을 것이라고 기대했다. 그러나 내가 아는 바로는 인카타는 그 합의서를 충실히 이행하려는 어떤 노력도 하지 않았다. 우리 편도 위반 행위를 하는 것은 마찬가지였다.

두 조직 사이의 폭력은 끊임없이 계속되었다. 매달 수백 명이 죽어갔다. 3월에 인카타 단원들이 요하네스버그 북쪽에 있는 알렉산더를 공격했고, 3일 동안 벌어진 전투에서 45명이 죽었다. 그러나 또다시 한 사람도 체포되지 않았다.

나는 폭력이 계속되는 상황에서 막연히 앉아만 있을 수 없었기에 부텔레지 추장과 다시 한 번 회담을 추진했다. 4월에 내가 더반으로 내려갔고, 우리는 다시 한 번 강력한 성명서를 만들고 또 하나의 조약에 서명했다. 그러나 잉크가 채 마르기도 전에 서약서는 피로 얼룩졌다. 나는 폭력의 배후에 정부가 개입해 있으며, 폭력이 협상을 가로막고 있다는 것을 전보다 더욱 확신할 수 있었다. 데 클레르크가 아무런 응답을 하지 않았기에 우리의 관계는 파국으로 빠져들었다.

4월에, 이틀에 걸친 전국집행위원회에서 나는 내가 데 클레르크를 의심하고 있는 점에 대해 논의했다. 전국집행위원회도 정부가 폭력의 배후이며, 폭력이 타협의 분위기를 위협하고 있다고 믿었다. 정부에 보낸 공개편지에서, 우리는 국방부장관인 매그너스 말란과 법무장관인 애드리안 플로크 해임, 공공장소에서 전통 무기 보유 금지, 요하네스버그 주위에 인카타 회원들이 많이 살고 있는 이민자 광부 숙소의 단계적 철수, 반게릴라 비밀정부기구 해체, 방위군의 비행에 대한 고발의 조사를 목적으로 하는 별도의 위원회 구성 등을 건의했다.

우리는 정부에 5월까지 우리의 요구를 수락하라고 했다. 데 클레르크는 폭력에 대해 논의하는 다수정당 회의를 5월에 개최하겠다고 전화로 알려왔다. 그러나 나는 정부가 이미 폭력을 근절시키기 위해 해야 할 일이 무엇인지를 확실하게 알고 있기에 이러한 조치는 무의미하다고 응수했다. 5월에 우리는 정부와 대화를 중단한다고 발표했다.

1991년 7월, ANC는 30년 만에 처음으로 연례회의를 남아프리카 국내에서 개최했다. 국내외에 있는 ANC 지회에서 민주적으로 선출된 대의원 2,244명이 회의에 참석했다. 회의에서 나는 반대 없이 의장으로 선임되었다. 시릴 라마포사가 사무총장으로 선출되었는데, 그것은 횃불이 구세대에서 신세대로 이양되었음을 보여주는 것이었다. 시릴은 내가 석방된 뒤에 만난 사람으로, 유명한 ANC 지도자의 오랜 명맥을 승계할 만한 자격을 갖춘 사람이었다. 그는 아마도 ANC 고위층 중 가장 뛰어난 협상가라 할 수 있었는데, 광산노동자 전국노조에서 사무국장으로 재직할 당시 협상 기술을 익혔다고 했다.

나는 연설에서 내가 받는 무한한 영광에 대해 감사해했다. 위대한 행보를 이룩한 전임자 올리버 탐보를 좇아가기가 얼마나 어려운 일인지도 말했다. 또한 비록 정부와 불편한 관계에 있다 해도 협상은 승리를 가져다 줄 것이라고 말했다. 왜냐하면 정부가 협상에 응하고 있다는 단순한 사실이 정부가 아파르트헤이트를 유지할 힘이 없음을 보여주는 징표였기 때문이다. 그들을 권력에서 물러나게 하는 협상을 원하지 않는 정치인들과의 협상이기 때문에 과정이 순탄하지는 않을 것이라는 말을 나는 되풀이했다. "확실히 알아야 할 것은 투쟁은 끝난 것이 아니라 협상 자체가 하나의 투쟁의 장이고, 모든 투쟁이 그렇듯이 전진과 후퇴가 있을 것입니다."

그러나 협상을 기다릴 수는 없었다. 어떤 이유로라도 아파르트헤이트가 주는 고통을 연장하는 것은 우리에게 결코 이득이 아니었다. 나는 가능한 한 빨리 과도정부를 구성하는 것이 필요하다고 강조했다.

이 회의에서는 ANC 앞에 놓인 가장 중요하며 절실한 과제, 즉 ANC가 비공식적인 지하해방운동에서 합법적인 대중정당으로 변신하는 문제를 강조했다. 30년 동안 ANC는 남아프리카에서 비밀리에 활동했고, 비밀단체의 습관이나 기술 등이 깊게 뿌리 박혀 있었다. 우리는 가장 작은 지방 지부에서부터 전국 집행부에 이르기까지 조직을 전면적으로 재편해야만 했다. 그리고 우리는 급격하게 변화하는 시기에 그러한 일들을 한 달 정도 안에 완성해야 했다.

ANC와 공산당 지도자들은 대부분 망명살이를 했고, 7월 회의에 참석하기 위해 귀국했다. 따라서 그들은 현재의 남아프리카 실정에 어두웠다. 나뿐만 아니라 그들에게도 남아프리카는 새로운 땅이었다. 그러나 이 나라에 남아 있었던 민주연합전선과 남아프리카노조회의에는 뛰어난 젊은 지도자들이 있었으며, 이들은 우리가 알지 못하는 방식으로 이 나라의 정치적 상황을 꿰뚫고 있었다. 1980년대에는 이 조직들이 남아프리카 국내에서 ANC 역할을 어느 정도 대행했다. ANC는 이들 역시 통합해야만 했다.

우리는 군사적인 문제뿐만 아니라 철학적인 문제에서도 부딪쳤다. 공동의 적에 대항하여 싸울 때는 협력하여 운동을 지속하는 것은 비교적 간단한 문제이다. 그러나 적이 협상 테이블에 앉아 있을 때 정책을 기획하는 것은 전혀 다른 문제이다. 새로운 ANC에서 우리는 많은 다른 집단을 통합해야만 할 뿐만 아니라 수많은 다른 관점도 수렴해야만 했다. 우리는 협상을 위해 조직을 단결시켜야 할 필요가 있었다.

합법적 활동을 시작한 처음 17개월 동안 ANC는 회원 70만 명을 모집했다. 매우 놀랄 만한 숫자이지만 만족할 수는 없었다. 이들 중 역사적으로 ANC가 약세인 농촌지역 출신은 상대적으로 적었다. 한편 국민당은 백인이 아닌 사람에게도 문호를 개방하고 혼혈인들과 인도인들을 모집하는 데 여념이 없었다.

내가 석방된 뒤로 정부는 끊임없이 내 아내에 대한 비방을 일삼았다. 디에프클루프 집에 소년 4명을 납치해서 그중 1명을 살해했다는 헛소문을 퍼뜨려 위니를 중상모략하고, 4명을 납치하고 1명을 살해한 죄로 위니를 기소했다. 그녀의 인격을 끊임없이 모함했기 때문에 위니와 나는 위니가 법정에 출두하여 결백을 증명할 수 있기를 갈망했다.

2월에 요하네스버그의 랜드 대법원에서 내 아내에 대한 공식적인 재판이 시작되었다. 첫날 공판에 나와 ANC의 고위자들이 참석했는데, 나는 여건이 허락하는 한 계속 참석했다. 아내를 지지하고, 동시에 그녀의 무죄에 대한 내 신념을 보여주기 위해서였다. 위니가 납치 또는 학대에 개입되지 않았다는 점을 조지 비조스는 적절하게 변호했다.

3개월 반 뒤에 그녀는 납치와 살해방조죄로 유죄판결을 받았다. 그러나 판사는 위니가 살해에는 전혀 가담하지 않았음을 인정했다. 6년형을 선고받았으나 상소를 기다리는 동안 보석금을 내고 석방되었다. 판결에 관계없이 나에게 그녀의 무죄는 의심의 여지가 없었다.

108

회담을 위해 1년 6개월 이상에 걸쳐 사전회담을 가진 뒤 1991년 12월 20일에 실제 회담이 시작되었다. '민주남아프리카를 위한 회의CODESA'는 정부와 ANC와 남아프리카의 다른 정당 간에 처음 갖는 공식적인 협상 회담이라는 큰 의미가 있었다. 이전의 모든 양자 간 토론은 이 회의를 위한 기초가 되었다. 회의는 요하네스버그의 얀 스뮈츠 공항 근처에 있는 현대적인 전시관인 세계무역센터에서 열렸다. CODESA는 모든 남아프리카 정치권을 대표하는 18개 대표단과 유엔과 영국연방과 유럽공동체와 아프리카 연합조직에서 온 참관단으로 구성되었다. 남아프리카에서 여태까지 있었던 어느 회의보다도 광범위한 정치 집단들이 한 장소에 모였다.

이러한 회담의 시작은 역사적인 사건이었다. 케이프와 나탈의 영국 식민지와 트란스발과 오렌지자유 주의 전 보어공화국이 단일 연방을 수립하는 데 동의했던 1909년 이래 가장 중요한 헌법 제정 회의였다. 물론 그 당시의 회의는 민주주의에 기여했다기보다는 민주주의에 대한 배반이었는다. 왜냐하면 대표자들 중에는 흑인이 단 한 명도 없었기 때문이다. 1991년에는 흑인들이 다수였다.

시릴 라마포사가 이끌고 조 슬로보와 발리 무사가 포함된 우리의 기획대표단은 선거, 헌법, 의회 과도정부 등에 대하여 정부와 한 주 내내 논의했다. 홈랜드 정부를 포함한 20개 당의 대표들은 회의를 위한 기본 원칙에 대하여 사전에 합의를 했었다.

소수 방해자조차도 회의 개최에 대한 낙관적인 생각을 꺾지 못했다. PAC는 ANC와 국민당이 함께 공모하여 다인종 정부를 만들려 한다고 비난하며 회의에 불참하기로 결정했다. 한 달 전에 공동 목표를 위해 ANC와 PAC 그리고 아자니안 민족기구 간의 동맹으로 애국전선이 형성되었음에도 이런 일이 벌어졌다. PAC는 민주적인 선거에 겁을 먹었다. 그 선거로 대중의 지지도가 빈약하다는 것이 노출된다는 것을 그들도 알고 있었기 때문이다. 부텔레지 추장도 역시 인카타, 콰줄루 정부, 그리고 즈웰리티니 왕을 대표하는 세 대표단이 허락되지 않았다는 이유로 회의 참가를 거부했다. 우리는 그 왕은 정치적인 대상이 아니며, 그리고 만약 그가 포함된다면 남아프리카의 모든 부족이 자기들 부족의 대추장을 파견할 수 있어야 한다고 반론을 제기했다.

요하네스버그에서 새 헌법을 마련하기 위한 회담을 하던 시릴 라마포사와 조 슬로보.

세계무역센터에는 역사의식과 자립정신이 있었다. 짐바브웨나 앙골라처럼 다른 아프리카 국가들의 외부 중재자가 필요했던 새로운 정치제도 수립을 위한 협상과는 달리 남아프리카에서 우리는 스스로 우리들 간의 견해 차이를 조정하려고 했다. 데 클레르크는 민주주의적 원리에 따라 '힘을 공유'하는 과도정부의 필요성을 역설했다. 심지어 회의에 참석한 국민당 수석 대표자 다비 드 빌리어스는 아파르트헤이트에 대하여 사과하기도 했다.

개막 연설에서 나는 CODESA의 서광으로 마침내 남아프리카의 진보는 되돌려질 수 없게 되었다고 말했다. 나는 정부는 국민의 합의로부터 권위와 정통성을 얻어내며, 우리는 그러한 정통성 있는 권위를 창출하기 위해 모였다고 말했다. 나는 CODESA는 새 헌법을 작성할 의회를 향한 행로의 시작을 의미하며, 그러한 헌법 제정 의회를 구성하기 위한 선거가 1992년에 있을 수 없는 이유를 모르겠다고 말했다. 나는 정부에 그러한 선거를 감독하고, 정부 언론기관 및 군부를 통제하고, 새롭고 비인종차별주의적이며 민주적인 남아프리카로의 전환을 총체적으로 감독할 전국연합 과도정부를 수립할 것을 요구했다.

회의 첫날 국민당과 ANC를 포함하여 회의에 참여한 단체들 대부분은 '결의선언'을 승인했고, 이 선언은 모든 당이 독립적인 사법부가 보호하는 헌법을 최고법으로 하는 하나의 분리되지 않은 남아프리카를 지지한다는 것을 분명하게 언명했다. 나라의 사법제도는 법 앞의 평등을 보장하고, 권리장전은 시민의 자유를 수호한다는 것에 기초한 것이다. 요약하면 성인들의 보통선거권에 기초하는 복수정당 민주주의였다. 우리에게 이것은 새로운 남아프리카를 위해 받아들여질 수 있는 헌법적 출발점의 최소한이었다. 인카타는 '분리되지 않은' 남아프리카라는 문구가 연방정부의 배제를 암시한다는 이유로 서명을 거부했다.

회의에서 1992년 5월 2차로 열릴 CODESA를 준비하기 위하여 1992년 초에 모일 5개의 실무자 모임이 만들어졌다. 이 실무자 모임이 자유로운 정치적 분위기 창출, 고국의 미래, 남아프리카방송사 재편, 연방제도와 같은 다양한 헌법 원리들의 검토, 과도정부 수립 등의 문제를 조사하기로 했다. 참석한 당들은 '충분한 동의'를 거쳐 결정을 내리기로 합의했는데, 이 개념은 전혀 규정되지는 않았지만 실제적으로 정부와 ANC와 다른 당들의 다수 간의 합의를 의미했다.

CODESA 첫날, 회의 막바지에 이르기 전까지는 평온했다. 나는 회의가 있기 전날 저녁 8시까지 데 클레르크와 전화로 협상했다. 그는 내게 다음 날 그가 마지막으로 연설할 수 있도록 허락해달라고 요청했다. 비록 내가 폐막 연설을 하기로 예정되어 있었으나, 우리 전국집행위원회에 이 문제를 거론해보겠다고 이야기했다. 그날 저녁 위원회에서 사람들이 불안해했지만 그래도 나는 데 클레르크에게 마지막 연설을 하도록 허락하자고 그들을 설득했다. 나는 그 문제가 그렇게 중요하다고 생각하지 않았고, 데 클레르크의 부탁을 들어줄 준비가 되어 있었다.

회의의 마지막 순서까지 모든 것이 잘 진행되는 것 같았다. 나는 이 회의가 갖는 중요성에 대해서 이야기기했다. 데 클레르크가 내 다음 순서였다. 그는 이 일이 갖는 역사적 중요성에 대해 언급했고, 서로 간의 불신을 극복해야 할 필요성에 대해서 논했다. 그러나 그런 다음 데 클레르크는 의심스러운 발언을 했다. 그는 ANC가 정부와 조인한 협정을 준수하지 않는다고 ANC를 비난하기 시작했다. 그는 마치 말을 듣지 않는 어린아이를 훈계하는 교장 선생처럼 우리에게 말을 했다. 그는 ANC가 무기창고의 위치를 알려주지 않았다고 꾸짖었고, 그런 다음 ANC가 1991년 9월 국가평화조약에 위배되는 '민족의 창'이라는 '사병'을 유지하고 있다고 비난했다. 지나친 말로 ANC가 서명한 조약을 지킬 만큼 훌륭한지 의심스럽다고 말했다.

나는 참을 수 없었으며, 데 클레르크의 마지막 연설을 그대로 내버려두면 내가 비난받을 것은 불 보듯 명확했다. 그의 말이 끝나면 회의는 끝나게 되어 있었다. 그러나 장내는 엄청 조용했다. 회의가 이대로 끝나는 것을 내버려둘 수가 없어 내가 연단으로 올라갔다. 나는 그가 한 말을 반박하지 않을 수 없었다. 내 목소리에는 화가 묻어 있었다.

> 저는 오늘 데 클레르크가 한 행동을 매우 불쾌하게 생각합니다. 그는 ANC를 공격했으며, 그러한 행동을 하는 데 솔직하지 못했습니다. 마치 그

가 그렇듯이, 비록 비합법적이고 승인을 받지 않은 소수 정권의 지도자일지라도 지켜야 할 도덕적 기준은 있다고 봅니다. 도덕적 기준을 지키지 않는, 인정을 받지 못하는 정권의 지도자이기 때문에 그의 행동은 변명의 여지가 없습니다.…… 만약 어떤 사람이 그와 같은 본성을 갖고 회의에 참석하고 그가 행한 정치 행태로 행동한다면 누구도 그런 사람과 상대하려 하지 않을 것입니다.

이 정부 인사들은 자기들이 마지막으로 연설하게 해달라고 저에게 부탁했습니다. 그들은 여기서 마지막 연설을 할 수 있기를 매우 고대했습니다. 그들이 왜 그랬는지가 이제 명백해졌습니다. 제가 응답을 하지 못하리라는 바람에서 그는 자신의 지위를 악용했습니다. 그의 판단은 전적으로 틀렸습니다. 저는 이제 그의 말에 응답하려 합니다.

나는 데 클레르크가 그런 말로 우리에게 이야기하는 것을 용납할 수가 없다고 말했다. 나는 평화회담을 시작한 것은 정부가 아니라 ANC이며, 합의서에 따라 행동하지 않은 쪽은 ANC가 아니라 정부라고 강조했다. 나는 이미 예전에도 데 클레르크에게 공개적으로 ANC를 비난하는 것은 소용없다고 말했지만, 아직도 그는 그러한 행동을 계속했다. 나는 우리가 평화에 대한 우리의 약속을 보여주기 위해 무장투쟁을 중단했는데도 정부는 아직도 싸움을 부추기고 있다고 지적했다. 우리는 그에게 무기를 회수하는 일에 정부와 함께 참여할 수 있을 때 우리의 무기를 반납할 것이라고 말했다.

나는 정부가 이중적인 의제를 갖고 있음이 분명하다고 덧붙였다. 정부는 평화를 이룩하기 위해서가 아니라 그들의 보잘것없는 정치적 이득을 얻기 위해 협상을 이용한다고 했다. 심지어 협상이 진행되는 동안에도 그들은 우리에게 폭력을 일삼는 비밀단체에 몰래 자금을 대고 있었다. 나는 데 클레르크가 자신은 알지 못했다고 주장하는, 인카타에 100만 랜드를 지불한 일이 최근에 적발되었음을 언급했다. 나는 그와 같은 위치에 있는 사람이 "이러한 일에 관해 모른다면 정부의 수반이 될 자격이 없다"라고 말했다.

내가 심하게 말했다는 것을 알았으나 협상이라는 배를 통째로 뒤집어버리고 싶지 않았다. 그래서 나는 좀 더 화해하는 말로 끝을 맺었다.

> 저는 그에게 그가 갖고 있는 카드의 패를 보여줄 것을 요구합니다. 우리 함께 솔직하게 일합시다. 비밀스러운 일이 없도록 합시다. 그가 우리가 응수하지 못하리라 기대하면서 우리를 공격하고, 특권을 남용하고 싶었기 때문에 우리에게 마지막 연사가 되게 해달라고 부탁하지 못하게 합시다. 그의 모든 잘못에도 불구하고 저는 그와 일할 각오가 되어 있습니다.

그다음 날, CODESA는 마지막 회의를 열었고, 나와 데 클레르크 둘 다 회복할 수 없는 손상은 입지 않았다고 입증하기 위해 고통을 겪었다. 회의가 시작될 때 나와 데 클레르크는 공식적으로 악수하고, 우리는 함께 일할 것이라고 말했다. 그러나 신뢰는 거의 깨져버렸고, 협상은 혼란의 상태로 들어갔다.

CODESA 1이 있은 지 6주 뒤에 국민당은 트란스발에 있는 보수적인 대학 동네로, 전통적으로 국민당의 지지 기반이 강한 포체프스트룸에서 중요한 보궐선거를 치렀다. 놀랍게도 예상과는 달리 국민당 후보는 우익 보수당 후보에게 무참하게 패배했다. 보수당은 정부가 ANC와 협상하는 것을 단호하게 반대했고, 데 클레르크가 이권을 양보하고 있다고 느끼는 아프리카너들로 주로 구성되었다. 선거 결과는 데 클레르크의 개혁과 협상 정책에 대한 강한 불신을 나타내는 것 같았다. 국민당은 깜짝 놀랐다. 즉, 국민당의 중심 지역에서 국민당의 정책을 거부하는 국민당 유권자들이 있었던 것이다.

데 클레르크는 도박을 해보기로 결정했다. 포체프스트롬의 보궐선거 결과 때문에 그는 3월 17일 전국적으로 국민투표를 실시하여 자신의 개혁 정책과 ANC와의 협상에 대한 백인들의 의견을 표결에 붙인다고 발표했다. 그는 만약 투표에서 패한다면 공직을 사임하겠다고 선언했다. 국민투표는 열여덟 살 이상의 백인들에게 단순하고도 직접적인 질문을 했다. "협상을 통하여 새로운 헌법을 제정하기 위하여 1990년 2월 2일에 대통령이 시작한 개혁 과정이 계속되기를 지지합니까?"

이 국민투표가 백인 이외의 모든 사람을 제외한다는 원칙에 근거하여 ANC는 이 국민투표에 반대했다. 동시에 우리는 현실적이었다. 즉, 우리는 백인 유권자들이 협상을 추구하기 위한 데 클레르크의 노력을 뒤집어엎는 것을 원치 않았다. 비록 우리는 선거원칙을 비난했지만, 우리는 백인들에게 찬성에 투표하라고 간청했다. 우리는 투표가 협상에 대한 지지를 표시하는 것이며, 꼭 데 클레르크를 지지하는 것은 아님을 알았다.

우리는 데 클레르크의 선거 유세를 관심 있게 그리고 다소 경악하며 지켜보았다. 그와 국민당은 전면적인 신문 및 텔레비전 광고, 차에 붙이는 스티커, 호화로운 집회 등을 동반하는 세련되고 비용이 많이 드는 미국식 선거 유세를 실시했다. 이것은 우리에게 마치 데 클레르크가 우리와 벌일 선거 유세를 위해 하는 패션쇼 예행연습처럼 보였다.

결국 백인 유권자의 69%가 협상을 지지하여 데 클레르크는 대승을 거두었다. 그는 당연하다고 느꼈다. 그러나 나는 그 표 차이가 심지어 그의 생각보다도 다소 크게 났다고 생각했다. 그는 더 강력해졌고, 결과적으로 국민당의 협상 위치는 굳건해졌다. 그것은 위험한 전략이었다.

109

1992년 4월 13일, 요하네스버그에서 내 옛 친구이자 동지인 월터와 올리버의 도움을 받으며 기자회견을 통해 아내와 별거한다는 사실을 발표했다. 상황이 너무 어렵게 돌아갔기에 ANC와 우리 가족과 위니 모두를 위해서 우리가 헤어지는 것이 제일 좋다는 결론을 내렸다. 비록 나는 ANC와 이 문제를 의논하기는 했어도 별거 그 자체는 개인적인 이유 때문에 결정했다.

나는 다음과 같은 성명서를 발표했다.

> 제 자신과 제 아내인 놈자모 위니 만델라 동지의 관계는 대중매체의 의심거리가 되었습니다. 저는 제 입장을 분명히 하기 위해서 성명서를 발표하며, 이것이 그동안의 의혹을 종식시키기를 바랍니다.
>
> 놈자모 동지와 저는 우리 나라의 해방투쟁의 중요한 시기에 결혼을 했습니다. 아파르트헤이트를 종식시키려는 투쟁과 ANC에 대한 헌신이 불러오는 압박감으로 인해 우리는 정상적인 가정생활을 영위할 수 없었습니다. 이러한 압력에도 불구하고 서로에 대한 우리의 사랑과 결혼에 대한 헌신은 점차 커졌고 강해졌습니다.……
>
> 지난 20년을 저는 로벤 섬에서 지냈고, 그녀는 개인적으로 제 자신에게

지지와 안정을 주는, 없어서는 안 될 기둥이었습니다.…… 놈자모 동지는 그 스스로 아이들을 길러야 하는 힘든 짐을 기꺼이 받아들였습니다.…… 정부가 그녀에게 쏟아붓는 박해를 훌륭한 인내로 참아냈으며, 자유를 향한 투쟁에 대한 그녀의 헌신은 흔들리지 않았습니다. 그녀의 끈기는 제 개인적인 존경과 사랑, 그리고 커지는 애정을 더욱 강하게 했습니다. 크게는 제게 세계를 사랑하게끔 하는 데도 도움을 주었습니다. 그녀를 향한 사랑은 여전히 남아 있습니다.

그러나 최근 몇 달 동안 여러 가지 문제로 서로 의견이 충돌했고, 우리는 별거가 최상의 방법이라는 데 동의했습니다. 이러한 제 행동은 대중매체가 그녀에게 쏟아부은 비난 때문이 아닙니다.…… 저는 놈자모 동지에게 저의 아낌없는 지지를 끊임없이 보냅니다.

저는 개인적으로 저와 놈자모 동지가 함께 나누었던 세월을 절대로 후회하지 않습니다. 그러나 상황은 우리로 하여금 통제를 불가능하게 하여 해결책을 찾게끔 했습니다. 저는 아무런 고소 없이 아내와 헤어집니다. 그녀를 처음 만난 순간부터 교도소 안이나 밖에서 제가 그녀에게 가졌던 사랑과 애정으로 그녀를 감싸 안습니다. 여러분, 제가 겪은 고통을 이해해주시기 바랍니다.

아마도 나는 아내의 남편으로서, 그리고 아이들의 아버지로서 내 역할을 제대로 하지 못했다는 생각에 고통스러워 다소 판단을 잃었던 것 같다. 그러나 내가 교도소에 있을 때 아내의 생활이 나보다 더욱 험난했고, 다시 돌아와서도 나보다 아내가 더욱 많은 어려움을 겪었다고 생각한다. 그녀는 곧 자신 곁을 떠나야 하는 남자와 결혼했다. 그 남자는 신화적인 인물이 되었다. 그리고 그 신화적 존재는 집으로 돌아왔는데, 그는 결국

우리 아이들, 진드지, 제나니, 마카지웨, 마카토와 함께.

그저 평범한 남자였다.

나중에 내 딸 진드지의 결혼식에서 이야기했듯이, 불안정한 개인 생활이 자유투사들의 운명인 것 같다. 내 삶처럼 당신의 삶이 곧 투쟁이라면 가족을 위한 여유는 없다. 나는 그것을 가장 많이 후회했고, 내가 선택한 일이 갖는 가장 고통스러운 측면이었다.

나는 딸의 결혼식에서 이렇게 말했다. "우리는 우리 아이들이 우리 도움 없이 자라는 것을 보았습니다. 그리고 우리가 (교도소에서) 나왔을 때 아이들은 '우리도 아버지가 있다고 생각했고, 어느 날 아버지가 돌아오셨어요. 그러나 놀랍게도 아버지는 이제 이 나라의 아버지가 되셨기 때문에 우리를 남겨두고 떠났어요'라고 이야기했습니다." 한 나라의 아버지가 된다는 것은 커다란 명예이나 한 가족의 아버지가 된다는 것은 더 큰 기쁨이다. 그러나 나는 그 기쁨을 거의 누리지 못했다.

110

1992년 5월, 4개월 동안 중단되었던 다수정당 회의 두 번째 회담이 세계무역센터에서 열렸다. CODESA 2로 알려진 이 회의는 ANC와 정부, 그리고 ANC와 다른 정당들 사이의 비밀회담을 통하여 준비되었다. 이 회담들은 CODESA 2가 열리기 전날 나와 데 클레르크의 마지막 회담으로 마무리 지었는데, CODESA 1 이후 처음으로 우리 둘이 만나는 자리였다.

CODESA 2가 열리기 바로 며칠 전 정부와 관련된 추문 2개가 나돌았다. 하나는, 고국에서 흑인들의 생활을 향상시키는 것이 책임인 개발원조부가 저지른 대규모 부패와 부정이 드러난 일이었다. 또 하나는 고위급 정부 보안요원이 1985년에 민주연합전선 회원 4명이 살해된 사건과 관련되었다는 소문이었는데, 살해된 단원 중 매튜 고니웨가 가장 잘 알려져 있었다. 이러한 폭로에 이어 나탈에서 일어난 살인에 경찰이 연루되었다는 최근의 증거와 방위군 정보부가 ANC를 상대로 비밀공작을 수행하고 있다는 의혹이 더해졌다. 이 두 가지 추문으로 인하여 정부의 신뢰도는 떨어지고 우리의 입지는 강화되었다.

지난 몇 달 동안 정부는 그동안 방치했던 수많은 제안들을 내놓았다. 그 제안들은 대부분 대통령직을 교대로 한다는 구상 등과 같이 자신의 권력을 유지하려는 것들이었다. 그러나 지난 몇 달 동안 협상한 결과, ANC

와 정부는 완전한 민주 남아프리카를 향한 두 단계의 과도기를 포함하는 잠정적인 합의서에 함께 동의했다. 첫 번째 단계에서, 모든 정당을 위한 '정지 작업'과 임시헌법을 만들기 위해 임시정부의 기능을 수행하는, 다수 정당으로 구성되는 '과도적 실행위원회'를 CODESA 대표단이 임명한다. 두 번째 단계에서, 국회 및 입법부를 구성하기 위한 일반 선거를 치르고, 이 선거에서 5% 이상의 지지를 받은 모든 정당이 내각에 참여한다. 국회 의원은 전국구와 지역구에서 각각 절반씩 선출하며, 국회는 헌법을 만들고 입법안을 통과시키는 권한을 갖는다. 독립적인 위원회가 선거를 주관하고, 선거는 자유롭고 공평하게 치러지도록 한다.

그러나 국회에서 헌법 문제를 결정하고 권리장전에 대해 합의하는 데 필요한 투표 비율 등과 같이 아직까지 ANC와 정부가 합의점에 도달할 수 없는 문제가 많이 남아 있었다. CODESA 2가 열리기 바로 며칠 전, 정부는 소수거부권을 보장하는 방법으로 지역 대표로 구성되는 제2의 기관, 즉 상원을 제안했다. 또한 정부는 이러한 모든 것에 앞서서 CODESA 2가 우선적으로 임시헌법에 동의해야 한다고 주장했는데, 임시헌법을 작성하는 데는 여러 달이 걸렸다.

이런 모든 흥정은 비밀리에 진행되었고, CODESA 2가 1992년 5월 15일 개회되었을 때 합의에 대한 전망은 불투명했다. 우리가 동의하지 않는 것들이 이미 우리가 합의해놓은 것들을 위협하고 있었다. 데 클레르크와 나는 대부분의 중요한 문제에 대하여 합의하지 못했다. 정부는 무한정 기다릴 준비가 되어 있는 것 같았다. 즉, 기다리면 기다릴수록 우리 측이 잃을 것이 많으리라는 것이 그들의 생각이었다.

첫날이 끝나갈 무렵에 회의는 교착 상태에 접어들었다. 당시 그 회의의 사회를 보던 두 판사는 데 클레르크와 내가 만나 절충안을 찾아보라고 말했다. 그날 저녁 우리는 커피를 마시며, 타결을 위한 해결을 찾지는 못했어도 협상이 파멸되어서는 안 된다는 점에 동의했다. 내가 데 클레르크에게 말했다. "남아프리카 전체와 세계가 당신과 나를 주시하고 있습니다. 평화를 위한 진행을 계속 유지합시다. 합의에 이르도록 합시다. 최소한 다음 회의를 위한 일정을 잡읍시다." 우리는 각자 건설적인 타협의 마음으로 다음 날 연설을 하기로 결정했다.

다음 날 오후, 연설은 CODESA 1에서 합의했던 순서와 반대로 이루어졌다. 즉, 데 클레르크가 먼저이고 내가 마지막 순서였다. 그는 연설에서 국민당의 '소수거부권'을 요구하는 것은 아니나 '권력을 남용'하지 못하도록 '견제와 균형'의 체제를 원한다고 주장했다. 비록 이것이 내게는 다수지배의 원리에 노골적으로 반대하는 것처럼 들렸지만, 데 클레르크 다음으로 내가 연설할 때 나는 단지 우리는 건설적인 방법으로 일을 해야 하며 협상을 위협하는 것들을 쫓아내야 한다고 말했다.

이 문제에 대하여 긍정적인 쪽으로 해석하려는 시도에도 불구하고 두 번째 날의 회의는 난국에 봉착한 채 끝이 났다. 앞서 내가 느낀 것처럼, 이 난국은 국민당이 자신의 운명을 다수의 지배에 맡기기를 계속해서 꺼리는 데 원인이 있었다. 그들은 그 장애물을 쉽게 뛰어넘을 수 없었다.

결국 CODESA 2는 네 가지 근본적인 문제 때문에 실패했다. 그것은 국회가 헌법을 비준하는 데 납득할 수 없을 만큼 높은 투표 비율을 요구하는 정부의 주장(근본적으로 은밀한 거부권), 미래 헌법에 규제될 지역 권력을 견지하는 것, 국회에서 만든 입법안에 대해 거부권을 가진 비민주적이며 선거에 의하여 선출되지 않은 상원, 회의에서 협상을 통한 임시헌법을 영원한 헌법으로 만드는 것에 대한 결정 등이었다.

이런 문제들은 모두 어려운 문제들이긴 했지만 해결될 수 없는 것은 아니었고, 그래서 나는 CODESA 2가 협상 과정을 파멸시키는 교착 상태에 머물러 있게 할 수는 없다고 생각했다. 정부와 ANC는 문제 해결을 위해 양자 회담을 끊임없이 갖자는 데 동의했다. 그러나 그때 또 다른 문제들이 발생하여 해결은 불가능하게 되었다.

협상이 중단되자 ANC와 동맹단체들은 전국적으로 우리에 대한 지지가 어느 정도인지를 정부에 보여주고, 남아프리카 국민들이 자유를 위해 무한정 기다릴 수는 없다는 것을 정부에 알리기 위해 '대중행동' 정책을 실시하기로 합의했다. 대중행동에는 파업, 시위, 보이콧 등이 포함되었다. 대중행동을 시작하기로 한 날은 1992년 6월 16일이었는데, 이날은 1976년에 소웨토 폭동이 일어난 날이었다. 또한 대중행동은 8월 3일과 4일 연이틀 동안 전국적으로 파업을 일으켜 분위기가 최고조에 이르도록 계획되었다.

그러한 대중행동이 시작되기 전에 ANC와 정부를 더 갈라놓는 또 하나의 사태가 발생했다. 1992년 6월 17일 밤, 중무장한 인카타 단원들이 보이파통의 발 지역을 몰래 급습하여 46명을 살해한 것이다. 죽은 이들은 대부분 여자들과 어린아이들이었다. 그 주 들어 네 번째 일어난, ANC 사람들을 대상으로 벌인 대량학살이었다. 전국의 국민들은 폭력 때문에 무서워 떨었고, 정부를 공범자로 취급했다. 경찰은 범죄 행위를 중단시키려는 어떤 움직임도 보이지 않았고, 아무도 체포되지 않았으며, 조사도 전혀 시작되지 않았다. 데 클레르크는 아무런 말이 없었다. 나는 이것이 마지막 한계라는 것을 알았고, 내 인내심은 사라졌다. 정부는 협상을 가로막는 한편, 동시에 우리 사람들과 은밀히 전쟁을 벌이고 있었다. 그렇다면 왜 우리가 그들과 계속 대화를 해야 하는가?

살인이 일어난 지 4일째 되던 날, 나는 화가 난 ANC 지지자들 2만여 명에게 연설을 했고, ANC 사무총장인 시릴 라마포사에게 정부와의 직접적인 협상을 중단하라고 지시했다고 말했다. 그리고 나는 우리가 취할 수 있는 대안을 검토하기 위해 전국집행위원회의 비상회의를 소집했다. 마치 샤프빌 대학살이 일어난 암흑시대로 되돌아간 듯했다. 나는 국민당의 행위가 독일의 나치와 다름없다고 이야기했다. 그리고 만약 정부가 시위나 자유 표현을 제한하는 새로운 조치를 강구한다면 ANC는 내가 선봉이 되어 전국적인 저항 집회를 열 것이라고 데 클레르크에게 경고했다.

집회에서 나는 "만델라! 우리에게 총을!"과 "대화가 아닌 싸움을 통한 승리!"라는 문구를 보았다. 나는 그들의 심정을 이해할 수 있었다. 즉, 그들은 실망하고 있었다. 그들은 협상의 긍정적인 결과를 전혀 보지 못했다. 아파르트헤이트를 넘어뜨리는 유일한 방법은 총구를 통해서뿐이라고 생각하기 시작했다. 보이파통 사건 후 NEC 내부에서는 "왜 우리가 무장투쟁을 포기했는가? 오히려 협상을 포기해야 한다. 협상이 결코 우리의 목적을 달성시켜주지 못한다"라고 생각하는 사람들이 있었다. 나는 처음에는 이들 강경 노선자들에게 동감했으나, 점차 이것이 진전을 위한 대안이 될 수 없다는 것도 깨달았다. 협상은 내가 수년간 고집해오던 것으로, 내가 협상을 반대할 수는 없었다. 모든 것을 냉정히 생각해야 할 때였다. 이 경우에 대중행동은 무장투쟁과 협상의 중간이었다. 국민들은 그들의 분노와 좌절을 나타낼 수 있는 통로가 있어야 했고, 대중행동운동은 그들의 정서를 표출할 최상의 방법이었다.

우리가 정부에 대화를 중단한다고 통보할 때, 우리는 대화를 철회하는 이유를 요약한 메모를 데 클레르크에게 보냈다. CODESA 2에서 헌법 문제에 관한 난국을 해결하는 것에 더하여, 우리는 폭력 사태에 책임이 있는 이들을 찾아내어 심판대에 서게 하고, 거주지역을 보호하는 대책을 강구하며, 폭력의 근원을 찾아야 한다고 주장했다. 데 클레르크가 나와 면담을 요구하는 메모를 보내왔으나 우리는 거절했다. 그러한 만남은 우리가 할 말이 있다는 것을 의미하는데, 당시 상황에서 우리는 할 말이 아무것도 없다고 나는 생각했다.

* * *

ANC의 협상을 지지하며 정부의 비호를 받는 폭력에 반대하는 대중행동운동은 총파업을 벌인 8월 3일과 4일에 최고조에 이르렀다. 남아프리카 역사상 가장 대대적인 정치적 파업으로 4백만 명이 넘는 노동자들이 회사에 가지 않았다. 파업의 중심은 10만 명 정도가 프리토리아에 있는 정부청사인 유니언 빌딩을 향해 행진하는 것이었다. 그 건물 앞의 넓은 잔디밭에서 우리는 거대한 옥외집회를 열었다. 나는 이날 민주적으로 선출된 최초의 남아프리카 정부로서 우리가 이 건물들을 차지할 날이 있으리라고 말했다.

대중행동에 맞서서 데 클레르크는 만약 ANC가 정국을 불안하게 한다면 정부는 원치 않는 방법을 동원할 수밖에 없다고 말했다. 나는 데 클레르크에게 모든 비민주적인 행동에 대해서는 심각한 일이 벌어질 것이라고 경고했다. 나는 이러한 위협 때문에 과도정부 수립이 절대적으로 중요하다고 말했다.

대중행동운동의 성공에 고무된 ANC의 일부는 우파 그코조 장군이 이끄는, 케이프의 동쪽에 있는 반투 보호구역인 시스케이 홈랜드의 수도 비쇼를 향해 행진하기로 결정했다. 시스케이는 ANC를 억압한 역사가 있고, 1991년 그코조 장군은 소위 ANC에 동조하는 테러리즘을 방지하기 위해 시스케이에 비상사태를 선포했었다. 1992년 9월 7일 아침에 시위대 7만 명이 비쇼의 경기장을 향하여 행진을 시작했다. 행진하는 사람들은 담의 구멍이나 다른 길을 통해 동네로 진입하기도 했는데, 제대로 훈련받지 못한 군인들이 시위대들에게 총을 발사하여 29명이 죽고 200명 넘게 부상을 입었다. 비쇼도 보이파통처럼 잔인함의 대명사가 되었다.

동이 트기 직전이 가장 어둡다는 속담처럼 비쇼의 비극은 우리의 협상에 새로운 돌파구를 열어주었다. 나는 합의점을 찾고 비쇼와 같은 또 다른 비극이 일어나는 것을 막기 위해 데 클레르크를 만났다. 우리의 협상자들은 정기적으로 만나기 시작했다. 양측은 협상이 정상 궤도로 되돌아오도록 성심껏 노력을 다했고, 9월 26일 데 클레르크와 나는 공식적인 정상회담을 가졌다.

그날 데 클레르크와 나는 '이해문서'에 서명했다. 이것은 앞으로 진행되는 협상의 성격을 규정한 합의서였다. 이 합의서는 경찰 행동을 조사하는 독립적인 단체를 만들고, 거주지역에 울타리를 세우는 방법을 고안하고, 모든 집회에서 '전통적인 무기'를 갖고 다니는 것을 금지하는 것이었다. 그러나 '이해문서'의 중요한 점은 CODESA 2에서의 헌법 문제를 타개한 것이었다. 정부는 결국 하나의 선출된 입헌국회를 수용하는 것에 동의했는데, 입헌국회는 새로운 헌법을 채택하고 새 정부를 위한 과도 입법부 역할을 하기로 했다. 이제 대표단 구성을 위한 선거일을 정하는 것과 선거 결과를 결정하기 위해 필요한 다수의 비율에 대한 결정만이 남았다. 우리는 이 나라가 민주적인 미래로 나아가는 데 취해야 할 기본 형태를 약속했다.

'이해문서'로 인해 인카타는 정부와 ANC가 참여한 모든 협상에서 손을 떼겠다고 선언했다. 부텔레지 추장은 국민당과 관계가 있었고, 인정받지 못하는 지도자들과 백인만을 고집하는 백인 우익 정당들과 동맹을 형성하고 있었는데, 그 합의안이 그를 화나게 만들었다. 부텔레지 추장은 '이해문서'를 무효화하고 CODESA를 폐지하며, 민족의 창을 해산시키라고 요구했다.

조 슬로보가 무장투쟁의 중단에 대해 주도권을 잡았던 것처럼 그는 다시 한 번 논란의 여지가 많은 제안을 내놓았다. 민족통합정부에 관한 제안이었다. 10월에 조는 논문을 발표하여 정부와의 협상은 우리가 패배한 적에게 조건을 지시하는 정전협정이 아니라고 주장했다. 선거가 끝난 후에도 ANC가 정부를 통제하기 위해서는 어느 정도 시간이 걸린다는 것이었다. ANC 정부는 나라를 통치하기 위해서 공무원들 대부분이 계속 필요할 것이다. 조는 민족통합정부를 위한 '석양조항sunset clause'을 제안했는데, 이것은 일정 기간 동안 국민당과 권력을 공유하고, 안전요원을 사면하고, 공무원들의 계약을 존중한다는 것을 포함했다. '권력의 공유'는 ANC 내에서는 변질된 말로, 소수거부권에 대한 정부의 요구에 대한 법률적 표현으로 간주되었다. 그러나 문맥상 다만 이것은 국민당이 충분히 표를 얻는다면 국민이 선거로 뽑은 정부의 일원이 될 수 있다는 것을 의미했다.

신중히 논의한 뒤에 나는 조의 제안을 지지했고, 11월 18일 전국집행위원회가 조의 제안을 승인했다. 전국집행위원회는 권력 공유를 소수 정당들이 거부권을 행사하지 못한다는 조건에서 수락했다. 12월에 우리는 정부와 새로운 차원의 비밀 양자회담을 시작했다. 이번 만남은 숲 속에 있는 사냥꾼을 위한 집에서 5일 동안 진행되었다. 회담은 '이해문서'에 성립된 기초 위에 세워져야 했기 때문에 중요했다. 숲속 만남에서 5년간의 민족통합정부 원칙에 동의했다. 즉 민족통합정부는 총선거에서 5% 이상을 획득한 모든 정당이 비율에 따라 내각을 구성하기로 했다. 5년 뒤에 민족통합정부는 단순히 다수지배 원칙의 정부로 되돌아간다. 2월에 ANC와 정부는 5년간의 민족통합정부, 다수당으로 구성되는 내각, 과도기 집행위원회의 설립 등에 대한 원칙에 합의를 보았다고 공포했다. 선거는 아무리 빨라도 1993년 말쯤이나 실시할 수 있었다.

111

나는 늘 사람은 자기가 태어난 집이 보이는 곳에 가정을 가져야 한다고 믿었다. 석방된 뒤 나는 쿠누에 나를 위한 별장을 지을 계획을 세웠다. 1993년 가을에 그 집이 완성되었다. 빅터 버스터에서 살던 집의 평면도를 기초로 한 집이었다. 사람들이 이 점에 대하여 종종 물어보았지만, 내 대답은 늘 간단했다. 빅터 버스터의 집은 내가 처음으로 살아본 넓고 편안한 집이었고, 그 집을 무척 좋아했기 때문이라는 것이었다. 나는 집 안 구조에 매우 익숙했기에 쿠누의 집에서 밤에 부엌을 찾기 위해 헤맬 필요가 없었다.

4월에 짧은 휴일을 맞아 나는 트란스케이에 있는 내 집에 머무르고 있었다. 4월 10일 아침, 나는 트란스케이 경찰 럭비팀 사람들과 인사를 하러 밖으로 나간 지 얼마 지나지 않아 가정부가 달려와서 내게 급한 전화가 왔다고 전했다. 그녀는 울고 있었다. 젊은이들에게 실례를 구했다. 나는 남아프리카공산당의 총무이자, 전 MK 대장이며 ANC에서 가장 인기 있는 사람 중 하나인 크리스 하니가 요하네스버그의 복스버그에 있는 자신의 집 앞에서 총에 맞아 사망했다는 사실을 동료에게서 전해 들었다. 복스버그는 크리스가 통합을 이루고자 노력하던 백인 노동자 계급이 주로 많이 사는 교외지역이었다.

크리스 하니의 추모식에서 도쿄 섹스웨일(오른쪽)과 찰스 응게쿨레(왼쪽)와 함께.

크리스의 죽음은 내 개인적으로는 물론 운동 차원에서도 큰 충격이었다. 그는 투사요 애국자였으며, 그에게 사소한 과업이란 없었다. 남아프리카 젊은이들의 영웅이었다. 그는 젊은이들의 언어로 이야기하고, 그들의 이야기를 들어줄 줄 아는 사람이었다. 협상으로 이끌어진 해결 뒤에 다스릴 수 없는 젊은이들을 동원할 수 있는 사람이 있다면 그 사람은 바로 크리스였다. 남아프리카는 가장 위대한 사람을 하나 빼앗겼으며, 이 나라를 새로운 국가로 변화시키는 데 없어서는 안 될 사람을 잃었다.

정국은 어수선했다. 젊은이들은 자신들의 삶을 던질지라도 그들의 영웅을 열사로 만들어야 한다고 생각했고, 이런 상황에서 크리스의 죽음은 인종 간의 전쟁을 불러일으킬 수도 있었다. 나는 먼저 여든두 살의 크리스 아버지에게 경의를 표하러 헬리콥터를 타고 트란스케이에 있는 코핌바바 지역 내의 작고 더러운 동네인 사발렐레에 갔다. 그곳은 마탄지마 가족의 고향이었기에 내게는 익숙한 곳이었다. 수도도 전기도 들어오지 않는 동네에 도착했을 때 나는 어떻게 이렇게 작고 가난한 동네에서 열정과 능력으로 전국을 흔들 수 있는 크리스 하니 같은 사람이 나올 수 있었는지 놀랐다. 농촌의 가난에 대한 그의 관심은 사발렐레의 유년기에서부터 나온 것이었는데, 그 뿌리는 깊고도 진실한 것이었고 그는 결코 이것을 잃지 않았다. 크리스의 아버지는 아들을 잃은 슬픔을 웅장하게 말했지만, 크리스가 투쟁을 하다가 죽었다는 점에 대하여 만족해했다.

요하네스버그로 돌아가는 길에 경찰이 호전적인 우익 백인저항운동AWB의 단원을 구속한 사실을 알았다. 그는 남아프리카에 이민 온 폴란드 사람으로, 범인의 차량 번호판을 목격한 용감한 백인 여인의 신고로 체포되었다. 그는 협상 과정을 틀어지게 하려는 의도에서 거의 절망에 가까운 행동으로 살인을 저질렀다. 그날 저녁 나는 SABC(남아프리카방송사)를 통해 전국에 연설을 해달라는 요청을 받았다. 이 경우에는 정부가 아니라 ANC가 정국을 진정시켜야 했다.

나는 평화와 협상의 과정은 중단될 수 없다고 말했다. 나는 내가 가지고 있는 모든 권위에 호소하며, "평화를 위해 우리가 힘을 자제하여 조용하고 명예롭게 크리스 하니의 명복을 빌 수 있도록 국민 여러분께 간청합니다"라고 말했다.

> 오늘 밤 제 마음속 깊은 곳에서 저는 흑인과 백인, 모든 남아프리카 국민 여러분과 마음을 함께합니다. 편견과 증오로 가득 찬 백인 청년 하나가 우리

나라에 와서 매우 사악한 일을 했고, 그래서 온 나라가 파멸의 순간에 서서 흔들리고 있습니다. 남아프리카의 백인 여인은 우리가 아는 바와 같이 죽음의 위협에도 불구하고 이 암살자를 법이 처벌하도록 만들었습니다.…… 지금은 모든 남아프리카 사람들이 함께 분연히 일어나 크리스 하니가 그의 삶을 바쳐 이루고자 했던 우리 모두의 자유를 파괴하려는 세력에 대항해야 할 때입니다.……

크리스의 암살은 이룰 수 없는 것에 매달려 있는 백인지상주의자가 기도한 것이었다. 그들은 이 나라가 평화로운 방법으로 다수지배를 갖기보다는 내전을 하는 것이 낫다고 생각했다.

우리는 우리들 자신의 ANC 지지자들을 다루는 하나의 정책을 채택했다. 보복적인 폭력을 막기 위해서 전국적으로 일주일에 걸친 대중집회와 시위를 계획했다. 이것은 사람들에게 폭력에 의존하지 않으면서 좌절감을 표출하는 수단을 제공했다. 데 클레르크와 나는 비공식 대화를 갖고 크리스의 암살로 협상이 흔들리지 말자는 의견에 동의했다.

며칠 지나지 않아서 보수당 당원인 클리브 더비 루이스가 크리스 살인과 관련되어 체포된 것을 알았다. 제3의 세력을 또 한 번 확증하게 된 셈이었다. 크리스는 최근 공군 기지에서 일어난 무기도난 사건을 비판했었는데, 경찰은 예비발표에서 그를 죽이는 데 사용한 총이 그 무기고에서 나온 것이라고 발표했다.

정확히 2주 뒤에 중요한 일이 하나 더 발생했다. 크리스의 죽음처럼 전국을 흔드는 것은 아니었지만 이 사건은 나를 흔들어놓았다. 오랫동안 건강이 좋지 않았던 올리버가 경고도 없이 갑작스레 뇌출혈로 목숨을 잃었던 것이다. 그의 부인 아들레이드가 아침 일찍 내게 전화로 알려와 나는 급히 올리버 곁으로 달려갔다. 하지만 그에게 제대로 작별을 고할 기회도 없었다. 그가 이미 세상을 떠났기 때문이었다.

금속에 대한 비유에서 플라톤은 인간을 '금, 은, 납' 세 가지 종류로 분류했다. 이에 따르면 올리버는 순수한 금이었다. 그는 지적인 영리함에서 금이었고, 인정과 인도주의에서 금이었고, 참을성과 인자함에서 금이었으며, 굽히지 않는 충성과 자기희생에서 금이었다. 나는 지도자로서의 그를 무척 존경한 만큼 인간적으로도 그를 몹시 사랑했다.

내가 교도소에 있는 동안 우리는 서로 떨어져 있었으나 올리버는 내 머릿속에서 결코 떠난 적이 없었다. 우리는 비록 떨어져 있었으나 수많은 방법으로 평생 동안 끊임없이 대화를 나누었다. 아마도 그렇기에 그의 죽음은 많은 것을 잃어버린 듯한 느낌이 들게 했다. 내가 어느 동료에게 말했듯이, 나는 세상에서 내가 가장 외롭다는 느낌이 들었다. 마치 우리가 마침내 재결합하자마자 그가 일순간에 사라진 것 같았다. 관에 누워 있는 그를 볼 때 내 일부가 죽어 있는 듯했다.

비록 우리가 아직 권력을 잡은 것은 아니었지만, 나는 올리버의 장례를 국민장으로 치르기를 원했고 ANC도 그렇게 했다. 소웨토의 한 운동장에서 대중집회가 열렸다. 외국 정부에서 온 수많은 고위 인사들이 망명 시절에 ANC의 활동이 유지될 수 있도록 해준 사람에게 경의를 표하기 위하여 찾아왔다. MK 군대가 그를 추념하는 행진을 하고, 21발의 조총이 그의 무덤가에서 발사되었다. 올리버는 정치범들이 석방되는 것을 볼 때까지 살았고 망명에서 돌아왔지만, 자유롭고 민주적인 남아프리카를 위하여 투표권을 행사할 때까지 살지는 못했다. 바로 그 일을 성취하는 것이 남아 있었다.

많은 사람들이 1993년 6월 3일을 기억하지 못한다 해도 그날은 남아프리카 역사에서 기념비적인 날이다. 세계무역센터에서 몇 달간 협상을 벌인 끝에 그날 다수정당 포럼에서, 이 나라에 전국적이며 비인종차별적인 1인 1표 선거를 처음으로 실시하는 날짜를 1994년 4월 27일로 정했기 때문이다. 남아프리카 역사상 처음으로 다수 흑인들이 자신의 지도자를 선출하기 위하여 투표장에 가는 날이었다. 새로운 헌법을 작성하고 의회에서 일을 하게 될 국회의원 400명을 선거에서 선출하기로 합의를 보았다. 국회가 구성된 뒤 첫 번째로 해야 할 일은 대통령을 선출하는 것이었다.

4월에 회담이 재소집되었다. 이번에는 인카타, PAC, 보수당 등을 포함한 26개 정당이 모였다. 우리는 미리 날짜를 잡으라고 정부에 압력을 가했으나 정부는 피하기만 했다. 그러나 이제 정확한 날짜가 확정되었다.

한 달 뒤인 7월에 다수정당 포럼에서 임시헌법의 초안이 합의되었다. 이 헌법은 전국적 및 지역적 정당에서 비례대표제로 선출된 400명으로 구성되는 국회와 지역의회에서 간접적으로 선출하는 상원을 포함하는 양원제 의회를 제시했다. 지역의회 선거는 전국 선거와 동시에 이루어지고, 지역의회는 국가 헌법과 일치하는 지역헌법을 만들 수 있었다.

부텔레지 추장은 선거 전에 헌법을 만들기를 원했고, 헌법이 완성되기 전에 선거일을 정한 것에 대하여 항의를 했다. 8월에 작성된 임시헌법의 두 번째 초안은 지역에 막대한 권력을 주었으나 부텔레지 추장이나 보수당을 회유할 수는 없었다. 보수당은 이러한 타결이 결과적으로 아프리카너의 이익에 위배된다고 설명했다. 전직 남아프리카 국방대장인 콘스탄트 빌윤 장군이 이끄는 '아프리카너 폴크스프런트Africaner Volksfront'라는 단체가 '폴크스타트Volkstaat', 즉 백인 국가라는 생각을 중심으로 보수 백인 단체들을 단결시키기 위하여 만들어졌다.

11월 18일 자정이 막 넘은 시간, 임시헌법이 다수정당 회의의 전체회의에서 통과되었다. 정부와 ANC는 남아 있는 장애물들을 깨끗이 걷어냈다. 새로운 내각은 선거에서 5%의 이상의 지지를 받은 사람들로 구성하기로 했으며, 의결 방식은 정부가 제안한 3분의 2 이상 다수결 방식보다는 합의제로 하기로 했다. 국민선거는 1994년까지는 실시하지 않을 것이기에 민족통합정부가 5년간 통치할 것이고, 마지막으로 정부는 우리의 주장에 따라 전국의회와 지역의회를 두 장의 투표용지가 아니라 한 장의 투표용지로 통합해 선거를 치르기로 했다. 투표용지를 두 장 사용하는 것은 태어나서 처음으로 투표를 해보는 다수의 투표자들에게 혼란만을 가져다주기 때문이었다. 선거를 치르기 전까지의 기간 동안 각 정당에서 선출된 과도기적 집행위원회TEC가 선거를 위해 공정한 분위기를 만들 수 있도록 노력하기로 했다. 실제로 TEC가 12월 22일부터 선거일인 4월 27일까지 정부의 역할을 하는 것이었다. 막강한 권력을 가진 독립적 선거위원회가 선거 행정에 관한 책임을 맡았다. 우리는 새로운 세계의 문턱에 정말로 서 있었다.

나는 개인적인 상에는 전혀 신경 쓰지 않았다. 상을 받기 위해서 자유투사가 되지는 않았기 때문이다. 그러나 1993년에 데 클레르크와 공동으로 노벨평화상을 받게 되었다는 소식을 들었을 때 나는 깊은 감명을 받았다. 노벨평화상은 남아프리카 역사와 관련이 있었기에 내게는 특별한 의미가 있었다.

노벨위원회가 주는 명예를 받은 남아프리카 사람으로는 2차 세계대전 뒤 내가 세 번째였다. 1960년에 앨버트 루툴리 추장이 받았고, 인종차별정책이 가장 극심하던 시절에 인종주의라는 죄악에 대항하여 자신을 희생하여 투쟁한 데스먼드 투투 주교가 두 번째(1984년)로 상을 받았다.

상의 공로는 모든 남아프리카인에게, 특히 이 투쟁을 위해 싸운 이들에게 돌려져야 했다. 그들을 대신하여 내가 상을 받은 것이다. 그러나 나는 노벨상에 대해 전혀 생각해본 적이 없었다. 가장 힘들었던 로벤 섬에서 지냈던 기간에도 국제사면위원회는 우리가 무장투쟁을 했다는 이유로 우리를 위한 운동을 펴지 않았고, 국제사면위원회는 폭력을 인정하는 그 누구도 대신해주지 않았다. 나는 노벨위원회가 민족의 창을 창설한 사람에게 평화상의 수여를 결코 고려하지 않으리라고 생각했기 때문에 노벨상에 대해 전혀 생각해보지도 못했다.

나는 노르웨이와 스웨덴을 깊이 존경했다. 1950년대와 60년대 ANC를 위해 서구 정부에 원조를 요청했을 때 아무것도 얻을 수 없었다. 그러나 노르웨이와 스웨덴은 우리를 반갑게 맞아주었고, 도움과 장학금과 법적 변호를 위한 돈과 정치범들을 위한 인도주의적 원조를 해주었다.

나는 노르웨이에서 열린 수상식에서 노벨위원회에 감사하다는 말과 정의롭고 공정한 남아프리카의 미래에 대한 전망을 설명했다. 그리고 나의 영예로운 공동 수상자인 데 클레르크에게 공로를 돌렸다.

> 그는 아파르트헤이트 제도가 우리 나라와 국민에게 행한 몹시 나쁜 잘못들을 인정할 줄 아는 용기를 가졌습니다. 그는 협상과 동등한 참여를 통해 남아프리카 모든 국민이 자신들이 만들고자 하는 미래를 함께 결정해야 한다는 것을 이해하고 인정할 줄 아는 통찰력을 가졌습니다.

사람들은 가끔 나에게 데 클레르크를 그렇게 심하게 비난해놓고 어떻게 그와 함께 공동으로 받는 상을 수락했느냐고 물었다. 비록 나는 내 비난을 취소하지는 않지만, 나는 그가 평화를 이룩하는 과정에서 진정한 그리고 없어서는 안 될 공헌을 한 사람이라고 말할 수 있다. 나는 결코 데 클레르크의 평판을 손상시키려 하지 않았다. 왜냐하면 그가 약해질수록 협상 과정도 약해진다는 현실적인 이유 때문이었다. 적과 평화를 만들기 위해서는 적과 함께 일을 해야 했고, 따라서 적은 함께 일하는 파트너였다.

비록 국회를 위한 공식 선거운동 일정이 1994년 2월까지는 시작되지 않았으나, 우리는 새 헌법이 비준된 뒤 본격적으로 선거운동에 들어갔다. 그렇다고 우리가 먼저 시작한 것은 아니었다. 즉, 국민당은 이미 나를 석방시킨 날부터 운동을 시작했다.

비록 여론조사에서는 ANC가 마음 놓을 수 있을 만큼 표 차이가 났지만, 우리는 결코 승리를 장담할 수는 없었다. 나는 지나친 낙관주의에 대하여 모든 사람에게 주의를 주었다. 우리 모두는 이기는 것같이 보이다가도 결국 패배한 정당을 많이 알고 있었다. 우리는 경험이 많으며 조직이 잘 되어 있고, 경제력이 좋은 경쟁자와 상대하고 있었다.

우리의 선거운동은 능력 있는 지도자인 포포 몰레피, 테러 레코타, 케초 고르단 등 대중동원에 능한 민주연합전선의 노련한 활동가들이 지휘했다. 해야 할 과제는 만만치가 않았다. 우리는 약 2백만 명 이상이 선거에 참여하리라 예상했는데, 이들 대부분은 선거에 처음으로 참여하는 사람들이었다. 유권자들은 대부분 문맹이었고, 투표한다는 생각만 가지고도 겁을 집어먹기 쉬웠다. 독립선거위원회에 따르면 전국에 투표소가 1만 개 설치될 예정이었다. 우리는 유권자 교육을 도와주기 위하여 10만 명 이상의 사람을 훈련시킬 계획이었다.

선거를 위한 첫 번째 단계의 노력은 국민포럼이라고 알려진 것이었다. 우리 국민들의 희망과 두려움, 생각과 비난 등에 귀를 기울이기 위해 ANC 후보자들은 전국을 여행하고 도시와 시골에서 회의를 가졌다. 국민포럼은 미국에서 빌 클린턴 후보가 이용하던 동네 모임과 유사한 것이었다. 포럼은 내가 어렸을 때 궁정에서 보았던 추장들의 회담과는 달리 국민들의 회의였다.

나는 국민포럼에 열중했다. 11월에 나탈에서 시작하여 트란스발의 북쪽인 PWV 지역을 거쳐 오렌지자유 주에 갔다. 하루에 세 개 또는 많게는 네 개의 국민포럼에 참여했다. 국민들은 포럼을 매우 즐겼다. 전에는 그들 자신의 국가를 위해서 무엇을 해야 한다는 것에 대한 의견을 들으러 오는 사람이 없었다.

포럼에서 의견을 수렴한 뒤 우리의 의견을 국민들에게 전하기 위해 전국을 두루 다녔다. ANC 회원 중 일부는 선거운동을 단지 해방선거에 맞추고, 국민들에게 우리가 남아프리카의 미래를 그들에게 제공하기보다는 그들이 스스로 창조하게끔 하자고 결정했다. ANC가 단지 80년 동안 아파르트헤이트에 맞서 싸웠기 때문이 아니라 그들이 살고 싶어 하는 남아프리카를 가져다줄 수 있는 자격이 있기에 우리에게 투표해달라고 했다. 우리 선거운동은 과거가 아니라 미래에 대한 것이어야 했다.

ANC는 '재건 및 개발 프로그램'이라고 알려진 150쪽에 이르는 문서를 작성했다. 이 문서는 공공사업을 통한 일자리 창출, 전기와 수세식 변소가 있는 주택 100만 가구 건설, 모든 남아프리카 주민에게 기본적인 의료 보장과 10년간의 무상교육 실시, 경작지 소송 법원을 통하여 경작지의 재분배, 기본적인 식료품에 매기는 부가가치세 철폐 등을 소개했다. 우리는 또한 사적인 영역과 공적인 영역 모두에서 광범위한 차별수정조치도 언급했다. 이 문서는 '모든 사람들을 위한 더 나은 삶'이라고 불리는 더욱 간단한 선언으로 형태가 바뀌어졌고, '모든 사람들을 위한 더 나은 삶'은 ANC의 선거운동 구호가 되었다.

국민들에게 우리가 무엇을 할 것인가에 대해 말한 것과 마찬가지로 나는 우리가 할 수 없는 것에 대해서도 역시 말해야 한다고 생각했다. 많은 사람들이 자유롭고 민주적인 선거를 거친 뒤에 하룻밤 사이에 변화가 있으리라 생각하지만 그런 일은 일어날 수 없었다. 나는 자주 군중들에게 "선거를 치른 다음 날 벤츠를 몰고 다닌다거나 자신의 뒷마당 수영장에서 수영을 할 수 있으리라는 것을 기대하지 마십시오"라고 이야기했다. 나는 지지자들에게 "여러분 자신의 자존심을 높이고, 여러분 나라의 시민이 되는 것 이외에는 생활에 극적인 변화는 없을 것입니다. 참고 기다려야 합니다. 결과를 보기 위해서는 5년은 기다려야 할 것입니다"라고 말했다. 나는 그들에게 이의를 제기했으며, 그들을 옹호하지 않았다. 나는 그들에게 "만약 여러분이 옷과 음식 없이 계속해서 가난하게 살고 싶다면 술집에 가서 술을 마시십시오. 그러나 만약 여러분이 더 나은 삶을 원한다면 여러분은 열심히 일해야 합니다. 우리가 여러분을 위하여 모든 것을 할 수는 없습니다. 여러분이 자신을 위해서 스스로 해야 합니다"라고 말했다.

나는 백인 군중에게 우리는 그들이 필요하며, 그들이 이 나라를 떠나는 것을 원하지 않는다고 말했다. 그들도 우리와 같은 남아프리카 사람이고, 이 땅은 그들의 땅이기도 하다고 했다. 아파르트헤이트의 끔찍함에 대한 말을 삼가지는 않았으나, 나는 거듭해서 과거는 잊고 모두를 위한 더욱 나은 미래를 건설하자고 말했다.

우리는 집회를 열 때마다 투표하는 방법을 가르쳐주었다. 투표용지는 길고 좁은 종이인데, 왼쪽에 정당의 이름이 차례대로 밑으로 씌어 있고, 오른쪽에는 정당의 상징과 지도자의 사진이 있다. 유권자는 그들이 선택하는 정당 옆의 네모 칸에다 X표를 하는 것이었다. 나는 사람들에게 "선거 당일, 투표용지를 내려다보면 젊고 잘생긴 사람을 보시게 될 텐데 그 옆에 X표를 하십시오"라고 말했다.

113

자유를 향한 길은 결코 순조롭지 않았다. '과도기적 집행위원회'가 새해부터 활동을 시작했으나 일부 정당들은 참여하지 않았다. 인카타는 선거 참여를 거부하고 정치적 저항을 시작했다. 부텔레지의 지원을 받은 즈웰리티니 왕은 자율적이며 주권국가인 콰줄루를 요구했고, 그 지역 사람들에게 투표하지 말라고 강요했다. 백인 우익들은 선거를 배신이라고 하며 폴크스타트(백인 국가)를 주장했다. 하지만 이것이 어디에 세워질 것인지 또는 이것이 어떻게 운영될 것인지는 아직 정해지지 않은 상태였다. 남아프리카의 어디에도 백인들이 거주민의 대다수를 구성하는 행정구역은 없었다.

1994년 2월 12일은 모든 정당들이 등록을 끝내야 하는 마감일이었다. 그날 인카타와 보수당과 아프리카너 폴크스프런트는 등록하지 않았다. 보푸타츠와나 정부도 참여를 거부했으며, 통일된 남아프리카로 통합되기를 원치 않았다. 이 중요한 집단들이 불참하자 나는 괴로웠다. 그들을 참여시키기 위해 우리는 일종의 중요한 절충안을 내놓았다. 즉, 우리는 지역의회와 전국의회의 선거에 이중 투표용지를 사용하는 것에 동의했고, 지역이 더 큰 권력을 갖는 것을 보장하고, 나탈 지방을 '콰줄루/나탈'

로 이름을 바꾸고, 공동의 문화와 언어를 공유하는 집단을 위해 '내부적' 자결권의 원칙을 헌법에 포함시킬 것을 약속했다.

3월 1일에 더반에서 부텔레지 추장과 만나기로 약속했다. 이 만남이 있기 전에 열렸던 집회에서 나는 "우리 나라를 유혈상태로 이끌려는 사람들을 찾아가 무릎을 꿇고 사정할 것입니다"라고 말했다. 헌법 문제에 관한 우리들 사이의 의견 차이를 국제적인 조정을 통해 해결하기로 약속하고, 그 대신 부텔레지 추장은 선거등록을 하기로 동의했다. 이 제안에 나는 기꺼이 찬성했다. 마지막 등록 마감일 전에 빌윤 장군도 '자유전선 Freedom Front'이라는 새로운 정당으로 등록을 마쳤다.

보푸타츠와나의 대통령인 루카 망고프가 자신의 지역을 선거에서 제외시키기로 했으나 사건의 흐름은 곧 상황을 바꾸어놓았다. 나는 국민들에게 선택권을 주라고 몇 번이나 그를 종용했으나 그는 듣지 않았다. 참여하기를 원하는 이들은 대규모 시위와 파업을 강행했고, 이 시위는 곧 보푸타츠와나 공무원에게까지 확대되었다. 라디오와 텔레비전 방송국은 방송을 중단했다. 마피켕의 거리에는 경찰과 파업근로자와 학생들 사이에 전투가 벌어졌다. 망고프는 그의 백인 우익 동맹들에게 군사협조를 요청했다. 그러나 곧 그의 군대는 그를 버렸고, 그는 3월 초 쿠데타로 인해 자리에서 쫓겨나고 말았다. 몇 주가 지나 시스케이에 있는 그코조 장군이 항복했고, 남아프리카가 그 나라를 인수할 것을 요청했다.

나탈에서는 폭력이 더 심해졌다. 인카타 지지자들은 나탈에서 우리의 선거운동을 방해했다. ANC의 선거운동원 15명이 ANC 포스터를 붙인 뒤 총에 맞거나 난도질당하여 죽었다. 3월에 요한 크리글러 판사는 나와 데 클레르크에게 콰줄루 정부의 비협조로 직접적인 정치적 개입 없이는 그 지역에서 자유선거가 치러질 수 없다고 보고했다. 나탈에서 우리의 힘을 보여주기 위해 ANC는 더반의 중심지를 지나는 대규모 행진을 벌였다. 인카타는 요하네스버그에서 같은 일을 시도했는데 결과는 비참했다.

3월 28일, 창과 몽둥이를 휘두르는 인카타 회원 수천 명이 도시 중심에서 집회를 열기 위해 요하네스버그로 행진했다. 동시에 무장한 인카타 집단이 ANC 본부인 '셸 하우스Shell House'에 침입하려고 시도했으나 무장한 경비대가 이들을 물리쳤다. 신원을 알 수 없는 총잡이들이 시내 중심부에서 총격전을 벌여 모두 53명이 죽었다. 마치 남아프리카는 끔찍한 내전의 국면에 처해 있다는 듯한 인상을 남기는 소름 끼치는 장면이었다. 인카타는 선거를 연기하고자 했으나 데 클레르크와 나는 조금도 양보하지 않았다. 그날은 누구도 손댈 수 없는 날이었다.

나는 국제적 중재에 동의했기에, 전 영국 외무부장관인 로드 캐링턴과 전 미국 국무장관인 헨리 키신저가 이끄는 대표단이 4월 13일 도착했다. 그러나 인카타는 선거일이 중재 대상이 아니라는 것을 알게 되자 중재자들 만나는 것을 거부했고, 중재자들은 누구와도 이야기하지 못한 채 떠났다. 이제 부텔레지 추장은 무슨 일이 있어도 선거가 실행되리라는 것을 알았다. 선거를 일주일 정도 앞둔 4월 19일 부텔레지 추장은 줄루 왕정의 헌법적 보장에 대한 제의를 수락하고 선거에 참여하기로 동의했다.

선거 10일 전, 데 클레르크와 나는 텔레비전 토론회를 가졌다. 나는 포트헤어에서 괜찮은 토론가였고, 젊은 시절 조직에서 많은 열렬한 토론들에 참가했었다. 또 로벤 섬에서 우리는 석회암을 쪼개며 토론 기술을 닦았다. 나는 토론에는 자신이 있었으나, 하루 전날 우리는 방송인인 앨리스터 스파크스가 데 클레르크 역할을 하는 모의 토론회를 열었다. 선거참모들은 내가 말을 너무 천천히 하며 공격적인 면이 부족하다고 충고했다.

그러나 실제 토론회가 시작되자 나는 국민당을 매우 강하게 공격했다. 나는 국민당이 케이프에서 ANC의 구호는 “혼혈인과 농부들을 죽이자”라고 써놓은 선동적인 만화 책자를 배포하여 혼혈인과 아프리카인들 사이에 인종적 증오의 불을 질렀다고 고발했다. “이 나라에서 신국민당과 같이 불화를 일으키는 조직은 없다”라고 주장했다. 데 클레르크가 주택과 사회 문제에 많은 돈을 사용하려는 ANC의 계획을 비난하자, 나는 우리가 무척 많은 자원을 흑인들을 위해 사용할 것이라는 점을 그가 염려한다고 말하며 그를 꾸짖었다.

토론이 거의 끝나갈 무렵 나는 민족통합정부에서 내 동료가 될 사람을 너무 혹독하게 대했다는 느낌이 들었다. 그날의 토론을 정리하면서 나는 이렇게 말했다. “데 클레르크와 저의 의견 교환은 하나의 중요한 사실을 분명히 합니다. 저는 우리가 공동의 충성심과 공동의 사랑과 공동의 국가를 가지고 있는 여러 다른 인종집단을 보여주는, 전 세계 사람들에게 하나의 빛나는 표본이라 생각합니다.…… 데 클레르크에 대한 비판에도 불구하고”라고 말하고, 데 클레르크를 쳐다보면서 “귀하, 당신은 내가 의지하는 사람입니다. 우리는 이 나라의 문제에 함께 맞설 것입니다.” 나는 그의 손을 잡으며 “우리가 앞을 향해 나아가기 위해 당신과 손을 잡는 것을 자랑스럽게 생각합니다”라고 말했다. 데 클레르크는 놀란 듯했으나 좋아했다.

114

나는 4일간의 선거일 중 이틀째인 4월 27일에 투표를 했다. 분쟁이 있었던 지역 사람들에게 투표장에 가도 아무 위험이 없다는 것을 보여주기 위해 나탈에 가서 투표하기로 했다. 그래서 더반의 북쪽에 자리한 마을인 이난다에 있는 올렌지 고등학교에서 투표했다. 그곳은 초대 ANC 회장인 존 두베가 묻혀 있는 곳이었다. 이 아프리카 애국자는 1912년에 조직을 세웠다. 그의 무덤 가까운 곳에서 내가 투표권을 행사한 것은 역사를 완성하는 것이었다. 왜냐하면 그가 82년 전에 시작한 사명이 달성되기 직전이었기 때문이다.

작은 학교 옆에 솟아 있는 존 두베의 무덤을 바라보며 나는 현재가 아닌 과거를 생각했다. 내가 투표장으로 걸어 들어갈 때 내 마음에는 내가 지금 이러한 날을 볼 수 있게 만든, 이제 끝내는 성공하게 된 일을 위해 궁극적으로 희생되었던 쓰러져간 영웅들을 곰곰이 생각했다. 올리버 탐보, 크리스 하니, 앨버트 루툴리 추장, 브람 피셔가 떠올랐다. 나는 수백만 남아프리카인들이 이날 투표할 수 있도록 자신의 희생을 감수한 위대한 아프리카 영웅들인 조시아 구메데, 몬티 나이커, 압둘라 압두라만 박사, 릴리언 은고이, 헬렌 요셉, 유서프 다두, 모세 코타네를 생각했다. 4월 27일 투표장에는 나 홀로 들어간 것이 아니었다. 나는 이 모든 사람들과 함께 투표를 한 것이다.

투표장에 들어가기 전, 엉뚱한 기자 하나가 "만델라 씨, 누구에게 한 표를 던질 것입니까?"라고 물었다. 나는 웃으면서 "아시겠지만 아침 내내 누구를 찍어야 하는지로 고민했습니다"라고 대답했다. 나는 ANC라는 글자 옆에 X표를 했고, 투표용지를 접어서 나무 상자에 밀어 넣었다. 이렇게 나는 내 일생의 첫 번째 투표를 했다.

남아프리카 사람들이 그날 투표장으로 들어오는 모습은 내 기억에 깊숙이 각인되었다. 시내와 시골의 먼지 나는 길에 늘어선 인내심 있는 사람들

남아프리카공화국 최초의 보통선거에서 투표하는 모습.

의 휘어진 거대한 행렬, 자신들의 생애에서 처음으로 인간임을 느꼈다고 말하던 생애 첫 번째 투표를 반세기 동안 기다린 노인들, 마침내 자유국가에서 살게 되어 자랑스럽다고 말하던 백인 남녀들……. 선거 기간 동안 전국의 분위기는 활기에 넘쳤다. 폭력은 중단되었고, 마치 새로운 국가가 탄생한 것 같았다. 심지어 선거에서 운송의 어려움과 투표용지 분실, 투표장 무단 침입, 일부 장소에서의 사기 행위에 대한 소문 등조차도 자유와 정의를 향한 압도적인 승리를 흐릴 수는 없었다.

선거 결과가 나오기까지는 며칠이 걸렸다. 우리는 전체의 62.6%를 득표했는데, 다른 정당의 도움 없이 최종 헌법을 통과시키기 위해 우리가 원했던 3분의 2에 약간 못 미치는 결과였다. 이러한 득표율로 우리는 국회에서 400석 중 252석을 차지할 수 있었다. ANC는 트란스발의 북쪽과 동쪽, 케이프의 북서쪽과 동쪽, 자유 주에서 우세했다. 우리는 케이프의 서쪽에서는 33%를 차지했다. 이 지역은 국민당이 승리한 곳으로 국민당은 혼혈인 유권자들에게서 많은 지지를 얻었다. 콰줄루/나탈에서는 인카타가 승리했고, 우리는 32%를 얻었다. 나탈에서는 폭력과 위협을 무서워하여 많은 우리 유권자들이 투표를 하지 않았다. 물론 선거 사기와 선거 조작들에 대한 고소가 있었다. 그러나 그러한 것들은 문제가 되지 않았다. 우리는 콰줄루에서 인카타의 세력을 과소평가했는데, 그들은 선거일에 그들의 힘을 과시했다.

ANC의 일부는 우리가 3분의 2 문턱을 넘지 못해서 실망했으나 나는 그렇지 않았다. 사실, 말하자면 나는 안심할 수 있었다. 만약 우리가 3분의 2를 점유하여 다른 당의 간섭 없이 자유롭게 헌법을 작성한다면, 사람들은 우리가 남아프리카의 헌법이 아니라 ANC의 헌법을 만든다고 주장할 수도 있기 때문이었다. 나는 진정한 민족통합정부를 원했다.

5월 2일 저녁에 데 클레르크는 정중한 정권 이양 연설을 했다. 3세기 이상 통치해왔던 소수 백인들은 패배를 인정하고 다수인 흑인들에게 권력을 이양했다. 그날 저녁, ANC는 요하네스버그 시내에 있는 칼튼 호텔에서 축하파티를 열 계획이었다. 나는 지독한 감기에 걸려 있었고 주치의는 내게 집에서 쉬라고 명령했다. 그러나 그 어느 것도 나를 그 모임에 나가지 못하게 할 수는 없었다. 나는 9시경 무대 위로 올라가서 행복하게 웃으며 환호하는 얼굴들을 보았다.

나는 사람들에게 감기로 목이 쉬었고, 의사는 내게 참석하지 말라고 충고했다고 설명했다. "나는 여러분들이 제 주치의에게 제가 그의 처방을 무시했다고 알리지 않길 바랍니다"라고 이야기했다. 나는 데 클레르크의 강인한 모습에 경의를 보낸다고 말했다. 나는 ANC와 민주운동에 참여하여 오랜 세월 동안 매우 어렵게 일해온 모든 사람들에게 감사의 말을 전했다. 위대한 자유의 화신 마틴 루터 킹 2세의 부인인 코레타 스콧 킹 여사가 그날 밤 연단 위에 있었고, 나는 그녀 남편의 불멸의 말들을 인용하여 그녀를 바라보았다.

> 오늘은 우리 나라의 삶에서 가장 중요한 순간이라 할 수 있습니다. 저는 이 나라의 겸손한 보통 사람들 안에 있는 깊은 긍지와 기쁨에 가득 차서 여러분 앞에 섰습니다. 여러분들은 이 나라를 여러분 것으로 다시 선포하기 위해 묵묵하고도 인내심 있는 결단력을 보여주었습니다. 이제 우리는 높은 곳에 서서 큰 소리로 기쁘게 선언합니다. 드디어 자유입니다! 드디어 자유입니다! 저는 여러분의 용기에 겸손한 마음으로, 그리고 여러분 모두를 진정으로 사랑하는 마음으로 여러분 앞에 서 있습니다. 우리 역사에서 지금 순간에 ANC를 이끈다는 것이 제게는 최상의 영예라고 생각합니다. 저는 여러분의 종입니다.…… 문제가 된 것은 개인들이 아니라 집단들이었습니다.…… 옛 상처를 씻고 새로운 남아프리카를 건설할 때입니다.

결과가 발표된 순간부터 ANC가 정부를 구성한다는 것은 명백했고, 내 자신의 사명은 화해를 부르짖고 나라의 상처를 한데 묶고 신뢰와 자신감을 불러일으키는 것이라고 보았다. 나는 많은 사람들이, 특히 소수 인종인 백인들과 혼혈인과 인도인들이 미래에 대해서 불안해하고 있다는 것을 알았기에 그들을 안도시키고 싶었다. 나는 거듭해서 해방투쟁은 어느 한 집단이나 한 인종과의 싸움이 아니라 억압의 제도에 대항했던 싸움이었음을 사람들에게 주지시켰다. 기회가 있을 때마다 나는 모든 남아프리카인들은 이제 단결하여 손을 잡고 우리가 한 나라, 한 국가, 한 민족이라 외치며 미래를 향해 함께 전진해야 한다고 말했다.

115

5월 10일 아침은 맑고 깨끗했다. 지난 며칠 동안 나는 취임식 전에 축하하고자 도착한 고위 인사 및 세계 지도자들에게 둘러싸여 있었다. 취임식은 남아프리카 땅에 역사상 가장 많은 국제 지도자들이 모인 행사였다.

기념식은 프리토리아의 유니언 빌딩에 만들어진 아름다운 사암 원형극장에서 열렸다. 수십 년 동안 이곳은 백인 지배의 중심지였으나, 지금은 남아프리카 최초의 비인종적 민주정부의 취임을 위하여 모인 다양한 피부색과 민족들로 구성된 희망의 장소였다.

그 아름다운 가을날, 나는 딸 제나니를 데리고 갔다. 연단에서 먼저 데 클레르크가 제2부통령 선서를 했다. 이어서 타보 음베키가 제1부통령 선서를 했다. 내 차례가 오자, 나는 헌법을 존중하고 지키며 국가와 국민을 위해 헌신할 것을 맹세했다. 나는 참석한 손님들과 바라보고 있는 전 세계 사람들에게 말했다.

대통령 취임식에서 타보 음베키와 내 딸 제나니와 함께 국가를 부르는 모습.

오늘, 우리 모두는, 여기 참석한 우리 모두에게…… 새로 태어난 자유에 대한 찬양과 희망을 선사합니다. 너무 오랫동안 지속된 극심한 인간적 재앙의 경험으로부터 벗어나서 모든 인류가 자랑스럽게 여길 사회로 태어나야 합니다.

……지난날에 추방자였던 우리가 오늘은 우리의 땅에 세계의 다양한 민족들을 초청하는 드문 특권을 받았습니다. 우리는 저명하신 외국 손님들 모두에게 정의와 평화와 인간 존엄성을 위한 공동의 승리를 우리 나라의 국민들과 함께 나누기 위해 와주신 데 대하여 감사드립니다.

우리는 적어도 정치적 해방을 성취했습니다. 우리는 계속되고 있는 가난과 핍박과 고통과 성차별과 다른 모든 차별의 굴레로부터 우리 국민 모두를 해방시킬 것을 우리 스스로에게 맹세합니다.

이토록 아름다운 땅에서 사람에 의한 다른 사람의 탄압이라는 경험이 절

취임식이 끝난 뒤 투투 대주교와 뜨거운 포옹을 나누었다.

대로 절대로 그리고 또 절대로 재현되지 않을 것입니다. 영광스러운 인간 승리 위에 태양은 계속 비칠 것입니다. 자유가 번창하도록 합시다. 아프리카에 신의 은총이 있기를!

잠시 뒤 우리는 유니언 빌딩 위를 완벽한 대형을 이루며 날아가는 남아프리카 전투기, 헬리콥터, 수송기의 멋진 광경을 경탄의 눈으로 올려다보았다. 이것은 단순히 군사력의 과시가 아니라 민주주의와 자유롭고 공정한 선거로 선출된 새로운 정부에 대한 군대의 충성을 입증하는 것이었다. 바로 직전, 가슴에 지난 시절의 견장과 훈장을 가득 달고 있는 남아프리카 방위군과 경찰의 최고위 장성들이 나에게 경례를 하고 충성을 맹세했다. 나는 얼마 전까지 그들이 나에게 경례하는 것이 아니라 나를 체포하려고 했다는 사실을 잊지는 않았다. 끝으로, V자 대형의 전투기 편대가 남아프리카공화국 국기의 흑색, 적색, 녹색, 청색, 황금색 연기를 뿜으며 날아갔다.

그날 두 가지 국가가 연주됨으로써 내게는 매우 상징적인 날이었다. 백인들은 〈은코시 시크엘엘 아프리카〉를 부르고, 흑인들은 남아프리카공화국의 옛날 국가인 〈디에 스템Die Stem〉을 부르는 광경이었다. 비록 당시에 누구도 자신들이 한때 싫어했던 국가의 가사를 알지 못했으나, 곧 사람들은 가사를 진심으로 이해하게 되었다.

취임식 다음 날, 나는 역사적 생각에 잠겨 있었다. 참혹한 보어전쟁이 끝나고 몇 년 뒤, 그리고 내가 태어나기 몇 년 전, 20세기 처음 10년에 남아프리카의 하얀 피부의 사람들이 자신들의 다른 점을 주장하고 검은 피부색을 가진 사람들의 땅에서 그들을 지배하는 인종적 지배체제를 수립했다. 그들이 창조한 구조는 인류 역사상 가장 지독하고 비인간적인 사회의 바탕을 형성했다. 20세기의 마지막 10년이 남은 지금, 그리고 내 자신이 70대의 남자인 지금, 그 체제는 영원히 없어져서 피부색에 관계없이 모든 사람들의 자유와 권리를 인정하는 체제로 바뀌게 되었다.

수천 명에 이르는 국민들의 상상조차 할 수 없는 희생을 통하여 그날이 온 것이며, 사람들이 당한 고통과 그들의 용기는 결코 이루 말할 수 없을 만큼 컸다. 많은 다른 날과 마찬가지로 그날도 나는 단지 나보다 앞서 사라져 간 모든 아프리카인 애국자들이 만들어낸 결과일 뿐이라고 느꼈다. 그 길고 고귀한 연결은 종착지에 이르렀고, 나에 의해서 오늘 다시 시작되었다. 내가 그들에게 감사할 수 없고, 그들이 치른 희생이 낳은 결과를 그들이 볼 수 없다는 점이 나를 슬프게 했다.

아파르트헤이트는 내 조국과 국민들에게 깊고 오랜 상처를 남겼다.

우리 모두는 그 심한 상처를 치유하는 데 여러 세대 또는 적어도 여러 해를 보내야 할 것이다. 그러나 수십 년 동안의 억압과 잔인함은 또 다른 의도하지 않은 결과를 가져왔다. 그것은 바로 억압과 잔인함이 우리 시대에 올리버 탐보, 월터 시술루, 앨버트 루툴리 추장, 유서프 다두, 브람 피셔, 로버트 소부퀘 같은 대단한 용기와 지혜와 관용을 지닌, 내가 다시는 알지 못할 그런 사람들을 만들었다는 사실이다. 어쩌면 그런 고귀한 인물들을 만들기 위해서는 그토록 심한 억압이 필요할는지도 모른다. 나의 조국은 땅 속에 묻혀 있는 광물과 보석이 풍부하나, 나는 항상 우리 나라 최고의 재산은 순수한 다이아몬드보다도 더 훌륭하고 진실한 사람들이라고 생각한다.

나는 투쟁에 참여한 동지들한테 용기의 의미를 배웠다. 또한 나는 자신의 신념을 위해 위험을 무릅쓰고 생명을 희생하는 남자와 여자들을 보았다. 나는 상상을 벗어난 힘과 회복을 보여주면서 변절하지 않고 공격과 고문을 견디어낸 사람들을 보았다. 나는 용기란 두려움이 없는 것이 아니라 두려움을 극복하는 것임을 배웠다. 나는 내가 기억할 수 없을 만큼 수없이 많은 두려움을 느꼈으나, 용기라는 가면 속에 두려움을 감췄다. 용감한 사람이란 두려움을 느끼지 않는 사람이 아니라 그 두려움을 정복하는 사람이다.

나는 이러한 위대한 변화가 일어날 것이라는 희망을 결코 잃지 않았다. 내가 앞서 언급한 위대한 영웅들 때문만이 아니라 내 조국의 보통 남자와 여자가 보여준 용기 때문이다. 모든 인간의 깊은 마음속에는 자비와 관용이 있다는 점을 나는 항상 알고 있었다. 피부색깔이나 가정 배경과 종교 때문에 다른 사람을 증오하도록 태어난 사람은 아무도 없다. 사람들은 증오를 배울 수 있다. 그리고 사람들이 증오를 배운다면 사랑도 배울 수

1994년 9월, 증손녀와 함께.

있다. 왜냐하면 인간 마음에서 사랑은 그 반대보다 훨씬 더 본성적이기 때문이다. 심지어 가장 견디기 어려운 수감 시절에, 나의 동지들과 내가 더 이상 참을 수 없을 때에, 나는 교도관들 한 명 한 명으로부터 인간성을 보곤 했다. 아마도 이것은 아주 짧은 순간이었지만, 인간성에 대한 나의 생각을 다시 한번 확신시켜주고 유지하기에 충분했다. 인간의 착함이란 가려 있으나 결코 꺼지지 않는 불꽃이다.

우리는 우리의 길이 쉬울 것이라는 환상을 갖지 않고 넓은 시야를 갖고 투쟁에 참여했다. 내가 ANC에 가입했을 때, 나는 젊은이로서 동지들이 그들의 신념을 위하여 치르는 대가를 보았으며 그 대가가 크다는 것을 알았다. 나는 결코 내 자신이 투쟁에 헌신한 것을 후회하지 않았으며, 나

우리 가족들.

는 항상 내 자신에게 닥칠 역경을 각오했다. 그러나 내 가족은 심한 대가를 치렀으며, 투쟁에 대한 나의 헌신 때문에 치러야 하는 대가로는 지나치게 컸다.

인생을 살면서 모든 남자는 두 가지 의무를 지니고 있다. 즉, 가족과 부모와 아내와 자식들에 대한 의무와, 국민과 사회와 나라에 대한 의무이다. 문명화된 인간 사회에서 개개인들은 자신의 취향과 능력에 따라 이 두 가지 의무를 완수할 수 있다. 남아프리카에서 인간답게 살려고 하는 유색인은 처벌당하고 격리되었다. 남아프리카에서 국민에 대한 의무를 완수하려고 노력한 사람은 불가피하게 가족과 집으로부터 찢겨져서 비밀과 반역의 희미한 존재로서 떨어져 살아야 했다. 처음에 나는 내 가족 대신에 내 국민들을 택하지는 않았으나, 내가 국민들을 위해 일하면서 나는 내가 아들로서, 형제로서, 아버지로서, 그리고 남편으로서 의무를 수행할 수 없음을 깨달았다.

이와 같이 내가 가장 잘 알고 사랑하는 사람들을 희생시켜가면서 나는 내가 전혀 모르고 만난 적이 없는 수백만 명의 남아프리카 국민들에게 헌신했다. 어린아이가 아버지에게 "왜 아빠는 우리와 함께 있을 수 없어요?"라고 질문하면 가장 간단하면서도 여전히 가장 복잡해진다. 그러면 아버지는 "너와 같은 아이들이 많단다. 아주 많아.……"라고 비참하게 말할 수밖에 없고, 그러고 나서는 말꼬리를 흐리고 만다.

나는 자유를 갈망하며 태어나지 않았다. 나는 내가 알 수 있는 한 모든 면에서 자유롭게 태어났다. 내 어머니의 오두막 근처의 평원에서 자유롭게 뛰어놀 수 있었고, 내 고향 마을 옆으로 흐르는 개울에서 자유롭게 헤엄칠 수 있었고, 별빛 아래서 옥수수를 구워 먹었으며, 천천히 걸어가는 황소의 널찍한 등에 올라탈 수 있었다. 내가 아버지에게 복종하고 내 부족의 관습을 지키는 한 인간의 법이나 신의 뜻에 대해서 나는 아무런 어긋남이 없었다.

내가 소년 시절의 자유는 환상일 뿐이라는 것을 배우기 시작했을 때부터, 그리고 내가 젊은 시절 내 자유를 이미 빼앗겼다는 것을 발견했을 때부터 나는 자유를 갈망하기 시작했다. 제일 처음, 학생으로서 나는 오직 나 자신을 위한 자유를 원했다. 밤을 새울 수 있고, 읽고 싶은 책을 읽을 수 있고, 가고 싶은 곳을 갈 수 있는 그런 일시적인 자유를 원했다. 나중에 요하네스버그의 젊은이로서 나는 내 잠재력을 실현하는 자유, 돈을 모으는 자유, 결혼하고 가족을 갖는 자유 등 가장 기본적이며 고귀한 자유

테이블 만의 물은 로벤 섬을 케이프타운으로부터 분리시켰다. 멀리 보이는 것이 테이블 산.

를 갈망했다. 이것은 법으로 허용된 생활에 방해가 되지 않는 자유였다.

그러나 나는 나만이 자유롭지 못한 것이 아니라 내 형제와 자매들도 자유롭지 못하다는 사실을 천천히 깨닫게 되었다. 내 자유뿐만 아니라 나와 같은 모든 사람들이 자유를 빼앗겼다는 사실을 알게 되었다. 이때가 바로 내가 ANC에 가입했을 때이며, 나 자신의 자유에 대한 갈망이 우리 동포들의 자유에 대한 더 큰 갈망으로 바뀐 때였다. 존엄과 자존심 있는 삶을 살 수 있는 자유를 우리 동포들이 갖기를 바라는 내 욕망이 내 삶에 활기를 불어넣어주고, 겁이 많은 청년을 용감한 청년으로 변화시키고, 법에 따르는 변호사를 범법자로 만들고, 가족을 사랑하는 남편을 가정이 없는 사람으로 만들고, 삶을 사랑하는 사람을 수도승처럼 살도록 만들었다. 나는 다른 사람보다 더 고결하고 희생적이지 않았으나, 자유롭지 못한 우리 동포들을 알게 되자 나는 내게 허용되었던 제한적이고 빈약한 자유마저도 누릴 수 없다는 점을 발견했다. 자유는 분리될 수 없다. 즉, 내 국민 누구 하나에게 묶여진 쇠사슬은 다른 모든 사람들에 묶여진 쇠사슬이며, 모든 내 국민들에게 묶여진 쇠사슬은 나를 묶는 쇠사슬이었다.

길고 외로운 여러 해 동안 우리 민족의 자유에 대한 내 갈망은 흑인과 백인을 포함하는 모든 국민들의 자유에 대한 갈망으로 변화되었다. 나는 억압받는 사람과 마찬가지로 억압하는 사람도 해방되어야 한다는 사실을 어느 무엇보다도 잘 알고 있었다. 다른 사람의 자유를 빼앗은 사람은 증오의 포로가 되어 편견과 편협심의 창살에 갇혀 있게 된다. 내가 만약 다른 사람의 자유를 빼앗는다면 남에게 내 자유를 빼앗긴 것과 마찬가지로 나는 진정으로 자유롭지 못하다. 억압하는 사람이나 억압받는 사람이나 똑같이 인간성을 상실하게 된다.

내가 교도소에서 풀려나왔을 때 억압하는 자와 억압받는 자 둘 다를 해방시키는 것이 내 사명이었다. 어떤 사람은 그것이 이제 달성되었다고 말한다. 그러나 나는 아직은 그렇지 못하다는 사실을 알고 있다. 우리는 아직 자유롭지 못하다는 것이 진실이다. 우리는 자유롭게 될 자유와 억압받지 않을 권리를 거의 성취했다. 우리는 우리 여정의 마지막 발걸음을 내딛지는 못했지만, 더 길고 어려운 첫발걸음은 내디뎠다. 자유로워진다는 것은 단지 쇠사슬을 풀어버리는 것이 아니며, 다른 사람의 자유를 존중하고 증진하는 방식으로 사는 것이기 때문이다. 우리의 자유에 대한 진정한 헌신은 이제 막 시작되었다.

나는 자유를 향한 머나먼 길을 걸어왔다. 나는 주춤거리지 않으려고 노력했다. 나는 도중에 발을 잘못 내딛기도 했다. 그러나 커다란 언덕을 올라간 뒤에야 올라가야 할 언덕이 더 많다는 것을 발견하게 된다는 비밀을 알았다. 나는 여기서 잠시 쉬면서 내 주위를 둘러싸고 있는 멋진 경치를 보며 내가 온 길을 돌아볼 수 있다. 그러나 자유는 책임이 따르기 때문에 나는 오로지 잠시 동안만 쉴 수 있을 뿐이다. 나의 머나먼 여정은 아직 끝나지 않았기 때문에 나는 감히 꾸물거릴 수가 없다.

부록

그 후의 이야기들

〈편집자의 글〉

용서한다, 하지만 결코 잊어서는 안 된다!

1. 진실과 화해 위원회

진실과 화해 위원회Truth and Reconciliation Commission, TRC는 남아프리카공화국에서 일어난 과거의 인권침해 범죄에 대한 진실을 밝히기 위한 목적으로 만들어진 기구이다. 진상은 철저히 규명하되 법적인 책임은 묻지 않고 사면한다는 것을 취지로 하고 있다. 즉 진실truth을 조건으로 화해reconciliation한다는 것이다. '망각에 맞선 기억의 전쟁'이란 말이 붙여져 있듯이 '망각하지 않는 용서forgiveness without forgetting', 즉 '용서하되 망각하지 않는다'는 것이 그 취지였다.

TRC는 가해자와 피해자가 함께 살아갈 수밖에 없는 현실에서 비참하고도 추악한 과거사를 밝히기 위해 만들어낸 타협의 산물이었다. 이 위원회의 활동을 통해 오랜 세월 은폐되었던 수많은 인권유린 사건의 끔찍한 진상들이 세상에 드러나게 되었다는 점에서 '협상을 통해 이루어낸 혁명negotiated revolution'이라 부르기도 한다.

이 위원회는 1994년 4월 27일의 총선에 의해대통령에 취임한 넬슨 만델라가 인종분리정책(아파르트헤이트)을 펴왔던 백인의 국민당과 험난한 협상을 거쳐 1995년 7월 '국민통합 및 화해촉진법Promotion of National Unity and Reconciliation Act'을 제정함으로써 발족되었다. 위원회가 구성되어 활동을 시작한 것은 1996년 2월이었다.

남아프리카의 흑인 원주민들은 백인들이 남아프리카를 점령한 뒤 340여 년 동안 가혹한 인종분리정책을 써오는 동안 자신들의 인권과 민주주의를 위해 오랜 세월 고난에 찬 투쟁을 벌여왔다. 이 투쟁 과정에서 수많은 사람들이 학살당하거나 암살당하고 남모르게 끌려가 실종되고 고문당하고 투옥되었다. 기나긴 세월에 걸친 투쟁 끝에 마침내 이루어낸 것이 1994년 4월의 총선에서 거둔 만델라의 승리였다. 만델라가 27년 동안의 교도소 생활을 마치고 풀려난 것이 1990년 2월 11일이었으니 석방되고 4년 뒤의 일이다. 이 선거는 백인 아파르트헤이트 정권이 원주민들의 굽힘 없는 투쟁을 끝내 굴복시킬 수 없다는 한계를 깨닫고, 또한 인종분리정책을 질타하는 국제적인 비난과 경제제재 등의 압력을 견딜 수 없어 어쩔 수 없이 선택한 것이었다. 이 선거에서 만델라가 승리한 것이야말로 '진실과 화해 위원회TRC'의 시작이었다.

남아프리카 역사상 처음으로 민주적인 선거가 실시되었을 때 만델라의 나이는 일흔여섯 살이었고 TRC의 의장을 맡게 된 데스먼드 투투 주교는 예순두 살이었다. 태어난 뒤 처음 해보는 민주적인 선거였다. 그들은 흥분과 기대와 불안에 몸을 떨었다. 그동안 수많은 테러가 자행되어왔기 때문에 이날도 무슨 불상사가 일어나 선거를 망가뜨리지나 않을지 걱정되었다.

많은 사람들이 투표소에서 몇 시간을 기다려야 했어도 그들의 마음은 기쁨으로 가득 차 있었다. 그들은 투표를 기다리면서 나치의 홀로코스트 말고는 인류 역사상 가장 잔인한 반인륜 범죄체제라는 아파르트헤이트가 사라지기를 기원했다. 305만 명 이상의 사람들이 죽거나 실종되고 투옥되는 비참한 역사가 다시는 되풀이되지 않기를 빌었다. 한 가족인데도 피부색깔에 차이가 나면 짐승처럼 분류되어 「집단구역법Group Areas Act」에 따라 서로 다른 지역에 흩어져 살아야 했던 그 비정한 과거가 되풀이되지 않기를 바랐다.

투표를 마치고 나온 사람들은 꿈을 꾸고 있는 것은 아니냐고 서로 물었다. 사람들은 환호하고 노래하며 춤추었다. 투투 주교는 투표를 마치고 나온 흑인 유권자들의 모습을 이렇게 표현했다.

> "세계 곳곳에서 선거가 치러졌지만 우리의 투표는 그 모든 선거 이상의 것이다. 그것은 영적인 체험이었다. 산꼭대기에 서 있는 것만 같았다. 투표소에 들어갈 때 우리는 박해받던 한 사람의 흑인으로 들어갔지만 나올 때는 전혀 새로운 사람으로 변화되어 나왔다. 우리는 억압받는 자의 고통을 짊어지고, 쓰레기처럼 취급되던 비참한 기억을 간직한 채 투표소에 들어갔지만, 그 모든 짐을 벗어던지고 나와 '나는 이제 자유다'라고 외치고 있었다. 그들은 머리를 높이 치켜들고 어깨를 편 채 경쾌하게 걸어갔다. 기쁨의 절정에 있는 느낌이었다. 이런 자유의 느낌을 어떻게 표현할 수 있단 말인가? 그것은 태어날 때부터 소경이었던 사람에게 빨간색이 어떤 것인가를 설명해보라고 하는 것과 마찬가지일 것이다. 울고 싶으면서 동시에 웃고 싶은 그런 느낌이었다. 현실이기에는 너무나 좋아서 금방 증발되어버릴지도 모르는 두려움을 느꼈다. 연합국에 의해 나치에서 해방된 사람들의 기쁨이 이러했을 것이다. 사람들이 거리로 쏟아져 나와 서로 부둥켜안고 낯선 사람에게도 키스를 퍼붓는 그런 기쁨, 그것을 우리는 그날 맛보았던 것이다."

넬슨 만델라는 1994년 5월 10일 남아프리카 대통령에 취임했다. 남아프리카 최초로 민주적인 선거를 통해 선출된 대통령이었다. 해외의 여러 국가 원수들과 지도자들이 참석했다. 이날의 취임식을 보면서 많은 사람들이 눈물을 흘렸다. 취임식에서 특히 인상적이었던 것은 만델라가 큰딸을 데리고 입장했을 때 보안군과 경찰 그리고 교도소의 책임자들이 그의 차로 다가가 경례를 하고 그를 국가원수의 자리로 안내하는 장면이었다. 왜냐하면 만델라는 지난날 바로 이들에게 쫓기는 사냥의 대상이었고 그들의 죄수였기 때문이다. 얼마나 큰 전환이요 변화인가. 그는 자신이 투옥되었을 때 그를 감시했던 백인 교도관들을 취임식에 특별히 귀빈으로 초청했다. 용서한다는 것을 보여주는, 그의 인간의 크기를 보여주는 드라마틱한 장면 가운데 하나였다. 그리고 그것은 자신과 함께 싸워 온 동료들에게 나라의 미래를 위해서는 화해하는 길밖에 없다는 것을 가르쳐주는 상징적인 행위이기도 했다.

만델라가 취임하고 난 뒤 남아프리카에서는 과거청산의 방법 문제를 놓고 적지 않은 토론이 벌어졌다. 반인권, 반인륜 범죄를 저지른 자들을 모두 법정에 세워 처벌하는 뉘른베르크식 재판을 원한 사람들도 많았다. 그러나 이 방식은 남아프리카에는 맞지 않는다는 결론에 이르렀다. 2차 세계대전 후 나치를 패배시킨 연합국은 뉘른베르크에서 독일의 전범들에게 '승리한 자의 정의'를 요구할 수 있었다. 연합국이 무엇을 요구해도 독일은 할 말이 없었다.

그러나 남아프리카에서는 상대방에게 '승리한 자의 정의'를 요구할 수 있을 만큼 결정적인 승리를 거둔 쪽이 없었다. 협상을 통해 민주주의와 법의 지배, 인권 존중이라는 오랜 염원을 조심스럽게 이루어가는 과도기를 지나가지 않을 수 없었다. 아파르트헤이트 체제의 보안군은 여전히 총기를 지배하고 있었으며, 큰 대가를 치르긴 하겠지만 마음만 먹으면 언제든지 이 모든 과정을 뒤엎어버릴 수 있었다. 투투 주교는 다음과 같이 말했다.

> "남아프리카가 비교적 평화적으로 민주화 과정을 밟는 것을 보고 남아프리카 국내에서는 물론이고 해외에서도 그 잔인무도한 범죄자들을 법정에 세워 왜 정의를 세우지 않느냐고 불만스럽게 생각한 사람들이 있었다. 그러나 그들은 1994년까지 남아프리카인들이 얼마나 불안한 세월을 보냈으며 그 뒤에도 얼마나 깨지기 쉬운 평화 속에서 살고 있는지를 잊고 있었다. 남아프리카의 기적은 미묘한 협상의 결과라는 것을 잊어버리고 있었다. 연합국은 뉘른베르크 재판을 끝내고 보따리를 싸서 집으로 돌아가버리면 그만이었지만, 남아프리카 사람들은 흑인과 백인이 함께 살아가야 할 운명에 처해 있었다. 하느님은 흑과 백이 아파르트헤이트의 늪을 함께 헤쳐 나가야만 살 수 있도록 흑과 백의 손을 하나의 사슬에 묶어놓았다. 그러므로 어느 한쪽의 노력만으로는 그것이 불가능하다. 마틴 루터 킹 목사는 '우리가 모두 형제자매로 살아가는 법을 배우지 않는 한 우리는 함께 바보로 죽게 될 것'이라고 말했다."

뉘른베르크 법정을 선택할 수 없는 또 다른 이유들이 있었다. 그것은 증거 자료였다. 형사법정은 법률이 요구하는 의문의 여지 없는 엄격한 증거를 요구한다. 그런데 많은 사건의 경우 피해자들은 증거를 남기지 못한 채 오래전에 죽었다. 남아 있는 증인이란 가해한 범죄자들뿐인 경우가 많았고, 더구나 그들은 있는 증거조차 파괴해버리거나 은폐할 수 있는 힘을 갖고 있었다. 증인들이 살아 있다 할지라도 보복이 두려워 증언을 회피하고자 하는 사람들도 있었다. 그리고 그 진실조차도 상처받은 기억뿐인 경우가 많았다. 엄격한 증거를 요구하는 법정에서 증거 없이 어떻게 범죄자들을 처벌할 수 있단 말인가? 그러므로 가야 할 길은 진실을 밝혀 역사를 바로 세우는 것이었으며, 그것을 위해서는 진실과 화해를 동시에 추구하는 수밖에 없었다.

뉘른베르크의 길을 가든지 그렇지 않으면 과거를 망각 속에 묻어버리고 범죄자들을 무조건 사면해주는 극단적인 두 개의 길이 있었는데, 그 둘을 다 버리고 제3의 길을 선택했던 것이다.

노벨평화상을 받은 데스먼드 투투 주교가 TRC의 위원장을 맡았고 감리교의 유명한 설교가인 알렉스 보레인 박사가 부위원장을 맡았다. 여러 정당이 심사위원회에서 공개 청문회를 열어 인터뷰를 한 뒤 위원 25명을 대통령에게 추천했고, 이 가운데서 17명이 선출되었다. '진실과 화해 위원회'는 산하에 인권침해위원회, 사면위원회, 보상 및 명예회복위원회 등 3개의 위원회를 두었다.

투투 주교는 취임사에서 다음과 같이 말했다. "TRC는 외부의 어떤 세력으로부터도 위협받지 않는 독립된 기구로서 남아프리카공화국의 역사를 새롭게 만들어갈 것이다. 남아프리카 국민이 하나가 되기 위해서는 TRC의 활동이 완전 보장되어야 한다. 그리고 다른 기관들도 전폭적으로 협력해야 할 것이다. TRC는 보복을 위한 것이 아니라 화해와 기억을 위한 것이다."

청문회 과정에서도 드러났지만 TRC의 성격엔 몇 가지 요소가 혼합되어 있었다. 즉 '재판' 같은 성격에다 '고백'하는 행위, 그리고 '도덕적인' 문제를 전면적으로 등장시킨 것이다. 아프리카의 '우분투Ubuntu, brotherhood(즉, 형제애)'가 정신적인 토대가 되었다. '우분투'는 남아프리카 헌법에 다음과 같은 말로 표현되었다. "이해할 필요가 있다. 그러나 복수해서는 안 된다. 보상해야 한다. 그러나 보복해서는 안 된다. '우분투'가 있어야 한다.

그러므로 희생자를 만들어내서는 안 된다."

TRC는 1996년 2월 케이프타운의 성공회 성당에서 기독교, 유태교, 불교 등 여러 종교계의 지도자들이 참석한 가운데 하느님과 남아프리카공화국에 봉헌되었다. 여러 피부색을 가진 사람들이 참석한 이날의 봉헌식에서 만델라 대통령은 거듭 이렇게 말했다. "우리는 용서할 수는 있지만 잊어버릴 수는 없습니다." 그는 TRC가 어떤 정치적인 간섭도 받지 않을 것이라고 약속했다.

TRC는 원칙을 다음과 같이 정했다.

⑴ 조사할 (그리고 사면을 청원할 수 있는) 사건은 샤프빌 학살 사건이 일어난 1960년부터 만델라 대통령이 취임한 1994년 사이에 일어난 사건으로 한다.

⑵ 정치적 동기에 의해 일어난 사건만을 다룬다. 개인의 탐욕 때문에 살인을 저지른 범죄자들은 사면받을 자격이 없다. 그러나 아파르트헤이트 체제의 정치조직이 내린 명령에 따른 것이거나 그 조직을 대신하여 범죄를 저지른 경우에는 사면을 청원할 수 있다. '아프리카민족회의ANC'나 '범아프리카회의PAC' 같은 해방운동 단체들이 저지르거나 관련된 범죄행위도 마찬가지이다.

⑶ 사면을 청원하려는 사람은 그 사건에 관련된 진실을 모두 충분히 밝혀야 한다.

그러나 이러한 원칙을 정하기까지는 많은 진통과 어려움이 있었다. 그렇게 엄청난 죄를 저지르고도 처벌받지 않는다면 도대체 정의는 어디에 있단 말인가? 중죄를 범해도 처벌받지 않고 사면받는다면 사람들로 하여금 죄를 지어도 괜찮다는 생각을 갖게 해주지 않을까? 범죄자들이 공개적으로 대중 앞에서 모욕을 당하는 것만으로 그들을 처벌했다고 할 수 있을까? 사면을 통해 그들의 죄과를 모두 말소시키고 그것으로 끝내버린다면 국가로부터 받은 피해에 대해 보상을 요구할 수 있는 국민들의 헌법상의 권리를 박탈하는 것이 아닐까?

이런 의문 때문에 특히 ANC의 활동가들 사이에서는 사면이 너무 관대한 것이 아니냐는 반론이 많았다. 예컨대, 우편물 폭탄이 터져 아내를 잃은 조 슬로보는 이렇게 말했다. "나는 내 아내를 죽인 살인자들이 곧 자유로워진다는 것을 알고 있다. 내 딸은 살인자들이 사면을 받기 위해 청문회에서 진술할 때에 자기 엄마가 어떻게 죽었는지를 알게 될 것이다. 얼마나 소름이 끼칠까?" 그러나 슬로보는 TRC가 '정의'를 위해 만들어진 것이 아니라 '진실'을 위해 만들어졌다는 것을 알고 있었다.

이런 반론과는 대조적으로 백인들의 국민당 측은 조건 없는 전면적인 일괄 사면을 요구했다. 특히 많은 범죄를 저지른 보안군 측이 이런 주장을 폈다. 이런 주장은 과거사를 과거의 일로 돌려버리고 망각 속에 묻어버리자는 것이었다. 그러나 지난날의 비참한 과거를 기억하고 있는 사람들은 과거를 올바로 처리하는 것이 미래를 위해 얼마나 중요한 일인지를 잘 알고 있었다. 지난날의 죄과와 과오를 밝혀 잘못을 깨닫고 그로부터 교훈을 얻지 않으면 그 과오가 되풀이된다는 것을 잘 알고 있었다.

나라와 시대가 다르긴 하지만 1944년 프랑스의 지식인들은 나치로부터 해방된 뒤 나치에 부역한 자들에 대한 처벌을 요구하면서 이렇게 말했다. "누가 감히 용서를 말하는가? 누가 감히 잊어버리라고 말할 수 있는가? 어제의 죄를 처벌하지 않는 것은 곧 내일의 범죄를 조장하는 것과 같다"(《프랑스 문예》). 수많은 유대인들이 학살된 독일의 다하우Dachau 수용소 기념관 입구에는 철학자 조지 산타야나의 다음과 같은 말이 걸려 있다. "과거를 잊어버리는 사람들은 그 과거를 되풀이하게 되어 있다Those who forget the past are doomed to repeat it."

과거를 묻어버리는 것은 희생자들을 그대로 억울한 죽음 속에 영원히 묻어버리는 것을 뜻했다. 진실을 드러내어 죽은 사람들이 또는 살아 있는 피해자들이 그들의 이야기를 하게 함으로써 그 사람을 한 '인간'으로, '그 자신'으로 복권시켜주지 않으면 안 되었다. 희생된 동포들의 과거는 남아프리카 전체 흑인들의 과거이므로 그런 복권이 이루어지지 않으면 흑인들의 정체성identity과 인간의 존엄은 끝내 회복되지 않을 것이라고 보았다. 개인이든 집단이든 '기억'은 그 존재를 존재이게 해주는 정체성의 토대이다. 사람들은 기억을 상실한 사람을 '그 사람'으로 보아주지 않는다. 알츠하이머병에 걸려 기억을 상실한 레이건 전 미국 대통령이 '레이건'이 아니었던 것과 같다.

TRC는 권력으로부터 독립된 기관으로서 소환권과 수사권을 가지고 범죄자들을 조사했다. 자료를 확보하기 위해 다른 국가 기관이나 단체들도 조사할 수 있었다. 이러한 수집된 자료야 말로 가해자들을 소환하고 진실을 밝힐 수 있는 힘 있는 근거가 될 수 있었다. 확실한 자료가 없는 경우라도 피해자의 고발이나 진정만으로도 가해자들을 소환할 수 있는 '피해자 중심주의'를 유지했다.

그리고 정치적 동기가 작용된 모든 폭력과 인권침해 사건을 조사대상으로 삼았다. 모든 기관, 단체, 개인 등을 포괄적 대상으로 삼았다. 물론 오랜 투쟁 끝에 집권한 ANC도 조사 대상에 포함되었다. 언론이나 학술 자료에 실린 글들도 조사했다.

TRC에 접수된 아파르트헤이트 체제의 인권유린 사건은 약 2만 1,300건에 이르렀으며, 이들 사건으로 인한 피해자 수는 약 305만 명인 것으로 밝혀졌다. 이러한 사건들과 관련하여 사면을 청구한 범죄자들은 약 7,000명이었으며, 이들의 약 10분의 1 정도가 청문회에 나와야만 했다.

TRC에 소환된 범죄자들은 텔레비전이 중계하는 공개 청문회에 나와 조사를 받았다. 조사받는 자가 공개된 장소에서 말하는 것에 대해 극도의 공포심을 느껴 진실을 밝히는 데 지장이 있다고 판단되는 경우가 아니고는 누구나 공개적으로 진술해야만 했다. 가해자가 진술을 하고 사면을 청원했다고 해서 자동으로 사면되는 것은 아니었다. 범죄자들이 자신들의 죄과를 은폐하거나 변명하려는 경우가 많았기 때문이다. 그러므로 가해자의 진술이 사면을 허락하는 엄격한 조건을 만족시키고 있는가를 위원들이 판정하고 진실이 충분히 밝혀졌다는 결론에 이르렀을 때에만 사면을 허락했다. 아파르트헤이트 체제가 저지른 만행의 진실이 많이 밝혀질 수 있었던 것은 바로 이러한 엄격한 조건 때문이었다.

물론 희생자 측도, 즉 살아남은 희생자들의 가족도 청문회에 나와 진실을 폭로하면서 그들과 맞섰다. 희생자 측은 진실이 충분히 밝혀지지 않았다면서 사면에 반대하는 청원을 할 수 있지만 그러나 사면에 대한 거부권은 없었다. 진실을 밝힐 뿐만 아니라 참회하는 조건으로 사면을 해주어야 한다는 주장도 있었지만 채택되지 않았다. 참회를 가장하거나 형식적인 참회에 그칠 가능성이 많다고 보았기 때문이다. 그러나 조사 과정에서 드러났듯이 사면 청원자들 가운데는 참회한다는 뜻을 밝히고 희생자들에게 용서를 구하는 사람들이 적지 않았다.

조사를 받는 과정에서 범죄자들은 자신들의 죄과가 텔레비전을 통해 국민 앞에 폭로되는 것을 겪으면서 심한 수치심과 모욕을 느꼈다. 그것은 또 다른 형벌이기도 했다. 특히 보안부대에서 일한 자들은 그들이 속한 조직 내에서는 존경 받는 위치에 있었지만, 그들이 저지른 범죄가 처음으로 밝혀지거나 알려지자 수치심을 느끼지 않을 수 없었다. 그들이 살인 부대의 일원이었으며 수감된 사람들에게 잔인한 고문을 일삼은 자라는 사실이 처음으로 알려지는 경우도 적지 않았다. 그들의 끔찍한 과거에 가족들이 너무 큰 충격을 받아 결혼생활이 깨진 경우도 종종 있었다.

TRC의 조사가 진행되고 있던 어느 날, TRC의 활동을 취재하던 남아프리카방송사SABC의 라디오 방송팀은 헬레나라는 한 백인 여성으로부터 편지 한 통을 받았다. 헬레나라는 이름은 가명이었다. 보복이 두려우니 자신의 이름을 가명으로 해달라고 부탁했다. 그녀의 편지는 다음과 같다.

"저의 이 이야기는 저의 10대가 끝나갈 즈음부터 시작됩니다. 당시 저는 이스턴 프리 스테이트의 베들레헴 지구에 있는 한 농장에서 일하는 소녀였습니다. 열여덟 살 때 저는 20대의 한 젊은 남자를 만났습니다. 그는 가장 높은 보안부대에서 일하고 있었습니다. 아름다운 관계가 시작되었습니다. 우리는 결혼까지 하는 사이가 되었습니다. 그는 야성적인 에너지를 뿜어내는 활기찬 젊은이였습니다. 날카로운 지성도 갖추고 있었고요. 그는 비록 혈통이 영국인이었지만 '아프리카너'(남아프리카 태생의 백인들 가운데 특히 네덜란드계 사람)들에게도 인기가 있었습니다. 저의 모든 친구들이 저를 부러워했습니다.

그러던 어느 날 그는 저에게 '여행'을 떠나게 됐다면서 이렇게 말하는 것이었습니다. '우리는 다시 볼 수 없을 거야.…… 아마 영원히 볼 수 없을지도 몰라.' 제 마음은 찢어지는 것만 같았습니다. 그 역시 그러했을 거예요. 아주 짧은 우리의 결혼생활은 이렇게 실패로 끝났습니다. 마치 잊어버리기 위해 결혼한 것만 같았습니다.

그런데 지금으로부터 1년 전 쯤 저는 한 친구를 통해 저의 첫사랑을 다시 만나게 되었습니다. 그때야 비로소 저는 그가 해외에서 작전 임무를 수행해 왔다는 것과 이제는 그 과거 때문에 사면을 요청하고 있다는 사실을 알게 되었습니다. 아름답고 크고 강한 이 남자에게 남겨진 것이 이것밖에 없다는 것을 알게 되었을 때 느낀 고통과 참담함을 저는 어떻게 설명할 수가 없습니다. 그가 믿었던 것을 위해 그가 지불해야만 할 대가가 이것이었습니다.

첫 결혼이 실패로 끝난 후 저는 또 한 사람의 경찰관을 만났습니다. 첫사랑의 남자와는 아주 다른 사람이었지만 매우 특별한 사람이었습니다. 씩씩했으며 매력적인 성격을 지니고 있었습니다. 유머감각이 있는 사람이었어요. 그리고 정확한 사람이기도 했지요. 그런 그가 어느 날 친구 세 명과 함께 승진하게 되었다면서 이렇게 말했습니다. '우리 모두 특수부대로 옮겨가게 됐어. 우리는 진짜 경찰관이 되는 거야.' 우리는 모두 흥분했고 또한 그것을 축하해주었습니다.

그와 그의 친구들은 정기적으로 저를 찾아왔고 때로는 오랫동안 머물다 가기도 했습니다. 그런데 갑자기 이상한 시간이 찾아왔습니다. 그들은 쉴 수가 없었습니다. 그러더니 어느 날 뜻밖에 제가 두려워하는 '여행'이란 말을 중얼거리고는 차를 타고 가버렸습니다. 그를 사랑했던 사람으로서 저는 그가 어디에 있는지, 잘 있는지 그의 안부가 걱정되어 제대로 잠을 이룰 수 없었습니다. 하지만 '모르는 것이 약이다'라고 생각하면서 살아가는 수밖에 없었습니다.

그가 특수부대에서 약 3년을 보내고 나타났을 때 우리의 지옥 같은 생활이 시작되었습니다. 그는 아주 말이 없었습니다. 틀어박혀 있으려고만 했습니다. 때때로 손에 얼굴을 파묻고는 자제하지 못하면서 머리를 흔들었습니다. 그가 몹시 술에 취해 있다는 것을 알았습니다. 밤엔 잠을 자지 못한 채 창가를 왔다 갔다 하면서 서성거렸습니다. 그는 생생하게 살아나는 자신의 큰 공포심을 감추려고 애썼습니다. 하지만 저는 그것을 금방 알아차릴 수 있었습니다. 어느 날 새벽 2시에서 2시 반쯤 저는 그의 거친 숨소리에 놀라 깨었습니다. 그는 침대를 이리저리 굴러다니고 있었습니다. 그의 얼굴은 창백했고, 무더운 여름날이었는데도 온몸에 식은땀을 흘리고 있었습니다. 당황해하는 그의 눈동자는 죽은 사람처럼 풀려 있었습니다. 그리고 몸을 떨었습니다. 무서운 경련을 일으키는가 하면 영혼의 밑바닥에서 터져 나오는 공포와 고통 때문에 비명을 지르기도 했습니다. 때로는 움직이지 않고 앉아 멍하니 앞을 바라보곤 했습니다.

저는 알 수 없었습니다. '여행' 중에 그에게 무슨 일이 일어난 것일까요? 저는 지옥을 지나가고 있었습니다. 그래서 기도하면서 하느님께 이렇게 탄원했어요. '하느님, 어찌된 일인가요? 그에게 무엇이 잘못된 걸까요? 그가 이렇게까지 변할 수 있는 걸까요? 그가 미쳐가고 있는 것은 아닌지요? 저는 더 이상 어떻게 할 수가 없습니다. 그렇다고 여기서 도망쳐버릴 수도 없어요. 제가 그를 떠난다면 그런 행위는 남은 생애 내내 저를 따라다니며 괴롭힐 테니까요.'

오늘 저는 압니다. 모든 의문과 저를 괴롭히고 있는 문제들에 대한 대답이 무엇인지 알게 되었습니다. 모든 것이 어디에서 시작되었는지, 그리고 그 배경도 알게 되었습니다. '맨 꼭대기'에 있었던 사람들과 그 '일당'들이 어떤 역할을 했는지 알게 되었습니다. 그리고 '우리의 (젊은) 남자들이' 피투성이의 잔인한 명령을 단지 '독수리'처럼 수행했다는 것도 알게 되었습니다. 그런데 높은 사람들과 그 일당은 모두 무죄라고 말하면서 손을 씻고 진실과 화해 위원회에 저항하고 있습니다. 그래요, 저는 저와 늙은 백색 아프리카를(백인들의 아프리카를 가리킴) 평화롭게 잠잘 수 있게 해주었던 살인자들 옆에 서 있습니다.

저는 (남아프리카 흑인들의) 투쟁이 진실로 무엇에 대한 투쟁이었나를 마침내 이해하게 되었습니다. 제가 그들처럼 모든 것을 부정당했다면 저 역시 똑같이 싸웠을 것입니다. 제 삶이, 제 아이들과 부모의 생명이 법률의 이름으로 질식당해 죽어갔다면 저도 그렇게 했을 거예요. 백인들이 가장 좋은 것을 가지고도 만족하지 않고 여전히 더 좋은 것을 원하며 그리고 그것을 잔인한 방법으로 획득해가는 것을 보아야 했다면 저 역시 싸웠을 것입니다. 저는 그렇게 싸워온 사람들을 존경하고 부러워합니다.……

만약 데 클레르크 씨(1989~94년 남아프리카공화국의 대통령으로 있었다)가 자신은 몰랐다고 말한다면 저는 그것을 이해할 수 있습니다. 하지만 맙소사, 일당들이 있음에 틀림없어요. 그 모든 작전이 어떻게 '위로부터 명령'을 받아 집행되었는지 아직도 살아 얼굴을 드러내고 말해줄 수 있는 누군가가 있습니다.

맙소사! 난폭한 인권유린 행위보다 더 비정상적인 삶이 어디 있겠습니까? 사람의 영혼을 죽이는 것은 육체적인 살인보다 더 비인간적입니다. 적어도 여기에 살인에 가담한 한 희생자가 남아 있습니다. 쓰레기가 되어버린 이 불쌍한 사람들을 다시 온전한 사람으로 만들 수 있는 힘이 저에게 있었으면 좋겠습니다. 저는 모든 사람의 과거에서 낡은 옛 남아프리카를 쓸어내 버릴 수 있기를 소망합니다. 쓰레기가 되어버린 저의 독수리(이 글을 쓴 헬레나라는 여인의 두 번째 애인을 가리킴)가 어느 날 밤 저에게 해준 다음과 같은 말로 이 글을 끝맺습니다. '그들은 천 번이라도 나를 사면해줄 수 있을 것이다. 그러나 하느님이, 그리고 모든 사람들이 천 번이나 나를 용서해준다 할지라도 나는 이 지옥을 벗어날 수 없을 것이다. 문제는 나의 머리 속에, 나의 양심에 있기 때문이다. 여기에서 벗어날 수 있는 길은 단 하나뿐이다. 내 머리를 폭파시켜달라.

왜냐하면 내 머릿 속에 내 지옥이 있기 때문이다."

1995년 4월 15일 첫 TRC 조사청문회가 열린 뒤 약 2년 반에 걸쳐 수많은 끔찍한 이야기들이 TV와 신문, 라디오를 통해 공개되었다. 첫 청문회는 동부 케이프Eastern Cape 지역에서 열렸는데, 폭탄으로 청문회장을 폭파시켜 버리겠다는 위협이 있어 한때 중단되기도 했다. 이곳에서 첫 청문회가 열린 것은 그곳이 인종차별에 맞선 아프리카 흑인들의 저항운동이 시작된 상징적인 곳이었기 때문이다.

청문회를 통해 감춰졌던 살인과 고문의 실상이 자세히 드러났는데, 만델라와 그의 동지들이 상상한 것 이상으로 끔찍했다. ANC도 자신들이 정치적 동기에서 저지른 범죄의 어두운 역사를 보고서를 통해 고백했다. 반역과 배신과 강간, 살인 등의 이유로 해외에 있는 수용소에서 자기 조직원들을 처형한 사실을 인정했다.

청문회에서 드러난 반인륜적 만행의 예들을 보면 다음과 같다.

백인 경찰관 5명이 사면을 신청했다. 프리토리아 지역에서 사람 10여 명을 죽인 범죄자들이었다. 그들은 자신들이 사냥의 대상으로 삼았던 '테러리스트'들을 잡아 어떻게 고문했으며, 죽은 시체를 어떻게 처리했는가를 진실과 화해 위원회에 나와 고백했다. 그들은 혐의자들에게 전기고문을 했다는 사실을 털어놓으면서 모진 고문이 광범위하게 사용되었음을 시인했다. "우리는 해롤드 세폴로를 다른 두 사람과 똑같은 방법으로 심문했습니다.……" 이들의 진술을 통해서 이러저러한 고문이 보안경찰의 심문 과정에서 으레 거쳐야 하는 과정이라는 것을 위원회는 알게 되었다.

북부 트랜스발 보안경찰대의 준위 폴 반 버렌은 그의 동료들로부터 '일렉트리시언electrician(기고문 기술자)'라는 별명을 얻은 사람인데, 그는 청문회에서 다음과 같이 말했다.

"우리는 앞에서 심문한 두 사람, 즉 잭슨 마아크와 앤드루 마쿠페를 다룬 것과 똑같은 방법으로 세폴로를 신문했습니다.…… 우리는 들고 다니는 노란색의 로빈 발전기를 가지고 세폴로의 몸에 전기충격을 가했습니다. 그가 불게 하기 위해서였지요.…… 두 개의 전선 가운데 하나를 그의 발에 붙이고 다른 하나는 손에 붙였습니다. 발전기를 돌리자 그의 몸이 충격을 받아 뻣뻣하게 굳어졌습니다.…… 세폴로는 아주 강한 사람이었어요. 그는 자신이 하고 있는 일에 대해 확신을 갖고 있었습니다. 그것이 옳다고 믿고 있었어요. 거듭 캐묻자 그는 위트뱅크에 있는 ANC의 고위 조직원이라는 것을 시인했습니다.

조 마마셀라가 그의 코에 칼을 들이대자 그는 더 많은 정보를 털어놓았습니다. 그는 살려달라고 호소했습니다. 그러고는 '신이여, 아프리카 사람들을 축복하소서'라는 노래를 불러도 괜찮냐고 물었습니다.…… 그는 우리가 자기를 죽일지도 모른다고 말했습니다.…… 그러나 그는 ANC가 어느 날 남아프리카를 통치하게 될 것이며, 아파르트헤이트 체제는 살아남을 수 없을 것이라고 주장했습니다.…… 전기 충격으로 마아크가 죽자 마마셀라는 그의 몸을 ANC의 깃발로 덮어주었어요. 그다음 우리는 마쿠페에게 전기충격을 가해 죽였고, 세폴로도 그렇게 죽였습니다.……

모든 세포조직을 파괴하기 위해서는 그들을 죽일 필요가 있었습니다. 그들에게 무슨 일이 일어났는지 아는 사람은 우리 말고는 아무도 없었어요. 그들의 시체를 지뢰로 폭파해버렸으므로 그들이 누구인지 알아보는 것은 불가능했습니다.…… 우리가 이런 일을 즐긴 것은 아닙니다. 우리는 이런 걸 원치 않았어요. 그러나 우리는 그들이 죄 없는 여자들과 어린이들을 죽이는 것을 중지시켜야 했습니다. 더구나 우리는 ANC와 전쟁을 하고 있었으니까요. 나는 세폴로에 대해 큰 존경심을 품고 있습니다. 우리가 그를 죽일 때에 그가 보여준 행동 때문입니다."

더크 쿠치는 한때 프리토리아 근처에 있는 블락플라스의 책임자였다. 블락플라스는 악명 높은 경찰 살인부대의 본부라는 것이 밝혀졌다. 쿠치와 앨먼드 노포멜라, 그리고 데이비드 치칼랑가는 그리피스 움크셍게를 살해한 사건에 대해 사면을 신청해놓고 있었다. 움크셍게는 ANC의 활동가들을 변호해온 더반의 탁월한 변호사였다. 쿠치는 사면위원회에서 이렇게 말했다.

"포트 나탈 보안부대의 반 델 호벤 준장이 결정을 내렸습니다. 그는 나에게 움크셍게가 몸에 박힌 가시와 같은 자라고 말했어요.…… 왜냐하면 그는 ANC의 간부들을 교육시키는 변호사라는 것이었지요.…… 그리고 그가 법률을 아주 충실하게 지키기 때문에 그를 어떻게 처벌할 수가 없다는 것이었습니다.…… 그를 처리하는 계획을 지시받기까지 나는 그의 이름을 들어본 적이 없었습니다. 그 계획이란 단 하나, 이 자를 제거하는 것, 그를 죽이는 것이었어요."

쿠치는 SABC 라디오 방송과의 인터뷰에서 선발된 5명의 흑인 경찰관들이 움크셍게를 어떻게 살해했는지를 자세히 설명해주었다.

"……브라이언 엔그쿨룽가가 줄루인이고 그 지역을 잘 알고 줄루 말도 잘하기 때문에 선발되었어요.…… 데이비드 치칼랑가는 1973년 이후 알게 되었는데, 그도 저와 함께 일했습니다.…… 저는 그가 경찰에 들어오도록 도왔고, 그 뒤 그는 블락플라스에서 일해왔습니다. 믿을 수 있는 친구였어요. 그리고 앨먼드 노포멜라는 냉정한 사람으로 이 일에 딱 맞는 사람이었습니다. 그는 일을 맡으면 호랑이처럼 행동하는 친구였어요. 무슨 일을 맡으면 그는 주저함이 없었어요. 그는 배짱도 좋았지요. 그리고 조 마마셀라는 이런 일에 최고의 적성을 가진 친구로, 살인의 본능을 지니고 있는 사람입니다.…… 담배도 술도 전혀 하지 않습니다.…… 그를 보면 의심할 여지 없는 살인자라는 것을 한눈에 알 수 있어요. 그는 결코 멈추는 법이 없습니다. 그가 쓰는 총도 마찬가지고요.……"

강도에게 살해당한 것으로 위장하기로 계획을 세웠다. 그리곤 대원들이 칼과 타이어용 렌치로 움크생게를 공격했다.

"치칼랑가가 먼저 칼로 그를 찔렀습니다.…… 그러나 그는 움크생게의 가슴에서 칼을 뽑아낼 수 없었습니다.…… 그때 움크생게가 자기 몸에서 칼을 뽑아냈습니다. 그러고는 그 칼을 들고 그들을 쫓아오기 시작했어요. 그러자 앨먼드가 스패너로 그를 내려쳤습니다. 그리곤 앨먼드와 조가 미친 듯이 그를 찌르기 시작했습니다."

사면위원회의 청문회에서 판사는 앨먼드 노포멜라에게 물었다.

윌슨: 그를 왜 그렇게 여러 번 찔렀는지 그 이유를 말해줄 수 있습니까?

노포멜라: 그 이유란 아마도…… 움크생게는 좀처럼 땅에 쓰러지지 않았어요. 그는 계속 싸우려고 했어요.

윌슨: 그는 자신의 생명을 구하려고 싸운 것 아닌가요, 안 그래요?

노포멜라: 맞습니다. 판사님.

윌슨: 피해자가 어떤 무기라도 갖고 있었나요?

노포멜라: 아니요, 전혀. 제가 아는 바로는.

움크셍게의 부인 빅토리아는 정부의 시체안치실에서 남편의 몸을 보았다.

"찔리고 찢긴 데가 45군데나 되었습니다. 폐와 간과 심장 등 그의 온몸이 찔리고 뚫려 있었습니다. 목구멍은 난도질당해 있었고 귀도 잘려나가 있었어요. 그리고 위장은 찢어진 채 꺼내어져 있었고요."

살인자들은 광포하기 이를 데 없었다. 냉혹하게 사람을 해치우는 것, 그것이 그들이 하는 일이었다. 그들에겐 아무 느낌도 없었다. 그들은 효율적이고 무자비하며 무감각한 살인기계의 일부일 뿐이었다.

더크 쿠치는 동부 케이프에서 경찰이 납치해온 한 남자를 살해한 사건에 대해서 사면을 신청했는데, 당시 벌어진 일을 이렇게 말했다.

"음료수에 물약을 타서 잡아온 시즈웨 콘딜에게 먹였습니다.…… 마취제를 탄 이유는 멀쩡한 정신을 가진 사람이라면 어느 누구도 정상적으로 눈을 뜨고 있는, 정신을 잃지 않은 사람의 머리에 총을 들이대고 방아쇠를 당길 용기가 나지 않을 것이라고 생각했기 때문입니다. 플레밍턴 소령의 부대원 한 명이 마카로프 권총에 소음기를 달아 누워 있는 콘딜의 머리에 총을 쏘았습니다. 그의 몸이 짧은 경련을 일으키더니 그것으로 끝이었습니다.…… 4명의 젊은 경찰관이 콘딜의 손과 발을 묶어 장작과 타이어 더미에 올려놓고는 석유를 뿌리고 불을 붙였습니다.…… 그런 일이 벌어지는 동안 우리는 그 불가에서 술을 마시고 고기(바비큐)를 구워 먹었지요. 우리가 용감했다는 것을 보여주기 위해 이런 말을 하는 것이 아닙니다. 우리가 그만큼 무감각하다는 것과, 당시 우리가 어느 정도나 극단으로 나가 있었던가를 보여드리기 위해 말씀드렸을 뿐입니다.…… 시체가 완전히 재가 되는 데는 약 7시간이 걸렸습니다. 두꺼운 살덩어리, 특히 엉덩이 살과 허벅지 살이 타는 데는 시간이 오래 걸리므로 그것을 완전히 재로 만들기 위해 밤새 돌려가며 태워야만 했습니다.……"

사람이 같은 사람을 죽일 수 있고, 그 시신을 장작불에 얹어놓고 태우면서 그 옆에서 술과 바비큐를 즐길 수 있다는 사실에 사람들은 절망을 느낄 것이다. 그들의 인간성에 어떤 일이 일어난 것일까? 사람의 몸이 탈 때에는 특별한 냄새가 나므로 대부분의 사람들은 그 냄새에 속이 뒤집어진다고 한다. 그런데도 그들은 그 옆에서 어떻게 고기를 구워먹을 수 있단 말인가? 살아가기 위해 그들의 인격이 두 개로 분열되어야만 했던 것인가? 그렇게 하고도 어떻게 집으로 돌아가 아내를 껴안을 수 있으며, 아이들의 생일 파티를 즐길 수 있을까?

동부 케이프에서 일어난 많은 사건의 경우 사람들은 대부분 흔적도 없이 사라졌다. 그들의 시신을 완전히 재로 만들어버렸기 때문이다. 그러나 '크래독의 4인'의 경우엔 그들이 행방불명된 지 1주일 뒤에 온몸이 끔찍하게 절단된 채 발견되었다(1985년 6월 인종차별 반대운동을 하던 활동가들 가운데 매튜 고니위, 포트 칼라타, 스패로우 움크혼토, 시셀로 움흐라울리 등 4명이 크래독이라는 작은 도시로 가는 도중 납치되었다). 하지만 이들을 죽인 살인범이 누구인지는 TRC가 세워지고 난 뒤에야 비로소 밝혀졌다.

유가족들을 대신하여 신문에 나선 조지 비조스 변호사는 청문회에서 이 사건으로 사면을 신청한 경찰관들 가운데 하나인 존 마틴 반 질과 다음과 같은 질문과 대답을 주고받았다.

비조스: 반 질 씨, 27일 밤 당신이 살해한 네 명의 시신에서는 찔린 곳이 63군데나 발견되었어요. 그 지구의 외과의사가 작성한 이 보고서에 동의합니까?

반 질: 저는 동의할 수 없습니다.

비조스: 63군데나 되는 상처가 야만적인 행위의 증거라는 데 동의하지 않는다는 말인가요?

반 질: 정말 그렇습니다. 우리는 그들이 자경단원의 공격을 받은 것처럼 보이게 하라는 지시를 받았습니다. 그리고 더 인간적인 방법으로 죽이면 같은 효과를 낼 수 없다는 지시도 받았고요.

비조스: 살인 사건을 조사하는 사람들로 하여금 조사에 혐오감을 갖게 하고 그들을 오판케 하기 위해 그런 야만적인 행동을 했다고 말하는 건가요?

반 질: 사실, 그렇습니다.

체포된 ANC의 활동가들 가운데는 교도소에 넣겠다는 위협이나 죽여버리겠다는 협박에 굴복하여 경찰을 위해 일한 사람들도 있었다. 그들을 가리켜 '아스카리스'라 부르기도 했는데, 조 마스말라 역시 그런 사람 가운데 하나였다. 그는 살인부대로 알려진 블락플라스에서 일했다. 그 스스로 인정한 대로 그는 ANC의 정치활동가 12명을 살해한 사건에 가담했다. 그는 젊은이들 그룹 속으로 침투한 후 군사훈련생들을 모집한다는 그럴듯한 말로 유인하여 경찰의 덫에 걸리게 하는 일을 하고 있었다.

TRC가 발족된 뒤 검찰총장은 그를 보호해주면서 그에 대한 처벌을 면제해줄 테니 국가가 내세우는 증인이 되어달라는 제안을 했으나, 그는 사면 신청을 거부했다. 그는 TRC에 대해서도, 그리고 옛날 그가 섬겼던 상관들에 대해서도 부정적인 태도를 취했다. 1985년 5월 포트엘리자베스의 흑인 시민조직 지도자들, 즉 '페브코의 3인'을 살해한 그의 전 동료들이 이 사건 때문에 사면을 신청했는데, 그 청문회에서 마스말라는 다음과 같이 증언했다.

> "이 지옥에서 보낸 나의 경험 전체를 통틀어 보아도 깨끗한 살인이라고 부를 만한 것을 본 적은 단 한 번도 없었습니다. 그런 것은 전혀 없었습니다. 그런 것은 남에게 불필요한 고통을 주고 싶어 하지 않는, 여기에 와 계신 정직하고도 고결한 신사 여러분들과 같은 사람들의 마음속에나 있을 수 있는 일입니다.…… 사람들은 잔인하게 죽어갔습니다. 짐승만도 못하게 죽어갔습니다.…… 보안경찰의 목표란 그저 사람을 죽여서 없애버리는 것이 아닙니다. 그들은 사람을 죽이기에 앞서 그로부터 얻어낼 수 있는 모든 정보를 캐내려고 합니다. 그래서 줄 수 있는 최대한의 고통을 줍니다. 가학적인 모든 방법을 쓰지요. 잘 계산된 방법을 씁니다. 그들은 그 방법을 잘 압니다. 저는 그들 가운데 하나였습니다."

'페브코의 3인', 즉 시포 하쉬와 챔피언 갈렐라, 그리고 카카울리 고돌로치는 크래독 근처에 있는 낡은 경찰서 안에서 살해되었다. 하쉬는 그를 심문하던 경찰관에게 ANC야말로 "민주적인 남아프리카를 대변하고 있다"라고 말했다. 그러자 어떤 일이 벌어졌는가를 마스말라는 다음과 같이 전했다.

"하쉬의 이런 대답은 다른 어떤 말보다도 기드온 니우드트 중위를 격노하게 만든 것 같았습니다. 중위는 쇠파이프를 집어 들더니 이 가난한 노인의 머리를 내려쳤습니다. 그러자 다른 사람들도 여기에 가세했습니다.…… 하쉬가 자신을 위해 할 수 있는 일이라고는 큰 소리로 비명을 지르는 것뿐이었습니다. 니우드트 중위는 비명소리가 이웃 농민들의 주의를 끌지 못하도록 그의 입을 틀어막으라고 나에게 지시했습니다. 나와 피에트 모고아이는 이 노인의 비명소리를 막으려고 그와 싸웠어요. 그러는 동안 다른 사람들은 이 노인을 발로 차고 주먹과 몽둥이로 마구 때렸습니다. 니우드트 중위가 쇠파이프로 몇 차례 더 내려칠 때 나는 이 노인의 콧구멍에서 피가 줄줄 흘러나오는 것을 보았어요. 귀와 입에서도 피가 나왔고요. 나는 노인의 눈동자가 하얗게 바뀌는 것을 보았습니다. 혼절하여 막 숨이 넘어가려고 할 때 그렇게 되더군요.…… 매질은 계속되었고 마침내 노인의 머리와 얼굴이 피로 뒤덮인 채 땅바닥에 누워 있는 것을 보았습니다.……

챔피언 갈렐라를 공격할 때는 아주 끔찍한 일이 벌어졌어요. 베슬라르 준위가 갈렐라의 고환을 꺼내놓고는 그것을 골프공만 한 크기로 쥐어짜더니 오른 손으로 힘껏 내려친 것입니다. 그러자 갈렐라의 얼굴 색깔이 창백해지더니 푸른빛을 띤 색깔로 바뀌는 것을 보았습니다. 그의 생식기에서는 노란 액체가 흘러나오고 있었습니다. 블락플라스의 지옥에서도 내가 본 가장 끔찍한 장면이었습니다. 나는 이 악마의 뱃속(블락플라스를 가리킴)에 오랫동안 머물러 있었습니다. 그러나 그 이후에도 나는 이토록 끔찍한 것을 보지 못했어요. 내 생애에 가장 비인간적인 경험이었습니다."

사면 신청을 거부한 관리들과 정치인들은 정상적인 법절차에 따라 처벌받았다. 전 국방장관이었던 군 장성 매그너스 말란도 다른 사람들과 함께 기소되었는데, 지대한 관심과 흥분 속에 재판이 진행되었다. 콰줄루에서 벌어진 학살을 명령한 음모에 가담했다는 혐의였다. ANC는 재판 끝에 말란이 석방되자 큰 좌절을 겪었지만 만델라는 이 판결을 받아들였다.

TRC는 아파르트헤이트 보안부대의 고위 장교들을 조사하는 과정에서 여러 잔인한 범죄에 책임이 있는 자들이 누구인지 밝혀 내는 성과를 올렸다. 그 가운데 하나가 '최고 악질prime evil'로 알려진 유진 드 콕이었다. 살인부대를 조직한 악명 높은 블락플라스 수용소를 지휘한 자인데, 그는 자신의 최후의 두목이 데 클레르크 전 대통령이었다고 지목했다.

자백을 통해 경찰과 군 간부들은 조직적인 고문과 살인의 실상을 밝혀주었다. 희생자들의 시체를 토막내거나 불태워 재로 만들어버린 일, 그리고 서류들을 파기해버린 것 등도 털어놨다. 스티브 비코를 어떻게 죽였는지에 대해서도 상세하게 말해주었다.

TRC의 위원들은 책임의 소재를 꼭대기까지 추적해 올라가 정치인들에게 자신들의 죄과를 인정하라고 설득했다. 어떤 전직 장관들은 죄과를 부분적으로 인정하고 사죄했다. 픽 보타는 경찰이 정치적 반대자들을 죽이거나 고문하고 있다는 것을 모든 각료들이 적어도 어렴풋이 알아차리고 있었으나 그것을 중지시키는 조치를 취하지는 못했다고 시인했다. "나는 이를 태만히 한 것을 깊이 유감으로 생각한다. 하느님, 저를 용서해주소서!"라고 그는 말했다.

전 경찰청 장관 애드리언 블록은 "우리 수뇌부에 있었던 사람들은 깊이 생각해보지도 않은 채 어떤 결정들을 내리고 용어들을 사용했다"라고 시인했다. 그러나 그는 조사가 진행되자 "데 클레르크 자신이 명령을 내렸다"라고 분명하게 밝혔다. 하지만 데 클레르크는 계속 진실을 회피해나갔다. "우리 국민당은 과거의 많은 과오를 시인할 준비가 되어 있으며 이에 대해 진심으로 참회하고 있다"라고 그는 말했으나, 정부의 관습을 벗어난 전략들을 통해 암살이나 살인, 고문, 강간, 공격 등을 허가한 적은 결코 없었다고 주장했다. 많은 사실이 밝혀졌음에도 드 크레르크는 정부가 보안부대에 살인 허가를 내주었다는 사실을 부인했다. 그러자 위원장 투투 주교는 "눈사태처럼 쏟아져 내리는 수많은 정보들이 말해주고 있음에도 불구하고 그가 진실을 부인하고 있는 것을 도저히 이해할 수 없다"라고 격앙된 어조로 말했다.

1980년대에 일어난 많은 잔학행위의 궁극적인 책임은 국가안전보장회의 State Security Council, SSC에 있었다. 그리고 이 SSC의 의장은 P. W. 보타 대통령이었다. TRC는 그가 위원회에 나와 증언해야 한다고 주장했다. 그러나 그는 TRC가 서커스(곡마단)에 지나지 않는다고 비난하고 위원회의 종교적 배경을 공격하면서 증언을 거부했다. 보타의 친구들은 보타가 만델라를 투옥하여 순교자로 만들었듯이 보타를 순교자로 만드는 실수를 저질러서는 안 될 것이라고 만델라에게 경고했다.

만델라도 투투 주교도 보타와의 대결을 피했다. 만델라는 보타에게 자신과 동행하여 청문회에 참석해보지 않겠느냐고 제안했지만 그는 그것도 거절했다. 그는 위원회의 소환을 거부한 죄로 기소되었지만 그의 거부 태도엔 변함이 없었다. 위원회는 보타가 의장으로 있는 SSC가 정치적 반대자들을 '무력화'시키기 위해 어떤 지시를 내렸는가를 보여주는 서류들과, "구류 이상의 방법들"을 써야 할 사람들의 명단을 작성했다는 사실을 보여주는 자료들을 공개했다. TRC는 보타에 대한 최종 보고서에서 그의 지휘 아래 저질러진 "대대적인 범법행위"에 대한 리스트를 밝혀 놓은 후 "그가 대규모의 인권 침해 행위가 일어날 수 있도록 환경을 조성하고 촉진시키는 데 이바지했으며 그런 위반 행위에 책임이 있다"라고 결론지었다.

TRC는 모두 2만 1,300명에 이르는 피해자와 가해자의 증언을 들었으며, 1998년 10월 그동안 밝혀진 사실들을 정리하고 분석하여 5권의 보고서를 만들었다. 이 가운데에는 ANC에 대한 고발도 포함되어 있었다. 이 보고서는 양쪽으로부터 격렬한 반응을 일으켰다. 데 클레르크는 그가 지시한 여러 폭탄 투척행위를 은폐했다는 이유로 고발당하자 케이프타운 고등법원에 소를 제기했다. 그는 TRC가 그에 대한 판단을 내리지 못하게 하는 데 성공하여 보고서의 인쇄 단계에서 제외되었다.

이보다 더 우려를 자아낸 것은 인종차별에 맞서 싸운 ANC의 반응이었다. ANC는 보고서의 일부만을 보고 특별 청문회를 열자고 요구했다. TRC의 위원들은 양분되었다. 결국 위원장인 투투 주교가 캐스팅 보트를 쥐게 되었는데, 그는 ANC에 반대표를 던졌다. 만델라가 ANC 사무총장과 한 시간 가량 전화로 설득했음에도 불구하고 ANC는 만델라의 충고를 듣지 않고 보고서의 간행을 중지시켜줄 것을 법원에 요청했다. 그러나 데 클레르크의 경우와는 달리 기각당했다. 투투 주교는 ANC가 권력을 남용하고 있다고 분노하면서, "어제의 억압받던 자는 쉽게 오늘의 억압자로 바뀔 수 있는 법"이라고 경고했다. 그는 "우리는 이런 것을 세계 곳곳에서 보아왔으며, 그것이 이곳에서 또다시 일어났다 하여 놀랄 일은 아니다"라고 비난했다.

TRC는 1998년 10월 29일 대통령에게 보고서를 제출할 때 피해자들 가운데 TRC가 선정한 약 2만 명에게 잠정적인 긴급 구호금을 주기로 결정했다. 이 긴급 구호금은 모두에게 똑같은 액수가 지급되는 것이었는데, 그 액수는 피해자 한 사람당 2천 랜드(미화 330달러)였다.

위원회는 이 밖에도 거의 모든 피해자들에게 최종적인 보상금으로 1년에 1인당 2만 3천 랜드(미화 3,840달러) 한도 내에서 6년 동안 지급하는 것이 좋겠다는 제안을 정부에 내놓았다. TRC는 이 비용이 약 29조 랜드(미화 약 4억 7,700만 달러)에 이를 것으로 추산했다.

위원회는 이런 제안을 하면서 적지 않은 문제를 검토해야만 했다. '중요한 분야에 쓸 돈도 많은데, 정부가 이런 예산을 감당할 수 있을까?' '아파르트헤이트 체제는 그 자체가 반인륜적 범죄이고 이 악한 체제 아래에서 고통을 당한 모든 사람들을 다 피해자라고 보아야 하는 것은 아닌가?' 하는 점이었다.

TRC는 진실을 고백한 가해자들에게 사면 조치를 취해달라고 정부에 건의한 뒤 2003년 그 임무를 끝냈다. 이 위원회에서 끝까지 증언을 거부한 자들도 적지 않았다. TRC 의장이었던 투투 주교는 TRC를 무시하고 진실을 밝히지 않은 사람들이 처벌받지 않음으로써 결과적으로 법치주의에 대한 존엄성이 손상되는 결과를 가져왔다고 비판했다. 그는 명령을 받고도 TRC에 출두하지 않은 자들을 기소했어야 했다고 아쉬워했다.

2. 만델라의 용서

만델라는 자신을 박해하고 투옥시킨 사람들을 용서한 것으로도 유명하다. 만델라는 교도소에 가기 전엔 매우 전투적인 사람이었다. 권투를 할 때도, 연설을 할 때도 그러했다. 젊은 만델라는 그가 백인이든 배신자든 적대적인 사람들과 맞서 싸우는 것을 마다하지 않았다. 기꺼이 대결했다.

이런 만델라가 바뀐 것은 교도소에서였다. 교도소는 그에게 대전환을 가져온 산실이었다. 피로써 느끼고 알아서 바꾼 것이 아니라 머리로 알아 바꾸었다. 그는 용서 없이는 남아프리카에 미래가 없다는 것을 깨닫게 되었다. 교도소에서부터 그는 백인들에 대한 태도를 바꾸었다.

만델라는 무력이나 야만적인 폭력을 써서 남아프리카를 새 나라로 만든 것이 아니라 화해를 통해 이루어냈다. 무지개가 여러 색깔로 이루어져 있듯이 그는 남아프리카가 모든 인종을 함께 끌어안는 무지개 나라 Rainbow Nation가 되어야 한다는 것을 깨달았다. 모든 사람이 "나도 우리 정부에 참여하고 있다"라고 말할 수 있는 '국민통합정부Government of National Unity'가 만들어져야 한다고 생각했다.

만델라는 남아프리카의 가장 위험한 소수파인 아프리카너들과 화해하고 그들을 정부에 참여시켜야 한다고 생각했다. 그는 그들이 저지른 과거의 범죄를 잊을 수 없었다. 그러나 손에 피를 묻힌 사람들도 포용하여 그들 역시 새 나라의 구성원으로 참여시키는 것이 중요하다고 생각했다. 만델라는 그들의 충성심을 올바른 방향으로 돌려놓을 수 있다고 확신했다. "그들은 변할 것이다. 한번 바뀌면 그들은 180도 달라질 수 있다"라고 그는 말했다.

만델라는 교도소에서 나온 뒤 그의 적이었던 사람들을 찾아가 화해의 손을 내밀었다. 그의 그런 행동은 커다란 파문을 일으켰다. 대통령에 취임한 뒤 1995년 11월 그는 보타 전 대통령을 찾아갔다. 보타는 만델라를 공산주의 테러리스트라고 비난하면서 그를 로벤 섬의 교도소로 보낸 사람이다. 그는 만델라의 방문을 받았을 때에도 여전히 그와 '냉전'을 하고 있는 것처럼 보였다. 보타는 만약 만델라 정부가 아파르트헤이트 체제 아래서 저지른 행위 때문에 아프리카너 장군들을 처벌한다면 큰 재난을 면치 못할 것이라고 경고했다. 그때 "만델라는 아무 말도 하지 않은 채 내 눈을 똑바로 쳐다보고 있었다"라고 보타는 회고했다. 보타는 그들의 만남을 기록하는 카메라 앞에서 손을 내저었다. 만델라는 그것을 재미있다는 표정으로 바라보고 있었는데, 그 표정엔 관용이 담겨 있었다.

만델라는 투옥된 후 그를 감시하고 박해했던 사람들을 기꺼이 맞아들였다. 그는 아파르트헤이트 체제하에서 최고 정보책임자로 일했던 니엘 바너드와 로벤 섬의 총사령관이었던 윌렘스 장군을 초청하여 프리토리아에서 만찬을 함께했다. 많은 감동을 받은 윌렘스는 나중에 "그런 일이란 살아가는 동안 모든 사람이 겪을 수 있는 사건이 아니다. 내 생애에서 잊을 수 없는 놀라운 체험이었다"라고 말했다.

만델라는 아프리카너 교회들에도 손을 내밀었다. 어느 일요일 그는 프리토리아에 있는 네덜란드 개혁교회의 집회에 참석했다. 사람들이 그를 따뜻하게 맞아주어 그 또한 기뻤다. "모든 사람들이 내 몸을 만지려고 했습니다. 모든 여자들이 나에게 키스하려고 했어요. 어린이들은 내 다리에 매달리려고 했습니다." 몇 년 전만 해도 그는 공격당하지 않기 위해 경호해줄 사람이 필요했을 것이었다.

그는 또한 흑백 간의 투쟁에서 지도적인 역할을 했던 사람들의 미망인들을 찾아가 인사를 나누었다. 1995년 8월 만델라는 옛날 자신을 박해했던 헨드릭 버워드 박사의 미망인을 찾아갔다. 아흔네 살의 이 노인은 만델라에게 차를 대접하고는 준비해놓은 짤막한 글을 읽어내려갔다. '민주적인 국민국가'를 만들어야 한다고 호소하는 내용이었다. 미리 써놓은 연설문을 안경 없이 더듬거리며 읽는 이 미망인을 도와 만델라는 옆에서 문장을 한 마디씩 읽어주었다. 버워드 박사의 부인은 자기 남편의 동상을 가리키며 "당신은 저 사람을 아주 작은 사람으로 만들어버렸다"라고 만델라에게 말했다.

만델라는 자신을 기소하여 그를 교도소로 보내는 데 중요한 역할을 한 84살의 전 검사 퍼시 유타를 초대하여 프리토리아에서 오찬을 함께했다. 그는 법정에서 만델라를 향해 소리를 지르며 장광설을 늘어놓았던 사람이다. 만델라는 이 노쇠한 작은 법조인을 향해 "아직도 젊고 기운차 보인다"라고 듣기 좋은 말을 했다. 유타는 만델라의 큰 도량에 놀라면서 "이 성스러운 사람이 큰 겸손을 보여주었다"라고 말했다.

가장 난처했던 사람들은 아마도 로벤 섬의 교도소에서 만델라를 감시했던 사람들이었을 것이다. 아주 냉혹한 성격의 전 로벤 교도소 소장 야니 룩스 장군은 만델라가 자신을 오스트리아 주재 대사로 임명했을 때 당황하지 않을 수 없었다. 너무나 극단적인 행위로 보였기 때문이다. 로벤 교도소의 전 교도관 제임스 그레고리 역시 만델라의 관대함에 놀랐다. 그는 만델라가 써준 편지의 도움을 받아 『굿바이 바파나』라는 책을 출판했는데, 만델라는 이 편지에서 "우리가 함께 놀라운 시간들을 가질 수 있었던 데 대해" 그에게 감사한다고 썼다. 그레고리는 이 책에서 그가 쓸 수 있는 범위를 벗어나 만델라가 알리고 싶어 하지 않은 개인적인 비밀까지 자세히 공개하여 말썽을 빚었다. 그는 만델라의 허락을 받아 그렇게 쓴 것이라고 주장했으나 사실이 아니었다. 그레고리를 상대로 소송을 걸어야 한다고 주장한 사람들도 있었으나 만델라는 이를 묵살했다.

만델라는 1994년 5월 10일 거행된 대통령 취임식에서도 용서와 화해의 메시지를 드라마틱하게 보여주었다. 로벤 섬 교도소에서 그를 감시했던 백인 교도관 세 명을 귀빈석으로 초대하여 앉힌 것이다. 전 세계에서 약 10억 명의 사람들이 방송을 통해 이 취임식을 지켜보았다. 이 식전엔 힐러리 클린턴 미국 대통령 부인, 엘리자베스 영국 여왕의 남편 필립 공, 카스트로 쿠바 대통령, 아라파트 PLO 수반, 헤르조그 이스라엘 대통령, 니에레레 대통령 등을 비롯해 4천 명이상의 국내외 귀빈들이 참석했다. 5년 전 겨우 4명의 외국 축하사절만이 참석했던 1989년의 데 클레르크 대통령 취임식 때와 큰 대조를 이루었다.

만약에 있을 사태(암살)에 대비하여 4천여 명의 무장경찰이 만델라를 경호했다. 이 식전에서 수많은 장군들과 경찰 간부들이 만델라 대통령에게 경례하고 충성을 서약했는데, 지난날 그를 사냥의 대상으로 삼아 추적하고 교도소로 보냈던 군대와 경찰의 간부들이었다. "몇 년 전이라면 그들은 나에게 경례를 하는 것이 아니라 나를 체포했을 것"이라고 만델라는 회고했다. 취임연설에서 만델라는 "서로가 서로를 억압하는 지난날의 체험을 이 아름다운 나라가 다시는 겪게 하지 말자"라고 강조했다.

만델라는 아프리카너들과 화해해야 한다는 소신을 굳세게 지켜 나갔다. 그는 화해가 약함을 드러내는 것이 아니라 용기를 보여주는 것이라고 믿었다. "용기 있는 사람들은 용서하는 것을 두려워하지 않습니다. 평화를 위해서는 그렇게 해야 하기 때문이지요"라고 그는 말했다. 만델라의 용서는 인간의 본성에 대한 그의 믿음과 낙관론에 바탕을 두고 있다. 그는 젊은 시절부터 이런 낙관론을 갖고 있었는데, 교도소 생활을 하면서 그것이 약화되기보다는 더 강화되었다.

만델라의 화해와 용서는 이런 도덕적 관점 말고도 정치 전략적 측면에서도 결정적인 결과를 가져왔다. 그가 아프리카너들에게 더 많이 더 멀리 손을 뻗칠수록 백인 세력은 더욱더 분열되고 더 빨리 무장 해제되었다. 힘의 균형이라는 측면에서도 만델라의 용서는 그에게 도덕적 우위를 보여주었다. 그의 용서는 모든 사람들에게 이미 힘이 이동했다는 것을 일깨워 주었다.

만델라는 화해와 변화를 가져오는 데 스포츠가 중요한 역할을 할 수 있다고 생각했다. 그는 백인 스포츠맨들에게 손을 내밀었고, 백인들은 자신들에게 새로운 기회가 오고 있다고 이를 크게 기뻐했다. 국제 스포츠계는 아파르트헤이트 때문에 남아프리카의 대회 참가를 거부해왔는데, 만델라가 이를 풀어줄 것이라고 기대했다.

럭비는 남아프리카에서 아파르트헤이트와 밀접한 관계가 있었다. 백인들은 흑인들을 구타하면서 "우리는 지금 럭비를 하고 있는 중이다"라고 말할 정도로 럭비는 남아프리카 스포츠의 상징이었다. 남아프리카의 럭비 팀인 스프링복스의 선수들은 한 명의 유색인을 빼고 모두 백인이었다. 반아파르트헤이트 투쟁을 벌여온 적지 않은 사람들이 이 팀의 선수 구성을 바꾸어야 한다고 주장했으나 만델라는 그대로 유지했다.

1995년 6월 스프링복스 팀은 국제럭비연맹에 다시 복귀한 것을 기념하여 요하네스버그에서 뉴질랜드와 월드컵 럭비 결승 경기를 가졌다. 만델라는 "거의 정신을 잃을 지경이었다"라고 말했을 만큼 이 경기를 흥미있게 보았다. 스프링복스는 이 경기에서 승리했고, 만델라는 이 팀의 녹색 셔츠를 입고 운동장으로 나가 주장 프랑스와 피에나르에게 트로피를 주었다.

이 장면을 보자 백인들로 가득 찬 운동장의 관중들은 열광하면서 "넬슨! 넬슨!"을 연호했다. 그날 밤 술 취한 백인들은 흑인들과 서로 어깨를 걸고 한데 어울려 거리와 호텔을 누비며 돌아다녔다. 데 클레르크는 이런 광경을 보고 "만델라는 백인 럭비 팬 수백만 명의 마음을 사로잡았다"라고 말했다.

이처럼 만델라는 흔들림 없이 백인들을 용서하고 그들과의 화해를 추구했다. 그러나 포기할 수 없는 하나의 중요한 원칙을 굳게 지켜 나갔다. 앞서 '진실과 화해 위원회'에서 보았듯이 그것은 과거를 잊지 않는 것이었으며 지난날의 진실을 밝히는 것이었다. 즉 '망각하지 않는 용서forgive without forgetting'였던 것이다.

3. 만델라의 가족 관계

만델라는 두 번 이혼하는 아픔을 겪었다. 먼저, 1944년 월터 시술루의 사촌동생인 에블린 메이스와 결혼했다. 하지만 독실한 '여호와의 증인' 신자로 종교에 몰입해가던 에블린과 자유투사가 되어 전국적인 인물이 되어가던 만델라는 걷는 길이 너무 달랐다. 결국 에블린은 만델라의 곁을 떠나게 된다. 그 후 만델라는 위니를 만나 운명적인 사랑을 경험하며 두 번째 가정을 꾸린다. 위니는 만델라가 27년 동안 교도소에 갇혀 있는 동안에도 만델라의 곁을 지켜준 동지이기도 했다. 하지만 만델라가 '자유인'이 된 이후 여러 가지 일로 관계가 소원해져 두 사람은 1992년 '최선의 길'로 이혼을 택하게 된다.

만델라가 모잠비크의 전 대통령 사모라 마첼의 미망인 그라사 마첼과 처음 만난 것은 그가 석방된 지 여섯 달 뒤인 1990년 7월 모잠비크를 방문했을 때였다. 사모라 마첼 대통령은 이상한 비행기 사고로 1986년 사망했다. 그가 세상을 떠났다는 소식을 접하고 옥중에 있던 만델라는 부인 위니와 함께 위로의 메시지를 보냈다. 그라사는 답신에서 "귀하는 그 큰 교도소 속에서 내가 있는 어두운 시간 속으로 한 줄기 빛을 보내주었다"라고 썼다. 그리고 위니에게 보낸 편지에서는 "당신의 남편을 가둔 자들이 내 남편을 죽였다. 그들은 큰 나무들을 쓰러뜨리면 숲을 파괴할 수 있다고 생각한다"라고 말했다.

그라사는 이미 만델라를 자신의 영웅으로 받아들이고 있었다. 그래서 만델라가 모잠비크에 왔을 때 영빈관으로 가족과 함께 그를 찾아갔다. 만델라는 이때 깊은 인상을 받았다.

그들이 다시 만난 것은 만델라가 위니와 이혼한 뒤로, 그라사가 명예박사 학위를 받기 위해 케이프타운에 왔을 때였다. 만델라는 그녀의 감각과 자애로움에 깊은 감명을 받았다. 만델라는 그라사의 매력에 끌렸고, 그래서 만날 수 있을 때마다 만났다. 마첼 대통령의 여섯 자녀를 돌보았던 후견인 올리버 탐보가 세상을 뜨자 만델라가 그것을 이어받아 이들을 돌보게 되면서 만날 기회는 더 많아졌다. 그라사는 만델라보다 스물일곱 살이나 젊었다. 큰 눈에 환한 웃음을 짓는 그라사는 강한 성격을 지녔지만 위니처럼 남을 지배하려는 성격은 아니었다.

그라사는 농촌 출신으로 6남매 중 막내였다. 농민이었던 아버지는 감리교회를 통해 읽고 쓰는 것을 배웠다. 아버지는 그라사가 태어나기 바로 전에 세상을 떠나면서 딸들에게 그라사의 교육을 부탁했다. 그라사는 감리교회에서 장학금을 받아 리스본 대학에 진학했으며, 그곳에서 포르투갈의 식민주의에 반대하는 활동가로 발전해갔다. 학위를 받은 뒤 그녀는 탄자니아에서 아프리카 해방운동을 위한 '자유의 투사'로 교육을 받고 귀국하여 지도자인 사모라 마첼과 가까운 사이가 되었다. 당시 마첼은 부인이 세상을 떠난 뒤 6명의 자녀와 함께 살고 있었다.

1975년 모잠비크가 포르투갈에서 독립하자 마첼은 대통령이 되었고, 그라사는 스물아홉 살의 나이에 교육부장관이 되었다. 그리고 곧 마첼과 결혼하여 그의 여섯 자녀를 보살피게 되었다. 1986년 마첼 대통령은 원인을 알 수 없는 미스테리 비행기 사고로 세상을 떠났는데, 그라사는 남편의 죽음에 남아프리카의 백인 정권이 개입되어 있다고 믿고 있다. 그녀는 고독 속에서 4년 동안이나 검은 옷을 입고 남편을 추모하며 지냈다. 남편을 잃은 뒤 그라사는 어린이들의 복지를 위해 일했으며, 전쟁이 어린이들에게 미치는 영향에 대해 보고서를 만들어 유엔에 보내기도 했다. 그녀는 어린이들을 보살피면서 자연히 '만델라 어린이 기금'과 연결되었다.

1995년 만델라는 공개적으로 그의 새로운 사랑에 대해 암시를 주기 시작했다. 뒤이어 파리의 한 연회장에서는 그라사와 함께 있는 것이 목격되었으며, 짐바브웨의 무가베 대통령 결혼식장에서는 두 사람이 키스하는 장면을 보여줘 사람들의 눈길을 끌었다. 그라사는 드러내놓고 만델라를 찬탄해 마지않았으며, 만델라는 그녀의 따뜻함과 우아함을 사랑했다. 아이들에 대한 그녀의 지칠 줄 모르는 사랑에도 깊은 감명을 받았다.

만델라는 매일 그라사에게 전화했다. 그리고 정식으로 청혼했다. 그러나 그녀는 여전히 가족과 조국에 대한 의무감에서 벗어나지 못해 "나는 모잠비크에 속해 있다"라는 말을 되풀이했다. 그리고 "자신은 언제나 사모라 마첼의 부인으로 남아 있을 것"이라고 말했다. 만델라는 이런 그라사의 주장을 받아들이지 않을 수 없었다. 그래서 그들은 논의 끝에 그라사가 요하네스버그로 와서 매달 2주일을 만델라와 함께 보내기로 했다.

그들의 우정과 러브스토리는 이제 공공연한 사실이 되었다. 1996년 9월의 어느 일요일 오후에는 휴턴에 있는 만델라의 집 근처에서 만델라가 그라사의 등에 팔을 얹은 채 행복하게 웃으며 걷는 장면이 카메라에 잡혔다. 그라사는 한 라디오 프로그램에 나와 "참 놀라운 일이에요. 우리는 마침내 서로를 발견했고, 삶을 함께하게 되었습니다"라고 말했다.

위니는 그라사를 만델라의 '첩'이라거나 '포르투갈 여자'라고 비웃었다. 그리고 이들의 사랑이야말로 큰 웃음거리라면서 아프리카의 관습에 따르면 자신은 여전히 만델라의 부인이라고 주장했다. 그리고 이들의 결혼은 자기 자녀들을 망쳐놓을 것이라고 경고했다. 40년 전에 이혼한 에블린 역시 하느님의 눈으로 볼 때는 만델라가 여전히 자신의 남편이라고 주장했다. 에블린은 77살의 나이에 또 결혼할 생각을 갖고 있으면서도 그렇게 말했다.

1997년, 그라사는 만델라 대통령의 반려자가 되었음을 분명히 했다. 그녀는 대통령의 공식적인 동남아 방문길에 함께 올라 그의 건강을 보살펴주었다.

그라사는 모잠비크에서 차기 지도자로 평가받아 호아킴 치사노 대통령으로부터 경계의 대상이 되기도 했다. 그런 그녀와 만델라의 관계는 모잠비크 국민들로부터 상반되는 반응을 불러일으켰다. 하나는 세상을 떠난 사모라 마첼 대통령의 자리를 대신 차지할 수 있는 사람은 만델라밖에 없다는 긍정적인 반응이었고, 다른 하나는 그들 자신이 무언가 소중한 것을 도둑맞은 것 같다는 느낌이었다.

1998년 7월 18일, 만델라의 여든 살 생일에 두 사람은 새로 마련한 그들의 집에서 정식으로 결혼식을 올렸다. 두 사람 다 감리교 신자로 자랐기 때문에 감리교의 음부메 단달라 주교의 집전으로, 그리고 은퇴한 데스먼드 투투 주교가 도와주는 가운데 예식을 거행했다. 만델라 가족과 그리고 가까운 16명의 친구들이 참석했다. 다음 날엔 요하네스버그와 프리토리아 사이에 있는 갤러허 컨벤션 센터에서 결혼 피로연과 여든 살 생일 기념 파티를 함께 열었다. 2천여 명의 손님이 초대되었다. 잠비아의 카운다 전 대통령, 사우디아라비아의 반다르 왕자 등의 지도자들과 마이클 잭슨,

대니 글로버, 스티비 원더 등 아프리카계 미국인 스타들도 참석했다.

만델라는 모두 6명의 자녀를 낳았다. 첫 번째 부인 에블린과의 사이에서 두 아들 마디바(템비로 더 잘 알려져 있다)와 마가토, 첫딸 마카지웨와 둘째 딸 마카지웨(마키)를 낳았고, 두 번째 부인 위니와의 사이에서 두 딸 제나니와 진드지를 두었다. 하지만 첫째 아들 템비는 1969년 교통사고로 사망했고, 첫째 딸 마카지웨는 태어난 지 9개월 만에 세상을 떠났다. 또한 아들 마가토는 2005년 봄 에이즈로 사망했다. 그리고 손자 21명과 증손자 3명을 두었다.

대통령 직에서 물러난 후 에이즈 퇴치운동을 벌여온 만델라는 기자회견을 통해 아들 마가토가 에이즈 때문에 죽었다고 밝혔다. 남아프리카인들은 에이즈를 화제로 삼는 것을 꺼리는데, 그런데도 아들의 사망원인을 밝힌 것은 에이즈에 대한 주의를 환기시키기 위해서였다. "에이즈를 숨기지 말고 공개해서 암이나 결핵 같은 일반적인 질병처럼 여겨야 합니다. 그리고 사람들은 이 병을 이상한 병으로 여기지 말아야 합니다"라고 그는 말했다. 변호사인 마가토는 만델라의 살아 있는 단 하나밖에 없는 아들이었다.

4. 지구촌을 이끌 인물, 만델라

만델라는 1993년 당시 남아프리카의 대통령이었던 데 클레르크와 함께 노벨평화상을 받았다. 남아프리카에서 협상을 통해 파국을 막아내고 평화를 가져왔다는 것이 수상 이유였다. 전투적인 흑인운동가들은 "만델라가 자신을 박해한 자와 함께 상을 받는 것은 모욕"이라고 분노하기도 했다.

만델라는 노벨상 말고도 1979년 옥중에서 자와할랄 네루 상을, 1981년엔 브루노 크라이스키 인권상을, 1983년엔 유네스코의 시몬 볼리바 국제상을, 2002년에 프랭클린 D. 루즈벨트 상을 받은 바 있다.

미국의 《타임》지는 2004년 4월 26일 자 특집호에서 만델라를 '세계에서 가장 영향력 있는 인물 100인' 가운데 한 사람으로 선정했다. 《타임》지는 이 특집의 '영웅과 우상' 난에 만델라를 다음과 같이 소개했다.

> "아파르트헤이트 이후 남아프리카에서 첫 대통령이 된 만델라는 미국의 초대 대통령 조지 워싱턴 같은 사람이다. 그는 자신이 한 모든 일이 다음 대의 사람들에게 하나의 모델이 되리라는 것을 알고 있었다.…… 그는 어떤 사람도 법과 국민들 위에 서 있어서는 안 된다고 생각했다. 만델라는 세계 무대에서 누구도 의심의 여지없이 받아들이는 도덕적 영웅이다. 그것은 그가 순결해서가 아니다. 그가 영웅이 된 이유는 언제나 자신의 잘못을 인정하고 그것을 넘어서려고 노력했기 때문이다. 그는 언제나 배우는 것을 멈춘 적이 없다."

《타임》지는 2005년 4월 18일 자에서도 '세계에서 가장 영향력 있는 100사람의 삶과 생각'이라는 특집을 싣고 만델라를 다시 등장시켰다. 데클레르크는 이 특집에서 다음과 같이 썼다. "20년 전만 해도 남아프리카에서 흑백 간의 파멸적인 투쟁이 회피될 수 있을 것이라고 본 사람은 거의 없었다. 그것을 끝낼 수 있었던 데에는 여러 요인이 있을 것이다. 그러나 가장 중요한 것 중의 하나는 종신형을 받고 교도소 생활을 했던 만델라가 한 역할이다. 교도소에 있었던 1980년대 중반 만델라는 나라가 계속 투쟁에 휘말려 들어간다면 누구도 승리한 자가 될 수 없다는 결론에 이르렀다.…… 1994년 5월 대통령에 취임한 후 만델라는 그가 추구한 화해 정책으로 말미암아 모든 아프리카인들로부터 사랑과 존경을 받고 있다."

만델라는 1995년 7월과 2001년 3월 두 차례에 걸쳐 한국을 방문하여 김대중 대통령과 정상회담을 가졌다. 2004년에는 만해 한용운 선생 서거 60주기를 기념한 제6회 '만해축전'에서 평화부문 대상을 받기도 했다. 만델라는 참석하지 못하고 시드니 바파나 쿠베가 주한 남아공 대사가 대신 상을 받았다.

5. 퇴임 이후

만델라는 1999년 ANC의 지도자 타보 음베키가 선거에서 대통령에 당선된 후 대통령 직에서 물러나 다시 시민으로 돌아왔다. 만델라는 그의 정부에서 부통령을 지낸 음베키를 후계자로 지명했고, 음베키는 대통령 선거에서 승리했다. 만델라는 대통령에 당선된 뒤 그의 오랜 동지였던 음베키를 전 대통령이었던 데 클레르크와 함께 부통령으로 지명했었다. 음베키는 책을 좋아하는 내성적인 지도자로 셰익스피어와 예이츠를 즐겨 인용하고 시를 쓰기도 한다.

퇴임한 뒤 만델라는 남아프리카공화국을 넘어 전체 아프리카의 지도자로서 봉사하고 있다. 그는 국제 사회에서 아프리카의 이익을 대변하려고 애써왔으며, 아프리카 곳곳에서 벌어지는 내전을 중재했다. 대통령 재임 기간 중인 1996년 남부아프리카개발공동체SADC의 의장을 맡기도 했던 그는 퇴임 후에도 아프리카 국가들 간의 경제협력을 위해 지속적인 노력을 기울여왔다. 그는 2010년 월드컵 축구대회를 남아프리카에 유치하기 위해 남아공 대표단장직을 맡기도 했다.

이 밖에도 그는 남아프리카와 아프리카 대륙의 가장 큰 문제의 하나로 되어 있는 에이즈를 퇴치하기 위해 큰 관심을 가지고 적극적인 노력을 펼쳐왔다. 그는 에이즈 퇴치기금을 모으기 위해 런던에서 열린 '46664 콘서트'에 참가했다. 그는 이날 과거 자신이 수감됐을 때 받은 죄수번호 '46664'가 새겨진 셔츠를 입고 나와 눈길을 끌었다.

자유롭게 태어났으나 자유롭지 못한 세상에서 자란 넬슨 만델라. 그 어떤 인종차별정책보다 악랄했던 '아파르트헤이트'를 없애기 위해 온몸을 바쳐 싸우다가 27년여를 감옥에서 보낸 만델라. '용서는 하되 잊지는 말아야 한다'라는 용서와 화해의 정신을 남기고, 넬슨 만델라는 2013년 12월 5일에 아흔다섯 살을 일기로 자택에서 숨을 거두었다.

옮긴이의 말

20세기는 공산주의에 대해 자본주의가 승리한 시대이기도 하지만 독재와 권위주의에 맞서 민주주의가 승리를 거둔 시대이기도 합니다. 20세기는 민주주의를 위해 온 인류가 싸워 온 시대입니다. 이러한 투쟁의 결과로 인권은 세계 곳곳에서 괄목할 만한 신장과 진전을 보였습니다.

이처럼 인권과 민주주의가 새로운 역사를 이룩한 시대에 남아프리카 공화국의 넬슨 만델라 전 대통령은 세계 인류 가운데 뛰어난 업적을 이룩한 위대한 인물 중 하나입니다. 그는 오늘날 진정한 영웅의 모습으로 우리 앞에 서 있습니다.

그는 인간의 평등과 민주주의에 대한 확고한 신념을 가지고 전체 아프리카와 세계의 민중을 위해 온 생애를 바쳤습니다. 그리고 노령에도 불구하고 지금도 그러한 노력을 계속하고 있는 '행동하는 양심'입니다. 그는 소수의 백인들이 약 350년에 걸쳐 대다수의 아프리카 민중을 노예처럼 다루며 억압하고 살육하는 것을 목격하면서 인간의 존엄이 어떻게 짓밟히는가를 보았습니다.

그리고 이러한 인간 파괴는 억압받는 흑인들만이 아니라 그들을 탄압하는 백인들의 영혼도 똑같이 파괴하고 타락시킨다는 것을 깨닫게 되었습니다. 그리하여 만델라는 일어나 싸웠고 온갖 박해를 넘어서서 마침내 승리했습니다. 검은 아프리카인들의 승리였습니다. 그리고 백인들을 양심의 교도소로부터 해방시켰습니다. 흑인과 백인 모두를 위한 승리였습니다.

저는『만델라 자서전: 자유를 향한 머나먼 길』을 읽으면서 남다른 공감을 느꼈습니다. 27년간의 교도소생활, 연금, 반역죄 재판, 사형선고, 망명생활, 가족과의 이별 등 만델라가 겪어온 고난의 생애는 제가 겪었던 네 차례의 죽을 고비 등 과거의 기억들을 다시 되돌아보게 해주었습니다. 한 사람의 아들, 아버지, 남편으로서 만델라가 겪어야만 했던 고뇌를 보았습니다. 도피생활에 따르는 두려움, 오랜 교도소생활의 고독, 가족에 대한 그리움, 죽음의 공포, 그리고 가족과 동지의 고난을 보며 느끼는 안타까움 등을 만델라는 진실하면서도 감동적인 필체로 그려내고 있습니다.

만델라는 이러한 고통을 통해 몸소 깨달은 인간의 존엄성과 자유라는 숭고한 가치를 일깨워주고 있습니다. 그는 힘에 의한 표면적인 좌절과 패배가 아무리 크더라도 인간은 스스로 좌절하지 않는 한 결코 패배자가 될 수 없고 반드시 승자가 된다는 것을 보여주었습니다. 오랜 세월 교도소에서 돌아온 그는 앙드레 말로의 표현처럼 "이 세상에서 보기 드문 성숙한 인간"이 되어 있었습니다.

그는 또한 화해와 관용의 정신을 말하고 있습니다. 그는 오랜 핍박을 받고도 자신과 그의 가족과 동지를 박해한 사람들을 용서하고 화해했습니다. 그리하여 남아프리카에는 불가능한 것으로 보였던 평화를 가져왔습니다. 용기 있는 사람만이 용서할 수 있습니다. 만델라는 우리 시대가 낳은 최고의 용기의 표상입니다.

저는 우리 모두가, 특히 젊은이들이 '행동하는 양심'으로서 모든 것을 바치면서도 두려움 없는 삶을 살아온 만델라의 인생역정에서 값진 교훈을 얻게 되기를 바랍니다.

만델라 전 대통령과 저는 특별한 인연을 가지고 있습니다. 그는 1997년 5월 제가 대통령 후보로 출마했을 때 셋째 딸인 진드지 만델라 여사 부부를 보내 격려해주었습니다. 만델라 대통령은 딸을 통해 그가 27년 동안 옥중에서 차고 다녔던 손목시계를 선물하면서 "이 시계는 남아공의 민주주의와 정치적 기적을 지켜본 상징적인 것"이라고 했습니다. 저는 답례로 유신체제와 망명시절에 걸쳐 20년 동안 제가 가지고 다녔던 고동색 낡은 가방을 선물로 전했습니다.

2001년 3월에는 퇴임한 만델라 전 대통령을 청와대에서 만나 만찬을 함께하면서 세계평화 문제에 대해 이야기를 나누었습니다. 그리고 '세계평화와 번영을 위한 메시지'를 함께 발표했습니다. 이날 만델라 대통령은 우리의 햇볕정책에 대해 적극적인 지지를 표시하며 한반도의 평화를 기원해주었습니다.

세계적인 베스트셀러인 만델라의 이 자서전은 10년 전인 1995년 6월 아태평화출판사에서 처음 간행되었으나 당시 사정으로 독자들에게 잘 알려지지 않았고, 그래서 많은 사람이 읽을 기회를 갖지 못했습니다. 이런 놀라운 책이 잊힌 채 묻혀 있다는 것은 불행한 일입니다.

두레출판사가 새로이 이 책을 맡아 10년 만에 다시 내면서 그 뒤의 이야기를 적지 않게 보탰습니다. 원래 이 책은 만델라 대통령이 대통령에 취임하는 데서 끝나는데, 그 뒤의 역사에서도 우리가 알아야 할 것들을 보탠 것입니다. 예를 들어 만델라 대통령이 취임한 후 추진한 '진실과 화해위원회' 같은 것은 그의 큰 업적 중의 하나입니다. 과거사 문제를 안고 있는 우리에게도 좋은 참고가 될 것입니다.

10년 만에 새로운 모습으로 한국의 독자 앞에 등장할 수 있도록 힘써 주신 두레출판사의 조추자 사장과 직원 여러분께 감사를 드립니다.

2005년 11월, 동교동 서재에서

옮긴이 김대중

찾아보기

ㄷ

ㄹ

ㅁ

ㅂ

ㅅ

ㅇ

ㅎ

기타

지은이_**넬슨 롤리흘라흘라 만델라** Nelson Rolihlahla Mandela(1918~2013)

넬슨 만델라는 1918년 트란스케이의 수도 움타타의 한 작은 마을에서 추장의 아들로 태어났다. 남아프리카 흑인들의 비참한 현실을 깨달으면서, 1944년에 아프리카민족회의(ANC) 청년동맹을 설립하는 등 흑인인권운동에 적극적으로 참여했다. 1952년에는 남아공 최초의 흑인 변호사 사무실을 열어 흑인들의 희망이 되었다.
아파르트헤이트(인종분리정책)에 대항해 싸우던 만델라는 1956년에 반역죄로 기소되었지만 1961년에 무죄판결을 받았다. 1960년, 70여 명이 숨지는 '샤프빌 대학살 사건'에 큰 충격을 받은 만델라는 비폭력 노선을 포기하고 폭력 무장투쟁으로 돌아섰다. 1962년에 체포되어 5년형을 선고받았다. 그리고 수감 중이던 1964년 6월에는 종신형을 선고받고, 약 27년을 감옥에서 보내야만 했다. 그러나 백인 정부는 흑인들의 굽힘없는 투쟁과 국제적인 압력에 굴복하여 1990년 2월에 만델라를 석방했다.
석방 후 대화와 타협을 통해 남아공에 새로운 역사를 만들어낸 공적으로 1993년에 데 클레르크와 함께 노벨평화상을 받았다. 1994년 4월에는 남아공에서 처음으로 흑인이 참여한 자유 총선거를 통해 남아공 최초의 흑인 대통령으로 당선되었다. 과거 청산을 위해 그가 만든 '진실과 화해 위원회'는 전 세계에 하나의 모델이 되어 용서와 화해의 참뜻을 깨닫게 해주었다. 2013년 12월 5일, 자택에서 서거했다.
그의 저서로 『험난한 자유의 길(No Easy Walk to Freedom)』, 『나는 죽을 각오가 되어 있다(I am Prepared to Die)』 등이 있다.

옮긴이_**김대중**(1924~2009)

1924년에 태어났으며, 15대 대한민국 대통령(1998~2003.2)을 지냈다. 2000년에 노벨평화상을 받았다. 주요 저서로는 『3단계통일론』, 『대중참여경제론』, 『새로운 시작을 위하여』 등이 있다. 2009년 8월 18일에 서거했다.

자유를 향한 머나먼 길

넬슨 만델라 자서전

1판 1쇄 발행 2006년 3월 25일
개정판 1쇄 발행 2020년 3월 10일
개정판 2쇄 발행 2022년 6월 10일

지은이 넬슨 만델라
옮긴이 김대중
펴낸이 조추자
펴낸곳 도서출판 두레
등록 1978년 8월 17일 제1-101호
주소 (04075)서울시 독막로 100 세방글로벌시티 603호
전화 02)702-2119(영업), 02)703-8781(편집),02)715-9420(팩스)
이메일 dourei@chol.com

- 가격은 뒤표지에 적혀 있습니다.
- 잘못 만들어진 책은 구입하신 곳에서 바꾸어 드립니다.
- 이 도서의 국립중앙도서관 출판예정도서목록(CIP)은 서지정보유통지원시스템 홈페이지(http://seoji.nl.go.kr)와 국가자료공동목록시스템(http://www.nl.go.kr/kolisnet)에서 이용하실 수 있습니다.(CIP제어번호: CIP2020005963)

ISBN 978-89-7443-127-3 03990